现行铁路工程设计规范大全

第三册　桥　　涵

中国铁道出版社有限公司

2019年·北　京

图书在版编目(CIP)数据

现行铁路工程设计规范大全. 第三册,桥涵/中国铁道出版社有限公司汇编. —北京:中国铁道出版社有限公司,2019.5

ISBN 978-7-113-24847-5

Ⅰ.①现… Ⅱ.①中… Ⅲ.①铁路工程-设计规范-中国②铁路桥-桥涵工程-设计规范-中国 Ⅳ.①U2-65

中国版本图书馆 CIP 数据核字(2019)第 082944 号

书　　名:**现行铁路工程设计规范大全　第三册　桥涵**

作　　者:中国铁道出版社有限公司

策　　划:江新锡　程东海　王　健

责任编辑:陶赛赛　曹艳芳　　　**编辑部电话**:010-51873065

封面设计:郑春鹏

责任校对:焦桂荣

责任印制:高春晓

出版发行:中国铁道出版社有限公司(100054,北京市西城区右安门西街 8 号)

网　　址:http://www.tdpress.com

印　　刷:三河市兴博印务有限公司

版　　次:2019 年 5 月第 1 版　2019 年 5 月第 1 次印刷

开　　本:787 mm×1 092 mm　1/16　印张:50.75　插页:2　字数:1261 千

书　　号:ISBN 978-7-113-24847-5

定　　价:155.00 元

前　言

设计是工程建设的灵魂,设计规范是设计的依据。广大铁路工程技术人员按照“以人为本、服务运输、强本简末、系统优化、着眼发展”的铁路建设理念,结合工程具体情况,因地制宜,充分发挥主观能动性,积极采用安全、可靠、先进、成熟、经济、适用的新技术,经过多年的经验积累,形成了一套完整的设计规范体系,为铁路工程设计提供了坚实的基础。

为了方便铁路工程建设者更好地学习,掌握铁路工程设计规范,并在铁路工程建设过程中准确地执行、运用规范,保证规范的权威性、严肃性落到实处,我们对现行的铁路工程设计规范按专业进行了系统整理,现汇编出版,供各级领导干部、工程技术人员、管理人员等使用。

本大全收录了截至2019年4月已发布的现行铁路工程设计规范73种,按专业分册出版发行。全套分为:综合(上、下册),路基,桥涵,隧道,线路、轨道,通信,信号、信息,电力、电牵、机务车辆,房建、站场及其他,计10分册。

随着铁路技术装备的更新和设计理论的进一步发展,设计规范也不断地修订和完善,读者在使用本套大全的过程中,应注意相关设计规范的变化情况,并及时更新相应内容。

在本大全编辑过程中,对原版中的内容进行了勘误。由于汇编人员水平有限,不当之处在所难免,敬请读者不吝赐教,以利改进。

2019年4月

总 目 录

UDC

中华人民共和国行业标准

TB

TB 10002—2017
J 460—2017

P

铁路桥涵设计规范

Code for Design on Railway Bridge and Culvert

2017-01-02 发布　　2017-05-01 实施

国　家　铁　路　局　　发　布

国家铁路局关于发布铁道行业标准的公告

（工程建设标准 2017 年第 2 批）

国铁科法〔2017〕3 号

现公布《铁路桥涵设计规范》（TB 10002—2017）、《铁路桥梁钢结构设计规范》（TB 10091—2017）、《铁路桥涵混凝土结构设计规范》（TB 10092—2017）和《铁路桥涵地基和基础设计规范》（TB 10093—2017）4 项行业标准，自 2017 年 5 月 1 日起实施。《铁路桥涵设计基本规范》（TB 10002. 1—2005）、《铁路桥梁钢结构设计规范》（TB 10002. 2—2005）、《铁路桥涵钢筋混凝土和预应力混凝土结构设计规范》（TB 10002. 3—2005）、《铁路桥涵混凝土和砌体结构设计规范》（TB 10002. 4—2005）和《铁路桥涵地基和基础设计规范》（TB 10002. 5—2005）同时废止。

以上标准由中国铁道出版社出版发行。

国家铁路局

2017 年 1 月 2 日

前　　言

《铁路桥涵设计基本规范》TB 10002.1—2005 发布以来，我国铁路尤其高速铁路建设取得了举世瞩目的成就，京沪、京广、郑西、哈大等高速铁路，宜万、太中银等客货共线铁路，山西中南部通道、蒙华等重载铁路，珠三角及武汉城市圈城际铁路等大批铁路项目相继建成通车，完善了路网结构，增加了铁路运输服务的有效供给。经过十多年的积极探索和创新实践，我国铁路桥梁建造技术取得历史突破，已跻身世界先进行列。南京大胜关长江大桥、武汉天兴洲长江大桥等一批深水、大跨、特殊地质条件、复杂结构形式桥梁的成功建设，自主研发的大吨位箱梁成套技术的广泛应用，为进一步完善铁路桥梁技术标准积累了丰富经验，奠定了坚实基础。

本规范根据国家铁路局构建铁路工程建设标准体系要求，为满足铁路桥涵建设和发展需要，统一铁路桥涵设计标准，提高铁路桥涵设计水平，保障铁路桥涵安全与质量，在《铁路桥涵设计基本规范》TB 10002.1—2005 等规范的基础上，全面总结我国高速铁路、城际铁路、客货共线铁路和重载铁路桥涵建设、运营的实践经验和科研成果，修订而成。

本规范贯彻落实了安全优先的原则，强化了质量安全、节约资源、保护环境以及风险防范、防灾减灾等技术要求，并结合我国国情、经济社会发展水平、环境条件等因素，合理确定了不同运输性质类型、不同速度等级铁路桥梁的主要设计标准，进一步提升了规范的科学性和技术经济合理性。

本规范由 5 章组成，包括总则、术语和符号、桥涵布置、设计荷载、桥涵设计，另有 5 个附录。

本次修订的主要技术内容如下：

1. 修订了规范适用范围，适用于高速铁路、城际铁路、客货共线Ⅰ级和Ⅱ级铁路、重载铁路桥涵结构设计。

2. 增加了桥梁结构设计的角度要求和相邻桥涵间路堤长度的原则规定。

3. 删除了铁路桥和公路桥分、合建规定及温度跨度大于 100 m 的钢梁设置温度调节器的相关规定。

4. 增加了桥梁同侧支座横向位移约束条件的相关规定。

5. 增加了桥面外侧梁缝较大时梁端桥面板设置悬臂端等措施的要求。

6. 删除了铁路桥上设置反向曲线的规定。

7. 整合细化了桥面布置、桥上护轮轨铺设、人行道及栏杆、避车台设置的相关规定。

8. "桥涵布置"一章新增"铁路线路交叉跨越桥梁结构设计与安全防护"、"高架车站桥梁结构"、"系统接口设计"三节，明确了上跨或下穿公路、铁路的设计及安全防护要求，规定了高架车站桥梁结构设计的主要原则，提出了桥梁设计的接口工作要求。

9. 修订了长钢轨纵向水平力（伸缩力和挠曲力），将其由主力活载调整为特殊力。

10. 修订了桥涵结构设计采用的列车荷载图式，删除了铁路标准荷载换算均布活载的相关内容，加载规定整合至第 4 章"设计荷载"中。

11. 补充了高速铁路、城际铁路、重载铁路横向摇摆力的计算取值，增加了气动力、支座摩擦阻力、波浪力、地震力计算的原则规定。

12. 修订了客货共线Ⅰ级和Ⅱ级铁路、重载铁路钢筋混凝土桥跨结构动力系数计算所采用的相关参数 α 取值。

13. "桥涵设计"一章中新增"一般规定"一节，规定了适用范围及高速铁路、城际铁路、客货共线Ⅰ级和Ⅱ级铁路车桥耦合动力响应指标及耐久性要求，修订了桥梁适用跨度，增加了桥梁适用高度。

14. 整合修订了高速铁路、城际铁路、客货共线Ⅰ级和Ⅱ级、重载铁路梁式桥的竖向变形限值、墩台基础沉降限值、墩台顶纵向水平线刚度限值取值。

15. 明确了涵洞基础工后沉降限值按是否在过渡段范围内作不同要求的规定。

16. 明确了顶进桥涵的适用范围，即无砟轨道区段以及高速铁路有砟轨道区段有可能破坏地基加固效果的路基地段、各种过渡段路基不应顶进桥涵。

在执行本规范过程中，希望各单位结合工程实践，认真总结经验，积累资料。如发现需要修改和补充之处，请及时将意见及有关资料寄交中国铁路设计集团有限公司（天津市河北区中山路10号，邮政编码：300142），并抄送中国铁路经济规划研究院（北京市海淀区北蜂窝路乙29号，邮政编码：100038），供今后修订时参考。

本规范由国家铁路局科技与法制司负责解释。

主编单位：中国铁路设计集团有限公司

主要起草人：苏　伟、张　莉、王召祜、杜宝军、高　策、田　杨、周四思、王俊杰、周勇政。

主要审查人：殷宁骏、曾会欣、薛吉岗、陈良江、杨梦蛟、刘　椿、赵会东、杨鹏健、韩晓强、刘文荐、吴少海、陈克坚、王新国、徐升桥、徐　伟、桂　婞、吴延伟、许志艳。

本规范的历次版本发布情况：《铁路桥涵设计规范》TBJ 2—85；TBJ 2—96；《铁路桥涵设计基本规范》TB 10002.1—99；TB 10002.1—2005。

目　次

1 总　　则

1.0.1　为贯彻国家有关法规和铁路技术政策，统一铁路桥涵设计技术标准，使铁路桥涵设计符合安全可靠、先进成熟、经济适用、保护环境的要求，制定本规范。

1.0.2　本规范适用于新建和改建标准轨距的高速铁路、城际铁路、客货共线Ⅰ级和Ⅱ级铁路、重载铁路桥涵的设计。

1.0.3　桥涵应满足运营、检查、维护和应急抢修要求，并具有良好的耐久性。结构应简洁美观，力求标准化，便于制造和机械化施工。

1.0.4　桥涵主体结构的设计使用年限应为100年。

1.0.5　桥涵设计方案的确定应调查研究河流的历史、现状及其发展趋势，探明桥址地质情况，考虑桥涵与道路、水利、航运及工农业的相互关系，并满足环境保护、水土保持、文物保护等要求。

1.0.6　桥涵结构在制造、运输、安装和运营过程中，应具有规定的强度、刚度、稳定性，并应满足轨道平顺性、列车运行安全性和旅客乘坐舒适性的要求。

1.0.7　桥涵结构形式选择应综合考虑使用功能、水文和地质情况、环境条件、轨道类型以及施工方法等因素。

1.0.8　桥涵结构的工程材料应根据结构类型、受力条件、使用要求和所处环境等选用。

1.0.9　桥涵设计洪水频率和检算洪水频率应符合表1.0.9的规定。

表1.0.9　桥涵洪水频率标准

设计洪水频率		检算洪水频率
桥梁	涵洞	特大桥(或大桥)属于技术复杂、修复困难或重要者
1/100	1/100	1/300

注：1　若观测洪水(包括调查洪水)频率小于表列标准的设计洪水频率时，应按观测洪水频率设计，但特大桥及大中桥设计洪水频率不得小于1/300，小桥及涵洞设计洪水频率不得小于1/100。

2　当水位不随流量而定，如逆风、冰塞、潮汐、倒灌、河床变迁、水库蓄水及其他水工建筑物的壅水等，则流量与水位应分别确定。

3　设在水库淹没范围内的桥涵，仍采用表列洪水频率标准。设在水坝下游的桥涵，若水库设计洪水频率标准高于桥涵洪水频率标准，则按表列标准的水库泄洪量加桥坝之间的汇水量作为桥涵设计及检算流量；若水库校核洪水频率标准低于桥涵洪水频率标准，则应与有关部门协商，提高水坝校核洪水频率标准，使之与铁路桥涵洪水频率标准相同。如有困难，除按河流天然状况设计外，并应适当考虑破坝可能对桥涵造成的不利影响。

4　在水坝上下游影响范围内的桥涵，如遇水库淤积严重等情况可能对桥涵造成不利影响时，桥涵的设计洪水频率标准可酌量提高。

5　有压和半有压涵洞的孔径应按设计路堤高度的洪水频率检算。

6　改建既有线或增建第二线时的洪水频率，应根据多年运营情况和水害的具体情况加以考虑，利用既有建筑物。

1.0.10　桥涵的建筑限界应符合现行相关标准的有关规定。

1.0.11　桥涵应按《铁路安全管理条例》(中华人民共和国国务院令第 639 号)的有关规定,进行安全警示、保护标志、防护设施的设计。

1.0.12　改建既有线或增建第二线时,增建路段桥涵设计应采用新建标准,改建路段宜采用新建标准。

1.0.13　桥涵设计除应符合本规范规定外,尚应符合国家现行的有关强制性标准的规定。

2 术语和符号

2.1 术　　语

2.1.1 高速铁路 high-speed railway(HSR)

设计速度250 km/h(含预留)及以上动车组列车,初期运营速度不小于200 km/h的客运专线铁路。

2.1.2 城际铁路 intercity railway

专门服务于相邻城市间或城市群,旅客列车设计速度200 km/h及以下的快速、便捷、高密度客运专线铁路。

2.1.3 客货共线铁路 mixed passenger and freight railway

旅客列车与货物列车共线运营、设计速度200 km/h及以下的铁路。

2.1.4 重载铁路 heavy haul railway

满足列车牵引质量8 000 t及以上、轴重27 t及以上、在至少150 km线路上年运量大于4 000万t三项条件中两项的铁路。

2.1.5 铁路桥梁 railway bridge

铁路跨越天然障碍物或人工设施的架空建筑物。

2.1.6 铁路涵洞 culvert for railway

横穿铁路路基,用以排洪、灌溉或作为通道的建筑物。

2.1.7 桥梁跨度 bridge span

桥梁顺桥方向两支承中心之间的距离。

2.1.8 桥长 length of bridge

梁桥系指桥台挡砟前墙之间的长度;拱桥系指拱上侧墙与桥台侧墙间两伸缩缝外端之间的长度;刚架桥系指刚架顺跨度方向外侧间的长度。

2.1.9 特大桥 super major bridge

桥长500 m以上的铁路桥梁。

2.1.10 大桥 major bridge

桥长100 m~500 m的铁路桥梁。

2.1.11 中桥 medium bridge

桥长20 m~100 m的铁路桥梁。

2.1.12 小桥 minor bridge

桥长20 m及以下的铁路桥梁。

2.1.13 桥墩 pier

支承相邻桥跨结构,并将其荷载传给基础的建筑物。

2.1.14 桥台 abutment

连接桥跨结构和路基的支挡建筑物。

2.1.15 列车竖向动力作用 vertical dynamic action of train

列车运行时对桥梁等结构产生的竖向动力作用。

2.1.16 列车离心力 centrifugal force of train

列车运行在曲线上产生的倾向曲线外侧的水平力。

2.1.17 列车制动力 braking force of train

运行的列车制动时,对建筑物产生的与运行方向相同的水平力。

2.1.18 列车牵引力 tractive force of train

列车启动时,对建筑物产生的与运行方向相反的水平力。

2.1.19 列车摇摆力 lateral sway force of train

列车运行时对钢轨顶面产生的左右摇摆力。

2.1.20 伸缩力 force due to the thermal expansion of the deck

因温度变化,引起桥梁与长钢轨纵向相对位移而产生的纵向力。

2.1.21 挠曲力 force due to the deck bending under vertical traffic loads

在列车荷载作用下,桥梁挠曲引起梁轨纵向相对位移而产生的纵向力。

2.1.22 断轨力 force acting on the bridge due to breaking of the CWR

因长钢轨折断,引起桥梁与长钢轨纵向相对位移而产生的纵向力。

2.1.23 长钢轨纵向力 longitudinal force of long rail

指伸缩力、挠曲力、断轨力的总称。

2.1.24 脱轨系数 derailment coefficient

车轮作用于钢轨的横向力与垂直力之比。

2.1.25 自振频率 natural frequency

由桥梁结构本身的质量、刚度和阻尼以及边界条件所确定的频率。

2.1.26 动力系数 dynamic factor(impact factor)

列车运行对结构产生的动态响应(动态挠度或应力)对静态响应(静态挠度或应力)之比。

2.1.27 工后沉降 settlement after construction

铺轨工程完成以后,基础设施产生的沉降量。

2.2 符 号

2.2.1 外力和内力

p——路堤作用于涵洞上的竖向土压力(kPa)

e——路堤作用于涵洞上的水平土压力、活载作用于涵洞上的水平土压力(kPa)

q_h——活载作用于涵洞上的竖向压力(kPa)

ξ——土压力系数

K——土压力系数、桥墩形状系数

$1+\mu$——动力系数

W——风荷载强度(Pa)、船只重或排筏重(kN)、列车竖向静活载(kN、kN/m)

W_0——基本风压(Pa)

P——流水压力(kN)

F——船只或排筏的撞击力(kN)

q_1——恒载及活载对圆形涵洞管节作用的竖向压力(kPa)

q_2——恒载及活载对圆形涵洞管节作用的水平压力(kPa)

2.2.2 几何参数

L——桥梁跨度、影响线加载长度(m)

f——拱的矢高(m)

Δ——墩台顶帽面的水平位移(m)

r——圆形管节的平均半径(m)

3 桥涵布置

3.1 一般要求

3.1.1 桥涵布置应少占耕地,考虑水陆交通、排灌、水源保护区、野生动植物保护区、地下管线等对桥涵的要求和影响,并应与自然水系、地方排灌系统组成完整通畅的排水系统。

3.1.2 跨越河流的桥梁以一河一桥为原则,不宜强行改移河道或以长大导流堤强行集中水流。

3.1.3 天然河道不宜改移。当能明显改善桥涵工作状况或有显著经济效益时,天然河道可被改移,但应考虑河流水利条件变化的影响。

3.1.4 桥址中线宜与洪水流向正交,斜交时宜避免在桥头形成水袋而产生三角回流。

3.1.5 平坦、漫流地区应按分片泄洪合理布置桥涵。

3.1.6 通航河流上,桥址中线宜与航线正交。通航孔还应考虑变迁性河道的影响。

3.1.7 桥梁结构宜设计为正交。当斜交不可避免时,桥梁纵向轴线与横向支承线夹角不宜小于60°,桥台的台尾边线应与线路中线垂直,困难条件下桥台台尾与线路中线不垂直时,应采取与路基衔接的特殊过渡措施。

3.1.8 相邻桥涵之间路堤长度的确定应综合考虑列车行车的平顺性要求、路桥(涵)过渡段的施工工艺要求以及技术经济等因素。

3.1.9 导治建筑物设计应符合下列规定:

1 不没水的导治建筑物顶面高出桥梁设计洪水频率的水位(考虑水面坡度)不应小于0.25 m,尚应考虑壅水高、波浪侵袭高、局部股流涌高、斜水流局部冲高、河弯超高、河床淤积等影响。

2 没水的导治建筑物的顶面宜高出常水位。

3 不没水导治建筑物迎水面应全高防护;没水导治建筑物的两侧及顶面均应防护。各种导治建筑物的防护标准可根据其可能遭受水流、波浪、流冰、流木、漂流物等的冲击确定。坡脚的设计应考虑冲刷的影响。

3.1.10 增建第二线桥梁时,桥梁布置应综合考虑国防要求、水文和地质条件、既有桥的工作情况、基础结构状态、通航要求、施工和行车干扰等因素。当第二线桥和既有线桥存在水流相互干扰时,两线墩台宜顺水流方向对应。

3.1.11 改建的桥涵,当原来的中线、位置无明显缺陷,在线路平面及纵断面上的配合也合理时,应保持原来的中线及位置。

3.2 桥涵孔径

3.2.1 桥涵孔径应满足设计(检算)频率洪水安全通过的要求,并应考虑壅水、冲刷等对上下游的影响,确保桥涵附近路堤的稳定。

3.2.2 跨越河流及人工渠道的桥梁,孔径设计应符合下列要求:

1 考虑河床变迁影响,不宜改变水流天然状态。

2 当河床可能被冲刷时,其容许冲刷系数不宜大于表3.2.2所列值。

表3.2.2 容许冲刷系数

河流类型		冲刷系数	附 注
山区	峡谷区	≤1.2	无滩
	开阔区	≤1.4	有滩
平原区		≤1.4	—

河流类型		冲刷系数	附 注
山前区	稳定河段	≤1.4	—
	变迁性河段	按地区经验确定	—

注:宽浅河流平均水深小于或等于1.0 m时,容许冲刷系数按地区经验确定。

3 平原地区桥孔按冲刷系数计算后,应考虑避免或减小桥前壅水对上游的影响。

4 人工渠道上的桥孔不宜压缩,并应减少桥墩设置。

5 泥石流地区的桥孔应按沟谷通过地段的基本河宽合理设计。

6 位于水库影响范围的桥孔,除应考虑河流的天然状况外,尚应考虑水库所引起的河流状况的变化。毗邻水库下游的桥孔,当在桥梁设计洪水频率下,水坝的安全性不足时,应考虑水库溃坝的影响。

3.2.3 桥梁冲刷应计算一般冲刷及墩台附近局部冲刷,并考虑洪水时河床变迁及河道天然下切的影响。水坝下游的桥梁尚应考虑坝下局部冲刷和清水冲刷的影响。

3.2.4 新建铁路大中桥不应采用桥下河床铺砌。

3.2.5 不通航亦无流筏的桥孔,桥下净空高度应符合表3.2.5的规定。通航与流筏的桥孔,桥下净空和设计航行水位应与相关部门协商确定。有流冰或流木的桥下净空宜按实际调查资料确定。

表3.2.5 桥下净空高度(m)

桥的部位		高出设计洪水频率水位加Δh后的最小高度	高出检算洪水频率水位加Δh后的最小高度
梁底	洪水期无大漂流物	0.50	0.25
	洪水期有大漂流物	1.50	1.00
	有泥石流	1.00	—
支承垫石顶		0.25	—
拱肋和拱圈的拱脚		0.25	—

注:1 表中的“设计(或检算)洪水频率水位”指相应于表1.0.9中的设计(或检算)洪水频率的水位;“Δh”表示根据河流具体情况,分别考虑壅水、浪高、河弯超高、河床淤积、局部股流涌高等影响的高度。

2 洪水期无大漂流物通过的河流,实腹式无铰拱桥的拱脚,允许被设计洪水频率水位加Δh后的水位淹没,但此水位不应超过矢高之半,且距拱顶的净高亦不应少于1.0 m。

3 有严重泥石流或钢梁下在洪水期有大漂流物通过时,应根据具体情况,采用大于表列的净空高度。

3.2.6 铁路与道路交叉跨越的立交桥涵,其净空应符合相关技术标准的规定。当通过机动车辆且桥下净空不足5 m时,应设置限高防护架。

3.2.7 涵洞宜设计为无压力式的。无压力式涵洞内顶点至最高流水面的净高应符合表3.2.7的规定。

表 3.2.7　无压力式涵洞内顶点至最高流水面的净高(m)

涵洞结构净高 H	圆　涵	拱　涵	矩形涵
≤3	≥H/4	≥H/4	≥H/6
>3	≥0.75	≥0.75	≥0.50

3.3 桥涵构造

3.3.1 同一区段内桥涵的孔径与样式应力求简化。桥跨结构的类型,除通航、立交等特殊需要外,同一座桥宜采用等跨及相同类型的桥跨结构。

3.3.2 泥石流或水流含砂石较多的河沟,多年冻土地区有冰锥、冰丘处,以及水库淹没范围内均宜设桥。河谷弯曲,水文、地质条件适合时,可设泄水隧洞。大型灌溉渠不宜采用圆涵。

3.3.3 桥涵结构的建筑材料应根据制造水平和材料供应情况选用,可采用素混凝土、钢筋混凝土、预应力混凝土或钢材。

3.3.4 桥涵应具备良好的排水、通风条件和必要的维修工作空间。桥梁防排水设施应根据轨道形式、布置方式确定,并应符合下列规定:

1 梁端或梁缝应采取有效防水措施。

2 梁部、墩台的表面形状应有利于排水,合理设置排水坡。

3.3.5 桥梁顺桥向固定支座的布置应符合下列规定:

1 坡道上宜设在较低一端。

2 车站附近宜设在靠车站一端。

3 区间平道上宜设在重车方向的前端。

4 相邻两孔梁的固定支座不宜设在同一桥墩上。

5 上述条件相互抵触时,应优先满足坡道上的要求。

3.3.6 同一座桥梁中线路同一侧的支座横向位移约束条件宜相同。

3.3.7 桥面同一梁缝内外侧宽度相差较大时,宜在梁端桥面板设置悬臂端等措施调整。

3.4 桥头引线及桥上线路

3.4.1 特大桥、大中桥桥头引线的路肩高程应至少比桥梁设计洪水频率水位(考虑水面坡度)加壅水高、波浪侵袭高、局部股流涌高、斜水流局部冲高、河湾超高、河床淤积等影响值之和高出 0.50 m。小桥涵路肩高程应至少比设计洪水频率水位加壅水高之和高出 0.50 m。

3.4.2 桥台与路基连接处应符合下列规定:

1 台尾上部伸入路肩不小于 0.75 m。

2 锥体坡面距支承垫石顶面后缘不小于 0.30 m。

3 锥体坡脚浸水时,锥体顺桥台坡脚不宜伸出台身前缘。

4 锥体顺线路方向的坡度应按不陡于表 3.4.2 所列值。

5 钢筋混凝土刚架桥的锥体坡面顺线路方向的坡度不陡于 1 : 1.5。

表 3.4.2 桥台锥体顺线路方向坡度

设防烈度 填土高度(m)	≤7 度	8 度	9 度
0~6	1 : 1	1 : 1.25	1 : 1.5
6~12	1 : 1.25	1 : 1.5	1 : 1.75

3.4.3 锥体填方坡面应全高防护,并根据水流流速、流冰、流木等情况合理选择防护方式;护坡坡脚垂裙顶面应在桥台一般冲刷线以下不少于 0.25 m。涵洞路堤坡面应铺砌防护,上、下游防护高度分别在设计洪水频率水位以上 0.25 m,且不低于锥体高度。

3.4.4 锥体坡面铺砌可结合工程实际选用浆砌片石或混凝土预制块。

3.4.5 明桥面桥宜设在直线、平坡上,桥面应封闭。跨度大于40 m或桥长大于 100 m 的明桥面桥不宜设置在大于 4‰的坡道上,确有困难时应有充分的技术经济论证,但不应大于 12‰。

3.5 桥面布置及附属设施

3.5.1 桥面的布置应符合下列规定:

1 桥上有砟轨道枕下道砟厚度应符合相关标准规定。

2 有砟轨道桥上应设置挡砟墙。当挡砟墙兼作防护墙时,其高度不应低于相邻轨道顶面高度。

3 有砟轨道桥上线路中心线至防护墙(挡砟墙)内侧净距,采用大机养护时不小于 2.2 m。

4 曲线地段桥上建筑限界加宽应符合相关标准规定。

5 桥上栏杆高度不应小于步板顶面 1.0 m。

6 接触网支柱在桥上的位置应根据接触网的技术要求和曲线内侧限界加宽要求确定。当接触网支柱设置在桥面上时,不宜设在梁跨跨中。

7 桥面宽度应综合考虑建筑限界、作业维修通道及电缆槽、接触网立柱构造宽度、养护维修方式等要求计算确定。

3.5.2 客货共线铁路、重载铁路桥梁未设置考虑脱轨荷载作用的防护墙时,应在桥上基本轨内侧铺设护轨。桥上护轨铺设应符合下列情况:

1 桥长大于 50 m 的有砟桥面及无砟无枕桥梁;桥长大于20 m的明桥面钢梁桥。

2 跨越铁路、重要公路、城市交通要道的铁路桥梁。

3 双线桥各线均应铺设护轨。三线及以上的桥,当各线的桥面分别设于分离式的桥跨结构上时,各线均应铺设护轨;当各线铺于同一桥跨结构(如整体刚架桥)上时,可仅对两外侧线铺设护轨。

3.5.3 桥上人行道及栏杆的设置应符合下列规定:

1 客货共线铁路、重载铁路桥面应设置双侧带栏杆的人行道,明桥面尚应在轨道中心铺设步行板。

2 直线桥梁线路中心至人行道栏杆内侧的最小净距应按表 3.5.3 确定。

表 3.5.3　直线桥梁线路中心至人行道栏杆内侧的最小净距(m)

铁路类型	桥面形式	线路中心至人行道栏杆内侧的最小净距
高速铁路	有砟轨道桥面	3.75
	无砟轨道桥面	3.45
城际铁路	—	3.25
设计时速 200 km 客货共线铁路	—	3.25
设计时速 160 km 及以下客货共线铁路、重载铁路	混凝土桥面	3.0
	钢梁明桥面	2.45

注:曲线桥梁线路中心至人行道栏杆内侧的净距应考虑曲线加宽的影响。

3　有砟桥面人行道宜优先采用整体桥面,并根据桥位具体情况和养护维修不同要求考虑维修通道的设置。

3.5.4　避车台的设置应符合下列规定:

1　高速铁路、城际铁路、设计时速 200 km 客货共线铁路桥上可不设避车台。

2　对于设计时速 160 km 及以下客货共线铁路、重载铁路,线路中心至人行道栏杆内侧的最小净距小于 3.25 m 时,单线桥应在两侧人行道上按间隔 30 m 左右交错设置避车台,双线及多线桥应在每一侧各相距 30 m 左右设置避车台。

3　设置避车台的桥梁线路中心至避车台内侧的净距不小于 3.75 m。

4　采用大型养路作业车的铁路桥梁可不设养路机械作业平台。

3.6　维修养护设施

3.6.1　桥涵结构的检查设备应符合下列规定:

1　高速铁路、城际铁路墩台顶至地面高度大于 6 m,客货共线、重载铁路墩台顶至地面高度大于 4 m,或经常有水的桥梁,当不具备其他检修条件时,墩台顶应设置围栏、吊篮;当没有其他方式到达墩台顶时,应设置桥面至墩台顶的检查梯。

2　梁、拱等应根据结构形式和需要,分别设置吊篮、活动检查小车、栏杆和检查梯等。

3　重要的桥梁应根据构造特点和需要,设置专门的移动检查设备和固定检查通道。

4　桥涵处路堤高度超过 3.0 m 时,应在路堤边坡上设置简易台阶。

3.6.2　铁路桥梁可根据需要设置救援疏散通道,救援疏散通道设计应符合下列规定:

1　桥长超过 3 km 时,结合地面道路条件,每隔 3 km(单侧6 km)左右,在线路两侧交错设置一处可上下桥的救援疏散通道。

2　桥梁救援疏散通道应满足抗震设防的要求。

3　桥上应设置疏散导向标志,救援疏散通道侧对应的桥上栏杆或声屏障位置应预留出口。

3.6.3　铁路桥墩可能受到汽车或船舶撞击时,宜设置防护设施。

3.6.4　技术复杂、修复困难的特大桥及其他重要的桥梁应根据相关规定设置守护。

3.6.5　采用木枕的明桥面应按表 3.6.5 设置防火水桶或砂箱。重要桥梁可根据需要配备化学灭火器、水枪、抽水机等防火用具。

表 3.6.5 明桥面防火设备设置数量及安装位置

桥梁全长(m)	水桶或砂箱数量及安装位置
30~60	桥头设置一个
60~120	桥两头各设置一个
120 及以上	除桥两头各设置一个外,并每隔约 60 m 交错设置一个

注:桥梁全长指两桥台尾之间的长度。

3.6.6 全长大于 500 m 的钢梁桥和多线并行总长大于 500 m 的钢梁桥,应在桥上安装风管、水管、电力动力线以及相应的设备,必要时配备船只。

3.7 铁路线路交叉跨越桥梁结构设计与安全防护

3.7.1 铁路与铁路、铁路与公路交叉跨越时,应满足以下要求:

1 上跨的公路或铁路桥应按有关规定采取可靠的安全防护措施,确保既有线的运营安全。

2 下穿的公路或铁路要综合考虑地形地质条件、运营安全等要求,做好对铁路桥的防撞、防洪、防排水设计和施工。

3.7.2 高速铁路与输油、输水、输气管道等其他设施以桥梁方式交叉跨越时,应选择高速铁路上跨方案。

3.7.3 上跨铁路的公路桥,其跨线及相邻桥跨结构设计除应满足公(道)路相关设计标准的规定外,尚应符合下列规定:

1 安全等级采用一级,结构重要性系数为 1.1。

2 汽车设计荷载采用相应标准设计荷载的 1.3 倍。

3 抗震设防类别应按不低于公路(城市)桥梁抗震设计标准中规定的 B(乙)类采用,并满足现行《铁路工程抗震设计规范》GB 50111的相关要求。

4 梁部结构宜采用整体箱梁。采用其他结构形式时,应采取措施加强结构的整体性。

3.7.4 上跨铁路立交桥的新建公(道)路桥梁,其安全防护应符合下列规定:

1 高速铁路安全防护范围内的桥面应采用两道防护,桥梁护栏应按不低于现行《公路交通安全设施设计规范》JTG D81 规定的最高防撞等级进行设计;其余等级铁路安全防护范围内桥梁可采用一道防护,并按提高一级防撞等级设计。

2 桥上应设置安全警示标志和接地系统。

3 桥上应设置防落物网。

4 桥面宜采用集中排水方式,引出铁路范围以外。

5 跨线范围内桥面灯杆不宜设置在桥面外侧,并采取防止灯杆倾覆坠落桥下的措施。

3.8 高架车站桥梁结构

3.8.1 高架车站桥梁结构除满足车站使用功能要求外,应与高架车站设计协调。

3.8.2 道岔区桥梁结构应满足道岔对结构的相对变形和变位的要求。

3.8.3 整体的高架结构应统筹考虑整体结构的变形变位。

3.8.4 高架车站采用分离式结构时,车站正线梁体结构的变形、变位和自振频率等应符合本规范第5章的规定;站线梁体由静活载引起的竖向挠度应符合现行《铁路桥涵混凝土结构设计规范》TB 10092的有关规定。采用整体的高架结构应考虑其整体的变形变位。

3.9 系统接口设计

3.9.1 桥梁结构设计时应考虑轨道的要求和梁轨相互作用。

3.9.2 桥上应根据环保要求考虑各种防护屏障基础设置条件。

3.9.3 桥梁设计应考虑设置接地装置的条件。

3.9.4 桥梁设计应根据需要设置电缆槽道、电缆上下桥设备、接触网支柱等设施的条件。

3.9.5 桥隧、桥路接口段应统筹考虑排水、危岩落石和边坡防护等设计。

3.9.6 救援疏散通道的设置应和桥下维修通道、声屏障安全通道及地面道路统筹考虑。

3.9.7 通航河道桥应设置必要的航标等设施。

3.9.8 桥涵应按照相关标准的规定设置结构变形及基础沉降观测装置。

3.9.9 大跨度桥梁桥上轨面高程应考虑梁体预设拱度影响。

4 设计荷载

4.1 荷载分类和组合

4.1.1 桥涵结构设计应根据结构的特性,按表4.1.1所列的荷载,就其可能的最不利组合情况进行计算。

表4.1.1 桥涵荷载

荷载分类		荷载名称
主力	恒载	结构构件及附属设备自重 预加力 混凝土收缩和徐变的影响 土压力 静水压力及水浮力 基础变位的影响
	活载	列车竖向静活载 公路(城市道路)活载 列车竖向动力作用 离心力 横向摇摆力 活载土压力 人行道人行荷载 气动力
附加力		制动力或牵引力 支座摩擦阻力 风力 流水压力 冰压力 温度变化的作用 冻胀力 波浪力
特殊荷载		列车脱轨荷载 船只或排筏的撞击力 汽车撞击力 施工临时荷载 地震力 长钢轨纵向作用力(伸缩力、挠曲力和断轨力)

注:1 如杆件的主要用途为承受某种附加力,则在计算此杆件时,该附加力应按主力考虑。
2 流水压力不与冰压力组合,两者也不与制动力或牵引力组合。
3 船只或排筏的撞击力、汽车撞击力,只计算其中的一种荷载与主力相组合,不与其他附加力组合。
4 列车脱轨荷载只与主力中恒载组合,不与主力中活载和其他附加力组合。
5 地震力与其他荷载的组合应符合现行《铁路工程抗震设计规范》GB 50111的相关规定。
6 无缝线路纵向作用力不参与常规组合,其与其他荷载的组合按本规范第4.3.13条的相关规定执行。

4.1.2　桥梁设计时，应仅考虑主力与一个方向（顺桥或横桥方向）的附加力相结合。

4.1.3　桥梁设计应根据各种结构的不同荷载组合，将材料基本容许应力和地基容许承载力乘以不同的提高系数。预应力混凝土结构中的强度及抗裂性计算应采用不同的安全系数。

4.1.4　铁路公路（城市道路）两用桥梁考虑同时承受铁路和公路（城市道路）活载时，铁路活载应按本章有关规定计算，公路（城市道路）活载应按现行《公路工程技术标准》JTG B01、《城市桥梁设计荷载标准》CJJ 77 规定的全部活载的 75% 计算，但对仅承受公路（城市道路）活载的构件，应按公路（城市道路）全部活载计算。

4.2　恒　　载

4.2.1　桥涵结构的恒载应按下列规定计算：

1　一般常用材料容重应符合表 4.2.1 的规定。

表 4.2.1　一般常用材料容重表

材　料　名　称	材料容重（kN/m^3）
钢、铸钢	78.5
铸　铁	72.5
铅	114.0
钢筋混凝土或预应力混凝土（配筋率在 3% 以内）	25.0~26.0
混凝土和片石混凝土	24.0
浆砌块石或料石	24.0~25.0
浆砌片石	23.0
干砌块石或片石	21.0
碎（砾）石	21.0
级配碎石	22.0
填　土	17.0~18.0
填石（利用弃渣）	19.0~20.0
碎石道砟	21.0
浇筑的沥青	15.0
压实的沥青	20.0
不注油的木材	7.5
注油的木材	9.0

注：钢筋混凝土中配筋率大于 3% 时，其容重为单位体积中混凝土（扣除所含钢筋体积）自重加钢筋自重。

2　焊接桥梁焊缝、栓焊桥梁焊缝的自重采用轧制钢材的 1.5%，高强度螺栓按实际数量计算。

4.2.2　作用于墩台上的土的侧压力可按库伦（楔体极限平衡）理论推导的主动土压力计算（本规范附录 A），并应符合下列规定：

1　填筑渗水土时，内摩擦角 φ 可按 33°取值；填筑一般填石（利用弃渣）时，内摩擦角 φ 可按 40°取值；填料与墩台表面的外摩擦角 δ 按 $\varphi/2$ 取值计算。

2 台后填料的内摩擦角取值应根据台后填筑的实际情况确定。台后填料与本条第1款规定不符时,应按现有或试验数据取值计算。

3 台后填料的土层特性有变化或受水位影响时,土的侧压力应分层计算。

4 在计算滑动稳定时,墩台前侧不受冲刷部分土的侧压力可按静止土压力计算(本规范附录B)。

5 对承受土侧压力的构架式墩台,作用在桩、柱上的土压力计算宽度按下列规定计算,如图4.2.2所示:

1) 当$L_i \leqslant d$时,可不考虑桩、柱之间空隙的折减,作用在每一桩、柱上的土压力计算宽度按下式计算:

$$b=\frac{\left(nd+\sum_{i=1}^{n-1}L_i\right)}{n} \qquad (4.2.2\text{—}1)$$

2) 当$L_i>d$时,应考虑桩、柱间空隙的折减并按下列情况计算:

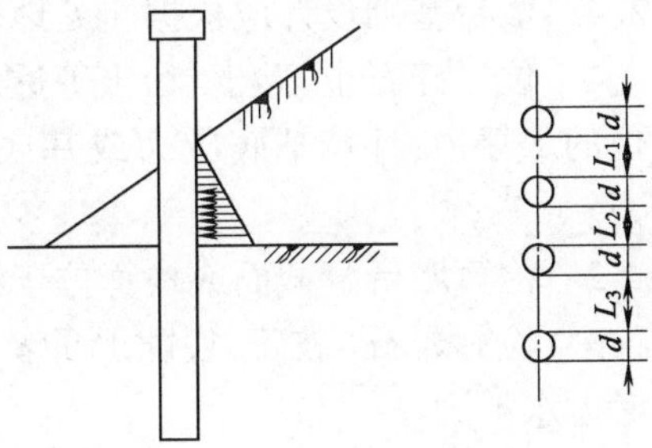

图4.2.2 作用于桩、柱上的土压力

当$d \leqslant 1.0$ m时,作用在每一桩、柱上的土压力计算宽度:

$$b=\frac{d(2n-1)}{n} \qquad (4.2.2\text{—}2)$$

当$d>1.0$ m时,作用在每一桩、柱上的土压力计算宽度:

$$b=\frac{n(d+1)-1}{n} \qquad (4.2.2\text{—}3)$$

式中 d——桩、柱直径或宽度(m);

L_i——桩、柱间的净距(m);

n——桩、柱的根数。

6 土压力计算可不考虑动力作用。

4.2.3 路堤填方作用于涵洞的竖向压力和水平压力,应按下列公式计算:

$$\text{竖向压力} \quad p=K\gamma H \qquad (4.2.3\text{—}1)$$

$$\text{水平压力} \quad e=\xi\gamma H_1 \qquad (4.2.3\text{—}2)$$

式中 p,e——压力(kPa);

H——轨底至涵洞顶的填土高度(m);

H_1——轨底至涵洞计算截面处的填土高度(m);

γ——填料容重(kN/m^3);

ξ——水平土压力系数,填土采用0.25或0.35,视设计的控制情况采用,经久压实的路堤采用0.25;

K——竖向土压力系数(表4.2.3),经久压实的路堤采用1.0。

表4.2.3 竖向土压力系数K

H/D	0.1	0.5	1	2	3	4
K	1.04	1.20	1.40	1.45	1.50	1.45

续上表

H/D	5	6	7	8	9	≥10
K	1.40	1.35	1.30	1.25	1.20	1.15

注:1　表中 D 为涵洞的外形宽度(m)。对于边墙背为倾斜的涵洞,D 为墙底面的外形宽度。对于圆涵 D 为外直径。

2　新填土的涵洞应分别考虑路堤为新填土和经久压实土的两种情况计算。在已压实的旧路堤中,用顶进法施工的涵洞,仅考虑路堤为经久压实的情况。

4.2.4　墩台基础设计应根据所处地基状况考虑水浮力的影响,可按以下原则计算:

1　位于碎石土、砂土、粉土等透水地基上的墩台,检算稳定性时应考虑设计洪水频率水位的水浮力;计算基底应力或基底偏心时仅考虑常水位(包括地表水或地下水)的水浮力。

2　检算墩台身截面或检算位于黏性土上的基础可不考虑水浮力。

3　检算岩石(破碎、裂隙严重者除外)上的基础且基础混凝土与岩石接触良好时,可不考虑水浮力。

4　位于粉质黏土和其他地基上的墩台,不能确定是否透水时,应分别按透水与不透水两种情况检算基底并取其不利者。

4.3　活　　载

4.3.1　铁路桥涵结构设计采用的列车荷载标准应符合现行《铁路列车荷载图式》的规定。

4.3.2　同时承受多线列车荷载的桥梁,其列车竖向静活载计算应符合下列规定:

1　采用 ZKH 或 ZH 活载时,双线桥梁结构活载按两条线路在最不利位置承受 90% 计算;三线、四线桥梁结构活载按所有线路在最不利位置承受 80% 计算;四线以上桥梁结构活载按所有线路在最不利位置承受 75% 计算。

2　采用 ZK 或 ZC 活载时,双线桥梁结构按两条线路在最不利位置承受 100% 的 ZK 或 ZC 活载计算。多于两线的桥梁结构应按以下两种情况最不利者考虑:按两条线路在最不利位置承受 100% 的 ZK 或 ZC 活载,其余线路不承受列车活载;所有线路在最不利位置承受 75% 的 ZK 或 ZC 活载。

3　桥上所有线路不能同时运转时,应按可能同时运转的线路计算列车竖向力、离心力。

4　对承受局部活载的杆件均按该列车竖向活载的 100% 计算。

5　对于货物运输方向固定的多线重载铁路桥梁结构,列车竖向活载计算时可根据实际情况考虑相应折减。

4.3.3　设计加载时列车荷载图式可以任意截取。加载的结构(影响线)长度应符合下列规定:

1　需要加载的结构(影响线)长度超过运营列车最大编组长度时,可采用列车最大编组长度。

2　对于多符号影响线,可在同符号影响线各区段进行加载,异符号影响线区段长度不大于 15 m 时可不加活载;异符号影响线区段长度大于 15 m 时,可按空车活载 10 kN/m

加载。

3 用空车检算桥梁各部构件时，竖向活载应按 10 kN/m 计算。

4 疲劳验算时异符号影响线区段长度内均应按活载图式中的均布荷载加载。

4.3.4 列车静活载在桥台后引起的侧向土压力可按主动土压力计算，列车静活载可换算为当量均布土层厚度计算(本规范附录 A)。

4.3.5 列车竖向活载对涵洞的竖向压力和水平压力计算时，假定活载在轨底平面上的横向分布宽度为 2.6 m，其在路基内与竖直线成一角度(正切为 0.5)向外扩散，可按下列公式计算：

$$\text{水平压力} \quad e=\xi q_h \tag{4.3.5—1}$$

$$\text{竖向压力} \quad q_h=\frac{q}{2.6+h} \tag{4.3.5—2}$$

式中 e, q_h——压力(kPa)；

ξ——水平土压力系数，见本规范第 4.2.3 条；

h——轨底以下的深度(m)；

q——特种活载分布集度(kN/m)。

4.3.6 桥涵结构计算应考虑列车竖向活载动力作用，可按竖向静活载乘以动力系数($1+\mu$)确定。实体墩台、基础计算可不考虑动力作用。

4.3.7 客货共线、重载铁路桥梁结构动力系数应按下列公式计算，且不小于 1.0。

1 简支或连续的钢桥跨结构和钢墩台动力系数应按下式计算：

$$1+\mu=1+\frac{28}{40+L} \tag{4.3.7—1}$$

2 钢与钢筋混凝土板的结合梁动力系数应按下式计算：

$$1+\mu=1+\frac{22}{40+L} \tag{4.3.7—2}$$

3 钢筋混凝土、素混凝土、石砌的桥跨结构及涵洞、刚架桥，其顶上填土厚度 h 大于等于 3 m(从轨底算起)时不计列车竖向动力作用。当 h 小于 3 m 时，动力系数应按下式计算：

$$1+\mu=1+\alpha\left(\frac{6}{30+L}\right) \tag{4.3.7—3}$$

式中 $\alpha=0.32\times(3-h)^2$，$h<0.5$ m 时 h 取 0.5 m。式(4.3.7—1)~式(4.3.7—3)中的 L 以 m 计，除承受局部活载杆件为影响线加载长度外，其余均为桥梁跨度。

4 空腹式钢筋混凝土拱桥的拱圈和拱肋动力系数应按下式计算：

$$1+\mu=1+\frac{15}{100+\lambda}\left(1+\frac{0.4L}{f}\right) \tag{4.3.7—4}$$

式中 L——拱桥的跨度(m)；

λ——计算桥跨结构的主要杆件时为计算跨度(m)；对于只承受局部活载的杆件，则按其计算图式为一个或数个节间的长度(m)；

f——拱的矢高(m)。

5 支座的动力系数计算公式与相应的桥跨结构计算公式相同。

4.3.8 高速铁路、城际铁路桥梁结构动力系数($1+\mu$)应按下式计算，且不小于 1.0。

$$1+\mu=1+\left(\frac{1.44}{\sqrt{L_{\varphi}}-0.2}-0.18\right) \tag{4.3.8}$$

式中　L_{φ}——加载长度(m):加载长度小于 3.61 m 时,应取3.61 m;简支梁应取梁的跨度;连续梁可按平均跨度乘以跨度调整系数(表 4.3.8)确定,且不应小于最大跨度。

表 4.3.8　连续梁跨度调整系数

跨　数	2	3	4	≥5
跨度调整系数	1.2	1.3	1.4	1.5

4.3.9　高速铁路、城际铁路涵洞及结构顶面有填土的承重结构,顶面填土厚度大于 3 m 时,可不计列车动力作用;顶面填土厚度小于等于 3 m 时,动力系数应按下式计算,且不小于 1.0。

$$1+\mu=1+\left(\frac{1.44}{\sqrt{L_{\varphi}}-0.2}-0.18\right)-\mu_{折减} \tag{4.3.9—1}$$

式中　L_{φ}——加载长度(m):加载长度小于 3.61 m 时,应取 3.61 m;

$\mu_{折减}$——涵洞动力系数折减系数,可按下式计算:

$$\mu_{折减}=0.63-\frac{0.5}{h_c+0.8} \tag{4.3.9—2}$$

式中　h_c——涵洞及结构顶面至轨底的填土厚度(m)。

4.3.10　桥梁在曲线上时,应考虑列车竖向静活载产生的离心力。离心力的计算应符合下列规定:

1　离心力应按下列公式计算:

$$F=f\cdot C\cdot W=f\cdot\frac{V^2}{127R}\cdot W \tag{4.3.10—1}$$

式中　C——离心力率,应不大于 0.15;

V——设计速度(km/h);

W——列车荷载图式中的集中荷载或分布荷载(kN 或 kN/m);

R——曲线半径(m);

f——列车竖向活载折减系数,按式(4.3.10—2)计算:当计算值大于 1.0 时 f 取 1.0;当设计速度大于250 km/h时,f 按设计速度等于 250 km/h 计算;城际铁路、重载铁路 f 值取 1.0;

$$f=1.00-\frac{V-120}{1\,000}\left(\frac{814}{V}+1.75\right)\left(1-\sqrt{\frac{2.88}{L}}\right) \tag{4.3.10—2}$$

L——桥上曲线部分荷载长度(m):当 $L\leqslant 2.88$ m 或 $V\leqslant 120$ km/h 时,f 值取 1.0;当 $L>150$ m 时,f 按 $L=150$ m 计算。

2　当设计速度大于 120 km/h 时,离心力和列车竖向活载组合时应考虑以下三种情况:

1)不折减的列车竖向活载和按 120 km/h 速度计算的离心力($f=1.0$)。

2)折减的列车竖向活载和按设计速度计算的离心力($f<1.0$)。

3)曲线上的桥梁还应考虑没有离心力时列车竖向活载作用的情况。

3 客货共线铁路离心力作用高度应按水平向外作用于轨顶以上 2.0 m 处计算，高速铁路、城际铁路离心力作用高度应按水平向外作用于轨顶以上 1.8 m 处计算。重载铁路离心力作用高度应按水平向外作用于轨顶以上 2.4 m 处计算。

4.3.11 列车制动力或牵引力计算应符合下列规定：

1 制动力或牵引力应按计算长度内列车竖向静活载的 10% 计算；但当与离心力或列车竖向动力作用同时计算时，制动力或牵引力应按计算长度内列车竖向静活载的 7% 计算。

2 双线桥梁按一线的制动力或牵引力计算；三线或三线以上的桥梁按双线的制动力或牵引力计算。

3 车站内的桥梁应根据其结构形式考虑制动和起动同时发生的可能进行设计。

4 桥头填方破坏棱体范围内的列车竖向活载所产生的制动力或牵引力可不计算。

5 采用铁路列车荷载图式中的特种活载时，不计算制动力或牵引力。

6 重载铁路制动力或牵引力作用在轨顶以上 2.4 m 处，其他标准铁路的制动力或牵引力均作用在轨顶以上 2 m 处。当计算桥梁墩台时移至支座中心处，计算台顶以及刚构桥、拱桥时制动力或牵引力时移至轨底，均不计移动作用点所产生的竖向力或力矩。

4.3.12 列车横向摇摆力作为一个集中荷载取最不利位置，以水平方向垂直线路中心线作用于钢轨顶面。横向摇摆力按表 4.3.12取值并应符合下列规定：

1 多线桥梁可仅计算任一线上的横向摇摆力。

2 客货共线铁路、重载铁路空车时应考虑横向摇摆力。

表 4.3.12 横向摇摆力计算取值表(kN)

设计标准	重载铁路	客货共线铁路	高速铁路	城际铁路
摇摆力	$100z$	100	80	60

注：重载铁路列车横向摇摆力折减系数 z 的取值与重载铁路荷载系数一致。

4.3.13 铺设无缝线路的桥梁应考虑无缝线路纵向力(伸缩力、挠曲力、断轨力)作用。无缝线路纵向力计算应符合下列规定：

1 无缝线路纵向作用力的取值按现行《铁路无缝线路设计规范》TB 10015 相关规定计算。

2 检算墩台时，纵向力作用点应为墩台支座铰中心，检算支座时应为支座顶中心；桥台顶断轨力作用点为台顶。

3 桥梁位于无缝线路区段时，墩台设计无缝线路纵向力组合应符合下列规定：

1)同一股钢轨的伸缩力、挠曲力、断轨力不得叠加。

2)伸缩力、挠曲力、断轨力不得与同线列车活载引起的作用力组合。

3)墩台设计时增加的长钢轨纵向作用力荷载组合应符合表 4.3.13 的规定。

表 4.3.13 增加的长钢轨纵向作用力组合表

墩台类型	组合情况	桥上行车状况	纵向力组合	容许值提高系数参照
单线墩台	1	无车	恒载+两股钢轨伸缩力或挠曲力(取较大值)	主力
	2	无车	恒载+一股钢轨伸缩力+另一股钢轨断轨力	主力+特殊荷载

续上表

墩台类型	组合情况	桥上行车状况	纵向力组合	容许值提高系数参照
双线墩台	3	双线无车	恒载+四股钢轨伸缩力或挠曲力(取较大值)	主力
	4	一线有车另一线无车	恒载+一线活载+一线列车制动力或牵引力+另一线两股钢轨伸缩力或挠曲力(取较大值)+其他纵向附加力	主力+纵向附加力
	5	双线无车	恒载+一股钢轨断轨力+另一股钢轨伸缩力+另一线两股钢轨伸缩力或挠曲力(取较大值)	主力+特殊荷载
	6	一线无车另一线有车	恒载+一线一股钢轨断轨力+另一股钢轨伸缩力+另一线活载(制动力或牵引力)	主力+特殊荷载
三线及以上墩台	7	n 线无车	恒载+$2n$ 股钢轨伸缩力或挠曲力(取较大值)	主力
	8	两线有车($n-2$)线无车	恒载+两线活载+两线列车制动力或牵引力+($n-2$)×2 股钢轨伸缩力或挠曲力(取较大值)+其他纵向附加力	主力+纵向附加力
	9	两线有车($n-2$)线无车	恒载+两线活载+两线列车制动力或牵引力+一股钢轨断轨力+($n-2$)×2-1股钢轨伸缩力	主力+特殊荷载

注:n 为桥上股道数。

4.3.14　长度大于 15 m 的桥梁应考虑列车脱轨荷载。列车竖向脱轨荷载可不计动力系数。多线桥只考虑一线脱轨荷载,且其他线路上不作用列车荷载。列车脱轨荷载应按下列两种情况考虑:

1　列车脱轨后一侧车轮仍停留在桥面轨道范围内。两条平行于线路中线、相距为 1.4 m 的线荷载,作用于线路中线一侧不超过挡砟墙或防护墙内侧的最不利位置上。该线荷载在长度为6.4 m的一段上为 50 kN/m,前后各接以 25 kN/m,如图 4.3.14—1 所示。

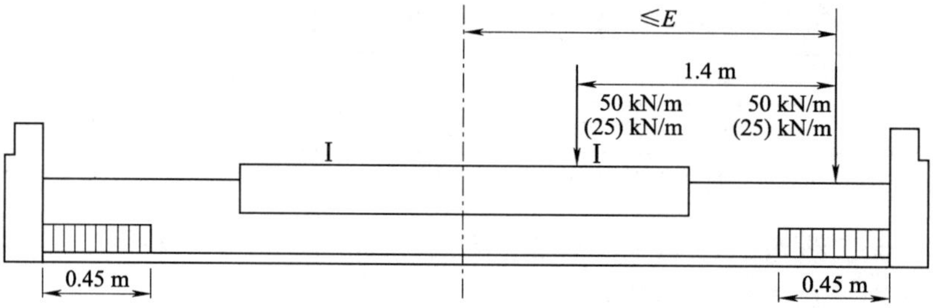

图 4.3.14—1　列车竖向脱轨荷载(情况一)

2　列车脱轨后已离开轨道范围但仍停留在桥面边缘时,列车脱轨荷载应考虑竖向脱轨荷载。竖向脱轨荷载为一条长度为20 m平行于线路中线的线荷载,作用于挡砟墙内侧,离线路中心的最大距离为线路中线一侧不超过挡砟墙或防护墙内侧的距离,如图 4.3.14—2所示。

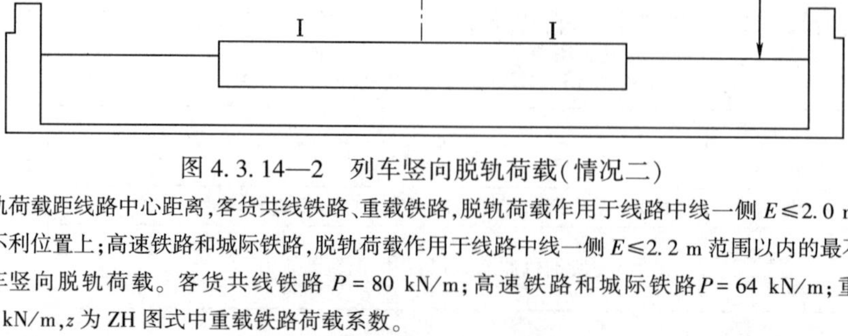

图 4.3.14—2　列车竖向脱轨荷载(情况二)

注:E——脱轨荷载距线路中心距离,客货共线铁路、重载铁路,脱轨荷载作用于线路中线一侧 E≤2.0 m 范围以内的最不利位置上;高速铁路和城际铁路,脱轨荷载作用于线路中线一侧 E≤2.2 m 范围以内的最不利位置上。

P——列车竖向脱轨荷载。客货共线铁路 P = 80 kN/m;高速铁路和城际铁路P= 64 kN/m;重载铁路 P = 85z kN/m,z 为 ZH 图式中重载铁路荷载系数。

4.3.15 气动力计算应符合下列规定：

1 由驶过列车引起的气动压力和气动吸力应由一个 5 m 长的移动面荷载+q 及一个 5 m 长的移动面荷载−q 组成。

2 水平气动力作用在轨顶之上 5 m 范围内，可按图 4.3.15 查取。垂直气动力 q_v 应按下式计算：

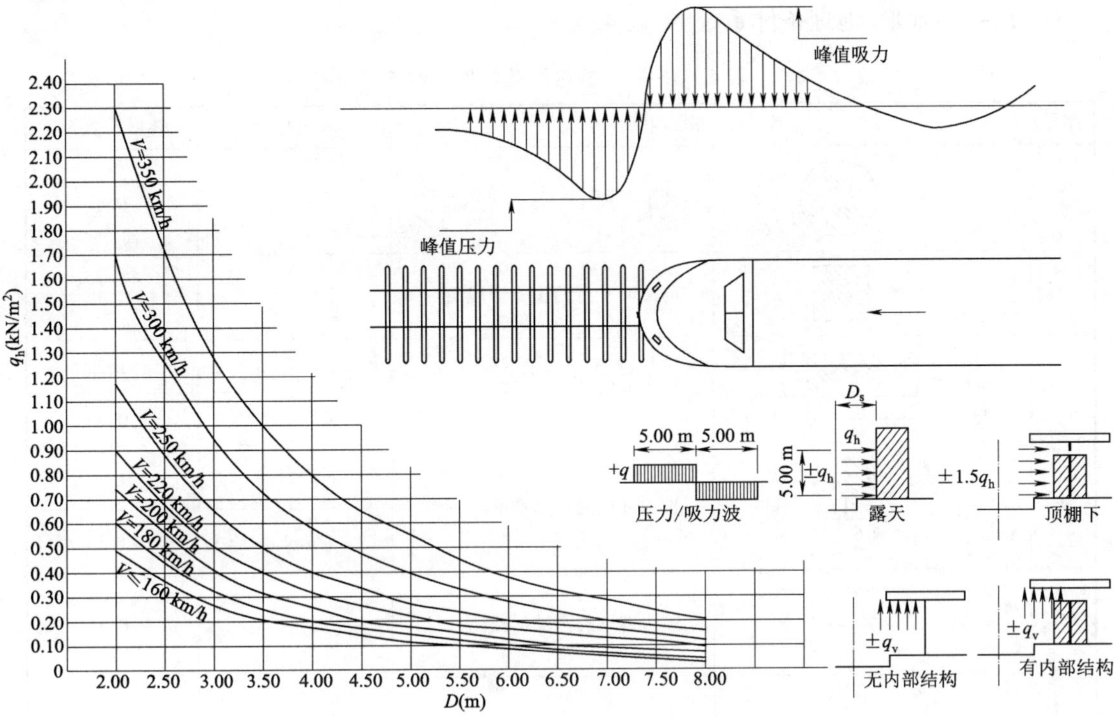

图 4.3.15 驶过的列车对建筑物或构件的气动力

$$q_v = 2\,q_h \cdot \frac{7D+30}{100} \tag{4.3.15}$$

式中 q_v——垂直气动力(kN/m²)；

q_h——水平气动力(kN/m²)；

D——作用线至线路中心距离(m)。

3 对顶盖下的建筑物或构件，q_h 与 q_v 应乘以 1.5 的阻挡系数。声屏障设计时面荷载 q_h 和 q_v 应与有车的风荷载叠加。因气动力可能引起自振的结构，还应考虑动力放大系数，该系数通过研究确定。

4.4 其他荷载

4.4.1 风荷载应按下列规定计算：

1 作用于桥梁上的风荷载强度可按下式计算：

$$W = K_1 K_2 K_3 W_0 \tag{4.4.1—1}$$

式中 W——风荷载强度(Pa)；

W_0——基本风压值(Pa)，$W_0 = \frac{1}{1.6}v^2$ 按平坦空旷地区，离地面 20 m 高，频率 1/100

的 10 min 平均最大风速 v(m/s)计算确定；一般情况 W_0 可按本规范附录 C “全国基本风压分布图”，并通过实地调查核实后采用；

K_1——桥墩风载体形系数，桥墩见表 4.4.1—1，其他构件为 1.3；

K_2——风压高度变化系数，见表 4.4.1—2：风压随离地面或常水位的高度而异，除特殊高墩个别计算外，为简化计算，全桥均取轨顶高度处的风压值；

K_3——地形、地理条件系数，见表 4.4.1—3。

表 4.4.1—1　桥墩风载体形系数 K_1

序号	截面形状		长宽比值	体形系数 K_1
1	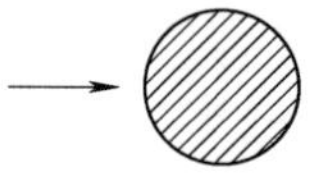	圆形截面	—	0.8
2	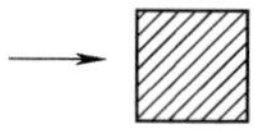	与风向平行的正方形截面	—	1.4
3	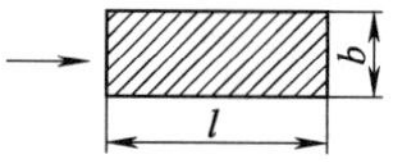	短边迎风的矩形截面	$l/b \leq 1.5$	1.2
			$l/b > 1.5$	0.9
4	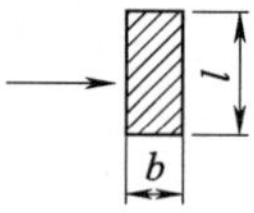	长边迎风的矩形截面	$l/b \leq 1.5$	1.4
			$l/b > 1.5$	1.3
5	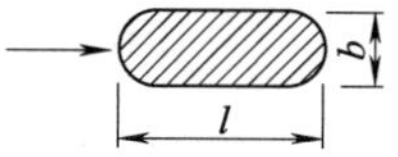	短边迎风的圆端形截面	$l/b \geq 1.5$	0.3
6	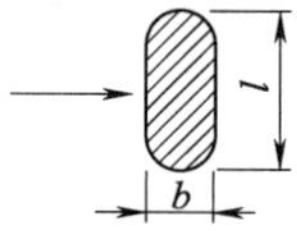	长边迎风的圆端形截面	$l/b \leq 1.5$	0.8
			$l/b > 1.5$	1.1

表 4.4.1—2　风压高度变化系数 K_2

离地面或常水位高度(m)	≤20	30	40	50	60	70	80	90	100
K_2	1.00	1.13	1.22	1.30	1.37	1.42	1.47	1.52	1.56

表 4.4.1—3　地形、地理条件系数 K_3

地形、地理情况	K_3
一般平坦空旷地区	1.0
城市、林区盆地和有障碍物挡风时	0.85~0.90
山岭、峡谷、垭口、风口区、湖面和水库	1.15~1.30
特殊风口区	按实际调查或观测资料计算

2　横向风力的受风面积应按桥跨结构杆件中心线轮廓面积乘以下列系数取值计算：

1)钢桁梁及钢塔架按 0.4 取值。

2)钢拱两弦间的面积按 0.5 取值。

3)桁拱下弦中心线与系杆间的面积或上弦中心线与桥面系间的面积按 0.2 取值。

4)整片的桥跨结构按 1.0 取值。

3 列车横桥向受风面积应按 3 m 高的长方带计算,其作用点在轨顶以上 2 m 高度处。

4 桥上有车时,风荷载强度应按式(4.4.1—1)中 W 的 80% 计算,并不大于 1 250 Pa;桥上无车时按 W 计算。

5 检算桥台时,桥台本身所受风力不予计算。桥台施工时孤立状态的风荷载强度,应根据具体情况按有关规定办理。

6 纵向风力与横向风力计算方法相同。对于列车、桥面系和各类上承梁所受的顺桥向风荷载可不予计算;对于下承式桁梁和塔架顺桥向风荷载强度,可按其横向风荷载强度的 40% 计算。

7 对于高墩等高耸建筑物,其自振周期较大时,应考虑风振的影响。

8 标准设计的风压强度应按下列公式计算:

桥上有车时 $W=K_1K_2\times800$,并不大于 1 250 Pa (4.4.1—2)

桥上无车时 $W=K_1K_2\times1\,400$ (4.4.1—3)

4.4.2 作用于桥墩上的流水压力计算应符合下列规定:

1 作用于桥墩上的流水压力可按式(4.4.2)计算。

$$P=KA\frac{\gamma v^2}{2g_{\mathrm{n}}} \tag{4.4.2}$$

式中 P——流水压力(kN);

A——桥墩阻水面积(m^2),通常计算至一般冲刷线处;

γ——水的容重,一般采用 10 kN/m^3;

g_{n}——重力加速度($\mathrm{m/s}^2$);

v——计算时采用的计算流速(m/s):检算稳定性时采用设计频率水位的流速;计算基底应力或基底偏心时采用常水位的流速;

K——桥墩形状系数:方形桥墩为 1.47;尖端形桥墩为 0.67;矩形桥墩长边与水流平行为 1.33;圆端形桥墩为 0.60;圆形桥墩为 0.73。

2 流水压力的分布假定为倒三角形,其合力作用点位于水位线以下 1/3 水深处。

4.4.3 位于有冰凌的河流和水库中的桥墩台,应根据当地冰凌的具体条件及墩台结构形式,考虑有关冰荷载作用。冰压力可按下述规定取用:

1 河流流冰产生的动压力。

2 风和水流作用于大面积冰层产生的静压力。

3 冰覆盖层受温度影响膨胀时的静压力(在闭塞空间)。

4 冰堆整体推移的静压力。

5 冰层因水位升降产生的竖向作用力。

4.4.4 桥涵结构和构件应计算均匀温差和日照温差引起的变形和应力。温差计算时的线膨胀系数可按表 4.4.4 取值。均匀温差应按当地气候条件与建造条件确定,并应符合下列规定:

1 涵洞和跨度在 15 m 以内,矢跨比不小于 1/4 的石拱桥,且最冷月平均气温不低于 −20 ℃时,气温变化的影响可不考虑。

2 对于钢桥应考虑历年极端最高和最低气温;对于混凝土桥,则视构造的式样、尺寸和当地外界气温等条件按附录 D 的“钢筋混凝土、混凝土和砌石矩形截面杆件计算温度图解”确定构件的计算温度，外界气温根据桥涵所在地区按附录 E 的“全国一月份平均气温(℃)图和全国七月份平均气温(℃)图”确定。

3 均匀温差应从构件合龙时的温度算起。

表 4.4.4 线膨胀系数表

材料类型	线膨胀系数(1/℃)
钢	0.000 011 8
钢筋混凝土和素混凝土	0.000 010
石砌体	0.000 008

4.4.5 刚架、拱等超静定结构、预应力混凝土结构、结合梁等，应考虑混凝土收缩的影响，涵洞可不考虑。混凝土收缩的影响可按降低温度的方法计算，并符合下列规定：

1 整体灌筑的混凝土结构可按降低温度 20 ℃计算。

2 整体灌筑的钢筋混凝土结构可按降低温度 15 ℃计算。

3 分段灌筑的混凝土或钢筋混凝土结构可按降低温度 10 ℃计算。

4 装配式钢筋混凝土结构可按降低温度 5 ℃～10 ℃计算。

4.4.6 位于通航河流中的桥梁墩台，设计时应考虑船舶的撞击作用，其撞击作用力可按式(4.4.6)计算，撞击力的作用高度，应根据具体情况确定，缺乏资料时可采用通航水位的高度。

$$F=\gamma v\sin\alpha\sqrt{\frac{W}{C_1+C_2}} \tag{4.4.6}$$

式中 F——撞击力(kN)；

γ——动能折减系数($s/m^{\frac{1}{2}}$)：当船只或排筏斜向撞击墩台(指船只或排筏驶近方向与撞击点处墩台面法线方向不一致)时可采用 0.2，正向撞击(指船只或排筏驶近方向与撞击点处墩台面法线方向一致)时可采用 0.3；考虑设置吸能防护措施时，应适当折减，折减值应通过试验研究；

v——船只或排筏撞击墩台时的速度(m/s)：此项速度对于船只采用航运部门提供的数据，对于排筏可采用筏运期的水流速度；

α——船只或排筏驶近方向与墩台撞击点处切线所成的夹角，应根据具体情况确定，如有困难，可采用 $\alpha=20°$；

W——船只重或排筏重，以 kN 计；

C_1，C_2——船只或排筏的弹性变形系数和墩台圬工的弹性变形系数，缺乏资料时可假定 $C_1+C_2=0.000\ 5$ m/kN。

4.4.7 桥墩有可能受到汽车撞击时，应考虑汽车的撞击力。撞击力顺行车方向应采用 1 000 kN，横行车方向应采用 500 kN，两个等效力不同时考虑，撞击力作用于行车道以上 1.20 m 处。

4.4.8 连续结构桥墩及基础应计算恒载作用下支座摩擦阻力作用。

4.4.9 波浪力应按现行《港口与航道水文规范》JTS 145 的有关规定计算。

4.4.10 地震力作用应按现行《铁路工程抗震设计规范》GB 50111 的规定计算。

4.5 作业通道及栏杆荷载

4.5.1 当桥面上布置有作业通道时,作业通道设计应符合下列规定:

1 竖向静活载应采用4 kPa。主梁设计时作业通道的竖向静活载可不与列车荷载同时计算。

2 作业通道走行检查小车时应考虑检查小车的竖向活载,主梁设计时应与列车荷载同时计算。

3 作业通道板还应按竖向集中荷载1.5 kN检算。

4.5.2 检算栏杆立柱及扶手时,水平推力应按0.75 kN/m计算。水平推力作用于立柱顶面处。立柱和扶手还应按1.0 kN的集中荷载检算。

4.6 施 工 荷 载

4.6.1 结构构件就地建造或安装时,作用在构件上的施工荷载及在构件制造、运输、吊装时作用于构件上的临时荷载,应根据施工阶段、施工方法和施工条件确定。

4.6.2 计算施工荷载时,可根据具体情况分别采用各自有关的安全系数。

5　桥涵设计

5.1　一般规定

5.1.1　本章规定适用于跨度不大于 168 m 钢梁，跨度不大于 128 m 混凝土梁及墩高不大于 50 m 的桥梁。

5.1.2　车桥耦合动力响应分析应符合下列规定：

1　车桥耦合动力响应指标应符合表 5.1.2—1 的规定。

表 5.1.2—1　列车运行安全性指标

指标 \ 设计标准	高速、城际铁路	客货共线铁路	重载铁路	
			机　车	货　车
脱轨系数 Q/P	≤0.8	≤0.8	≤0.8	≤1.0
轮重减载率 $\Delta P/P$	≤0.6			
轮对横向力 Q(kN)	$\leq 10+P_0/3$	≤80	$\leq 0.90[15+(P_{st1}+P_{st2})/2]$	$\leq 0.85[15+(P_{st1}+P_{st2})/2]$

注：表中 Q 为车轮作用于钢轨上的横向力，单位 kN；ΔP 为轮重减载量，单位 kN；P 为车轮作用于钢轨上的垂直力，单位 kN；P_0、P_{st1}、P_{st2} 为车轮静轮重，单位 kN。

2　高速铁路、城际铁路、客货共线铁路车体竖向振动加速度 a_z 不应大于 1.3 m/s²（半峰值），横向振动加速度 a_y 不应大于 1.0 m/s²（半峰值）。

3　高速铁路、城际铁路斯佩林舒适度指标可按表 5.1.2—2 选用。

表 5.1.2—2　斯佩林舒适度指标

序　号	斯佩林舒适度指标	评价等级
1	$W\leq 2.50$	优
2	$2.50<W\leq 2.75$	良
3	$2.75<W\leq 3.00$	合格

4　设计时速 200 km 客货共线铁路、高速铁路、重载铁路桥面板在 20 Hz 及以下的竖向振动加速度限值，有砟桥面时不应大于 3.5 m/s²，无砟桥面时不应大于 5.0 m/s²（半峰值）。

5.1.3　桥涵混凝土结构应根据设计使用年限和环境类别进行耐久性设计，并符合现行《铁路混凝土结构耐久性设计规范》TB 10005的有关规定。

5.2　梁　　桥

5.2.1　梁式桥跨结构在计算荷载最不利组合作用下，横向倾覆稳定系数不应小于 1.3。钢筋混凝土悬臂梁式桥跨结构在相应于应力超过容许值 30% 时的竖向活载作用下的纵向倾覆稳定系数不应小于1.3。

5.2.2 梁体竖向变形限值应符合下列规定：

1 列车静活载作用下梁体的竖向挠度不应大于表5.2.2的限值要求。

表5.2.2 梁体竖向挠度容许值

铁路设计标准	跨度范围 设计速度	L≤40 m	40 m<L≤80 m	L>80 m
高速铁路	350 km/h	L/1 600	L/1 900	L/1 500
	300 km/h	L/1 500	L/1 600	L/1 100
	250 km/h	L/1 400	L/1 400	L/1 000
城际铁路	200 km/h	L/1 750	L/1 600	L/1 200
	160 km/h	L/1 600	L/1 350	L/1 100
	120 km/h	L/1 350	L/1 100	L/1 100
客货共线铁路	200 km/h	L/1 200	L/1 000	L/900
	160 km/h	L/1 000	L/900	L/800
重载铁路	120 km/h及以下	L/900	L/800	L/700

注：1 表中限值适用于三跨及以上的双线简支梁；三跨及以上一联的连续梁，梁体竖向挠度限值按表中数值的1.1倍取用；两跨一联的连续梁、两跨及以下的双线简支梁，梁体竖向挠度限值按表中数值的1.4倍取用。

2 单线简支或连续梁，梁体竖向挠度限值按相应双线桥限值的0.6倍取用。

3 表中的L为简支梁或连续梁检算跨的跨度。

2 拱桥、刚架及连续梁桥等超静定结构的竖向挠度应考虑温度的影响。竖向挠度按下列最不利情况取值，并应满足表5.2.2所列限值要求。

1）列车竖向静活载作用下产生的挠度值与0.5倍温度引起的挠度值之和。

2）0.63倍列车竖向静活载作用下产生的挠度值与全部温度引起的挠度值之和。

3 设计时速200 km及以上铁路无砟轨道桥面预应力混凝土梁，轨道铺设完成后，当跨度小于等于50 m时，竖向残余徐变变形不应大于10 mm；当跨度大于50 m时，竖向残余徐变变形不应大于L/5 000且不应大于20 mm。

4 高速铁路有砟轨道桥面预应力混凝土梁，轨道铺设完成后，竖向残余徐变变形不应大于20 mm。

5.2.3 梁体横向变形的限值应符合下列规定：

1 在列车横向摇摆力、离心力、风力和温度的作用下，梁体的水平挠度不应大于梁体计算跨度的1/4 000。

2 在列车横向摇摆力、离心力和温度的作用下，高速铁路、城际铁路无砟轨道桥梁相邻梁端两侧的钢轨支点处横向相对位移不应大于1 mm。

5.2.4 高速铁路、城际铁路列车竖向静活载作用下梁体扭转引起的轨面不平顺限值，在3 m长的线路范围一线两根钢轨的竖向相对变形量限值应符合表5.2.4的规定。

表5.2.4 竖向相对变形量限值表（mm）

铁路类型		竖向相对变形量t
高速铁路		1.5
城际铁路	设计时速200 km	3.0
	设计时速160 km	3.7
	设计时速120 km	4.5

5.2.5 简支梁竖向自振频率应符合下列规定：

1 设计时速 200 km 及以上时，简支梁竖向自振频率不应低于表 5.2.5—1 规定的限值，跨度 16 m 简支梁竖向自振频率不应低于 6.25 Hz。

表 5.2.5—1 简支梁竖向自振频率限值

跨度(m)	限值(Hz)
$L \leqslant 20$	$80/L$
$20<L \leqslant 128$	$23.58\ L^{-0.592}$

注：表中 L 为简支梁跨度(m)。

2 高速铁路运行车长 24 m～26 m 动车组、跨度不大于 32 m 的混凝土双线简支箱梁，当梁体竖向自振频率不低于表 5.2.5—2 的限值要求时，梁部结构设计可不进行车桥耦合动力响应分析。

表 5.2.5—2 常用跨度双线简支箱梁不需进行动力检算的竖向自振频率限值

跨度(m) \ 设计速度	250 km/h	300 km/h	350 km/h
20	$100/L$	$100/L$	$120/L$
24	$100/L$	$120/L$	$140/L$
32	$120/L$	$130/L$	$150/L$

5.2.6 在列车竖向静活载作用下，桥梁梁端竖向转角(图 5.2.6)限值应满足表 5.2.6—1～表 5.2.6—3 要求。无砟轨道桥梁，当梁端转角不满足表中限值要求时，应对梁端轨道结构和扣件系统受力进行检算。

表 5.2.6—1 设计时速 200 km 客货共线铁路梁端转角限值

轨道类型	位　置	限值(rad)	备　注
有砟轨道	桥台与桥梁之间	$\theta \leqslant 3.0‰$	—
	相邻两孔梁之间	$\theta_1+\theta_2 \leqslant 6.0‰$	—

表 5.2.6—2 高速铁路梁端转角限值

轨道类型	位　置	限值(rad)	备　注
有砟轨道	桥台与桥梁之间	$\theta \leqslant 2.0‰$	—
	相邻两孔梁之间	$\theta_1+\theta_2 \leqslant 4.0‰$	—
无砟轨道	桥台与桥梁之间	$\theta \leqslant 1.5‰$	梁端悬出长度≤0.55 m
		$\theta \leqslant 1.0‰$	0.55 m<梁端悬出长度≤0.75 m
	相邻两孔梁之间	$\theta_1+\theta_2 \leqslant 3.0‰$	梁端悬出长度≤0.55 m
		$\theta_1+\theta_2 \leqslant 2.0‰$	0.55 m<梁端悬出长度≤0.75 m

表 5.2.6—3 城际铁路梁端转角限值

轨道类型	位　置	限值(rad)	备　注
有砟轨道	桥台与桥梁之间	$\theta \leqslant 3.0‰$	—
	相邻两孔梁之间	$\theta_1+\theta_2 \leqslant 6.0‰$	—

续上表

轨道类型	位　　置	限值(rad)	备　　注
无砟轨道	桥台与桥梁之间	$\theta \leq 2.1‰$	梁端悬出长度≤0.30 m
		$\theta \leq 1.5‰$	0.30 m≤梁端悬出长度≤0.55 m
		$\theta \leq 1.0‰$	0.55 m<梁端悬出长度≤0.75 m
	相邻两孔梁之间	$\theta_1+\theta_2 \leq 4.2‰$	梁端悬出长度≤0.30 m
		$\theta_1+\theta_2 \leq 3.0‰$	0.30 m≤梁端悬出长度≤0.55 m
		$\theta_1+\theta_2 \leq 2.0‰$	0.55 m<梁端悬出长度≤0.75 m

注:相邻两孔梁的转角之和($\theta_1+\theta_2$)除应满足本条规定的限值外,每孔梁的转角尚应满足本条中“桥台与桥梁间转角限值”规定。

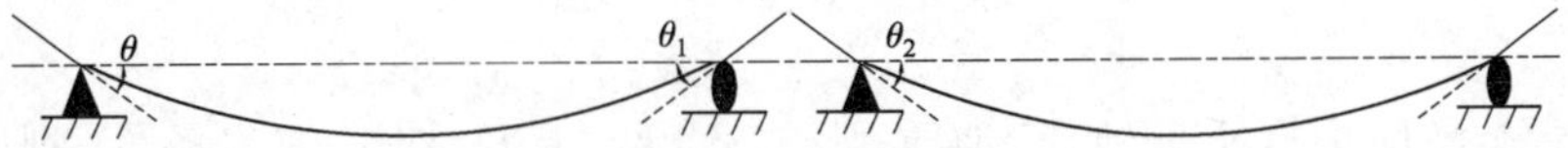

图 5.2.6　梁端转角示意图

5.2.7　钢梁的横向刚度除满足本规范第 5.2.3 条外,其宽跨比尚应符合下列规定:

1　下承式简支和连续桁梁边跨不应小于 1/20。

2　简支板梁其宽跨比不应小于 1/15,横向宽度不应小于 2.2 m。

3　连续桁梁除边跨外其余各跨不应小于 1/25。

5.2.8　曲线上线路中心有偏移的梁式桥以及其他有偏心荷载的梁桥,应计算梁式桥跨结构偏载的影响。

5.3 拱　　桥

5.3.1　拱桥的矢跨比可采用 1/3~1/7。

5.3.2　拱轴线可采用恒载压力线或恒载及均布全跨的一半列车静活载的压力线,并应符合下列规定:

1　选择混凝土拱桥和石拱桥的拱轴线时,应注意降低拱顶截面下翼缘拉应力;对于大跨度拱桥,应考虑拱圈弹性压缩、混凝土收缩和徐变等因素对拱轴线变形的影响。

2　采用无支架施工或早期脱架施工时,则拱轴线应与施工阶段的压力线偏距较小,以满足裸拱强度和稳定性的要求。

5.3.3　板拱拱圈的宽度不宜小于计算跨度的 1/20,且不宜小于3 m;肋拱两外肋中心线之间的最小距离不宜小于计算跨度的1/20,其外缘的距离也不宜小于 3 m。采用纵向悬砌修建拱桥时,其基肋应考虑在低龄期处于裸拱状态时的稳定性和强度要求。

5.3.4　多跨连续拱桥应设置能够承受单侧恒载推力的固定墩。两相邻固定墩间不宜多于四跨。

5.3.5　拱桥的 1/4 跨度处,由列车静活载所产生的上下挠度(绝对值)之和不宜大于计算跨度的 1/800。

5.3.6　计算拱圈截面活载内力时,可采用换算均布活载。计算集中活载在道砟层底面的分布时,其在道砟层中的纵向分布线与竖直线所成之角不应大于 45°。活载的计算应符合下列规定:

1　对于单线及双线拱桥,活载横向均匀分布在拱圈全宽上。

2 对于三线及三线以上的拱桥,每一线路的活载在拱圈上横向分布的宽度,最大取 4.5 m。

3 对于多线拱桥,应计算活载所引起扭矩的影响。

5.3.7 拱圈(拱肋)应检算其在拱平面内、外的稳定性。弹性稳定系数不小于 4.0。

5.3.8 承受单侧拱圈(拱肋)恒载推力的固定墩,其截面应力及合力偏心应作检算。

5.3.9 计算恒载产生的拱圈(拱肋)各截面应力和稳定性时,应与施工程序紧密结合。拱圈(拱肋)在形成过程中,应考虑各个阶段的截面特性及荷载情况,分别计算其应力。最终应力可由各阶段应力叠加求得,并同时进行纵横向稳定性检算。

5.4 墩　　台

5.4.1 墩台类型应根据桥址地形、地质、水文、线路、上部结构、施工条件、刚度要求和经济等因素综合选定。可采用实体墩台及厚壁空心墩,不应采用柔性墩台,不宜采用轻型结构,并应考虑以下要求:

1 受车、船、筏、漂流物撞击、磨损或受冰压力等作用时,上述外力作用高度以下部分不应采用空心截面。

2 同一座桥内宜减少墩台类型。

5.4.2 墩台身应检算强度、整体纵向弯曲稳定、墩台顶弹性水平位移,基底应检算压应力、合力偏心、基底倾覆稳定和滑动稳定等。

5.4.3 位于无缝线路固定区的混凝土简支梁,墩台顶纵向水平线刚度应由梁—轨共同作用分析确定。当不做梁—轨共同作用分析时,墩台顶纵向水平线刚度不宜小于表 5.4.3—1～表 5.4.3—3 的规定。

表 5.4.3—1　客货共线、高速铁路墩台顶纵向水平线刚度限值

桥墩/桥台	跨度(m)	最小水平线刚度(kN/cm)	
		双　线	单　线
桥　墩	≤12	100	60
	16	160	100
	20	190	120
	24	270	170
	32	350	220
	40	550	340
	48	720	450
桥　台		3 000	1 500

注:高架车站到发线有效长度范围内双线桥梁墩台的最小水平线刚度的限值按表内单线桥梁墩台的最小水平线刚度的限值的 2.0 倍取值。

表 5.4.3—2　城际铁路墩台顶纵向水平线刚度限值

桥墩/桥台	跨度(m)	最小水平线刚度(kN/cm)	
		双　线	单　线
桥　墩	≤12	75	45
	16	120	75

续上表

桥墩/桥台	跨度(m)	最小水平线刚度(kN/cm)	
		双 线	单 线
桥 墩	20	145	90
	24	210	130
	32	265	165
	40	415	255
	48	550	350
桥 台		3 000	1 500

注:1 高架车站到发线有效长度范围内双线桥梁墩台的最小水平线刚度的限值按表内单线桥梁墩台的最小水平线刚度的限值的2.0倍取值。

2 当墩台顶纵向水平线刚度不满足表中规定时应进行无缝线路检算。

表5.4.3—3 重载铁路墩台顶纵向水平线刚度限值

桥墩/桥台	跨度(m)	最小水平线刚度(kN/cm)	
		双 线	单 线
桥 墩	≤12	120	60
	16	200	100
	20	240	120
	24	300	170
	32	400	220
	40	700	340
	48	1 000	450
桥 台		3 000	1 500

5.4.4 简支梁桥墩台顶面顺桥方向的弹性水平位移应满足下式要求:

$$\Delta \leqslant 5\sqrt{L} \tag{5.4.4}$$

式中 L——桥梁跨度(m):当$L<24$ m时,L按24 m计算;当为不等跨时,L采用相邻中较小跨的跨度;

Δ——墩台顶面处的水平位移(mm),包括由于墩台身和基础的弹性变形,以及基底土弹性变形的影响。

计算混凝土、石砌及钢筋混凝土墩台水平位移时,截面惯性矩I按全截面考虑,混凝土和石砌墩台的抗弯刚度取E_0I,钢筋混凝土墩台的抗弯刚度取$0.8E_0I$,E_0为墩台身的受压弹性模量。

5.4.5 墩台横向水平刚度应满足行车条件下列车安全性和旅客乘车舒适度要求,并应对最不利荷载作用下墩台顶横向弹性水平位移进行计算。在列车竖向静活载、横向摇摆力、离心力、风力和温度的作用下,墩顶横向水平位移引起的桥面处梁端水平折角如图5.4.5所示,并应符合下列规定:

1 设计时速200 km及以上铁路梁端水平折角不应大于1.0‰ rad。

2 设计时速160 km及以下铁路,跨度小于40 m的梁端水平折角不应大于1.5‰ rad,跨度大于等于40 m的梁端水平折角不应大于1.0‰ rad。

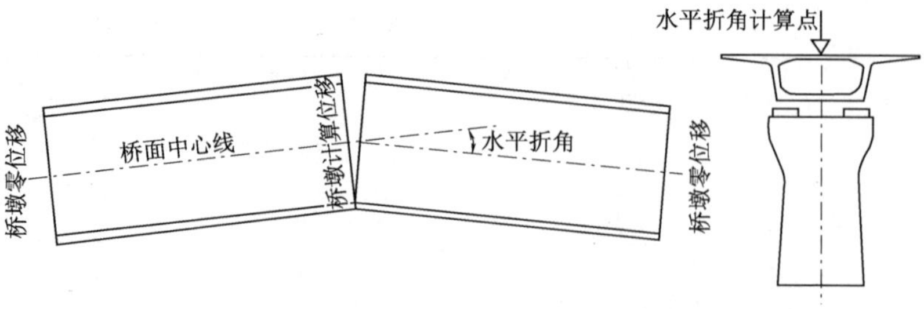

图 5.4.5　由墩台横向水平位移差引起的相邻结构物轴线间的水平折角

3　梁端水平折角计算应考虑以下荷载作用:竖向静荷载;曲线上列车的离心力;列车的横向摇摆力;列车、梁及墩身风荷载或 0.4 倍的风荷载与 0.5 倍的桥墩温差组合作用,取较大者;水中墩的水流压力作用;地基基础弹性变形引起的墩顶水平位移。

5.4.6　墩台基础的沉降应按恒载计算,其工后沉降量不应超过表 5.4.6—1 和表 5.4.6—2规定的限值。超静定结构相邻墩台沉降量之差除应满足下列各表的规定外,尚应根据沉降差对结构产生的附加应力的影响确定。墩台基础沉降计算值不含区域沉降。

表 5.4.6—1　有砟轨道静定结构墩台基础工后沉降限值(mm)

设计速度	沉降类型	限值
250 km/h 及以上	墩台均匀沉降	30
	相邻墩台沉降差	15
200 km/h	墩台均匀沉降	50
	相邻墩台沉降差	20
160 km/h 及以下	墩台均匀沉降	80
	相邻墩台沉降差	40

表 5.4.6—2　无砟轨道静定结构墩台基础工后沉降限值(mm)

设计速度	沉降类型	限值
250 km/h 及以上	墩台均匀沉降	20
	相邻墩台沉降差	5
200 km/h 及以下	墩台均匀沉降	20
	相邻墩台沉降差	10

5.4.7　空心和柱式、板式等墩台的顶帽及其位于地面或局部冲刷线以上的墩台身,应计入列车竖向动力系数。

5.4.8　简支梁传到墩台上的纵向水平力计算应符合下列规定:

1　简支梁传到墩台上的纵向水平力取值:当采用固定支座时,应为全孔的 100%;当采用滑动支座时,应为全孔的 50%;当采用滚动支座时,应为全孔的 25%。

2　桥墩上同时安设固定支座及活动支座时,应按上述数值相加,但对于不等跨梁,此相加值不应大于其中较大跨的固定支座的纵向水平力;对于等跨梁,不应大于其中一跨的固定支座的纵向水平力。

5.4.9　简支梁梁端的空隙应考虑梁及墩台的施工误差、温度变形等因素并符合下列规定:

1　对于钢筋混凝土梁和预应力混凝土梁,当跨度不大于 16 m 时,梁端最小空隙值应为 60 mm；当跨度大于 16 m 时，梁端最小空隙值应为 100 mm。

2 对于钢梁，梁端的空隙应按计算确定，但不应小于 100 mm。

3 曲线上和坡道上应考虑曲线及坡道布置对空隙的影响，大跨度梁尚应考虑预留拱度和荷载（恒载、远期活载、列车竖向动力作用等）引起梁的伸缩等影响。

5.4.10 支座设计应符合下列规定：

1 桥梁支座宜采用盆式橡胶支座或钢支座，支座底面应水平设置。沉降控制区段的桥梁，可采用可调高措施。

2 斜交梁支座的纵向位移方向应与梁轴线一致。

3 支座设置应满足检查、维修和更换的要求。

5.4.11 支承垫石及墩台顶帽设计应符合下列规定：

1 顶帽应采用钢筋混凝土结构，混凝土强度等级不应低于 C30，厚度不应小于 0.40 m。

2 顶帽上应设置钢筋混凝土的支承垫石。支承垫石顶面应高出顶帽排水坡的上棱。

3 支承垫石外边缘距支座底板边缘的距离为 0.15 m~0.20 m。

4 顺桥方向支承垫石边缘距顶帽边缘距离：对于 T 形梁不应小于 0.40 m，对于箱形梁不应小于 0.20 m。

5 顶帽为圆弧形时，横桥方向的支承垫石角至顶帽最近边缘的最小距离与顺桥方向相同；顶帽为矩形时，横桥方向的支承垫石角至顶帽边缘的最小距离为 0.50 m。

6 顶帽除满足构造要求，还应满足局部承压及抗剪检算的要求。

7 支承垫石边缘距顶帽边缘距离、墩台顶帽尺寸应满足架设、检查、养护、维修和支座更换及顶梁的要求，并应设不小于 3% 的排水坡。

5.4.12 墩台及基础设计应符合下列规定：

1 混凝土实体桥墩应设置护面钢筋。

2 承台桩基布置在满足刚性角的情况下，承台底部应布置一层钢筋网。

5.4.13 空心墩的设计应符合下列规定：

1 顶帽下方、基础顶上方宜设实体过渡段。实体段与空心墩身以及空心墩身与基础的联结处，应增设补充钢筋或设置梗胁。

2 墩身为钢筋混凝土时，最小壁厚不宜小于 0.30 m；墩身为混凝土时，最小壁厚不宜小于 0.50 m，并设置护面钢筋。

3 空心墩底部设置泄水孔。

4 空心墩离地面 5 m 以上部分，应在墩身周围交错设置适量的通风孔，其直径不宜小于 0.20 m，并应有安全防护设施。通风孔应高出设计水位。

5 进人洞（带门）宜设置在桥墩上部，并可设置固定或活动的检查通道。

5.4.14 受冰压力影响的混凝土墩台应符合下列规定：

1 墩台是否设置破冰棱应根据流冰的体积、速度等因素确定。破冰棱宜与桥墩构成一体。当旧桥墩增建的破冰棱不能与桥墩构成整体时，可在桥墩上游对应处单独修建破冰棱，破冰棱与桥墩的间距应避免增加桥墩的冲刷。

2 具有竖直或接近竖直破冰棱的桥墩，在平面上应为尖端形，顶角圆弧半径不应小于 0.30 m；倾斜度较大的破冰棱，顶角圆弧半径不受限制，但应在切削棱缘外采取埋设角钢等加强措施。

3 破冰棱刃口的顶端应高出最高流冰顶面 1.0 m，其底端应在最低流冰水位的冰层底面以下 0.5 m。

5.4.15 既有线墩台接高或部分拆除重建时，其连接面应做成水平或台阶。

5.5 涵 洞

5.5.1 涵洞的标准孔径为 1.0 m、1.25 m、1.5 m、2.0 m、2.5 m、3.0 m、3.5 m、4.0 m、4.5 m、5.0 m、5.5 m 和 6.0 m。泄水隧洞的孔径不宜小于 2.0 m。

5.5.2 涵洞的长度应根据净高（或内径）h 确定，并符合下列规定：

1 当 $h=1.0$ m 时，长度不宜超过 15 m。

2 当 $h=1.25$ m 时，长度不宜超过 25 m。

3 当 $h\geqslant1.5$ m 时，长度可不受限制。

5.5.3 排洪涵洞的最小孔径不应小于 1.25 m。位于城市或车站范围内有污水流入的涵洞，可根据需要加大孔径。为路基或站场排水而设的无天然沟槽的涵洞孔径，可根据具体情况确定。

5.5.4 涵洞宜采用框架涵、圆涵，也可采用盖板涵等结构形式。

5.5.5 涵洞设计应符合下列规定：

1 涵洞顶不宜高于基床表层底面。涵洞顶控制路肩高程时，涵洞顶可与路肩齐平，但不应高于路肩且斜交涵洞的斜交角度不宜大于 45°。

2 涵洞沉降缝不应设在无砟轨道板下方。

3 软弱地基上的涵洞，涵洞地基处理方式应与两侧路基地基处理方式相协调。

5.5.6 涵洞出入口应设端墙或翼墙，其样式和尺寸应使涵洞具有相应的过水能力和保证涵洞处路堤的稳定。

5.5.7 涵洞可设上拱度，其数值根据基底土的种类按表 5.5.7 确定。入口流水槽面的高程不应低于中心管节流水槽面的高程。

表 5.5.7 涵洞的上拱度

基底土名称	上拱度
碎石土、砾砂、粗砂、中砂、细砂	$H/80$
半干硬状态的、硬塑状态的黏性土及老黄土	$H/50$

注：1 H 为线路中线处自涵洞流水槽面至轨底的高度。

2 基底土属软塑状态的黏性土或新黄土时，上拱度可适当加大。

3 基底土为岩石、坡度较陡的涵洞，可不设上拱度。

5.5.8 预制混凝土拱圈和钢筋混凝土盖板的宽度应根据起重及运输能力确定，并保证构件的强度和刚度。

5.5.9 作用于涵洞上的外力除按本规范第 4 章规定的有关荷载组合外，当经常处于有水压的状态时，尚应计算水的静压力。

5.5.10 涵洞结构可按下列假定计算：

1 盖板涵边墙的计算，可假定其上端与盖板铰接，下端与基础刚性固接；盖板按简支计算，其跨度为两支承中心间距离，不考虑由边墙所作用的水平反力。

2 拱涵的拱圈应按无铰拱计算，由于曲率、剪力对拱圈的影响可略去不计。

3 圆涵洞外廓上土压力按图 5.5.10 分布，其管节每米宽度上的弯矩可按下式计算：

$$M=0.15(q_1-q_2)r^2 \tag{5.5.10}$$

式中 M——管节每米宽度上的弯矩(kN·m)；

q_1，q_2——恒载及活载的竖向压力及水平压力(kPa)，按本规范第 4.2.3 条及第 4.3.5 条计算；

r——圆形管节的平均半径(m)。

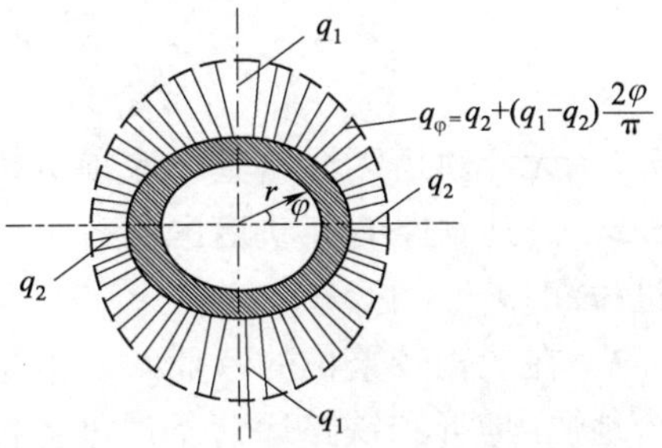

图 5.5.10 圆形涵管外廓上土压力

4 框架涵的涵节内力按封闭式框架结构计算，框架的轴线以构件混凝土断面的重心轴线为准。

5.5.11 多孔拱涵或盖板涵的中墩，在施工或一侧损坏时，可不考虑承受另一侧拱圈或盖板荷载的作用。

5.5.12 增建第二线或改建既有线需接长涵洞时，应检算接长侧旧涵洞的端部管节或盖板的承载能力，必要时应予更换或加固。

5.5.13 置于非岩石地基上的涵洞，每隔 2 m～5 m 应设置一道沉降缝。旧涵洞接长时，亦应在新旧接头处设置沉降缝。沉降缝应采用有弹性不透水的材料填塞。岩石地基上的涵洞可不设沉降缝。

5.5.14 有水压涵洞的管节接缝应密不透水，避免水压渗透，保证路堤及基底的稳定性。

5.5.15 斜坡上涵洞两节间错台的高度不宜超过涵顶结构厚度的 3/4 坡度较大时，错台高度不宜大于 0.7 m，错台处涵内净高不应小于 1.0 m，且应满足涵内水力条件和运营养护的要求。

5.5.16 有基涵洞的基础应根据涵洞的构造、地质条件及地基处理情况设计为整体式或非整体式。

5.5.17 圆涵及其他封闭式截面涵洞，当基底处理符合表 5.5.17 的规定，且土质均匀，下沉量不大时，可采用无基涵洞，涵洞出入口应设基础并考虑防渗作用。

表 5.5.17 无基涵洞管节底处理

基底土名称	形 式	垫层厚度或夯实层厚度(m)
岩 石	混凝土抹成垫座	—
	砂垫层	不小于 0.4
砾石、卵石	用砂填充空隙同时夯实	不小于 0.4
砾砂、粗砂、中砂及细砂	表层夯实	不小于 0.4

5.5.18 涵洞出入口一定范围内的沟床、路基坡面、锥体填方均应铺砌加固。出入口铺砌的平面形式应根据沟形确定，对无显著沟槽者，出口平面宜采用等腰梯形，其水流扩散角 α 取为 20°。铺砌材料应按铺砌层上最大流速确定。铺砌末端应设垂裙，并宜为直裙。当沟床为岩石或不被洪水冲移的大块石、漂石所覆盖时，沟床可不作铺砌。

5.5.19 设置路涵过渡段的涵洞基础，其工后沉降限值应与相邻过渡段工后沉降限值一致；不设过渡段的涵洞基础，其工后沉降限值不应大于 100 mm。

5.6 顶 进 桥 涵

5.6.1 无砟轨道区段路基不应顶进桥涵。

5.6.2 高速铁路有砟轨道区段有可能破坏地基加固效果的路基地段、各种过渡段,不应顶进桥涵。

5.6.3 在运输较繁忙的营业线上修建涵洞或立交桥(地道),当路基稳定无下沉情况时,结合地质、地形和铁路运营条件进行技术经济比较,可选择顶进法施工。

5.6.4 顶进桥涵除应按第4章要求的荷载组合计算外,还应检算顶力作用,并以此作为设计后背和顶进设施的依据。设计时还应满足顶进过程中承受列车荷载时的安全要求。

5.6.5 较长的框架式立交桥宜分段顶进。分段顶进的桥涵,其分段端部应预留支顶位置。

5.6.6 顶进桥涵应按最大顶力进行下列检算:

1 顶进部位局部压应力。

2 中柱及侧墙根部剪应力。

3 顶进就位地基承载力。

4 斜桥正顶时的扭力。

5.6.7 顶进桥涵的顶部竖向土压力应按土柱重计算。

5.6.8 顶进桥涵的主体结构前端应设刃角,刃角的边墙端线与水平线的夹角应根据土质情况确定,不宜大于60°,刃角挑出部分按施工荷载设计。

5.6.9 顶进完成后,两侧应注浆填缝加固。

5.6.10 顶进桥涵的顶面及侧墙应做防水层,顶面防水层外应做保护层。

附录 A　主动土压力计算

A. 0. 1　土层特性无变化时作用于墩台背面的主动土压力(包括活载,如图 A. 0. 1 所示)可按下式计算:

$$E=\frac{1}{2}\gamma H^2\lambda B+\gamma h_0 H\lambda B_0 \qquad (A.0.1—1)$$

土压力的着力点至计算土层底面的距离:

$$C=\frac{H}{3}\left(1+\frac{h_0 B_0}{HB+2h_0 B_0}\right) \qquad (A.0.1—2)$$

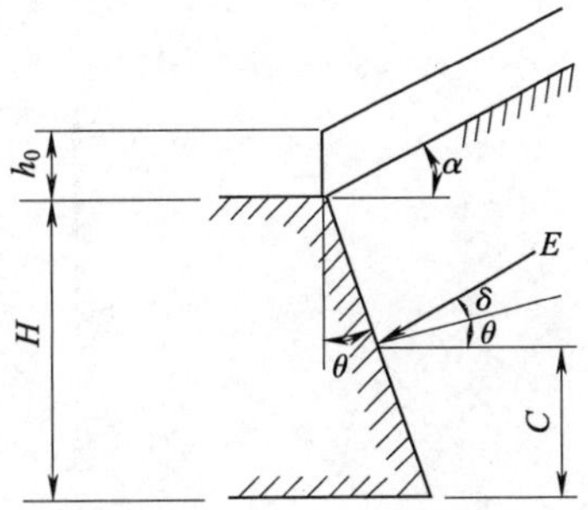

图 A. 0. 1　主动土压力计算图

式中　E——墩台背面的主动土压力(kN);

C——土压力的着力点至计算土层底面的距离(m);

γ——土的容重(kN/m³);

H——计算土层的厚度(m),桥台为计算截面至轨底的高度;

B——墩台的计算宽度(m);

B_0——台后活载计算宽度,可取 2. 6 m;当桥台计算宽度 $B<2.6$ m 时,则按 $B_0=B$ 计算;

h_0——活载换算为当量均布土层厚度(竖直方向)(m),可取为:

$$h_0=\frac{q}{r}\cdot\frac{\cos\theta\cos\alpha}{\cos(\theta-\alpha)},对于桥台顶面:h_0=\frac{q}{\gamma};$$

q——每单位斜面积上水平投影的活载压力强度(kPa):对于台后取 q 为轨底平面上活载竖向压力强度(kPa);计算时横向分布宽度按 2. 6 m 计;纵向分布宽度计算时,当采用集中轴重时为轴距,当采用每延米荷重时为 1. 0 m;

λ——主动土压力系数,当 $\theta+\delta\geqslant 90°$ 或者 $\theta+\delta<\alpha$ 时,下式不适用:

$$\lambda=\frac{\cos^2(\varphi-\theta)}{\cos^2\theta\cdot\cos(\theta+\delta)\left(1+\sqrt{\frac{\sin(\varphi+\delta)\cdot\sin(\varphi-\alpha)}{\cos(\theta+\delta)\cdot\cos(\theta-\alpha)}}\right)^2}$$

φ——土的内摩擦角;

α——填土表面与水平面的倾角;

θ——墩台背与竖直面的夹角,俯墙取正值,反之取负值;

δ——墩台背与填料之间的外摩擦角。

上述符号 φ、α、θ、δ 均以度计。

A. 0. 2　当土层特性有变化或受水位影响,需要分层计算土的侧压力时,每层土的主动土压力(包括活载,如图 A. 0. 2 所示)可按下式计算:

$$E=\frac{\gamma h}{2}(h+2h')\lambda B+\gamma h_0' h\lambda B_0 \qquad (A.0.2—1)$$

土压力的着力点至计算土层底面的距离 C(以 m 计)可按下式计算：

$$C=\frac{h}{3}\left(1+\frac{h'B+h_0'B_0}{hB+2h'B+2h_0'B_0}\right) \tag{A. 0. 2—2}$$

式中　h——计算截面以上的计算土层厚度(m)；

h_0'——活载按该计算土层的容重换算的土层厚度(m)；

h'——在计算土层以上所有土层(包括道砟厚度)按该计算层的容重换算的厚度(m)。

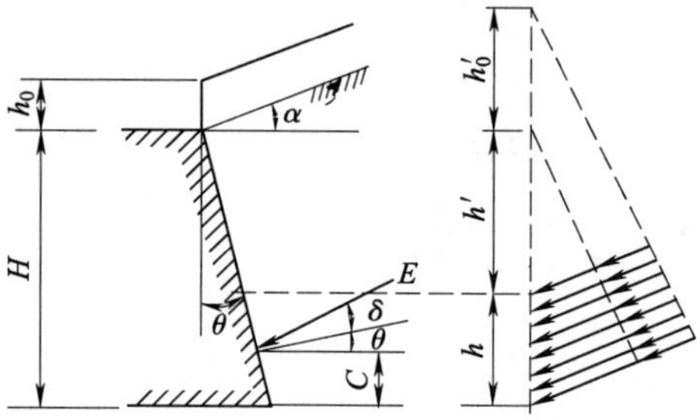

图 A. 0. 2　主动土压力分层计算图

计算多线桥台活载土压力时,应按式(A. 0. 1—1)或式(A. 0. 2—1)右边的第二项算出后,再乘以线数得其总和,并按本规范第 4. 3. 9 条规定乘以相应的系数。

附录 B　静止土压力计算

B. 0. 1　静止土压力应按下式计算：

$$E=\frac{1}{2}\xi\gamma H^2B \tag{B.0.1—1}$$

土压力的着力点至计算土层底面的距离：

$$C=\frac{H}{3} \tag{B.0.1—2}$$

式中　E——静止土压力(kN)；

C——土压力的着力点至计算土层底面的距离(m)；

γ——土的容重(kN/m^3)；

ξ——静止土压力系数，可采用 0.25~0.5，计算墩台滑动稳定时可用 0.5；

H——计算土层厚度(m)；

B——墩台的计算宽度(m)。

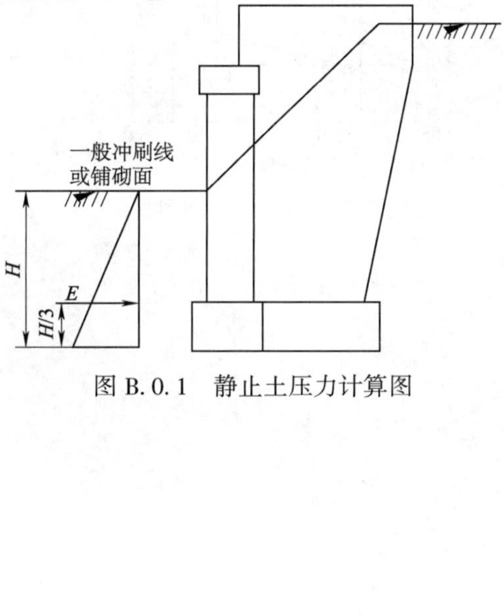

图 B. 0. 1　静止土压力计算图

附录 D　钢筋混凝土、混凝土和石砌体矩形截面杆件计算温度图解

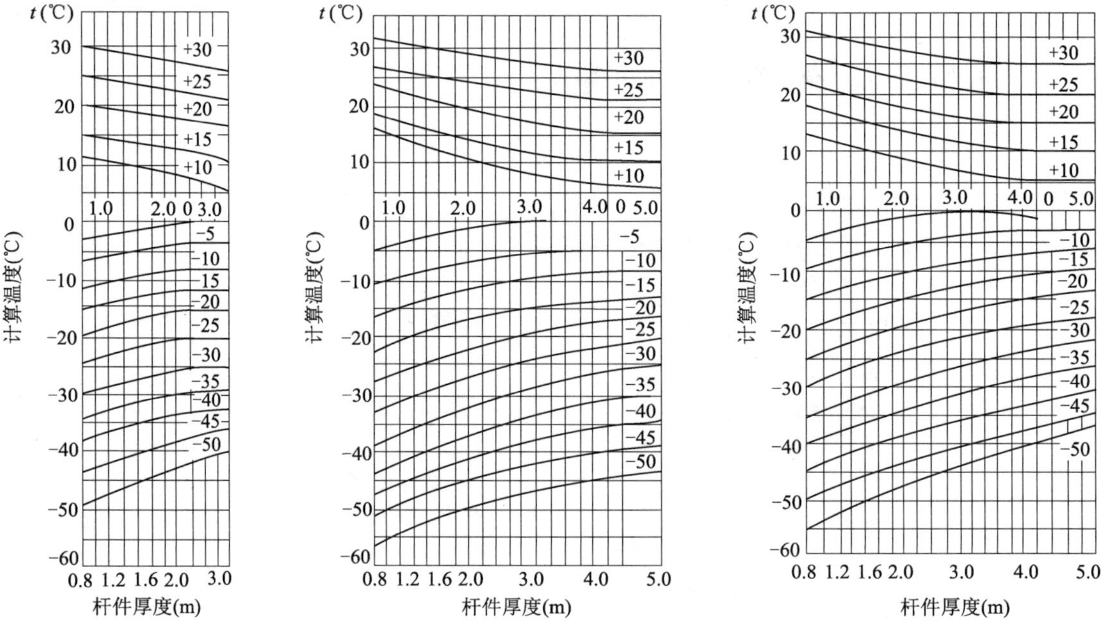

(a) 一面露开、顶上覆盖物不小于1 m者　(b) 四面露开的（正方形截面）　(c) 两面露开的

注：图中斜线为外界温度。

本规范用词说明

执行本设计规范条文时,对于要求严格程度的用词说明如下,以便在执行中区别对待。

(1)表示很严格,非这样做不可的用词:

正面词采用“必须”;

反面词采用“严禁”。

(2)表示严格,在正常情况均应这样做的用词:

正面词采用“应”;

反面词采用“不应”或“不得”。

(3)表示允许稍有选择,在条件许可时首先应这样做的用词:

正面词采用“宜”;

反面词采用“不宜”。

(4)表示有选择,在一定条件下可以这样做的,采用“可”。

《铁路桥涵设计规范》
条 文 说 明

本条文说明系对重点条文的编制依据、存在的问题以及在执行过程中应注意的事项等予以说明，不具备与规范正文同等的法律效力，仅供使用者作为理解和把握规范规定的参考。为了减少篇幅，只列条文号，未抄录原条文。

1.0.1 桥涵的设计首先要满足功能、技术等级、通行能力及减灾防灾等的要求，还需综合考虑地形地貌、河流水文、河床地质、通航要求、河堤防洪、泄洪排涝和环境影响等因素进行系统设计。在保证安全和耐久的前提下，桥涵设计要优先考虑满足功能需求，即要满足“适用”的要求，再根据具体情况考虑环保、经济和美观的要求。

1.0.2 为满足铁路桥涵建设和发展需要，统一铁路桥涵设计标准，提高铁路桥涵设计水平，保障铁路桥涵安全与质量，本规范在《铁路桥涵设计基本规范》TB 10002.1—2005（以下简称《05 桥规》）的基础上，对现行客货共线Ⅰ级和Ⅱ级铁路、高速铁路、城际铁路、重载铁路等规范中的核心内容进行全面梳理整合，提炼列出桥涵设计中最为基本、通用的条文规定。本规范编制时，调查和分析了我国近年来在高速、城际、客货共线以及重载铁路桥涵建设和运营管理方面积累的很多新经验、新技术和科研成果，同时，认真分析借鉴了有关国外成功经验和先进技术标准，并与国内相关标准相协调，在此基础上广泛征求了我国铁路设计、施工、运营、管理等方面有关专家的意见，通过反复论证研究，最后经审查定稿。

本规范适用的各设计标准铁路应符合以下要求：

（1）客货共线铁路适用于铁路网中客货列车共线运行、旅客列车设计速度小于等于 200 km/h，货物列车设计行车速度等于或小于 160 km/h 的Ⅰ、Ⅱ级标准轨距铁路。

（2）高速铁路适用于新建旅客列车设计速度为 250 km/h～350 km/h、运行动车组列车的标准轨距客运专线铁路，设计速度分为 250 km/h、300 km/h、350 km/h 三级。

（3）城际铁路适用于新建设计速度为 200 km/h 及以下、仅运行动车组列车的标准轨距客运专线铁路，设计速度分为 200 km/h、160 km/h、120 km/h 三级。

（4）重载铁路适用于铁路网中货物列车机车车辆轴重大于等于 250 kN 和牵引质量大于等于 10 000 t、设计速度不大于 100 km/h 的标准轨距铁路。设计速度分为 80 km/h、100 km/h 两级。兼顾普通货物列车和旅客列车运输的重载铁路设计尚应执行相关规范。

1.0.3 铁路在通过江河、沟溪和谷地等天然障碍物或跨越公路和其他铁路时，需要修建各种桥涵建筑物。

铁路桥梁主要由桥面、桥跨结构、墩台及基础组成。桥面一般分为道砟桥面、明桥面、无砟桥面。桥跨结构形式较多，按受力情况分为梁桥、拱桥、刚架桥、悬索桥、组合体系桥（如系杆拱桥或斜拉桥）等。墩台一般有实体、空心、刚构和排架等。基础可分为扩大基础、桩基础、沉井基础、沉箱基础等。涵洞是铁路线路遇小溪、天然沟谷、人工渠道或道路而修筑于路堤下的建筑物。涵洞按其构造形式可分为圆形涵洞、盖板箱形涵洞、框构涵洞和拱形涵洞等;按其用途可分为排洪涵洞、灌溉涵洞或明渠、立交涵洞(交通涵)和排洪兼立交涵洞等。

桥梁、涵洞是铁路线路的重要组成部分,其构造复杂,造价较高,一旦遭到损坏,修复和加固很困难。因此,桥涵结构设计要求在制造、运送、安装和运营过程中,应具有规定的强度、稳定性、刚度和耐久性,以保证施工和运营安全、使用耐久。设计还应考虑养护、抢修、检测、维修需要,配备必需的设施设备的内容。为配合城市建设,位于重要城镇的桥梁,在不过多增加投资的条件下,应适当考虑造型的美观。

为了加强我国桥梁建设的标准化,推动我国桥梁制造业的发展,提高桥梁施工的机械化水平,对于常用较小跨径桥涵,推荐采用标准化跨径、装配式结构、机械化和工厂化施工。日本高速铁路高架桥占桥梁总数的70%以上,均采用规格统一的小跨度混凝土连续刚架;德国高速铁路(科隆—莱茵/美因线)桥梁的常用形式为44 m简支梁或44 m等跨连续梁,两种形式截面相同。京津城际铁路桥梁工程线路全长115.2 km,桥梁长度占线路总长的88%,以900 t级整孔简支箱梁作为主导梁型。

1.0.4 结构的功能要求可概括为安全性、适用性和耐久性。这些功能要求应在一定使用期内得到可靠保证。国内外大量桥梁的使用经验说明,结构的耐久性对桥梁的安全使用和经济性起着决定的作用。经济合理性应当使建造费用与使用期内的检查维修费用之和达到最少,片面地追求较低的建造费用而忽视耐久性,往往会造成很大的经济损失。因此,铁路桥梁结构设计中应十分重视结构物的耐久性设计,统一考虑合理的结构布局和结构细节,强调要使结构易于检查维修以保证桥梁的安全使用,从而满足结构设计使用年限100年的要求。

美国、加拿大、英国、新西兰、澳大利亚和日本等国的桥梁设计规范对桥梁工作寿命(即设计使用年限)均有明确的规定,从75~120年不等。我国现行《工程结构可靠性设计统一标准》GB 50153对桥梁的设计使用年限也提出了明确的要求。因此桥梁设计使用年限的规定是合适的和必要的。

桥涵设计使用年限指在正常设计、正常施工、正常使用和正常养护条件下,桥涵保持正常承受各种设计荷载作用的能力而不用进行结构性大修的时间期限。根据我国铁路工程结构的实际情况,《铁路工程结构可靠性设计统一标准》GB 50216中明确规定了铁路桥涵主体结构的设计使用年限为100年,《铁路混凝土结构耐久性设计规范》TB 10005(以下简称《耐久性设计规范》)也明确规定桥涵主体结构设计使用年限采用100年。

对于有特殊要求的铁路混凝土结构,其设计使用年限可结合工程实际情况确定:一些特别重要的铁路工程,由于其修复十分困难,在采取特殊的工程技术及其监测措施后,其设计使用年限可以大于100年;一些厂区铁路、地方铁路以及铁路房屋建筑结构等,基于经济性和实用性考虑,其设计使用年限可结合实际情况降低使用年限要求。

改善结构耐久性是通过实践中吸取大量经验教训得来的,世界各国总结的经验是:

(1)结构物使用寿命75~100年只有在设计、施工、材料选用以及使用中检查、养护十分精心的条件下才能实现。

(2)造成结构病害的主要原因之一是结构构造上的缺陷,以往的设计过分重视计算,忽视了构造细节的处理。

(3)桥梁的养护重点是及时检查。

(4)桥梁的经济性应体现为一次建造费用和使用中养护维修费用之和最低。

我国铁路桥梁提出在预定作用和预定的维修和使用条件下,主要承力结构要有100年使用年限的耐久性要求。设计遵循以下耐久性原则:

(1)按不同使用环境采用相应的高性能混凝土和适宜的施工工艺。

(2)注重结构构造设计,如高质量的防排水体系、足够的保护层厚度以及易于保证施工质量的截面尺寸。

(3)应具备畅通的检查通道,便于检查养护。

1.0.6 桥涵结构在制造、运输、安装和运营过程中应具有规定的强度、刚度、稳定性,以保证施工、运营安全,使用耐久,这是铁路桥梁设计应遵循的最基本原则。

在列车高速运行条件下,当行车速度达到200 km/h以上时,结构的动力响应加剧,从而使得列车运行的安全性、旅客乘坐的舒适度、荷载冲击、材料疲劳、列车运行噪声、结构耐久性等问题都比较突出。因此,要求桥涵结构应具有足够的强度和刚度,以保证可靠的稳定性和桥上轨道的高平顺状态,在桥梁结构承受较大的动力作用时,具备良好的动力特性。由于动力学问题产生的影响将控制桥梁设计,直接影响行车的安全性和旅客乘坐的舒适性。因此,在铁路桥梁设计,特别提出了应满足轨道平顺性、列车运行安全性和旅客乘坐舒适性的要求。

高速铁路是一个综合系统工程,保证桥梁在高速条件下的安全性与舒适性,需要系统研究各种相关因素,解决各方面的问题。诸如必须重视桥梁上部、下部结构选型,解决结构设计中由舒适性要求控制的车桥动力特性问题、桥梁刚度和变形控制问题,在工点设计中应研究解决标准跨度长桥、大跨度桥,以及道岔桥、高架桥等不同桥梁所产生的特殊问题。

桥梁结构为满足轨道平顺性、列车运行安全性和旅客乘坐舒适性,根据高铁桥梁设计和应用实践,对以下几方面应给予足够的重视:

(1)注重车线桥系统动力分析,确保桥梁刚度满足安全性、舒适性要求。

高速列车在铁路桥梁上运行时,列车与桥梁之间的互动影响明显,因此,动力响应问题是高速铁路桥梁设计的关键所在。在结构设计中除应满足常规桥梁的静力强度、刚度要求外,还必须高度重视结构的动力特性。梁跨结构必须具有足够的刚度和自振频率,宜采用箱型梁等刚度大、动力性能好的结构形式,以保证高速行车的安全性和旅客乘坐的舒适性。

(2)严格控制桥梁结构非弹性变形,保持轨道持续稳定和高平顺性。

高速铁路桥梁结构在与跨区间无缝轨道的相互作用下,以及在各种荷载工况下的变形,将直接导致桥上轨道结构的变形,从而影响高速列车运行的安全和乘坐的舒适。因此,对梁轨作用间的位移差值、桥墩台的水平刚度、基础的沉降变形、梁体挠度、梁端转角、预应力混凝土梁体的弹性变形及后期收缩徐变变形值的控制,均应以保证高速行车安全、舒适为目的,使线路轨道平顺性保持在允许的范围内。

(3)重视等跨简支长桥的动力特点和路桥刚度过渡问题,保证线路动力性能良好。

由于线路、水文、地质、立交等要求,高速铁路的长桥较多,有的长达数十公里,甚至上百公里。当列车以匀速行驶时,等跨简支长桥与列车间的相互作用易达到某一稳定的频率,而这一频率是否会对列车走行造成不利影响,应当引起重视并深入研究以保证行车安全性与舒适性。

路基填土相对桥梁结构具有可压缩性，提供的竖向刚度也比桥梁弱得多。在路基、桥梁交变地段，竖向刚度的突变将对高速行车造成影响。因此，为了保证高速行车的安全和舒适，应重视路桥刚度过渡问题，做好刚度过渡措施。

(4)研究特大跨度桥梁低频振动影响，充分保证特大跨度桥梁的安全性和舒适性。

特大跨度桥梁的动力特征不同于一般大跨度和中小跨度桥梁，低频振动问题对高速行车的影响在特大跨度桥梁中不可忽视。在特大跨度桥梁设计中，除常规动力学问题外，还应研究高速行车条件下的低频振动问题，把握其对行车以及对结构自身的影响，为高速铁路桥梁的安全性和乘坐舒适性提供充分保证。

(5)合理设计桥面构造系统，满足安全运营和养护维修的要求。

高速铁路桥梁的桥面，除布置有轨道系统外，还承载着电力、电气化、通信、信号、声屏障等相关设施。桥面在施工期间可能有施工运载机具通过，在运营阶段不仅要运行高速列车，还将有机械化养护维修设施通过。此外，列车在高速行车时产生的风吸附作用，也将对桥面设施产生影响，进而影响高速行车安全。因此，应该重视桥面构造系统研究，综合考虑各方面要求，设计合理的桥面形式。

1.0.7 桥梁结构形式选择应考虑桥梁的使用功能、水文和地质情况、环境条件、轨道类型以及施工方法等各种因素综合确定。各国已建成的铁路中，预应力混凝土桥梁的数量占有绝对优势，这是因为与其他混凝土建桥材料相比，预应力结构具有一系列适合铁路要求的特性，如刚度大、噪声低，由温度变化引起的结构位移对线路结构的影响小，运营期间养护工作量少等，而且造价也较为经济。

铁路桥梁的上部结构直接承受列车荷载，由于高速列车运行时动力响应加剧，为保证列车运行安全和旅客乘坐舒适，加强上部结构的竖向刚度、横向刚度和抗扭刚度，使其满足刚度限值的要求，以提高结构的动力特性，都是十分必要的。

高架线路上一般采用多孔等跨简支梁桥的形式，具有以下优点：

(1)等跨简支体系的桥跨外形一致、截面相同、构造布置统一，使桥跨密集的高架线路在运营中的管理工作大为简化，也便于结构的日常检查和养护维修。

(2)高架线路采用简支体系的梁桥更能适应地质不良、地基承载力低的地段。

(3)等跨简支梁工程量大，适宜于现场工厂化预制，逐孔架设，能显著提高施工速度。

(4)多孔等跨布置的连续梁能够提高梁部结构整体性和刚度，并且对保持桥上线路的平顺性更有利，从而提高桥上行车的舒适性和安全性。采用适当的施工方法能保证桥梁的经济性和施工进度。

(5)钢筋混凝土刚架结构是一种空间超静定结构，整体性好，具有较好的刚度和抗震性能。日本高速铁路高架桥多采用这种结构形式，有一定的使用经验。故当技术经济条件相宜时，也可采用这种结构形式。

(6)斜交刚架和框构桥因其适应性强、整体性好，可在跨越道路等场合采用。钢混凝土结合梁或型钢混凝土结构跨越能力强，施工方便，并且由于结构重量轻，有显著的抗震优势，故在跨越繁忙道路或抗震要求较高的场合适用。

根据以上分析，建议优先采用预应力混凝土结构，根据需要也可采用钢筋混凝土结构，钢结构和钢—混凝土结合结构。

我国既有铁路线上的混凝土连续梁，无论是单线桥或双线桥，均采用箱形截面构造。

这是因为箱形截面整体性强,抗扭刚度大,是当代混凝土桥特别是大跨度混凝土桥的主要形式。其用于客运专线铁路上时,动力特性更显得优越。但是,对于跨度 40 m 以下的混凝土简支箱梁,应考虑梁体运输、架设问题。目前,我国既有铁路大多采用的是 T 形截面构造。这种截面形式的混凝土梁,分片预制,分片架设后将横隔板桥面连成整体,若用于高速铁路上,为保证桥跨的整体性,架设后应通过现浇混凝土将桥面、隔板连成整体并施加横向预应力。

涵洞类型的选择应根据河流特征和地形、地质、水文等自然条件,结合涵洞附近的路基高度和路堤填料情况,考虑排洪、灌溉和交通需要,注意养护和施工便利,节省工程造价和养护维修费用,保证铁路运营和附近厂矿、村镇、房舍、农作物的安全等因素进行综合研究比较确定。

1.0.8　现行铁路工程桥涵专业设计规范对混凝土结构主要考虑结构的承载能力,而较少考虑环境作用引起的材料性能劣化对结构的影响。混凝土结构耐久性的不足,不仅会增加使用过程中的修理费用,影响工程的正常使用,而且会过早结束结构的使用年限,造成严重的资源浪费。规范铁路混凝土结构的耐久性设计,可确保铁路混凝土结构满足设计使用年限需要,有利于节约资源,符合国家可持续发展的战略。为此,2010 年颁布了《铁路混凝土耐久性设计规范》,规定各级标准铁路桥涵结构设计时,除应根据结构类型、受力条件、使用要求等选用适宜的材料外,还应结合实际工程的重要性、作用环境、施工条件以及实践经验等,进一步细化相应的技术要求。

1.0.9　本规范修订时,桥涵设计采用的洪水频率标准沿用了《05 桥规》的规定。

(1)本条文中规定技术复杂、修复困难或重要的特大桥,及技术复杂、修复困难或重要的大桥需要按规定的检算洪水频率标准进行检算,因为一般的特大桥虽然桥的长度较长,但从设计、施工、养护等方面来说与一般的大桥没有很大的区别;另有些特大桥和大桥所处的位置很重要,有些在政治上、国防上有特殊意义,在技术上应予更大的保证,因此在抗洪标准方面要进行检算。上述技术复杂、修复困难一般系指高墩、桥跨结构复杂、深水基础、施工困难者以及防洪条件很差、河流形势及水流分布对建筑物十分不利的桥梁。

(2)关于如何对待观测最高洪水位(包括调查可靠的历史最高洪水位)问题,以往遇设计频率水位低于上述水位时,则桥涵应按最高的观测水位或历史水位与其相应的流量进行设计,而不考虑此种洪水频率的大小。鉴于过小洪水频率对工程投资过大,且特大洪水重现可能性甚小,因此条文对观测洪水作了一些限制,即对特大桥及大中桥以不小于 1/300,小桥及涵洞不小于 1/100 的频率为最高标准。在采用历史洪水进行设计时,应作全面的调查研究,注意自然地理的变化和人类活动的影响,分析此项历史水位有无重现的可能性。

(3)在水库大坝上下游的桥涵,考虑大坝对桥涵有不利影响时,应提高桥涵设计标准。如有些水库由于淤积严重有可能在今后提高坝身,以延长水库的使用年限;有些水库在实际运用过程中,常有提出防洪与兴利的新要求,例如提高发电量、提高灌溉水位、扩大灌溉面积、提高航行水位、照顾下游正在施工的水下工程、保证下游农作物不淹没、为下游洪水错峰等,都能使水库蓄水时的各种水位与原设计有较大出入,造成对桥涵的不利影响。有些水库由于要求少泄多蓄,因而在洪水期间提高了汛前水位,使实际泄洪量大于该洪峰频率的设计泄洪量。也有些水库,调洪库容很大,当闸门调洪设备失灵就会产生险情,对下游桥涵将造成不利影响。桥涵的设计洪水标准,如遇有上述情况时应予酌量提高。

1.0.10 为了保证行车安全,接近铁路线路的各种建筑物和设备应与铁路线路保持一定的距离。同时,对在线路上运行的机车车辆的横向尺寸也应有一定的限制,所以铁路规定了各种限界,如机车车辆、基本建筑、隧道建筑、桥梁建筑限界等。桥涵设计最基本的限界是基本建筑限界和桥梁建筑限界。

建筑限界是一个和线路中心线垂直的极限横断面轮廓。建筑限界是确保机车车辆和装载货物不与线路邻近的设备和建筑物发生刮蹭、碰撞,能够安全通过的起码空间。为确保列车运行安全,在建筑限界轮廓内,规定一切建筑物、设备,在任何情况下均不得侵入铁路的建筑限界。

铁路下承式钢桁梁等桥梁结构的净空应满足桥梁建筑限界要求,在基本建筑限界与桥梁建筑限界之间可以装设照明、通信、信号等设备。

现行《铁路线路设计规范》GB 50090 附录 A、B、C 提供了高速铁路、城际铁路、客货共线铁路、重载铁路建筑限界图(说明图 1.0.10—1~说明图 1.0.10—5),桥梁设计时可参照其限界要求,并结合桥梁的具体要求进行桥面布置。

(1)高速铁路建筑限界

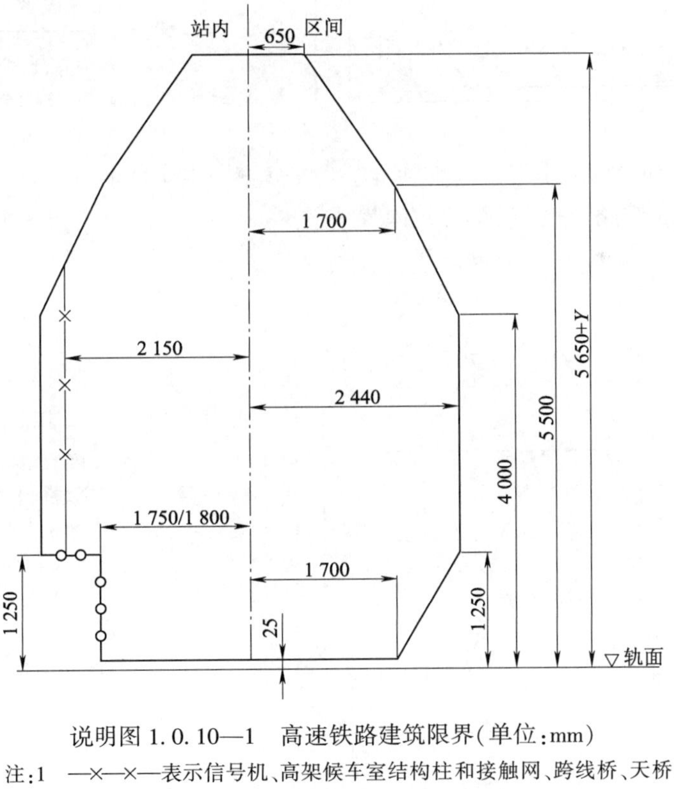

说明图 1.0.10—1 高速铁路建筑限界(单位:mm)

注:1 —×—×—表示信号机、高架候车室结构柱和接触网、跨线桥、天桥、电力照明、雨棚等杆柱的建筑限界(正线不适用)。

2 —o—o—①站台建筑限界(侧线站台为 1 750 mm;正线站台,无列车通过或列车通过速度不大于 80 km/h 时为 1 750 mm,列车通过速度大于80 km/h时为 1 800 mm);②站内反方向运行矮型出站信号机的限界为1 800 mm。

3 ————表示各种建筑物的基本限界,也适用于桥梁和隧道。

4 Y 表示接触网结构高度。

（2）城际铁路建筑限界

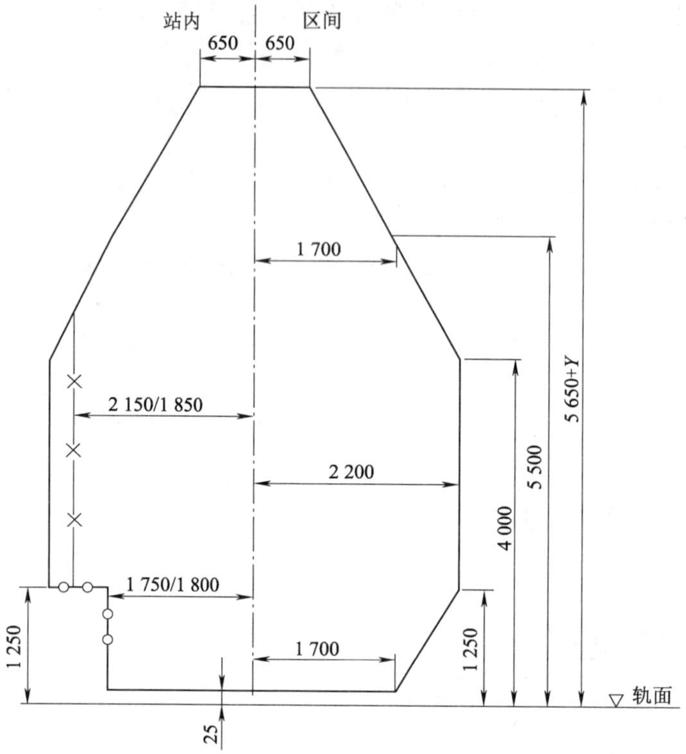

注：1　—×—×—表示信号机、高架候车室结构柱和接触网、跨线桥、天桥、电力照明、雨棚等杆柱的建筑限界不应小于 2 150 mm，站台门的建筑限界不应小于 1 850 mm（正线不适用）。

2　—○—○—①站台建筑限界（侧线站台为 1 750 mm；正线站台，无列车通过或列车通过速度不大于 80 km/h 时为 1 750 mm，列车通过速度大于 80 km/h 时为 1 800 mm）；②站内反方向运行矮型出站信号机的限界为1 800 mm。

3　————表示各种建筑物的基本限界，也适用于桥梁和隧道。

4　Y 表示接触网结构高度。

说明图 1.0.10—2　城际铁路建筑限界轮廓及基本尺寸（单位：mm）

（3）客货共线铁路、重载铁路建筑限界

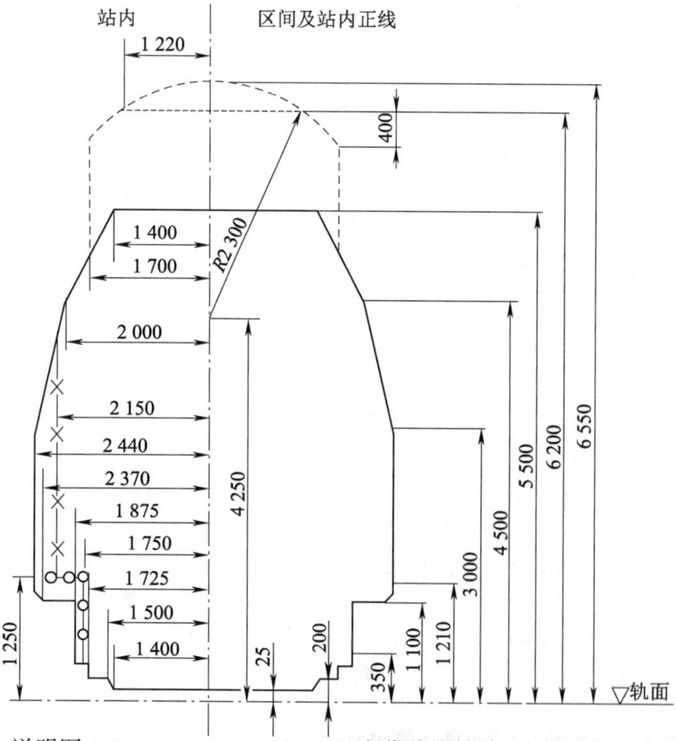

注：1　—×—×—表示信号机、高架候车室结构柱和接触网、跨线桥、天桥、电力照明、雨棚等杆柱的建筑限界（正线不适用）。

2　—○—○—表示站台建筑限界（正线不适用）。

3　————表示各种建（构）筑物的基本限界。

4　--------表示适用于电力牵引区段的跨线桥、天桥及雨棚等建（构）筑物。

5　-----------表示电力牵引区段的跨线桥在困难条件下的最小高度。

说明图 1.0.10—3　$V \leq 160$ km/h 客货共线铁路、重载铁路基本建筑限界轮廓及基本尺寸（单位：mm）

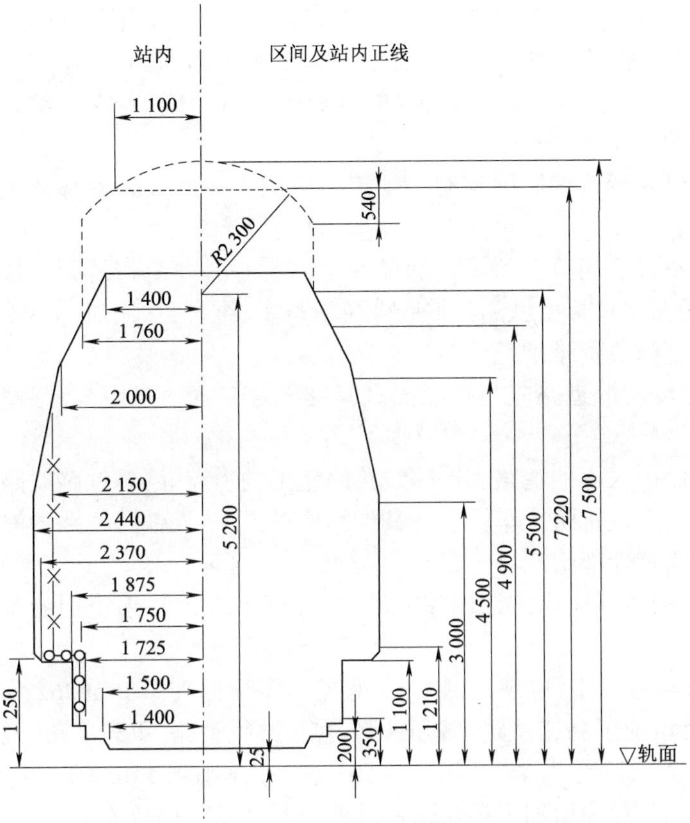

注：1 —×—×—表示信号机、高架候车室结构柱和接触网、跨线桥、天桥、电力照明、雨棚等杆柱的建筑限界（正线不适用）。

2 —○—○—表示站台建筑限界（正线不适用）。

3 ————表示各种建（构）筑物的基本限界。

4 - - - - - - - -表示适用于电力牵引区段的跨线桥、天桥及雨棚等建（构）筑物。

5 -----------表示电力牵引区段的跨线桥在困难条件下的最小高度。

说明图 1.0.10—4 *V*>160 km/h 客货共线铁路基本建筑限界轮廓及基本尺寸（单位：mm）

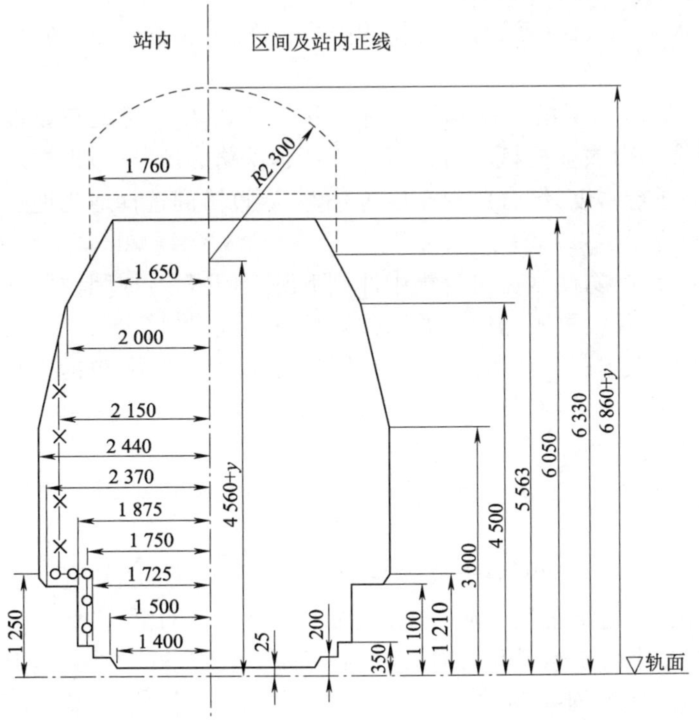

注：1 —×—×—表示信号机、高架候车室结构柱和接触网、跨线桥、天桥、电力照明、雨棚等杆柱的建筑限界（正线不适用）。

2 —○—○—表示站台建筑限界（正线不适用）。

3 ————表示适用于内燃牵引区段的双层集装箱运输基本建筑限界。

4 - - - - - - - -表示适用于电力牵引区段的双层集装箱运输基本建筑限界。

5 -----------表示接触线导线的最低高度为 6 330 mm。

6 *y* 表示接触网结构高度。

说明图 1.0.10—5 双层集装箱运输装载限界及双层集装箱运输铁路基本建筑限界轮廓及基本尺寸（单位：mm）

1.0.11 《铁路安全管理条例》(中华人民共和国国务院令第639号)(以下简称现行《条例》),2013年8月17日公布实施,是对原《铁路运输安全保护条例》的全面修订。本规范条文说明摘录了《条例》中与铁路桥梁安全有关的条款,以方便设计者参阅,若需了解其他条款规定,详见《条例》相关原文。

第四十一条:铁路的重要桥梁和隧道按照国家有关规定由中国人民武装警察部队负责守卫。

第四十二条:船舶通过铁路桥梁应当符合桥梁的通航净空高度并遵守航行规则。桥区航标中的桥梁航标、桥柱标、桥梁水尺标由铁路运输企业负责设置、维护,水面航标由铁路运输企业负责设置,航道管理部门负责维护。

第四十三条:下穿铁路桥梁、涵洞的道路应当按照国家标准设置车辆通过限高、限宽标志和限高防护架。

第四十四条:铁路线路安全保护区内的道路和铁路线路路堑上的道路、跨越铁路线路的道路桥梁,应当按照国家有关规定设置防止车辆以及其他物体进入、坠入铁路线路的安全防护设施和警示标志,并由道路管理部门或者道路经营企业维护、管理。

第五十条:在铁路桥梁、隧道的两端应当按照国家标准、行业标准设置易于识别的警示、保护标志。

2.1 术语以沿用《05桥规》既有符号为主,以现行《铁路工程基本术语标准》GB 50262为基础,根据本规范新增条文内容,增加了高速铁路、城际铁路、客货共线铁路、重载铁路、脱轨系数、自振频率、动力系数、工后沉降等术语。同时,将《05桥规》总则第1.0.3条桥梁分类的内容以术语形式补充至本节中,即增加了桥长、特大桥、大桥、中桥、小桥等术语。

2.2 符号沿用了《05桥规》中的既有符号,未做增减。

3.1.1 铁路桥涵的建设与农田水利和人民生活有着密切的关系,桥涵的设置应兼顾农田灌溉的需要,考虑综合利用。

桥涵布置应尽量少占耕地。河滩路堤的桥涵和导治建筑物应考虑农业灌溉需要设置,尽量避免破坏农田和排灌系统。对农业机械、人畜、车辆等穿越铁路的情况,应根据既有农村道路分布情况及人畜车辆通行密度,结合路堤高度等条件,经过协商选择适当地点设置立交桥涵或排灌通行兼用的桥涵。

设置桥涵时应避免大量改沟合并,勿使水流过分集中冲刷下游农田房舍,或因位置选择不当使水流宣泄不畅,或因入口高程设置不当使上游水位壅高淹没农田房舍。

为使铁路排水畅通及铁路沿线农田房舍免遭水害,沿线所有的排水建筑物,包括桥涵和其上下游的截水沟、改沟,路堑地段的天沟、侧沟、吊沟,路堤地段的取土坑、排水沟,以及城镇的排水建筑物等工程,应彼此协调配合,组成完整的排水系统。

3.1.2 在洪水泛滥甚广的平原河流,或河床摆动、水流分支漫溢的山前区河流,往往考虑一河一桥或一河多桥的方案。

平原河流纵坡平缓,流速较小,河床由细颗粒土组成,河滩辽阔,洪水时泛滥较宽。若主槽明显,河滩上又无稳定的河岔时,通常采用一河一桥,河滩上不宜设辅助桥,以免引起集中冲刷带来病害。若桥址处有几个稳定河槽且具有分流、通行船只和农灌的作用,或当滩地流量占全部流量的比例较大,且河滩水流又不易引入同一座桥梁时,宜设置一河多桥。

我国西南山区宽谷漫流上游扇形河段,河道断面一般中间高、两侧低,在一般洪水时形成河岔分流;在较大洪水时,淹没整个河谷,形成漫流。

我国西北山前区大型冲积锥宽河中游扩散河段,水流分支扩散摆动不定。在这些河流上一般不宜强行集中,而宜设置一河多桥,即在主河槽与较稳定的河岔上或主要股流河槽上分别设桥,应水流天然趋势,以保证桥梁安全和兼顾下游分洪灌溉的需要。

长大导流堤的工程大、造价高、占地多,维修养护也困难,尤其长达数公里的长大导流堤,一旦发生险情,突破一点,全堤崩溃,直接冲毁铁路。因此,设置一河一桥强行集中水流而采取修建长大导流堤的办法,应尽量避免。

3.1.3 天然河流已经过多年的自然演变,找到了它最符合自然的流经道路,要更动其自然现状,必须做很大工程来引导,否则仍有恢复其原来自然状态的可能。这给铁路工程将带来很大的隐患,所以天然河道不应轻易合并或改移,尤其对河滩辽阔、河床不稳定、水流摆动的河流,更不宜改并。

当河湾威胁桥头路堤,或河滩、主槽被路堤所挤压,影响水流畅通,或河沟与桥涵斜交时,如采用改移河道或裁弯取直确能改善桥涵工作状况,或降低工程造价有显着效果时,亦可采取改移或裁弯取直的措施。但河道在改移或裁弯取直后,在流向改变或纵坡变陡、流速增大等地段,将加剧河段冲刷;而在坡度变缓地段,则又造成淤积,水流堵塞不畅。这些水力条件变化的影响,都应在河道改移或裁弯取直的设计中予以充分考虑,必须根据水文、地质、地形及农田灌溉等具体情况,修建导治建筑物,或采取加固、消能等措施,以引导水流顺畅地通过桥下排泄,避免对上下游工程及两岸农业生产造成危害。

3.1.4 桥址处线路应尽量与洪水流向正交,确须斜交时应尽量减小斜交角度,避免在桥头形成水袋,从而产生三角回流。从历年发生的水害情况来看,水袋地带淘刷严重,最易冲毁路堤甚至冲倒桥台,因此必须引起重视。在桥头形成三角回流地带,宜采用增加桥孔的办法予以消除,不宜采用导治办法勉强压缩桥孔与调正水流。

3.1.5 平坦、草原和漫流地区,一般无显著沟槽,但当暴雨或春融雪水形成径流,分散成片,一经修筑路堤,往往使水流集中,危及线路,应采取分片泄洪原则,在地形低洼处设置桥涵。

3.1.6 在通航船只和通过排筏的河流上,桥梁应能满足河流长期通航的要求,考虑河道变迁及水流方向等因素合理布置通航桥孔。

在水流较急、流向摆动幅度较大的通航河流上,船只控制走行方向困难,下行船只多沿流向航行,当桥址中线与航线斜交时更易发生事故。如正交确有困难,则偏角不宜过大,桥梁净孔应相应加宽,并应考虑桥墩台和锥体的阻水影响。

通航河流的航线经常随河道的变迁或受上游人类活动的影响而改移,因此应根据河流历史资料,预先考虑航线的变迁,布设通航孔。通航桥孔的位置一般根据中常水位及低水位时的航线确定。

3.1.7 斜交桥梁由于梁体两侧挠度差异,将会影响高速列车的运行安全和旅客乘坐的舒适度,故一般不宜设置斜梁。斜交不可避免时,应做成与桥轴线小于60°的斜交。出于同样的原因,为避免台后轨枕一头支于桥台,另一头支于路基,造成不均匀沉降而影响行车的平稳性,故本条规定,一般斜交桥后边线,宜做成与线路中线垂直。

3.1.8 桥涵结构物与路基的结合部,由于路基与桥涵结构物的刚度不同,以及路基与桥涵结构物的沉降不一致,会造成行车的跳车现象。涵洞由于洞顶有填土对高速行车的影响小一些。

当相邻桥梁两桥台之间的净距离过近时，会造成短时间内两次跳车，对旅客乘车的舒适性产生影响。路基规范要求两桥后均要设置过渡段，但当两桥台间的距离过近时，剩余的普通路基长度已很短，故与两桥连起来相比，经济上已没有多大差别。

对于涵洞，路基规范同样要求设置过渡段。由于过渡段路基的填筑要求很高，如两涵之间的净距过小，将会造成施工困难。

秦沈客运专线设计时规定："两桥台尾之间路堤长度不应小于 150 m，两涵（框构）之间以及桥台尾与涵（框构）之间路堤长度不应小于 30 m，对于特殊情况路堤长度不满足上述长度要求时，路基应特殊处理"。但在新建设计时速 200 km 及以下客货共线铁路桥涵设计时，该规定可适当放宽。设计中也应注意避免涵洞间距离过小，形成所谓的涵洞群。对于一些特殊情况，如两沟当中的山包设置路基长度过短，而设桥又是路堑内设桥，明显不合理，故对于这种类似的情况路基应特殊处理，使之满足一般路基过渡段的要求。

《高速铁路设计规范（试行）》中关于相邻桥涵之间路堤长度的规定"两桥台尾之间路堤长度不宜小于 150 m，两涵（框构）之间以及桥台尾与涵（框构）之间路堤长度不宜小于 30 m，对于特殊情况路堤长度不满足上述长度要求时，路基应特殊处理。"这个规定主要基于秦沈线的施工经验提出，有一定局限性。目前高速铁路的施工方法、工艺均发生了较大的变化，高速铁路在路桥、路涵均设置过渡段，路基和涵洞的地基基础的处理一般也采取相同的处理措施，路基和桥梁刚度相差不大，在京津、武广、京沪等高速铁路的联调联试中未发现路基桥梁涵洞之间结构变化对行车产生影响。《高速铁路设计规范》TB 10621—2014 第 7. 1. 8条只保留了"两桥台尾之间路堤长度不宜小于 150 m"的规定。

《城际铁路设计规范》TB 10623—2014 虽然没有规定两涵、两桥桥台之间的净距离，但当两涵、两桥桥台之间的净距过近时，为了保证涵洞或桥台与路基之间的刚度顺接，在路桥、路涵影响范围区段宜设置过渡段或其他措施。

本次规范修订时，结合各等级铁路建设运营经验认为：随着铁路施工方法、施工工艺水平的提高，以及路桥、路涵衔接处地基处理方式基本接近，对于相邻桥涵之间路堤长度，取消了《高速铁路设计规范》中的 150 m 限值规定，但要求具体设计时应综合考虑列车行车的平顺性要求、路桥（涵）过渡段的施工工艺要求，并进行必要的技术经济比较后，再确定合理的相邻桥涵之间路堤长度。

3. 1. 9 设置导治建筑物的作用主要是引导水流均匀顺畅地通过桥孔，保护桥梁墩台、桥头路基和河岸不受洪水的危害，防止和减轻桥下河床的不利变形，消除或避免由于修建桥梁、路基造成对农田村镇及其他建筑物之不良影响。

一般在稳定性河流的桥位上，为了减少两端的三角回流地带，保护河滩路堤和锥体护坡，可考虑设置封闭式导流堤。当桥梁与河槽正交而河滩路堤位于向河流上游弯曲的曲线上时，为防止路堤边坡的淘刷和改善河滩水流的条件，该段桥头路堤可设置梨形导治堤和适当数量的丁坝。为引导较大的河滩流量顺畅地流入桥孔，在两端桥头宜设曲线形导流堤。当桥位位于变迁性河流的摆动河段或山前区大型冲积锥河流的中游扩散河段，一般均宜设置封闭导流堤。

若为一河多桥时，为了避免水流直冲两桥之间的河滩路堤，以及将水流顺畅地分别导入多座桥孔，两端间可设置桃形导流堤。不没水的导治建筑物系为调节设计洪水频率的洪水而设，其顶面应高出桥梁或涵洞设计洪水频率的水位（并考虑天然水流纵坡的影响）至少 0. 25 m。此 0. 25 m 为安全储备值，设计标准稍低于路堤。上述水位尚应根据河流特性及导治建筑物的具体位置考虑壅水高、波浪侵袭高、局部股流涌高、河弯超高、河床淤积等影响。但在下列的河流上,波浪侵袭高可不考虑:

(1)在洪峰历时短促,涨落迅速的季节性河流上;

(2)浪程少于 200 m 时;

(3)水深小于 1.0 m 时;

(4)计算波浪高度在 0.15 m 以下时;

(5)河滩上长有比水深加半个计算波浪高还要高的大片灌木丛时。

没水导治建筑物系一般为调节常水位水流而设。常水位系指每年大部分时间保持的水位。

为防止遭受水流、波浪、流冰、流木、漂流物等冲击和淘刷基础,导治建筑物的边坡和坡脚基础均应防护加固。常用的防护工程类型有铺设草皮、石料铺设、石笼和混凝土板等。在波浪冲击较轻和水流流速较小,且种植条件较为有利的情况下,对土质堤坝可采用铺草皮加固;在平原河流,当流速小于 3 m/s 时,一般可采用干砌片石,或栽砌卵石;对直接承受较大流速冲击处或水流中携带较大漂流物撞击处,一般宜采用浆砌片石或混凝土板;当流速较大、冲刷较深、河流有严重变形处,则宜采用属于可变形的柔性结构加以防护。

3.1.10 第二线桥设在既有线桥的上游或下游(即左右侧的选择),应考虑桥址两岸地形、上下游河床及桥头引线地质、上下游水流方向及流速、主河槽位置和宽度、通航条件、所在区间的线路位置、既有线桥梁基础埋置深度、桥下净空高度以及旧桥上下游是否有防护加固工程、河底是否有施工障碍物等因素决定。当影响因素较多、情况复杂时,往往须作技术、经济的综合比较后决定。

一般情况下,当新桥设在既有桥上游时,有可能引起下游既有桥的冲刷加剧(流水情况复杂时,建议进行现场观测和水工模型试验,以确定两桥之间的冲刷影响)。为了确保既有桥安全,或充分利用既有导治建筑物、引线路基防护、桥墩破冰棱等设备时,第二线桥宜设在既有线桥的下游。但当新桥设在净空或过水能力较差的既有桥下游时,新桥的壅水将会使既有桥的净空减少;既有桥若受水冲毁破坏,亦会直接威胁新桥的安全;既有桥抢险防护所抛下的片石或旧梁等沉落物,也会给下游新桥施工造成障碍,在此等情况下,第二线桥又宜设在上游。

在选择第二线桥与既有桥间的距离时,应考虑第二线桥施工过程中既有线上列车正常运营和建筑物的安全,故应结合地质条件、既有线桥头路基填土高度、新旧桥墩台基础尺寸及其基础埋置深度的高差、施工条件和水流干扰情况等因素决定。对于通航的河流,为了避免水流在新旧桥墩台间相互干扰,应将第二线桥适当地远离。

重要桥梁在修建第二线桥时,应与有关部门协商,确定两桥间距离,以满足国防要求。如第二线与既有线桥接近,且位于水流干扰范围以内时,两线的桥墩台干扰,将使过水断面大为减少,为此,要求将两桥的桥墩中心线相对应并大致与流向平行。

3.1.11 既有桥涵经多年使用已形成历史上的自然状态,故原来的中线与位置如无显著缺陷,在线路平面及纵断面的配合上均属合理时,一般应保持原来的中线及位置,这样可以充分利用既有路基、导治建筑物及其他防护工程,节约投资。但在个别情况下,如桥头曲线半径不能满足运营的要求、既有桥下净空需要加高、桥两端线路需要变更纵断面、因河道变迁难以整治,或在河底有沉埋梁体、砌块、片石堆积等清理困难影响基础施工等情况,也可变更原来的中线及位置。

在既有线上的桥涵,由于自然的或人为的原因使水流发生了根本的变化,以致既有桥涵已失去存在的必要时,才能予以封闭。增设桥涵也往往会变更上下游村镇与洪水的利害关系,因此应取得上下游有关单位的同意。

3.2.1 一般情况下,桥涵孔径主要依据一定洪水频率的流量和水位来设计。但任何水文计算方法都不能完全适应复杂的自然现象,加之我国水文及气象资料积累时间不长,流量计算未能达到很高的精度,因此桥涵孔径不能单凭流量及理论计算,更不能用单纯经济比较来确定。

设计桥涵孔径时应根据河流的特性和桥址的具体情况,参照以往的经验作全面分析比较。有的桥涵孔径还应与有关单位协商决定。当水文资料不足时,桥涵孔径宜大一些,基础埋置宜深一些。确定桥孔时还要考虑以下几个因素:

(1)建桥后桥址附近上下游水面、主槽与河滩上流量和流速及其在平面上与断面上的变化;

(2)桥孔大小与墩台基础埋设深度、导治建筑物与桥头路提的长短等的相互关系的影响;

(3)桥址上下游水利工程对流量、流速和水位的影响;

(4)桥孔压缩后,桥下流速增大对船只排筏通航、下游农田房舍、水利设施、墩台基础冲刷等的影响。

3.2.2 冲刷系数是确定桥孔大小的指标之一。冲刷系数愈大,表示桥梁对河流的压缩愈大。1975年版《铁路工程技术规范(第二篇)·桥涵》(以下简称《75桥规》)制定冲刷系数时,曾向各设计院、大桥局、铁路局、公路局、交通局等单位有关人员征求意见,并搜集了通过较大洪水考验的桥梁资料和部分桥梁检定资料,进行了汇总分析。现场有关人员提出的意见主要有以下几点:

(1)冲刷系数对决定桥孔大小有一定指导作用,但不是唯一条件,应综合考虑其他因素,如对上下游居民、农业、水利的影响,河滩路堤的稳定等。

(2)冲刷系数应按地区和河流性质划分,才符合各地区河流的具体情况。如山区河流水深流急,应尽量少压缩以免桥台锥体被冲。在山前区河流建桥虽可压缩,但也不宜过甚。平原区河流建桥往往与地方利益相关密切,应考虑对上下游工农业的影响。

(3)制定的冲刷系数应以经过洪水考验的桥的资料作为主要依据。

根据上述意见及搜集到的桥梁资料进行分析后,得出以下结果:

(1)地区分为山区、山前区和平原区三类:

1) 山区按河段特点分为峡谷段及开阔段。

①峡谷段:此类河流一般河谷深窄无滩,岸壁稳定,河岸多为岩石,水位变幅大,设计流速可达4 m/s~7 m/s,河床比降约为2‰~6‰。曾分析了鹰厦、上鹰、陇海诸线等15座桥梁的资料,认为峡谷段水深流急,桥台锥体不宜伸入河槽,桥孔不宜压缩。如××线××桥,1960年洪水频率约为1/50,壅水逼近钢梁,冲垮梁下吊篮设备,四个锥体全部坍塌,实际的冲刷系数为1.25。××桥1960年水位超过频率为1/100的水位,两端锥体均局部冲毁,桥墩受冲,实际冲刷系数为1.24。××线××桥,压缩过甚,台后路堤冲成缺口,锥体被冲毁。综合这些资料,同时还考虑到峡谷段有一孔跨过的可能性,因此冲刷系数制定为小于或等于1.2。

②开阔段：此类河流滩槽分明，岸线稳定，河岸为岩石或砂卵石，设计流速可达 3 m/s～6 m/s，河床比降约为 1‰～5‰。曾搜集了鹰厦线、浙赣线、京承线、陇海线等 19 座桥梁的资料，如××桥，1962 年发生接近设计流量的大洪水，冲刷系数 1.39，未发生水害。但同类型的桥，冲刷系数在大于 1.4 时，大都发生不同程度的水害，路堤被冲成缺口，锥体被冲毁等，因此冲刷系数制定为小于或等于 1.4。

2）山前区分为半山区稳定河段（包括丘陵区）及变迁性河段两类。

①稳定河段（包括丘陵区）：此类河段大体顺直或微弯，滩槽明显，出山口后河谷开阔，岸线及边滩较稳定，河槽形态也较稳定。曾搜集了浙赣线、京广线、陇海线等 32 座桥梁的资料。这些桥中经受洪水考验的××桥，1942 年大水为历史第二位，壅水较高，冲刷系数 1.44，但除桥的高程稍低外，尚无水害。××桥 1953 年洪水为历史第二位，孔径合适，冲刷系数 1.37，除桥墩质量不良受水流冲刷外，尚无水害。××桥 1942 年发生最大洪水，频率约1/100，仅桥台护坡受冲刷，无其他水害，冲刷系数 1.25。××桥设计冲刷系数 1.31，经洪水经验，除冲刷较深外，无太大水害。其他桥冲刷系数在 1.4 以下的一般情况较好。综合这些资料，冲刷系数制定为小于或等于 1.4。

②变迁性河段：此类河段滩槽不明显，甚至无河滩，河段微弯或呈扇形扩散，岸线不稳多变，主槽形态、位置不稳定，洪水时淤此冲彼，最大深泓变迁迅速，河槽有扩宽甚至改道的可能。曾搜集了西北地区兰新线和华北地区京广线共 17 座桥的资料。西北地区的桥经受了接近或小于设计频率流量的 1/3～1/2 的 1959 年洪水考验，曾出现不同程度的水害破坏，如导流堤局部被冲毁，部分桥头河滩路堤被冲断等。通过水害证明，原设计无限制的压缩桥孔是不符合实际情况的，原设计的冲刷系数有大到 3.15 及 3.01 的，其受害亦较重。事后对原压缩桥孔过甚，冲刷系数较大的桥均采用适当延长桥孔的方案，通过近数十年的考验，孔径还未出现大问题。经过水害处理后，一般冲刷系数在 1.4～1.8 间，个别为 2 的。华北地区的桥经过历史特大洪水考验，没有出现水害的，其冲刷系数在 1.1～1.3 间。综合这些资料，冲刷系数变幅较大，故规定按地区经验确定。

3）平原区：此类河流基本顺直或微弯，部分河段蜿曲，一般上游有支流汇入或下游呈扩散状，河槽较宽，设计流速约为 2 m/s～5 m/s，河床比降约为 0.1‰～2‰，少数可达 3‰。曾选用了二十几座已成桥梁（包括东北及中南、华东地区）进行分析。这些桥都经历了不同程度的洪水考验，其中有 10 座经过频率相当于 1/100 的历史洪水，此时冲刷系数一般在 1.2～1.4 之间，都能安全排洪。而冲刷系数超过 1.4 的都有不同程度的水害，如铁路路堤冲决、锥体护坡坍塌、壅水较高等。因此冲刷系数制订为小于或等于 1.4。另外，在平均水深小于或等于 1.0 m 的宽浅河段，冲刷系数可根据地区经验确定。

(2) 人工渠道水浅流缓，但流向一定且大都不通行船只，桥孔设计一般应与地方协商确定，不宜压缩，尽量以单孔跨越，避免引起渠道底的冲淤变化或壅水太高溢出渠道堤顶。梁底可按一般规定高出渠道设计水位 0.5 m 即可。

(3) 泥石流是一种携带大量固体物质的山洪急流，一般是骤然的、短暂的和阵流状的（指黏性泥石流）。其中严重的泥石流可以在短暂的几分钟到几小时内流出数十万方到数百万方的固体物质，对建筑物有巨大的破坏作用。在流程中当其能量发生变化时，立即停止运动，因而时常堵塞河谷，改移河道，淹没大片农田、房舍，摧毁或淹埋铁路、公路、厂矿、水利设施及城市建筑物等，给国民经济带来巨大的损失。因此，当线路跨越泥石流河流时，桥孔应尽量采用单孔或不得已时可考虑采用多孔较大跨度的梁桥跨越，以减少被泥石流破坏的机会。

为使泥石流顺畅地通过桥下，应采取因势利导的方法，使泥石流不致中途停顿而造成淤积，其关键在于有足够大的流速。根据以往经验，如果桥孔过于压缩，在桥前形成突然收缩，流体的动能必然受到损失使桥前造成淤积。如桥孔过大，则在桥址附近的急流槽断面必须扩大，水深减少，流速减缓，容易淤积。故桥孔的大小必须适当，一般可参照河谷内通过地段基本河沟宽度进行设计，不宜压缩，也不宜过分扩大，并不得在桥下开挖，尽量以急流槽形式通过桥下。

(4)位于水库影响范围内的桥孔设计，除应考虑河流的天然状况外，还应考虑由于修建水库而发生的变化，例如淤积、冰塞、风浪、壅水、塌岸及设计标准低于铁路桥涵的水坝溃决影响等。

3.2.3　为保证列车安全运行，在设计频率洪水时跨河桥梁的基础必须埋置于冲刷线以下一定的深度。故需计算桥下一般冲刷、桥墩台局部冲刷、河床天然演变及正在发育过程中河道的天然下切的冲刷深度。在设计频率洪水时的河床天然冲刷，可概括地分为三类：

(1)由河段特性所决定的较有规律的变化，如边滩下移，河弯的发展和移动、蜿蜒及裁直等引起的河槽变形；

(2)在一个水文周期内河槽随着水位、流量的变化而发生的周期性变形；

(3)河段最大水深线迅速摆动或下移，形成集中冲刷而引起的变形。

对于第一类河床天然冲刷，在一些有关河道整治及桥梁设计的文献中有一些计算方法；对于第二类、第三类河床天然冲刷在我国制定的一般冲刷计算式中，已经包含这两类天然冲刷的因素。

正在发育过程中河道的天然下切深度，系河流发育成长性的变形。目前还无具体计算办法，只有根据历史调查资料，推算在桥梁使用年限内河床可能下切的深度。

用于桥下一般冲刷深度的计算公式，是利用我国实测资料建立的，实测资料中既有较稳定的河段，也有不稳定的河段，因此该公式的计算结果包括了桥渡压缩河流所引起的冲刷及上述河床的第二、三类河槽的天然冲刷和集中冲刷。

水坝下游冲刷影响范围内的桥梁，除计算上述冲刷线外，尚应考虑水坝下游局部冲刷和清水冲刷的影响。

桥位位于水坝下游冲刷范围内，冲刷线应计入坝下的局部冲刷，此值系根据水坝下泄流量及流速、当地地质等条件确定。

水坝下游的清水冲刷影响距离较远，例如××大坝 1960 年开始蓄水运用，大坝以下受水冲刷影响的地区达 300 km，后改为低水运用，防洪排砂，又有了浑水回淤的现象。

3.2.4　大中河流的河槽较宽，桥下流速不均匀，桥下采取铺砌时，局部流速较大处易冲毁铺砌，流速较小处则易积淤。采用铺砌提高流速后，与河床天然土不相适应，又会造成铺砌末端冲刷，重则危及墩台安全，轻则需要经常维修。采取铺砌虽可缩短桥长，但铺砌本身数量巨大，且须经常维修，并不经济，因此大中桥采取桥下河床铺砌是不合理的。然而在既有线上如已成桥的墩台埋置深度不足，加固改建又很困难时，则可在全桥桥下铺砌防护，或在个别埋置深度不足的桥墩台附近进行局部防护。河滩桥一般不允许桥下河床被冲刷，避免因桥下过水面积增大，主槽流量大量流入桥下，引起河滩桥与主槽桥流量分配发生变化，加重河滩桥的负担危及桥梁安全，因此河滩桥桥下河床可视具体情况采用铺砌防护，以保证墩台基础安全或保护河床免遭冲刷。

小桥一般平时无水或水流很少,如设铺砌防护,施工较易且工程量不大,故可采用桥下铺砌的设计方法。但当河沟经常有水,流速较小,河床无冲刷可能时,可不设铺砌防护。如我国南方河网地区河流或渠道上的桥梁,桥孔一般按河道全宽布置,流速小,河床可不铺砌。桥下河床不设铺砌的小桥可按大中桥桥孔计算方法求算。

3.2.5 表 3.2.5 所列的桥下净空高度主要是考虑了以下三方面的因素,即推算周期流量由于抽样误差引起的水位误差、天然水流受外力及受桥梁建筑物影响后的水面变化和水流挟带露出于水面的漂流物的高度。

设计(或检算)频率水位系指本规范第 1.0.9 条表 1.0.9 中的设计(或检算)洪水频率的水位,它是进行桥梁孔径、冲刷计算的主要依据。河流的壅水、浪高、河弯超高(倘确定河弯处桥下水面时已考虑水流离心力的影响,其水面则不必再加上流水河弯超高)、局部股流涌高、河床淤积等高度,本来与断面流量、水位有一定的关系,但目前尚未有完善的计算办法,故比照以往的设计,一般可不计入设计(或检算)频率水位之内,但在确定桥下净空高度时,应根据河流具体情况,在设计(或检算)频率水位以上,再分别考虑河弯超高(倘确定河湾处桥下水面时已考虑了水流离心力的影响,则其水面不必再加上水流的河湾超高)、河床淤积、壅水、浪高、局部股流涌高等的有关影响高度。其中浪高除了下述三种情况,一般均应计算:①洪峰历时短促、涨落迅速的季节性河流;②浪程小于 200 m 时;③水深小于 1.0 m 时。

局部股流涌高是我国西北半山区和山前区的河流上,由于洪水流多股奔放,集中股流所在处的水流恒较两侧为高的一种现象,其成因很复杂,须在勘测时通过调查加以考虑。桥墩冲高仅在确定支承垫石高程时才予考虑,当水流平缓、桥前壅水起控制作用时可不考虑。桥墩冲高的数值不与浪高叠加(小桥可不考虑局部股流涌高和桥墩冲高)。在河床逐年淤积抬高的河流上,桥下净空高度尚需考虑淤积的可能性而适当加高。泥石流河流上,应考虑设计年限内淤积厚度的总和。在有严重的泥石流时,一次淤积厚度最大值有时竟达 3 m~5 m,因此桥下净空高度应取设计年限内河床淤积厚度总和或一次淤积厚度的较大值,另按本规范条文中表 3.2.5规定加安全值 1.0 m。若为黏性泥石流,泥石流常浮悬着直径达 1 m~2 m 的大孤石,考虑到孤石一般呈半浮半沉状态,遇此情况,桥下净空高度还应再加大孤石直径之半数值。泥石流阵性波浪高的因素也不能忽视。根据甘肃省交通科研所在甘肃武都白龙江流域对泥石流多年实地观测资料,一次泥石流过程常由许多阵性波组成,1972 年 8 月 6 日火烧沟发生黏性泥石流,其波峰头部高达 7 m~8 m(自河底算起),一般波高 1 m~2 m(自下层连续泥石流平均表面算起),有的稀性泥石流波浪翻滚高度也有1 m以上,遇有此种情况,桥下净空高度须适当考虑阵性波浪高的因素。

有些河流在洪水时往往夹带着大量漂浮物,如净空不够,容易堵塞桥孔,甚至推走桥梁,挤倒墩台,造成水毁事故。根据桥下有漂流物的 21 个调查资料,漂流物种类很多,有连根带枝的树木、屋架、家具、破木船、杂草及流木等。在水面以上高度在 1.0 m 以内的占 90%,最高为 2.0 m。一般说来,钢梁杆件容易缠挂住漂流物,再加上自重较轻,梁上的木枕又有浮力,钢梁被漂流物推往下游往往可达几十米至数百米。钢筋混凝土梁是自重大的实体建筑物,漂流物在梁上缠挂不住,即使净空不足,漂流物亦能从梁下挤过或梁上跃过。1960 年我国东北××线有五座大桥被洪水冲毁,钢梁绝大多数推落在河中,而钢筋混凝土梁几乎都屹立在桥墩台上。上述现象很普遍,故条文中规定钢梁下在洪水期有大漂流物通过时,可根据具体情况,采用比表列数值较大的净空高度。

实腹无铰拱桥因其结构本身刚度较大，当洪水期无大漂流物时，拱脚允许被设计频率水位加有关影响高度“Δh”后的水位淹没，但不应超过矢高之半。由于拱桥较梁桥阻水影响较大，为维持拱桥与梁桥下大致具有相同的净空面积，故又规定这类拱桥净空高度亦不应少于 1.0 m。

关于最高流冰水位，从我国东北、内蒙严寒地区已成铁路桥梁的实际资料来看，均低于洪水时的设计频率水位，对净空高度不控制，故本条未列流冰水位对净空高度的要求。

通航与流筏的桥孔，桥下净空应满足船只及流放排筏的具体要求。

在进行通航河流上的桥梁设计时，应密切与中央或省、市、自治区有关航运部门联系，并商定航行净跨、净高、通航水位、通航孔数及通航桥孔的布置。对于有国防要求和其他特殊要求的航道（如石油钻探船只），其通航标准须与有关部门具体研究确定。

在有流冰或流木的河流上，桥梁净跨尺寸根据调查资料确定。我国北方河流有些处于严寒地带，冬季封冻，冰层较厚，有达 2 m 以上的，在开冻过程中，上游冰块拥下，互相叠砌，形成冰塞。例如我国黄河自宁夏至内蒙一段，流向大致由西南向东北，上游暖下游寒；气温相差大，冰塞现象特别严重，在确定净空时要考虑这种情况。关于筏运及流水、流木河流的通航净空要求，原齐齐哈尔铁路局及北京铁路局等在既有线上曾出现过冰块及流木阻塞桥孔等现象。故在有流冰河流上建桥，应将冰块大小、流冰厚度等调查清楚，桥梁主跨应能顺利通过冰块，不致堆叠阻塞。原齐齐哈尔铁路局建议在有流木或大漂流物的河流上建桥时，梁底高出设计频率水位的高度不宜小于 1.5 m，以便于工人进行梁底作业，排除障碍。

3.2.6　道路在铁路下面通过的立交桥设置限高标志、限界防护架，铁路与道路立交桥上设置安全防护设施的规定，均是从保障铁路桥梁结构物和行车安全方面考虑的。

随着交通事业的发展，铁路平交道口需要大量改为立交，这样做无论是对于既有线改造还是新建铁路，也无论是对于城镇市区还是农村郊区，都感到是极为迫切、刻不容缓的。采用框架结构能有效地减小梁部高度，因而可节约占地，改善桥下公路纵坡；由于框架为封闭形式，其基础有较大的承压面积，因而能适应不良地质，甚至淤泥、流砂层上也能适用。同时这种结构抗震性能好，外形轻巧美观，适于城市市政建设，受到了普遍的欢迎和重视。

近年来城市道路和公路工程发展迅速，已经形成了包括路面宽度在内的一整套工程技术标准，通过调查铁路跨越道路的框架式地道桥现状和发展，原铁道部专业设计院提供的框架式地道桥采用的净宽标准见说明表 3.2.6。该表桥下净宽结合公路机动车道和非机动车道及人行道的布置，能够满足城市道路及公路工程技术标准有关要求，可供设计中参考。

说明表 3.2.6　框架式地道桥净宽（m）

孔　数	净　宽
单　孔	4.0，5.0，6.0，8.0，8.5，12.0，17.0
双　孔	8.5—8.5，9.0—9.0，12.5—12.5，16.5—16.5，17.0—17.0
三　孔	6.0—9.0—6.0，8.0—17.0—8.0，9.0—17.0—9.0
四　孔	6.0—12.5—12.5—6.0，8.0—12.5-12.5—8.0
	8.0—16.5—16.5—8.0，9.0—16.5—16.5—9.0

其净空高度除应符合交通部现行《公路工程技术标准》的规定外,同时还应考虑施工误差及公路路面厚度以及沉降对净高的影响,必要时尚应与使用部门协商确定桥下净宽和净高。

现行《条例》第四十三条规定:"下穿铁路桥梁、涵洞的道路应当按照国家标准设置车辆通过限高、限宽标志和限高防护架。城市道路的限高、限宽标志由当地人民政府指定的部门设置并维护,公路的限高、限宽标志由公路管理部门设置并维护。限高防护架在铁路桥梁、涵洞、道路建设时设置,由铁路运输企业负责维护。机动车通过下穿铁路桥梁、涵洞的道路,应当遵守限高、限宽规定。"这些规定均是从保障铁路桥梁结构物和行车安全方面考虑的。

3.2.7 有压涵洞要求涵节之间的接缝密不透水,以免水渗入基底和路堤,影响涵洞及路堤的稳定,但通常很难做到这一点,故涵洞宜设计为无压的。

为保证涵洞与路堤的安全稳定,在无压涵洞过水断面上应留有一定的富余高度,以免因流量计算不准确,使无压涵洞变成半有压或有压的,也可以防止水流中携带的树枝、柴草等漂流物堵塞涵洞。

本条规定矩形涵洞洞内顶点高出涵洞内设计频率水位的净空高度为:当净高大于3.0 m时不小于0.5 m,这是与不通航亦无流筏河流上的桥梁最小净空值相同;当净高等于和小于3.0 m时,如取净高3.0 m时的0.5 m计,则其与涵洞净高之比为$\frac{0.5}{3.0}=\frac{1}{6}$。圆形或拱形涵洞因水面上净空面积较小,故净高大于3.0 m时提高至0.75 m,等于或小于3.0 m时,如取3.0 m时的0.75 m计,则其与涵洞净高之比为$\frac{0.75}{3.0}=\frac{1}{4}$。

3.3.1 同一区段内应尽可能减少桥涵类型和孔径种类,以方便施工,易于就地取材,节省模板和脚手架。尤其对于占比重较大的小桥涵,有利于制造工厂化,提高工程质量和劳动生产率,降低工程造价。

一般情况下,每座桥梁宜采用等跨及同一类型的桥梁结构,以便简化施工,便于抢修互换。但在通航河流上,为了满足通航的需要,或在山区深谷修建桥梁为了减少高墩,可以采用不等跨。

3.3.2 在泥石流或水流含有较多砂石的河沟上,如果采用涵洞,由于涵前积水,流速变缓,容易造成淤积、堵塞,会给养护维修带来长期的困难,故宜设桥。

多年冻土地区,当地下水或河水在寒季流出封冻地面或封冻冰面冻结成的锥状物称为冰锥。地下水在寒季冻结把地表抬起,形成丘状的土体称为冰丘。冰锥、冰丘的形成,与地质、气象、地理位置、植被等有关,但主要的是地下水的作用,也有是由于施工时开挖路堑或取土坑破坏了地层结构后形成的。冰锥、冰丘对铁路的危害是很严重的,如必须在冰锥、冰丘处设置桥涵,一般宜设桥不宜设涵,因桥下的冰锥比涵洞内的冰锥较易融化也较易钻冰清理,不致形成堵塞。严重的冰锥、冰丘地段,线路应尽量设法绕避。

在水库淹没范围内,也宜设桥不宜设涵,因涵洞长期被水淹没,容易淤积且无法进行清理与维修。

泄水洞适用于弯曲沟谷地形,常可减省取直河床的土石方工程,洞身圬工较省,基底压应力较小,修筑洞身与深沟路堤填土互不干扰,便于两侧路堑及隧道弃土,可以减轻湿陷性黄土基底的湿陷作用。一般弯曲成Ω形的深沟、主支沟汇流处或线路成斜交的深沟,均为修建泄水洞的适宜地形条件。

跨越大型灌溉渠道时,为保持原有渠道宽度和流水面积,宜采用单孔桥或矩形涵洞跨越渠道全宽,而不宜采用圆涵。根据以往经验,明渠存在以下缺点:

(1)线路起道落道困难。

(2)明渠在线路上形成刚性支点,而其前后为弹性支点,软硬不均,容易断轨,不利于高速行车。

(3)明渠上部敞口,养护人员行走不安全。各铁路局对既有明渠大都已加盖板,或改建为板涵、钢筋混凝土板梁桥,因此新建各级铁路一般不得采用明渠。

3.3.3 钢筋混凝土梁或预应力混凝土梁具有刚度大、噪声低,由温度变化引起的结构位移对线路结构的影响相对较小,运营期间养护工作量少等,而且造价也较为经济的优点。对于有较大跨越要求、净空高度受到控制、需要快速施工及需要紧急修复通车的桥梁可考虑采用钢梁。桥涵结构的建筑材料应根据制造水平和材料供应情况和结合工点具体情况选用。

3.3.4 桥梁结构的各部位应经常处于干燥状态,防止积水,以免出现冻胀、锈蚀、腐蚀等现象,因此应有适当的排水和通风条件。在构造上,桥梁结构应考虑具有必要的维修检测工作空间。

桥梁的防排水设计是决定桥涵耐久性的重要因素,是铁路桥涵结构设计使用寿命能否达到100年的决定因素。从设计的角度,要做到结构能防水、结构不积水、有水能及时排出,排出的水应结合具体情况进行细部设计使之对外界的影响最小,对结构本身的不利影响也降到最低为原则。排水措施应保证在桥面行车道的结构表面排水顺畅,一般考虑纵横向设置排水坡,坡度不小于2%,并布置排水孔、水蓖子、排水管、排水槽以及排水沟等,其容量应与降水量相配合。还需注意在结构的缝隙处须设置防止落砟和防止漏水的措施。

3.3.5 简支梁固定支座的布置应使梁部下缘经常处于压力状态。因此在坡度上的桥,固定支座应设在较低一端;在车站附近的桥,因列车进站制动,故应设在靠车站的一端;在平道上的桥,由于列车运行时机车后面拖挂的载重车辆的车轮对钢轨和桥梁产生顺前进方向的滚动摩阻力,因此,固定支座应设在重车方向的前端(说明图3.3.5)。靠近车站即指位于车站界限与预告信号机间的范围内的桥梁。当上述规定的条件不一致时,应按水平力作用影响较大的情况设置,即应先满足坡道上的要求。

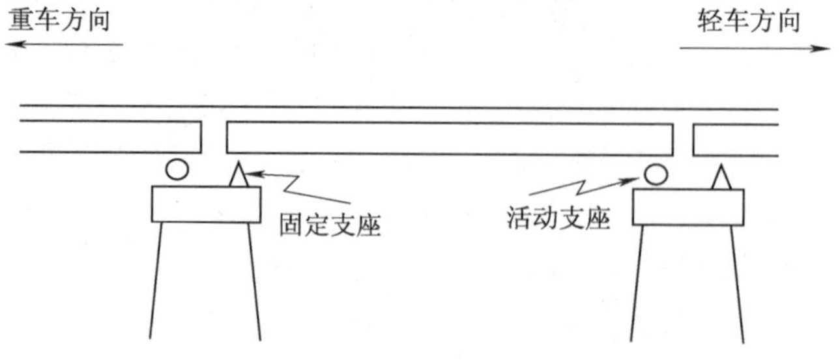

说明图3.3.5　固定支座纵向布置示意图

对于简支梁桥,为使纵向水平力能在各墩上均匀分配,不应将顺桥方向两相邻孔的固定支座设在同一桥墩上。

根据设计实践经验以及国外铁路桥梁规范的相关规定，连续梁桥梁固定支座原则上应布置在接近连续梁中央的桥墩上。

3.3.7 单、双线桥桥面宽度大、在曲梁直做（曲线半径较小）时，会造成同一梁缝内外侧缝宽相差较大的构造缺陷，外侧过大的梁缝对梁端防水装置、跨梁缝专业通道步板、栏杆立柱等难于保证安装质量，存在安全隐患。因此，设计时应采取有效措施，尽量避免由于外侧梁缝过大而引起的对桥梁结构的不利影响。

受桥面宽度、线间距、横向支座中心距影响，曲线半径越小梁缝外侧开口值越大。最新颁布的铁路工程建设通用参考图中，提供了与梁图适用曲线半径相对应的梁（台）缝挡砟钢板的外侧尺寸值，通过统计设计速度 160 km/h～350 km/h 单、双线各标准系列梁可知，速度 160 km/h 客货共线铁路预制后张法 32 m 简支 T 形梁，当采用满足大型养护要求的最小曲线半径 1 200 m 时，单线（桥面宽 4.46 m）外侧桥墩处梁缝值为 224 mm，桥台为 165 mm；双线（桥面宽 8.86 m）外侧桥墩处梁缝值为 350 mm，桥台为225 mm。其他标准等级的梁，由于适用曲线半径的大幅提高，相应外侧梁缝值较小，通过梁端伸缩缝装置就能调整内外侧梁缝。

根据以往的设计经验及现行常用做法，对于设计标准等级较低的有砟轨道桥面，一般采用梁端设置伸缩缝，并在梁端加盖加强的横向楔形钢（铁）盖板来防止掉渣并协调内外侧梁缝。对于设计速度标准较高的箱梁，当外侧梁缝不大时，通过梁端伸缩缝调整即可满足要求，但对于建于连络线上的小曲线半径桥梁，其外侧梁缝开口值较大（一般大于 350 mm）时，往往通过调整梁端（桥台胸墙）结构尺寸的办法解决，即将梁端桥面板（桥台胸墙前缘线）设置成三角块等措施调整。

3.4.1 本条所规定特大桥、大中桥桥头引线的路肩高程，系指河滩路堤的路肩高程。规范规定这个高程至少应比规定的设计洪水频率的水位加壅水高、水面坡、波浪侵袭高、局部股流涌高（此因素对于路基一般影响很小）、河弯超高、河床淤积等影响高出 0.5 m，该值考虑为安全储备。

3.4.2 桥台与路基连接处的规定是基于以下几点的考虑：

1 桥台台尾上部伸入路堤一段距离是为了加强桥台与路堤的连接，为了使线路道砟不致由锥体填方顶部下滑，故规定不少于 0.75 m。

2 为了避免填土及雨雪从锥体坡面流至支承垫石平台上，故规定锥体坡面距桥台支承垫石顶面后缘不少于 0.3 m。

3 桥台锥体坡面与台身前缘处，是桥台与锥体填方连接的薄弱点，此处应避免被水流冲刷或渗入而引起锥体护坡坍塌，故规定“锥体坡脚浸水时，锥体顺桥台坡脚不宜伸出台身前缘”。

4 《59 桥规》规定埋式桥台的前坡不陡于 1∶1.5，但引起台身太长，侵占桥孔过多。经调查，1959 年以前的埋台其前坡与一般桥台相同，修建至今情况良好，故取消此规定。锥体顺线路方向的坡度仍采用 1959 年以前的办法，但其变坡点与线路边坡不同，设计时应注意平顺连接。8、9 度地震区锥体顺线路方向的坡度标准参考了《铁路工程抗震设计规范》GB 50111—2009 相关规定。

5 钢筋混凝土刚架桥为维持其固着作用，锥体应采用较缓坡度并规定不得大于 1∶1.5。

3.4.3 锥体填方坡面因受河水及雨水冲刷，容易破坏，且锥体边坡一般较路堤边坡为陡。

为保证其稳定性,应作全高防护,其防护标准参见本规范第 3.1.9 条条文说明,但不应低于干砌片石或栽砌卵石。在锥体填方能确保不坍情况下,旱桥的锥体护坡可不铺砌防护,否则应根据所填土的边坡和安息角等情况决定其防护种类。

3.4.4　锥体坡面铺砌材料以往多选用浆砌片石。在近年来高铁、客运专线的设计中,旱桥的锥体坡面防护大多采用混凝土预制块,具有较好的经济效益。但根据铁路运营单位对既有线的调查发现,桥台护锥六棱块铺砌防护易出现下沉、开裂、滑坍等危害,建议改用浆砌片石、混凝土等进行铺砌防护。

3.4.5　明桥面桥设在坡道上时,由于钢轨的爬行影响,难于锁定线路和维持标准轨距,容易造成病害,危及行车安全,给养护带来很大的困难,故明桥面桥应尽量设在平道上。如果必须设在坡道上时,最大坡度以不超过 4‰为宜。只有在地形特别困难条件下,经过方案比较,提出充分的经济技术数据,方可将跨度大于 40 m 或桥长大于 100 m 的明桥面桥设在大于 4‰(但不宜大于 12‰)的坡道上,对钢轨的爬行及支座受力情况应采取一定的措施。

在明桥面上不应设置变坡点,竖曲线和缓和曲线也不应伸入明桥面。明桥面上如有竖曲线和缓和曲线时,其曲率需要用木枕调整,每根木枕厚度都不一样,均需特制,并需固定位置顺序铺设,给施工、养护都带来困难。故在一般情况下,明桥面应将全桥设在一个坡度上,竖曲线和缓和曲线不应伸入桥面。

对平原地区通航河流上的大型桥梁,为保证有足够的航行净空,并使两岸引桥或引线高程降低,长度减短,则可在桥上设置双向坡度(即从两端上坡上桥),并在两坡段间的通航部分设置一段平道。但应使两坡段的代数差为最小,减小竖曲线影响范围,并使航行瞭望视线良好。

随着铁路建设标准等级的提高,近年来已经鲜有采用明桥面的铁路桥梁,但在特殊情况下,仍需采用明桥面桥时,应采取一定的防护措施,将明桥面做成封闭式,防止桥面构造物掉落桥下。

3.5.1　本规定编制时,参考了《05 桥规》、《新建时速 200 公里客货共线铁路设计暂行规定》(铁建设函〔2005〕285 号)(以下简称《200 公里客货暂规》)、《高速铁路设计规范》、《城际铁路设计规范》以及现行《铁路技术管理规程》(以下简称《技规》)关于桥面布置的相关规定,经梳理、整合、提炼后编制而成。

1　桥上有砟轨道枕下道砟厚度

国外高速铁路的桥上轨道在早期基本上都采用有砟轨道。近年,鉴于无砟轨道维修养护作业少,能节省大量维修养护费用,故世界各国高速铁路都在大力发展无砟轨道。

桥上有砟轨道和无砟轨道各有利弊。桥上有砟轨道有利于改善行车舒适度和降低噪声,有利于桥上线路高程的调整,有利于铺设渡线及养路机械的连续作业,不足之处是桥梁的二期恒载大,维修工作量大等;桥上无砟轨道性能均匀、稳定,养护维修工作量很少,桥梁上二期恒载较有砟轨道小很多,有利于桥梁的设计,不足之处是一次性投资较大。总之,桥上轨道形式有砟、无砟应根据总体安排而定。道砟槽的道砟厚度则是根据轨道专业的要求拟定的。

(1)原《05 桥规》第 3.3.6 条规定:新建Ⅰ级铁路道碴桥面轨下枕底道砟厚度不应小于 0.30 m;新建Ⅱ级铁路道砟桥面轨下枕底道砟厚度不应小于 0.25 m。

(2)现行《高速铁路设计规范》TB 10621—2014 第 7.5.1 条第 1 款规定:桥上有砟轨

道轨下枕底道砟厚度不应小于 0.35 m。该值依据轨道专业对正线有砟轨道、轨道结构过渡段、站线轨道等的轨下枕底道砟厚度的要求提出。轨道专业对高速铁路有砟轨道轨下道砟厚度作了明确规定：

1）正线有砟轨道路基地段单线道床顶面宽度 3.6 m，道床厚度 0.35 m，桥梁及隧道地段的道床标准应与路基地段相同。

2）正线无砟轨道与有砟轨道结构间的过渡应符合下列规定：无砟轨道结构的底座或支承层应从过渡点开始向有砟轨道延伸一定长度，同时应符合有砟轨道区段最小道床厚度的要求。

3）站线到发线单线道床顶面宽度应为 3.4 m，砟肩堆高应为 0.15 m，道床厚度应为 0.35 m。

（3）对于城际铁路，轨道专业规定正线有砟轨道桥梁地段单线道床厚度：设计时速 200 km 时，道床厚度为 35 cm，设计时速160 km及以下时，道床厚度为 30 cm。

（4）对于重载铁路，轨道专业规定正线有砟轨道桥梁地段单线道床厚度为 35 cm。

2 有砟轨道桥上应设置挡砟墙。当挡砟墙兼作防护墙时，其高度不应低于相邻轨道顶面高度。

为便于桥上线路养护维修作业，各国高速铁路均不设护轮轨。我国高速铁路桥面也不采用护轨，而采用加高挡砟墙的措施，以防止列车倾覆。

3 有砟桥面线路中心至挡砟墙净距 2.2 m 是为满足大型机械道床清筛的要求而制定。对于按照平分中矢布置的简支梁桥，其曲线地段挡砟墙内侧距线路中心线距离尚应根据半矢距加宽。对于无砟轨道桥梁桥面线路中心至防护墙净距，目前我国高铁桥梁一般按不小于 1.9 m 设计。

4 本规范对曲线地段提出了考虑桥上建筑限界加宽的要求，现行《技规》以及《城际铁路设计规范》中给出了适用于客货共线铁路、客运专线铁路、城际铁路建筑现限界和曲线上建筑限界加宽办法，现汇总如下，供设计者参阅。

（1）客货共线、城际铁路曲线上建筑限界加宽办法

曲线内侧加宽（mm）：

$$W_1=\frac{40\ 500}{R}+\frac{H}{1\ 500}h$$

曲线外侧加宽（mm）：

$$W_2=\frac{44\ 000}{R}$$

曲线内外侧加宽共计（mm）：

$$W=W_1+W_2=\frac{84\ 500}{R}+\frac{H}{1\ 500}h$$

式中 R——曲线半径（m）；

H——计算点自轨面算起的高度（mm）；

h——外轨超高（mm）。

$\frac{H}{1\ 500}h$ 的值也可以用内侧轨顶为轴，将有关限界旋转 θ 角 $\left(\theta=\arctan\frac{h}{1\ 500}\right)$ 求得。

曲线上建筑限界的加宽范围，包括全部圆曲线、缓和曲线和部分直线。加宽方法可采

用说明图 3. 5. 1—1 所示阶梯形方式,或采用曲线圆顺方式。

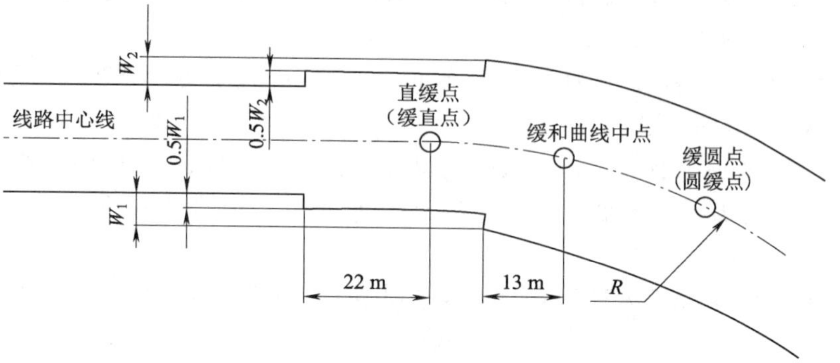

说明图 3. 5. 1—1　曲线地段建筑限界加宽示意图

(2)客运专线铁路曲线上建筑限界加宽办法

客运专线铁路曲线地段的建筑限界,仅考虑因超高产生车体向曲线内侧倾斜的加宽,加宽量为:

$$W_1 = \frac{H}{1\ 500}h$$

加宽方法仍采用说明图 3. 5. 1—1 所示阶梯形方式,或采用曲线圆顺方式。

曲线地段的站线两侧信号机、高架候车室结构柱和接触网、跨线桥、天桥、电力照明、雨棚等杆柱的建筑限界,站内反方向运行矮型出站信号机的建筑限界和站台建筑限界,需考虑曲线内、外侧的限界加宽。此时,加宽办法与客货共线、城际铁路曲线上建筑限界加宽办法相同。

5　既有铁路桥的人行道,除考虑通行巡道的维修人员外,还考虑桥面养护翻修道床时堆放道砟。为便于梁部的预制、运输和架设,一般采用钢支架加步行板的形式。近年来发展有双侧作业通道直接布置在主梁两侧翼缘上,不采用在主梁两侧设作业通道支架的方案,这样既满足了布置桥面设施构造上的需要,又增加了承重结构的有效面积,也避免作业通道钢支架繁重的养护维修工作。桥上栏杆高度应不小于步板顶面 1.0 m。

6　接触网支柱在桥上的位置是根据接触网专业的技术要求和曲线内侧限界加宽要求确定的,线路中心线距接触网支柱内侧最小距离根据行车速度不同采用不同的数值。当接触网支柱设置在桥面上时,不宜设在梁跨跨中。考虑到 T 形梁桥整体性能和抗扭能力较差,接触网支柱也不宜设在 T 形梁桥面上。

7　桥面宽度需按照建筑限界、作业维修通道及电缆槽、接触网立柱构造宽度的要求计算确定。

桥面上设备较多,如防止列车脱轨倾覆的挡砟墙或防护墙,通信、信号和电力电缆槽,接触网支柱,人行道及栏杆,声屏障,轨道变压器箱等等,确定桥面宽度和布置形式时,要为这些设备的安装预留条件,同时应结合具体项目特点,如预制梁是否通过隧道、桥面上是否设走行在人行道上的检查车等综合确定桥面宽度。当桥上不设人行道检查车时,关于桥梁检修方式要综合研究。

现行《技规》规定作业通道宽度不小于 0. 80 m。当桥上设置人行道检查车时,根据检查车的横向尺寸要求接触网支柱外缘距栏杆或声屏障内侧最小距离不小于 0. 8 m;当桥上不设人行道检查车时，考虑防护墙、电缆槽、接触网、人行道等布置要求，同时满足车辆限界、风压带宽度和建筑限界等要求。对于各等级标准的铁路桥梁，其桥面布置时，应注意考虑以下几个方面：

(1)轨道有砟、无砟形式的选择

国外高速铁路的桥上轨道在早期基本上都采用有砟轨道。近年，鉴于无砟轨道维修养护作业少，能节省大量维修养护费用，故世界各国高速铁路都在大力发展无砟轨道。桥上有砟轨道和无砟轨道各有利弊，桥上有砟轨道有利于改善行车舒适度和降低噪声，有利于桥上线路高程的调整，有利于铺设渡线，有利于养路机械的连续作业，不足之处是桥梁的二期恒载大，维修工作量大等；桥上无砟轨道性能均匀、稳定，养护维修工作量很少，桥梁上二期恒载较有砟轨道小很多，有利于桥梁的设计，不足之处是一次性投资较大。

(2)我国高速铁路桥面也不铺设护轨，但采用加高挡砟墙的措施，以防止列车脱轨倾覆。《普速铁路工务安全规则》和《高速铁路工务安全规则》规定作业人员下道避车安全距离，距钢轨头部外侧距离不小于 2.0 m。

(3)城际铁路桥梁还需跟据地面、地形、作业通道设置情况考虑检查设施的设置。跨越大江、大河及深谷高桥，必须设置桥梁的日常养护维修检查设备。

(4)既有铁路桥的人行道，除考虑通行巡道的维修人员外，还考虑桥面养护翻修道床时堆放道砟。为便于梁部的预制、运输和架设，一般采用钢支架加步行板的形式。客运专线铁路桥梁，桥面设施较多，且要求严格，比如声屏障、接触网支柱、电缆槽等的设置位置和构造的需要，桥面防排水的布置等。经研究后规定双侧作业通道直接布置在主梁两侧翼缘上，不采用在主梁两侧设作业通道支架的方案，这样既满足了布置桥面设施构造上的需要，又增加了承重结构的有效面积，也避免作业通道钢支架繁重的养护维修工作。

单、双线直线 T 形梁桥面布置如说明图 3.5.1—2~图 3.5.1—5所示。

3.5.2 桥上设置护轨主要是保障列车脱轨后减轻二次事故造成的旅客和外部人员伤亡及经济损失、社会影响。高速铁路桥上设置的防护墙起到了防脱轨作用。因此，对于设置了防护墙(兼做挡砟墙)的高速、客货共线、重载铁路等桥梁上，可不铺设护轨。

桥上护轨设于基本轨内侧，其作用为当机车车辆在桥头或桥上脱轨时，能将脱轨车轮限制于护轨与基本轨之间的轮缘槽内，以免机车车辆撞击桥梁或自桥上坠下。通过调查，很多铁路局都曾发生过上述情况，证明护轨的设置是必要的。为保证行车及桥下行人安全，大中桥及跨线桥上应铺设护轨。

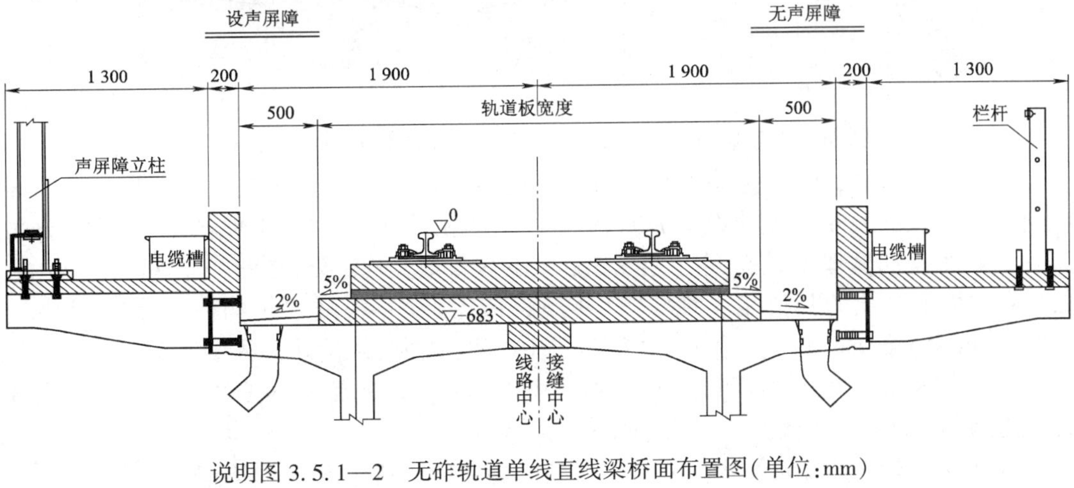

说明图 3.5.1—2　无砟轨道单线直线梁桥面布置图(单位：mm)

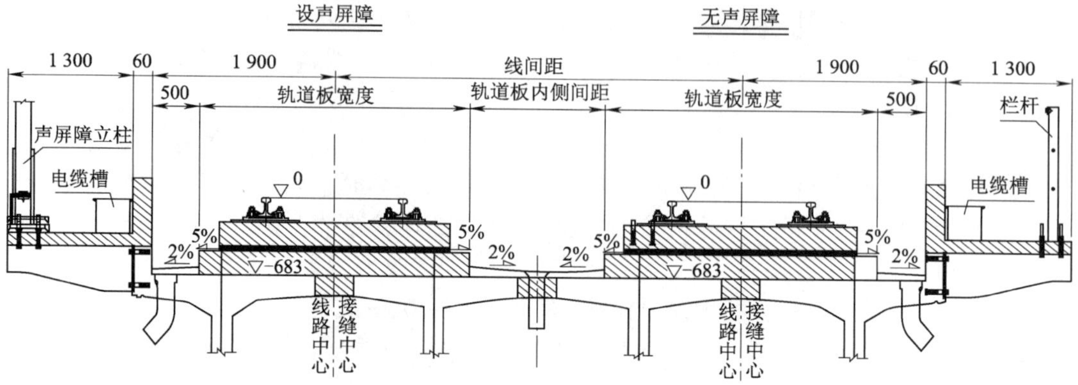

说明图 3.5.1—3　无砟轨道双线直线梁桥面布置图(单位:mm)

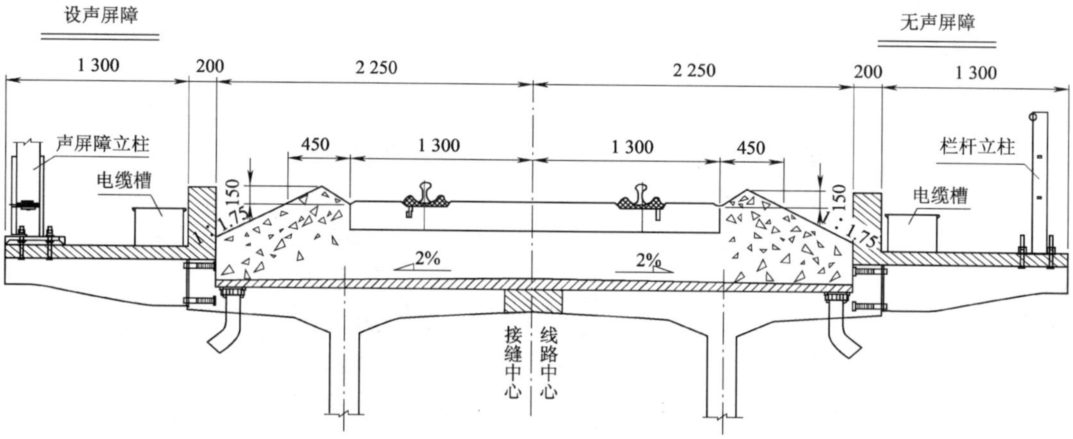

说明图 3.5.1—4　有砟轨道单线直线梁桥面布置图(单位:mm)

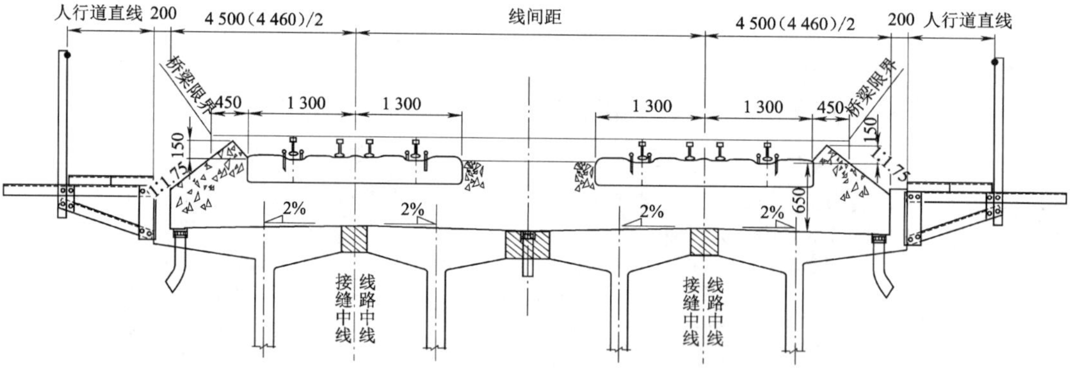

说明图 3.5.1—5　有砟轨道双线直线梁桥面布置图(单位:mm)

本条文修订时,参考了《关于发布铁路桥涵设计基本规范等 11 项铁路工程建设标准局部修改条文的通知》(铁建设〔2010〕257 号)文的相关规定,对《05 桥规》中有关护轨的规定进行了全面梳理和更新,除了第 3.5.2 条共 3 款条文规定外,在此补充铁建设〔2010〕257 号文中第 3 款的其他相关规定,这些规定依据《铁路桥隧建筑物修理规则》(铁运〔2010〕38 号)第 3.1.12 条、第 3.1.13 条的相关规定编制,供设计人员参阅。

桥上护轨应与基本轨相匹配,宜采用不小于 50 kg/m 的钢轨。护轨顶面不应高出基本轨顶面 5 mm,也不应低于基本轨面 25 mm。

考虑到车轮轮缘宽最小为 140 mm,脱轨时为能使脱轨轮落入,并预留活动量,以使车轮能沿槽滚出桥梁,故护轨与基本轨的钢轨头内侧间距:明桥面钢梁桥定为 220 mm;有砟桥面护轨与基本轨头部间净距为 500 mm;当桥上设有伸缩调节器时为 320 mm~350 mm。

护轨应伸出桥台挡砟墙以外墙外一定长度的直轨轨段,以使脱轨车轮在未进入桥前就导至轮缘槽内,减少其摇摆冲撞。如果直轨过短,当一组轮对的前轮已进入轮缘槽,而后轮尚在弯轨部分左右摇摆,会产生不良后果,故规定直轨部分长度不应小于 5 m。直线上桥长大于 50 m 及曲线上桥长大于 30 m 时应为 10 m,然后弯曲交会于铁路中心,并将轨端切成斜面联结。弯轨部分的长度不应少于 5 m,轨端超出台尾的长度不应少于 2 m。自动闭塞区间在护轨交会处应安装绝缘衬垫。桥上护轨布置如说明图 3.5.2所示。

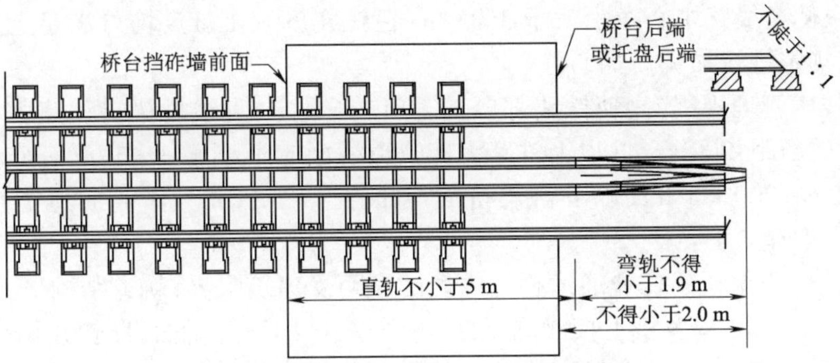

说明图 3.5.2 桥上护轨布置图

3.5.3 《铁路技术管理规程(普速铁路部分)》、《铁路技术管理规程(高速铁路部分)》(铁总科技〔2014〕第 172 号)规定桥梁、隧道应按规定设置作业通道、避车台、电缆槽、电气化预埋件及必要的检查和消防设备等,并明确规定了直线桥梁线路中心至人行道栏杆内侧的最小净距。

《铁路技术管理规程(普速铁路部分)》第 40 条规定,直线桥梁自线路中心至作业通道栏杆内侧的净距:钢梁明桥面应不小于 2.45 m,混凝土梁桥面应不小于 3.00 m,线路允许速度 160 km/h 以上桥梁桥面应不小于 3.25 m。作业通道宽度应不小于 0.8 m。条文解释如下:

(1)作业通道、救援通道是铁路的专用通道,用于铁路的养护维修和特殊条件下的救援疏散,桥梁上、隧道内均应按规定设置。桥面作业通道可兼作救援通道。

(2)钢梁明桥面和列车通过速度较低的混凝土梁桥,一般设有避车台,结合既有桥梁的实际情况,规定直线区段的桥梁自线路中心至栏杆内侧的净距:钢梁明桥面应不小于 2.45 m,混凝土梁桥面应不小于 3.00 m。

(3)对线路允许速度 160 km/h 以上的桥梁不能利用列车间隔作业,考虑自线路中心不小于 2.75 m(距轨头外侧 2.0 m+轨头外侧距线路中心线约 0.75 m)桥上避车安全距离以及人体宽度(平均按 0.5 m 计)等因素,规定桥面自线路中心至栏杆内侧的净距应不小于 2.75 m+0.5 m=3.25 m;曲线区段相应净距应按要求进行加宽。桥梁作业通道宽度应不小于 0.8 m。

(4)线路中心至桥梁作业通道栏杆内侧的净距受建筑限界、桥上大机作业、桥上避车安全距离、作业通道,以及桥上接触网立柱、电缆槽、声屏障等桥面设施的影响。线路中心至桥梁作业通道栏杆内侧各部位尺寸为,对于直线区段,大机清筛作业要求线路中心至挡砟墙的最小净距为 2.2 m,挡砟墙(无砟桥面为防护墙)宽度为 0.2 m;对钢支架人行道电缆分槽外挂、不占用桥面宽度，对箱梁通信信号电缆槽合槽设置最小宽度为 0. 35 m，电力槽设于箱内；接触网立柱设于桥墩，接触网立柱内侧至线路中心净距不小于 3. 0 m；桥面避车安全距离距线路中心 2. 75 m 以外，桥面作业通道不小于 0. 8 m。

（5）对于直线区段，按桥面避车安全距离考虑，桥面线路中心至桥梁作业通道栏杆内侧的最小净距——桥面避车安全距离距线路中心 2. 75 m+人体宽度 0. 5 m＝3. 25 m。按桥上大机作业宽度+挡砟墙（防护墙）宽度+桥梁作业通道宽度＝2. 2 m+0. 2 m+0. 8 m＝3. 2 m，故桥面线路中心至桥梁作业通道栏杆内侧的最小净距为 3. 25 m。桥梁作业通道净宽 0. 85 m，避车安全空间宽度 0. 5 m，通信信号电缆槽宽度大于 0. 35 m，接触网立柱设于桥墩，其内侧至线路中心净距大于 3. 35 m（栏杆宽度 0. 1 m），均可满足上述要求。曲线桥梁应按规定进行加宽。

《铁路技术管理规程（高速铁路部分）》第 42 条规定，直线桥梁自线路中心至作业通道栏杆内侧的净距：200 km/h 以上铁路无砟轨道桥面应不小于 3. 45 m，有砟轨道桥面应不小于 3. 75 m；200 km/h及以下桥梁桥面应不小于 3. 25 m。作业通道宽度应不小于 0. 8 m。条文解释如下：

（1）线路中心至桥梁作业通道栏杆内侧的净距受建筑限界、轨道结构形式、桥上避车安全距离、作业通道，以及桥上接触网立柱、电缆槽、声屏障等桥面设施的影响。

（2）线路中心至桥梁作业通道栏杆内侧各部位尺寸为，对于直线区段的有砟桥面和无砟桥面，线路中心至挡砟墙（无砟桥面为防护墙）的最小净距分别为 2. 2 m 和 1. 9 m，挡砟墙（防护墙）上部宽度为 0. 2 m；接触网立柱宽度取 0. 3 m（基础宽度 0. 7 m），强弱电电缆分槽设置，弱电电缆槽净宽不小于 0. 35 m（接触网立柱位置强电电缆槽净宽不小于 0. 2 m），电缆槽盖板支承宽度 0. 05 m，人行道栏杆宽度 0. 1 m（宽度的一半支承于接触网立柱的基础顶面，另一半支承于遮板顶面）。

（3）桥面作业通道不小于 0. 8 m，桥面宽度受桥面接触网立柱的控制。曲线桥梁相应净距应按规定进行加宽。

（4）对于直线区段有砟轨道桥面，线路中心至桥梁作业通道栏杆内侧的最小净距＝线路中心至挡砟墙的最小净距 2. 2 m+挡砟墙（防护墙）上部宽度为 0. 2 m+弱电电缆槽盖板与挡砟墙底部的支承宽度 0. 05 m+弱电电缆槽净宽 0. 35 m+电缆槽强弱电分割竖墙厚度 0. 10 m+强电电缆槽净宽 0. 2 m+接触网立柱基础宽度 0. 7 m−支承于接触网立柱的基础顶面的人行道栏杆的一半宽度 0. 05 m＝3. 75 m。桥梁作业通道净宽 0. 9 m，接触网立柱内侧至线路中心净距 3. 3 m，均可满足上述要求。

（5）桥上避车安全宽度 1. 0 m，大于人体宽度 0. 5 m。对于直线区段的无砟轨道桥面，线路中心至防护墙的最小净距为 1. 9 m，与有砟桥面相比小 0. 3 m，其他尺寸要求与有砟轨道桥面相同，桥面线路中心至作业通道栏杆内侧的最小净距为 3. 45 m。

（6）桥梁作业通道与无砟轨道桥面相同：接触网立柱内侧至线路中心净距 3. 0 m，均可满足上述要求；桥上避车安全宽度 0. 7 m，大于人体宽度 0. 5 m。对于 200 km/h 及以下仅运行动车组列车的铁路，规定直线桥梁自线路中心至作业通道栏杆内侧的净距应不小于 3. 25 m，与普速铁路 160 km/h 以上速度的桥梁规定一致。

3. 5. 4

1　高速铁路、城际铁路及设计时速 200 km 客货共线铁路桥梁，一般都采用整体桥面的形式。当桥面宽度较宽（桥上接触网支柱外缘至栏杆或声屏障内侧距离大于 0. 8 m）

时，可利用走行在桥面两侧的桥梁检查车进行检查维修；当桥面宽度较窄时，可利用悬挂在箱梁悬臂板下方的桥梁检查车进行检查维修，并且铁路养护维修一般在天窗时间，故高速铁路、城际铁路、新建时速 200 km 客货共线铁路桥上可不设避车台。

2 时速 160 km 及以下的客货共线铁路、重载铁路桥上避车台的设置沿用了《05 桥规》的规定。

避车台系桥上巡守及维修养护人员在列车过桥时安全避车之用，一般每隔 30 m 交错设置。快速线路因行车速度高，列车通过时在列车两侧一定范围内引起高速气流，也就产生向轨道方向的气动吸力，可能危及避车台内人员的安全，对桥上作业人员避让列车也就有一定的安全要求。对于非整体桥面的铁路桥梁一般情况下均应设置避车台。

《99 桥规》第 3.3.11 条规定："当列车行车速度等于或小于120 km/h，且线路中心至人行道栏杆内侧的净距大于或等于3.5 m时，可不设避车台。"但《05 桥规》取消了该条规定。此次规范修订，根据现行《技规》要求修改为："对于设计时速 160 km 及以下客货共线铁路、重载铁路，线路中心至人行道栏杆内侧的最小净距小于 3.25 m 时，单线桥应在两侧人行道上按间隔 30 m 左右交错设置避车台，双线及多线桥应在每一侧各相距 30 m 左右设置避车台。"

3 避车台内侧的净距

《05 桥规》修订时，根据《铁路桥隧建筑物大修维修规则》（铁运〔1999〕145 号）的要求，在第 3.3.11 条新增了"线路中心至避车台内侧的净距不小于 4.25 m。"的规定。2009 版《技规》在条文说明中也明确了"线路中心至避车台内侧的净距不小于 4.25 m。"《铁路桥隧建筑物修理规则》（铁运〔2010〕38 号）第 3.1.22 条规定："线路允许速度大于 120 km/h的铁路，线路中心至避车台内侧的净距不小于 4.25 m。既有桥改造困难时，可维持现状，但必须采取其他保证作业人员安全的措施。"《铁路 200～250 km/h 既有线技术管理办法》（铁科技〔2008〕222 号）第 24 条规定："直线桥上，线路中心至维修通道栏杆内侧的距离为 3.75 m、至避车台栏杆内侧距离为 4.25 m；既有桥改造困难时，可维持现状，但维修通道或避车台未达到规定距离时，必须采取安全措施。"

由于现行《技规》正文和说明对桥梁线路中心至避车台内侧的净距均没有明确的规定，为了避免误读，本规范根据本条第二款最小净距小于 3.25 m 时设置避车台的推定，把设置避车台的桥梁线路中心至避车台内侧的净距由 4.25 m 调整为不小于 3.75 m，并征得了铁总运输安全部门的认可。

4 采用大型养路机械的铁路桥梁不再设养路机械作业平台，以避免不必要的浪费，此条款沿用了《05 桥规》的规定。

3.6.1 为保证维修养护人员的正常工作及操作安全，桥涵应设必要的检查设备。本条文明确规定了桥涵进行检查养护必须设置的检修设备。

1 高速铁路、城际铁路墩台顶至地面高度大于 6 m，客货共线、重载铁路墩台顶至地面高度大于 4 m，或经常有水的桥梁，当不具备其他检修条件时，墩台顶应设围栏、吊篮（桥墩设双侧）；桥面至墩台顶应设置梯子，并在人行道或避车台上设有能开闭的出入孔。

2 钢梁、混凝土梁拱应根据结构形式分别安装检查架、栏杆和梯子，配备钢桁梁检查维修车、钢筋混凝土梁拆装式检查小车或升降式检查汽车等。长大桥梁应设专门的检修设备。河道可航行的桥梁应配备检修船只，常年有水桥梁应配备水下检查设备，以便于对墩台及基础进行检查。

3　空心墩、斜拉桥、系杆拱等均应安装相应的检查设备。

4　为便于对涵洞、护锥、桥下及隧道顶上进行检查。当路堤及路堑边坡高度大于 3 m时,应设置台阶。

3.6.2　当发生地震、火灾等自然灾害或桥上列车出现紧急情况时,需要对列车上的旅客进行疏散,因此当桥长超过 3 km 时,应结合地面道路情况沿桥梁全长每隔 3 km 左右在线路双侧交错设置救援疏散通道和导向标志。疏散通道应根据桥下地面道路及地形情况综合考虑设置,救援疏散通道位置桥下所处位置应便于旅客疏散并能及时疏解到地面道路为原则,设置时而不应局限于 3 km 的间距要求机械设置。

3.6.3　跨越公路的桥梁,设在公路上或紧邻公路边缘的桥墩,当其可能受到汽车撞击时,应根据实际情况,设置坚固可靠的防护工程。如采用栏板、防冲架、防撞墙等措施以防止桥墩被撞,当无法设置防护工程时,桥墩必须考虑汽车对其的撞击力。同时,随着航运快速增长、航道等级提升,船撞桥事故发生的概率越来越大。自 1959 年到 2000 年发生在长江干线上十余座桥梁上的船撞桥 172 起事故中,撞桥墩的事故为 133 起,占 77%,撞桥墩防撞装置的 17 起,约占 10%,撞桥梁上部结构的 8 起,接近 5%,仅武汉长江大桥发生了 70 余起船撞桥事故,南京长江大桥也已发生了近 30 起船撞桥事故。因此,对于铁路桥墩可能受到汽车或船舶撞击时,应该通过设置防撞设施的方式来降低桥梁运营的危害。

目前桥墩防撞设计有防护结构防撞和桥墩自身防撞两种方式。前者可以有效降低车船对桥墩的撞击作用,但需要较大的设置区域,有时还会因此导致更高的撞击概率。后者则不需要额外的设置区域,并且省去了防护结构维护的麻烦。因此认为将两者结合起来进行桥墩的联合防撞设计是一种理想的设计方案。

3.6.4　现行《条例》第四十一条规定:“铁路的重要桥梁和隧道按照国家有关规定由中国人民武装警察部队负责守卫。”《铁路桥隧守护设施设计规定》(铁总建设〔2013〕59 号)规定了桥隧守护目标及范围:

(1)主要干线铁路上重要位置的桥隧守护目标

1)横跨大江大河(湖、海),全长 5 000 m 以上的桥梁。

2)穿越主要山脉,长度 15 000 m 以上的陆地隧道及10 000 m 以上越海(江、河、湖)隧道。

3)青藏铁路的重要桥梁、隧道。

4)其他需要守护的铁路,应考虑对重点桥梁、隧道进行守护,具体由有关部门评估后确定。

(2)主要干线铁路、重要位置、大江大河、主要山脉等的范围

1)主要干线铁路是指国家铁路网中Ⅰ级铁路或旅客列车设计行车速度不小于 120 km/h的铁路。

2)重要位置是指铁路桥隧一旦受到破坏,抢修困难的部位。

3)大江大河是指松花江、海河、辽河、淮河、黄河、长江、珠江等七大水系。

4)主要山脉是指大兴安岭、长白山、太行山、秦岭、昆仑山、祁连山等山脉。

3.6.5　明桥面结构的木料及桥梁附近的枯木、刨花等易燃物极易造成火灾,特别是冬季取暖锅炉或旅客列车茶炉,因清炉时煤渣中常常带有尚在燃烧的煤块,或养护作业中使用炉子,巡守房内取暖炉的热煤灰,桥头堡内电线路短路等均会使桥面或桥头堡内起火,造成桥梁的损坏,所以必须及时清除易燃物,配置灭火设施。无看守的明桥面应按本条文规

定设置钢筋混凝土制砂箱或水桶。设有巡守、结构复杂或重要的桥梁,除备有砂箱水桶外,还应配备化学灭火器及消防水管、消火栓、水龙带等防火用具,并保持完整,能应急使用。条文参照《铁路桥隧建筑物修理规则》(铁运〔2010〕38 号)第 3.10.9 条、第 3.10.10 条的规定进行了修改。

3.7.1 现行《条例》第十七条规定了铁路与铁路、铁路与公路交叉的原则,以确保铁路列车行车安全运行,具体规定有:

(1)新建、改建设计开行时速 120 km 以上列车的铁路或者设计运输量达到国务院铁路行业监督管理部门规定的较大运输量标准的铁路,需要与道路交叉的,应当设置立体交叉设施。

(2)新建、改建高速公路、一级公路或者城市道路中的快速路,需要与铁路交叉的,应当设置立体交叉设施,并优先选择下穿铁路的方案。

(3)已建成的属于前两款规定情形的铁路、道路为平面交叉的,应当逐步改造为立体交叉。

(4)新建、改建高速铁路需要与普通铁路、道路、渡槽、管线等设施交叉的,应当优先选择高速铁路上跨方案。

1 上跨的公路或铁路桥

随着高速铁路建设的不断推进,铁路与公路交叉跨越越来越多。同时随着地方经济的发展,交通运输的需求量逐步加大,现状部分道路实际通行车辆荷载大于设计荷载,超载、超宽现象普遍。为确保高速铁路列车安全运行,上跨公路桥需要设置防落物网和防护墙。防落物网的设置可参照《铁路工程设计防火规范》TB 10063—2016 第 6.4.3 条对上跨铁路的人行天桥防护网的有关规定。

桥上车辆行驶过程中如果偏离方向,可能会掉落桥下,公路桥梁应设置防护设施。为确保铁路的安全运营和车辆安全,跨越铁路部分防撞等级可采用《公路交通安全设施设计规范》JTG D81 最高等级 SS 级。为增加防护能力,应设置防落物监测设备,有条件时桥面也可采用多道防护设施。

2 下穿的公路或铁路桥

"下穿的公路或铁路要综合考虑地形地质条件、运营安全等要求,做好对铁路桥的防撞、防洪、防排水设计和施工。"是按照《关于进一步明确铁路工程设计线路交叉跨越有关规定的通知》(铁科技〔2012〕23 号)的要求制定的。

公路下穿高速铁路可能采用的结构形式有桥梁、桩板、路基、U 形槽等,在道路平、纵断面,道路与高速铁路的距离确定的条件下,不同的结构形式对高速铁路桥梁的影响特点及规律不同,合理的下穿的结构形式需通过综合评估后确定。

(1)桥梁方式下穿高铁

一般而言,采用桥梁结构下穿高速铁路较路基结构下穿高速铁路对高速铁路的影响要小。采用桥梁下穿高速铁路其施工和运营阶段对高速铁路的影响主要发生在桩基和承台基坑开挖阶段。道路桥梁桩基一般都应采用钻孔桩,因此只要保证新施工的钻孔桩与高速铁路桩基满足一定的距离,承台基坑开挖前采用可靠的防护措施,其施工过程对高速铁路的影响较小,建成后运营荷载对高速铁路的影响很小。而路基,无论是填土荷载、结构层荷载还是运营荷载,都通过地基将附加应力传递作用于高速铁路的桩基,使高速铁路桩基发生变形,从而影响到桥梁的结构和轨道的平顺性,因此,只有在地质条件良好、浅挖少填或采用轻质填料、与高速铁路又有足够的距离情况下才考虑采用路基结构。因此，应系统地研究不同结构形式、不同桩间距等对高速铁路桥梁的影响，从而提出合理的设计原则及防护措施。

（2）U 形槽下穿高铁

穿越区域工程地质状况较好，路基填土在 2 m 以下，地基持力层能满足 U 形槽的地基承载力要求时，首选 U 形槽下穿高速铁路设计方案。U 形槽具有以下优点：

1）可避免采用一般路基设计时，大型机械平整场地、路基填筑和压实施工过程中，引起临近高铁桥桩产生负摩擦阻力及相应的扰动影响，对高速铁路桥梁基础产生不良影响。

2）道路建成后，路基自重和过往的车辆荷载直接作用在 U 形槽上，通过 U 形槽传递到地基上，可使地基均匀受力。

3）U 形槽内可填筑轻型材料，减小对地基承载力的要求。

3.7.2 现行《条例》第十七条规定："新建、改建高速铁路需要与普通铁路、道路、渡槽、管线等设施交叉的，应当优先选择高速铁路上跨方案。"

《油气输送管道与铁路交汇工程技术及管理规定》由国家能源局与国家铁路局联合编制发布，并于 2016 年 1 月 1 日起施行。本规定适用于管道与铁路交叉、并行的工程，油、气田集输管道与铁路交叉、并行，其条件相近时可参照执行。交汇工程除应执行本规定外，尚应符合国家相关法律、法规和强制性标准的规定。

（1）管道与铁路交叉时应遵循以下原则：

1）安全第一、预防为主。交汇工程应确保铁路运输安全和管道运行安全，特别是高速铁路、城际铁路等旅客列车的运输安全。

2）后建服从先建，尽量减少对既有设施的改建。

3）综合考虑铁路和管道行业规划。

4）保护环境，节约资源，经济合理。

5）平等协商，互相支持。

（2）对于管道与铁路桥涵交汇的有关规定：

1）管道不宜在铁路桥跨越河流主河道区段交叉。确需交叉时，管道和铁路设备应采取必要防护措施。

2）管道宜选择在铁路桥梁、预留管道涵洞等既有设施处穿越，尽量减少在路基地段直接穿越。

3）当铁路桥梁与管道交叉条件受限时，在采取安全措施的情况下交叉角度可小于 30°。当管道采用顶进套管、顶进防护涵穿越既有铁路路基时，交叉角度不宜小于 45°。

4）铁路不宜跨越既有管道定向钻穿越段，必须跨越时，应探明管道的位置与深度。当采用桥梁跨越时，桥梁墩台基础外缘与管道外缘的水平净距不应小于 5 m，且不影响管道安全。

5）管道穿越既有铁路桥梁或铁路桥梁跨越既有管道时，铁路桥梁（非跨主河道区段）下方管道可直接埋设通过，并应满足下列要求：

①管顶在桥梁下方埋深不宜小于 1.2 m，管道上方应埋设钢筋混凝土板。钢筋混凝土板的宽度应大于管道外径 1.0 m，板厚不得小于 100 mm，板底面距管顶间距不宜小于 0.5 m，板的埋设长度不应小于铁路线路安全保护区范围。钢筋混凝土板上方应埋设聚乙烯警示带；穿越段的起始点以及中间每隔 10 m 处应设置地面穿越标识。

②铁路桥梁底面至自然地面的净空高度不应小于 2.0 m。

③管道与铁路桥梁墩台基础边缘的水平净距不宜小于 3 m。施工过程中应对既有桥梁墩台或管道设施采取防护措施,确保管道与桥梁的安全。

6)管道与铁路并行时,管道穿(跨)越河流段与上下游铁路桥梁之间的距离应符合现行《油气输送管道穿越工程设计规范》GB 50423 和《油气输送管道跨越工程设计规范》GB 50459 的规定。

3.7.3 本条引自《高速铁路设计规范》TB 10621—2014 第 7.6.1 条规定。

随着经济持续快速增长,社会转型期间市场出现了一定程度的无序性,在运输相关行业,为片面追求利益导致超载现象十分普遍。汽车超载对公路桥梁的损坏是毁灭性的,根据交通部公路科学研究所对山西、河北、河南三省的调研,几乎所有干线公路均存在汽车车辆超载的现象,且超载程度十分严重。因超载造成的桥梁垮塌事故时有发生,给铁路运营带来严重安全隐患。

目前我国对公(道)路上跨铁路立交桥结构设计和安全防护无统一的规定,迫切需要出台相关规定,以确保铁路运营的安全。

1 按持久状态承载能力极限状态设计时,公路桥涵、城市桥梁根据结构的重要性、结构破坏可能产生后果的严重性,将桥梁设计安全等级划分为三个等级。根据现状调查,上跨桥大部分属中小桥范畴,设计安全等级对应公路则最高达二级,而对应城市桥梁则可达一级。为保证高速铁路的正常运行,上跨铁路的公(道)路立交桥必须安全、可靠。参照城市桥梁的中桥、重要小桥类别,安全等级为一级,满足《城市桥梁设计规范》CJJ 11—2011 第 3.0.14 条强制条文规定;如果两侧还有引桥,也不违背《公路桥涵设计通用规范》JTG D60—2004 第 1.0.9 条关于同一桥梁结构提高级差不得超过一级的强制规定。

2 汽车设计荷载

我国的一级公路车辆荷载总重为 550 kN,比国际通用标准小。城市桥梁 A 级车辆荷载(总重 700 kN),是向国际荷载标准靠近的起步。考虑到随着地方经济的发展,对交通运输的需求逐步加大,现状部分道路实际通行车辆荷载大于设计荷载,安全隐患较大。考虑现状和今后若干年活载增长的幅度,立交桥主跨及其相邻两边跨桥梁汽车荷载采用相应标准设计荷载的 1.3 倍。对于城市人口稠密、交通繁忙地区,汽车设计荷载可进一步提高。

以交通部通用图 40 m 小箱梁和合蚌客专五湖大道上跨立交桥主跨(25+35+25)m 连续箱梁为例,按不同安全等级、汽车荷载取值,通过对梁高、预应力调整等措施满足同等可靠度情况下,进行了经济分析,调整前后经济指标见说明表 3.7.3—1 和说明表 3.7.3—2,同时进行了可靠度分析,结果见说明表 3.7.3—3~说明表 3.7.3—5。

说明表 3.7.3—1 40 m 简支小箱梁经济指标

原桥面面积(m^2)	类 型	梁 高(m)	重要性系数	汽车活载提高系数	混凝土(m^3)	预应力筋(t)
520.0	梁高不变	2.25	1	1	278.4	12.6
			1.1	1.3		14.1
	梁高、预应力均增加	2.25	1	1	278.4	12.6
		2.4	1.1	1.3	290.1	14.4

说明表 3.7.3—2 (25+35+25) m 连续梁经济指标

原桥面面积（m^2）	类　型	梁　高（m）	重要性系数	汽车活载提高系数	混凝土（m^3）	预应力筋（t）
2 040.0	梁高不变	2.3	1	1	1 782.5	58.2
			1.1	1.3		62.4
	预应力筋不变	2.3	1	1	1 782.5	58.2
		2.5	1.1	1.3	1 869.9	

对于 40 m 小箱梁，当梁高不变，结构重要性系统由 1.0 提高到 1.1、汽车活载提高系数由 1.0 提高到 1.3 时，预应力钢筋增加 11.9%。当结构重要性系数由 1.0 提高到 1.1、汽车活载提高系数由 1.0 提高到 1.3 时，梁高由 2.25 m 增加至 2.4 m，混凝土量增加 4.2%，预应力钢筋增加 11.9%。

对于(25+35+25)m 连续箱梁，当梁高不变，结构重要性系统由 1.0 提高到 1.1、汽车活载提高系数由 1.0 提高到 1.3 时，预应力钢筋增加 7.2%。当预应力筋不变，结构重要性系统由 1.0 提高到 1.1、汽车活载提高系数由 1.0 提高到 1.3 时，梁高由 2.3 m 增加至 2.5 m，预应力钢筋增加时，混凝土量增加 4.9%。

说明表 3.7.3—3 40 m 简支小箱梁正截面抗弯承载力可靠度指标(预应力保持不变)

序号	梁高（m）	梁	重要性系数	汽车活载提高系数	中心点法		验算点法	
					β 值	失效概率	β 值	失效概率
1	2.25	中梁	1	1	6.06	$6.806\ 08\times10^{-10}$	6.06	$6.806\ 08\times10^{-10}$
2		边梁	1	1	5.63	$9.010\ 48\times10^{-9}$	5.63	$9.010\ 48\times10^{-9}$
3		中梁	1.1	1.3	4.32	$7.601\ 46\times10^{-6}$	4.32	$7.601\ 46\times10^{-6}$
4		边梁	1.1	1.3	4.43	$4.711\ 65\times10^{-6}$	4.43	$4.711\ 65\times10^{-6}$

说明表 3.7.3—4 40 m 简支小箱梁正截面抗弯承载力可靠度指标(预应力调整)

序号	梁高（m）	梁	重要性系数	汽车活载提高系数	中心点法		验算点法	
					β 值	失效概率	β 值	失效概率
1	2.4	中梁	1	1	6.72	$9.086\ 23\times10^{-12}$	6.72	$9.086\ 23\times10^{-12}$
2		边梁	1	1	6.09	$5.645\ 53\times10^{-10}$	6.09	$5.645\ 53\times10^{-10}$
3		中梁	1.1	1.3	6.15	$3.874\ 15\times10^{-10}$	6.15	$3.874\ 15\times10^{-10}$
4		边梁	1.1	1.3	5.52	1.695×10^{-8}	5.52	1.695×10^{-8}

说明表 3.7.3—5 (25+35+25) m 连续箱梁正截面抗弯承载力可靠度指标(预应力调整)

序　号	梁高（m）	重要性系数	汽车活载提高系数	中心点法		验算点法	
				β 值	失效概率	β 值	失效概率
1	2.3	1	1	7.47	4.01×10^{-14}	7.47	4.01×10^{-14}
2		1.1	1.3	6.88	2.99×10^{-12}	6.88	2.99×10^{-12}
3	2.5	1	1	7.62	2.64×10^{-15}	7.62	2.64×10^{-15}
4		1.1	1.3	7.24	2.24×10^{-13}	7.24	2.24×10^{-13}

由说明表 3.7.3—3～说明表 3.7.3—5 可以看出，以 40 m 简支小箱梁为例，假如重要性系数提高到 1.1，活载提高到 1.3，预应力未调整时，可靠度指标从 6.06 下降到 4.32，降幅为 28.8%；若梁高增加为 2.4 m，且预应力调整后，可靠度指标从 6.72 下降到 6.15，降幅为 8.48%。以(25+35+25)m 连续箱梁为例，假如重要性系数提高到 1.1，活载提高到 1.3，且预应力调整后，可靠度指标从 7.47 下降到 6.88，降幅为 7.90%。

经过分析比较可知，结构重要性系统由 1.0 提高到 1.1、汽车活载提高系数由 1.0 提高到 1.3 时，混凝土或预应力增加比例较小，投资增加有限，但对上跨桥承载能力的提高却极为明显。

《公路桥涵设计通用规范》JTG 60—2015 第 4.1.5 条对安全等级和车辆荷载分项系数均有所调整。上跨铁路的公路桥梁其安全等级可取一级，相应的结构重要性系数为 1.1；公路 Ⅰ 级总重 550 kN 车辆荷载分项系数由 1.4 提高至 1.8。

3 我国现行公路桥梁抗震主要按《公路桥梁抗震设计细则》JTG/T B02-01—2008 执行，城市桥梁抗震主要按《城市桥梁抗震设计规范》CJJ 166—2011 执行。

各公路桥梁抗震设防类别抗震设防目标及适用范围见说明表 3.7.3—6 和说明表 3.7.3—7。

说明表 3.7.3—6 各公路桥梁抗震设防类别抗震设防目标

桥梁抗震设防类别	设防目标	
	E1 地震作用	E2 地震作用
A 类	一般不受损坏或不需修复可继续使用	可发生局部轻微损伤，不需修复或经简单修复可继续使用
B 类	一般不受损坏或不需修复可继续使用	应保证不致倒塌或产生严重结构损伤，经临时加固后可供维持应急交通使用
C 类	一般不受损坏或不需修复可继续使用	应保证不致倒塌或产生严重结构损伤，经临时加固后可供维持应急交通使用
D 类	一般不受损坏或不需修复可继续使用	—

说明表 3.7.3—7 各公路桥梁抗震设防类别适用范围

桥梁抗震设防类别	适用范围
A 类	单跨跨径超过 150 m 的特大桥
B 类	单跨跨径不超过 150 m 的高速公路、一级公路上的桥梁，单跨跨径不超过 150 m 的二级公路上的特大桥、大桥
C 类	二级公路上的中桥、小桥，单跨跨径不超过 150 m 的三、四级公路上的特大桥、大桥
D 类	三、四级公路上的中桥、小桥

城市桥梁抗震设防类别抗震设防分类及设防标准见说明表 3.7.3—8 和说明表 3.7.3—9。其中乙、丙和丁类桥梁的抗震设计方法根据桥梁场地地震基本烈度和桥梁结构抗震设防分类，分为 A、B 和 C 三类，抗震设计方法按说明表 3.7.3—10 选用。

说明表 3.7.3—8　城市桥梁抗震设防分类

桥梁抗震设防分类	适　用　范　围
甲	悬索桥、斜拉桥以及大跨度拱桥
乙	除甲类桥梁以外的交通网络中枢纽位置的桥梁和城市快速路上的桥梁
丙	城市主干路和轨道交通桥梁
丁	除甲、乙和丙三类桥梁以外的其他桥梁

说明表 3.7.3—9　城市桥梁抗震设防标准

桥梁抗震设防分类	E1 地震作用		E2 地震作用	
	震后使用要求	损伤状态	震后使用要求	损伤状态
甲	立即使用	结构总体反应在弹性范围,基本无损伤	不需修复或经简单修复可继续使用	可发生局部轻微损伤
乙	立即使用	结构总体反应在弹性范围,基本无损伤	经抢修可恢复使用,永久性修复后恢复正常运营功能	有限损伤
丙	立即使用	结构总体反应在弹性范围,基本无损伤	经临时加固,可供紧急救援车辆使用	不产生严重的结构损伤
丁	立即使用	结构总体反应在弹性范围,基本无损伤	—	不致倒塌

说明表 3.7.3—10　城市桥梁抗震设计方法选用

抗震设防分类 / 地震基本烈度	乙	丙	丁
6 度	B	C	C
7 度、8 度和 9 度地区	A	A	B

我国《铁路工程抗震设计规范(2009 版)》GB 50111—2006(以下简称《震规》)表 3.0.1A 中规定,根据铁路等级及其在路网中的重要性和修复(抢修)的难易程度,将铁路工程抗震设防类别划分为 A、B、C、D 四个类别。

若跨越铁路的构筑物若发生落梁、倒塌等震害,将堵塞铁路,影响行车,《震规》第 3.0.6 条规定"跨越铁路的跨线桥、天桥、立交明洞、渡槽等构筑物,应按不低于该处铁路工程的抗震设防要求进行抗震设计"。

考虑到上跨高速铁路的公路、城市桥梁是重要桥梁,产生次生灾害大。同时,我国公路、城市道路桥梁抗震设防原则中讲到"对抗震救灾以及在经济、国防上具有重要意义的桥梁或破坏后修复(抢修)困难的桥梁,可按国家批准权限,报请批准后,提高设防类别"。

4　空心板梁行车不舒适、耐久性不好、养护不方便,铰梁数量较多,是薄弱环节,容易出现结构病害。如出现问题,将造成混凝土块体下坠,对高速铁路运营危害较大。另外,《上海市城市道路和公路设计指导意见(试行)》规定:高速公路、一级公路、城市快速路、城市主干路和专用重车线路上的大中桥应采用行车舒适、耐久性好、养护方便的结构形式,优先选用连续结构体系,一般不得采用预制装配式空心板结构。

组合式简支T形梁采用分片预制架设，横隔梁数量较多，桥位现浇的湿接缝圬工量大，如出现问题，将造成混凝土块体下坠，对高速铁路运营危害较大。另外，T形梁的横向连接是薄弱环节，容易出现结构病害。

与T形梁相比，组合式简支小箱梁横隔板数目少，现浇的湿接缝工作量小，通过在箱梁内预埋不锈钢板作为湿接缝底模，减小了对高铁运营的干扰，在中横隔板能避开高铁线路上方的情况下可以采用。

对于上跨高速铁路的立交桥桥式结构，要求整体性好，即使采用简支结构，也应采用连续桥面。跨区间线路立交桥梁宜优先采用箱梁，当采用多片式箱梁时，应加强桥面板的连接，使其具有较好的整体性。

目前公路立交桥墩结构类型和结构形式很多，按其构造可分为重力式桥墩、薄壁墩、柱式墩、V形桥墩等；按其受力特点可分为刚性桥墩和柔性桥墩；按其截面形状可分为矩形、圆形、圆端形、尖端形及各种截面组合而成的空心桥墩。在国内工程应用得较多的主要有柱式墩、薄壁墩和重力式墩等。桥墩构造类型的确定主要是取决于结构受力、整体的美学造型以及周围环境，如水流、土压力等的影响。

上跨立交桥墩距离铁路线路距离较近，若发生损坏将对高铁运营带来安全隐患，故上跨立交桥墩应具备较大的刚度和较高的稳定性、较强的防撞能力，不应采用独柱桥墩，应选择具备防撞能力较强的实体墩。

3.7.4 本条引自《高速铁路设计规范》TB 10621—2014 第7.6.2条规定。

1 安全防护设计

(1)防撞等级

当前，运输车辆中大型货车比例不断提高，世界各国都普遍提高了护栏碰撞能量，以加大防护力度。日本的碰撞车辆质量从14 t提高到了25 t，碰撞车型为整体大货车，最大碰撞能量为650 kJ。欧盟则将整体式和拖头式货车的碰撞车辆质量提高到了30 t和38 t，最大碰撞能量为570 kJ。美国最高等级的碰撞车型质量为36 t，最大碰撞能量为595.4 kJ。法国规定防护墙碰撞能量以原来道路防撞等级2.5倍计算。我国现行的最高等级防撞护栏，即SS级，碰撞车型质量为18 t，最大碰撞能量为520 kJ，均低于上述发达国家防撞标准。

原铁道部和交通运输部于2012年7月发布的《关于公铁立交和公铁并行路段护栏建设与维护管理相关问题的通知》(铁运〔2012〕139号)中规定：新建跨越高速铁路的立交桥，其护栏按不低于最高防撞等级进行特殊设计。

结合上述，新建跨越高速铁路的立交桥，其护栏按不低于最高防撞等级进行特殊设计。

合蚌客专五湖大道为首座批复的上跨时速350 km高速铁路的公路立交桥项目。主跨及相邻边跨采用实体式SX级防撞护栏。将SS级标准实体式钢筋混凝土护栏整体加宽0.15 m，即顶面由0.2 m加宽到0.35 m，底面由0.448 m加宽到0.598 m，如说明图3.7.4—1所示。

通过对整体式四轴大货车撞击实体式SX级护栏的仿真研究，结果发现车辆碰撞护栏后能够平稳驶出，没有发现车辆穿越、翻越和下穿护栏；整体式大型货车驶出角度为7.6°，小于规范规定的碰撞角度的60%；各个方向的加速度最大值分别为14.67g、8.91g和18.99g，小于《高速公路护栏安全性能评价标准》JTG/T F8-01—2004规定的20g；碰撞护栏动态位移最大值为 442.4 mm，小于评价标准规定的 500 mm，护栏各项指标均满足评价标准要求，具备 676 kJ 防撞能力，可以在实际工程中应用；通过对其他结构构造的护栏进行有限元仿真，验证了本项目提出的 SX 护栏，既满足景观设计要求，又满足防撞性能要求，为优化后的结构尺寸。

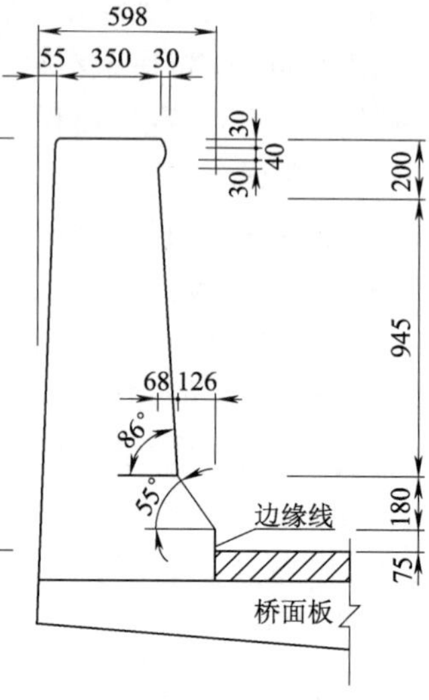

说明图 3.7.4—1　实体式 SX 级护栏结构示意图（单位：mm）

(2) 两道防护原因

根据相关资料，在按规范设置桥梁护栏的情况下，即使是最高的 SS 防撞等级，车辆也仍有可能越出护栏，须加强防撞护栏设计。两级防撞系统中的第一道防护栏作用，是经受冲逸车辆的首次碰撞，消耗其大部分或一部分能量。冲逸车辆此时冲击速度降低，动能减少，但车辆整体或部分变形车体及物品仍有可能冲出此道防护，造成二次灾害。第二道防护栏的作用，是经受冲逸车辆的第二次碰撞，消耗其全部能量，阻止车辆和物品坠入桥下高铁线路的可能性，保证高铁运营的安全。

根据公路规范条文说明及相关研究成果，车辆在撞击护栏后，一般情况沿护栏向前滑动或向左（向内）侧翻，同时还有越过护栏、向右（向外）可能性。当超载、超速货运汽车与第一道防撞护栏发生碰撞后，由于剧烈的撞击，车上的物品有可能往桥外散落，货车也有向外（向右）侧翻可能，考虑散落的物品或侧翻的货车仍留在桥面上，不至于跌下铁路，因此两道护栏间应有一定的距离。根据我国车辆外轮廓尺寸，两道护栏间距至少为 1.5 m，还需在外侧防撞护栏顶上设置高防抛网。

(3) 桥面布置

1) 有非机动车道（人行道）时的两级防护

当公路或城市道路有非机动车道、人行道时，人行道及非机动车道可作为防撞缓冲带，能承托机动车撞击护栏后的抛掷物，安全防护措施设置范围内（主孔及两端相邻孔）两侧各加宽 1 m 桥面，用作 0.75 m 检修通道与 0.25 m 竖直监测电网的基础，半幅横断面布置如说明图 3.7.4—2 所示。

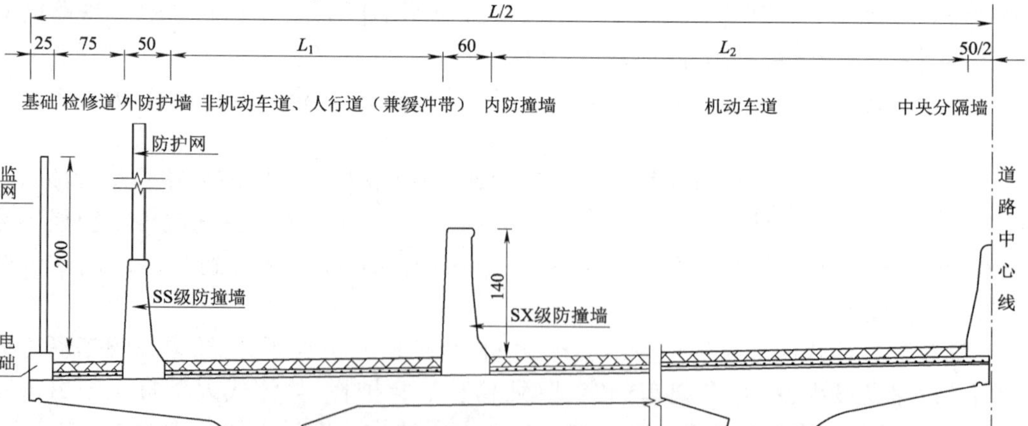

说明图 3.7.4—2　有非机动车道（人行道）桥面横断面布置图（单位：cm）

2）仅有机动车道时的两级防护

当公路或城市道路无非机动车道、人行道时，例如高速公路、城市快速路等，为形成缓冲带以承托机动车撞击护栏后的抛掷物，安全防护措施设置范围内（主孔及两端相邻孔）两侧各加宽 3 m 桥面，其中 1 m 用作 0.75 m 检修通道+0.25 m 竖直监测电网的基础，另 2 m作为防撞缓冲带+外侧防撞护栏，半幅横断面布置如说明图 3.7.4—3 所示。

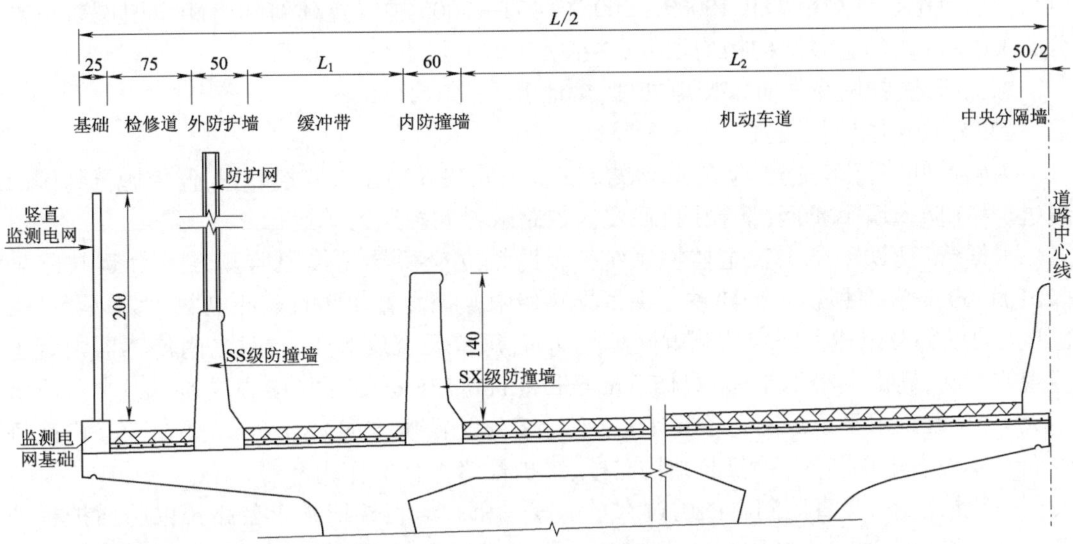

说明图 3.7.4—3 只有机动车道桥面横断面布置图（单位：cm）

2 桥上安全警示标志和接地系统

（1）安全警示标志

上跨高速铁路桥梁应设置告示牌、标线、限速、减速带等安全警示标志，提醒驾驶员注意前方跨越高铁，应慢行，严禁变道、超车。现行《公路交通安全设施设计细则》JTG/T D81—2006 表 3.0.1中规定 SS 级防撞护栏碰撞速度为 80 km/h，结合第 5.2.5 条规定，为安全起见，对上跨高速铁路应进行限速，小客车为80 km/h，整体式大货车为 65 km/h。

（2）综合接地

德国对于跨越电气化铁道的公路桥梁接地是先采取辅助的决策方法，决定是否采取钢轨接地措施，若跨越电气化铁道的钢结构桥梁如果有部件在接触网或受电弓区城内，则应采取下列措施使整个桥梁构成钢轨接地：

1）导电的阻挡物，例如伸出的板或作为防接触保护用的板可作为钢轨接地设备。不导电的限挡物必须在其边缘上安装构成钢轨接地的金属条或边框。在没有防接触保护的桥梁上也可把栏杆作钢轨接地设备。

2）对位于与轨道横向平行的受电弓区域内的上层建筑物，必须在其下边缘安装构成钢轨接地的扁钢或角钢。

3）在离铁路范围而去的护栏上，应安装阻挡传播铁路电位的电隔离段。隔离段不允许被人短接，所以至少应有 2.5 m 宽，设计成中性的或绝缘的中间段。在设有护栏的线路区段。在一定条件下，应在建筑物终端后（从外侧轨道算起最长 60 m 之后；对于从外侧轨道算起延伸长度超过 60 m 的建筑物，直接在其终端后）设置绝缘。

4）对位于接触网区城内的桥墩、桥台翼墙等结构物，要在桥墩上安装垂直异线或在翼墙上安装防护导线，以保证当接触网断裂时能可靠地构成短路。

5）对设置在桥梁旁边或上面的管道，必要时应采取专门措施，以阻止电位传播到邻近的区域。

我国《公路交通安全设施设计细则》JTG/T D81—2006 中关于桥梁护网的规定：桥梁护网应做防雷接地处理，接地电阻应小于 10 Ω，采用综合接地措施避免杂散电流。《铁路电力牵引供电设计规范》TB 10009—2005/J 452—2005 中规定建筑物上距牵引网带电部分 5 000 mm 内的金属结构物均须可靠接地，接地电阻不小于 30 Ω。

综上所述，护网应做防雷接地处理，接地电阻应小于 10 Ω。

（3）异物侵限监控装置

为确保铁路行车安全，应在公跨铁立交桥上安装异物侵限监控装置，监控抛掷物因故越过护栏（防撞墙）、护网（防抛网）而侵入铁路限界并控制列车运行。

根据《高速铁路防灾安全监控系统—公跨铁立交桥异物侵限监测方案》（运技基础〔2010〕739 号）文件规定，公跨铁立交桥异物侵限监控装置由竖直监测电网、水平承重网、L 形支架三部分组成。竖直监测电网高度 2 m，每单元宽度为 1 m，双电网传感器内置于竖直监测网，栅格大小 115 mm×115 mm 至125 mm×125 mm之间（中心线到中心线），质量不大于 15 kg。水平承重网每单元 1 m（平行于公跨铁桥方向）×0. 6 m（垂直于公跨铁桥方向），不设置电网传感器，仅起结构支撑、维护检修平台的作用。

一般情况下，竖直监测电网通过水平承重网和 L 形支架依附于公路桥梁防撞护栏外侧。这样设置有诸多不利因素：L 形支架的预埋锚栓预埋在防撞墙外侧，施工质量难以保证；监测系统直接依附于防撞墙外侧，对防撞墙的质量和桥面悬臂受力有较大的影响；检修人员不方便进行维修养护。

推荐将桥面适当加宽，取消水平承重网，直接通过加宽的梁面承重，因水平承重网垂直于公跨铁桥方向为 0. 6 m，检修道宽度可适当加大，取 0. 75 m，外侧配 0. 25 m 竖直监测电网基础。

3　高速铁路行车速度快、密度大，当上跨高速铁路立交桥桥上物体散落桥下时，可能会引起严重后果。车辆侧翻或车内抛物均有可能往桥外散落，需在外侧防护墙上设置防落物网。

（1）防落物网设置范围

防护网端部距离最外股钢轨距离应根据下列公式进行计算，并取二者较大值。

1）车体侧翻

$$h=\frac{1}{2}g\,t^2$$

$$t=\sqrt{\frac{2h}{g}}$$

$$l_1=v\times\cos(\alpha+\theta-90°)\times t=v\times\sin(\alpha+\theta)\times t$$

$$s_1=l_1/\sin\theta$$

式中　h——车身底至地面高度（m）；

v——车体侧翻时的车速（m/s）；

α——车体侧翻时与道路中心线的夹角（°）；

θ——铁路与道路中心线的夹角（°）；

s_1——车体侧翻沿道路中心线方向的移动距离(m)。

2)车内抛物

$$h=\frac{1}{2}g\,t^2$$

$$t=\sqrt{\frac{2h}{g}}$$

$$s_2=\frac{1}{2}a_2\times t^2$$

$$s_3=vt+\frac{1}{2}a_1\times t^2$$

$$s_1=s_3+s_2\times\cot\theta$$

式中 h——车内乘客重心至地面高度(m);

v——车速(m/s);

a_1——物体抛出后的风作用在物体上的加速度(m/s^2);

a_2——物体抛出后的风作用在物体上的加速度(m/s^2);

θ——铁路与道路中心线的夹角(°);

s_1——沿道路中心线方向的移动距离(m);

s_2——垂直道路中心线方向的移动距离(m);

s_3——沿道路中心线方向的移动距离(m)。

(2)防落物网设置高度

客运大巴车内抛物时距离桥面的高度通常低于2.5 m。法国规定防落物网高度至少2.5 m。《关于公布上跨铁路立交的补充技术标准(暂行)的通知》(上铁工函〔2010〕1602号)也要求自上跨桥路面至防抛网顶部不低于2.5 m。

桥上落物原因可能是车辆事故、车内抛物。我国目前关于车辆轮廓尺寸高度为4 m,发生事故时,车上载物有冲出车辆、滑落的危险。2011年9月9日,上海铁路局《关于申请明确地方道路跨越高速铁路安全有关问题的函》(上铁师函〔2011〕1255号)规定:防护网(板),其总高度不低于道路路面4 m。

防落物网设置高度应根据实际情况进行设置。

防护网材料可选用钢丝网、铜立柱,立柱基础必须做好与桥梁预埋件联结、确保防护网立柱的强度、稳定性满足要求。所有金属部件表层应进行热镀锌+浸塑处理。

4 桥面宜采用集中排水方式,引出铁路范围以外。《关于完善高速铁路桥梁附属设施有关工作的通知》(铁总建设〔2014〕143号)规定:"除受无砟轨道类型影响须设置中间排水的桥梁外,其他桥梁箱内不应设置纵向排水管。上跨铁路或道路的铁路桥梁,应尽量采用梁端排水方式;当采用梁端排水不能满足要求时,可采用外挂纵向排水管等排水方式,但设计中应优化连接措施,施工中应加强施工质量控制,确保排水管材质和安装质量符合设计和有关标准要求。"

5 跨线范围内桥面灯杆不宜设置在桥面外侧,并采取防止灯杆倾覆坠落桥下的措施,以避免灯杆倾覆坠落对铁路行车造成危害。

3.8.1 目前高速铁路、城际铁路设计中,高架车站越来越多。在高架车站的设计中,一方面要考虑城市的规划设计,同时要结合好整个车站的站房设计。结构设计满足安全、实用等要求，同时要考虑景观要求。目前高架车站分为“建桥分离”和“建桥结合”两大类，对桥梁结构设计要求分述如下：

（1）“建桥分离”高架车站

“建桥分离”的高架车站主体结构分为两个部分：高架桥和站房建筑。站房建筑包在高架桥之外，承受轨道荷载高架桥从站房建筑中穿过。站房建筑与桥梁建筑结构上完全分开。

建桥分离方案受力明确，传力清晰明了，计算简单，桥梁结构与建筑结构自成体系，互不干扰，但车站建筑的整体性差，体积庞大，空间利用率不高，影响城市景观。

（2）“建桥结合”高架车站

“建桥结合”的高架车站是先形成桥梁结构（基础、墩柱、梁等），再在桥上布置高架站台。桥梁上部结构承受轨道荷载部分采用箱梁，承受人群及建筑结构荷载部分采用 T 形站台梁。墩柱常用的结构形式可采用实体墩、V 形墩、Y 形墩、门架墩等结构。在高速铁路高架车站中，作为下部建筑的墩柱应能满足强度要求、刚度要求及耐久性要求，在列车荷载作用下保证稳定性和舒适性。

“建桥结合”方案结构紧凑，整体性强，外型美观，视觉效果好，方便乘客换乘，由于站房屋建筑与桥梁结构结合在一起，其受力状况很复杂，计算难度大，对于基础的沉降要求高，桥梁结构与站房结构设计采用的规范不同，计算时需要综合考虑，满足二者的要求。

铁路高架车站桥梁结构设计时，可借鉴现行《地铁设计规范》GB 50157 关于高架车站如下规定：

1）车站高架结构宜采用钢筋混凝土或预应力混凝土结构体系。垂直线路方向，落地柱的布设应结合地面的道路交通等要求采用双柱或三柱形式。

2）轨道梁与车站结构完全分开布置，形成独立轨道梁（高架）桥时，其孔跨布置及结构设计一般与区间高架结构相同；车站高架结构设计应按现行建筑设计规范进行。

3）当轨道梁支承于车站结构或站台梁等车站结构构件支承于轨道梁桥上，形成“桥一建”组合结构体系时，轨道梁跨径应根据其对下横梁及柱产生的影响、经济指标等因素选择，一般采用中等跨径组合（20 m≤L≤30 m）或小跨径组合（L<20 m）；需要时（如跨越道路）也可采用 30 m 以上的跨径。车站结构的纵梁宜采用小跨径组合。

4）轨道梁简支于车站结构横梁上时，应按要求设置支座。

5）“桥一建”组合结构体系中，轨道梁、支承轨道梁的横梁、支承横梁的柱等构件及基础，应按现行铁路桥涵设计规范进行结构设计。当轨道梁简支于横梁布置时，内力分析可按平面刚架假定进行；当轨道梁与横梁刚结布置时，内力分析宜按空间刚架假定进行，由活载产生的内力，应根据影响线加载计算得到。除上述构件外的其余构件，均按现行建筑结构设计规范进行结构设计。

6）为了减少振动噪声，高架车站轨道梁及其支承结构不宜采用钢结构。

3.8.2　位于道岔区的桥梁结构，道岔结构对桥梁结构提出了相对变形和变位的要求。如整组道岔应位于连续结构上，道岔首尾距梁端的最小距离，整体道岔应位于横向整体结构上，以及梁的挠度、自振频率等要求。设计时应协调解决。

3.8.3　桥梁和上部结构受力时协调变形，相互影响。在结构形成超静定体系后，桥梁后期承受的恒载及列车、人群活载所产生的位移必将使结构柱作用在桥梁上的力重新分布，上部结构本身内力和变形也会产生较大的变化，因此整体的高架结构应统筹考虑整体结构的变形变位。

3.8.4 高架车站桥梁结构当采用站、桥分离结构时,对于站线梁和正线梁根据桥上行驶的列车运营速度情况分别考虑其刚度、变形、自振频率等。对于站线梁和正线梁一体的高架车站桥梁结构应结合实际情况综合考虑其变形限值等标准。

3.9.1 桥梁结构设计时应考虑轨道的要求和梁轨相互作用。

(1)轨道

铁路桥上轨道形式总体上分为无砟轨道和有砟轨道两类,普通铁路一般采用有砟轨道,而高速铁路采用无砟轨道较多。对于无砟轨道,又分为 CRTS Ⅰ型板式、CRTS Ⅱ型板式、CRTS Ⅰ型双块式等多种形式。随着技术的不断发展和完善,轨道形式和种类还会增加。而每种轨道形式和桥梁的连接方式都不尽相同。如 CRTS Ⅰ型板式轨道底座板利用连接钢筋和桥梁进行连接,且轨道底座板在梁缝处断开;CRTS Ⅱ型板式轨道利用剪力齿槽或侧向挡块、挡墙和桥梁进行连接,且轨道底座板在梁缝处连续等等。上述轨道形式的不同,进而引起桥梁的防排水方式、伸缩缝设置方式等也不相同,而且还可能出现在同一座桥上不同的轨道形式并存的情况。不同轨道形式在桥上的过渡问题也要引起重视。桥上伸缩缝的设置,在设计阶段应和轨道专业协商确定。

(2)梁轨相互作用

跨区间无缝线路极大限度消除了轨缝,使得线路平顺性增加,养护维修量也降低、线路设备使用寿命增加、行车舒适性增加,不仅带来了极大的经济效益也带来了显著的社会效益。虽然无缝线路给铁路带来诸多好处,但是由于其结构特性,也将产生新问题。当轨温改变时,在无缝线路内部将产生温度力,在设计中需要认真考虑。桥上无缝线路结构更复杂,由于桥梁本身结构特点,桥梁与轨道相互作用,还将产生伸缩力、挠曲力和断轨力,将给桥梁和轨道设计带来影响。桥梁结构设计时必须考虑梁轨共同作用,尽量减小桥梁的位移与变形,以限制桥上钢轨的附加应力,保证桥上无缝线路的稳定和行车安全。

3.9.2 对于声屏障需设置在桥梁上时,桥梁应根据有关专业要求预留基础,统筹考虑救援疏散通道、栏杆、声屏障的接口。

3.9.3 桥梁应根据信号专业的要求,在基础、墩台和梁部设置综合接地装置,包括墩梁间的连接,数量计入桥梁工程。

3.9.4 通信、信号、电力和电气化

桥上应根据通信、信号、电力和电气化专业的要求预留设置电缆槽道、电缆上下桥设备、接触网支柱基础等设施的条件,如在梁端预留锯齿孔、在墩梁上预留滑道等。为了养护维修设置声屏障地段的桥梁,桥上电缆槽应敷设于声屏障内侧。

电气化专业的接触网电缆上桥,一般采用在接触网立柱处垂直桥面打孔上桥的方式。但为了美观等因素,也有接触网电缆从桥墩经梁端锯齿孔入电缆槽再上接触网支柱的方式。

对于车站范围内的桥梁,应根据信号专业的要求预留转辙机位置;站内桥墩的布置应和建筑专业协商确定。

3.9.5 桥涵基础设施设计时,在桥梁与路基、隧道截面分工时,往往采取了沿线路里程一刀切的方式,导致桥梁与路基、隧道的连接不顺畅,从而造成交接处发生病害的情况,因此,对桥路、桥隧接口段,设计时应引起重视,避免衔接处病害的发生。

3.9.6 对于整个线路的维修设计应统筹考虑,桥上维修通道、救援疏散通道的设计应和

桥下维修通道设置和地面道路统筹考虑。当桥上不设置维修通道时，一般情况下，桥下应设置维修通道。

3.9.7　通航河道桥应设置必要的航标等设施。

《内河通航标准》GB 50139—2004 第 5.4.1 条规定："水上过河建筑物在通航水域设有墩柱时，应设置助航标志和必要的墩柱防撞保护设施。必要时尚应设置航标维护管理和安全监督管理设施。"

桥区水上助航标志应依据通航水域的航道条件、代表船型及船舶流量等具体情况进行配布，桥梁迎船面应设置桥涵标。内河水域桥区水上助航标志和桥涵标的技术标准应按现行国家标准《内河助航标志》GB 5863、《内河助航标志的主要外形尺寸》GB 5864执行。海域、海港及入海河口段桥区水上助航标志的技术标准应按现行国家标准《中国海区水上助航标志》GB 4696 执行，桥涵标的设置可参照 1987 年国际航标协会（IALA）《关于通航水域上固定桥梁标志的建议》执行。

内河水域桥梁河段的航标配布原则：

（1）多孔可通航的桥梁，为了保证船舶通过，应当选择靠近右岸一侧有足够水深的桥跨或者主流通过的桥跨供下水船舶通行，并且在该桥跨向上游一面设置桥涵标。选择靠近左岸一侧具有足够水深而流速较缓的桥跨供上水船舶通行，并且在该拆跨向下游一面设置桥涵标。

（2）单孔桥或者仅有一孔可以通航的桥梁，应当在该桥跨的上下游两侧都设置桥涵标。如果来往船只频繁，同时桥梁河段的上下游航道弯曲，以致上下游来船不能互相看到时，为了避免危险，还应当设置通行信号台指挥船舶航行。

对于通航桥孔及桥墩台上需设置航标时，应与有关航运部门联系，按上述规定结合桥址上下游航道的具体情况及供电条件等，经过调查研究后，协商定出设置航标和照明设备的安排，以利航道管理使用。

3.9.8　高速铁路行车对轨道平顺性提出了高要求，结构的沉降是影响轨道平顺性最重要的因素，通过试验观测桥涵发生的变形和沉降成为必然。故对于高速铁路无砟桥涵应设立观测基准点，进行系统观测与分析，其测点布置、观测频次、观测周期应符合《客运专线铁路无砟轨道铺设条件评估指南》（铁建设〔2006〕158 号）的有关规定。

结构变形主要考虑梁体徐变变形，桥梁结构徐变变形观测和评估可根据施工阶段（荷载条件）的不同划分为梁体张拉前~梁体张拉完成、梁体张拉完成~轨道铺设前、轨道铺设完成后 3 个评定分析阶段，根据每个阶段不同的情况分析、计算梁体变形发展趋势从而提出结论意见。

桥梁墩台基础沉降变形观测和评估可分为架梁以前、架梁以后~轨道铺设前、轨道铺设以后 3 个阶段；框架桥和涵洞的沉降变形评估可分为桥涵主体施工完成以前、桥涵主体施工完成~路基预压土施工前、路基预压土施工~预压土卸载前、预压土卸载后 4 个阶段。

3.9.9　桥梁设计应根据桥上线路总体轨顶竖曲线高程和梁体上拱度设计值，拟合出匀顺的轨顶控制高程。

由于混凝土的徐变效应，预应力混凝土梁桥的梁体在预应力荷载作用下的上拱变形缓慢发展，因而对桥梁设计及施工中的徐变变形分析尤为重要。如果对于徐变变形的预测不准，在运营阶段梁体徐变变形的发展将会引起桥面的立面线形不平顺，严重影响行车安全和旅客舒适度,甚至将造成梁体上拱度过大而无法使用。鉴于高速铁路、客运专线铁路对轨道平顺性的有更高要求,考虑到大跨度预应力混凝土桥梁混凝土徐变特征和减小运营期轨道维护量等因素,对该类结构提出严格的后期徐变量要求。

按照桥梁设计规范,大跨度预应力混凝土连续梁桥施工中应设置预拱度,预拱度包括如下三部分:恒载预拱顶、活载预拱度(为静活载的一半)和挂篮变形。其中恒载预拱度和挂篮变形往往在施工中挂篮立模时就考虑并实施,而活载预拱度必须在主梁悬臂施工和线路铺轨两个工序中同步考虑,方可实现准确的预留。

后期徐变由于其在线路铺装完成后发生,且其发生的时间历程很长,对线路的平顺性存在较大的影响。施工中,往往将其视为恒载变形考虑至恒载预拱度中,而实质上线路铺装时该徐变变形量尚未发生,则产生两类问题:

(1)若线路铺装中不考虑该部分变形,则徐变发生后(2~3 年后),由于后期徐变的影响,轨道线型将呈曲线状。

(2)若铺装中予以考虑,则线路开通前期轨顶呈曲线状,需等到后期徐变全部发生完成,轨顶线形理论上方能达到设计线形。

以上偏差需要在营运过程中加以调整。

4. 1. 1 荷载按其性质和发生机率划分为主力、附加力和特殊荷载。

主力是经常作用的;附加力不是经常发生的,或者其最大值发生几率较小;特殊荷载是暂时的或者属于灾害性的,发生的机率极小。

表 4. 1. 1 将混凝土收缩和徐变的影响列为恒载,因混凝土的收缩和徐变是必然产生的,其作用也是长期的,尤其对刚构、拱等超静定结构有显着影响。此外还将基础变位的影响也列为恒载。

表 4. 1. 1 内公路(城市道路)活载包括车辆、行人在内,并应考虑公路(城市道路)桥面布满人群或车辆两种情况。必须指出的是,以往规范中采用的"冲击力"本规范定义为"列车竖向动力作用",其值与原来规定的值相同。

桥梁因温度变化而伸缩,因列车荷载作用而发生挠曲,桥梁的这种变形又受到轨道结构的约束,又因桥上无缝线路的连续性致使梁变形时,钢轨产生两种纵向水平力,分别称之为伸缩力和挠曲力,同时两种力也反作用于梁,并传递到支座和墩台上。无缝线路桥梁上长钢轨纵向力是一项重要的力,但由于产生该力的机理比较复杂,《99 桥规》编写时认为研究还不够,当时暂未将该力列入。随着新建桥上无缝线路轨道的大量铺设,铁科院根据原铁道部科技研究开发计划项目(合同 99G18 号)以及工程建设规范科研项目(建技科 2001-1)的要求,在总结我国铁路桥上无缝线路的研究成果和现场实践,并参照国外相关研究成果的基础上,于 2003 年 6 月编制完成《新建铁路桥上无缝线路设计暂行规定》并发布实施,成为指导桥上无缝线路设计的重要标准。同时,参考了《京沪高速铁路设计暂行规定(上册)》的有关研究成果,在《05 桥规》桥涵荷载表中增加了长钢轨纵向水平力(伸缩力和挠曲力)、长钢轨断轨力。

本次规范修订,对长钢轨纵向力的性质及分类做了较大修订,将表 4. 1. 1 荷载分类中长钢轨纵向水平力(伸缩力和挠曲力)由主力活载移至特殊力中。《05 桥规》将长钢轨纵向水平力(伸缩力和挠曲力)归类于主力活载,实际工程设计时,设计者由于对规范理解的偏差,往往认为长钢轨纵向水平力(伸缩力和挠曲力)与其他的主力活载一样,在进行荷载组合时,将其与其他常用荷载进行任意组合,这与《铁路无缝线路设计规范》TB

10015—2012 规定的长钢轨纵向力组合原则不符。

多年冻土地区的桥涵由于季节融化层冻胀的影响,使基础产生冻胀力。冻胀力的大小随地温变化而定,其最大值发生几率较小,故列为附加力。

船只或排筏撞击墩台发生的几率很小,地震力发生的几率更小,故将船只或排筏撞击力、列车脱轨荷载和汽车撞击力荷载、地震力划为特殊荷载,规定不与其他附加力同时计算。施工荷载是暂时的,还可采取临时措施来保证安全,因而均列为特殊荷载,以免有过多的安全储备。列车脱轨荷载和汽车撞击力荷载均为特殊荷载。

桥上无缝线路的钢轨,由于疲劳、纵向力过大或其他原因损伤而可能造成断轨,从而产生断轨力。断轨力按一跨简支梁或一联连续梁长范围内的线路纵向阻力之和计算。最大断轨力不超过最大温度拉力值。在正常运营养护条件下,发生断轨的机率比较小,因此将其作为特殊荷载。

根据各种荷载同时发生的可能性,对荷载组合作了一些规定。

列车产生横向摇摆力的原因很多,其中以列车蛇行运动为主要原因。《99 桥规》认为,当风力或离心力较大时,风力和离心力将会阻碍列车横向摇摆,因此列车的横向摇摆力减为很小,所以规定列车横向摇摆力不与最大离心力、风力同时组合,也就是说摇摆力值不与最大离心力值、风力值同时计算。但是铁道科学研究院的试验中提出,列车横向摇摆力与离心力是同时存在的。在德国铁路桥梁及其工程结构物规范 DS804 第 17A 条中规定:求算水平折角用的荷载组合时,列车横向摇摆力与离心力、风力是组合的。因此《05 桥规》考虑了列车横向摇摆力与离心力、风力的组合,并将列车横向摇摆力列入主力活载中。

在有流冰的河流上,流水压力比流冰压力小得多,因此流水压力一般可以忽略不计。检算桥墩受冰压力作用时,一般为桥上无车控制,而且与列车制动力同时发生的机会甚少,因此可不考虑与制动力或牵引力的组合。

在进行长钢轨断轨力荷载组合时,只考虑它与主力相组合,不与其他附加力组合。同时规定不论单线或双线桥梁,只计算一轨的断轨力。

4.1.3　考虑到不同荷载同时发生的机率不同,因此不同荷载组合时结构物应有不同的安全储备,采用的安全系数应该有所区别,反映在设计上的材料容许应力也应不同。对于主力作用下的安全系数要求高一些;对于附加力和特殊荷载则可以低一些。规范中以主力时的容许应力或安全系数为基数,对其他荷载组合可将容许应力分别乘以不同的系数,或采用不同的安全系数。这些系数与材料特性和结构的类型有关,故分别在各章规定。

4.1.4　对铁路公路(城市道路)两用桥,考虑到铁路和公路(城市道路)同时出现最不利活载的可能性极小,故两种荷载同时作用时,对主桁杆件的公路(城市道路)活载可按 75% 折减,但对仅承受公路(城市道路)荷载的局部杆件,不应折减。

4.2.1　为了设计使用方便,本规范将以往常用经验数据列入。曲线上因超高而增设垫木的影响不大,故不分曲直线。有人行道时,因曲线加宽对桥面重量影响较大,故其重量应另行计算。

铆接、栓焊、铆焊和焊接钢梁,除栓焊梁的高强度螺栓按实际套数计算外,铆钉头或焊缝重量均按其占轧制钢材重量的百分数计算。据山海关桥梁厂资料,对目前标准设计所采用的数据,将焊接桥梁的焊缝重量由原来的 2% 改为 1.5%。由于铆接、铆焊钢梁已不再在铁路桥梁上采用,故此条文已将有关铆接、铆焊钢梁内容删除。

如全跨度上的恒载不均匀,当实际的不均匀值与平均值相差在 10% 以内时,应力的影响在 5% 以内;若实际的不均匀值与平均值相差在 15% 以内,应力的影响在 8% 以内。以往常用的钢筋混凝土梁,其竖向恒载不均匀值一般不超过 10% 。本规范规定当不均匀值与平均值相差不超过 10% 时可按均匀计算。

本次规范修订时,将原规范提供的以往常用经验数据进行整理,并根据近年铁路工程材料变化情况,增加、调整了部分材料容重的取值标准。如钢筋混凝土或预应力混凝土的容重采用25 kN/m^3 ~ 26 kN/m^3:当梁体积计算的含筋量小于 2% 时,采用 25 kN/m^3;大于或等于 2% 时,可采用 26 kN/m^3。

4.2.2 作用于桥梁墩台上土的侧压力,按库伦提出的楔体极限平衡理论计算。

(1)填土力学参数的确定

我国地域辽阔,自然因素差异很大,填土的力学性质及其指标难作统一规定,应以实际资料或通过试验作为计算的根据。一般对桥头路基要求填筑渗水土,以减少因水、气温变化所产生的病害,故可以中砂(中密的)的物理力学指标作为标准设计的一般规定。

根据说明表 4.2.2—1 资料,一般渗水土以 $\varphi = 33°$,$\gamma = 17$ kN/m^3 作为标准设计的依据。山区铁路普遍利用开挖的石方或隧道弃砟来做路基填料,此种填料按以往设计采用的参数为$\gamma = 19$ kN/m^3,$\varphi = 40°$。

说明表 4.2.2—1 有关试验及文献资料

土的类别	填料容重 γ (kN/m^3)	内摩擦角 φ	备 注
中砂(中密至密实)	—	33°~38°	江苏省水利厅勘测队收集整编资料
		33.8°~39°	黄河水利委员会资料
粗 砂	15~17	31°~33.5°	铁路桥台模型试验资料(标准设计通信 1972 年第 5 期)
渗水土	17	30°~40°	铁路桥涵设计规范(1959 年版)
	18	35°	苏联规范(CH 200—62)
粗粒土、砂、砾石、碎石	17	33°42′	美国规范
一般砂、砂砾、松砂	18~20	30°~35°	日本国有铁道混凝土结构设计标准和解释

桥头路基浸水时,填土力学性质将发生变化,计算土压力时应选择浸水填土力学参数。参考一般资料,渗水土的内摩擦角受水的影响不大,可认为浸水后不变;但以往在设计中也有考虑减少 5°的情况。因此,在浸水后的内摩擦角可根据填土的具体情况减少0~5°,容重应采用浮重。

(2)台背外摩擦角 δ 的采用

根据我国铁路桥台 20 世纪 70 年代初所做的试验资料,采用填土为粗砂,对挡土板作平移、转动与平移加振动,模拟雨季含水量等不同情况实测得外摩擦角 $\delta = 16° \sim 23°$。规范建议,对于一般桥台,当其台背采用直坡或倾斜角小于 $\varphi/2$ 的斜坡,台背填土为砂类土或利用弃渣,表面为水平,台背表面粗糙时,采用台背外摩擦角$\delta = \varphi/2$。

(3)土压力的分布和作用点

一般认为台背土压力的分布为三角形,符合静水压力的分布,其合力作用点在 1/3 高度处。

(4)填料的选择

一般对桥头填土规定采用渗水土,以避免填筑黏性土时因含水条件变化引起的不利因素。但当受条件限制必须采用黏性土填筑时,需根据具体情况考虑,宜取得可靠的试验资料,将上述不利因素列入计算,亦可采用所谓"等值内摩擦角"的方法,把黏聚力的影响折算到值中考虑。

(5)地面以下土侧压力的计算和深基础土侧压力的计算

位于原地面以下土的侧压力应根据基础施工对土的结构破坏的情况,分别按回填土或原状土的物理力学特征值计算。有些资料表明,在原地面以下土的结构未受破坏时的侧压力显著降低的情况,应引起注意。

对于沉井和钻孔桩的侧面土压力,应考虑为土的侧面弹性抗力。

(6)墩台前土压力的计算

墩台前土压力如不受冲刷影响时可以考虑计算。当对墩台计算主动土压力时,理论上墩台前应为静止与被动土压力之间的状态——不是极限值的被动土压力。当产生极限的被动土压力时,要求墩台的位移量较大,较主动土压力要求的墩台位移量大得多。如墩台前不受冲刷部分到达极限被动土压状态时,所产生的位移过大,将使墩台顶产生不能容许的偏移,或使基底产生过量的不均匀沉陷。而且如前所述,按库伦公式计算被动土压力的结果可能偏大数倍至十多倍。故规定墩台前不受冲刷部分的土的侧压力,仅在计算基底滑动稳定时,按静止土压力计算。根据说明表 4. 2. 2—2资料,附录 B 中的静止土压力系数 ξ 建议采用 0. 25~0. 5。用于桥墩台滑动稳定计算时,系数 ξ 的数值建议采用不小于黏性土的静止土压力系数值 0. 5。当为埋式桥台时,还要注意考虑填土表面向下的负坡。

说明表 4. 2. 2—2　静止土压力系数 ξ

土的名称	A	B	C	D
砾石、卵石				0. 2
砂类土	0. 5	0. 5	0. 35~0. 41	0. 25
黏砂土			0. 5~0. 7	0. 35
砂黏土				0. 45
黏　土	0. 7	0. 5	0. 7~0. 74	0. 55
软黏土		0. 6~0. 7		

注:1　A——《土壤力学地基及基础》,丘勤宝等编著,中国科学图书仪器公司,1955 年 5 月。

2　B——《日本国有铁道混凝土结构设计标准和解释》,日本土木学会编,原铁道部基建总局编译组译,人民铁道出版社,1980 年。

3　C——《土力学》,H. A. 崔托维奇著,地质出版社,1956 年 10 月。

4　D——《公路桥涵设计规范(试行)》,人民交通出版社,1975 年。

(7)关于构架式、排架式墩台土压力的计算,如说明图 4. 2. 2 所示。

考虑到回填土的剪切强度传递应力的影响,按 1:0. 5 的分布线(正切 0. 5 的角度)计算桩(柱)上的附加土压力。当桩(柱)之间的净距小于或等于其直径(宽度)时,土压力按桩(柱)排最外边缘间全宽计算。桩(柱)之间的净距大于直径(宽度)时,由于应力传递的影响达不到净距全宽的一半,因而应考虑空隙之间的折减。如桩(柱)直径 $d\leqslant$ 1. 0 m,中间每一桩(柱)按 2 倍直径(宽度)计算,最外边缘的桩(柱)按 1. 5 d 计算,这样求得作用在桩(柱)排上总土压力宽度之后,分配在每一桩(柱)上的土压力计算宽度 $b=$

$\frac{d(2n-1)}{n}$，其中 n 为桩（柱）的根数。当桩（柱）直径（宽度）$d>1.0$ m 时，中间桩（柱）一律按增加计算宽度 1.0 m 计，即 $(d+1)$，边桩（柱）按增加 0.5 m 计算，故作用在每一桩（柱）上的土压力计算宽度为 $b=\frac{n(d+1)-1}{n}$。关于当 $d>1.0$ m 时土压力计算宽度的确定，并无理论或试验的依据，而是比照实体桥台，避免在土压力计算宽度上出现较大的矛盾。

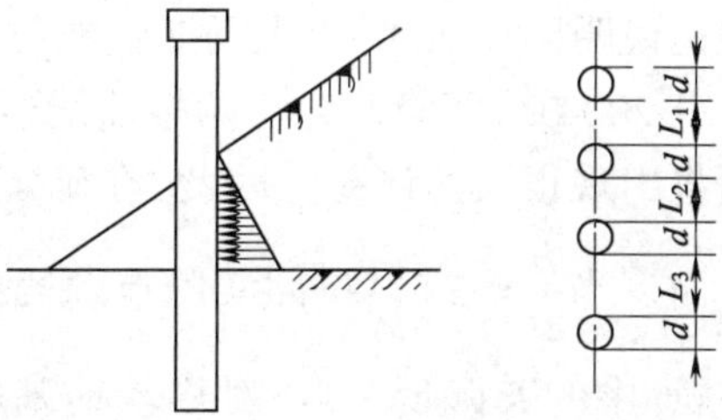

说明图 4.2.2　构架式、排架式墩台土压力计算图

4.2.3　新建铁路上埋式刚性涵洞的竖向土压力计算，仍采用马斯顿“等沉陷”理论的基本概念。该理论认为，在平地或宽谷设置的刚性涵洞，由于涵洞顶填土的沉降一般小于涵洞两侧同高度处填土的沉降，故两侧填土的部分重量由摩擦力作用传到涵洞顶上，涵洞顶所承受的填土压力就大于其上的土柱重量。

从国内一些埋式涵洞的土压力实测资料看，竖向土压力都大于土柱重，证明有“附加压力”存在。根据涵洞裂纹的调查资料，也可以认为按“等沉陷”理论计算竖向土压力较合适，而按“卸载拱”或“土柱重”计算将偏小，国外规范和国内其他部门也多使用“等沉陷”理论计算。

（1）竖向土压力系数 K 的确定

规范中 K 值的确定系根据几处涵洞土压力实测资料，吸取了《59 桥规》中的合理部分，参考国外文献资料和其他部门的资料而制定的。

《59 桥规》中关于涵洞土压力的规定，尚有一定的合理之处：

①采用马斯顿“等沉陷”理论的基本概念，若用 $P=K\gamma H$ 公式表示，K 是大于 1 的系数；

②对马氏理论系数作了较大的修改，系数 K 随着 $\frac{H}{D}$ 的增大而增到某一数值后，$\frac{H}{D}$ 再增而 K 值递减（说明图 4.2.3—1）。

说明图 4.2.3—1　系数 K 与 $\frac{H}{D}$ 关系图

但是说明图 4.2.3—1 中马斯顿或《59 桥规》试图用两根曲线来包括大多数试验点。苏联《CH 200-62》又修改为将两根曲线包络所有试验点，曲线的上下限 K 值相差很大，应用不当将出现很大的误差。因此，在确定 K 值时，已考虑到过去实践的经验和简化计算两个方面。当$\frac{H}{D}\leqslant 3$ 时，按照实测点适当提高了 K 值，偏于安全；$\frac{H}{D}>3$ 时，对刚性地基比《59 桥规》中的 K 降低一点，对松软地基则提高一点，以往许多铁路线涵洞的开裂情况，岩石地基上涵洞开裂现象甚少，地基松软者则开裂现象严重。降低了刚性地基的 K 值，可以充分发挥材料强度达到节省的目的；松软(不包括极软)地基增大 K 值，适当提高了安全度。这样 K 值适用于刚性地基和松软地基，从而简化了计算。鉴于影响涵洞竖向土压力的因素很多，各因素又变化复杂，难以确切地表达，采用 $P=K\gamma H$ 的形式使公式简单明确，式中 K 是大于 1 的系数，用以反映马斯顿"等沉陷"理论中的一个基本概念。

但是在实际工作中，涵洞的结构形式不同，仅考虑附加压力进行设计，不一定是设计的控制情况，因此还应按土柱重计算，视何者控制而采用。因为一般新填路堤完成沉陷的时间需要若干年，在这期间 $K>1$，待完成沉陷之后，$K=1$，这是两种客观存在的情况。下面引用两个实测资料：

①解放军工程兵某部所做的堆积式通道竖向土压力实测资料以及本规范与《59 规范》的比较见说明表 4.2.3。

说明表 4.2.3　堆积式通道拱顶实测竖向土压力系数与新旧规范比较表

H/D		0.1	0.5	1	2	3	4
通道实测计算值	K_B	—	—	0.68	1.17	1.31	1.33
	K_C,K_D	—	—	1.00	1.48	1.55	1.54
	K_E,K_F	—	—	1.19	1.34	1.33	1.29
	$K_{平均}$	—	—	0.96	1.33	1.39	1.39
《59 桥规》	地基刚度 $S=5$	1.00	1.10	1.20	1.31	1.22	1.17
	地基刚度 $S=15$	1.00	1.10	1.20	1.39	1.59	1.75
本规范		1.04	1.20	1.40	1.45	1.50	1.45
H/D		5	6	7	8	9	≥10
通道实测计算值	K_B	1.35	1.37	1.42	1.37	—	—
	K_C,K_D	1.47	1.38	1.31	1.24	—	—
	K_E,K_F	1.25	1.20	(1.16)	(1.12)	—	—
	$K_{平均}$	1.36	1.32	(1.30)	(1.24)	—	—
《59 桥规》	地基刚度 $S=5$	1.12	1.10	1.08	1.07	1.06	1.06
	地基刚度 $S=15$	1.81	1.66	1.54	1.45	1.40	1.36
本规范		1.40	1.35	1.30	1.25	1.20	1.15

注：1　表中 D 和 H 如说明图 4.2.3—1 所示。

2　表中竖向土压力均按 $P=K\gamma H$ 计算。

3　通道实测数值系根据实测数据进行补插计算。该通道共进行 A、B、C、D、E、F 六个断面的实测，其中 A 断面因在填土边坡上未采用。K_B、K_C、K_D、K_E、K_F 表示 B、C、D、E、F 各断面上的 K 值。

4　通道顶填土高 $H=3$ m～35 m；B、C、D 断面填筑砂、砂黏土和黏砂土(湿容重$\gamma=17.7$ kN/m^3～18.9 kN/m^3)；E、F 断面填砂砾土(湿容重 $\gamma=19.5$ kN/m^3～19.8 kN/m^3)。

5　表中括号内数字系外延求得。

② 1967~1968 年,原铁道部第三设计院和铁道兵某部曾做过三处拱涵土压力试验,其中一处 1 孔 3 m 较有代表性,测得 K 值如说明图 4.2.3—2 所示。该拱涵顶以上填石,高 7 m 余。图中各曲线所示的 K 值均系实测压力与土柱压力的比值。

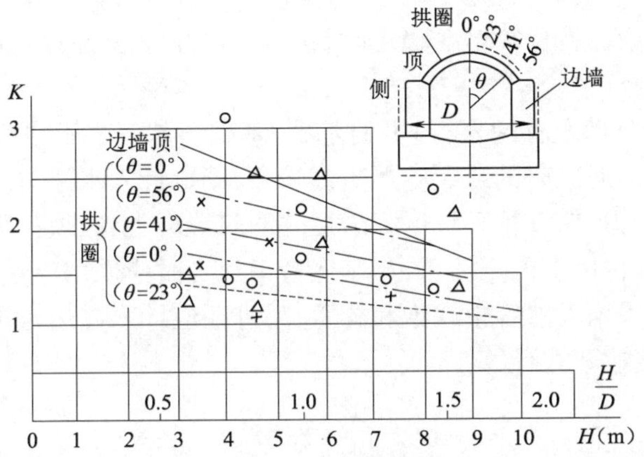

说明图 4.2.3—2　1 m~3 m 拱涵实测竖向土压力系数 K 值图

从上面两座涵洞的实测资料可以看出,新填路堤涵洞的实测竖向土压力基本上大于土柱压力,即 $K>1$,当 K 值达到某一最大值后,有随 H/D 比值的增大而递减的趋势。

当 H/D 在 0.5~2.5 时,实测资料的 K 值都较大。这是因为填土低时土压虽小,但洞顶与两侧填土的沉降差要比填土高时为大。

(2)水平侧压力系数 ξ 值的确定

刚性涵洞的水平土压力采用主动土压力。但是涵洞的工作条件与一般重力式挡墙却又不同。从涵洞的裂纹和变形情况来看,在填土作用下,涵洞两侧的变形与土压力方向相反(但位移量很小),故采用“静止土压力”较为合理。上述几处涵洞(或通道)水平土压力实测资料如下:

①解放军工程兵某部的试验,填土为砂、砂黏土或黏砂土,ξ 的变化范围在 0.26~0.44 之间,平均值为 0.37;填土为砂砾土,ξ 的变化范围在 0.24~0.39 之间,平均值为 0.32。

②原铁道部第三设计院和铁道兵某部的 1 孔 32 m 拱涵试验,路堤填石,ξ 为 0.25~0.27。

③原铁道部第三设计院对 1 孔 2.5 m 卵形拼装拱涵做的试验,填料为黄土,拱顶填土高 10 m 左右,ξ 为 0.39~0.44(该涵洞具有一定的柔性,故选用拱圈上变形可能性比较小的测点值作为参考)。根据这些资料进行分析,考虑到涵洞两侧的填土可能受到向上的摩阻力的作用会减弱涵洞所受到的侧向压力,同时在试验资料尚不充分的情况下,对以往标准设计的经验应适当考虑,因而在采用“静止土压力”时选用较小值。规范中规定填土条件下 ξ 采用 0.25~0.35 这一幅度,在使用时可根据各式涵洞的控制情况选用 0.25 或 0.35。填石条件的 ξ 未做规定,主要是试验资料不足,设计时可采用以往的办法解决。

4.2.4　水浮力为作用于建筑物基底面由下向上的水压力,等于建筑物排开同体积的水重,是由地表水或地下水通过土的孔隙的自由水的联通所传递的水压力而发生的。水是否能渗入基底是产生水浮力的必要条件,因此与地基土的透水性、地基与基础的接触状态,以及水压大小(水头高低)与浸水时间等因素有关。

对于存在静水压力的透水性土，如砂土、碎石土、黏砂土等的孔隙存在的自由水，均应计算水浮力；对于像黏土类的非透水性土可不考虑水浮力。由于水的透水性质难以预测，故对于难以确定是否具有透水性质的土，计算基底应力时不计浮力；计算稳定时应计入浮力。

由于水浮力的存在，在检算墩台稳定时，按设计频率水位计算；计算基底应力及基底偏心时，按常水位计算。

完整岩石（包括节理发育的岩石）上的基础，基础与基底岩石之间灌筑混凝土接触良好，可不计水浮力。但遇破碎的或裂隙严重的岩石，则应计入水浮力。作用在桩基承台板底面的水浮力应予考虑，但管桩下沉嵌入岩层并灌筑混凝土者，须扣除管桩截面。

基础襟边上的水位以下的土柱重，当基底考虑浮力时应采用浮重；当基底不考虑浮力时，应视其是否透水采用天然容重或饱和容重，另外还应计入襟边土层以上至常水位的水柱重。浮土重力密度按下式计算：

$$\gamma'=\frac{1}{1+e}(\gamma_0-\gamma_w)$$

式中　γ'——浮容重；

e——土的孔隙比；

γ_0——土的固体颗粒容重，采用 27.0 kN/m³；

γ_w——水的容重，采用 10 kN/m³。

4.3.1　列车荷载图式是铁路列车对线路基础设施静态作用的概化表达形式，根据不同类型铁路运输移动装备情况，并考虑一定的储备和发展系数综合制定。在以往的各版本桥梁规范中，由于荷载图式单一，并且没有类似国外或其他行业的专门的荷载图式标准，故将设计荷载标准图式列入到桥规中，便于设计者采用。在本规范修订过程中，由中国铁道科学研究院编制的首版铁道行业技术标准《铁路列车荷载图式》TB/T 3466—2016（以下简称《荷载图式》）也完成了编制工作，并由国家铁路局发布，自 2017 年 7 月 1 日起实施，故本规范中不再将铁路列车荷载图式列入，设计人员根据工程项目要求，直接从《荷载图式》选取规定的列车荷载图式标准进行设计，见说明表 4.3.1。

说明表 4.3.1　铁路列车荷载图式

线路类型	图式名称	荷载图式	
		普通荷载	特种荷载
高速铁路	ZK	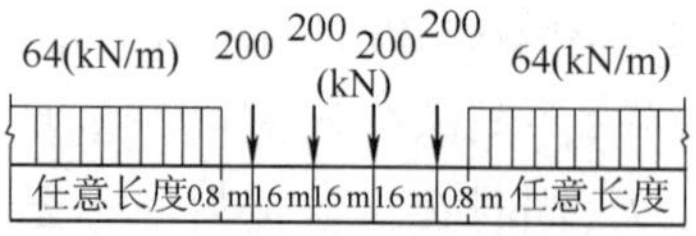	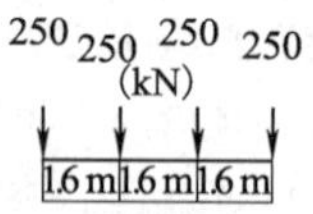
城际铁路	ZC	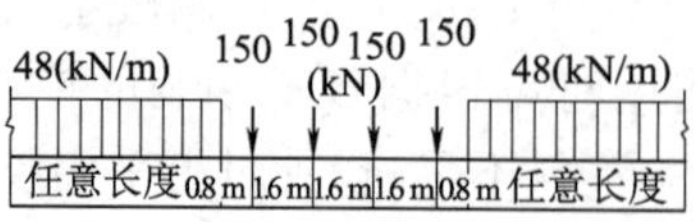	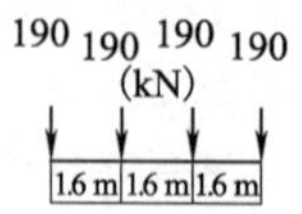
客货共线铁路	ZKH	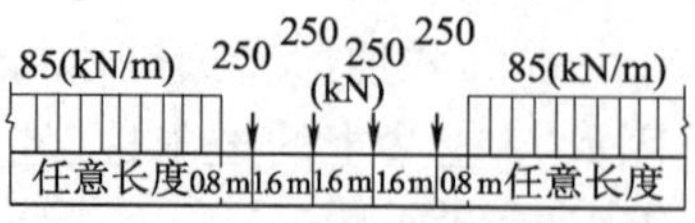	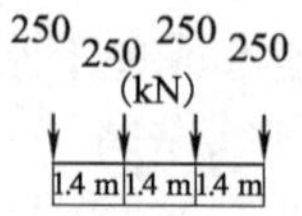

续上表

<table>
<tr><td rowspan="2">线路类型</td><td rowspan="2">图式名称</td><td colspan="2">荷载图式</td></tr>
<tr><td>普通荷载</td><td>特种荷载</td></tr>
<tr><td>重载铁路</td><td>ZH</td><td>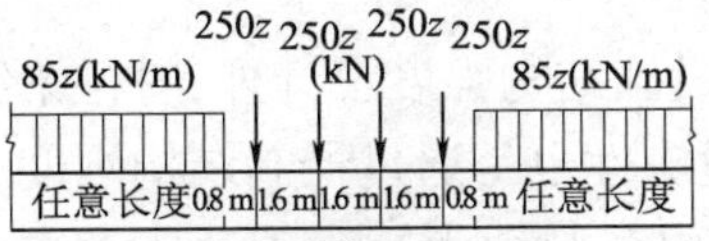

(荷载系数$z \geq 1.0$)</td><td>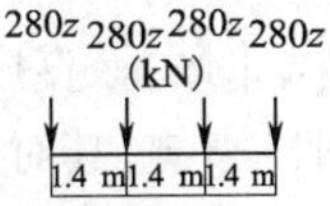

($z \geq 1.0$)</td></tr>
</table>

(1)《荷载图式》标准的重要意义

列车荷载是铁路机车、车辆等移动装备对线路的作用，与铁路移动装备技术发展紧密相关，是各类铁路工程结构设计的重要依据。列车荷载图式代表了铁路移动装备对线路作用特征和作用量值，是一组由不同轴重和轴距、按一定规律排列、具有可变速度的移动作用力学模型。标准制定时充分考虑了当前铁路移动装备配备情况，并适应未来一定时期内机车、车辆等移动装备技术的发展需求。《荷载图式》是铁路基础性、战略性的标准，指导一定时期铁路线路基础设施和移动装备的发展，对推进铁路建设和运输发展具有重要意义。

铁路是国民经济的大动脉，不同国家铁路建设、运输和移动装备技术发展需求有所不同，在列车荷载图式制定方面具有差异。《荷载图式》标准一定意义上反映了一个国家国民经济的发展水平。《荷载图式》标准适应经济发展、运输需求和技术进步的要求，确定了铁路移动装备的发展方向，对铁路建设成本具有直接的影响。

(2)《荷载图式》标准的特点

1)适应不同运输特征

我国铁路早期主要为客货共线铁路，相应地，设计时统一采用了符合客货铁路运输特点的列车荷载图式。近年来，随着铁路的快速发展，铁路客货运输呈现出客运高速、货运重载等新的特征，不同线路通过的列车差异越来越大，若仍采用统一的列车荷载图式将是不科学，也是不经济的。因此，针对高速铁路、城际铁路、客货共线铁路、货运铁路分别规定了相应的列车荷载图式。

2)国际接轨

标准制定的高速铁路、城际铁路、客货共线铁路、货运铁路列车荷载图式均由普通荷载图式和特种荷载图式组成，在与国际接轨的基础上，结合我国具体情况制定而成。普通荷载图式由集中荷载和均布荷载组成，与国际铁路联盟制定路线相同；特种荷载图式根据我国路情特点制定，由集中荷载组成。客运铁路列车荷载图式满足高速动车组开行需求，货运铁路列车荷载图式满足国际联运列车开行需求，与国际接轨，为国家实施铁路"走出去"战略提供支撑。

3)技术特点

客货共线和货运铁路列车荷载图式的制定总结了我国铁路60余年的运营实践经验，在确定移动装备发展定位的基础上，预留合理的发展储备系数，新的荷载图式更符合现代铁路运输特征。货运铁路列车荷载图式在支撑我国新建重载铁路设计的同时，也可为后续利用客货共线铁路发展重载运输提供借鉴。

高速铁路和城际铁路列车荷载图式的制定综合考虑我国客运铁路运营特点，提出了与高速铁路、城际铁路荷载图式相配套的频率等动力性能指标，提高车桥共振速度范围，合理控制设计速度范围内运营动力系数，满足设计列车效应大于运营列车效应的原则。

(3)应用《荷载图式》标准需注意的问题

1)配套选用列车荷载图式及参数体系

列车荷载图式除直接用于线路基础设施结构强度设计外，对桥梁结构刚度、频率等都有直接或间接影响，其对于列车速度的适应性也是通过控制结构刚度、频率等动力学指标实现的；此外，列车纵向力(机车牵引力、列车制动力)、离心力等也是在荷载图式基础上通过采用相应系数计算得到的。因此，应配套选用列车荷载图式及与参数体系。

2)列车荷载图式对桥梁动力性能设计的影响

高速列车在桥梁上运营的安全性和舒适性与桥梁刚度、频率等动力学指标相关。在相同速度条件下，桥梁的动力学设计指标与列车荷载图式的选取并无直接关系，即无论采用高速铁路、城际铁路列车荷载图式设计的桥梁，或者是直接采用高速动车组作为设计荷载，在相同速度条件下需要满足高速列车安全、舒适运营的目标是相同的，对桥梁的动力学性能要求是相同的。以高速铁路标准梁桥为例，由高速铁路列车荷载图式调整为城际铁路列车荷载图式进行设计时，由于高速列车安全性、舒适性要求没有改变，梁体刚度、频率等指标不应随着列车荷载图式的变化而变化，可优化调整的主要为用于强度设计、长期变形设计的预应力束等。

4.3.2 本次规范修订时，对现行高速铁路、城际铁路、客货共线、重载铁路及国外规范的相关规定进行了梳理整合，并根据《武汉天兴洲公铁两用大桥四线铁路活载加载标准研究》和《南京大胜关长江大桥多线铁路疲劳验算荷载和损伤系数研究》等课题的研究成果，对四线桥梁的活载折减系数进行了补充规定。

(1)客货共线、重载铁路桥梁结构加载方式

客货共线、重载铁路对多线桥梁结构加载方式沿用了《05 桥规》的规定。《05 桥规》主要从以下几个方面考虑：

1)同时承受多线荷载的桥梁，考虑到各条线路上同时出现最不利活载的可能性极小，故组合时对于主要杆件进行了折减。

2)对于受局部活载的杆件，主要是承受一线荷载，故不折减。在此情况下，多线列车竖向动力作用、离心力、横向摇摆力的计算也应采用相同办法考虑折减。

3)车站范围内的多线桥梁，实际上并不是各线同时运转，有些可能处于停车状态，虽然竖向活载仍按多线桥的规定折减，但对列车竖向动力作用、离心力及横向摇摆力在组合计算折减时，应考虑可能同时运转的实际线数计算。如某站线桥为三线，而实际同时运转只可能为两线，因而在列车竖向动力作用等组合计算中，只能按两线同时组合计算折减。但制动力或牵引力在确定同时运转的线数之后，应按照本规范第 4.3.10 条规定计算。

(2)高速铁路桥梁结构加载方式

国外多线铁路桥梁结构加载方式的规定基本与我国规范大致相同。UIC 776-1(5th edition, August 2006)中规定："对于双线桥，荷载施加到一条或两条轨道上，取最不利效应。对于三线或三线以上的桥梁，荷载施加到一条或两条轨道上，或者在三条或多条轨道上施加 0.75LM71，取最不利效应。"AREMA 2010 中规定："对于双线桥，在双线上都施加全部活载；对于三线桥，在双线上施加全部活载，第三线上施加 1/2 活载；对于四线桥，在双线上施加全部活载，第三线上施加 1/2 活载，第四线上施加 1/4 活载；对于四线以上桥

梁,由工程师决定加载方式;活载的布置方式应能够使杆件产生的最大活载应力。”

《高速铁路设计规范》编制时参考了 UIC 776-1(5th edition, August 2006)的意见,同时认为《05 桥规》规定一直沿用双线取 0.9 折减系数,主要考虑既有铁路桥梁比例少(线路总长的 5%以下),且既有机车对桥梁加载效应明显大于车辆,双线桥上两列车在桥上交会概率小,列车交会中机车加载效应同时达到最大值的概率更小。由于目前高速铁路桥梁比例高,约占线路总长的 50%,列车在桥上的交会频次高,其双线列车活载不应该折减。

(3)城际铁路桥梁结构加载方式

根据《时速 250 公里以下客运专线(城际铁路)设计活载及桥梁结构相关技术标准研究》以及根据城际铁路的定位,运行时速 200 公里及以下动车组,独立成网,大编组、高密度、公交化的特点,提出了 ZC 活载图式作为城际铁路桥涵设计荷载图式。其多线加载方式采用了与高速铁路相同的模式。根据调查,国外的一些规范,如日本铁路结构设计标准、英国 BS 5400(铁路列车)、美国 AREA—1977(铁路列车)、德国 DS 804(铁路列车)等双线桥加载也都没有折减。

(4)重载铁路多线桥梁结构加载方式沿用了《05 桥规》的相关规定。其中条文第 5 款主要针对重载铁路而定,其明确了对于货物运输方向相对固定、运营通用货车的双线和多线重载铁路桥梁,设计时可根据实际运营情况考虑相应折减。

4.3.3 铁路列车竖向荷载应根据不同的铁路设计标准,采用《荷载图式》提供的标准荷载图式进行设计。设计加载时,标准荷载计算图式可任意截取,或采用特种活载。桥跨结构和墩台尚应按其所使用的架桥机加以检算。计算承受多线荷载的桥跨结构和墩台,其竖向静活载应按各线(均假定采用同样情况的最不利位置)静活载的总和乘以规定的折减系数。对受局部活载的杆件,则均应为该活载的 100%。如桥上所有线路不能同时运转时,只计算可能同时运转的线路上的冲击力、离心力、制动力或牵引力及横向摇摆力。

我国历年桥梁设计规范为方便计算,均采用铁路标准活载换算均布活载的加载方式,是参考前苏联桥规的成果基础上逐步发展和推广应用的,该加载方式在计算手段不发达的手工计算年代发挥了很好的作用。近年随着计算机的发展和应用软件日益普及,采用铁路标准活载换算均布活载的影响线加载方式正在被轮轴加载方式所替代,既便如此,铁路活载加载那些多年有效的规定应该被保留和值得借鉴。

(1)关于影响线加载长度

对于一般桥跨,按桥长全部加载;对于超大跨度桥梁,加载长度超过动车组全部编组车长或车站到发线长度时,加载长度可采用列车最大编组长度。

(2)影响线加载规则

1)对单符号影响线和多符号影响线的单独加载区段,不论影响线的形状如何,如影响线加载长度小于 3 m 而最大纵坐标位置在中间者,以及长度小于 1.5 m 而最大纵坐标位置在端部者,均按一个特种活载例如采用 250 kN 计算。

2)对多符号影响线,如同时加载其中数个区段,不论被加载的同符号影响线各区段为直接相邻者或被异符号影响线隔开者,应分两种情况加载:

①当被加载的影响线全长(包括其中间隔的异符号影响线区段长度在内)小于 50 m 时,各被加载的同符号影响线按各自的最大值同时加载。

②当被加载的影响线全长(包括其中间隔的异符号影响线区段长度在内)大于 50 m

时，其中 50 m 长度内的整区段（可在全部影响线任何位置）仍按各自的最大值同时加载，其余同符号影响线均用均布活载例如 80 kN/m 加载。

上述间隔的异符号影响线区段，如区段长度大于 15 m，应用空车均布静活载 10 kN/m 加载；如区段长度小于 15 m，则可不加活载。

规定解读如下：

当影响线全长小于 50 m 时，前者只有一个区段按最大值加载，后者可以有若干个区段按各自最大值加载，显然存在很大差异。从说明图 4.3.3—1(a)可以看出，当异号区段的长度 L_1' 或 L_2' 接近或等于 0 时，这个“多符号影响线有……异号区段隔开者”，就等于或接近“直接相邻的数个单符号影响线”，因此两者的加载方法应该是相同的，同时考虑小于或等于 50 m 的区段范围内有出现最大活载的可能，因此规定当影响线长度小于 50 m 内的各区段，凡是直接相邻的或是有异号隔开的同符号影响线均按各自的最大值同时加载。

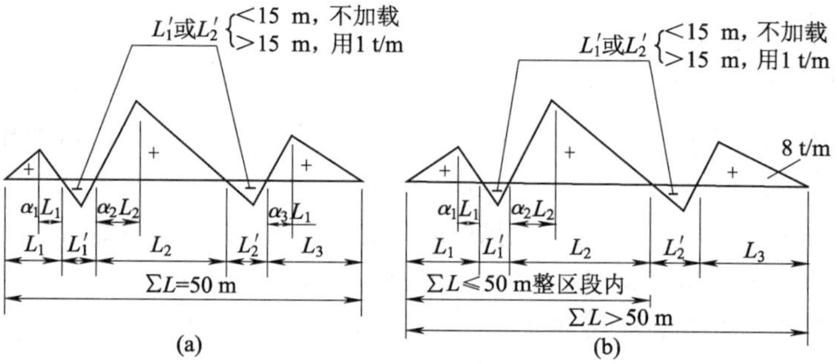

说明图 4.3.3—1　多符号影响线加载

当影响线加载长度大于 50 m 时[说明图 4.3.3—1(b)]，考虑到 50 m 内同样可能出现最大值，所以规定 50 m 内的整区段（所谓整区段系指各同符号零点至零点的影响线面积）各同符号影响线仍按各自最大值同时加载，其余同符号影响线均用均布活载例如 80 kN/m 加载。如果跨度大于 50 m，不能在 50 m 处截取影响线面积加载，应按跨长求最大值加载，其余各跨同符号影响线用例如 80 kN/m 加载。

3）疲劳验算加载

疲劳强度计算时，按影响线求最大内力（应力）和最小内力（应力），应分别从右至左和从左至右依次加载影响线各区段，以其最不利者决定之。当同时加载数个区段影响线时，应连续加载，不得间断，且其中仅取某一区段加载最大值，其余区段以均布荷载例如 80 kN/m 加载。

4）同时加载于两个或两个以上的影响线求其共同作用时，应逐一按每一影响线单独求出控制轴位，按照所得轴位用于其余各影响线，得到最大共同作用的加载即为计算值。

同时加载于两个或两个以上的影响线求其共同作用时，其换算均布活载以及加载长度系逐一按每一影响线单独求之，并将所得之值用于其余的影响线，比较得出其最大共同作用的加载即为计算值。在实际运用中，对于一般静定结构，其影响线是由直线组成，且形状相似，按上述计算结果与按实际活动荷载轴位求得者误差不大。但对于超静定结构，某些实例表明有时误差较大，故规定除静定结构和恒载影响较大的超静定结构之外，一般应求出控制轴位而用于其余的影响线，这样较为适宜。

5)仅对于静定结构和恒载影响较大的结构(如实腹式中小跨度石拱桥)等,方可按每一条影响线求得的换算均布活载用于其余各影响线,以求共同作用的计算值。

(3)关于空车活载取值规定

通过对客货共线、高速铁路、城际铁路以及重载铁路标准进行的一些调研表明,空车活载取值规定结论依据仍不充分。但从安全的角度而言,对于异符号段的加载时的空车静活载和构件空车加载时的工况,当考虑列车风力所产生的横向倾覆力矩时,抵抗力矩以列车为空车时最小,倾覆稳定性最不利,因此取较小值更为安全,况且该项一般不控制设计,故从便于使用的角度,统一采用10 kN/m空车活载。

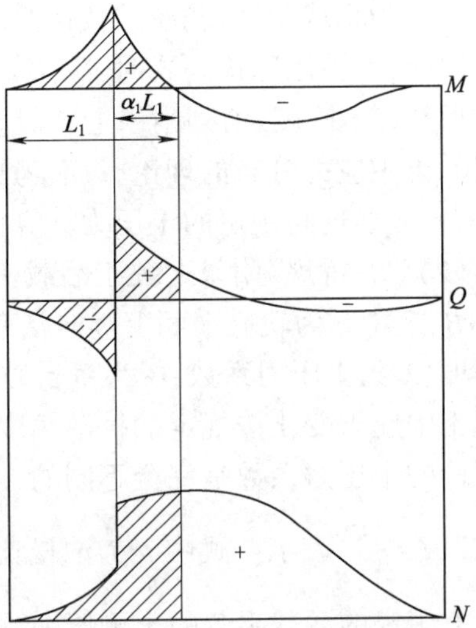

说明图 4.3.3—2 两个以上的影响线加载

欧洲规范对一些专门的检算(参见标准 EN 1990 的 A2 第224(2)节)应用一种特殊的标准荷载图“空列车”,它是以特征值为 10.0 kN/m 做成的竖向均布荷载,和我国历年桥规的规定是一致的。

4.3.4 《75 桥规》中规定活载在台后产生的侧向土压力,是假定在轨底平面填土上有竖向压力 q。该 q 为一个竖向轴重按纵向长度为 1.5 m(等于轴距),横向宽度为 2.5 m(一根枕木长度)分布的,求得 $q=\dfrac{220}{1.5\times2.5}\approx60$ kPa 后,再假定 q 在轨底平面下对桥台背面所产生的单位面积上的侧压力强度,系在路基内与竖直线成一角度(正切为 0.5)向外分布,则侧压力强度随轨底以下的深度而逐渐减弱。这种土中应力分布理论用在桥台破坏棱体上已数十年。经过长时间生产实践,发现不但存在与土压理论不一致,而且还有与实际不符之处,有时甚至引起计算上混乱。总起来说,《75 桥规》中规定的计算方法经分析有下列几个方面的问题:

(1)《75 桥规》规定:计算土压力采用库伦楔体极限平衡理论,即假定台后有一楔形体土块,由于台身向前移动引起土体滑动而产生施于台背上的主动土压力。此时楔体极限平衡条件是楔体土块自重 W、破裂面上产生的反作用力 R 及台背所受到的土压力 E,这三个力必须满足水平向和竖向的平稳(说明图 4.3.4—1)。当破坏棱体的纵长上有均布活载时(说明图 4.3.4—2),假定库伦公式仍能适用,在满足楔体极限平稳的条件下,视

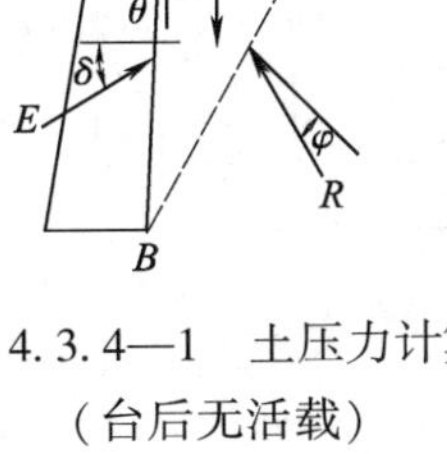

说明图 4.3.4—1 土压力计算图式

(台后无活载)

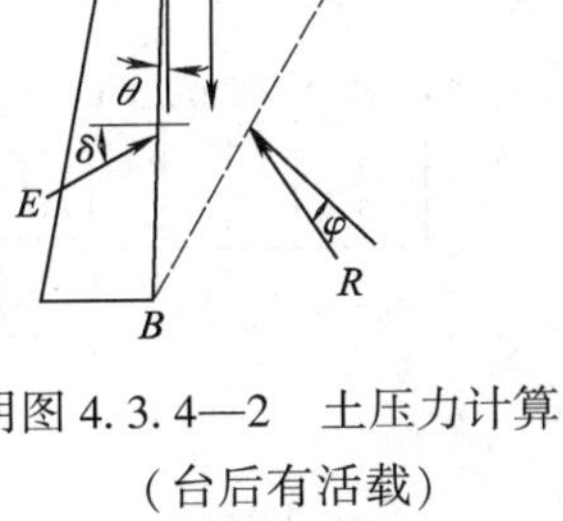

说明图 4.3.4—2 土压力计算图式

(台后有活载)

均布活载为超载,并将此超载代以当量土层高度,实际上等于路基面上纵长方向增加一层土。因此,在使用库伦公式时,除了填土高度变化增加了楔体自重之外,其余参数均未改变。但是《75 桥规》所列附录七在计算台后超载(活载)引起的土的侧压力时,采用了外荷引起土中应力分布的理论,没有考虑台背上的土压力是由于破坏棱体滑动施于台背上的外力,显然这与规定的土压力计算假定(库伦理论)不符。

(2)《75 桥规》附录七关于活载引起的对台背所产生的侧向压力,其计算公式为:$E=qaH\lambda B$,式中 q 为轨底平面上竖向活载强度,a 为随 H 变化的系数,H 为轨底至计算截面的高度,λ 为土压力系数,B 为桥台宽度。这个公式求得的土压力 E 是根据外荷(活载)引起土中应力变化按规定的扩散角度求得的。可是土中由应力变化引起的侧压系数与库伦理论的土压力系数是完全不同的。前者假定土体为弹性体,垂直受荷产生侧向膨胀,其系数以 $\xi=\dfrac{\nu}{1-\nu}$ 表示。式中 ν 为泊松比,只与土体受荷时变形大小有关。然而,《75 桥规》附录七规定的活载引起的土侧压力计算中,土压力系数却采用说明图 4. 3. 4—1所示的滑动土体 ABC 推导而得。若以 λ 表示,则

$$\lambda=\frac{\cos^2(\varphi-\theta)}{\cos^2\theta\cos(\theta+\delta)\left[H\sqrt{\dfrac{\sin(\varphi+\delta)\sin\varphi}{\cos(\theta+\delta)\cos\theta}}\right]^2}$$

此式即为库伦条件下的主动土压力系数公式。这个系数与墙背倾角 θ、土的内摩擦角 φ、墙背与土的外摩擦角 δ 有关,与土体变形毫无关系。这样把库伦条件下的土压力系数引入土体由应力变化的土压力计算公式中,显然是不恰当的。

(3)在桥台计算中,应保证桥台的强度和稳定。根据设计经验,检算强度时,采用说明图 4. 3. 4—3 所示的活载布置图式;检算稳定时,采用说明图 4. 3. 4—4 所示活载布置图式。

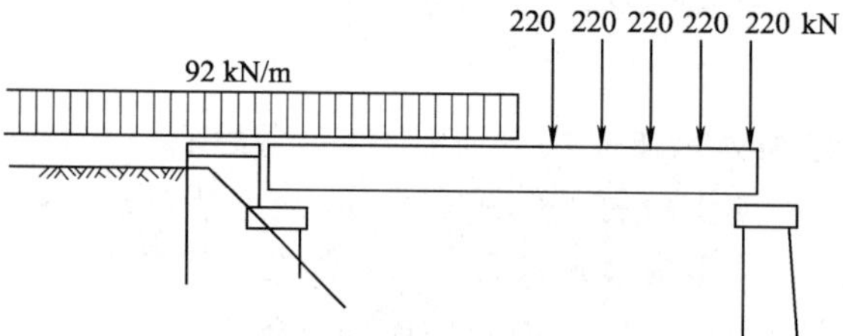

说明图 4. 3. 4—3　活载布置图式(检算强度)

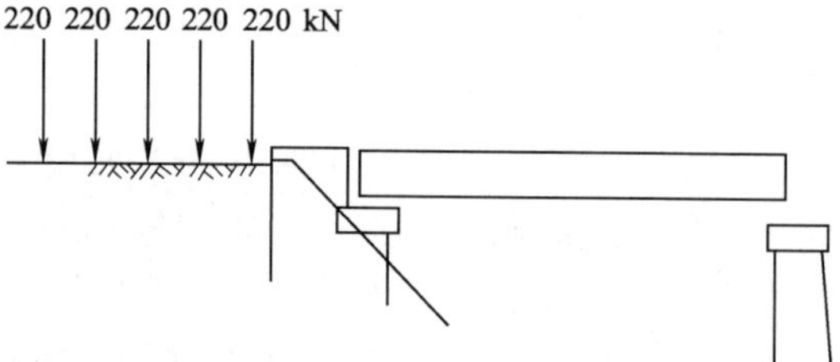

说明图 4. 3. 4—4　活载布置图式(检算稳定)

但是,根据《75 桥规》附录七的规定,检算强度时采用台后布置集中轮重,如说明图 4. 3. 4—5 所示,这与实际情况不符,因此,《75 桥规》附录七的规定是不合理的。

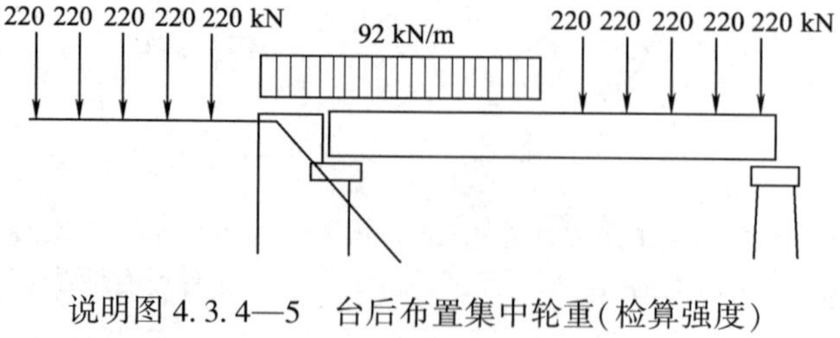

说明图 4. 3. 4—5　台后布置集中轮重(检算强度)

(4)桥台设计如遇复杂地形,需加设锥体挡墙截住锥体或路基,减少填方工程,或者避免坡脚侵占桥孔净空和堵塞河道。以往在这种情况下计算活载引起的土压力时,曾采用两种不同的计算方法,桥台采用土中应力分布理论,挡墙采用楔体极限平衡理论,这也是一种矛盾情形。

为了在理论上和实际工作中解决活载引起的台背土的侧压力,可根据本规范第4.2.2条规定采用库伦理论计算土压力的原则,把活载引起的台背土压力,视活载为超载,换算为当量土层厚度,按库伦理论进行分析(具体计算见本规范附录A)。这种计算方法不但消除了上述种种矛盾,且简化了计算。我国公路桥涵设计规范也是把台后活载换算成当量土层厚度计算的。

为引用方便起见,把《75桥规》附录七谓之"旧法",本规范中附录A谓之"新法",并按"旧法"规定的活载图式(说明图4.3.4—5)和"新法"的活载图式(说明图4.3.4—3),分别检算耳台及T台基顶截面的最大应力情况,见说明表4.3.4—1。

说明表4.3.4—1　耳台和T台基顶截面的最大应力情况

桥台形式	T台						耳台					
跨度(m)	8		16		32		8		16		32	
填土高度(m)	4	10	4	12	6	12	3	8	4	9	5	10
"旧法"前端最大应力(MPa)	0.162	0.247	0.345	0.403	0.537	0.602	0.530	0.579	0.525	0.568	0.794	0.779
"新法"前端最大应力(MPa)	0.158	0.243	0.336	0.400	0.534	0.604	0.479	0.448	0.482	0.444	0.767	0.684
前端应力减少(%)	2.5	1.6	2.6	0.7	0.6		6.2	23.0	8.2	22.0	3.4	12.0
前端应力增加(%)						0.3						

注:按"新法"计算结果,基顶截面上的应力比"旧法"减小0.6%~23%,T台跨度32 m,填土高12 m虽略有增加,但绝对值很小。因此,规范修订后,不影响原标准图的使用。

关于滑动稳定,对耳台和埋台按说明图4.3.4—4进行分析,其结果如说明表4.3.4—2。

说明表4.3.4—2　耳台和埋台滑动稳定分析结果

桥台形式		耳台		埋台
跨度(m)		8	32	32
填土高度(m)		8	10	20
要求基底摩擦系数 f	标准图资料　$\gamma=17\ kN/m^3$,$\varphi=33°$	0.41	0.29	0.25
	"新法"　非浸水　$\gamma=17\ kN/m^3$,$\varphi=33°$ 浸水　$\gamma=10.6\ kN/m^3$,$\varphi=33°$	0.37	0.25	0.24
	"旧法"　非浸水　$\gamma=17\ kN/m^3$,$\varphi=33°$ 浸水　$\gamma=10.6\ kN/m^3$,$\varphi=33°$	0.37	0.24	0.24

从说明表4.3.4—2可以看出,耳台滑动稳定系数基本相同,埋台需要的摩擦系数按"新法"检算虽大于"旧法",但埋台由于自重大,设计基底应力大,要求地基较好。如跨度32 m,填土高度20 m,三层基础,设计基底应力$\sigma=0.51$ MPa,一般必须置于半坚硬状态的黄土或卵石层上,这类土的摩擦系数一般为0.4~0.5,如用0.4,实际滑动稳定安全系数

$K=2.01$,仍大于规定的滑动稳定安全系数 1.3。至于根据《75 桥规》作的标准图得到的摩擦系数 f 值较大,这是由于土压力计算未考虑浸水的土压力变化,在检算滑动稳定时仍用了干涸无水时的土压力值所致。

4.3.5 活载作用于涵洞的水平土压力计算,是按一个特种轮重分布在轨枕底面,并在轨枕两端各以 2∶1 坡线向下扩散(说明图 4.3.5)考虑。但为了计算方便,h 自轨底算起。在轨底以下 h 深度处,以客货共线铁路为例,其竖向压力强度按下式求得:

$$q_{\mathrm{h}}=\frac{\dfrac{250}{1.4\times2.6}\times2.6}{2.6+h}=\frac{179}{2.6+h} \quad (说明 4.3.5)$$

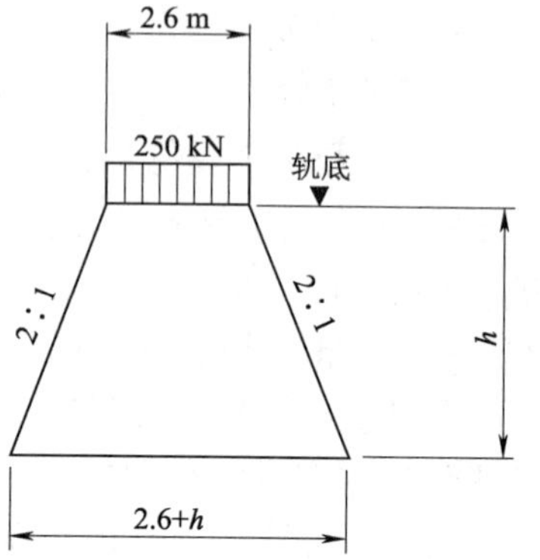

说明图 4.3.5 枕木特种活载向下扩散示意图

水平压力 e 得:$e=\xi q_{\mathrm{h}}$ 式中 ξ 见第 4.2.3 条说明。

高速铁路、城际铁路、重载铁路按相应特种轮重计算其竖向压力强度。中—活载 q 取 165 kN/m ;ZK 活载 q 取 156 kN/m;ZC 活载 q 取 120 kN/m ;ZH 活载 q 取 $215z$ kN/m。对于填石路堤,以往涵洞所受竖向活载压力分布线按 1∶1,即与竖直线成 45°角扩散。考虑到规范不宜过于繁琐,而且按 2∶1或 1∶1坡线的计算假定均是近似的,故未按填料分别编制。

4.3.7 人们通常以列车在桥梁上通过时桥梁因列车荷载竖向作用产生的最大响应 S_{dy}(譬如简支梁跨中央处产生的最大挠度或最大弯矩)与列车在桥上静止时桥梁因列车荷载竖向作用产生的最大响应 S_{st}之比值,来描述 S_{dy}相对于 S_{st}的增长率,并以动力系数(或称列车竖向动力系数)来表示。因为 S_{dy}等于 S_{st}与列车运行时桥梁因列车竖向动力作用(列车运行速度较高、线路轨面不平整、蒸汽机车动轮平衡块中剩余不平衡质量的竖向锤击、内燃机车或电力机车中动力机构的竖向振动、轮缘有缺陷等均使列车产生竖向动力作用)产生的竖向最大响应 S'_{dy}之和,即 $S_{\mathrm{dy}}=S_{\mathrm{st}}+S'_{\mathrm{dy}}$,所以

$$动力系数=\frac{S_{\mathrm{dy}}}{S_{\mathrm{st}}}=\frac{S_{\mathrm{st}}+S'_{\mathrm{dy}}}{S_{\mathrm{st}}}=1+\frac{S'_{\mathrm{dy}}}{S_{\mathrm{st}}}=1+\mu$$

由于列车在运行中列车对桥梁产生的竖向荷载 P_{dy}(即列车竖向静活载 P_{st}与列车竖向动力作用 P'_{dy}之和)与列车竖向静活载 P_{st}之比可认为

$$\frac{P_{\mathrm{dy}}}{P_{\mathrm{st}}}\approx\frac{S_{\mathrm{dy}}}{S_{\mathrm{st}}}=1+\mu$$

因此规范规定列车在桥上通过时考虑列车竖向动力作用在内等代的列车竖向活载 P_{dy}为

$$P_{\mathrm{dy}}=(1+\mu)P_{\mathrm{st}}$$

试验结果和理论研究都说明,通常情况下,μ 为小于 1 的值。影响动力系数的因素较多,主要有三个方面因素:①桥梁结构的形式及其跨长;②机车车辆的类型;③桥上线路的设备状态。这些因素是互相作用的。因此,动力系数是各种因素的综合反映。

根据我国解放以来积累的桥梁动载试验资料,经过分析提出了各种桥跨结构的动力系数公式。拱桥因试验资料少,仍采用《59 桥规》的公式。

(1)简支或连续的钢桥跨结构和钢墩台

我国现有铁路简支钢桥最大跨长为 192 m。对跨度 $L=5$ m~160 m 共 53 座桥的试验资料或检定资料进行分析,结果如说明图 4.3.7—1 所示。试验资料中一种由测定杆件应力计算,另一种由测定挠度计算。机车类型主要是蒸汽机车,其中 37 次为单机,15 次为双机,包括了我国常用的重型机车,内燃机车仅有两次。把各次试验资料绘于说明图 4.3.7—1,并与各国规范的动力系数作比较,最后采用图中实线,得到动力系数为

$$1+\mu=1+\frac{28}{40+L} \quad \text{(说明 4.3.7)}$$

式中 L 除承受局部荷载的杆件为其影响线加载长度外,其余均为桥梁跨长。对于连续桥跨结构,计算其边跨的动力系数时,L 近似取边跨的跨长;计算中间跨的动力系数时,L 近似取该中间跨的跨长。

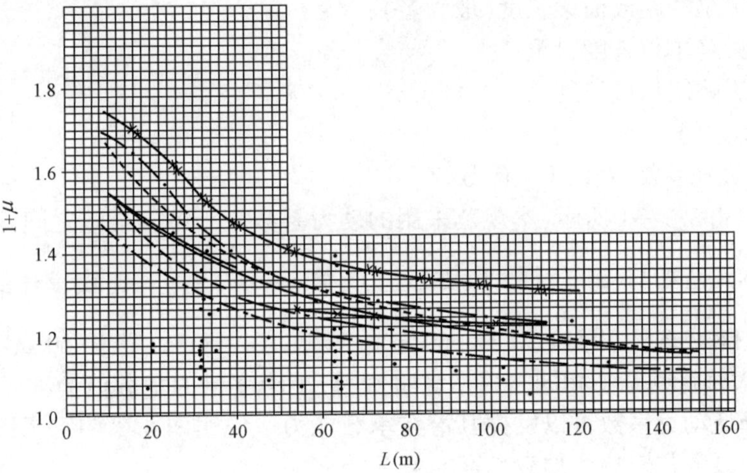

说明图 4.3.7—1 动力系数与跨长关系曲线

说明图 4.3.7—1 中:

①美国蒸汽机车

板梁 $L<100\text{ ft},\mu\%=\frac{100}{S}+60-\frac{L^2}{500}$

$L\geqslant 100\text{ ft},\mu\%=\frac{100}{S}+10+\frac{1\ 800}{L-40}$

桁梁 $\mu\%=\frac{100}{S}+15+\frac{4\ 000}{L+25}$

$L_{内燃}<80\text{ ft},\mu\%=\frac{100}{S}+40-\frac{3L^2}{1\ 600}$

$L_{电力}\geqslant 80\text{ ft},\mu\%=\frac{100}{S}+16+\frac{600}{L-30}$

图中,美国规范对蒸汽机车采用"——××——××——"表示,对内燃机车采用"——×——×——"表示。

②日本 $L<30\text{ m},i=0.7-\frac{L^2}{4\ 000}$以"——·——·——"表示。

③法国　$L>30\ \text{m}, i=\frac{10}{L}+0.14$

④前苏联　$1+\alpha+\beta=1+\frac{0.4}{1+0.2L}+\frac{0.6}{1+4\frac{P}{S}}$

$$1+\mu=1+\frac{18}{30+\lambda}$$

图中,前苏联规范采用"——·——·——·——"表示。

⑤我国《59 桥规》　$1+\mu=1+\frac{27}{30+\lambda}$以"……"表示。

⑥本规范　$1+\mu=1+\frac{28}{40+L}$以"——"表示。

式中　S——纵梁间距或横梁长度(取大者);

P——梁跨单位长度自重;

λ, L——影响线加载长度;

I——动力值;

$1+\mu\%$——动力系数,为大于 1 的数。

如说明图 4.3.7—1 所示,本规范采用的动力系数介于各国规范之间,这是由于各国条件不同。本规范如与《59 桥规》采用的动力系数 $1+\mu=1+\frac{27}{30+\lambda}$比较,跨长 5 m~30 m,其值大约降低 11%~20%,跨长 30 m~60 m 约降低 7%~11%,跨长 60 m~90 m 约降低 5%~7%,特大桥跨则基本相同。根据试验资料,小跨度梁的承载能力大于大跨度梁,因而小跨度梁降低动力系数可以发挥其潜在承载能力。说明图 4.3.7—2 反映了承受局部荷载杆件动力系数与影响线加载长度的关系。

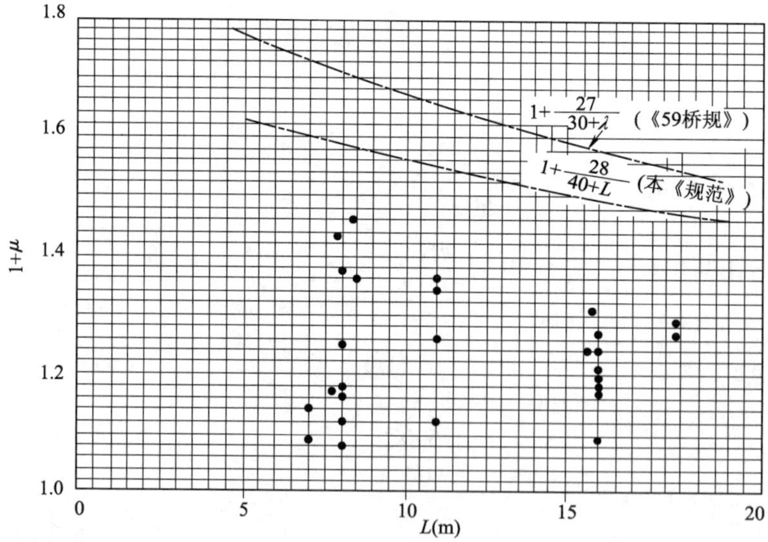

说明图 4.3.7—2　承受局部荷载杆件动力系数与影响线加载长度关系曲线

(2)钢与钢筋混凝土板的结合梁

目前,我国采用结合梁的情况不太多,这种桥跨结构对于平原填方不高和山区线路坡度大曲线半径小的条件，将仍有可能继续使用。分析已有的几座桥梁的资料，基本符合式 $1+\mu=1+\dfrac{22}{40+L}$，故予采用。

(3)钢筋混凝土桥跨结构

在铁路桥梁中，钢筋混凝土桥梁占有较大的比重，其结构形式主要为简支梁，而且绝大部分是标准设计。过去最小跨度为2.4 m，最大跨度为31.7 m。曾对 L=8 m~31.7 m 七种跨度用各种机车做了38组试验(说明表4.3.7)，共进行了3 000次以上的运行试验，约10 000余根记录曲线。经过分析整理绘制蒸汽机车作用下梁跨长度与动力系数关系曲线(说明图4.3.7—3)，并与《59桥规》的动力系数计算公式 $1+\mu=1+\dfrac{10}{20+L}$ 绘出的曲线比较，新公式对于大跨度梁的动力系数值基本未变，而小跨度有所降低。

说明表4.3.7　各种桥跨上机车试验组数表

跨度(m) / 机车类型	8	10	12	16	20	23.8	31.7	备注
JS			1	1	1	2		
JF_1		1	1	2	1		3	
RM			1	1				
FD	1		2	1		1		
SL			1	1				
KD_7			1	1				
KF_1			1	1				
QJ					1	1	3	
NY-5	1		1	1				内燃
东方红					1		1	
$5Y_2$			1					电力

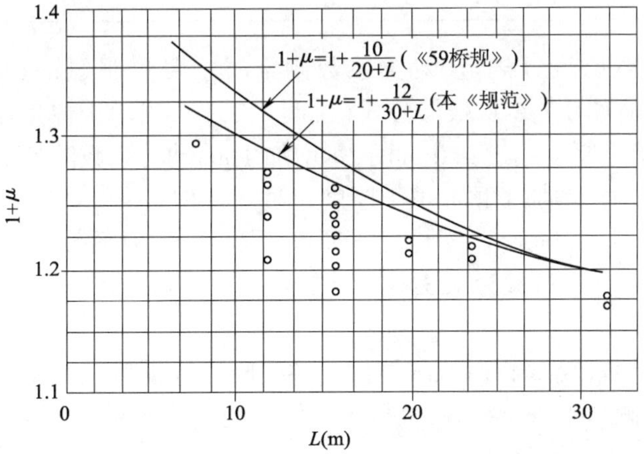

说明图4.3.7—3　蒸汽机车作用下梁跨长度与动力系数关系曲线

本次规范修订时，吸纳了铁科院的研究成果，钢筋混凝土、素混凝土、石砌的桥跨结构及涵洞、刚架桥顶上填土厚度 $h\leqslant3$ m 时均应考虑列车竖向动力作用。原《05 规范》对于填土厚度 $h<1$ m 的计算办法，根据多年的设计经验认为没有问题，但对于填土厚度 $h\geqslant1$ m不计列车竖向动力作用似不妥。故本次修订时对原规范进行了调整：在维持动力系数计算公式不变的情况下，将式中 $\alpha=4(1-h)\leqslant2$ 修改为 $\alpha=0.32\times(3-h)^2\leqslant2$。计算表明：当填土厚度 $h=0.5$ m 时，$\alpha=2$ 代入 $1+\mu$ 计算公式所得数值与原《05 桥规》相同；当 $0.5<h\leqslant3$ m 时，$\alpha=2\sim0$ 代入 $1+\mu$ 计算公式计算，所得数值为随填土厚度 h 变化呈二次曲线变化的数值；当 $h>3$ m 时，$1+\mu=1.0$（即不计动力系数）。

（4）拱桥的动力试验资料不多，本次修订仍采用《59 桥规》公式。

4.3.8　当列车以一定速度通过桥梁时，桥梁产生振动，使桥梁结构的动挠度、动应力比相同的静荷载作用时的挠度和应力大，这种由于桥梁振动引起的挠度和应力增大的影响，通常就以冲击系数 μ 或动力系数 $\varphi(\varphi=1+\mu)$ 来衡量。

动力系数是结构或构件的最大动力响应与最大静力响应之比，其数值大小是列车—轨道—桥梁三者的动力特性和动力相互作用状态的综合反映。对这一问题，“八五”科技攻关项目《高速铁路桥梁动力性能研究》就进行了专门的研究。该研究在分析国外研究成果的基础上，通过建立车～桥竖向相互作用的动力学模型，编制模拟计算程序，计算各种高速列车（动力分散式及动力集中式）作用下的桥梁的动力系数，分析影响的主要因素和变化规律，并对计算成果进行统计分析，给出了我国高速列车活载动力系数的建议值。我们现在采用的桥梁设计活载图式，并非单一的轻型高速模式，而是概括了轻型、重型并存，高速、跨线列车共线运行的活载的模式，这是一种概化的活载图式，制定动力系数也必须与之相适应。现行的规范中对 ZK 活载作用下的动力系数是参考 UIC 的规定。最后的对应 ZK 活载相应的动力系数如下：

$$1+\mu=1+(1.44/(L_{\varphi}^{0.5}-0.2)-0.18) \qquad \text{（说明 4.3.8）}$$

式中　L_{φ}——加载长度（m），其中 $L_{\varphi}<3.61$ m 时按 3.61 m 计；简支梁时为梁的跨度；n 跨连续梁时取平均跨度乘以下列系数（说明表 4.3.8）。

说明表 4.3.8　连续梁跨度调整系数

跨　　数	2	3	4	≥5
跨度调整系数	1.2	1.3	1.4	1.5

4.3.9　现行《高速铁路设计规范》动力系数制定时主要参照《Loads to be considered in railway bridge design》UIC 776-1，根据公式（说明 4.3.7），当填土厚度不足 1.0 m，不考虑动力系数折减；当填土厚度超过 1.0 m 时，每增加 1 m，动力系数降低 0.1；2008 年，《高速铁路设计规范》修订时，增加了顶面填土厚度超过 3 m 时，不计动力系数的规定。按上述公式计算，以跨度 4 m 涵洞为例，不计填土厚度影响时，动力系数为 1.62，当填土厚度为 2 m和 3 m，动力系数分为折减为 1.52 和 1.42；这与 3 m 以上填土厚度不计动力系数的规定具有一定偏差。

《高速铁路设计规范》修订时，通过对秦沈线、既有线提速试验中 18 座不同填土厚度的涵洞动力系数实测结果进行统计，分析填土厚度对动力系数的影响规律，对原《高速铁路设计规范》的条文进行修订。

从不同填土厚度涵洞动力系数实测结果对比图（说明图 4.3.9—1）可以看出，随着填土厚度的增加，动力系数呈明显下降规律，根据实测数据和既有研究成果，拟合公式为

$$\mu_{实测}=\frac{0.5}{h_c+0.8}-0.13 \qquad (说明 4.3.9—1)$$

相应地,根据上述拟合公式,随着填土厚度的增加,动力系数折减量可描述为:

$$\mu_{折减}=-\frac{0.5}{h_c+0.8}+0.63 \qquad (说明 4.3.9—2)$$

以跨度 4.5 m 涵洞为例,考虑桥上轨道结构(不含钢轨)高度为 0.6 m,考虑填土厚度为 0~3.0 m,说明图 4.3.9—2 给出了按《高速铁路设计规范》和上述修订公式修订的计算结果对比,可以看出,修订后的计算公式更好地描述了填土厚度对动力系数的折减规律。此外,由于对于不同的跨度,其动力系数 $1+\mu$ 具有一定的差异,因此,应用修正后的公式时,应明确 $\mu_{折减}\geqslant 0$ 且 $1+\mu-\mu_{折减}\geqslant 1.0$。

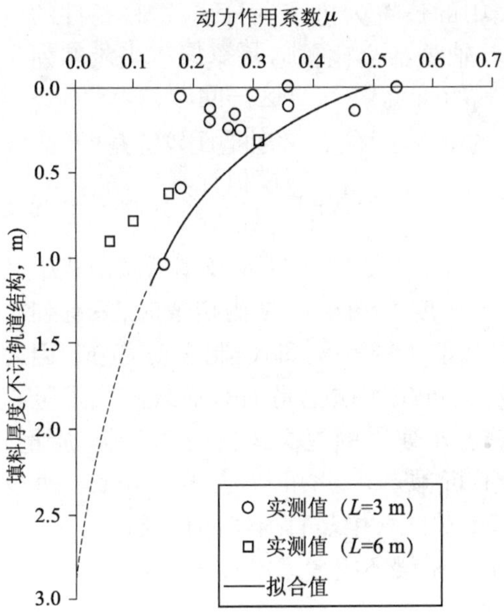

说明图 4.3.9—1 不同填土厚度涵洞动力系数实测结果对比图

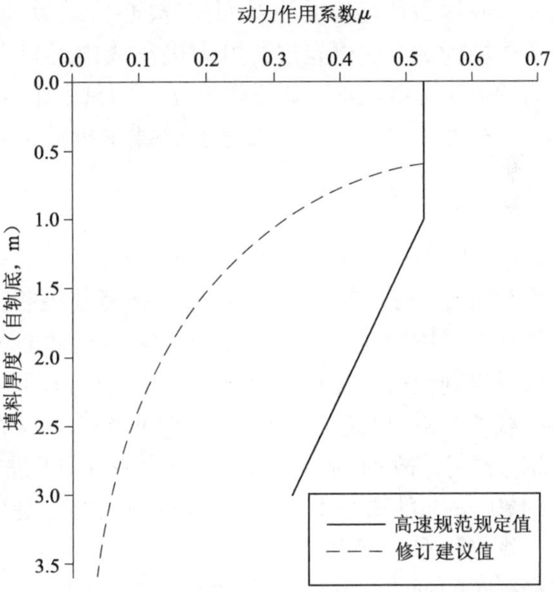

说明图 4.3.9—2 跨度 4.5 m 涵洞不同填土厚度涵洞动力系数对比图

4.3.10 对于全部或部分位于曲线上的桥梁,需要考虑列车离心力,离心力的大小为竖向设计活载乘以离心力率 C。目前国际上关于离心力率 C 的计算公式基本多采用国际铁路联盟的规定。

国际铁路联盟在离心力的规定与 UIC71 活载图式匹配使用,该活载图式制定中,考虑了以下 6 种运营列车:

①轴重 250 kN、时速 120 km 的重型货物列车;

②轴重 210 kN、时速 120 km 的 2CC 机车(6 轴);

③轴重 210 kN、时速 120 km 的重型货车(6 轴);

④轴重 150 kN、时速 250 km 的客运列车(考虑机车牵引);

⑤轴重 170 kN、时速 300 km 的高速动车组;

⑥时速 80 km 的特重列车。

离心力与运营速度呈二次方关系,考虑到重载货物列车运行速度较低,高速运行列车的实际轴重要比 UIC 活载图式的荷载小的多,因此,对于行车速度大于 120 km/h 情况提出了折减系数f对按以上计算的离心力进行折减，如下式：

$$f=1.00-\frac{V-120}{1\,000}\left(\frac{814}{V}+1.75\right)\left(1-\sqrt{\frac{2.88}{L}}\right) \quad （说明 4.3.10）$$

式中　L——桥上曲线部分荷载长度（m），当$L \leqslant 2.88$ m 或$V \leqslant 120$ km/h 时，f取 1.0，即离心力$F=C \cdot f \cdot W$。

我国现行《05 桥规》采用了 UIC 的上述规定，本规范沿用《05 桥规》的规定。

（1）折减系数f的含义

德国 DS804 规范解释为：为使这些公式能用于计算 UIC71 荷载图式的离心力，该荷载必须乘以一个折减系数f，这是因为车辆高速行驶时，车辆的轴重将比 UIC71 荷载图式要小得多。因此，桥梁所受到的离心力也大为减小。

我国目前运行的旅客列车，离心力最大、最集中的位置为机车，而适应这种条件的机车可能为 SS8 或更先进的电力机车或内燃机车，其轴重都会比普通机车轻。当旅客列车为 SS8+双层客车时，其荷载强度大约只占中—活载的 50%。

虽然 UIC 规范规定离心力公式中折减系数f的来源不详，含义还是比较清楚的。

$F=C \cdot W\left(其中\ C=\frac{V^2}{g_n R}\right)$为经典的离心力计算公式，该公式的离心力$F$只跟三个变量（速度$V$、半径$R$和设计活载$W$）发生关系，当三个变量（速度$V$、半径$R$及车活载图式中竖直荷载$W$）均为定值时，离心力$F$不可能被折减；当速度$V$和半径$R$为定值时，只有列车活载图式中竖直荷载$W$折减为$(f \times W)$时离心力$F$才能折减$f$倍，即$F=C \cdot (f \times W)$。因此可以得到当行车速度>120 km/h的离心力的折减，其折减实质上是列车活载图式中竖直荷载的折减，也就是说折减系数f值的含义为随着客车速度的提高运营荷载（列车质量）越来越小，故而对竖向运营荷载按速度进行了折减。因此可以认为：当行车速度>120 km/h的离心力的折减，其折减实质上是列车活载图式中竖直荷载的折减。

当行车速度很低时，离心力很小。因此曲线上的桥梁还应考虑没有离心力时，即按直线行车的列车活载作用情况进行检算。

（2）离心力作用高度

离心力是作用在车辆的重心处，并由曲线中心向外的水平力。根据对京广线、陇海线及沪杭线 26 800 辆车重心位置的统计结果，车辆重心至轨顶的高度$\bar{h}_c=1.76$ m，$S=0.16$ m，$H_c=2.00$ m，具有 88.7%的保证率，本规范对客货共线铁路，仍沿用列车离心力作用于轨顶以上 2 m 处的规定。

国际上各规范对离心力作用高度的规定列于说明表 4.3.10。

说明表 4.3.10　离心力作用高度规定

规范来源	中国	原苏联	美国	英国	日本	原西德	UIC
作用高度 H_c(m)	2.0	2.2	1.8	1.8	1.8	1.8	1.8

高速、城际规范制定时，结合目前铁路动车组的情况，将离心力作用位置按水平向外作用于轨顶以上 1.8 m 处考虑。

由于我国铁路限界在 1.25 m 高度以下的宽度为 3.2 m，限制了货车宽度的设计，近年来生产的货车车辆的重心高度已超过 2.0 m 的限值（C80B 为 2.136 m、P70 为2.080 m、GN70 为2.237 m）。随着轴重的提高，新型大轴重货车重心高度还会有一定的增加。美国、澳大利亚和俄罗斯货车重心高度限值分别为 2.489 m、2.511 m 和 2.583 m，同时根据对我国车辆新型货车设计的调研，对于重载铁路，将离心力作用位置调整为轨顶以上 2.4 m。

此外，当行车速度很低时，离心力很小，因此，曲线上的桥梁还应对不计离心力的工况进行检算。

(3) 离心力率最大值

规范还规定了离心力率的最大限值，这是因为外轨超高的限制，一般未能按照最大速度时离心力的需要来设置。由于在线路上行驶各种列车的实际行车速度不一致，列车速度又有上坡下坡的不同，在同一曲线上不能作出适应各种不同速度的超高，因此，当通过最大速度时，横向就有尚未被超高平衡的离心力。

允许最大未被平衡超高，一般为 70 mm，困难为 90 mm，超高的最大限度不得超过 150 mm。单线上下行列车速度相差悬殊时，不得超过 125 mm。如果离心力与设置的超高 h(以 mm 计)相适应，则离心力 $C \cdot W$ 与重力 W 的合力 P 正好垂直于轨面(说明图 4.3.10)。设两轨的距离 S= 1 500 mm，此时：

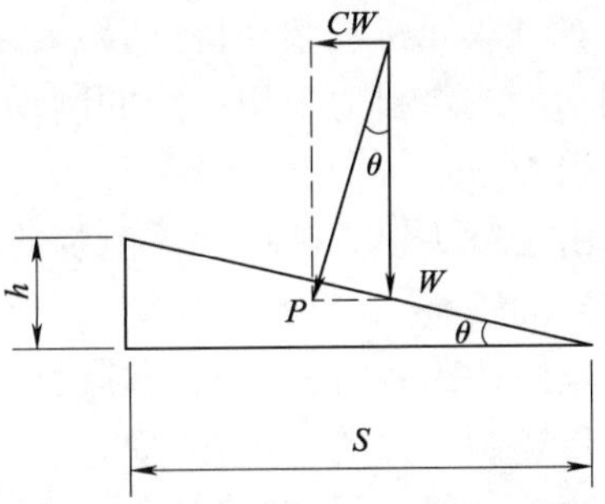

说明图 4.3.10 曲线外轨超高计算图

$$h=\frac{SV^2}{g_n\times 3.6^2R}=\frac{1\,500V^2}{9.80\times 3.6^2R}=\frac{11.8V^2}{R}$$

考虑到未被平衡超高 h_0 时

$$h+h_0=\frac{SV^2}{g_n\times 3.6^2R}=\frac{11.8V^2}{R}$$

得最高行车速度

$$V_{max}=\sqrt{\frac{(h+h_0)R}{11.8}}$$

由于 h 与 h_0 最大值均有一定限制，因此离心力率 C 亦相应有一定限制。

$$C=\frac{h+h_0}{S}=\frac{h+h_0}{1\,500}$$

当 h=150 mm，h_0=90 mm 时，$V_{max}=4.5\sqrt{R}$，C=16.0%；

当 h=150 mm，h_0=75 mm 时，$V_{max}=4.37\sqrt{R}$，C=15.0%；

当 h=125 mm，h_0=90 mm 时，$V_{max}=4.27\sqrt{R}$，C=14.3%；

当 h=125 mm，h_0=75 mm 时，$V_{max}=4.12\sqrt{R}$，C=13.3%。

本规范中 C 统一采取 15% 的限值，是符合多数情况的。只有在第一种情况下稍有超载，但这种情况比较特殊，实际上是很少的。

虽然理论上也可以采用 $C\leqslant\frac{h+h_0}{1\,500}$ 为限值，由于《85 桥规》、《99 桥规》以及《05 桥规》条文说明中均有 15% 的限值。因此，本规范采用统一的限值更方便设计采用。

4.3.11 制动力按竖向静活载重的百分数表示，是一种概化的办法。过去对制动力进行了一些试验，实测的最大制动力为一孔梁的竖向静活载的百分数：对一般钢筋混凝土梁或预应力混凝土梁约 8%；对大跨度钢梁有些达到 9.6%，大致接近《59 桥规》中规定的 10%。

《59 桥规》中把最大的制动力与最大的离心力叠加，与实际不符。根据制动力试验，当运行的列车作紧急制动时开始减速，由于惯性作用，仍须滑行一定距离，然后停止，在停止的瞬间，才出现制动力的最大值。在列车制动后停止以前的最大纵向力，仅为制动力最大值的 60% 左右。高速通过时的最大牵引力，仅为制动力最大值的 50% 左右。桥上起动时的牵引力比制动力的最大值小。本规范中对曲线上桥梁设计规定如下：当与离心力（列车竖向动力作用情况相同）同时计算时，制动力或牵引力为最大制动力的 70%，即按竖向静活载的 7% 计算。

设计简支梁的墩台时，计算制动力或牵引力还应注意本规范第 5.4.8 条的有关规定。

对于双线桥或多线桥，两线或多线的列车同时制动或起动的几率很小，故规定双线桥的制动力或牵引力采用一线的制动力或牵引力；三线或三线以上的桥，采用两线的制动力或牵引力。

由于桥头填方破坏棱体范围的活载所产生的制动力或牵引力，可经钢轨传至破坏棱体以外的路基上，故不予计算。

较短桥跨系特种活载控制设计，此种活载轮轴只有三个，主要是车辆轴重，考虑钢轨能起传递制动力的作用，故规定不计。

高速铁路、城际铁路等车站高架桥梁上出现一线制动和一线牵引的机率较高，故确定在车站桥梁考虑一线制动和一线牵引的情况。

4.3.12　由于列车蛇行运动、机车各部分产生的动力不对称作用、车轮轮缘存在损伤、轮轴不位于车轮中心处以及机车车辆振动作用及轨道不平顺的影响，致使列车在行进中发生左右摇摆，车轮产生作用于轨面的横向摇摆力。其中蛇行运动是引起列车横向摇摆力的主要因素。

研究表明列车蛇行运动具有随机性，试验列车通过桥梁的任一时刻，有的车轮对轨面作用向左侧的集中摇摆力，有的车轮对轨面作用向右侧的集中摇摆力。对于桥梁，这些向左与向右的集中摇摆力会彼此抵消一部分。当列车中两辆车的前车后转向架和后车前转向架同时向左或向右时，对桥梁的横向作用最大，特别对于中小跨度桥梁，这个作用规律比较明确。在大跨度桥上，由于同时作用车辆太多，每辆车的横向振动相位随机性大，彼此抵消作用非常复杂，但从局部不利的角度来考虑，对桥梁的整体横向作用也可采用以上作用模式。

欧盟通过大量的计算和试验研究得出，列车的横向摇摆力对桥梁的最大作用就是：两辆车的前车后转向架和后车前转向架同一方向达到最大，也就是 4 个轮轴的横向集中力各达到 25 kN，因此德国 DS804 规范中的横向摇摆力按 4×25 kN = 100 kN 计算，在连续的道砟道床桥面上，横向摇摆力可沿线路方向均匀分布在 $L=4.0$ m 的长度上，在进行局部结构设计时，可按均布荷载进行设计。

日本 1992 年桥梁设计规范将桥梁横向活载分为两种，一种是车辆横向活载，一种是车轮横压活载。客运专线铁路的车辆横向活载为轴重的 20%，作用在相邻车辆连接器两端转向架车轮的位置上。车轮横压活载力 70 kN，对一般轨道而言，只考虑车辆横向活载或车轮横压活载。日本为动力分散式列车，轴重较轻，与欧洲各国的动力集中式列车不尽相同。

本规范修订时，对我国目前各设计标准铁路的荷载图式及运营列车情况的综合考虑后认为，横向摇摆力与设计所采用的列车荷载相关联，各设计标准铁路均采用一个横向摇摆力值似不合理，因此建议横向摇摆力以客货共线铁路 100 kN 取值为基准，其他各设计标准铁路进行折减后取值。重载铁路摇摆力折减系数 z 的取值与重载铁路荷载系数一致。

《99 桥规》认为当风力或离心力较大时，风力和离心力将会阻碍列车横向摇摆，因此列车的横向摇摆力减为很小，所以规定列车横向摇摆力不与最大离心力、风力同时组合，也就是说摇摆力值不与最大离心力值、风力值同时计算。但是中国铁道科学研究院的试验中提出，列车横向摇摆力与离心力是同时存在的。在德国铁路桥梁及其工程结构物规范 DS804 第 17A 条中规定：求算水平折角用的荷载组合时，列车横向摇摆力与离心力、风力是组合的。

《05 桥规》制定时考虑了列车横向摇摆力与离心力、风力的组合，并将列车横向摇摆力列入主力中。本次修订沿用了上述规定。

4.3.13 在铺设无缝线路的桥梁中，因梁部结构与轨道的相互作用而产生的“长钢轨纵向水平力”，是不可忽视的，其力的大小和分配，在很大程度上取决于桥梁下部结构的水平刚度、上部结构的跨度、竖向刚度及桥全长。

桥上无缝线路的长钢轨因受纵向力过大、疲劳或其他原因可能造成断轨。因断轨收缩受到梁体的约束而产生纵向水平力反作用于梁部并传递到支座和墩台，这就是断轨力，其力的大小是桥上的线路纵向阻力控制的。所以说，作用于墩台顶的长钢轨纵向水平力(伸缩力或挠曲力)和长钢轨的断轨力，都应该按梁轨共同作用进行计算。

梁轨共同作用计算的基础是要解决轨道纵向伸移阻力规律和梁轨相互作用的计算模型，对此，国内外都进行过大量的实验研究。由于各国的具体情况不同，在轨道位移阻力的取值、梁轨相互作用计算方法以及桥上钢轨附加应力的组合方式和限值都有所不同。德国高速铁路轨道纵向位移阻力取值较高；日本采用常量阻力法，计算简单；我国以前一直采用的钢轨变形微分方程法，适用于刚性墩台的情况，由于未能较合理地考虑钢轨和墩顶变形协调关系，在墩台顶纵向水平刚度较低时，会出现一定的误差。

在为京沪高速铁路而立项的“九五”国家重点科技攻关专题研究项目，对桥梁结构与无缝线路的相互影响进行了专门的研究，建立了轨道结构与桥梁共同作用的力学计算模型，分析了相互影响的计算条件。通过现场实验和广深线无缝线路的经验，拟定了线路纵向位移阻力与梁轨相对位移的关系式和梁体计算温差的取值标准，并据此编制了电算程序，可供具体设计中应用。

对于常用跨度简支梁，符合规定的条件时，可以按规定计算。对于非常规跨度桥梁，应根据梁轨共同作用模式计算。

桥上无缝线路纵向力是在考虑了最不利情况下的计算结果，断轨力在线路纵向阻力已接近或达到临界值时产生。且由于列车动载的作用，产生挠曲力时，伸缩力已有所放散，因此墩台检算时，同一股钢轨作用在桥梁上的各项纵向力不作叠加。

本次规范修订明确了桥上无缝线路纵向力不参与常规组合的规定，与其他荷载的组合按本规范第 4.3.12 条的相关规定执行。

桥梁设计时，除应按相关桥涵设计规定进行不同纵向力组合下的桥梁设计检算外，还应进行支座锚固螺栓以及钢桁梁桥面系杆件的强度检算等。

4.3.14　我国对脱轨荷载的研究不多,因此本条文制定时借鉴了国外规范的有关规定。在对国外规范的调研发现:有的国家考虑了列车掉道后的安全措施,以防止列车倾覆。如:德国高速铁路桥梁利用道砟槽两侧的电缆槽阻挡掉道列车坠落桥下;瑞典高速铁路桥梁采用加高的挡砟墙代替护轨。当前铁路工程项目中,桥梁较以前的普通铁路所占比例有了较大提高,为防止列车坠落桥下,像高速铁路、客运专线以及有特殊要求的铁路桥面,很多采用了高挡砟墙的道床形式,但掉道的可能性仍是存在的。

脱轨荷载的第一种情况的线荷载,大致相当于实际运行列车脱轨后产生的荷载,在此情况下结构物的主要部分,如桥面板和主梁等,不应产生严重破坏,钢筋应力应在屈服点以内,混凝土不形成宽裂缝。

脱轨荷载的第二种情况的线荷载,相当于列车脱轨,虽没有坠落桥下,但已作用于桥面边缘,在此情况下,须确保结构的稳定性。

对于列车脱轨后已离开轨道范围但仍停留在桥面上的工况,本次规范制定保留竖向脱轨荷载的规定,删除了原规范提出的"设计时应考虑水平脱轨荷载"的原则性要求。主要原因是目前水平脱轨荷载的研究尚无明确结论,提出原则规定基本没有实际意义,但设计时,对列车脱轨后可能产生的水平冲击荷载对梁体结构产生的破坏作用,可根据具体情况酌情考虑。

4.3.15　气动力,又称列车风压力,是指高速列车运行时带动周围空气随之运动形成的"列车风"在邻近列车的声屏障等建筑物上产生的波动压力,它与列车的形状、运行的速度以及声屏障距线路中心的距离、声屏障的高度等因素有关,气动力呈正、负压力波形式。

气动力的作用主要用于声屏障的结构设计,对声屏障而言,最不利的气动力为吸力。一般地说,气动力可通过实测取得。本条所列计算方法和计算公式是根据中国铁道科学研究院《高速铁路建筑接近限界的研究》科研报告列出的。

当列车运行速度小于 160 km/h 时,其桥上建筑物或构件可不计气动力作用。

4.4.1　原国家建委建筑科学研究院于 1972 年进行了关于风力的调查研究和科学试验,收集了我国 400 个左右的气象台站的资料,以解放后所观测结果为依据,按照工业民用建筑的基本风压标准(即以一般平坦空旷地面、离地面 10 m 高、频率为 1/30 的 10 min 平均最大风速为准),用数理统计绘制了"全国基本风压分布图"。《75 桥规》在上述资料的基础上,考虑铁路桥梁的具体情况并参照以往的标准,以一般平坦空旷地面、离地面 20 m、频率 1/100 的10 min年平均最大风速,通过换算,1972 年绘制出"全国基本风压分布图"。本规范根据原国家建委建筑科学研究院 1976 年组织的沿海风速风压研究工作的成果,对 1972 年"全国基本风压分布图"作了部分修正,见本规范附录 C。

现将几个主要问题说明如下:

(1)风速与风压的关系

用数理统计方法求出频率 1/100 的最大风速后,通过风速、风压关系式求出理论风压,其公式为:

$$W=\frac{\gamma}{2g_n}v^2$$

式中　W——风压(Pa);

g_n——标准自由落体加速度(m/s^2);

γ——空气容重(N/m^3);

v——风速(m/s)。

取标准大气压下(水银柱高 760 mm),常温为 15 ℃时的空气容重为 12.009 9 N/m^3,纬度 45°处重力加速度为 9.80 m/s^2,代入上式,则

$$W=\frac{12.0099}{2\times9.80}v^2\approx\frac{1}{1.6}v^2$$

上式即为规范中采用的基本风压公式。

风速的大小随测点的高度、环境、观测的次数、风速的取值时距等而定。距地面愈近,风速愈小;距地面愈高,风速愈大。风速取值时距愈短,所反映的风速也就愈大。

关于最大风速的取值时距,目前国际上还没有统一的标准,我国气象部门自记风速采用最大风速的时距为 10 min,本规范以此为准,这是因为建筑物一般质量都比较大,对铁路的钢筋混凝土、混凝土和石砌墩台尤其如此。如果考虑到风压对建筑物产生不利影响,譬如使其丧失稳定或增加挠度(变形),则风速的历时就需要长些,才能反映出动力作用。另外在 10 min 时间内,由于贴地气层中气流受阻,产生小型涡旋而引起的偶发性瞬间极大风速。根据长期资料的分析,超出最大一次的 10 min 平均最大风速的机会极少。

(2)风压标准

对于铁路桥梁来说,一般使用年限较长,且铁路运输在国民经济中占有较为重要的地位,应能经受各种自然灾害而不致间断,因此标准风压的确定应比一般工业民用建筑的标准要高一些,故最大风速的频率用 1/100。另外铁路桥梁的高度大多数在 20 m 以内,为了使一般桥梁能够采用同一风压值,以离地面 20 m 高为标准,小于 20 m 高时不作高度修正,以简化计算。

(3)基本风压图

全国基本风压分布图,选取了 318 个台站资料(规律性较好和有代表性的),由频率曲线中查出 1/100 和 1/30 的风压,求得比值 $\eta=\frac{W_{100}}{W_{30}}$,利用建筑科学研究院资料 W_{30} 乘 η 得 W_{100},再经 10 m 换算至 20 m 的高度修正,绘制成等值线图。

勘测设计时,一般除按本规范附录 C“全国基本风压分布图”确定基本风压外,还要求通过实际调查研究予以核实。这是因为我国幅员辽阔,自然条件复杂,已有的资料难免有局限性。核实的方法,如补充搜集当地桥涵附近的气象站台资料,换算为规定的标准风压数值(即应作观测仪器高度、环境、观测时距、观测次数或自记、频率等项换算),以与分布图中数值相核对。另外,还应重视当地历史上大风灾情的调查以及居民群众的反映,结合地形地理因素的研究,综合分析,从而得出符合实际的设计数值。

(4)风压高度变化系数

风速随高度变化的原因是由于气流贴近地面运动时,气流受地面摩擦的影响消耗了一定的功能,使风速降低。离地愈高,这种影响愈小。

风速随高度变化的规律,一般认为,在平坦空旷的地方,风速廓线(即从地面到几百米上空的风速垂直分布)在近地面几十米内为对数分布规律,即

$$\frac{v_z}{v_1}=\frac{\lg H_z-\lg Z_0}{\lg H_1-\lg Z_0}$$

式中　Z_0——地面粗糙率指数(m);

v_1——已知 H_1 高度(m)处的风速；

v_z——已知 H_z 高度(m)处的风速。

取离地面 20 m 高度处的最大风速 v_{20} 为基数，由上式可得

$$v_z=\frac{\lg H_z-\lg Z_0}{\lg 20-\lg Z_0}v_{20}$$

分析上式可知 Z_0 越大，则风速随高度的增加而递减越快。Z_0 主要与地面的状况有关，不同地区、不同季节有所不同，实际上是一个变值。我国北京、上海、武汉、呼和浩特等地曾做过一些实际观测，所得的 Z_0 变化范围在 0.01 m~0.1 m，个别大于0.1 m，但均在 0.02 m~0.04 m。根据最大风速出现时期植物生长的情况，为便于计算，全国暂统一取 $Z_0=0.03$ m，将其代入上式得

$$v_z=(0.354\ 12\ \lg H_z+0.539\ 28)v_{20}$$

上式括号内数值的平方即为本规范条文中表 4.4.1—2 的风压高度变化系数 K_2 的数值。

(5)风载体形系数

建筑物所受的风压是与其本身体形、尺度有关，风载体形系数就是建筑物表面产生的压力(或吸力)与原始风速算得的理论风压的比值。到目前为止，体形系数还未能从理论上来确定，只能利用试验来测得。原北京航空学院结合铁路桥墩的体形，对常见的几种截面形状做了风洞试验，测得结果见说明表 4.4.1。

说明表 4.4.1　桥墩风载体形系数 K_1

截面形状	长宽比	K_1		
		系数	平均值	建议值
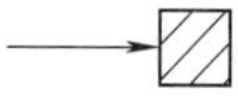	1 : 1	1.380 1.375	1.379	1.4
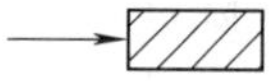	1 : 1.5	1.226 1.241	1.234	1.2
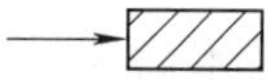	1 : 2.5	0.921 0.918	0.920	0.9
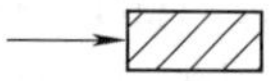	1 : 4	0.840 0.845	0.843	0.9
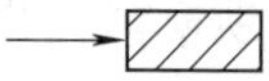	1 : 5	0.854	0.854	0.9
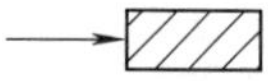	1 : 6	0.890 0.883	0.887	0.9
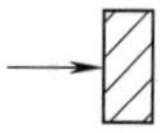	1 : 1.5	1.410	1.405	1.4
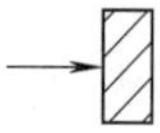	1 : 2.5	1.249 1.259	1.254	1.3
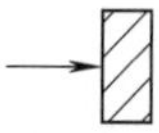	1 : 4	1.270 1.258	1.264	1.3
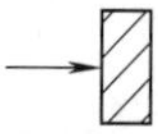	1 : 5	1.292 1.280	1.286	1.3

续上表

截面形状	长宽比	K_1		
		系　数	平均值	建议值
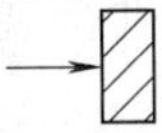	1 : 6	1.303 1.282	1.293	1.3
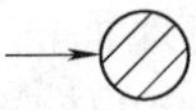	1 : 1	0.771 0.770	0.771	0.8
	1 : 1.5	0.319 0.323	0.321	0.3
	1 : 2.5	0.319	0.319	0.3
	1 : 4	0.334 0.336	0.335	0.3
	1 : 5	0.327 0.319	0.323	0.3
	1 : 6	0.324 0.327	0.326	0.3
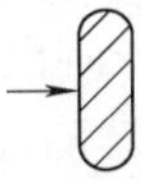	1 : 1.5	0.862 0.866	0.864	0.8
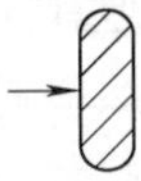	1 : 2.5	1.006 1.010	1.008	1.1
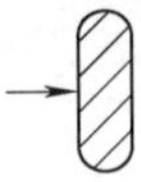	1 : 4	1.055 1.042	1.049	1.1
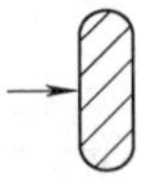	1 : 5	1.068 1.074	1.071	1.1
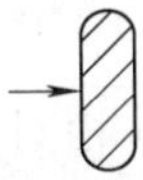	1 : 6	1.096 1.095	1.096	1.1

其他形状截面的构件未做试验,其体形(包括列车)系数仍采用 $K_1=1.3$。

桥跨结构所受横向风压的大小,视其体形和受风面积而定。此次修订时未做这方面的试验,仍沿用《59 桥规》中的有关规定。桥跨结构的横向受风面积按理论轮廓面积乘桥跨构造类型的系数而得。采用此系数时,一般不再考虑空间桁架整体的作用(即两侧桁架同时承受风力)。

(6)地形、地理系数

表 4.4.1—3 的地形、地理系数 K_3 是采用工业与民用建筑结构荷载规范的资料,对其中城市部分作了简化。表中峡谷、垭口和风口区等风速增大的原因,是两岸山较高,气流由较大的流区流到较小的流区,形成所谓“狭管效应”。峡谷和垭口是指山高大于 1.5 倍谷宽的情况。最大风速时的方向与河谷的夹角不超过 22.5°,且狭谷、垭口的上风方向在山高 10 倍远的地区没有屏障。对于盆地、城市建成区和森林地区,可考虑周

围的屏障作用，相应降低一些。必须指出，我国幅员辽阔，各地气候条件和地形地理的变化因素很多，目前国内虽进行过一些山区对比观测工作，但还不够，局限性很大，因此在使用本规范条文中表 4.4.1—3 时，应结合当地的实际情况加强调查访问工作，以求得更恰当的数值。对于特殊风口区，如新疆天山等处，则更为复杂，应进行观测深入研究，慎重对待。

(7)风载强度

设计中桥上无车时，风力是计算荷载中较主要的因素，应按频率 1/100 的标准计算。桥上有车时，最大风力与活载的最大值同时出现的机会很少，因此规定按风荷载强度 W 降低 20% 使用，约相当频率 1/30。如取 1 m 长车身按 3 m 高的受风面积计算，当空车车身侧向倾覆稳定系数为 1 的最大风压强度 W 按 $\frac{1.5}{2}\times W_L=3\times1\times2\times W$ 计算，式中 W_L 为空车重，一般采用 10 kN/m，则得 $W=1\ 250$ Pa。超过此值不可能继续运行。故规定当桥上有车时不得大于 1 250 Pa。采用规定的方法计算后，对于标准设计，为了减少类型，必须把 K_3 固定下来，比较偏于安全地采用 1.25。按以往设计经验一般是在有车时与离心力组合控制设计，故拟定有车时的风力为 $W=K_1\times K_2\times1.25\times W_0\times0.8=K_1\times K_2\times W_0$。$W_0$ 在 500 Pa 以下一般为摇摆力控制，在 900 Pa 以上时 $W>1\ 250$ Pa。考虑到适用全国大部分地区，采用 $W_0=800$ Pa。因此有车时规定 $W=K_1\times K_2\times800$ Pa；无车时对墩台一般不控制设计，但在钢梁上影响较大，考虑到沿海地区也能使用，W_0 确定为 1 100 Pa，即 $W=K_1\times K_2\times1.25\times1\ 100\approx K_1\times K_2\times1\ 400$。按这样计算，如 $H=30$ m，$K_2=1.13$，$K_1=1.4$，则有车时 $W=1\ 270$ Pa；无车时 $W=2\ 220$ Pa，与《59 桥规》接近。必须指出，上述规定因系概括全国各种结构的需要，因此，有车与无车时风力的比值不是 0.8。

纵向风力与横向风力的计算方法相同。虽然桥墩的纵向风力受邻近墩台及梁部遮挡，可予折减，但与跨度大小有关，如说明图 4.4.1 所示。桥墩风力的纵向分力为 $W\cos\theta$，通常夹角 θ 不大，风力的折减是不多的，故一般不予折减。桥台由于被两侧锥体掩埋，埋式桥台前缘亦被土掩埋，一般桥台自重相对较大，故纵横向风力的影响不大。为简化计算，规定在检算桥台时，不计纵横向风力。

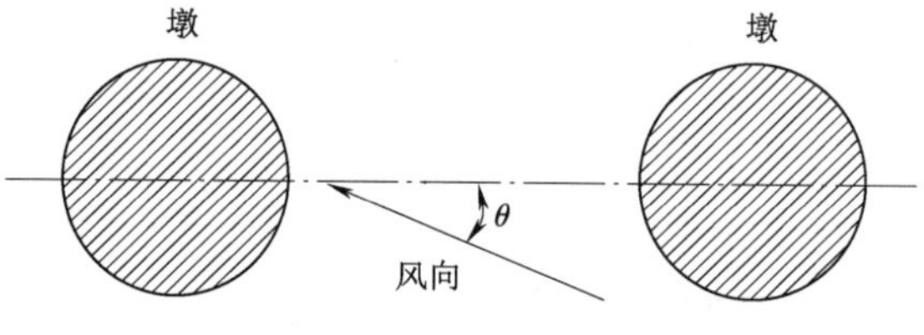

说明图 4.4.1　桥墩风力的计算示意图

桥台施工时孤立状态的风压强度可根据各地区的具体情况决定。当缺乏资料时，可采用 500 Pa 计算。

(8)风振问题

风对高耸建筑物的作用，除稳定风载引起静力作用外，脉动风载还引起动力作用。由于建筑物产生了动力作用，反过来又增大了脉动风载。随着我国山区铁路建设的迅速发展，高桥墩以及斜拉桥、大跨悬臂梁、高塔架等结构形式的使用日益增多，风压作用因建筑物高度的增加而成了主要荷载，其动力作用也愈为显著，不容忽略，因此规范中提出了这一点。但是以往铁路桥梁方面对风振问题实际经验尚少，未能制定具体的计算方法和容许值，设计时除参考国内外其他有关资料外，尚应进行一些试验研究工作。

4.4.2　位于动水河床中的桥墩，其上游迎水面受到流水压力的作用。这种流体压力现象比较复杂。它与桥墩的平面形状、流速、圬工粗糙率、水流形状、水温以及水的黏滞性有关。

作用于桥墩上的流水压力，考虑我国地域广大，各地区河流含砂量不一样，如西北地区地处黄土高原，水土流失严重，一般河流水中含砂量较大（如泾河水的容重达 13.72 kN/m³），因此，不宜将水的容重取常数为 10 kN/m³ 而简化计算公式。故本规范仍采用表达形式：

$$P = KA\frac{\gamma v^2}{2g_n}$$

式中 γ——水容重，一般采用 10 kN/m³；

A——桥墩阻水面积（㎡），通常计算至一般冲刷线处；

g_n——重力加速度；

v——桥墩附近处的垂线平均流速，但不易求得，可采用桥孔处相应水位的计算流速（m/s）；

K——桥墩形状系数，对不同截面形状的系数见说明表 4.4.2。

说明表 4.4.2 桥墩形状系数 K

截 面 形 状	K
方形 	1.47
矩形（长边与水流平行） 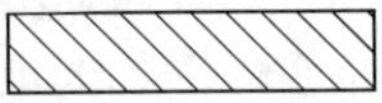	1.33
圆形 	0.73
尖端形 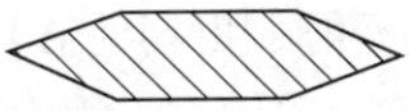	0.67
圆端形 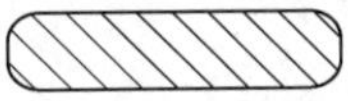	0.60

流速是随深度呈曲线变化而减小，河底处流速为零，为简化起见，近似地假定流水压力的分布为倒三角形，压力的中心（即压力的作用点）位于计算水位以下$\frac{1}{3}$水深处。一般情况，当流速在3 m/s以上时才计算水流冲击力。

4.4.3 冰压力往往给桥梁带来很大的危害，有些沿海桥梁因海潮倒灌受到流冰的来往冲击而毁坏，因此规范规定需考虑下列有关的冰荷载作用：

①河流流冰产生的动压力；

②风和水流作用于大面积冰层产生的静压力；

③冰覆盖层受温度影响膨胀时的静压力（在闭塞空间）；

④冰堆整体推移的静压力；

⑤冰层因水位升降产生的竖向作用力。

综观以上各种不同的冰作用类型，基本上可分为两类：一类是因流速大使冰块流动而产生的撞击力为动压力；另一类是大块冰层以较小的流速挤压桥墩或因冰盖层受热膨胀而产生的压力可视为静压力。

（1）动压力是冰块对桥墩的撞击作用，一般只在流速较大的河流上才可能遇到，通常按动能公式计算。撞击力的大小与冰块运动的速度、质量有关而且正撞与斜向撞击不同，正撞比斜撞的压力大。

(2)冰的静压力又有下列几种情况：

1)冰堆整体推移而产生的压力，这种情况在河流和水库中都可能发生，特别当桥梁跨越的河段狭窄，流速大，由于建桥后流冰受到桥墩的阻碍，上游来的冰块层层堆积在桥的上游，在水流(河流)和风(水库或沿海)的作用下，对桥墩产生挤压作用，压力的大小与流速、风速、堆积厚度、桥墩形状有关。

2)大面积冰层作用在桥墩上的压力，一般发生在水库内。由于水库水面处于静止状态，容易形成大面积冰层，由于风的作用，冰层对桥墩产生了挤压力，其大小与上述冰堆积的情形类似。

3)冰膨胀压力，河流与水库均可发生，但水库的水位高，对桥墩的破坏作用更大。当冰盖层温度上升时，体积膨胀而冰的自由扩张(伸长)、变形受到两岸或桥墩的约束，其大小与冰温梯度(即单位小时冰温上升的度数)、初始温度(冰温开始上升的温度)有关。据观测资料，在较低负温骤然回升变化剧烈的气候条件下，这时冰的膨胀力会发生最大值。

4)封冰期，冰层与桥墩冻结在一起，水位提高时，冰对桥墩产生竖向上拔力。

影响冰压力的自然因素很多，国内外在桥梁或其他水工建筑上做了不少研究也建立了各种计算方法。但所得结果往往相差悬殊，主要是各地的试验资料尚难概括所有情况，因此这些计算方法均属近似的，应用时还应结合具体工点进行研究。

4.4.4　在拱桥、刚构和梁等结构中，由于温度变化时变形受到约束，对结构的外力或内力产生影响，设计时必须考虑。但对于涵洞，一般孔径较小，又埋在路堤中，温度变化的影响不大，故可以略去不计。对于拱桥，温度变化影响的附加推力与跨度成正比，与矢高平方成反比，与材料的弹性模量成正比。根据以往的计算经验，对于涵洞和跨度在 15 m 以内、矢跨比不小于 1/4 的石拱桥，最冷月的平均温度不低于 −20 ℃时，温度变化的影响均可不考虑。

温度的变化原因：一方面为大气气温变化影响(四季变化、昼夜变化)；另一方面为日照温差的影响。

温度变化幅度，原则上应按桥梁所在地区的自然条件而定。钢桥和其他桥影响不一样，钢桥本身导热性好，对温度变化较灵敏，故应考虑当地历年极端最高气温和最低气温。对于钢筋混凝土、混凝土和石砌的桥，因本身导热性较差，故对尺寸较大的构件，其内部与外界气温升降的反应要相差若干小时，因此虽在昼夜气温变化剧烈的地区，钢筋混凝土、混凝土和石砌桥的内部温度还是接近于该地区的月平均气温。外露面较大而尺寸较小的构件，钢筋混凝土、混凝土和石砌桥的内部温度与月平均气温的差数较大。反之，外露面较小或覆盖较好，构件尺寸较大，其差别就较小。本规范附录 D“钢筋混凝土、混凝土和石砌矩形截面杆件计算温度图解”仍采用《59 桥规》数据。

气温变化的幅度应从结构物合龙时的温度算起，计算至上述的计算温度。对于结合梁，应考虑由于气温突然变化，混凝土的导热性仅为钢的 1/50，使混凝土板与钢梁间存在温度差而引起附加应力。大致可假定板温接近于昼夜温度平均值。我国南北各地气候骤变的程度很不一样，西北较大，中南较小，规范对此不作具体规定。

本规范附录 E. 1 和附录 E. 2 为我国一、七月份平均气温等值线图，系根据中央气象局的资料绘制的。该资料统计了 1974 年以前全国 500 多个气象站历年的观测资料。

4.4.5 混凝土收缩主要是由于水泥浆凝结而产生,也包括了环境干燥所产生的干缩。混凝土收缩有下列现象:①随水灰比加大而增加;②高强度等级水泥的收缩较大,采用各种外加剂时会加大收缩;③增加填充集料可减少收缩,并随集料的种类、形状及颗粒组成的不同而异;④收缩在凝结初期比较快,以后逐渐迟缓,但仍继续很长时间;⑤环境湿度大的收缩小,干燥地区收缩大。

对于超静定结构(如拱式结构、刚结构等)和结合梁等,应考虑由于混凝土收缩变形所引起赘余力的变化和截面内力的变化。但对于涵洞,此项影响力不大,一般可略去不计。

对于钢筋混凝土结构,当混凝土收缩时,钢筋承受压力,阻碍了混凝土部分的收缩变形,并使混凝土承受拉力。

分段灌注的混凝土结构和钢筋混凝土结构,因收缩已在合龙前部分完成,故对混凝土收缩的影响可予酌减,拼装式结构也因同样理由可酌减。

研究混凝土收缩问题时,往往与混凝土徐变现象分不开。混凝土收缩使构件本身产生应力,而这种应力的长期存在又使混凝土发生徐变,此种徐变限制或抵消了一部分收缩应力。混凝土的收缩系数一般可定为 2×10^{-4}~4×10^{-4},平均为 3×10^{-4}。但这些数值是指实验室内的试件而言,而实际上随着构件体积的增大,表面模量(单位体积的表面面积)相对减小,影响到表面的水分散发。另外还要考虑实际构件施工过程中已完成部分收缩,因此采用的收缩系数标准为 0.000 2~0.000 15,而混凝土的线膨胀系数为0.000 01,相当于降低温度 20 ℃~15 ℃。

4.4.6 跨越江、河、海湾的桥梁,应考虑船舶对桥梁墩台的撞击作用。

船舶与桥梁结构的碰撞过程十分复杂,与碰撞时的环境因素(风浪、气候、水流等)、船舶特性(船舶类型、船舶尺寸、行进速度、装载情况以及船首、船壳和甲板室的强度和刚度等)、桥梁结构因素(桥梁构件的尺寸、形状、材料、质量和抗力特性等)及驾驶员的反应时间等因素有关,因此,精确确定船舶与桥梁的相互作用力十分困难。

根据通航航道的特点及通行船舶的特性,可以将需要考虑船舶与桥梁相互作用的河流分为内河和通行海轮的河流(包括海湾)两大类。前者的代表船型主要为内河驳船货船队,依据现行《内河通航标准》GB 50139,四至七级内河航道对应的船舶吨位分别为 500 t、300 t、100 t 和 50 t。通行海轮航道的代表船型为海轮。两者与桥梁结构发生撞击的机理有所区别,结果也大不一样。

关于船舶与桥梁的撞击作用,应结合工点的具体情况开展专题研究。当无实测资料或针对性研究成果时,可根据不同的航道等级,采用条文规定的计算办法,求得撞击力值。

内河船舶对桥梁墩台撞击的计算方法可以按"静力法"计算,即假定作用于桥梁墩台上的有效动能全部转化为静力功,并采用一些经验系数经计算得到。

近海通行海轮区域的船舶与桥梁墩台的碰撞作用与内河上船舶与桥梁墩台的碰撞作用有许多不同之处。20 世纪 70 年代中期以来,一些国家和国际组织开展了许多相关的研究工作,取得了许多研究成果,并在不同场合用于一些工程实践。其中主要有米诺斯碰撞理论、沃辛碰撞理论、汉斯—德鲁彻理论和能量交换原理等。

4.4.7 跨越公路的桥梁,设在公路上或紧邻公路边缘的桥墩,当其可能受到汽车撞击时,应根据实际情况,设置坚固可靠的防护工程。如采用栏板、防冲架、防撞墙等措施以防止桥墩被撞,当无法设置防护工程时,必须考虑汽车对桥墩的撞击力。

本规范规定的汽车撞击力时参考了国外相关规范。为防止或减少因撞击而产生的破坏，对易受到汽车撞击的结构构件的相关部位可采取相应的构造措施，并增设钢筋或钢筋网。如果有防撞设施，汽车撞击力可根据防撞设施的防撞能力予以折减，如英国 BS 5400 规范规定，通过安全护栏撞向结构构件的撞击力为 150 kN。

4.4.8 随着连续桥跨结构在铁路桥梁设计上的大量采用，对于连续结构桥墩支座摩擦阻力计算在之前的规范中没有明确规定，本次规范修订时，考虑支座摩擦阻力确定较为复杂，故只做了简化计算的原则规定，即连续结构桥墩及基础应计算恒载作用下支座摩擦阻力作用。

实际工程设计时，可参考以下桥梁支座摩擦阻力值一般按以下提供的办法计算。支座摩擦阻力系数值可按试验数据确定，无实测数据时参考值公式中提供数据取值计算。

(1)桥梁支座摩擦阻力值可按下式计算：

$$F_{fk}=\mu_K R_{vk}$$

式中 μ_K——支座活动时的摩擦系数值，无实测数据时，橡胶支座、平板支座及弧形支座时为 0.1~0.2，辊轴(摇轴)支座为 0.05。盆式橡胶支座、球面支座及柱面支座，根据所采用的不同的滑动材料而定，采用有硅脂润滑条件下聚四氟乙烯时，常温下(−25 ℃ ~ 60 ℃)$\mu \leqslant 0.03$；低温下(−50 ℃ ~ −25 ℃)$\mu \leqslant 0.05$。

R_{vk}——参与组合的活动支座的竖向反力(kN)。

(2)支座及其固定构件以及与支座相接的桥墩台和上部结构应计算恒载和相关活载(不考虑列车活载动力效应)作用引起的支座摩擦阻力的作用。

(3)当桥墩顶面上部结构的支座布置成双排，以及连续梁和桥面连续的上部构造，在其中间墩上布置固定支座时，所采用的纵向力不应大于支座最大摩擦系数和最小摩擦系数时支座摩擦阻力之差。

4.4.9 近年来，建于近海和跨越海湾、海峡的铁路桥梁工程日渐增多，其下部结构在波浪和海流共同作用下，受到较大强度的波浪力作用，波浪力效应不能忽略。

本次规范修订增加了波浪力的原则规定。但由于各海域的水文条件不同，波浪和海流的影响复杂，且桥梁墩台的结构形式多样，故难以规定统一的波浪力值，因此建议设计时可根据具体工点情况，通过专题研究来确定波浪力的大小。当缺乏针对性研究时，可参照相关行业标准规范的规定计算。《港口与航道水文规范》JTS 145-2—2015 给出了建立在绕射理论基础之上的圆形墩柱基础一次近似解的结果，对于矩形墩柱波浪力计算，给出了经验计算方法或换算成圆形进行计算的公式。这些公式都有一定的适用范围，应用时要注意其适用条件。同时，对于与水文相关的计算，可参考现行《铁路工程水文勘测设计规范》的相关规定进行计算。

4.5.1~4.5.2 铁路桥梁在桥面上是否设置作业通道，主要是基于成桥后的桥梁检修模式，即根据桥梁检修需要来考虑。本条文规定了桥面设置作业通道时，检修活载的计算取值及荷载组合的规定。

当桥上不允许走行检查小车时，在主梁设计时，检修设计活载不与列车活载同时计算；当桥上允许走行检查小车时，在主梁设计时，检修设计活载与列车活载同时计算。

之前的铁路桥人行道，以通行巡道和维修人员为主，一般行人不多。在人行道上，有时需放置轨枕、钢轨和工具，故在明桥面人行道上的静活载采用 4 kPa，此值相当于民用建筑标准中最大的一种均布活载。

作业通道除考虑均布荷载外，还应考虑一块步行板受集中力的情况，也就是当桥上走行检查或维修小车时的集中力竖向荷载，如客货共线铁路机械化养桥后还可能有推小车的情况，此集中荷载可按 1.5 kN 检算。客货共线铁路正线桥梁在列车通过时人行道上不应有行人，至于存放工具仅属偶然现象，且一般不会满布，故在此情形下人行道荷载与列车活载不同时考虑。

栏杆立柱及扶手水平推力欧州规范按 0.8 kN/m、日本规范按 0.7 kN/m 考虑，本规范采用 0.75 kN/m 以及 1.0 kN 的集中荷载。

《05 桥规》规定道砟桥面的人行道，距离梁中心 2.45 m 以内设计人行道的竖向静活载为 10.0 kPa，是鉴于在道砟桥面的人行道上考虑养护翻修道床时堆放道砟的需要，静活载采用 10 kPa，相当于堆高道砟 0.5 m。但是对于加宽较多的人行道，如牵出线、梯线等，若所有人行道部分都用 10 kPa，显然偏大，因此规定离梁中心为 2.45 m 范围内的人行道为 10 kPa。该条规定对于桥梁大机养护施工不适用。

5.1.1 关于桥梁适用跨度，《05 桥规》主要是根据我国建桥生产实践和科学试验的现有经验规定的。当时我国已建成的大跨度铁路桥梁数量还不是很多，因此有一定的局限性，认为混凝土梁跨度小于或等于 96 m，钢梁跨度在 168 m 以下的单线桁梁和跨度在40 m以下的钢板梁采用该规范进行设计是适宜的。

本次修订考虑到 128 m 混凝土梁目前设计、施工较为成熟，因而对混凝土梁适用跨度进行了适当的放宽，我国代表性大跨度铁路桥梁一览表见说明表 5.1.1。同时根据专家意见增加了特殊结构桥梁墩高的适用范围。对于更大跨度或其他形式的桥梁，以及当采用新材料、新技术、新工艺设计时，应先进行必要的科学分析、试验和试制工作，必要时还应进行运营观测，以取得设计所需的数据和经验来补充条文之不足，编写补充设计规定，确保桥梁设计的安全性。

说明表 5.1.1 我国大跨度铁路桥梁一览表

类型	桥式	基本情况
钢桥	梁式桥	成昆线 192 m 简支钢桁梁金沙江大桥
		南京长江大桥 160 m 连续钢桁梁公铁两用桥
		武汉长江大桥 128 m 连续钢桁梁公铁两用桥
		京通线 128 m 连续钢桁梁白河大桥
		绥佳线 128 m 连续钢桁梁佳木斯松花江大桥
		渝怀线(144+2×192+144) m 连续钢桁梁长寿长江大桥
		包西铁路 8×106 m 简支钢桁梁黄河特大桥
		向莆铁路(126+196+126) m 变高度连续钢桁梁东新赣江特大桥
	钢桁拱	武广客专(99+242+99) m 四线三桁连续钢桁拱跨环城高速特大桥
		厦深铁路(110+2×220+110) m 连续钢桁梁柔性拱榕江特大桥
		福厦铁路(99+198+99) m 连续钢桁梁柔性拱闽江特大桥
		京沪高铁(108+192+2×336+192+108) m 钢桁双连拱南京大胜关长江大桥
		京沪高铁(113+3×168+113) m 连续钢桁梁柔性拱济南黄河大桥

续上表

类型	桥式	基 本 情 况
钢桥	斜拉桥	武广客专(98+196+504+196+98) m 钢桁斜拉桥武汉天兴洲公铁两用长江大桥
	刚构桥	安康铁路 176 m 钢斜腿刚构汉江桥
混凝土桥	梁式桥	内昆线(64+2×104+64) m 预应力混凝土连续梁(墩高 110 m)花土坡大桥
		南昆线(54+2×90+54) m V 形支撑连续梁八渡南盘江特大桥
		朔黄线(50+80+50) m 预应力混凝土连续梁滴流磴滹沱河大桥
		福厦铁路(80+3×144+80) m 预应力混凝土连续梁乌龙江特大桥
		南昌枢纽西环(69+4×120+69) m 预应力混凝土连续梁沙田赣江特大桥
		京津城际(80+128+80) m 混凝土连续梁跨北京五环路主桥
		广珠城际(85+135+85) m 预应力混凝土连续梁桂洲水道特大桥
		宜万铁路(70+108+70) m 预应力混凝土连续梁叶溪河大桥
		包三复线(64+104+64) m 预应力混凝土连续梁三道坎黄河大桥
		广深港客专(70+2×135+70) m 预应力混凝土连续梁跨蕉门水道特大桥
		甬温铁路(70+3×120+70) m 预应力混凝土连续梁瓯江特大桥
		武广客专(64+4×116+64) m 预应力混凝土连续梁衡阳湘江特大桥
		广珠城际(60+4×110+60) m 预应力混凝土连续梁石岐河特大桥
		杭甬客专(76+3×120+76) m 预应力混凝土连续梁曹娥江特大桥
		莞惠城际(80+2×150+80) m 预应力混凝土连续梁赤滘口河特大桥
		向莆铁路(60+7×100+60) m 预应力混凝土连续梁闽江特大桥
	刚构桥	邯长线 82 m 单线预应力混凝土斜腿刚构浊漳河大桥
		内昆线(72+3×128+72) m 预应力混凝土刚构连续梁(墩高 107 m)李子沟特大桥
		渝怀线(96+168+96) m 双线预应力混凝土连续刚构黄草乌江大桥
		渝怀线(66+128+66) m 单线预应力混凝土连续刚构涪陵乌江大桥
		遂渝铁路(94+168+84) m 预应力混凝土连续刚构新北碚嘉陵江双线大桥
		襄渝增二线(100+192+100) m 预应力混凝土连续刚构牛角坪双线大桥
		兰渝铁路(98+168+92) m 预应力混凝土连续刚构桐子林嘉陵江双线大桥
		兰渝铁路(96+176+88) m 预应力混凝土连续刚构朝阳嘉陵江单线特大桥
		兰渝铁路(84+152+76) m 预应力混凝土连续刚构新井口嘉陵江四线大桥
		兰新二双线(70+2×100+70) m 预应力混凝土连续刚构大平羌沟大桥
		宜万铁路(72+128+72) m 预应力混凝土连续刚构渡口河特大桥
		温福铁路(88+160+88) m 预应力混凝土连续刚构田螺大桥
		广珠城际(108+2×185+115) m 预应力混凝土连续刚构容桂水道特大桥
		广珠城际(100+155+100) m 预应力混凝土连续刚构小榄水道特大桥
		新广州站(98+168+98) m 预应力混凝土连续刚构流溪河特大桥
		广深港客专(112+2×168+104) m 预应力混凝土连续刚构沙湾水道特大桥

5.1.2 车桥耦合动力分析，主要用于判断高速列车通过桥梁时的运行安全性和乘坐舒适性。列车通过桥梁时将引起桥梁结构的振动，而桥梁的振动又反过来影响车辆的振动，这种相互作用、相互影响的问题就是车辆与桥梁之间振动耦合的问题。列车运行安全性主

要涉及车辆在桥上是否会出现脱轨以及对轨道产生过大横向力的问题，一般采用脱轨系数 Q/P、轮重减载率 $\Delta P/P$ 及轮轨横向水平力等几个参数来限定。

1 车桥耦合动力响应指标的确定

《200 公里客货暂规》编制时，在参照国内外有关资料基础上，经过分析研究后确定用于车桥动力分析的行车安全性评判标准为：脱轨系数 Q/P 限值取 0.8、轮重减载率 $\Delta P/P$ 限值取 0.6。但需要指出的是，当检算速度超过 350 km/h 时，评判标准需要进一步研究。

本次修订，对我国高铁铁路、城际铁路、重载铁路以及客货共线铁路规范以及国外标准调研后，确定了车桥耦合动力响应指标的确定原则：

①高速铁路、城际铁路桥梁车—桥耦合动力响应指标采用了现行规范的相关规定；

②客货共线铁路桥梁车—桥耦合动力响应指标则沿用了《05 桥规》的规定；

③重载铁路桥梁车—桥耦合动力响应指标采用了现行《重载铁路设计规范》的规定（说明表 5.1.2—1）。

说明表 5.1.2—1 重载铁路列车运行安全性指标

指 标	机 车	货 车
脱轨系数 Q/P	≤0.8	≤1.0
轮重减载率 $\Delta P/P$	≤0.6	
轮对横向力 Q(kN)	$\leq 0.90(15+(P_{st1}+P_{st2})/2)$	$\leq 0.85(15+(P_{st1}+P_{st2})/2)$

注：Q 为车轮作用于钢轨上的横向力（kN）；ΔP 为轮重减载量（kN）；P 为车轮作用于钢轨上的垂直力（kN）；P_{st1}、P_{st2} 为车轮静轮重（kN）。

重载铁路虽然运行速度相对较低，但列车参振质量大。通过对大秦铁路等重载线路的运营实践调研，发现仍有部分桥梁结构出现振动响应较大的情况。为此重载规范提出了桥梁设计应满足的车—桥耦合动力响应指标要求。

研究表明，列车—桥梁的振动响应与运行列车速度、轨道状态、桥梁结构形式及刚度等参数均有关系。根据近年来的工程实践经验，对于常用跨度简支桥梁，一般都满足车—桥耦合动力响应指标要求，但对于一些特殊、大跨度桥梁结构，由于其设计条件不一，结构类型多样，难以统一相应的结构参数指标，因此，对这类桥梁，必要时应开展车—桥耦合动力分析，以验证桥梁结构设计是否满足该项要求。

近年来，依托高速铁路前期研究，梁车—桥耦合动力分析获得了一些研究成果。根据京津城际铁路车—桥动力理论分析结果和实测数据对比，同时对比分析了国外相关标准，当检算速度超过350 km/h时，轮重减载率限值可按 0.8 取用。

我国前期研究中轮对横向水平力限值取 $Q \leq 80$ kN，这与《200 公里客货暂规》规定相同。高速铁路由于高速动车组轴重降低，条文编写时参考了 UIC 518 的相关规定进行了修改，即

$$Q \leq \beta(10+P_0/3) \qquad \text{（说明 5.1.2—1）}$$

式中 P_0——轴重（kN）；对于机车、客车及动车组车辆 β 取 1.0。

除了行车安全性问题外，乘坐舒适性问题也是判定桥梁竖向和横向刚度是否合适的一个重要标准。乘坐舒适性的标准，在国内外有多种形式，具体如下：

①以国际标准化组织（ISO）标准为基础的舒适度标准（简称 ISO_2 631 标准）；

②Sperling（斯佩林）评价指标 W；

③Janeway(杰奈威)舒适性系数;

④车体加速度最大限值标准。

我国高速铁路桥梁动力分析中按《铁道车辆动力学性能评定和试验鉴定规范》GB 5599—85 规定的 Sperling(斯佩林)评价指标 W,同时采用车体加速度限值作为乘坐舒适度的评判标准。

斯佩林(Sperling)评价标准主要用于评定车辆运行的稳定性,按照标准,车桥动力分析中列车运行平稳性指标按以下公式计算:

$$W=7.08\sqrt[10]{\frac{A^3}{f}F(f)} \qquad \text{(说明 5. 1. 2—2)}$$

式中　W——平稳性指标;

A——振动加速度(g);

f—— 振动频率(Hz);

$F(f)$——频率修正系数(说明表 5. 1. 2—2)。

说明表 5. 1. 2—2　频率修正系数(垂直振动)

0. 5~5. 9 Hz	$F(f)=0.325f^2$
5. 9~20 Hz	$F(f)=400/f^2$
>20 Hz	1

其评定标准为:

$W\leqslant 2.50$　　优

$2.50<W\leqslant 2.75$　　良

$2.75<W\leqslant 3.00$　　合格

桥梁动力分析中斯佩林(Sperling)指标应达到优良。

国家"八五"科技攻关项目"高速铁路线桥隧设计参数选择的研究"中子题"高速铁路轨道不平顺日常养护维修管理标准的研究"中所采用的舒适度限值标准,取为竖向加速度 a_z不大于 0. 13g(半峰值)、水平加速度 a_y不大于 0. 10g(半峰值)。这一限制标准与线路养护维修标准一致,并且计算时将轨道的不平顺考虑在内,实际上是要求车辆在桥上运行的舒适度并不比线路上差。

2　为确保桥上线路结构的稳定性,需要对桥面振动加速度加以控制。欧盟对此进行过现场测试和试验研究,认为列车过桥时,有砟桥面相应于 20 Hz 以内的竖向振动加速度在 0. 35g 及以下,可保证道床的稳定性。对于无砟桥面,为防止跳轨,其限值取 0. 50g。本条文对于设计速度 200 km/h 的客货共线铁路、高速铁路、重载铁路桥梁采用了上述规定。

3　需要指出的是,在动力检算中,对于单线桥,应保证"运营静活载效应×Φ<ZK 静活载效应 ×(1+μ)",即实际运营活载效应小于设计活载效应;但对于双线桥梁,虽然不同线路上列车同时以共振速度通过的概率较小,但多线会车是不可避免的,双线桥梁仍应满足"单线运营静活载效应×Φ<ZK 静活载效应 ×(1+μ)"。

国内外高速铁路桥梁动力设计时,一般按 1. 2 倍设计速度进行动力检算。对于运营速度在 200 km/h 及以下标准的铁路桥梁,经研究,桥梁动力仿真计算的最高速度可按设计速度取用。

5.2.1 本条是对桥跨结构检算倾覆稳定性的规定。一般认为，支座属刚体，故稳定力矩及倾覆力矩沿横向指对支座边缘[如说明图 5.2.1(a)A 点及 B 点所示]而言，沿纵向指对支座铰中心[如说明图 5.2.1(b)C 点所示]而言，计算公式如下：

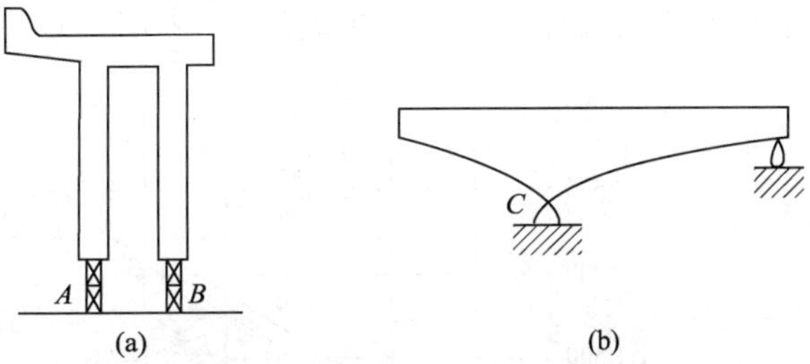

说明图 5.2.1 桥跨结构稳定性检算示意图

$$K=\frac{\sum M_{\mathrm{d}}}{\sum M_{\mathrm{q}}}\geqslant 1.3$$

式中 K——倾覆稳定系数；

M_{d}——抵抗力矩；

M_{q}——倾覆力矩。

对于钢筋混凝土悬臂梁结构系考虑悬臂部分及挂孔有超载的可能，超载的幅度最多可以超过悬臂应力容许值的 30%，此时纵向倾覆稳定系数仍不应小于 1.3，使稳定性与强度达到均衡设计。

5.2.2 在铁路桥梁设计中，对桥梁结构的变形进行控制一般有以下四个目的：

①保证列车运营的安全性，满足客车乘坐舒适度和货车平稳性要求；

②保证桥上线路的平顺和稳定；

③保证桥梁结构的实际受力状态在设计控制的范围内；

④减少桥上轨道的养护维修。

各国铁路桥梁设计规范都对桥梁的变形进行了限制，在普通铁路线上，由于列车运行的速度低，变形的限制一般较宽。随着列车速度的提高，客车乘坐舒适度、列车运营安全性及轨道稳定性对变形的要求越来越严，一般不同的速度等级对桥梁变形的限制是不同的。

1 高速铁路梁式桥梁体竖向挠度限值

我国原《新建时速 300~350 公里客运专线铁路设计暂行规定》(铁建函〔2007〕47 号)以下简称《设计暂规》条文制定时，通过计算高速列车以各种速度通过不同跨度简支梁时的车桥耦合振动响应，获得各种计算工况下的车辆振动加速度、轮重减载率、脱轨系数、桥梁振幅等数据，研究梁体不同竖向刚度条件下时车桥的振动状态。具体计算分析了 16 m、20 m、24 m、32 m、40 m、48 m 和56 m共 7 种跨度的简支梁桥，分别按挠跨比 1/800、1/1 000、1/1 200、1/1 500、1/1 800、1/2 000、1/2 500 及 1/3 000 确定截面，列车运行速度为100 km/h~360 km/h(20 km/h 一个间隔)。同时，为考虑等跨布置简支梁的车桥动力效应，研究中分别按单跨和 10 跨(等跨布置)简支梁模型进行了分析。在此基础上，参考了国外规范的相关规定，提出了适用于不同跨度范围的活载挠度限值。

近年来，随着高速铁路的建设和运营，欧洲国家及日本针对高速铁路桥梁的特点与性能，进行深入开展了研究工作。通过“车—线—桥”耦合振动体系动力响应分析和室内、外动力试验验证，对高速铁路桥梁设计标准、限值进行了必要的修订，使高速铁路桥梁设计更为合理、安全和经济。欧盟在 2003 年版规范中针对不同设计速度、不同跨度和类型桥梁，以高速列车通过时车体竖向加速度不高于 1.0 m/s^2 为控制指标(舒适度优秀)，提出了跨度与挠度比值(L/δ)的限值(如说明图 5.2.2—1 所示)。

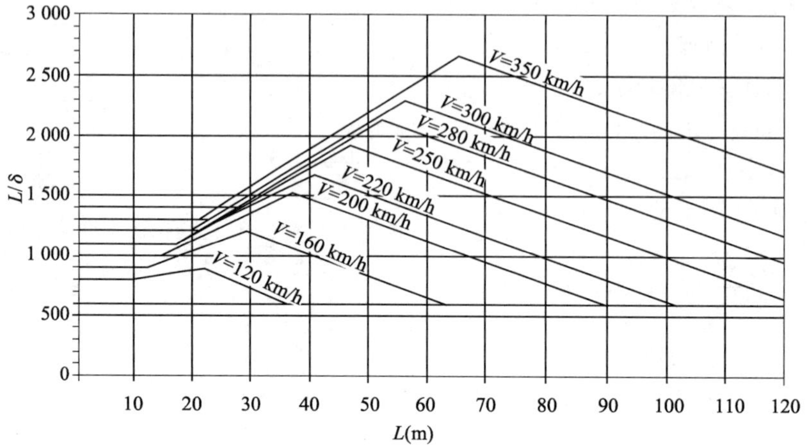

说明图 5.2.2—1　欧盟跨挠比限值

注:图中 L/δ 适用于三跨及以上的双线简支梁;对于单跨双线简支梁、两跨双线简支或连续梁,L/δ 可乘以 0.7 系数;对于三跨及以上的连续梁,L/δ 可乘以 0.9 系数。

在"客运专线铁路常用跨度桥梁结构刚度和基频标准研究"中,科研单位在总结我国高速、城际铁路桥梁结构刚度限值相关既有研究成果的基础上,考虑我国与国外规范关于活载挠度定义的区别(说明表 5.2.2—1),对比分析欧盟规范挠跨比限值与我国《设计暂规》规定值差别。

说明表 5.2.2—1　国内外规范双线桥梁活载挠度定义

国别	定义	备注
欧盟	单线设计活载(UIC 活载) 考虑动力系数 $1+\Phi$	Φ 为设计动力系数
日本	单线运营活载 考虑动力系数$(1+i_a)(1+i_c)$	i_a为速度效应动力系数 i_c为车辆摇摆效应动力系数
中国	双线设计活载(ZK 活载) 不计动力系数	

以双线桥梁为例,具体计算方法如下:

设:单线 UIC 静活载产生的挠度:f'_u

双线 UIC 静活载产生的挠度:f_u

欧盟设计荷载下动力系数:$1+\Phi$

双线 ZK 静活载产生的挠度:f_c

桥梁跨度:L

取:

ZK(ZC)活载与 UIC 活载产生的挠度比值:$K_1=f_c/f_u$

单、双线 UIC 活载产生的挠度比值:$K_2=f'_u/f_u$

可得:

$$\frac{L}{f_c}=\frac{L}{f_u\cdot K_1}=\frac{L}{\dfrac{f'_u}{K_2}\cdot K_1}=\frac{L\cdot K_2\cdot(1+\Phi)}{f'_u\cdot(1+\Phi)\cdot K_1}$$

$$=\frac{L}{f_u' \cdot (1+\Phi)} \cdot \frac{K_2 \cdot (1+\Phi)}{K_1}$$

式中,K_1和 $1+\Phi$ 可直接计算得出,K_2值大小与梁体扭转刚度具有直接的关系,研究中针对连续箱梁、简支箱梁和简支 T 形梁分别进行计算分析。考虑我国客运专线跨度 48 m 及以上的桥跨多以连续箱梁为主,而小跨度桥可能采用简支 T 形梁,提出的 K_2取值如下:

当 $L≤20$ m 时,$K_2=0.70$;

当 20 m<L≤40 m 时,$K_2=0.60$;

当 40 m<L≤96 m 时,$K_2=0.55$。

对比分析我国设计速度 200 km/h~250 km/h、300 km/h~350 km/h《设计暂规》规定与根据欧盟换算挠跨比(说明图 5.2.2—2)可知,我国《设计暂规》对于跨度 40 m 及以下的桥梁,换算挠跨比限值较欧盟规范严格;40 m~50 m 跨度的挠跨比限值基本相当;50 m 以上跨度的桥梁,《设计暂规》挠跨比限值偏低。

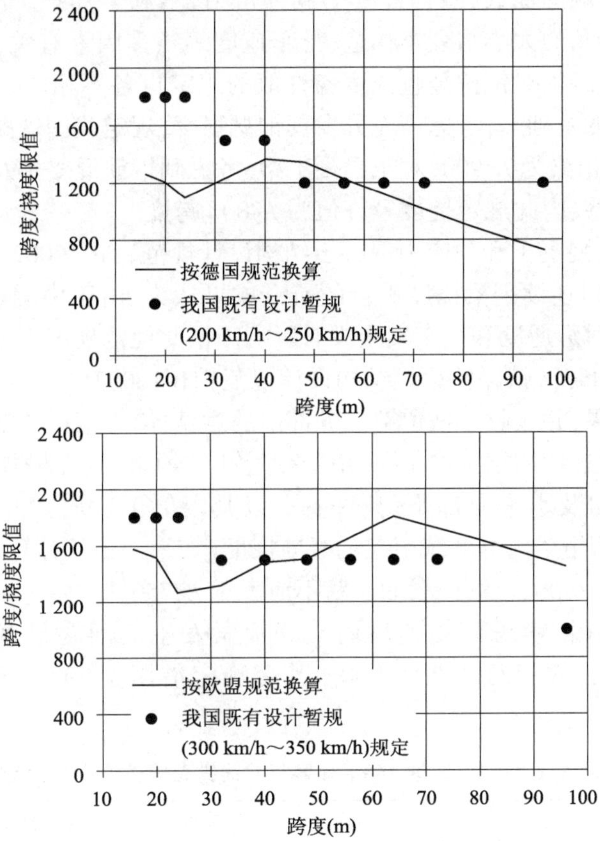

说明图 5.2.2—2 欧盟规范换算跨挠比限值与我国原《设计暂规》对比

《高速铁路设计规范》制定时,在总结既有研究成果和参考国外规范相关规定的基础上,对我国高速铁路、城际铁路桥梁的挠跨比规定进行了必要的修订,适当提高了跨度 50 m以上 300 km/h~350 km/h 桥梁的挠跨比限值,并提出了单线桥梁挠度限值。

2 城际铁路梁式桥梁体竖向挠度限值

在"时速 250 km 以下城际铁路设计活载及桥梁结构相关技术标准研究"中,科研单位总结了我国城际铁路桥梁结构刚度限值相关既有研究成果,采用车—桥耦合动力分析模型，对欧盟挠跨比限值进行了验证。在此基础上，考虑我国与国外规范关于活载挠度定义的区别（说明表 5. 2. 2—1），以车体竖向振动加速度等同的原则，提出了适用于 ZK、ZC 设计活载标准及单双线梁体的挠度限值，并列出了适用条件。

对于采用 ZK 和 ZC 活载图式设计的城际桥梁结构，为保证动车组运行时的车体竖向加速度相同，梁体应采用相同的刚度；ZC 活载图式在荷载量值上约为 ZK 活载图式的 0. 75 倍，因此，采用 ZC 活载图式设计时，挠度限值相应按 ZK 挠度限值的 0. 75 倍取用。对于单线桥梁，为保证动车组运行时的车体竖向加速度与双线桥梁工况相当，梁体竖向挠度限值按相应双线桥限值的 0. 6 倍取用。

3　客货共线铁路梁式桥梁体竖向挠度限值

（1）我国现行铁路桥梁设计规范制定依据

《75 桥规》对桥跨结构容许挠度的规定，主要是为了适应列车安全平稳运行的要求，并考虑挠度对结构本身的影响。当梁体竖向挠度较大时，支座转角也会增大，线路形成突变，不能维持连续平顺的曲线，致使此处受到冲击力，不利于养护。《75 桥规》编制时认为，由于梁端容许转角的大小与列车构造、行车速度等很多因素有关，我国当时缺乏试验研究资料，同时世界各国对钢桥竖直挠度容许值的规定也各不相同。在参考借鉴各国规范标准的取值规定的基础上，考虑为充分发挥钢材强度，规定我国铁路梁式桥中板梁的挠度容许值为 $L/700$，桁梁为 $L/900$；对于混凝土梁，考虑到钢筋混凝土及预应力混凝土梁对抗裂性的要求高一些，因此规定挠度容许值为 $L/800$ 跨度。

《铁路桥涵钢筋混凝土和预应力混凝土结构设计规范》TB 10002. 3—99 修订时，根据“八五”期间铁科院对连续钢梁挠度进行的研究成果认为，由于中间跨变形比较匀顺，适当放宽其挠度限制对舒适度和行车安全没有影响。据此规范规定连续梁中间跨挠度限值取跨度的 1/700。同时，《铁路桥梁钢结构设计规范》TB 10002. 2—99 修订时，根据铁路提速过程中的研究成果，并吸收原铁道部工务部门的意见，简支桁梁的挠跨比及宽跨比仍沿用之前规范不变；对连续桁梁桥的中孔，由于受边孔的约束，刚度增加而且在中支点处的弹性曲线，无论竖向及水平向都是匀顺的，所以其限值可以放宽，即：第 8. 0. 2 条和第 9. 0. 1 条规定为：“钢桁梁由静活载引起的竖向挠度（按平面桁架计算）简支桁梁及连续桁梁的边跨不应大于 $L/900$，连续桁梁的中跨不应大于 $L/750$。”

《05 桥规》修订时，考虑到提速后简支钢板梁发生的问题最多，竖向挠度容许值 $L/800$ 应该有所提高，故修订改为 $L/900$。其余规定沿用了《99 规范》成果，见说明表 5. 2. 2—2。

说明表 5. 2. 2—2　时速 160 km 客货共线铁路梁体竖向挠度容许值

桥跨结构		挠度容许值
简支钢桁梁		$L/900$
连续钢桁梁	边跨	$L/900$
	中跨	$L/750$
简支钢板梁		$L/900$
简支钢筋混凝土和预应力混凝土梁		$L/800$
连续钢筋混凝土和预应力混凝土梁	边跨	$L/800$
	中跨	$L/700$

《200公里客货暂规》是在"八五"、"九五"国家重点攻关专题"高速铁路线桥结构与技术条件(标准)的研究"和"广深准高速铁路试验研究"等成果基础上编制而成。规范编制时,对国外规范进行了大量调研工作:从日本及欧盟等规范来看,随着列车速度的提高,对桥梁结构构变形的控制越严。控制的方式基本一致,都有梁体的活载竖向挠度、梁端转角、梁体的自振频率。由于国际上采用的活载标准不一致以及计算变形时荷载组合存在差异,控制标准有一定的差别。从国际上的挠度限值标准来看,欧盟的标准比较完善,考虑了客货共线铁路,并充分考虑了桥梁的挠度对桥上线路稳定性和养护维修的影响;日本是260 km/h的客运专线。从实际比较来,我国《200公里客货暂规》在40 m及以下跨度,挠度限值偏严,而40 m~70 m跨度范围略松,70 m~ 96 m跨度范围则与欧盟基本相当。因此,综合参考国内外的规范和研究,从新建铁路预留发展空间和偏于安全的角度考虑,建议暂行规定的竖向挠度限值标准按说明表5.2.2—3执行。

说明表5.2.2—3 《200公里客货暂规》梁体竖向挠度限值

跨 度		挠度限值
$L\leq 20$ m	单 跨	$L/1\ 000$
	多 跨	$L/1\ 400$
20 m$<L\leq$50 m	单 跨	$L/1\ 000$
	多 跨	$L/1\ 200$
50 m$<L\leq$70 m	单 跨	$L/900$
	多 跨	$L/1\ 000$
70 m$<L\leq$96 m	单 跨	$L/900$
	多 跨	$L/900$

(2)本次规范修订制定依据

考虑与国际通常采用以速度和跨度分级的做法一致,并与国内高铁和城际规范协调一致,本次规范修订时,通过统计、计算近年来常用跨度简支梁、连续梁、刚构等桥跨结构梁体竖向挠度设计值发现,由于受梁体整体刚度、动力性能指标要求,其梁体竖向挠度设计值远远大于现行规范容许值,以常用跨度简支梁梁体竖向挠度设计值统计表(说明表5.2.2—4)为例,其最小梁体竖向挠度设计值大于1/2 784;特殊设计桥梁结构的梁体竖向挠度设计值更远远大于限值,见说明表5.2.2—5和说明表5.2.2—6。

说明表5.2.2—4 常用跨度简支梁梁体竖向挠度设计值统计表

设计速度	梁 型	跨 度	挠跨比	
			直 线	曲 线
160 km/h	通桥(2016)2101 (单线简支T形梁)	24 m	1/2 876	1/2 784
		32 m	1/1 978	1/1 827
	通桥(2014)2131 (双线简支箱梁)	24 m	1/4 820	1/4 832
		32 m	1/3 267	1/3 255
200 km/h	通桥(2016)2201 (单线简支T形梁)	24 m	1/3 443	1/3 261
		32 m	1/2 564	1/2 405

续上表

设计速度	梁型	跨度	挠跨比	
			直线	曲线
250 km/h	通桥(2016)2229 (有砟、双线简支箱梁)	24 m	1/8 131	1/8 131
		32 m	1/3 684	1/3 691
	通桥(2016)2229 (无砟、双线简支箱梁)	24 m	1/8 393	1/8 393
		32 m	1/3 795	1/3 795
350 km/h	通桥(2016)2321 (有砟、双线简支箱梁)	24 m	1/10 682	1/10 682
		32 m	1/5 122	1/5 122
	通桥(2016)2322 (无砟、双线简支箱梁)	24 m	1/6 438	1/6 438
		32 m	1/5 000	1/4 976

说明表 5.2.2—5　特殊设计铁路桥梁体挠跨比统计表(一)

序号	项目名称	设计速度(km/h)	图名(或桥名)	跨度(m)	挠跨比	
					中跨	边跨
1	大西线	350	单线简支梁	24	1/8 901	—
2				32	1/3 967	—
3	青连线	200	有砟轨道预应力混凝土简支箱梁(单线)	32	1/4 443	—
4		160	右线日照特大桥(48 m 单线预应力混凝土简支箱梁)	48	1/3 116	—
5			有砟轨道预应力混凝土连续梁(单线、悬浇)	32+48+32	1/3 871	1/6 153
6			有砟轨道预应力混凝土连续梁(单线、悬浇)	40+64+40	1/3 678	1/6 452
7			东北客联下行线跨迎宾路特大桥(单线预应力混凝土连续梁)	40+64+64+40	1/2 819	1/4 760
8			有砟轨道预应力混凝土连续梁(单线、悬浇)	48+80+48	1/3 070	1/5 168
9		200	有砟轨道预应力混凝土连续梁(单线、悬浇)	32+48+32	1/3 871	1/6 153
10			有砟轨道预应力混凝土连续梁(单线、悬浇)	40+64+40	1/3 765	1/6 557
11			有砟轨道预应力混凝土连续梁(单线、悬浇)	48+80+48	1/3 256	1/5 484
12			有砟轨道预应力混凝土连续梁(单线、悬浇)	60+100+60	1/3 401	1/6 522
13	蒙华铁路	80	有砟轨道预应力混凝土连续梁(单线、悬浇)	32+48+32	1/5 016	1/7 711
14				40+64+40	1/3 575	1/5 882
15			后张法预应力混凝土简支 T 形梁(单线、无声屏障)	32	1/1 509	—
				24	1/2 327	—

续上表

序号	项目名称	设计速度(km/h)	图名(或桥名)	跨度(m)	挠跨比	
					中跨	边跨
16	蒙华铁路	80	太中银上行联络线跨青银高速公路特大桥	40+64+40	1/3 764	1/6 153
17						
18	京沈客专	160	无砟轨道预应力混凝土简支箱梁(单线、现浇)	20	1/14 772	—
19				24	1/8 901	—
20				32	1/3 967	—
21			有砟轨道预应力混凝土简支箱梁(单线、现浇)	24	1/4 414	—
22				32	1/9 902	—
23			有砟轨道预应力混凝土简支箱梁(单线、预制)	32	1/4 414	—
24				24	1/9 902	—
25	董家口	80	有砟轨道预应力混凝土简支槽形梁(单线、海洋环境)	32	1/4 716	—
26			海洋环境预制后张法简支T形梁(角钢支架方案)	32/24	1/2 049/ 1/2 989	—
27	商合杭	160	有砟轨道预应力混凝土简支箱梁(单线、预制)	24	1/3 889	—
28				32	1/8 704	—
29			有砟轨道预应力混凝土连续梁(单线、悬浇)	32+48+32	1/4 068	1/8 000
30		350	无砟轨道后张法预应力混凝土简支箱梁(单线、现浇)	24	1/12 032	—
31				32	1/5 438	—
32			无砟轨道预应力混凝土连续梁(单线、悬浇)	40+64+40	1/3 738	1/6 457
33	青连线	200	有砟轨道预应力混凝土连续梁(单线、悬浇)	72+128+72	1/3 738	1/8 436

说明表 5.2.2—6　特殊设计铁路桥梁体挠跨比统计表(二)

序号	项目名称	设计速度(km/h)	图名(或桥名)	跨　度(m)	挠跨比(直线)		挠跨比(曲线)	
					中　跨	边　跨	中　跨	边　跨
1	大西线	350	无砟轨道预应力混凝土连续梁(双线,支架现浇)	51+2×85+51	1/3 137	1/5 598	—	—
2			刚构连续梁	58+104+58	1/2 897	1/3 114	—	—
3				56+2×104+56	1/3 032	—	—	—
4			无砟轨道悬浇预应力混凝土T构	2×64	1/3 461	—	—	—
5				2×80	1/3 685	—	—	—
6			无砟轨道简支拱(双线,支架现浇)	113	1/6 807	—	—	—
7			连续梁拱	74+148+128+148+74	1/4 624	—	—	—
8	晋中南通道	重载	双线连续梁	32+48+32	1/3 956	1/6 124	1/5 716	1/3 707
9				40+64+40	1/3 106	1/5 109	1/2 900	1/4 775
10				48+80+48	1/2 735	1/4 953	1/2 821	1/5 716
11			有砟轨道悬浇预应力混凝土连续梁(双线)	65+106+65	1/2 585	1/4 362	—	—
12			双线连续梁	75+120+75	1/2 120	1/3 378	—	—
13			T构(双线)	2×64	1/3 386	—	—	—
14				2×70	1/3 989	—	—	—
15				2×80	1/3 275	—	—	
16	吕临支线	重载	T构(双线及单线)	72+80	1/4 255	1/6 780	—	—
17	晋中南通道	重载	T构(双线)	2×100	1/2 475	—	—	—
18			刚构连续梁	48+80+48	1/8 392	1/5 405	—	—
19				70+2×120+70	1/3 133	1/4 861	—	—
20			有砟轨道悬浇预应力混凝土刚构连续梁(双线)	70+3×120+70	1/2 805	1/4 318	—	—
21	青连线	200	有砟轨道预应力混凝土简支箱梁(双线)	32	1/4 146	—	—	—
22			青连1—32 m预应力混凝土简支槽形梁	32	—	—	—	—
23			柘汪跨临海高速公路特大桥预应力混凝土简支槽形梁	55.5	—	—	—	—
24			山东路特大桥下承式有砟双线简支拱桥	71.5	1/9 167	—	—	—
25			大官庄跨222省道特大桥下承式双线简支拱桥	122	1/5 545	—	—	—
26			有砟轨道预应力混凝土连续梁(双线、悬浇)	32+48+32	1/3 357	1/5 420	—	—
27			有砟轨道预应力混凝土连续梁(双线、悬浇)	40+64+40	1/3 053	1/5 371	—	—
28			有砟轨道预应力混凝土连续梁(双线、悬浇)	60+100+60	1/3 002	1/5 923	—	—

续上表

序号	项目名称	设计速度(km/h)	图名(或桥名)	跨度(m)	挠跨比(直线)		挠跨比(曲线)	
					中跨	边跨	中跨	边跨
29	青连线	200	有砟轨道预应力混凝土连续梁(双线、悬浇)	72+128+72	1/2 537	1/5 749	—	—
30			魏家湾跨同三高速公路特大桥下承式双线连续梁拱桥	48+100+48	1/5 236	1/5 854	—	—
31	蒙华铁路	120	无砟轨道后张法预应力混凝土简支箱梁(双线、现浇)跨度:31.5 m(直、曲线)	32	1/4 491	—	—	—
32			无砟轨道后张法预应力混凝土简支箱梁(双线、现浇)跨度:23.5 m(直、曲线)	24	1/9 923	—	—	—
33			有砟轨道预应力混凝土连续梁(双线、悬浇)	32+48+32	1/3 800	1/5 885	—	—
34			有砟轨道预应力混凝土连续梁(双线、悬浇)	40+64+40	1/4 930	1/2 900	—	—
35			有砟轨道预应力混凝土连续梁(双线、悬浇)	48+80+48	1/5 109	1/2 797	—	—
36			无砟轨道预应力混凝土连续梁(双线、悬浇)	32+48+32	1/3 894	1/6 012	—	—
37			无砟轨道预应力混凝土T构(双线、悬浇)	48+48	1/4 000	—	—	—
38			有砟轨道预应力混凝土刚构连续梁(双线、悬浇)	48+80+80+48	1/5 096	1/8 727	—	—
39			有砟轨道预应力混凝土T构(双线、悬浇)	64+64	1/3 832	—	—	—
40			有砟轨道钢筋混凝土连续梁(双线、现浇)连续刚构	16+20+20+20+16	1/2 985	1/2 071	—	—
41			钢筋混凝土双线连续刚架	6+16+16+6	1/5 000	1/1 935	—	—
42			有砟轨道预应力混凝土刚构连续梁(双线、悬浇)	70+120+70	1/4 255	1/7 292	—	—
43			跨太中银铁路特大桥	40+64+40	1/3 137	1/5 194	—	—
44			汾河特大桥	56	1/3 558	—	—	—
45				64	1/2 503	—	—	—
46			杨家沟跨延延高速公路大桥	56	1/6 193	—	—	—
47			跨连霍高速大桥	80	1/19 512	—	—	—
48			跨太中银铁路特大桥	48+48	1/4 233	—	—	—
49			跨纳林河二号井疏解线中桥	14+14+14	1/2 985	1/2 071	—	—
50			龙门黄河大桥	202	1/3 677	1/2 069	—	—
51	京沈客专	350	正线无砟轨道预应力混凝土连续梁(双线、悬浇)	32+48+32	1/5 930	1/9 111	—	—
52			无砟轨道预应力混凝土T构(双线、悬浇)	48+48	1/4 752	—	—	—
53			无砟轨道预应力混凝土T构(双线、悬浇)	64+64	1/4 000	—	—	—
54			无砟轨道预应力混凝土T构(双线、悬浇)	80+80	1/5 409	—	—	—
55			下承式无砟双线简支拱桥	44.5	1/5 361	—	—	—

续上表

序号	项目名称	设计速度(km/h)	图名(或桥名)	跨度(m)	挠跨比(直线)		挠跨比(曲线)	
					中跨	边跨	中跨	边跨
56	京沈客专	350	下承式无砟双线简支拱桥	64	1/6 531	—	—	—
57			下承式无砟双线简支拱桥	80	1/7 207	—	—	—
58			下承式无砟双线简支拱桥	100	1/6 667	—	—	—
59			下承式无砟双线简支拱桥	120	1/6 283	—	—	—
60			无砟轨道预应力混凝土连续梁(双线、悬浇)	32+48+48+32	1/5 270	1/8 221	—	—
61				40+64+64+40	1/3 469	1/5 282	—	—
62				58+104+58	1/3 246	1/7 258	—	—
63			无砟轨道后张法预应力混凝土简支箱梁(双线、现浇)	48. 6	1/5 778	—	—	—
64				45. 35	1/7 138	—	—	—
65			双线无砟轨道预应力混凝土矮塔斜拉桥	115+95	1/2 396	1/3 755	—	—
66		250	有砟轨道预应力混凝土简支箱梁	48	1/5 628	—	—	—
67				56	1/5 009	—	—	—
68		300	无砟轨道预应力混凝土简支箱梁	56	1/5 009	—	—	—
69				64	1/3 791	—	—	—
70			有砟轨道预应力混凝土连续梁	60+90+90+60	1/4 000	1/5 825	—	—
71		350	无砟轨道预应力混凝土连续梁	60+90+90+60	1/4 000	1/5 825	—	—
72			有砟轨道预应力混凝土连续梁(单渡线上桥)	60+100+100+60	1/2 967	1/5 310	—	—
73			无砟轨道预应力混凝土连续梁	60+4×106+60	1/1 906	1/4 688	—	—
74			有砟轨道预应力混凝土连续梁(梁面非对称)	48+80+64	1/3 833	1/6 575	—	—
75			无砟轨道预应力混凝土矮塔斜拉桥(不过运架设备)	64. 8+85+178+92. 7	1/1 589	1/3 765	—	—
76			有砟轨道预应力混凝土 V 形撑连续梁(过运架一体机)	109. 8+2×170+89. 8	1/4 011	1/9 105	—	—
77		250	有砟轨道预应力混凝土连续梁	32+48+32	1/6 163	1/9 431	—	—
78				45+70+70+45	1/3 728	1/5 505	—	—
79		300	有砟轨道预应力混凝土连续梁	72+128+72	1/2 960	—	—	—
80		350	无砟轨道预应力混凝土连续梁	72+12 872	1/2 819	—	—	—
81		160	有砟轨道预应力混凝土简支箱梁	20	1/13 294	—	—	—
82				24	1/7 976	—	—	—
83				32	1/3 553	—	—	—

续上表

序号	项目名称	设计速度(km/h)	图名(或桥名)	跨度(m)	挠跨比(直线)中跨	挠跨比(直线)边跨	挠跨比(曲线)中跨	挠跨比(曲线)边跨
84	京沈客专	160	有砟轨道预应力混凝土连续梁	40+64+40	1/3 037	1/4 747	—	—
85				60+100+60	1/3 029	1/5 581	—	—
86		300	有砟轨道预应力混凝土连续梁	40+64+40	1/3 698	1/6 100	—	—
87				48+80+48	1/3 783	1/6 533	—	—
88				60+100+60	1/3 497	1/6 487	—	—
89	商合杭	350	无砟轨道预应力混凝土简支箱梁	23.5(31.5)	—	—	1/12 455 (1/5 537)	—
90				39.1	—	—	1/5 137	—
91				47.1	—	—	1/5 778	—
92			无砟轨道预应力混凝土连续梁	36+48+36	1/4 248	—	—	—
93				40+64+64+40	1/3 313	—	—	—
94				60+100+100+60	1/2 922	—	—	—
95				60+100+60+56	1/3 300	1/6 316 1/4 809	—	—
96			钢筋混凝土斜交刚构	12+16+12	1/3 980	1/4 175	—	—
97			无砟轨道预应力混凝土连续梁	72+128+72	—	—	1/2 688	—
98			无砟轨道预应力混凝土T构连续梁	64+64	—	—	1/4 129	—
99			无砟双线连续刚构拱桥	88+168+88	1/5 153	1/7 097	—	—
100				84+150+84	—	—	1/5 434	1/6 120
101			矮塔斜拉桥	94+220+94	1/2 818	1/8 336	—	—
102			古城特大桥连续结合梁	5×50	1/2 587	—	—	
103	济青高铁	350	128 m下承式无砟双线简支拱桥	128	—	—	1/5 781	—
104			144 m下承式无砟双线简支拱桥	144	—	—	1/6 293	—
105			无砟轨道后张法预应力混凝土连续箱梁(双线、悬浇)	56+88+56	—	—	1/4 654	1/7 796
106			无砟轨道后张法预应力混凝土连续箱梁(双线、悬浇)	62+112+62	1/2 960	1/6 743	1/2 960	1/6 743
107			无砟轨道后张法预应力混凝土连续箱梁(双线、悬浇)	32+48+48+32	1/5 270	1/8 221	1/5 270	1/8 221
108			无砟轨道钢筋混凝土斜交刚构连续梁(双线、支架现浇)	18+3×24+18	1/3 791	1/4 598	1/3 222	—
109		160	有砟轨道后张法预应力混凝土简支梁(单线支架现浇)	19.5	1/8 553	—	1/7 707	—
110	董家口	80	海洋环境预制后张法简支T梁(角钢支架方案)	32、24	1 978/ 2 876	2 049/ 2 989	—	—

续上表

序号	项目名称	设计速度(km/h)	图名(或桥名)	跨　度(m)	挠跨比(直线)		挠跨比(曲线)	
					中　跨	边　跨	中　跨	边　跨
111	青连线	200	有砟轨道预应力混凝土连续梁(双线)	32+48+32	1/3 274	1/5 282	—	—
112				40+56+40	1/3 473	1/4 648	—	—
113				40+64+40	1/2 758	1/4 878	—	—
114				48+80+48	1/2 600	1/4 980	—	—
115				60+100+60	1/2 936	1/5 902	—	—
116			有砟轨道预应力混凝土简支箱梁(双线)	50	1/3 468	—	—	—
117			有砟轨道预应力混凝土连续梁(双线)	30.9+40+40+30.9	1/4 142	1/5 691	—	—
118			有砟轨道预应力混凝土简支箱梁(双线、支架现浇)	32	1/3 220	—	—	—

经归纳提炼后制定出各设计标准铁路梁体竖向挠度容许值，见说明表 5.2.2—7。

说明表 5.2.2—7　梁体竖向挠度容许值

铁路设计标准	设计速度＼跨度范围	$L\leqslant 40$ m	40 m$<L\leqslant 80$ m	$L>80$ m
高速铁路	350 km/h	L/1 600	L/1 900	L/1 500
	300 km/h	L/1 500	L/1 600	L/1 100
	250 km/h	L/1 400	L/1 400	L/1 000
城际铁路	200 km/h	L/1 750	L/1 600	L/1 200
	160 km/h	L/1 600	L/1 350	L/1 100
	120 km/h	L/1 350	L/1 100	L/1 100
客货共线铁路	200 km/h	L/1 200	L/1 000	L/900
	160 km/h	L/1 000	L/900	L/800
重载铁路	120 km/h 及以下	L/900	L/800	L/700

上表所列梁体竖向挠度容许值，对于高速铁路、城际铁路及时速 200 km 客货共线铁路梁体竖向挠度容许值，均引自现行高速铁路、城际铁路及新建时速 200 km 客货共线铁路规范，时速 160 km 客货共线铁路梁体竖向挠度容许值采用《05 桥规》规定的较大容许值，重载铁路梁体竖向挠度容许值采用《05 桥规》较小容许值，个别跨度挠度容许值略有提高。

欧盟规范在检算活载作用下的竖向挠度和其他变形限值时，均考虑了动力系数；日本根据桥梁的情况根据必要性考虑动力系数；我国现行规范及其他相关规范在检算竖向挠度时都只计静活载，不考虑动力系数，为统一起见，本规范在制订有关结构变形限值时，均不考虑活载的动力系数。

对于单线桥梁，为保证运行时的车体竖向加速度与双线桥梁工况相当，梁体竖向挠度限值按相应双线桥限值的 0.6 倍取用。

(3)温度荷载作用下结构会产生变形,并与活载挠度进行叠加,结构设计中应予以考虑。在"客运专线无砟轨道预应力混凝土连续梁桥变形观测试验研究"课题在系统总结国内外规范关于结构温度梯度分布特征相关规定的基础上,针对京津城际铁路、石太客运专线预应力混凝土箱梁的竖向温度梯度分布及其对连续梁变形的影响进行了研究,并对主跨 100 m 的大跨度连续梁的温度变形进行了连续观测。理论和试验均表明,竖向温度梯度作用下,连续箱梁边、中跨均产生相应的竖向变形;且日照条件下连续梁中跨温度变形与活载挠度同向。课题研究中,对常用 32 m 跨度的简支梁温度变形进行了理论分析和实测验证,日照条件下简支箱梁产生上拱变形,与活载效应反向。因此规范条文涵盖了拱桥、刚架桥和连续梁桥。

结构温度变形计算时应考虑整体升降温、不同部位温差及温度梯度作用;对于混凝土梁温度梯度分布,在缺乏实测资料时,可按照现行《铁路桥涵混凝土结构设计规范》TB 10093相关规定执行。

对于一些特殊结构,温度力引起变形,对轨道不平顺影响问题应引起高度重视,以避免出现跳车点或限速点对行车造成影响。目前高速铁路对于轨道铺设精度(静态)的要求:高低方向,短波不平顺 30 m 弦长 2 mm/10 m,长波不平顺 300 m 弦长 10 mm/150 m。本规定是为了保证行车安全和乘坐的舒适性提出来的。在特殊结构如大跨度拱桥、刚构连续梁、桥墩高度差比较大等情况,温度力引起的不平顺超过本标准要求时,应对结构体系等进行调整使结构变形满足轨道要求。工程中的典型例子是日本第二千曲川斜拉桥,每年对轨道进行两次调整,以适应温度变形对轨道高程的影响。铁三院在设计京沪高速铁路跨越京开高速公路的半穿式拱桥时,中孔跨度 108 m,将两拱脚与桥墩固结,计算结果表明主跨中上下温度变形达到±28 mm,不满足上述要求,后均改为支座铰接,跨中上下温度变形小于 10 mm,满足轨道要求;另一例是设计长昆客运专线刚构连续梁,主跨跨度 120 m~160 m,当采用单壁墩计算时,不满足轨道上述要求,后改为双壁墩,即可满足轨道要求。

(4)对于预应力混凝土梁,特别是预应力混凝土简支梁,截面长期处于偏心受压状态,上下缘预压应力差较大。随着时间的增长,梁体会逐渐产生较大的徐变变形,即徐变上拱。梁体徐变上拱会导致线路的附加不平顺,影响行车安全性和乘坐舒适性。

我国既有普通铁路桥大多采用有砟桥面,梁体长期变形可以通过调整道砟厚度来保证线路的正常运行。但仍有部分桥梁由于变形过大对运营期间线路养护带来一定困难:如京山压煤改线徒河桥,跨度 32 m 预应力混凝土简支梁发生上拱 16. 17 cm 的现象。由于高速铁路对线路平顺性要求远高于普通铁路,高速铁路桥梁须具有长期变形小的特征,特别是铺设无砟轨道的桥梁,运营期间轨道平顺性只能通过扣件进行调整,且扣件调整量十分有限,因此必须严格限制梁体的长期残余变形,以保证桥上线路平顺。

针对既有普通铁路预应力混凝土简支 T 形梁徐变上拱开展了大量的研究工作。研究表明:恒载作用下截面应力水平以及梁体恒、活载设计弯矩比值是影响梁体竖向徐变变形关键因素;提高结构刚度可以降低截面应力水平,合理地布置预应力束可以使梁的截面上下缘应力在预应力及恒载的作用下尽量接近,可以有效控制梁体徐变上拱值。

实际工程中更为关注的是桥上轨道结构铺设完成后梁体的变形,即残余变形,预应力混凝土梁残余变形包括混凝土徐变变形、混凝土收缩变形、预应力长期损失引起的弹性变形恢复,其中混凝土徐变变形为其竖向残余变形的主要部分。需要指出的是,若轨道铺设完成后仍有部分桥面附属设施施工(如声屏障),该部分荷载引起的弹性变形应计入梁体残余变形。

"客运专线无砟轨道预应力混凝土连续梁桥变形观测试验研究"课题理论和实测结果表明,在现有设计时速 350 km 客运专线连续梁刚度和预应力配束条件下,通过严格控制阶段混凝土质量和各阶段预应力张拉的准确,按照现有设计二期恒载上桥时间(60 天),其梁体长期残余变形可以控制在±10 mm 以内。在我国工程实践的基础上,提出了梁体残余变形的限值。

值得注意的是,对于等跨布置的简支梁桥结构,梁体徐变变形对车体形成周期性激励,并使得动车组在低速区段(100 km/h 速度附近)产生振动加速度峰值,车体振动加速度量值与梁体徐变变形呈线性关系。高速铁路轨道检查车轨检数据表明,部分设计时速 250 km 及以下的线路(桥梁区段)出现明显的周期不平顺,波长与等跨布置简支梁跨度对应,影响动车组的乘坐舒适性,且难以通过扣件系统进行调整。与高速铁路相比,虽然城际铁路梁体的活载挠度限值可降低,但徐变变形限值应保持一致;即在城际铁路梁体刚度降低的条件下,需通过调整预应力束布置等措施严格控制徐变变形。建议城际铁路桥梁设计时,梁体残余徐变量的设计值不宜超过同类型高速铁路桥梁设计值。

5.2.3　各国铁路桥梁设计规范都对桥梁的最大横向变形(静位移)进行了限制。目的是为列车运行提供平直的轨道,如果水平位移过大,就会产生显著的轨道的方向不平顺,进而影响车辆运行的安全性和乘坐舒适性。

1　关于梁体的水平挠度限值

德国规范 DIN 101 规定了上部结构的横向变形:

①上部结构横向变形计算考虑下列荷载之和:考虑动力系数的 UIC 71 荷载、风荷载、横向摇摆力、离心力和上部结构两侧温差。

②上部结构横向变形 δ_h 不超过说明表 5.2.3 中的限值。

说明表 5.2.3　水平弯曲引起的最大转角和最小曲线半径允许值表

速度范围	最大折角变化(rad)	最小水平曲线半径(m)	
		单线上部结构	多线上部结构
$V \leqslant 120$ km/h	3.5‰	1 700	3 500
120 km/h$<V\leqslant$200 km/h	2.0‰	6 000	9 500
$V>200$ km/h	1.5‰	14 000	17 500

注:横向变形包括上部结构和下部结构(包括桥墩和基础);水平曲线半径由下式给出 $R=\frac{L^2}{8\delta_h}$。

德国规范 DIN 101 采用梁端转角和梁体横向水平挠度形成的曲线半径双控制:从转角控制值推算出横向水平挠度限值当120 km/h$<V\leqslant$220 km/h 时为 $L/2\ 000$(假定横向挠度为圆曲线);从横向水平挠度形成的曲线半径控制标准推算出的横向挠度限值为$L/4\ 000$。

UIC 标准直接用梁体横向水平挠度控制,限值为 $L/4\ 000$。梁体的横向变形的检算荷载为:考虑动力系数的 UIC 71 活载、风荷载、横向摇摆力、离心力和上部结构两侧温差。

日本 1992 年的规范在正式条文中未作明确规定,但在条文解释中认为横向水平方向的挠度限制值可取垂直挠度的 1/2,约为 $L/4\ 000$。

《05 桥规》编制时,采纳了《高速铁路暂规》的相关规定,即采用 $L/4\ 000$ 作为梁体的横向变形限值。本次规范修订沿用《05 桥规》的规定。

2 关于横向相对位移

无砟轨道桥梁相邻梁端两侧的钢轨支点横向相对位移不应大于 1 mm。本规范沿用《客运专线无砟轨道铁路设计指南》(铁建设函〔2005〕754 号)相关规定。

梁缝两侧的钢轨支点由于支座横向的构造间隙、梁端竖向转角、支座弹性压缩变形以及坡道梁活动支座的水平移动等因素的影响,会产生横向和竖向相对位移,造成钢轨、扣件等局部受力。德国规范规定:竖向相对位移不超过 1 mm,必要时活动支座按一定坡度活动,活动坡度与坡道梁坡度相匹配;横向相对位移不超过 1 mm,必要时在梁端两支座间中部设置横向限位装置。

5.2.4 对梁式桥跨结构容许挠度的规定,主要是为了适应列车安全平衡运行的要求,并考虑挠度对结构本身的影响。当挠度较大时,支座转角亦大,线路形成突变,不能维持连续平顺的曲线,致使此处受到冲击力,不利于养护。

德国规范 DIN 101 关于桥面扭转变形的限值规定如下:

(1)计算桥梁扭转时采用考虑动力系数的 UIC 71 荷载。

(2)3 m 长度的最大扭曲变形不超过下列限值:

当 $V \leqslant 120$ km/h 时,$t \leqslant 4.5$ mm/3 m;

当 120 km/h$<V \leqslant 200$ km/h 时,$t \leqslant 3.0$ mm/3 m;

当 $V>200$ km/h 时,$t \leqslant 1.5$ mm/3 m。

(3)当速度 $V>200$ km/h 的情况,需要进行附加检算,考虑动力系数的实际运营荷载计算的扭曲变形 $t \leqslant 1.5$ mm/3 m。桥面允许扭转变形示意图如说明图 5.2.4 所示。

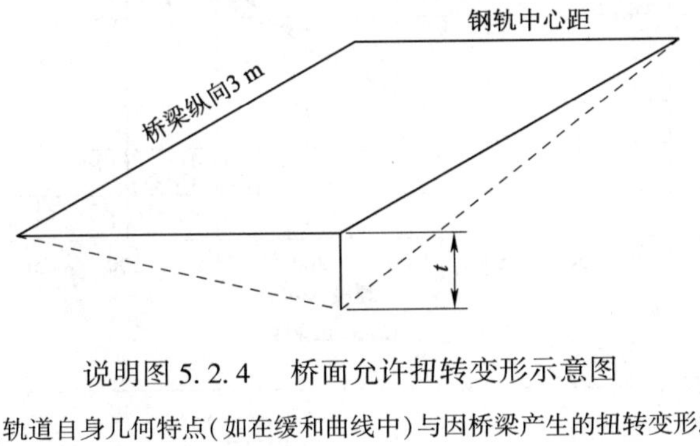

说明图 5.2.4 桥面允许扭转变形示意图

注:如果没有进一步规定,轨道自身几何特点(如在缓和曲线中)与因桥梁产生的扭转变形之和不能超过 4.5 mm/3 m。

结合不同等级铁路轨道自身的特点,经研究后提出了本规范对高速铁路、城际铁路、客货共线、重载铁路扭转限值要求。

5.2.5 为了避免桥梁出现激烈的振动,保证列车高速运行的安全性和乘坐的舒适性,对桥梁的最小自振频率加以限制是十分必要的。列车以一定速度通过简支梁桥时,对桥梁的作用类似于频率固定的激振源。列车速度改变时,相应的激振频率就会发生变化。当结构固有频率与激振频率接近时,将会产生较大的振动或者共振现象,进而可能引发道床不稳定、钢轨损伤、混凝土梁开裂,甚至危及桥梁的安全。

国内外大量针对简支梁车桥动力研究结果表明,梁体竖向固有频率、列车运行速度、车辆长度(转向架间距)、结构阻尼、车轮的缺陷(轮缘扁疤)、轨道不平顺性等均是影响车桥动力响应的因素。日本学者松浦章夫(1976 年)在研究铁路桥梁竖向共振机理时指出,列车移动荷载对桥梁的竖向激振频率主要取决于车速 v m/s 和车长 L_v m,而轴距、定距、两车相邻转向架的中心距由于重复作用不连续,相对处于次要地位。即:激振频率=速度/车长。我国在大量车桥耦合分析及试验验证中也得到了相同的结论。从京津城际联调联试中实测动车组以不同速度通过 32 m 和 24 m 箱梁时的激振频率(说明图 5.2.5—1)可以看出,对于常用跨度简支梁,列车激振频率与其运行速度呈较好的线性关系,与梁体跨度无直接关系。因此确定简支梁合理自振频率取值对保证列车的运营安全及舒适尤为重要。

(1)国际铁路联盟早期曾组织相关研究机构针对各种运营列车,进行大量的车桥动力计算分析。研究表明梁体固有频率过低将导致高速列车通过时产生较大振动或共振,频率过高时桥上轨道不平顺引起的车辆动力响应明显增加,因此确定了不同跨度简支梁竖向自振频率上、下限值(说明图 5.2.5—2);并规定当梁体基频满足限值要求时,高速铁路桥梁设计可按 UIC 活载图式、相应的动力系数进行静力计算,即可保证桥梁设计活载应大于运营活载效应。

《设计暂规》中关于简支梁竖向自振频率下限值是参考 UIC 规范,并根据我国高速铁路桥梁设计中大量车桥耦合分析结果制定的,考虑到本规范适用于 250 km/h～350 km/h 高速铁路,且桥梁设计中采用的 ZK 活载图式是基于国际铁路联盟 UIC 活载图式制定的,为便于桥梁设计,高速铁路桥梁的竖向自振频率下限值参考 UIC 规范的规定。

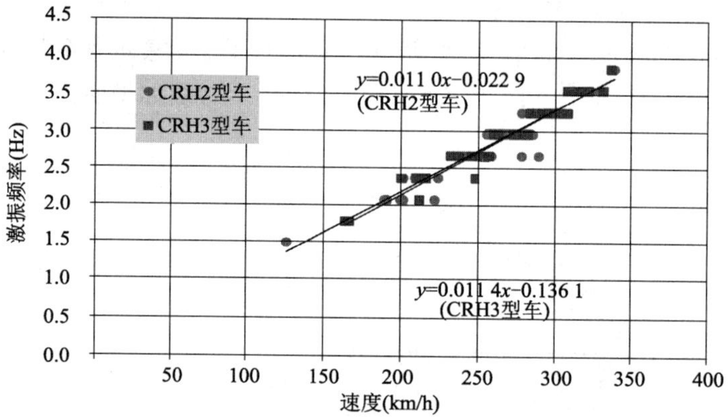

(a) 32 m 箱梁

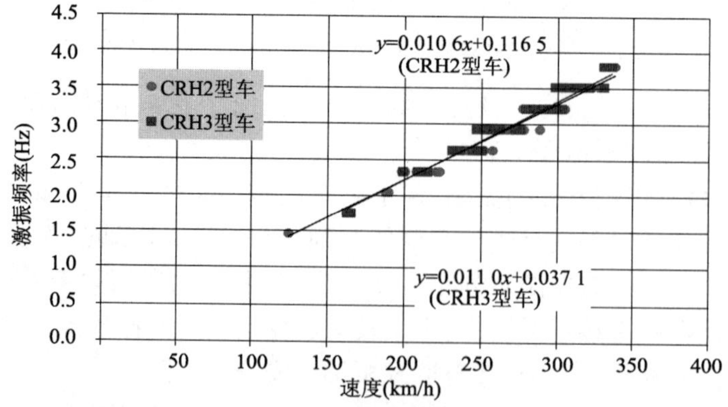

(b) 24 m 箱梁

说明图 5.2.5—1　动车组竖向强振频率与行车速度关系图

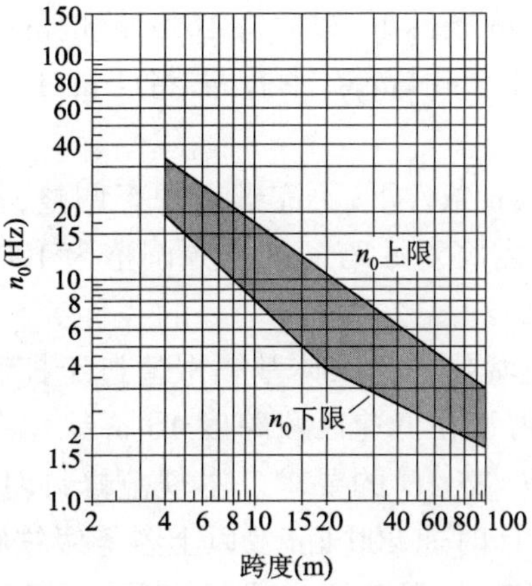

n_0上限的确定出于不致使轨道不平顺动力响应增大

$n_0=94.76\times L^{-0.748}$

n_0下限的确定出于不致使桥梁出现共振或振动过大

$n_0=\dfrac{80}{L}$　　4 m≤L≤20 m

$n_0=23.58\times L^{-0.592}$　　20 m<L≤100 m

说明图 5.2.5—2　UIC 规范规定的不同跨度简支梁自振频率限值

在“时速 250 km 以下城际铁路设计活载及桥梁结构相关技术标准研究”中，分析了采用 ZK(ZC)活载图式条件下，满足设计活载动效应大于运营活载动效应的梁体基频限值，如说明图 5.3.5—3和说明图 5.3.5—4 所示。以 UIC 基频限值为参考基准，频率调整方案如下：

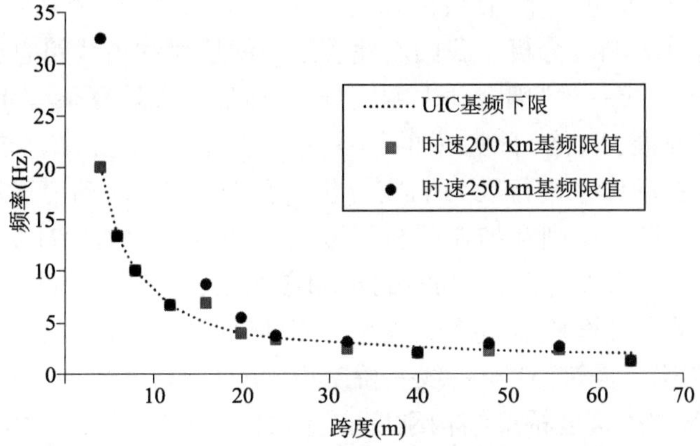

说明图 5.2.5—3　采用 ZC 活载图式条件下梁体基频限值对比图

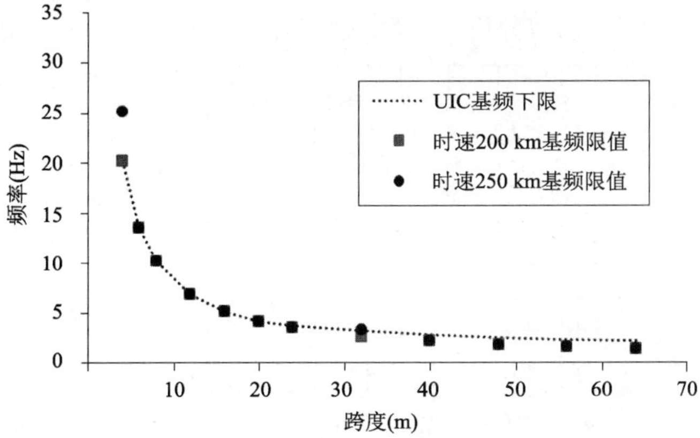

说明图 5.2.5—4　采用 ZK 活载图式条件下梁体基频限值对比图

1)采用 ZC 活载图式,最高运营时速 200 km 条件下,只需将 16 m 跨度的基频调整至 100/*L*~110/*L* 之间,可满足要求;最高运营时速 250 km 条件下,需将 4 m、16 m、48 m 和 56 m 跨度的基频进行调整。

2)采用 ZK 活载图式,最高运营时速 200 km 条件下,不需进行频率调整,各种跨度均可满足要求;最高运营时速 250 km 条件下,只需将 4 m 跨度的基频调整为 100/*L*,可满足要求;此外,更大跨度基频限值可进一步降低。

《城际铁路设计规范》编制时认为,为避免城际铁路梁体基频限值过于控制梁部结构设计,经研究,按 UIC 梁体基频下限值取用。由于在低速区段跨度 16 m 梁体存在振动峰值点,研究提出跨度 16 m 梁体基频不可低于 6. 25 Hz 的要求。本规范修订时,从考虑经济性要求出发,将本规定纳入并普遍适用于设计时速 200 km 及以上各等级铁路。

(2)国际铁路联盟对高速铁路车桥动力响应的最新研究成果表明:由于早期研究中在列车长度、阻尼等参数取值存在一定的偏差,且未考虑桥梁的扭转效应。虽然梁体基频满足上述限值要求,但随着高速列车运营速度的不断提高,梁体仍有发生共振现象的可能。如巴黎—里昂高速铁路线上的部分 14 m~20 m 跨度桥梁,当车速达到 260 km/h 时桥梁产生了共振,并出现实际运营列车效应(运营活载×实际动力系数)大于设计荷载效应(UIC×设计动力系数)的情况。因此,即使设计选用的梁体竖向自振频率可满足最低频率限值,原《设计暂规》仍规定桥梁结构除进行静力分析外,尚应按实际运营列车进行“车—线—桥”耦合动力响应分析。我国新建客运专线桥梁约占线路总长 50%左右,对大量桥梁结构进行“车—线—桥”耦合动力响应分析,增加了大量复杂、耗时的计算工作。

随着高速铁路发展,以德、日为主的国家针对高速铁路桥梁性能与特点,通过对“车—线—桥”耦合振动体系进行动力响应分析及部分室内、外动力试验验证,进一步研究了高速铁路桥梁的设计原则和控制指标。欧盟新版规范(EN1991-2:2003)中,不仅规定了高速铁路桥梁的动力设计流程,同时制定相应图表,规定了不同跨度、不同桥梁恒载条件下不需要进行动力检算桥梁的最小基频限值,以保证桥梁动力性能满足行车安全及乘坐舒适要求,并明确了需进行“车—线—桥”动力仿真分析的各种特殊情况。

“客运专线铁路常用跨度桥梁结构刚度和基频标准研究”中对欧盟、德国、日本等国外规范和我国原《设计暂规》的相关规定进行了对比分析,并分别采用移动荷载列模型和车—桥分析模型对不同刚度的简支梁进行了大量的动力响应分析,并与实测结果进行了对比(说明图 5. 2. 5—5)。动力分析中,简支梁跨度包括 12 m、16 m、20 m、24 m、32 m、

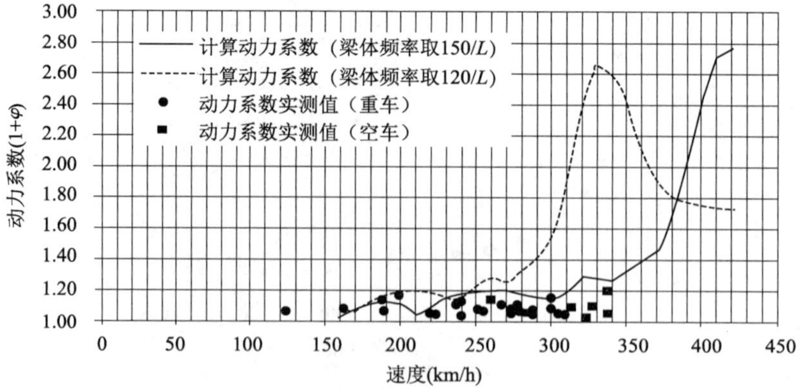

说明图 5. 2. 5—5　CRH2 型车作用下 32 m 简支箱梁计算和实测动力系数对比图(京津)

40 m；梁型为单、双线预应力混凝土整孔箱梁；车辆类型包括 CRH2、CRH3、CRH5、ICE3、欧盟 HSLM A01~10。在综合分析桥梁动力响应与列车类型（轴重、轴距和车长）、运行速度、桥梁刚度（基频）的关系基础上，提出了 CRH 系列客车（车辆长 25 m）不同设计速度条件下 40 m 以下混凝土及预应力混凝土双线简支梁不需进行车桥耦合动力分析的竖向自振频率限值。

（3）本规范条文制定时，借鉴了《高速铁路设计规范》的研究成果，规定了适用于 250 km/h、300 km/h 和 350 km/h 常用跨度预应力混凝土桥梁竖向自振频率下限值，满足该限值，梁部结构设计时可不再进行车桥耦合动力分析。

无砟轨道小跨简支梁梁端竖向转角限值在原暂规的基础上有所放宽，为了考察其对现设计的影响，针对时速 250 km 原铁道部颁布的小跨简支箱梁通用图进行了分析验证。可以得出如下结论：虽然梁端竖向转角限值有所放宽，但由于自振频率限值、工后混凝土收缩徐变上拱限值等因素对梁的刚度的影响，通用图在现设计梁端竖向转角基础上再放宽的余地有限，对实际设计不会有大的影响；同时梁端竖向转角限值放宽后，梁仍能满足动力性能要求。

需要指出的是，条文中限值仅适用于 CRH 系列客车（车辆长按 25 m 计），当车辆长度变化较大时，还应单独进行车桥动力分析；对于单线简支梁，由于相同频率条件下，其梁体竖向刚度约为双线梁的一半，列车通过时振动加速度明显增加，也应进行车桥动力分析。另外，若梁体采用非箱形截面，当梁体一阶扭转频率大于 1.2 倍的梁体一阶竖向频率时，方适用本条限值。

我国高速铁路常用跨度预应力混凝土箱梁均采用高性能混凝土材料。通过对京沪高速铁路制梁厂混凝土材料强度和弹性模量发展规律进行测试和统计，如说明图 5.2.5—6 所示。结果表明：10 天龄期时，混凝土强度和弹性模量均达到 C50 设计值（以满足梁体预应力终张要求）；至 28 天龄期时，混凝土强度和弹性模量分别约为 70 MPa 和 45 GPa，比 C50 混凝土设计指标分别高出 40% 和 27%。

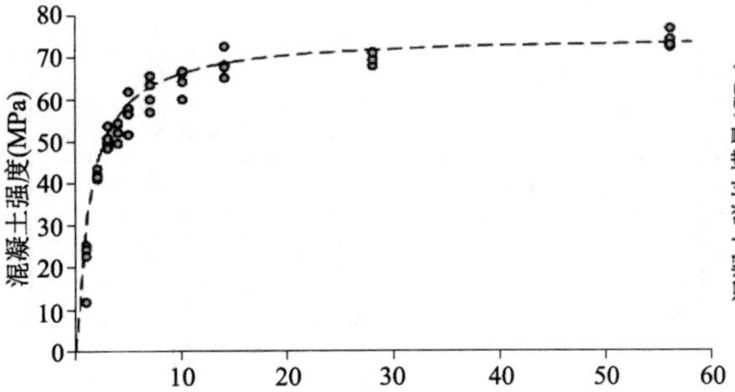

(a) 混凝土强度

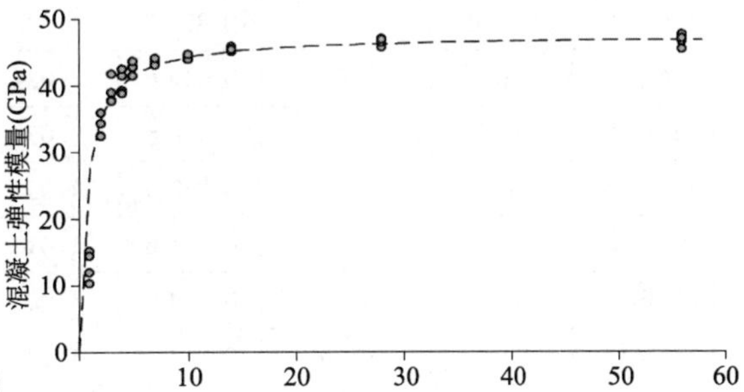

(b) 混凝土弹性模量

说明图 5.2.5—6　高性能混凝土材料强度和弹性模量实测结果（京沪高速铁路）

近年来，科研单位在针对采用高性能混凝土材料的 32 m 整孔简支箱梁进行了系列的试验研究（分别依托合宁、石太、郑西、海南东环、成灌、合蚌、广珠、昌久、南广、珠三角等）中，通过静载试验实测挠跨比和设计挠跨比的差异，推算试件龄期（49 天~129 天）条件下混凝土材料的换算弹性模量。统计表明，结构换算弹性模量在 39.1 GPa~51.0 GPa。桥梁的自振频率和梁体混凝土的弹性模量、二期恒载均较大关系。在实际测量中由于大部分梁体混凝土弹性模量超过设计值，导致实测梁体自振频率一般大于设计值较多。

5.2.6 梁端转角的限制主要是为了保证列车运行的安全性和轨道结构的稳定性。梁端转角的限制分竖向和横向水平。

竖向转角的限值在日本和欧盟标准中作了明确的规定，且两者的限制方式和限值标准基本差不多，均限制一个墩两跨梁端的转角之和，日本的限值标准为5.5‰(L<30 m)及4.5‰(L>30 m)，欧盟的限值标准为5‰。但计算转角的荷载相差较大，组合略有差别，日本采用NP活载，除8 m以下的极小跨度外，对梁体的荷载效应仅是UIC 71的0.4左右；在荷载组合上日本仅考虑列车活载，列车冲击力视必要性考虑；而欧盟标准采用考虑动力系数的UIC71活载以及考虑温度的波动。

(1)客货共线铁路

我国现行铁路桥涵设计规范未限制梁端转角，《时速200公里新建铁路设计暂行规定》对梁端转角的限制采用的标准与日本基本相当，但其计算荷载为UIC标准的0.8倍。从各国的规范及经验来看，应该限制梁端转角，日本的活载标准与我国相差较大；欧盟标准进行转角计算的荷载组合考虑了温度的波动，欧盟的荷载标准与我国铁路基本相当。为便于比较分析，现将欧盟标准换算到双线“中—活载”作用下的转角限值列于说明表5.2.6—1；将我国《时速200公里新建铁路设计暂行规定》梁端转角限值标准换算到中—活载下的限值，结果列于说明表5.2.6—2。

说明表5.2.6—1　中—活载作用下欧盟规范的转角限值

跨　度 (m)	中活载 q_c (kN/m)	UIC 活载 q_u (kN/m)	$k_1=\frac{q_c}{q_u}$	UIC 活载 $1+\mu$	$\theta/(\theta_1+\theta_2)$(99桥规值) ($10^{-3}$rad)	$\theta/(\theta_1+\theta_2)$(换算值) ($10^{-3}$rad)
16(T梁)	119.4	129.6	0.921 3	1.199	3.5/5	3.8/5.4
20(T梁)	110.2	121.5	0.907 0	1.157	3.5/5	4.0/5.7
24(T梁)	104.0	115.6	0.899 7	1.126	3.5/5	4.5/6.4
32(T梁)	98.4	107.7	0.913 6	1.084	3.5/5	4.9/7.0
24(箱梁)	104.0	115.6	0.899 7	1.126	3.5/5	5.2/7.4
32(箱梁)	98.4	107.7	0.913 6	1.084	3.5/5	5.6/8.0
40(箱梁)	96.1	102.6	0.936 6	1.055	3.5/5	5.9/8.5
48(箱梁)	94.5	99.1	0.953 5	1.034	3.5/5	6.1/8.8
56(箱梁)	92.8	96.5	0.961 6	1.018	3.5/5	6.3/9.0
64(箱梁)	91.1	94.5	0.964 0	1.005	3.5/5	6.4/9.1
72(箱梁)	89.6	93.0	0.963 4	1.000	3.5/5	6.4/9.2
96(箱梁)	86.0	89.9	0.956 6	1.000	3.5/5	6.4/9.1

说明表5.2.6—2　中活载作用下《时速200公里新建铁路设计暂行规定》的转角限值

变位方向	错位 δ (mm)	转角 θ(1/1 000)			
		平行移动转角		弯　折	
		L<30 m	$L\geq$30 m	L<30 m	$L\geq$30 m
垂　直	2.0	5.06	4.57	6.18	5.13

各国转角的限制目的主要是为了保证列车走行的安全性,因此限制两跨的转角之和更符合列车走行的实际情况。综合比较国内外的规范和研究,并考虑今后的发展储备,建议采用两跨的转角之和进行限制,其限值建议为:

路基与桥梁过渡处梁端:$\theta=3\times10^{-3}$ rad

两梁之间的转角:$\theta_1+\theta_2=5\times10^{-3}$ rad

(2)高速铁路

对于采用有砟轨道的桥梁,梁端转角过大会导致位于梁端伸缩缝部位的道床不稳定,导致轨道养护工作量增大,对高速行车条件下的安全和舒适性具有一定的影响。

德国规范 DIN 101(2003)对于有砟轨道桥梁梁端转角限值规定如下:

1)在考虑动力系数的 UIC 71 荷载和温差作用下,线路中心处的梁端最大转角不应超过下列值:

单线桥:

$\theta=6.5‰$ rad(桥台与桥梁之间)

$\theta_1+\theta_2=10‰$ rad(相邻两孔梁之间)

双线梁:

$\theta=3.5‰$ rad(桥台与桥梁之间)

$\theta_1+\theta_2=5‰$ rad(相邻两孔梁之间)

2)当速度 $V>200$ km/h 时,要求对考虑动力系数的实际运营荷载做附加检验,线路中心处的梁端最大转角不应超过下列值:

$\theta=2‰/h_m$ rad(桥台与桥梁之间)

$\theta_1+\theta_2=4‰/h_m$ rad(相邻两孔梁之间)

式中 h_m是钢轨顶面至桥梁支座中心间的距离。梁端转角示意图如说明图 5.2.6—1 所示。

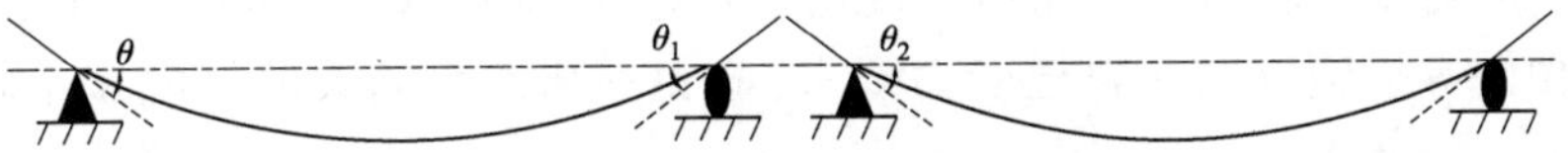

说明图 5.2.6—1 梁端转角示意图

对于采用有砟轨道的桥梁,为保证桥梁接缝部位有砟道床稳定性,考虑到我国 ZK 设计活载与 UIC 活载的差异以及梁端转角计算时不考虑动力系数和温差作用的影响等情况,经研究规定:在 ZK 静活载作用下,有砟轨道桥梁梁端竖向转角不应大于 2‰。

对于采用无砟轨道的桥梁,由于梁端竖向转角使得梁缝两侧的钢轨支点分别产生钢轨的上拔和下压现象(说明图 5.2.6—2)。当上拔力大于钢轨扣件的扣压力时将导致钢轨与下垫板脱开,当垫板所受下压力过大时可能导致垫板产生破坏。为了保证梁端扣件

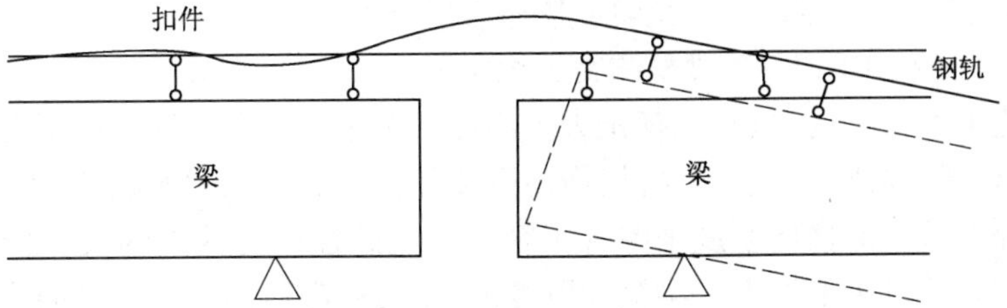

说明图 5.2.6—2 梁端转角影响示意图

系统的受力及线路安全、减少运营期间的维修工作量，既有《设计暂规》采用了无砟轨道桥梁梁端竖向转角不大于 1.0‰的规定。

在"铁路客运专线无砟轨道桥梁梁端轨道结构受力计算方法研究"中，采用梁轨一体化计算模型，分别从梁端转角、梁端悬出长度、桥上无砟轨道（Ⅰ型）布板形式及扣件参数等对梁端轨道受力的影响进行了较系统研究。研究表明：无砟轨道桥梁梁端轨道结构受力随梁端的支座截面竖向转角和扣件系统节点刚度增大而增大；梁端轨道结构受力随梁端支座悬出长度的增大而增大；随钢轨支点间距及跨桥梁伸缩缝钢轨支点间距的增大而减小。客运专线常用跨度 24 m、32 m 简支箱梁，在 ZK 静活载作用下，梁端竖向转角不大于 1‰且悬出长度不大于 0.75 m 时、梁端竖向转角不大于 1.5‰且悬出长度不大于 0.55 mm时，梁端钢轨支点可满足扣压力 12 kN 小阻力扣件的受力要求；梁端竖向转角不大于 1.5‰且悬出长度不大于 0.75 m 时，梁端钢轨支点可满足扣压力 18 kN 常阻力扣件的受力要求。

本规范条文修订时，应用了上述研究成果，同时考虑了桥上轨道扣件的类型以及中小跨度桥梁设计情况，提出了当梁端悬出长度小于等于 0.55 m 时，采用小阻力扣件时桥台和桥梁间梁端转角限值可调整至 1.5‰，相邻两孔梁之间的转角之和可调整至 3.0‰。采用常阻力扣件时，简支梁梁端悬出长度可增大至 0.75 m。

需要特别注意的是，当相邻两孔梁之间的转角之和（$\theta_1+\theta_2$）满足本条规定的限值时，每孔梁的转角（θ_1、θ_2）尚应满足"桥台与桥梁间转角限值"规定。特别是当大跨度无砟轨道桥梁梁端转角不满足上述要求时，应检算梁端转角变形对轨道结构的影响，并采取相应措施。

综上，基于保证桥梁接缝部位有砟轨道道床的稳定性和无砟轨道扣件系统受力要求，提出了上述的规定。从我国高速铁路桥梁设计实践看，无砟轨道桥梁（尤其是大跨度桥梁）梁端转角限值往往成为梁体刚度设计的控制指标，提出当梁端转角限值不满足表中限值要求时，应对梁端轨道结构和扣件系统受力进行专项检算，必要时可通过采用过渡梁结构、特殊扣件等措施以适应轨道受力要求，避免一味的提高梁的刚度满足转角限值的做法。

（3）城际铁路

《城际铁路设计规范》参照《高速铁路设计规范》的规定，并应用了上述研究成果。考虑到时速 160 km 及以下无砟轨道城际铁路轨道类型、扣件系统可相应调整对转角限值进行了规定。"城际铁路常用跨度简支梁合理结构形式"的研究中，针对无砟轨道 T 形梁梁端悬出长度区别于箱梁的情况，补充了梁端悬出长度小于等于 0.3 m 时的梁端转角限值。

5.2.7　钢梁横向应有足够的刚度，若钢梁宽度太小，横向刚度不足，则可能引起：

（1）横向剧烈振动，导致列车脱轨或使旅客感觉不舒适。

（2）在列车荷载作用下，桥梁整体丧失稳定。

为了避免上列情况的出现，尤其是为了确保列车不脱轨和桥梁整体不丧失稳定，桥梁必须具有足够的横向刚度。显然，桥梁横向刚度较大时，旅客的舒适感必定得到改善，但是想完全靠提高桥梁的横向刚度来改善旅客的舒适感往往是困难的，也是不经济的。旅客舒适感的改善除可采取增大桥梁横向刚度外，主要还需借助改进车辆的构造来解决。

5.3.1　我国铁路拱桥的矢跨比一般为 1/3～1/5。过陡的矢跨比对圬工施工带来较大的困难,且桥跨圬工量也比较大;过坦的矢跨比将使墩台结构复杂,温度收缩的附加内力增大。一些施工实践说明,铁路上矢跨比采用到 1/8 的钢筋混凝土拱桥在建造上并不困难,国外建成矢跨比在 1/7 左右的石拱桥及钢筋混凝土拱桥是较多的。根据我国拱桥建造经验,矢跨比一般可采用 1/3~1/7。设计时应按具体地形、地质、水文等情况从中选取合理的矢跨比。

5.3.2 最合理的拱轴线应该是在给定荷载作用下不使拱各截面产生弯矩之压力线。但是,桥上列车活载位置是不固定的,要求选择一拱轴线,在任意列车活载及恒载组合作用下,拱各截面不产生弯矩,是不可能的。因此只能说合理拱轴线是指在列车活载及恒载等组合作用下拱各截面弯矩最小的压力线。通常拱轴线采用恒载压力线或恒载及匀布在全跨上的一半列车静活载压力线。

为了设计及施工方便起见,拱轴线常采用与上述压力线吻合较好的圆曲线、悬链线、二次抛物线或高次抛物线。在不少混凝土拱桥中,拱圈(拱肋)常在拱顶附近的下翼缘出现径向裂缝,除由于构造及施工存在缺陷外,有时是因为拱轴线选择不甚合理引起的。对于超静定拱,拱圈(拱肋)弹性压缩、混凝土收缩和徐变以及墩台基础沉陷等因素均会引起拱轴线变化,常使拱顶截面在恒载作用下产生正弯矩,与拱顶活载正弯矩叠合,导致该截面下翼缘出现径向裂缝。故在选择超静定拱轴线时,有必要使拱顶截面在恒载作用下存在一定的负弯矩,以减小设计正弯矩,降低下翼缘的拉应力,防止出现裂缝。对于跨度为 80 m~100 m 的超静定拱,可先以上述压力线作为初拟拱轴线,再考虑拱圈(拱肋)弹性压缩、混凝土收缩和徐变以及预计的基础沉陷诸因素逐步校正,直至求得最合理的拱轴线。

5.3.3 板拱的拱圈宽度及肋拱的外肋中心距,除应按照实际受力来决定外,还应从保证拱的横向刚度及稳定性来考虑,使纵向稳定与横向稳定相一致,以求得经济和安全的可靠性。《75 桥规》规定拱桥宽度为不得小于计算跨度的 1/20,且不得小于 3 m。但在国内外已建成的大跨度拱桥中(包括钢拱及钢筋混凝土拱、箱形拱和肋拱),该宽度小于计算跨度的 1/20 者不在少数。如南斯拉夫克尔克Ⅰ号桥,宽跨比仅为 1/30,南斯拉夫另一座舍宾斯基拱桥,宽跨比仅为 1/32.5;在我国已建成的几座铁路钢筋混凝土拱桥中,其宽跨比也有未达到《75 桥规》要求者,如丹河桥为 1/26.67。因此本规范规定拱桥宽跨比一般不宜小于 1/20,以免限制过严。

位于直线上的桥梁,具有双侧人行道的桥面净宽规定不应小于 4.9 m,如果拱圈(拱肋外缘距离)小于 3 m,则桥面板两侧向外悬出的长度过大,活载压力线超出拱圈过多,桥面板构造复杂,因此规定不宜小于 3 m。

悬砌拱基肋的宽度主要应根据施工中基肋所形成的拱圈,在低龄期处于裸拱状态时自重作用下的稳定性和强度要求来决定。

5.3.4 设置固定墩的目的,主要是考虑多跨连拱在一孔跨或一个墩台遭到破坏时不致全部倒塌,并考虑到施工组织安排或拱架等设备的倒用,不可能过多的孔跨同时施工。但固定墩的体积很大,过多的设置将使全桥很不经济且不合理。综合以上因素,两相邻固定墩间的跨数以不大于 4 跨为宜。

5.3.5 此条规定主要是针对钢拱桥。在目前设计中,钢筋混凝土等材料建成的拱桥的挠度不可能达到计算跨度的 1/800,因此不必检算。规定拱桥容许挠度的目的与梁桥相同。

5.3.6 利用影响线计算活载内力时,小跨度拱桥影响线加载长度很短,集中轴重之纵向分布对拱圈的活载内力影响很大,故有必要考虑轴重的纵向分布。纵向分布系将集中轴重部分按 45°分布为均布荷载,其换算后的作用面取为拱顶处道砟层底面之同一水平面。

标准活载的横向分布,在轨底水平面内的作用宽度等于轨枕长度,即 2.5 m。其在道砟层内的分布线与竖直线的交角为 45°。考虑到拱顶道砟厚度一般不超过 1 m,因此,每一线路在拱圈分布的横向宽度最大取 4.5 m。

5.3.7　稳定性可按承受最大水平推力的中心受压杆件进行检算,其计算长度 L_0 按下式计算:

$$L_0=\pi\sqrt{\frac{8f}{KL}}\cdot L$$

式中　L——拱的跨度;

f——拱的矢高;

K——按拱的形式及矢跨比由说明表 5.3.7—1 选用,中间数值按直线插入;当连续式拱上结构参与拱共同受力时,K 值增大 $\left(1+\frac{EI_b}{EI_a}\right)$ 倍,此处 EI_b 和 EI_a 分别为桥面梁和拱圈(拱肋)的截面刚度(I 为全截面惯性矩,不计钢筋);当为双铰系杆拱,且系杆用竖直吊杆与拱肋连接,则 K 值取双铰拱的 2 倍。

说明表 5.3.7—1　K 值

f/L	0.1	0.2	0.3	0.4	0.5	0.6	0.8	1.0
无铰拱	60.7	101.0	115.0	111.0	97.4	83.8	59.1	43.7
双铰拱	28.5	45.5	46.5	43.9	38.4	30.5	20.0	14.1
三铰拱	22.5	39.6	46.5	43.9	38.4	30.5	20.0	14.1

对变截面拱,可采用拱的换算等量截面惯性矩及相应的截面积进行检算。换算等量截面惯性矩时,可按下法计算:将半个拱圈取直为一简支梁,再取一跨度相同的等截面简支梁,在两者跨度中央作用一单位集中荷载,当该点挠度彼此相等时,后者的截面惯性矩即视为该拱的换算等量截面惯性矩。换算等量截面面积按宽度为拱宽、惯性矩等于换算等量截面惯性矩的矩形截面推算。当拱截面惯性矩变化不大时,可直接采用跨度 1/4 处的截面惯性矩及截面积进行检算。按此法计算的稳定安全系数不得小于 4~5。必要时还应检算拱肋在拱平面外的稳定,可近似地将其视为长度等于拱轴长度的组合直杆进行检算。

跨度、矢高及拱轴线形状确定后,对于拱内力的影响将是拱截面变化规律。通常,在变截面悬链线拱中,截面变化规律采用下列公式计算:

$$\frac{I_s}{I\cos\varphi}=1-(1-n)\xi$$

$$n=\frac{I_s}{I_k\cos\varphi_k}$$

式中　I——拱任意截面惯性矩;

I_s, I_k——拱顶和拱脚截面惯性矩;

φ——拱任意截面拱轴线的水平倾角;

φ_k——拱脚截面拱轴线的水平倾角。

由上列两公式可知，拱截面变化规律仅取决于参数 n，计算中，原拟定的 I_s/I_k 值与最后确定的 I'_s/I'_k 值的差如果不超过 30%，即 $\frac{I_s/I_k-I'_s/I'_k}{I_s/I_k}=\frac{n-n'}{n}\leqslant 0.3$ 或 $\frac{I'_s/I'_k-I_s/I_k}{I_s/I_k}=\frac{n'-n}{n}\leqslant 0.3$，则取拱轴系数 $m=1$ 及 9.889，$n=0.6$。若计算修正的 $n'=0.7\sim1.3$，$n=0.42\sim0.78$，则拱顶、跨度 1/4 点及拱脚等三截面内力影响线面积增减的百分数见说明表 5.3.7—2。

说明表 5.3.7—2　截面内力影响线面积增减的百分数

编　号	内　　力	拱顶(%)	$\frac{L}{4}$点(%)	拱脚(%)
Ⅰ	M_{max}	-9.1~6.8	-5.9~4.2	-5.2~8.7
	相应 H	0~1.1	-5.4~2.7	-1.9~1.9
	相应 Q	0	-3.7~1.9	-2.0~0.8
Ⅱ	M_{min}	-9.0~7.1	-5.9~3.5	-6.1~7.6
	相应 H	-2.1~4.2	-3.0~4.0	0
	相应 Q	0	-1.0~2.0	-0.5~0.9

由说明表 5.3.7—2 可知，弯矩最大增减为 9%，推力为 5%，而剪力为 3%。故原拟定与最后确定的拱顶和拱脚截面惯性矩之比值差如不超过 30%，则计算内力之误差将不超过上述百分数，可不重新按最后确定的 n' 进行内力计算（说明图 5.3.7）。

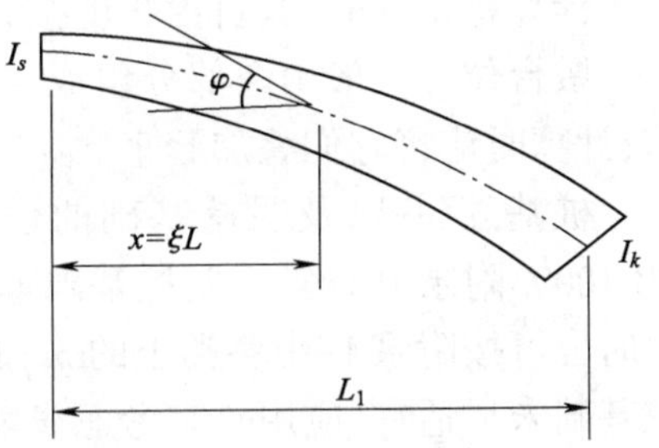

说明图 5.3.7　内力计算示意图

5.3.8　固定墩系在一侧拱圈（拱肋）破坏后起支承另一侧拱圈（拱肋）使之能独立存在的临时支承物。它只承受单侧拱圈（拱肋）传来的恒载反力。一经修复之后，这种受力状态即不存在，故将其视为仅承受临时施工荷载的桥墩。

5.3.9　现代的拱桥（特别是大跨拱桥）大都采用无支架方法施工，计算恒载产生拱圈各截面应力时应考虑拱圈在形成过程中各个阶段的应力，否则计算的应力可能偏小或不安全。

5.4.1　常用桥梁墩台有混凝土实体墩台、混凝土或钢筋混凝土空心墩台、钢筋混凝土刚架墩台、钢塔架等，一般情况应考虑就地取材。钢塔架仅在特殊情况下或作为临时结构时采用。

柔性墩等轻型桥墩台，由于刚度较差，对提速不利，不应采用。

桥墩横截面的形式，对水流的压缩、冲刷深度都有显著影响。为提高桥孔的宣泄能力、减少冲刷、减少水流阻力，应采用流线形式。水流斜交不大，宜采用圆端形桥墩；对于水流方向不稳定的河流，紊流河段以及水流合流处或斜交较大的情况，宜采用圆形桥墩。设计频率水位以上墩身部分以及不受水流影响的桥墩，可采用矩形或其他形状。

刚架墩和高桩承台等由于结构刚度较小，在通航、流筏、流冰或有静冰压力的河流中，容易因撞击挤压而损坏；在有漂流物、夹带大量砂石的河流中容易遭到磨损，因此在这些情况下尽可能不采用。冰冻地区，在冻结影响范围内，倘采用空心墩台身，则可能因内外冰冻不均衡，使墩台受力很大，所以这些部位不得采用空心墩台。

在同一桥上,为简化施工,并使外观整齐,应减少墩台类型,并要求结构形式简单。

5.4.2　墩台本身及其基础应具有足够的强度、抗裂性、稳定性与刚度。

检算实体墩台身截面的偏心、压应力是为了保证截面具有一定的抗裂性、稳定性与强度,但由于混凝土塑性变形,即使合力作用在容许偏心之内,其实际应力状态还是比较复杂。为简化计算,可偏于安全地采用应力重分布的办法,不计拉应力的影响。

检算基底的合力偏心及压应力是为了使基底应力分布均匀,并满足强度要求。岩石地基当合力超出核心时,按应力重分布办法检算地基强度。

墩台身纵向弯曲稳定是按中心压杆或偏心压杆的稳定理论计算。

检算墩台顶的弹性水平位移是为了保证运营时线路平稳,较高的实体墩、空心墩及其他轻型墩往往成为设计的控制因素。以往有按高低墩的划分作为是否需作此项检算的依据,实际上高、低墩的设计没有本质上的差别。目前轻型墩台正在发展,各种墩台的控制设计的条件不好单由高度去划分,仅能从实践经验去区别各种类型墩台的控制情况。

梁部对墩台有约束作用,但考虑梁的弹性约束作用比较复杂。另外,目前尚缺乏各种类型墩台与梁跨结构之间的约束参数,因此除柔性墩外,一般桥墩多采用下端固定的悬臂杆图式。

计算稳定性时,其自由长度按悬臂杆考虑。

墩台位移一般由两部分组成,一为墩身和基础材料的弹性变形,一为地基的弹性变形,计算时应将它们叠加起来。

桩基、沉井以及明挖基础的位移及转角按现行《铁路桥涵地基和基础设计规范》TB 10093附录 D 计算。明挖基础弹性转角的计算应取得实测的土的弹性模量,当缺乏资料时也可按附录 D 中各类土的 m_0 值,但是当埋深小于 10 m 时按 10 m 计算这一点,对明挖基础未尽适宜,应用时宜考虑浅埋的影响。

在薄壁空心墩台中,温度、日照、混凝土收缩等影响引起结构内力的变化比较复杂,温度应力的计算方法还不够完善,或不够成熟,只能作为定性分析的参考,重要的是在设计中应考虑到这些因素,结合实践经验,在构造上采取一些必要的措施。

混凝土空心墩削弱截面面积较多,外力作用下不应产生裂缝,因此除检算截面压应力外,还应检算拉应力。

5.4.3　我国铁路采用跨区间无缝线路,为了保证桥上无缝线路的稳定和安全性,必须检算由于温度变化、列车制动(起动)等产生的钢轨附加应力;同时,为了保证桥梁结构的受力安全,应检算相应墩台附加力。既有大量试验研究成果表明:列车制动作用下,桥梁墩台顶纵向制动附加力及分布,除受轮轨黏着系数、线路阻力等参数影响外,主要由墩台顶纵向水平线刚度及相邻墩台顶刚度匹配所决定;墩顶刚度越小,桥梁所受制动力越小,但钢轨制动附加应力越大;增大墩顶刚度可降低钢轨附加应力,但使得墩顶制动力增大。因此,墩台顶合理的纵向线刚度是桥梁及桥上线路设计的关键参数之一。

我国铁路行业对桥上铺设焊接长钢轨的桥梁下部结构纵向水平刚度的研究,始于 20 世纪 90 年代末,其研究成果纳入《时速 200 公里新建铁路线桥隧站设计暂行规范》(铁建管函〔1998〕279 号)文中。1999 年 3 月 13 日原铁道部建设司和科教司召开了“时速 200 公里新建铁路线桥隧站设计暂行规定中桥梁纵向力补充分析”技术审查会,根据分析结果对《时速 200 公里新建铁路线桥隧站设计暂行规范》中附录表 D.0.4 的内容作了补充修改,替代原表 D.0.4 使用,见说明表 5.4.3—1。

说明表 5.4.3—1　铺设焊接长钢轨的混凝土简支梁或连续梁桥最小下部结构纵向水平线刚度(双线)

梁式结构	跨度 L 或联长 L_1(m)	最小水平刚度(kN/cm)	附　注
简支梁	$L=12$	120	不设钢轨伸缩调节器
	$L=16$	200	不设钢轨伸缩调节器
	$L=20$	240	不设钢轨伸缩调节器
	$L=24$	300	不设钢轨伸缩调节器
	$L=32$	400	不设钢轨伸缩调节器
	$L=40$	700	不设钢轨伸缩调节器
	$L=48$	1 000	不设钢轨伸缩调节器
连续梁	$L_1<120$	1 000	不设钢轨伸缩调节器
	$L_1\geqslant120$	$18L_1-120$	一端设置钢轨伸缩调节器
		$3.5L_1$	两端设置钢轨伸缩调节器

注:当固定支座设在桥台时,最小水平线刚度应在 6 000 kN/cm 以上。

《京沪高速铁路设计暂行规定》(铁建设〔2003〕13 号)编制时,通过相关科研工作并参考《时速 200 公里新建铁路线桥隧站设计暂行规范》的成果,对桥梁下部结构的进行了修订:修改了简支梁桥台纵向水平刚度取值,由原 6 000 kN/(cm · 双线)调整至 3 000 kN/(cm · 双线),取消了对连续梁桥墩纵向水平线刚度的取值规定,见说明表 5.4.3—2。

说明表 5.4.3—2　简支梁下部结构纵向水平刚度(双线)

下部结构	跨度(m)	最小水平刚度(kN/cm)	附　注
桥墩	$L\leqslant12$	120	不设钢轨伸缩调节器
	$L=16$	200	不设钢轨伸缩调节器
	$L=20$	240	不设钢轨伸缩调节器
	$L=24$	300	不设钢轨伸缩调节器
	$L=32$	400	不设钢轨伸缩调节器
	$L=40$	700	不设钢轨伸缩调节器
	$L=48$	1 000	不设钢轨伸缩调节器
桥台	—	3 000	不设钢轨伸缩调节器

注:单线桥梁墩台顶的最小水平线刚度的限值按表内值的 1/2 取值。

《京沪高速铁路设计暂行规定》中对简支梁下部结构纵向水平刚度限值的规定是基于大量的相关研究得出的,其条文说明如下:

铺设焊接长钢轨的桥梁的下部结构,其纵向水平刚度取决于两方面的因素:一是桥上轨道强度和稳定性;二是在制动力作用下梁轨相对位移的大小。桥上钢轨除承受长钢轨锁定时的温度应力和列车通过时的动弯应力外,还要承受由于列车制动和梁体伸缩变形所引起的附加应力,为保证桥上轨道的强度和稳定性,经研究,当采用 UIC 60 钢轨时,这个附加应力的最大拉应力不得超过 81 MPa,最大压应力不得超过 61 MPa。而这个附加应力值的大小是与桥梁的跨度及其下部结构的刚度密切相关的。另外在制动力作用下梁轨之间必然产生相对位移,经研究和参考国外规范,为保持桥上轨道的横向阻力,保证轨道的稳定,梁轨之间的相对位移应控制在 4 mm 以下,这又是与桥梁的跨度及其下部结构的刚度密切相关的。因此为了保证桥上轨道结构的强度和稳定性,以及满足梁轨相对位移限值的要求,必须对不同跨度的桥梁下部的刚度加以限制。

对于由多跨简支结构组成的桥梁，在桥台纵向水平刚度大于桥墩纵向水平刚度的情况下，桥上满布列车荷载时，桥头钢轨产生的最大拉(压)制动附加应力，钢轨制动力分布如说明图 5.4.3—1 所示。对于钢轨挠曲附加应力，大量试验表明，在第三跨以后一般均很小，因此仅取两跨有载计算。钢轨最大制动、伸缩和挠曲附加应力均在桥台与梁的接缝附近，其中钢轨最大挠曲附加应力在此处总是以受拉的形式出现，而钢轨最大制动和伸缩附加应力则以受拉或受压的形式出现。钢轨最大制动和伸缩附加应力组合时，会出现钢轨最大附加压应力；钢轨最大制动附加拉应力与钢轨最大挠曲附加拉应力组合时会出现钢轨最大附加拉应力。

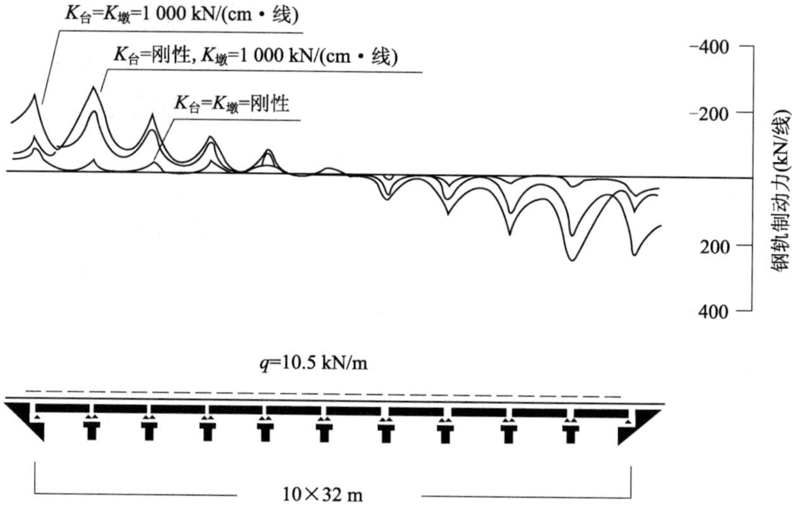

说明图 5.4.3—1　钢轨制动力分布

对常用跨度不同纵向水平刚度的桥梁，分析其钢轨附加应力和梁轨快速移动相对位移量，得出如下结论：下部结构达到一定的纵向水平刚度不设纵向传力装置就能保证钢轨的强度和稳定性，且下部结构纵向水平刚度由钢轨允许附加应力控制。

《新建铁路桥上无缝线路设计暂行规定》(铁建设函〔2003〕)制订时，参照了《时速200 公里新建铁路线桥隧站设计暂行规定》及《京沪高速铁路设计暂行规定》的研究成果，制定了桥墩的最小水平线刚度限值，见说明表 5.4.3—3。

说明表 5.4.3—3　简支梁桥墩顶纵向水平线刚度限值

跨度(m)	≤12	16	20	24	32	40	48
桥墩顶线刚度 [kN/(cm · 双线)]	120	200	240	300	400	700	1 000

注：单线墩台顶的最小水平线刚度限值按表中规定值的 1/2 计。

《05 桥规》修订时，桥梁下部结构的纵向水平线刚度沿用了《新建铁路桥上无缝线路设计暂行规定》的相关规定，即第 5.3.3 条 3 款规定：铺设焊接长钢轨的桥梁下部结构的纵向水平线刚度应满足《新建铁路桥上无缝线路设计暂行规定》(铁建设函〔2003〕)的有关规定。

在《高速铁路设计规范(试行)》TB 10621—2009 之前的各版本规范编制中，对于桥梁墩台纵向水平线刚度限值均采用的是《新建铁路桥上无缝线路设计暂行规定》(铁建设〔2003〕205 号)第 4.0.6 条规定。直至《高速铁路设计规范(试行)》编制时，通过科研单位依托《客运专线铁路桥梁墩台纵向线刚度参数标准的研究》课题的深入研究，进一步补充和优化了之前所做的研究成果，课题总结、归纳了国内外桥梁墩台纵向水平线刚度有关规定，在较系统研究了桥梁纵向力计算参数的基础上，针对等跨布置的 20 m、24 m、32 m、40 m和 48 m 简支梁和主跨 64 m、80 m 和 100 m 连续梁采用梁轨共同作用计算模型进行了大量的分析计算，并提出了满足桥梁轨道受力（不需设置钢轨伸缩调节器）的墩台顶最小线刚度限值。由于连续梁制动墩纵向刚度与配跨数量和形式、制动荷载加载位置及支座布置方式等都具有一定的影响，因此采用了课题"有砟轨道混凝土简支梁（等跨布置）墩台顶纵向线刚度限值"研究成果。

由于我国双线桥梁设计荷载组合中仅考虑一线制动（起动），《高速铁路设计规范（试行）》条文修订时，根据科研成果适当降低了正线双线桥墩顶纵向线刚度限值。但考虑到高架车站内列车同时制动、起动的机率较大，同时参考高速铁路桥梁专业国外咨询意见，对于高架车站到发线有效长度范围的双线桥梁墩台的最小水平线刚度的限值仍按表内单线值的 2.0 倍取值。对于无砟轨道桥梁，由于制动力作用下有砟轨道的"梁轨快速位移 4 mm"限值已不适用，现阶段桥梁墩台顶纵向线刚度可偏于安全的暂时按有砟轨道限值取用。

《高速铁路设计规范（试行）》TB 10621—2009 第 7.3.8 条规定：位于有砟轨道无缝线路固定区的混凝土简支梁，墩台顶部纵向水平线刚度应符合说明表 5.4.3—4 的限值要求。

说明表 5.4.3—4 墩台顶纵向水平刚度限值

结　构	跨　度（m）	最小水平刚度（kN/cm）	
		双　线	单　线
桥　墩	$L \leq 12$	100	60
	$L=16$	160	100
	$L=20$	190	120
	$L=24$	270	170
	$L=32$	350	220
	$L=40$	550	340
	$L=48$	720	450
桥　台	—	3 000	1 500

注：高架车站到发线有效长度范围内双线桥梁墩台的最小水平线刚度限值按表内单线桥梁墩台的最小水平线刚度限值的 2.0 倍取值。

《铁路无缝线路设计规范》TB 10015—2012 编制时，参考相关研究成果和《高速铁路设计规范（试行）》TB 10621—2009 的有关规定，给出了常见跨度简支梁桥梁墩台的最小水平线刚度（同说明表 5.4.3—4）。《高速铁路设计规范》TB 10621—2014 规范修订时，沿用了之前研究成果。

对于采用 ZC 活载图式设计的桥梁结构，考虑到设计活载降低，制动力作用下钢轨应力和梁轨快速位移均相应降低。在满足轨道结构强度和稳定度的前提下，经研究，提出采用 ZC 活载图式设计时桥墩纵向水平线刚度按限值的 0.75 倍取用。其成果纳入《城际铁路设计规范》第 7.3.8 条规定中，见说明表 5.4.3—5。

说明表 5.4.3—5 墩台顶纵向水平线刚度限值

结构	跨度(m)	最小水平线刚度(kN/cm)	
		双线	单线
桥墩	≤12	75	45
	16	120	75
	20	145	90
	24	210	130
	32	265	165
	40	415	255
	48	550	350
桥台	—	3 000	1 500

注:1 高架车站到发线有效长度范围内,双线桥梁墩台最小水平线刚度限值可按表中单线桥梁墩台最小水平线刚度限值 2.0 倍取值。

2 当墩台顶纵向水平线刚度不满足表中规定时,必须进行无缝线路检算。

本规范制定时,对之前所做的相关研究工作进行了大量调研,并对现行高速铁路、城际铁路、客货共线铁路规范中对墩台顶纵向水平线刚度的取值规定做了系统梳理,给出了各等级标准铁路常见跨度简支梁桥梁墩台的最小水平线刚度。

对于重载铁路,由于未对桥上无缝线路梁轨共同作用等问题做相关深入研究,故本次修订时,考虑重载铁路由于其货车轴重较其他标准铁路列车轴重大大增加,为减小桥上无缝线路长钢轨纵向力和梁轨快速相对位移,保证轨道的稳定性,因此对桥墩的最小水平线刚度取值,认为以参照《时速 200 公里新建铁路线桥隧站设计暂行规定》及《京沪高速铁路设计暂行规定》的研究成果为宜,即采用了《新建铁路桥上无缝线路设计暂行规定》的规定,其墩台顶纵向水平线刚度限值略大于客货共线铁路规定的限值,待今后有科研成果后再修订纳入。

5.4.4 关于墩台顶面顺桥方向的弹性水平位移限值,相关的研究并不是很多,正如《99 桥规》条文说明所述:"墩台顶帽面水平位移容许值的确定,一直为设计人员所关心。但是由于制定该项容许值时需要考虑的问题相当多(如需要考虑列车运行安全、养护方便、结构经济、旅客舒适等),墩台顶帽面位移计算中碰到的困难不易解决(如墩台身弹性模量和截面惯性矩如何合理取值、顺桥轴方向上部结构对墩台顶帽面的约束作用如何考虑等),加上缺乏足够的试验和系统的理论研究,以致长期以来墩台顶帽面水平位移容许值的制定没有进展。"虽然《05 桥规》修订时加强了对运行列车横行晃动的研究,并在对横桥方向的弹性水平位移限值方面取得了实质性的进步,但顺桥方向的弹性水平位移限值的研究仍在维持原有水平。

《75 桥规》墩台顶帽面垂直桥梁轴线方向水平位移要求符合$\Delta \leqslant 4\sqrt{L}$的规定。就目前使用规范的反映来说,一般认为规定似乎过严,大多数设计难以满足该项规定。《99 桥规》修订时,参考了我国《公路桥涵设计规范》1983 年讨论稿和前苏联 CH200-62 规范中有关规定,结合原铁道部第二勘测设计院过去的研究和日本近年有关资料,认为墩台顶纵向水平位移应满足$\Delta \leqslant 4\sqrt{L}$的规定改为应满足$\Delta \leqslant 5\sqrt{L}$是可行的,至于想要得到进一步的解决,还有待我们今后去做大量的试验和理论工作。

在计算混凝土、石砌墩台水平变位中，应考虑墩台身受弯时弹性模量较受压时有所降低，另外墩台身产生裂缝，致使墩台身截面惯性矩减小，因此其抗弯刚度 E_0I 按受压弹性模量 E_0 和全截面惯性矩 I 计算所得的值应予以降低，采用 αE_0I 值（α 可取 1.0）。对于钢筋混凝土墩台，其抗弯刚度可取 $0.8E_0I$。

5.4.5 墩台刚度是影响车桥耦合振动体系的关键因素之一，我国既有设计规范制定时参照苏联规范，多以墩台顶水平位移静力计算值衡量墩台刚度。《75 桥规》规定：顺桥向及横桥向墩台顶面的弹性水平位移应满足 $\Delta \leqslant 5\sqrt{L}$ 和 $\Delta \leqslant 4\sqrt{L}$，《99 桥规》在此基础上有所放宽，顺、横桥向弹性水平位移统一按 $\Delta \leqslant 5\sqrt{L}$。在普通铁路设计时，认为此限制能够满足列车运行的安全、旅客舒适、结构经济、养护方便等要求。但是，随着干线铁路的普遍提速，上述规定已经凸显出不足来。《05 桥规》制定时，对国内外相关规定进行了对比分析，详见说明表 5.4.5。

说明表 5.4.5 桥梁墩台横向水平位移限值 δ（mm）

项目		德国规范	日本规范		欧盟规范（双控）						《99桥规》	《75桥规》
		水平折角 1‰	水平折角 3.5‰~4‰	水平折角 2‰~2.5‰	曲线半径 R=17 500 m	水平折角 1.5‰	采用值	曲线半径 R=9 500 m	水平折角 2‰	采用值	$5\sqrt{L}$	$4\sqrt{L}$
速度（km/h）		>160	160	260	>220			120<V≤220			<140	—
桥梁跨度 L（m）	8	4.0	14.0	10.0	0.5	6.0	0.5	0.8	8.0	0.8	14.1	11.3
	10	5.0	17.5	12.5	0.7	7.5	0.7	1.3	10.0	1.3	15.8	12.6
	12	6.0	21.0	15.0	1.0	9.0	1.0	1.9	12.0	1.9	17.3	13.9
	16	8.0	28.0	20.0	1.8	12.0	1.8	3.4	16.0	3.4	20.0	16.0
	20	10.0	35.0	25.0	2.9	15.0	2.9	5.3	20.0	5.3	22.4	17.9
	24	12.0	42.0	30.0	4.1	18.0	4.1	7.6	24.0	7.6	24.5	19.6
	32	16.0	64.0	32.0	7.3	24.0	7.3	13.5	32.0	13.5	28.3	22.6
	40	20.0	80.0	40.0	11.4	30.0	11.4	21.1	40.0	21.1	31.6	25.3
	56	28.0	112.0	56.0	22.4	42.0	22.4	41.3	56.0	41.3	37.4	29.9
	80	40.0	160.0	80.0	45.7	60.0	45.7	84.2	80.0	80.0	44.7	35.8
	96	48.0	192.0	96.0	65.8	72.0	65.8	121.3	96.0	96.0	49.0	39.2

日本规范通过限制活载作用下（不同速度条件下）轨道面的折角以保证墩台刚度，对应于时速 160 km 水平折角限值为 3.5‰~4‰，其相应的墩顶位移值均远大于《99 桥规》规定的 $5\sqrt{L}$。

德国规范对于 160 km/h 及以下速度的桥梁墩台无具体要求，对于大于时速 160 km 水平折角限制为 1‰。在 32 m 以下时基本相当 $3\sqrt{L}$；在 40 m~56 m，基本相当 $4\sqrt{L}$，80 m~96 m 基本相当 $5\sqrt{L}$，其限值考虑了带有离心力的活荷载、横向摇摆力、桥墩、梁体和车上的风荷载、桥墩和梁体结构的温度差、由于地基位移造成的转动等各种荷载组合情况。

欧盟规范采用曲线半径和水平折角双控形式，横向变形包括上部结构和下部结构(包括桩、桥墩和基础)，其对 32 m 及以下跨度横向水平位移要求最为严格；40 m 跨度时和德国规范以及我国的 4 $\sqrt{L}$和 3 $\sqrt{L}$的均值相接近；56 m 以上跨度时欧盟规范横向水平位移要求均大于德国规范以及我国的 5 $\sqrt{L}$和 4 $\sqrt{L}$的限值标准。

《05 桥规》相关条文制定时，墩柱横向刚度限值采用水平折角的表达形式，规定"由墩台横向水平位移差引起的相邻结构物桥面处轴线间的水平折角，当桥跨小于 40 m 时，不得超过 1.5‰；当桥跨等于或大于 40 m 时，不得大于 1.0‰"。

对于高速铁路，满足高速行车时列车安全性和旅客乘车舒适度要求的桥墩台刚度的要求应更高，桥梁下部结构的横向刚度对车桥耦合振动体系的影响是较为明显的，尤其是对横向动位移的影响更大，因此规定水平折角限值统一取 1.0‰。

对于城际铁路，根据"城际铁路常用跨度简支梁合理结构形式"研究结论，按设计速度 200 km/h、160 km/h、120 km/h 分级，并参照上述规范的条文进行制定。

本规范制定时，参考了上述各标准等级规范的制定依据，并经整合归纳，制定出统一按设计时速 200 km 及以上铁路、设计时速 160 km 及以下铁路两挡的梁端水平折角限值标准。

5.4.6　对于桥梁基础沉降量给予一定的限制，是为了保证墩台发生沉降后，桥头和桥上线路坡度的改变不致影响列车的正常运行，即使要进行线路高程调整，其调整工作量不致太大，不会引起梁上道砟槽边墙改建和桥梁结构加固。现行各标准铁路规范中关于沉降限值的确定主要是基于列车运营安全和舒适要求的不同。

本规范修订时，归纳、整合了现行客货共线铁路、高速铁路、城际铁路、重载铁路等规范中有砟、无砟轨道梁式桥静定结构墩台基础沉降限值的相关规定。整合时发现，现行各标准规范中的沉降限值均与设计速度匹配。

(1)高速铁路

本次规范修订，将《高速铁路设计规范》中沉降限值的规定整合至表 5.4.6—1 和表 5.4.6—2"设计速度 250 km/h 及以上"一栏中。

《高速铁路设计规范》第 7.3.10 条规定：墩台基础的沉降应按恒载计算，其在恒载作用下产生的工后沉降量不应超过说明表 5.4.6—1 规定的限值。特殊条件下无砟轨道桥梁无法满足沉降限值要求时，可采取预留调整措施的方式满足轨道平顺要求。

说明表 5.4.6—1　静定结构墩台基础工后沉降限值

沉降类型	桥上轨道类型	限　值
墩台均匀沉降	有砟轨道	30 mm
	无砟轨道	20 mm
相邻墩台沉降差	有砟轨道	15 mm
	无砟轨道	5 mm

注：超静定结构相邻墩台沉降量之差除应满足上述规定外尚应根据沉降差对结构产生的附加应力的影响确定。

桥梁墩台基础工后沉降限值主要为满足高速列车运营安全和舒适要求。墩台基础不均匀沉降将在墩台位置产生变坡点，即出现明显的折角，直接影响行车的安全和舒适。铁科院在“客运专线铁路墩台基础沉降限值标准研究”中，采用车—桥耦合动力模型，分析不同桥跨（20 m、24 m、32 m 和 40 m 等跨布置简支梁）、不同沉降类型（单墩沉降、单墩相对上抬、两相邻墩沉降和两非相邻墩沉降）和不同沉降量（5 mm、10 mm、15 mm、20 mm、25 mm和30 mm）对高速行车安全和舒适的影响，如说明图 5. 4. 6—1 所示。

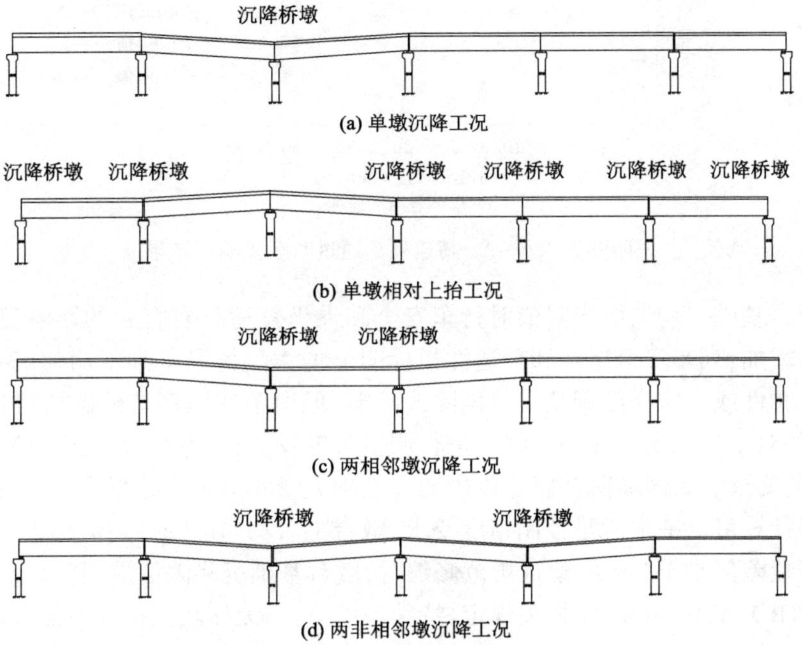

说明图 5. 4. 6—1 墩台不均匀沉降分析工况

研究分析结果表明：不同沉降限值对于梁体动力效应影响较小，而主要影响车辆动力效应；列车轮重减载率随不均匀沉降值的增大而增大；车体竖向加速度、列车车体平稳性指标除与车体自身动力性能具有一定的关系外，也随不均匀沉降量增加呈增大的趋势。高速列车通过单墩沉降工况时车体动力响应如说明图 5. 4. 6—2 所示。

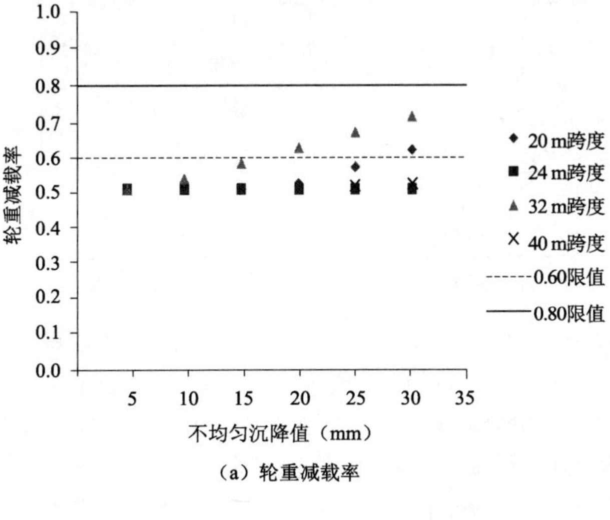

（a）轮重减载率

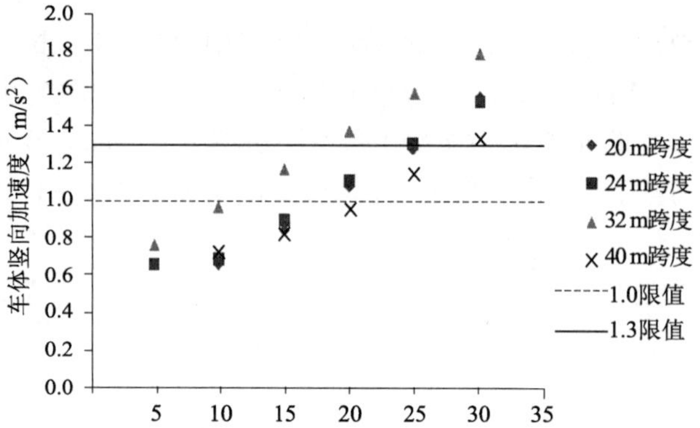

（b）车体竖向加速度

说明图 5.4.6—2 高速列车通过时车体响应结果

由于墩台基础不均匀沉降限值对行车安全和乘坐舒适具有直接的影响,随着不均匀沉降量值的增加,列车安全指标和舒适性指标明显增大。桥梁基础不均匀沉降的影响虽然可以通过扣件或支座高度调整予以消除或减弱,但由于我国高速铁路桥梁比例大的特点,大范围的对于桥梁支座或桥上线路进行调整难度较大,也不符合高速铁路建设中免维修、少维修的要求。京津城际铁路建设中墩台基础大量实测沉降数据表明,按铁路规范进行基础沉降计算可以基本满足控制精度要求,墩台工后均匀沉降预测值小于 20 mm、相邻墩工后沉降量差值小于 5 mm,建议规范修编时,墩台基础沉降限值沿用《高速铁路设计规范(试行)》TB 10621—2009 的相关规定,特殊条件下,当无砟轨道桥梁不能满足沉降差限值要求时,应设置可调高支座或其他调整措施来满足结构和轨道平顺性要求。

(2)城际铁路

《城际铁路设计规范》第 7.3.10 条规定:墩台基础的沉降应按恒载计算,静定结构墩台基础工后沉降量不应大于说明表 5.4.6—2 规定的限值。

说明表 5.4.6—2 静定结构墩台基础工后沉降限值

桥上轨道类型	设计速度	沉降类型	限值
有砟轨道	200 km/h	墩台均匀沉降	50 mm
		相邻墩台沉降差	20 mm
	160 km/h 120 km/h	墩台均匀沉降	80 mm
		相邻墩台沉降差	40 mm
无砟轨道	200 km/h 160 km/h 120 km/h	墩台均匀沉降	20 mm
		相邻墩台沉降差	10 mm

注:超静定结构相邻墩台沉降量之差除应满足上述规定外,尚应考虑沉降差对结构产生的附加应力的影响。

城际铁路有砟轨道墩台基础沉降限值规定,是参照了《高速铁路设计规范(试行)》、《200 公里客货暂规》以及《05 桥规》的相关规定,经研究后提出静定桥梁墩台工后沉降量限值标准;超静定结构相邻墩台不均匀沉降限值还需考虑对结构产生的附加应力影响。

对于无砟轨道桥梁,铁科院的“客运专线铁路墩台基础沉降限值标准研究”的研究成果表明,200 km/h 无砟轨道桥梁均匀沉降 20 mm 和不均匀沉降 10 mm 限值能满足列车运营安全和乘坐舒适要求。

(3)客货共线铁路

按客货共线铁路的定义,客货共线铁路按设计速度目标值 200 km/h 和 160 km/h 及以下两级分类。设计者采用时可按表 5.4.6—1 中设计速度 200 km/h 及以下、160 km/h 及以下,以及表 5.4.6—2 中 200 km/h 及以下一栏中的数据取值。

对于设计时速 200 km 客货共线铁路梁式桥静定结构,其墩台基础工后沉降量沿用了《新建时速 200 公里新建铁路设计暂行规定》(铁建设函〔2005〕285 号)的取值标准。1998 年制定《新建时速 200 公里新建铁路设计暂行规定》时,推荐桥墩台工后沉降标准和京沪高速一致:对于静定结构,其墩台均匀总沉降量取 50 mm,相邻墩台均匀沉降之差取 20 mm。2005 年修订时沿用了这一标准至今,本次规范修订仍沿用此限值规定。

对于设计时速 160 km 及以下客货共线铁路梁式桥静定结构,其墩台基础工后沉降量则沿用《05 桥规》的相关规定。《05 桥规》修订时,参照《200 公里客货暂规》及高速铁路结构物设计标准中设计行车速度与轨道变位量限制值的关系,同时参考路基专业台后过渡段设置时的沉降要求综合考虑后,提出了有砟桥面墩台均匀总沉降量限定值取 70 mm~80 mm 的规定。对于相邻墩台均匀沉降量之差的限定值,则沿用《99 桥规》的取值办法,按不大于墩台均匀沉降量的 1/2 取 35 mm~40 mm。

对于明桥面,工后沉降量调整比较困难,其工后沉降控制应该更加严格,故此明桥面墩台均匀总沉降量及相邻墩台均匀沉降量之差的限定值取有砟桥面的 1/2。

(4)重载铁路

重载铁路基础的工后沉降限值沿用了《05 桥规》规定。即按本规范表 3.2.1—1 中设计速度 160 km/h 及以下一栏的取值采用。

桥梁由于活载作用下的沉降变形是瞬时的、弹性的,一般可以恢复,故规定墩台基础的沉降量仅按恒载计算。由于恒载产生的部分沉降对桥梁标高的影响可在施工过程中进行调整,因此仅规定墩台基础的工后沉降量,该条恒载指结构自重加二期恒载。

对于墩台基础均匀沉降,有砟轨道桥梁沉降限值参考了路基的沉降控制标准。无砟轨道桥梁沉降限值主要依据桥上扣件容许的调整量。对于调高量为 30 mm 的扣件,扣除施工误差$^{+6}_{-4}$ mm,仅有 20 mm 可用于调整运营期间基础沉降、梁体徐变变形产生的轨道状态变化。无砟轨道桥梁沉降限值参考《客运专线无砟轨道铁路设计指南》的规定,分别按照 20 mm 和 10 mm 取值。

超静定结构基础的工后沉降限值沿用《99 桥规》规定,其相邻墩台均匀沉降量之差的容许值根据沉降时结构产生的附加应力的影响确定,同时,墩台基础沉降计算值不含区域沉降。超静定结构相邻墩台不均匀沉降限值还应考虑对结构产生的附加应力影响。

5.4.7 桥跨结构的振动能量传至实体墩台后很快就衰减,因此检算墩台截面时,可不计振动产生的动力作用影响。但空心墩台的顶帽、轻型墩台的帽梁直接承受支座反力,因此其顶帽和帽梁应按支座计算列车活载竖向动力作用。轻型墩台的柱、空心墩的壁也应考虑列车活载竖向动力作用,其受列车活载竖向动力作用影响的程度,随过渡段的厚度和帽梁的刚度而异,设计时按实际情况考虑。

5.4.8 各种支座传递的水平力系指活载水平力,其数值仍用《75 桥规》的规定。支座传递水平力的数值与支座的类型有关。从局部看,每个支座应采用比较偏大的数值。但从整体看,一个桥墩的水平力应不大于一跨的水平力。因此当一桥墩上设有固定支座和活动支座时,对等跨梁仅计其中一跨固定支座的纵向水平力,对不等跨梁最多为较大跨固定支座的纵向水平力。

5.4.9 本规范所列各种梁端最小空隙值，是指考虑了施工误差、温度变形、弹性变形等因素，并结合长期的实践经验确定的。大跨度桥跨结构梁端的空隙，还应考虑结构的预拱度和垂直荷载（包括恒载、活载、列车活载竖向动力作用等）引起梁端的水平变位，在大跨度钢梁上尤其显著。例如某公铁两用连续钢梁桥 3×160 m，其最大自由伸缩长度 480 m，活动端总水平变位 $\Delta_{伸}=280$ mm，$\Delta_{缩}=169$ mm。

两联大跨度钢梁端部相对位置按下式计算：

$$d=d_0+(\Delta'_p+\Delta'_k)+(\Delta_p+\Delta_h)$$

$$D=d_0+(\Delta'_p+\Delta'_k+\Delta'_t)+(\Delta_p+\Delta_h+\Delta_t)$$

式中 d——支座铰中心距离；

D——支座底板中心距离；

d_0——梁移动后支座铰中心距离；

Δ'_p，Δ_p——恒载、拱度及坡度作用下节点与铰中心的相对位移；

Δ'_k，Δ_k——活载（包括列车竖向动力作用）作用下两联各节点间的相对水平位移；

Δ'_t，Δ_t——温度水平位移，$\Delta_t=\alpha L(t-t_0)$，t_0按最大温度变化幅度 $t_{min}\sim t_{max}$和活载作用下支座水平位移正负值相等为条件，求算相应于支座 0 点位置时温度（即支座上摆中线与支座板中线相重合时的位置）；

α——钢线膨胀系数，0.000 011 8；

L——钢梁温度跨度（梁活动端最大自由伸缩长度）。

最大组合距离条件：

①温度 t（落梁标准温度）$\sim t_{min}$；

②Δ'_p、Δ_p不变；

③Δ'_k、Δ_k为伸长。

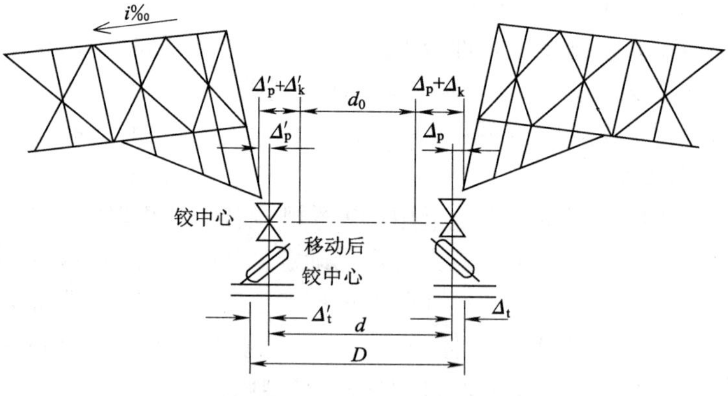

说明图 5.4.9　梁端空隙图

5.4.10 支座局部承压的劈裂作用，使支承垫石产生较大的拉应力。为了防止支承垫石开裂，应设置构造钢筋。为提高支承垫石的局部承压力，支承垫石边缘至支座底板边缘应保持一定的距离并在局部承压区混凝土内应用钢筋网加强。

对于高速铁路桥梁，由于长钢轨纵向力、制动力、列车动力作用和机车车辆横向摇摆力等动力影响较之普通铁路桥梁加剧，因而对支座的减振消振性能就提出了新的要求。通过合理的支座设计来减少和降低列车荷载作用下引起的桥梁振动，是近年来国内外研究的重要课题。

目前在国内外桥梁上使用的支座类型,已从原来的以钢支座为主转变为以各类橡胶支座为主,一个重要的原因就是橡胶支座不仅弹性好,而且强度和韧性均较高,能满足支座动力和变形等方面的要求,同时价格低廉。

我国"九五"国家重点科技攻关计划专题,"高速铁路线桥结构与技术条件(标准)的研究"的研究内容之一——"高速铁路桥梁减振支座的研究",搜集分析了国内外高速铁路桥梁支座的设计、开发和使用方面的情况,对高速列车作用下支座动力特性对桥梁动力响应的影响进行了分析。研究结果提出,为满足高速铁路桥梁结构减振性能的要求,桥梁支座还应具备:

(1)水平纵向剪切刚度较小,能够使上部结构在水平方向得到柔性支承,从而使结构长周期化,以避开振动的卓越周期,有效的降低结构的振动反应。

(2)具有足够的横向刚度,在风力或列车横向摇摆作用下,不致使结构产生有害的振动位移,以满足正常使用的要求。

目前,为高速铁路桥梁设计研制的橡胶支座,做了以下几方面的改进:

(1)盆式橡胶支座的紧箍圈构造材料,由16Mn钢改为黄铜、填充聚四氟乙烯或聚甲醛等材料以减少磨耗损伤,保证支座的强度和寿命。

(2)盆式橡胶支座的单向活动支座改用上部导向构造,有效地避免了上、下支座板的"卡住"现象。

(3)盆式活动橡胶支座的滑动面选用精轧不锈钢板和加硅酯的纯聚四氟乙烯板,可进一步降低摩擦系数和提高四氟板的磨耗寿命。

(4)板式橡胶支座在简支梁桥跨两端应设置为一端固定,一端活动,(以往不区分固定与活动,同为半固定半活动支座),这样可以使水平力均匀地分配给桥墩,以减小列车制动时钢轨的附加力。而且在横桥方向应设置横向限位构造,控制在±1 mm以内的间隙。

京津城际铁路采用了高速铁路铁路桥梁调高盆式橡胶支座(TGPG),是针对高速铁路桥梁对轨道平顺性要求高、需要方便快捷地实现调高而研发的一种支座。

对于高速铁路桥梁采用钢支座问题,1976年国际铁路联盟776-2R关于"高速铁路桥梁规程"中指出:高速铁路一般应采用钢支座,橡胶支座只有采取了阻止结构的任意位移可靠措施后才能使用。

秦沈客运专线桥梁支座基本上全部采用了盆式橡胶支座,通过试验列车检验,使用情况正常,但同时橡胶支座的使用年限问题成为一个主要的遗留问题,据有关方面的资料介绍,秦沈客运专线盆式橡胶支座的使用年限为30年,而30年后在运输繁忙的客运干线上更换支座将成为技术难题。高速铁路桥梁结构设计年限为100年,相应采用的桥梁支座在简单维护的条件下应能满足100年的使用年限要求,若均采用橡胶支座,在100年设计年限内需要几次大面积更换支座,这对于全封闭、全立交条件下,桥梁数量庞大的高速铁路而言显然是非常困难的。

鉴于以上分析,对于高速铁路桥梁来说,对使用年限长、少维护及便于维护的钢支座是非常需要的。目前我国高速铁路钢支座一般在钢梁桥上和大跨度桥梁上使用。如KTQZ球型钢支座,其设计竖向承载力由3 000 kN~60 000 kN共分27级,已在高速铁路连续梁桥和其他大跨度梁桥中使用。

一般的讲，支座容易损坏或丧失其使用性能，因此，在铁路运营期间进行调整或更换是完全可能的。而要做到这一点，应该有能接近支座的辅助设备才行。为便于调整和更换，还需在梁与墩台顶之间有合适的位置和空间，以便顶梁设备操作。所以，本条原则规定，支座构造应易于检查，便于更换。

5.4.11 《59 桥规》规定的"支承垫石边缘距支座底板边缘为 0.15 m～0.20 m"是经验数字，顺桥方向因考虑架桥及养护的需要，根据多年来施工、养护部门反映，这个规定基本上是可行的，故本规范未作修改。

顶帽平面尺寸的确定，应考虑到下面几个方面：①梁跨的大小和支座的类型；②架梁施工的需要；③养护维修作业的需要。

墩台顶帽的作用主要是把支座反力均匀传递于墩台身，因此顶帽的厚度与外力大小，梁跨类型有关。墩台顶帽受到反复荷载冲击振动的影响，其受力情况是较为复杂的。另外顶帽经常受日照和风、雨、雪的侵蚀，加上支座锚栓周围易于进水，会产生冰冻破坏现象。根据既有线旧桥调查分析，大中跨度的顶帽遭受损坏和产生裂纹较多，因此规范规定顶帽混凝土强度等级不应低于 C30，一般以采用钢筋混凝土为宜。对于设有支座的顶帽、位于昼夜气温变化剧烈且温差在 30 ℃以上地区的顶帽，以及不等跨桥墩的顶帽等均应设置钢筋，并应在上、下两层钢筋网之间适当加设联系钢筋。

顶帽飞檐的主要作用是增大顶帽尺寸，以缩小墩台身的截面，在以往的常规设计中被大量采用。近年来，随着铁路桥梁墩台造型的设计要求以及施工工艺水平的提高，高速铁路、城际铁路等桥梁墩台设计时，往往采用流线型顶帽，而不设飞檐。

《59 桥规》规定顶帽上排水坡的坡度为 10%，但据施工单位反映，此项坡度过大对架桥移梁及安置架桥机的立柱有影响，但是养护部门又强调顶帽上排水坡的重要性，因此，为考虑到既有利于排水又减少对架桥的不利影响，规范规定无支座的顶帽可不设排水坡，而有支座的顶帽参照梁上的规定将排水坡改为 3%。

5.4.13 空心墩属于壳体结构，其受力与实体墩有所不同，设计中除应检算强度、纵向弯曲稳定等常规计算内容外，还应考虑局部稳定、抗裂性、温差、混凝土收缩、固端干扰的影响。

我国铁路桥梁空心墩壁厚与半径或板宽之比 t/R、t/b，当为圆形时，t/R 一般为 1/3～1/9；当为矩形、圆端形时，t/b 一般为 1/6～1/16，经研究，空心墩中段（除墩顶与顶帽过渡段、墩底固端干扰段）的墩壁纵向应力，按悬臂梁计算与按壳体理论计算结果非常接近。因此，空心高墩可按悬臂梁理论计算墩身强度及稳定性。

空心墩的局部稳定与桥墩壁厚与是否设置横隔板有关，空心墩的局部稳定可按板壳空间结构进行分析，按中心受压作用下的弹塑性临界应力计算。经研究，对于 $t/R \leqslant 10$ 的圆形、$t/b \leqslant 15$ 的矩形混凝土空心墩，以及 $t/R \leqslant 15$ 的圆形、$t/b \leqslant 20$ 矩形钢筋混凝土空心墩，其局部稳定性不必计算。

混凝土由于导热性能低，在墩周气候发生骤变时，其墩壁内部的温度需要一定时间才能随之变化。空心墩墩壁内外存在较大非线性分布的温差，由于结构物因温度变化产生的变形受到约束，将在墩壁内外产生较大的内约束温度应力，当拉应力较大时，将引起混凝土结构的开裂。目前国内外都是采用基于结构力学的简化方法计算混凝土桥梁的温度应力，我国现行的公路和铁路桥梁设计规范也是采用结构力学计算方法计算日照及寒潮效应下的温度应力，其竖向应力与其他荷载效应下产生的应力叠加，控制墩身的竖向钢筋布置,墩身箍筋布置应满足温度环向应力的受力需要。

空心墩墩身与顶帽和基础连接处,相当于固端的边界条件,对墩壁存在约束效应,因此将产生局部的竖向应力及环向应力,即固端干扰应力。根据混凝土空心墩模型试验以及圆柱薄壳应力的分析结果,在距墩顶及墩墩底实体段一定距离的截面上($0.5R \sim R$ 外),其截面应力符合按悬臂梁模型的结果,而在两端部分应考虑固端干扰应力的影响。对于常规铁路空心墩,采取将固端干扰区采用悬臂梁模型计算的墩身应力按一定系数提高的简化计算方法,计算该段局部应力。由于连接处的应力分布比较复杂,较难作准确的计算,设计时应引起重点关注。设计时在过渡段因应力集中一般采用的加强措施有:

(1)在连接处加牛腿;

(2)在牛腿下约1/4墩身直径范围内设横隔板,防止因应力集中而发生膨突现象;

(3)在牛腿下 $D/2 \sim D$ 范围内加强或增设水平环向钢筋或短钢筋;

(4)增厚空心与基础连接处的墩壁。

由于目前试验资料尚少,实体段的合理厚度尚难具体规定,现已采用的有0.7 m~3.4 m(不包括顶帽厚度),可根据试验资料、实践经验,并考虑梁跨、壁厚与内孔比率等因素决定。

钢筋混凝土空心墩的最小壁厚除保证结构有足够的强度、刚度及局部稳定等外,还要满足施工的要求。根据已施工的就地灌注钢筋混凝土空心墩拟定的最小壁厚为0.30 m。采用预制拼装空心墩时,其最小壁厚可小于此项规定。参照已建成通车的混凝土空心墩和空心墩模型试验资料,拟定最小壁厚为0.50 m。混凝土空心墩不作墩身截面偏心计算,但为了保证混凝土墩身不产生裂缝,规定混凝土墩身截面除检算压应力外,还应检算拉应力,其最大拉应力不大于混凝土容许拉应力。

空心墩设置横隔板或竖隔板的目的是增强整体稳定、局部稳定及其抗扭、抗震能力。因混凝土结构并非理想的弹性体,在模型试验中尚难看出整体失稳或局部失稳的明显现象,而多数属于强度破坏。在理论计算上由于材料的脆性及边界条件的假定与实际的差异,使计算结果与实际情况也有较大出入,因此隔板对稳定和强度的作用尚待进一步研究。但隔板在采用滑动模板的施工中妨碍较大,能否不设隔板,或在什么情况必须设隔板以及采取什么样的隔板形式和间距等问题,应根据建筑材料、壁厚与内径的比率,结合模型试验或根据经验综合考虑。

设置通风孔的目的是为调节空心墩的内外温差,减少施工中混凝土水化热对墩内温度的影响。圆形通风孔对墩壁应力分布较好。为保证通风效果,通风孔的孔径不宜过小,但过大则墩壁截面削弱过多,将影响墩壁钢筋的连续性。按以往经验,孔径一般不小于0.20 m。通风孔离地面的高度应考虑到不受水流的作用,避免泥砂淤积,并应设有保证安全的防护措施。

为了检查、维修空心墩的内部,应在顶帽处设置带门进人洞。检查内壁的设备一般为吊篮、活动梯或固定梯。设计时如不需考虑检查和维修空心墩的内部,则检查设备可以不设置。

5.4.14 破冰棱与桥墩建在一起,可充分利用桥墩本身抵抗冰荷载的作用。然而对既有桥增建的破冰棱,往往不与既有桥墩连在一起。此时必须注意,单独修建的破冰棱,有加剧桥墩冲刷的情况。因此在桥墩上游单独修建破冰棱时,应按以往经验或通过试验确定其距既有桥墩的距离,以免产生过大的局部冲刷。

从一些旧桥调查表明，桥墩被冰凌撞击后，往往在施工接缝处断裂，因此要求混凝土与片石混凝土灌注的墩台在最高流冰顶面以上 1.0 m 至基底应尽量避免设有施工接缝，当不可避免时，则应采用加强措施（如预埋带钩或带叉的钢筋、角钢、旧钢轨等）。

5.4.15 既有线接高的墩台应将旧有部分按全截面凿成水平面，以使构造连接更好，并避免收缩不均。为减少工程量，采取部分拆除重建时可将旧有部分凿成台阶形。但为了保证构造上稳定，每一台阶的面积应大一些。当清除面高差在 0.50 m 以内时，可作平，以不设台阶为宜，每一台阶面积应不小于连接处全截面的 1/4。当台阶高于截面的全宽时，其稳定性不好，不宜采用。

5.5.1 涵洞标准孔径一般按下列条件确定：

（1）流量计算本身并不精确，而且还需考虑支农等其他因素，孔径分得过细显然没有必要。

（2）减少孔径类型有利于节约模板，简化施工，加速施工。尤其是对发展装配结构、工厂化制造、机械化施工有利。

（3）保留 1.25 m 孔径是由于涵洞净高在使用上对其长度加以限制后，估计采用大于 1 m 的孔径将增多，故予以保留。

此外，对于泄水隧洞最小孔径的规定，考虑采用导洞法施工时应使施工人员工作方便，并能通行推土小车，因此最小孔径不宜小于 2 m。

5.5.2 涵洞为考虑维修养护作业的要求，对孔径与长度做了一些规定：

养护单位普遍反映，为便于维修与清淤，排洪涵洞孔径不应小于 1.25 m。但为路基或站场排水而设的涵洞系位于人工开挖的沟槽上，其沟槽的断面尺寸和排泄流量一般都很小，如路基侧沟尺寸为 0.4 m（宽）×0.6 m（深），排泄流量约 0.2 m^3/s，故涵洞孔径可根据具体情况确定。当采用较小孔径时，其长度也应受到限制。考虑维修养护的工作条件和工人的实践经验，各式涵洞依其净高或内径，规定其限制长度不宜超过若干米。净高或内径等于或大于1.5 m时，维修养护时基本上可以站立，因而对其长度不加限制。

5.5.3 位于城市或大型车站（如枢纽、区段站）的涵洞，人口比较集中，涵洞除排洪外，尚有污水、垃圾杂物流入，清淤的通风条件应比一般排洪涵洞要高一些，因此孔径可根据需要适当加大。但位于中间站的涵洞，如果不存在上述情况，则可不加大孔径。

车站范围内的涵洞，仅为了满足限制长度而加大孔径有困难时（如受站场高程控制等），可结合站场布置在股道间设置检查井，以便维修人员进出。设置检查井后的涵洞分段长度应不超过其限制长度。

5.5.4 在相同的排水能力下，多孔涵洞的造价较单孔高，水流在自然情况下，其流量分配不均匀而阻水影响亦较大。多孔涵洞的全宽增加，则沟床加固范围亦大，因此采用单孔或双孔涵洞，仅当路堤高度不够，或沟床开阔、地势平缓的平原地带，在技术上和经济上均较为合理时，才可设置多于两孔的涵洞。

5.5.5 平原地区等路基地段取消涵洞顶覆土可有效降低路基高度，可节省工程投资，但涵洞顶不可高过路肩。

关于涵洞类型及分节，原铁道部工程管理中心曾提出按德国规范 DIN 102 规定“非钢筋混凝土结构仅严格限于主要静力加载结均”，欧洲均采用钢筋混凝土框架箱涵；国外分节长度可达 20 m 以上，轨下不分节的建议。

德国规范 DIN 102 规定“非钢筋混凝土结构仅严格限于主要静力加载结构”，也就是说混凝土和砌体结构不能用于铁路桥涵设计中,显然和中国的国情不符。本规范第5.5.13条“置于非岩石地基上的涵洞,每隔2 m~5 m应设沉降缝一处”的规定,是基于原规范适用于旅客列车设计行车速度小于或等于160 km/h、普通货车设计行车速度小于或等于90 km/h(转8A货车设计行车速度小于或等于80 km/h)客货共线标准轨距的新建或改建Ⅰ、Ⅱ级铁路桥涵的设计;盖板涵、拱涵、圆涵仍在普通铁路涵洞类型上占有较大比例而制定的。非岩石地基上的涵洞,其沉降缝是为避免不均匀沉降或由于竖向受力不均而产生折断现象。根据施工和养护的经验,分段过短,增加施工困难,过长则防止裂纹效果不大,一般涵身分段节长以2 m~5 m为宜。

沉降缝设于轨道板下时,涵节的沉降差可能会引起轨道板的开裂,故沉降缝不允许设在轨道板下,而应设于两线之间。涵洞分节长度应根据地基和结构情况确定,一般不可超过15 m,以避免边墙和底板施工缝处由于混凝土收缩产生较大裂缝。

5.5.6 涵洞入口设置端翼墙的目的在于使水流在涵前形成壅水,经过端翼墙而导入涵洞内通过。出口端翼墙是使水流自涵洞内比较顺畅地导至下游。总之,端翼墙起了集中水流、引导排出的作用,避免了水流直接冲刷路堤。

5.5.7 涵洞中部因竖向土压较大,沉降较多,为保证涵洞的流水坡度,当涵洞置于非岩石地基上且涵洞顶上填方厚超过2 m时,涵洞流水槽面的高程可按本规范条文表5.5.7的规定预留上拱度。涵洞设上拱度后,不应产生与流水方向相反的坡度,故要求入口流水槽面的高程不应低于中心管节流水槽面的高程。

5.5.8 采用预制构件时应据运输条件和起重设备能力决定构件尺寸,还需考虑搬运不致损坏,吊装不致变形,因而构件尺寸不宜过小,应具有一定的强度和刚度。

5.5.9 涵洞结构按下述几种荷载组合进行分析:

(1)结构自重。

(2)竖向和水平土压力。

(3)活载:①竖向活载按全孔或半孔布置计算;②水平活载按双侧或单侧计算。

涵洞经常处于水下有压状态时,应计算静水压力。水的静压力分为内水压力和外水压力。对圆形有压涵管,为获得最不利的荷载组合,管外地下水的压力仅在管内无水的情况下考虑。当管内充满水时,可不计算外水压力。

关于内水压力,为了静力分析,可将圆涵的内水压力作用分作两部分处理:①充满水流的静水压力作用[如说明图5.5.9(a)所示,图中γ为水的容重];②均匀内水压力p_0的作用[说明图5.5.9(b)]。上述两种情况对预应力混凝土压力管影响较大,不可忽略。

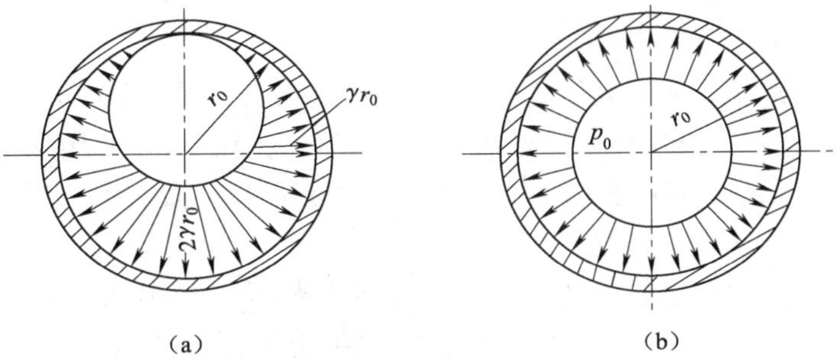

说明图5.5.9 内水压力示意图

至于其他封闭式断面形状的涵洞,也可根据水力学静水压力的计算方法确定内水压力。

5.5.10

1 盖板涵边墙计算有下列三种假定:①把边墙视为挡土墙;②作用在边墙上的土压力视为梯形分布荷载,假定边墙为一简支梁;③作用在边墙上的土压力视为梯形分布荷载,假定边墙为上端铰接、下端固接的立柱。

假定①与重力式挡土墙相同,纯属偏心受压构件,因而设计截面尺寸过大,圬工用量多,未考虑板有支顶的有利因素。假定②的下端不符合实际情况。假定③比较符合实际,盖板的摩擦力或在构造上直接顶住边墙实际上起着支撑作用,按此图式计算也可以减小边墙截面尺寸。

边墙的水平反力对盖板跨中弯矩影响甚微,故不考虑。这样,盖板可不按偏心受压的杆件计算,而作为普通简支钢筋混凝土板设计。

2 分析拱圈的超静定数值时,不考虑剪力的影响。

3 圆形涵洞管节外廓土压力和活载采用椭圆形辐射状分布,由于均匀分布荷载对圆涵截面内不产生力矩,故仅考虑不等强度荷载作用的影响。圆形涵洞的管壁厚度较其曲率半径小很多,由于剪力及法向力所做的功远小于由于弯矩所做的功,因此可以不计剪力和法向力的影响。规范中规定弯矩采用下面的近似公式:

$$M=0.15(q_1-q_2)r^2$$

4 矩形涵洞的涵节内力按封闭式框架结构计算,框架的轴线以构件混凝土断面的重心轴线为准。单孔矩形涵洞按等截面框架图式计算,其截面尺寸如说明图 5.5.10 所示。

5.5.11 多孔拱涵或盖板涵一般均同时施工,一孔损坏的情况也较少,即使发生也易于采取支顶措施。为避免中墩过大,设计时不考虑这种受力状态。

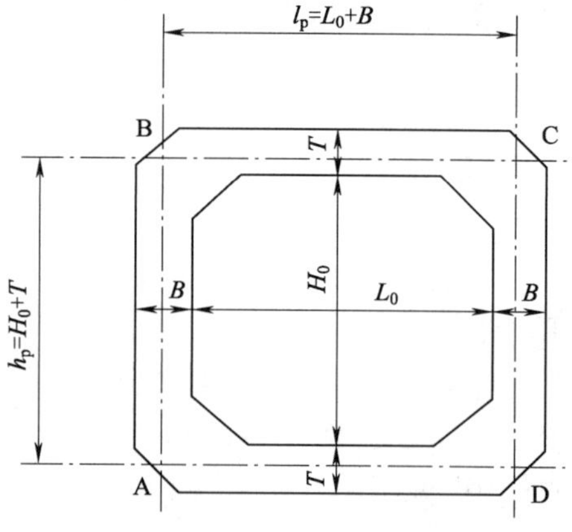

说明图 5.5.10 单孔矩形涵洞等截面框架图式

5.5.12 设计时考虑到涵洞出入口部分的竖向土压力能减小,活载影响也较小,故采用减轻的管节或盖板以节约材料。因此,接长涵洞时,此种减轻管节(或盖板)可能正位于线路中间,承受较大的竖向土压力和活载,此时应进行检算,考虑更换或加固。

5.5.13 非岩石地基上的涵洞沉降缝的设置,是为避免不均匀沉降或由于竖向受力不均而产生折断情况。根据施工和养护的经验,分段过短,增加施工困难,过长则防止裂纹效果不大,一般涵身分段节长以 2 m~5 m 为宜。涵身坡度较陡时,为了错台的需要可采用较短节长。节间沉降缝应在使用期间不致有漏水现象发生,基础部分沉缝可利用施工时嵌入的沥青木板留作防水之用。如施工时不用木板,则应用规定的材料填塞。

5.5.14 对有水压涵洞要求管节之间接缝处密不透水,以免水流在高压力下渗入路堤基底,影响路堤及基底的稳定性。既要求不透水,又要能沉降自如,这样在构造上就比较复杂,因此应避免使用有压涵洞。

5.5.15 涵洞错台主要是为了形成流水坡和保持涵洞稳定,同时也要便于施工。当坡度不大时,为避免涵顶产生空隙,错台高差规定为管壁(或盖板、拱圈)厚度的3/4;如坡度较陡,不能用管壁(盖板、拱圈)厚度调整时,则可加大错台高差,但不得超过0.7 m。若错台太大,必然过分减少涵洞的工作面积,从过水条件和造价上将显得很不合理。为了避免小孔径涵洞采用最大错台高度后在错台处的净高过小,造成养护困难,因而规定错台处的净空高度不得小于1 m。

5.5.16 有基涵洞的基础分为整体式与非整体式两种。采用哪一种基础,应根据涵洞的类型、孔径大小和土质条件而定。

非整体基础的稳定性主要受基底土抵抗挤出的稳定程度控制。整体基础一般没有横向挤出问题,但在特别松软的地基中,可能发生顺涵洞方向挤出的问题,设计时应予以注意。整体基础应有足够的强度以避免断裂,因此其材料数量要比非整体者为大。

5.5.17 无基涵洞的缺点是下沉不匀,接缝容易透水,以致造成路基病害,因此仅能在土质较好而均匀、下沉量不大时采用,而且也只能用于路堤较低的无压涵洞情况。

无基涵洞应根据表5.5.17的规定设置一定厚度的砂垫层或表层夯实,使应力均匀分布,并在涵洞出入口设置防渗设施,以减少水力坡降对涵身底面的渗透影响。

5.5.18 涵洞上下游防护工程对涵洞的过水条件、上下游既有建筑物及农田的安全均有直接的影响,因此应根据当地水文、地形及地质条件,结合上下游既有建筑物和有关农田等因素进行设计。

一般涵洞的下列各部位应进行铺砌加固:

(1)涵洞出入口附近的沟床;

(2)锥体填方;

(3)受水流淹没并可能遭受冲刷的涵洞附近及涵顶路基坡面。

"拱涵下游冲刷及洞内水力因素试验研究报告"(原铁道部铁道科学研究院等,1964年12月)分别对常用的几种出口铺砌形式进行了水工模型试验,在设计流量作用下,结果见说明表5.5.18。

说明表5.5.18 不同铺砌形式冲刷深度比较

平 面 形 式	最大局部冲刷深(m)
矩 形	3.72
水流扩散角 $\alpha=20°$ 的等腰梯形	3.15
水充扩散角 $\alpha=30°$ 的等腰梯形	3.05

从上表三种平面铺砌形式试验资料看,矩形冲刷最大。等腰梯形 $\alpha=20°$ 与 $\alpha=30°$ 无显著差别,但圬工量30°比20°增大很多,因此确定了 $\alpha=20°$。

常用的垂裙形式有两种:一为直(ㄱ),一为斜(乀),也有无裙(—)。通过试验比较,从水力条件看,无裙时冲刷最小,但铺砌层均为石砌或混凝土建筑,不容许底部出现淘刷,故不宜采用。而直裙与斜裙相比,虽拐角处冲刷较大(说明图5.5.18),但下游冲刷较小,从最

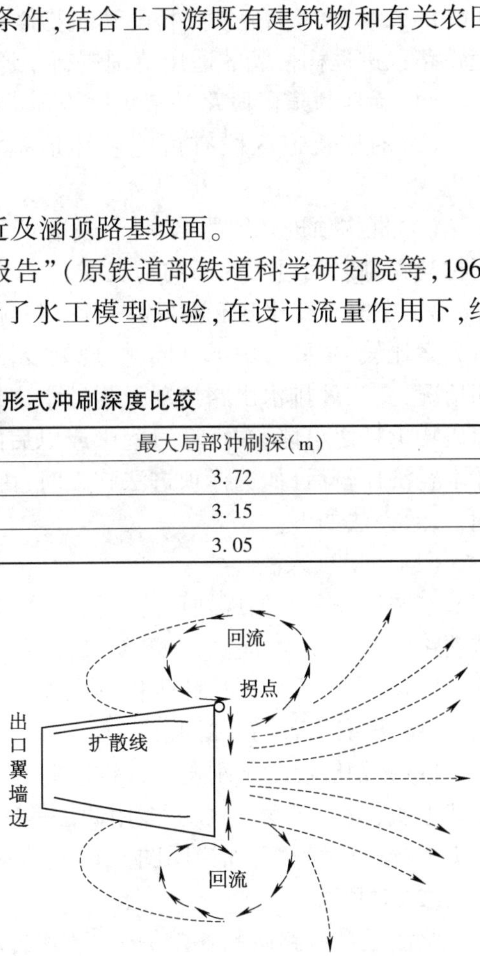

说明图5.5.18 无槽冲刷水力现象示意图

大冲刷深度及其位置来看,仍以直裙为佳。上游铺砌末端为防止铺砌底部掏空而破坏铺砌层起见,也应该采用直裙。

铺砌层材料的选择取决于铺砌层上最大流速 v_{max}。所谓最大流速不是最大断面平均流速,而是最大垂线平均流速。

5.5.19　《05 桥规》第 5.4.18 规定:"涵洞基础应计算工后沉降,其工后沉降量不应大于 100 mm。涵洞的工后沉降虽不满足上述要求时,应进行地基处理。"本条文参考《铁路路基设计规范》的相关规定编制而成。

松软地基上填筑路基时应进行工后沉降分析。沉降量应满足以下要求:旅客列车设计行车速度为 160 km/h 的路段,一般地段路基的工后沉降量不应大于 200 mm,路桥过渡段不应大于 100 mm,沉降速率不应大于 50 mm/年。涵洞工后沉降不满足上述要求时,应进行地基处理。

本次规范修订专家们认为,近年来各标准等级铁路的工程实践经验表明,对于设置路涵过段的涵洞地基基础,按与其两侧路基过渡段相同的地基处理方式,即使路基过渡段与涵洞的工后沉降一致时,能够满足行车的平顺性要求。对于设计标准较低的铁路,没有设置路涵过渡段的涵洞基础,则维持原《05 桥规》的规定,满足工后沉降限值不应大于 100 mm的规范要求。

5.6.1~5.6.2　《高速铁路桥隧建筑物修理规则(试行)》中第 3.9.1 条~第 3.9.3 条对高速铁路顶进框构桥涵的适用范围进行了原则规定。

(1)无砟轨道区段路基禁止框构顶进。

(2)有砟轨道区段有可能破坏地基加固效果的路基地段、各种过渡段,禁止框构顶进。

(3)框构顶进必须严格审批,采取严格、周密的工程措施和施工安全管理措施,防止框构与路基之间过大的不均匀沉降。

5.6.3　在既有线修建涵洞特别是修建立体交叉时,由于行车干扰,施工问题复杂,必须进行方案比较,主要考虑下列问题:规划要求(铁路、公路两方面),现有铁路运输及公路运输情况,交叉处排水出路情况及附近水文地质、工程地质情况,施工方法,拆迁情况,各种障碍物拆迁之可能,在拆迁过程中或以后的影响,立交桥断面形式、净高、净宽要求等。经技术经济比较后,如选择顶进法施工时,由于铁路线路及运输情况,施工技术条件各有不同,大致方法如下:

(1)一次顶入法

本法系按公路的规划位置和铁路线路平面位置的可能,在线路一侧的工作坑内,按穿越铁路股道的多少、净宽、净高要求,预制一个单孔或多孔钢筋混凝土刚构,借助于预先修好的后背,利用千斤顶将此刚构一次顶入路基,随顶进随挖土。为保证顶进时铁路运输安全,需对铁路进行线路加固。

特点:钢筋混凝土刚构一次预制完成。只要有足够的顶力设备,对正交或斜交、各种路基土质、覆土深度,一般均能用此法一次顶入。其优点是对铁路运输干扰较小,顶进时间集中,慢行时间短,如说明图 5.6.4—1 所示。

(2)对顶法

此法是在铁路两侧各挖一个工作坑,每边预制刚构之半,同样借助两侧之后背,将刚构顶入路基。两侧之刚构可同时顶入,也可先顶一侧,再顶另一侧,但中间接口应选择在二股线路的中间,且要求接口严密不漏水。

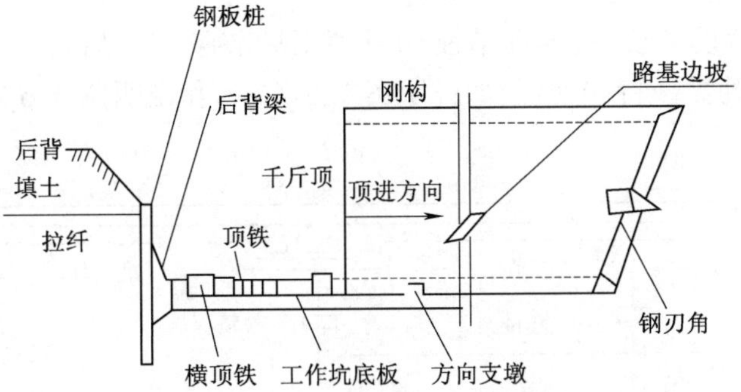

说明图 5.6.4—1 一次顶入示意图

特点:当穿越铁路股道较多,一次顶入顶力较大,或顶力设备不足,轴向分段顶进又有困难时可采用此法,但顶进工艺要求比较严格,应防止方向"错牙"现象,如说明图 5.6.4—2 所示。

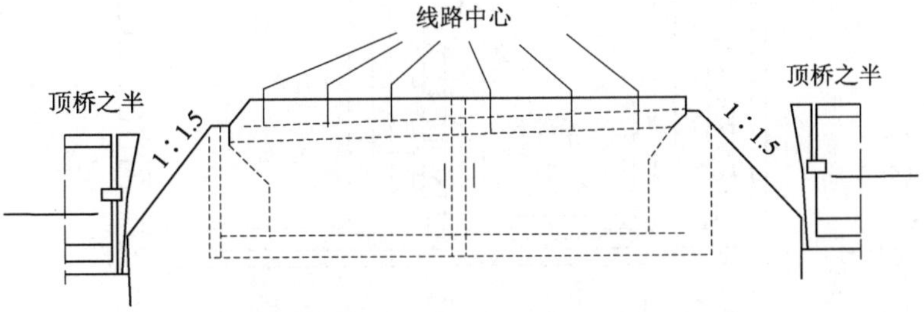

说明图 5.6.4—2 对顶示意图

(3)顶进刚构与顶梁结合法

例如将三跨整体刚构分为三部分,中孔刚构及两边孔简支梁。为减小简支梁的高度可做成预应力钢筋混凝土板。在铁路旁的工作坑内,先预制中孔刚构及两桥台。此桥台在顶进过程中为箱形刚构,在使用阶段可填为实体重力式桥台。施工时先顶入中孔刚构,再顶入两侧桥台,就位之后再顶入简支梁。

特点:可减小顶力,但作业繁琐,顶进工艺复杂,对铁路运输干扰大,慢行时间长。

(4)开槽顶入法

此法系在工作坑内预制钢筋混凝土门式刚构。在门式刚构的中墙、边墙相应的铁路路基处,按中墙、边墙厚度开槽,为保证路基稳定需将路基开槽部分支撑,并按扩大基础设计、施工。然后,以预先修好的基础和沟槽作为滑道,将刚构顶入。为减小顶力,可将基础顶面或门式刚构之边墙、中墙底部各预埋一钢板,并在其上涂油,顶进就位后将预埋之钢板焊死。

特点:顶力最小,可将门式刚构顶进就位后再挖除中间部分路基土,因而施工速度大大加快。但按此法施工时,应注意路基土质,开槽不致塌方。为保证安全,必须进行线路加固。

(5)中继间

当穿越多股线路时,因钢筋混凝土刚构轴向长度太长,纵向配筋要求过多,顶力较大,后背设备增多,此时宜将刚构分成数段(但分段长度不宜过短,可根据最大顶力设备能力及纵向配筋要求决定其长度),在节间设置中继间,将刚构接力顶进。

特点:此法后背设备较少,即前节刚构可利用后节刚构作后背。为了避免节间产生"错牙"现象,接口处需做特殊处理,如说明图 5.6.4—3 和说明图 5.6.4—4 所示。

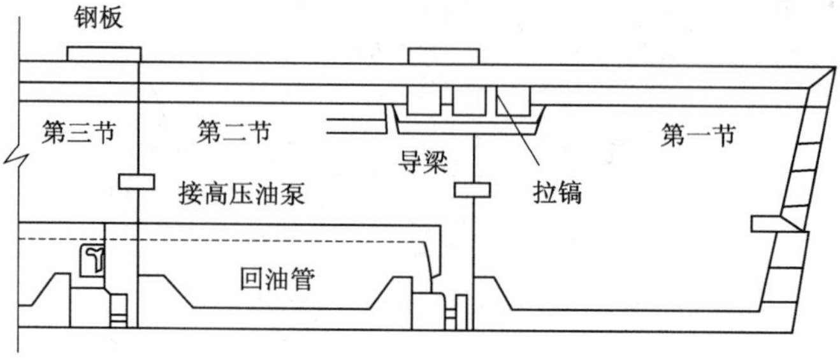

说明图 5.6.4—3　剖面图

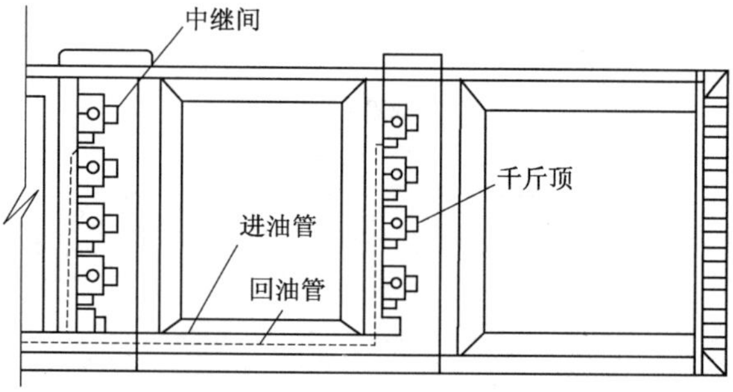

说明图 5.6.4—4　中继间设备安装示意图

实践证明,既有线采用顶进法修建铁路立交桥,有如下优点:

(1)占地少,拆迁少,对城市交通干扰小。城市的平交道口,特别是位于城市中心的道口,周围空地较少,且附近大都修建了许多高大建筑,如采用修建施工便线修建立交桥,必然占地多,拆迁量大,同时市区取土困难,采用顶进法施工,则能克服上述缺点。

(2)可以保证铁路不间断运行。

(3)结构轻巧,适宜于配合城市建筑。

5.6.4　顶进桥涵的设计荷载除按本规范第 4 章的规定外,还有下列特点:

(1)对刚架式的立交桥,其活载应包括列车活载、公路车辆活载及行人荷载。

(2)顶力指顶进桥涵的施工荷载,也是设计后背的依据。

5.6.5　对于较长的刚架式立交桥,为了施工的安全与方便,宜分段预制,以便采用顶进法时减小后背。近年来由于顶进刚架式立交桥的轴长越来越长,为节约工程造价,便于施工,简化后背,节省顶柱,应优先考虑顶进法施工,但必须注意接缝之处理,要求接缝密不渗水。

5.6.6　顶桥应按最大顶力进行下列检算:

(1)顶进部位的局部压力

为避免结构局部受压过大而损坏,需对千斤顶的施力点进行局部承压应力的检算。为满足一般局部承压的要求,通常的作法是将钢筋混凝土顶桥底板施力点处(千斤顶的顶块与顶桥底之接触处),布置一块厚度适宜的钢板,使顶力均匀地分布在顶桥底板上。

(2)中墙及侧墙根部剪应力

因顶桥之施力点多布置在底板处,在顶进过程中顶力将通过底板、中墙、侧墙、中平台传至路基,这时中墙及侧墙根部所承受的剪应力最大,应检算结构的强度和稳定性。

(3)顶进部位地基承载力

顶桥多为超静定结构,当地基承载力不足时,可能引起不均匀下沉而产生附加应力,因此必须探明地质确定地基的承载力。

(4)当斜桥正顶时还应检算抗扭问题

5.6.7 顶进桥涵大多数在稳定和多年压实的旧路基中进行,近似计算时其竖向压力可按土柱重计算。

5.6.8

(1)刃角一般由钢刃角和混凝土刃角组成。其主要作用系切入土中,防止在顶进过程中由于路基土体的塌方而影响行车安全。按以往经验,对一般填土路堤,刃角斜度以60°为宜。当路堤为砂卵石筑成,且高度大于6 m时,在顶进时为防止塌方,其切土土坡呈45°为宜。但为避免顶板悬挑过长,可采用锯齿形的构造,如说明图5.6.8—1所示。这样将顶桥分成上下两层,也便于挖土。

(2)为了使刃角部分受力明确,并省去顶桥前方补齐边墙的工序,有的采用了分离式钢筋混凝土刃角,在顶进就位后即行拆除,如说明图5.6.8—2所示。

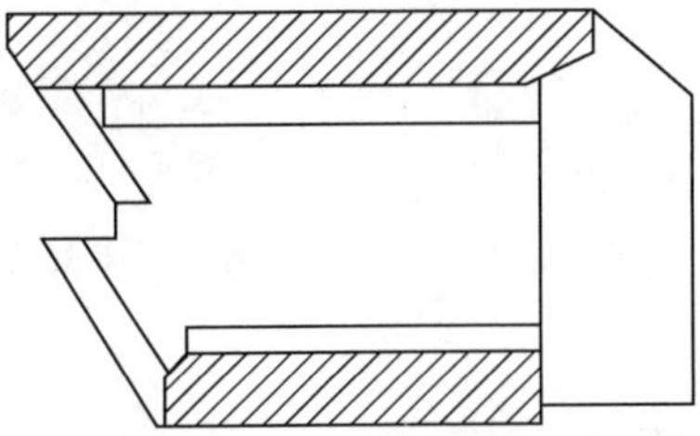

说明图5.6.8—1 锯齿形刃角示意图

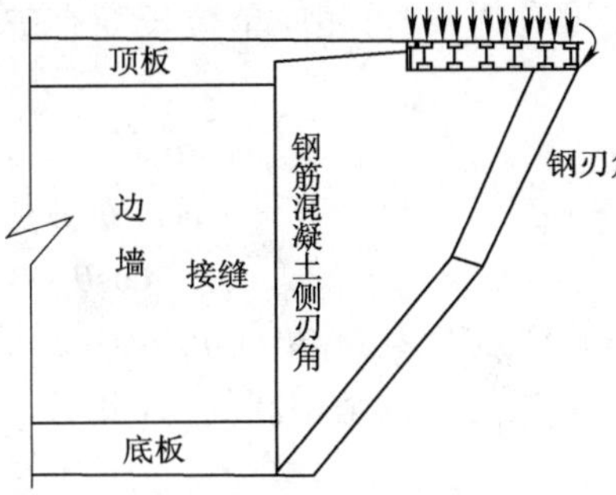

说明图5.6.8—2 分离式钢筋混凝土刃角示意图

其构造如下:

①钢筋混凝土刃角可为预制或现灌。现灌时应使与边墙隔离(可在接缝处涂沥青)以便拆卸。

②接缝可用锚筋或钢板接头联结以保证接缝强度及便利拆卸。

③钢筋混凝土刃角顶面伸出主体结构较长时应铺设临时钢梁。为了减小钢梁跨径,可在顶桥跨径中间设置临时撑架。

④为了改善钢筋混凝土侧刃角的侧向受力情况,并防止由于土压力作用引起的侧向变形,必要时可在侧刃角之间加横撑,也可用顶部临时钢梁作为横撑。

⑤顶进过程中,在静载及活载侧向土压力作用下,钢混凝土刃角按嵌固在接缝处的悬臂梁检算强度,悬臂梁的计算跨径,可沿刃角高度方向取几个断面进行计算比较,一般以靠近上部的断面内力较大。

5.6.10 顶进涵洞顶部是承受列车荷载的受力结构,钢筋密集,设置卷材防水层及保护层可有效防止顶板钢筋锈蚀。沉降缝应设止水带,可防止水渗入基础,引发基础沉降。

A.0.1 设说明图A.0.1(a)的填土坡面为斜面,在这倾斜表面水平投影每单位长度上作

用着强度为 q 的均布超载。假设 BC 为破裂面，$B'C'$是任意破裂平面，它通过墙顶以下深度 z 处墙背上的 B'点。

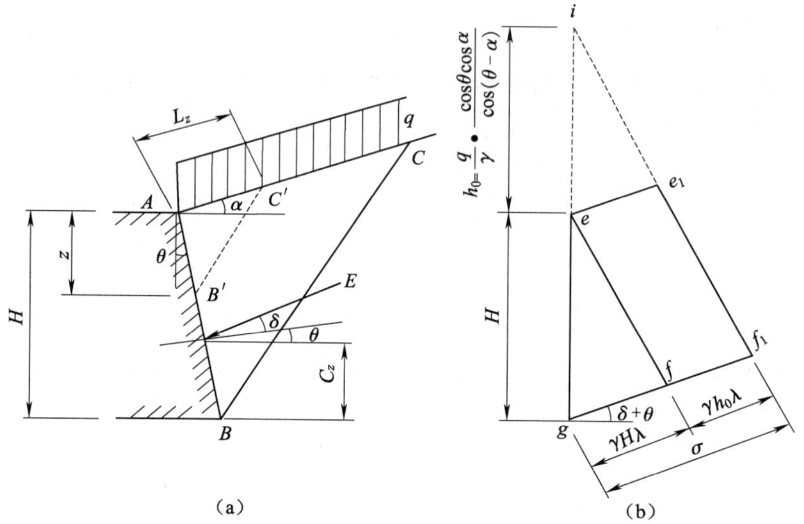

说明图 A.0.1　主动土压力计算图

在没有超载时，相应单位长度有破裂棱体 $AB'C'$的重量为

$$W_1' = \frac{1}{2}\gamma \frac{z}{\cos\theta} L_z \sin[90°+(\theta-\alpha)]$$

$$= \frac{1}{2}\gamma z L_z \frac{\cos(\theta-\alpha)}{\cos\theta}$$

超载使这个重量增加 $qL_z\cos\alpha$。带有超载的重量 W_1 是与断面为 $AB'C'$并具有容重 $\gamma_q>\gamma$的土楔的重量是相同的，因此可以写出下列方程式：

$$W_1' = \frac{1}{2}\gamma z L_z \frac{\cos(\theta-\alpha)}{\cos\theta} + qL_z\cos\alpha$$

解上式，得到单位重量 γ_q的数值：

$$\gamma_q = \gamma + \frac{2q}{z} \cdot \frac{\cos\theta\cos\alpha}{\cos(\theta-\alpha)}$$

如将 $H=z$，$\gamma=\gamma_q$以及 $E'=E$ 代入大家都熟悉的库伦主动土压力公式，即

$$E' = \frac{1}{2}\gamma H^2 \lambda \qquad \text{（说明 A.0.1—1）}$$

式中，E'为单位宽度上的主动土压力，γ 为填料的单位容重，H 为填土高度，λ 为土压力系数，则

$$\lambda = \frac{\cos^2(\varphi-\theta)}{\cos^2\theta \cdot \cos(\theta+\delta)\left[1+\sqrt{\dfrac{\sin(\varphi+\delta)\sin(\varphi-\alpha)}{\cos(\theta+\delta)\sin(\theta-\alpha)}}\right]^2}$$

得到深度为 z 墙背上（包括活载）的单位宽度上的土压力为

$$E = \frac{1}{2}\left[\gamma + \frac{2q}{z} \cdot \frac{\cos\theta\cos\alpha}{\cos(\theta-\alpha)}\right] z^2 \lambda$$

$$=\frac{1}{2}\gamma z^2\lambda+qz\lambda\frac{\cos\theta\cos\alpha}{\cos(\theta-\alpha)} \qquad (说明 A.0.1—2)$$

上式中的 $\lambda\cdot\frac{\cos\theta\cos\alpha}{\cos(\theta-\alpha)}$ 对于确定的 φ(土的内摩擦角)、θ(墙背 AB 与竖直线所成之角)、δ(外摩擦角)以及 α(填土坡面与水平面所成的角)值为一常数。

在深度 z 处,相应的单位宽度侧压力 σ_z 为

$$\sigma_z=\frac{\mathrm{d}E}{\mathrm{d}z}=rz\lambda+q\lambda\frac{\cos\theta\cos\alpha}{\cos(\theta-\alpha)} \qquad (说明 A.0.1—3)$$

式(说明 A.0.1—3)的右边第一项代表由于土的重量在深度 z 处所引起的单位宽度土压力。相应的这个压力的分布是静水压力式的,如说明图 A.0.1(b)中 $\triangle efg$ 所示。第二项表示由于超载重量所引起的单位宽度土压力,它与深度无关。因此在说明图 A.0.1(b)中这一部分土压力由平行四边形表示。这个平行四边形的 e_1f_1 边的延长线与基线 eg 相交于 i 点,i 点在墙背顶面以上的换算高度 h_0 则根据式(说明 A.0.1—3)和说明图 A.0.1(b)中 $\triangle iee_1$ 和 $\triangle egf$ 相似的关系求得:

$$h_0=\frac{q}{r}\frac{\cos\theta\cos\alpha}{\cos(\theta-\alpha)} \qquad (说明 A.0.1—4)$$

按照说明图 A.0.1(b)墙背上的土压力是与填土无超载而高度为 $H+h_0$ 的虚构墙背上的土压力一样。由式(说明 A.0.1—4)求得的 h_0 谓之超载当量高度。

整个墙身 H 高度上单位宽度的总土压力和墙身底 B 点处单位面积上的土压力强度,只需将式(说明 A.0.1—2)和式(说明 A.0.1—3)中的 z 以 H 代入,同时把超载 q 换算成当量土层厚度 h_0 表示,则得到主动土压力的计算公式:

$$E=\frac{1}{2}\gamma H^2\lambda+\gamma Hh_0\lambda \qquad (说明 A.0.1—5)$$

$$\sigma=\gamma H\lambda+\gamma h_0\lambda \qquad (说明 A.0.1—6)$$

式中 E——墙背面单位宽度的主动土压力;

σ——墙底面处墙背垂直投影面上单位面积上的主动土压力强度。

关于土压力着力点,根据说明图 A.0.1(b)的土压力的水平分力图形分块面积对计算截面的面积矩和总面积的比例求得:

$$C_z=\frac{\frac{H}{2}\gamma H\lambda\cos(\delta+\theta)\frac{H}{3}+H\gamma h_0\lambda\cos(\delta+\theta)\cdot\frac{H}{2}}{\frac{H}{2}\gamma H\lambda\cos(\delta+\theta)+Hh_0\gamma\lambda\cos(\delta+\theta)}$$

$$=\frac{H}{3}\left(\frac{H+3h_0}{H+2h_0}\right) \qquad (说明 A.0.1—7)$$

$$=\frac{H}{3}\left(1+\frac{h_0}{H+2h_0}\right)$$

计算总土压力时,其着力点为

$$C_z=\frac{H}{3}\left(1+\frac{h_0B_0}{HB+2h_0\mathrm{B}_0}\right) \qquad (说明 A.0.1—8)$$

式中 B——墩台的计算宽度;

B_0——台后活载计算宽度。

A. 0. 2 关于土层特性有变化或受水位影响,需分层计算各层土压力的计算公式,推导如下:

根据式(说明 A. 0. 1—6)得到图上计算土层顶面和底面的土压力强度为

$$\sigma_1=\gamma h'\lambda+\gamma h_0\lambda \tag{说明 A. 0. 2—1}$$

$$\sigma_2=\gamma(h+h')\lambda+\gamma h_0'\lambda \tag{说明 A. 0. 2—2}$$

式中 σ_1——计算土层顶面处墙背垂直投影面上单位面积上的主动土压力强度;

σ_2——计算土层底面处墙背垂直投影面上单位面积上的主动土压力强度;

h——计算截面以上的计算土层厚度;

h_0',h'——在计算土层以上所有土层按该计算层的容重换算的高度;

γ——计算土层的土的容重,水中则为浮重。

部分土压力可由下面的积分式求得:

因 $\mathrm{d}E_p=\sigma_y\mathrm{d}z$

$$\begin{aligned}E_p&=\int_{h'}^{h'+h}\gamma\lambda z\mathrm{d}z+\int_{h'}^{h'+h}q\lambda\frac{\cos\theta\cos\alpha}{\cos(\theta-\alpha)}\mathrm{d}z\\&=\frac{\gamma h}{2}(h^2+2h'h)+q\gamma h\frac{\cos\theta\cos\alpha}{\cos(\theta-\alpha)}\\&=\frac{\gamma h}{2}(h+2h')\gamma+\gamma hh_0'\lambda\end{aligned} \tag{说明 A. 0. 2—3}$$

式中 E_p——计算土层墙背面单位宽度的主动土压力。

其着力点的求法同 A. 0. 1 条说明中所述。首先求得 σ_1 和 σ_2 的水平分力

$$\sigma_{1x}=\sigma_1\cos(\delta+\theta)$$

$$\sigma_{2x}=\sigma_2\cos(\delta+\theta)$$

则说明图 A. 0. 2(b)中的 C_z 按照应力图形梯形面积的重心求得:

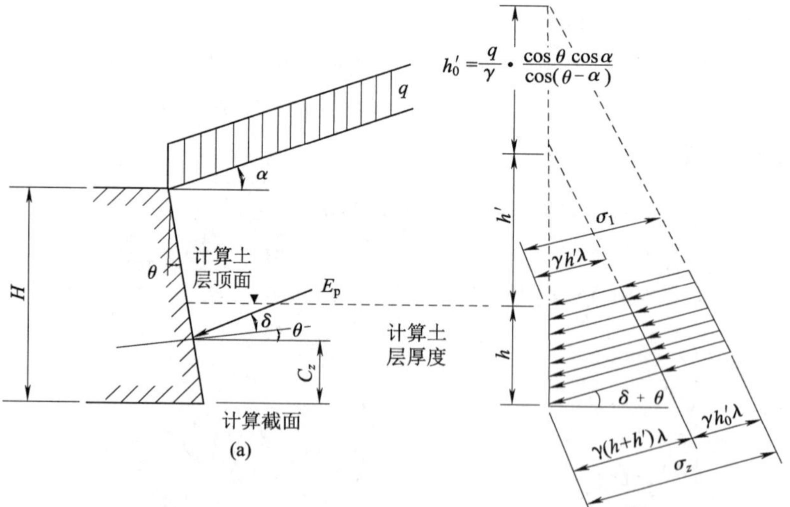

说明图 A. 0. 2　主动土压力分层计算图

$$C_z=\frac{\sigma_{2x}+2\sigma_{1x}}{3(\sigma_{2x}+\sigma_{1x})}h=\frac{\sigma_2+2\sigma_1}{3(\sigma_2+\sigma_1)}h$$
$$=\frac{h}{3}\cdot\frac{\gamma(h+h')\gamma+\gamma h'_0\gamma+2\gamma h'\gamma+2\gamma h'_0\lambda}{\gamma(h+h')\lambda+\gamma h'_0\lambda+\gamma h'\lambda+\gamma h'_0\lambda}$$
$$=\frac{h}{3}\cdot\frac{h+3h'+3h'_0}{h+2h'+2h'_0}$$
$$=\frac{h}{3}\left(1+\frac{h'+h'_0}{h+2h'+2h'_0}\right)$$
（说明 A. 0. 2—4）

计算总土压力时，其着力点为

$$C_z=\frac{h}{3}\left(1+\frac{h'B+h'_0B_0}{hB+2h'B+2h'_0B_0}\right)$$
（说明 A. 0. 2—5）

UDC

TB

中华人民共和国行业标准

TB 10091—2017
J 461—2017

P

铁 路 桥 梁 钢 结 构 设 计 规 范

Code for Design on Steel Structure of Railway Bridge

2017-01-02 发布　　2017-05-01 实施

国　家　铁　路　局　　发　布

国家铁路局关于发布铁道行业标准的公告

（工程建设标准 2017 年第 2 批）

国铁科法〔2017〕3 号

现公布《铁路桥涵设计规范》（TB 10002—2017）、《铁路桥梁钢结构设计规范》（TB 10091—2017）、《铁路桥涵混凝土结构设计规范》（TB 10092—2017）和《铁路桥涵地基和基础设计规范》（TB 10093—2017）4 项行业标准，自 2017 年 5 月 1 日起实施。《铁路桥涵设计基本规范》（TB 10002.1—2005）、《铁路桥梁钢结构设计规范》（TB 10002.2—2005）、《铁路桥涵钢筋混凝土和预应力混凝土结构设计规范》（TB 10002.3—2005）、《铁路桥涵混凝土和砌体结构设计规范》（TB 10002.4—2005）和《铁路桥涵地基和基础设计规范》（TB 10002.5—2005）同时废止。

本标准由中国铁道出版社出版发行。

国家铁路局

2017 年 1 月 2 日

前　　言

《铁路桥梁钢结构设计规范》TB 10002.2—2005 发布以来,我国铁路尤其高速铁路建设取得了举世瞩目的成就,京沪、京广、郑西、哈大等高速铁路,宜万、太中银等客货共线铁路,山西中南部通道、蒙华等重载铁路,珠三角及武汉城市圈城际铁路等大批铁路项目相继建成通车,完善了路网结构,增加了铁路运输服务的有效供给。经过十多年的积极探索和创新实践,我国铁路桥梁建造技术取得重大突破,已跻身世界先进行列。南京大胜关长江大桥、武汉天兴洲长江大桥等一批深水、大跨、特殊地质条件、复杂结构形式桥梁的成功建设,自主研发的大吨位箱梁成套技术的广泛应用,为进一步完善铁路桥梁技术标准积累了丰富经验,奠定了坚实基础。

本规范是根据国家铁路局构建铁路工程建设标准体系的要求,为满足铁路桥梁建设和发展需要,统一铁路桥梁钢结构设计标准,提高铁路桥梁钢结构设计水平,保障铁路桥梁钢结构安全与质量,在原规范的基础上,总结近年来我国高速铁路、城际铁路、客货共线和重载铁路桥梁钢结构建设、运营的实践经验和科研成果,全面修订而成。

本规范贯彻落实了安全优先的原则,强化了质量安全、节约资源以及保护环境等要求,注重总体设计,并结合我国国情、社会经济发展水平、环境条件等因素,合理确定了不同运输性质类型、不同速度等级铁路桥梁钢结构的主要设计标准,进一步提升了规范的科学性和技术经济合理性。近年来我国铁路钢桥设计领域涌现了一大批新材料、新结构、新工艺,包括 Q500q 钢新材料的采用,全焊节点及整体钢桥面板的应用,千米级铁路斜拉桥及悬索桥的建设等,本规范在总结、吸纳上述先进成果和成熟经验的基础上修订而成。

本规范由 10 章组成,包括总则,术语和符号,材料及基本容许应力,结构内力计算,杆件的计算长度、长细比和构件截面,构件连接,桥面系及联结系,钢板梁,钢桁梁,支座等,另有 5 个附录。

本次修订的主要技术内容如下:

1. 修订了规范适用范围,适用于高速铁路、城际铁路、客货共线Ⅰ级和Ⅱ级铁路、重载铁路桥梁结构设计。

2. 增加了 Q500q 钢种的相关规定。

3. 结合国家标准《桥梁用结构钢》的修订,修订了钢梁主体结构用钢种的相关规定。

4. 修订了焊接接头(包括焊缝金属和热影响区)冲击韧性的设计要求。

5. 增加 17 种构造细节的疲劳抗力;补充规定了同时承受轴向应力和弯曲次应力杆件的疲劳作用应力幅计算办法。

6. 将双线系数拓展形成多线系数;补充了高速铁路、城际铁路的疲劳损伤修正系数;应力比修正系数表中增加了应力比比值的范围。

7. 增加了带加劲肋的箱形压杆稳定的相关规定。

8. 增加了钢桁梁整体钢桥面结构的桥面板翼缘有效宽度的相关规定。

9. 增加了板桁组合结构考虑温度变化的不同步性对结构的影响的相关规定。

在执行本规范过程中,希望各单位结合工程实践,认真总结经验,积累资料。如发现需要修改和补充之处,请及时将意见和有关资料寄交中铁大桥勘测设计院集团有限公司(武汉市经济技术开发区博学路8号,邮政编码:430056),并抄送中国铁路经济规划研究院(北京市海淀区北蜂窝路乙29号,邮政编码:100038),供今后修订时参考。

本规范由国家铁路局科技与法制司负责解释。

主编单位:中铁大桥勘测设计院集团有限公司

参编单位:中国铁道科学研究院

中铁工程设计咨询集团有限公司

主要起草人:徐　伟、张玉玲、徐升桥、刘汉顺、杜　萍、高静青、高　策、王志平、唐贺强、谢　馨、张成东、徐科英、崔　鑫、王　丽、陶晓燕、金　令、赵体波。

主要审查人:王召祜、吴少海、陈良江、杨梦蛟、刘　燕、薛吉岗、殷宁骏、刘　椿、赵会东、杨鹏健、杨彦海、陈克坚、鄢　勇、王新国、瞿国钊、桂　婞、毛伟琦、涂满明、胡广瑞。

本规范的历次版本发布情况:《铁路桥涵设计规范》TBJ 2—85;TBJ 2—96;《铁路桥梁钢结构设计规范》TB 10002. 2—99;TB 10002. 2—2005。

目　　次

1 总 则

1.0.1 为贯彻国家有关法规和铁路技术政策,统一铁路桥梁钢结构设计技术标准,使铁路桥梁钢结构设计符合安全可靠、先进成熟、经济适用、保护环境的要求,制定本规范。

1.0.2 本规范适用于高速铁路、城际铁路、客货共线Ⅰ级和Ⅱ级铁路、重载铁路铆接、栓焊及全焊桥梁钢结构的设计。公、铁两用桥中单独承受公路荷载的钢结构应按现行的公路行业相关标准进行设计。

1.0.3 铁路桥梁钢结构应具有规定的强度、刚度、稳定性和耐久性,主体结构设计使用年限应为100年。

1.0.4 采用本规范设计时,尚应符合现行《铁路桥涵设计规范》TB 10002的规定。

1.0.5 钢结构的构件设计宜标准化,使同型构件能互换。结构应便于加工、运输、安装、检查和养护。

1.0.6 桥跨结构应设预拱度,预拱度曲线宜与恒载和半个静活载产生的挠度曲线形状基本相同,但方向相反。由恒载和静活载所引起的竖向挠度不大于桥梁跨度的1/1 600时,可不设置预拱度。

1.0.7 桥跨结构在计算荷载的最不利组合作用下,横向倾覆稳定系数不应小于1.3。

1.0.8 钢梁应能适应用千斤顶将其顶起。起顶设施及结构本身都应按起顶荷重1.3倍检算。

1.0.9 曲线上线路中心有偏移的桥以及其他有偏心荷载的桥应计算偏载对桥跨结构的影响。

1.0.10 铁路桥梁钢结构设计除应符合本规范外,尚应符合国家现行有关标准的规定。

2 术语和符号

2.1 术 语

2.1.1 简支梁 simply supported beam

一端为纵向活动支座,一端为纵向固定支座的两端支承的梁。

2.1.2 连续梁 continous beam

两跨或两跨以上梁部连续,由支座支承的梁。

2.1.3 桁架 truss

由若干杆件构成的一种平面或空间的格架式结构或构件,各杆件主要承受各种作用产生的轴向力,有时也承受节点弯矩和剪力。

2.1.4 钢梁 steel beam

以钢材作为主要建筑材料的梁。

2.1.5 强度 strength

材料或构件受力时抵抗破坏的能力。

2.1.6 刚度 stiffness;rigidity

结构或构件抵抗变形的能力。

2.1.7 变形 deformation

作用引起的结构或构件中各点间的相对位移。

2.1.8 挠度 deflection

在弯矩作用平面内,结构构件轴线或中面上某点由挠曲引起垂直于轴线或中面方向的线位移。

2.1.9 预拱度 camber

为抵消桥跨结构在荷载作用下产生的挠度,而在制作时所预留的与挠度方向相反的校正量。

2.1.10 主桁(主梁) main truss(main beam)

在上部结构中,支承各种荷载并将其传递至墩、台的桁(梁)。

2.1.11 横梁 cross girder

在钢梁结构中,沿桥轴横向设置并支撑于主梁或主桁上的梁。

2.1.12 纵梁 stringer

在钢梁结构中,沿桥轴向设置并支承于横梁上的梁。

2.1.13 桥面系 bridge floor system

支撑桥面荷载并传递给主梁的桥面结构。

2.1.14 明桥面 open steel grid floors

不铺设道砟,在纵梁或主梁上直接铺设桥枕的桥面。

2.1.15 支座 bearing

支撑上部结构并使上部结构固定于一定位置的部件，可根据其材料、变形形态或形状进行分类。按支座所用材料，可分为橡胶支座、钢支座、聚四氟乙烯支座等；按变形形态，可分为滑动支座、固定铰支座等；按形状，可分为弧形支座、球形支座等。

2.1.16 应力幅 stress range

构件或连接的最大应力与最小应力的代数差。

2.1.17 疲劳容许应力幅 allowable stress range for fatigue design

构件或连接在 2×10^6 次应力循环下的疲劳强度。

2.1.18 运营动力系数 service impact factor

疲劳检算时构件或连接的动力系数。

2.1.19 损伤修正系数 damage correction factor

与疲劳容许应力幅相匹配，将设计荷载效应转化为桥梁设计使用年限内运营荷载疲劳累积损伤效应的系数。

2.1.20 超声波锤击 ultrasonic hammering

利用超声波设备对构件连接的焊趾表面进行强化的方法。

2.2 符　　号

2.2.1 外力和内力

N——轴向力(kN)

M——弯矩(kN · m)

V——剪力(kN)

P——高强度螺栓的容许抗滑承载力(kN)

2.2.2 应力

$[\sigma]$——钢材轴向容许应力(MPa)

$[\sigma_w]$——钢材弯曲容许应力(MPa)

$[\sigma_0]$——构件或连接的疲劳容许应力幅(MPa)

$[\tau]$——钢材剪切容许应力(MPa)

E——钢材弹性模量(MPa)

G——钢材剪切模量(MPa)

σ——法向应力(MPa)

τ——剪应力(MPa)

2.2.3 几何特性

L_0——构件计算长度(m)

A——截面积(m^2)

I——截面惯性矩(m^4)

S——面积矩(m^3)

λ——构件长细比

r_x, r_y——构件截面对 x—x 轴及 y—y 轴的回转半径(m)

B——两主梁(或主桁)间的中心距(m)

h——构件的高度(m)

b——构件的宽度(m)

h_f——焊脚尺寸(mm)

2.2.4　计算系数

μ_f——活载冲击力的动力系数

μ_0——高强度螺栓连接的钢材表面抗滑移系数

f——活动支座的摩擦系数

φ_1——中心受压杆件轴向容许应力的折减系数

φ_2——构件只在一个主平面受弯时的容许应力折减系数

C——构件斜弯曲作用下容许应力增大系数

m——高强度螺栓连接处的抗滑面数

k——安全系数

3 材料及基本容许应力

3.1 基本材料

3.1.1 铁路钢桥的基本钢材应根据最低设计温度选取满足桥梁设计要求的化学成分、力学性能、工艺性能及焊接性能,并应符合表3.1.1的规定。最低设计温度为桥址处历年极端最低气温减5 ℃。

表3.1.1 铁路钢桥的基本材料

<table>
<tr><th colspan="2">名 称</th><th>钢材牌号</th><th>质量等级</th><th>应符合的标准</th></tr>
<tr><td colspan="2" rowspan="5">钢梁主体结构</td><td>Q235q</td><td>D级</td><td rowspan="5">现行《桥梁用结构钢》GB/T 714。实物交货技术条件见附录A。
钢板在厚度方向承受拉力时,应对钢板厚度方向性能作出要求,符合现行国标《厚度方向性能钢板》GB/T 5313的相关规定</td></tr>
<tr><td>Q345q</td><td>D、E级</td></tr>
<tr><td>Q370q</td><td>D、E级</td></tr>
<tr><td>Q420q</td><td>D、E级</td></tr>
<tr><td>Q500q</td><td>D、E级</td></tr>
<tr><td colspan="2">桥梁辅助结构</td><td colspan="2">Q235—B. Z</td><td>现行《碳素结构钢》GB/T 700</td></tr>
<tr><td colspan="2">连接型钢</td><td colspan="2">Q345C</td><td>现行《低合金高强度结构钢》GB/T 1591</td></tr>
<tr><td colspan="2">铆钉</td><td colspan="2">BL2(铆螺2)
BL3(铆螺3)</td><td>现行《标准件用碳素钢热轧圆钢及盘条》GB/T 715</td></tr>
<tr><td rowspan="5">螺栓</td><td>精制螺栓</td><td colspan="2">BL2(铆螺2)
BL3(铆螺3)</td><td>现行《标准件用碳素钢热轧圆钢及盘条》GB/T 715</td></tr>
<tr><td>粗制螺栓</td><td colspan="2">BL2(铆螺2)
BL3(铆螺3)</td><td>现行《标准件用碳素钢热轧圆钢及盘条》GB/T 715</td></tr>
<tr><td rowspan="2">高强螺栓</td><td colspan="2">20MnTiB(20锰钛硼)</td><td>现行《合金结构钢》GB/T 3077</td></tr>
<tr><td colspan="2">35VB(35钒硼)</td><td>现行《钢结构用高强度大六角头螺栓、大六角螺母、垫圈技术条件》GB/T 1231中附录A</td></tr>
<tr><td>螺母及垫圈</td><td colspan="2">35、45
15MnVB(15锰钒硼)</td><td>现行《优质碳素结构钢》GB/T 699</td></tr>
<tr><td colspan="2">铸件(支座的上摆、下摆、摇轴、座板等)</td><td colspan="2">ZG230-450Ⅱ(铸钢230-450Ⅱ)
ZG270-500Ⅱ(铸钢270-500Ⅱ)</td><td>现行《一般工程用铸造碳钢件》GB/T 11352</td></tr>
<tr><td colspan="2">销、铰、辊轴</td><td colspan="2">35号锻钢</td><td>现行《优质碳素结构钢》GB/T 699</td></tr>
<tr><td colspan="2">圆钢吊杆</td><td colspan="2">35CrMo</td><td>现行《合金结构钢》GB/T 3077</td></tr>
</table>

注:经过试验取得充分依据,也可采用符合桥跨结构要求的其他钢材。

3.1.2 高强度大六角头螺栓、大六角螺母、垫圈应符合现行国家标准 GB/T 1228 ~ 1231 的规定。

3.1.3 焊接性能应与基材相匹配,选用的焊接材料、焊接工艺均应根据设计要求通过焊接工艺评定。

3.1.4 铁路钢桥焊接接头(包括焊缝金属和热影响区)根据桥址处的最低设计温度取得的冲击韧性数值不应低于表 3.1.4 的规定。

表 3.1.4 焊接接头冲击韧性

<table>
<tr><td colspan="2">钢材牌号</td><td>Q345q</td><td>Q370q</td><td>Q420q</td><td>Q500q</td></tr>
<tr><td colspan="2">试验温度(℃)</td><td colspan="4">当最低设计温度≥-10 ℃时,取-10 ℃
当-10 ℃>最低设计温度≥-20 ℃,取-20 ℃
当-20 ℃>最低设计温度≥-30 ℃,取-30 ℃
当-30 ℃>最低设计温度≥-40 ℃,取-40 ℃</td></tr>
<tr><td rowspan="3">冲击韧性(J)</td><td>整体节点的焊接接头</td><td>34</td><td>41</td><td>47</td><td>54</td></tr>
<tr><td>散装节点垂直于应力方向的熔透对接焊、T 形角焊、棱角焊焊接接头</td><td>34</td><td>41</td><td>47</td><td>54</td></tr>
<tr><td>散装节点顺应力方向未熔透的 T 形角焊缝、棱角焊缝</td><td>29</td><td>35</td><td>40</td><td>45</td></tr>
</table>

注:当结构对断裂性能有特殊要求时,其焊接接头冲击韧性可另行规定。

3.1.5 涂装材料应符合现行《铁路钢桥保护涂装及涂料供货技术条件》TB/T 1527 的规定。

3.1.6 钢材的弹性系数可按照表 3.1.6 的规定确定。

表 3.1.6 钢材弹性系数

弹性模量 E(MPa)	剪切模量 G(MPa)	泊松比 ν
2.1×10^5	8.1×10^4	0.3

3.2 基本容许应力

3.2.1 钢材的基本容许应力应按照表 3.2.1 的规定确定。

3.2.2 焊缝基本容许应力宜与基材相同,且不应大于基材的容许应力。

3.2.3 高强度螺栓预拉力的设计值应根据高强度螺栓的螺纹直径、性能等级按表 3.2.3 的规定确定。

3.2.4 采用抗滑型高强度螺栓连接时,设计抗滑移系数应采用 0.45。

3.2.5 铆钉及精制螺栓容许应力应按表 3.2.5 的规定确定。

3.2.6 检算中心受压杆件的总稳定性时,其轴向容许应力的折减系数 φ_1 可根据钢种按表 3.2.6 的规定确定。

3.2.7 各种构件或连接的疲劳容许应力幅,应按表 3.2.7—1 的规定确定,各种构件或连接基本形式及疲劳容许应力幅类别应符合表 3.2.7—2 的规定。

表 3.2.1　基本容许应力

序号	应力种类	单位	钢材牌号								
			Q235qD	Q345qD Q345qE	Q370qD Q370qE	Q420qD Q420qE	Q500qD Q500qE	ZG230-450 Ⅱ	ZG270-500 Ⅱ	35 号锻钢	35CrMo
1	轴向应力[σ]	MPa	135	200	210	240	285	—	—	—	220
2	弯曲应力[σ_w]	MPa	140	210	220	250	300	125	150	220	230
3	剪应力[τ]	MPa	80	120	125	145	170	75	90	110	130
4	端部承压(磨光顶紧)应力	MPa	200	300	315	360	425	—	—	—	—
5	销孔承压应力	MPa	—	—	—	—	—	—	—	180	—
6	辊轴(摇轴)与平板自由接触的径向受压	kN/cm	—	—	—	—	—	0.55d	0.61d	0.60d	—
7	铰轴放置在铸钢铰轴颈上时的径向受压	kN/cm	—	—	—	—	—	—	—	8.4d	—

注:1　表列的 Q235qD、Q345qD、Q345qE 容许应力是同 GB/T 714 中板厚 $t \leqslant 50$ mm的屈服强度相对应,当 $t>$ 50 mm时,容许应力可按屈服点的比例予以调整。

2　辊轴(摇轴)与接触的平板用不同钢种时,径向受压容许应力应采用其较低者。

3　表中符号 d 为辊轴、摇轴或铰轴的直径,以厘米计。

4　序号 2 中直接搁置桥枕的桥面系纵梁的弯曲容许应力[σ_w]采用[σ]。

5　序号 7 系按接触圆弧中心角为 2×45°考虑;条件不符时可另行确定。

6　35CrMo 只适用于吊杆。

表 3.2.3　高强度螺栓预拉力设计值(kN)

螺纹直径	M22	M24	M27	M30
性能等级	10.9S			
预拉力设计值	200	230	300	370

注:高强度螺栓用于列车建筑限界上方范围内的桥面系及连接系时,预拉力设计值可适当降低。

表 3.2.5　铆钉及精制螺栓容许应力(MPa)

类　别	受力种类	容许应力
工厂铆钉	剪切 承压	110 280
工地铆钉	剪切 承压	100 250
精制螺栓	剪切 承压	90 220

注:1　平头铆钉的容许应力应降低 20%。

2　铆钉计算直径为铆钉孔的公称直径。

3　精制螺栓直径最多比栓孔直径小 0.3 mm。

4　本表适用于 BL2,当采用 BL3 时,容许应力可提高 10%。

表 3.2.6　中心受压杆件轴向容许应力折减系数 φ_1

焊接 H 形杆件(检算翼缘板平面内整体稳定)					焊接 H 形杆件(检算腹板平面内整体稳定)、焊接箱形及铆钉杆件				
杆件长细比 λ	φ_1				杆件长细比 λ	φ_1			
	Q235q	Q345q Q370q	Q420q	Q500q		Q235q	Q345q Q370q	Q420q	Q500q
0~30	0.900	0.900	0.866	0.837	0~30	0.900	0.900	0.885	0.867
40	0.864	0.823	0.777	0.729	40	0.878	0.867	0.831	0.810
50	0.808	0.747	0.694	0.644	50	0.845	0.804	0.754	0.718
60	0.744	0.677	0.616	0.564	60	0.792	0.733	0.665	0.632
70	0.685	0.609	0.541	0.496	70	0.727	0.655	0.582	0.546
80	0.628	0.544	0.471	0.426	80	0.660	0.583	0.504	0.461
90	0.573	0.483	0.405	0.368	90	0.598	0.517	0.434	0.396
100	0.520	0.424	0.349	0.319	100	0.539	0.454	0.371	0.330
110	0.469	0.371	0.302	0.272	110	0.487	0.396	0.319	0.280
120	0.420	0.327	0.258	0.231	120	0.439	0.346	0.275	0.238
130	0.375	0.287	0.225	0.201	130	0.391	0.298	0.235	0.202
140	0.338	0.249	0.194	0.168	140	0.346	0.254	0.200	0.172
150	0.303	0.212	0.164	0.138	150	0.304	0.214	0.166	0.143

表 3.2.7—1　各种构件或连接的疲劳容许应力幅

疲劳容许应力幅类别	疲劳容许应力幅[σ_0](MPa)	构件及连接形式
Ⅰ	149.5	1
Ⅱ	130.7	4.2

续上表

疲劳容许应力幅类别	疲劳容许应力幅[σ_0](MPa)	构件及连接形式
Ⅲ	121.7	5.1,5.2,5.3
Ⅳ	114.0	2,18
Ⅴ	110.3	6.1,6.2,6.3,6.4,6.5,7.1,7.2
Ⅵ	109.6	4.1
Ⅶ	99.9	9,15.9
Ⅷ	91.1	3
Ⅸ	80.6	8.1
Ⅹ	72.9	11.1,14,15.7
Ⅺ	71.9	8.2,10,12,15.2,15.3,15.8,16
Ⅻ	60.2	11.2,13.1,15.1,15.4,15.6
XⅢ	60.2	13.2
XⅣ	45.0	15.5,17

注:当桥梁设计温度低于-40 ℃时,需对材料进行相应的低温脆断性能试验,并对表列疲劳容许应力幅做相应的折减。

表 3.2.7—2　构件或连接基本形式及疲劳容许应力幅类别

类别	构件或连接形式简图	加工质量及其他要求	疲劳容许应力幅类别	检算部位
1	母材 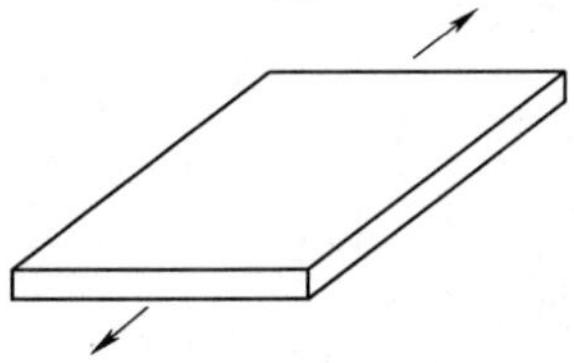	原轧制表面,侧边刨边,表面粗糙度不应大于$\stackrel{25}{\bigtriangledown}$;精密切割表面粗糙度不应大于$\stackrel{12.5}{\bigtriangledown}$;不应在母材上引弧	Ⅰ	非连接部位的母材
2	留有空孔的杆件 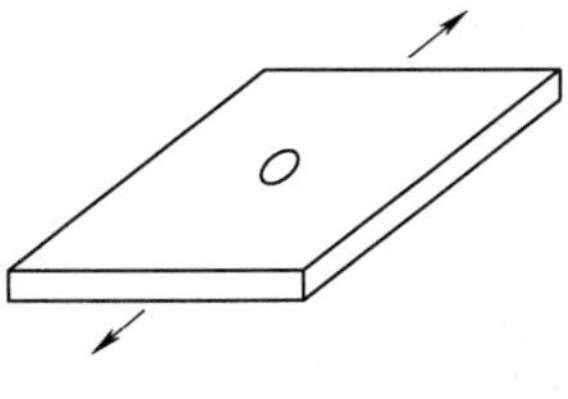	机械钻孔,孔壁光滑,表面粗糙度不应大于$\stackrel{25}{\bigtriangledown}$	Ⅳ	弦杆泄水孔处
3	铆接构件	机械钻孔,表面粗糙度不应大于$\stackrel{25}{\bigtriangledown}$	Ⅷ	铆钉孔处净截面

续上表

<table>
<tr><th>类别</th><th>构件或连接形式简图</th><th>加工质量及其他要求</th><th>疲劳容许应力幅类别</th><th>检算部位</th></tr>
<tr><td>4</td><td>高强度螺栓</td><td rowspan="2">(1)单面或双面拼接，第一排螺栓无滑移。
(2)直接拼接断面超过 60% 总断面积的双面拼接对称接头。
(3)不传递验算方向应力的有高强度螺栓紧固的基材</td><td rowspan="2">Ⅵ</td><td rowspan="2">栓接毛截面处</td></tr>
<tr><td>4.1</td><td>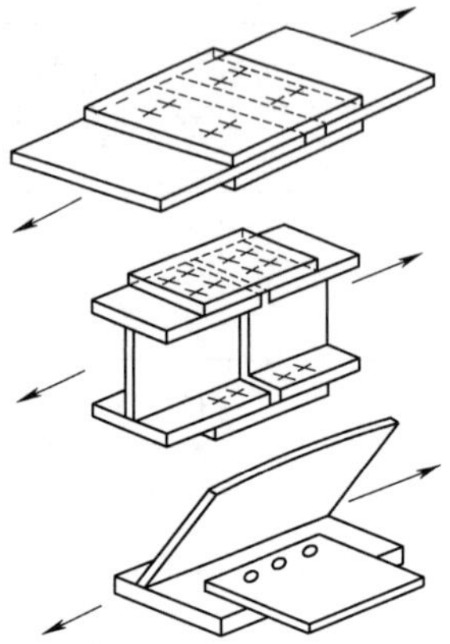</td></tr>
<tr><td>4.2</td><td>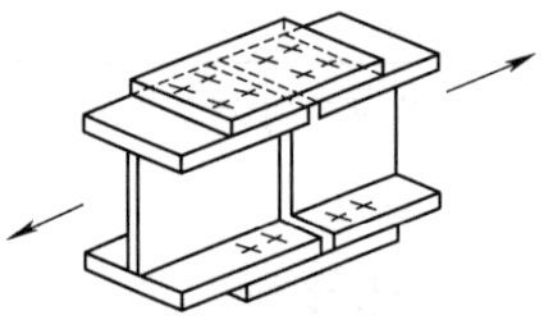</td><td>(1)单面或双面拼接，经检算第一排螺栓受力大于抗滑力。
(2)非全断面拼接的构件，直接拼接断面小于 60% 总断面</td><td>Ⅱ</td><td>栓接净截面处</td></tr>
<tr><td>5</td><td>横向对接熔透焊缝</td><td rowspan="4">(1)采用埋弧自动焊时焊缝质量应满足以下要求：
①定位焊接不应有裂缝、焊渣、焊瘤等缺陷。
②焊缝背面应清除影响焊接的焊瘤、熔渣和焊根等缺陷。
③多层焊的每一层应将焊渣、缺陷清除干净再焊下一层。
④应在距杆件端部 80 mm 以外的引板上起、熄弧。
(2)焊缝加强高顺受力方向磨平，焊趾处不留横向磨痕。
(3)焊缝需应经无损探伤检验，焊缝质量符合附录 D 中 Ⅰ 级焊缝的要求。
(4)横向对接焊缝应一次连续施焊完毕，不应有断弧，如发生断弧，应将断弧处已焊成的焊缝刨成 1 : 5 斜坡后再继续搭接 50 mm 后施焊。
(5)同一位置焊接返修次数不应超过二次</td><td rowspan="4">Ⅲ</td><td rowspan="4">桁梁构件及板梁中横向对接焊缝处</td></tr>
<tr><td>5.1</td><td>等厚等宽钢板对接
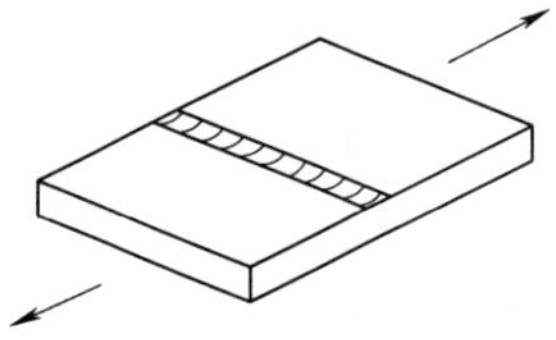</td></tr>
<tr><td>5.2</td><td>等厚不等宽钢板对接
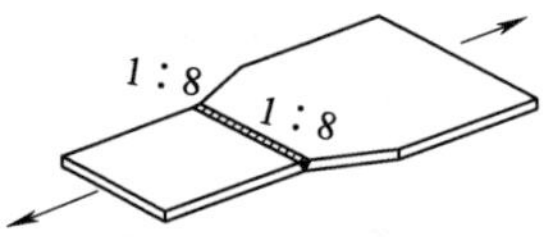</td></tr>
<tr><td>5.3</td><td>等宽不等厚宽钢板对接
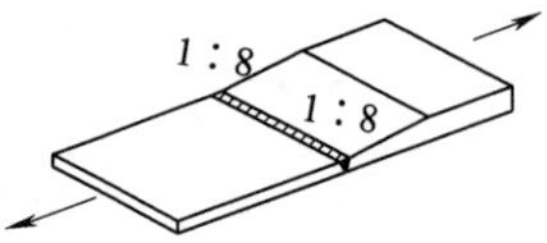</td></tr>
</table>

续上表

类别	构件或连接形式简图	加工质量及其他要求	疲劳容许应力幅类别	检算部位
6	纵向焊缝	(1)采用埋弧焊、气体保护焊。 (2)焊缝应平整连续。 (3)受拉及受疲劳控制的杆件,焊缝全长超声波探伤。焊缝质量应符合附录D中Ⅱ级焊缝要求。 (4)受压及不受疲劳控制的杆件,探伤范围从杆端至工地栓孔外1 m。焊缝质量应符合附录D中Ⅱ级焊缝要求。 (5)同一位置焊接返修不应超过二次		
6.1	纵向连续对接焊缝 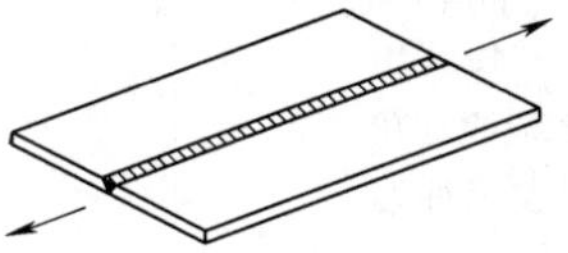	(1)焊缝应一次连续施焊完毕,如果特殊情况而中途停焊时,焊前、焊后应处理。用原定预热温度及施焊工艺继续施焊。焊缝表面要顺受力方向磨修平整,不应有超出附录E中规定的凹凸不平现象。 (2)焊缝两侧不应有大于0.3 mm的咬边或直径大于等于1 mm的气孔。小于1 mm的气孔,每米不应多于3个,间距不应小于20 mm。 (3)埋弧自动焊应在距杆件端80 mm以外的引板上起、熄弧	Ⅴ	(1)工字形、箱形、T形构件、板梁翼缘及纵向加劲肋等处的纵向角焊缝,或棱角焊缝。
6.2	工字形连续角焊缝 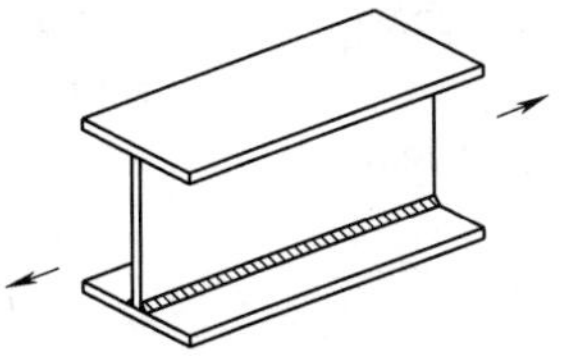	(1)焊缝应一次连续施焊完毕,如果特殊情况而中途停焊时,焊前、焊后应处理,并采用原定预热温度及施焊工艺继续施焊。 (2)纵向角焊缝的咬肉不应大于0.3 mm,不应有直径大于等于1 mm的气孔。直径小于1 mm的气孔,每米不应多于3个,间距不应小于20 mm。 (3)埋弧自动焊应在距杆件端80 mm以外的引板上起、熄弧		

续上表

类别	构件或连接形式简图	加工质量及其他要求	疲劳容许应力幅类别	检算部位
6.3	箱形构件棱角焊缝 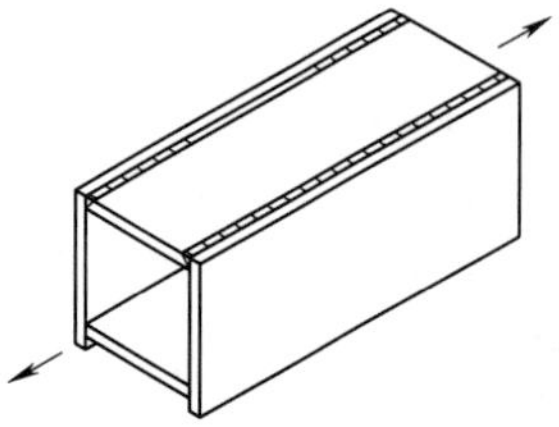	（1）焊缝应一次连续施焊完毕，如果特殊情况而中途停焊时，焊前、焊后应处理，并采用原定预热温度及施焊工艺继续施焊。 （2）一根杆件有不同的熔深时，如系焊缝表面高相同，则深熔深的焊缝起弧应在距杆端 80 mm 以外的引板上，在施焊上一层焊缝前应将前一道焊缝停弧处的缺陷清除干净，清除长度不应小于 60 mm。坡口深度变化过渡区的斜坡不应大于 1∶10。最后一道焊缝应在距杆端 80 mm 以外的引板起、熄弧。 （3）一根杆件有不同的熔深时，如系坡口底面高相同，则加高焊缝起弧应在距杆端 80 mm 以外的引板上，终端应磨修，将缺陷清除干净。清除熄弧的长度不应小于60 mm，并使高出的焊缝成 1∶10 的坡度匀顺过渡到较低的焊缝。第一道焊缝应在距杆端 80 mm以外的板上起、熄弧	Ⅴ	（2）板梁中腹板及盖板的纵向焊缝。 （3）箱形构件板件对接处棱角焊缝。 （4）箱形构件在整体节点附近改变熔深部位的棱角焊缝
6.4	箱形构件棱角焊缝 与水平板对接焊缝交叉 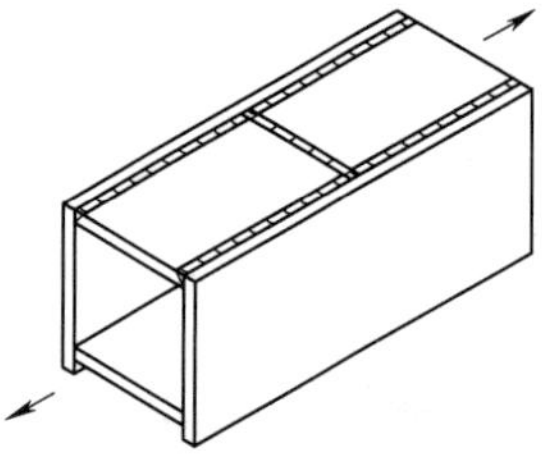			
6.5	箱形构件棱角焊缝 与腹板对接焊缝交叉 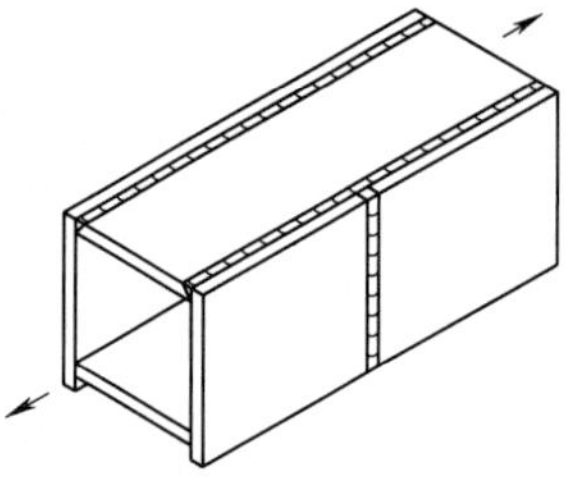			
7	工字形对接焊缝与角焊缝交叉	（1）采用埋弧自动焊。 （2）垂直于受力方向的焊缝按类别 5 横向对接焊缝要求。 （3）顺受力方向的角焊缝按类别 6 纵向焊缝接头要求	Ⅴ	工字形、T 形构件及纵向加劲肋的纵向角焊缝与盖板或腹板对接焊接头交叉处
7.1	盖板对接焊缝与角焊缝交叉 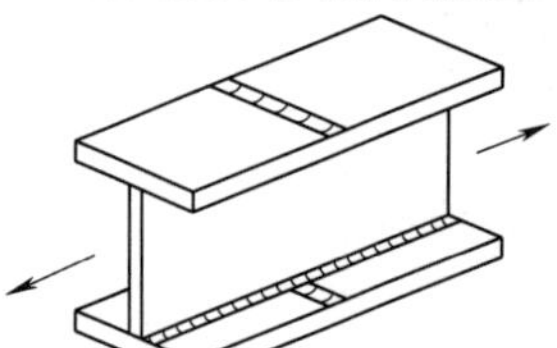			
7.2	腹板对接焊缝与角焊缝交叉 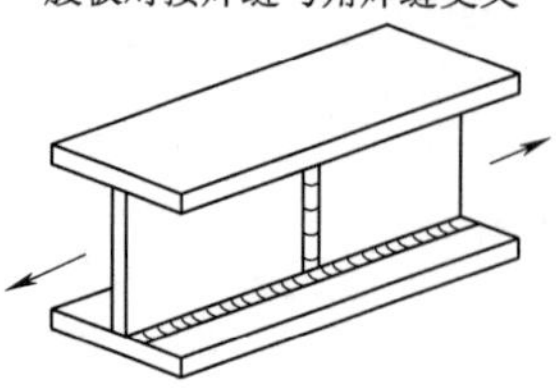			

续上表

类别	构件或连接形式简图	加工质量及其他要求	疲劳容许应力幅类别	检算部位
8	横向附连件角接焊缝			
8.1	附连件无焊缝交叉 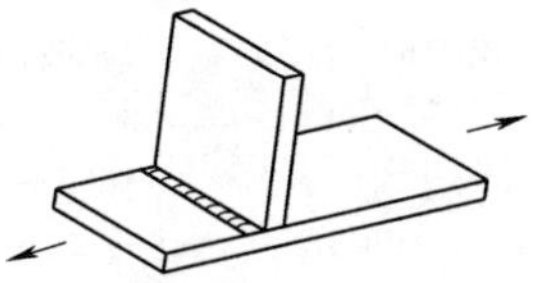	(1)采用成型好的手工焊、CO_2气体保护焊或半自动焊施焊。 (2)焊趾处不应有咬肉，如不满足时可用砂轮顺受力方向打磨。 (3)对起、熄弧处进行磨修，严格保证质量	Ⅸ	箱形杆件隔板横向连接角焊缝
8.2	附连件有焊缝交叉 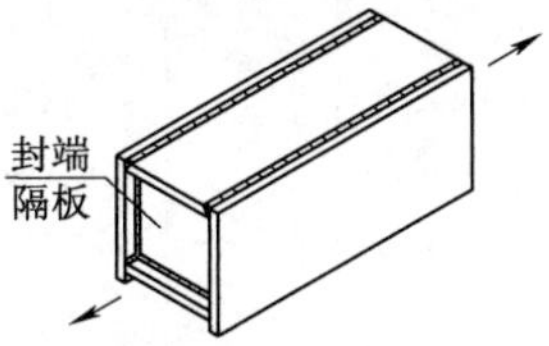 	(1)采用成型好的手工焊、CO_2气体保护焊或半自动焊施焊。 (2)焊趾处不应有咬肉，如不满足时可用砂轮顺受力方向打磨。 (3)在焊缝交叉部位不应断弧，严格保证质量	Ⅺ	箱形杆件封端板全焊
9	板梁竖向加劲肋 与腹板连接焊缝端部 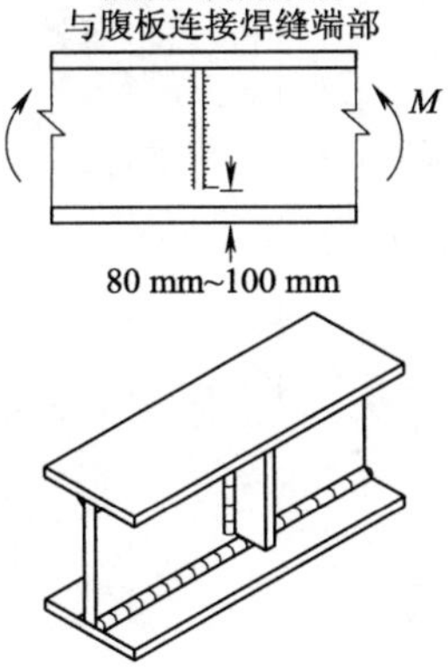 	(1)焊缝端部至腹板表面应匀顺过渡。 (2)对起、熄弧处应进行磨修，严格保证质量。 (3)在腹板侧受拉区不应有咬肉。 (4)必要时，竖向加劲肋端部100 mm内焊趾处锤击	Ⅶ	板梁竖向加劲肋与腹板连接焊缝端部(检算顺桥轴方向的主拉应力或拉力)
10	板梁盖板端焊缝 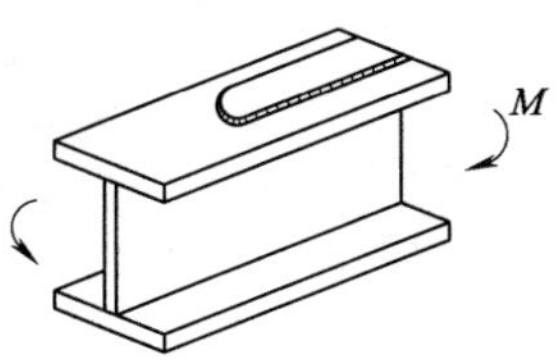 	(1)端部焊缝不应有咬肉。 (2)盖板端焊缝打磨匀顺过渡，坡度不应大于1∶5。 (3)盖板端部焊趾锤击长度不应小于100 mm	Ⅺ	板梁盖板焊缝端部或焊趾处

续上表

<table>
<tr><th>类别</th><th>构件或连接形式简图</th><th>加工质量及其他要求</th><th>疲劳容许应力幅类别</th><th>检算部位</th></tr>
<tr><td>11</td><td>平联节点板</td><td rowspan="3">(1)坡口焊透，焊缝两端顺受力方向打磨，使圆弧匀顺过渡。
(2)水平节点板与主板焊接时，节点板先焊，并根据需要切圆弧，然后双面倒棱、磨修。在切弧、倒棱、磨修时，应将焊缝的缺陷清除干净。
(3)在焊缝两端长 100 mm 的范围内及焊缝端部锤击。
(4) $r_1 \geqslant 100$ mm；$r_2 \geqslant d/10$，但不应小于 100 mm</td><td rowspan="2">Ⅹ</td><td rowspan="3">板梁腹板、翼缘板或杆件竖板与水平节点板手工焊连接焊缝的端部</td></tr>
<tr><td>11.1</td><td>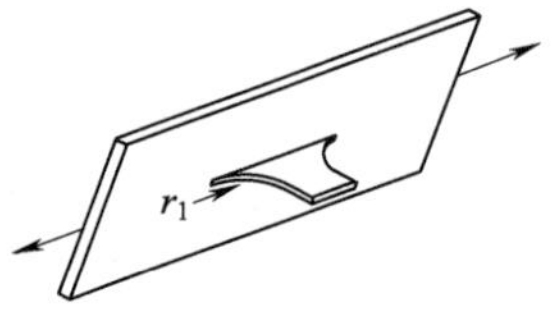</td></tr>
<tr><td>11.2</td><td>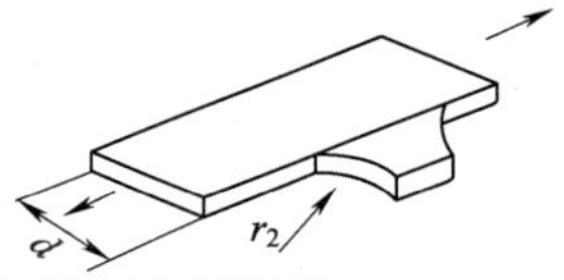</td><td>Ⅻ</td></tr>
<tr><td>12</td><td>整体节点
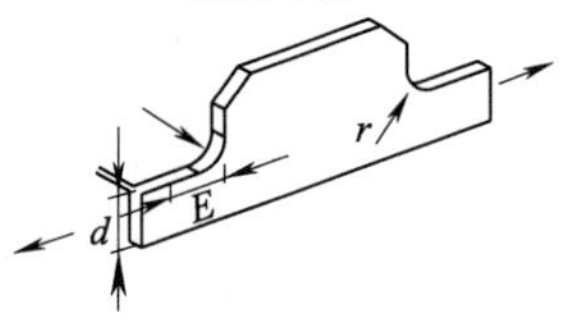</td><td>(1)单面坡口棱角焊缝质量要求按 6.3。
(2)圆弧处应顺受力方向打磨，并自圆弧末端向外打磨，打磨长度 E 不小于 100 mm，$r \geqslant d/5$，但不应小于 100 mm</td><td>Ⅺ</td><td>整体节点、圆弧起点、棱角焊缝</td></tr>
<tr><td>13</td><td>剪力钉</td><td rowspan="3">焊趾不应有咬肉、裂纹，成形应良好，且 $\frac{h}{d} \geqslant 4$，其中 h 为钉高，d 为钉直径</td><td rowspan="2">Ⅻ</td><td rowspan="2">结合梁受拉翼缘在传剪栓钉焊趾处母材</td></tr>
<tr><td>13.1</td><td>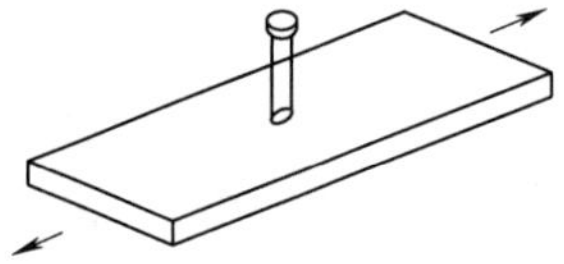</td></tr>
<tr><td>13.2</td><td>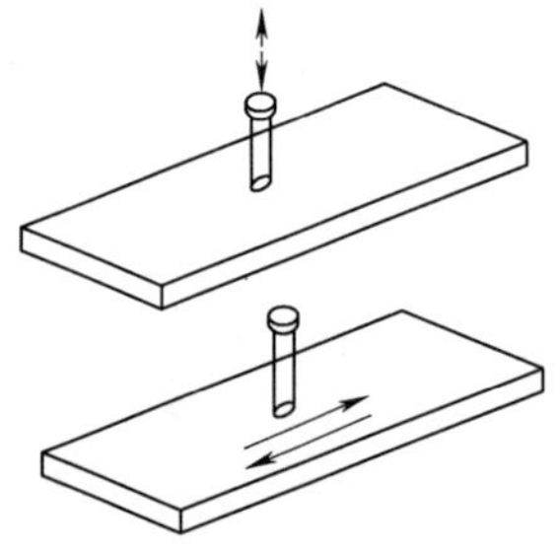</td><td>XⅢ</td><td>栓钉拉拔应力、栓钉焊接断面剪应力</td></tr>
<tr><td>14</td><td>横梁翼板与主桁整体节点十字形熔透焊缝
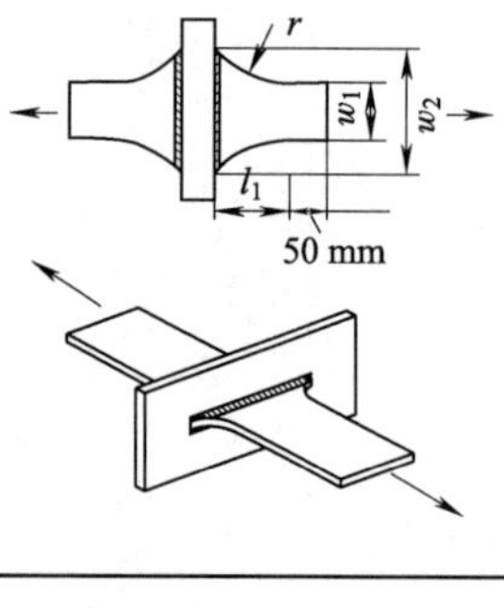</td><td>$w_2 \geqslant 2w_1$，$l_1 = w_2 - w_1$，扩大部分采用圆弧过渡。横梁翼板预留 50 mm 直线段。圆弧部位采用精密切割，表面加工粗糙度 12.5▽，顺受力方向打磨。
十字焊缝表面按照工艺进行超声波锤击处理</td><td>Ⅹ</td><td>检算截面取焊缝根部靠近横梁一侧的理论加宽截面</td></tr>
</table>

续上表

类别	构件或连接形式简图	加工质量及其他要求	疲劳容许应力幅类别	检算部位
15	正交异性钢桥面板			
15.1	整体桥面与主桁不等厚对接 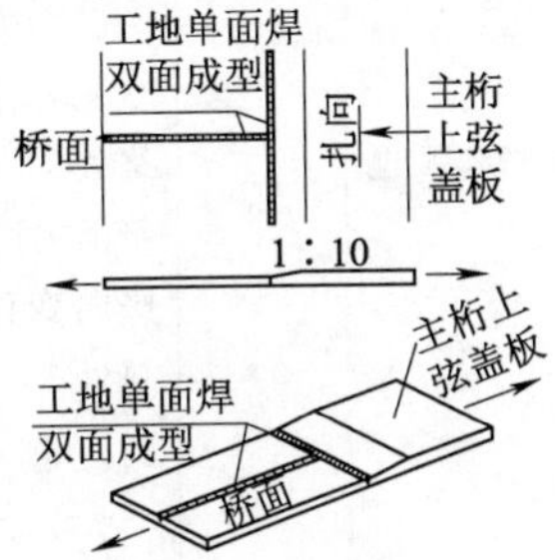	焊趾不应有咬肉、裂纹，成形应良好	Ⅻ	桥面横向检算截面取变截面处薄板侧
15.2	U肋嵌补段对接 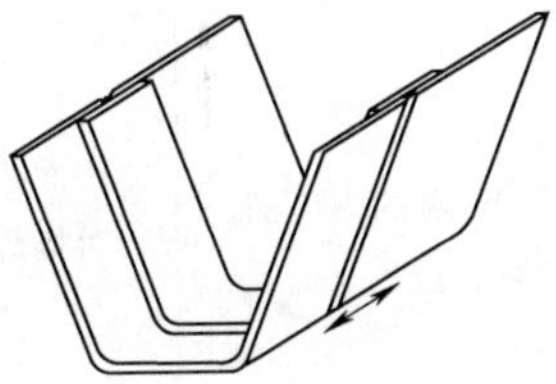	钢衬垫组装间隙不大于0.5 mm，施焊时不应将焊滴流到焊缝外母材上	Ⅺ	U肋顶板焊缝
15.3	U肋与桥面板焊接 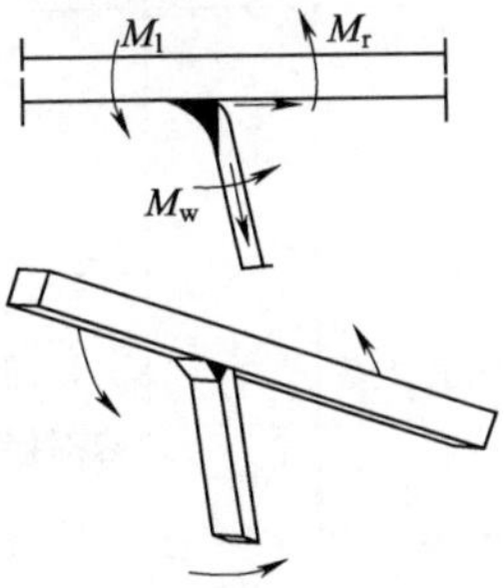	部分熔透坡口焊，焊透深度不应小于75%肋板厚度，焊喉高不应小于肋板厚度。焊缝通过横隔板时不设过焊孔	Ⅺ	两横隔板之间的U肋焊缝和与横隔板相交的焊缝①
15.4	U肋与桥面板焊接 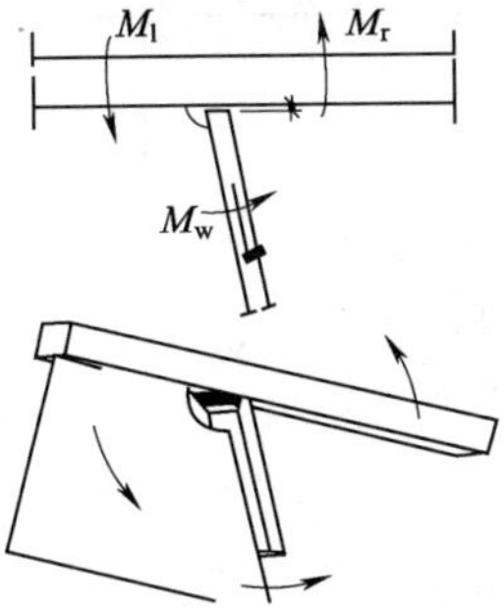	部分熔透坡口焊，焊透深度≥75%肋板厚度，焊喉高 a≥肋板厚度。焊缝通过横隔板时设过焊孔	Ⅻ	U肋与横隔板相交的焊缝①

续上表

类别	构件或连接形式简图	加工质量及其他要求	疲劳容许应力幅类别	检算部位
15.5	U肋与横梁腹板焊接 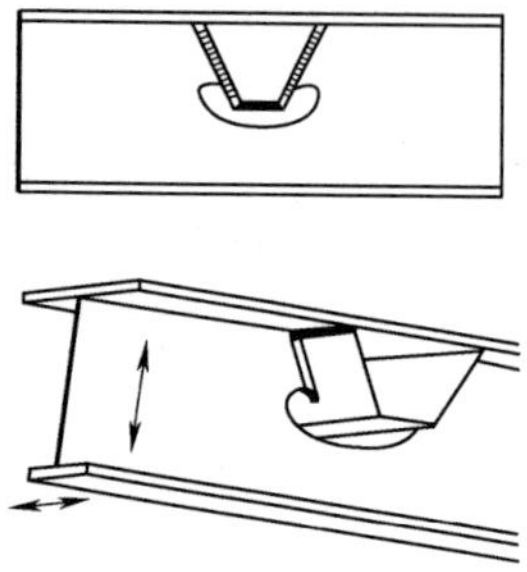	焊趾不应有咬肉、裂纹，焊缝起弧收弧处成形应良好	XIV	因横梁腹板面外变形作用，焊缝边缘处。U肋在腹板平面内挖空处相对竖向变位，挖空圆弧处
15.6	桥面板十字对接焊加腹板角焊缝 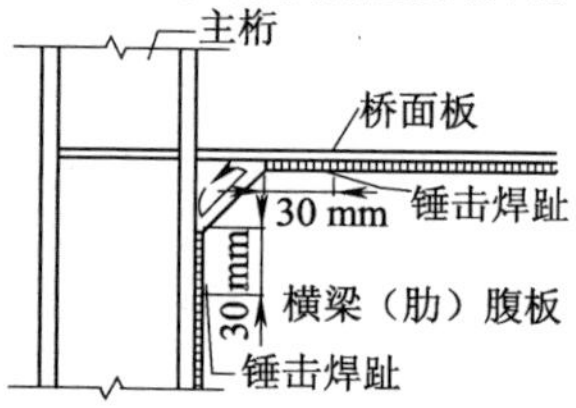	在过焊孔部位，顺孔边沿箭头方向打磨匀顺，并在焊缝端头腹板侧的30 mm范围焊趾进行超声波锤击处理	XII	桥面板与整体节点对接焊缝处
15.7	桥面板与主桁不等厚十字对接焊 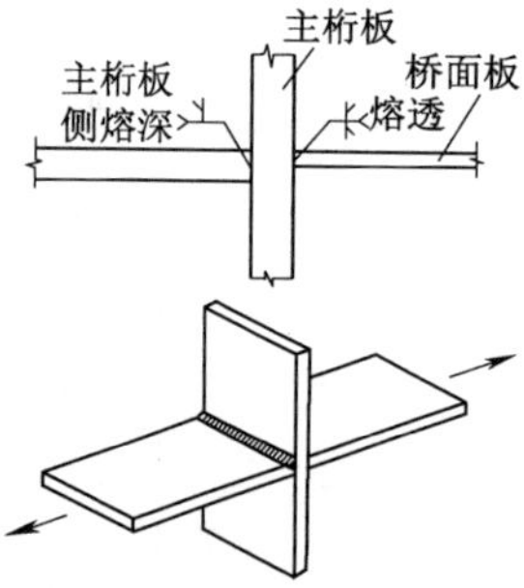	主桁板侧坡口焊熔深可为十字对接桥面板厚度的1.25倍	X	桥面板与整体节点对接焊缝处
15.8	栓焊组合接头 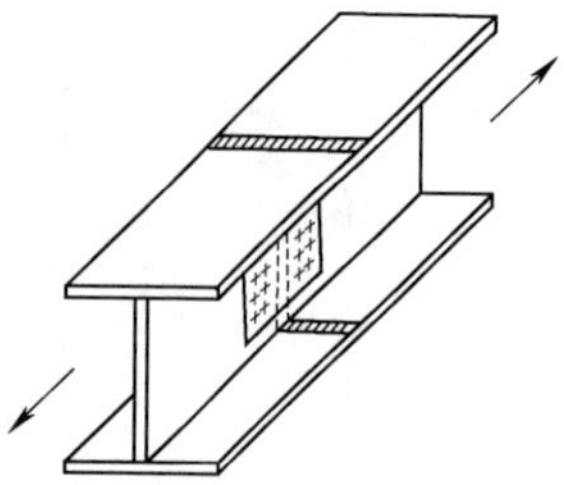	桥面板工地焊接采用单面焊双面成形工艺，焊后对顶面焊缝焊高沿焊缝45°方向交叉打磨平顺，过焊孔部位打磨平顺	XI	工地对接焊处

续上表

类别	构件或连接形式简图	加工质量及其他要求	疲劳容许应力幅类别	检算部位
15.9	桥面板工地 对接时采用马板的焊缝 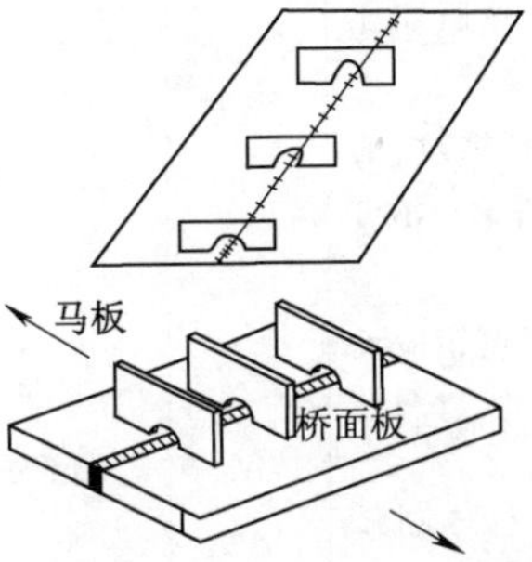	桥面板工地焊接采用马板定位，焊后去除马板，对表面焊高沿焊缝45°方向交叉打磨平顺	Ⅶ	桥面板工地对接后马板去除磨平部位
16	桥面板与整体节点 垂直相交对接焊构造 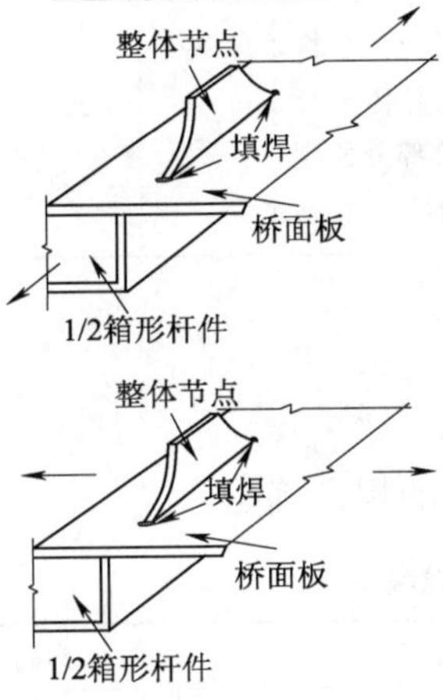	垂直交叉焊缝两端的槽型熔透焊缝不应垂直填焊，由大于5 mm半径的弧形坡口过渡。当坡口半径为5 mm时的坡口示意如下： 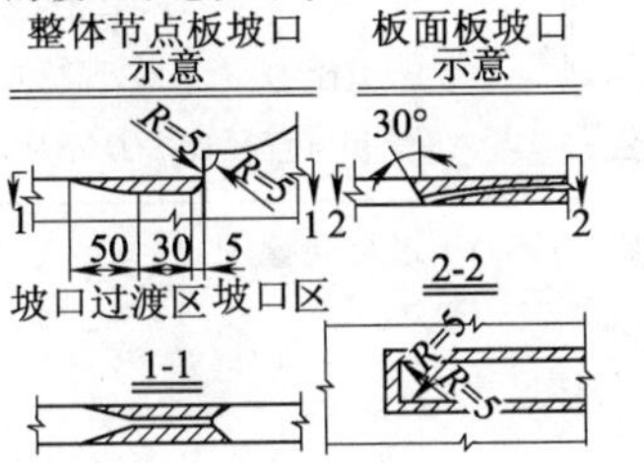 焊接工艺需要特殊设计，严格控制线能量，多次施焊。焊后对上下表面打磨平顺，填焊焊缝和周边表面进行超声波满锤处理	Ⅺ	(1)箱形构件上盖板与腹板纵向角焊缝。 (2)垂直相交焊缝处
17	拉索锚固构造 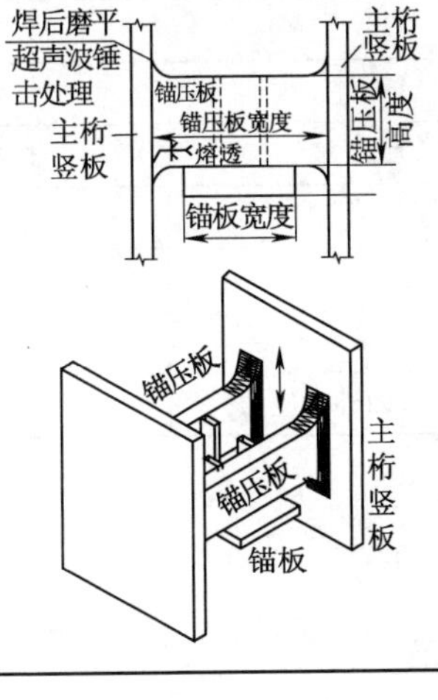	(1)焊缝端部磨平，分别对竖板和锚压板侧焊趾超声波锤击处理，对焊缝端部竖板侧满锤处理。 (2)锚板与锚压板宽度之比应大于0.65；锚压板的宽高比应小于1.65	ⅪⅤ	锚压板与竖板焊缝端部②

续上表

<table>
<tr><th>类别</th><th>构件或连接形式简图</th><th>加工质量及其他要求</th><th>疲劳容许应力幅类别</th><th>检算部位</th></tr>
<tr><td>18</td><td>实体圆钢吊杆接头螺纹构造
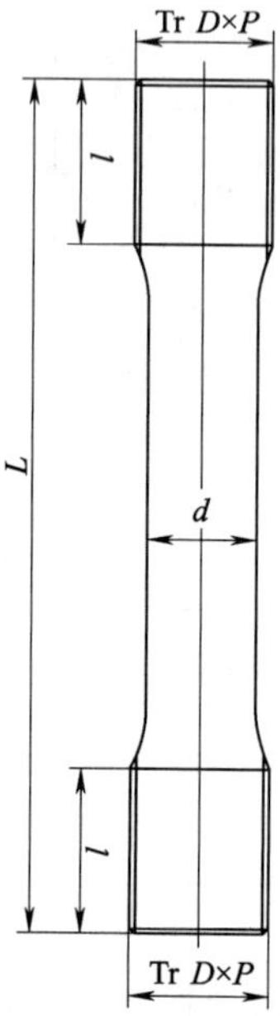
</td><td>(1)实体圆钢吊杆材质为 35CrMo 圆钢。
(2)圆钢钢坯与成品杆件压缩比(锻造比)不应小于6。
(3)接头螺纹应采用梯形螺纹(Tr $D\times P$),螺纹配合精度符合 GB/T 5796.4 中 8H/7e 要求。
(4)螺纹段表面加工粗糙度不应大于$\overset{6.3}{\triangledown}$,杆部表面粗糙度不应大于$\overset{12.5}{\triangledown}$。外螺纹收尾部分与杆体圆弧光滑过渡,过渡长度不应小于杆体直径 d。T 形螺纹的牙底及牙顶应圆弧光滑过渡。吊杆内螺纹孔口应倒角处理。
(5)吊杆螺纹部分的小径应大于杆体直径,且螺纹部分直径与杆体直径比 D/d 不应小于 1.26,螺纹部分长度与直径比 l/D 不应小于 1.21</td><td>Ⅳ</td><td>端部螺纹③</td></tr>
</table>

注:1　①可用板弯曲引起的应力幅 $\Delta\sigma$ 进行验算。

2　②此处为剪应力检算。

3　③计算采用杆部截面公称尺寸。

3.2.8　各种外力组合的容许应力提高系数应按表 3.2.8 的规定确定。

表 3.2.8　各种外力组合容许应力的提高系数

序号	外力组合		提高系数
1	主力		1.00
2	主力+附加力		1.30
3	主力+面内次应力(或面外次应力)		1.20
4	主力+面内次应力+面外次应力		1.40
5	主力+面内次应力(或面外次应力)+制动力(或风力)		1.45
6	主力+地震力		1.50
7	钢梁安装	恒载+施工荷载	1.20
		恒载+施工荷载+风力	1.40
		恒载+施工荷载+风力+面内次应力(或面外次应力)	1.50

注:表中次应力指由节点刚性在主桁杆件中引起的次应力。

4 结构内力计算

4.1 结构内力计算原则

4.1.1 结构构件的内力应按弹性受力阶段确定，变形应按杆件的毛截面计算，不考虑栓(钉)孔削弱的影响。

4.1.2 为简化计算，可将桥跨结构划分为若干个平面系统分别计算，但应考虑各个平面系统间的共同作用和相互影响。

4.1.3 板桁组合结构应考虑钢桥面板和主桁杆件日照温度变化不同步的影响。

4.2 强度及稳定计算

4.2.1 结构构件的强度应按表 4.2.1 规定的公式计算。

表 4.2.1 强度计算公式

计算应力的种类	构件受力	计算公式	公式编号
法向应力	中心受拉	$\frac{N}{A}\leqslant[\sigma]$	(4.2.1—1)
	在一个主平面内受弯曲	$\frac{M}{W}\leqslant[\sigma_w]$	(4.2.1—2)
	受压或受拉并在一个主平面内受弯曲或与此相当的偏心受压及偏心受拉	$\frac{N}{A}\pm\frac{M}{W}\leqslant[\sigma]$	(4.2.1—3)
	受斜弯曲	$\frac{M_x}{W_x}+\frac{M_y}{W_y}\leqslant C[\sigma_w]$	(4.2.1—4)
	受压或受拉并受斜弯曲或与此相当的偏心受压及偏心受拉	$\frac{N}{A}\pm\left(\frac{M_x}{W_x}+\frac{M_y}{W_y}\right)\frac{1}{C}\leqslant[\sigma]$	(4.2.1—5)
剪应力	受弯曲	$\tau_{max}=\frac{VS}{I_m\delta}\leqslant C_\tau[\tau]$	(4.2.1—6)
换算应力	受弯曲 受压或受拉并受弯曲	$\sqrt{\sigma^2+3\tau^2}\leqslant 1.1[\sigma]$	(4.2.1—7)

注：表中 N——检算截面上的计算轴向力(MN)；

M——检算截面上的弯矩(MN · m)；

V——检算截面上的剪力(MN)；

A——检算截面上的计算面积(m^2)，拉杆为净截面积，压杆为毛截面积；

I_m——毛截面惯性矩(m^4)；

W, W_x, W_y——检算截面处对主轴的计算截面抵抗矩(m^3)，检算受拉翼缘为净截面抵抗矩；检算受压翼缘为毛截面抵抗矩，为简化计，均可按毛截面的重心轴计算；

δ——腹板厚度(m)；

S——中性轴以上的毛截面对中性轴的面积矩(m^3);

σ——截面检算处按计算截面计算的法向应力(MPa);

τ——截面检算处的剪应力(MPa);

C——斜弯曲作用下容许应力增大系数,可按下式计算:

$$C=1+0.3\times\frac{\sigma_{m2}}{\sigma_{m1}}\leqslant 1.15$$

σ_{m1},σ_{m2}——截面检算处由于弯矩 M_x、M_y 所产生的较大和较小的组合应力;

C_τ——剪应力分布不均匀容许应力增大系数可按下式计算:

当$\frac{\tau_{max}}{\tau_0}\leqslant 1.25$,$C_\tau=1.0$;

当$\frac{\tau_{max}}{\tau_0}\geqslant 1.50$,$C_\tau=1.25$;

当$\frac{\tau_{max}}{\tau_0}$为中间值时,$C_\tau$按直线比例计算,$\tau_0=\frac{V}{h\delta}$。

h——腹板全高(m)。

4.2.2 结构构件的总稳定性应按表 4.2.2 规定的公式计算。

表 4.2.2　总稳定性计算公式

计算应力的种类	构件受力	计算公式	公式编号
法向应力	中心受压	$\frac{N}{A_m}\leqslant\varphi_1[\sigma]$	(4.2.2—1)
	在一个主平面内受弯曲	$\frac{M}{W_m}\leqslant\varphi_2[\sigma]$	(4.2.2—2)
	受压并在一个主平面内受弯曲或与此相当的偏心受压	$\frac{N}{A_m}+\frac{\varphi_1}{\mu_1\varphi_2}\cdot\frac{M}{W_m}\leqslant\varphi_1[\sigma]$	(4.2.2—3)

注:1　对于仅通过翼缘板连接的焊接 T 形截面压杆,应按偏心受压杆检算其稳定性,计算公式中的容许应力折减系数 φ_1 可采用焊接箱形截面压杆的值。

2　表中 N——计算轴向力(MN);

M——构件中部 1/3 长度范围内最大计算弯矩(MN · m);

A_m——毛截面积(m^2);

W_m——毛截面抵抗矩(m^3);

φ_1——中心受压杆件的容许应力折减系数,根据钢种、截面形状及验算所对的轴等按本规范表 3.2.6 采用;

φ_2——构件只在一个主平面内受弯时的容许应力折减系数(若是压弯杆,可按 $N=0$ 的情况来确定 φ_2),在不作进一步分析时可按本规范式(4.2.2—4)计算构件的换算长细比 λ_e,并按 $\lambda_e=\lambda$ 从本规范表 3.2.6 查得相应的 φ_1,用作 φ_2;

$$\lambda_e=\alpha\cdot\frac{l_0\gamma_x}{h\gamma_y}\qquad(4.2.2\text{—}4)$$

α——系数,焊接杆件取 1.8,铆接杆件取 2.0;

l_0——构件受压翼缘(指因弯矩而受压)对弱轴的计算长度;

γ_x,γ_y——构件截面对 x-x 轴(强轴)及 y-y 轴(弱轴)的回转半径,如图 4.2.2所示;

h——如图 4.2.2 所示。

对于下列情况,取 $\varphi_2=1$:

(1)箱形截面杆件;

(2)任何截面杆件,当所验算的失稳平面和弯矩作用平面一致时。

μ_1——考虑弯矩因构件受压而增大所引用的值；

当$\frac{N}{A_m}\leqslant 0.15\varphi_1[\sigma]$时取$\mu_1=1.0$

当$\frac{N}{A_m}>0.15\varphi_1[\sigma]$时取$\mu_1=1-\frac{n_1N\lambda^2}{\pi^2EA_m}$

λ——构件在弯矩作用平面内的长细比；

E——弹性模量(MPa)；

n_1——压杆容许应力安全系数，主力组合时取1.7，$[\sigma]$应按主力组合采用；主力加附加力组合时取1.4，$[\sigma]$应按主力加附加力组合采用。

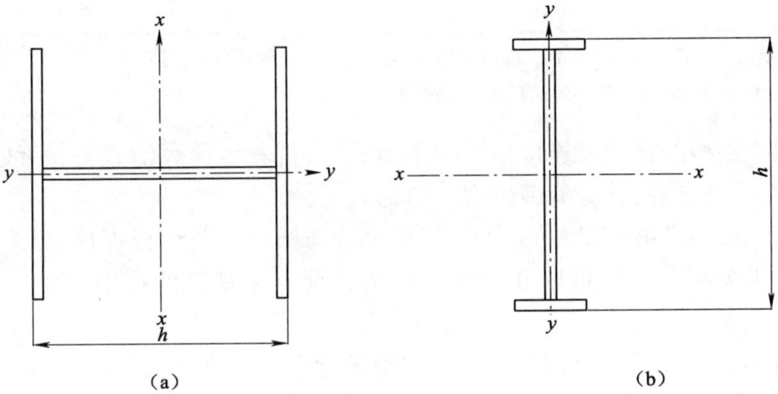

图4.2.2　H形杆件及I形梁简图

4.3　疲劳计算

4.3.1　凡承受动荷载重复作用的结构构件或连接应进行疲劳检算。疲劳组合包括设计荷载中的恒载加活载(包括冲击力、离心力，但不考虑活载发展系数)。列车竖向活载应将列车竖向静活载乘以运营动力系数$(1+\mu_f)$。运营动力系数可按下式计算：

$$1+\mu_f=1+\frac{18}{40+L} \tag{4.3.1}$$

式中　L——桥梁跨度(m)，承受局部活载杆件的影响线加载长度；

μ_f——活载冲击力的动力系数。

4.3.2　多线铁路桥主桁(或主梁)构件(第4.3.3条除外)检算疲劳时，疲劳荷载可按一线加载，作用于横向最不利位置，并乘以多线系数γ_d，多线系数γ_d应符合表4.3.2—1和表4.3.2—2的规定。

表4.3.2—1　钢梁双线系数γ_d

列车类型 / 线路数量	客货共线/高速/城际铁路列车					重载铁路列车				
双线	δ_1/δ_2					δ_1/δ_2				
	2/5	3/7	4/8	5/9	3/5	2/5	3/7	4/8	5/9	3/5
	1.12	1.13	1.16	1.19	1.21	1.21	1.23	1.27	1.31	1.34

注：δ_1/δ_2为一线加载时，按杠杆原理计算，两片主桁(或主梁)各自承受的荷载比。

表 4.3.2—2　钢梁多线系数 γ_d

列车类型 线路数量	客货共线/高速/城际铁路列车					重载铁路列车
三线	1.80~1.90①					2.26
四线	2.15~2.30①					2.85
六线	n/N②					—
	0/6	2/6	3/6	4/6	6/6	
	2.75	2.60	2.80	2.90	3.05	

注：1　①下限为全部高速/城际铁路，上限为全部客货共线铁路，中间部分可内插。

2　②n 为桥上客货共线铁路的线路数量，N 为桥上线路总数。

4.3.3　双线铁路桥的横梁及连接横梁的主桁竖杆，按一线最大活载，另一线为相应活载图式中的均布活载加载，计算疲劳内力。

4.3.4　铁路纵梁与横梁布置在同一平面，当纵梁与横梁用鱼形板连接，纵梁可以承受支点弯矩时，则纵梁跨中弯矩可取 $0.85M_0$（M_0 为按简支梁计算的跨中弯矩），支点弯矩可取 $0.6M_0$。

4.3.5　焊接及非焊接（栓接）构件及连接均需进行疲劳检算，当疲劳应力均为压应力时，可不进行疲劳检算。

4.3.6　焊接构件及连接疲劳检算应符合下列规定：

1　疲劳应力为拉—拉构件或以拉为主的拉—压构件$\left(\text{即 }\rho=\dfrac{\sigma_{\min}}{\sigma_{\max}}\geqslant-1\right)$，其疲劳检算应符合下式规定：

$$\gamma_d\gamma_n(\sigma_{\max}-\sigma_{\min})\leqslant\gamma_t[\sigma_0] \tag{4.3.6—1}$$

式中　$\sigma_{\max}$，$\sigma_{\min}$——最大、最小应力，拉力为正，压力为负。当构件同时承受轴向应力与弯曲次应力时，应将截面所承受的角点应力分解为轴向应力 σ_N 和弯曲次应力 σ_W，并根据最不利叠加折算成轴向疲劳检算应力 σ_{N+W}，$\sigma_{N+W}=\sigma_N+k\sigma_W$，作为最大应力 $\sigma_{\max}$ 或最小应力 $\sigma_{\min}$，k 为次应力折减系数，取 0.65；

$[\sigma_0]$——疲劳容许应力幅（表 3.2.7—1）；

γ_d——多线桥的多线系数（表 4.3.2—1 和表 4.3.2—2）；

γ_n——以受拉为主的构件的损伤修正系数（表 4.3.6—1～表 4.3.6—4）；

γ_t——板厚修正系数。当板厚 $t\leqslant25$ mm，$\gamma_t=1$；当 $t>25$ mm，$\gamma_t=\sqrt[4]{\dfrac{25}{t}}$；当构造细节为横隔板作为主板附连件焊接构造时，$\gamma_t=1$。

2　疲劳应力以压为主的拉—压构件$\left(\text{即 }\rho=\dfrac{\sigma_{\min}}{\sigma_{\max}}<-1\right)$，其疲劳检算应符合下式规定：

$$\gamma_d\gamma_n'\sigma_{\max}\leqslant\gamma_t\gamma_\rho[\sigma_0] \tag{4.3.6—2}$$

式中　γ_n'——以受压为主的构件的损伤修正系数（表 4.3.6—1～表 4.3.6—4）；

γ_ρ——应力比修正系数（表 4.3.6—5）。

表 4.3.6—1 客货共线铁路损伤修正系数 γ_n 和 γ_n'

影响线加载长度(m)	γ_n	γ_n'						
		恒：活(2：8)	恒：活(3：7)	恒：活(4：6)	恒：活(6：4)	恒：活(7：3)	恒：活(8：2)	恒：活(9：1)
≥20	1.00	1.00	1.00	1.00	1.00	1.00	1.00	1.00
16	1.10	1.08	1.07	1.06	1.04	1.03	1.02	1.01
12	1.20	1.16	1.14	1.12	1.08	1.06	1.04	1.02
8	1.30	1.24	1.21	1.18	1.12	1.09	1.06	1.03
5	1.45	1.36	1.32	1.27	1.18	1.14	1.09	1.05
≤4	1.50	1.40	1.35	1.30	1.20	1.15	1.10	1.05

表 4.3.6−2 高速铁路损伤修正系数 γ_n 和 γ_n'

影响线加载长度(m)	γ_n	γ_n'						
		恒：活(2：8)	恒：活(3：7)	恒：活(4：6)	恒：活(6：4)	恒：活(7：3)	恒：活(8：2)	恒：活(9：1)
≥30	1.00	1.00	1.00	1.00	1.00	1.00	1.00	1.00
20	1.10	1.08	1.07	1.06	1.04	1.03	1.02	1.01
16	1.20	1.16	1.14	1.12	1.08	1.06	1.04	1.02
8	1.30	1.24	1.21	1.18	1.12	1.09	1.06	1.03
5	1.45	1.36	1.32	1.27	1.18	1.14	1.09	1.05
≤4	1.50	1.40	1.35	1.30	1.20	1.15	1.10	1.05

表 4.3.6−3 城际铁路损伤修正系数 γ_n 和 γ_n'

影响线加载长度(m)	γ_n	γ_n'						
		恒：活(2：8)	恒：活(3：7)	恒：活(4：6)	恒：活(6：4)	恒：活(7：3)	恒：活(8：2)	恒：活(9：1)
≥30	1.000	1.000	1.000	1.000	1.000	1.000	1.000	1.000
20	1.150	1.120	1.105	1.090	1.060	1.045	1.030	1.015
16	1.250	1.200	1.175	1.150	1.100	1.075	1.050	1.025
8	1.300	1.240	1.210	1.180	1.120	1.090	1.060	1.030
5	1.450	1.360	1.315	1.270	1.180	1.135	1.090	1.045
≤4	1.500	1.400	1.350	1.300	1.200	1.150	1.100	1.050

表 4.3.6−4 重载铁路损伤修正系数 γ_n 和 γ_n'

影响线加载长度(m)	γ_n	γ_n'						
		恒：活(2：8)	恒：活(3：7)	恒：活(4：6)	恒：活(6：4)	恒：活(7：3)	恒：活(8：2)	恒：活(9：1)
≥20	1.000	1.000	1.000	1.000	1.000	1.000	1.000	1.000
16	1.150	1.120	1.105	1.090	1.060	1.045	1.030	1.015
12	1.250	1.200	1.175	1.150	1.100	1.075	1.050	1.025
10	1.300	1.240	1.210	1.180	1.120	1.090	1.060	1.030
8	1.400	1.320	1.280	1.240	1.160	1.120	1.080	1.040
5	1.450	1.360	1.315	1.270	1.180	1.135	1.090	1.045
≤4	1.500	1.400	1.350	1.300	1.200	1.150	1.100	1.050

表 4.3.6—5　应力比修正系数 γ_ρ

ρ	-4.5	-4.0	-3.5	-3.0	-2.0	-1.8	-1.6
焊接构件	0.21	0.23	0.25	0.28	0.36	0.38	0.41
非焊接构件	0.25	0.27	0.30	0.33	0.43	0.45	0.48
ρ	-1.4	-1.2	-1.0	-0.8	-0.6	-0.4	-0.2
焊接构件	0.43	0.46	—	—	—	—	—
非焊接构件	0.52	0.56	0.60	0.65	0.71	0.79	0.88

4.3.7　非焊接构件及连接疲劳检算应符合下列规定：

1　疲劳应力为拉—拉的构件$\left(即\ \rho=\dfrac{\sigma_{min}}{\sigma_{max}}\geqslant 0\right)$，其疲劳检算应符合下式规定：

$$\gamma_d\gamma_n(\sigma_{max}-\sigma_{min})\leqslant\gamma_t[\sigma_0] \tag{4.3.7—1}$$

2　疲劳应力为拉—压的构件$\left(即\ \rho=\dfrac{\sigma_{min}}{\sigma_{max}}<0\right)$，其疲劳检算应符合下式规定：

$$\gamma_d\gamma_n'\sigma_{max}\leqslant\gamma_t\gamma_\rho[\sigma_0] \tag{4.3.7—2}$$

5 杆件的计算长度、长细比和构件截面

5.1 杆件的计算长度

5.1.1 杆件的计算长度可按表 5.1.1 的规定确定。

表 5.1.1 杆件计算长度

杆 件			弯曲平面	计算长度
主桁	弦 杆		面内及面外	l_0
	端斜杆、端立杆、连续梁中间支点处立柱或斜杆作为桥门架时		面内	* $0.9l_0$
			面外	l_0
	桁架的腹杆	无相交和无交叉	面内	* $0.8l_0$
			面外	l_0
		与杆件相交或相交叉（不包括与拉杆相交叉）	面内	l_1
			面外	l_0
		与拉杆相交叉	面内	l_1
			面外	$0.7l_0$
纵向及横向联结系	无交叉		面内及面外	l_2
	与拉杆相交叉		面内	l_1
			面外	$0.7l_2$
	与杆件相交或相交叉（不包括与拉杆相交叉）		面内	l_1
			面外	l_2

注：1 * 与该腹杆交会的主桁受拉弦杆，其长细比应不大于 100，否则其计算长度应另行计算。

2 当杆件两端均与受压杆件相连接时，其计算长度不小于该杆件两连接栓群中心的距离。

3 l_0 为主桁各杆件的几何长度（即杆端节点中距），如杆件全长被横向结构分割时，则取其较长的一段长度。

4 l_1 为从相交点至杆端节点较长的一段长度。

5 l_2 为纵向（横向）联结系系统线与节点板连在主桁杆件的固着线交点的距离。

5.1.2 对于半穿式钢梁受压翼缘（或弦杆）计算长度 l，当桥跨结构主梁（或主桁）的节间长度 d 小于等于 $\frac{L}{3m}$ 时，l 为 αL，系数 α 和 m 可根据 β 值从表 5.1.2 查取。

表 5.1.2 系数 α 及 m

β	0	5	10	19	20	30	50	100	150
α	0.696	0.524	0.443	0.370	0.367	0.353	0.330	0.290	0.264
m	1				2				
β	200	242	243	300	500	700	1 000	1 060	1 061
α	0.246	0.234	0.234	0.225	0.204	0.189	0.174	0.171	0.171
m	2		3						4

续上表

β	1 500	2 000	2 500	3 000	3 082	3 083	4 000	5 000	6 000
α	0.160	0.149	0.142	0.136	0.135	0.135	0.127	0.121	0.116
m	4					5			
β	7 129	7 130	8 000	10 000	—	—	—	—	—
α	0.112	0.112	0.109	0.103	—	—	—	—	—
m	5	6			—				

注:1　表中

$$\beta=\frac{L^4}{16d\delta EI_{\mathrm{m}}} \tag{5.1.2—1}$$

m——屈曲时受压翼缘(或弦杆)形成半正弦波的个数;

L——梁(或桁)的计算跨度(m);

d——节间长度(m);

I_{m}——受压翼缘(或弦杆)毛截面对竖轴的惯性矩(全长平均值)(m^4);

E——钢的弹性模量(MPa);

δ——半框架(除端半框架外)上节点由单位水平力($P=1$)作用而引起的最大位移(一个翼缘或弦杆的)(m/MN),其数值为:

$$\delta=\frac{h^3}{3EI_{\mathrm{c}}}+\frac{Bh^2}{2EI_{\mathrm{g}}} \tag{5.1.2—2}$$

h——压翼缘或弦杆的截面重心至横梁顶面的高度(m);

B——两主梁(或主桁)间的距离(m);

I_{c}——加劲肋(或竖杆)毛截面向梁(或桁)平面外弯曲的惯性矩(m^4);

I_{g}——横梁截面的惯性矩(m^4)。

2　其中板梁受压翼缘的截面,对于焊接结构为盖板束的截面积;对于铆接结构为盖板、翼角以及在翼角范围内一部分腹板的面积。翼缘的纵向力按上述截面积乘以翼缘截面重心处的应力计算。

5.2　杆件的容许最大长细比

5.2.1　杆件的容许最大长细比应符合表 5.2.1 的规定。

表 5.2.1　杆件容许最大长细比

杆　　件			最大长细比 λ
主桁杆件	弦杆 受压或受反复应力的杆件		100
	不受活载的腹杆		150
	仅受拉力的腹杆	长度≤16 m	180
		长度>16 m	150
联结系杆件	纵向联结系 支点处横向联结系		单线 110 多线 130
	制动联结系		130
	中间横向联结系		150

注:1　整体式截面的构件,其计算长细比等于计算长度与相应回转半径之比。

2　H 形杆件的计算面积中未包括腹板时,长细比计算时可不考虑腹板。

5.2.2　以缀板组合的杆件,其长细比的计算应符合下列规定:

1　杆件分肢容许最大长细比,压杆应为 40,其他杆件应为 50。

2 杆件分肢的计算长度，铆接时应取相邻缀板间最近铆钉的间距，焊接时应取相邻缀板的净距。

3 组合杆件在缀板平面内弯曲时，其换算长细比应按下式计算：

$$\lambda_2=\sqrt{\lambda^2+\lambda_1^2} \quad (5.2.2—1)$$

式中 λ——在缀板平面内弯曲时，全杆件按整体截面计算的长细比；

λ_1——分肢的长细比。

5.2.3 缀板构造应符合表 5.2.3 的规定。

表 5.2.3 缀板构造

<table>
<tr><td colspan="2" rowspan="2">名 称</td><td colspan="2">压杆或压—拉杆</td><td colspan="2">拉杆</td></tr>
<tr><td>主要</td><td>次要</td><td>主要</td><td>次要</td></tr>
<tr><td rowspan="2">缀板长度</td><td>端部</td><td>1.25S</td><td rowspan="2">0.75S</td><td>S</td><td rowspan="2">0.75S</td></tr>
<tr><td>中间</td><td>0.75S</td><td>0.75S</td></tr>
<tr><td colspan="2">缀板厚度</td><td>S/45，且不小于10 mm</td><td>S/55，且不小于8 mm</td><td>10 mm</td><td>8 mm</td></tr>
<tr><td rowspan="2">缀板一侧铆钉</td><td>最小数目</td><td>3</td><td>3</td><td>3</td><td>3</td></tr>
<tr><td>最大距离(mm)</td><td>120</td><td>120</td><td>120</td><td>120</td></tr>
</table>

注：S 为缀板与杆件分肢连结最近铆钉线或焊缝的距离，以 mm 计。

5.2.4 缀板剪力计算应符合下列规定：

1 中心受压组合杆件缀板的剪力可按下式计算：

$$V=\alpha A_m[\sigma]\frac{\varphi_{\min}}{\varphi} \quad (5.2.4)$$

式中 α——系数，Q235q 的杆件为 0.015，Q345q、Q370q 的杆件为 0.017，Q420q 的杆件为 0.018，Q500q 的杆件为 0.020；

A_m——组合杆件中被接合的分肢的总面积(m^2)；

$[\sigma]$——基本容许应力(MPa)；

$\varphi_{\min}$——检算杆件总稳定性时容许应力折减系数的较小值；

φ——检算杆件在缀板平面内总稳定性的容许应力折减系数。

2 剪力 V 值假定在杆件全长不变。

3 压弯组合杆件，应计入由弯曲产生的剪力。

4 在平行平面上有数组缀板时，剪力可由各组缀板平均分担；兼用整板和缀板时，整板和缀板各承担一半剪力。

5.2.5 桥跨结构中用以减少压杆计算长度的支撑杆件，应以被支撑压杆内力的 3% 为抗力，予以检算。

5.3 构 件 截 面

5.3.1 结构各部分截面的容许最小尺寸应符合表 5.3.1 的规定。

表 5.3.1　结构各部分截面的容许最小尺寸(mm)

<table>
<tr><th colspan="2">构　　件</th><th>最小厚度或尺寸</th></tr>
<tr><td rowspan="3">钢板</td><td>挂杆翼板
跨长≥16 m 焊接板梁的腹板</td><td>12</td></tr>
<tr><td>填板</td><td>4</td></tr>
<tr><td>其他</td><td>10</td></tr>
<tr><td colspan="2">联结系角钢肢厚度</td><td>10</td></tr>
<tr><td colspan="2">纵梁与横梁及横梁与主桁的连接角钢</td><td>100×100×12</td></tr>
</table>

5.3.2　H 形压杆的腹板厚度,对于铆接杆不宜小于 0.4δ(δ 为翼板厚);对于焊接杆,当 δ 大于等于 24 mm 时,不宜小于 0.5δ,当 δ 小于 24 mm 时,不宜小于 0.6δ。

在主桁中不宜采用由缀板组合的焊接杆件。

5.3.3　组合压杆的板或板束宽度 b 与厚度 δ 之比宜符合表 5.3.3 的规定。

表 5.3.3　组合压杆板束宽度与厚度之比的最大值

<table>
<tr><th rowspan="3">序号</th><th rowspan="3" colspan="2">板件类型</th><th colspan="8">钢材牌号</th></tr>
<tr><th colspan="2">Q235q</th><th colspan="2">Q345q、Q370q</th><th colspan="2">Q420q</th><th colspan="2">Q500q</th></tr>
<tr><th>λ</th><th>b/δ</th><th>λ</th><th>b/δ</th><th>λ</th><th>b/δ</th><th>λ</th><th>b/δ</th></tr>
<tr><td rowspan="2">1</td><td rowspan="2" colspan="2">H 形截面中的腹板</td><td><60</td><td>34</td><td><50</td><td>30</td><td><45</td><td>28</td><td><40</td><td>26</td></tr>
<tr><td>≥60</td><td>$0.4\lambda+10$</td><td>≥50</td><td>$0.4\lambda+10$</td><td>≥45</td><td>$0.4\lambda+10$</td><td>≥40</td><td>$0.4\lambda+10$</td></tr>
<tr><td rowspan="2">2</td><td rowspan="2" colspan="2">箱形截面中无加劲肋的两边支承板</td><td><60</td><td>33</td><td><50</td><td>30</td><td><45</td><td>28</td><td><40</td><td>26</td></tr>
<tr><td>≥60</td><td>$0.3\lambda+15$</td><td>≥50</td><td>$0.3\lambda+15$</td><td>≥45</td><td>$0.3\lambda+14.5$</td><td>≥40</td><td>$0.3\lambda+14$</td></tr>
<tr><td rowspan="3">3</td><td rowspan="3">H 形或 T 形无加劲的伸出肢</td><td>铆接杆</td><td>—</td><td>≤12</td><td>—</td><td>≤10</td><td>—</td><td>—</td><td>—</td><td>—</td></tr>
<tr><td rowspan="2">焊接杆</td><td><60</td><td>13.5</td><td><50</td><td>12</td><td><45</td><td>11</td><td><40</td><td>10</td></tr>
<tr><td>≥60</td><td>$0.15\lambda+4.5$</td><td>≥50</td><td>$0.14\lambda+5$</td><td>≥45</td><td>$0.14\lambda+4.7$</td><td>≥40</td><td>$0.14\lambda+4.5$</td></tr>
<tr><td rowspan="2">4</td><td rowspan="2">铆接杆角钢伸出肢</td><td>受轴向力的主要杆件</td><td>—</td><td>≤12</td><td>—</td><td>≤12</td><td>—</td><td>—</td><td>—</td><td>—</td></tr>
<tr><td>支撑及次要杆件</td><td>—</td><td>≤16</td><td>—</td><td>≤16</td><td>—</td><td>—</td><td>—</td><td>—</td></tr>
<tr><td rowspan="2">5</td><td rowspan="2" colspan="2">箱形截面中 n 等分线附近各设一条加劲肋的两边支承板</td><td><60</td><td>$28n$</td><td><50</td><td>$24n$</td><td><45</td><td>$22n$</td><td><40</td><td>$20n$</td></tr>
<tr><td>≥60</td><td>$(0.3\lambda+10)n$</td><td>≥50</td><td>$(0.3\lambda+9)n$</td><td>≥45</td><td>$(0.3\lambda+8.5)n$</td><td>≥40</td><td>$(0.3\lambda+8)n$</td></tr>
</table>

注:1　b、δ 如图 5.3.3(a)~(j)所示,图中 b_1、δ_1、b_2、δ_2、b_3、δ_3、b_4、δ_4、b_5、δ_5 分别对应表 5.3.3 中序号 1、2、3、4、5 项中的 b 及 δ。

2　计算压应力 σ 小于容许应力 $\varphi_1[\sigma]$ 时,表中 b/δ 值除序号 4 外,可按规定放宽,即根据该杆件计算压应力与基本容许应力之比 φ 按表 3.2.6 查出相应的 λ 值,再根据此 λ 值按本表算出该杆件容许的 b/δ 值。

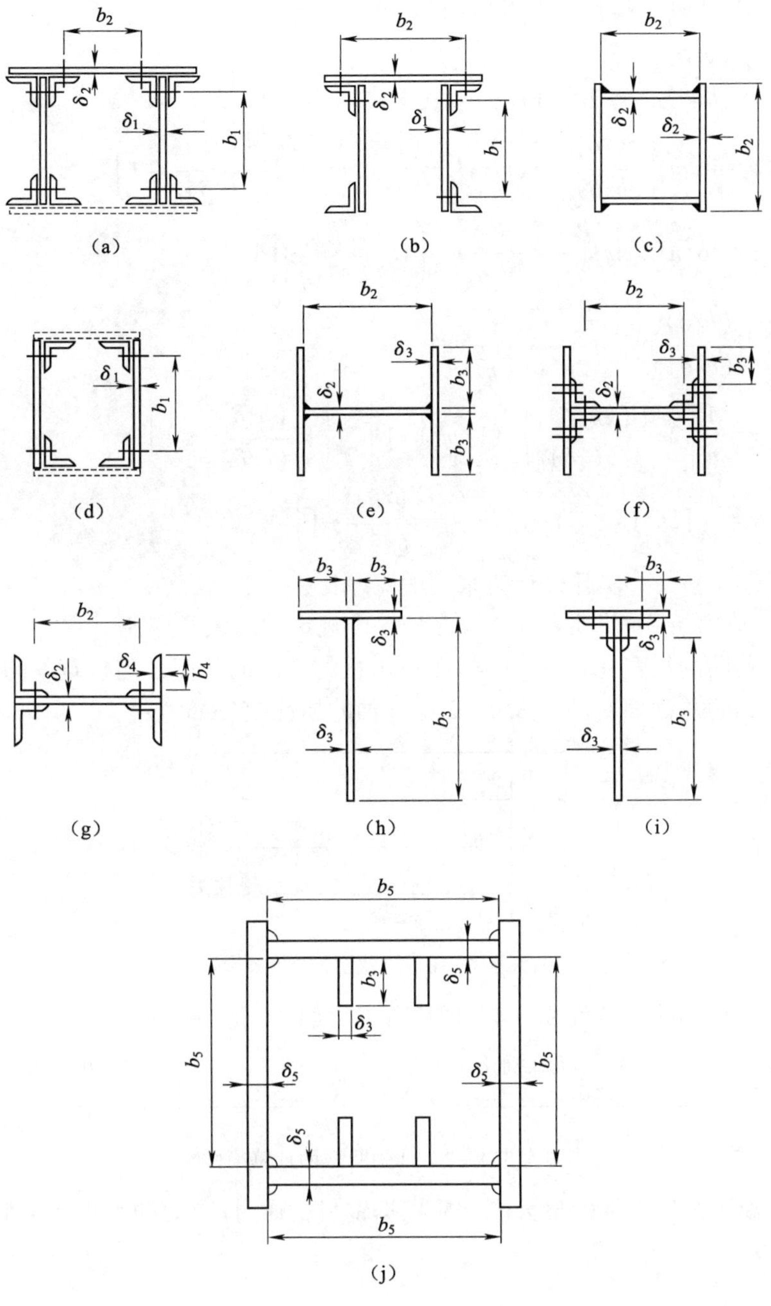

图 5.3.3　板(板束)位置简图

5.3.4　带加劲肋的箱形受压杆件,宜采用刚性加劲肋,加劲肋的刚度应满足下列规定:

$$I=\frac{1}{11}b\delta^3\gamma \tag{5.3.4}$$

各加劲肋的最大宽厚比应符合表 5.3.3 中序号 3 的规定。但采用特殊形状的加劲肋时可不受这个限制。

式中　b——表 5.3.3 中序号 5 所示板的宽度 b_5(mm);

　　　δ——表 5.3.3 中序号 5 所示板的厚度 δ_5(mm);

γ——用下式计算得到的刚度比：

当$\dfrac{(b/\delta)_s}{(b/\delta)_0}>\sqrt{\dfrac{1+\alpha^2}{2n^2(1+n\beta)}}$时

$$\gamma=4\alpha^2 n\left\{\frac{(b/\delta)_s}{(b/\delta)_0}\right\}^2(1+n\beta)-\frac{(1+\alpha^2)^2}{n}\quad\left(且\frac{(b/\delta)_s}{(b/\delta)_0}\leqslant 1\right)$$

$$\gamma=4\alpha^2 n(1+n\beta)-\frac{(1+\alpha^2)^2}{n}\quad\left(且\frac{(b/\delta)_s}{(b/\delta)_0}>1\right)$$

当$\dfrac{(b/\delta)_s}{(b/\delta)_0}\leqslant\sqrt{\dfrac{1+\alpha^2}{2n^2(1+n\beta)}}$时

$$\gamma=\frac{1}{n}\left[2n^2\left\{\frac{(b/\delta)_s}{(b/\delta)_0}\right\}^2(1+n\beta)-1\right]^2\quad\left(且\frac{(b/\delta)_s}{(b/\delta)_0}\leqslant 1\right)$$

$$\gamma=\frac{1}{n}\left[2n^2(1+n\beta)-1\right]^2\quad\left(且\frac{(b/\delta)_s}{(b/\delta)_0}>1\right)$$

$(b/\delta)_s$——实际设计时采用的宽厚比；

$(b/\delta)_0$——前项表 5.3.3 序号 5 中规定的最大宽厚比。

α——加劲肋的长宽比；图 5.3.4—1 所示板的区域的长度 a 与板宽 b 的比 a/b；

I——加劲肋总截面对图 5.3.4—2 中 x 轴的惯性矩(mm^4)；

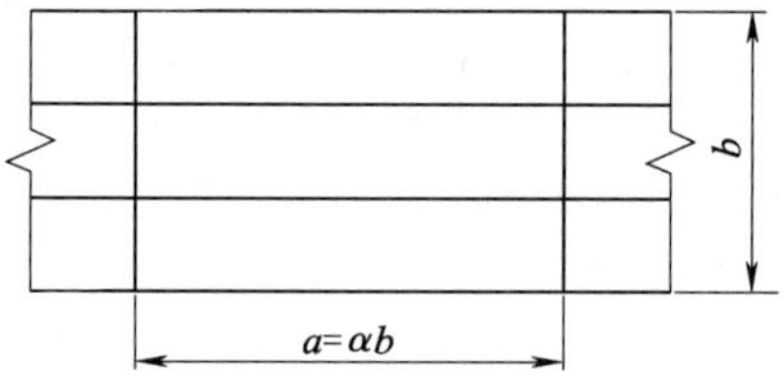

图 5.3.4—1　加劲肋长宽比简图

β——一根加劲肋的截面积 A 与计算板的截面积的比，$A/(b\delta)$。

图 5.3.4—2　加劲肋截面计算简图

5.3.5　受拉焊接构件板件的最大厚度应根据钢材材质、拉应力的大小及最低设计温度等因素确定。

6 构件连接

6.1 机械连接

6.1.1 在抗滑型高强度螺栓连接中,每个高强度螺栓的容许抗滑承载力应按下式计算:

$$P = m\mu_0 N/K \tag{6.1.1}$$

式中 P——高强度螺栓的容许抗滑承载力;

m——高强度螺栓连接处的抗滑面数;

μ_0——高强度螺栓连接的钢材表面抗滑移系数;

N——高强度螺栓的设计预拉力;

K——安全系数,取1.7。

6.1.2 抗滑型高强度螺栓连接接头,顺轴力方向的双抗滑面连接的螺栓排数超过6排或单抗滑面连接的螺栓排数超过4排时,第一排螺栓的抗滑承载力应按式(6.1.2)检算,当不能满足时应予调整或将该排螺栓不计入连接螺栓的有效数量中。

$$0.30S_L < nm\mu_0 N \tag{6.1.2}$$

式中 S_L——螺栓接头在活载(包括冲击)作用下的轴向力;

n——第一排螺栓总数。

6.1.3 高强度螺栓或铆钉的布置应使其与构件的轴线对称,避免偏心。

6.1.4 高强度螺栓或铆钉的容许间距应符合表6.1.4的规定。

6.1.5 机械连接时每排栓、钉数目不应少于下列规定:

1 一排螺栓时2个,一排铆钉时3个。

2 二排及二排以上螺栓或铆钉时,每排2个。

6.1.6 位于主要杆件角钢上的高强度螺栓(或铆钉)的直径不宜超过角钢肢宽度的1/4。困难条件下,肢宽80 mm的角钢肢上可用孔径24 mm的高强度螺栓(或铆钉),肢宽100 mm的角钢肢上可用孔径26 mm的高强度螺栓(或铆钉)。

表6.1.4 高强度螺栓或铆钉的容许间距

<table>
<tr><th rowspan="2">尺寸名称</th><th rowspan="2" colspan="2">方 向</th><th rowspan="2">构件应力种类</th><th colspan="2">容许间距</th></tr>
<tr><th>最大</th><th>最小</th></tr>
<tr><td rowspan="5">栓、钉中心间距</td><td colspan="2">沿对角线方向</td><td rowspan="3">拉力或压力</td><td>—</td><td>3.5d</td></tr>
<tr><td colspan="2">靠边的行列</td><td>7d_0或16δ中之较小者</td><td rowspan="4">3d</td></tr>
<tr><td rowspan="3">中间行列</td><td>垂直应力方向</td><td>24δ</td></tr>
<tr><td rowspan="2">顺应力方向</td><td>拉力</td><td>24δ</td></tr>
<tr><td>压力</td><td>16δ</td></tr>
</table>

续上表

<table>
<tr><th colspan="2" rowspan="2">尺寸名称</th><th rowspan="2">方　向</th><th rowspan="2">构件应力种类</th><th colspan="2">容许间距</th></tr>
<tr><th>最大</th><th>最小</th></tr>
<tr><td rowspan="3">栓、钉中心至构件边缘距离</td><td>裁切或滚压边缘</td><td>顺应力方向或沿对角线方向</td><td rowspan="3">拉力或压力</td><td rowspan="3">8δ 或 120 mm 中之较小者</td><td>$1.5d$</td></tr>
<tr><td>裁切边缘</td><td rowspan="2">垂直应力方向</td><td rowspan="2">$1.3d$</td></tr>
<tr><td>滚压边缘</td></tr>
</table>

注：d_0为栓（钉）直径（mm）；d 为栓（钉）孔直径（mm）；δ 为栓（铆）各部分中外侧钢板或型钢厚度（mm）。

6.1.7 主桁杆件及板梁翼缘用高强度螺栓或铆钉连接时，其栓（钉）数量应按连接杆件的承载能力计算，并应符合下列规定：

1 当腹杆为最小截面控制时，其连接栓（钉）数量可按 1.1 倍的杆件内力与 75% 的杆件净面积强度的较大值进行计算。

2 对于桥面系、联结系、缀板以及所有考虑安装影响的杆件可按内力计算并假定纵向力在栓（钉）群上是平均分布的。

3 板梁腹板拼接采用栓（钉）连接时，栓（钉）群的强度不应小于拼接处腹板净截面抗弯强度与该处最大剪力的组合强度。

6.1.8 轴向受力杆件的高强度螺栓或铆钉连接接头应符合下列规定：

1 杆件的肢与节点板偏心连接，且这些肢在连接范围内无缀板相联系时，或杆件的肢仅一面有拼接板时，其栓（钉）总数应增加 10%，并应计算各栓（钉）的受力。

2 主桁杆件及板梁翼缘的拼接板与被拼接部分间的连接高强度螺栓或铆钉的强度，在按净截面拼接时应不低于按净截面积计算的拼接板强度；在按毛截面或有效截面拼接时，应不低于按毛截面积或有效截面积计算的拼接板强度。

3 对于铆接杆件截面的个别部分不直接连接而是经过截面的其他部分连接者，其连接铆钉数目应予增加，隔一层板增加 10%，隔两层或两层板以上时增加 20%，但铆钉总数可不增加。

4 当隔着填板连接，而填板在接头范围以外有相当其面积 1/4 以上的铆钉时，连接铆钉数量可不增加。

6.1.9 铆钉最大铆合厚度不应大于钉孔直径的 4.5 倍。当用双铆钉枪、冲击式风顶或马蹄形铆钉机铆合时，则铆合厚度可增至孔径的 5.5 倍。超过上述厚度，每加厚 2 mm，铆钉数量应增加 1%。

6.1.10 销接接头的作用力可按被连接构件的内力计算，并符合下列规定：

1 无论受压或受拉的销接构件，均应按扣除销孔的净面积计算。

2 当销的长度大于直径的两倍时，对承受挠曲的销可按简支梁进行近似计算，并假定各集中力作用在和销相接触的各板条的轴线上。

6.1.11 销接接头中，带销孔的受拉构件，其销孔各部尺寸应满足下列规定：

1 垂直杆轴方向并通过销孔中心的净面积应比构件计算所需的净面积大 40%。

2 由杆端到销孔边的截面积不应小于构件计算的截面积。

6.1.12 销与销孔直径之差，如无特殊需要，宜尽可能小。销体精加工部分的长度，应比被连接的杆件两外侧面间的距离长 6 mm 以上。销的两端应使用帽形螺母或带垫圈的螺母。

6.1.13 采用螺纹连接时,应对螺纹的抗剪强度、抗弯强度进行检算,对螺杆按最小截面进行抗拉强度检算。

实体圆钢吊杆材质宜采用 35CrMo 圆钢。螺纹配合精度符合 GB/T 5796.4 中 8H/7e 要求。螺纹自第一螺扣至后面数排螺扣的螺高逐渐增大,形成纵向缓坡。螺齿形状和表面加工状态应按最大可能降低局部应力集中设置。螺纹后端应使用备母。

6.2 焊接连接

6.2.1 对于主要构件,不应使用间断焊接、塞焊和槽焊。

6.2.2 对接焊缝应保证焊缝根部完全熔透。在受拉和拉压接头中,尚应对焊缝表面顺应力方向进行机械加工。不等厚或不等宽的板采用对接焊缝时,应将厚(宽)板的一侧或双侧做成坡度,该坡度对于受拉或拉压接头不陡于 1∶8,对于受压接头不陡于 1∶4,并对焊缝表面顺应力方向进行机械加工,使之均匀过渡。不应使用具有上述厚度和宽度两种过渡并存的对接接头。

6.2.3 焊缝的计算厚度应符合下列规定:

1 对接焊缝的计算厚度为焊接杆件的最小厚度,不应计焊缝的加强高。

2 对于角焊缝的计算厚度,熔透的角接焊为焊接杆件的最小厚度;部分熔深的坡口角焊缝为焊缝根部到焊缝表面最小距离;不开坡口的角焊缝为 $0.7h_f$(h_f 为焊脚尺寸,如图 6.2.3 所示)。

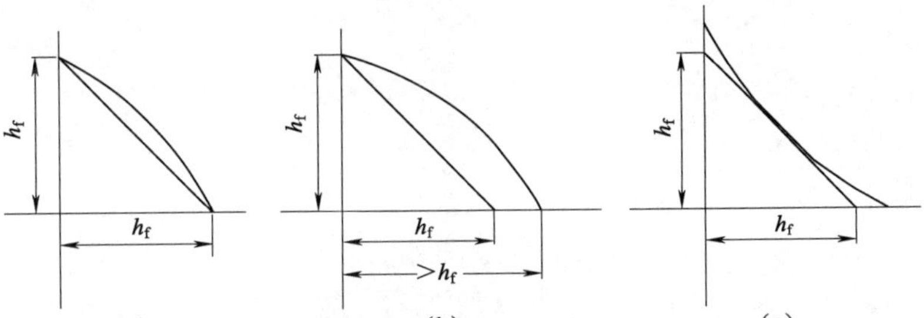

图 6.2.3 不开坡口的角焊缝截面图

6.2.4 焊缝的计算长度 l_f 应符合下列规定:

1 对接焊缝为具有设计焊缝厚度的焊缝长度。

2 采用起熄弧引板施焊的自动埋弧角焊缝,按实际长度计;其他角焊缝按实际长度减去 10 mm 计。

3 在承受轴向力的连接中,顺受力方向的角焊缝的最大计算长度不应大于焊脚尺寸的 50 倍,并不宜小于焊脚尺寸的 15 倍,且不应大于构件连接范围的长度。

6.2.5 角焊缝的作用力应按被连接构件的内力计算,并假定在焊缝计算长度上的剪应力是平均分布的。

6.2.6 用于 T 形截面的组合角焊缝应在杆件的两侧焊接。当抵抗横向变形得到保证时,可只进行一侧焊接。

6.2.7 经检算高强度螺栓连接不发生滑移时,可与焊接连接并用。

6.2.8　不开坡口的角焊缝的最小焊脚尺寸不应小于表 6.2.8 的规定。不开坡口的角焊缝的最小长度，自动焊及半自动焊时不宜小于焊缝厚度的 15 倍，手工焊时不宜小于 80 mm。

表 6.2.8　不开坡口的角焊缝最小焊脚尺寸(mm)

两焊接板中之较大厚度	不开坡口角焊的最小焊脚尺寸	
	凸形角焊缝	凹形角焊缝
10 及其以下	6	5
12~16	8	6.5
17~25	10	8
26~40	12	10

7　桥面系及联结系

7.1　桥　面　系

7.1.1　钢桥宜采用整体桥面，时速 160 km 及以下客货共线及重载铁路可采用明桥面。明桥面纵梁的中心距不得小于 2 m，桥枕与纵（板）梁应采用可靠的连接方式，不宜采用钩头螺栓连接。

7.1.2　栓、铆接纵梁在竖面内的弯矩、剪力和反力可按跨径等于横梁中距的简支梁计算。栓、铆接横梁在竖面内的弯矩、剪力和反力可按跨径等于主梁（主桁）中距的简支梁计算。

7.1.3　纵横梁腹板之间采用角钢连接时，应符合下列规定：

1　当设有鱼形板、牛腿或其他能承受支点弯矩的结构时，则纵梁与横梁的连接应能承受全部纵梁纵向力和支点弯矩，该弯矩可按纵梁跨中弯矩的 0.6 倍计算，而连接纵横梁腹板的角钢肢上的栓（钉）数量应按简支反力增加 10% 计算。

2　当不设承受支点弯矩的结构时，在连接于纵梁的竖角钢肢上的栓（钉）数量应按简支反力增加 20% 计算。在连接于横梁的竖角钢肢上的栓（钉）数量应按简支反力增加 40% 计算。

7.1.4　整体钢桥面结构检算时，桥面板作为纵梁（肋）、横梁（肋）的上翼缘应考虑剪力滞后的影响。钢桥面板参与作用的有效宽度 b_e 为（$\lambda_1+\lambda_2$），其中 λ_1 为一侧伸出部分的有效宽度，λ_2 为主梁中心线间距一半的有效宽度。λ_1、λ_2 的取值应符合下列规定：

1　简支梁或连续梁跨中的 λ_1、λ_2 可按下列公式取值：

（1）当 $\frac{b}{L}\leqslant 0.05$ 时，

$$\lambda_1 \text{ 或 } \lambda_2=b \tag{7.1.4—1}$$

（2）当 $0.05<\frac{b}{L}<0.30$ 时，

$$\lambda_1 \text{ 或 } \lambda_2=\left[1.1-2\left(\frac{b}{L}\right)\right]b \tag{7.1.4—2}$$

（3）当 $\frac{b}{L}\geqslant 0.30$ 时，

$$\lambda_1 \text{ 或 } \lambda_2=0.15L \tag{7.1.4—3}$$

2　悬臂梁或连续梁中间支点处的 λ_1、λ_2 可按下列公式取值：

（1）当 $\frac{b}{L}\leqslant 0.02$ 时，

$$\lambda_1 \text{ 或 } \lambda_2=b \tag{7.1.4—4}$$

（2）当 $0.02<\frac{b}{L}<0.30$ 时，

$$\lambda_1 \text{ 或 } \lambda_2=\left[1.06+4.5\left(\frac{b}{L}\right)^2-3.2\left(\frac{b}{L}\right)\right]b \tag{7.1.4—5}$$

（3）当 $\frac{b}{L}\geqslant 0.30$ 时，

$$\lambda_1 \text{ 或 } \lambda_2=0.15L \tag{7.1.4—6}$$

3　连续梁中间支点处和跨中之间的过渡部位的 λ_1、λ_2 可按表 7.1.4的图中斜线过渡部分处的翼缘有效宽度可线性插值。

式中　b——腹板间距的 1/2 或翼缘悬臂端为伸出部分的宽度，$b=b_2/2$或 b_1，如图 7.1.4 所示；

L——等效跨径，可按表 7.1.4 取值。

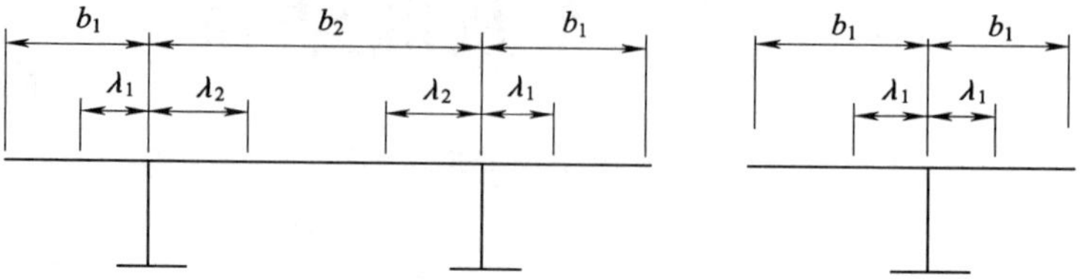

图 7.1.4　纵、横梁（肋）截面

表 7.1.4　翼缘有效宽度计算的等效跨径

类别	梁段号	腹板单侧翼缘有效宽度计算：符号	适用公式	等效跨径 L	计算图式
简支梁	①	λ_1或λ_2	(7.1.4—1) (7.1.4—2) (7.1.4—3)	L	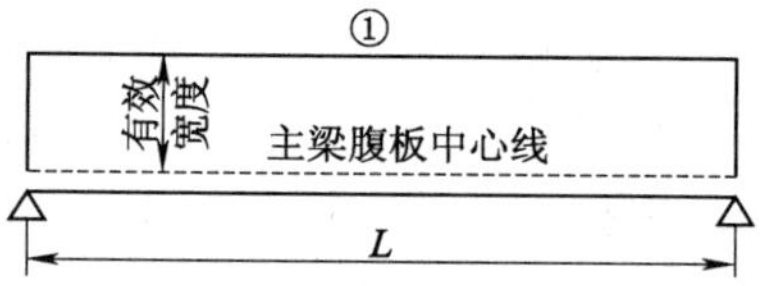
连续梁	①	λ_1或λ_2	(7.1.4—1) (7.1.4—2) (7.1.4—3)	$0.8L_1$	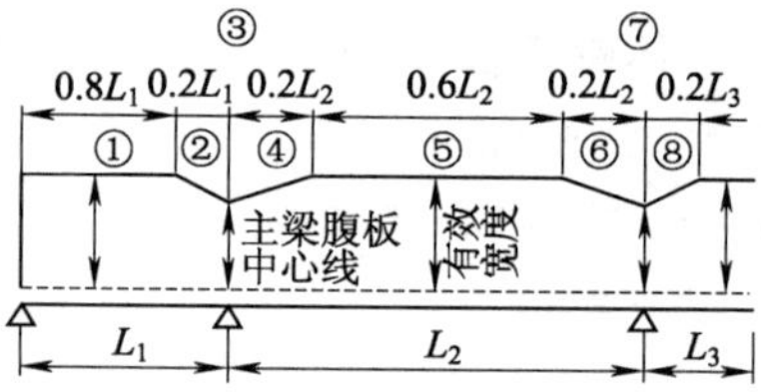
	⑤	λ_1或λ_2		$0.6L_2$	
	③	λ_1或λ_2	(7.1.4—4) (7.1.4—5) (7.1.4—6)	$0.2(L_1+L_2)$	
	⑦	λ_1或λ_2		$0.2(L_2+L_3)$	
	② ④ ⑥ ⑧	线性内插			
悬臂梁	①	λ_1或λ_2	(7.1.4—4) (7.1.4—5) (7.1.4—6)	$2L_1$	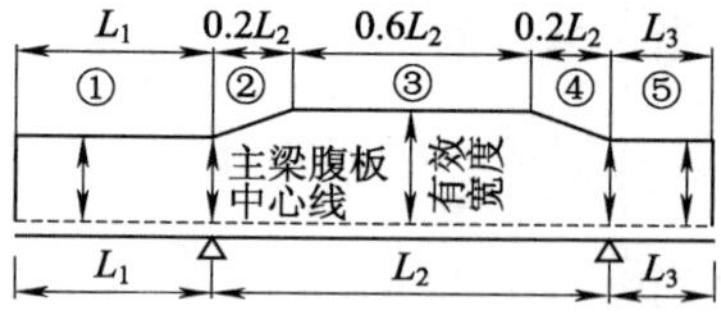
	⑤	λ_1或λ_2		$2L_3$	
	③	λ_1或λ_2	(7.1.4—1) (7.1.4—2) (7.1.4—3)	$0.6L_2$	
	② ④	线性内插			

7.1.5　横梁与主梁（主桁）采用角钢连接时，应符合下列规定：

1　当不设承受支点弯矩的结构时，在连接于横梁的竖角钢肢上的栓（钉）数量，应按简支反力增加 10% 计算，在连接于主梁（主桁）的竖角钢肢上的栓（钉）数量，按支点反力增加 20% 计算；双线和公铁两用梁应根据计算确定。

2　当设有能承受支点弯矩的结构时，则全部弯矩由该结构承受，而连接横梁和主梁（主桁）的竖角钢肢上的栓（钉）数量仍按支点反力增加 10% 计算。

7.1.6 横梁参与横向框架计算时,应符合以下规定:

1 横梁作为框架或半框架的一部分时,所承受的支点弯矩可按本规范附录 B 的规定计算。

2 对于半穿式钢梁的横梁,应计入横向半框架的水平抗力所产生的附加弯矩,并应按主力组合进行验算。该水平抗力系作用于受压翼缘(或弦杆)的截面重心处,方向朝半框架内;大小为受压翼缘(或受压弦杆)纵向力的 1%。

3 当横梁兼作支承处横向联结系撑杆时,还应考虑其作为撑杆所受的力。

7.1.7 桥面系计算时,除必须按纵横梁单独受载的情况计算外,还应计算与主桁弦杆或主梁翼缘共同受力引起的纵梁轴向力和横梁弯矩,并应符合以下规定:

1 按共同受力情况计算时,可不考虑各构件不在同一高程的偏心影响,并可假定纵梁铰接于横梁、横梁固接于主梁(主桁)节点中心。

2 桥跨的平面纵向联结系不宜与纵梁直接连接。单线简支桥跨当其纵梁不直接与纵向联结系相连时,可按本规范附录 C 所列方法近似计算。

3 纵梁的容许应力提高系数可采用 1.2;横梁的容许应力提高系数可采用 1.7。

4 当桥面系与主桁弦杆采用同一钢种而其连续长度又不超过 80 m 时,可不考虑桥面系与主桁共同作用的影响。

7.1.8 当容许应力增加 20% 时,桥面系应与主桁的承载能力基本一致。

7.2 联结系的设置

7.2.1 钢梁应加强纵横向联结,非整体桥面应设置上、下平面纵向联结系。主桁(主梁)的纵向联结系,不宜采用三角形桁架,其杆件宜采用工形截面。

7.2.2 钢梁的横向联结系设置应符合下列规定:

1 上承式板梁,除应在支承处设有加强的横向联结系外,还应在跨间设置横向联结系,其间距不宜大于 4 m。

2 下承式桁梁应设置合适的横向联结系及加强的桥门架。

3 半穿式梁(桁)应在每个横梁竖直平面内设置半框架。横向半框架的计算应考虑水平抗力的作用,可按本规范第 7.1.6 条的规定进行计算。

4 纵梁的横向联结系应与梁的上、下翼缘连接。当板梁和纵梁的横向联结系焊于竖加劲肋时,加劲肋应与梁的受压翼缘相连。

7.2.3 桁式联结系的计算可假定节点为铰接以确定杆件的内力。纵向联结系杆件应计算自重引起的弯矩,该弯矩应按跨径等于杆件长度的简支梁计算。

7.2.4 纵向联结系应按横向水平力进行检算。当设置上、下平面纵向联结系时,横向水平力的分配系数应按表 7.2.4 采用。

表 7.2.4 横向水平力在纵向联结系的分配系数

横向水平力	桥面系所在平面	桥面系所在另一平面
主桁风力	0.5	0.5
桥面系风力、列车风力、车辆摇摆力、离心力	1.0	0.2

7.2.5 计算上平面纵向联结系在横向水平力作用下的内力,可将该联结系与桥门架或支

承处横联相交的节点作为支点。

7.2.6　在交叉形和菱形的纵向联结系中，应计算由于主桁弦杆或主梁翼缘和横梁变形所引起的联结系杆件的内力。该内力与风力组合计算时，容许应力提高系数可采用 1.2。

7.2.7　由于主桁弦杆(主梁翼缘)和横梁变形引起的纵向联结系杆件内力可按下列公式计算：

1　交叉形纵向联结系斜杆内力可按下式计算：

$$N_d=\frac{N}{A}\times\frac{A_d\cos^2\alpha}{1+2\frac{A_d}{A_p}\sin^3\alpha+\frac{A_d}{A}\cos^3\alpha}\qquad(7.2.7\text{—}1)$$

2　交叉形且横梁兼作撑杆时联结系斜杆内力可按下式计算：

$$N_d=\frac{A_d\left(\frac{N}{A}\cos^2\alpha+0.6\sigma_b\sin^2\alpha\right)}{1+4\frac{A_d}{A_b}\sin^3\alpha+\frac{A_d}{A}\cos^3\alpha}\qquad(7.2.7\text{—}2)$$

3　菱形纵向联结系斜杆内力可按下式计算：

$$N_d=\frac{N}{A}\times\frac{A_d\cos^2\alpha}{1+2\frac{A_d}{A_p}\sin^3\alpha+\frac{A_d}{48I}B^2\cos^3\alpha+\frac{A_d}{A}\cos^3\alpha}\qquad(7.2.7\text{—}3)$$

4　交叉形、菱形纵向联结系撑杆内力可按下式计算：

$$N_p=(N_d^{左}+N_d^{右})\sin\alpha\qquad(7.2.7\text{—}4)$$

式中　N,A——弦杆(翼缘)的内力(MN)，毛截面积(m^2)；

N_d,A_d——联结系斜杆的内力(MN)，毛截面积(m^2)；

N_p,A_p——联结系撑杆的内力(MN)，毛截面积(m^2)；

A_b——横梁毛截面积(m^2)；

I——弦杆(翼缘)对竖轴的毛截面惯性矩(m^4)；

α——联结系斜杆与弦杆的交角；

B——主桁(主梁)中距(m)；

σ_b——横梁按照竖向荷载和毛截面计算的最大纤维应力(MPa)。

当 σ_b 和 N 的符号相反时，可按不利的内力组合，假定式(7.2.7—2)中的 σ_b 或 N 为零。

7.2.8　位于压力弦杆平面内的联结系斜杆，除按本规范第 7.2.4 条及第 7.2.6 条检算外，还应以两弦杆内力之和的 3% 作为节间剪力进行检算，其容许应力应与基本容许应力相同。

7.2.9　当采用菱形桁式的纵向联结系时，联结系与弦杆或翼缘连接的节点处，弦杆或翼缘截面所承受的作用于联结系平面的弯矩可按式(7.2.9)计算，附加弯矩仅在弦杆(翼缘)检算强度及疲劳时予以考虑，强度容许应力提高系数可采用 1.2。

$$M=\pm\frac{N_p\cdot d}{4}\qquad(7.2.9)$$

式中　d——联结系节间长度(m)。

7.2.10　当采用纵横梁体系的桥面结构时，跨度大于 48 m 的钢梁应在跨度的中部设制动联结系。跨度大于 80 m 的简支梁宜在跨间设置可使纵梁纵向移动的活动支承,其间距不宜大于 80 m。当纵梁连续长度大于 48 m 时,还应在其中部设制动联结系。

7.2.11 计算桥门架各杆件因受上平面纵向联结系横向反力产生内力时,可假定其腿杆下端为固定端。当桥门架的门楣为桁架时,其腿杆上弯矩零点的位置可按下式计算:

$$l_0=\frac{c(c+2l)}{2(2c+l)} \tag{7.2.11}$$

式中 l_0——弯矩零点至下弦节点中心的距离(m);

l——下弦节点中心至上弦节点中心的距离(m);

c——下弦节点中心至门楣在腿杆上的下节点中心的距离(m)。

7.2.12 由单根型钢组成的拉杆,可不考虑杆件连接的偏心弯矩,其计算截面积应符合下列规定:

1 由单个角钢组成的杆件等于连接肢的截面积与 50% 非连接肢的截面积之和。

2 由单个槽形杆件(轧制的或组合的)用腹板连接及 T 形杆件用翼缘连接的计算截面积均减少 10%。

7.2.13 计算由单个角钢组成的联结系压杆应力,当仅以一个肢与节点板相连,且采用最小回转半径计算其长细比时,可不考虑杆件连接的偏心影响。

8 钢 板 梁

8.0.1 简支钢板梁横向宽度(两主梁中心距)不应小于跨度的1/15,且不应小于2.2 m。

8.0.2 支承桥枕的铆接板梁应至少有一层盖板覆盖上翼缘全长。其余盖板若在跨度范围内中断,其实际截断点应伸出理论截断点之外,且在此长度内所布置的铆钉不应少于三排。

8.0.3 焊接板梁的外层盖板中断时,应伸出理论断点之外,其延伸部分的长度由计算确定。外层盖板中断后,应将板端沿板宽度方向加工成不陡于1:4的斜边,厚度方向加工成不陡于1:8的斜坡,末端宽度不宜小于20 mm,厚度可为焊脚高度加2 mm。

8.0.4 支承桥枕的铆接或焊接板梁,上翼缘宽度不宜小于240 mm。焊接板梁翼缘板的伸出长度(从腹板中心算起)与厚度之比不应超过10。

8.0.5 板梁应在端支承和其他传递集中外力处设置成对的竖向加劲肋,加劲肋的伸出肢应与梁的支承翼缘磨光顶紧。加劲肋的设置还应符合下列规定:

1 支承加劲肋的伸出肢宽厚比不应大于12。

2 支承加劲肋应按压杆设计,其截面为加劲肋加每侧不大于15倍腹板厚的腹板,计算长度为支承处横向联结系上、下两节点间距的0.7倍。

3 支承加劲肋应检算其伸出肢与翼板顶紧部分的支承压力。

8.0.6 简支板梁腹板中间竖向加劲肋和水平加劲肋的设置应符合下列规定:

1 当$h/\delta \leqslant 50$时,可不设置中间竖向加劲肋。其中,h为板梁腹板计算高度,焊接板梁为腹板全高,铆接板梁为两翼缘角钢最近铆钉线的距离;δ为腹板厚。

2 当$50 < h/\delta \leqslant 140$时,应设置中间竖向加劲肋,其间距$\alpha$应小于等于$950\delta/\sqrt{\tau}$,且不应大于2 m。其中,$\tau$为检算板段处的腹板平均剪应力,$\tau = V/h\delta$,$V$为板段中间截面处的剪力。

3 当$140 < h/\delta \leqslant 250$时,除设置竖向加劲肋外,还应在距压翼缘$(1/4 \sim 1/5)h$处设置水平加劲肋。

4 当仅用竖向加劲肋加强腹板时,则成对设置的中间竖加劲肋的每侧宽度不应小于$\left(\dfrac{h}{30}+0.04\right)$,以m计。

5 当用竖向加劲肋和水平加劲肋加强腹板时,竖向加劲肋的截面惯矩不应小于$3h\delta^3$;水平加劲肋的截面惯矩不应小于$h\delta^3\left[2.4\left(\dfrac{\alpha}{h}\right)^2-0.13\right]$,且不应小于$1.5h\delta^3$。

6 加劲肋伸出肢的宽厚比不应大于15。

7 当采用单侧加劲肋时,则其截面对于按腹板边线为轴线的惯矩不应小于成对加劲肋对腹板中心的截面惯矩。

8.0.7 板梁腹板的纵向拼接焊缝宜设在受压区。板梁中除交叉焊缝外,各焊缝间的距离不宜小于10δ(δ为腹板厚度)。加劲肋与腹板对接焊缝相交时,肋及焊缝均不应中断,可在焊缝上连续通过。

8.0.8 上承板梁检算主梁弯矩平面外稳定性时,其计算长度应为受压翼缘联结系节点间的距离。

8.0.9 板梁翼缘的拼接板净面积应较被拼接部分的净面积增大10%。板梁腹板拼接时,应将拼接板成对地设置在腹板的两侧,拼接板总厚度应大于被拼接腹板的厚度,拼接板净截面抵抗矩应大于被拼接腹板的净截面抵抗矩。

8.0.10 桥枕直接铺设在板梁上翼缘时,一个轮重的压力分布长度,当计算板梁翼缘铆钉及翼缘焊缝时应取1.0 m;检算腹板局部稳定时应取1.5 m(不计冲击力)。

9 钢 桁 梁

9.0.1 简支桁梁及连续桁梁的边跨，其宽度与跨度之比不宜小于 1/20，连续桁梁中跨的宽跨比不宜小于 1/25。

9.0.2 桁架杆件重心线应在各节点处交会于节点中心，否则应考虑偏心影响。支座铰点和弦杆中心线不在同一高程时，应考虑纵向力对节点的偏心影响。

9.0.3 桁架杆件的轴向力可按节点为铰接的假定计算。当主桁杆件截面高度与节长之比在连续桁梁中大于 1/15，简支桁梁中大于 1/10 时，应计算由于节点刚性引起的次应力。

9.0.4 在桁架中，与横梁、横联或横撑构成闭合框架的挂杆或立柱应计算其当横梁承受竖向荷载时所产生的轴向力和弯矩，弯矩可按本规范附录 B 计算。

9.0.5 作为桥门架腿杆的主桁斜杆或竖杆应计算桥门架受横向力时所产生的轴向力和弯矩。计算假定和腿杆上弯矩零点位置可按本规范第 7.2.11 条确定。当桥门架腿杆是主桁斜杆时，主桁弦杆应计算桥门架受横向力时所产生的腿杆轴向力的影响。

9.0.6 在设计时，应将基本容许应力增加 20%，桥跨结构中所有主要杆件承担超量活载的能力应基本一致。这些杆件由活载产生的内力，在计算主力组合时乘以活载发展系数 η 或按相应桥跨的检定载重进行检算。η 可按下式计算：

$$\eta = 1 + \frac{1}{6}(\alpha_{max} - \alpha) \tag{9.0.6}$$

式中 α——杆件恒载内力与包括冲击力的活载内力之比；

α_{max}——该桁架所有弦杆中最大的 α 值。

9.0.7 杆件拼接应符合下列规定：

1 受拉杆件的拼接板净面积应较被拼接部分的净面积大 10%。

2 受压杆件的拼接板有效面积 A_m 应大于被拼接压杆有效面积的 10%。当在节点内拼接时，拼接板的受压容许应力折减系数可采用 0.9；在节点外拼接时，可与该压杆的受压容许应力折减系数相同。

3 受压杆件接头采用磨光顶紧时，接头处拼接板的毛面积可按被拼接部分的毛面积 50% 计算。

9.0.8 节点板任何连接截面的撕破强度应较各被连接杆件的强度大 10%。在检算时，其净面积上的容许应力应符合下列规定：

1 垂直于被连接杆件中线的截面部分应采用基本容许应力[σ]。

2 与被连接杆件中线倾斜相交或平行的截面部分应采用 0.75[σ]。

9.0.9 主桁节点板应检算在主力作用下的法向应力和剪应力，容许应力分别为[σ]及 0.75[σ]，可近似地按偏心受拉或偏心受压进行计算。

9.0.10 H 形杆件的排水孔直径不宜小于 50 mm。

9.0.11 箱形杆件盖板宜与腹板顶面齐平，端隔板外易积水处应设置排水孔。

10 支　座

10.0.1 钢梁宜采用钢支座,支座应便于检查维护。

10.0.2 活动支座的移动量不应小于容许应力提高20%后的活载(包括冲击力)所产生的变形与温度变化影响之和。非滑动侧支座板宜与钢梁相连。

10.0.3 固定支座应按承受全部纵向水平力计算,并不应小于活动端的支座摩擦阻力。检算活动支座各部件时,其纵向水平力的大小可按该活动支座的最大摩擦阻力 T 计算,T 可按下式计算:

$$T=fR \tag{10.0.3}$$

式中 R——由恒载和静活载所生的最大支承反力(MN);

f——活动支座的摩擦系数。

10.0.4 支座构造应符合下列规定:

1 支座应根据温度变化范围设置横向伸缩间隙以适应钢梁横向伸缩要求,并应能限制梁的横向移动。

2 为使荷载反力均匀分布于支座及支承垫石上,支座顺桥方向及横桥方向从钢梁支承底面起至支座控制截面、支座控制截面至支承垫石顶间应具有足够的传力厚度,反力的传布角度均不应大于45°,且活动支座底板厚度不应小于40 mm。对大吨位支座反力的传布角度和底板厚度可另行确定。

3 与支座相连的钢结构支承底面应保持平整。

4 支座支承垫石混凝土强度等级不宜低于C50,垫石高度应考虑安装、养护和支座更换的需要,垫石顶面四角高差不应大于2 mm。

10.0.5 计算受拔力锚栓的锚固时,应按其内力增加50%计算。

附录 A　铁路桥梁用钢主要技术指标

A. 0. 1　桥梁钢化学成分对热轧或正火钢应符合表 A. 0. 1—1 的规定,对热机械轧制钢应符合表 A. 0. 1—2 的规定。

表 A. 0. 1—1　热轧或正火钢化学成分

<table>
<tr><th rowspan="3">牌号</th><th rowspan="3">质量等级</th><th colspan="11">化学成分(质量分数)/%</th></tr>
<tr><th>C</th><th>Si</th><th rowspan="2">Mn</th><th rowspan="2">Nb①</th><th rowspan="2">V①</th><th rowspan="2">Ti①</th><th rowspan="2">Als①、②</th><th>Cr</th><th>Ni</th><th>Cu</th><th>N</th></tr>
<tr><th colspan="2">不大于</th><th colspan="4">不大于</th></tr>
<tr><td>Q345q</td><td rowspan="2">D
E</td><td rowspan="2">0. 18</td><td rowspan="2">0. 55</td><td>0. 90~1. 60</td><td rowspan="2">0. 005~0. 060</td><td rowspan="2">0. 010~0. 080</td><td rowspan="2">0. 006~0. 030</td><td rowspan="2">0. 010~0. 045</td><td rowspan="2">0. 30</td><td rowspan="2">0. 30</td><td rowspan="2">0. 30</td><td rowspan="2">0. 008</td></tr>
<tr><td>Q370q</td><td>1. 00~1. 60</td></tr>
</table>

注:1　①钢中 Al、Nb、V、Ti 可单独或组合加入,单独加入时,应符合表中规定;组合加入时,应至少保证一种合金元素含量达到表中下限规定,且 ω(Nb)+ω(V)+ω(Ti)≤0. 22%。

2　②当采用全铝(Alt)含量计算时,全铝含量应为 0. 015%~0. 050%。

表 A. 0. 1—2　热机械轧制钢化学成分

<table>
<tr><th rowspan="3">牌号</th><th rowspan="3">质量等级</th><th colspan="12">化学成分(质量分数)/%</th></tr>
<tr><th>C</th><th>Si</th><th rowspan="2">Mn①</th><th rowspan="2">Nb②</th><th rowspan="2">V②</th><th rowspan="2">Ti②</th><th rowspan="2">Als②、③</th><th>Cr</th><th>Ni</th><th>Cu</th><th>Mo</th><th>N</th></tr>
<tr><th colspan="2">不大于</th><th colspan="5">不大于</th></tr>
<tr><td>Q345q</td><td>D
E</td><td rowspan="2">0. 14</td><td rowspan="2">0. 55</td><td>0. 90~1. 60</td><td rowspan="2">0. 010~0. 090</td><td rowspan="2">0. 010~0. 080</td><td rowspan="2">0. 006~0. 030</td><td rowspan="2">0. 010~0. 045</td><td rowspan="2">0. 30</td><td rowspan="2">0. 30</td><td rowspan="2">0. 30</td><td rowspan="2">—</td><td rowspan="2">0. 008</td></tr>
<tr><td>Q370q</td><td>D
E</td><td>1. 00~1. 60</td></tr>
<tr><td>Q420q</td><td rowspan="2">D
E</td><td rowspan="2">0. 11</td><td rowspan="2">0. 55</td><td rowspan="2">1. 00~1. 70</td><td rowspan="2">0. 010~0. 090</td><td rowspan="2">0. 010~0. 080</td><td rowspan="2">0. 006~0. 030</td><td rowspan="2">0. 010~0. 045</td><td>0. 50</td><td>0. 30</td><td rowspan="2">0. 30</td><td>0. 20</td><td rowspan="2">0. 008</td></tr>
<tr><td>Q500q</td><td>0. 80</td><td>0. 70</td><td>0. 30</td></tr>
</table>

注:1　①经供需双方协议,锰含量最大可到 2. 00%。

2　②钢中 Al、Nb、V、Ti 可单独或组合加入,单独加入时,应符合表中规定;组合加入时,应至少保证一种合金元素含量达到表中下限规定,且 ω(Nb)+ω(V)+ω(Ti)≤0. 22%。

3　③当采用全铝(Alt)含量计算时,全铝含量应为 0. 015%~0. 050%。

A. 0. 2　桥梁钢力学性能应符合表 A. 0. 2 的规定。

表 A.0.2 钢材力学性能表

牌号	质量等级	厚度（mm）	屈服点 σ_S（MPa）	抗拉强度 σ_b（MPa）	伸长率 δ_5（%）	V 型冲击功（纵向）温度（℃）	V 型冲击功（纵向）（J）	时效（J）	180°弯曲试验 钢材厚度（mm）≤16	180°弯曲试验 钢材厚度（mm）>16
			不小于							
Q235q	D	≤35	235	400	26	−20	120	34	$d=1.5a$	$d=2.5a$
Q345q	D	≤50	345	490	20	−20	120	47	$d=2a$	$d=3a$
	E	50<且≤100	335	490	20	−40				
Q370q	D	≤50	370	510	20	−20	120	47		
	E	50<且≤100	360	510	20	−40				
Q420q	D	≤50	420	540	19	−20	120	47		
	E	50<且≤100	410	540	19	−40				
Q500q	D	≤50	500	630	18	−20	120	47		
	E	50<且≤100	480	630	18	−40	120	47		

A.0.3 桥梁钢的最大碳当量应符合表 A.0.3 的要求。

碳当量计算公式：

$$CEV=\left(C+\frac{Mn}{6}+\frac{Cr+Mo+V}{5}+\frac{Ni+Cu}{15}\right)\times100\% \tag{A.0.3}$$

表 A.0.3 最大碳当量表

牌号	Q345q	Q370q	Q420q	Q500q
碳当量 CEV	0.43%	0.44%	0.46%	0.50%

A.0.4 钢板化学成分允许偏差按现行《钢的成品化学成分允许公差》GB/T 222 的规定执行。

A.0.5 包装标志及质量证明书应按现行《钢板和钢带包装、标志及质量证明书的一般规定》GB/T 247 和《型钢验收、包装、标志及质量证明书的一般规定》GB/T 2101 的规定执行。

A.0.6 凡本技术指标未尽事宜按照现行《桥梁用结构钢》GB/T 714 的标准执行。

附录 B　横梁面内闭合框架在横梁受竖向荷载时的结点弯矩计算

B.0.1　单(双)线上承及下承桁梁横梁面内闭合框架在横梁受竖向荷载时的结点弯矩应按下列公式计算：

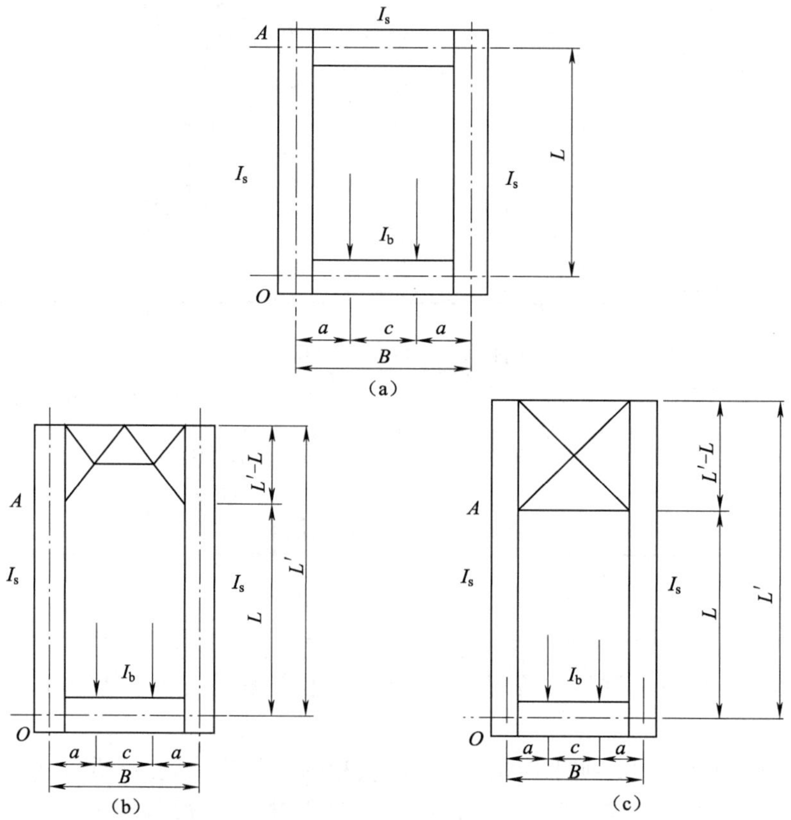

图 B.0.1　横梁面内闭合框架在横梁受竖向荷载时的结点弯矩

结点 O 处：

$$M_O=-\frac{3}{(2-0.5\beta)\dfrac{i_b}{i_s}+3}\mu M \qquad \text{(B.0.1—1)}$$

结点 A 处：

$$M_A=-\frac{1}{2}\beta M_O \qquad \text{(B.0.1—2)}$$

式中　M——横梁按简支计算的跨中最大弯矩(MN · m)；

μ——横梁按简支计算的平均弯矩与跨中最大弯矩之比：对横梁恒载及双线桥纵梁反力所产生弯矩，取 $\mu=2/3$；对单线桥纵梁反力所产生弯矩，取 $\mu=(a+c)/B$；

β——图 B.0.1(a)所示框架 $\beta=\dfrac{1}{1+1.5\dfrac{i_s}{i_a}}$，图 B.0.1(b)、图 B.0.1(c)所示框架 $\beta=L/L'$；

i_a, i_b, i_s——框架横撑、横梁与竖杆在框架面内的刚度系数：

$$i_a=\frac{EI_a}{B}, i_b=\frac{EI_b}{B}, i_s=\frac{EI_s}{L};$$

E——钢的弹性模量(MPa)；

I_a, I_b, I_s——框架横撑、横梁与竖杆在框架面内的惯性矩(m^4)；

L——图 B.0.1(a)中为横梁与撑杆间的距离(m)，图 B.0.1(b)、图 B.0.1(c)中为横联门楣最下端节点至横梁重心轴之间的距离(m)；

L'——上弦节点中心至横梁重心轴的距离(m)；

B——主桁中心距离(m)。

附录 C　单线简支钢桁梁的纵、横梁由于弦杆变形引起的内力计算

C. 0. 1　竖向载重产生的纵梁轴向力应按下式计算：

$$N_m = tm\left(1-\frac{m-1}{n}\right)\frac{K \cdot \sigma_{\text{aver}} \cdot L}{1+\xi} \tag{C. 0. 1}$$

最大的 N_m 发生在跨度中间（或纵梁两断缝中间），即 n 为偶数时，$m=n/2$；n 为奇数时，$m=(n-1)/2$。

式中　L——跨长（当纵梁间无断缝时）或纵梁两断缝间长度（m）；

n——在 L 长度内桥面系节间总数；

m——从跨端或段端数起，进行验算的节间的序号；

$$K=\frac{3IB}{a^3(2c+a)};$$

I——横梁对竖轴的毛惯性矩（m^4）；

B,a,c——图 C. 0. 1 所示的各种尺寸（m）；

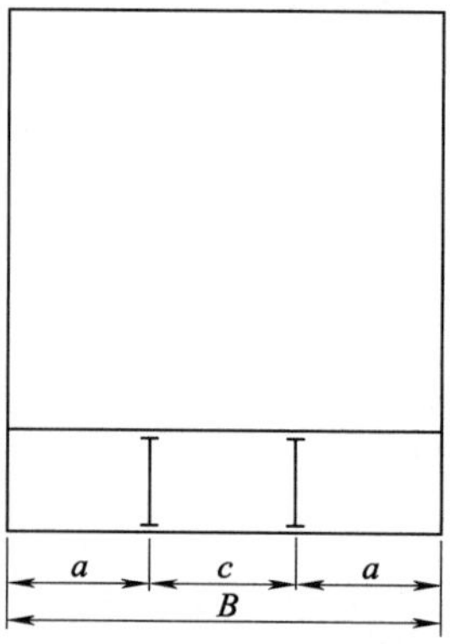

图 C. 0. 1　竖向载重产生的纵梁轴向力计算

$\sigma_{\text{aver}}=\dfrac{\sum \frac{S^0}{A}d}{L}$——不考虑共同受力时在 L 长度内桥面系所在平面的桁梁弦杆应力的平均值（MPa）；

S^0——不考虑共同受力时，各弦杆在竖向载重下的内力，以 MN 计，计算时对于所有弦杆应采用相同的活载位置，但为简化计算起见，S^0 可采用各弦杆内力影响线最不利的加载情况下的数值；

A——桁架梁各弦杆的毛截面积（m^2）；

d——桁架梁节间长度（m）；

$$\xi=\frac{K(n+1)(n+2)}{6n}\left(\frac{L}{A_{\text{aver}}}+\frac{L}{A_{z}}\right)$$

A_{aver}——在 L 长度内桁架梁弦杆毛面积的平均值(m^2);

A_z——纵梁毛截面积(m^2);

t——考虑连接处松动沉落度的系数,对用铆钉连接的纵梁为 0.7,用高强度螺栓连接的纵梁用 0.8。

C.0.2 两纵梁之间的横梁截面因水平面内的挠曲而产生的应力,应按下式计算:

$$\sigma_y=1.5t\frac{I}{I_j}\left(1-\frac{2m-2}{n}\right)\frac{\sigma_{\text{aver}}Lb}{a(2c+a)(1+\xi)} \tag{C.0.2}$$

最大的 σ_y 应力,发生在端横梁(即 $m=1$)上。

式中 m——从跨端或段端数起,进行检算的横梁的序号;

b——横梁翼缘宽度(m);

I_j——横梁对竖向轴的净惯性矩(m^4);

其余符号意义同第 C.0.1 条。

附录 D　焊接接头超声波探伤质量要求

D. 0. 1　焊接接头超声波探伤方法和探伤结果分级应满足本附录的要求，并应符合《焊缝无损检测　超声检测技术、检测等级和评定》GB/T 11345—2013 的规定。

D. 0. 2　超声波探伤的距离-波幅曲线应符合表 D. 0. 1 的规定。评定线以上至定量线以下为弱信号评定区（Ⅰ区）；定量线至判废线为长度评定区（Ⅱ区）；判废线及以上区域为判废区（Ⅲ区）。

表 D. 0. 1　距离—波幅曲线灵敏度

焊缝质量等级		板厚（mm）	判废线	定量线	评定线
对接焊缝 Ⅰ、Ⅱ级		10～46	ϕ3×40-6 dB	ϕ3×40-14 dB	ϕ3×40-20 dB
		>46～80	ϕ3×40-2 dB	ϕ3×40-10 dB	ϕ3×40-16 dB
全熔透角焊缝Ⅰ级		10～80	ϕ3×40-4 dB	ϕ3×40-10 dB	ϕ3×40-16 dB
			ϕ6	ϕ3	ϕ2
角焊缝 Ⅱ级	部分熔透角焊缝	10～80	ϕ3×40-4 dB	ϕ3×40-10 dB	ϕ3×40-16 dB
	贴角焊缝	10～25	ϕ1×2	ϕ1×2-6 dB	ϕ1×2-12 dB
		>25～80	ϕ1×2+4 dB	ϕ1×2-4 dB	ϕ1×2-10 dB

注：1　角焊缝超声波探伤采用铁路钢桥制造专用柱孔标准试块或与其校准过的其他孔形试块。

2　ϕ6、ϕ3、ϕ2 表示纵波探伤的平底孔参考反射体尺寸。

D. 0. 3　缺陷评定应符合下列规定：

1　超过评定线的信号应注意其是否具有裂纹等危害性缺陷特征，如有怀疑时应采取改变探头角度、增加探伤面、观察动态波形、结合结构工艺特征作判定，如对波形不能准确判断时，应辅以其他检验作综合判定。

2　最大反射波幅位于长度评定区（Ⅱ区）的缺陷，其指示长度小于 10 mm 时，按 5 mm 计。

3　相邻两缺陷各向间距小于 8 mm 时，两缺陷指示长度之和作为单个缺陷的指示长度。

D. 0. 4　检验结果的等级分类应符合下列规定：

1　最大反射波幅位于长度评定区（Ⅱ区）的缺陷，根据缺陷指示长度和多个缺陷的累计长度按表 D. 0. 3 的规定进行分级。满足表 D. 0. 3 质量等级要求的判为合格；不满足表 D. 0. 5 质量等级要求的判为不合格。

2　最大反射波幅不超过评定线的缺陷均评为Ⅰ级。

3　反射波幅位于弱信号评定区（Ⅰ区）的非裂纹性缺陷均评为Ⅰ级。

4　超声波探伤判定为裂纹、未熔合、未焊透（对接焊缝）等危害性缺陷者，应判为不合格。

表 D. 0. 3　长度评定区缺陷等级评定(mm)

评定等级	板厚 t	单个缺陷指示长度	多个缺陷的累积指示长度
对接焊缝Ⅰ级	10~80	$t/4$,最小可为 8	在任意 $9t$ 焊缝长度范围不超过 t
对接焊缝Ⅱ级		$t/2$,最小可为 10	在任意 $4.5t$ 焊缝长度范围不超过 t
全熔透角焊缝		$t/3$,最小可为 10	—
角焊缝Ⅱ级		$t/2$,最小可为 10	—

5　反射波幅位于判废区(Ⅲ区)的缺陷,无论其指示长度如何,应判为不合格。

D. 0. 5　不合格的缺陷应予返修,返修区域修补后,返修部位及补焊受影响的区域,应按原探伤条件进行复验,复探部位的缺陷应按本附录评定。

附录 E　焊缝外观质量要求

E. 0. 1　所有焊缝必须在全长范围内进行外观检查,不得有裂纹、未熔合、夹渣、未填满弧坑和焊瘤等缺陷,并应符合表 E. 0. 1 的规定。

表 E. 0. 1　焊缝外观质量标准(mm)

序号	项目	焊缝种类	质量标准
1	气孔	横向对接焊缝	不允许
		纵向对接焊缝、主要角焊缝	直径小于 1.0,每米不多于 3 个,间距不小于 20
		其他焊缝	直径小于 1.5,每米不多于 3 个,间距不小于 20
2	咬边	受拉杆件横向对接焊缝、桥面板与弦杆角焊缝、横梁接头板与弦杆角焊缝、桥面板与 U 形肋角焊缝(桥面板侧)、竖向加劲肋角焊缝(腹板侧受拉区)	不允许
		受压杆件横向对接焊缝及竖加劲肋角焊缝(腹板侧受压区)	≤0. 3
		纵向对接焊缝、主要角焊缝	≤0. 5
		其他焊缝	≤1. 0
3	焊脚尺寸	主要角焊缝	h_f^{0}
		其他角焊缝	$h_f^{-1.0}$
			手工焊角焊缝全长的 10% 允许 1. 0
4	焊波	对接焊缝和角焊缝	≤2. 0(任意 25 mm 范围高低差)
5	余高	不铲磨余高的对接焊缝	≤2. 0(焊缝宽度 b≤20)
			≤3. 0(焊缝宽度 b>20)
	有效厚度	T 形角焊缝	凸面角焊缝有效厚度应不大于规定值 2. 0,凹面角焊缝应不小于规定值 0. 3
6	余高铲磨后的表面	横向对接焊缝(桥面板除外)	不高于母材 0. 5
			不低于母材 0. 3
			粗糙度 50 μm

本规范用词说明

执行本设计规范条文时，对于要求严格程度的用词说明如下，以便在执行中区别对待。

(1)表示很严格，非这样做不可的用词：

正面词采用"必须"；

反面词采用"严禁"。

(2)表示严格，在正常情况均应这样做的用词：

正面词采用"应"；

反面词采用"不应"或"不得"。

(3)表示允许稍有选择，在条件许可时首先应这样做的用词：

正面词采用"宜"；

反面词采用"不宜"。

(4)表示有选择，在一定条件下可以这样做的，采用"可"。

《铁路桥梁钢结构设计规范》
条 文 说 明

本条文说明系对重点条文的编制依据、存在的问题以及在执行过程中应注意的事项等予以说明，不具备与规范正文同等的法律效力，仅供使用者作为理解和把握规范规定的参考。为了减少篇幅，只列条文号，未抄录原条文。

1.0.2 本条文是根据我国建桥生产实践经验及科学试验相关成果编写的，一般来讲，跨度在 168 m 及以下的单双线桁梁和跨度在 40 m 及以下的板梁，采用本规范进行设计是适宜的。对于更大跨度或其他形式的桥梁，或采用新钢种、新技术、新工艺设计时，应先进行必要的科学试验和试制工作，必要时还应进行运营观测，以取得设计所需的数据和经验来补充条文之不足。

1.0.4 铁路钢桥的跨度、荷载、刚度、建筑限界和设计列车速度等都应符合现行《铁路桥涵设计规范》TB 10002 的有关规定。

1.0.5 设计钢结构时，要使轮廓尺寸、构件形式、节点及联结布置等尽可能适合构件标准化的需要，使同类型构件在跨度相等或相近的桥上能互换使用，以便于组织施工及修复。

结构应经济合理，要结合工厂制造工艺和装备，考虑构件形式及结构细节便于制造，并力求栓（钉）间距和钉线位置统一化，以适应样板钻孔，便于工厂制造和工地安装；要结合拟定的架梁方案，工地起吊设备的最大吊重和最大吊距，以及工厂至工地的运输条件，考虑构件长度及重量，便于架设和运输。

1.0.6 设匀布荷载作用下梁的挠度曲线为：

$$\delta=\delta_0\sin(\pi x/L) \qquad \text{（说明 1.0.6）}$$

式中 δ_0——跨中最大挠度；

x——计算截面到梁端支点处的水平距离；

L——桥梁跨度。

则端支点角变位：$\theta=(\pi/L)\times\delta_0$

客货共线的明桥面静活载作用下钢梁的梁端转角限值为 2θ 不超过 8/1 000，由上式可知，$\delta_0=(4/1\,000)\times L/\pi=L/785$，即可满足列车行车要求。根据以往设计桥梁的恒载重量统计，在仅运营客货共线的明桥面钢梁中，其恒载约占全部主力荷载的 30% ~50%。按恒载约占全部主力荷载的 30% 考虑，$\delta_{活}=L/1\,120$，大于 $L/785$ 的基本梁端转角的要求，可满足客货共线明桥面钢梁的刚度要求。

高速铁路静活载作用下钢梁的梁端转角限值为 2θ 不超过2/1 000由上式可知，$\delta_0=(1/1\,000)\times L/\pi=L/3\,142$，即可满足列车行车要求。高速铁路分为有砟和无砟两种情况，无砟铁路钢梁比有砟铁路钢梁恒载略轻，综合各个情况统计，高速铁路的恒载约占全部主力荷载的 50% ~75%。重载铁路的活载较大，相应所需的结构强度也较大，经统计，重载铁路的恒载约占全部主力荷载的 60% ~75%。按恒载约占全部主力荷载的 50% 考虑，$\delta_{活}=L/3\ 200$，大于 $L/3\ 142$ 的基本梁端转角要求。

综合以上各种情况，第 1.0.6 条的不设上拱度的规定满足现有各类行车条件。

1.0.7 一般以横向为主检算已建成钢梁的稳定性，在检算钢梁的横向倾覆稳定时系桥上无车控制，由于基本风压将受钢梁所在地区百年一遇的风压控制，对钢梁上风压的阻力系数的大小将产生很大影响，因此必须对钢梁进行稳定性的检算。当荷载(无论是竖直及横向荷载)在符合规范规定的条件下，它将较好地反映了桥梁能保持稳定的必要条件。

1.0.8 钢梁在安装或检修支座时，常需将梁顶起，故在结构上应预设可供起顶用的结构(如牛腿、顶梁)或在连续梁的中间支承节点处布置可供起顶用的结构等。考虑到顶起时受力的不平衡及其他偶然因素，起顶结构应按实有重量的 1.3 倍检算。在布置千斤顶位置时，需考虑抽换支座等必须的操作净空。

如连续梁各支点不同时起顶，应考虑支点反力变化对主桁(主梁)杆件的影响。如一个支点采用多台千斤顶起顶时，该支点起顶时的多台千斤顶应与油泵并联。

有条件时临时支撑的设置应考虑列车慢行通过。

1.0.9 桥梁位于曲线上时，为制造方便，多做成直的，因此线路中心线与桥梁中心线有一偏移，使桥梁承受偏心荷载。另外，其他有偏心荷载的桥梁，如公、铁路两用桥，公路汽车荷载会对主桁发生偏载影响，这种桥跨结构亦应计算由于偏心而产生的偏载影响。曲线板梁的计算参见由人民铁道出版社于 1963 年出版的《梁式桥跨》一书。

3.1.1 自新中国成立以来，根据历次工程的需要陆续研究开发了 16q、16Mnq、14MnNbq 和 15MnVNq 四种钢号的钢材，形成了国产钢材的系列，它们的屈服点分别为 240 MPa、340 MPa、370 MPa 和 420 MPa。我国加入世界贸易组织后，为了和国际标准接轨，国家在上述钢材的基础上制定了《桥梁用结构钢》GB/T 714—2000，现修订为《桥梁用结构钢》GB/T 714—2015。目前本规范铁路桥梁用钢材的牌号与国标《桥梁用结构钢》GB/T 714—2015 一致。国标的桥梁结构钢共八个钢号，分别为 Q345q、Q370q、Q420q、Q460q、Q500q、Q550q、Q620q、Q690q，每一个钢号有 C、D、E 或 D、E、F 三个等级。各钢号化学成分、冲击韧性的规定均不相同，尤其是冲击韧性。冲击韧性采用夏比 V 冲击试验，夏比 V 试件是纵向取样，V 形缺口。

目前铁路桥梁用钢可用五个牌号，即 Q235q、Q345q、Q370q、Q420q、Q500q，其中 Q500q 级钢是本次规范修订纳入的新钢种，相应技术指标出自原铁道部科技司“关于印发《〈500 MPa 级高强度钢在铁路钢桥中的应用前期试验研究〉技术审查意见》的通知”(科技基〔2010〕90 号)的科学试验研究成果。

本次规范修订中桥梁用钢完全按国标规定，为满足铁路桥梁的使用要求，在国标的基础上明确规定其有关的条件与参数，保证用钢的焊接性能与力学性能不低于《铁路桥梁钢结构设计规范》TB 10002.2—2005 规定的用钢水平。

在使用中应注意区分焊后性能指标是按照表 3.1.4 规定执行的。

针对近年拱桥工程需求，将实体圆钢吊杆用材纳入铁路钢桥的基本材料。该构件采用锻造制作，详细构造要求列于表 3.2.7—2 类别 18。该成果已通过科研评审，并增加了圆钢吊杆的疲劳抗力，相应增加材料的要求。

3.1.2 铁路钢桥使用的高强度大六角头螺栓连接副，由一个 10.9S 高强度大六角头螺栓,一个 10H 高强度大六角螺母,两个 HRC35-45 高强度垫圈组成,其形式尺寸、形位公差与技术条件,应按现行国家标准办理。

3.1.3　在焊接结构中,自动焊、半自动焊所采用的焊丝、焊剂,手工焊的焊条及其焊接工艺,直接影响焊接接头的性能,为使其尽可能与基材相匹配,规定要求通过试验选用合适的焊接材料和焊接工艺,确保焊接质量和结构安全。

3.1.4　焊接接头的冲击韧性是断裂韧性的要求,同时也是成昆铁路栓焊梁、九江桥、芜湖桥的生产质量总结。为使设计和生产对韧性要求在概念上取得一致,本次修订将原规范取-20 ℃、-40 ℃作为试验温度修改为按最低设计温度范围来确定试验温度,并按照与原规范基本一致的原则确定试验温度上限。该变化使规范的执行更加明确。

3.1.6　剪切模量 $G\approx\frac{E}{2(1+\nu)}$,当 $E=2.1\times10^5$ MPa,泊松比 $\nu\approx0.3$ 时,则 $G=\frac{2.1\times10^5}{2(1+0.3)}\approx8.1\times10^4$ MPa。

3.2.1　钢材基本容许应力对屈服强度的安全系数,各钢号基本上都采用 1.7 左右。厚度不同时,屈服强度也随之有所变化。近年随着炼钢工艺的改进,屈服强度的板厚效应有所改善。依据《桥梁用结构钢》GB/T 714—2015,钢板屈服强度随板厚的分级由国标 GB/T 714—2000 规定的 4 级(说明表 3.2.1—1)调整为 2 级(说明表 3.2.1—2)。对于以控轧状态(CR)交货的钢,按照钢材基本容许应力对屈服强度的安全系数采用 1.7 左右、对抗拉强度的安全系数采用 2.5 左右的原则计算钢材基本容许应力,分别见说明表 3.2.1—1(板厚分 4 级)。根据对 Q500 级高强度钢开展试验研究的科研成果,对于以控轧控冷(热机械工艺控制 TMCP)状态或 TMCP+回火状态交货的高强度钢,虽然没有屈服平台,但屈服后仍具有较强的抗断裂的吸收功能力、应力重分配能力和良好的断裂韧性。对该类高强度钢材基本容许应力,按照对屈服强度的安全系数采用 1.7 左右、对抗拉强度的安全系数采用 2.2 左右的原则确定,能够满足铁路桥梁的安全储备要求。为便于对比,将抗拉强度的安全系数统一采用 2.2,列入说明表 3.2.1—2(板厚分 2 级,500 级钢根据沪通桥已完成的科研成果列入)。大宗定料或进行钢材招标时,可提出补充条件,修正钢材的基本容许应力。

说明表 3.2.1—1　各类钢材基本容许应力计算对比表(板厚分 4 级)

钢材牌号	质量等级	厚度(mm)	屈服点 σ_s (MPa)	抗拉强度 σ_b (MPa)	容许应力(MPa)		取用[σ] (MPa)
					$\frac{1}{1.7}\sigma_s$	$\frac{1}{2.5}\sigma_b$	
Q235q	D	≤16	235	390	138.2	177	135
		>16~35	225	380	132.4	173	
		>35~50	215	375	126.5	170	
		>50~60	205	375	120.6	170	
Q345q	D E	≤16	345	510	202.9	232	200
		>16~35	325	490	191.2	223	
		>35~50	315	470	185.3	214	
		>50~60	305	470	179.4	214	

续上表

钢材牌号	质量等级	厚度(mm)	屈服点 σ_s (MPa)	抗拉强度 σ_b (MPa)	容许应力(MPa)		取用[σ] (MPa)
					$\frac{1}{1.7}\sigma_s$	$\frac{1}{2.5}\sigma_b$	
Q370q	D E	≤16	370	530	217.6	241	210
		>16~35	355	510	208.8	232	
		>35~50	330	490	194.1	223	
		>50~60	330	490	194.1	223	
Q420q	D E	≤16	420	570	247.1	259	240
		>16~35	410	550	241.2	250	
		>35~50	400	540	235.3	245	
		>50~60	390	530	229.4	241	

说明表 3.2.1—2　各类钢材基本容许应力计算对比表(板厚分 2 级)

钢材牌号	质量等级	厚度(mm)	屈服点 σ_s (MPa)	抗拉强度 σ_b (MPa)	容许应力(MPa)		取用[σ] (MPa)
					$\frac{1}{1.7}\sigma_s$	$\frac{1}{2.2}\sigma_b$	
Q235q	D	≤50	235	400	138.2	182	135
		>50~100	225		132.4		
Q345q	D E	≤50	345	490	202.9	223	200
		>50~100	335		197.1		
Q370q	D E	≤50	370	510	217.6	232	210
		>50~100	360		211.8		
Q420q	D E	≤50	420	540	247.1	245	240
		>50~100	410		241.2		
Q500q	D E	≤60	500	630	294.1	286	285

容许剪应力以基本容许应力的 $1/\sqrt{3}\approx 0.6$ 为准。

端部承压容许应力(磨光顶紧)以基本容许应力的 1.5 倍为准。

弯曲容许应力根据习惯仍定为基本容许应力的 1.05 倍。

铸钢由于未经热轧,均匀性较差,缺陷较多,所以弯曲容许应力对屈服点采用了较高的安全系数 1.85。

辊轴自由接触的容许应力受铸钢 ZG230-450 Ⅱ 及尺寸大于 100 mm~300 mm 的 35 号锻钢屈服强度的控制,仍沿用原标准。

铸钢的容许弯应力、剪应力及销与销孔间承压应力主要用在节点的钢销。这几项容许应力是参考 1959 年桥规及其他国家规范对钢销容许应力的规定及其相应的计算假定确定的。35 号锻钢屈服强度随尺寸大小而异,规范以尺寸为 100 mm~300 mm,屈服强度为 260 MPa 者为准;弯应力和剪应力考虑钢材的匀质系数,所以规定了较 1959 年桥规略偏小的值。销与销孔间的承压应力,1959 年桥规未作规定,为了在永久结构中希望减轻钢销的磨损,采用了偏低的容许应力值。

放置在铸钢摇轴颈上铰轴的径向受压容许应力,也是参照 1959 年桥规确定的。

35CrMo 钢用于桥梁吊杆时,实桥设计经验为数不多,偏安全考虑,其对屈服强度的安全系数采用 3.8 左右。

3.2.2 根据本规范第 3.1.4 条条文,要求焊缝性能与基材相匹配,则焊缝基本容许应力与基材相同。

3.2.3 根据高强度螺栓的螺纹直径和对应的高强度螺栓预拉力设计值,控制截面应力情况见说明表 3.2.3。从中可以看出,原规定的不同直径螺栓的应力不均衡。以各种直径螺栓应力应控制在大体一致为原则,说明表 3.2.3 列出三个方案:一是采用 2000 年版规范的应力控制值基本在 660 MPa 附近;二是本规范采用 660 MPa 作为控制应力确定高强度螺栓预拉力设计值;三是按 680 MPa 作为控制力确定高强度螺栓预拉力设计值。

说明表 3.2.3　高强度螺栓预拉力设计值

螺纹直径		M22	M24	M27	M30
螺栓面积(mm^2)		303	353	459	561
原规范	预拉力设计值(kN)	200	240	290	360
	应力(MPa)	660	680	632	642
按照 660 MPa 控制	预拉力设计值(kN)	200	233	303	370
	取整值(kN)	200	230	300	370
按照 680 MPa 控制	预拉力设计值(kN)	206	240	312	381
	取整值(kN)	200	240	310	380

本册规范采用 660 MPa 作为控制应力确定高强度螺栓预拉力设计值。

对用于列车建筑界限上方范围内的桥面系及连接系的高强度螺栓,为减少高强螺栓断裂带来的风险,可适度降低其预拉力设计值。列车建筑界限上方的横联等结构宜优先采用整体构造,尽量减少高强度螺栓的数量。

3.2.4 抗滑型高强度螺栓连接的板面抗滑移系数 μ_0,与板面处理有关。近年来行之有效的措施是将板面除锈后,采用热喷铝涂层或涂刷富锌防滑漆。设计的抗滑移系数 μ_0 可采用 0.45。

3.2.6 本规范条文表中所列数据是采用铁科院研究成果。详见余振生《铁路钢桥压杆承载力参数的制定》一文中的相关论述。新纳入的 Q500qE 级高强钢中心受压杆件轴向容许应力折减系数 φ_1 值规定主要是在上述已有钢种稳定分析模型的基础上进行数值计算,并通过科研试验验证所得,鉴于验证范围限于沪通大桥所用的长细比,进一步应用可根据试验研究成果确定。

3.2.7 为便于设计人员应用,将表格"疲劳容许应力幅类别"按照疲劳容许应力幅值的顺序从大到小进行了重新排列。表 3.2.7—1 各种构件或连接的疲劳容许应力幅是依照下述步骤制定的。

本规范疲劳检算所来用的理论是容许应力法,表中所列的疲劳容许应力幅$[\sigma_0]$是构件或连接在应力比 $\rho=\dfrac{\sigma_{min}}{\sigma_{max}}=0$ 时,疲劳寿命 $N=2\times10^6$ 时能承受的等幅应力。

$[\sigma_0]$是通过疲劳试验得出的。试验用的试件是按结构的构件或连接受力状态设计的。在疲劳试验机上给试件施加一定的最大应力和最小应力，任其循环反复，进行等幅应力 $\Delta\sigma=\sigma_{max}-\sigma_{min}$ 疲劳，直至破坏。试件破坏时的循环次数为疲劳应力幅 $\Delta\sigma$ 时的致伤循环次数。当 $\rho=0$，$\sigma_{min}=0$，$\Delta\sigma$ 即为 σ_{max}。同样的疲劳试件，承受同一水平的应力幅，它的致伤循环次数并不相同，试件数量做得多时，可以看出每一种应力水平，致伤循环次数的常用对数呈正态分布。从理论上讲，将各种不同应力水平的循环次数的常用对数分布曲线都求出来，然后将各应力水平的相同保证率的点连接起来，就可以得到不同保证率的应力幅——循环次数对数曲线。这样做试验工作量太大了，通常选定 8~15 个不同的应力幅做试验，求各个不同应力幅时的致伤循环次数，用应力幅与循环次数的对数作为变量进行统计分析，减去两个标准差，就可以得到疲劳抗力 S-N 曲线。S-N 曲线是采用直线方程 $\lg N=C-m\lg\Delta\sigma$ 拟合的。在规范中应用时，稍作修正，使各种不同构造细节方程的 m 值协调一致。说明表 3.2.7的抗力方程式就是这样求得的，将式中 $N=2\times10^6$ 代入，即可求得 $[\sigma_0]$。

说明表 3.2.7　疲劳抗力方程

疲劳容许应力幅类别	连接形式	疲劳抗力方程式 $\lg N+m\lg\Delta\sigma_i=C$	$[\sigma_0]$(MPa) $N=2\times10^6$	构件及连接形式
Ⅰ	母材	$\lg N+4\lg\Delta\sigma_i=15$	149.5	1
Ⅱ	高强度螺栓连接(净载面验算)	$\lg N+3\lg\Delta\sigma_i=12.65$	130.7	4.2
Ⅲ	横向对接焊缝	$\lg N+3.5\lg\Delta\sigma_i=13.6$	121.7	5.1,5.2,5.3
Ⅳ	空孔，圆钢吊杆螺纹	$\lg N+3.5\lg\Delta\sigma_i=13.50$	114.0	2,18
Ⅴ	纵向连续焊缝	$\lg N+3.5\lg\Delta\sigma_i=13.45$	110.3	6.1,6.2,6.3,6.4,6.5,7.1,7.2
Ⅵ	高强度螺栓连接(毛载面验算)	$\lg N+3\lg\Delta\sigma_i=12.42$	109.6	4.1
Ⅶ	板梁腹板竖向加劲肋焊缝端部，工地马板	$\lg N+3\lg\Delta\sigma_i=12.30$	99.9	9,15.9
Ⅷ	铆接	$\lg N+3\lg\Delta\sigma_i=12.18$	91.1	3
Ⅸ	箱形杆件隔板横向连接角焊缝	$\lg N+3\lg\Delta\sigma_i=12.02$	80.6	8.1
Ⅹ	平联节点板(与主板垂直)，横梁端部十字焊缝，桥面板不等厚十字焊缝	$\lg N+3\lg\Delta\sigma_i=11.89$	72.9	11.1,14,15.7
Ⅺ	箱形杆件封端板，整体节点，板梁盖板端部，U 肋嵌补段，U 肋纵焊缝，纵横梁栓焊混合	$\lg N+3.5\lg\Delta\sigma_i=12.80$	71.9	8.2,10,12,15.2,15.3,15.8,16
Ⅻ	平联节点板(在主板平面内)，整体钢桥面，剪力钉所在桥面板附连件构造	$\lg N+3\lg\Delta\sigma_i=11.64$	60.2	11.2,13.1,15.1,15.4,15.6
XIII	剪力钉自身剪力、拉拔力	$\lg N+8\lg\Delta\sigma_i=20.54$	60.2	13.2
XIV	U 肋与横隔板焊缝，拉索锚板	$\lg N+3\lg\Delta\sigma_i=11.26$	45.0	15.5,17

规范条文中表 3. 2. 7—1 疲劳容许应力幅[σ_0],就是从说明表 3. 2. 7录入的结果。本表是根据我国自己的长期试验结果进行分析与再分析制定的。

本次修订对表 3. 2. 7—1 增加了批注,明确本规范的疲劳容许应力幅不适用于寒冷地区。该规定是针对近年我国焊接钢桥的建设已经不限于在南方地区,青藏铁路沿线、东北、内蒙古等寒冷地区的钢桥建设发展很快的情况下制定的。在对青藏铁路结合梁科研课题中进行的低温疲劳试验发现,低温环境下桥梁钢基材和对接焊缝由于低温硬化了强度,试验得出的疲劳强度偏高,但疲劳断裂的危险性增大,这是因为低温不光强化了材料的强度,同时也大大降低了裂纹临界长度,而后者更加危险,所以仅仅依赖低温疲劳试验结果不能保证设计所需要的疲劳性能。需对材料进行相应的低温脆断性能试验,进而修正常温试验得出的表 3. 2. 7 规定的疲劳容许应力幅。在青藏铁路结合梁科研试验中,仅针对 24 mm 板厚的 Q370qE 钢基材和对接焊缝做了 CTOD 和低温疲劳试验研究,即在设计温度-50 ℃情况下对表 3. 2. 7 规定的疲劳容许应力幅需要折减 80%。对于复杂构造细节和其他设计温度情况,尚需专门进行试验研究。

规范条文中表 3. 2. 7—2 是将各种构件或连接基本形式和疲劳容许应力幅用图表联系在一起,便于使用。在采用本规定验算疲劳时,部件必须符合本表规定的加工质量与要求。

在原规范基础上,本次修订吸纳了近年来武汉天兴洲长江大桥、南京大胜关长江大桥、郑黄长江大桥、安庆长江大桥、哈大新开河特大桥、铜陵桥等的疲劳试验科研成果,共计增补 5 个类别并细化已有类别共计 18 种构造细节的疲劳抗力,反映了近年铁路焊接钢桥的制造特点和发展趋势。具体如下:

对“类别 6”补充了 6. 4 和 6. 5,主要针对箱形杆件各板间对接焊缝与棱角焊缝交叉,以及在整体节点附近的变熔深焊接的构造细节。该类构造意味着组成箱形杆件的各板件不得在相同截面设置对接焊缝。

对“类别 8”补充了 8. 2 构造,主要针对箱形杆件的封端隔板,不设过焊孔,以利于成桥的养护。将 8. 1 构造的疲劳容许应力幅类别修订为Ⅸ,是根据综合研究芜湖桥、天兴洲桥、安庆桥、铜陵桥等科研试验结果,得出该构造疲劳性能跟主板厚无关,跟隔板厚无关,跟隔板厚与主板厚之比也无关的结论,但与在主板上单侧焊还是双侧都焊附连件有关,单侧焊附连件的疲劳性能好于双侧焊,原规定也是根据单侧焊附连件的数据确定的。目前桥梁实际使用中多有双侧焊的情况,故采用双侧都焊附连件的试验数据,将原规定的 99. 9 MPa 修订为 80. 6 MPa,也与国外相应构造规定相符。

对“类别 13”区分了 13. 1 和 13. 2 构造,是根据铜陵长江大桥整体钢桥面及其栓钉构造疲劳试验结果,结合历年试验结果分析得出。两种构造仅从 200 万次看,其疲劳容许应力幅是相同的,但实际上 13. 2 构造的疲劳 S-N 曲线斜率高,其他循环次数时二者的疲劳性能是不同的。

增补的“类别 14”为横梁翼板与主桁整体节点的连接焊缝,此前该连接均采用高强度螺栓。该构造解决了铁路钢桥三片主桁结构中片桁复杂构造的处理难点。焊接连接替代螺栓连接所产生的不同,一方面使连接的刚度加大,另一方面由于焊缝为十字受拉状态,疲劳性能很低。因此要求必须设置较大半径的圆弧,降低应力集中。考虑到主桁节点板同时还承受主桁平面内应力,对横梁翼板端部十字焊缝的疲劳性能可能会有影响,专门设计了双向施加疲劳荷载的试验,结果表明,横梁翼板十字焊缝在主桁平面内同时承受疲劳荷载没有降低仅承受横梁翼板十字焊缝方向应力的疲劳性能。

对整体正交异性钢桥面板,由于在铁路上首次采用,尚无实际工程运营的数据,根据已有公路桥梁的运营经验和教训,以及在铁路桥梁建造过程中遇到情况,增补了"类别15",共设定9种构造细节专门针对正交异性板桥面规定了疲劳抗力。其中:

(1)构造(15.1)为整体桥面与主桁不等厚对接,与铁路钢桥常用的对接焊缝区别在于,该构造为原状焊缝。试验研究还考虑了桥面横向对接与该不等厚对接焊缝交叉的影响。

(2)构造(15.2、15.3、15.4、15.5)均为正交异性板U肋的焊接构造,分别为U肋自身的嵌补段对接、U肋与桥面板的纵向连接焊缝、U肋与桥面板纵向连接焊缝穿过横隔板的构造、U肋穿过横隔板时横隔板的挖孔构造。疲劳抗力规定分别根据33个、50个、27个、18个试验数据确定。U肋自身的嵌补段对接焊缝构造(15.2)考虑了安装制造精度的影响;U肋与桥面板的纵向连接焊缝(15.3)的疲劳损伤主要来自桥面反复荷载在U肋处产生以U肋为轴线的转动,因此该焊缝表面承受弯曲拉应力,试验通过简化方式对U肋施加相对桥面板的拉力,疲劳破坏形态与实际相符;对于U肋与桥面板纵向连接焊缝穿过横隔板的焊缝(15.4)交叉处理,过去多采用留有过焊孔的构造,近年经过实践,基本采用不留过焊孔。试验对两种情况分别进行了试验,不留过焊孔的构造与节间U肋纵向焊缝构造合并,留有过焊孔构造疲劳性能稍差,故单独列出;U肋穿过横隔板时横隔板的挖孔构造(15.5)疲劳行为相对复杂,考察点为U肋与横隔板焊缝在挖孔处的焊趾,横隔板侧焊趾和U肋侧焊趾均有开裂的可能。疲劳损伤一方面受横隔板反复面外变形产生的弯矩、剪力和扭转变形影响,另一方面受横隔板面内因挖孔削弱截面而产生的面内弯曲应力,二者谁是控制因素尚无定论。本次规范根据该构造在横隔板平面内承受正拉应力(沿横隔板平面水平方向)时的疲劳试验结果提供了疲劳抗力方程,检算中应根据本规范第4.3.5条规定的方法将横隔板面内和面外弯曲应力折算成轴向检算应力后分别进行疲劳检算。

(3)构造(15.6)为桥面板与主桁十字对接焊在横梁(隔板)腹板处的过焊孔构造。试验表明,该处设置过焊孔后,疲劳裂纹首先在过焊孔边缘的焊趾出现,其疲劳性能低于桥面板与主桁连接的十字焊缝构造。

(4)构造(15.7)为桥面板与主桁不等厚对接的十字焊缝构造。由于桥面板板薄,主桁竖板内与之对焊的水平板板厚,两侧均采用全熔透焊接不利于制造,而且会在十字焊缝中产生附加弯矩,降低疲劳性能。本次规范提出对该构造的主桁侧水平板可以不予熔透,并作出具体规定。

(5)构造(15.8)为正交异性桥面的栓焊组合接头。研究中分别通过栓焊组合接头全截面正应力疲劳试验和梁体弯曲试验,得到了该接头的疲劳抗力。栓焊组合接头的全截面正应力疲劳性能低于梁体弯曲疲劳性能。实际桥梁为受弯构件,因此本规范对基于全截面正应力疲劳试验得出的疲劳抗力[见《铁路工程建设标准局部修订条文汇编》(2009年)]予以更新。

(6)构造(15.9)为桥面板工地对接时采用码板的焊缝影响构造。试验结果表明,桥面板去除码板后的疲劳性能比未经焊接的母材低很多。

增补的"类别16"针对目前普遍应用的整体节点和整体桥面结构,在二者相交处采用保持整体节点为整板、桥面板开孔穿出整体节点板的构造，整体节点板穿出后的垂直相交对接填焊，由多道高精度焊缝完成，工艺复杂，制造难度很大，要求严格按照工艺制作，确保疲劳性能的稳定性。其中纵向受力时的疲劳抗力比横向受力约大 15 MPa。考虑到整体节点端部焊缝施工难度大，偏于安全地取用了横向受力的疲劳抗力。

增补的"类别 17"，针对斜拉桥上斜拉索采用钢锚板自锚在箱形弦杆内部的焊接构造。试验表明，该构造的疲劳破坏特征最终仍体现在箱形弦杆侧板侧焊趾弯曲拉应力疲劳开裂，锚压板与弦杆侧板之间焊缝本身发生剪切破坏的可能性不大。端部的锚板越宽，锚压板与弦杆之间焊缝越长，对该构造的疲劳性能越有利。试验数据取自锚板宽度与锚压板宽度之比为 0.62、锚压板的宽高比为 1.71 的试件，因此对该构造规定锚板宽度与锚压板宽度之比大于 0.65，锚压板的宽高比小于 1.65。检算应力为弦杆侧板承受的斜拉索产生的剪应力。

增补的"类别 18"，为拱桥圆钢吊杆连接螺纹构造，主要针对实体圆钢吊杆的结构形式。结构特点是使得疲劳破坏发生在吊杆上，螺柱正常，以便于更换。

3.2.8 桥梁上不同荷载的几率不同，因此，对各种荷载组合下应有不同的安全储备，采用的安全系数也理当有所区别，这反映在设计上，则对材料的容许应力会有所不同。对于主力作用下的安全系数要求高一些，对于附加力和特殊荷载则可以低一些，根据这一原则确定了以主力时的容许应力为基础。对于其他荷载组合时，将容许应力分别乘以不同的提高系数。为了与铁路桥梁其余相关规范相匹配，增设了主力+附加力组合，提高系数采用 1.30。根据已设计建造的钢梁资料统计分析，不同部位的钢梁构件，其附加力的影响差别很大。对于钢梁腹杆，最不利处的杆件所承受的附加力约为主力的 10% ~25%，在此工况下，主力+附加力的容许应力提高系数采用 1.3，此工况不控制杆件设计；而对于钢梁弦杆，某些部位的部分杆件受附加力的影响较大，所受附加力最不利时约为主力的 40% ~50%，在此工况下，容许应力提高系数采用 1.3，会使部分杆件的设计截面加大，但对于结构是偏于安全的。因此主力+附加力组合，提高系数采用 1.30，既能保证结构安全，同时也与铁路桥梁其余相关规范相匹配。

在以往的具体工程设计及规范要求中，对桁架结构均为将结构简化为单独的平面受力结构，结构中面内次应力与面外次应力大都没有进行组合，随着空间分析程序在实际工程中的大量运用，计算结果大多反映了面内次应力与面外次应力组合的情况，但考虑其控制值在结构的某一角点处，属于角点处局部应力，故增加主力+面内次应力+面外次应力的组合规定，容许应力提高系数采用 1.40。

主力+次应力+制动力（风力）组合时的容许应力提高系数采用 1.45，这样在荷载发展至容许应力增加 20% 时，上述荷载组合条件下计算的应力值虽有可能超过钢材的屈服强度，但考虑到次应力系按弹性受力阶段计算的，当应力超过弹性极限后已不符合实际情况而偏大，因此实际最大纤维应力将不致超过屈服点。在这种情况下，钢材的匀质系数未予考虑，但即使钢材屈服强度低于额定数值，或有其他不利因素时，导致最大纤维应力超过实际屈服强度，则也仅个别杆件端部截面出现局部流变，不致影响整个桥梁的安全。该条文是根据新修订的《铁路桥涵设计规范》TB 10002 设计荷载第 4.1.1 条规定修订的。

对钢梁安装阶段的主力进行了分项。

4.1.1 在通常的桥跨结构中，对钢梁整体来说，钉孔是很有限的，它对变形的计算结果影响很小。同时在钉孔比较集中的部位，又往往有拼接板等可以补偿，因此不考虑钉孔削弱的影响是与实际接近的。

4.1.3 重庆朝天门大桥主桥为桁架拱，上、下层机动车道均为钢桥面板，但不参与主桁(拱)共同受力，仅在各节点处通过横梁与主桁(拱)连接。在建设期间，已纵向连续成区段处的较多横梁中心产生了位置与设计的理论中心位置偏移，越是靠边的横梁其偏移值越大，致使部分横梁与主桁相连处的上翼板高强度螺栓剪断或滑移，横梁腹板上部局部弯曲和开裂。在处理问题的过程中，发现横梁偏移量值每天随着阳光的照射而发生变化，因此连续几天对位于同一平面的主桁和桥面板结构同时分别进行了温度测量，发现桥面板结构与主桁结构存在温差，由此桥梁的代建业主委托大桥局桥科院进行了专项系统的测试，结果表明板和桁之间的最大温差达 15 ℃。当时在建的武汉天兴洲大桥上层也为板桁构造，对其随机进行的温度测量也表明板和桁之间存在温差。温差的存在对所有板桁结构间采用不同的构造都有影响，但其影响程度有所不同。在进行设计时，应结合结构的具体构造情况，必要时考虑板桁温差对结构的影响，确保结构安全。

近年来，武汉天兴洲及重庆朝天门等几座桥梁在建造过程中的测量资料表明，对同一时间及同一平面的主桁和桥面板结构分别进行温度测量，发现桥面板结构与主桁结构存在温差，温差大约在 5 ℃～15 ℃。通过分析，认为其原因在于主桁结构大部分为箱形杆件、板件厚度大，日照条件下仅部分迎光面接受阳光直射，加上杆件内部空气的作用，构件升温速度较慢；而钢桥面板为平面板件、板件厚度较小，日照条件下上表面全部为迎光面接受阳光直射，接受日照面积大，构件升温速度较快，因而桥面板与主桁升温反应速率有差异。在进行结构设计时，须结合工程的实际情况，必要时须考虑此温差对结构的影响，确保结构安全。

4.2.1 强度验算的目的在于使构件的任何截面的计算应力都不超过容许应力。

对受拉杆件及梁的受拉翼缘，其计算面积均采用净截面积。由于铆接杆件的钉孔由铆钉杆填实，应能传递压力。高强度螺栓连接的杆件，则由于高强度螺栓的预拉力导致钢材侧面产生强大的压力，使栓孔断面处的局部屈服强度有所提高。同时，压杆强度一般受压溃强度控制，这与拉杆在净截面处破坏情况不同。因此铆栓结合的受压杆件及梁的压翼缘在强度计算中均不需扣孔，这样对中心压杆也就没有必要进行强度验算了。

强度计算中，受弯构件还规定需检算其换算应力，以考察在法向应力和剪应力共同作用时的情况。强度计算公式均沿用习惯的计算公式。

4.2.2 梁或压弯杆所用的容许应力折减系数 φ_2 是按照弹性稳定理论，取其为沿梁弯矩图呈矩形的构件所推得的 M_{cr}，折合为压杆长细比 λ_e，再从规范条文中表 3.2.6 查用得到。按弹性稳定理论，其 M_{cr} 可写作：

$$M_{cr}=\frac{\pi}{l}\sqrt{EI_yGJ_D}\sqrt{1+\frac{\pi^2EI_y\ (h/2)^2}{l^2GJ_D}}=\frac{\pi^2EI_yh}{2l^2}\sqrt{\frac{4GJ_Dl^2}{\pi^2EI_yh^2}+1}$$

(说明 4.2.2—1)

式中 E，G——弹性模量及剪切弹性模量；

I_y——梁截面对弱轴(在弯矩作用面内的形心轴)的惯性矩；

J_D——截面抵抗自由扭转的常数；

l——构件按其受压翼缘支撑点间的距离计算的自由长度；在正常情况下，这一长度较短，而位于这一长度范围内的杆件弯矩图和矩形相近；

h——上下翼缘形心间的距离。

在用 I_x 表示截面对强轴的惯矩的情况下，受压翼缘形心处的法向应力 $\sigma_{cr}=\dfrac{M_{cr}(h/2)}{I_x}$。再让 σ_{cr}和一压杆的 $\sigma_{cr}=\pi^2E/\lambda_e^2$ 相等，就可将 λ_e 求出如下：

$$\sigma_{cr}=\frac{M_{cr}h}{2I_x}=\frac{\pi^2EI_yh^2}{4l^2I_x\beta^2}=\frac{\pi^2E}{\lambda_e^2} \qquad \text{（说明 4.2.2—2）}$$

$$\lambda_e=\frac{2\beta l}{h}\sqrt{\frac{I_x}{I_y}}=\frac{2\beta lr_x}{hr_y}\approx\alpha\,\frac{l}{h}\cdot\frac{r_x}{r_y} \qquad \text{（说明 4.2.2—3）}$$

式中 β^2——代表 M_{cr}最后一式内的根式的倒数；

α——规范所列系数，等于 2β；若为焊接杆件，其每一翼缘往往是一块厚度较大的整板，这使 J_D较大，上述根式将大于 1，当 β 较小，今按 $\beta=0.9$ 来推算 α，得 $\alpha=1.8$；若为铆接杆，其每一翼缘往往由几块薄板组成，假使其各薄板间会发生少量的滑动，其 J_D 就应大幅度减小，为了安全，将 β 按 1.0 计，得$\alpha=2$。

采用这一换算方法的假定是：存在于梁的 σ_{cr}和 $\varphi_2[\sigma]$间的比值，是和存在于压杆的 σ_{cr}和 $\varphi_1[\sigma]$间的比值相等。由于压杆是全截面受压，而梁只是部分截面受压，且梁的压应力最大值只在局部发生，这一假定在本质上就有偏于安全的一面。若梁（或压弯杆）在受压翼缘不设支撑，或支撑点较稀，则 l 较大，在 l 范围内的弯矩图就不会是矩形（其最大弯矩所占长度当小于 l 很显著），这里所引用的 M_{cr}算式就低估了梁在总体失稳时所提供的抵抗力矩。对于中间不设支撑点的受弯杆，其两端往往不是简支，这也使 l 不应按其支点间全长计算。对于所说的这两种情况，本规范中式（4.2.2—4）是保守的。在确有理论根据作阐明的条件下，可以放宽。

关于本规范式（4.2.2—3），这是一个交叉影响性质的公式，在用极限状态形式表达时，它是：

$$\frac{P}{P_A}+\frac{M}{(1-P/P_e)M_u}\leqslant 1.0 \qquad \text{（说明 4.2.2—4）}$$

式中 P,M——同时作用于压弯杆的轴力和弯矩；

P_A——杆件只受压（不受弯）时的压溃荷载；

M_u——杆件只受弯（不受压）时所能承受的极限弯矩；若受稳定控制，其值是 $n_2\varphi_2[\sigma]W_m$；若不受稳定控制，将是 $n_2[\sigma]W_m$（也可以列入 φ_2，但写明 $\varphi_2=1$）；n_2 代表验算受弯失稳所用的安全系数；

P_e——杆件在弯矩作用面内失稳时的欧拉荷载。

注：并不是欧拉荷载和这里的稳定问题发生联系，而是因为欧拉荷载内有 EI/l^2 这一乘数能代表杆件的弹性特性，引用 P_e 将可使弯矩扩大数写成式中的那种形式。

为了将上式改写成容许应力的算式，P 当用 n_1N 代替。M 今用 n_3M 代替，P_A将写作 $n_1\varphi_1[\sigma]\times A_m$，$M_u$ 将写作 $n_2\varphi_2[\sigma]\times W_m$，$P_e$ 当写作 π^2EA/λ^2。这里的 N 和 M 是指由设计荷载所生的轴向力及弯矩，而 n_1 和 n_3 分别代表对 N 及 M 所应取的安全系数，由此可得下式：

$$\frac{N}{A_m}+\left(\frac{\varphi_1}{\mu\varphi_2}\right)\frac{M}{W_m}\leqslant\varphi_1[\sigma] \qquad \text{（说明 4.2.2—5）}$$

式中

$$\mu=\left(1-\frac{n_1N\lambda^2}{\pi^2EA_m}\right)\frac{n_2}{n_3}=\left(1-\frac{n_1N\lambda^2}{\pi^2EA_m}\right)m \qquad (说明 4.2.2—6)$$

当 M 由主力所生时，$n_3=1.7$，由附加力所生时，$n_3=1.4$，也就是 $n_3=n_2$，因此 $m=1$。

在本规范内钢结构在主力组合时，$n_1=n_2=n_3=1.7$；在主加附组合时，$n_1=n_2=n_3=1.4$。

对于仅通过翼缘连接的 T 形截面压杆，经试验表明系在偏心弯矩平面内丧失稳定，因此 T 形压杆的杆力将通过该截面的剪心；在分别由两块矩形截面板组合成的 T 形杆其剪心在翼缘与腹板交接处。根据这样确定的杆端偏心距的数值将远大于制定中心压杆容许应力值时所考虑的偶然偏心和初始弯曲值，因此不宜再把这类压杆作为中心压杆来检算其稳定性，而应按偏心压杆进行计算。

4.3.1 凡承受动荷载的结构构件或连接，应进行疲劳检算。疲劳荷载组合，应包括荷载中的恒载、活载、活载冲击力、离心力。活载发展系数是使设计的桥梁各部件在强度检算时，能承受的活载均匀，对疲劳损伤没关系。故在疲劳内力组合中，不考虑本规范第 9.0.6 条的活载发展系数。

由于疲劳检算是计算桥梁在长期使用时间内的损伤累积，故冲击系数不使用 TB 10002第 4.3.6 条所规定的冲击值，这个冲击值是用于强度设计，根据运营列车的车速、线路状态、铁路常用桥跨结构形式下的试验值和仿真模拟计算的结果，取其外包络制定的。疲劳检算应用运营冲击系数。对于运营动力系数的确定，最初在 TB 10002.2—1999 规范编制中，根据列车正逐渐由内燃、电力机车取代蒸汽机车情况，开始采用疲劳动力系数取值不同于强度设计取值的方式，当时根据内燃、电力机车牵引的货物列车在桥梁上产生的动力冲击试验研究结果，即平均值与标准差的表达式为

平均值
$$\mu=0.033+\frac{0.600}{\sqrt{L}-0.2} \qquad (说明 4.3.1—1)$$

标准差
$$S=\frac{0.300}{\sqrt{L}-0.2} \qquad (说明 4.3.1—2)$$

发现计算结果和规范用于强度设计冲击公式计算结果的 1/2 基本相当，故规定将疲劳检算的运营冲击系数简化为

$$\mu=\frac{28/2}{40+L}=\frac{14}{40+L} \qquad (说明 4.3.1—3)$$

在 TB 10002.2—2005 规范修订中，根据规范适用范围从货物列车运营最大速度 80 km/h 提到 120 km/h 情况，经过研究，将运营动力系数由 $\mu_f=\frac{14}{40+L}$ 调整到 $\mu_f=\frac{18}{40+L}$，以满足货运 120 km/h 的要求。

4.3.2 多线系数

近年来铁路建设中大于双线的钢桥越来越多。根据实际需求和科研成果，将本条双线系数规定拓展形成多线系数。对于多线铁路钢桥的疲劳检算，要考虑多线列车同时作用的影响。研究多线系数包括研究多线列车在桥上以不同组合方案相遇的概率和列车在桥上相遇时损伤的计算。在分析时，假定各线列车的运营情况彼此独立，通过概率分析和损伤计算，综合多种情况得出多线系数。研究表明，多线系数主要受运营列车长度和运营

速度的影响,列车长度越长、速度越低,以及列车长度虽短、速度很高,致使运营次数很多,都会使多线列车相遇的概率增大,因而多线系数也越大。本次修订考虑了长列货车、高速列车的影响,同时还考虑了多线铁路中货运和客运并存的情况。

4.3.3　双线铁路桥横梁及连接横梁的主桁挂杆的疲劳检算,也必须考虑双线影响。一线按最大活载,另一线考虑相应活载图式中的均布活载满布。根据新的活载标准,对应客货共线铁路将均布荷载从 80 kN/m 调整为 85 kN/m。对于多线铁路,当主桁挂杆为全桥影响线时,与其他主桁杆件相同考虑多线系数;当主桁挂杆为相邻两个节间的影响线时,疲劳检算暂时可按一线最大活载,其他线考虑相应活载图式中的均布活载满布。

4.3.4　铁路纵梁与横梁布置在同一平面,纵梁与横梁用鱼形板连接,纵梁可以承受弯矩时,则纵梁跨中弯矩取 $0.85M_0$,支点弯矩取 $0.6M_0$,M_0 为按简支梁计算的跨中弯矩。这个弯矩系数是根据大量跨度 48 m~80 m 简支桁梁桥的检定试验结果拟定计算模式,进行理论分析,经概括简化后确定的。

4.3.5~4.3.7　本规范对疲劳强度的检算采用容许应力幅法。结构抗力的构造细节类别反映出焊接构件逐渐代替铆接构件、栓焊特征和向全焊发展的现状,计算表达式以实际运营损伤与构造疲劳抗力作为疲劳极限状态,来确定设计参数。

钢桥有焊接部件,有非焊接部件。焊接部件中有很大的焊接残余应力,非焊接部件,如栓接接头有应力集中。焊接残余应力和应力集中对部件的疲劳均有影响,但由于焊接残余应力一般比应力集中大,所以影响程度不同。故在检算中分两种情况计算。

设部件承受最大荷载时应力为 σ_{max},最小荷载时应力为 σ_{min},拉为正,压为负。σ_{max} 及 σ_{min} 均为拉应力时,称部件承受拉拉应力;当 σ_{max} 是拉应力,σ_{min} 是压应力,称部件承受拉压应力;当 σ_{min} 是压应力,σ_{max} 也是压应力时,称部件承受压压应力。部件承受压压应力时,疲劳裂纹不扩展,不考虑疲劳。部件承受拉压应力时又分两种情况,一种是以拉为主的拉压应力,一种是以压为主的拉压应力。所以在疲劳检算时,先要根据部件是焊接部件还是非焊接部件,区分其为拉拉构件;以拉为主的拉压构件;以压为主的拉压构件。区分的办法是以应力比为依据,应力比 $\rho=\dfrac{\sigma_{min}}{\sigma_{max}}$,焊接构件 $\rho\geqslant 0$ 时为拉拉构件;$0>\rho\geqslant -1$ 为以拉为主的拉压构件;$\rho<-1$ 为以压为主的拉压构件。焊接构件的拉拉构件或以拉为主的拉压构件,疲劳破坏是应力幅 $\Delta\sigma=\sigma_{max}-\sigma_{min}$ 控制。焊接构件以压为主的拉压构件是应力比与最大应力控制。非焊接构件 $\rho\geqslant 0$ 时为拉拉构件;$\rho<0$ 时为拉压构件。非焊接构件的拉拉构件,疲劳破坏为应力幅控制,拉压构件不分以拉为主或以压为主,疲劳都是应力比和最大应力控制。

对于疲劳作用计算应力幅,本次规范修订中补充规定了同时承受轴向应力和弯曲次应力杆件的疲劳作用应力幅计算办法。这是因为随着焊接技术的进步,近年铁路钢桥大量采用了焊接整体节点新技术。焊接整体节点可将复杂节点在工厂精确制作完成,现场只需进行节点外拼接,从而大大降低了现场制作难度,提高了精度,节约了工期和材料。但整体节点不可避免会提高节点刚度,使杆件在节点附近的弯曲次应力加大。原规范以栓接节点为准,认为节点次应力在 15% 以下,因此疲劳检算时对该节点次应力予以忽略。但焊接整体节点的次应力远远大于 15%。在武汉天兴洲大桥科研试验中,专门针对杆件节点弯曲次应力大于 15% 时其对疲劳的影响能否忽略,如不能忽略应该怎样计算的问题开展了对比疲劳试验研究,得出该弯曲应力不能忽略,但可以通过适当折减折算为轴向应力的结论,提出了杆件弯曲次应力可在折减65%后叠加到轴向应力中作为相应构造细节疲劳作用应力幅的计算办法。本次规范的修订即采用了该方法。

本规范在疲劳作用计算时,除考虑活载最大、最小应力外,还需考虑多线系数和损伤修正系数。

多线系数 γ_d 是在原规范第4.3.2条基础上,根据建设司2013~2014年"铁路钢桥疲劳多线系数研究"规范科研成果确定。

损伤修正系数 γ_n:由于机车、车辆的轴距、长度、编组及桥梁跨度不同,同一列车通过桥梁,对部件产生的疲劳损伤是随机的。动荷载对部件产生的疲劳损伤是和动荷载在部件中产生的应力大小及各种应力在部件中出现的循环次数有关,每通过一次列车,部件所受损伤为 $\sum N_i\sigma_i^m$,m 是 S-N 曲线斜率的负倒数。在设计基准期内的总损伤度为通过的各次列车的 $\sum N_i\sigma_i^m$ 之和。根据这一理论,本规范表4.3.6—1损伤系数的制定是以铁路年运量最大为12 000万t线路的桥梁荷载谱为基础,每天通过疲劳列车170次,货车、煤车、油车124次,客车46次,这些列车在设计基准期对不同跨度的桥梁产生不同损伤,将各种不同跨度桥梁在设计基准期的损伤平均值设为1.0,凡损伤度大于1.0的桥梁,均乘以大于1.0的损伤修正系数。分析结果,跨度小于20 m的桥梁需作损伤系数修正。最后根据等效等幅应力的计算原则和对现有桥梁的疲劳验算核准确定表中各种跨度桥梁的损伤修正系数具体值。本规范确定的疲劳损伤修正系数主要依据区间平均间隔时间8.5 min、年运量大于9 000万t的标准荷载比频谱。在近年的铁路建设和发展规划中,改变了过去全路铁路均为客货混运的格局,对线路有明确的功能规定,区分了城际轨道交通、客运专线、客货共线和货运专线。不同功能线路桥梁的设计活载标准不同。本规范规定的客货共线疲劳损伤修正系数是与设计活载标准为ZKH新中—活载的客货共线相匹配的。本次修订补充了客运专线、城际轨道交通和货运专线的疲劳损伤系数,其标准荷载频谱与客货共线标准荷载频谱采用相同的制定方法。客运专线设计活载标准为ZK活载,对应的疲劳列车编组为:白天7:10至18:50动车组运营,列车间隔为6分钟,共运营117次;夜间18:50至次日7:10高速客车运营,列车间隔为10分钟,共运营74次。城际轨道交通损伤修正系数是基于设计荷载ZC和运营车型CRH5每日运营85次而定。本次在进行货运专线荷载图式下疲劳损伤修正系数的研究时,由于货运专线铁路尚在设计规划中,未正式投入运营,且不同轴重的重载运营车型也在研制开发中,未广泛投入使用,因此在进行标准荷载效应比频谱计算时,只能根据现有掌握的数据和资料对货运专线的运营情况采用预估的方法来进行多种情况的分析。研究中列车的编组方式分为混编方式和统编方式,其中混编方式的列车编组是参考报告《铁路桥梁疲劳荷载标准频谱及新活载配套损伤系数研究》中对全国的大部分运营线路进行抽样调查及统计制定的,统编方式是参考大秦线运煤专线的编组方式制定的。预测了四个年运量等级分别为9 000万t~12 000万t、12 000万t~15 000万t、15 000万t~18 000万t和18 000万t~20 000万t进行标准荷载效应比频谱的计算,以1.0、1.2和1.4倍ZH荷载为分母进行计算,1.0ZH、1.2ZH、1.4ZH对应的运营车型分别为轴重25 t车辆、轴重30 t车辆和轴重35 t车辆,疲劳损伤修正系数的确定以年运量18 000万t~20 000万t的标准荷载比频谱为依据,年运量目标值为2亿t。另外,针对近年所建桥梁恒载与活载之比增大的特点,在疲劳应力以压为主的焊接拉—压构件及非焊接拉—压构件的疲劳损伤修正系数 γ'_n 的规定中增加了恒载活载比为6∶4、7∶3、8∶2和9∶1的对应取值,以满足各种恒活载比值构件计算的需要。

本规范在疲劳抗力计算时,尚应考虑板厚修正系数和应力比修正系数。

板厚修正系数γ_t:厚板和薄板比较,厚板的材质及焊接、制造工艺有许多比较难保证的因素,对疲劳强度将产生不利的影响,板厚修正系数是厚板与薄板相比,在材质及工艺方面的总体反映。本次修订补充了对横隔板作为主板附连件的构造细节的板厚系数作出不应予以考虑的规定,这是因为该构造的横隔板多为角焊缝,对主板的焊接影响比较小,且经过对比疲劳试验,证明在厚板上焊接横隔板对主板疲劳强度的影响并不比在薄板上焊接横隔板的影响更大。

应力比修正系数γ_ρ:在疲劳最大应力控制的试验中,由于最大应力和最小应力不同,即试验时应力比$\left(\rho=\dfrac{\sigma_{min}}{\sigma_{max}}\right)$及平均应力$\left(\dfrac{\sigma_{max}+\sigma_{min}}{2}\right)$不同,相同循环次数能承受的$\sigma_{max}$不同。设计中容许应力幅是用$\rho=0$时$\sigma_0$表示,故在最大应力控制时,应将$\sigma_0$乘以不同$\rho$的应力比修正系数$\gamma_\rho$。$\gamma_\rho$与85版规范中的$\dfrac{1}{1-0.6\rho}$的意义相同。本规定系将原始试验数据进行归纳列表给出,较85版规范更准确,更便于使用。本规范还对$l=64$ m简支钢桁梁进行有代表性的疲劳检算,结果见说明表4.3.5。

说明表4.3.5　验算比较(实际应力/容许应力)

名称	受拉杆件 E_2E_4	受拉压杆 A_3E_4	吊杆 A_3E_3	纵梁	纵梁的鱼形板连接	横梁
TBJ 2-85	88%	53%	59.1%	103.5%	108% * 124% △	105%
本规范	92%	60%	60%	114%	125%	117%

注:1　* 按1975年《铁路工程技术规范(第二篇)·桥涵》计算值。

2　△按《铁路桥涵设计规范》TB J2—1985计算值。

从上表中可以看出,本规范制定的疲劳检算公式是偏于安全的。

此外,针对近年桥梁的恒载与活载之比逐渐增大的特点,在应力比修正系数表中,扩大了应力比比值的范围,以满足各种恒活载比值构件计算的需要。

5.1.1

(1)弦杆在主桁平面内的计算长度

在计算受压弦杆稳定时,若作一些偏于安全的假定:①略去腹杆对弦杆的约束影响;②假定相邻的受压弦杆和检算的受压弦杆同时到达压溃临界状态。这样,在桁架平面内就可把弦杆的两端看成是支承在不沉陷的支座上,并在支座上可以自由转动的杆件。这种弦杆在桁架平面内的稳定,实际上与各弦杆在节点处互相铰接的情况相同。因此计算时可将其几何长度作为计算长度。

在连续桁梁中反弯点附近相邻两弦杆中有一根受压而另一根受拉,当受拉弦杆应力未达屈服点时,可对相邻的受压弦杆起约束作用,这一有利因素规范未考虑。

(2)腹杆在桁架平面内的计算长度

由于节点板的刚性及弦杆对腹杆的约束作用,腹杆在桁架平面内的计算长度一般将小于几何长度,现仍按原规定:中间腹杆采用 $0.8l_0$;端斜杆及端立杆由于仅一端与一根受拉弦杆相连接,当弦杆应力较高时,对端斜杆的约束作用稍小,因此采用 $0.9l_0$。

(3)相交或交叉腹杆在主桁平面内的计算长度

多根腹杆交会在一起时,由于其交会的情况不同,对所计算腹杆的计算长度的影响也不相同。所以规范将腹杆的交会情况区分为交叉和相交(说明图 5.1.1)。

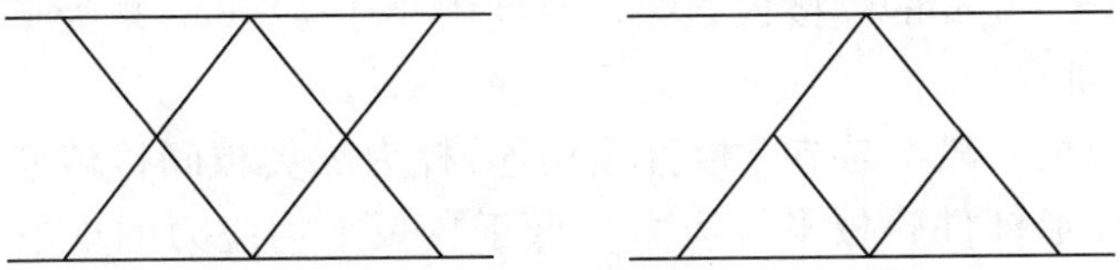

(a) 腹杆交叉　　(b) 腹杆相交

说明图 5.1.1　腹杆的交会情况

当腹杆一端与受压弦杆铰接,另端与受拉弦杆刚接并在中部与一腹杆相交时,受拉弦杆对这腹杆所起的约束作用并不大。因此,该腹杆计算长度是按相交点至杆端较长的一段取值。

(4)弦杆和腹杆在桁架平面外的计算长度

当杆件两端在桁架平面外均设有刚度足够的支撑系,并略去与其相连的其他杆件(包括节点板)的任何约束影响时,两端可看作是铰接,所以其计算长度可采用几何长度。

(5)交叉腹杆在桁架平面外的计算长度

压杆与拉杆交叉,当拉杆应力较小,则压杆在丧失稳定时较相交腹杆应力为零的情况为好,因此在这种情况下,该受压腹杆可偏安全地视作两端铰接。若与之交叉杆拉力为零,则可视为弹性支承推求压杆计算长度的折减系数。

当交叉腹杆的惯性矩及几何长度相同时,无论是具有一个或两个交叉的受压腹杆,如果相交各杆件都是贯通的(即采用全部惯性矩在交会处相连),则它在桁架平面外的计算长度折减系数均为 0.7 左右。但若在交点处各杆件不贯通或不采用全部惯性矩相连,则受压腹杆的计算长度,将有可能大于规范规定的计算长度。

5.2.1　为了提高受拉杆件自振频率,防止发生低风速涡振,根据频率公式:

$$f_y=\frac{C}{\lambda l}\sqrt{1+\frac{P_0}{P_{cr}}} \qquad \text{(说明 5.2.1)}$$

式中　C——常数;

λ——长细比;

l——杆件长度。

可以看出,对受拉杆件,限制 λ 的同时,还要限制 l,频率 f_y 的大小与 λl 的乘积及轴力的大小有关。由于已建成的桥梁在使用过程存在一些刚度偏弱的问题,为了适应列车提速的需要,加强桥梁的联结系刚度,增加安全储备,规定了纵向联结系杆件的长细比为:单线 110、双线 130。

5.2.5　在桁梁中,为了减少压杆的计算长度,需加设一些杆件,为了使这些杆件能对压杆起到支撑作用,其刚度及强度均不应太小,参考有关规范,规定这些杆件应以被支撑压杆内力的 3% 为抗力进行检算。

5.3.1　钢梁各部分钢板厚度,除应考虑在长期运营过程中会有锈蚀现象外,同时还应具有一定的刚性，以便制造和运输。故根据受力情况，规定主要受力的杆件及节点板均不小于 10 mm，联结系等次要部件也不小于 10 mm。

挂杆受力比较复杂，国内实测结果表明应力分布很不均匀，在历史上，有一些两端用长列铆钉连于节点板的挂杆曾在其上端头排铆钉处的净截面发生过开裂。参考这些经验，故规定其翼板厚度不小于 12 mm。

规定跨度不小于 16 m 的焊接板梁腹板厚度不小于 12 mm，是为了减少焊接变形，且有益于提高腹板局部稳定。

5.3.2　主桁杆件腹板一般不与节点板直接相连，杆力靠翼板间接传递效果较差，根据国内一些实测资料，H 形杆件腹板平均应力有低于翼板平均应力的现象，个别实测资料表明：腹板应力与翼板平均应力之比，在节点附近只达 75%～82%，在杆件中部也仅 88 % 左右。国外试验结果证明，未被直接连接的腹板效率随着接头的长度而异；较短的接头将使腹板不能全部发挥作用。为了使杆件均匀受力，除接头布置有适当长度外，杆件截面主要应布置在与主桁节点板直接连接的翼板上，以改善其受力情况。

但当 H 形杆件截面很大，翼板很厚时，为了保证杆件的整体作用，腹板也不宜过薄。

若假定翼板的临界应力与腹板的临界应力相等，则可推算出腹板厚度 t 与翼板厚度 δ 应有的比例关系。

翼板的临界应力　$$\sigma_1=\frac{\pi^2E}{12(1-\mu^2)}\left(\frac{\delta}{b/2}\right)^2k_1$$

（说明 5.3.2—1）

腹板的临界应力　$$\sigma_2=\frac{\pi^2E}{12(1-\mu^2)}\left(\frac{t}{d'}\right)^2k_2$$

（说明 5.3.2—2）

式中符号的意义如说明图 5.3.2 所示。

取 $k_1=0.425$（一端简支、一端自由）；$k_2=4.0$（两端简支）代入上式简化后，得 $t/\delta=0.65d'/b$。

现按一般桥梁焊接杆件尺寸 d 及 b 定出 t/δ，见说明表 5.3.2。

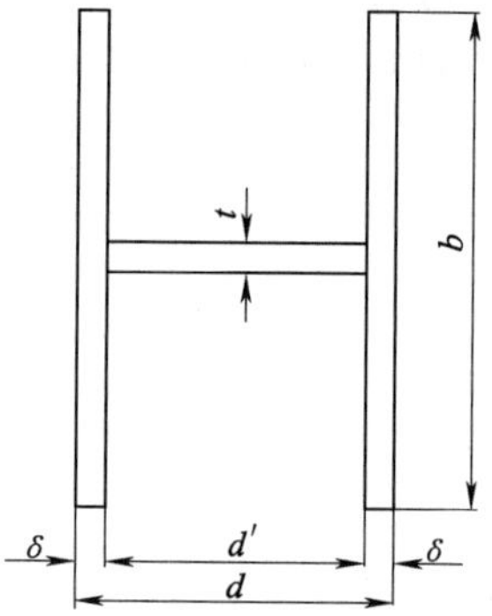

说明图 5.3.2　H 形杆件符号示意图

对于特大跨度桥，d'/b 有时在 0.6 左右，t/δ 将可降为 0.4。

说明表 5.3.2　一般桥梁焊接杆件尺寸

δ		d	d'	b	t/δ	
					计算	采用
<25	20	460	420	480	0.57	0.6
	24	460	412	500	0.54	
≥25	25	460	410	600	0.44	0.5
	32	600	536	760	0.46	

5.3.3　本条文采用了铁科院研究成果。

详见余振生《铁路钢桥压杆承载力参数的制定》一文。

其中"箱形截面中 n 等分线附近各设一条加劲肋的两边支撑板"的相关条文借鉴了

日本铁路钢桥设计规范的经验，国内芜湖长江大桥及天兴洲长江大桥对箱形带加劲肋的压杆也作了相关研究，其科研成果提供的板件宽厚比限值比日本规范宽松，详见武汉天兴洲公铁两用长江大桥关键技术研究之七《三主桁斜拉桥空间结构行为及箱形带加劲肋杆件》(稳定性能分析报告二)，但是研究范围未包含箱形带加劲肋压杆的加劲肋刚度的内容。

5.3.4 本条文基于加劲板弹性稳定理论分析结果给出，具体推导可参见铁木辛柯《弹性稳定理论》一书中相关内容。规范编写过程中借鉴了日本铁路钢桥设计规范中的有关经验。

5.3.5 自从桥梁钢结构引入焊接技术后，桥梁断裂破坏事故屡有发生。德国的 ZOO 桥，1936 年完工后仅 6 个月，气温-10 ℃时发生脆性破坏。比利时的 Hasselt 桥，全焊空腹桁梁，跨度 200 英尺，完工后 14 个月的 1938 年 3 月 14 日，由于气温下降，引起脆性破坏遭坠毁。美国的 Point Pleasant 桥，中跨跨径 210 m 上弦为眼杆的吊桥，在 1967 年冬天的一个傍晚，突然间，中间一跨弹跳起来，75 辆汽车被抛入天空，随即飞坠河中，钢梁随之塌落下来，事故造成 46 人死亡，9 人受伤。美国的 Fremount 桥，1972 年 12 月在架设过程中，箱形截面的拱肋上翼缘与下翼缘交汇处发生89 mm长的裂缝，发展到腹板而破坏，导致伸臂孔落入河中。1995 年南韩的圣水桥，由于厚薄板对接过渡区没有处理好，而遭坠毁，其他行业的焊接钢结构，也同样存在脆性破坏。日本、加拿大、英国、德国等国类似情况时有报道。

断裂力学的发展和应用，是基于人们付出了惨重的代价之后进行的艰苦的探索和辛勤的劳动，是在大量试验研究的基础上取得的成果。将有关防断设计反映在桥梁设计规范中有英、美、日三国(英国的 BS5400，美国的 AASHTO、AREA 和日本的国铁建造物设计标准解说)。

我国将断裂力学引入桥梁钢结构始于九江长江大桥的建设，随后在桥梁设计规范的修订及芜湖长江大桥的建设中，对 16Mnq 及 14MnNbq，均列入专题进行研究，取得了可喜的成就。该工作由大桥局归口，委托 725 研究所完成。16Mnq 钢完成了十个批号近 140 块大型深缺口宽板系列温度断裂试验、系列温度夏比冲击和落锤试验，并且其科研成果于 1993 年通过了铁道部科技司、建设司的鉴定。14MnNbq 钢进行了 5 个厚度规格 10 组基体 10 组焊缝共计 108 块深缺口宽板系列温度断裂试验和 5 个厚度规格共计 970 个试样的系列温度冲击试验，其科研成果于 2001 年 7 月通过了国家科委的鉴定。15MnVNq 钢的断裂韧性试验其试验料是由山海关桥梁厂提供的 15MnVNq-C 钢，板厚为 40 mm 和 56 mm，分别对基材和焊缝进行了一系列断裂力学的试验。九江长江大桥的 15MnVNq 钢的大板试验等有关断裂韧性方面的试验资料详见《九江长江大桥技术总结》。说明表 5.3.5—1(a)、说明表 5.3.5—1(b)、说明表 5.3.5—2(a)、说明表 5.3.5—2(b)，综合了以上一系列试验研究成果，并结合国标《桥梁用结构钢》GB/T 714—2000 确定的。

研究思路如说明图 5.3.5 所示。

(1)结构基材及其焊缝的断裂力抗力通过深缺口宽板拉伸试验测定断裂韧性 $K_c = f(T, {}_1T_k)$

(2)又将结构基材及其焊缝通过 V 形缺口试验测定的冲击韧性值，建立 ${}_vE_r = f(T, {}_vT_{rE})$

(3)通过宽板试验的 K_c 和冲击试验的 ${}_vE_r$，建立特征温度的关系式，从而把宽板试验

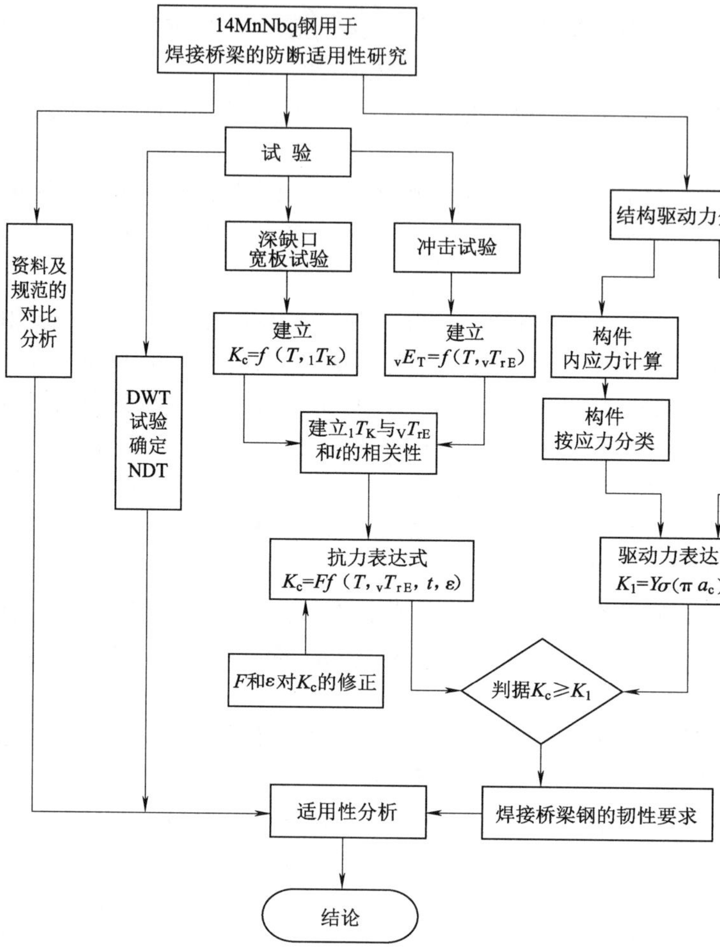

说明图 5.3.5　研究思路框图

的 K_c 值表示为温度 T,材料冶金因素 ${}_{v}T_{rE}$,加载速率 $\dot{\varepsilon}$,板厚 t 和裂纹尖锐度修正系数 F 等影响因素在内的结构材料抗断能力函数:

$$K_c = F\cdot f(T, {}_{v}T_{rE,}, \dot{\varepsilon}, t) \qquad \text{(说明 5.3.5—1)}$$

(4)杆件内应力 σ,临界裂纹尺寸 a_c,结构几何因素 Y,则可建立结构断裂驱动力,其表达式:

$$K_1 = Y\sigma\sqrt{\pi a_c} \qquad \text{(说明 5.3.5—2)}$$

由断裂力学判据 $K_1 \leqslant K_c$,就能确定结构在各种环境条件下防断安全运行所需要的材料最低断裂韧性要求。

美、英、日三国的规范对钢材及焊接接头的缺口韧性都提出具体的缺口冲击韧性的要求,美国规范还明确规定:未列入规定的缺口韧性要求,由有资格的工程师认可。

顺应力及垂直应力方向均有焊缝的构件,设计使用的最大板件厚度见说明表 5.3.5—1(a)及说明表 5.3.5—1(b)的规定。

仅顺应力方向有焊缝的构件,设计使用的最大板件厚度见说明表 5.3.5—2(a)及说明表 5.3.5—2(b)的规定。

说明表 5.3.5—1(a) **顺应力及垂直应力方向均有焊缝的构件的最大使用厚度**

构件序号	设计拉应力(MPa)(按毛截面计算)			钢材质量等级	最低设计温度(℃)										
	钢材牌号				0	-5	-10	-15	-20	-25	-30	-35	-40	-45	-50
	Q345q	Q370q	Q420q		使用的钢板最大厚度(mm)										
1	—	105	115	E	50	50	50	50	50	50	50	50	50	50	50
	100	—	—	E	40	40	40	40	40	40	40	40	40	40	40
2	—	140	155	E	50	50	50	50	50	50	50	50	50	44	36
	135	—	—	E	40	40	40	40	40	40	40	40	40	40	36
3	—	175	190	E	50	50	50	50	50	50	46	38	32	25	20
	165	—	—	E	40	40	40	40	40	40	40	38	32	25	20
4	—	190	210	E	50	50	50	50	50	44	36	30	24	18	14
	185	—	—	E	40	40	40	40	40	40	36	30	24	18	14
5	—	210	230	E	50	50	50	48	42	36	28	22	18	14	—
	200	—	—	E	40	40	40	40	40	36	28	22	18	14	—

说明表 5.3.5—1(b) **顺应力及垂直应力方向均有焊缝的构件的最大使用厚度**

构件序号	设计拉应力(MPa)(按毛截面计算)		钢材质量等级	最低设计温度(℃)										
	钢材牌号			0	-5	-10	-15	-20	-25	-30	-35	-40	-45	-50
	Q345q	Q370q		使用的钢板最大厚度(mm)										
1	100	105	D	35	35	35	35	35	35	35	35	35	35	35
2	135	140	D	35	35	35	35	35	35	35	35	35	30	24
3	165	175	D	35	35	35	35	35	35	32	26	20	14	—
4	185	190	D	35	35	35	35	35	30	25	18	14	—	—
5	200	210	D	35	35	35	34	28	22	18	14	—	—	—

注:1 此表可根据设计拉应力数值采用内插法推算出板件的最大使用厚度。

2 最低设计温度为桥址处历年极端最低气温减 5 ℃。

3 经过研究和科学试验并得到批准,板厚可不受本表的限制。

说明表 5.3.5—2(a) **仅顺应力方向有焊缝的构件的最大使用厚度**

构件序号	设计拉应力(MPa)(按净截面计算)			钢材质量等级	最低设计温度(℃)										
	钢材牌号				0	-5	-10	-15	-20	-25	-30	-35	-40	-45	-50
	Q345q	Q370q	Q420q		使用的钢板最大厚度(mm)										
1	—	105	115	E	50	50	50	50	50	50	50	50	50	50	50
	100	—	—	E	40	40	40	40	40	40	40	40	40	40	40
2	—	140	155	E	50	50	50	50	50	50	50	50	50	50	50
	135	—	—	E	40	40	40	40	40	40	40	40	40	40	40
3	—	175	190	E	50	50	50	50	50	50	50	50	50	50	42
	165	—	—	E	40	40	40	40	40	40	40	40	40	40	40

续上表

构件序号	设计拉应力(MPa)(按净截面计算) 钢材牌号			钢材质量等级	最低设计温度(℃) 使用的钢板最大厚度(mm)										
	Q345q	Q370q	Q420q		0	-5	-10	-15	-20	-25	-30	-35	-40	-45	-50
4	—	190	210	E	50	50	50	50	50	50	50	50	50	42	34
	185	—	—	E	40	40	40	40	40	40	40	40	40	40	34
5	—	210	230	E	50	50	50	50	50	50	50	50	44	36	28
	200	—	—	E	40	40	40	40	40	40	40	40	40	36	28

说明表 5.3.5—2(b)　仅顺应力方向有焊缝的构件的最大使用厚度

构件序号	设计拉应力(MPa)(按净截面计算) 钢材牌号		钢材质量等级	最低设计温度(℃) 使用的钢板最大厚度(mm)										
	Q345q	Q370q		0	-5	-10	-15	-20	-25	-30	-35	-40	-45	-50
1	100	105	D	35	35	35	35	35	35	35	35	35	35	35
2	135	140	D	35	35	35	35	35	35	35	35	35	35	35
3	165	175	D	35	35	35	35	35	35	35	35	34	26	20
4	185	190	D	35	35	35	35	35	35	35	34	26	20	14
5	200	210	D	35	35	35	35	35	35	34	28	20	14	—

注:1　此表可根据设计拉应力数值采用内插法计算出板件的最大使用厚度。

2　最低设计温度为桥址处历年极端最低气温减 5 ℃。

3　经过研究和科学试验并得到批准,板厚可不受本表的限制。

6.1.2　抗滑型高强度螺栓连接的接头,当螺栓排数较多时,其力的分布很不均匀,与计算中按每个螺栓均匀受力的假定有较大的出入。经试验表明螺栓多于 6 排时,即使排数再增加,但螺栓群端(末)排螺栓所受的力总要占到外力的 30% 左右。当该值大于端(末)排螺栓的抗滑移极限时,即由螺栓群的端(末)排向中间各排螺栓进行力的重分布,即所谓"解扣滑移"现象。在大桥工程局及铁道科学研究院的摩擦型高强度螺栓的动力试验中,发现多排螺栓接头的端(末)两排螺栓反复错动较大时会破坏摩擦面,引起表面磨损,直接影响抗滑移系数,同时预紧力也受到一定的损失。因此板层间的抗滑移系数和预紧力都有了改变,已不再是设计中所采用的计算值了,为安全计,该排螺栓不宜计入有效数量中而应另行增补。

详见方秦汉在《长列摩擦型高强度螺栓接头极限承载力》和余振生在《摩擦型高强度螺栓接头极限承载力的研究》中的相关论述。

6.1.4　高强度螺栓或铆钉的容许间距是根据铆钉的特性确定的。现仍沿用 1975 年规范的规定。

6.1.5　为使钉群能承受意外的局部弯矩,并考虑到现场施铆时需采用冲钉定位,螺栓临时固定,特规定一排铆钉时,钉不少于 3 个;而高强度螺栓因在安装时,不需要采用安装螺栓固定,故规定其一排时不少于 2 个。

6.1.7　为适应荷载发展的需要,避免造成结构的薄弱环节,保证其安全耐久,要求主桁杆件的连接强度不应低于被连接杆件的承载能力。

有些桁梁的腹杆，不是按其内力来选择截面，这些杆件可能是由于受长细比控制，或者为简化杆件类别来确定其截面，以致这种杆件的实际承载力比计算杆力高出较多，而其截面在同一桁架的同类型的腹杆中往往属最小，故习惯把它称为最小截面控制杆件，以示区别。这种杆件在确定其连接钉数量时，原则上宜按承载力计算，但若按承载能力计算所需栓、钉数量过多，可酌予缩减。

在计算双线桁梁疲劳控制的腹杆连接栓、钉数量时，除按疲劳强度设计外，还应满足该杆件在双线荷载条件下的承载能力要求。

对于板梁腹板拼接的栓（钉）数量：跨度不大的板梁，腹板厚度较薄，而拼接板由于受最小板厚的限制，拼接板强度往往较板梁腹板为大，此时，将拼接处的连接钉按拼接板的抗剪强度来设计，并无必要。而规定应按弯矩和剪力的合力检算栓（钉）群最远处栓（钉）的强度。规范中规定，对于弯矩来讲，按腹板的全强考虑；对剪力来讲，按拼接所在位置产生的最大剪力考虑。而一般产生最大弯矩和最大剪力的荷载位置不是一致的，按此规定，偏于安全。

6.1.8 杆件的肢与节点板偏心连接，且这些肢在连接范围内无缀板相联系，或杆件的肢仅有一面有拼接板时，则栓、钉除受剪外，还承受附加弯矩，故规定栓、钉数量增加10%。

铆接杆件截面的个别部分不直接连接者，铆钉需承受附加弯矩，故数量应予增加；栓接杆件依靠板层间摩擦力传递杆力，不存在高强度螺栓杆受弯的问题，故其数量不必增加。

6.1.9 铆接结构中的铆钉，要求在施铆时钉杆能紧密地填充各板层的钉孔，并具相当大的握紧力。这样的要求，只有钉长在一定限度内才有可能。当铆合厚度过大，要使连接的铆钉完全密实地填充各板层钉孔是比较困难的，因此规范对最大铆合厚度作了限制。当超过规定厚度时，为了不致因某些铆钉填充不满、铆合不紧而影响结构的连接强度，规定应增加铆钉数量。

6.1.10 钢销的受力状态与应力分布都很复杂，在实际计算上，常采用近似的方法，即按材料力学中受弯构件的计算方法，把销作为简支梁，以各被连接构件的内力作为集中力，作用于销接触的束板中心线上，计算钢销的弯应力、剪应力和孔壁承压应力，使之小于各自的容许应力。

配合上述的近似计算，确定了本规范第3.2.1条规定的有关容许应力值。

6.1.11 本条关于眼杆销孔各部尺寸的一些规定，都是根据实验数据确定的。

6.1.13 近年拱桥工程越来越多，吊杆采用可更换实体圆钢吊杆是改进原吊杆锚固端病害的有效方法。但是端部螺纹段成为薄弱环节，经过原铁道部科技研究开发计划项目“严寒地区钢箱叠拱实体圆钢吊杆连接疲劳试验研究”（2006G011-C-2）的试验研究，对吊杆的构造组成进行了优化，更详细规定，包括圆钢吊杆端部的螺纹段直径与杆体直径之比应大于1.26等，列于本规范表3.2.7—2类别18。该成果已通过科研评审，并应用于哈大客运专线新开河特大桥。

6.2.1 对于主要杆件，间断焊接、塞焊和槽焊后，会造成残余应力大，应力集中，抗疲劳性能差，故不得使用。

6.2.2 为避免桥梁上重要构件内力的偏心传递，以及考虑疲劳的影响，对于桁梁杆件、板梁翼缘和腹板在接宽或接长时应采用对接焊缝，而不应采用贴角焊缝。

当焊缝强度与基材相当时,欲保证对接焊缝的静力强度不低于基材及使焊缝匀顺过渡,则需要求对接焊缝厚度不小于所连板中较薄者的厚度。

对于桥面板对接焊缝按本规范表 3. 2. 7—2 中第 15. 1 条加工后,焊缝表面顺应力方向不进行机械打磨。

对接焊中,采用双面施焊可使焊缝面积较单面施焊时小,且焊后的凸凹变形较易控制。对于较薄的钢板和双面施焊有困难时,必须将焊缝根部完全焊透,以保证焊缝的强度和疲劳强度。对于在外力作用下,承受拉应力或反复应力时,焊缝表面的平整程度也将直接影响构件的疲劳强度,因此焊缝表面应磨平加工。

对于不同板厚或板宽的对接接头,为了减少该处的应力集中,使应力传递比较匀顺,厚板、宽板在端部应刨削加工成斜坡,必要时并采用适当形状的坡口,且焊后的焊缝表面,亦须按规定的坡度磨平加工,匀顺过渡。

6. 2. 4　桥梁中主要构件的对接焊缝和角焊缝均采用埋弧自动焊。进行这种焊接时,两端设有引弧板,因此焊缝长度不予折减。手工焊的起熄弧均在构件上,在起熄弧处,焊缝金属断面不完全,因此这两部分不应计入焊缝的计算长度。必须强调的是:起熄弧处均不许存在弧坑等缺陷,且该处的焊缝截面均应尽可能堆填丰满。

纵向搭接侧面角焊缝的应力分布是不均匀的,焊缝越长,不均匀现象越显著。因此,对计算长度给予此项限制。

6. 2. 6　在 T 形接头中,若采用单侧角焊缝,当外力作用时,角焊缝承受弯矩(说明图 6. 2. 6—1),在其根部引起应力集中,对横向变形的抵抗很弱,因此不应布置这种形式的焊缝。但是,像桁梁的箱形杆件截面隅角处的角焊缝,由于有抵抗横向变形的构造(设有横隔板)因此可以采用单侧角焊缝(说明图 6. 2. 6—2)。

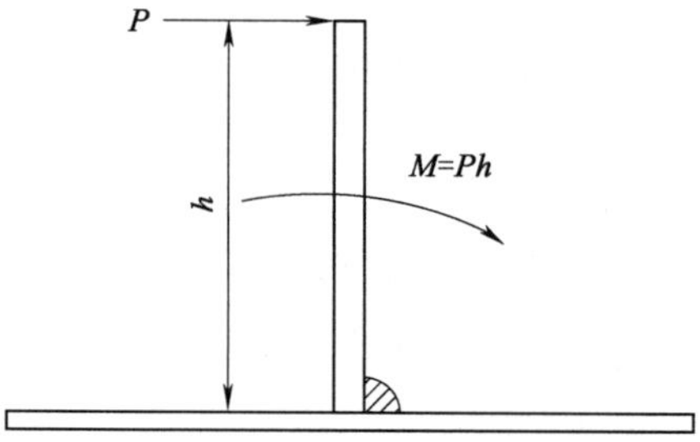

说明图 6. 2. 6—1　T 形接头的角焊缝

说明图 6. 2. 6—2　箱形杆件截面隅角处的角焊缝

6. 2. 8　在钢桥构件中,有些角焊缝按计算要求所需焊缝尺寸甚小,而过小的焊缝线能量小,不易保证一定的熔深,且冷却速度较快,易使焊缝及热影响区钢材硬化,产生裂纹。因此,这些焊缝应按施焊工艺上的要求,增大其焊缝截面尺寸,见表 6. 2. 8 的规定。

角焊缝的长度太短,焊缝冷却速度快,容易产生焊接缺陷,因此,参照有关资料,对焊缝的最小长度也作出规定。

7. 1. 1　根据《铁路桥涵设计规范》TB 10002 修订了明桥面的适用范围,根据已建桥梁运营时桥面系产生的问题,为了避免新建桥梁发生类似的问题,修订了钢桥桥面系的规定。明确规定了桥枕与纵(板)梁应采用可靠的连接方式,不宜采用钩头螺栓连接。

7. 1. 3　纵梁和横梁腹板间的连接,曾采用过一块板焊于纵梁腹板端与横梁腹板相连,这种结构刚度较大,是导致纵梁端切角处应力较高翼缘焊缝出现裂纹的原因之一。而且这种细节的连接对纵梁安装和更换也不方便,因此规范建议纵横梁腹板之间采用角钢连接。

纵梁与横梁连接的强度按纵梁支点处力矩和反力确定,纵梁支点负弯矩的大小与支点柔度有关。现仍按 1975 年规范的规定,支点弯矩近似按简支梁跨中弯矩的 60% 计算。

由于纵梁的连续作用,纵梁实际反力一般较按简支梁计算值大 10% 左右,故连接纵横梁的竖角钢肢上的钉、栓数量均应按简支反力增大 10% 计算。

纵梁端不设承受支点力矩的结构时,连接柔性将减小梁端弯矩,减少与横梁腹板相连接角钢肢被撕裂、铆钉头被拉脱的危险,同时也能改善连接处横梁腹板的受力状态。为此,美国铁路桥规范规定:

(1)该处连接应采用角钢,且该角钢的柔性肢不得使用焊接来连接横梁腹板。

(2)该角钢的柔性肢的宽度不得小于 101. 6 mm,厚度不得小于 12. 7 mm。

(3)纵梁连接角钢柔性肢在顶部 1/3 梁高范围内栓(钉)线至角钢背间距不得小于 $\sqrt{Lt/8}$(以 mm 计),其中 L=纵梁跨长(以 mm计),t=角钢柔性肢厚度(以 mm 计)。这些规定可供设计借鉴。

7. 1. 4 钢梁整体钢桥面结构构造检算时,桥面板作为纵梁(肋)、横梁(肋)的上翼缘应考虑剪力滞后的影响,在检算各截面应力时,仅有效宽度内桥面板计入截面。桥面板有效宽度可通过正交异性桥面板系统分析确定,也可采用本规范的公式计算确定。

(1)对纵梁(肋)钢桥面板有效宽度系数跟日本《铁道构造物等设计标准及解说》、英国标准 BS5400、德国标准 DIN1078 进行了比较,系数的取值比较如说明图 7. 1. 4 所示。

本规范有效宽度系数取值借鉴了日本《铁道构造物等设计标准及解说》的有关经验。

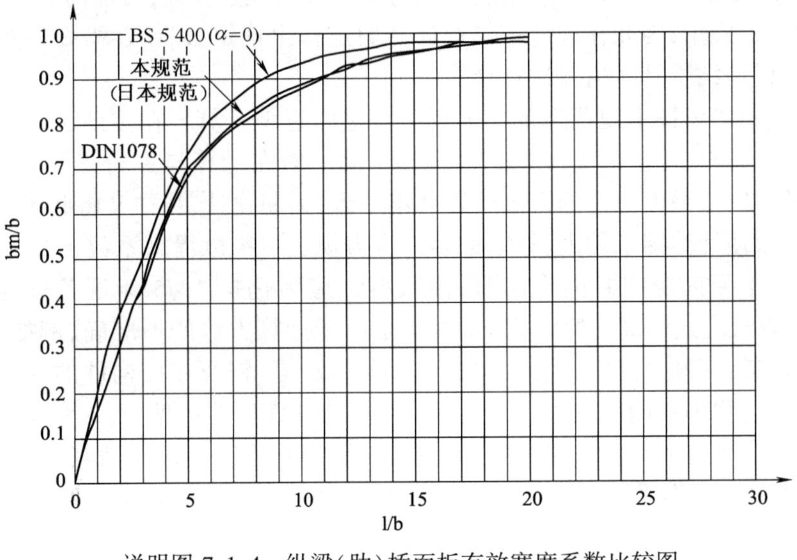

说明图 7. 1. 4 纵梁(肋)桥面板有效宽度系数比较图

(2)在钢桥面板起到作为横梁上翼缘作用的情况下,由于剪力滞后桥面板的应力大小沿桥梁纵向不能均匀分布,在横梁的腹板附近有变大的倾向。由于桥面板厚度较小,通常横梁上翼缘的应力亦较小,荷载产生的应力不均匀程度也较小。参考日本《铁道构造物等设计标准及解说》、南京大胜关长江大桥关键技术研究之道砟整体桥面结构分析与试验研究相关成果,为了计算简便,在横梁下翼缘宽度≤1. 5 m 的情况下,钢桥面板的有效宽度可取横梁下翼缘宽度。当横梁下翼缘宽度>1. 5 m,则不宜取横梁下翼缘宽度作为有效宽度。

7.1.5 计算横梁与主梁连接时,由于纵梁的连续作用而引起反力增大,因此规定横梁连接角钢上的连接栓(钉)数量应按计算增加 10%。

横梁系弹性固定于主桁上,当梁端布设能承受端弯矩的构造时,横梁连接角钢上的连接栓(钉),除承受横梁反力外,尚需承受梁端弯矩。此时在与主桁连接的角钢肢上,铆钉受剪受拔,栓接的抗滑力也有所降低。因此栓(钉)数量需要增加,故规定单线简支梁按支点反力增大 20% 计算栓(钉)数量。

7.1.6 当横梁作为框架(或半框架)的一部分时,横梁支点处弯矩有时较大,以致需按此弯矩检算横梁端部连接强度。按本规范附录 B 检算半穿梁的半框架时,横向抗力同时使横梁跨中弯矩增加。

横梁兼作支承处横联支杆时,如说明图 7.1.6 所示,由于竖杆杆力有时较大,竖杆变形影响下的横联斜杆力也较大,横联斜杆对横梁的偏心连接,有时会使横梁跨中弯矩超载较多,这种不利影响应在设计中予以考虑。

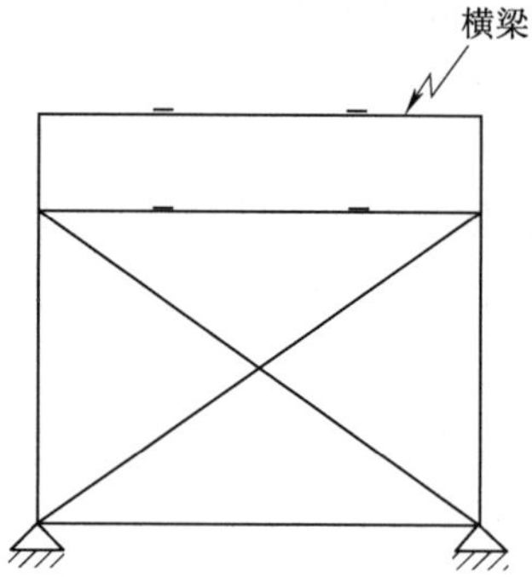

说明图 7.1.6 横梁兼作支承处横联支杆

横梁兼作平纵联支杆时,平纵联对横梁连接的偏心影响,对横梁跨中弯矩一般起卸载作用,但在连续梁的支点附近会使横梁跨中弯矩有所增大,这种影响设计时应予注意。

7.1.7 由于纵横梁与主桁共同作用的大小与结构形式关系较大,目前尚无适合各种桥梁的成熟公式可资应用,因此在规范中仅对计算假定作出规定,以便在需要检算时,根据上述假定,按照桥跨结构具体情况进行计算。

单线简支桁梁可按本规范附录 C 所列方法进行近似计算。在按该法计算时,由于纵梁在竖平面的弯矩规定按简支计算,本已偏大,而一般在计算与主桁弦杆(主梁翼缘)共同作用时,两者产生最大应力的荷载位置并不一致,为简化计,往往又将此予以忽略,两者累积起来,以致使计算结果偏大,故纵梁容许应力规定可乘以提高系数 1.2。计算横梁在竖直荷载及水平面内挠曲共同作用时,横梁容许应力仍按 1975 年规范规定 $\sigma_w = 1.7C[\sigma_w]$。其所以规定这样高的容许应力,主要是由于计算方法的不准确,例如在计算中对产生两平面内最大挠曲应力的竖向荷载位置不一致,栓、钉及连接构件的变形,弦杆及纵横梁截面的形心线不在同一高程。因此计算结果将比实际应力偏大。

按目前国内已有的一般铁路桁梁,如主桁与桥面系用同一钢种而其连续长度不超过 80 m 时,纵横梁一般不受共同作用控制,因此为简化计算起见,规定凡符合上述情况时,可不检算共同作用。

桥跨的平面纵向联结系若与纵梁直接联接,则纵梁所受共同作用影响增大,故不宜采用。

7.2.1 当钢梁采用整体桥面时,可不设纵向联结系,采用纵横梁桥面时,为保证结构的整体稳定及传递水平力,钢梁应设置上、下平面纵向联结系。

由于已建成的桥梁在使用过程存在一些刚度偏弱的问题,为了适应列车提速的需要,加强桥梁的联结系刚度,增加安全储备,规定了纵向联结系杆件宜采用工形截面。

主桁(主梁)采用三角形纵向联结系中,当纵联参加主桁弦杆(主桁翼缘)共同作用时,主桁弦杆(主梁翼缘)受横梁的约束,导致主桁弦杆(主梁翼缘)承受较大的次应力,故不应采用。

7.2.2 近几年来国内通过理论分析,发现下承式钢桁梁的横向刚度主要依靠足够的桁宽和刚劲的桥门。由于已建成的桥梁在使用过程中存在一些横向刚度偏弱的问题,为了适应列车提速的需要,除设置加强的桥门架外,有必要设置加强的横向联结系。

纵梁的横向联结系与纵梁上下翼缘连接,是为了改善其受力情况。武汉长江大桥及浪江桥过去曾因横向联结系不与纵梁下翼缘连接,结果与联结系相联的纵梁腹板下部或加劲角下端曾出现裂缝。改善细节构造后的上述二桥以及其他按此细节新设计的钢梁,都没有在横向联结系与纵梁上下翼缘相连的结构中再出现问题,因此将这一细节构造列入规范。

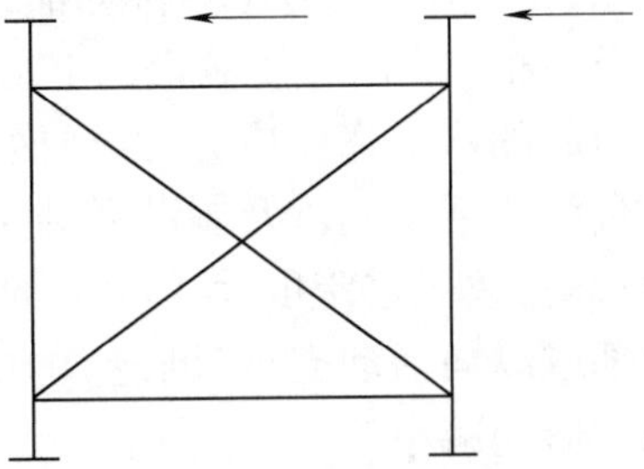

说明图 7.2.2　横向联结系焊连于腹板加劲肋上

在焊接板梁中,若将横向联结系焊连于腹板加劲肋上(说明图 7.2.2),由桥枕传至主梁翼缘的水平力对横向联结系的偏心影响,应在主梁及横联杆件的设计中予以考虑。

7.2.4 规定桥面系所在平联的主桁风力分配系数为 0.5,有时偏小些,当桥面系风力分配系数为 1.0,则稍偏大些,经过互相调整后,基本上能反映实际情况。

7.2.7

(1)规范条文中的式(7.2.7—1)~式(7.2.7—4)根据弦杆变形时,遵循平截面假定的原则进行推导。

(2)主桁(主梁)的纵向联结系采用 T 形截面杆件时,如以翼缘与主桁弦杆(主梁翼缘)连接,则在其参与主桁弦杆(主梁翼缘)共同作用之中,由于连接肢受偏心弯矩影响,所产生的变形在公式中未加考虑,这使按规范条文中式(7.2.7—1)和式(7.2.7—2)计得的 T 形纵向联结系的共同作用力偏大较多,因此在计算该联结系时,可不另计该杆件所受的偏心联结影响。

7.2.8 桁架左右两受压弦杆与纵向联结系组成的其长为弦杆受压区长度的组合受压结构,如果纵向联结系平面内具有初弯曲,则会由于弦杆轴向力在组合的受压结构中产生结构面内的剪力。因此,规定以两弦杆内力之和的 3% 作为节间剪力来计算纵向联结系斜杆的内力,予以检算。

7.2.9 如说明图 7.2.9 所示的菱形式联结系。若将 AB 一段弦杆或翼缘视作在 A、B 两处固定的梁,则在撑杆内力 N_P 作用下,联结系与弦杆或翼缘联结的节点处的计算弯矩

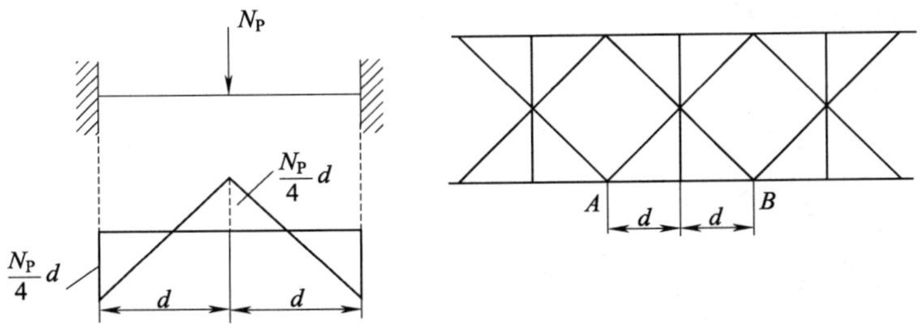

(a)　　(b)

说明图 7.2.9　菱形式联结系

$M=\pm\dfrac{N_P\cdot 2d}{8}=\pm\dfrac{N_P d}{4}$。弦杆(或翼缘)在此附加弯矩下产生次应力,检算时容许应力提高20%。由于在节间中段 $d/3$ 范围内弯矩仅为上述的1/3,通常不致使弦杆(或翼缘)失稳,故规范规定该力矩不在稳定检算中考虑。

7.2.10 除短桥制动力可通过轨道传至桥头路基外,在有明桥面的钢桥中,如无制动联结系,则列车制动力(当桥上铺设长钢轨时,还有长钢轨纵向荷载)将主要地经过横梁传至主桁(梁)上,使横梁产生水平弯曲应力,另外横梁还要承受与主桁(梁)共同作用而引起的水平弯曲应力,这样横梁受力过大。为改善横梁受力情况,可根据计算需要,设置纵梁活动支承及制动联结系。考虑到经济和简化结构,并使纵横梁的附加应力不致过高,故规定跨度大于48 m的钢梁,应设置制动联结系。制动联结系通常设于跨度中部或纵向活动支承(断缝)的中部,这样一般可使其两侧纵梁在参与主桁弦杆共同作用时影响减小。

铺设长钢轨的桥跨结构应根据桥跨结构的特点和长钢轨的布置方案及其锁定方式来确定各种长钢轨纵向荷载作用下的检算内容。长钢轨纵向荷载有温度力、伸缩力、挠曲力和断轨力等,其计算方法参见铁道科学研究院编的《桥上无缝线路设计办法》及《桥上无缝线路设计办法附录》。在铁路钢桥上,长钢轨纵向荷载对桥跨构件的影响,主要检算制动架,其他杆件受力均甚小,不必检算。

7.2.11 当桥门架的门楣为桁架,而其中各杆件仅受轴向力时,假定说明图7.2.11中 E、F、C、D 产生位移,但该部分填充杆件的长度不变,E、C 两点及 D、F 两点移动后,仍各自在一条垂直线上,取右半肢为自由体,则 F 点的转角为

$$EI\tan\alpha=(-xl+yc)c+(x-y)\frac{c^2}{2}=-x\left(lc-\frac{c^2}{2}\right)+y\frac{c^2}{2}$$

因为 D 及 F 仍在一条垂直线上,所以

$$f=(l-c)\tan\alpha$$

但

$$EIf=\frac{x(l-c)^3}{3}$$

故

$$\frac{x(l-c)^3}{3}=\left[-x\left(cl-\frac{c^2}{2}\right)+y\frac{c^2}{2}\right](l-c)$$

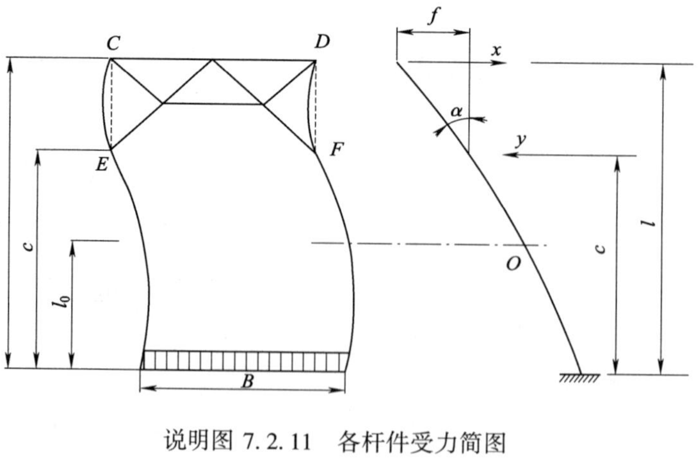

说明图 7.2.11　各杆件受力简图

由此得
$$\frac{x}{y}=\frac{3c^2}{2l^2+2lc-c^2} \qquad \text{（说明 7.2.11—1）}$$

在反弯点处力矩为零，即
$$x(l-l_0)-y(c-l_0)=0$$

得
$$\frac{x}{y}=\frac{c-l_0}{l-l_0} \qquad \text{（说明 7.2.11—2）}$$

解式（说明 7.2.11—1）和式（说明 7.2.11—2），得
$$\frac{3c^2}{2l^2+2lc-c^2}=\frac{c-l_0}{l-l_0}$$
$$l_0=\frac{c}{2}\times\frac{2l^2-lc-c^2}{l^2+lc-2c^2}=\frac{c\ (l+c)(l-c)+l(l-c)}{2\ (l+c)(l-c)+c(l-c)}=\frac{c}{2}\times\frac{(c+2l)}{(2c+l)}$$

7.2.12 单个角钢的连接（说明图 7.2.12—1），由于连接板中心和杆件截面重心不在一条线上，产生了由连接板中心轴和角钢中心轴的偏心所引起的弯矩。

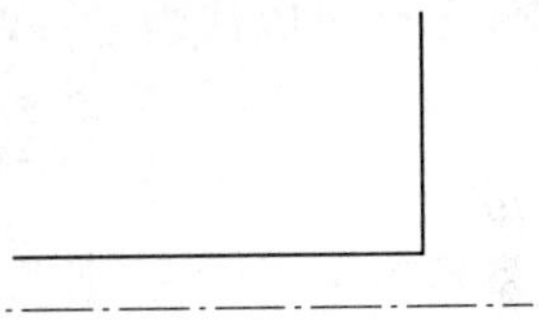

说明图 7.2.12—1 单个角钢的连接

由于角钢承受了偏心弯矩，因此它所能抵抗的轴向应力仅为材料强度的 70%～80%，这折减即是因偏心产生，因此它和非连接肢与连接肢的宽度比值有关，比值越大，偏心亦越大，强度折减也越多。所以单个角钢组成的拉杆仅一肢与节点板相连时，其计算面积等于连接肢截面积加上非连接肢截面积的 50%。如角钢的伸出肢旁另外连上一短角钢并与节点板相连，则杆件伸出肢上的作用力就不需要经过连接肢传递，避免了连接肢的超载，因此也不必再行折减。在此情况下，一般短角钢上的栓（钉）数量（与杆件肢相连部分）至少应较计算数量多 50%，并不少于 5 个。当截面为 T 形或槽形如说明图 7.2.12—2(a)、(b)、(c) 所示。连接时其计算截面积应减少 10%，当截面为两个角钢组成，并如说明图 7.2.12—2(d)、(e)、(f) 所示布置时，均可不需将计算面积予以折减。

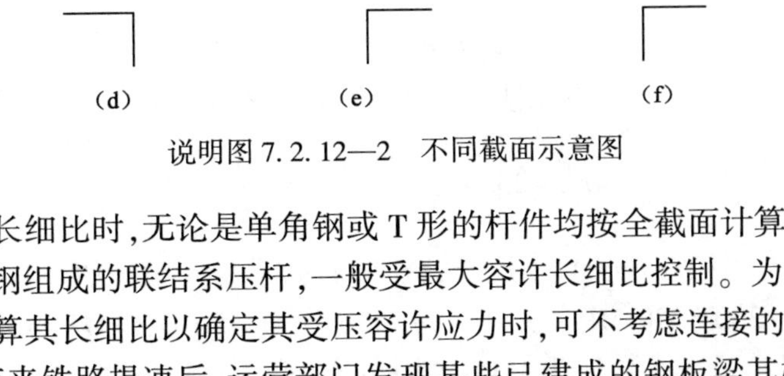

说明图 7.2.12—2 不同截面示意图

在检算拉杆长细比时，无论是单角钢或 T 形的杆件均按全截面计算。

7.2.13 单个角钢组成的联结系压杆，一般受最大容许长细比控制。为了简化计算，采用最小回转半径计算其长细比以确定其受压容许应力时，可不考虑连接的偏心影响。

8.0.1 根据近年来铁路提速后，运营部门发现某些已建成的钢板梁其横向刚度不足，故

规定宽跨比为 1/15。

8.0.2　铆接板梁的翼角面积尽可能加大,使之有较大的强度,这对于翼缘上有桥枕直接搁置受集中压力时更为重要。外层盖板中断处,应根据强度和疲劳强度的检算结果确定其延伸长度,以适合铆钉连接需要。

8.0.3　焊接板梁外层盖板的端部和该处焊缝应进行加工,以降低应力集中的影响,提高其抗疲劳性能。盖板中断处应根据强度和疲劳强度的计算结果,布置盖板的延伸长度,以适合栓接连接需要。

8.0.4　当桥枕直接搁置在翼缘角钢水平肢上时,角钢肢将承受压弯,易使角钢肢在根部开裂。今按照经验,将角钢肢的宽厚比给予限制。

8.0.5　支承加劲肋的伸出肢与梁的支承翼缘磨光顶紧以传递支承应力,因此支承加劲肋具有受压板的功能,规范按习惯采用宽厚比不大于 12 以保证支承加劲肋具有足够的刚度。端加劲肋可以认为是一两端铰接的压杆,其挠曲曲线可取级数表示,即

$$y=\alpha_1\sin\frac{\pi x}{l}+\alpha_2\sin\frac{2\pi x}{l}+\alpha_3\sin\frac{3\pi x}{l}+\cdots \qquad \text{(说明 8.0.5—1)}$$

根据铁木辛柯所著《弹性稳定理论》,由应变能及功的原理可求出:

$$\left(\frac{q_0 l}{4}\right)_{cr}=2.06\,\frac{\pi^2 El}{l^2}=\frac{\pi El}{(0.696l)^2} \qquad \text{(说明 8.0.5—2)}$$

所以其计算长度 $l_0=0.696l=0.7l$。

支承加劲肋除按压杆设计外,还应检算加劲肋与翼缘接触处的支承压力,其计算面积为加劲肋外伸部分与翼板紧贴部分的面积。

8.0.6　本条所给数据按 $\sigma_s=345$ MPa 的 Q345q 钢制定。

(1)竖加劲肋的主要作用是帮助腹板防止剪力屈曲,而板件的临界剪应力 τ_{cr} 可用下式计算:

$$\tau_{cr}=K\frac{\pi^2 E}{12(l-\mu^2)}\times\left(\frac{\delta}{h}\right)^2$$

式中　$K=5.34+4/\alpha^2$;

$\alpha=a/b$。

a,b——矩形板件长度和宽度的尺寸(须使 $a>b,a>1$),如说明图 8.0.6—1 所示。

在不设竖肋时,a 值很大,K 值将趋近于 5.34。

令 $\tau_{cr}\geqslant 1.72\times 120=207$ MPa(其中 120 MPa 是 Q345q-D 和 Q345q-E 钢的[τ],1.72 是安全系数),解得 $h/\delta\leqslant 70$。

为考虑不平度等不利因素,以折减系数 0.715 乘所得的 h/δ,得 $h/\delta=50$。

(2)对于周边简支,并承受弯曲法向应力(说明图 8.0.6—2),其临界压应力的公式为

$$\sigma_{cr}=23.9\times\frac{\pi^2 E}{12(1-\mu^2)}\times\left(\frac{\delta}{h}\right)^2$$

式中的 23.9 是当板件很长且不设竖肋时的屈曲系数 K 最小值。

令 $\sigma_{cr}\geqslant 1.15\times 200=230$ MPa(其中 200 MPa 为 Q345q-D 和 Q345q-E 钢的[σ],1.15 为安全系数 n),且将折减系数取为 1.00,则由上式可得 $h/\delta=140$。

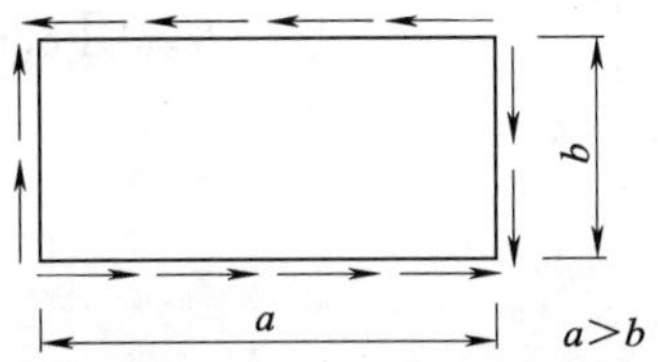

说明图 8.0.6—1 矩形板件尺寸

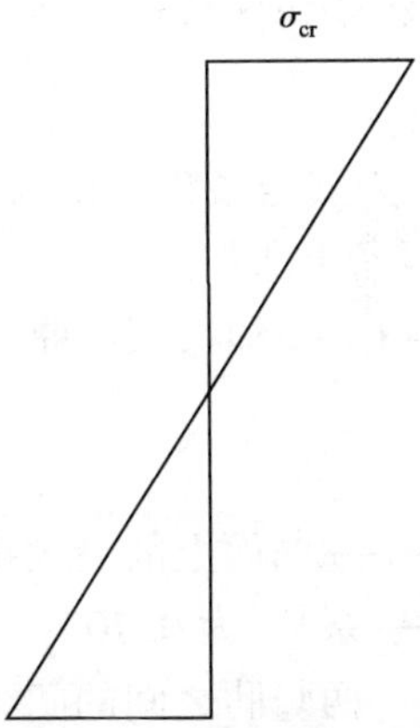

说明图 8.0.6—2 周边简支杆件

这里将 n 取得较低并将折减系数取得较大的理由是：翼缘的抗弯强度大，使腹板在上、下两边的支承优于简支，K 值实际上较 23.9 为大，若使腹板因受弯屈曲而部分地退出工作，强大的受压翼缘将立刻分担稍多于按平面假设所算出的弯曲法向应力，保持梁的安全不受危害。

从设计实践出发，这时仍需设置中间竖肋来抗剪。在用(1)中所给的 τ_{cr}及 K 算式进行计算时，若竖肋间距小于腹板高度，则 b 将代表竖肋间距，a 将代表腹板高度 h。当 a 值已经选定时，随着 b 值的减小，K 值将减小。现按实用可能情况，认为 b 值不会小于 $h/2$，得 $a=2$，$K=6.34$，若再令 $\tau_{cr}\geqslant 1.3\tau$（式中 τ 为腹板内的平均剪应力，1.3 为安全系数），则从(1)中 τ_{cr}算式可得 $b/\delta\approx 960/\sqrt{\tau}$（这里的 b 同规范内的 a 的含义相同）。计算可以证实：若 $b>0.5h$，则 $n>1.30$，即更为安全。

(3)当设置一根水平肋，且将水平肋设在离受压缘距离为 $h/4$ 处时，屈曲系数 K 为 93，即

$$\sigma_{cr}=\frac{93\pi^2 E}{12(1-\mu^2)}\cdot\left(\frac{\delta}{h}\right)^2$$

令 $\sigma_{cr}\geqslant 1.40\times 200$，则从上式可得 $h/\delta\approx 250$。

若使水平肋离翼缘的距离小于 $h/4$，而接近 $h/5$，则 K 值大于 93，将 h/δ 限于 250，将更为安全。

(4)在腹板两侧设置竖加劲肋，以保证腹板在剪力作用下的稳定。加劲肋的尺寸应能保证：当腹板发生翘曲时，肋条仍能保持平直。这里关于加劲肋宽度不得小于 $h/30+0.04$（以 m 计）的规定是经验数据。

(5)在竖肋和水平肋并用时，将水平肋置于距受压翼缘 $h/5$ 处，可使板件屈曲系数 K 值达 129（按水平肋抗弯刚度足以使板件在设肋处不发生屈曲考虑）；但当腹板高度不大时，水平肋离翼缘太近，将使构造细节难于布置，这时就可将它置于距受压翼缘 $h/4$ 处，其屈曲系数将降为 93。

按照线弹性稳定理论分析计算的结果，竖肋及水平肋的截面惯矩不小于本条所列的数值。

(6)关于板梁腹板整体稳定和板块局部稳定的检算，根据国内对箱形梁的研试结果，提出了一套检算方法，现列下式供设计参考。

对于腹板受压区板件的整体稳定验算的基本公式是：

$$\sum \Delta u \geqslant V \cdot \sum \Delta T \qquad \text{（说明 8.0.6—1）}$$

式中：V 为安全系数，对于焊接梁用 1.35，铆接梁用 1.2；Δu 为板或肋的应变能增量；ΔT 为板或板条上所作用的外力的功的增量。

当 $a/b=(1\sim3)$ 时，其屈曲面 ω 取

$$\omega=\omega_0 \sin\frac{\pi(x-Ky)}{a}\sin\frac{\pi y}{b} \qquad \text{（说明 8.0.6—2）}$$

式中　ω_0——翘曲面上的最大挠度（m）；

K——系数，为 0.707；

a——两竖肋之间的间距（m）；

b——挠曲区高度（m），可取 3/4 腹板高。

当 a/b 不在上述范围时，其 ω 应取双重三角级数，另作个别计算。

ω_0 取式（说明 8.0.6—2）时的功能公式如下：

（1）挠曲区板块的应变能增量，其值为

$$\Delta u=\frac{\alpha\pi^4 D}{8b^2}\left(1+\frac{5}{\alpha^2}+\frac{2.25}{\alpha^4}\right)\omega_0^2$$

式中：$\alpha=\dfrac{a}{b}$；$D=\dfrac{E\delta^3}{12(1-\mu^2)}$。

（2）各水平加劲肋屈曲时的应变能增量，其值为

$$\Delta u_i=\frac{EI_i}{4a^3}\pi^4\left(\sin\frac{\pi y_i}{b}\right)^2\omega_0^2$$

式中　I_i——水平加劲肋的惯性矩（如用单侧肋则为对肋与腹板接触边线的惯性矩）（m^4）；

y_i——水平加劲肋至受压翼缘边缘距离（从其重心算起）（m）。

（3）板上挠曲应力所作的功增量，其值为

$$\Delta T_\sigma=\frac{\pi^2\delta}{32\alpha}\sigma'_1\omega_0^2$$

式中　σ'_1——受压翼缘边缘的压应力（MPa）。

（4）板上剪应力所作的功增量，其值为

$$\Delta T_\tau=\frac{0.707\pi^2}{4\alpha}\delta\tau'_{\text{aver}}\omega_0^2$$

式中　τ'_{aver}——板边的平均剪应力（MPa）。

（5）各肋上挠曲应力所作的功增量，其值为

$$\Delta T_i=\frac{A_i}{4a}\sigma'_i\pi^2\left(\sin\frac{\pi y_i}{b}\right)^2\omega_0^2$$

式中　A_i——各水平加劲肋的截面积（m^2）；

σ'_i——各水平加劲肋上所受的挠曲应力，按其重心处的 σ 计（MPa）。

以上有关式中：

E——钢的弹性模量（MPa）；

δ——板的厚度(m)。

关于板梁腹板板块局部稳定的检算：

(1)安全系数

$$V=\frac{1}{\frac{1+\phi}{4}\cdot\frac{\sigma_1}{\sigma_{kl}}+\frac{P}{2P_{kl}}+\sqrt{\left(\frac{3-\phi}{4}\cdot\frac{\sigma_1}{\sigma_{kl}}+\frac{P}{2P_{kl}}\right)^2+\left(\frac{\tau}{\tau_{kl}}\right)^2}} \quad \text{(说明 8.0.6—3)}$$

按上式算出的 V 不应小于：焊接梁用 1.35，铆接梁用 1.2。

式中 σ_{kl} 及 τ_{kl} 见说明表 8.0.6—1。

$$P_{kl}=K_{pl}\cdot\frac{(1+\alpha^2)^2}{\alpha^2}\cdot\left(\frac{100\delta}{a}\right)^2$$

$$\alpha=\frac{a}{b_i}$$

当 P_{kl} 以 MPa 计时，K_{pl} 值焊接梁为 24，铆接梁为 27。b_i 为肋所围成的要检算的局部板块的高度。

σ_1、τ、P 分别为实际荷载所产生的法向应力、剪应力、轮轴在板边上的压皱单宽应力(MPa)，如说明图 8.0.6—3 所示。

腹板高度范围内压皱应力的分布按下式计算：

$$\sigma_y=\frac{P}{2}\left(1+\frac{y}{h}\right)\left(1-\frac{2y}{h}\right)^2 \quad \text{(说明 8.0.6—4)}$$

(2)当按式(说明 8.0.6—3)算出 V 以后，再按下式求临界换算应力：

$$\sigma_{vk}=V\cdot\sqrt{\sigma_1^2+P^2-\sigma_1 P+3\tau^2} \quad \text{(说明 8.0.6—5)}$$

如 σ_{vk} 超过比例极限，则先查说明表 8.0.6—2 得 $\overline{\sigma}_{vk}$，再计算：

$$V=\frac{\overline{\sigma}_{vk}}{\sqrt{\sigma_1^2+P^2-\sigma_1 P+3\tau^2}} \quad \text{(说明 8.0.6—6)}$$

V 不得小于规定的安全系数。

说明表 8.0.6—1　板梁腹板板块局部稳定 σ_{kl} 和 τ_{kl} 计算表

荷　载	翘曲应力	适应范围	翘曲系数
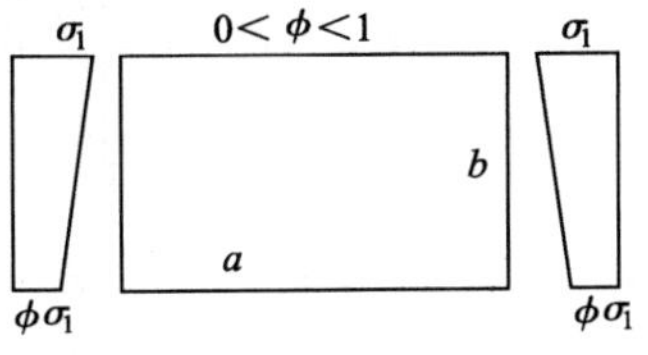	$\sigma_{kl}=K\sigma_e$	$\alpha\geqslant1$ $\alpha<1$	$K=\frac{8.4}{\varphi+1.1}$ $K=\left(\alpha+\frac{1}{\alpha}\right)^2\frac{2.1}{\varphi+1.1}$
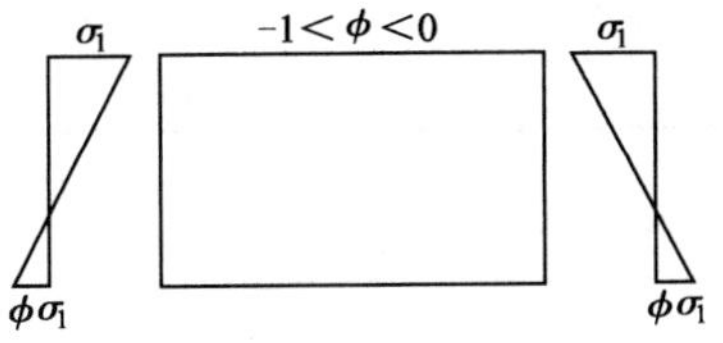	$\sigma_{kl}=K\sigma_e$		$K=(1+\varphi)K'-\varphi K''+10\varphi(1+\varphi)$ 其中 K' 为 $\varphi=0$ 时的翘曲系数 K'' 为 $\varphi=-1$ 时的翘曲系数

续上表

荷　　载	翘曲应力	适应范围	翘曲系数
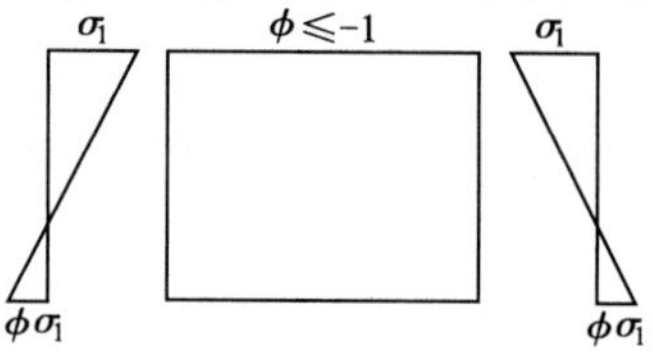	$\sigma_{kl}=K\sigma_e$	$\alpha \geqslant \frac{2}{3}$	$K=23.9$
		$\alpha < \frac{2}{3}$	$K=15.87+\frac{1.87}{\alpha^2}+8.6\alpha^2$
均匀剪应力 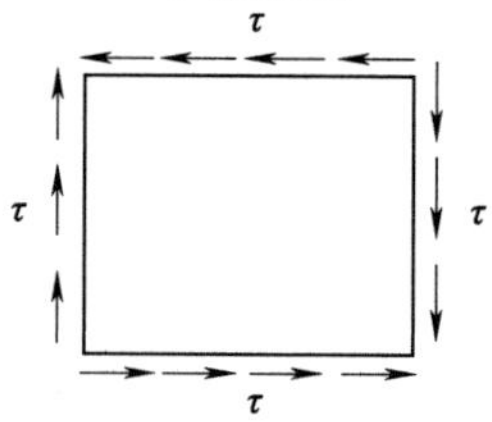	$\tau_{kl}=K\sigma_e$	$\alpha \geqslant 1$	$K=5.34+4.00/\alpha^2$
		$\alpha < 1$	$K=4+5.34/\alpha^2$

注：

$$\sigma_e=19\left(\frac{100\delta}{b_i}\right)^2$$

式中　δ——板的厚度(m)。

说明表 8.0.6—2　Q345q-D 和 Q345q-E 钢弹性屈曲系数$\sqrt{\tau}$(MPa)

σ_{vk}	$\sqrt{\tau}$	$\bar{\sigma}_{vk}$	σ_{vk}	$\sqrt{\tau}$	$\bar{\sigma}_{vk}$
255	1	255	805	0.409	329
265.5	0.98	260	846	0.39	330
277.7	0.956	265	895	0.37	331
289.5	0.934	270	950	0.35	332
303	0.909	275	1 018	0.327	333
318	0.881	280	1 095	0.305	334
335.5	0.85	285	1 205	0.278	335
354.5	0.819	290	1 350	0.249	336
377	0.783	295	1 550	0.217	337
402.5	0.745	300	1 920	0.176	338
435	0.701	305	2 685	0.126	339
474	0.655	310	2 850	0.119	339.1
523	0.603	315	3 030	0.112	339.2
590	0.543	320	3 240	0.105	339.3
606	0.53	321	3 500	0.097	339.4
624	0.516	322	3 840	0.088 5	339.5
642	0.503	323	4 290	0.079 1	339.6
664	0.489	324	4 960	0.068 5	339.7
686	0.474	325	6 070	0.056	339.8
710	0.46	326	8 580	0.039 6	339.9
739	0.443	327	∞	—	340
768	0.427	328			

说明表 8.0.6—3　Q235qD 钢弹性屈曲系数$\sqrt{T}$(MPa)

σ_{vk}	$\sqrt{\tau}$	$\bar{\sigma}_{vk}$	σ_{vk}	$\sqrt{\tau}$	$\bar{\sigma}_{vk}$
180	1	180	190.5	0.971	185

续上表

σ_{vk}	$\sqrt{\tau}$	$\overline{\sigma}_{vk}$	σ_{vk}	$\sqrt{\tau}$	$\overline{\sigma}_{vk}$
202.5	0.938	190	453	0.503	228
216.5	0.901	195	474	0.483	229
232.5	0.861	200	499	0.461	230
239.5	0.863	202	526	0.439	231
247.5	0.825	204	559	0.415	232
256	0.805	206	599	0.389	233
265	0.785	208	648	0.361	234
275	0.764	210	712	0.33	235
286	0.741	212	797.5	0.296	236
298	0.718	214	922	0.257	237
311.5	0.693	216	1 133.5	0.21	238
327.5	0.666	218	1 504	0.149	239
345	0.638	220	1 798.5	0.133	239.2
354	0.624	221	2 081.5	0.115	239.4
365	0.608	222	2 549	0.094	239.6
376.5	0.592	223	2 923	0.082	239.7
389	0.576	224	3 579	0.067	239.8
402.5	0.559	225	5 104	0.047	239.9
417.5	0.541	226	∞	—	240
434	0.523	227	—	—	—

注：说明表 8.0.6—2 及说明表 8.0.6—3 系根据下式推算：

$$\sqrt{\tau}=\sqrt{\frac{\overline{\sigma}_{vk}(\sigma_s-\overline{\sigma}_{vk})}{\sigma_p(\sigma_s-\sigma_p)}}$$

式中 σ_s——钢材屈服极限，Q345q 钢 $\sigma_s=345$ MPa，Q235q 钢$\sigma_s=235$ MPa；

σ_p——钢材比例极限，$\sigma_p\approx0.75\sigma_s$。

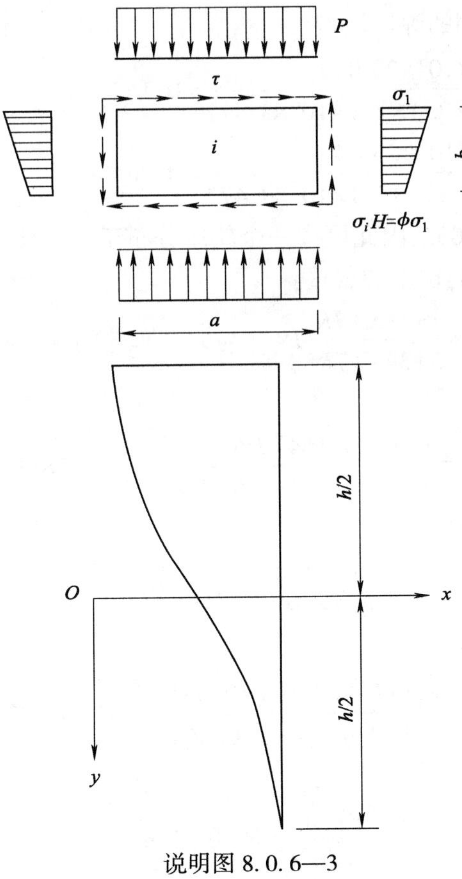

说明图 8.0.6—3

8.0.7　规范规定板梁上的焊缝应错开 10 倍腹板厚度的距离，以避免焊缝热影响区过分集中使材质受到较大的影响。

8.0.8　梁在弯矩平面外的极限承载力系根据等弯矩结构无侧向支撑的等截面简支梁导出的(国内外试验成果也都以此条件为基础)。上承板梁荷载虽作用于上翼缘，但因有平纵向联结系起侧向支撑的作用，它主要还是挠矩，因此可近似地按承受纯弯矩(即按荷载作用于形心)计算。

由于实际上梁承受的弯矩在沿梁长度方向是变化的，并不是像公式推导的等弯矩，因此临界弯矩较按公式计算所得尚可提高一些。并且在翼缘长细比不大时，缺陷对临界力的影响并不显著。还有，公式是按梁侧倾时，荷载在横向偏离剪力中心造成弯扭失稳时计算。实际上，两片 I 形构件用平纵联组成的上承板梁不会出现那样大的偏离。

8.0.9　板梁拉翼缘照拉杆办理，因此规定拼接板的净面积较被拼接部分的净面积大 10%。为简化计，压翼缘可按拉翼缘处理。

8.0.10　枕木铺设在上翼缘时，车轮压力与分布长度与钢轨、枕木的截面大小及枕木的支距、间距有关，当采用 43 kg/m 钢轨($I_P = 1\ 472\ \text{cm}^4$)，枕木支距 $L = 2$ m(即主梁或纵梁中距)，枕木断面为 20 cm×24 cm($I_P = 23\ 040\ \text{cm}^4$)，枕木净距若为 10～21 cm，故枕木间距 $\alpha_{max} = 21+20 = 41$ cm，$\alpha_{min} = 10+20 = 30$ cm，枕木支撑中心至钢轨中心距离 $C = 25$ cm。当 $1/3 > K > 0.055$ 时，则每个轮压可由 5 根枕木承受。

$$K = \frac{a^3 E_n I_n}{C^2(3L-4C)E_p I_p}$$

式中　E_n，E_p——木材和钢的弹性模量。

现　$$K = \frac{41^3 \times 10^5 \times 23\ 040}{25^2(3\times 200-4\times 25)\times 2.1\times 10^6\times 1\ 472} = 0.164$$

或　$$K = \frac{30^3 \times 10^5 \times 23\ 040}{25^2(3\times 200-4\times 25)\times 2.1\times 10^6\times 1\ 472} = 0.064\ 4$$

K 均小于 1/3，大于 0.055，因此可按一个轮压分布于 5 根枕木来计算。

承担最大一部分轮压的枕木的载重：

$$P_1 = \frac{1+18K+7K^2}{5+34K+7K^2}P\text{（}P\text{ 为一个车轮的压力）}$$

当 $a = 41$ cm 时，

$$P_1 = \frac{1+18\times 0.164+7\times 0.164^2}{5+34\times 0.164+7\times 0.164^2}\times P = 0.385P$$

每个轮重的分布长度为：

$$\frac{0.41}{0.385P}\times P = 1.065\ \text{m}$$

当 $a = 30$ cm 时，

$$P_1 = \frac{1+18\times 0.064\ 4+7\times 0.064\ 4^2}{5+34\times 0.064\ 4+7\times 0.064\ 4^2}\times P = 0.303P$$

每个轮重的分布长度为：

$$\frac{0.30}{0.303P}\times P = 0.99\ \text{m}$$

因此在检算翼缘铆钉及翼缘焊缝时，轮重的分布长度规定按 1.0 m 计算。

但在检算板梁腹板稳定时，应该考虑轮重在腹板内的分布随着离承压翼缘距离而趋向均匀。所以，分布长度当按轴距 1.5 m 计算。

9.0.1 桁梁的竖向刚度（挠跨比 δ/L）及横向刚度（宽跨比 B/L）的限值，主要为了列车运行的平稳性，列车司机及旅客的舒适度，还要防止列车在桥上的脱轨。桁梁的竖向刚度（挠跨比 δ/L）限值列入《铁路桥涵设计规范》；根据近年来的研究成果并吸收原铁道部工务部门的意见，简支桁梁的宽跨比仍沿用 1999 版规范不变；对连续桁梁桥的中孔，由于受边孔的约束，刚度增加而且在中支点处的弹性曲线，无论竖向及水平向都是匀顺的，所以其限值可以放宽。

详见曹雪琴《铁路钢桥梁正常使用极限状态竖向刚度的研究》一文，曾庆元、张麒《钢桁梁桥横向刚度限值研究》一文，曾庆元、郭向荣《铁路连续梁横向刚度限值分析》一文。

9.0.3 主桁杆件截面高度与节长之比在连续桁梁中不大于1/15，简支桁梁中不大于 1/10 时，节点刚性所产生的次应力大致在容许范围以内，为简化计算，故规定此时可不进行这项次应力的计算。

由于节点刚性所产生的次应力还与桁架的形式有较大的关系，在特大跨度桥梁设计时亦需虑及。

9.0.4 桁梁由于横梁和立杆或挂杆的刚性连接，都存在着框架作用，使杆端产生弯矩，主桁斜杆实际上也参与框架作用。但按此算得的横梁端弯矩中，分配给竖杆的弯矩与略去斜杆的影响算得者接近相等，因此在计算竖杆时，为简化计，对于框架的构成，可不考虑斜杆；主桁斜杆本身，则由于框架作用产生的杆端弯矩一般较小，可以略去不计。

不考虑主桁斜杆影响的横梁面内的竖直框架计算，可按本规范附录 B 进行。该计算中的公式推导过程，可参见《铁路标准设计通讯》1979 年第 7 期"关于钢桁梁纵联与横梁计算中的一些问题"。

9.0.6 铁路钢桥设计应力，均留存一些发展余量，以便在长期使用中，适应机车车辆重量的增长及特种超重列车通过的需要。但由于桁梁中各杆件恒、活载内力的比值各不相同，因此当杆件应力由设计应力$[\sigma]$提高到检定容许应力 $1.2[\sigma]$时，所能承受活载的增长倍数也不相同，这样形成整个钢桁梁杆件强弱不一，而钢梁的承载能力则取决于最弱的杆件，这样就不能利用较强杆件的潜力。为了发挥较强杆件的潜在能力，在增加钢料不多的条件下，使所有杆件承受活载的能力比较一致，以提高钢梁的承载能力，因此规定所有杆件在活载所产生的杆力乘以增大系数 η。

当某一杆件的 a_{max} 与一般杆件的 a 值相差太大时，从节省钢料出发，并考虑活载在使用年限内增长情况，a_{max} 可采用较低数值。

桥梁的检定载重参照特大桥的检定载重可在初步设计中确定。

9.0.7 对于拉杆破坏在净截面处，为了保证拼接处不比原净截面弱，规定拉杆拼接板的净面积较被拼接部分的净面积大 10%。

因拉杆由于杆件尺寸公差、板厚公差等影响，使拼接板的疲劳承载能力迅速下降。据已有桥梁拼接接头分析，拉杆拼接板疲劳承载能力得以保证，很大一部分是依靠了这加大的 10%。虽然拧栓规则作了一些必要的规定以保证接头的可靠性，但它规定小于 1 mm 的公差影响可以忽略不计，这对接头处高强度螺栓的有效程度可能影响较小。但从已有的疲劳试验发现，双摩擦面的对接接头试件，当两端心板有板厚公差存在时，拼接板的疲劳强度迅即下降，接近空孔杆件的疲劳强度水平，所以此规范拉杆拼接板净面积仍保留原定标准较被拼接净面积大 10% 考虑。

对于压杆拼接板面积，考虑到由于拼接板可能产生局部偏心等影响，要求其有效面积也应大于被拼接压杆有效面积的 10%。当压杆在节点外拼接时，拼接板按规定采用被拼接压杆的容许应力折减系数，则其实有毛面积将为被拼接压杆毛面积的 1.1 倍；这里没有对拼接截面的惯矩提出要求，是因为即使拼接处惯矩稍弱，对于构件的整体稳定影响极微，但在设计中应尽可能使拼接截面的惯矩不致削弱。在节点内拼接时，由于拼接板厚度及栓钉布置规范都有一定要求，因此其计算长度不会大，所以规范规定此时拼接板的 φ 值可采用 0.9。

10.0.2　活动支座为了使荷载发展后仍能正常工作，因此在计算纵向位移时，活载应按容许应力提高 20% 后或相应的检定载重下的活载计算。对于简支梁，该活载的换算匀布荷载可按三角形影响线顶点位置在跨中处计算；对于连续梁，则应根据每个活动支座可能产生的绝对最大水平位移（包括伸长及缩短）分别计算。

温度变化幅度应根据当地情况确定。

根据钢梁的结构特点，通常情况下需将支座的固定端与钢梁支承底面相连。

10.0.3　当桥上铺设无缝线路时，固定支座除承受制动力或风力外，尚需考虑长钢轨纵向水平力的影响。

活动支座的相对移动部件之间，要完全不产生摩擦阻力是很困难的，因此活动支座必然会承受一部分纵向水平力。

活动支座传递纵向水平力的大小与支座的摩擦系数和支承反力大小有关。规范规定的各种活动支座类型的摩擦系数是表示该活动支座在使用过程中有可能出现的情况，并不是一定会出现的情况。但为安全计，对固定支座仍规定按承受全部纵向水平力考虑。

活动支座能传递纵向水平力是由于摩擦阻力的存在，因此它所能传递的纵向水平力当然不应大于摩擦阻力，所以规范规定活动支座纵向水平力按该支座的最大摩擦阻力取用。

10.0.4　为了使支座具有充分的刚性，使力较均匀地分布于支承垫石，规范结合国内外实践经验，对支座做了一些构造上的规定。

10.0.5　对于受拔力锚栓的锚固，要求握住锚栓的混凝土块的重量应为锚栓上拔力的 1.5 倍，使之有相当的安全储备，同时握裹强度也应按此考虑。试验表明：锚栓随着埋置深度的增加，应力递减很快，故埋得过深意义不大。为了增加握裹力，一般是对锚栓下端采取措施，如设置弯钩或将端部扩大成螺头形式的锚固板等。

UDC

中华人民共和国行业标准

TB

P

TB 10092—2017
J 462—2017

铁路桥涵混凝土结构设计规范

Code for Design of Concrete Structures of Railway Bridge and Culvert

2017-01-02 发布　　2017-05-01 实施

国家铁路局　发布

国家铁路局关于发布铁道行业标准的公告

（工程建设标准 2017 年第 2 批）

国铁科法〔2017〕3 号

现公布《铁路桥涵设计规范》（TB 10002—2017）、《铁路桥梁钢结构设计规范》（TB 10091—2017）、《铁路桥涵混凝土结构设计规范》（TB 10092—2017）和《铁路桥涵地基和基础设计规范》（TB 10093—2017）等 4 项行业标准，自 2017 年 5 月 1 日起实施。《铁路桥涵设计基本规范》（TB 10002.1—2005）、《铁路桥梁钢结构设计规范》（TB 10002.2—2005）、《铁路桥涵钢筋混凝土和预应力混凝土结构设计规范》（TB 10002.3—2005）、《铁路桥涵混凝土和砌体结构设计规范》（TB 10002.4—2005）和《铁路桥涵地基和基础设计规范》（TB 10002.5—2005）同时废止。

以上标准由中国铁道出版社出版发行。

国家铁路局

2017 年 1 月 2 日

前　　言

《铁路桥涵钢筋混凝土和预应力混凝土结构设计规范》TB 10002.3—2005和《铁路桥涵混凝土和砌体结构设计规范》TB 10002.4—2005自发布以来，我国铁路尤其高速铁路建设取得了举世瞩目的成就，京沪、京广、郑西、哈大等高速铁路，宜万、太中银等客货共线铁路，山西中南部通道、蒙华等重载铁路，珠三角及武汉城市圈城际铁路等大批铁路项目相继建成通车，完善了路网结构，增加了铁路运输服务的有效供给。经过十多年的积极探索和创新实践，我国铁路桥梁建造技术取得重大突破，已跻身世界先进行列。南京大胜关长江大桥、武汉天兴洲长江大桥等一批深水、大跨、特殊地质条件、复杂结构形式桥梁的成功建设，自主研发的大吨位箱梁成套技术的广泛应用，为进一步完善铁路桥梁技术标准积累了丰富经验，奠定了坚实基础。

本规范根据国家铁路局构建铁路工程建设标准体系的要求，为满足铁路桥涵建设和发展需要，统一铁路桥涵设计标准，提高铁路桥涵设计水平，保障铁路桥涵安全与质量，在原规范的基础上，总结近年来我国高速、城际、客货共线和重载铁路桥涵建设、运营的实践经验和科研成果，全面修订而成。

本规范贯彻落实了安全优先的原则，强化了质量安全、节约资源、保护环境等技术要求，并结合我国国情、经济社会发展水平、环境条件等因素，合理确定了不同运输性质类型、不同速度等级铁路桥梁的主要设计标准，进一步提升了规范的科学性和技术经济合理性。

本规范共分9章，主要内容包括：总则、术语和符号、材料、设计基本规定、素混凝土与砌体结构、钢筋混凝土结构、预应力混凝土结构、支座、既有线顶进桥涵，另有5个附录。

本次修订的主要内容有：

1. 整合修订了《铁路桥涵钢筋混凝土和预应力混凝土结构设计规范》TB 10002.3—2005和《铁路桥涵混凝土和砌体结构设计规范》TB 10002.4—2005。

2. 修订了规范适用范围，适用于高速、城际、客货共线Ⅰ级和Ⅱ级铁路、重载铁路桥涵结构设计。

3. 修订了HRB400、HRB500钢筋材料要求、强度、容许应力、疲劳应力、弹性模量等相关设计参数。

4. 修订了钢筋混凝土结构裂缝计算公式。

5. 修订了HRB400、HRB500钢筋标准弯钩及锚固长度取值，修订了钢筋混凝土受弯构件和受压构件最小配筋率。

6. 修订了混凝土箱梁梯度温差的相关规定。

7. 修订了预应力筋管道间距的构造要求。

8. 修订了桥面板整体连接的工字形或T形截面分片式结构的构造要求。

9. 增加了箱梁有效宽度折减系数。

10. 根据《铁路混凝土结构耐久性设计规范》TB 10005的相关规定，修订了钢筋混凝土结构裂缝宽度容许值。

11. 增加了钢筋混凝土桥墩防车辆撞击构造要求。

12. 修订了箱梁构造设计的内容。

13. 增加了球型支座相关设计内容。

在执行本规范过程中,希望各单位结合工程实践,认真总结经验,积累资料。如发现需要修改和补充之处,请及时将意见和有关资料寄交中铁工程设计咨询集团有限公司(北京市丰台区广安路 15 号,邮政编码:100055),并抄送中国铁路经济规划研究院(北京市海淀区北蜂窝路乙 29 号,邮政编码:100038),供今后修订时参考。

本规范由国家铁路局科技与法制司负责解释。

主编单位:中铁工程设计咨询集团有限公司。

参编单位:铁道第三勘察设计院集团有限公司、中铁二院工程集团有限责任公司。

主要起草人:徐升桥、刘永锋、沈　平、高静青、苏　伟、陈　列、高　策、张　莉、周四思、杜宝军、鄢　勇、曾　玲、鲁　昭、王德华、李　辉、余　鹏、简方梁、林　辉、王爱霞。

主要审查人:殷宁骏、吴少海、刘　燕、薛吉岗、陈克坚、王召祜、赵会东、杨鹏健、韩晓强、王　芳、王新国、彭华春、宁伯伟、桂　婞。

本规范所替代规范的历次版本发布情况:

(1)《铁路桥涵钢筋混凝土和预应力混凝土结构设计规范》TB 10002.3—2005:《铁路桥涵设计规范》TBJ 2—85;TBJ 2—96;《铁路桥涵钢筋混凝土和预应力混凝土结构设计规范》TB 10002.3—99。

(2)《铁路桥涵混凝土和砌体结构设计规范》TB 10002.4—2005:《铁路桥涵设计规范》TBJ 2—85;TBJ 2—96;《铁路桥涵混凝土和砌体结构设计规范》TB 10002.4—99。

目　　次

1 总　　则

1.0.1　为统一铁路桥涵混凝土结构设计标准，使设计符合安全可靠、先进成熟、经济适用的要求，制定本规范。

1.0.2　本规范适用于铁路桥涵的砌体、素混凝土、钢筋混凝土和预应力混凝土结构设计。

1.0.3　桥涵混凝土结构设计应符合现行《铁路桥涵设计规范》TB 10002、《铁路工程抗震设计规范》GB 50111 及《铁路混凝土结构耐久性设计规范》TB 10005 的有关规定。

1.0.4　桥涵结构的强度、刚度和稳定性，应满足轨道平顺性、列车运行安全性和旅客乘坐舒适性的要求。

1.0.5　桥涵混凝土主体结构的设计使用年限应为 100 年。

1.0.6　桥涵混凝土结构设计除应符合本规范外，尚应符合国家现行有关强制性标准的规定。

2 术语和符号

2.1 术 语

2.1.1 混凝土结构 concrete structure

以混凝土作为主要建筑材料制成的结构,包括素混凝土、钢筋混凝土和预应力混凝土结构。

2.1.2 砌体结构 block masonry structure

桥涵中以混凝土块或石块用水泥砂浆砌成的结构。

2.1.3 素混凝土结构 plain concrete structure

无筋或不配置受力钢筋的混凝土结构。

2.1.4 钢筋混凝土结构 reinforced concrete structure

配置受力普通钢筋的混凝土结构。

2.1.5 预应力混凝土结构 prestressed concrete structure

配置受力的预应力钢筋并被施加预应力的混凝土结构。

2.1.6 桥跨结构 bridge superstructure

梁桥支承以上或拱桥起拱线以上,跨越桥孔的结构。

2.1.7 简支梁 simply supported beam

一端为纵向活动支座,另一端为纵向固定支座的两端支承的梁。

2.1.8 连续梁 continuous beam

两跨或两跨以上梁部连续,由支座支承的梁。

2.1.9 刚架 frame

由梁和柱以刚接或铰接相连接而构成承重体系的结构。

2.1.10 刚构桥 rigid framebridge

桥跨结构与桥墩或桥台刚性连接的桥。

2.1.11 拱桥 arch bridge

以拱圈或拱肋作为桥跨结构的桥。

2.1.12 实体墩台 solid pier and abutment

墩身和台身为实体的桥墩和桥台。

2.1.13 空心墩 hollow pier

墩身有空腔体的桥墩。

2.1.14 顶进桥涵 jacked-in bridge or culvert

穿越既有线路用顶进方法施工的桥涵。

2.1.15 铁路涵洞 railway culvert

横穿铁路路基,用以排洪、灌溉或作为通道的建筑物。

2.1.16 盖板涵 slab culvert

洞身由钢筋混凝土盖板、石料或混凝土边墙、基础组成的涵洞。

2.1.17 框架箱涵 frame box culvert

洞身由钢筋混凝土箱形管节组成的涵洞。

2.1.18 圆涵 circle culvert

洞身由钢筋混凝土圆形管节组成的涵洞。

2.1.19 拱涵 arch culvert

洞身顶部呈拱形的涵洞。

2.1.20 支座 bearing

支承桥跨结构,并将其荷载传给墩(台)的构件。

2.1.21 强度 strength

材料或构件受力时抵抗破坏的能力。其值为在一定受力状态下,材料所能承受的最大应力或构件所能承受的最大内力。

2.1.22 刚度 stiffness

结构或构件抵抗变形的能力。

2.1.23 预应力度 degree of prestressing

结构或构件中,由预加应力所抵消的设计荷载产生的应力的程度。

2.1.24 有效预应力 effective prestress

在计入外部荷载作用之前,扣除各项因素引起的应力损失之后,预应力钢筋中的应力。

2.1.25 挠度 deflection

在弯矩作用平面内,结构构件轴线或中面上某点由挠曲引起的垂直于轴线或中面方向的线位移。

2.1.26 预拱度 camber

为抵消桥跨结构在荷载作用下产生的挠度,在制作时所预留的与挠度方向相反的校正量。

2.1.27 预应力钢筋 prestressing tendon

用于混凝土结构构件中施加预应力的钢筋、钢丝和钢绞线的总称。

2.1.28 疲劳应力幅 fatigue stress range

在疲劳荷载作用下构件的最大应力与最小应力之差。

2.2 符 号

2.2.1 材料性能

E_c——混凝土弹性模量

G_c——混凝土剪切变形模量

ν_c——混凝土泊松比

E_s——普通钢筋弹性模量

E_p——预应力钢筋弹性模量

f_c,f_{ct}——混凝土轴心抗压、抗拉极限强度

f_{pk},f_{sk}——预应力钢筋、普通钢筋拉抗强度标准值

f_s, f'_s——普通钢筋抗拉、抗压计算强度
f_p, f'_p——预应力钢筋抗拉、抗压计算强度
$[\sigma_c]$——中心受压时混凝土的容许应力
$[\sigma_b]$——弯曲受压及偏心受压时混凝土的容许应力
$[\sigma_{tp\text{-}1}]$——有箍筋及斜筋时混凝土的容许主拉应力
$[\sigma_{tp\text{-}2}]$——无箍筋及斜筋时混凝土的容许主拉应力
$[\sigma_{tp\text{-}3}]$——梁部分长度中全由混凝土承受的主拉应力
$[\tau_c]$——纯剪时混凝土的容许剪应力
$[c]$——光圆钢筋与混凝土之间的容许黏结力
$[\sigma_{c\text{-}1}]$——局部承压时混凝土的容许压应力
$[\sigma_s]$——普通钢筋的容许应力
$[\Delta\sigma]$——钢筋应力幅容许值

2.2.2　荷载及荷载效应

N——计算轴向力
N_{cr}——墩台顺截面回转半径较小方向弯曲的纵向弯曲(屈曲)临界荷载
M——计算弯矩
V——计算剪力
σ_c, σ_{ct}——混凝土压、拉应力
τ_c——混凝土剪应力
σ_{tp}, σ_{cp}——混凝土主拉、主压应力
σ_{con}——预应力钢筋锚下控制应力
σ_p——预应力钢筋拉应力
σ_{pl}——预应力钢筋有效预应力
σ_s——普通钢筋拉应力
σ_L——预应力钢筋应力损失
ω_f——裂缝宽度
$\Delta\sigma_p, \Delta\sigma_s$——预应力钢筋、普通钢筋应力幅

2.2.3　几何参数

b——矩形截面宽度,T形、工字形截面腹板宽度
b_f, b'_f——T形或工字形截面受拉、受压区翼缘宽度
d——直径
e——偏心距
h——截面高度
h_f, h'_f——T形或工字形截面受拉、受压区翼缘高度
l_0——计算跨度或计算长度
i——截面回转半径
A——截面面积
W——截面抵抗矩
I——截面惯性矩
S——面积矩

S_s——沿墩台身截面重心与合力作用点的连线上量取，自截面重心至该连线与截面外包轮廓线的交点的距离

S_0——截面重心至最大压应力边缘的距离

2.2.4 计算系数及其他

K——强度安全系数

K_f——抗裂安全系数

γ——受拉区混凝土塑性影响系数

φ——纵向弯曲系数

n——钢筋弹性模量与混凝土弹性模量之比

n_p，n_s——预应力钢筋、普通钢筋弹性模量与混凝土弹性模量之比

η——偏心距增大系数

λ——预应力度

B——截面抗弯刚度

3 材　料

3.1 混　凝　土

3.1.1 混凝土强度等级可采用C25、C30、C35、C40、C45、C50、C55和C60。

3.1.2 混凝土的设计强度等级应符合下列规定：

1 钢筋混凝土结构的混凝土强度等级不宜低于C30。

2 预应力混凝土结构的混凝土强度等级不应低于C40。

3 耐久性要求的混凝土强度等级应符合《铁路混凝土结构耐久性设计规范》TB 10005的相关规定。

3.1.3 混凝土的极限强度应按表3.1.3采用。

表3.1.3　混凝土的极限强度(MPa)

强度种类	符号	混凝土强度等级							
		C25	C30	C35	C40	C45	C50	C55	C60
轴心抗压	f_c	17.0	20.0	23.5	27.0	30.0	33.5	37.0	40.0
轴心抗拉	f_{ct}	2.00	2.20	2.50	2.70	2.90	3.10	3.30	3.50

3.1.4 混凝土的容许应力应按表3.1.4采用，并应符合下列规定：

1 计算主力+附加力时，表列第1、2及8项容许应力可提高30%。

2 对厂制及工艺符合厂制条件的构件，表列第1、2及8项容许应力可提高10%。

3 当检算施工临时荷载产生的应力时，表列第1、2及8项容许应力在主力+附加力的基础上可再提高10%。

4 带肋钢筋与混凝土之间的黏结力按表列第7项数值的1.5倍采用。

5 计算主力+特殊荷载时，表列第1、2、8项容许应力可提高50%。

表3.1.4　混凝土的容许应力(MPa)

序号	应力种类	符号	混凝土强度等级							
			C25	C30	C35	C40	C45	C50	C55	C60
1	中心受压	$[\sigma_c]$	6.8	8.0	9.4	10.8	12.0	13.4	14.8	16.0
2	弯曲受压及偏心受压	$[\sigma_b]$	8.5	10.0	11.8	13.5	15.0	16.8	18.5	20.0
3	有箍筋及斜筋时的主拉应力	$[\sigma_{tp-1}]$	1.80	1.98	2.25	2.43	2.61	2.79	2.97	3.15
4	无箍筋及斜筋时的主拉应力	$[\sigma_{tp-2}]$	0.67	0.73	0.83	0.90	0.97	1.03	1.10	1.17
5	梁部分长度中全由混凝土承受的主拉应力	$[\sigma_{tp-3}]$	0.33	0.37	0.42	0.45	0.48	0.52	0.55	0.58
6	纯剪应力	$[\tau_c]$	1.00	1.10	1.25	1.35	1.45	1.55	1.65	1.75

续上表

序号	应力种类	符号	混凝土强度等级							
			C25	C30	C35	C40	C45	C50	C55	C60
7	光圆钢筋与混凝土之间的黏结力	$[c]$	0.83	0.92	1.04	1.13	1.21	1.29	1.38	1.46
8	局部承压应力	$[\sigma_{c-1}]$	6.8 $\times\beta$	8.0 $\times\beta$	9.4 $\times\beta$	10.8 $\times\beta$	12.0 $\times\beta$	13.4 $\times\beta$	14.8 $\times\beta$	16.0 $\times\beta$

注：β 为混凝土局部承压应力提高系数，可按式(3.1.5)计算。

3.1.5 混凝土局部承压应力提高系数 β 的取值应符合下列规定：

1 混凝土局部承压应力提高系数 β 应按式(3.1.5)计算：

$$\beta=\sqrt{\frac{A}{A_c}} \tag{3.1.5}$$

式中 A_c——局部承压面积；

A——计算底面积，可按图 3.1.5 计算，但该部分的混凝土厚度应大于底面积 A 的短边尺寸。

2 在图 3.1.5(a)、(b)、(c)、(d)情况下 β 不应大于 3，在(e)情况下 β 不应大于 1.5。

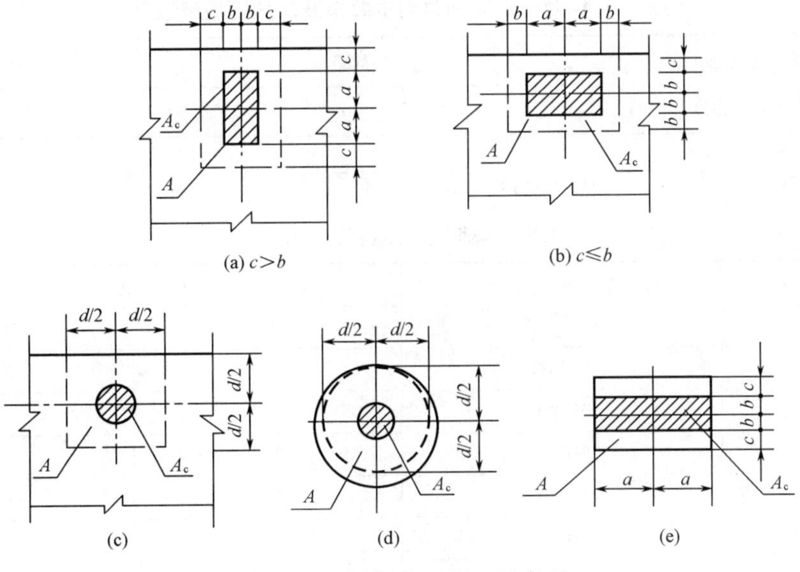

(a) $c>b$　(b) $c\leq b$

(c)　(d)　(e)

图 3.1.5 计算底面积 A 示意图

a—矩形局部承压面积 A_c 长边的一半；

b—A_c 短边的一半；c—A_c 的外边缘至构件边缘的最小距离；

$d/2$—圆形局部承压面积 A_c 的圆心至构件边缘的最小距离

3 局部承压面与计算底面间有预留孔洞时，局部承压应力提高系数应根据实际情况予以折减。

3.1.6 混凝土受压或受拉时的弹性模量 E_c 应按表 3.1.6 采用。混凝土的剪切变形模量 G_c 可按表 3.1.6 所列数值的 0.43 倍采用。混凝土泊松比可采用 0.2。

表 3.1.6　混凝土弹性模量 E_c(MPa)

混凝土强度等级	C25	C30	C35	C40	C45	C50	C55	C60
弹性模量 E_c	3.00×10^4	3.20×10^4	3.30×10^4	3.40×10^4	3.45×10^4	3.55×10^4	3.60×10^4	3.65×10^4

3.1.7　后张预应力混凝土管道压浆用水泥浆强度等级不应低于 M35。

3.2　石料、水泥砂浆和砌体

3.2.1　石料、水泥砂浆的强度等级应按下列规定采用：

1　石料的强度等级应按表 3.2.1—1 采用。

表 3.2.1—1　石料强度等级及其抗压极限强度

石料强度等级	MU120	MU100	MU90	MU80	MU70	MU60	MU50	MU40	MU30
抗压极限强度(MPa)	120	100	90	80	70	60	50	40	30

2　水泥砂浆的强度等级应按表 3.2.1—2 采用。

表 3.2.1—2　水泥砂浆强度等级及其抗压极限强度

水泥砂浆强度等级	M20	M10
抗压极限强度(MPa)	20	10

3.2.2　砌体受压容许应力[σ_c]应按表 3.2.2 采用。

表 3.2.2　砌体受压容许应力(MPa)

砌体种类	石料和混凝土块强度等级	水泥砂浆强度等级	
		M20	M10
片石砌体	MU100	3.0	2.2
	MU80	2.7	2.0
	MU70	2.5	1.9
	MU50	2.1	1.6
	MU30	1.8	1.3
块石砌体	MU100	5.6	4.9
	MU80	4.7	4.1
	MU70	4.2	3.6
	MU50	3.3	2.8
粗料石砌体	MU120	8.2	5.0
	MU100	7.1	5.0
	MU80	6.0	4.8
	MU60	4.9	4.1

续上表

砌体种类	石料和混凝土块强度等级	水泥砂浆强度等级	
		M20	M10
混凝土块砌体	C30	5.6	4.7

注:1　介于表列石料或水泥砂浆的强度等级之间的砌体的受压容许应力可用内插确定。
2　如有特殊需要必须采用细料石及半细料石砌体时,其受压容许应力可按粗料石砌体的受压容许应力分别乘以提高系数 1.43 及 1.14 取值,但不应大于相应水泥砂浆抗压极限强度的 1/2。
3　当混凝土块厚度 h 超过 0.2 m 时,受压容许应力应乘以提高系数 C。当 h 大于 0.4 m 时,C 为 $1.2+0.5h$,且不大于 1.7;当 h 不大于 0.4 m 时,C 为 $0.6+2.0h$。

3.2.3　各种荷载组合作用下,表 3.2.2 的各项容许应力可乘以表 3.2.3 规定的提高系数。

表 3.2.3　容许应力提高系数

序号	荷载组合	提高系数
1	主力	1.0
2	主力+附加力	1.3
3	主力+特殊荷载(地震力除外)	1.4

3.2.4　石砌体的受压弹性模量可采用 12 GPa。

3.3　钢　　筋

3.3.1　铁路桥涵混凝土结构采用的普通钢筋和预应力钢筋应符合下列规定:

1　普通钢筋应采用 HPB300 和未经高压穿水处理过的 HRB400、HRB500 钢筋,并应符合《钢筋混凝土用钢　第 1 部分:热轧光圆钢筋》GB 1499.1 和《钢筋混凝土用钢　第 2 部分:热轧带肋钢筋》GB 1499.2 的规定。HRB400 钢筋的化学成分 $C+\frac{Mn}{6}$ 不应大于 0.5%。HRB500 钢筋的化学成分 $C+\frac{Mn}{6}$ 不应大于 0.52%。

2　预应力钢丝应符合《预应力混凝土用钢丝》GB/T 5223 的规定。

3　预应力钢绞线应符合《预应力混凝土用钢绞线》GB/T 5224 的规定。

4　预应力螺纹钢筋应符合《预应力混凝土用螺纹钢筋》GB/T 20065 的规定。

5　当采用其他种类的钢筋时,应有试验资料为依据。

3.3.2　普通钢筋及预应力钢筋抗拉强度标准值应分别按表 3.3.2—1、表 3.3.2—2、表 3.3.2—3 采用。

表 3.3.2—1　钢筋抗拉强度标准值(MPa)

种类 / 强度	普通钢筋 f_{sk}			预应力螺纹钢筋 f_{pk}	
	HPB300	HRB400	HRB500	PSB830	PSB980
抗拉强度标准值	300	400	500	830	980

表 3.3.2—2　预应力钢丝抗拉强度标准值 f_{pk} (MPa)

公称直径(mm)	4~5	6~7
抗拉强度标准值	1 470	1 470
	1 570	1 570
	1 670	1 670
	1 770	1 770
	1 860	1 860

表 3.3.2—3　预应力钢绞线抗拉强度标准值(MPa)

公称直径(mm)	12.7		15.2		15.7
	标准型 1×7	模拔型 (1×7)C	标准型 1×7	模拔型 (1×7)C	标准型 1×7
抗拉强度标准值	1 770 1 860 1 960	1 860	1 470 1 570 1 670 1 720 1 860 1 960	1 820	1 770 1 860

3.3.3　普通钢筋及预应力钢筋计算强度应按表 3.3.3 采用。

表 3.3.3　普通钢筋及预应力钢筋计算强度(MPa)

钢筋类型		抗拉计算强度 f_p 或 f_s	抗压计算强度 f'_p 或 f'_s
预应力钢筋	钢丝、钢绞线、预应力螺纹钢筋	$0.9f_{pk}$	380
普通钢筋	HPB300	300	300
	HRB400	400	400
	HRB500	500	500

3.3.4　钢筋的容许应力应按表 3.3.4 采用。

表 3.3.4　钢筋容许应力(MPa)

类　别	主力	主力+附加力	施工临时荷载	主力+特殊荷载
HPB300 钢筋	160	210	230	240
HRB400 钢筋	210	270	297	315
HRB500 钢筋	260	320	370	390

注：检算挡砟墙承受列车脱轨水平撞击时，普通钢筋的容许应力可按表 3.3.2—1 取值。

3.3.5　预应力钢筋及普通钢筋的容许疲劳应力幅应符合下列规定：

1　预应力钢筋的容许疲劳应力幅应按表 3.3.5—1 采用。

表 3.3.5—1　预应力钢筋容许疲劳应力幅(MPa)

预应力钢筋种类	$[\Delta\sigma]$
预应力钢丝	150

续上表

预应力钢绞线	140
预应力螺纹钢筋	80

注：预应力螺纹钢筋的疲劳应力幅容许值应根据试验确定，当无可靠试验数据时可按本表采用。

2 HRB400、HRB500 钢筋母材及其连接接头的基本容许疲劳应力幅 $\Delta\sigma_0$ 应按表 3.3.5—2 采用。

表 3.3.5—2 钢筋基本容许疲劳应力幅(MPa)

构造细节类型	连接简图	加工质量及其他要求	$\Delta\sigma_0$
母材	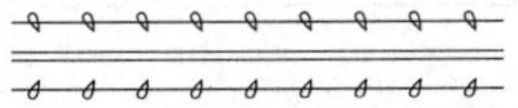		145
闪光对焊	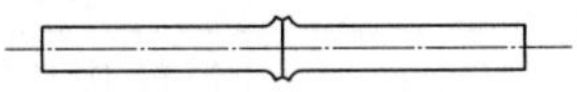	(1)接头表面应呈圆滑、带毛刺状，不得有肉眼可见的裂纹；与电级接触处的钢筋表面不得有明显烧伤。 (2)接头处的弯折角不得大于2°，接头处的轴线偏移不得大于钢筋直径的0.1倍，且不得大于1 mm	130
滚轧直螺纹		(1)切口端面宜与钢筋轴线垂直，端头有弯曲、马蹄现象的应切去，不得用气割下料。 (2)螺纹牙型应饱满，连接套筒表面不得有裂纹，表面及内螺纹不得有严重的锈蚀及其他肉眼可见的缺陷	98
电弧焊	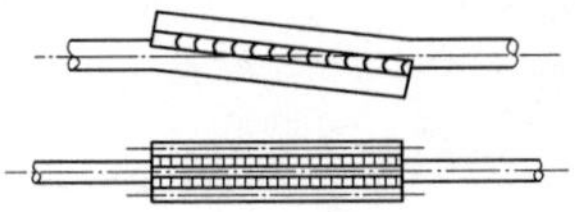	(1)焊接前应先将钢筋预弯，使两钢筋搭接的轴线位于同一直线上，用两点定位焊固定，施焊要求同帮条焊。 (2)帮条焊两帮条的轴线与被焊钢筋的中心处于同一平面内	60

3 HRB400、HRB500 钢筋容许疲劳应力幅应按式(3.3.5)计算：

$$[\Delta\sigma]=\gamma_1\cdot\gamma_2\cdot\gamma_3\cdot\Delta\sigma_0 \tag{3.3.5}$$

式中 γ_1——应力比影响系数，母材、闪光对焊连接时按表 3.3.5—3 采用，滚轧直螺纹、电弧焊时取 1.0；

γ_2——钢筋直径影响系数，按表 3.3.5—4 采用；

γ_3——钢筋强度等级影响系数，按表 3.3.5—5 采用。

表 3.3.5—3 应力比影响系数 γ_1

应力比 ρ	0	0.1	0.2	0.3	0.4	0.5	0.6	0.7	0.8	0.9
γ_1	1.000	0.926	0.891	0.851	0.783	0.703	0.606	0.486	0.343	0.177

注：应力比 ρ 为钢筋最小应力与最大应力之比。

表 3.3.5—4 钢筋直径影响系数 γ_2

直径 d	$d<20$ mm	$d\geqslant 20$ mm
母材	1	1
闪光对焊	1	0.72
滚轧直螺纹	0.55	1
电弧搭接焊	1	1

表 3.3.5—5　钢筋强度等级影响系数 γ_3

钢筋型号	HRB400	HRB500
母材	1.0	1.04
闪光对焊	1.0	1.1
滚轧直螺纹	1.0	1.2
电弧搭接焊	1.0	1.0

3.3.6 钢筋弹性模量应按表 3.3.6 采用。

表 3.3.6　钢筋弹性模量(MPa)

钢筋种类	符号	弹性模量
钢丝	E_p	2.05×10^5
钢绞线	E_p	1.95×10^5
预应力螺纹钢筋	E_p	2.0×10^5
HPB300	E_s	2.1×10^5
HRB400、HRB500	E_s	2.0×10^5

注:计算钢丝、钢绞线伸长值时,可按 $E_p\pm0.1\times10^5$ MPa 作为上、下限。

4　设计基本规定

4.1　一 般 要 求

4.1.1　疲劳应力计算应考虑恒载、设计活载、竖向动力作用和离心力，各项荷载的计算应符合现行《铁路桥涵设计规范》TB 10002 的规定。

4.1.2　有砟轨道的桥跨结构恒载及静活载引起的竖向挠度大于 15 mm 或跨度的 1/1 600、无砟轨道的桥跨结构恒载及静活载引起的竖向挠度大于 5 mm 时，桥跨结构应设预拱度，其曲线与恒载及 1/2 静活载所产生的挠度曲线基本相同，但方向相反。

4.1.3　预应力混凝土梁计算预拱度时，应考虑预加应力的影响。

4.2　板 的 计 算

4.2.1　四周自由支承或固定支承的板，当长边与短边长度之比等于或大于 2 时，应以短边为跨度按单向板计算，否则应按双向板计算。

4.2.2　板的计算跨度为两支承中心间的距离，位于主梁梁梗间的板，其计算跨度应符合下列规定：

1　计算弯矩时，计算跨度为两梗间净距加板的厚度，但不应大于两梗间净距加梁梗宽度，弯矩可按下列公式计算：

支点弯矩：　$$M=-0.7M_0 \tag{4.2.2—1}$$

跨中弯矩：　$$M=0.5M_0 \tag{4.2.2—2}$$

式中　M——计算弯矩（MN · m）；

M_0——按简支板计算的跨中最大弯矩（MN · m）。

2　计算剪力时，计算跨度为梗间净距，剪力可按简支板计算。

3　对于箱形梁，桥面板应按本规范第 4.3.8 条的规定计算。

4.2.3　计算在中间支承上有梗肋的板时，沿支承中心处的截面有效高度应按式(4.2.3)计算，但不应大于 $h_1+\frac{1}{3}s$，如图 4.2.3 所示。

$$h_0=h_1+s\cdot\tan\alpha \tag{4.2.3}$$

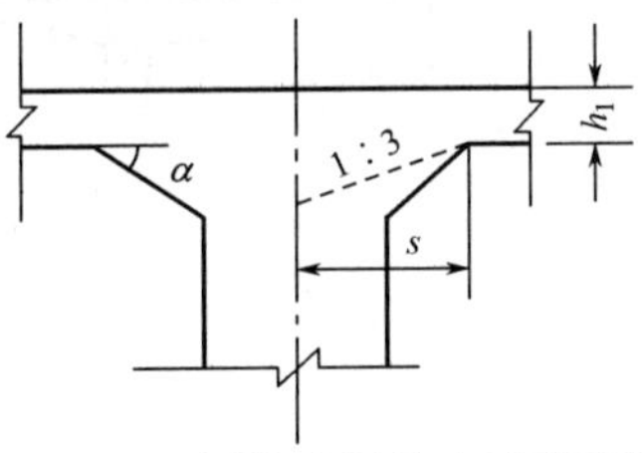

图 4.2.3　梗肋处板的有效高度图

式中　h_0——截面有效高度（m）；

h_1——不计梗肋时板的有效高度（m）；

s——自梗肋起点至支承中心的距离（m）；

α——梗肋下缘与水平线所成的夹角（°）。

4.2.4　斜度小于或等于 15° 的斜交板桥可按正交板计算。

4.3 梁的计算

4.3.1 当T形截面梁翼缘位于受压区，且符合下列三项条件之一时，可按T形截面计算，否则应按宽度为 b 的矩形截面计算。T形梁截面计算图如图4.3.1所示。

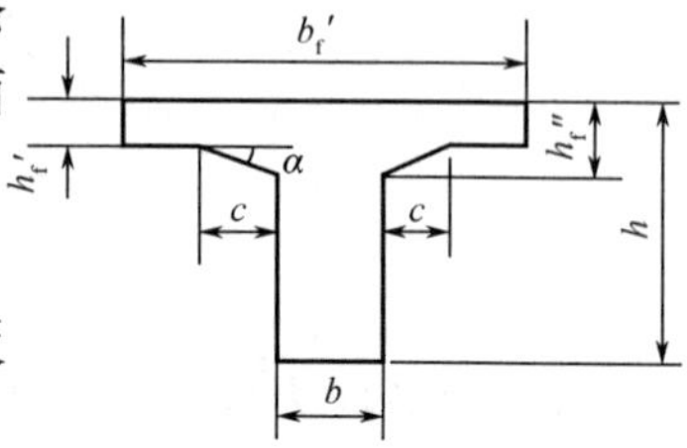

图4.3.1　T形梁截面计算图

1 无梗肋翼缘板厚度 h_f' 大于或等于梁全高 h 的1/10。

2 有梗肋而坡度 $\tan\alpha$ 不大于1/3，且板与梗相交处板的厚度 h_f'' 不小于梁全高 h 的1/10。

3 梗肋坡度 $\tan\alpha$ 大于1/3，但 $h_f'+\frac{1}{3}c$ 大于或等于 $\frac{h}{10}$。

4.3.2 T形截面梁伸出板的计算宽度应符合下列规定：

1 当伸出板对称时，板的计算宽度应采用下列三项中的最小值：

1）对于简支梁为计算跨度的1/3；

2）相邻两梁轴线间的距离；

3）$b+2c+12h_f'$。

2 当伸出板不对称时，若其最大悬臂一边从梁梗中线算起，宽度小于上款第1）、3）中较小值的一半时，可按实际宽度采用。

3 计算超静定力时，翼缘宽度可取实际宽度。

4.3.3 箱梁有效宽度计算应符合下列规定：

1 箱梁有效宽度可按下列公式计算：

$$b_{eff}=\sum\lambda_i\cdot b_i \tag{4.3.3—1}$$

$$\lambda_i=b_i/L \tag{4.3.3—2}$$

式中　b_{eff}——箱梁有效宽度(m)；

b_i——板的宽度(i=1,2,3)；

λ_i——箱梁宽跨比(i=1,2,3)，宽跨比示意图如图4.3.3所示；

L——简支梁跨度(m)。

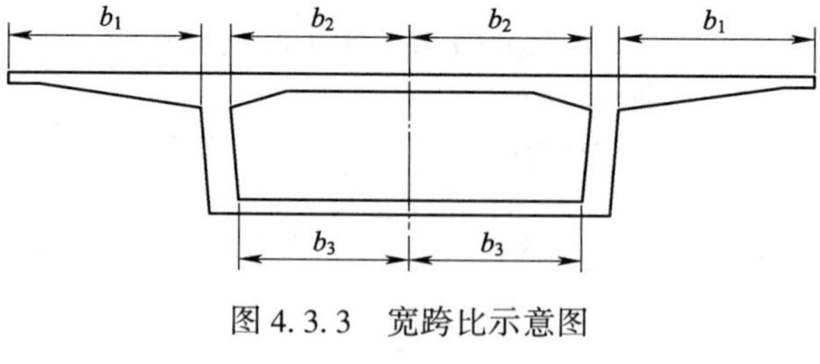

图4.3.3　宽跨比示意图

2 不同宽跨比简支箱梁有效宽度折减系数可按表4.3.3—1选用。

表4.3.3—1　简支箱梁有效宽度折减系数

$\lambda_i=b_i/L$	有效宽度折减系数 λ		
	跨中	1/4跨	支点
0	1	1	1

续上表

$\lambda_i = b_i/L$	有效宽度折减系数 λ		
	跨中	1/4 跨	支点
0.02	0.99	0.99	0.93
0.05	0.98	0.98	0.84
0.1	0.95	0.93	0.70
0.2	0.81	0.77	0.52
0.3	0.65	0.60	0.40
0.4	0.50	0.46	0.32
0.5	0.38	0.36	0.27

3　连续箱梁各跨的翼缘有效宽度，对于梁端可按边跨径的 0.9 倍的简支梁进行计算，各中间跨的翼缘有效宽度折减系数可按表 4.3.3—2 选用。

表 4.3.3—2　连续箱梁有效宽度折减系数

$\lambda_i = b_i/L$	有效宽度折减系数 λ		
	跨中	1/4 跨	支点
0	1	1	1
0.02	0.99	0.94	0.77
0.05	0.96	0.85	0.58
0.1	0.86	0.68	0.41
0.2	0.58	0.42	0.24
0.3	0.38	0.30	0.15
0.4	0.24	0.21	0.12
0.5	0.20	0.16	0.11

4.3.4　计算连续梁内力及反力时，应考虑温差、基础不均匀沉降、混凝土收缩及徐变等因素的影响。对于预应力混凝土连续梁，应力计算还应考虑预加力产生的二次力，在检算破坏阶段的截面强度时，可不考虑预加力产生的二次力的影响。

4.3.5　对于分阶段施工的连续梁应按各阶段实际受力体系和相应荷载计算梁的内力，并考虑体系转换过程中由于混凝土徐变而产生的弯矩重分布。弯矩重分布可按本规范附录 A 的规定计算。

4.3.6　连续梁中间支承处的负弯矩(当支座设置在腹板范围内时)计算可考虑支承宽度和梁高对负弯矩的折减影响(计算图如图 4.3.6 所示)，并按下列公式计算：

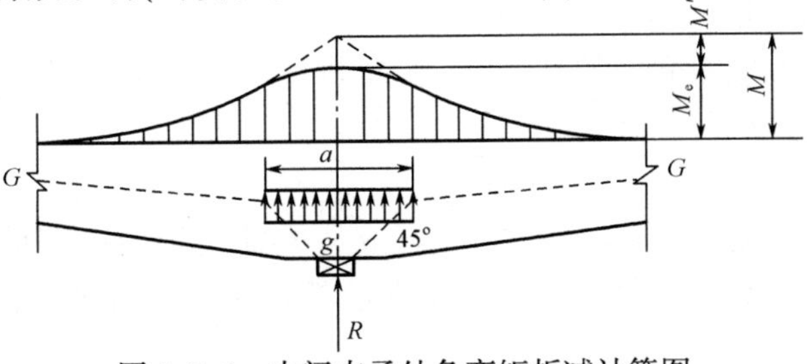

图 4.3.6　中间支承处负弯矩折减计算图

$$M_e = M - M' \tag{4.3.6—1}$$

$$M' = \frac{1}{8}ga^2 \tag{4.3.6—2}$$

$$g = \frac{R}{a} \tag{4.3.6—3}$$

式中 M_e——折减后的支点计算负弯矩(MN · m);

M——由计算荷载产生的支点负弯矩(按理论支承计算)(MN · m),M_e/M 不得小于 0.9,如小于 0.9,则按 0.9 计算;

M'——折减弯矩(MN · m);

g——梁的支承反力 R 在支座两侧向上按 45°分布于重心轴 $G—G$ 水平处的荷载(MN/m);

a——在支座两侧向上按 45° 扩大交于重心轴 $G—G$ 的长度(m)。

4.3.7 箱形梁应考虑由于荷载偏心所产生的扭矩和荷载分配等因素。对单线单室箱梁,当荷载偏心距较小(偏心率小于 0.1)时,可不考虑由于偏心引起的荷载分配问题。

4.3.8 箱形梁横截面可按被支承在主梁腹板中心线下缘的箱形框架计算,计算所需钢筋的 1/2 可兼作主梁抗剪或抗扭箍筋。

4.3.9 箱形梁应考虑截面温差所引起的纵向和横向温差应力。温差荷载包括日照温差荷载和降温温差荷载,应分别进行计算。温差荷载和温差应力可按本规范附录 B 的规定计算。

4.3.10 计算温差应力时,对于日照温差宜采用混凝土的受压弹性模量,对于降温温差宜采用 0.8 倍的受压弹性模量。

4.3.11 计算主力和温差应力组合时,可不再与其他附加力组合,材料容许应力可提高 20%。

4.4 刚架的计算

4.4.1 刚架计算应符合下列规定:

1 刚架的超静定力应按弹性理论计算,可不考虑法向力及剪力对变形的影响。

2 对于变高度(变截面)刚架,应考虑其高度(截面)变化的影响。

3 刚架计算应考虑杆件刚度比及支承的固定程度,设计时假定的单位长度上的刚度比与计算所得的刚度比之差不应超过 30%。

4.4.2 刚架计算时应考虑基础不均匀变位(线位移和角位移)、温度变化及混凝土收缩、徐变的影响。预应力混凝土刚架计算时尚应考虑预加力产生的二次力,破坏阶段的截面强度检算可不考虑预加力产生的二次力。

4.4.3 刚架的轴线为杆件截面的重心线,除梗肋特别大的情况外,可不计梗肋的影响。刚架轴线长度的确定应符合下列规定:

1 梁构件轴线长度为柱的轴线间距 l。

2 柱构件轴线长度为梁的轴线间距 h_2,或从梁轴线到固定支承基础顶面间的距离 h_1[如图 4.4.3(a)所示],或从梁轴线到铰支承的铰中心的距离 h_1[如图 4.4.3(b)所示]。

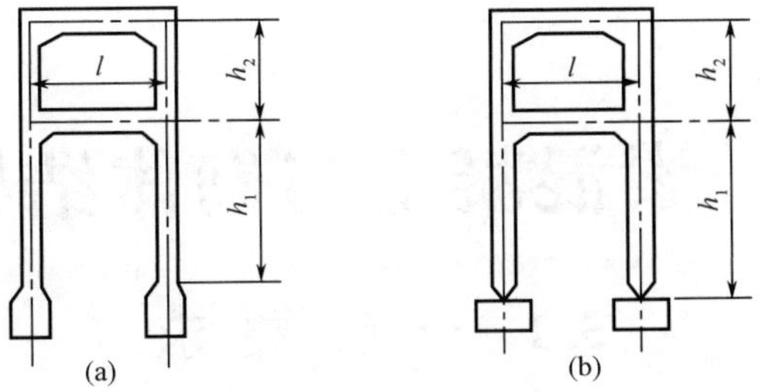

图 4.4.3 刚架轴线计算图

4.4.4 刚架中梁截面应按本规范第 4.3 节的有关规定计算。

4.5 墩台的计算

4.5.1 墩台应满足强度及稳定性要求。墩台的计算应符合现行《铁路桥涵设计规范》TB 10002 的相关规定。

4.5.2 素混凝土、砌体墩台的偏心应满足本规范第 5.2.1 条的规定。

4.5.3 空心墩应考虑墩身局部稳定、温差及混凝土收缩的影响，并考虑墩身与顶帽下实体过渡段连接和与基础连接处固端干扰的影响。混凝土空心墩还应计算墩身截面拉应力，其拉应力值不应大于本规范表 3.1.4 规定的容许值。

4.6 拱桥的计算

4.6.1 拱桥的计算应符合现行《铁路桥涵设计规范》TB 10002 的相关规定。

4.6.2 计算超静定拱圈（或拱肋）的温差和混凝土收缩应力时，应根据实际资料考虑混凝土徐变的影响；当缺乏具体资料时，超静定拱圈（或拱肋）可按弹性体系计算，所用的弹性模量可分别采用混凝土受压弹性模量的 0.7 倍和 0.45 倍。

4.6.3 对分阶段施工的超静定拱，当发生体系转换时，应考虑混凝土收缩徐变引起的内力重分布。

4.7 涵洞的计算

4.7.1 涵洞的计算应符合现行《铁路桥涵设计规范》TB 10002 的相关规定。

4.7.2 涵洞工后沉降计算应考虑两侧相邻路基引起的附加荷载和沉降的影响。

4.7.3 钢筋混凝土框架箱涵涵身应进行平面和空间受力分析。

4.7.4 素混凝土和石砌拱涵的拱圈应按无铰拱计算，可不考虑曲率、剪切变形、弹性压缩以及混凝土收缩和温度变化的影响。

5　素混凝土与砌体结构

5.1　一 般 要 求

5.1.1　桥涵结构中的素混凝土、砌体用材料的最低强度等级和适用范围应符合表 5.1.1 的规定。

表 5.1.1　素混凝土、砌体用材料的最低强度等级和适用范围

混凝土和砌体种类	材料最低强度等级			适用范围
	水泥砂浆	石料	混凝土	
片石砌体	M10	MU30	—	沉井填心、拱桥填腹及铺砌防护工程
	M10	MU50		涵洞的翼墙及其基础
块石砌体	M10	MU50	—	涵洞的拱圈
粗料石砌体	M10	MU60	—	拱桥和拱涵的拱圈
混凝土块砌体	M20	—	C25	拱桥及涵洞的拱圈、帽石
				涵洞的边墙、端墙、翼墙及基础
素混凝土	—	—	C30	拱桥及涵洞的拱圈、帽石
				桥墩台身
				桥墩基础
				涵洞的边墙、端墙、翼墙及基础

注：整体浇筑的混凝土，除拱圈外，墩台身、基础及沉井填心等截面尺寸较大部位，均可掺片石。片石数量不应大于总体积的 20%，石料强度等级不应低于 MU50。

5.1.2　石砌体应采用不易风化的石料。处于浸水和潮湿地区的石砌体，主体工程用石料的软化系数不应低于 0.8。采用石砌体时应符合下列要求：

1　在年最冷月份平均温度为-5 ℃～-15 ℃或-15 ℃以下的地区，除气候干旱不受冰冻影响外，主体工程所用石料应满足抗冻要求。

2　在年最冷月份平均温度为-5 ℃～-15 ℃或-15 ℃以下的地区，采用混凝土块砌体，其混凝土强度等级不应低于 C30。

3　在年最冷月份平均温度为-5 ℃～-15 ℃或-15 ℃以下的地区，对于涵洞的帽石、翼墙及基础，其水泥砂浆强度等级不应低于 M20。

5.1.3　受侵蚀性环境水作用的结构物不宜采用砌体结构。

5.1.4　石砌体及混凝土块砌体结构的截面尺寸不应小于 0.4 m，素混凝土结构的截面尺寸不应小于 0.3 m。

5.1.5　石砌体的外露面应根据需要用天然石料镶面和勾缝，并应符合下列规定：

1　镶面石料及水泥砂浆的强度等级不应低于砌体的强度等级。

2　镶面石料来源困难时，可采用强度等级不低于 C30 的混凝土块。

5.1.6 铺砌防护工程宜采用水泥砂浆砌片石或干砌片石，其厚度应符合下列规定：

1 采用水泥砂浆砌片石时，其厚度不宜小于 0.35 m，并下设不小于 0.1 m 厚的粗砂、砾砂、碎石或卵石垫层。

2 采用干砌片石时，其厚度不宜小于 0.25 m；下设的粗砂、砾砂、碎石或卵石反滤层的厚度，在渗水土上铺设时不应小于0.1 m，在普通土上铺设时不应小于 0.15 m。

5.2 计　算

5.2.1 在各种荷载组合作用下，素混凝土实体墩台身截面上法向合力的偏心距 e 不应大于表 5.2.1 规定的限值。截面上合力偏心距示意图如图 5.2.1 所示。

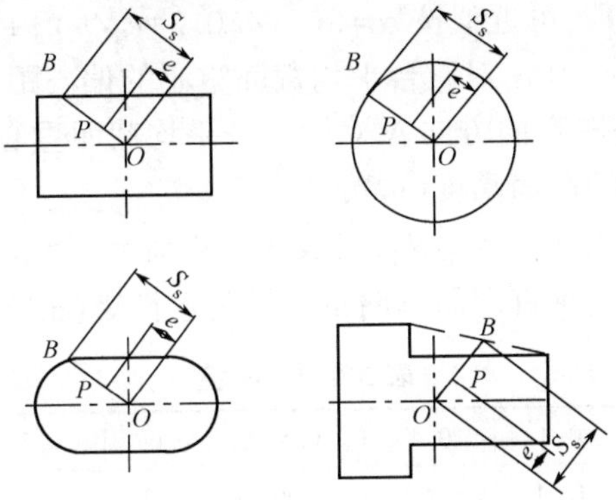

图 5.2.1　截面上合力偏心距示意图

O—截面重心；*P*—合力作用点；*B*—*OP* 连线与截面外包轮廓线的交点

表 5.2.1　素混凝土实体墩台身截面上合力偏心距限值

荷载组合	截面形状	偏心距限值
主力		$0.5S_s$
主力+附加力	圆形截面	$0.5S_s$
	其他形状截面	$0.6S_s$
主力+特殊荷载（地震力除外）		$0.7S_s$

注：S_s为沿截面重心与合力作用点连线方向至截面外包轮廓线交点的距离。

5.2.2 素混凝土墩台在中心受压及偏心受压时，其整体稳定性应按下列公式检算：

$$KN<N_{cr} \tag{5.2.2—1}$$

$$N_{cr}=\alpha\frac{4mE_0I_d}{l_0^2}\left(\frac{1}{1+\alpha\frac{4mE_0I_d}{l_0^2}\cdot\frac{1}{1.1R_cA_0}}\right) \tag{5.2.2—2}$$

式中　N——作用于墩台顶面处的轴向压力（MN）；

K——安全系数，对于素混凝土墩台，主力时 K 取 2.0，主力+附加力时取 1.6；对于片石砌体，主力时 K 取 3.0，主力+附加力时取 2.5；对于混凝土块砌体，主力时 K 取 2.5，主力+附加力时取 2.0；

N_{cr}——墩台顺截面回转半径较小方向弯曲的纵向弯曲（屈曲）临界荷载（MN）；

E_0——墩台身的受压弹性模量,对于素混凝土墩台按本规范第 3.1.6 条确定,对于石砌体按本规范第 3.2.4 条确定,对于混凝土块砌体,E_0近似取 $900R_c$;

R_c——墩台身的抗压极限强度(MPa),对于整体灌注的素混凝土墩台可采用本规范第 3.1.3 条中轴心抗压极限强度 f_c 值;对于混凝土块和石砌体按 $R_c=K[\sigma_c]$计算,其中 K 为安全系数,$[\sigma_c]$为混凝土块砌体或石砌体的中心及偏心受压容许应力(MPa),按本规范表 3.2.2 确定;

I_d——墩台底截面绕垂直弯曲方向重心轴的全截面惯性矩(m^4);

A_0——墩台平均截面的全面积(m^2),对于上面小、下面大的实体桥墩,A_0为整个墩身平均截面的全面积;

l_0——整个墩台的计算长度(m);

α——刚度修正系数,可近似按 $\alpha=[0.1/(0.2+e_0/h)]+0.16$ 计算,其中 e_0为顺弯曲方向轴向压力 N 对墩台平均截面重心的偏心距,对于上面小、下面大的实体桥墩,e_0为顺弯曲方向 N 对墩台身平均截面重心的偏心距(m);

h——弯曲平面内的截面高度(m);

m——变截面影响系数,$m=I_0/I_d$,按表 5.2.2 确定;

I_0——墩台顶截面绕垂直弯曲方向重心轴的惯性矩(m^4)。

表 5.2.2　m 值

I_0/I_d	0.1	0.2	0.3	0.4	0.5	0.6	0.7	0.8	0.9	1.0
m	1.20	1.51	1.71	1.87	2.00	2.12	2.22	2.31	2.39	$\pi^2/4$

5.2.3　素混凝土和砌体墩台的截面强度计算应符合下列规定:

1　素混凝土和砌体墩台的截面强度应按下列公式检算:

$$\sigma=\frac{N+G}{A}\pm\frac{M_y\eta_x x}{I_y}\pm\frac{M_x\eta_y y}{I_x}\leqslant[\sigma] \tag{5.2.3—1}$$

$$\eta_x=1+\frac{\left(\dfrac{1}{1-\dfrac{KN}{N_{crx}}\cdot B_x}-1\right)u'}{\dfrac{l_0}{2}} \tag{5.2.3—2}$$

$$\eta_y=1+\frac{\left(\dfrac{1}{1-\dfrac{KN}{N_{cry}}\cdot B_y}-1\right)u'}{\dfrac{l_0}{2}} \tag{5.2.3—3}$$

$$N_{crx}=\alpha\frac{4mE_0I_{dy}}{l_0^2}\left(\frac{1}{1+\alpha\dfrac{4mE_0I_{dy}}{l_0^2}\cdot\dfrac{1}{1.1R_cA_0}}\right) \tag{5.2.3—4}$$

$$N_{cry}=\alpha\frac{4mE_0I_{dx}}{l_0^2}\left(\frac{1}{1+\alpha\dfrac{4mE_0I_{dx}}{l_0^2}\cdot\dfrac{1}{1.1R_cA_0}}\right) \tag{5.2.3—5}$$

$$B_x=\frac{1.1R_cA_0-N_{crx}}{1.1R_cA_0-KN} \tag{5.2.3—6}$$

$$B_y=\frac{1.1R_cA_0-N_{cry}}{1.1R_cA_0-KN} \tag{5.2.3—7}$$

式中　σ——墩台中任一检算截面上的压应力(MPa)；
N——作用于墩台顶面处的轴向压力(MN)；
G——检算截面以上顺轴向的墩台自重(MN)；
A——检算截面的全面积(m^2)；
$[\sigma]$——墩台的中心受压或偏心受压容许压应力(MPa)；
M_x,M_y——检算截面上对重心轴 x 方向和 y 方向的弯矩(MN·m)；
I_x,I_y——检算截面绕重心轴 x 方向和 y 方向的全截面惯性矩(m^4)；
x,y——检算截面上最大应力点或最小应力点的坐标(m)；
η_x,η_y——检算截面上弯矩 M_y 和 M_x 的增大系数；
K——安全系数,按第 5.2.2 条的规定采用；
u'——计算位置,对于上端自由、下端固接的情况,$u'=u$;对于上下端均铰接的情况,当 $u\leqslant\frac{l_0}{2}$ 时,$u'=u$,当 $u\geqslant\frac{l_0}{2}$ 时,$u'=l_0-u$;其中,u 为墩台顶面至检算截面的距离(m),l_0 为墩台侧向稳定性检算的计算长度(m),按表 6.2.2—2 的"注"采用；
N_{crx},N_{cry}——墩台重心轴 x 方向和 y 方向的纵向弯曲(屈曲)临界荷载；
I_{dx},I_{dy}——墩台底截面绕其重心轴 x 方向和 y 方向的惯性矩。

2　按式(5.2.3—1)求得的最小应力为负值时,实体墩台可不考虑截面承受拉应力,而采用偏心距 $e_x=\frac{M_x\eta_x}{N+G}$ 和 $e_y=\frac{M_x\eta_y}{N+G}$ 确定合力 $N+G$ 的作用点,然后根据截面压应力呈三角形分布以及压应力的合力与 $N+G$ 相平衡的假定,检算截面的最大压应力,其最大压应力不应大于墩台身容许压应力。

5.2.4　涵洞的端、翼墙及边、中墙的截面尺寸,除按构造要求确定外,应对截面进行偏心距和强度检算,端、翼墙截面偏心距容许值为 $0.6S_s$(S_s 为截面重心至最大压应力边缘的距离),边、中墙截面偏心距容许值应符合第 5.2.1 条的规定。

5.3　构　　造

5.3.1　有强烈流冰或有大量撞击、磨损结构的漂流物时,在下列高度范围内,墩台身混凝土强度等级不应低于 C35,并加设护面钢筋：

1　有强烈流冰时,自最低流冰水位的冰层底面以下 0.5 m 至最高流冰水位以上 1.0 m范围内。

2　有大量撞击、磨损结构的漂流物时,自河底可能被冲刷处至设计频率水位(应考虑壅水、浪高、河湾超高、河床淤积、局部股流涌高等影响)范围内。

5.3.2　素混凝土墩台在突变截面及施工缝处应采取安设接头钢筋等加强措施。

5.3.3　涵洞出入口石砌翼墙及中墩分水棱的外露面和石拱圈端侧面均应镶面并勾缝。涵洞各部位的镶面石料及水泥砂浆的强度等级不应低于同部位砌体的强度等级。

5.3.4　涵洞的翼墙和基础以及盖板涵的中墩宜采用素混凝土结构。

6　钢筋混凝土结构

6.1　一 般 要 求

6.1.1　按容许应力法设计的钢筋混凝土结构应符合下列规定：

1　计算强度时，不应考虑混凝土承受拉力（除主拉应力检算外），拉力应完全由钢筋承受。

2　计算结构变形时，截面刚度应按 $0.8E_cI$ 计算。E_c 为混凝土的受压弹性模量，应按本规范表 3.1.6 采用。I 为截面惯性矩，对于静定结构，I 的计算不计混凝土受拉区，计入钢筋；对于超静定结构，I 的计算包括全部混凝土截面，不计钢筋。

6.1.2　受弯构件的截面最小配筋率（仅计受拉区钢筋）不应低于表 6.1.2—1 所列数值；受压构件的截面最小配筋率不应低于表 6.1.2—2 所列数值。

表 6.1.2—1　受弯构件的截面最小配筋率(%)

钢筋种类	混凝土强度等级	
	C25～C45	C50～C60
HPB300	0.20	0.25
HRB400	0.15	0.20
HRB500	0.14	0.18

表 6.1.2—2　受压构件的截面最小配筋率(%)

受力类型		最小配筋百分率
全部纵向钢筋	HPB300	0.55
	HRB400	0.50
	HRB500	0.45
一侧纵向钢筋	HPB300、HRB400	0.20
	HRB500	0.18

注：1　受压构件全部纵向钢筋和一侧纵向钢筋的配筋率应按构件的全截面面积计算。

2　当钢筋沿构件截面周边布置时，“一侧纵向钢筋”指沿受力方向两个对边中一边布置的纵向钢筋。

6.1.3　换算截面时，钢筋的弹性模量与混凝土的变形模量之比 n 应按表 6.1.3 采用。

表 6.1.3　n 值

结构类型＼混凝土强度等级	C25～C35	C40～C60
桥跨结构及顶帽	15	10
其他结构	10	8

6.2 计　　算

6.2.1 对承受疲劳荷载作用的构件，应按式(6.2.1)检算钢筋应力幅，其容许值[$\Delta\sigma$]应按本规范第3.3.5条的规定采用。

$$\Delta\sigma_s = \sigma_{smax} - \sigma_{smin} \leqslant [\Delta\sigma] \tag{6.2.1}$$

式中　$\Delta\sigma_s$——运营阶段设计活载作用下，构件中普通钢筋的应力幅(MPa)；

σ_{smax}——运营阶段设计活载作用下，构件中普通钢筋应力的最大值(MPa)；

σ_{smin}——运营阶段设计活载作用下，构件中普通钢筋应力的最小值(MPa)。

6.2.2 具有纵筋及一般箍筋的轴心受压构件的强度与稳定性应按下列公式计算：

1 轴心受压构件的强度应按式(6.2.2—1)计算：

$$\sigma_c = \frac{N}{A_c + mA'_s} \leqslant [\sigma_c] \tag{6.2.2—1}$$

2 轴心受压构件的稳定性应按式(6.2.2—2)计算：

$$\sigma_c = \frac{N}{\varphi(A_c + mA'_s)} \leqslant [\sigma_c] \tag{6.2.2—2}$$

式中　σ_c——混凝土压应力(MPa)；

N——计算轴向压力(MN)；

A_c——构件横截面的混凝土面积(m^2)；

A'_s——受压纵筋截面积(m^2)；

m——钢筋抗拉强度标准值与混凝土抗压极限强度之比，应按表6.2.2—1采用；

[σ_c]——混凝土容许压应力(MPa)，应按表3.1.4采用；

φ——纵向弯曲系数，应根据构件的长细比按表6.2.2—2采用。

表6.2.2—1　*m* 值

钢筋种类	混凝土强度等级							
	C25	C30	C35	C40	C45	C50	C55	C60
HPB300	17.7	15.0	12.8	11.1	10.0	9.0	8.1	7.5
HRB400	23.5	20.0	17.0	14.8	13.3	11.9	10.8	10.0
HRB500	29.4	25.0	21.3	18.5	16.7	14.9	13.5	12.5

表6.2.2—2　纵向弯曲系数 φ 值

l_0/b	≤8	10	12	14	16	18
l_0/d	≤7	8.5	10.5	12	14	15.5
l_0/i	≤28	35	42	48	55	62
φ	1.0	0.98	0.95	0.92	0.87	0.81
l_0/b	20	22	24	26	28	30
l_0/d	17	19	21	22.5	24	26

续上表

l_0/i	69	76	83	90	97	104
φ	0.75	0.70	0.65	0.60	0.56	0.52

注：1　l_0为构件计算长度(m)，两端刚性固定时，l_0取0.5l，l为构件的全长(m)；一端刚性固定另一端为不移动的铰时，l_0取0.7l；两端均为不移动的铰时，l_0取l；一端刚性固定另一端为自由端时，l_0取2l。

2　b为矩形截面构件的短边尺寸(m)；d为圆形截面构件的直径(m)；i为任意形状截面构件的回转半径(m)。

6.2.3　采用螺旋式或焊接环式间接钢筋的轴心受压构件的强度计算应符合下列规定：

1　轴心受压构件的强度应按下列公式计算：

$$\sigma_c=\frac{N}{A_{he}+mA_s'+2.0m'A_j}\leqslant[\sigma_c] \tag{6.2.3—1}$$

$$A_j=\frac{\pi d_{he}a_j}{s} \tag{6.2.3—2}$$

式中　A_{he}——构件核心截面面积(m^2)；

m, m'——纵筋及间接钢筋的抗拉强度标准值与混凝土抗压极限强度之比，均应按表6.2.2—1采用；

A_j——间接钢筋的换算面积(m^2)；

d_{he}——构件核心直径(m)；

a_j——单根间接钢筋的截面积(m^2)；

s——间接钢筋的间距(m)；

A_s'——纵筋的换算面积(m^2)。

2　构件因使用螺旋式或焊接环式间接钢筋而增加的承载能力，不应超过未使用间接钢筋时的60%，当长细比l_0/i大于28时，应不再考虑间接钢筋的影响。

6.2.4　受弯构件的强度计算应符合下列规定：

1　混凝土的压应力应按式(6.2.4—1)计算：

$$\sigma_c=\frac{M}{W_0}\leqslant[\sigma_b] \tag{6.2.4—1}$$

2　钢筋的拉应力应按式(6.2.4—2)计算：

$$\sigma_s=n\cdot\frac{M}{W_s}\leqslant[\sigma_s] \tag{6.2.4—2}$$

式中　σ_c——混凝土压应力(MPa)；

σ_s——钢筋拉应力(MPa)；

M——计算弯矩(MN·m)；

W_0, W_s——对混凝土受压边缘及对所检算的受拉钢筋重心处的换算截面抵抗矩(m^3)；

n——钢筋的弹性模量与混凝土的变形模量之比，应按表6.1.3采用，当采用多层钢筋时，应计算最外一层钢筋的应力。

3　中性轴处的剪应力应按式(6.2.4—3)计算。当不满足式(6.2.4—3)要求时，应修改截面尺寸或提高混凝土强度等级；变高度梁的剪应力计算应考虑高度变化的影响。

$$\tau=\frac{V}{bz}\leqslant[\sigma_{tp-1}] \tag{6.2.4—3}$$

式中 τ——中性轴处的剪应力(MPa);

V——计算剪力(MN);

b——构件中性轴处的腹板厚度(m);

z——内力偶的力臂(m)。

4 当受弯构件中各截面剪应力均小于或等于[$\sigma_{tp\text{-}2}$]时,可不进行抗剪强度检算,而按构造要求配置箍筋。否则,对于剪应力大于[$\sigma_{tp\text{-}3}$]的区段,应力应全部由钢筋(箍筋或斜筋)承担。

5 对受弯构件除计算中性轴处的剪应力外,还应按式(6.2.4—4)检算板与梗相交处(图 6.2.4—1 截面Ⅰ—Ⅰ、Ⅰ′—Ⅰ′)的剪应力:

$$\tau' = \tau \cdot \frac{b}{h'_f} \cdot \frac{S_1}{S} \leqslant [\tau_c] \tag{6.2.4—4}$$

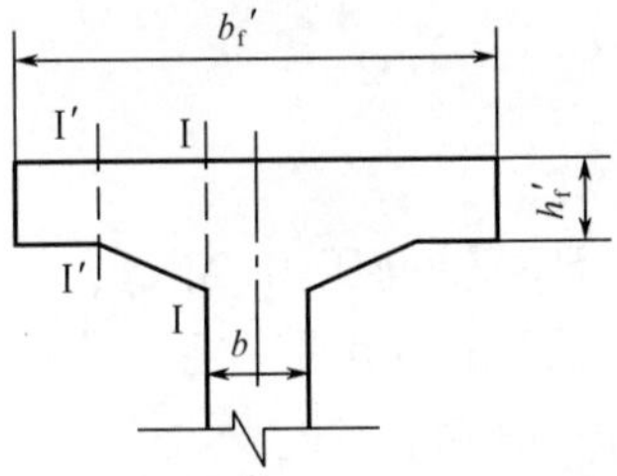

图 6.2.4—1 上翼缘应力检算示意图

式中 τ'——板与梗相交处的剪应力(MPa);

τ——梗内中性轴处的剪应力(MPa);

$[\tau_c]$——纯剪时混凝土的容许剪应力(MPa);

h'_f——截面Ⅰ—Ⅰ或Ⅰ′—Ⅰ′处的上翼缘高度(m);

S_1——截面Ⅰ—Ⅰ或Ⅰ′—Ⅰ′以外部分面积对中性轴的面积矩(m^3);

S——中性轴以上部分面积对中性轴的面积矩(m^3)。

6 当受拉区的翼缘突出梁梗较大时,尚应按式(6.2.4—5)检算梁梗与翼缘相交处(图 6.2.4—2 截面Ⅱ—Ⅱ)的剪应力:

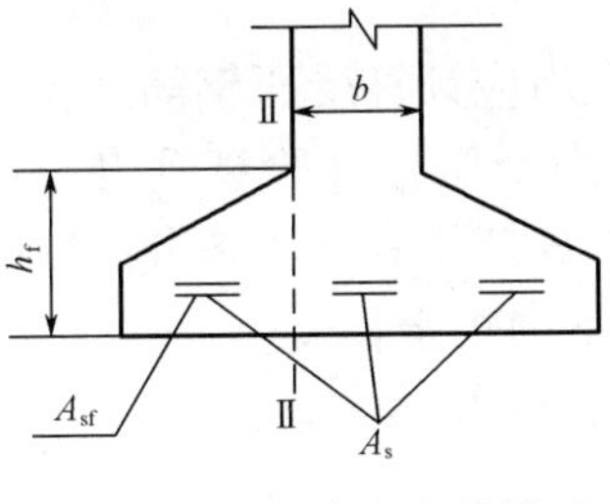

图 6.2.4—2 下翼缘应力检算示意图

$$\tau'' = \tau \cdot \frac{b}{h_f} \cdot \frac{A_{sf}}{A_s} \leqslant [\tau_c] \tag{6.2.4—5}$$

式中 τ''——梁梗与下翼缘相交处的剪应力(MPa);

h_f——下翼缘高度(m);

A_{sf}——下翼缘悬出部分的受拉钢筋截面积(m^2);

A_s——下翼缘受拉钢筋总截面积(m^2)。

6.2.5 偏心受压构件的强度计算应符合下列规定：

1 混凝土的压应力应符合下列规定：

1）混凝土的压应力应按下列公式计算：

$$\sigma_c=\frac{N}{A_0}+\frac{\eta M}{W_0}\leqslant[\sigma_b] \tag{6.2.5—1}$$

$$\eta=\frac{1}{1-\dfrac{KN}{\alpha\dfrac{\pi^2E_cI_c}{l_0^2}}} \tag{6.2.5—2}$$

$$\alpha=\frac{0.1}{0.2+\dfrac{e_0}{h}}+0.16 \tag{6.2.5—3}$$

式中 σ_c——混凝土的压应力(MPa)；

N——换算截面重心处的计算轴向压力(MN)；

A_0,W_0——钢筋混凝土换算截面积(不计受拉区)及其对受压边缘或受压较大边缘的截面抵抗矩，分别以 m^2 和 m^3 计；

M——计算弯矩(MN·m)；

η——挠度对偏心距影响的增大系数；

K——安全系数，主力时取 2.0，主力+附加力时取 1.6；

E_c——混凝土的受压弹性模量(MPa)，应按本规范表 3.1.6 采用；

α——考虑偏心距对 η 值的影响系数；

e_0——轴向力作用点至构件截面重心的距离(m)；

h——弯曲平面内的截面高度(m)；

l_0——压杆计算长度(m)，应按本规范表 6.2.2—2 的表注采用；

I_c——混凝土全截面的惯性矩(m^4)，求截面的中性轴时，应采用纵向弯曲后所增大的偏心 e，$e=\dfrac{\eta M}{N}$。

2）除混凝土的压应力外，尚应计算受压钢筋及受拉钢筋的应力。

3）偏心受压构件应按轴心受压构件验算垂直于弯矩作用平面的稳定性，可不考虑弯矩作用，但应按本规范第 6.2.2 条考虑纵向弯曲的影响。

2 混凝土的剪应力应符合下列规定：

1）混凝土的剪应力应按式(6.2.5—4)计算：

$$\tau=\frac{VS_c}{bI_0'} \tag{6.2.5—4}$$

式中 τ——混凝土的剪应力(MPa)；

V——计算剪力(MN)；

S_c——计算点以上部分换算面积对构件换算截面(不计混凝土受拉区)重心轴的面积矩(m^3)；

I_0'——换算截面对重心轴的惯性矩(m^4)。

2）当中性轴在截面以内时，应取中性轴处的剪应力（即主拉应力）与按式（6.2.5—5）计算的换算截面重心轴上的主拉应力较大值进行设计。

3）当中性轴在截面以外时，则最大剪应力 τ 发生在换算截面的重心轴上，其相应的主拉应力应按式（6.2.5—5）计算：

$$\sigma_{tp}=\frac{\sigma_c}{2}-\sqrt{\frac{\sigma_c^2}{4}+\tau^2} \tag{6.2.5—5}$$

式中　σ_{tp}——主拉应力（MPa）；

τ——截面重心轴上的剪应力（MPa）；

σ_c——截面重心轴上的压应力（MPa）。

6.2.6　钢筋混凝土结构构件的计算裂缝宽度不应超过表6.2.6规定的容许值。

表6.2.6　裂缝宽度容许值[ω_f]（mm）

环境类别	环境等级	[ω_f]
碳化环境	T1、T2、T3	0.20
氯盐环境	L1、L2	0.20
	L3	0.15
化学腐蚀环境	H1、H2	0.20
	H3、H4	0.15
盐类结晶破坏环境	Y1、Y2	0.20
	Y3、Y4	0.15
冻融破坏环境	D1、D2	0.20
	D3、D4	0.15
磨蚀环境	M1、M2	0.20
	M3	0.15

注：1　表列数值为主力作用时的容许值，当主力+附加力作用时可提高20%。

2　当钢筋保护层实际厚度超过30 mm时，可将钢筋保护层厚度的计算值取为30 mm。

6.2.7　钢筋混凝土矩形、T形及工字形截面受弯及偏心受压构件的计算裂缝宽度可按下列公式计算：

$$\omega_f=K_1K_2\gamma\frac{\sigma_s}{E_s}\left(80+\frac{8+0.4d}{\sqrt{\mu_z}}\right) \tag{6.2.7—1}$$

$$K_2=1+\alpha\frac{M_1}{M}+0.5\frac{M_2}{M} \tag{6.2.7—2}$$

$$\mu_z=\frac{(\beta_1n_1+\beta_2n_2+\beta_3n_3)A_{sl}}{A_{cl}} \tag{6.2.7—3}$$

$$A_{cl}=2ab \tag{6.2.7—4}$$

式中　ω_f——计算裂缝宽度（mm）；

K_1——钢筋表面形状影响系数，光圆钢筋取1.0，带肋钢筋取0.72；

K_2——荷载特征影响系数；

α——系数，光圆钢筋取0.5，带肋钢筋取0.3；

M_1——活载作用下的弯矩(MN · m);

M_2——恒载作用下的弯矩(MN · m);

M——全部计算荷载作用下的弯矩(MN · m),当主力作用时为恒载弯矩与活载弯矩之和,当主力+附加力作用时为恒载弯矩、活载弯矩及附加力弯矩之和;

γ——中性轴至受拉边缘的距离与中性轴至受拉钢筋重心的距离之比,对梁和板,γ 可分别采用 1.1 和 1.2;

σ_s——受拉钢筋重心处的钢筋应力(MPa);

E_s——钢筋的弹性模量(MPa);

d——受拉钢筋直径(mm);

μ_z——受拉钢筋的有效配筋率;

n_1,n_2,n_3——单根、两根一束、三根一束的受拉钢筋根数;

β_1,β_2,β_3——考虑成束钢筋的系数,单根钢筋 β_1 取 1.0,两根一束 β_2 取 0.85,三根一束 β_3 取 0.70;

A_{sl}——单根钢筋的截面积(m^2);

A_{cl}——与受拉钢筋相互作用的受拉混凝土面积(m^2),取为与受拉钢筋重心相重的混凝土面积(即图 6.2.7 中的阴影面积,图中 a 为钢筋重心至受拉边缘的距离)。

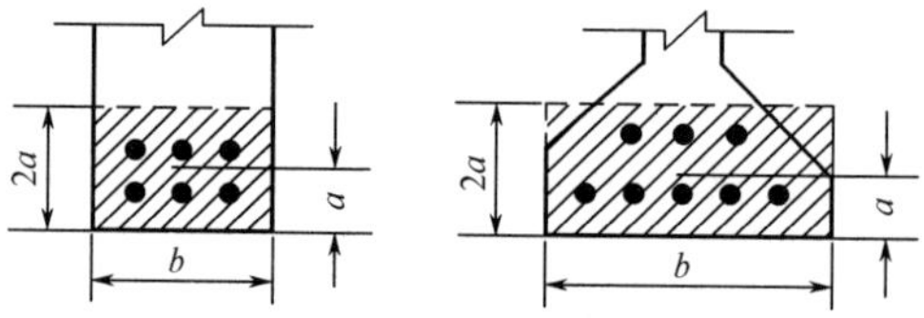

图 6.2.7　A_{cl}计算示意图

6.2.8　钢筋混凝土圆形或环形截面偏心受压构件的计算裂缝宽度可按下列公式计算:

$$\omega_f=K_1K_2K_3\gamma\frac{\sigma_s}{E_s}\left(100+\frac{4+0.2d}{\sqrt{\mu_z}}\right) \tag{6.2.8—1}$$

$$\gamma=\frac{2R-x}{R+r_s-x}\leqslant 1.2 \tag{6.2.8—2}$$

$$\mu_z=\frac{(\beta_1n_1+\beta_2n_2+\beta_3n_3)A_{sl}}{A_z} \tag{6.2.8—3}$$

$$A_z=4\pi r_s(R-r_s) \tag{6.2.8—4}$$

式中　K_1,K_2——同第 6.2.7 条;

K_3——截面形状系数,圆形截面取 1.0,环形截面取 1.1;

γ——中性轴至受拉边缘的距离与中性轴至最大拉应力钢筋中心的距离之比(按图 6.2.8—1 计算),当 γ 大于 1.2 时,取 1.2;

σ_s——钢筋的最大拉应力(MPa);

d——纵向钢筋直径(mm),当钢筋直径不同时,按大直径取用;

μ_z——纵向钢筋的有效配筋率,当 μ_z 小于 0.005 时,按 0.005 采用;计算时,$n_1\sim n_3$ 应计入全部纵向钢筋;

r_s——偏心受压圆形或圆环形截面按圆形布置的纵向钢筋的半径(m)；

A_{s1}——单根钢筋的截面积(m^2)；

A_z——与纵向钢筋相互作用的混凝土面积(图 6.2.8—2 中的阴影面积)(m^2)。

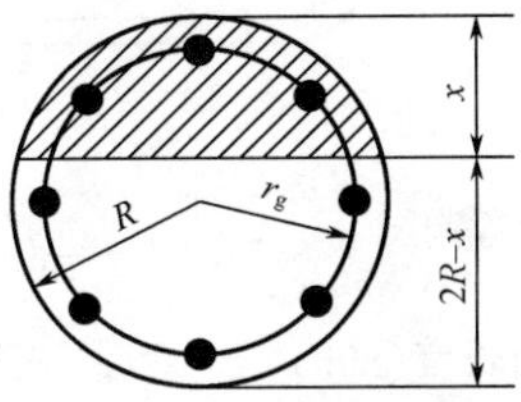

图 6.2.8—1 γ 计算示意图

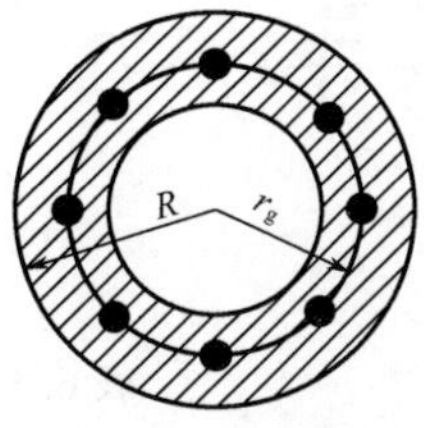

图 6.2.8—2 A_z 计算示意图

6.3 构　　造

6.3.1 受拉区域钢筋的净距和弯钩应符合下列规定：

1 受拉区域的钢筋可以单根或两至三根成束布置，钢筋的净距不应小于钢筋的直径(对带肋钢筋为计算直径)，并不应小于 30 mm。

2 当钢筋(包括成束钢筋)层数等于或多于三层时，其净距横向不应小于 1.5 倍的钢筋直径并不得小于 45 mm，竖向仍不得小于钢筋直径并不得小于 30 mm。

3 光圆钢筋端部半圆形弯钩的内径不应小于 2.5d(d 为钢筋直径，下同)，如图 6.3.1(a)所示。

4 钢筋直径不大于 25 mm 时，HRB400 钢筋直钩的内径不应小于 4d，HRB500 不应小于 6d，并在钩的端部留一直段；HRB400 直段长度不应小于 10d，HRB500 不应小于 12d，如图 6.3.1(b)所示。

5 钢筋直径大于 25 mm 时，HRB400 钢筋直钩的内径不应小于 5d，HRB500 不应小于 7d，并在钩的端部留一直段；HRB400 直段长度不应小于 10d，HRB500 不应小于 12d，如图 6.3.1(b)所示。

6 钢筋直径不大于 25 mm 时，HRB400 钢筋 135° 弯钩的内径不应小于 4d，HRB500 不应小于 6d，并在钩的端部留一直段；HRB400 直段长度不应小于 5d，HRB500 不应小于 6d，如图 6.3.1(c)所示。

7 钢筋直径大于 25 mm 时，HRB400 钢筋 135° 弯钩的内径不应小于 5d，HRB500 不应小于 7d，并在钩的端部留一直段；HRB400 直段长度不应小于 5d，HRB500 不应小于 6d，如图 6.3.1(c)所示。

6.3.2 钢筋混凝土结构最外层钢筋的净保护层厚度不应小于35 mm，并不宜大于50 mm；对于顶板有防水层及保护层的最外层钢筋净保护层厚度不应小于 30 mm。

6.3.3 钢筋的最小锚固长度及最小弯曲半径应符合下列规定：

1 钢筋最小锚固长度应符合表 6.3.3 的规定。

2 梁端部钢筋伸过支点的长度不应小于 10d，并设置标准弯钩。

3 HPB300 钢筋的最小弯曲半径应为 10d，HRB400 钢筋的最小弯曲半径应为 14d，HRB500 钢筋的最小弯曲半径应为 18d。

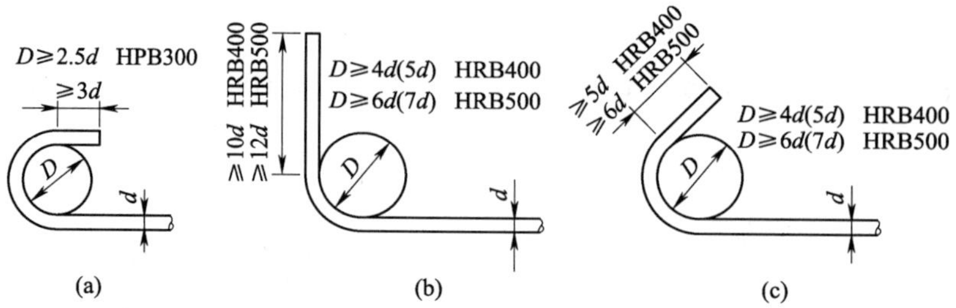

图 6.3.1　钢筋标准弯钩图

表 6.3.3　钢筋最小锚固长度(mm)

钢筋种类		HPB300			HRB400			HRB500		
混凝土等级		C25	C30、C35	≥C40	C25	C30、C35	≥C40	C25	C30、C35	≥C40
受压钢筋(直端)		30d	25d	20d	35d	30d	25d	40d	35d	30d
受拉钢筋	直端	—	—	—	45d	40d	35d	50d	45d	40d
	弯钩端	25d	20d	20d	30d	25d	20d	35d	30d	25d

注:1　当带肋钢筋直径大于 25 mm 时,其锚固长度应增加 10%。
2　受弯及大偏心受压构件中的受拉钢筋截断时宜避开受拉区,表中数值仅在困难条件下采用。
3　采用环氧树脂涂层钢筋时,受拉钢筋最小锚固长度应增加 25%。
4　当混凝土在凝固过程中易受扰动时,锚固长度应增加 10%。

6.3.4　轴心受压构件的配筋构造应符合下列规定:

1　仅受轴心压力并配有纵筋及一般箍筋的构件配筋应符合下列规定:

1)截面配筋率应满足本规范表 6.1.2—2 的要求,且不宜大于 3%。

2)纵筋的直径不宜小于 12 mm。

3)箍筋的间距不应超过纵筋直径的 15 倍,也不应大于构件横截面的最小尺寸。

4)箍筋的直径不应小于纵筋直径的 1/4,且不应小于 6 mm。

2　采用螺旋筋的轴心受压构件配筋应符合下列规定:

1)螺旋筋圈内的纵筋配筋率应满足本规范表 6.1.2—2 的要求。

2)核心截面积不应小于构件截面积的 2/3。

3)螺旋筋的间距不应大于核心直径的 1/5,且不应大于 80 mm。

4)螺旋筋换算截面不应小于纵筋的截面积,且不应超过该截面积的 3 倍。

5)纵筋截面积与螺旋筋换算截面积之和不应小于核心截面积的 1%。

6.3.5　在杆件的受拉区域凹角处布置钢筋时,不得将钢筋按凹角弯曲,应设置互相交叉形成凹角的单独钢筋,此外在该处尚应设置足以承受不小于所有纵向钢筋合力 35% 的横向钢筋。

6.3.6　受力钢筋不宜采用搭接接头。构造钢筋可采用搭接接头。同一构件中相邻钢筋的绑扎搭接接头应相互错开,钢筋绑扎搭接接头连接区段的长度为 1.3 倍搭接长度,当直径不同的钢筋搭接时,按直径较小的钢筋计算。位于同一连接区段内的钢筋搭接接头面积百分率应不大于 50%,其搭接长度 L_s 不小于表 6.3.6 的要求。

表 6.3.6 钢筋绑扎接头搭接长度 L_s(mm)

钢筋种类	混凝土强度等级		
	C25	C30、C35	≥C40
HRB400	63d	56d	49d
HRB500	70d	63d	56d

6.3.7 钢筋直螺纹连接接头的螺距,当钢筋直径为 16 mm ~ 20 mm 时,应取 2.0 mm;当钢筋直径为 22 mm ~ 25 mm 时,应取 2.5 mm;当钢筋直径为 28 mm ~ 32 mm 时,应取 3.0 mm。

6.3.8 板的一般构造可按表 6.3.8 采用。

表 6.3.8 板的一般构造

项　　目	板的种类	
	道砟槽板	人行道板
板的最小厚度(mm)	120	80
板内受力钢筋最小直径(mm)	10	8
板内受力钢筋最大间距(mm)	200	200
板内受力钢筋伸入支点数量	不少于 3 根及跨度中间钢筋截面积的 1/4	—
板内分配钢筋最小直径(mm)	8	6
板内分配钢筋最大间距(mm)	300	—

注:1 预制人行道板的最小厚度可用 70 mm。

2 在所有受力钢筋转折处均应设置分配钢筋。

6.3.9 梁式板支承于主梁上,同时支承于横隔板上时,则在横隔板上方的板顶部,应设置垂直于横隔板的钢筋,其直径不应小于分配钢筋的直径,其间距不应大于 200 mm,也不应大于板厚的 2 倍。

6.3.10 布置四周支承双向板的钢筋时,可将板沿纵向及横向各划分为三部分。靠边部分的宽度均为板的短边宽度的 1/4。中间部分的钢筋应按计算数量设置,靠边部分的钢筋按中间部分的半数设置,其间距不应大于 250 mm,也不应大于板厚的 2 倍。

6.3.11 挡砟墙或防护墙宜设置必要的断缝。

6.3.12 分片式 T 梁应设置横隔板,桥面板连成整体。

6.3.13 梁内应设置直径不小于 8 mm 的箍筋。当支撑受拉钢筋时,箍筋间距不应大于梁高的 3/4,且不大于 300 mm;当支撑受压钢筋时,箍筋间距不应大于受力钢筋直径的 15 倍,且不大于 300 mm。支座中心两侧,1/2 梁高的长度范围内,箍筋间距不应大于 100 mm。每一箍筋一行上所箍的受拉钢筋不应多于 5 根,受压钢筋不应多于 3 根。承受扭矩作用的梁,箍筋应制成封闭式。

6.3.14 梁内弯起钢筋可沿梁高的中线布置,并使任何一个与梁轴垂直的截面最少与一根斜筋相交。斜筋与梁轴所成的斜角宜采用 45°,且不应小于 30°,也不应大于 60°。

6.3.15 梁内通过支点的主钢筋不应少于跨中截面主钢筋数量的 1/4,且不应少于 2 根,伸入支点的长度不应小于 10 倍的钢筋直径,并加设标准弯钩。

6.3.16　梁高大于 1 m 时，在梁腹高度范围内应设置纵向水平钢筋，其间距为 100 mm～150 mm，直径不应小于 8 mm。

6.3.17　梁体悬臂板外侧下缘宜设置防止雨水流向梁腹的滴水槽(檐)。

6.3.18　钢筋混凝土无铰拱桥的拱肋或拱圈的主要纵向钢筋应根据计算确定，并锚固于墩台内，其锚固长度除应符合本规范表 6.3.3 所规定的最小锚固长度外，还应符合下列规定：

1　对于矩形截面的拱肋或拱圈，锚固长度不应小于拱脚截面高度的 1.5 倍。

2　对于 T 形和箱形截面的拱肋或拱圈，锚固长度不应小于拱脚截面高度的一半。

6.3.19　钢筋混凝土拱上结构立柱纵向钢筋的两端，应伸入桥面梁及拱圈(拱肋)内锚固。拱上结构横向刚架的立柱应根据稳定性要求设置横撑，其间距不宜大于刚架跨度的 1.5～2 倍。

6.3.20　分层浇筑的钢筋混凝土箱形截面拱肋(拱圈)，在构造及施工上应采取可靠的措施，防止因混凝土收缩差及温度差引起裂缝。

6.3.21　装配式钢筋混凝土拱桥构件连接处的接头应保证结构的抗裂性。

6.3.22　对可能受车辆撞击的钢筋混凝土桥墩，其撞击区及撞击点高度以上不少于 2 m 范围内应加强钢筋布置。

6.3.23　钢筋混凝土实体墩柱纵向钢筋的配置应符合下列规定：

1　钢筋混凝土实体墩柱纵向钢筋布置应满足截面强度及裂缝宽度计算的要求。

2　纵向受力钢筋直径不宜小于 12 mm；全部纵向钢筋的配筋率不宜大于 3%。

3　柱中纵向钢筋的净间距不应小于 50 mm，且不宜大于 300 mm。

4　偏心受压柱的侧面上应设置直径不小于 10 mm 的纵向构造钢筋，并相应设置复合箍筋或拉筋。

6.3.24　钢筋混凝土实体墩柱的箍筋应符合下列规定：

1　箍筋直径不应小于纵向钢筋最大直径的 1/4，且不应小于 8 mm。

2　箍筋间距不应大于 300 mm 及构件截面的短边尺寸，且不应大于纵向钢筋最小直径的 12 倍。

3　箍筋末端应做成 135° 弯钩，且弯钩末端平直段长度不应小于 $10d$(d 为纵向受力钢筋的最小直径)。

6.3.25　空心墩构造应符合下列规定：

1　空心墩的最小壁厚，采用钢筋混凝土时不宜小于 300 mm，采用素混凝土时不宜小于 500 mm。

2　空心墩顶帽下、基顶上面应设实体过渡段。空心墩空心截面与实体段相接处应设置倒角。

3　空心墩离地面 5 m 以上部分，应在墩身周围交错布置适量的通风孔，间距 5 m 左右，孔径不宜小于 0.2 m，并设置防护网。通风孔应高出设计频率水位。

6.3.26　钢筋混凝土空心墩应在内、外壁表面均布置钢筋，纵向钢筋应满足最小配筋率的要求。纵向钢筋直径不宜小于 12 mm，间距不宜大于 200 mm。环向箍筋直径不宜小于 10 mm，间距不宜大于 200 mm。

7　预应力混凝土结构

7.1　一 般 要 求

7.1.1　预应力混凝土结构中的钢筋混凝土部分，除应符合本章规定外，尚应符合本规范第 6 章的相关规定。

7.1.2　预应力混凝土结构的预应力度 λ 不宜小于 0.7。预应力度应按式(7.1.2)计算：

$$\lambda = \frac{\sigma_c}{\sigma} \tag{7.1.2}$$

式中　σ ——由设计荷载(不包括预加力)引起的构件控制截面受拉边缘的应力(MPa)；

σ_c——由预加力(扣除全部预应力损失)引起的构件控制截面受拉边缘的预压应力(MPa)。

7.1.3　预应力混凝土桥涵结构的强度、抗裂性、应力、裂缝宽度及变形检算应符合下列规定：

1　按破坏阶段检算构件截面强度。构件在预加应力、运送、安装和运营阶段的破坏强度安全系数不应低于表 7.1.3 所列数值。

2　对不允许出现拉应力的预应力混凝土结构，按弹性阶段检算截面抗裂性，但在运营阶段正截面抗裂性检算中，应计入混凝土受拉塑性变形的影响。构件的抗裂安全系数不应低于表 7.1.3 所列数值。

3　按弹性阶段检算预加应力、运送、安装和运营等阶段构件内的应力；对允许开裂的预应力混凝土结构，检算运营阶段应力时，不应计入开裂截面受拉区混凝土的作用。

4　运营阶段正截面混凝土拉应力超过 $0.7f_{ct}$ 时，应按开裂截面计算。允许开裂的预应力混凝土结构，应检算其在运营阶段和架桥机通过时开裂截面的裂缝宽度。

5　梁的变形(挠度和转角)可按弹性阶段计算。

表 7.1.3　安全系数

安全系数类别		符号	安全系数		
			主力	主力+附加力	施工临时荷载
强度安全系数	纵向钢筋达到抗拉计算强度，受压区混凝土达到抗压极限强度	K	2.0	1.8	1.8
	非预应力箍筋达到计算强度	K_1	1.8	1.6	1.5
	混凝土主拉应力达到抗拉极限强度	K_2	2.0	1.8	1.8
抗裂安全系数		K_f	1.2	1.2	1.1

注：对于制造工艺不符合工厂制造条件的结构，表 7.1.3 所列主力及主力+附加力作用下的各项强度安全系数均应增大 10%。

7.1.4　预应力筋的布置宜对称于构件截面的几何竖轴线，否则，在确定构件的内力时尚须考虑预加力对截面竖轴线的偏心影响。

7. 1. 5 在严重腐蚀环境中，不应采用允许开裂的预应力混凝土结构。

7.2 强 度 计 算

7. 2. 1 轴心受拉构件的强度应按式(7. 2. 1)计算：

$$KN \leqslant f_p A_p + f_s A_s \tag{7.2.1}$$

式中 N——计算轴向力(MN)；

K——强度安全系数，按本规范表 7. 1. 3 采用；

A_p，A_s——预应力钢筋和非预应力钢筋的截面面积(m^2)；

f_p，f_s——预应力钢筋和非预应力钢筋的抗拉计算强度(MPa)，按本规范表 3. 3. 3 采用。

7. 2. 2 矩形截面或翼缘位于受拉边的 T 形截面受弯构件，其正截面强度计算(计算图如图 7. 2. 2 所示)应符合下列规定：

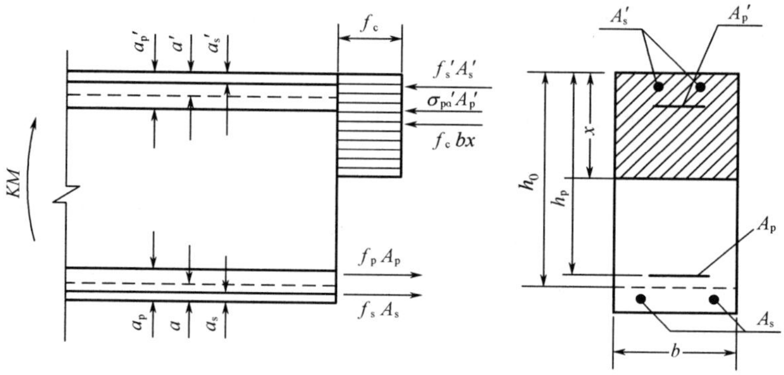

图 7. 2. 2 矩形截面受弯构件正截面强度计算图

a，a'—钢筋 A_p 和 A_s 中应力的合力点及钢筋 A_p' 和 A_s' 中应力的合力点至截面最近边缘的距离(m)；

a_p，a_s—钢筋 A_p 中应力的合力点及钢筋 A_s 中应力的合力点至截面最近边缘的距离(m)；

a_p'，a_s'—钢筋 A_p' 中应力的合力点及钢筋 A_s' 中应力的合力点至截面最近边缘的距离(m)。

1 中性轴位置可按下列公式确定：

$$f_p A_p + f_s A_s - \sigma_{pa}' A_p' - f_s' A_s' = f_c bx \tag{7.2.2—1}$$

$$\sigma_{pa}' = f_p' - n_p \sigma_{cl} - \sigma_{pl}' \tag{7.2.2—2}$$

2 当截面受压区高度大于等于 $2a'$ 且不大于 $0.4h_p$ 时，正截面强度应按式(7. 2. 2—3)计算：

$$KM \leqslant f_c bx\left(h_0 - \frac{x}{2}\right) + \sigma_{pa}' A_p'(h_0 - a_p') + f_s' A_s'(h_0 - a_s') \tag{7.2.2—3}$$

3 当截面受压区高度小于 $2a'$ 时，正截面强度可按式(7. 2. 2—4)计算。当计算的正截面强度比不考虑受压钢筋还小时，则应按不考虑受压钢筋计算。

$$KM \leqslant (f_p A_p + f_s A_s)(h_0 - a') \tag{7.2.2—4}$$

式中 M——计算弯矩(MN · m)；

f_c——混凝土抗压极限强度(MPa)，按本规范表 3. 1. 3 采用；

σ_{pa}'——相应于混凝土受压破坏时预应力筋 A_p' 中的应力(MPa)，如 σ_{pa}' 为负值，则钢

筋 A_p'不作为受压钢筋，a'应以 a_s' 代替；

n_p——预应力钢筋弹性模量与混凝土弹性模量之比；

f_p'——预应力钢筋抗压计算强度（MPa），按本规范表 3.3.3 采用；

σ_{cl}——预应力钢筋 A_p' 重心处混凝土的有效预压应力（MPa）；

σ_{pl}'——混凝土应力为 σ_{cl}时，预应力钢筋 A_p'中的有效预应力（MPa）；

h_0——截面有效高度（m）；

f_s'——受压区非预应力钢筋的抗压计算强度（MPa）；

A_s'——受压区非预应力钢筋的截面面积（m^2）；

b——矩形截面宽度（m）；

x——截面受压区高度（m）。

7.2.3 翼缘位于受压区的 T 形或工字形截面受弯构件，其正截面强度计算应符合下列规定：

1 当符合式（7.2.3—1）时，正截面强度应按宽度为 b_f' 的矩形截面计算［图 7.2.3（a）］，b_f' 应符合本规范第 4.3.2 条的规定。

$$f_pA_p+f_sA_s-\sigma_{pa}'A_p'-f_s'A_s'\leqslant f_cb_f'h_f' \tag{7.2.3—1}$$

2 当不符合式（7.2.3—1）时［图 7.2.3（b）］，中性轴位置可按式（7.2.3—2）确定：

$$f_pA_p+f_sA_s-\sigma_{pa}'A_p'-f_s'A_s'=f_c[bx+(b_f'-b)h_f'] \tag{7.2.3—2}$$

3 当截面受压区高度大于等于 $2a'$且不大于 $0.4h_p$ 时，正截面强度应按式（7.2.3—3）计算：

$$KM\leqslant f_c\left[bx\left(h_0-\frac{x}{2}\right)+(b_f'-b)h_f'\left(h_0-\frac{h_f'}{2}\right)\right]+\sigma_{pa}'A_p'(h_0-a_p')+f_s'A_s'(h_0-a_s') \tag{7.2.3—3}$$

4 当截面受压区高度小于 $2a'$时，正截面强度可按式（7.2.2—4）计算。当计算的正截面强度比不考虑受压还钢筋小时，则应按不考虑受压钢筋计算。

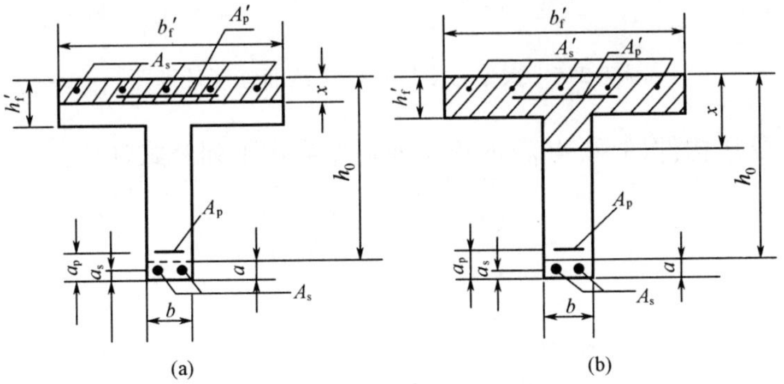

图 7.2.3 T 形截面受弯构件正截面强度计算图

7.2.4 受弯构件的斜截面抗弯强度及抗剪强度可按本规范附录 C 计算。

7.2.5 矩形截面偏心受压构件的正截面强度计算应符合下列规定：

1 大偏心受压构件（$x\leqslant0.4h_0$）正截面强度计算（计算图如图 7.2.5 所示）应符合下列规定：

1）中性轴位置可按式（7.2.5—1）确定，当轴向力 N 作用在钢筋 A_p'与 A_s'应力合力点和钢筋A_p 与 A_s 应力合力点之间时,式(7.2.5—1)等号左边第3、4项取正号;反之则取负号。

$$f_pA_pe_p+f_sA_se_s\mp\sigma'_{pa}A'_pe'_p\mp f'_sA'_se'_s=f_cbx\left(e-h_0+\frac{x}{2}\right)\quad(7.2.5—1)$$

2）当截面受压区高度大于等于$2a'$时,正截面强度应按式(7.2.5—2)计算:

$$KN\leqslant f_cbx+\sigma'_{pa}A_p+f'_sA'_s-f_pA_p-f_sA_s\quad(7.2.5—2)$$

3）当截面受压区高度小于$2a'$时,正截面强度可按式(7.2.5—3)计算。当计算的正截面强度比不考虑受压钢筋还小时,则应按不考虑受压钢筋计算。

$$KN\leqslant\frac{(f_pA_p+f_sA_s)(h_0-a')}{e'}\quad(7.2.5—3)$$

式中　e_p,e_s——轴向力N至受拉边预应力钢筋A_p及非预应力钢筋A_s中应力合力点的距离(m);

e'_p,e'_s——轴向力N至受压边预应力钢筋A'_p及非预应力钢筋A'_s中应力合力点的距离(m);

e——轴向力N至钢筋A_p与A_s应力合力点的距离(m);

e'——轴向力N至钢筋A'_p与A'_s应力合力点的距离(m)。

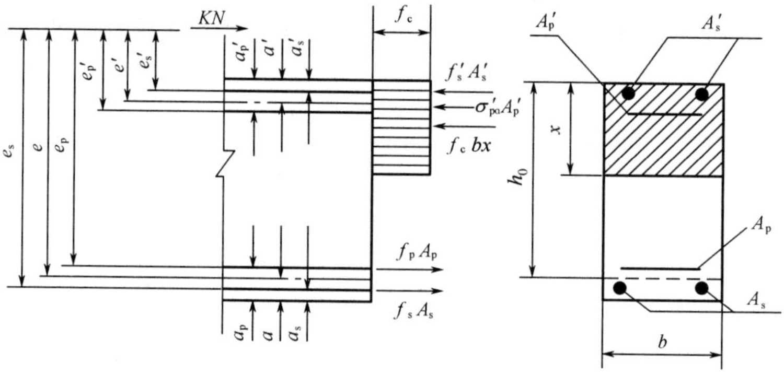

图7.2.5　大偏心受压构件正截面强度计算图

2　小偏心受压构件($x>0.4h_0$)的正截面强度应按下列公式计算:

$$KN\leqslant\frac{N_0}{1+\left(\frac{N_0}{N_j}-1\right)\frac{e_0}{e_{j0}}}\quad(7.2.5—4)$$

$$N_0=f_cbh+\sigma'_{pa}A'_p+f'_sA'_s+\sigma_{pa}A_p+f'_sA_s\quad(7.2.5—5)$$

$$N_j=0.4f_cbh_0+\sigma'_{pa}A'_p+f'_sA'_s-f_pA_p-f_sA_s\quad(7.2.5—6)$$

$$e_j=\frac{0.32f_cbh_0^2+\sigma'_{pa}A'_p(h_0-a'_p)+f'_sA'_s(h_0-a'_s)}{N_j}\quad(7.2.5—7)$$

$$c=\frac{0.5f_cbh_0^2+\sigma'_{pa}A'_p(h_0-a'_p)+f'_sA'_s(h_0-a'_s)}{N_0}\quad(7.2.5—8)$$

$$e_0=e-c\quad(7.2.5—9)$$

$$e_{j0}=e_j-c\quad(7.2.5—10)$$

式中 N_0——全截面均匀受压破坏时的轴向力(MN)；

N_j——截面破坏处于大、小偏心界限状态时的轴向力(MN)；

c, e_j——轴向力 N_0 及 N_j 至钢筋 A_p 与 A_s 应力合力点的距离(m)，当截面对称配筋时，$c=\frac{1}{2}(h_0-a')$；

σ_{pa}——相应于混凝土破坏时预应力钢筋 A_p 中的应力(MPa)，可参照本规范式(7.2.2—2)计算；

e_0——轴向力 N 至截面轴心(即 N_0 作用点)的距离(m)；

e_{j0}——轴向力 N_j 至截面轴心的距离(m)。

7.2.6 计算偏心受压构件时，应考虑构件在弯矩作用平面内的挠度对轴向力偏心距增大的影响，此时应将轴向力对截面轴心的偏心距乘以偏心距增大系数 η。η 可按式(7.2.6)计算：

$$\eta=\frac{1}{1-\frac{KNl_0^2}{\alpha\pi^2 E_c I_c}} \tag{7.2.6}$$

式中 E_c——混凝土弹性模量(MPa)，按本规范表3.1.6的规定采用；

l_0——构件计算长度(m)，按本规范表6.2.2—2的“注”采用；

I_c——混凝土截面的惯性矩(m^4)；

α——考虑偏心距对 η 值的影响系数，按本规范式(6.2.5—3)计算；

K——强度安全系数，按本规范表7.1.3采用；

N——计算轴向力(MN)，当预应力筋与混凝土间无黏结力时，式(7.2.6)中 N 应取为轴向力 N 与预压力 N_p 之和。

7.2.7 矩形截面偏心受拉构件的正截面强度计算应符合下列规定：

1 当轴向力 N 作用在钢筋 A_p 与 A_s 应力合力点和钢筋 A'_p 与 A'_s 应力合力点之间时(小偏心受拉)(图7.2.7—1)，正截面强度应按下列公式计算：

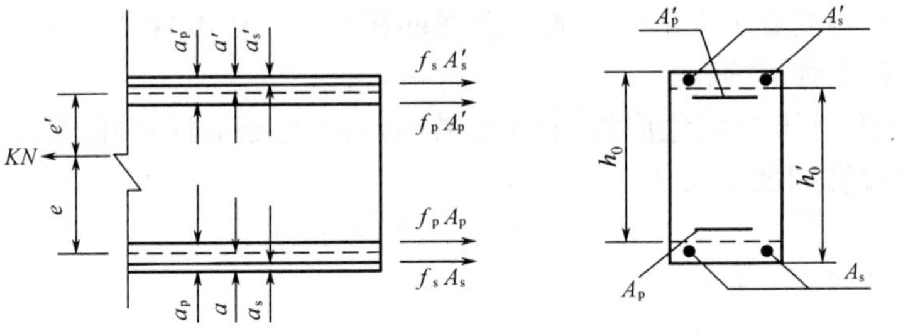

图7.2.7—1 小偏心受拉构件正截面强度计算图

$$KN\leqslant\frac{f_pA'_p(h_0-a'_p)}{e}+\frac{f_sA'_s(h_0-a'_s)}{e} \tag{7.2.7—1}$$

$$KN\leqslant\frac{f_pA_p(h'_0-a_p)}{e'}+\frac{f_sA_s(h'_0-a_s)}{e'} \tag{7.2.7—2}$$

2 当轴向力 N 不作用在钢筋 A_p 与 A_s 应力合力点和钢筋 A'_p 与 A'_s 应力合力点之间时(大偏心受拉)(图7.2.7—2)，正截面强度计算应符合下列规定：

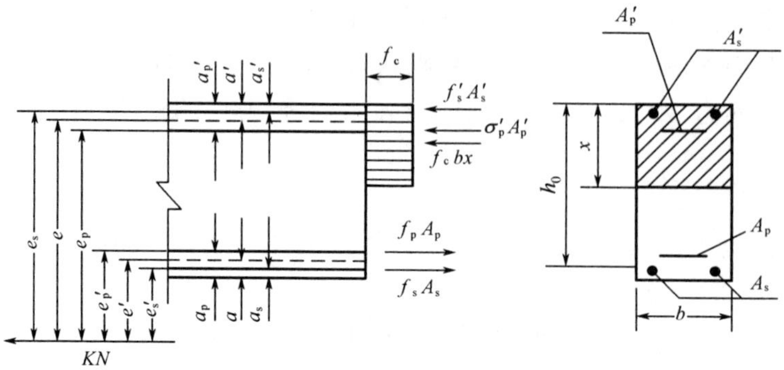

图 7.2.7—2　大偏心受拉构件正截面强度计算图

1）中性轴位置可按式(7.2.7—3)确定：

$$f_pA_pe_p+f_sA_se_s-\sigma'_{pa}A'_pe'_p-f'_sA'_se'_s=f_cbx\left(e+h_0-\frac{x}{2}\right) \quad (7.2.7—3)$$

2）当截面受压区高度大于等于 $2a'$ 且不大于 $0.4h_p$ 时，正截面强度应按式(7.2.7—4)计算：

$$KN\leqslant f_pA_p+f_sA_s-\sigma'_{pa}A'_p-f'_sA'_s-f_cbx \quad (7.2.7—4)$$

3）当截面受压区高度小于 $2a'$ 时，正截面强度可按式(7.2.5—3)计算。如计算的正截面强度比不考虑受压钢筋还小时，则应按不考虑受压钢筋计算。

7.2.8 构件端部锚固区的局部承压强度应按式(7.2.8)计算：

$$K_{cf}N_c\leqslant\beta f_cA_c \quad (7.2.8)$$

式中　N_c——预加应力时的预压力(MN)；

K_{cf}——局部承压抗裂安全系数，取 1.5；

β——混凝土局部承压时的强度提高系数，其值为 $\sqrt{A/A_c}$，并应符合本规范第 3.1.5 条中关于 β 值的规定；

A_c——局部承压面积(考虑在垫板中沿 45°斜线传力所扩大的锚下垫圈面积)(m^2)，计算时扣除管道面积；

A——影响混凝土局部承压的计算底面积(m^2)，按本规范图 3.1.5 采用，计算时扣除管道面积。

7.2.9 锚下间接钢筋的配置应符合端部锚固区的混凝土局部承压强度要求，可按式(7.2.9)计算(计算图如图 7.2.9 所示)：

$$K_cN_c\leqslant A_c(\beta f_c+2.0\mu_t\beta_{he}f_s) \quad (7.2.9)$$

式中　K_c——局部承压强度安全系数，取为 2.0；

β_{he}——配置间接钢筋的混凝土局部承压强度提高系数，其值为 $\sqrt{A_{he}/A_c}$，应符合本规范第 7.2.8 条的规定；

A_{he}——包在钢筋网或螺旋形配筋范围以内的混凝土核心面积(m^2)，但不大于 A，且其重心应与 A_c 的重心相重合，计算时扣除管道面积；

f_s——锚下间接钢筋的抗拉计算强度(MPa)；

μ_t——间接钢筋的体积配筋率(即核心范围内单位混凝土体积所包含的间接钢筋体积)，当为钢筋网时，$\mu_t=\dfrac{n_1a_{j1}l_1+n_2a_{j2}l_2}{l_1l_2s}$，当为螺旋形配筋时，$\mu_t=\dfrac{4a_j}{d_{he}s}$；

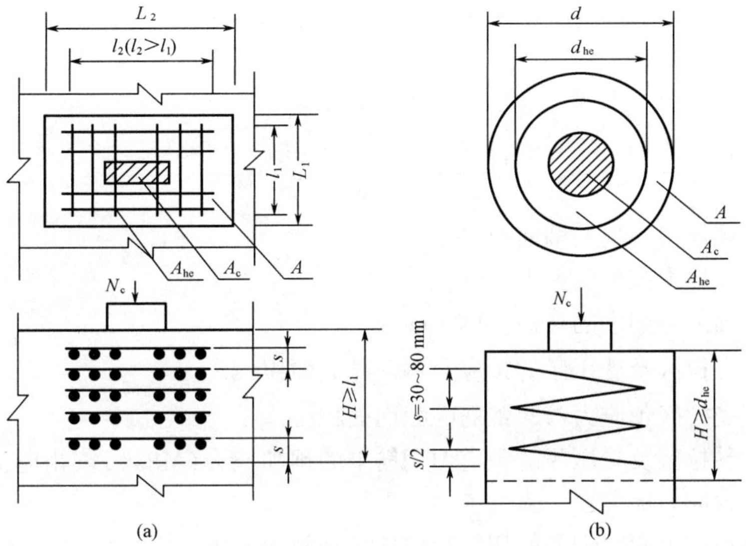

图 7.2.9 局部承压配筋计算图

n_1, a_{j1}——钢筋网沿 l_2 方向的钢筋根数及单根钢筋的截面面积,面积以 m^2 计;

n_2, a_{j2}——钢筋网沿 l_1 方向的钢筋根数及单根钢筋的截面面积,面积以 m^2 计;

a_j——螺旋形钢筋的截面面积(m^2);

d_{he}——螺旋圈的直径(m);

s——钢筋网或螺旋形钢筋的间距(m)。

7.3 运营阶段的结构计算

7.3.1 预应力混凝土结构截面应力计算应符合下列规定:

1 后张法结构在预应力管道内压注水泥浆以前,应采用被管道削弱的净混凝土并计入非预应力钢筋后的换算截面(即净截面)。在建立了钢筋与混凝土间的黏结力后,则采用全部换算截面(但对受拉构件、受弯及大偏心受压构件中运营阶段设计荷载作用时的受拉区,不计管道部分)。

2 先张法结构应采用换算截面。

3 配置较少非预应力钢筋的构件(一般指不允许出现拉应力的构件)计算换算截面时,可不考虑非预应力钢筋。

7.3.2 预加力在构件正截面上产生的轴向力、剪力及弯矩应按下列公式计算(图 7.3.2):

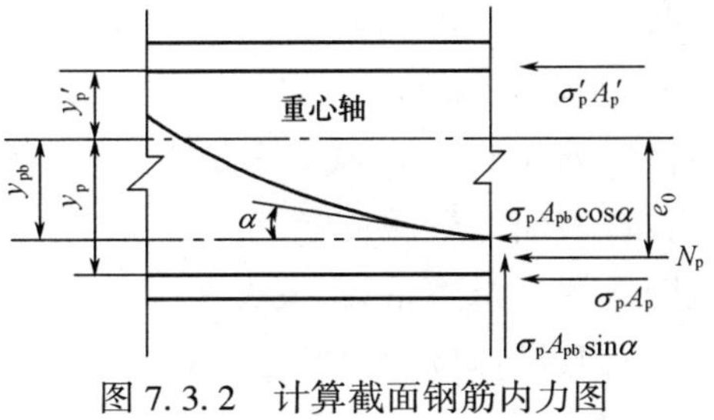

图 7.3.2 计算截面钢筋内力图

$$N_p = \sigma_p A_p + \sigma'_p A'_p + \sigma_p A_{pb} \cos\alpha \quad (7.3.2\text{—}1)$$

$$Q_p = \sigma_p A_{pb} \sin\alpha \quad (7.3.2\text{—}2)$$

$$M_p = N_p e_0 \quad (7.3.2\text{—}3)$$

$$e_0 = \frac{\sigma_p A_p y_p - \sigma'_p A'_p y'_p + \sigma_p A_{pb} y_{pb} \cos\alpha}{N_p} \quad (7.3.2\text{—}4)$$

式中 N_p——预加力产生的轴向力(MN);

Q_p——预加力产生的剪力(MN);

M_p——预加力产生的弯矩(MN · m);

A_p,A'_p——受拉区及受压区的预应力钢筋截面面积(m^2);

A_{pb}——受拉区预应力弯起钢筋的截面面积(m^2);

σ_p,σ'_p——受拉区及受压区的预应力钢筋中的预加应力(MPa),按相应工作阶段扣除预应力损失;

α——预应力弯起钢筋的切线与构件纵轴间的夹角(°);

e_0——预加应力合力至截面重心轴的距离(m),截面重心轴的位置按本规范第7.3.1条的规定确定;

y_p,y'_p——受拉区及受压区预应力水平钢筋的重心至截面重心轴的距离(m);

y_{pb}——受拉区预应力弯起钢筋的重心至截面重心轴的距离(m)。

7.3.3 当计算预应力钢筋的应力时,应考虑表7.3.3所列的预应力损失,并应考虑预应力钢筋与锚圈口的摩阻及喇叭口摩阻。

表7.3.3 预应力损失

序号	预应力损失	符号
1	钢筋与管道之间的摩阻	σ_{L1}
2	锚头变形、钢筋回缩和分块拼装构件的接缝压缩	σ_{L2}
3	台座与钢筋之间的温度差	σ_{L3}
4	混凝土的弹性压缩	σ_{L4}
5	钢筋的应力松弛	σ_{L5}
6	混凝土的收缩和徐变	σ_{L6}

7.3.4 预应力损失宜根据试验数据确定,如无可靠试验资料,可按下列规定计算:

1 张拉时,钢筋与管道间的摩擦引起的应力损失按式(7.3.4—1)计算:

$$\sigma_{L1} = \sigma_{con}\left[1 - e^{-(\mu\theta + kx)}\right] \quad (7.3.4\text{—}1)$$

式中 σ_{L1}——由于摩擦引起的应力损失(MPa);

σ_{con}——钢筋(锚下)控制应力(MPa);

θ——从张拉端至计算截面的长度上,钢筋弯起角之和(rad);

x——从张拉端至计算截面的管道长度(m);

μ——钢筋与管道壁之间的摩擦系数,按表7.3.4—1采用;

k——考虑每米管道对其设计位置的偏差系数,按表7.3.4—1采用。

表 7.3.4—1　μ、k 值

管道类型	μ	k
橡胶管抽芯成型的管道	0.55	0.001 5
铁皮套管	0.35	0.003 0
金属波纹管	0.20~0.26	0.002 0~0.003 0

2　锚头变形、钢筋回缩和接缝压缩引起的应力损失按式(7.3.4—2)计算,计算时可考虑钢筋与管道间反向摩擦的影响,按本规范附录 D 的规定计算。对称张拉的简支梁,考虑反向摩擦时,可近似将跨中回缩值取端部的 1/2 计算。如无试验数据,一个锚头的变形、钢筋回缩和一条接缝压缩值可按表 7.3.4—2 采用。

$$\sigma_{L2}=\frac{\Delta L}{L}E_p \qquad (7.3.4—2)$$

式中　σ_{L2}——由于锚头变形、钢筋回缩和接缝压缩引起的应力损失(MPa);

L——预应力钢筋的有效长度(m);

ΔL——锚头变形、钢筋回缩和接缝压缩值(m)。

表 7.3.4—2　锚头变形、钢筋回缩和接缝压缩计算值

锚头、接缝类型		表现形式	计算值(mm)
夹片式锚	有顶压时	锚具回缩	4
	无顶压时		6
水泥砂浆接缝		接缝压缩	1
环氧树脂砂浆接缝		接缝压缩	0.05
带螺帽的锚具螺帽缝隙		缝隙压密	1
每块后加垫板的缝隙		缝隙压密	1

3　先张法构件当采用蒸汽或其他方法加热养护时,钢筋和张拉台座之间的温差引起的应力损失按式(7.3.4—3)计算:

$$\sigma_{L3}=2(t_2-t_1) \qquad (7.3.4—3)$$

式中　σ_{L3}——由于温差引起的应力损失(MPa);

t_1——张拉钢筋时,制造场地的温度(℃);

t_2——用蒸汽或其他方法加热养护时的混凝土最高温度(℃)。

4　混凝土的弹性压缩引起的应力损失应符合下列规定:

1) 在后张法结构中,当分批张拉预应力钢筋时,对先张拉的钢筋应考虑由于混凝土的弹性压缩引起的应力损失,可按式(7.3.4—4)计算:

$$\sigma_{L4}=n_p\cdot\Delta\sigma_c\cdot Z \qquad (7.3.4—4)$$

式中　σ_{L4}——由于混凝土的弹性压缩引起的应力损失(MPa);

$\Delta\sigma_c$——在先行张拉的预应力钢筋重心处,由于后来张拉一根钢筋而产生的混凝土正应力(MPa),简支梁可取跨度 1/4 截面上的应力,连续梁、连续刚构可取若干有代表性截面上应力的平均值;

n_p——预应力钢筋弹性模量与混凝土弹性模量之比;

Z——在所计算的钢筋张拉后再行张拉的钢筋根数。

2）对先张法结构，放松钢筋时由于混凝土弹性压缩引起的应力损失应按式（7.3.4—5）计算：

$$\sigma_{L4}=n_p \cdot \sigma_c \tag{7.3.4—5}$$

式中 σ_c——在计算截面钢筋重心处，由预加应力产生的混凝土正应力（MPa）。

5 预应力钢筋在 σ_{con} 大于等于 $0.5f_{pk}$ 时，应考虑由于钢筋松弛引起的应力损失，其应力损失终极值应按式（7.3.4—6）计算：

$$\sigma_{L5}=\zeta \cdot \sigma_{con} \tag{7.3.4—6}$$

式中 σ_{L5}——由于钢筋松弛引起的应力损失（MPa）；

σ_{con}——先张梁采用预应力钢筋（锚下）控制应力，后张梁采用传力锚固时预应力钢筋的应力（MPa）；

ζ——松弛系数，采用普通松弛钢丝时，按 $0.4\left(\dfrac{\sigma_{con}}{f_{pk}}-0.5\right)$ 取值；采用低松弛钢丝、钢绞线时，当 $\sigma_{con}\leqslant 0.7f_{pk}$ 时，$\zeta=0.125\left(\dfrac{\sigma_{con}}{f_{pk}}-0.5\right)$，当 $0.7f_{pk}<\sigma_{con}\leqslant 0.8f_{pk}$ 时，$\zeta=0.2\left(\dfrac{\sigma_{con}}{f_{pk}}-0.575\right)$；采用预应力螺纹钢筋，一次张拉时取 0.05，超张拉时取 0.035。

6 由于混凝土收缩、徐变引起的应力损失终极值按下列公式计算：

$$\sigma_{L6}=\frac{0.8n_p\sigma_{co}\varphi_{\infty}+E_p\varepsilon_{\infty}}{1+\left(1+\dfrac{\varphi_{\infty}}{2}\right)\mu_n\rho_A} \tag{7.3.4—7}$$

$$\mu_n=\frac{n_pA_p+n_sA_s}{A} \tag{7.3.4—8}$$

$$\rho_A=1+\frac{e_A^2}{i^2} \tag{7.3.4—9}$$

式中 σ_{L6}——由于收缩、徐变引起的应力损失终极值（MPa）；

σ_{co}——传力锚固时，在计算截面上的预应力钢筋重心处，由于预加力（扣除相应阶段的应力损失）和梁自重产生的混凝土正应力（MPa），简支梁可取跨中与跨度 1/4 截面的平均值，连续梁和连续刚构可取若干有代表性截面的平均值；

φ_{∞}，ε_{∞}——混凝土徐变系数和收缩应变的终极值，无可靠资料时，φ_{∞}、ε_{∞} 值可按表 7.3.4—3 采用，在年平均相对湿度低于 40% 的条件下使用的结构，表列 φ_{∞}、ε_{∞} 值应增加 30%；

μ_n——梁的配筋率换算系数；

n_s——非预应力钢筋弹性模量与混凝土弹性模量之比；

A_p，A_s——预应力钢筋及非预应力钢筋的截面面积（m^2）；

A——梁截面面积（m^2），对后张法构件，可近似按净截面计算；

e_A——预应力钢筋与非预应力钢筋重心至梁截面重心轴的距离(m);

i——截面回转半径(m),$i=\sqrt{\frac{I}{A}}$;

I——截面惯性矩(m^4),对于后张法构件,可近似按净截面计算。

表 7.3.4—3 混凝土的收缩应变和徐变系数终极值

预加应力时混凝土的龄期(d)	收缩应变终极值 $\varepsilon_{\infty}\times10^6$				徐变系数终极值 φ_{∞}			
	理论厚度$\frac{2A}{u}$(mm)				理论厚度$\frac{2A}{u}$(mm)			
	100	200	300	≥600	100	200	300	≥600
3	250	200	170	110	3.00	2.50	2.30	2.00
7	230	190	160	110	2.60	2.20	2.00	1.80
10	217	186	160	110	2.40	2.10	1.90	1.70
14	200	180	160	110	2.20	1.90	1.70	1.50
28	170	160	150	110	1.80	1.50	1.40	1.20
≥60	140	140	130	100	1.40	1.20	1.10	1.00

注:1 先张法结构,预加应力时混凝土的龄期一般为 3 d~7 d;后张法结构,该龄期一般为 7 d~28 d。

2 A 为计算截面混凝土的面积,u 为该截面与大气接触的周边长度。

3 实际结构的理论厚度和混凝土的龄期为表列数值的中间值时,可按直线内插取值。

7 钢筋与锚圈口之间的摩阻及钢筋在锚下垫板喇叭口处因弯折产生摩阻而引起的应力损失应根据试验确定。

8 混凝土收缩、徐变以及钢筋松弛引起的应力损失的中间值,应根据建立预应力后的时间按表 7.3.4—4 确定。

表 7.3.4—4 σ_{L5} 和 σ_{L6} 的中间值与终极值的比值

时间(d)	由于混凝土收缩和徐变 σ_{L6}	由于钢筋松弛 σ_{L5}
2	—	0.5
10	0.33	—
20	0.37	—
30	0.40	—
40	0.43	1.0
60	0.50	—
90	0.60	—
180	0.75	—
1 年	0.85	—
3 年	1.00	—

9 分阶段施工的预应力混凝土结构中由于混凝土徐变及弹性压缩引起的预应力损失,应根据施工过程中各阶段预加应力和结构自重应力的情况确定。计算时应考虑混凝土龄期的差别,综合计算各有关预应力筋的应力损失值。

10 当需考虑其他预应力损失时可根据试验确定。

7.3.5 预加应力产生的混凝土正应力应按下列规定计算：

1 未扣除混凝土收缩、徐变引起的损失时，混凝土正应力应按式(7.3.5—1)计算：

$$\sigma_c=\frac{N_p}{A}\pm\frac{N_p e_0 y}{I} \tag{7.3.5—1}$$

式中 σ_c——计算点处混凝土应力(MPa)；

N_p——钢筋预加应力的合力(扣除相应阶段的预应力损失，但对先张法结构不再扣除弹性压缩引起的应力损失 σ_{L4})(MN)；

e_0——预应力钢筋重心至截面重心轴的距离(m)；

A,I——截面的面积及惯性矩(按本规范第7.3.1条的规定确定)，分别以 m^2 和 m^4 计；

y——计算应力点至截面重心轴的距离(m)。

2 扣除混凝土收缩、徐变引起的损失后，混凝土正应力应按下列公式计算：

$$\sigma_{cl}=\sigma_{ci}-\sigma_{cL6} \tag{7.3.5—2}$$

$$\sigma_{cL6}=\mu_{ps}\left(1\pm\frac{e_A}{i^2}y\right)\sigma_{L6} \tag{7.3.5—3}$$

$$\mu_{ps}=\frac{A_p+A_s}{A} \tag{7.3.5—4}$$

式中 σ_{cl}——扣除全部应力损失后，混凝土截面有效预压应力(MPa)；

σ_{ci}——扣除除混凝土收缩、徐变应力损失外其他各项应力损失后混凝土的预压应力(MPa)，按式(7.3.5—1)计算；

σ_{cL6}——混凝土收缩、徐变引起的混凝土预压应力的降低值(MPa)；

μ_{ps}——配筋率。

其余符号意义同本规范第7.3.4条。

7.3.6 设计荷载在混凝土、预应力钢筋及非预应力钢筋中产生的应力应按下列规定计算：

1 对不允许开裂的构件，应按下列公式计算：

$$\sigma_c=\frac{N}{A}\pm\frac{My}{I} \tag{7.3.6—1}$$

$$\sigma_p=n_p\sigma_{co} \tag{7.3.6—2}$$

$$\sigma_s=n_s\sigma_{cs} \tag{7.3.6—3}$$

式中 N,M——计算轴向力及弯矩，分别以 MN 和 MN·m 计；

σ_c——计算点处混凝土应力(MPa)；

σ_p,σ_s——预应力钢筋重心处和非预应力钢筋重心处的钢筋应力(MPa)；

σ_{co},σ_{cs}——预应力钢筋重心处和非预应力钢筋重心处的混凝土应力(MPa)。

2 对允许开裂的构件，截面开裂后混凝土压应力可按本规范附录E中式(E.0.2—1)计算，预应力钢筋和非预应力钢筋的应力可按下列公式计算：

$$\sigma_p^s=\sigma_{p1}+\Delta\sigma_{p1}+\Delta\sigma_{p2} \tag{7.3.6—4}$$

$$\Delta\sigma_{p1}=\frac{10\sigma_p A_p}{A}\left(1+\frac{e_p^2}{i^2}\right)+\frac{10\Delta\sigma_{sL6}A_s}{A}\left(1+\frac{e_p+e_s}{i^2}\right) \tag{7.3.6—5}$$

$$\sigma_s^s=\Delta\sigma_{sL6}+\Delta\sigma_{s2} \tag{7.3.6—6}$$

式中　σ_p^s,σ_s^s——截面开裂后预应力钢筋和非预应力钢筋的应力(MPa)；

σ_{p1}——预应力钢筋的有效预应力(MPa)；

σ_p——预应力钢筋应力(MPa)，先张法构件取有效预应力加弹性压缩损失 σ_{L4}，后张法构件取有效预应力；

$\Delta\sigma_{p1}$——消压时预应力钢筋的应力增量(MPa)；

e_p,e_s——预应力钢筋及非预应力钢筋重心至截面重心轴的距离(m)；

i——截面回转半径(m)，$i=\sqrt{\dfrac{I}{A}}$，后张法构件可近似按净截面计算；

$\Delta\sigma_{p2},\Delta\sigma_{s2}$——消压后按开裂截面计算的预应力钢筋及非预应力钢筋的应力增量(MPa)，可分别按本规范附录E中式(E.0.3—1)及式(E.0.3—2)计算；

$\Delta\sigma_{sL6}$——由混凝土收缩、徐变在非预应力钢筋中产生的附加应力(MPa)，受压为负，可近似取 $\Delta\sigma_{sL6}=-\sigma_{L6}$。

7.3.7　梁斜截面的混凝土主拉应力和主压应力应符合下列规定：

1　主拉应力应按式(7.3.7—1)计算：

$$\sigma_{tp}=\frac{\sigma_{cx}+\sigma_{cy}}{2}-\sqrt{\left(\frac{\sigma_{cx}-\sigma_{cy}}{2}\right)^2+\tau_c^2} \tag{7.3.7—1}$$

2　主压应力按下列公式计算：

$$\sigma_{cp}=\frac{\sigma_{cx}+\sigma_{cy}}{2}+\sqrt{\left(\frac{\sigma_{cx}-\sigma_{cy}}{2}\right)^2+\tau_c^2} \tag{7.3.7—2}$$

$$\sigma_{cx}=\sigma_{cl}\mp\frac{k_{f1}\cdot M\cdot y_0}{I_0} \tag{7.3.7—3}$$

$$\sigma_{cy}=\frac{n_{pv}\sigma_{pv}a_{pv}}{bs_{pv}} \tag{7.3.7—4}$$

$$\tau_c=K_{f1}\tau-\frac{V_{pb}\cdot S}{bI} \tag{7.3.7—5}$$

式中　σ_{tp},σ_{cp}——混凝土的主拉应力及主压应力(MPa)；

σ_{cx},σ_{cy}——计算主拉(压)应力点处混凝土的法向应力及竖向压应力(MPa)；

σ_{cl}——计算点处混凝土的有效预压应力(MPa)；

τ_c——计算点处混凝土的剪应力(MPa)；

τ——相应于计算弯矩 M 的荷载作用下，计算点处混凝土的剪应力(MPa)；

M——计算弯矩(MN·m)；

y_0——计算点处至换算截面重心轴的距离(m)；

I_0——换算截面惯性矩(m^4)；

σ_{pv}——预应力竖筋中的有效预应力(MPa)；

n_{pv}——预应力竖筋的肢数；

a_{pv}——单支预应力竖筋的截面面积(m^2);

s_{pv}——预应力竖筋的间距(m);

V_{pb}——弯起预应力钢筋预加力产生的剪力(MN);

b——计算主应力点处构件截面宽度(m);

K_{f1}——系数,当对不允许出现拉应力的构件进行抗裂性检算时,按本规范表 7.1.3 中 K_f 取值,其他情况下取 1.0;

S,I——截面的面积矩及惯性矩,分别以 m^3 及 m^4 计,应按本规范第 7.3.1 条的规定计算。

3　变高度梁的剪应力计算应考虑高度变化的影响。

4　主应力计算应针对下列部位进行:

1) 在构件长度方向,应计算剪力及弯矩均较大的区段,以及构件外形和腹板厚度有变化之处。

2) 沿截面高度方向,应计算截面重心轴处及腹板与上、下翼缘相接处。

7.3.8　计算先张法构件端部区段的截面应力时,在预应力钢筋传递长度 l_c 范围内,预应力钢筋的应力值可按线性变化,即在构件端部预应力值为零,在传递长度末端预应力值达到 σ_p(图 7.3.8)。预应力钢绞线的传递长度 l_c 宜取 $80d$,d 为钢绞线直径。预应力混凝土用螺纹钢筋的传递长度 l_c 可不考虑。

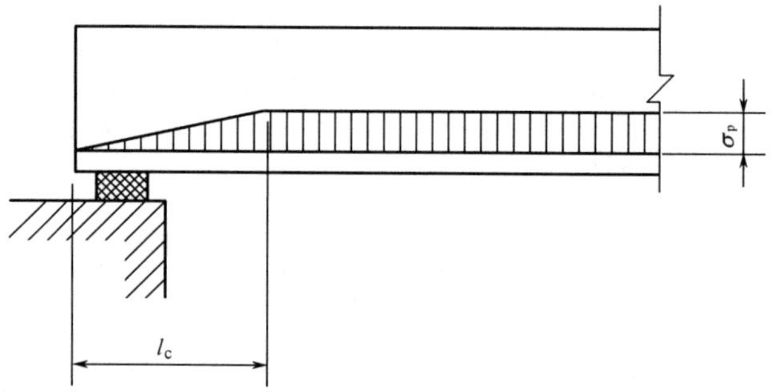

图 7.3.8　预应力钢筋的传递长度 l_c 范围内预应力值变化图

7.3.9　不允许出现拉应力的构件,其抗裂性应符合下列规定:

1　正截面抗裂性应按下列公式计算:

1) 轴心受拉、小偏心受拉或小偏心受压构件:

$$K_f\sigma \leqslant \sigma_c + f_{ct} \quad (7.3.9\text{—}1)$$

2) 受弯、大偏心受拉或大偏心受压构件:

$$K_f\sigma \leqslant \sigma_c + \gamma f_{ct} \quad (7.3.9\text{—}2)$$

$$\gamma = \frac{2S_0}{W_0} \quad (7.3.9\text{—}3)$$

式中　σ——计算荷载在截面受拉边缘混凝土中产生的正应力(MPa),按式(7.3.6—1)计算;

K_f——抗裂安全系数,应按本规范表 7.1.3 采用;

σ_c——扣除相应阶段预应力损失后混凝土的预压应力(MPa),按本规范第 7.3.5 条的规定计算;

f_{ct}——混凝土抗拉极限强度(MPa),按本规范表 3.1.3 采用;

γ——考虑混凝土塑性的修正系数；

W_0——对所检算的拉应力边缘的换算截面抵抗矩（m^3）；

S_0——换算截面重心轴以下的面积对重心轴的面积矩（m^3）。

2　斜截面抗裂性应按式(7.3.9—4)及式(7.3.9—5)计算，当不满足式(7.3.9—4)及式(7.3.9—5)要求时，应修改截面尺寸或提高混凝土强度等级。

$$\sigma_{tp} \leqslant f_{ct} \tag{7.3.9—4}$$

$$\sigma_{cp} \leqslant 0.6 f_c \tag{7.3.9—5}$$

式中　σ_{tp},σ_{cp}——按抗裂性计算的主拉、主压应力（MPa），按本规范第7.3.7条的规定计算。对于主力+附加力组合，式(7.3.9—5)可改为$\sigma_{cp} \leqslant 0.66 f_c$。

3　当采用分段施工结构时，应考虑拼接缝处抗裂性的降低，降低值应根据试验确定。

7.3.10　运营阶段设计荷载作用下，正截面混凝土压应力（扣除全部应力损失后）应符合下列公式的规定：

1　主力组合作用时：

$$\sigma_c \leqslant 0.5 f_c \tag{7.3.10—1}$$

2　主力+附加力组合作用时：

$$\sigma_c \leqslant 0.55 f_c \tag{7.3.10—2}$$

式中　σ_c——运营阶段设计荷载及预应力钢筋有效预应力产生的正截面混凝土最大压应力（MPa）；

f_c——混凝土抗压极限强度（MPa），按本规范表3.1.3采用。

7.3.11　运营阶段设计荷载作用下，正截面混凝土受拉区应力（扣除全部应力损失后）应符合下列公式的规定：

1　对不允许出现拉应力的构件：

$$\sigma_{ct} \leqslant 0 \tag{7.3.11—1}$$

注：特种超载荷载短期作用时，$\sigma_{ct} \leqslant 0.6 f_{ct}$。

2　对允许出现拉应力但不允许开裂的构件：

$$\sigma_{ct} \leqslant 0.7 f_{ct} \tag{7.3.11—2}$$

注：特种超载荷载短期作用时，$\sigma_{ct} \leqslant f_{ct}$。

式中　σ_{ct}——设计荷载及预应力钢筋有效预应力在混凝土截面受拉边缘产生的应力（MPa），受拉为正；

f_{ct}——混凝土抗拉极限强度（MPa），按本规范表3.1.3采用。

7.3.12　对允许出现拉应力和允许开裂的构件，运营阶段设计荷载作用下，混凝土主应力（扣除全部应力损失后）应符合式(7.3.12)的规定，当不符合时，应修改截面尺寸或提高混凝土强度等级。

$$\sigma_{tp} \leqslant 0.7 f_{ct} \tag{7.3.12}$$

式中　σ_{tp}——混凝土的主拉应力（MPa），按本规范第7.3.7条的规定计算。

7.3.13　运营阶段设计荷载作用下，预应力钢筋（钢丝、钢绞线）最大应力应符合式(7.3.13)的规定：

$$\sigma_p \leqslant 0.6 f_{pk} \tag{7.3.13}$$

式中　σ_p——预应力钢筋应力（MPa），按本规范第7.3.6条的规定计算。

7.3.14 承受疲劳荷载作用的构件应检算钢筋应力幅，其容许值[$\Delta\sigma$]应根据试验确定。当缺少该项试验数据时，可按本规范第3.3.5条的规定采用。钢筋的应力幅可按下列公式计算：

1 不开裂截面上的钢筋：

$$\Delta\sigma_{p}=\alpha_1\sigma_{pq} \quad (7.3.14—1)$$

$$\Delta\sigma_{s}=\alpha_1\sigma_{sq} \quad (7.3.14—2)$$

式中 $\Delta\sigma_{p}$，$\Delta\sigma_{s}$——设计活载作用下，构件中预应力钢筋和非预应力钢筋的应力幅(MPa)；

$\Delta\sigma_{pq}$，$\Delta\sigma_{sq}$——由设计活载所产生的预应力钢筋和非预应力钢筋中的应力(MPa)，按本规范第7.3.6条第1款的规定计算；

α_1——考虑疲劳影响后的应力增大系数，未出现拉应力的截面取1.0，出现拉应力的截面取1.5。

2 开裂截面上的钢筋：

$$\Delta\sigma_{p}=\Delta\sigma_{p1}+\Delta\sigma_{p2}-\sigma_{pg} \quad (7.3.14—3)$$

$$\Delta\sigma_{s}=\Delta\sigma_{s2}-\sigma_{sg} \quad (7.3.14—4)$$

式中 $\Delta\sigma_{p1}$——消压时预应力钢筋的应力增量(MPa)，按本规范式(7.3.6—5)计算；

$\Delta\sigma_{p2}$，$\Delta\sigma_{s2}$——消压后按开裂截面计算的预应力钢筋和非预应力钢筋的应力增量(MPa)，可按附录E中式(E.0.3—1)及式(E.0.3—2)计算；

σ_{pg}，σ_{sg}——由恒载产生的预应力钢筋及非预应力钢筋中的应力(MPa)，按本规范第7.3.6条第1款的规定计算，计算时式(7.3.6—2)、式(7.3.6—3)中n_p和n_s均取10。

7.3.15 设计荷载作用下，混凝土的最大剪应力应符合式(7.3.15)的要求。有竖向预应力筋时，其容许最大剪应力可提高到$0.17f_c+0.55\sigma_{cy}$，σ_{cy}可按式(7.3.7—4)计算。

$$\tau_c=\tau-\tau_p\leqslant 0.17f_c \quad (7.3.15)$$

式中 τ_c——混凝土的最大剪应力(MPa)；

τ——设计荷载产生的剪应力(MPa)；

τ_p——预加应力产生的预剪应力(MPa)；

f_c——混凝土抗压极限强度(MPa)。

7.3.16 预应力受弯构件的箍筋设计应符合下列规定：

1 在$\sigma_{tp}\leqslant\dfrac{f_{ct}}{K_2}$的梁段内，箍筋可不予计算，仅按构造要求布置，$K_2$为混凝土达到抗拉极限强度(主拉应力)时的安全系数，应按本规范表7.1.3采用。

2 在$\sigma_{tp}>\dfrac{f_{ct}}{K_2}$的梁段内，箍筋应按承受主拉应力的60%计算。

7.3.17 需要通过计算确定箍筋时，箍筋间距应按式(7.3.17)计算：

$$s_v=\frac{f_sA_v}{0.6\sigma_{tp}bK_1} \quad (7.3.17)$$

式中 s_v——箍筋间距(m)；

A_v——在构件同一截面内，箍筋的总截面面积(m^2)；

σ_{tp}——设计荷载作用下的主拉应力(MPa),按本规范第 7.3.7 条的规定计算;

K_1——安全系数,按本规范表 7.1.3 采用;

f_s——箍筋的抗拉计算强度(MPa);

b——腹板的厚度(m)。

7.3.18 允许开裂的预应力混凝土受弯构件,在恒载作用下,正截面混凝土受拉区压应力(扣除全部应力损失后)不应小于 1.0 MPa;在设计荷载作用下的特征裂缝宽度应符合下列规定:

1 主力组合时,特征裂缝宽度不应大于 0.1 mm。

2 主力+附加力组合时,特征裂缝宽度不应大于 0.15 mm。

3 矩形、T 形和工字形截面梁,在设计荷载作用下,其主要受力钢筋水平处侧面的"特征裂缝宽度"可按下列公式计算:

$$\omega_{fk}=\alpha_2\alpha_3\left(2.4C_s+\upsilon\frac{d}{\mu_e}\right)\frac{\Delta\sigma_{s2}}{E_s} \quad (7.3.18—1)$$

$$d=\frac{4(A_s+A_p)}{U} \quad (7.3.18—2)$$

$$\mu_e=\frac{A_s+A_p}{A_{ce}} \quad (7.3.18—3)$$

式中 ω_{fk}——特征裂缝宽度(mm),系指小于该特征值的保证率为 95% 的裂缝宽度;

C_s——纵向钢筋侧面的净保护层厚度(mm);

d——钢筋换算直径(mm);

μ_e——纵向受拉钢筋的有效配筋率;

υ——钢筋黏结特性系数,带肋钢筋取 0.02,钢丝或钢绞线取 0.04;后张法管道压浆的预应力钢筋的 υ 值应提高,变形钢筋可取 0.04,钢丝或钢绞线可取 0.06;两种钢筋混合使用时,可取加权平均值;

α_2——特征裂缝宽度与平均裂缝宽度相比的扩大系数,可取 1.8;

α_3——考虑运营阶段设计荷载作用的疲劳增大系数,可取 1.5;

A_p,A_s——预应力钢筋和非预应力钢筋截面面积(mm^2);

U——钢筋周边长度总和(mm);

A_{ce}——受钢筋影响的有效混凝土截面面积(mm^2),可按图 7.3.18 计算。

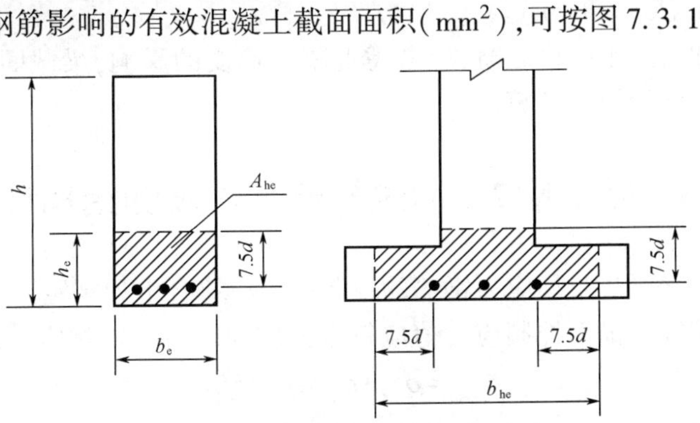

图 7.3.18 受钢筋影响的有效混凝土截面

注:d—钢筋直径,$h_e \leqslant h/2$

7.3.19 计算预应力混凝土结构的变形(挠度和转角)时,截面抗弯刚度 B 的计算应符合下列规定:

1 对于不允许开裂的构件,截面抗弯刚度 B 应按下列公式计算:

$$B=\beta_p\beta_1 E_c I_0 \tag{7.3.19—1}$$

$$\beta_p=\frac{1+\lambda}{2} \tag{7.3.19—2}$$

$$\beta_1=\frac{\lambda-0.5}{0.95\lambda-0.45} \tag{7.3.19—3}$$

2 对允许开裂的构件,当运营阶段设计荷载产生的弯矩 M 小于开裂弯矩 M_f 时,应按式(7.3.19—1)计算。当 M 大于或等于 M_f 时,应按式(7.3.19—4)计算。

$$B=\beta_1\cdot\frac{\beta_p\beta_2 M}{\beta_2 M_f+\beta_p(M-M_f)}\cdot E_c I_0 \tag{7.3.19—4}$$

$$M_f=(\sigma_{c1}+\gamma f_{ct})W_0 \tag{7.3.19—5}$$

$$\beta_2=0.1+2n_p\mu\leqslant 0.50 \tag{7.3.19—6}$$

$$\mu=\frac{A_p+A_s}{bh_0} \tag{7.3.19—7}$$

式中 B——梁截面抗弯刚度(MN · m²);

I_0——全部换算截面惯性矩(m⁴);

β_p——考虑预应力度的折减系数;

β_1——考虑疲劳影响的刚度折减系数;

β_2——考虑截面配筋率对刚度的影响系数;

M_f——截面开裂弯矩(MN · m);

λ——预应力度,可按本规范第 7.1.2 条计算,当 λ 大于 1.0 时,λ 取 1.0;

σ_{c1}——梁截面受拉边缘有效预压应力(MPa),按本规范式(7.3.5—2)计算;

γ——考虑受拉区混凝土塑性的修正系数,可按本规范式(7.3.9—3)计算,对于工字形梁,γ 可近似取 1.3;

μ——纵向受拉钢筋配筋率;

b——对于矩形截面为梁宽,对于 T 形截面或工字形截面为腹板宽(m);

h_0——截面有效高度(m)。

7.3.20 计算预加力产生的拱度时,应考虑混凝土徐变的影响,梁截面抗弯刚度取 $E_c I$,I 按本规范第 7.3.1 条的规定计算。

7.4 预加应力、运送及安装阶段的结构计算

7.4.1 在预加应力过程中,预应力钢筋的控制应力应符合下列规定:

1 钢丝、钢绞线的锚下控制应力值应符合式(7.4.1—1)的规定:

$$\sigma_{con}=\sigma_{p1}+\sigma_L\leqslant 0.75f_{pk} \tag{7.4.1—1}$$

2 预应力混凝土用螺纹钢筋的锚下控制应力值应符合式(7.4.1—2)的规定:

$$\sigma_{con}=\sigma_{p1}+\sigma_L\leqslant 0.9f_{pk} \tag{7.4.1—2}$$

式中 σ_{con}——预应力钢筋在锚下的控制应力(MPa);

σ_{p1}——预应力钢筋中的有效预应力(MPa);

σ_{L}——预应力钢筋中的全部预应力损失值(MPa)。

3 对于拉丝式体系(直接张拉钢丝、钢绞线的体系),包括锚圈口摩擦及喇叭口摩擦引起的应力损失在内,锚外钢筋中的最大控制应力不应超过 $0.8f_{pk}$;预应力螺纹钢筋的锚外最大控制应力不应超过 $0.95f_{pk}$。

7.4.2 长度等于梁高范围内的端部锚固区段应检算局部应力。

7.4.3 在传力锚固时,预应力钢筋的应力应符合下列规定:

1 先张法构件应符合式(7.4.3—1)的规定:

$$\sigma_{p}=\sigma_{con}-(\sigma_{L2}+\sigma_{L3}+\sigma_{L4}+0.5\sigma_{L5})\leqslant 0.65f_{pk} \tag{7.4.3—1}$$

2 后张法构件应符合式(7.4.3—2)的规定:

$$\sigma_{p}=\sigma_{con}-(\sigma_{L1}+\sigma_{L2}+\sigma_{L4})\leqslant 0.65f_{pk} \tag{7.4.3—2}$$

式中 σ_{p}——传力锚固时预应力钢筋的应力(MPa);

$\sigma_{L1},\cdots,\sigma_{L5}$——预应力钢筋的各项预应力损失值(MPa)。

7.4.4 在传力锚固或存梁阶段,计入构件自重作用后,混凝土的正应力应符合下列规定:

1 压应力应符合式(7.4.4—1)的规定:

$$\sigma_{c}\leqslant \alpha f'_{c} \tag{7.4.4—1}$$

式中 σ_{c}——混凝土压应力(MPa);

α——系数,C50~C60 混凝土取 0.75,C40~C45 混凝土取 0.70;

f'_{c}——预加应力或存梁阶段混凝土的抗压极限强度(MPa)。

2 拉应力应符合式(7.4.4—2)的规定:

$$\sigma_{ct}\leqslant 0.7f'_{ct} \tag{7.4.4—2}$$

式中 σ_{ct}——混凝土拉应力(MPa);

f'_{ct}——预加应力或存梁阶段混凝土的抗拉极限强度(MPa)。

7.4.5 在预加应力过程中,由于临时超张拉而在混凝土中产生的压应力应符合式(7.4.5)的规定:

$$\sigma_{c}\leqslant 0.8f'_{c} \tag{7.4.5}$$

7.4.6 在预加应力阶段,对于构件的强度及轴心受压构件的稳定性应加以检算。此时,应考虑张拉钢筋所产生的轴向压力,以及在构件上同时作用的自重等荷载。

7.4.7 在预加应力阶段,作用在构件上的轴向压力的计算应符合下列规定:

1 轴心受压及小偏心受压($x>0.55h'_{0}$)的先张法构件,其轴向压力应按式(7.4.7—1)计算:

$$N_{p}=(\sigma_{con}-\sigma_{L}-f'_{p})A_{p}+(\sigma'_{con}-\sigma'_{L})A'_{p} \tag{7.4.7—1}$$

2 大偏心受压($x\leqslant 0.55h'_{0}$)的先张法构件,其轴向压力应按式(7.4.7—2)的计算:

$$N_{p}=(\sigma_{con}-\sigma_{L}-f'_{p})A_{p} \tag{7.4.7—2}$$

3 后张法构件,同时张拉全部预应力钢筋时,其轴向压力应按式(7.4.3—3)计算:

$$N_{p}=\sigma_{con}A_{p}+\sigma'_{con}A'_{p} \tag{7.4.7—3}$$

4 轴心受压及小偏心受压的后张法构件,分批张拉预应力钢筋时,其轴向压力应按下列公式计算：

$$N_p=(\sigma_{con}-\sigma_L-\sigma_{ps})(A_p-A_{pm})+(\sigma'_{con}-\sigma'_L)(A'_p-A'_{pm})+\sigma_{con}A_{pm}+\sigma'_{con}A'_{pm} \quad (7.4.7—4)$$

$$\sigma_{ps}=f'_p\frac{A_p-A_{pm}}{A_p}\leqslant 300 \quad (7.4.7—5)$$

5 大偏心受压的后张法构件，分批张拉预应力钢筋时，其轴向压力应按式(7.4.7—6)计算：

$$N_p=(\sigma_{con}-\sigma_L-\sigma_{ps})(A_p-A_{pm})+\sigma'_{con}A'_{pm}+\sigma_{con}A_{pm} \quad (7.4.7—6)$$

式中 N_p——轴向压力(MN)；

σ_{con}，σ'_{con}——位于外载作用下的受拉区预应力钢筋 A_p 与受压区预应力钢筋 A'_p 的张拉控制应力(MPa)；

σ_L，σ'_L——预应力钢筋 A_p 及 A'_p 在预加应力过程中发生的预应力损失值(MPa)，但对先张法构件不计入弹性压缩引起的应力损失 σ_{L4}；

A_{pm}，A'_{pm}——预应力钢筋 A_p 及 A'_p 中属于全截面最末一批张拉的钢筋截面面积(m^2)；

σ_{ps}——临近破坏时预应力钢筋中应力的减少值(MPa)，当按式(7.4.7—5)计算所得值大于 300 MPa 时取 300 MPa。

7.4.8 在预加应力阶段承受轴心压力的构件，其强度及稳定性检算应符合下列规定：

1 钢筋混凝土的后张法构件，其强度及稳定性可按式(7.4.8—1)检算：

$$KN_p\leqslant\varphi(f'_cA+f'_sA'_s) \quad (7.4.8—1)$$

2 素混凝土的后张法构件，其强度及稳定性可按式(7.4.8—2)检算：

$$KN_p\leqslant\varphi f'_cA \quad (7.4.8—2)$$

式中 K——预加应力阶段强度检算安全系数，取 1.6；

N_p——钢筋预加应力引起的轴向压力(MN)，按本规范第 7.4.7 条的规定计算；

A——混凝土净截面面积(m^2)；

f'_c——预加应力时混凝土的抗压极限强度(MPa)；

A'_s——非预应力钢筋的截面面积(m^2)；

f'_s——非预应力钢筋的抗压计算强度(MPa)；

φ——构件纵向弯曲系数，钢筋混凝土的后张法构件按本规范表 6.2.2—2 采用；素混凝土的后张法构件按表 7.4.8 采用。

表 7.4.8 混凝土构件纵向弯曲系数 φ 值

l_0/b	<4	4	6	8	10	12	14	16	18	20	22	24	26	28	30
l_0/i	<14	14	21	28	35	42	48	55	62	69	76	83	90	97	104
φ	1.00	0.98	0.96	0.91	0.86	0.82	0.77	0.72	0.68	0.63	0.59	0.55	0.51	0.47	0.44

注：表中符号的意义及 l_0 的计算方法见本规范表 6.2.2—2 的“注”。

3 先张法构件可按式(7.4.8—1)、式(7.4.8—2)检算，但对任何长细比 φ 值均取 1。

7.4.9 在预加应力阶段承受偏心压力的构件，其强度检算应符合下列规定：

1 大偏心受压构件的强度应按式(7.4.9—1)进行检算，计算图如图 7.4.9 所示，若

计入自重弯矩 M,还应符合式(7.4.9—2)的要求。

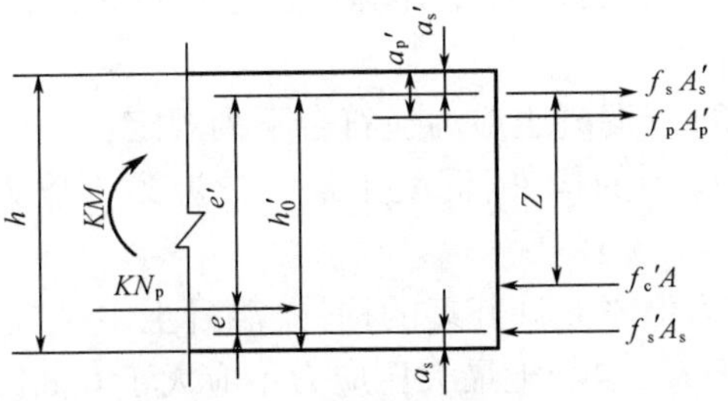

图 7.4.9　预加应力作用下构件为大偏心受压的正截面强度计算图

$$KN_p \leqslant f_c'A + f_s'A_s - f_sA_s' - f_pA_p' \tag{7.4.9—1}$$

$$KN_pe' \pm KM \leqslant f_c'AZ + f_s'A_s(h_0' - a_s) - f_pA_p'(a_p' - a_s') \tag{7.4.9—2}$$

式中　A——混凝土受压区截面面积(m^2);

Z——混凝土压应力的合力 $f_c'A$ 作用点至钢筋 A_s' 中应力合力点的距离(m);

A_p'——受压区的预应力钢筋截面面积(m^2),计算式(7.4.9—1)、式(7.4.9—2)中 A_p' 值时,应扣除计算 N_p 时已考虑过的那部分 A_p' 的截面面积。

2　小偏心受压构件的强度应按式(7.4.9—3)和式(7.4.9—4)进行检算,对于工字形截面,N_j、e_i'、c'应按式(7.4.9—5)、式(7.4.9—6)、式(7.4.9—7)分别计算。

$$KN_p \leqslant \frac{N_0}{1 + \left(\frac{N_0}{N_j} - 1\right)\frac{e_0'}{e_j' - c'}} \tag{7.4.9—3}$$

$$N_0 = f_c'A + f_s'(A_s + A_s') \tag{7.4.9—4}$$

$$N_j = 0.55f_c'bh_0' + f_c'A_f + f_s'A_s - f_sA_s' \tag{7.4.9—5}$$

$$e_j' = \frac{0.4f_c'bh_0'^2 + f_c'A_fZ_f + f_s'A_s(h_0' - a_s)}{N_j} \tag{7.4.9—6}$$

$$c' = \frac{0.5f_c'bh_0'^2 + f_c'A_fZ_f + f_s'A_s(h_0' - a_s)}{N_0} \tag{7.4.9—7}$$

式中　N_0——全截面均匀受压破坏时的破坏轴向力(MN);

N_j——截面破坏处于大、小偏心界限状态时的破坏轴向力(MN);

A_f——混凝土受压区翼缘悬出部分的截面面积(m^2);

e_0'——轴向力 N_p 至截面轴心的距离(m),宜根据具体情况计入自重弯矩等对偏心距 e_0' 的影响;

e_j'——轴向力 N_j 至钢筋 A_s' 应力合力点的距离(m);

Z_f——压力 $f_c'A_f$ 作用点至钢筋 A_s' 应力合力点的距离(m);

c'——轴向力 N_0 作用点(即截面轴心)至钢筋 A_s' 应力合力点的距离(m)。

3　在检算强度时,T 形、工字形截面中位于受预压较小边的翼缘悬出部分可不考虑。

4　当钢筋混凝土构件的配筋率小于本规范第 6.1.2 条的规定时,可按素混凝土构件计算,取消本节各式中有关钢筋的项目,同时 N_p 及内力的合力至钢筋中应力点的距离改为至相应截面边缘的距离。

7.4.10 预应力混凝土构件应按运送及安装阶段检算其强度及抗裂性，其安全系数应符合本规范表 7.1.3 的规定。在构件自重计算中，应计入冲击系数，运送时冲击系数采用 1.5，安装时冲击系数采用 1.2。

7.4.11 在运送及安装阶段，混凝土应力应符合下列规定：

1 对不允许出现拉应力的构件，混凝土最大拉应力不应大于 $0.8f_{ct}$，最大压应力不应大于 $0.8f_c$。

2 对允许出现拉应力但不允许开裂的构件，混凝土主拉应力不应大于 $0.85f_{ct}$，正截面混凝土拉应力不应大于 f_{ct}，混凝土最大压应力不应大于 $0.8f_c$。

3 对允许开裂的构件，裂缝宽度允许值按本规范第 7.3.18 条主力+附加力组合采用。

7.5 构　　造

7.5.1 预应力钢筋或管道间的净距应符合下列规定：

1 在后张法结构中，采用钢丝、钢绞线束、螺纹钢筋的管道间净距，当管道直径等于或小于 55 mm 时，不应小于 40 mm；当管道直径大于 55 mm 时，不应小于 0.8 倍管道外径。

2 在先张法结构中，钢丝束、钢绞线、螺纹钢筋之间的净距不应小于 1.5 倍直径，且不应小于 30 mm。

7.5.2 预应力钢筋或管道表面与结构表面之间的保护层厚度，在结构顶面和侧面不应小于 1 倍管道外径，且不小于 50 mm，在结构底面不应小于 60 mm。

7.5.3 先张法结构中钢绞线锚固长度不应小于 130 倍的钢绞线直径。当公称直径及抗拉强度标准值超出本规范规定时，应通过试验确定锚固长度。

7.5.4 在后张法结构中，在锚下应设置分布钢筋网。

7.5.5 后张法结构中的预应力钢筋布置成曲线形时，钢丝束、钢绞线束的钢丝直径等于或小于 5 mm 时，其曲率半径不宜小于 4 m；钢丝直径大于 5 mm 时，其曲率半径不宜小于 6 m。

7.5.6 先张法结构中设置折线配筋时宜采用转折器导向装置，导向辊的半径宜大于 20 mm。

7.5.7 后张法预应力混凝土结构中的管道面积不宜小于 2 倍钢丝束面积。

7.5.8 在预应力混凝土结构中应根据计算设置箍筋。如采用非预应力箍筋时，应符合下列要求：

1 箍筋直径不应小于 8 mm。

2 腹板箍筋间距不应大于 200 mm，并宜采用热扎带肋钢筋。

3 在布置有纵向预应力钢筋的翼缘中，应设置闭合形或螺旋形箍筋，其间距不大于 100 mm，而在梁跨端部 500 mm 范围翼缘内，其间距应为 80 mm~100 mm。

4 当梁翼缘宽度大于 500 mm 时，箍筋不应少于 4 肢。

5 用于抗扭的箍筋应为闭合箍筋。

7.5.9 距结构表面最近的箍筋等普通钢筋的净保护层厚度不应小于 35 mm。对于顶板有防水层及保护层的最外层钢筋，其净保护层厚度不应小于 30 mm。

7.5.10 在运营阶段设计荷载作用下的截面受拉边缘，应按下列要求设置非预应力纵向钢筋：

1 对于不允许出现拉应力的构件，钢筋直径不宜小于 8 mm，间距不宜大于 100 mm。

2 对于允许出现拉应力和允许开裂的构件，宜采用热扎带肋钢筋，钢筋面积应根据计算确定，但不宜小于 0.3% 的混凝土受拉区面积。钢筋宜采用较小直径及较密间距。

7.5.11 胶接缝节段拼装的块件端面宜设置直径不小于 10 mm 的钢筋网。

7.5.12 节段拼装的预应力混凝土结构的块件之间的接缝可按下列规定采用：

1 采用湿接缝时，节段之间预留宽度不宜小于 300 mm 的接缝，将非预应力钢筋连接，用与结构本身等强度的混凝土填实。

2 采用胶接缝时，应保证接缝的密闭性。

7.5.13 受弯构件的翼缘宜在与腹板相交处设置梗胁。上、下翼缘梗胁之间的腹板高度，当腹板内有预应力竖筋时，不宜大于腹板厚度的 20 倍；当无预应力竖筋时，不宜大于腹板厚度的 15 倍。

7.5.14 在桥面板整体连接的工字形或 T 形截面分片式结构中，横隔板间距不宜大于腹板厚度的 60 倍，并不宜大于 12 m。端横隔板的下缘宜略高于梁底。横隔板连接应保证梁的整体性。端隔板的厚度不应小于 800 mm。

7.5.15 封锚混凝土宜采用微膨胀混凝土，其强度等级不宜低于 C35。在封端及封锚范围内应采用防水涂料进行防水处理。

7.5.16 连续梁锯齿板锚固区及预应力钢筋弯折处应设置与顶、底板或腹板连接的加强钢筋。

7.5.17 连续梁除设置端隔板外，各中间支承处必须设置横隔板。在连续梁的中间支点附近腹板内应增设纵向构造钢筋。

7.5.18 箱梁构造应符合下列规定：

1 箱梁内净空高度不宜小于 1.6 m。

2 顶板及底板的厚度不应小于 20 cm。

3 箱梁的端部宜设置横隔板。

4 简支梁桥轴方向的预应力钢筋至少应有 1/2 伸过支点。

5 腹板上应设置适当数量的直径约为 100 mm 的通风孔，并设置防护网；底板宜设直径约为 100 mm 的排水孔。

6 箱梁宜在梁端或支点附近的底板上设置进人孔。

7 箱梁结构的外表面转折处宜圆顺过渡。

7.5.19 桥面及梁端应加强防排水设计。泄水管直径不宜小于 150 mm，泄水管宜向下设置，梁外侧桥面板下宜设置通长的滴水槽。防水层与泄水管应密贴，防止在结合处漏水。预应力混凝土梁的封锚及接缝处，应在构造上采取防水措施。梁端的防排水设施应不影响大型养护机械作业的要求。

7.5.20 混凝土梁预埋件应进行防腐处理。

7.5.21 混凝土梁的预埋支座垫板厚度，对板式橡胶支座不宜小于 25 mm，其他支座不宜小于 20 mm。

8 支　座

8.1 一般要求

8.1.1 支座设计应将梁的自重及梁上荷载有效地传递到下部结构,且应保证制动力、离心力、风力、地震力等水平荷载作用下其使用的安全性。

8.1.2 支座应满足易检查、维修和可更换的要求。

8.1.3 桥梁支座可采用橡胶支座和钢支座,应根据反力、水平力、位移量、转动角以及使用条件、环境等因素确定。

8.1.4 盆式橡胶支座和钢支座的竖向承载力和位移量的设计宜符合下列规定:

1 盆式橡胶支座竖向承载力(kN)可分级为1 000、1 500、2 000、2 500、3 000、3 500、4 000、4 500、5 000、5 500、6 000、7 000、8 000、9 000、10 000、12 500、15 000、17 500、20 000、22 500、25 000、27 500、30 000、32 500、35 000、37 500、40 000、45 000、50 000、55 000、60 000。

2 盆式橡胶支座的活动支座(纵向和多向)纵向位移量(mm)可按±30、±50、±100、±150、±200和±250设计,多向和横向活动支座横桥向位移(mm)可按±10、±20、±30和±40设计。

3 钢支座竖向承载力(kN)可分级为400、800、1 000、1 500、2 000、2 500、3 000、3 500、4 000、4 500、5 000、5 500、6 000、7 000、8 000、9 000、10 000、12 500、15 000、17 500、20 000、22 500、25 000、27 500、30 000、32 500、35 000、37 500、40 000、45 000、50 000、55 000、60 000、70 000、80 000、90 000和100 000。

4 钢支座的活动支座(纵向和多向)纵向位移量(mm)可按±30、±50、±100、±150、±200、±250和±300设计,多向和横向活动支座横桥向位移(mm)可按±10、±20、±30和±40设计。

8.1.5 对于沉降难以控制区段的桥梁,可采用可调高支座。

8.1.6 对斜交梁,支座纵向位移方向应与梁轴线一致。

8.1.7 简支梁应在顺桥方向一端设固定支座,另一端设活动支座。同一座桥梁中,线路一侧的支座横向位移约束条件宜相同。

8.1.8 铺设或预留铺设无缝线路的桥梁支座还应考虑无缝线路纵向力的作用。

8.1.9 板式橡胶支座应具有限位功能。

8.2 材　料

8.2.1 当支座的铸钢件采用ZG270～500铸钢时,其化学成分和机械性能(含冲击韧性Akv)应符合《一般工程用铸造碳钢件》GB/T 11352的要求;销钉可采用35号或45号锻钢,其化学成分和机械性能应符合《优质碳素结构钢》GB/T 699的要求。

8.2.2 支座采用的结构钢应符合下列规定：

1 Q235 的性能应满足《碳素结构钢》GB/T 700 的要求。

2 Q345 的性能应满足《低合金高强度结构钢》GB/T 1591 的要求。

3 35 号钢及 45 号钢的性能应满足《优质碳素结构钢》GB/T 699 的要求。

4 40Cr 调质钢的性能应满足《合金结构钢》GB/T 3077 的要求。

8.2.3 精轧不锈钢板应符合《不锈钢冷轧钢板和钢带》GB/T 3280 的要求。

8.2.4 铜密封圈 H62 或 HPb59-1 牌号的板材，其机械性能及化学成分应满足《铜及铜合金板材》GB/T 2040 的要求。

8.2.5 SF-1B 三层复合板的物理机械性能应满足《铁路桥梁盆式支座》TB/T 2331 的要求。

8.2.6 硅脂的物理性能指标应符合《5201 硅脂》HG/T 2502 的规定，并不低于一等品的要求。

8.2.7 支座所用钢材容许应力应按表 8.2.7 的规定采用。

表 8.2.7 支座钢材的容许应力

项目	钢材类别 / 应力种类	ZG270~500	35 号锻钢	Q235/Q345	35 号钢	45 号钢	40Cr（调质）
1	弯曲应力[σ_w]（MPa）	150	220	150/210	195	220	470
2	剪应力[τ]（MPa）	90	110	84/120	110	127	280
3	销孔承压应力（MPa）	—	180	—			
4	辊轴（摇轴）与平板自由接触的径向受压[J_1]（MN/m）	6.1d	6.0d	—			
5	铰轴放置在铸钢铰轴颈上时的径向受压[J_2]（MN/m）	80d	84d	—			
6	线接触应力[σ_j]（MPa）	670	710	—			

注：1 表中 d 为轴的直径（m）。

2 辊轴（摇轴）与接触的平板采用不同的钢种时，径向受压容许应力应采用较低值。

8.2.8 板式橡胶支座所用材料应符合下列规定：

1 板式橡胶支座所用橡胶的质量应符合《铁路桥梁板式橡胶支座》TB/T 1893 的要求。

2 板式橡胶支座的受压弹性模量 E 应根据支座的形状系数 S 及橡胶硬度确定。当橡胶硬度为 HS60 时，E 值应按表 8.2.8—1 采用。当橡胶硬度不同时，支座的受压弹性模量可按表 8.2.8—1 的数值乘以表 8.2.8—2 的影响系数 β_1 采用。支座的形状系数应按式（8.2.8）计算：

$$S=\frac{ab}{2(a+b)h_i} \tag{8.2.8}$$

式中 S——支座的形状系数；

a——支座短边长度（mm）；

b——支座长边长度（mm）；

h_i——两层钢板之间橡胶片的厚度（mm）。

3 板式橡胶支座的受剪弹性模量 G，当橡胶硬度为 HS60 时应采用 1.1 MPa；对于其他橡胶硬度,应乘以表 8.2.8—2 的影响系数 β_2。当水平荷载为制动力快速加载时,支座受剪弹性模量可按增大 50% 计算。

4 由天然橡胶配方的耐负温橡胶支座,可在温度不低于-40 ℃的地区使用。此时支座弹性模量可由试验确定。当无试验数据时,其受压及受剪弹性模量可乘以影响系数 1.6。氯丁橡胶支座可使用于温度不低于-25 ℃的地区。

5 板式橡胶支座所用钢材及限位装置钢材应符合本规范第 8.2.1 条及第 8.2.2 条的要求。

表 8.2.8—1　板式橡胶支座的受压弹性模量 E(MPa)

S	4	5	6	7	8	9	10	11	12
E	200	270	340	420	500	590	670	760	860
S	13	14	15	16	17	18	19	20	
E	950	1 060	1 180	1 310	1 450	1 590	1 740	1 900	

表 8.2.8—2　橡胶硬度的影响系数

橡胶硬度(HS)	50	60	70
β_1	0.7	1.0	1.3
β_2	0.6	1.0	1.4

8.2.9 盆式橡胶、球型及柱面等支座所用材料应符合下列规定:

1 支座所用钢材应符合本规范第 8.2.1 条~第 8.2.4 条的要求。

2 常温型盆式橡胶支座橡胶承压板可采用氯丁橡胶或天然橡胶;耐寒型盆式橡胶支座橡胶承压板可采用天然橡胶或三元乙丙橡胶。橡胶质量应符合《铁路桥梁盆式支座》TB/T 2331 的要求,其抗压容许应力可按 30 MPa 采用。橡胶密封圈可采用三元乙丙橡胶。

3 滑板宜采用聚四氟乙烯板或改性超高分子量聚乙烯板,其物理机械性能应符合表 8.2.9—1 的规定。聚四氟乙烯板抗压容许应力可按 30 MPa 采用,改性超高分子量聚乙烯板抗压容许应力可按 45 MPa 采用。

表 8.2.9—1　滑板的物理机械性能

项　　目	聚四氟乙烯板	改性超高分子量聚乙烯板
密度(g/cm^3)	2.14~2.20	0.93~0.98
拉伸强度(MPa)	≥30	≥30
断裂拉伸应变(%)	≥300	≥250
拉伸弹性模量(MPa)	—	680~1 020
球压痕硬度(H132/60)(MPa)	23.0~33.0	26.4~39.6

注:球压痕硬度中 H132/60 为荷载 132 N、持荷 60 s。

4 滑板在硅脂润滑状态下与不锈钢板摩擦时的摩擦系数和磨耗性能应符合表 8.2.9—2 的规定。

表 8.2.9—2 滑板的摩擦和磨耗性能

<table>
<tr><td rowspan="3">项 目</td><td colspan="4">聚四氟乙烯板</td><td colspan="4">改性超高分子量聚乙烯板</td></tr>
<tr><td rowspan="2">技术指标</td><td colspan="3">试验条件</td><td rowspan="2">技术指标</td><td colspan="3">试验条件</td></tr>
<tr><td>试验温度(℃)</td><td>平均压应力(MPa)</td><td>相对滑动速度(mm/s)</td><td>试验温度(℃)</td><td>平均压应力(MPa)</td><td>相对滑动速度(mm/s)</td></tr>
<tr><td>初始静摩擦系数 μ_{st}</td><td>≤0.012</td><td rowspan="2">23±2</td><td rowspan="2">30</td><td>0.4</td><td>≤0.008</td><td rowspan="2">21±1</td><td rowspan="2">45</td><td>0.4</td></tr>
<tr><td>线磨耗率(μm/km)</td><td>≤15</td><td>8</td><td>≤5</td><td>15</td></tr>
</table>

5 不锈钢板可采用 06Cr17Ni12Mo2、06Cr19Ni13Mo3 或 06Cr18Ni11Ti 牌号镜面精轧不锈钢冷轧钢板，处于严重腐蚀环境的桥梁用支座应采用 022Cr17Ni12Mo2 或 022Cr19Ni13Mo3 牌号镜面精轧不锈钢冷轧钢板。

6 支座锚栓可采用 HPB300、HRB400、HRB500、45 号钢及 40Cr(调质)等材料。

8.3 计 算

8.3.1 支座部件计算可根据梁的类型、支座布置及荷载组合确定固定支座及活动支座的竖向力及水平力，并应符合下列规定：

1 计算竖向力时，列车活载应考虑动力效应并计入离心力引起的竖向效应。

2 计算水平力时，列车活载可不考虑动力效应。

3 支座的纵向水平力应考虑列车制动力或牵引力、风力、温度作用、长钢轨纵向力、支座摩阻力、地震力等荷载，横向水平力应考虑列车离心力、横向摇摆力、风力、温度力、支座摩阻力等荷载。

4 固定支座应按承受全部纵向水平力考虑，且不得小于活动端的支座摩阻力。

5 活动支座的最大摩阻力 T 应按式(8.3.1)计算：

$$T=\mu \cdot N \tag{8.3.1}$$

式中 μ——活动支座的摩擦系数，板式橡胶支座取 0.1~0.2，盆式橡胶支座、球型支座及柱面支座可根据所采用的不同的滑动材料而定，采用聚四氟乙烯滑板时取 0.05，采用改性超高分子量聚乙烯滑板时取 0.03；

N——由恒载和活载所产生的最大竖向反力(MN)。

8.3.2 计算位移和转角时应考虑以下几项主要因素：

1 因温度变化引起的梁的伸缩。

2 因制动力、牵引力及长钢轨纵向力作用引起的位移。

3 因梁挠曲引起的梁下缘的位移和转动。

4 因施加预应力引起的梁的弹性压缩。

5 因收缩、徐变引起的位移。

6 对大规模工地灌注的梁式桥，应根据需要考虑因混凝土水化热产生的位移。

7 地震时的位移。

8.3.3 板式橡胶支座计算应符合下列规定：

1　板式橡胶支座的平均压应力应按式(8.3.3—1)计算,支座最小压应力 σ_{min} 不应小于2 MPa。

$$\sigma_m=\frac{N}{ab}\leqslant[\sigma_m] \tag{8.3.3—1}$$

式中　σ_m——平均压应力(MPa);

N——支座设计竖向反力(MN);

a,b——支座短边及长边长度(m);

$[\sigma_m]$——橡胶板允许平均压应力(MPa),取10 MPa。

2　橡胶支座总厚度 h 应小于 $a/5$(a 为支座的短边长度),以确保支座的稳定。

3　板式橡胶支座的最大容许转角 θ 可按下列公式计算,并应考虑负温的影响。

$$\tan\theta=\frac{4\delta}{a} \tag{8.3.3—2}$$

$$\delta=\frac{\sigma\cdot h}{E} \tag{8.3.3—3}$$

式中　θ——支座的最大容许转角(°);

σ——橡胶支座压应力(MPa);

h——橡胶支座总厚度(mm);

a——支座的短边长度(mm);

E——橡胶支座的受压弹性模量(MPa)。

4　橡胶支座的最大容许剪切角 α 应满足式(8.3.3—4)的要求,由制动力快速加载产生的剪切角 $\tan\alpha$ 应小于0.25。

$$\tan\alpha=\frac{\Delta}{h_0}<0.7 \tag{8.3.3—4}$$

式中　Δ——由水平荷载产生的水平位移(mm);

h_0——橡胶支座净橡胶层的总厚度(mm)。

5　板式橡胶支座抗滑摩擦系数 μ,钢板面可采用0.2,混凝土面可采用0.3。

8.3.4　盆式橡胶支座计算应符合下列规定:

1　盆式橡胶支座橡胶承压板的平均压应力应按式(8.3.4—1)计算:

$$\sigma_m=\frac{N}{A}\leqslant[\sigma] \tag{8.3.4—1}$$

式中　N——支座竖向反力(MN);

A——橡胶承压板承压面积(m^2);

$[\sigma]$——橡胶承压板容许压应力(MPa),可按本规范第8.2.9条取用。

2　橡胶板厚度应符合式(8.3.4—2)的要求:

$$t\geqslant 3.33\times\alpha\times D\ 且\ t\geqslant D/15 \tag{8.3.4—2}$$

式中　α——支座设计转角;

D——橡胶板的直径。

3　盆式橡胶支座钢盆盆环最大环向拉应力应按式(8.3.4—3)计算:

$$\sigma_{\theta}=\frac{\frac{R^2}{r^2}+1}{\frac{R^2}{r^2}-1}\cdot\sigma_{m}\cdot\frac{h}{H}\leqslant[\sigma_{\theta}] \quad (8.3.4\text{—}3)$$

式中　σ_{θ}——最大环向拉应力(MPa);

$[\sigma_{\theta}]$——盆环容许拉应力(MPa),对于 ZG270~500 采用150 MPa,对于 Q235 采用150 MPa;

R,r——盆环的外径和内径(m);

σ_{m}——承压橡胶板平均压应力(MPa);

h,H——承压橡胶板高度和盆环全高。

4　盆式橡胶支座固定支座上支座盆凸与下支座盆环接触应力应按式(8.3.4—4)检算:

$$\sigma_{j}=0.59\sqrt{\frac{H}{h}\cdot E_{s}\cdot\frac{d_1-d_2}{d_1\cdot d_2}}\leqslant[\sigma_{j}] \quad (8.3.4\text{—}4)$$

式中　σ_{j}——盆环接触应力(MPa);

H——固定支座的设计水平荷载(MN);

h——上支座盆凸厚度(m);

E_s——钢的弹性模量(MPa);

d_1——下支座盆环内径(m);

d_2——上支座盆凸外径(m);

$[\sigma_{j}]$——接触应力容许值,对于 ZG270~500 采用150 MPa,对于 Q235 采用150 MPa。

5　盆塞凸缘厚度可按式(8.3.4—5)计算确定。当 $\omega\geqslant15$ mm 时,盆塞凸缘应设计成曲面,曲面半径 $R\geqslant0.5D$ 或 100 mm。盆塞凸缘厚度示意图如图 8.3.4 所示。

$$\omega\geqslant\frac{1.5H}{Df} \quad (8.3.4\text{—}5)$$

式中　ω——盆塞凸缘厚度;

H——水平设计荷载;

f——铸钢屈服强度,$f=270$ MPa;

D——底盆内径。

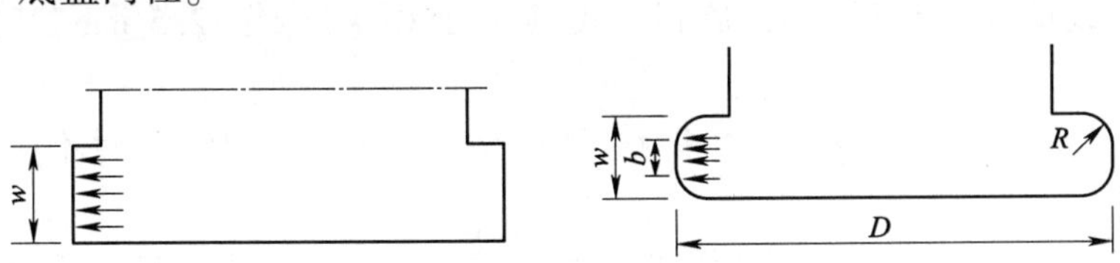

图 8.3.4　盆塞凸缘厚度示意图

8.3.5　球型及柱面支座主要部件计算应符合下列规定:

1　球型及柱面应受力均匀,并满足式(8.3.5—1)的要求:

$$\frac{R}{d}\geqslant1.0 \quad (8.3.5\text{—}1)$$

式中 R——球面半径(m)；

d——滑板的直径(m)。

2 受压转动力矩 M 应按式(8.3.5—2)计算：

$$M = N \cdot \mu \cdot R \tag{8.3.5—2}$$

式中 N——竖向荷载的计算值(kN)；

μ——球面滑动材料的摩擦系数；

R——球面半径(m)。

3 平均压应力应按式(8.3.5—3)计算：

$$\sigma_1 = \frac{N}{A} \leqslant [\sigma_z] \tag{8.3.5—3}$$

式中 N——竖向荷载的计算值(kN)；

A——滑动面投影面积(mm^2)；

$[\sigma_z]$——滑板中心受压容许应力，可按本规范第 8.2.9 条取用。

8.3.6 锚栓的设计应符合下列规定：

1 锚栓的直径 d 不应小于 25 mm。

2 锚栓间距沿着力的方向不宜小于 $5d$，垂直于力的方向不宜小于 $4d$。

3 锚栓深入墩顶的距离不应小于 300 mm，且不小于 $10d$。当砂浆层处于锚固板(下座板)和钢筋混凝土间时，相应的锚固栓应加长。

4 计算锚栓时可不考虑摩擦所产生的水平抗力。

5 计算受拔力锚栓的锚固时，应按其内力增加 50% 计算抗拔力。

8.3.7 支座处梁底面及支承垫石应进行局部承压检算。

8.4 构　　造

8.4.1 单向活动支座的固定方向应设置限位装置，其间隙不宜大于 1 mm。

8.4.2 地震防落梁措施可与限位装置结合设计，但不应影响支座的正常移动。

8.4.3 盆式橡胶、球型及柱面支座钢体各部分尺寸可由构造控制，也可通过轴对称有限元分析计算，并应符合下列规定：

1 盆式橡胶支座当支座置于混凝土结构上时，底板厚度应大于 $0.06D_p$ 或 20 mm；当支座置于钢梁或荷载分布板上时，底板厚度应大于 $0.04D_p$ 或 12.5 mm，其中 D_p 为盆环内径。

2 球型支座及柱面上座板的厚度不应小于对角线长度的 0.04，且不应小于 10 mm，两者取较大值。

3 球型支座和柱面支座下座板的凹槽底至底面的最小厚度不应小于 10 mm。

8.4.4 板式橡胶支座的最小边长不应小于支座总高的 5 倍，且不应小于 200 mm。

8.4.5 支座底面应水平设置，并应可靠地固着于梁底及墩台上，同时应保证梁与墩台间压力的均匀传递。

8.4.6 支座用锚固套筒及螺栓应采用防腐处理。

8.4.7 支座应设置便于拆装的防尘设施。

9　既有线顶进桥涵

9.1　一 般 要 求

9.1.1　顶进桥涵钢筋混凝土结构的混凝土强度等级不应低于 C35。

9.1.2　顶进桥涵除应按现行《铁路桥涵设计规范》TB 10002 要求的荷载组合计算外，还应检算顶力作用，并以此设计后背和顶进设施。设计时还应满足顶进过程中承受列车荷载时的安全要求。

9.1.3　较长的框架式立交桥宜分段顶进。分段顶进的桥涵，其分段端部应预留支顶位置，接缝应严密不渗水。

9.1.4　桥涵顶进时应采用 D 型施工便梁等措施对线路进行加固。

9.2　计　　算

9.2.1　框架式结构计算活载横向分布宽度 B，在轨枕底面上，由轨枕两端向下分布至结构顶板底，其坡线在道砟及顶板内为 1∶1，如有覆土，在土层内为 1∶0.5，如图 9.2.1—1 所示；对双线及多线，如中间分布线无重叠，按单线处理，有重叠时按图 9.2.1—2 计算。

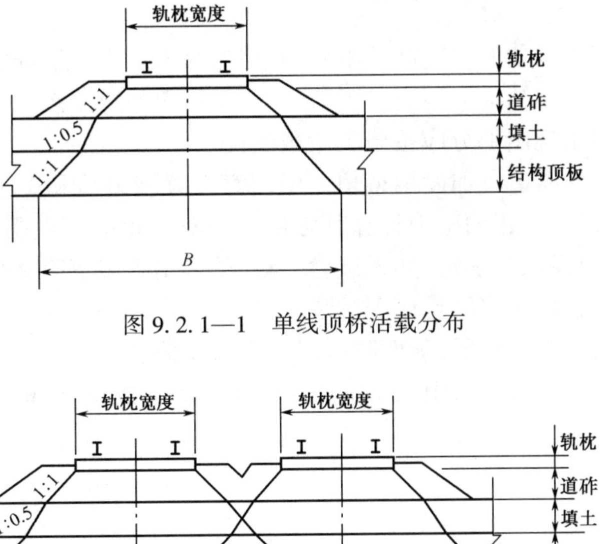

图 9.2.1—1　单线顶桥活载分布

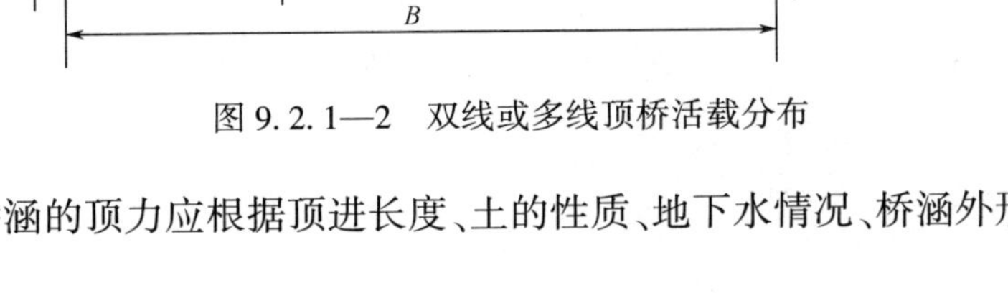

图 9.2.1—2　双线或多线顶桥活载分布

9.2.2　顶进桥涵的顶力应根据顶进长度、土的性质、地下水情况、桥涵外形及施工方法等因素按式(9.2.2)计算：

$$P=K[N_1\mu_1+(N_1+N_2)\mu_2+2E\mu_3+RA] \quad (9.2.2)$$

式中　P——最大顶力(kN)；

N_1——桥涵顶上荷载(包括线路加固材料荷载)(kN)；

μ_1——桥涵顶面与顶上荷载的摩擦系数，可根据顶上润滑处理经试验确定；无试验资料时，涂石蜡取0.17～0.34，涂滑石粉浆取0.30，涂机油调制的滑石粉浆取0.20；

N_2——桥涵自重(kN)；

μ_2——桥涵底板与基底土的摩擦系数，可根据基底土性质经试验确定，无试验资料时可取0.7～0.8；

E——桥涵两侧土压力(kN)；

μ_3——侧面摩擦系数，可根据土的性质经试验确定，无试验资料时可取0.7～0.8；

R——钢刃角正面阻力，可根据刃角构造、挖土方法、土的性质经试验确定；无试验资料时，砂黏土取500 kPa～550 kPa，卵石土取1 500 kPa～1 700 kPa；

A——钢刃角正面面积(m^2)；

K——系数，应采用1.2。

9.2.3　顶进桥涵应按最大顶力检算顶进部位局部压应力、中柱及侧墙根部剪应力、顶进就位地基承载力和斜桥正顶时的扭转力。

9.2.4　顶进桥涵的顶部竖向土压力应按土柱重计算。

9.3　构　　造

9.3.1　顶进桥涵框架隅角的构造筋及中柱、侧墙的纵向水平构造筋宜适当加强。

9.3.2　顶进桥涵的主体结构前端应设钢刃角，安设刃角的边墙端线与水平线的夹角应根据土质情况而定，刃角挑出部分应按施工荷载设计。

9.3.3　顶进桥涵端部周边宜加设钢刃角。中间宜设置钢刃角和中平台。中平台应按施工垂直荷载和土对刃角的正面阻力计算其强度。土对刃角的正面阻力可根据刃角构造、挖土方法和土的性质经试验确定，如无试验资料，可采用本规范第9.2.2条的参数。中刃角、中平台和顶桥的连接应牢固且便于拆装。

9.3.4　顶面及侧墙应做防水层，顶面防水层外应做保护层。

9.3.5　顶进涵的管节接口宜采用预制钢筋混凝土内套环接口、钢板内涨圈接口、企口、钢承口及双插口。

附录A　预应力混凝土结构体系转换后弯矩重分布的计算

A.0.1　预应力混凝土连续梁若在施工过程中转换结构受力体系[如先期结构为同时浇筑的简支梁或悬臂梁,在同一时间(τ 时)连接成连续梁],由于混凝土徐变的影响,弯矩重分布的计算可按下列规定进行:

1　在先期结构上由结构重力产生的弯矩,经过重分配后在后期结构中的弯矩(至 t 时),可按下列公式计算:

$$M_{gt}=M_{1g}+(M_{2g}-M_{1g})[1-e^{-\varphi(t,\tau)}] \quad \text{(A.0.1—1)}$$

式中　M_{gt}——至 t 时在后期结构中由重力产生的弯矩(MN·m);

M_{1g}——按先期结构体系计算的由重力产生的弯矩(MN·m);

M_{2g}——按后期结构体系计算的由先期结构重力产生的弯矩(MN·m);

$\varphi(t,\tau)$——从加载龄期 τ 时至计算所考虑时间 t 时的徐变系数,可按本规范第 A.0.2 条计算。

2　在先期结构上由预加应力产生的弯矩,经过重分配后在后期结构中的弯矩(至 t 时),可按下列公式计算:

$$M_{pt}=M_{1pt}+(M'_{2pt}-M'_{1pt})[1-e^{-\varphi(t,\tau)}] \quad \text{(A.0.1—2)}$$

$$M_{1pt}=M^0_{1pt}+M'_{1pt} \quad \text{(A.0.1—3)}$$

式中　M_{pt}——至 t 时在后期结构中由先期结构中的预加力产生的弯矩(MN·m);

M_{1pt}——作用于先期结构中的预加力(t 时),按先期结构体系计算的弯矩(MN·m);

M^0_{1pt}——作用于先期结构中的预加力(t 时),按先期结构体系计算的初弯矩(预加力乘以偏心距)(MN·m);

M'_{1pt}——作用于先期结构中的预加力(t 时),按先期结构体系计算的弹性二次弯矩;当先期结构为静定体系时,$M'_{1pt}=0$(MN·m);

M'_{2pt}——作用于先期结构中的预加力(t 时),按后期结构体系计算的弹性二次弯矩(MN·m)。

A.0.2　加载龄期为 τ、计算龄期为 t 时的混凝土徐变系数可按下列公式计算:

$$\varphi(t,\tau)=\beta_a(\tau)+0.4\beta_d(t-\tau)+\varphi_f[\beta_f(t)-\beta_f(\tau)] \quad \text{(A.0.2—1)}$$

$$\beta_a(\tau)=0.8\left(1-\frac{f_\tau}{f_\infty}\right) \quad \text{(A.0.2—2)}$$

$$\varphi_f=\varphi_{f1}\cdot\varphi_{f2} \quad \text{(A.0.2—3)}$$

式中　$\varphi(t,\tau)$——徐变系数;

$\beta_d(t-\tau)$——随时间而增长的滞后弹性应变,可从图 A.0.2—1 中查取;

f_τ/f_∞——混凝土龄期为 τ 时的强度 f_τ 与最终强度 f_∞ 之比,可从图 A.0.2—2 中

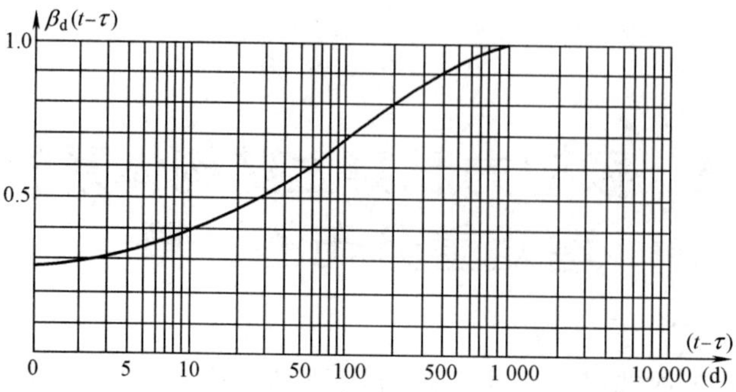

图 A. 0. 2—1　随时间而增加的滞后弹性应变图

查取；

φ_f——流塑系数；

φ_{f1}——依周围环境而定的系数，可按表 A. 0. 2 取值；

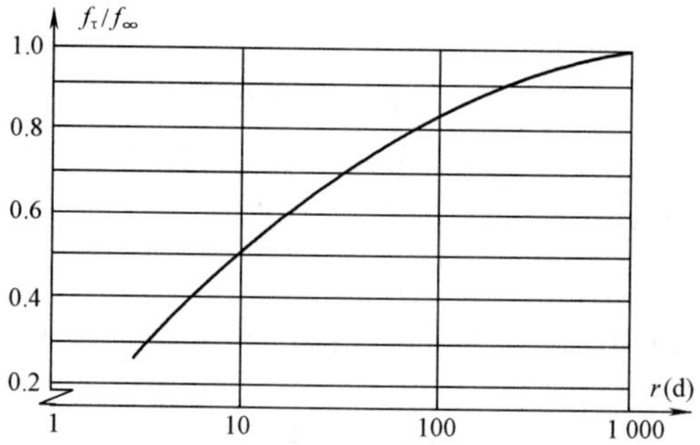

图 A. 0. 2—2　混凝土龄期与强度关系图

φ_{f2}——依理论厚度 h 而定的系数，可从图 A. 0. 2—3 中查取；

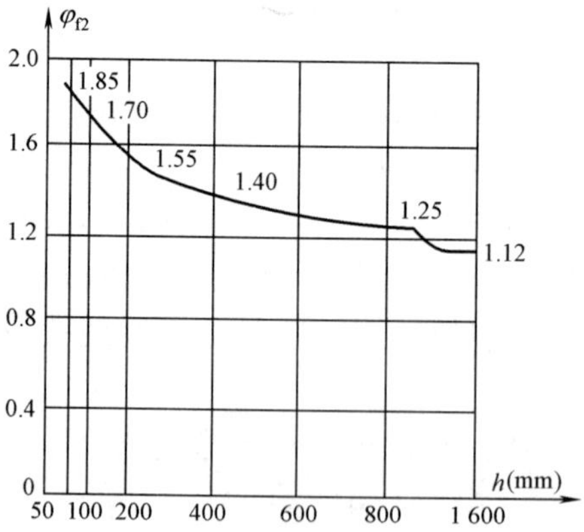

图 A. 0. 2—3　理论厚度对徐变影响系数图

$\beta_f(t)$，$\beta_f(\tau)$——随混凝土龄期而增长的滞后塑性应变，与理论厚度 h 有关，可从图 A. 0. 2—4 中查取。

按上述公式计算时的理论厚度应按下式计算：

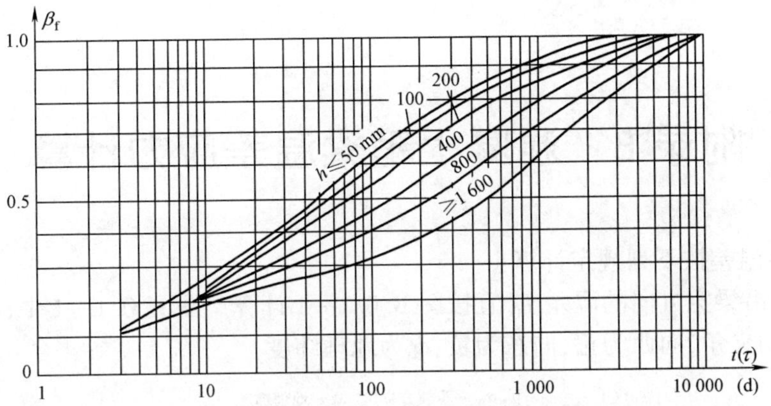

图 A. 0. 2—4　随混凝土龄期而增长的塑性应变图

$$h = \lambda \frac{2A}{u} \tag{A. 0. 2—4}$$

式中　λ——系数，按表 A. 0. 2 取值；

A——混凝土截面面积(mm^2)；

u——与大气接触的截面周边长度(mm)。

表 A. 0. 2　φ_{f1}、λ 值

环境条件	相对湿度	φ_{f1}	λ
水　　中	—	0. 8	30
很潮湿的大气	90%	1. 0	5
野外一般条件	70%	2. 0	1. 5
很干燥的大气	40%	3. 0	1. 0

附录 B　混凝土箱梁温差应力计算

B. 0. 1　箱梁温差按下列规定计算：

1　箱梁沿梁宽方向的温差 T_0 宜按图 B. 0. 1—1 计算。图 B. 0. 1—1 中，α_w 为腹板外法线与正南向夹角，向西为正，向东为负；ϕ 为地理纬度。

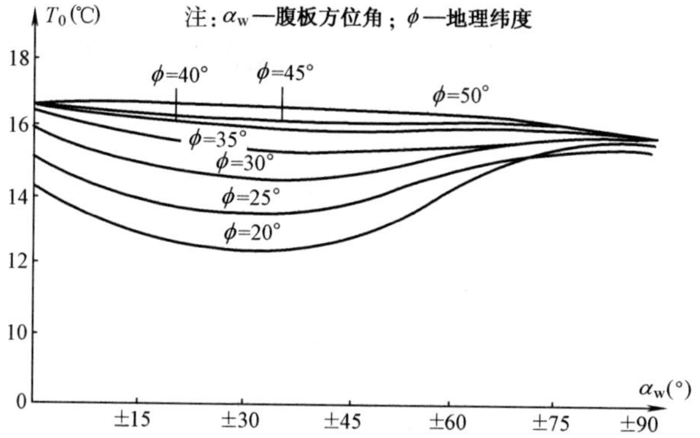

图 B. 0. 1—1　沿梁宽温差计算图

2　箱梁沿梁宽和梁高双向组合温差 T_0宜按图 B. 0. 1—2 计算。

3　箱梁沿梁高方向的温差 T_0 宜按图 B. 0. 1—3 计算。

B. 0. 2　箱梁温差荷载按下列规定计算：

1　日照温差

箱梁应分别考虑沿梁高方向的温差荷载和两个方向的组合温差荷载。

箱梁沿梁高、梁宽方向的温差曲线按下列公式计算（图 B. 0. 2—1）：

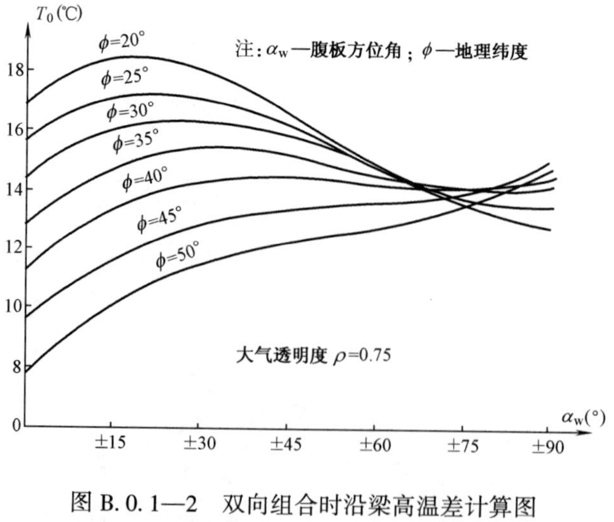

图 B. 0. 1—2　双向组合时沿梁高温差计算图

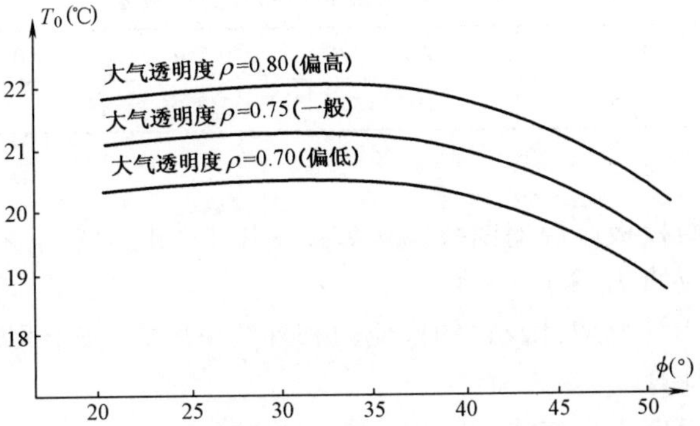

图 B. 0. 1—3　沿梁高温差计算图

注:φ—地理纬度

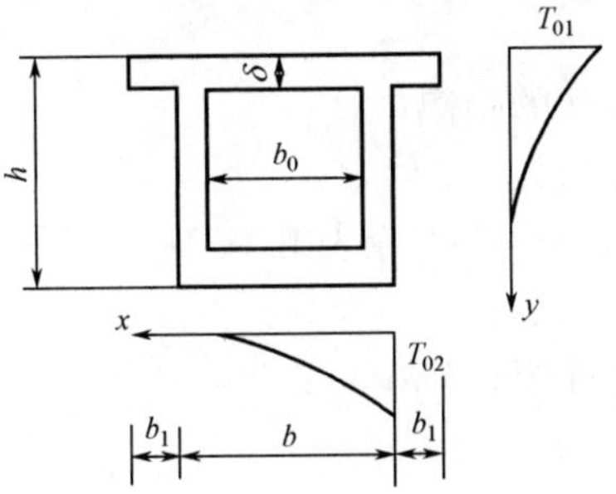

图 B. 0. 2—1　箱梁温差分布图

$$T_y = T_{01}e^{-ay} \qquad (B.0.2—1)$$

$$T_x = T_{02}e^{-ax} \qquad (B.0.2—2)$$

式中　T_y, T_x——计算点 y、x 处的温差(℃);

T_{01}, T_{02}——箱梁梁高方向、梁宽方向温差(℃),对于标准设计可按表 B. 0. 2—1 取值,对于个别设计应按本规范第 B. 0. 1 条的规定计算,铺设无砟轨道后或铺砟后,T_{01} 可按 50% 取值;

y, x——计算点至箱梁外表面的距离(m);

a——按表 B. 0. 2—1 取值(m^{-1})。

表 B. 0. 2—1　日照温差曲线的 a 与 T_0 值

方　　向	a(m^{-1})	T_0(℃)
单向(沿梁高方向)	5	20
单向(沿梁宽方向)	7	16

箱梁沿板厚的温差曲线按下列公式计算(图 B. 0. 2—2):

$$T'_y = T'_0 e^{-a'y} \qquad (B.0.2—3)$$

$$T'_0 = T_0(1 - e^{-a\delta}) \qquad (B.0.2—4)$$

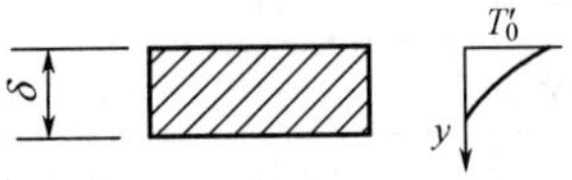

图 B. 0. 2—2　板厚方向温差分布图

式中　δ——板厚(m);

a'——按表 B. 0. 2—2 取值(m^{-1})。

表 B. 0. 2—2　沿板厚温差曲线的指数 a' 值

板厚 δ(m)	0. 16	0. 18	0. 20	0. 24	≥0. 26
a'	15	14	13	11	10

2　降温温差

箱梁沿顶板、外腹板板厚温差曲线的指数 a' 采用 14，相应的 T_0' 采用−10 ℃；铺设无砟轨道后或铺砟后，相应的 T_0' 采用−5 ℃。

B. 0. 3　箱梁温差应力计算应计及自约束应力和外约束应力，按下列规定计算：

1　自约束应力计算

1）板的自约束应力可按式（B. 0. 3—1）计算：

$$\sigma_0'=\alpha T_0' E_c\left[\frac{k_1}{\delta}+\frac{12k_2}{\delta^3}\left(\frac{\delta}{2}-y\right)-e^{-a'y}\right] \tag{B. 0. 3—1}$$

式中　δ——板厚(m)；

y——计算点至板外表面的距离(m)；

a'——沿板厚温差曲线指数(m^{-1})；

k_1，k_2——计算系数，按表 B. 0. 3—1 或表 B. 0. 3—2 采用；

α——混凝土的线膨胀系数；

E_c——混凝土的受压弹性模量(MPa)；

T_0'——沿板厚的温差(℃)。

表 B. 0. 3—1　沿板厚日照温差应力计算系数

板厚 δ (m)	计算系数		
	k_1	k_2	k
0. 16	6.062×10^{-2}	1.776×10^{-3}	0. 832 5
0. 18	6.568×10^{-2}	2.254×10^{-3}	0. 834 8
0. 20	7.121×10^{-2}	2.786×10^{-3}	0. 835 8
0. 22	7.739×10^{-2}	3.372×10^{-3}	0. 836 1
0. 24	8.442×10^{-2}	4.013×10^{-3}	0. 836 0
0. 26	9.257×10^{-2}	4.708×10^{-3}	0. 835 7

表 B. 0. 3—2　沿板厚降温温差应力计算系数

板厚 δ (m)	计算系数		
	k_1	k_2	k
0. 16	6.382×10^{-2}	1.764×10^{-3}	0. 826 8
0. 18	6.568×10^{-2}	2.254×10^{-3}	0. 834 9
0. 20	6.708×10^{-2}	2.785×10^{-3}	0. 835 6
0. 22	6.815×10^{-2}	3.351×10^{-3}	0. 830 8
0. 24	6.895×10^{-2}	3.944×10^{-3}	0. 821 7
0. 26	6.955×10^{-2}	4.561×10^{-3}	0. 809 7

2）箱梁梁高方向自约束应力可按下列公式计算：

$$\sigma_0=\alpha T_0 E_c\left[\frac{\eta_1}{A}+\frac{\eta_2}{I}(n-y)-e^{-a'y}\right] \quad (B.0.3—2)$$

$$\eta_1=bK_1-b_0C_1+2b_1r_1 \quad (B.0.3—3)$$

$$\eta_2=bK_2-b_0C_2+2b_1r_2 \quad (B.0.3—4)$$

当梁高 $H\geqslant2.0$ m 时，

$$K_1=\frac{1}{a} \quad (B.0.3—5)$$

$$K_2=\frac{1}{a}\left(n-\frac{1}{a}\right) \quad (B.0.3—6)$$

$$C_1=\frac{1}{a}\cdot e^{-a\delta} \quad (B.0.3—7)$$

$$C_2=\frac{1}{a}\cdot e^{-a\delta}\left(n-\frac{1+a\delta}{a}\right) \quad (B.0.3—8)$$

$$r_1=\frac{1-e^{-a\delta}}{a} \quad (B.0.3—9)$$

$$r_2=\frac{1-e^{-a\delta}}{a}\left[n-\frac{1-e^{-a\delta}(1+a\delta)}{a(1-e^{-a\delta})}\right] \quad (B.0.3—10)$$

式中　T_0——沿梁高的温差(℃)；
y——外表面至计算点的距离(m)；
n——截面重心轴距外表面的距离(m)；
a——温差曲线指数(m^{-1})；
A——截面积(m^2)；
I——惯性矩(m^4)；

b、b_0、b_1、h、δ 意义见本规范图 B.0.2—1。

梁宽方向自约束应力可参照上述公式计算。

2　外约束应力计算

外约束包括箱梁纵向支承约束和横向刚架约束，计算时可先按线性温差分布计算箱梁的外约束应力，然后再乘以实际非线性分布的修正系数 k 和 K，其中 k 为横向刚架约束应力的修正系数；K 为纵向支承约束应力的修正系数。

1）横向刚架约束弯矩可按下列公式计算（图 B.0.3）：

AB 板：$$M_1'=\frac{\gamma(3\gamma+2)}{(\gamma+1)(3\gamma+1)}\cdot\frac{\alpha T_0'E_cI_c}{\delta}k \quad (B.0.3—11)$$

BC 板：$$M_1'=\left[\frac{\gamma(3\gamma+2)}{(\gamma+1)(3\gamma+1)}-\frac{3\gamma}{(3b+h)}y_i\right]\frac{\alpha T_0'E_cI_c}{\delta}k \quad (B.0.3—12)$$

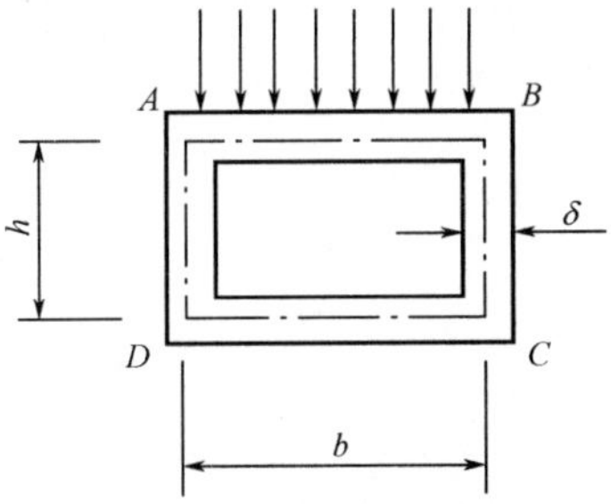

图 B.0.3　横向刚架约束弯矩计算图

CD 板：$$M_1'=\frac{\gamma}{(\gamma+1)(3\gamma+1)}\cdot\frac{\alpha T_0'E_cI_c}{\delta}k \quad (B.0.3—13)$$

$$\gamma=\frac{b}{h} \qquad (B.0.3—14)$$

式中　M_1'——横向刚架约束弯矩(MN · m);

y_i——梁顶面至计算点的距离(m);

T_0'——沿板厚温差(℃);

k——非线性修正系数,按表 B.0.3—1 或表 B.0.3—2 采用。

各板实际计算弯矩可按 $M_T=CM_1'$计算,修正系数 C 对于日照温差为 0.7,对于降温温差为 1.2。

2) 纵向约束应力可按下列公式计算:

$$\sigma_{1yi}=\beta K\alpha T_0 E_c y_i/h \qquad (B.0.3—15)$$

$$K=\frac{h}{I_0}\eta_2 \qquad (B.0.3—16)$$

式中　σ_{1yi}——纵向约束应力(MPa);

β——支承约束系数,与截面形式、桥跨比等有关,可按一般结构力学方法计算;

K——非线性温差分布修正系数;

η_2——按本规范式(B.0.3—4)计算;

h——梁高(m)。

3　箱梁总的温差应力与温差弯矩

1) 纵向应力可按式(B.0.3—17)计算:

$$\sigma_1=\sigma_0+\sigma_{1yi} \qquad (B.0.3—17)$$

2) 横向温差弯矩可按式(B.0.3—18)计算:

$$M=M_T \qquad (B.0.3—18)$$

附录 C　预应力混凝土受弯构件斜截面强度检算

C. 0. 1　受弯构件斜截面的抗弯强度可按下列公式计算(图 C. 0. 1)：

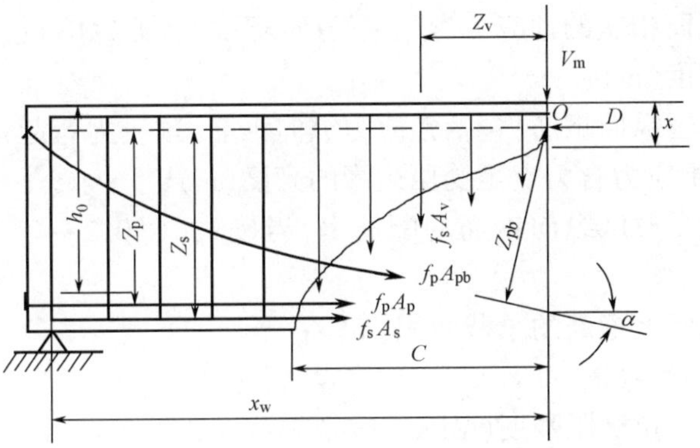

图 C. 0. 1　斜截面强度计算图

$$KM \leqslant f_p(\sum A_p Z_p + \sum A_{pb} Z_{pb}) + f_s(\sum A_s Z_s + \sum A_v Z_v) \quad (C.0.1—1)$$

式中　K——斜截面抗弯强度安全系数，按本规范表 7. 1. 3 采用；

M——通过斜截面顶端的正截面内的最大计算弯矩(MN · m)；

f_p, f_s——预应力钢筋及非预应力钢筋的计算强度(MPa)，按本规范表 3. 3. 3 采用；

A_p, A_{pb}, A_s, A_v——与斜截面相交的预应力纵向钢筋、预应力弯起钢筋、非预应力纵向钢筋及箍筋的截面面积(m^2)；

Z_p, Z_{pb}, Z_s, Z_v——钢筋 A_p、A_{pb}、A_s、A_v 对混凝土受压区中心点 O 的力臂(m)。

计算斜截面抗弯强度时，最不利斜截面的位置(即受拉区抗弯的薄弱处，如预应力及非预应力纵向钢筋变少处，自下向上沿斜向试算几个不同角度的斜截面)按下列条件通过试算确定：

$$KV_m = f_p \sum A_{pb} \sin\alpha + f_s \sum A_v \quad (C.0.1—2)$$

式中　V_m——通过斜截面顶端的正截面内最大弯矩时的相应剪力(MN)；

α——预应力弯起钢筋与构件纵轴线的夹角(°)。

斜截面受压区高度 x，按作用于斜截面内所有的力对构件纵轴的投影之和为零($\sum H = 0$)的平衡条件求得。

注：当箍筋采用预应力钢筋时，只需将非预应力箍筋的计算强度 f_s 换以预应力箍筋的计算强度 f_p，其余计算方法同上。

C. 0. 2　受弯构件斜截面的抗剪强度可按下列公式计算：

$$KV \leqslant V_{cv} + V_b \quad (C.0.2—1)$$

$$V_{cv} = bh_0\sqrt{1.32(2+p)f_{ct}^{3/4}\mu_w f_s} \quad (C.0.2—2)$$

$$V_b = 0.9 f_p \sum A_{pb} \sin\alpha \quad (C.0.2—3)$$

$$p = 100\mu = 100 \cdot \frac{A_p + A_{pb} + A_s}{bh_0} \leqslant 3.5 \qquad (C.0.2—4)$$

$$\mu_v = \frac{A_v}{s_v b} \qquad (C.0.2—5)$$

式中　K——斜截面抗剪强度安全系数,按本规范表7.1.3采用;

V——通过斜截面顶端的正截面内的最大计算剪力(MN);

V_{cv}——斜截面内混凝土与箍筋共同承受的剪力(MN);

V_b——与斜截面相交的预应力弯起钢筋所承受的剪力(MN);

b——腹板宽度(m);

h_0——由受拉区纵向钢筋(包括预应力纵向钢筋、预应力弯起钢筋及非预应力纵向钢筋)中应力合力点至受压边缘的高度(m);

μ——斜截面受拉区纵向钢筋的配筋率,当按式(C.0.2—4)算得的 $p>3.5$ 时,取 $p=3.5$;

A_v——一个截面上箍筋的总截面积(m^2);

s_v——箍筋的间距(m);

f_{ct}——混凝土抗拉极限强度(MPa),按本规范表3.1.3采用。

斜截面抗剪强度计算中的斜截面水平投影长度 C 按下列公式计算:

$$C = 0.6mh_0 \qquad (C.0.2—6)$$

$$m = \frac{M_v}{Vh_0} \qquad (C.0.2—7)$$

式中　C——水平投影长度(m);

m——斜截面顶端正截面处的剪跨比,当 $m>3$ 时,取 $m=3$;

h_0——计算 m 时正截面的有效高度(m);

M_v——相应于最大剪力时的计算弯矩(MN · m)。

注:1　上列斜截面抗剪强度计算公式适用于等高度简支梁。

2　当箍筋采用预应力钢筋时,只需将式(C.0.2—2)中非预应力箍筋的计算强度 f_s 换以预应力箍筋的计算强度 f_p,其余计算方法同上。

附录 D　后张法预应力混凝土梁预应力筋反向摩阻计算

D. 0. 1　当计算由于锚具变形、钢筋回缩等引起的应力损失时，可考虑与张拉钢筋时管道摩擦方向相反的摩阻作用。

计算反向摩阻时，管道摩擦系数和偏差系数可近似采用计算正向摩阻时所用值。

D. 0. 2　对于两端张拉且对称布置的预应力筋，考虑反向摩阻后，锚下预应力筋的应力及应力不动点（锚具、钢筋回缩引起的应力损失为零的点）的位置和应力可按下列公式试算确定（图 D. 0. 2）：

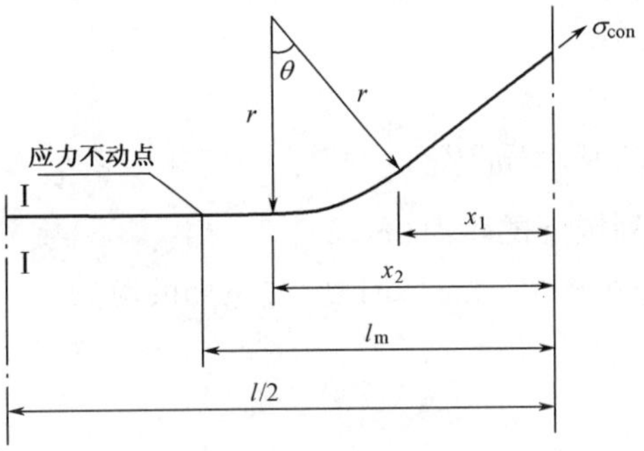

图 D. 0. 2　反向摩阻计算图

注：图中 I — I 为钢筋对称轴

1　当 $x_1<l_m<x_2$ 时

$$l_m=\sqrt{\left(\frac{\Delta l\cdot E_p}{\sigma_{con}}+\frac{\mu}{r}x_1^2\right)\Big/\left(k+\frac{\mu}{r}\right)} \tag{D. 0. 2—1}$$

$$\sigma_0=\sigma_{con}\left[1-2kl_m-\frac{2\mu}{r}(l_m-x_1)\right] \tag{D. 0. 2—2}$$

$$\sigma_{lm}=\sigma_{con}\left\{1-\left[kl_m+\frac{\mu}{r}(l_m-x_1)\right]\right\} \tag{D. 0. 2—3}$$

2　当 $x_2<l_m<l/2$ 时

$$l_m=\sqrt{\frac{1}{k}\left[\frac{\Delta l\cdot E_p}{\sigma_{con}}-\frac{\mu}{r}(x_2^2-x_1^2)\right]} \tag{D. 0. 2—4}$$

$$\sigma_0=\sigma_{con}\left[1-2kl_m-\frac{2\mu}{r}(x_2-x_1)\right] \tag{D. 0. 2—5}$$

$$\sigma_{lm}=\sigma_{con}\left[1-kl_m-\frac{\mu}{r}(x_2-x_1)\right] \tag{D. 0. 2—6}$$

3　当 $l_m>l/2$ 时，表明应力不动点不存在，此时

$$\sigma_0=\sigma_{con}\left[1-\frac{kl}{2}-2\mu\frac{(x_2-x_1)}{r}\left(1-\frac{x_2}{l}-\frac{x_1}{l}\right)\right]-\frac{2\Delta l\cdot E_p}{l} \quad (D.0.2—7)$$

式中　Δl——锚具变形及钢筋回缩值(m),按本规范表 7.3.4—2 采用;

σ_{con}——锚下张拉控制应力(MPa);

σ_0——锚下预应力筋的应力(MPa);

E_p——预应力筋弹性模量(MPa),按本规范表 3.3.6 采用;

μ——钢筋与管道壁之间的摩擦系数,按本规范表 7.3.4—1 采用;

k——每米管道偏差系数,按本规范表 7.3.4—1 采用。

D.0.3　距锚下 x(m)处预应力筋中的应力 σ_x 可按下列公式计算:

1　当 $x\leqslant x_1$ 时

$$\sigma_x=\sigma_0+\sigma_{con}\cdot k\cdot x-\sigma_{L4} \quad (D.0.3—1)$$

2　当 $x_1<x\leqslant x_2$ 时

$$\sigma_x=\sigma_0+\sigma_{con}\left[kx+\frac{\mu}{r}(x-x_1)\right]-\sigma_{L4} \quad (D.0.3—2)$$

3　当 $x_2<x\leqslant l/2$ 时

$$\sigma_x=\sigma_0+\sigma_{con}\left[kx+\frac{\mu}{r}(x_2-x_1)\right]-\sigma_{L4} \quad (D.0.3—3)$$

式中　x——应力计算点到锚下的距离(m);

σ_x——传力锚固时,距锚下 x(m)处预应力钢筋的应力(MPa)。

附录 E　预应力混凝土受弯构件消压后开裂截面应力计算

E.0.1　运营阶段设计荷载作用下，当正截面混凝土拉应力大于 $0.7f_{ck}$ 时，应按开裂截面计算混凝土和钢筋的应力。此时近似认为开裂截面符合以下假定：

1　开裂截面符合平截面假定。

2　受拉区混凝土退出工作。

3　由于疲劳影响，钢筋弹性模量与混凝土弹性模量之比增大为 10。

E.0.2　受弯构件消压后，开裂截面受压边缘混凝土应力可按下列公式计算（计算示意图如图 E.0.2 所示）：

$$\sigma_c=\frac{N_0 x}{S_x} \tag{E.0.2—1}$$

$$N_0=A_p(\sigma_{pl}+\Delta\sigma_{pl})+A'_p(\sigma'_{pl}+\Delta\sigma'_{pl})+A_s\Delta\sigma_{sL6}+A'_s\Delta\sigma'_{sL6} \tag{E.0.2—2}$$

$$S_x=S_{cx}-10A_p(h_p-x)-10A'_p(a'_p-x)-10A_s(h_s-x)-10A'_s(a'_s-x) \tag{E.0.2—3}$$

式中　N_0——全截面消压时，预应力筋和非预应力筋应力的合力（MN）；

A_p，A'_p——受拉及受压区预应力钢筋面积（m^2）；

A_s，A'_s——受拉及受压区非预应力钢筋面积（m^2）；

σ_{pl}，σ'_{pl}——A_p 及 A'_p 中的有效预应力（MPa）；

$\Delta\sigma_{pl}$，$\Delta\sigma'_{pl}$——消压时 A_p 及 A'_p 中的应力增量（MPa）；

$\Delta\sigma_{sL6}$，$\Delta\sigma'_{sL6}$——由于混凝土收缩徐变在非预应力钢筋 A_s 及 A'_s 中产生的附加应力（MPa）；

S_x——开裂后换算截面（不计受拉区混凝土）对中性轴的面积矩（m^3）；

S_{cx}——受压区混凝土对中性轴的面积矩（m^3）。

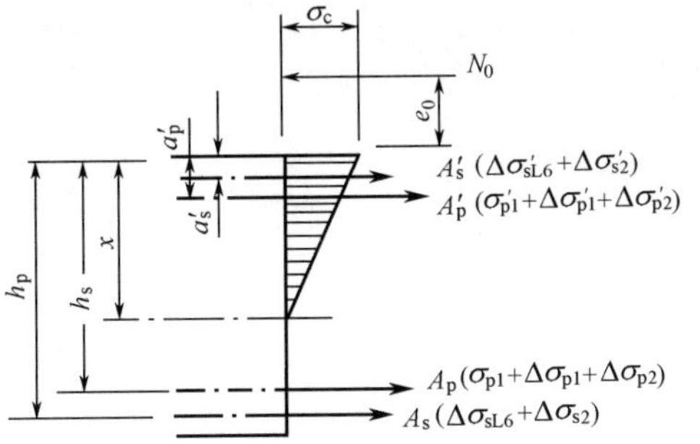

图 E.0.2　开裂截面应力计算图

中性轴位置可按下列公式试算确定：

$$x=\frac{I_x}{S_x}-e_0 \tag{E.0.2—4}$$

$$I_x = I_{cx} + 10A_p\,(h_p - x)^2 + 10A'_p(a'_p - x)^2 + 10A_s\,(h_s - x)^2 + 10A'_s(a'_s - x)^2 \qquad (E.0.2—5)$$

$$e_0 = \frac{M - M_{ps}}{N_0} \qquad (E.0.2—6)$$

$$M_{ps} = A_p(\sigma_{pl} + \Delta\sigma_{pl})h_p + A'_p(\sigma'_{pl} + \Delta\sigma'_{pl})a'_p + A_s\Delta\sigma_{sL6}h_s + A'_s\Delta\sigma'_{sL6}a'_s \qquad (E.0.2—7)$$

式中　I_x——开裂后换算截面(不计受拉区混凝土)对中性轴的惯性矩(m^4);

I_{cx}——受压区混凝土对中性轴的惯性矩(m^4);

M——计算弯矩(MN · m);

M_{ps}——N_0 对截面受压边缘的矩(MN · m)。

对于受压区不配置受力钢筋的矩形、T 形及工字形截面,中性轴位置可按下列公式计算:

$$x^3 + Ax^2 + Bx + C = 0 \qquad (E.0.2—8)$$

$$A = 3e_0 \qquad (E.0.2—9)$$

$$B = \frac{6}{b}\left[(b'_f - b)h'_f\left(e_0 + \frac{h'_f}{2}\right) + 10A_p(e_0 + h_p) + 10A_s(e_0 + h_s)\right] \qquad (E.0.2—10)$$

$$C = -\frac{6}{b}\left[(b'_f - b)h'^2_f\left(\frac{e_0}{2} + \frac{h'_f}{3}\right) + 10A_p h_p(e_0 + h_p) + 10A_s h_s(e_0 + h_s)\right] \qquad (E.0.2—11)$$

式中　b——矩形截面梁宽,T 形或工字形截面腹板宽度(m);

h'_f——T 形或工字形截面受压翼缘厚度(m);

b'_f——T 形或工字形截面受压翼缘宽度(m)。

E.0.3　消压后,开裂截面钢筋应力增量可按下列公式计算:

$$\Delta\sigma_{p2} = 10\sigma_c \cdot \frac{h_{p1} - x}{x} \qquad (E.0.3—1)$$

$$\Delta\sigma_{s2} = 10\sigma_c \cdot \frac{h_{s1} - x}{x} \qquad (E.0.3—2)$$

式中　h_{p1}, h_{s1}——受拉区最外一层预应力钢筋及非预应力钢筋重心到受压边缘的距离(m)。

本规范用词说明

执行本规范条文时，对于要求严格程度的用词说明如下，以便在执行中区别对待。
(1)表示很严格，非这样做不可的用词：
正面词采用“必须”；
反面词采用“严禁”。
(2)表示严格，在正常情况下均应这样做的用词：
正面词采用“应”；
反面词采用“不应”或“不得”。
(3)表示允许稍有选择，在条件许可时首先应这样做的用词：
正面词采用“宜”；
反面词采用“不宜”。
(4)表示有选择，在一定条件下可以这样做的，采用“可”。

《铁路桥涵混凝土结构设计规范》条文说明

本条文说明系对重点条文的编制依据、存在的问题以及在执行过程中应注意的事项等予以说明，不具备与规范正文同等的法律效力，仅供使用者作为理解和把握规范规定的参考。为了减少篇幅，只列条文号，未抄录原条文。

1.0.2　本规范是对《铁路桥涵钢筋混凝土和预应力混凝土结构设计规范》TB 10002.3—2005 和《铁路桥涵混凝土和砌体结构设计规范》TB 10002.4—2005 进行整合及全面修订，适用于铁路桥涵的砌体、素混凝土、钢筋混凝土和预应力混凝土结构设计。

1.0.3　《铁路工程抗震设计规范》现行标准号为 GB 50111，《铁路混凝土结构耐久性设计暂行规定》修改为《铁路混凝土结构耐久性设计规范》TB 10005。

3.1.2　过去结构设计混凝土级别的选择多是根据强度需要确定的，近年来国内外工程界对混凝土结构的耐久性愈来愈重视，混凝土结构的设计强度应同时满足承载力和耐久性的要求，并取其中的较大者。因此增加了"耐久性要求的混凝土强度等级应符合《铁路混凝土结构耐久性设计规范》TB 10005 的相关规定"。

3.1.3　由于本规范应用的最低混凝土等级为 C25，表 3.1.3 中删除了 C20 对应的混凝土的极限强度参数。

3.1.4　混凝土的容许应力是以混凝土的抗压及抗拉极限强度为基础除以不同的安全系数而得出的指标。

轴心受压是以混凝土的抗压极限强度除以安全系数 2.5 得出；弯曲受压及偏心受压的安全系数采用 2.0，主要考虑应力图形为三角形，仅外纤维应力达到容许值，因此安全系数可适当降低；有箍筋及斜筋时的主拉应力是以混凝土的抗拉极限强度乘以系数 0.9 得出；无箍筋及斜筋时的主拉应力的安全系数采用 3.0；梁部分长度中全由混凝土承受的主拉应力的安全系数采用 6.0；纯剪应力的安全系数采用 2.0；光圆钢筋与混凝土之间黏结力的安全系数采用 2.4；局部承压应力考虑应力提高系数 β，β 是根据混凝土套箍强化理论推导而来（详见《土木工程学报》1963 年第 6 期"混凝土及配筋混凝土的局部承压强度"一文）。

3.1.6　由于本规范应用的最低混凝土等级为 C25，表 3.1.6 中删除了 C20 对应的混凝土的弹性模量参数。

3.1.7　水泥浆极限抗压强度可按说明表 3.1.7 采用。

说明表 3.1.7　水泥浆的抗压极限强度

水泥浆强度等级	M20	M30	M35	M40	M45	M50
抗压极限强度（MPa）	20	30	35	40	45	50

3.2 石料、水泥砂浆和砌体

本规范将《铁路桥涵混凝土和砌体结构设计规范》TB 10002.4—2005 的内容纳入，故将其材料的要求补充到第 3.2 节。

石料的强度等级应以边长 7 cm 的立方体试件，在饱和湿度条件下的抗压极限强度，对照表 3.2.1—1 确定；也可采用边长 20 cm 的立方体石料的试块，将其在饱和湿度条件下求得的抗压极限强度乘以常数 1.43，对照表 3.2.1—1 确定。

水泥砂浆的强度等级为根据标准方法制作边长 7.07 cm 的立方体试件，在标准养护条件下 28 d 龄期的抗压极限强度，对照表 3.2.1—2 确定。

3.3.1～3.3.6

根据国家标准《钢筋混凝土用钢　第 1 部分：热轧光圆钢筋》GB 1499.1—2008 的 2012 年第 1 号修改单，采用 HPB300 替代 HPB235 钢筋。

参照《铁路工程应用高强钢筋试验》的研究成果及《钢筋混凝土用钢　第 2 部分：热轧带肋钢筋》GB 1499.2—2007，本规范采用 HRB400、HRB500 钢筋。

由于铁路桥梁以承受疲劳荷载为主，应对热轧带肋钢筋的碳当量严格要求。《钢筋混凝土用钢　第 2 部分：热轧带肋钢筋》GB 1499.2—2007 中有关高强钢筋碳当量的要求没有区分强度级别，总体要求偏低，不利于钢筋的焊接性能。采购经验表明，国内绝大部分钢筋生产厂均能达到第 3.3.1 条的碳当量规定。本次规范修订规定热轧带肋钢筋 HRB400 的化学成分应小于或等于 0.5%，HRB500 钢筋的化学成分应小于或等于 0.52%。

《预应力混凝土用螺纹钢筋》GB/T 20065 已颁布，本次修订将 PSB980 写入。

为贯彻落实国家产业政策，保证铁路建设项目顺利实施，充分发挥高强钢筋的技术经济性能，开展了《铁路工程应用高强钢筋试验》，其中的疲劳试验内容为：

(1) 钢筋母材力学性能试验，包括：HRB400 及 HRBF400 级钢筋、应力比 0.2 疲劳试验，HRB400 及 HRBF400 级钢筋、应力比 0.4 疲劳试验，HRB500 及 HRBF500 级钢筋、应力比 0.2 疲劳试验。共计完成了 275 个有效试件。

(2) 钢筋闪光对焊接头疲劳性能试验，包括：4 种直径（16 mm、20 mm、25 mm、32 mm）的 HRB400 级钢筋，分别按 2 个应力比（0.2、0.4）进行试验；2 种直径（16 mm、32 mm）的 HRBF400 级钢筋，按应力比 0.2 进行试验；4 种直径（16 mm、20 mm、25 mm、32 mm）的 HRB500 级钢筋，按应力比 0.2 进行试验；2 种直径（16 mm、32 mm）的 HRBF500 级钢筋，按应力比 0.2 进行试验。共计完成了 124 个有效试件。

(3) 钢筋电弧焊接头疲劳性能试验，包括：4 种直径（16 mm、20 mm、25 mm、32 mm）的 HRB400 级钢筋，分别按 2 个应力比（0.2、0.4）进行试验；2 种直径（16 mm、32 mm）的 HRBF400 级钢筋，按应力比 0.2 进行试验；4 种直径（16 mm、20 mm、25 mm、32 mm）的 HRB500 级钢筋，按应力比 0.2 进行试验；2 种直径（16 mm、32 mm）的 HRBF500 级钢筋，按应力比 0.2 进行试验。共计完成了 196 个有效试件。

(4) 钢筋直螺纹连接接头疲劳性能试验，包括：4 种直径（16 mm、20 mm、25 mm、32 mm）的 HRB400 级钢筋，分别按 2 个应力比（0.2、0.4）进行试验；2 种直径（16 mm、32 mm）的 HRBF400 级钢筋，按应力比 0.2 进行试验；4 种直径（16 mm、20 mm、25 mm、32 mm）的 HRB500 级钢筋，按应力比 0.2 进行试验；2 种直径（16 mm、32 mm）的 HRBF500 级钢筋，按应力比 0.2 进行试验。共计完成了 135 个有效试件。

高强钢筋设计疲劳曲线采用双对数双折线模型，即 $\lg S$-$\lg N$ 两段折线模型，系指坐标系中横、竖坐标均采用对数，即 $x=\lg N$，$y=\lg S$。其中：N 为应力循环次数，S 为应力范围（应力幅 $\Delta\sigma$）。

钢筋 p-S-N 曲线：

$$\begin{cases}\lg N=\lg A_1-m_1\lg S & N<200\times10^4\\ \lg N=\lg A_2-m_2\lg S & N\geqslant200\times10^4\end{cases}$$

（说明 3.3.5—1）

钢筋特征疲劳强度曲线如说明图 3.3.5—1 所示。

铁路工程高强钢筋试验结果经过拟合，高强钢筋 p-S-N 曲线（保证率 97.7%，置信度 75%）参数见说明表 3.3.5—1。

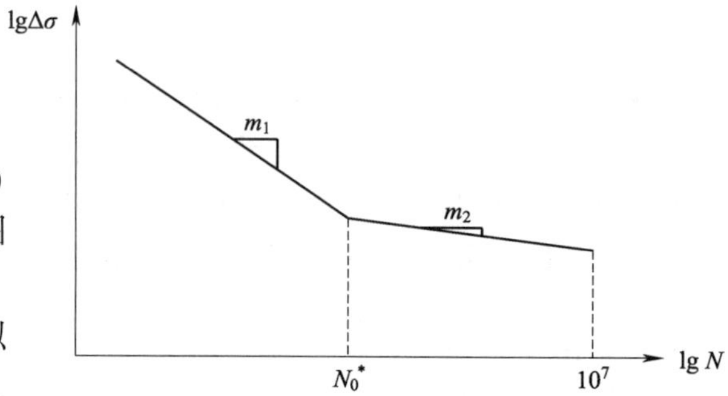

说明图 3.3.5—1　钢筋特征疲劳强度曲线

说明表 3.3.5—1　高强钢筋 p-S-N 曲线参数（m_1 值、m_2 值取整）

曲线种类	m_1	m_2	$\lg A_1$	$\lg A_2$	$N_0{}^*$（万次）
母材	5	7	16.60	20.71	200
闪光对焊	3	5	12.15	16.06	200
电弧焊	3	5	11.61	14.88	500
直螺纹	4	6	14.27	18.24	200

参照《铁路工程应用高强钢筋试验》的研究成果，将 HRB400 和 HRB500 钢筋的疲劳容许应力幅纳入新规范中，其表达方式与国际及国标规范一致，更能体现疲劳应力验算的力学本质。HRB400 钢筋和 HRB335 钢筋的疲劳容许应力幅均按 200 万次疲劳计算。

2005 年版规范采用最大疲劳容许应力方式表达，其数值可采用式（说明 3.3.5—2）~式（说明 3.3.5—4）并结合本规范公式（3.3.5）进行换算，HRB400 钢筋母材及接头疲劳容许应力见说明表 3.3.5—2，HRB500 钢筋母材及接头疲劳容许应力见说明表 3.3.5—3。

$$\Delta\sigma_{s}=\sigma_{smax}-\sigma_{smin} \tag{说明 3.3.5—2}$$

$$\rho=\frac{\sigma_{smin}}{\sigma_{smax}} \tag{说明 3.3.5—3}$$

$$\sigma_{smax}=\frac{\Delta\sigma_{s}}{1-\rho} \tag{说明 3.3.5—4}$$

式中　$\Delta\sigma_s$——运营阶段疲劳设计活载作用下，构件中普通钢筋的应力幅（MPa）；

σ_{smax}——运营阶段疲劳设计活载作用下，构件中普通钢筋应力的最大值（MPa）；

σ_{smin}——运营阶段疲劳设计活载作用下，构件中普通钢筋应力的最小值（MPa）。

说明表 3.3.5—2　HRB400 钢筋主力作用下母材及接头疲劳容许应力表（MPa）

连接方式		应力比 ρ									
		0.0	0.1	0.2	0.3	0.4	0.5	0.6	0.7	0.8	0.9
母材		145	149	161	176	189	204	210	210	210	210
闪光对焊	$d<20$ mm	130	134	145	158	170	183	197	210	210	210
	$d\geqslant20$ mm	94	96	104	114	122	132	142	152	161	166

续上表

连接方式		应力比ρ									
		0.0	0.1	0.2	0.3	0.4	0.5	0.6	0.7	0.8	0.9
直螺纹连接	d<20 mm	54	60	67	77	90	108	135	180	210	210
	d≥20 mm	98	109	123	140	163	196	210	210	210	210
电弧焊		60	67	75	86	100	120	150	200	210	210

说明表 3.3.5—3 HRB500 钢筋主力作用下母材及接头疲劳容许应力表(MPa)

连接方式		应力比									
		0.0	0.1	0.2	0.3	0.4	0.5	0.6	0.7	0.8	0.9
母材		151	155	168	183	197	212	228	244	259	260
闪光对焊	d<20 mm	143	147	159	174	187	201	217	232	245	253
	d≥20 mm	103	106	115	125	134	145	156	167	177	182
直螺纹连接	d<20 mm	65	72	81	92	108	129	162	216	259	260
	d≥20 mm	118	131	147	168	196	212	228	244	259	260
电弧焊		60	67	75	86	100	120	150	200	259	260

4.1.1 桥涵结构有关倾覆稳定、竖向刚度、横向刚度等,应按现行《铁路桥涵设计规范》TB 10002 的规定计算。

4.2.1 当板的两边长度之比大于或等于 2 时,按照双向板的荷载分配理论,长边方向所分配的荷载将大大地小于短边方向所分配的荷载,按板的一般构造要求,长跨方向有足够的分布钢筋,能够负担这部分荷载产生的弯矩,因此可按短跨作为单向板计算。

4.2.2 位于主梁梁梗间的板按弹性约束于主梁之间计算。偏于安全计,支点截面的弯矩按固定端考虑,即:

$$M=\frac{1}{12}ql^2=\frac{2}{3}\cdot\frac{1}{8}ql^2=\frac{2}{3}M_0\approx0.7M_0 \qquad (说明 4.2.2—1)$$

跨中截面弯矩按弹性半固定考虑,即:

$$M=\frac{1}{16}ql^2=\frac{1}{2}\cdot\frac{1}{8}ql^2=0.5M_0 \qquad (说明 4.2.2—2)$$

考虑到板支承处有转角,所以计算弯矩时板的计算跨度采用梗间净距加板的厚度。但计算剪力时,计算跨度取梗间净距更为合理。

对于箱形梁,桥面板作为箱体的一部分,其受力应按箱梁横向计算的有关规定计算。

4.2.3 本条所指支承中心为与计算跨度相对应的支点。当梗胁坡度 $\tan\alpha$ 大于 1/3 时,试验表明应力流仍集中在 $\tan\alpha=1/3$ 附近,一部分不起作用,因此板的有效高度仍按 $\tan\alpha=1/3$ 计算。

4.2.4 本条中斜度系指桥轴线与支承线垂直线的夹角。根据以往设计经验,并参考《公路钢筋混凝土及预应力混凝土桥涵设计规范》JTG D62—2004,当斜度小于 15° 时,按正交板设计造成的误差不大。

4.3.1 试验资料表明,T 形截面梁受弯时,受压翼缘不能充分发挥作用,其原因是由于受板与梗相交处截面传递剪应力限制,该处板愈薄,剪应力就愈大,因此只有当板厚满足一定要求（即本条规定）时方可按 T 形截面计算，否则应按不计翼缘悬出部分的矩形截面计算。

4.3.2　根据试验资料，T 形截面梁受弯时，受压翼缘悬臂端部应力呈三角形分布，为简化计算，一般采用有效宽度的办法。假定在此有效宽度范围内的应力图形与腹板内的应力图形相同。有效宽度的确定与梁的跨度、翼缘厚度、腹板厚度等有关。本规范参照国内外有关资料，给出有效宽度的计算规定。

计算静不定结构的静不定力时，由于静不定力的计算仅与刚度比有关，而翼缘宽度大小对刚度比影响很小，因此可近似取全宽计算。

4.3.3　针对双线简支箱梁的有效宽度，分别按现行桥规、德国规范 DS 804、英国规范 BS 5400 相应公式计算，其结果与 1 : 1 试验梁实测相比，德国规范 DS 804、英国规范 BS 5400 的计算方法与实际较为吻合。本次规范引用了英国规范 BS 5400 中的不同宽跨比简支箱梁及连续箱梁有效宽度折减系数。

4.3.4　连续梁属于静不定结构，当梁体发生温度不均匀变化、不均匀收缩及基础不均匀沉降时，由于变形受到约束而在结构中产生内力。混凝土徐变是混凝土处于应力状态下的一种塑性变形，徐变变形也会受到多余约束的限制而引起结构内力。对于预应力混凝土连续梁，预加力产生的弹性变形也往往受到多余约束的限制而在结构中产生附加内力，即弹性二次力，因此按弹性阶段计算梁截面应力时，应予以考虑。计算弹性二次力时应考虑混凝土徐变的影响。在检算破坏阶段截面强度时，由于梁截面已开裂进入塑性状态，由弹性变形引起的内部约束已得到释放，因此一般可不计。但是对于超配筋梁，破坏时达不到理想的塑性状态，弹性二次力未得到全部释放，设计中应予以注意。

4.3.5　分阶段施工的连续梁，由于其在各施工阶段的受力体系和所承受的荷载不同，因此其截面内力与一次形成的结构不同，应分别考虑。混凝土徐变是一个长期过程，其大小与截面应力状态有关，先期结构体系下形成的应力状态在后期结构体系形成后，其徐变变形将受到后期结构体系的约束，从而在结构中产生内力重分布。本规范将弯矩重分布的计算方法列入本规范附录 A。

4.3.6　连续梁中间支承处负弯矩图理论上呈尖形，但实际上由于支承处设有横梁，支点又有一定宽度，反力在梁内有扩散分布影响，真实弯矩图与理论计算不同。一般情况下，支点负弯矩呈圆滑的曲线形。

假定反力 R 按 45° 刚性角分布到梁的重心轴，则重心轴上单位长度荷载 $g(g=R/a)$ 产生一折减弯矩 $M'=\frac{1}{8}ga^2$。将理论计算弯矩 M 减去 M'，即得设计中的有效弯矩 M_e。考虑到深梁可能折减过多，规定折减弯矩 M' 不大于 M 的 10%。

4.3.7　当荷载有横向偏心时，箱梁的各主梁所分担的荷载不同。按约束扭转方法，当主梁截面一定时，各主梁分担荷载的不均衡性与荷载偏心率（偏心距与主梁间距之比）成正比，与跨长成反比。一般当荷载偏心率在 0.1 以下时，对于一个腹板平均分担荷载增加率在 5% 以下。所以除特别大的偏心率情况外，可不考虑分配不均衡的问题。

4.3.8　箱形梁横向构成了带有悬臂的箱形框架，横向内力原则上应通过分析这个箱形框架来求得。当为双室箱梁时，一般在梁端每个腹板下设置支座，并设有端隔板，可按变形相等的原则依腹板厚度分配剪力。

设计荷载作用时可将按箱形框架计算的主梁（腹板）所需钢筋的一半兼作箍筋使用，

这是由于箍筋在破坏荷载作用下所必需的钢筋数量，在设计荷载作用下，仍处于混凝土容许主拉应力范围以内，而主应力的最大值产生于腹板高度的中央附近，作为箱形框架的弯曲拉应力，则产生于腹板和上翼缘连接部分附近，所以即使考虑到破坏的安全度方面，也可认为是十分安全的。

4.3.9 桥梁结构由于日照或寒流等温度变化，产生的温差应力比较大，有的部位与外荷载产生的应力相当。特别是在混凝土箱梁中，更为明显，是预应力混凝土梁发生裂纹的主要原因之一，因此设计中应予以重视。

由于日照温差和降温温差的作用时间与在结构中产生的应力不同，因此需分别考虑。

参照中国铁道科学研究院研究报告《高速铁路预应力混凝土箱梁竖向温度梯度效应研究》：通过对高速铁路预应力混凝土简支、连续箱梁的竖向温度梯度效应进行研究，得出主要研究结论如下：

(1)箱梁竖向温度梯度

在截面温差相同情况下，按我国铁路规范规定计算的箱梁正温度梯度效应与新西兰规范基本一致，大于美国 ASSHTO 规范和英国 BS 5400 规范(30%～40%)；负温度梯度效应小于美国和英国规范(-20%～30%)。实测日照条件下箱梁竖向温差分布较好地符合指数分布规律，轨道铺设前截面竖向温差值与铁路规范基本接近。参照论文研究，结合国内外规范相关规定和既有研究成果，建议高速铁路预应力混凝土箱梁设计时竖向温度梯度暂按下述原则取用：

箱梁设计时，对于无砟箱梁，截面温差值按铁路现行规范规定值的 50% 考虑，分布规律及参数不变；对于有砟箱梁，也应考虑竖向温度梯度的影响，设计参数可按无砟箱梁取用。

有/无砟箱梁设计时均应按现行铁路规范规定竖向温度梯度，针对轨道结构铺设前各种工况(如运梁车过孔)，进行箱梁局部和整体受力的设计检算。

(2)竖向温度梯度对箱梁整体受力的影响

竖向温度梯度对连续箱梁整体受力具有较大影响。中跨跨中截面底缘温度应力明显大于其他截面，不同跨度的连续梁(主跨 48 m～128 m)，正温度梯度在中跨跨中截面底缘产生的拉应力分别占双线静活载应力的 38.0%～76.4%；竖向负温度梯度在各截面顶缘产生较大拉应力，应关注其对中支点截面受力的影响。竖向温度梯度对简支箱梁整体受力影响较小。

(3)竖向温度梯度对箱梁局部受力的影响

箱梁局部受力主要集中在顶板区域，在横向仅与箱梁横框的自身的约束刚度相关；在纵向，顶板区域的应力是温差引起的温度自应力和次应力的叠加，与结构的外部约束状态有关。箱梁设计时应关注施工期间竖向正温度梯度(日照)作用下顶板底缘的应力状态，当对这一影响考虑不足时，可能导致箱梁顶板底部沿纵向出现通长裂缝。

(4)竖向温度梯度对箱梁变形的影响

在相同温度梯度的情况下，简支箱梁的温度变形大于跨度相近的连续梁，正温度梯度下 32 m 简支箱梁温度变形约为双线静活载挠度的 68%(与活载挠度反向)。连续箱梁边、中跨温度变形方向相反，竖向正、负温度梯度引起的跨中截面挠度分别占双线静活载挠度的 17%～32%、8%～17%；随着跨度的增加，温度效应所占比例总体呈下降趋势。

(5)连续梁竖向刚度对箱梁温度效应的影响

连续箱梁竖向温度梯度效应随梁体刚度的增大而降低,截面应力、挠度与梁体刚度间的关系呈抛物线规律。相比较而言,连续梁刚度的增加对温度应力影响较小,对减小温度变形影响显著。材料弹性模量的提高对温度变形无影响,引起的应力增长与弹模提高比具有直接的对应关系。

有关混凝土箱梁的温差曲线计算和温差应力计算已列入附录 B。目前的计算方法还有一定局限性,更完善的计算方法尚需进一步研究。

4.3.10　混凝土弹性模量的取值对温差应力值的影响很大。加载试验表明,弹性模量与加载速度成正比,而温差荷载是类似于荷载变化速度比较小的一种准静态荷载,计算温差应力时,弹性模量的数值与一般外荷载应有所不同。根据 1983 年铁科院西南所进行的温度弹性模量试验,对于日照温差,计算弹性模量与受压弹性模量接近,因此计算日照温差应力时混凝土弹性模量采用受压弹性模量。对于降温温差,国内尚无试验资料,根据定性分析,一般认为计算降温温差应力时弹性模量应在受压弹性模量的基础上进行折减,国外有关规范也进行了不同程度的折减。因此本规范规定计算降温温差应力时,混凝土弹性模量取 0.8 倍的受压弹性模量。

4.3.11　由于梁体发生最不利温差荷载时,同时产生其他附加力的概率很小,因此可不再与其他附加力组合。

4.4.2　刚架属超静定结构,但与连续梁又不相同,许多在连续梁计算中不考虑的因素(如基础水平变位、角变位,均匀的温度变化等)在刚架计算中应予以考虑。

4.5.1　本次规范中有关墩台设计的许多规定已列入《铁路桥涵设计规范》TB 10002 中,为避免重复,本规范仅对钢筋混凝土墩台的特殊要求作了规定。墩台计算的一般要求应按现行《铁路桥涵设计规范》TB 10002 的规定执行。

为避免列车运行时摇晃过大,对于高而柔的桥墩应考虑振动问题。目前虽然还缺乏有关振动的控制值,但可从振型、振幅、频率等因素与机车车辆的振动作比较,研究其晃动程度。在薄壁空心墩台中,温度、日照、混凝土收缩等影响引起结构内力的变化比较复杂,温度应力的计算方法还需要完善,只能作为定性分析的参考,重要的是在设计中应考虑到这些因素,结合工程实践经验,在构造上采取一些必要的措施。

4.5.3　空心墩属于壳体结构,其受力与实体墩有所不同,设计中除应检算强度、纵向弯曲稳定等常规计算内容外,还应考虑局部稳定、抗裂性、温差、混凝土收缩、固端干扰的影响。

我国铁路桥梁空心墩壁厚与半径或板宽之比 t/R、t/b,当为圆形时,t/R 一般为 1/9~1/3;当为矩形、圆端形时,t/b 一般为 1/16~1/6。经研究,空心墩中段(除墩顶与顶帽过渡段、墩底固端干扰段)的墩壁纵向应力,按悬臂梁计算与按壳体理论计算的结果非常接近。因此,空心高墩可按悬臂梁理论计算墩身强度及稳定性。

空心墩的局部稳定与桥墩壁厚是否设置横隔板有关,空心墩的局部稳定可按板壳空间结构进行分析,按中心受压作用下的弹塑性临界应力计算。经研究,对于 $t/R \leqslant 10$ 的圆形、$t/b \leqslant 15$ 的矩形混凝土空心墩,以及 $t/R \leqslant 15$ 的圆形、$t/b \leqslant 20$ 的矩形钢筋混凝土空心墩,其局部稳定性不必计算。

混凝土由于导热性能低,在墩周气候发生骤变时,其墩壁内部的温度需要一定时间才能随之变化,空心墩墩壁内外存在较大非线性分布的温差,由于结构物因温度变化产生的变形受到约束,将在墩壁内外产生较大的内约束温度应力,当拉应力较大时,将引起混凝土结构的开裂。

目前国内外都是采用基于结构力学的简化方法来计算混凝土桥梁的温度应力,我国现行的公路和铁路桥梁设计规范也是采用结构力学计算方法计算日照及寒潮效应下的温度应力,其竖向应力与其他荷载效应下产生的应力叠加,控制墩身的竖向钢筋布置,墩身箍筋布置应满足温度环向应力的受力需要。

空心墩墩身与顶帽和基础连接处,相当于固端的边界条件,对墩壁存在约束效应,因此将产生局部的竖向应力及环向应力,即固端干扰应力。根据混凝土空心墩模型试验以及圆柱薄壳应力的分析结果,在距墩顶及墩底实体段一定距离的截面上(0.5R~1R外),其截面应力符合按悬臂梁模型的结果,而在两端部分应考虑固端干扰应力的影响。对于常规铁路空心墩,采取将固端干扰区采用悬臂梁模型计算的墩身应力按一定系数提高的简化计算方法,计算该段局部应力。

混凝土空心墩不做墩身截面偏心计算,但为了保证混凝土墩身不产生裂缝,规定混凝土墩身截面除检算压应力外,还应检算拉应力,其最大拉应力不大于混凝土容许拉应力。

4.6.1 有关拱桥设计中需要普遍遵守的一般规定已列入《铁路桥涵设计规范》TB 10002中。为避免重复,本规范仅对钢筋混凝土拱桥的特殊要求作了规定。拱桥计算的一般要求应按现行《铁路桥涵设计规范》TB 10002 的规定执行。

4.6.2 超静定拱桥,由于温差和混凝土收缩产生的实际应力远小于按弹性体系计算的应力,其原因是受混凝土徐变的影响。影响混凝土徐变的因素有很多,考虑到结构物施工及工作条件不同,气候条件相差较大,本规范规定按实际资料考虑混凝土徐变的影响。国内外的有关资料表明,考虑徐变影响对混凝土弹性模量适当折减后,按弹性体系计算的应力接近于实际应力。参照国外研究资料,并结合国内情况,本规范规定当无具体资料时,计算温差应力和收缩应力可分别采用 0.7 倍和 0.45 倍的受压弹性模量。

5.1.1 混凝土和石砌材料一般适用于拱桥、涵洞及桥梁墩台及基础。

本条列有片石、块石、粗料石、混凝土块砌体以及整体灌注混凝土和片石混凝土等六种。1959 年《桥规》有粗凿石及毛方石,因石料规格大体相同,为了减少类型与工民建、公路规范一致,结合国内试验资料将这两类改为粗料石。1959 年《桥规》中半细料石(半细方石)及细料石(细方石)因标准要求较高,现场极少采用,故未列入本条,仅在本规范表3.2.2 的“注 2”中列有这两种砌体的容许应力,供特殊设计时使用。

砂浆是连接砌块之间的胶结料,砂浆强度等级不应低于砌体 28 d 的极限强度。但试验证明,砌体强度不随砂浆的强度等级直线增长。如果砂浆强度等级选用过高,从强度利用系数来考虑,不能充分发挥作用;从耐久性来考虑,尚无试验的数据。因此本条仅根据过去的使用经验及近年来耐久性要求,规定了各种砌体的最低砂浆强度等级。

桥涵结构受冰、霜、雨、雪、温度、水流等自然因素的影响容易破坏,尤其在水位变化、冰融作用的部位,表面经常有风化剥落现象。为了保持结构物的耐久性,减少养护维修工作,根据《铁路混凝土结构耐久性设计现范》TB 10005—2010,主体工程混凝土的最低强度等级为 C30,石料的最低强度等级为 MU50。

沉井的填心、拱桥的填腹等填充材料,一般不直接与外界接触,受风化、冰冻、侵蚀、磨损等影响较小,在满足结构受力要求条件下,可采用较低强度等级的材料。防护工程如桥头锥体护坡、河床铺砌、导流堤、挑水坝、丁坝、护岸等建筑物,非直接承受活载,损坏后修复也比较容易,一般不至于直接影响行车安全,所以可适当降低材料标准。

片石混凝土内掺用片石量,1959 年《桥规》规定不超过总体积的 25%。根据多年施工经验,掺用 25% 片石不易达到设计要求,因此规定片石混凝土内掺入片石量不得超过总体积的 20%。

环境水对混凝土侵蚀类型及侵蚀程度的判定见说明表 5. 1. 1—1,灌注桩和其他结构混凝土最低抗压强度等级(100 年)见说明表 5. 1. 1—2。

说明表 5. 1. 1—1　环境水对混凝土侵蚀类型及侵蚀程度的判定

序号	侵蚀类型	环境条件特征		判定项目	侵蚀程度		
		地质条件	水质 pH 值		弱侵蚀	中等侵蚀	强侵蚀
1	硫酸盐侵蚀	石膏地层	7. 0~8. 0	SO_4^{2-} (mg/L)	500~1 000	1 000~2 000	>2 000
		含盐地层	7. 5~9. 0		1 000~2 000	2 001~4 000	>4 000
2	镁盐侵蚀	含镁盐渍土、盐湖、盐田、海水	8. 0~10. 0	Mg^{2+} (g/L)	1 000~3 000	3 001~7 500	>7 500
3	盐类结晶侵蚀	干旱地区盐渍土、碱土、滨海平原盐渍土	8. 0~12. 0	溶解盐类 (g/L)	10~15	16~30	>30
4	硫酸型酸性侵蚀	煤系地层、黑色岩层、有色金属矿田、矿脉	1. 5~6. 5	pH 值	6. 5~6. 1	6. 0~5. 0	≤5. 0
				SO_4^{2-} (mg/L)	≤250	251~1 000	>1 000
5	溶出型侵蚀(含碳酸型侵蚀)	富含有机质的淤泥和土壤,低矿化度河水和地下水	5. 0~6. 5	pH 值	6. 5~6. 1	6. 0~5. 0	—
				HCO_3^- (mmol/L)	1. 5~0. 7	<0. 7	—

说明表 5. 1. 1—2　灌注桩和其他结构混凝土最低抗压强度等级(100 年)

环境类别	环境作用等级	灌注桩		其他结构	
		钢筋混凝土	素混凝土	钢筋混凝土和预应力混凝土	素混凝土
碳化环境	T1	C30	C30	C30	C30
	T2	C35	C30	C35	C30
	T3	C40	C30	C40	C30
氯盐环境	L1	C40	C30	C40	C35
	L2	C45	C30	C45	C35
	L3	C50	C30	C50	C35
化学侵蚀环境	H1	C35	C35	C35	C35
	H2	C40	C40	C40	*
	H3	C45	C45	C45	*
	H4	C45	C45	C50	*
盐类结晶破坏环境	Y1	—	—	C35	C35
	Y2	—	—	C40	*
	Y3	—	—	C45	*
	Y4	—	—	C50	*

续上表

环境类别	环境作用等级	灌注桩		其他结构	
		钢筋混凝土	素混凝土	钢筋混凝土和预应力混凝土	素混凝土
冻融破坏环境	D1	—	—	C35	C35
	D2	—	—	C40	*
	D3	—	—	C45	*
	D4	—	—	C50	*
磨蚀环境	M1	—	—	C35	C35
	M2	—	—	C40	*
	M3	—	—	C45	*

注：1 本表中的抗压强度等级是按混凝土在标准条件下制作并养护 56 d 时的抗压强度值确定的。

2 本表所指灌注桩是指埋入土中或水中的桩体。

3 对于钢筋的配筋率低于最小配筋率的混凝土结构，其混凝土的最低抗压强度等级应与本表中钢筋混凝土的要求相同。

4 "＊"表示不宜使用素混凝土。如果不得不使用素混凝土，混凝土的最低强度等级与钢筋混凝土一致，且应采取有效的防裂措施。

5 可更换小型构件的混凝土强度等级不应低于 C30。

《铁路混凝土结构耐久性设计规范》TB 10005—2010 规定：混凝土与砌体的最低强度等级为 M20。故本规范为与其保持一致，将混凝土与砌体的最低强度等级由原来的 M10 提高至 M20。

5.1.2 软化系数系指石料在饱和状态下与干燥状态下试块极限抗压强度的比值。软化系数是用于检验石料受水影响及耐风化的重要指标。为了避免石料因水的影响而使强度降低过多，影响建筑物的耐久性，故本条规定软化系数为选择材料的一个指标。

在水利工程中，材料一般受水作用比较严重，故要求软化系数不得小于 0.85，次要的或受潮湿影响较小的建筑物，其软化系数不得小于 0.75。《铁路桥涵地基和基础设计规范》TB 10002.5 附录 A 对岩石抗风化能力分级中以软化系数 0.75 作为区分易风化和不易风化的一个指标。考虑桥涵主体工程的石料使用条件，一般较水利工程好一些（如水压较小），较之深埋覆盖的、整体的天然岩石地基又差一些，因此规定对于浸水和潮湿地区的石砌体主体工程石料，软化系数不得低于 0.8。至于无水旱桥、沉井的填心、拱桥的填腹及各类防护工程，可不考虑软化系数 0.8 的要求。

在年最冷月份平均温度为 -5 ℃ ~ -15 ℃的地区或 -15 ℃以下的地区，桥涵工程所用的石料，除满足一般地区的规定外，尚应考虑气温低、昼夜温差大、经常与冰雪接触冻害严重等特点，因此石料尚需符合抗冻试验要求。年最冷月份平均温度为 -15 ℃以下的地区的涵洞，由于涵顶有土覆盖，洞口有防冻措施，故洞身的砌体及混凝土强度等级可与一般地区相同，但对墩台及涵洞口以外的结构其抗冻要求更高一些，故规定墩台（包括墩台身及基础）混凝土不低于 C30，涵洞口砌体的水泥砂浆不低于 M20。

5.1.3 桥涵工程中的混凝土或石砌结构，当环境水有侵蚀性时容易遭到损坏。其受侵蚀的原因主要有两种：一是材料中的某些成分被水所溶蚀；二是材料中的某些成分与水中的酸、碱、盐等发生化学作用，生成有害的物质，导致结构物的破坏。

根据侵蚀水对常用普通水泥(硅酸盐水泥)侵蚀作用的性质,除考虑混凝土或砂浆的密实度、水压及水的渗滤速度等因素外,还应按规定对环境水进行水质分析,一般应测定下列各项:

(1)溶出型侵蚀(淡水侵蚀):水泥的主要化合物有氢氧化钙、水化硅酸钙、水化铝酸钙。在有压水及流动水的作用下,将混凝土中的氢氧化钙溶解,使孔隙中的石灰浓度减低,空洞逐渐增大,引起水化硅酸钙及水化铝酸钙等化合物的分解,使混凝土或砂浆强度逐渐降低而引起结构物破坏。这主要与水中的重碳酸盐碱度有关。重碳酸盐碱度愈小,它能溶解的石灰就越多,损坏也就愈大。

(2)一般酸类侵蚀:沼池水、地下水及工业废水中常含有游离的无机酸及有机酸。游离酸对混凝土或砂浆的侵蚀程度与游离氢离子的浓度有关,通常以 pH 值表示。pH 值愈小,酸性愈强,则侵蚀愈严重。

(3)二氧化碳(CO_2)侵蚀:天然水中含有一些游离 CO_2,若 CO_2 过多则对水泥起破坏作用,因此应测定水中游离碳酸含量。

(4)硫酸盐侵蚀:在海水、地下水、盐沼水及湖水等矿质水中,常含有大量的硫酸盐类。硫酸盐侵蚀主要决定于水中 SO_4^{2-} 的浓度,且与水中 Cl^- 的含量有关。

(5)镁盐侵蚀:海水、地下水及其他矿物水中,常含有大量的镁盐,对水泥有侵蚀作用。这主要决定于水中 Mg^{2+} 的含量,同时还必须考虑 SO_4^{2-} 的浓度。

根据环境水对普通水泥侵蚀的情况,对砂浆或混凝土均应采用具有抗侵蚀性能的特种水泥和集料配制,必要时尚须采取提高混凝土和砂浆的密度等措施。

当环境水的侵蚀性较强,选用各种水泥都不能保证建筑物在规定使用时间内的耐久性时,则应根据环境水及侵蚀性的类型及其程度,建筑物尺寸、形状及重要性,建筑物所处的环境条件(水压力的大小及有无机械作用等)以及经济合理性等因素,采取防止侵蚀的特殊措施,如作防护层或将混凝土作人工碳化等。

5.1.4　混凝土和石砌结构的截面最小尺寸,当不是受力情况控制时,主要是根据各种材料的规格与施工工艺要求,结合以往的设计与施工经验拟定的。

对于整体灌注的混凝土,应考虑到在灌注、捣固及拆模时,不致将混凝土撬坏,所以规定截面最小尺寸为 0.3 m。石砌体(或混凝土块砌体)的块件尺寸,根据规定其最小石料厚度为 0.15 m(片石)~0.2 m,长度不小于厚度或厚度的 1.5 倍,考虑结构截面最少由两块组成,且能搭接与错缝构成整体,所以规定结构截面最小尺寸为 0.4 m。

5.1.5　石砌体的外露面,石料本身应满足强度、软化系数及抗冻等有关规定。砌体表面应比较平整,以防积水、冰冻和侵蚀,应具有抗强烈流冰或大颗粒冲积物磨损的耐久性,因此一般均应镶面并勾缝。

根据以往使用的经验,C30 混凝土对防冻、防水、防风化及耐磨损等性能较好,一般可不镶面。但用于石砌体的镶面时,应考虑内外不同材料由于施工收缩差对砌体整体受力的影响。

5.2.1　限制实体墩台截面上法向合力的偏心距,是为了限制其截面受拉区不致因产生过大的拉应力而开裂,即使开裂,也不致使裂缝过宽,以保证结构物使用上有较好的耐久性和稳定性。

1959 年《桥规》规定,桥梁实体墩台计算主力+附加力时,圬工截面合力偏心距 $e \leqslant 0.5S_s$,1975 年《桥规》放宽至 $e \leqslant 0.6S_s$,其原因有:

(1)混凝土和砌体结构属弹塑性材料,在高应力阶段实际应力状态比按弹性阶段所计算的数值要低得多。我国其他建筑工程规范的容许偏心距都定得较大，$e \leqslant 0.7S_s$（不计风力）或 $e \leqslant 0.8S_s$（计风力）（GBJ 3—73）；公路交通部门的桥梁规范规定附加力组合及计算施工荷载时 $e \leqslant 0.6S_s \sim 0.7S_s$。对照这些规范，1959 年《桥规》规定的容许偏心距是比较严格的，具有放宽的余地。

(2)按本规范规定的容许偏心值，在截面开裂后墩台开裂截面以上部分仍具有足够的倾覆稳定性。当 $e \leqslant 0.5S_s$ 时，其倾覆稳定安全系数 $K \geqslant 2.0$；当 $e \leqslant 0.6S_s$ 时，$K \geqslant 1.67$；当 $e \leqslant 0.7S_s$ 时，$K \geqslant 1.43$。

(3)既有线上的实体墩台，虽截面偏心距已超过 $0.5S_s$，但仍安全无恙，这给放宽截面容许偏心值提供了一定的根据。第三勘测设计院于 1966 年调查了沈山、锦承、津浦、沈丹及溪田五条线路（这些铁路已运行 30~60 年）的桥梁墩台截面偏心情况，并选取 384 座墩台作典型分析，按现行活载检算，其截面偏心距大多已超过 $0.5S_s$，一般在 $0.6S_s$ 左右，少数可达 $0.8S_s \sim 1.0S_s$。在这些截面较小的墩台中，64% 是完好的，其余 36% 虽曾作局部加固，可其加固原因并不是由于截面过小。北京铁路局于 1972 年也曾在京包、宣庞、锦承、京山、京广各线选取了 22 个典型墩台作过分析，统计了其中偏心距超过 $0.5S_s$ 的就有 17 个，超过 $0.6S_s$ 的有 12 个。这些墩台表面虽有不同程度的裂纹，但由于具有足够的整体性，故仍在正常使用。

(4)1966 年以来，我国有些新线桥梁的实体墩台已按 $e \leqslant 0.6S_s$ 或 $0.66S_s$ 设计，1972 年曾在一些试验桥上进行过制动力试验，未发现不良现象。

从以上分析来看，将主力+附加力的容许偏心值改为 $0.6S_s$ 是可行的。至于圆形截面的容许偏心值，仍采用 $0.5S_s$，其理由如下：

一是，根据 1975 年原铁道部第四勘测设计院圆形桥墩的设计，按 $e = 0.6S_s$ 设计时，有时墩身截面拉应力高达 1.2 MPa~1.4 MPa，比其他类型桥墩要大得多；若改按 $e = 0.5S_s$ 设计，则墩身截面拉应力可降至 0.6 MPa~0.7 MPa，这就和目前设计的其他类型桥墩的截面拉应力相接近。

二是，圆墩一般用于桥位与水流斜交、水流不稳定的地方，横向往往有意外碰撞的危害。而这种危害一般又难于在设计中恰当考虑。其他类型桥墩截面横桥方向的尺寸总是大于顺桥方向的尺寸，在构造上横桥方向的尺寸都有一定的安全储备，而圆墩截面横桥方向尺寸与顺桥方向相同。

三是，原铁道部（75）铁基字 953 号文批准圆形桥墩（肆桥 4018 标准图）的截面偏心按 $e = 0.5S_s$ 设计。

四是，计算墩台身法向合力偏心距时应该考虑墩台身由于弹性弯曲引起检算截面上弯矩增大的影响（即考虑弯矩增大系数），但因为有一种意见认为过去的设计虽未考虑该项影响，也没有出现问题，另外，过去的设计往往受偏心距控制，如果考虑该项影响，则可能难以满足规范中有关偏心距的规定。因此，本规范对检算偏心距时是否考虑该项影响未作规定，将由设计人员根据具体情况考虑；对于新的设计，以考虑该项影响为好。

本规范规定了“主力+汽车撞击力”和“主力+长钢轨断轨力”荷载组合下的偏心距 e，将“主力+施工荷载”、“主力+船只或排筏撞击力”、“主力+汽车撞击力”、“主力+长钢轨断轨力”合并为“主力+特殊荷载（地震力除外）”，所采用的偏心距 e 取值为 $0.7S_s$；“主力+地震力”荷载组合的偏心距 e 可按照国家现行的《铁路工程抗震设计规范》的规定取值。

5.2.2 1975 年《桥规》第 2—257 条和第 2—258 条对混凝土和砌体结构构件强度检算和

稳定性验算所作的规定存在一些问题，另外，检算稳定性时采取折减容许压应力的办法，不但概念不明确，而且无法考虑构件变截面的影响，因此在《铁路桥涵混凝土和砌体结构设计规范》TB 10002.4—99 修订过程中，已经根据使用中反映的意见对原条文作了修改，本次修订时仅从提高墩台耐久性的角度出发，删除了有关砌体墩台的相关规定。

构件的"强度"和"稳定性"是两个不同的概念。设计构件时进行稳定性检算是为了避免构件在轴向荷载作用下因整体发生屈曲而丧失稳定。混凝土的稳定性检算是比较复杂的，因为这类材料的力学性能特殊，加上桥梁墩台多为变截面构件，且构件顶面承受集中侧向（水平）荷载，构件身承受分布侧向（水平）荷载，再加上目前又缺乏试验资料，所以在修改中只能期望把条文修订得比 1975 年《桥规》稍合理一些，至于想要得到圆满的解决，还有待今后进行大量的试验和理论研究。

对于同一构件，其偏心受压（不论是单向偏心受压还是双向偏心受压）时的屈曲临界荷载与中心受压时的屈曲临界荷载是相同的，这一点早已为材料力学所论证（参见 S · 铁辛柯、J · 盖尔《材料力学》第 10.1 节，胡人礼译，1978 年，科学出版社），因此不论构件是中心受压还是偏心受压（也不论是单向偏心受压还是双向偏心受压），其屈曲稳定性可以用同一临界荷载按下式进行检算：

$$KN<N_{cr} \qquad \text{（说明 5.2.2—1）}$$

式中，N 为作用于构件顶面处的轴向压力；N_{cr} 为构件顺截面回转半径较小方向弯曲的屈曲临界荷载；K 为避免屈曲采用的安全系数。一般实体墩台的稳定性检算是不控制设计的，但有时感到把握不大，还是需要进行这项检算。1975 年《桥规》第 2—258 条规定，检算构件屈曲稳定性时按 $\sigma=\frac{N}{A}+\frac{M_x y}{I_x}+\frac{M_y x}{I_y}\leqslant\varphi[\sigma_a]$ 进行，也就是检算屈曲稳定性时不仅要考虑轴向压力 N 的作用，还要考虑弯矩 M_x 和 M_y 的作用，这是与稳定理论的论断不符的。

众所周知，当不考虑构件自重时，两端可顺构件轴线方向移动的铰接棱柱形构件的屈曲临界荷载 N_{cr} 按式（说明 5.2.2—2）计算：

$$N_{cr}=\frac{\pi^2 EI}{l_0^2} \qquad \text{（说明 5.2.2—2）}$$

通常，桥墩多为顶面小、底面大的变截面构件，对于这种变截面构件，其临界荷载可根据 S · 铁摩辛柯《弹性稳定理论》（科学出版社，1965 年）第 2.16 节的论述将式（说明 5.2.2—2）加以修改：

$$N_{cr}=\frac{4mEI_d}{l_0^2} \qquad \text{（说明 5.2.2—3）}$$

式中，I_d 为桥墩底截面顺弯曲方向的惯性矩；l_0 为计算长度，$l_0=2l$，l 为实际长度；m 为墩身截面变化对临界荷载影响的系数，随墩台顶截面绕垂直弯曲方向重心轴的惯性矩 I_0 与底截面顺弯曲方向的惯性矩 I_d 之比而定。对于圆形、矩形、圆端形（包括实心和空心）的桥墩，它们的 m 值是不完全相同的，但是可以粗略地均按说明表 5.2.2 查用。

说明表 5.2.2　*m* 值

I_0/I_d	0.1	0.2	0.3	0.4	0.5	0.6	0.7	0.8	0.9	1.0
m	1.20	1.51	1.71	1.87	2.00	2.12	2.22	2.31	2.39	$\pi^2/4$

《弹性稳定理论》一书第 2. 12 节的论述指出，如果考虑柱形构件自重对屈曲临界荷载的影响，在求临界荷载时可以近似地假设构件自重 ql 的一部分向 βql 集中作用于构件顶面处（q 为构件平均单位长度的重量；l 为构件的长度；β 为一系数，对于上端自由下端固定的棱柱形构件，$\beta=0.3$；对于上下端为可顺构件轴线方向移动的铰接棱柱形构件，$\beta=0.5$）。如果对于墩台之类变截面构件粗略地采用这种办法考虑自重对临界荷载的影响，其临界荷载 N_{cr} 按式（说明 5. 2. 2—4）计算：

$$N_{cr} \approx \frac{4mEI_d}{l_0^2} - \beta ql \qquad \text{（说明 5. 2. 2—4）}$$

构件自重对特别细长构件的临界荷载是有影响的，但经检算说明对于一般实体桥墩可以略去自重荷载的影响，因此本规范没有考虑这项影响。式（说明 5. 2. 2—3）中的 E 为材料的压弯弹性模量，现将 E 改为受压弹性模量 E_c，但考虑到用于偏心受压时 E_c 会降低，另外，混凝土的弹塑性材料受压后产生塑性变形，也会引起弹性模量降低，所以设计中应将 E_c 值降低使用。对于偏心受压构件来说，其受拉边缘可能产生横向裂缝，致使截面惯性矩 I_d 减小。本规范考虑上述 E_c 和 I_d 的减小，将 E_cI_d 乘以一个由试验所得的修正系数 α，该系数与偏心距有关。于是式（说明 5. 2. 2—3）可改写为：

$$N_{cr} = \alpha \frac{4mE_cI_d}{l_0^2} \qquad \text{（说明 5. 2. 2—5）}$$

严格地说，混凝土的受压弹性模量 E_c 是随压应力而变化的，如果按本规范中有关条文将 E_c 作为常数来考虑，则与实际不符。另外，规范中所给的混凝土的受压弹性模量值偏大，以此值所求得的临界荷载往往很大，以致屈曲安全系数 K 有时竟达 20 左右，甚至更大，使人感到不可信。前苏联奥尼西克教授曾经提出石砌体中应力和应变关系的经验公式，以此考虑应力变化对弹性模量的影响。由于混凝土的力学性能与石砌体相似，所以我们在这里对混凝土近似采用该经验公式来考虑应力和应变的关系。该公式为：

$$\varepsilon = -\frac{1.1}{\alpha'}\ln\left(1-\frac{\sigma}{1.1R_c}\right)$$

式中，ε 为应变；σ 为应力；R_c 为极限抗压强度；α' 为与砌体所用的水泥砂浆强度等级有关的砌体弹性特征值，对于重砂浆砌体，$\alpha'=1\,000$，轻砂浆砌体，$\alpha'=750$，平均取用 $\alpha'\approx 900$。由于：

$$\frac{d\varepsilon}{d\sigma} = -\frac{1.1}{\alpha'}\left[\frac{d\left(1-\frac{\sigma}{1.1R_c}\right)}{d\sigma}\right]\frac{1}{\left(1-\frac{\sigma}{1.1R_c}\right)}$$

所以弹性模量：

$$E_c = \frac{d\sigma}{d\varepsilon} = \alpha' R_c\left(1-\frac{\alpha}{1.1R_c}\right) = E_0\left(1-\frac{\alpha}{1.1R_c}\right)$$

式中，E_0 应为受压初始弹性模量，但由于本规范采用容许应力法进行设计，可近似采用《铁路桥涵混凝土结构设计规范》中的受压弹性模量 E_c 值（该 E_c 是取相应于应力为 $0.5R_c$ 的割线模量）。对于石砌体，E_0 按本规范第 3. 2. 4 条确定；对于混凝土块砌体，$E_0=\alpha' R_c=900R_c$。将上式代入式（说明 5. 2. 2—5），并令 $\sigma=\dfrac{N_{cr}}{A}$，得：

$$N_{cr}=\alpha\frac{4mE_0I_d}{l_0^2}\left(\frac{1}{1+\alpha\frac{4mE_0I_d}{l_0^2}\cdot\frac{1}{1.1R_cA_0}}\right)\qquad(\text{说明 5.2.2—6})$$

对于上小、下大的桥墩,式中A_0粗略地取为平均截面积。

对于截面尺寸、偏心距相同但材料不同的构件,式(说明 5. 2. 2—6)中的α值应该是不同的。混凝土的α值与钢筋混凝土构件的α值是不同的。一般地说,钢筋混凝土构件的α值较大,而且含钢筋率愈高,α就愈大;混凝土构件的α值则次之。但目前由于缺乏试验资料,所以对于混凝土暂时采用钢筋混凝土构件的α值。

前面已提到中心受压和偏心受压构件检算稳定性时,应只考虑轴向压力N的作用而不考虑弯矩的影响。因此,若按1975年《桥规》第2—258条粗略地检算稳定性时,则应按式(说明 5. 2. 2—7)进行:

$$\sigma=\frac{N}{A}\leqslant\varphi[\sigma_c]\qquad(\text{说明 5.2.2—7})$$

式中,A为平均截面积,求算φ值时按最小截面的平均边宽或最小回转半径和整个构件的计算长度l_0来求得。分别按式(说明 5. 2. 2—7)和式(说明 5. 2. 2—1)、式(说明 5. 2. 2—6)这样两种方法进行稳定性检算,所得的安全储备是接近的,但如果考虑上面所述α值(即E_cI_d的修正系数)的影响,那么两种方法所得的安全储备是有所不同的。这里要指出,式(说明 5. 2. 2—7)无法考虑变截面的影响。按式(说明 5. 2. 2—7)检算的概念不如按式(说明 5. 2. 2—1)、式(说明 5. 2. 2—6)检算的概念那样明确。另外,式(说明 5. 2. 2—7)中φ值计算公式的推导和φ值的确定都有值得商榷的地方。因为屈曲临界荷载为:

$$N_{cr}=\alpha\frac{\pi^2E_{cr}I}{l_0^2}=\alpha\frac{\pi^2E_{cr}A}{\left(\frac{l_0}{r}\right)^2}$$

式中,$r=\sqrt{\frac{I}{A}}$为回转半径;I为全截面惯性矩;A为全截面面积。

容许抗屈曲应力为:

$$[\sigma_{cr}]=\frac{1}{K}\cdot\frac{N_{cr}}{A}=\frac{\sigma_{cr}}{K}=\frac{\alpha\pi^2E_{cr}}{K\left(\frac{l_0}{r}\right)^2}\left(\frac{K'}{R_c'}\right)\left(\frac{R_c'}{K'}\right)$$

式中,K为屈曲安全系数;K'为受压安全系数,通常$K\approx K'$,则

$$[\sigma_{cr}]=\alpha\frac{\pi^2E_{cr}}{R_c\left(\frac{l_0}{r}\right)^2}[\sigma_c]=\varphi[\sigma_c]$$

式中,$\varphi=\alpha\frac{\pi^2E_{cr}}{R_c\left(\frac{l_0}{r}\right)^2}$。

考虑$E_c=E_0\left(1-\frac{\sigma}{1.1R_c}\right)$,则

$$E_{cr}=E_0\left(1-\frac{\sigma_{cr}}{1.1R_c}\right) \qquad \text{(说明 5.2.2—8)}$$

式中，$E_0=\alpha' R_c$。

将式(说明 5.2.2—8)两边各乘以$\left(\dfrac{\alpha\pi^2 A}{\left(\dfrac{l_0}{r}\right)^2 A}\right)$，于是得

$$\left(\frac{\alpha\pi^2 A}{\left(\frac{l_0}{r}\right)^2 A}\right)E_{cr}=\left(\frac{\alpha\pi^2 A}{\left(\frac{l_0}{r}\right)^2 A}\right)E_0\left(1-\frac{\sigma_{cr}}{1.1R_c}\right)$$

令$\dfrac{\alpha\pi^2 E_{cr}A}{\left(\dfrac{l_0}{r}\right)^2}=N_{cr}$、$\dfrac{\alpha\pi^2 E_0 A}{\left(\dfrac{l_0}{r}\right)^2}=N_0$，则

$$\frac{N_{cr}}{A}=\frac{N_0}{A}\left(1-\frac{\sigma_{cr}}{1.1R_c}\right)$$

得

$$\sigma_{cr}=\sigma_0\left(1-\frac{\sigma_{cr}}{1.1R_c}\right)$$

即

$$\sigma_{cr}=\frac{\sigma_0}{1+\dfrac{\sigma_0}{1.1R_c}} \qquad \text{(说明 5.2.2—9)}$$

前面已提到：$[\sigma_{cr}]=\varphi[\sigma_c]$

即

$$\frac{\sigma_{cr}}{K}=\varphi\frac{R_c}{K'} \qquad \text{(说明 5.2.2—10)}$$

由于$K\approx K'$，按奥尼西克试验，最大可能的极限强度约为$1.1R_c$，将式(说明 5.2.2—10)中的R_c改为$1.1R_c$，因此可得

$$\varphi=\frac{\sigma_{cr}}{1.1R_c}=\frac{\dfrac{\sigma_0}{1.1R_c}}{1+\dfrac{\sigma_0}{1.1R_c}}=\frac{\beta}{1+\beta}$$

其中，$\beta=\dfrac{\sigma_0}{1.1R_c}=\dfrac{\alpha\pi^2 E_0}{1.1R_c\left(\dfrac{l_0}{r}\right)^2}=\alpha\left(\dfrac{\pi^2\alpha' R_c}{1.1R_c\dfrac{l_0^2}{r^2}}\right)$。

因$\alpha'\approx900$，故

$$\beta=\alpha\left(\frac{8\,075}{\dfrac{l_0^2}{r^2}}\right)$$

因此，可以看出φ值不仅与$\dfrac{l_0}{r}$有关，而且与α有关，但1975年《桥规》中的φ值却与α

无关，也就是相当于上式中令 $\alpha=1$，1975 年《桥规》表 2—51 中的 φ 值就是按 $\alpha=1$ 从 $\varphi=\frac{\beta}{1+\beta}$ 对不同的 $\frac{l_0}{r}$ 值求得，显然仅适用于中心受压的稳定检算，而且没有考虑 $E_c I_d$ 的修正，所以是欠妥的。

5.2.3 设计受压构件时进行强度检算是为了避免构件中任一截面因压应力大于材料抗压强度而压坏。

桥梁墩台大多为变截面构件，但是为了讨论方便，下面假设说明图 5.2.3—1 中一根两端铰接的棱柱形竖直构件，长度为 l_0，截面绕垂直弯曲方向的重心轴的惯性矩为 I，构件受弯弹性模量为 E，构件顶面承受偏心压力 N' 作用（$N'=KN$，N 为构件顶面处实际作用的外压力，K 为避免发生屈曲采用的安全系数），外压力 N' 对构件轴线的初始偏心距为 e_0，构件由于 N' 作用产生挠度 ν，不考虑构件的自重，则构件的弹性曲线微分方程为：

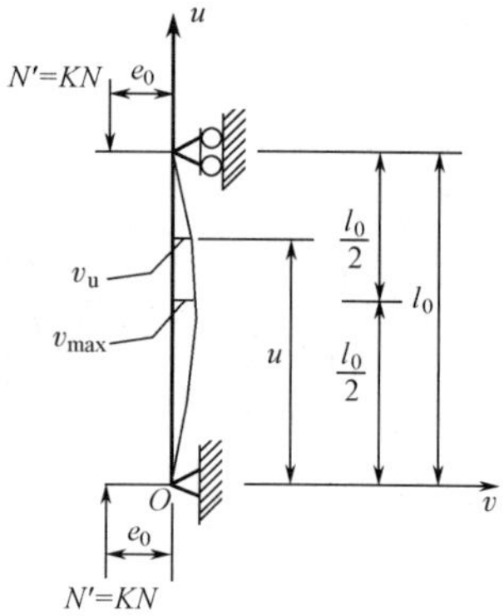

说明图 5.2.3—1

$$EI\frac{d^2v}{du^2}=-N'(e_0+v)$$

令：$k^2=\frac{N'}{EI}$

得：$\frac{d^2v}{du^2}+k^2v=-k^2e_0$

此方程的通解为：

$$v=C_1\cdot\sin(ku)+C_2\cdot\cos(ku)-e_0$$

在 $u=0$ 和 $u=l_0$ 处，$v=0$，将此边界条件代入上式，得：

$$C_1=e_0\cdot\tan\left(\frac{kl_0}{2}\right)$$

$$C_2=e_0$$

由此，上列弹性曲线方程为：

$$v=e_0\left[\tan\left(\frac{kl_0}{2}\right)\cdot\sin(ku)+\cos(ku)-1\right] \qquad \text{（说明 5.2.3—1）}$$

跨度中央处的挠度为：

$$v_{max}=e_0\left(\frac{1}{\cos\left(\frac{kl_0}{2}\right)}-1\right)$$

根据屈曲临界荷载的定义可知，当 N' 接近屈曲临界荷载 N_{cr} 时，挠度 v 将无限增大。现在从式（说明 5.2.3—1）可以看出，当 $\frac{kl_0}{2}$ 趋近于 $\frac{\pi}{2}$ 时，v 便趋近于无穷大。因此，当 $\frac{kl_0}{2}$ 趋近于 $\frac{\pi}{2}$ 时，荷载 N'（即 KN）将趋近于 N_{cr}，从而得 $kl_0=\pi=l_0\sqrt{\frac{N_{cr}}{EI}}$，这里的 E 应为相应于 N_{cr} 作用下的弹性模量，可改写为 E_{cr}，此时的 k 相应于 N_{cr}，应改写为 k_{cr}，即 $k_{cr}^2=\frac{N_{cr}}{E_{cr}I}$，得

$\dfrac{l_0^2}{E_{cr}I}=\dfrac{\pi^2}{N_{cr}}$，也可写为$\dfrac{l_0^2N'E}{E_{cr}IE}=\dfrac{\pi^2N'}{N_{cr}}$，所以当 $N'<N_{cr}$时，$kl_0=\pi\sqrt{\dfrac{N'}{N_{cr}}\cdot\dfrac{E_{cr}}{E}}$，对于上下端固接、上端自由下端固接等构件，其 l_0 可按《铁路桥涵钢筋混凝土和预应力混凝土结构设计规范》TB 10002.3—2005 来确定。于是说明图 5.2.3—1 中上下端均为铰接的棱柱形构件跨度中央处的挠度 v_{max} 为：

$$v_{max}=e_0\left(\frac{1}{\cos\dfrac{\pi}{2}\cdot\sqrt{\dfrac{N'}{N_{cr}}\cdot\dfrac{E_{cr}}{E}}}-1\right)$$

上式中的分母可以展开：

$$\cos\frac{\pi}{2}\cdot\sqrt{\frac{N'}{N_{cr}}\cdot\frac{E_{cr}}{E}}=1-\frac{\pi^2}{4}\cdot\frac{N'}{N_{cr}}\cdot\frac{E_{cr}}{E}\cdot\frac{1}{2}+\cdots\approx1-\frac{N'}{N_{cr}}\cdot\frac{E_{cr}}{E}$$

因此，得：

$$v_{max}=e_0\left(\frac{1}{1-\dfrac{N'}{N_{cr}}\cdot\dfrac{E_{cr}}{E}}-1\right)$$

该棱柱形构件中任一截面 u 处，由于构件顶面偏心压力 N'所产生的弯矩的增大系数为：

$$\eta_u=\frac{N'(e_0+v_u)}{N'e_0}=1+\frac{v_u}{e_0} \qquad \text{（说明 5.2.3—2）}$$

跨中处：

$$\eta_{max}=\frac{N'(e_0+v_{max})}{N'e_0}=1+\frac{v_{max}}{e_0}=\frac{1}{1-\dfrac{N'}{N_{cr}}\cdot\dfrac{E_{cr}}{E}}=\frac{1}{1-\dfrac{N'}{N_{cr}}\cdot B} \qquad \text{（说明 5.2.3—3）}$$

式（说明 5.2.3—2）中的 v_u 本应由式（说明 5.2.3—1）求得，但比较麻烦，考虑到桥梁墩台身的侧移 v_u 通常很小，构件各截面的侧移可以近似按三角形变化求算：

（1）上端自由下端固接时（如说明图 5.2.3—2 所示）。墩台计算图式的确定是比较困难的。通常近似采取说明图 5.2.3—2 作为墩台的计算图式；显然，当墩台身与较大的基础连接且地基比较坚硬，或墩台身嵌于岩层内时，近似采取这种计算图式是较为合适的。注意，为了方便，说明图 5.2.3—2 中采取的坐标轴与说明图 5.2.3—1 不同。在坐标 u 处：

$$\eta_u=1+\frac{v_u}{e_0}=1+\frac{v_{max}}{e_0\dfrac{l_0}{2}}u\approx1+\frac{\left(\dfrac{1}{1-\dfrac{N'}{N_{cr}}\cdot\dfrac{E_{cr}}{E}}-1\right)}{\dfrac{l_0}{2}}\cdot u \qquad \text{（说明 5.2.3—4）}$$

由于 $l_0=2l$，所以在 $u=l$ 处（即构件底面处）：

$$\eta_{max}=\frac{1}{1-\dfrac{N'}{N_{cr}}\cdot\dfrac{E_{cr}}{E}}$$

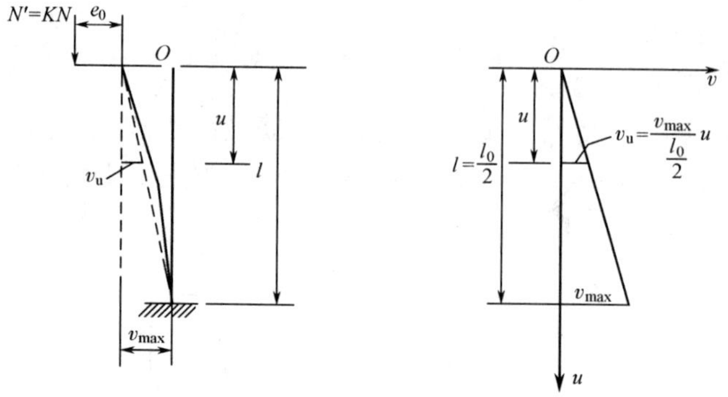

说明图　5. 2. 3—2

(2)上下端均铰接时(如说明图 5. 2. 3—3 所示)。当墩台身抗弯刚度较小,且与较小的基础连接,而地基又较软弱时,可近似采取这种计算图式。注意,为了方便,说明图 5. 2. 3—3 中采用的坐标轴与说明图 5. 2. 3—1 不相同。在坐标 u 处:

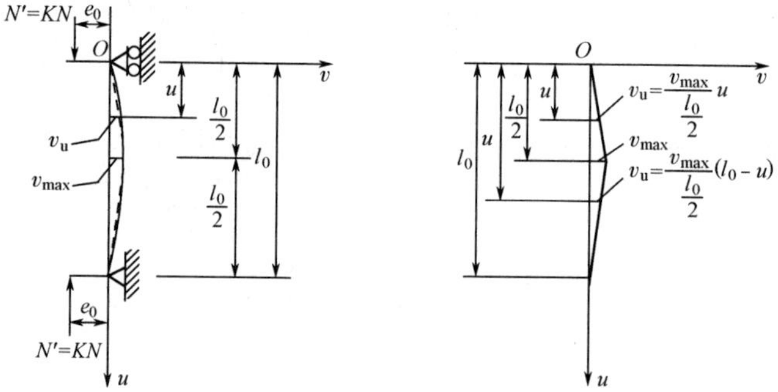

说明图　5. 2. 3—3

当 $u \leqslant \dfrac{l_0}{2}$ 时(u 自构件顶点度量):

$$\eta_u = 1 + \frac{\nu_u}{e_0} \approx 1 + \frac{\left(\dfrac{1}{1-\dfrac{N'}{N_{cr}} \cdot \dfrac{E_{cr}}{E}} - 1\right)}{\dfrac{l_0}{2}} \cdot u \qquad \text{(说明 5. 2. 3—5)}$$

当 $u \geqslant \dfrac{l_0}{2}$ 时:

$$\eta_u = 1 + \frac{\left(\dfrac{1}{1-\dfrac{N'}{N_{cr}} \cdot \dfrac{E_{cr}}{E}} - 1\right)}{\dfrac{l_0}{2}} \cdot (l_0 - u) \qquad \text{(说明 5. 2. 3—6)}$$

由于 $l_0 = l$,所以在 $u = \dfrac{l_0}{2}$ 处(即中央处),$\eta_{max} = \dfrac{1}{1-\dfrac{N'}{N_{cr}} \cdot \dfrac{E_{cr}}{E}}$,此式与式(说明 5. 2. 3—3)

相同。

从式(说明 5.2.3—3)~式(说明 5.2.3—6)可以看出,当 $KN<N_{cr}$ 时(KN 即 N'),η_u 和 η_{max} 为一有限值,构件是稳定的。所以,对于单向偏心受压构件进行强度检算时,倘若 η_u 或 η_{max} 为一有限值,也就等于证明了 KN 小于顺偏心方向弯曲的屈曲临界荷载 N_{cr},此时构件顺偏心方向是稳定的。因此,当检算强度时 η_u 公式中满足了 $KN<N_{cr}$ 的条件,那么,只需要按本规范第 5.2.2 条检算与弯矩作用面相垂直方向的稳定性。注意,在此情况下,倘若构件截面绕平行弯矩作用面的重心轴的惯性矩大于绕垂直弯矩作用面的重心轴的惯性矩,则不必进行与弯矩作用面相垂直方向的稳定性的检算,因为此时这项稳定性必定会得到保证。

同理,双向偏心受压构件任一截面中对重心轴 y 和 x 的弯矩 M_y 和 M_x 的增大系数为:

$$\left.\begin{aligned}\eta_x &\approx 1+\frac{\left(\dfrac{1}{1-\dfrac{KN}{N_{crx}}\cdot B_x}-1\right)}{\dfrac{l_0}{2}}\cdot u' \\ \eta_y &\approx 1+\frac{\left(\dfrac{1}{1-\dfrac{KN}{N_{cry}}\cdot B_y}-1\right)}{\dfrac{l_0}{2}}\cdot u'\end{aligned}\right\} \qquad \text{(说明 5.2.3—7)}$$

式中

$$N_{crx}\approx\alpha\frac{4mI_{dy}E_0}{l_0^2}\left(\frac{1}{1+\alpha\dfrac{4mI_{dy}E_0}{l_0^2}\cdot\dfrac{1}{1.1R_cA_0}}\right)$$

$$N_{cry}\approx\alpha\frac{4mI_{dx}E_0}{l_0^2}\left(\frac{1}{1+\alpha\dfrac{4mI_{dx}E_0}{l_0^2}\cdot\dfrac{1}{1.1R_cA_0}}\right)$$

其中,I_{dx} 和 I_{dy} 为构件底截面绕其重心轴 x 和 y 的惯性距。式(说明 5.2.3—7)中 u' 的意义和其余符号的意义见条文所述。

必须指出以上关于 η 的推导是比较粗略的,严格地说,这些 η 的公式对于沿构件身承受侧向(水平)荷载或上端自由、下端固定且上端承受集中侧向(水平)荷载的构件(如桥墩)是不完全适用的,但是对于承受这类荷载的构件,其 η 值的求算是相当复杂的。由于考虑到对于桥梁墩台之类的构件,在墩台顶面处的竖向偏心压力和水平力作用下引起构件身的侧移要比竖向压力的偏心距小得多,为了简便起见,目前对于承受这类荷载的构件近似采用以上所得的 η 公式进行构件任一截面的强度检算。任一截面上作用的轴向压力为作用于构件顶面的外压力 $N'(N'=KN)$ 与该截面以上构件自重 $G'(G'=KG)$ 之和,即 $N'+G'$。截面上对重心轴的弯矩为 $KM_y\eta_x$ 和 $KM_x\eta_y$,其中 M_x 和 M_y 为该截面中绕重心轴 x 和 y 的计算弯矩。因此要求:

$$\frac{K(N+G)}{A}\pm\frac{KM_y\eta_x x}{I_y}\pm\frac{KM_x\eta_y y}{I_x}\leqslant R_c$$

得：

$$\frac{N+G}{A}\pm\frac{M_y\eta_x x}{I_y}\pm\frac{M_x\eta_y y}{I_x}\leqslant[\sigma_c]\qquad（说明5.2.3—8）$$

式中，R_c 为圬工抗压极限强度；$[\sigma_c]$ 为圬工的容许压应力，$[\sigma_c]=\frac{R_c}{K'}$；$K'$ 为抗压安全系数，通常取 $K\approx K'$。

当按式（说明5.2.3—8）求得的最小应力为负值（即拉应力）时，实体墩台不考虑截面承受拉应力，而采用偏心距 $e_x=\frac{M_x\eta_x}{N+G}$ 和 $e_y=\frac{M_x\eta_y}{N+G}$ 确定合力 $N+G$ 的作用点，然后根据截面压应力呈三角形分布且此压应力的合力与 $N+G$ 的大小相等、方向相反、作用于同一直线上的条件，重新确定检算截面上的最大压应力 σ_{max}，其最大压应力应不大于构件的容许压应力。关于这种确定最大压应力 σ_{max} 的具体计算方法，可见一般桥梁设计手册。通常以公式 $\sigma_{max}=\frac{N+G}{A}\lambda$ 进行求算，式中的 A 为全截面面积，λ 为随截面形状和偏心距而定的系数，可从手册中的备表查得。由于有关 λ 值的备表的种类繁多，数量也非常多，所以未将该公式列入规范，而仅规定了确定最大压应力的原则性要求。

5.3.3　为了防止风化、磨损、冰冻和增加涵洞侧面的美观，涵洞出入口石砌翼墙和中墩分水棱的外露面以及拱圈侧面均应加以镶面及勾缝。

各式涵洞的各部位由于采用浆砌石料的种类不同，各部位的镶面石料一般都用同部位的石料加工而成；在特殊情况下，镶面石料也可采用高于同部位的石料种类。镶面石料勾缝所用水泥砂浆强度等级也不应低于同部位砌体的水泥砂浆强度等级。

6.1.1　计算桥跨结构的变形时，截面刚度按 $0.8E_cI$ 计算（求换算截面时 $n=\frac{E_s}{0.8E_c}$）。系数0.8主要考虑混凝土的弹性模量在多次重复荷载作用后（参照第6.1.3条说明）降低约20%～25%。计算静定结构的惯性矩 I 时，忽略混凝土受拉区的作用而计入钢筋，是假定混凝土受拉区已开裂，虽然对梁部结构来说，并未全部裂至中性轴（尤其是端部）但偏于安全一面；对于静不定结构而言，选择截面时，尚无配筋数量，所以近似地采用全部混凝土截面而不计钢筋。

6.1.2　本次增加了HPB300、HRB400、HRB500钢筋的截面最小配筋率。最小配筋率作为钢筋混凝土结构的一种基本设计要求，是为了保证在裂缝形成时钢筋中的应力仍在弹性范围内。参照《混凝土结构设计规范》GB 50010—2010的第8.5.1条和《钢筋混凝土结构设计原理》（F. 莱昂哈特，E. 门希著）第7.5节确定受弯时的最小配筋率，HPB300和HRB400采用原修订文中最小配筋率，HRB500按《钢筋混凝土结构设计原理》中BSt Ⅳ级钢筋采用。

受压构件是指柱、压杆等截面长宽比不大于4的构件。规定受压构件最小配筋率的目的是改善性能，避免混凝土突然压溃，并使受压构件具有必要的刚度和抵抗偶然偏心作用的能力。本次修订单独给出受压构件纵向钢筋最小配筋率，受压构件一侧纵筋HPB300、HRB400最小配筋率为0.2%，HRB500最小配筋率为0.18%，而对不同强度的钢筋分别给出了受压构件全部钢筋的最小配筋率为0.55%、0.50%、0.45%三挡。

6.1.3　混凝土经过多次重复荷载作用后，弹性模量降低，残余变形增加。荷载作用下的应力愈大,则降低愈多,残余变形也愈大。如最大应力 σ_{max} 低于疲劳强度,则经多次重复荷载作用后,弹性模量趋于稳定。根据收集到的国内外试验资料,当混凝土的应力接近疲劳强度时,经重复加荷 $N=2\times10^6$ 次后混凝土的弹性模量降低约 20%~25%,其变形模量约为初始弹性模量的 40%~50%。

根据原冶金工业部建筑科学研究院对碎石混凝土棱柱体疲劳试验中测定的结果,当 $\rho=0.15$(在重复加荷 $N=7\times10^6$ 次过程中)、$N=3.6\times10^6$ 次时,对抗压极限强度为 23 MPa~28 MPa 的混凝土,其变形模量约为初始弹性模量的 46%;对抗压极限强度为 40 MPa 的混凝土,其变形模量约为初始弹性模量的 55%。

此外,还考虑到持久荷载对混凝土徐变的影响,因此桥跨结构及顶帽采用 $\rho=0.15$、$N=2\times10^6$ 次时混凝土的变形模量来计算 n 值,见说明表 6.1.3。其他结构受疲劳影响较少,仍采用 1959 年《桥规》的 n 值。

说明表 6.1.3　桥跨结构及顶帽的 n 值

混凝土等级	C40~C60	C25~C35
$k=\dfrac{变形模量}{初始弹性模量}$	50%	40%
n	10	15

6.2.2　本条文列表 6.2.2—1 中,m 值按 HPB300、HRB400、HRB500 钢筋修订。

纵向弯曲系数 φ 值的说明如下:

钢筋混凝土长柱与弹性材料的长柱不同,不能直接套用欧拉公式,一般多用试验方法确定。

从收集到的国内外试验资料可以看出,当长细比 $l_0/b\geqslant8$ 时即有长柱现象。根据建研院 1965 年和 1972 年的分析结果,纵向弯曲系数可用下列经验公式计算:

当 $l_0/b=8\sim34$ 时,$\varphi=1.177-0.021l_0/b$;

当 $l_0/b=34\sim50$ 时,$\varphi=0.87-0.012l_0/b$。

考虑到实际工程中可能存在的施工误差和加载附加偏心(长细比愈大,附加偏心的影响就更为不利),故还应乘以 φ 值的降低系数:

$l_0/b=18,30,40,50$ 时降低系数:1.0,0.95,0.85,0.70。

l_0/b 为中间数值时按直线内插法确定,此即条文中表 6.2.2—2 内数据的来源。

一般试验资料都是采用矩形截面试件,对于其他形状的截面,可以从矩形截面推算。

矩形截面:

$$\frac{l_0}{i}=\frac{l_0}{\left[\dfrac{\frac{1}{12}b^3h}{bh}\right]^{\frac{1}{2}}}=3.45\frac{l_0}{b}$$

圆形截面:

$$\frac{l_0}{i}=\frac{l_0}{\left[\dfrac{\frac{1}{64}\pi d^4}{\frac{\pi}{4}d^2}\right]^{\frac{1}{2}}}=4\frac{l_0}{d}$$

任意形状截面：$\dfrac{l_0}{i}$

矩形截面，当$\dfrac{l_0}{b}=10$时，相当于任意形状截面$\dfrac{l_0}{i}=3.45\times10=34.5$。

换算成圆形截面，即为$34.5=4\times\dfrac{l_0}{d}$，$\dfrac{l_0}{d}=8.5$。

6.2.3 具有螺旋钢筋或环状间接钢筋的轴心受压构件的强度计算公式，国外均不统一，有的不考虑螺旋钢筋的影响；有的考虑其影响，认为螺旋钢筋的作用好比环筒一样，将阻止螺旋钢筋所包围的内部混凝土横向膨胀，使混凝土处在各方面受压状态下，增加其对轴向作用力的抵抗能力。

当作用力为N、混凝土压应力为σ_{c1}时，混凝土柱的缩短（如说明图6.2.3所示）：

$$\varepsilon_1=\frac{\sigma_{c1}}{E_c}$$

相应的横向变形：

$$\varepsilon_2=\nu_c\ \varepsilon_1=\frac{\sigma_{c2}}{E_c}=\frac{\nu_c\sigma_{c1}}{E_c}$$

由此可得：$\sigma_{c2}=\nu_c\sigma_{c1}$。式中，$\nu_c$为泊松比。

σ_{c2}像液体压力一样作用在外壁上，假定螺距为s，螺旋筋的截面积为a_j，螺旋筋的应力为σ_j：

$$2Z=2a_j\cdot\sigma_j=d_{he}\cdot\sigma_{c2}\cdot s=d_{he}\cdot\nu_c\cdot\sigma_{c1}\cdot s$$

$$\sigma_{c1}=\frac{2a_j\cdot\sigma_j}{d_{he}\cdot s\cdot\nu_c}=\frac{2a_j\cdot\sigma_j\cdot\pi\cdot d_{he}}{4\cdot\dfrac{\pi}{4}\cdot d_{he}^2\cdot s\cdot\nu_c}$$

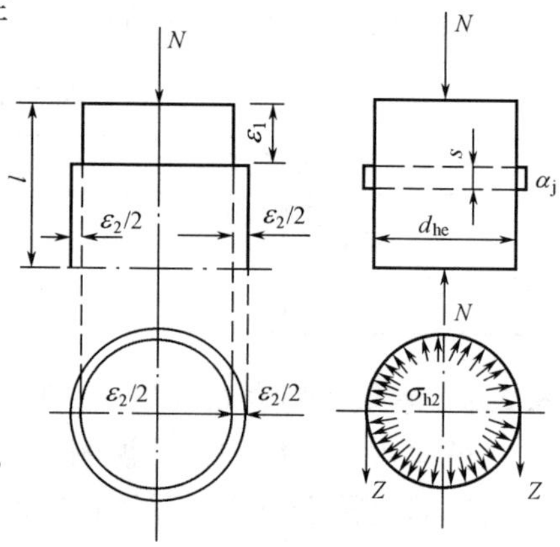

说明图6.2.3　螺旋筋影响计算示意图

令$A_j=\dfrac{a_j\pi d_{he}}{s}$，$A_{he}=\dfrac{\pi}{4}\cdot d_{he}^2$，代入上式得：

$$\sigma_{c1}=\frac{1}{2\nu_c}\cdot\frac{A_j\sigma_j}{A_{he}}$$

这部分承受的轴向力为：

$$N_2=\sigma_{c1}\cdot A_{he}=\frac{1}{2\nu_c}\cdot A_j\cdot\sigma_j\qquad（说明6.2.3—1）$$

与纵向配筋混凝土承受的轴向力N_1相加得总压力为：

$$N=N_1+N_2=(\sigma_c\cdot A_{he}+\sigma_s\cdot A_s')+\frac{1}{2\nu_c}\cdot A_j\cdot\sigma_j\qquad（说明6.2.3—2）$$

极限荷载：

$$N_j\leqslant(f_c\cdot A_{he}+f_s\cdot A_s')+\frac{1}{2\nu_c}\cdot f_s\cdot A_j$$

$$\leqslant f_c\left(A_{he}+mA_s'+\frac{1}{2\nu_c}m'\cdot A_j\right)\qquad（说明6.2.3—3）$$

取安全系数 2.5。根据试验结果，计算时 ν_c 可取$\frac{1}{4}$，$\frac{1}{2\nu_c}=\frac{4}{2}=2.0$。代入式（说明6.2.3—3），可得出：

$$\frac{N}{A_{he}+mA_s'+2.0m'\cdot A_j}\leqslant[\sigma_c] \quad \text{（说明 6.2.3—4）}$$

6.2.5 式(6.2.5—2)的说明：

偏心受压长柱在弯矩作用平面的挠度对轴向力的偏心有所增加（说明图6.2.5），如初始偏心距为 e_0，由于弯矩产生的挠度为 f，则此挠度对轴向力偏心距的增大系数为 η，$\eta=\frac{e_0+f}{e_0}$，写出弹性方程式：

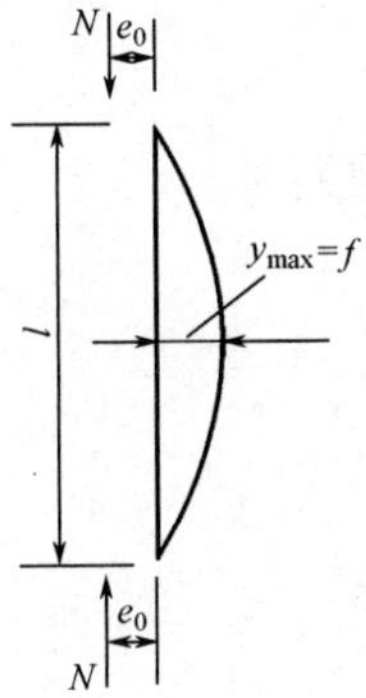

说明图 6.2.5 偏心受压长柱弯曲示意图

$$EIy''=-M=-N(e_0+y)$$
$$EIy''+N\cdot y=-N\cdot e_0$$

令 $\sqrt{\frac{N}{EI}}=k$，则 $y''+k^2y=-k^2e_0$

$$y=C_1\sin(kx)+C_2\cos(kx)-e_0$$

由 $x=0, y=0$，得：$C_2=e_0$

由 $x=1, y=0$ 得：

$$C_1=\frac{e_0[1-\cos(kl)]}{\sin(kl)}=e_0\cdot\tan\frac{kl}{2}$$

所以 $$y=e_0\cdot\tan\frac{kl}{2}\sin(kx)+e_0\cos(kx)-e_0$$

当 $x=l/2$，y 最大

$$y_{max}=e_0\left(\tan\frac{kl}{2}\sin\frac{kl}{2}+\cos\frac{kl}{2}-1\right)=e_0\left(\frac{1}{\cos\frac{kl}{2}}-1\right)$$

当 kl 近等于 π 时，y_{max}最大，N 即达到临界荷载 N_k，由此可以从极限概念认为：

$$l\cdot\sqrt{\frac{N_k}{EI}}=\pi$$

$$N_k=\frac{\pi^2\cdot EI}{l^2}\left(\text{移项后，}\frac{\pi^2}{N_k}=\frac{l^2}{EI}\right)$$

$$\frac{\pi^2\cdot N}{N_k}=\frac{l^2\cdot N}{EI}=k^2\cdot l^2$$

$$kl=\pi\sqrt{\frac{N}{N_k}}$$

$$y_{max}=e_0\left(\frac{1}{\cos\frac{\pi}{2}\sqrt{\frac{N}{N_k}}}-1\right)$$

展开上式，
$$\cos\frac{\pi}{2}\sqrt{\frac{N}{N_k}}=1-\frac{\pi^2}{4}\cdot\frac{N}{N_k}\cdot\frac{1}{2}+\cdots\approx1-\frac{N}{N_k}$$

$$y_{max}=e_0\left(\frac{1}{1-\frac{N}{N_k}}-1\right)=f$$

$$\eta=\frac{e_0+f}{e_0}=\frac{1}{1-\frac{N}{N_k}}$$

1959 年《桥规》：

$$M=M_j\frac{1}{1-\frac{KN}{N_k}}$$

即
$$\eta=\frac{1}{1-\frac{KN}{N_k}}$$

上式中的 K 来源于最大荷载时仍维持平截面变形的理论，而在最大边缘应力开始屈服，此时荷载值为设计荷载的 K 倍，即 KN，因此边缘应力为：

$$\sigma=\frac{KN}{A}+\frac{KNe_0}{W}\left(\frac{1}{1-\frac{KN}{N_k}}\right)$$

$$[\sigma]=\frac{\sigma}{K}=\frac{N}{A}+\frac{Ne_0}{W}\left(\frac{1}{1-\frac{KN}{N_k}}\right)$$

故仍采用
$$\eta=\frac{1}{1-\frac{KN}{N_k}}$$

混凝土构件由于脆性影响与匀质材料不同，按试验结果其临界荷载应乘以系数 α，即 $N_k=\alpha\frac{\pi^2E_cI_c}{l_0^2}$。根据建工部门 22 个及前苏联 49 个压杆试验资料，统计得出 α 与 e_0/h 的关系曲线，取其平均值为 $\alpha=\frac{0.1}{0.2+e_0/h}+0.16$。这些资料是以到达破损时的 η 值为依据，预应力混凝土结构与普通钢筋混凝土结构在这个问题上性质接近，均取同一系数。

6.2.6 钢筋混凝土结构构件的计算裂缝宽度与《铁路混凝土结构耐久性设计规范》TB 10005—2010 一致。

6.2.7、6.2.8

本次修订中裂缝宽度计算仍采用原《桥规》中的公式，根据《铁路工程应用高强钢筋试验》的研究结果，带肋钢筋表面形状影响系数 K_1 调整为 0.72。

其产生过程如下：

(1)关于受弯构件的裂缝宽度计算公式

1975 年《桥规》的两个裂缝宽度计算公式是在 1959 年《桥规》的基础上，根据对国内一部分既有桥梁裂缝情况的调查，参考当时收集到的国内外资料制定的，与 1959 年《桥规》相比虽较合理,但尚缺乏自己的试验依据。为验证 1975 年《桥规》的裂缝宽度计算公式,原长沙铁道学院做了 6 根试验梁的静载试验,并对其中 4 根梁进行了疲劳试验。试验结果表明该规范用于螺纹钢筋的 δ_{fmax} 计算公式的计算值比试验值偏小约 15% ~25%,而用于光圆钢筋的计算值比试验值偏大约 15% ~25%。以部分标准设计的主梁为例,将按规范公式的计算值与按国内外其他规范或文献的公式计算值对比,亦不同程度地具有同样结论。故将 1975 年《桥规》的公式作了修改,并将两个公式合并为一个公式。公式的来源是在 1975 年《桥规》中计算公式的基础上,参照 1985 年《桥规》修订时少量试验梁的试验结果和国内外其他规范公式进行比较,并对部分标准设计图对照检算,采用拟合的办法将两个公式加以合并。

在公式的表达形式上尽量采取与圆形截面构件的裂缝计算公式大致相同,符号也尽量相同,便于使用。

荷载特征影响系数 K_2 是为了区别考虑活载、恒载、附加荷载对裂缝宽度的不同影响。

由式(6.2.8—1)及式(6.2.8—2)可知:

虽然 $K_{2(主)}>K_{2(主+附)}$

但因 $\sigma_{g(主)}<\sigma_{g(主+附)}$

经分析可证明 $K_{2(主)}\cdot\sigma_{g(主)}<K_{2(主+附)}\cdot\sigma_{g(主+附)}$

所以 $\delta_{f(主)}<\delta_{f(主+附)}$

(2)关于圆形及环形截面偏心受压构件的裂缝宽度计算公式

这部分是在 1985 年《桥规》修订中增加的。为制定钻(挖)孔灌注桩和管柱基础及圆形柔性桥墩等结构的裂缝宽度计算方法与公式,原长沙铁道学院进行了共计 41 个圆形及环形截面偏心受压试件的试验。根据试验结果,找出影响裂缝宽度的主要因素,利用数理统计分析的方法,得出保证率为 95% 的实用性的 δ_f 计算公式。式中的系数 K_1、K_2、K_3,除长期荷载的影响是参考国内外有关文献资料外,大部分都是依据本次试验的资料对比分析确定的。

1)钢筋表面形状影响系数 K_1

K_1 是根据这次进行的圆形偏心受压构件及试验梁的对比试验而得出的。

根据圆形偏心受压试验,螺纹钢筋与光圆钢筋对比结果 $K_1=0.82$,根据现有梁的受弯试验,螺纹钢筋与光圆钢筋对比结果 $K_1=0.77\sim0.79$。计算公式中采用 $K_1=0.8$。

2)荷载特征影响系数 K_2

①反复荷载的影响

根据本次试验:

光圆钢筋 $K_2=1.23\sim1.6$;

螺纹钢筋 $K_2=1.02\sim1.36$;

铁研院预应力轨枕试验 $K_2=1.2\sim1.7$;

日本在 $N=2\times10^6$ 次时,螺纹钢筋 $K_2=1.3\sim1.4$。

考虑到光圆钢筋与螺纹钢筋的影响不同,采用一定安全系数,所以分别采用:

光圆钢筋 $\alpha=0.5$;

螺纹钢筋 $\alpha=0.3$。

本规范中带肋钢筋的有关系数,均按原来的螺纹钢筋采用。

②长期荷载的影响

参照国内外试验资料,美国 Gergely 试验指出,长期荷载作用下裂缝增大 30% ~40%,

前苏联资料增大 20% ~100%，建研院试验资料增大 50% ~100%，原南京工学院试验资料增大 72% ~91%，由于铁路活载所占比重较大，故长期活载的影响采用 0.5，与大连工学院所取数值相同。对于整个荷载特征，采用各种性质荷载占全部荷载的比例大小而分别取值。

按建议公式算得的计算裂缝间距 l_f 和计算裂缝宽度 δ_f 与实测的最大裂缝间距 l_{fmax} 和最大裂缝宽度 δ_f 相比较，其主要指标如下：

l_{fmax}/l_f：平均值　$\overline{C}=0.970$

方　差　$\sigma=0.200$

变异系数　$C_v=0.206$

δ_{fmax}/δ_f：平均值　$\overline{C}=0.915$

方　差　$\sigma=0.187$

变异系数　$C_v=0.204$

由上可知，裂缝间距计算值比试验最大值平均大 3%，裂缝宽度计算值比试验最大值平均大 8.5%，方差与变异系数皆在 20% 左右。

利用建议公式对已设计的桩基础进行验算，一般情况下，当强度满足要求时，裂缝宽度也能满足要求。按建议公式计算亦比较简便。

(3)关于改善裂缝宽度的考虑

裂缝的出现和开展是一项随机过程，且影响因素很多，改善裂缝也应从设计、施工、使用等多方面采取措施。

同样数量的钢筋，粗直径改为细直径，不但可增大钢筋表面积以增加黏结力，且可减小裂缝间距与宽度。

带肋钢筋可改善与混凝土的黏结条件，裂缝间距与宽度皆比光圆钢筋小。

根据试验及文献资料，钢筋与混凝土共同变形的相互作用范围不是无限制的，因此应取一个混凝土的有效面积作为与钢筋的相互作用面积。

有效配筋率对 δ_f 有着重要影响，在满足最小保护层厚度的构造要求条件下，适当减薄保护层厚度，可增大有效配筋率，也是改善裂缝宽度的一种方法。

配筋面积不能过小，否则不能有效地控制裂缝宽度。必要时，增加钢筋用量以减少钢筋应力及增大有效配筋率，显然可改善裂缝宽度，不过若钢筋用量过多，则不经济，此时应考虑改用预应力混凝土结构。

(4)关于高强钢筋影响系数的考虑

《铁路工程应用高强钢筋试验》对 56 根高强钢筋混凝土试验梁进行了静载试验，并对其中 8 根梁进行了疲劳试验。试验结果表明，采用高强钢筋后的钢筋混凝土构件裂缝宽度按照 2005 年《桥规》计算公式的计算结果比实测裂缝宽度偏大 15% ~20%，结果偏差较大，没有充分发挥高强钢筋的技术经济性能。

《混凝土结构设计规范》GB 50010—2010 的裂缝宽度计算公式考虑了高强钢筋的影响，裂缝宽度计算公式较 2002 年版乘以了 0.9 的折减系数，体现在构件的受力特征系数上，在 2002 年版规范中取 2.1，在 2010 年版规范中取 1.9。

参考国内外规范及文献，将规范公式的计算值与按国内外其他规范及文献的公式计算值对比，亦不同程度地具有同样结论。故本次规范将 2005 年《桥规》的公式中 K_1 作了修订,考虑了高强钢筋影响系数 0.9。

6.3.1 对于钢筋净距的规定主要是为使灌注混凝土时集料能顺利地通过,以保证混凝土能灌注密实,另一方面也是为使混凝土与钢筋之间能有良好的黏结力。由于施工中所用的粗集料最大粒径为 25 mm,所以规定钢筋间的净距不得小于钢筋直径或 30 mm。

当钢筋层数等于或多于三层时,其净距亦应相应加大。结合现场施工单位的意见,当梁内钢筋层数等于或多于三层时,将钢筋间的横向(水平向)净距适当增大,对灌注有利,但竖向净距则不宜增大,否则,反使梁的有效高度减小,增加钢筋用量。所以 1961 年在成都召开的桥梁标准设计座谈会上决定,当钢筋层数等于或多于三层时,水平向净距不得小于 $1.5d$(d 为钢筋直径)或 45 mm。

为使钢筋能可靠地锚固在混凝土内,钢筋端部一般均应设有弯钩。对于光圆钢筋,采用半圆形弯钩或直角形弯钩;对于带肋钢筋,则采用直角形弯钩。

本次修订增加了 HRB400、HRB500 钢筋的弯钩半径及直段长度。

6.3.2 钢筋的混凝土保护层作用可以概括为:

(1)保护钢筋免受腐蚀,这主要与混凝土密实度和构件所处的环境等有直接关系。

(2)保证钢筋与混凝土之间的黏结力能够充分发挥作用。

考虑保护层厚度过小,则裂缝开展后水气容易侵入或者施工时偶有误差便不能保护钢筋不受腐蚀。保护层厚度太大,混凝土表层因距钢筋过远,故又容易碰坏。根据过去实践经验,考虑构件处于一般环境,对梁内主要受力钢筋的保护层厚度定为 30 mm~50 mm。为提高耐久性,规定其他钢筋的保护层厚度均不得小于30 mm,并取消了"但板的高度小于 300 mm 时,保护层厚度可减为 20 mm"的规定。

6.3.3 本规范采用了高强钢筋 HRB400、HRB500,考虑充分利用钢筋的强度,参照《混凝土结构设计规范》GB 50010—2010 第 8.3 节"钢筋的锚固"及《公路钢筋混凝土及预应力混凝土桥涵设计规范》JTG D62—2012 第 9.1.4 条编制了表 6.3.3"钢筋最小锚固长度"。

6.3.4

(1)轴向受压钢筋混凝土柱是由钢筋和混凝土两部分共同承受荷载的。规定最小配筋率的目的主要是使柱能承受一部分弯矩和减少混凝土收缩徐变的影响。一般在工程实践和科学试验中,轴心受压构件均有弯矩存在,特别是长柱,在轴向力作用下势必将产生弯矩,配置规定数量的钢筋即可承受这一部分弯矩,从而推迟柱的破坏。试验资料表明,在钢筋混凝土柱中,由于混凝土收缩徐变的影响,使原来由混凝土承受的力转嫁给钢筋,使混凝土应力减少,钢筋应力增加,配筋率愈低则转嫁给钢筋的应力愈大。因此,必须规定最小配筋率的限度。各国的规定不一,其范围为 0.4% ~1.0%,本规范取 0.5%,仍沿用 1959 年《桥规》的数值。

规定最大配筋率主要是从施工角度出发,以免钢筋过密使混凝土不易灌注和捣实。

(2)规定纵筋、箍筋最小直径和箍筋最大间距是为了保证受压钢筋有足够的刚度,使钢筋承受压力时,距离纵向弯曲破坏还有一定的安全储备,因此每一纵筋必须与箍筋绑扎在一起。同时箍筋能给混凝土以侧向约束作用,提高其极限承载能力,使柱不至发生突然破坏。

(3)配有螺旋筋的柱可视为一个组合构件,它的截面由螺旋筋约束的核心部分和外围部分(保护层)所组成。核心部分的约束程度与很多因素有关,如螺旋筋的体积配筋率、螺旋筋的间距、钢号以及核心部分混凝土的质量等,最主要的是螺旋筋的间距,间距愈大,约束程度愈差。因此限定螺旋筋的间距不应大于核心直径的 1/5 且不应大于 80 mm。

同时,间距也不能过小,以免影响灌注混凝土质量,使核心部分与保护层之间可能出现蜂窝,减小柱的整体性。

(4)截面核心部分面积对总截面比例的规定是从经济方面考虑的,螺旋筋面积对纵筋面积比例的规定是不使配有螺旋筋的柱的承载能力反低于未配螺旋筋的柱的承载能力,但螺旋筋也不宜配置过多,以至混凝土的保护层有剥落的可能。

6.3.5　受拉区段的凹角如有未弯至上面受压区的受拉钢筋,则两钢筋的合力向下,此合力为 $P_1 = 2f_s A_s \cos\dfrac{\alpha}{2}$,必须以箍筋承受之。无论受拉钢筋是否全部伸入上面,箍筋承受之力应不少于全部受拉钢筋合力的 35%。这是为了将凹角附近交叉钢筋造成的向下拉力用箍筋传至上层混凝土中,而由近似于拱作用的混凝土压力承受,以避免凹角混凝土脱落。

6.3.6　非主要受力钢筋搭接长度的规定参照《混凝土结构设计规范》GB 50010—2010 第 8.4.3 条和第 8.4.4 条计算,按接头面积百分率 50% 取纵向钢筋搭接长度修正系数为 1.4。

凡搭接接头中点位于该连接区段长度内的搭接接头,均属于同一连接区段(说明图 6.3.6)。同一连接区段内纵向钢筋搭接接头面积百分率为该区段内有搭接接头的纵向钢筋与全部纵向钢筋截面面积的比值。

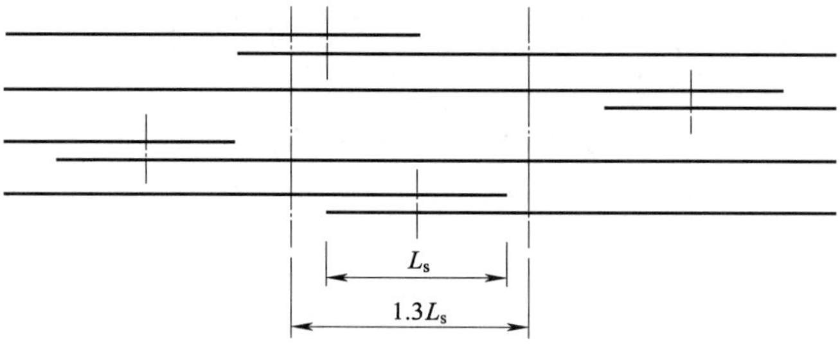

说明图 6.3.6　同一连接区段内纵向受拉钢筋的绑扎搭接接头

注:图中所示同一连接区段内的搭接接头为 2 根,当钢筋直径相同时,钢筋搭接接头面积百分率为 50%

6.3.8　规定板的最小厚度主要是从施工条件出发,使混凝土的施工质量得以保证。根据钢筋混凝土梁的制造经验,直接承受列车荷载的道砟槽板最小厚度一般采用 120 mm 比较合适。人行道板属于附属的次要结构,可以预制且易于更换,因此其厚度可适当减小。

规定道砟槽板内钢筋最小直径的目的,是使钢筋骨架具有足够的刚度。其次,如果直径过小,势必加密间距,影响混凝土的灌注质量。此外,对于较小直径的钢筋,其断面由于锈蚀而被削弱的比例也较大。

规定板内钢筋的最大间距主要是因为板的计算宽度一般较大,从板内钢筋受力均匀出发,间距不宜过大。

6.3.9　在板的设计计算中,通过计算即使剪应力不大于容许剪应力,也应采用弯起钢筋尽量增大抵抗主拉应力的强度。承受列车荷载的板应按梁来设计。

6.3.10　按一般双向板的荷载分配计算理论,均略去了相邻两个板条之间的约束影响,其所得的结果对中部是合适的。实际上由于边缘板条的挠度比其相邻而靠近中部的板条挠度要小,因此两平行板条之间就产生了扭转弯矩,从而减少了跨中弯矩。这种作用愈靠近边缘就愈显著。一般认为靠近边缘 $a/4$ 宽的带上,弯矩较中部约减少一半,因此靠边部分的钢筋可按中部钢筋的半数设置,并且端部钢筋的间距可适当放宽,但不大于 250 mm。

6.3.11 道砟槽的边墙主要是用于挡砟,一般不作为主梁的一部分来承受荷载,为了保证边墙不被压碎或拉裂,必须在适当距离上设置断缝。

同理,当人行道悬臂板与边墙或道砟槽板筑成整体时,也应设置断缝。

6.3.12 横隔板的主要作用是保证两片主梁的共同作用,对于 T 形等开口截面的梁,并用以提高梁的抗扭刚度;而对于箱形梁,可有效地降低横隔板所在处及其附近梁体内的扭曲应力。无论梁在直线或曲线上,一般均有偏载存在。这也要依靠横隔板调剂和传递扭矩和剪力,以改善两片主梁的受力状况。此外,梁的两端和中部的横隔板能使梁的横向成为一个整体以承受横向水平荷载(如离心力、风力或列车摇摆力等)。因此,横隔板是使梁成为空间整体结构的重要组成部分,横隔板在面内及面外均应具有足够的刚度,并配置适当的受力钢筋。对于梁高较大、腹板较薄的主梁,腹板丧失稳定往往造成主梁的破坏,故除横隔板外,尚需设置必要的加劲肋。

6.3.13 箍筋除用以承受主拉应力外,还应起保持主要受力钢筋的正确位置和联系受拉及受压区的作用。对支撑受压钢筋的箍筋,还需防止所箍钢筋的纵向弯曲,因此比对支撑受拉钢筋的箍筋要求更严一些。

在移动荷载作用下钢筋混凝土梁抗剪强度的试验指出,当箍筋间距大于 $0.75h_0$(h_0 为梁的有效高度)时梁的抗剪强度就有所降低,因此一般规定箍筋间距不应大于梁高的 3/4。

6.3.14 在梁需要配置斜筋的区段,主拉应力由斜筋与箍筋共同承受,为了保证该区段的任一截面在混凝土开裂以后能有钢筋承受主拉应力,以阻止斜裂缝扩展,故应使该区段任一与梁轴垂直的截面最少与一根斜筋相交。

由于不计算受拉区混凝土的作用,因此最大主拉应力即等于剪应力,其方向与梁轴成 45° 斜角,斜筋应与主拉应力方向一致方能充分发挥作用。一般要求斜筋应与梁轴成 45° 斜角。由于布置困难,难以保证 45° 斜角时,可以调整,但大于 60° 或小于 30° 时,不能发挥斜筋的作用,因此规定斜角不小于 30° ,也不大于 60°。

6.3.17 目前的桥面排水是在挡砟墙上设泄水管,为防止雨水沿桥面下缘流向梁体腹板影响美观及耐久性,应设置通长的滴水槽。

6.3.18 对于无铰拱桥,拱脚应有可靠的锚固钢筋以承受拱脚固端弯矩。对于无铰双曲拱桥,为了承受拱脚的负弯矩和防止拱脚出现裂缝,以保证墩台上的拱座对拱圈的完全嵌固作用,除拱肋纵向钢筋应锚固于拱座一定深度外,本条还规定在拱脚上缘设置足够数量的钢筋,较可靠地锚固于墩台内。

6.3.19 当拱与拱上结构刚性连接时,由于温度变化和活荷载等作用,立柱内将产生弯矩。立柱的刚度 EI/l 越大,这种弯矩也就越大。我国公路部门的大量实践证明:固端立柱刚度较大时,上、下端普遍开裂。为此,当立柱刚度较大时,应在其上、下端设铰。

较高的立柱中部宜设横撑,以减少横向刚架立柱的计算长度,增加桥面系的横向刚性。

6.3.20 钢筋混凝土箱形截面的拱肋如采用分层灌注法施工,由于灌注时间不同,上下层混凝土之间便存在着收缩差。组合截面的双曲拱,其拱肋与板波间除因灌注时间不同引起收缩差外,有时两者采用不同标号的混凝土也同样引起收缩差;在构造上,拱肋截面尺寸小,板波大,而在大气中的暴露面,前者相对较大,后者却较小,这样前者对气温的变化远较后者敏感,其间便产生温度差,结果反映在两者的伸缩量不同。双曲拱的拱肋与板波间因温度差引起的收缩差,经调查分析认为其数值较因混凝土灌注时间不同引起的收缩差大。箱形截面拱肋上层混凝土收缩将受到下层混凝土的阻止,于是在上层混凝土中产生拉应力,在下层混凝土中产生压应力。而双曲拱在降温时,拱肋的收缩量比板波大,这便产生与箱形截面拱肋恰恰相反的应力状态,即下层的拱肋产生拉应力,而上层的板波产生压应力。

另外,在施工过程中,混凝土灌注后水化热使内部温度增高,又在气温突降的初始阶段内部温度还来不及随之下降,这便引起截面内外温度差,以至在结构表面产生较大的法向及径向拉应力。

由于收缩差及温度差的影响,在拱圈(拱肋)两部分的接缝处将产生上述的附加应力。这即是引起沿工作缝开裂的主要原因之一。

6.3.22　参考德国工业标准 DIN102 号专业报告《混凝土桥》附件 108“防车辆碰撞的钢筋混凝土支柱的配筋”,给出了受车辆撞击的钢筋混凝土桥墩撞击区钢筋布置方法。

受车辆撞击的钢筋混凝土桥墩,其撞击区及撞击点高度以上不少于 2 m 应布置纵向钢筋,如说明图 6.3.22—1、说明图 6.3.22—2 所示。纵向钢筋应内外双层设置并要求无接头,并且设置直径不小于 12 mm 的箍筋或螺旋筋。箍筋的末端必须搭接一段长度,或者锚固在撞碎层之外。螺旋筋的末端应引至截面内部,且不得焊接。

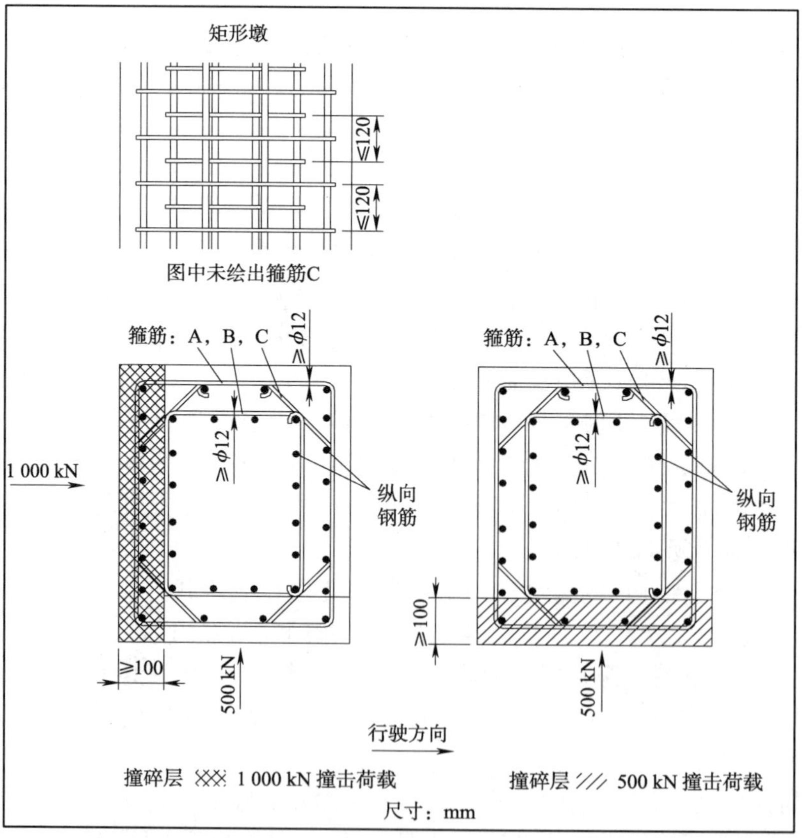

说明图 6.3.22—1　受车辆撞击矩形桥墩钢筋布置示意图

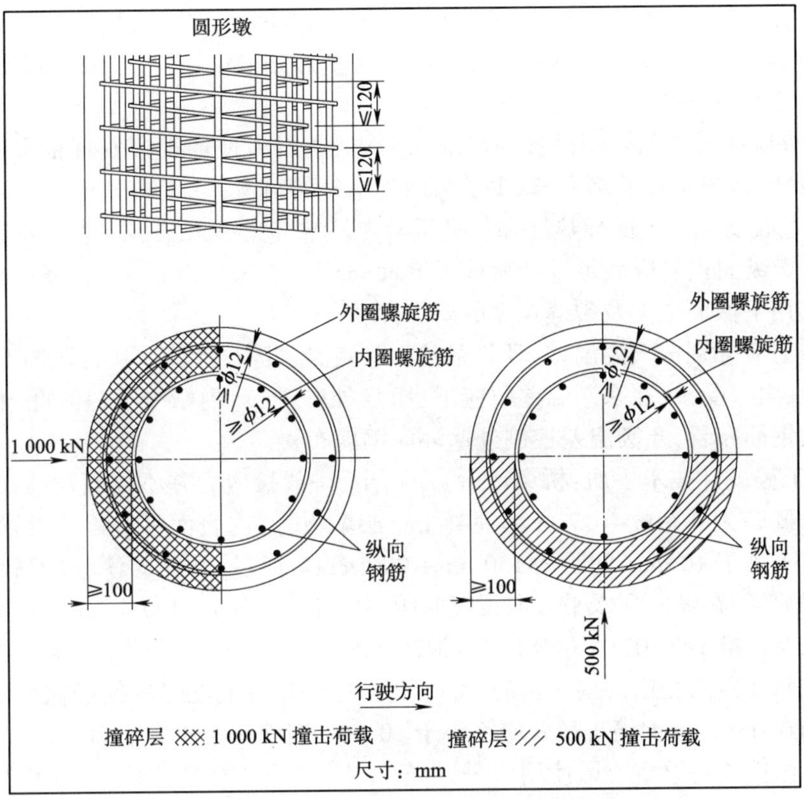

说明图 6.3.22—2 受车辆撞击圆形桥墩钢筋布置示意图

6.3.25 置于自然环境中的混凝土空心墩,长期经受自然界气温的变化和日照辐射的作用;又由于混凝土结构的导热性能差,在周围环境气温及日照辐射等的作用下,将使表面温度迅速上升或降低,但结构的内部温度仍处于不变状态,因而在混凝土结构中形成较大的温差,使混凝土结构的各部分处于不同的温度状态。由此产生的温度变形,在结构受到内、外约束时,将会产生相当大的温度应力。在桥梁结构中,有时温度应力比荷载产生的应力还要大,直接影响到桥梁结构的使用安全。因此,为了调节空心高墩内外的温度差,需要在墩周围设置一定的通气孔使内外空气产生对流,从而减小混凝土空心高墩的内外温差。在现行《铁路桥涵设计规范》TB 10002—2017 第 5.4.13 条中明确规定了:“空心墩离地面5 m 以上部分,应在墩身周围交错设置适量的通风孔,其直径不宜小于0.2 m,并应有安全保护措施。”

中铁二院与重庆大学结合贵广铁路幸福源特大桥的修建开展了《高速铁路高墩结构温度应力影响及分析》的课题研究,对于空心高墩通风孔的设置,得出了以下结论:

(1)2005 年《桥规》规定的通气孔设置方法,对于降低因环境温度改变而引起的空心桥墩内外空气温差效果是很明显的,对桥墩是有利的;

(2)由日照引起的桥墩内外空气温度差,随桥墩壁厚的不同有所差异,但对一般空心墩(壁厚介于 30 cm~100 cm 之间),由于通气孔的存在,内外空气温差根据实测结果显示通常小于 7 ℃,因此对一般空心墩做日照作用下温度应力的计算时,桥墩内外空气温度差可偏保守的取为 8 ℃;

(3)通过 ANSYS 的优化结果并结合现行《铁路桥涵设计规范》中的规定,建议铁路空心桥墩通气孔设置为“在避免水流和泥沙淤积的前提下，应在墩身周围交错设置适量的通风孔，间距为 5.0 m，由于圆形通风孔对墩壁的应力分布较好，所以采用圆形通风孔，其直径不宜小于 0.20 m”；

（4）建议应在通气孔外侧设置一定的保护措施，因为现场观察发现很多通气孔已经成了鸟巢蜂窝，造成了孔的堵塞，减少了墩内外空气的对流；

（5）通过改变混凝土的导热性和促进桥墩内外空气流通来减小桥墩内外空气温差。

6.3.26 桥墩纵向钢筋应满足设计荷载下截面强度及裂缝宽度的要求，环向钢筋应满足温度应力作用下截面强度及裂缝宽度的要求。

温度应力应分别按气温温差、日照温差和寒潮温差进行计算。在日照温差效应下，墩身外壁受压、内壁受拉；在寒潮温差效应下，墩身外壁受拉、内壁受压。因此，日照温差控制内壁环向钢筋布置，寒潮温差控制外壁环向钢筋布置。

《铁路工程设计技术手册：桥梁墩台》中指出：一般拉应力并不控制设计，并建议华东和中南地区壁厚为 0.5 m～0.7 m 的混凝土空心墩设计，内表面可按构造设置护面钢筋，钢筋直径可不小于 10 mm，间距为 150 mm～200 mm。通过计算，即使应力满足要求不需设置钢筋，仍必须在纵向和水平方向设置间距不大于 200 mm～300 mm 的构造钢筋。

德国工业标准 DIN102 号专业报告《混凝土桥》第 5.4.1.2 条规定：空心箱形结构每面应布置纵向及横向交错的构造钢筋，每一面在两个方向上配置的钢筋截面必须达到混凝土截面的 0.06%，且钢筋直径 d 应不小于 10 mm，钢筋间距不大于 200 mm。

结合我国铁路桥梁空心墩使用情况，本条提出了空心墩构造钢筋的布置要求。

7.1.2 所谓预应力度，是指施加于预应力混凝土结构上预应力大小的程度，它影响着结构在受外荷载作用下受拉边缘混凝土的应力状态。

当预应力度 $\lambda \geqslant 1$，在运营阶段设计荷载作用下不出现拉应力，对于钢筋混凝土构件，其 $\lambda = 0$，从加载开始不久，即在中性轴以下出现拉应力，因假设混凝土不能承受拉应力，故在外荷载作用下，将在截面的中性轴以下出现裂缝。允许出现拉应力但不允许开裂或允许开裂的预应力混凝土构件的预应力度介于 0 与 1 之间。

预应力度的定义目前有如下几种：第一种是采用弯矩比或应力比来表达；第二种是采用预应力钢筋和非预应力钢筋混合配筋的预应力比（或预应力指标）来表达；第三种是采用平衡荷载的比值来表达。本规范采用应力比的方式定义。

对于铁路预应力混凝土梁，由于承受较大的疲劳荷载作用，为保证梁的抗疲劳性能，预应力度不宜小于 0.7。

7.1.3 为使结构能满足安全、正常使用要求，设计预应力桥梁结构时就必须保证其具有一定的强度安全系数。对于要求不允许出现拉应力的构件，尚应具有一定的抗裂安全系数。影响结构安全的因素很多，其中主要有：荷载的变异、材料强度的不稳定、设计计算理论与实际情况不符等。考虑到按原《桥规》所规定的安全系数进行设计，基本上能保证结构的安全和正常使用，故本规范仍沿用原《桥规》规定的安全系数。

对于预应力结构的分类，原《桥规》TBJ 2—85 要求预应力结构在运营阶段设计荷载作用下不得出现拉应力，1992 年原铁道部颁布的《铁路部分预应力混凝土梁设计及验收规定》TBJ 106—91（以下简称《规定》），按 A 类部分预应力（允许出现拉应力但不允许开裂）和 B 类部分预应力（允许开裂）构件分类，本规范取消了部分预应力的提法，将预应力结构按应力情况分类。

对于允许出现拉应力但不允许开裂的预应力结构，为使其在运营阶段设计荷载作用下一般不会开裂，原《规定》TBJ 106—91 根据长沙铁道学院对 16 m 先张法 A 类部分预应力混凝土梁进行的模拟试验，并参照中国土木工程学会混凝土及预应力混凝土学会部分预应力混凝土委员会编制的《部分预应力混凝土结构设计建议》（以下简称《设计建议》），规定其混凝土拉应力应不大于 0.7 倍的抗拉极限强度，本规范仍沿用这个规定。考虑到在运营线上，有时要通过超载特种列车，因此规定必要时亦应检算裂缝宽度。

7.1.5 原《规定》TBJ 106—91 中对于配置预应力混凝土用螺纹钢筋的允许开裂的预应力混凝土构件，当裂缝宽度小于 0.1 mm 时，可用于严重环境腐蚀条件下的桥梁。考虑到有裂缝情况下，混凝土中性化速度加快，用于严重环境腐蚀条件下，难以保证结构的正常使用寿命。因此，本规范规定在严重环境腐蚀条件下，不应采用允许开裂的预应力混凝土结构。

7.2.2、7.2.3

(1)预应力混凝土受弯构件的两种破坏状态

众所周知，钢筋混凝土和预应力混凝土受弯构件分为受拉和受压两种破坏状态。前苏联大概是从 20 世纪 30 年代起进行了较系统的钢筋混凝土受弯构件（包括超筋梁）的试验，同时进行了偏心受压构件的试验。根据试验，钢筋混凝土受弯构件有受拉和受压破坏两种情况（对于偏心受压构件，相应有大、小偏心两种情况），并认为：在其他条件相同时，受弯构件的破坏状态主要取决于配筋率的大小。将分界线情况下的配筋率叫作界限配筋率，用它将梁分成非超筋梁和超筋梁，分别与受拉破坏和受压破坏相对应。

当时的试件是用软钢配筋的普通钢筋混凝土构件，混凝土强度也较低。对于受拉破坏，其过程是：随着荷载的增加，钢筋首先达到流限，变形剧增。中性轴向受压区移动，混凝土压应力增大，最终也达到抗压极限强度而破坏。

但对于用硬钢配筋的受弯构件，即使在规范规定的低配筋范围内，其破坏时的钢筋应力也并不一定达到其极限强度，一般是在其条件流限 $\sigma_{0.2}$ 到极限强度之间。关于这一点，欧美一些国家的文献在 20 世纪 40 年代就已经指出，并反映在《ACI 318—56》中。后来，苏联的《CHиП11—B1—62》和《CH200—62》等规范也已反映。国内外的许多试验资料都证明了这点。例如，中国科学院土建研究所 1957 年的一批预应力钢筋混凝土梁的破坏试验，实测钢丝应力与条件流限之比为 0.92~1.06。

另外，我国铁路系统有关部门进行的计算跨度为 23.8 m 的串联梁破坏试验中，实测破坏时的钢铰线应力为其极限强度的 93.7%。

(2)界限配筋率和极限配筋率

如上所述，受弯构件分为受拉和受压两种破坏状态可以用界限配筋率来分界。从经济和安全等方面考虑，通常将受弯构件设计成受拉破坏的构件。为此，各国规范中都规定了极限配筋率，用以限制配筋的数量。对于极限配筋率的数值，我国和前苏联规范就采用界限配筋率；美国规范则采用界限配筋率的 75%，以确保构件的延性，防止脆性破坏。

在设计规范中，可以用不同的规定方法来限制发生受压破坏状态。例如，直接规定极限配筋率 μ_j，限制截面受压区高度和有效高度 h_0 之比 x/h_0 或 S_h/S_0（S_h 和 S_0 分别代表截面受压区混凝土面积和有效面积对受拉钢筋重心的面积矩）。

根据多年来的大量试验说明，在钢筋混凝土梁的抗弯计算中，直到破坏阶段，平截面假定被认为是可行的。现从此假定出发求配筋率的界限值。

如果受弯构件的配筋率为界限值，则受弯破坏时，钢筋和混凝土中的应力同时都达到所希望的极限值。如说明图 7.2.2 所示，假定 ε_c、ε_p 分别是相应于极限应力时的混凝土和钢筋的应变，按平面变形假定，应变之间关系如下：

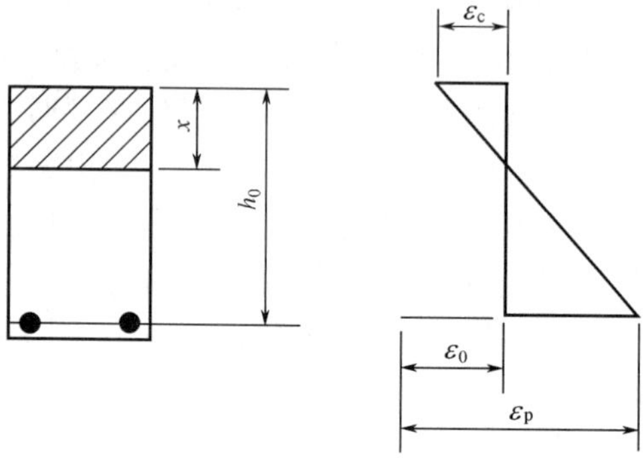

说明图 7.2.2　正截面钢筋和混凝土应变图

$$\frac{x}{h_0}=\frac{\varepsilon_c}{\varepsilon_c+\varepsilon_p-\varepsilon_0} \tag{说明 7.2.2}$$

式中　ε_c——混凝土极限压缩应变；

ε_p——受拉区预应力钢筋达到极限应力时的应变；

ε_0——相应于混凝土应力为零、预应力钢筋应力为有效应力 σ_0 时的钢筋应变。

根据界限配筋率的定义，用式(说明 7.2.2)所求得的 x/h_0 就是与界限配筋率相当的 x/h_0 的限值。

下面分别说明式(说明 7.2.2)中诸应变值的确定：

根据国内外钢筋混凝土受弯构件和偏心受压构件以及预应力混凝土受弯构件的试验结果表明，混凝土的极限压缩变形与混凝土强度、加载时间、压力偏心距、配筋率和截面形状等因素有关。试验所得数值分散性较大，约为 0.002～0.007。第六届国际预应力混凝土会议的《混凝土结构设计与施工建议》对受弯构件取 $\varepsilon_c=0.0035$。《钢筋混凝土结构国际规范建议》也用之。美国的有关规范均采用 0.003。考虑到我国铁路预应力混凝土桥梁所采用的混凝土强度都较高，而且还有进一步提高的趋势，因此取 $\varepsilon_c=0.003$。

从充分发挥材料能力出发，最好将受弯构件设计成这样：当弯曲破坏时，钢筋和混凝土都同时达到或接近各自的极限强度。但是，根据变形条件，要使钢筋产生与其极限强度相应的应变(0.03～0.05)，中性轴位置必然很高，即 x/h_0 很小。这就表明只有配筋率很低的构件才可出现此情况。显然，此时钢筋的强度虽能充分发挥，但被利用的受压混凝土截面却大为减小，这样将给设计带来一定的困难。因此，在确定界限配筋率的相应限值时，钢筋的极限应力并不采用其极限强度，而取用其条件流限。与 $\sigma_{0.2}$ 相应的 $\varepsilon_p=0.0084$，ε_0 设为 0.004 左右。

将诸应变值代入式(说明 7.2.2)得：$x/h_0=0.405$。考虑到现在实际计算时，系采用等代矩形应力分布，此值尚应加以折减。

根据我国铁路桥梁目前的实际情况，预应力钢筋有高强钢丝和钢绞线，混凝土等级多在 C50 以上，参照上述资料，原《桥规》TBJ 2—85 将界限值由原来的 0.55 降至 0.4，本规范仍沿用这个规定。考虑到混合配筋的预应力混凝土结构，其 h_0 一般大于 h_p，为保证破坏时预应力筋应力接近 $0.9f_{pk}$，本规范规定 $x/h_p \leqslant 0.4$。

(3)受压区混凝土应力图形的影响

受弯构件破坏时，受压区混凝土的应力图形和配筋率、混凝土强度等因素有关。例如，高等级的混凝土，其受压应力图形趋于三角形；而低等级的混凝土则趋于矩形加抛物线的图形。国外有不少人进行过这方面的试验，譬如美国的 E. ognestad 在 20 世纪 50 年代就做了大量的试验研究工作，研究受压区混凝土的应力图形。

在计算抗弯强度时大多假定应力图形为矩形；有的假定为矩形加抛物线或折线形。实际上，对于受弯构件，应力图形对计算抗弯强度的影响不大。以矩形单筋截面为例，如应力图形分别取为矩形和三角形，其抗弯强度的比值为：

$$\frac{M_{\square}}{M_{\triangle}}=\frac{6\sigma_c-3\mu\sigma_p}{6\sigma_c-4\mu\sigma_p}$$

对于预应力混凝土受弯构件，设 $\sigma_c=35$ MPa，$\sigma_p=1\ 500$ MPa，又设 $\mu=0.005$，则比值为 1.04。即使在界限配筋率情况下，比值仅增至 1.10 左右。配筋率愈低，相差愈小。如果和曲线形的应力图形相比较，其差别就更小了。

7.2.5 预应力混凝土偏心受压构件的强度计算方法是参照钢筋混凝土偏压构件的强度计算方法和预应力混凝土受弯构件的强度计算方法拟定的。

1985 年《桥规》参照国内外有关资料，确定计算时，大、小偏心界限值取 $\zeta=x/h_0=0.4$，受压区混凝土强度取轴心抗压极限强度 f_c。对于小偏心受压构件，假定轴向受压至大、小偏心界限之间，其破坏轴向力 N_U 按直线变化(说明图 7.2.5)，即满足下列公式：

$$(N_0-N_U):(N_0-N_j)=M_U:M_j=N_U e_0:N_j e_{j0} \quad \text{(说明 7.2.5—1)}$$

所以

$$N_U=\frac{N_0}{1+\left(\frac{N_0}{N_j}-1\right)\frac{e_0}{e_{j0}}} \quad \text{(说明 7.2.5—2)}$$

本规范仍沿用这个计算公式。

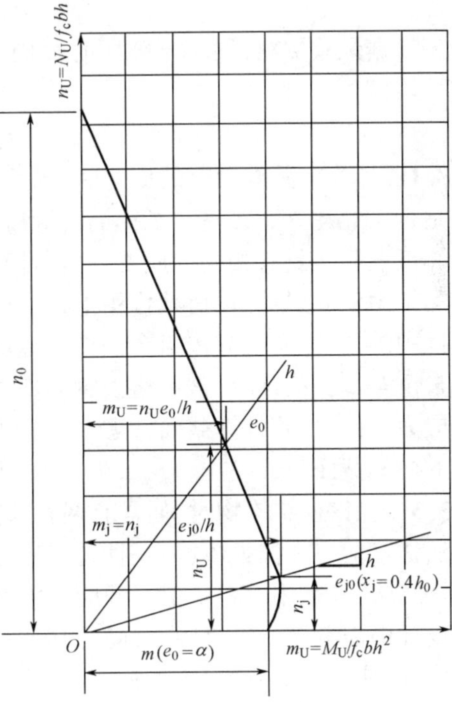

说明图 7.2.5 偏心受压构件承载力曲线示意图

7.2.6、7.2.7

详见本规范第 7.2.5 条说明。

7.2.8 β 是根据混凝土的套箍“强化”理论(见《土木工程学报》1963 年第 6 期“混凝土及配筋混凝土的局部承压强度”一文)确定的。

抗裂安全系数 K_{cf} 是比照传力锚固阶段混凝土的容许压应力 $0.7f'_c \sim 0.75f'_c$ 而定的。若条文中式(7.2.8)不能满足，应考虑修改构件端部锚固区的截面尺寸，或调整锚头的位置，或提高混凝土的强度等级。

7.2.9 本规范条文采用的检算式(7.2.9)也是按套箍“强化”理论建立的。设锚下配有间接钢筋的混凝土局部承压强度系混凝土局部承压强度 N_1 与由于螺旋筋的套箍“强化”作用而提高的混凝土局部承压强度 N_2 之和，即：

$$N_U = N_1 + N_2 = \beta f_c A_c + 2.0\mu_t \beta_{he} f_s A_c \qquad \text{（说明 7.2.9—1）}$$

式中，$N_1 = \beta f_c A_c$（见第 7.2.8 条说明）。

N_2 可由说明图 7.2.9 所示箍筋的极限平衡条件求得。

$$2a_j f_s = \sigma_r d_c s \qquad \text{（说明 7.2.9—2）}$$

式中　σ_r——径向侧压应力；

d_c——A_c 的直径；

s——螺距。

螺旋筋的体积配筋率为：

$$\mu_t = \frac{a_j \pi d_{he}}{\frac{1}{4}\pi d_{he}^2 s} = \frac{4a_j}{d_{he} s} \qquad \text{（说明 7.2.9—3）}$$

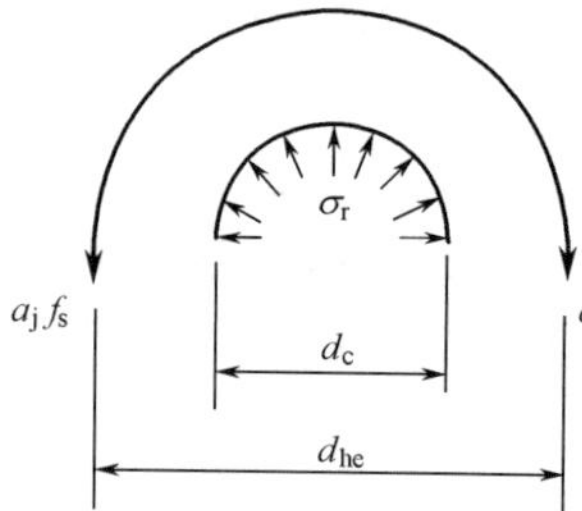

说明图 7.2.9　套箍“强化”作用计算示意图

将式（说明 7.2.9—3）代入式（说明 7.2.9—2）可得螺旋筋应力为 f_s 时的径向侧压应力为：

$$\sigma_r = \frac{1}{2}\mu_t f_s \frac{d_{he}}{d_c} = \frac{1}{2}\mu_t f_s \beta_{he} \qquad \text{（说明 7.2.9—4）}$$

根据试验资料，混凝土破坏时径向侧压力对其轴向承压强度的提高约为 $3\sigma_r \sim 5\sigma_r$。取平均值 $4\sigma_r$，则得：

$$N_2 = 4\sigma_r A_c = 2.0\mu_t \beta_{he} f_s A_c \qquad \text{（说明 7.2.9—5）}$$

7.3.1　计算构件截面上的应力时，采用净截面或换算截面取决于钢筋和混凝土间的黏结力是否已经建立。在建立了钢筋与混凝土间的黏结力后，认为在荷载作用下构件的钢筋与邻近混凝土具有相同的应变，故在计算截面应力时采用换算截面。在钢筋与混凝土间的黏结力建立以前，在荷载作用下构件的钢筋变形不受邻近混凝土的约束，钢筋如同组合构件中的拉杆一样，应按组合构件计算应力。当钢丝束管道内尚未压注灰浆而构件仅承受自重等部分荷载时，常可略去钢筋内力变化的影响，近似地采用被管道削弱的净截面计算应力。此时，若计算截面考虑非预应力钢筋在内，还应在上述净截面中加上非预应力钢筋的换算截面。

7.3.3　在设计结构物时，通常有两种考虑预应力钢筋应力损失的方法：一种是用近似的办法估算的应力损失值；另一种是采用分项计算然后综合的方法。根据我国铁路桥梁的设计经验，宜采用后者。引起预应力钢筋应力损失的因素很多，本条所列 6 项（$\sigma_{L1} \sim \sigma_{L6}$）系设计中需考虑的主要因素，尚有其他一些因素（如钢筋与锚圈口之间的摩擦等）和施工方法、制造工艺等有关，应根据实际情况，分别在设计中或施工过程中加以考虑。

7.3.4

1　由于钢筋与管道壁间的摩擦引起的应力损失。在规范中采用了通用摩擦力计算公式，即 $\sigma_{con}[1-e^{-(\mu\theta+kx)}]$，其中包括曲线段弯道摩擦影响和管道全长位置偏移影响两部分。因此，式中 x 值应为张拉端至计算截面的管道全长，即包括曲线段和直线段在内的管道全部长度，但在实际设计中，构件高度和长度相比总是很小的，所以为简化计算起见，可取其在纵轴上的投影长度代替管道全长。

μ、k 两个系数的取值主要是根据大桥工程局、丰台桥梁工厂以及前西南铁路建设工地指挥部预应力混凝土梁战斗组的部分实测资料(见说明表7.3.4—1),并参照国内外有关规范和文献资料制定的。

说明表7.3.4—1 管道摩擦试验资料

测试单位	梁别	管道形式	测定结果		备注
			μ	k	
预应力梁战斗组	23.8 m串联梁	灌注混凝土后抽出橡胶管	0.567(2束)	0.002 61(1束)	x按管道全长计
大桥工程局	31.7 m后张梁	灌注混凝土后抽出橡胶管	0.42~0.62(96束,576次)	0.001 54~0.002 3(96束,576次)	x按直线段计
丰台桥梁工厂	12 m吊车梁	铁皮套管	0.348(7束)	0.003 288(3束)	x按管道全长计

金属波纹管道的摩擦系数μ、偏差系数k是根据大桥工程局科研所有关科研成果列入的,以供使用金属波纹管道在没有自己的试验资料时采用。

关于钢筋与锚圈口之间摩擦引起的应力损失(指锥形锚),原1985年《桥规》没有作规定,但在编制标准设计时对弗氏锚根据以往的试验按7%σ_{con}计算。对其他锚具一般按制造锚具的工厂提供的数据考虑,但根据最近几次实测,工厂提供的数据偏小,比如京九线某桥24 m后张梁采用OVM锚实测锚口摩阻损失为8.8%σ_{con},远大于厂方提供的2.5%σ_{con},南昆线某桥实测为13%σ_{con},所以本规范建议此值应根据试验确定。

另外采用JM、XM、QM及OVM等夹片式锚,由于锚板孔比管道直径大,钢束与锚板连接处形成一喇叭口,钢筋在此处产生弯折,也产生摩阻损失,JM锚采用2%σ_{con},QM锚建议采用3%σ_{con},京九线某桥实测为2.3%σ_{con},看来这个数相差不大。本规范建议应根据试验确定。

2 由于锚头变形、钢筋回缩和接缝压缩引起的应力损失。不同的张拉体系产生不同的锚头变形和钢筋回缩量,在设计中不能忽视。

在考虑锚具回缩时可计入反向摩阻的影响,过去铁科院在北京通惠河桥摩阻损失测定中,可以很明显地看出垫板压实的应力损失。由于反向摩阻的存在,仅对梁端部分产生影响,跨中则未产生应力损失,但在计算中也发生了一些问题,如松弛损失为0以及简支梁抗裂性能最小值不在跨中等,因此应慎用,故加上"可"字。

近年制定的国标《混凝土结构设计规范》以及《公路钢筋混凝土及预应力混凝土桥涵设计规范》均考虑计入反向摩阻的影响,日本规范给出了考虑反向摩阻的计算原则。建工部门的规范建议的公式,仅适用于圆弧接直线的管道布置情况,《公路钢筋混凝土及预应力混凝土桥涵设汁规范》则未规定具体的计算方法,铁科院课题组通过研究提出适用于有直线及曲线时的计算公式,即本规范附录D所列公式,在按附录D公式计算出的预应力筋应力中包含了由于锚具变形、钢筋回缩等损失在内。锚具变形、钢筋回缩损失的影响范围和程度,与管道长度、弯起位置及弯起角有关。为简化计算,对于对称张拉的小跨度简支梁,跨中截面近似按端部锚具变形、钢筋回缩值的一半进行计算。

3 由于钢筋和张拉台座之间的温度差引起的应力损失。仅当先张法构件用蒸汽或其他方法加热养护时才计算此项损失。其计算公式是假定钢筋与混凝土间无黏结力,钢筋在全长范围内均匀受热,并取钢筋的线膨胀系数$\alpha=1\times10^{-5}/℃$、弹性模量$E_p=$

2×10^5 MPa 而导出的。

为了减少温度差引起的应力损失，也可考虑采用两阶段养护制度。第一阶段用低温养护，并以此温度计算应力损失。待混凝土具有“一定强度”（即混凝土与钢筋间的黏结力足以抗衡温差变形时的混凝土强度）后，再用高温养护，而在设计中可不计算此时的温差应力损失。根据原国家建委的资料，“一定强度”可定为 7.5 MPa～10 MPa。

如张拉台座与构件共同受热时，则不计算应力损失 σ_{L3}；为了减少温差引起的应力损失，宜采用适当的养护措施。

4　由于混凝土弹性压缩引起的应力损失。在后张法结构中，由于各截面的钢筋布置不同，所计算的 $\Delta\sigma_c$ 亦不相同。为简化计算，对于简支梁，可以 1/4 跨度处的截面为准求算沿梁长的平均 $\Delta\sigma_c$；对于连续梁等，可取若干有代表性截面上应力的平均值。在计算 $\Delta\sigma_c$ 时，应认为 σ_{L1} 和 σ_{L2} 已经发生。

对于先张法结构，若其换算截面已包括预应力钢筋，则计算混凝土有效预应力 σ_{cl} 时，就不再计及 σ_{L4}，但在计算钢筋的有效预应力值 σ_{pl} 时，却应考虑混凝土弹性压缩所引起的应力损失。

5　由于钢筋松弛引起的应力损失。影响钢筋松弛的因素有：钢筋成分及其加工方法、初应力大小及其延续时间、预应力构件的施工工艺等。根据国内外试验资料，当初应力小于钢筋极限强度的 50% 时，松弛量甚小，设计中可忽略不计。

在 1975 年《桥规》制订过程中，铁科院曾对我国当时各厂生产的钢丝做了松弛损失的试验，其 1 000 h 的松弛损失率达 8.6% ～13.08%。1973 年大桥局南京桥梁厂对 18 根长 34 m、直径 5 mm 的钢丝束做了同样的松弛损失率测定，其 1 000 h 松弛率方面的性能尚不稳定，故原规定 $\sigma_{s2}=0.05\sigma_y$，当松弛率大于 5% 时，应采取适当措施，而在实际计算时，钢丝、钢绞线的松弛损失率取8%。

近年来，松弛率已列入国标 GB/T 5223 及 GB/T 5224，并开展了严格的质量检验与许可证制度，各钢厂加强了质量控制，松弛性能有所改善。1991 年天津预应力钢丝二厂生产的预应力钢丝，当 $\sigma_i=R_y^j$ 为 0.6、0.7、0.8 时的平均松弛率，见说明表 7.3.4—2。由该表可看出，在 $\sigma_i=R_y^j=0.6\sim0.7$ 范围内，松弛率比以前有一定的改善，特别是 $\sigma_i=R_y^j=0.7$ 的平均松弛率小于 8%，符合国标 GB/T 5223 对普通松弛的要求。

说明表 7.3.4—2　不同初应力下的平均松弛率 *R*（%）

（1991 年 10 月产品，天津预应力钢丝二厂）

σ_i/R_y^j	1 h	10 h	120 h	1 000 h
0.6	0.27	0.72	1.46	2.75
0.7	1.60	3.20	5.38	7.79
0.8	4.08	7.27	10.81	14.45

钢绞线松弛率试验的结果在 $\sigma_j=R_y^j=0.6\sim0.7$ 范围内，平均松弛率也小于 8%，符合国标 GB/T 5224 对普通松弛的要求。

低松弛预应力钢绞线在 $\sigma_i=R_y^j=0.665\sim0.684$ 范围内，1 000 h 的松弛率为 1.714%～1.804%，此试验结果说明其松弛率可满足国标 GB/T 5224 对低松弛的要求。

本规范的松弛率则采用国标 GB/T 5223 及 GB/T 5224 规定的钢丝及钢绞线的松弛

率，由此建立的公式与 GB 50010 取得一致。对低松弛钢绞线，当$\frac{\sigma_{con}}{f_{pk}}=0.7$时，$\zeta=0.025$，当$\frac{\sigma_{con}}{f_{pk}}=0.8$时，$\zeta=0.045$，其中间值内插，结果与 GB/T 5224 一致，个别数如$\frac{\sigma_{con}}{f_{pk}}=0.6$有出入。

但 GB 50010—2002 认为σ_{con}是初始负载，这对先张梁还可以，因先张梁是先张拉预应力筋后浇筑混凝土，但后张梁如用σ_{con}则过于安全，因初始应力应考虑瞬时损失已完成，即σ_{con}应减去摩阻损失、钢筋回缩损失及混凝土弹性压缩损失，也即采用传力锚固时的预应力钢筋的应力为宜。

对预应力混凝土用螺纹钢筋（原采用冷拉Ⅳ级钢筋），国家建筑钢材质量监督检测中心及原上海铁道大学共进行了两种冷拉Ⅳ级钢筋的试验：一种是 40Si2MnV 冷拉Ⅳ级钢筋，直径为 20 mm；另一种是 45Si2MnV 冷拉Ⅳ级钢筋，直径为 12 mm。试验结果说明，当初始应力为 0.9 倍的冷拉应力时，1 000 h 的松弛率仅为 2.25%～3.42%，因此本规范参照国标 GB 50010—2002 规定为：一次张拉时$\sigma_{L5}=0.05\sigma_p$，超张拉时$\sigma_{L5}=0.035\sigma_p$。

6 关于混凝土收缩、徐变引起的应力损失的计算，根据混凝土收缩、徐变的应力应变关系，按内力平衡及钢筋与混凝土的变形协调条件，可以推导出下列公式（见铁科院西南所"混凝土徐变引起的预应力损失及静不定附加力的计算方法"，1984 年）：

$$\sigma_{L6}=\frac{n\varphi_{\infty}\sigma_c+E_p\cdot\varepsilon_{\infty}}{1+(1+k\varphi)n\mu\rho_A} \quad \text{（说明 7.3.4—1）}$$

式中 k——取决于混凝土徐变系数的数值，一般可在 0.5～1.0 之间取值；

其他符号意义见条文。

1985 年《桥规》根据以往设计资料，对上式分母中各变量取其平均值得：

$$\frac{1}{1+(1+k\varphi)n\mu\rho_A}\approx 0.8 \quad \text{（说明 7.3.4—2）}$$

同时，考虑到应力的变化，参照国外资料，将徐变系数按 0.8 折减，形成简化计算公式：

$$\sigma_{L6}=0.8(0.8n\varphi_{\infty}\sigma_c+E_p\varepsilon_{\infty}) \quad \text{（说明 7.3.4—3）}$$

原《规定》（TBJ 106—91）为了考虑混合配筋的影响，采用以下计算公式：

$$\sigma_{L6}=\frac{0.9(n\varphi_{\infty}\sigma_c+E_p\cdot\varepsilon_{\infty})}{1+15\mu\rho_A} \quad \text{（说明 7.3.4—4）}$$

本规范综合了上述两个计算公式，并参照以往设计资料，提出建议公式：

$$\sigma_{L6}=\frac{0.8n_p\varphi_{\infty}\sigma_c+E_p\cdot\varepsilon_{\infty}}{1+\left(1+\frac{\varphi_{\infty}}{2}\right)\mu_n\rho_A} \quad \text{（说明 7.3.4—5）}$$

式中，μ_n为综合了预应力钢筋、非预应力钢筋混凝土的弹模比和配筋率后的系数。

7.3.6 对不允许开裂的构件（包括不允许出现拉应力和允许出现拉应力但不允许开裂的预应力构件），由于此种预应力结构在重复荷载作用下弹性性能较好，在计算混凝土、预应力钢筋及非预应力钢筋应力时，一般可不考虑疲劳的影响。对允许开裂的构件，截面开裂后，由于疲劳的影响，混凝土弹性模量降低，因此计算应力时，钢筋与混凝土弹性模量比取 10,同时计入非预应力钢筋对混凝土收缩徐变约束作用的影响。对后张法结构各项恒载应力的计算,应按本规范第 7.3.1 条规定办理。

7.3.7　关于斜截面主应力的计算方法,1985 年《桥规》和《铁路部分预应力混凝土梁设计及验收规定》TBJ 106—91 略有不同。1985 年《桥规》中计算主应力时对计算荷载乘以抗裂安全系数 K_f,相应的主拉应力的限值取混凝土抗拉极限强度;《铁路部分预应力混凝土梁设计及验收规定》中计算主应力时,直接采用计算荷载,相应的主拉应力限值取 0.85 倍的混凝土抗拉极限强度。本规范的建议公式中引入系数 K_{f1},对于不允许出现拉应力的构件,进行抗裂性检算时 K_{f1} 取抗裂安全系数 K_f,相应的计算结果与 1985 年《桥规》一致;对于允许出现拉应力和允许开裂的构件,K_{f1} 取 1.0,相应计算结果与《铁路部分预应力混凝土梁设计及验收规定》一致,但对主拉应力的限值作了修改,由 $0.85f_{ct}$ 改为 $0.7f_{ct}$(本规范第 7.3.12 条)。

7.3.8　由于在设计时确实存在问题,一般均各自根据自己的试验资料取值。据 20 世纪 70 年代铁科院的试验成果,对预应力钢筋的应力传递长度 l_c 为 $70d$,d 为钢筋直径。90 年代铁四局、专业设计院的科研成果证明,当钢绞线抗拉强度为 1 860 MPa 时仍可采用 $70d$。但由于钢绞线强度不断提高,混凝土强度相对来讲提高不多,并参照国标《混凝土结构设计规范》及《公路钢筋混凝土及预应力混凝土桥涵设计规范》有关条文相应内容,综合考虑:钢绞线 $d=15$ mm,l_c 为 $80d$。

当采用骤然放松预应力钢筋的施工工艺时,l_c 起点应从离构件末端 $0.25l_c$ 处开始计算;一般不应采用此种工艺。骤然放松的工艺增加了应力传递长度,故不宜采用。

7.3.9　关于分段施工的结构,接缝处混凝土抗裂性较差的问题在国内外有关资料和规范中均有反映,但均无系统的统计数据,因此设计中应根据试验确定。当缺乏试验数据时,如何计算抗裂性,1985 年《桥规》的条文说明建议:采用环氧树脂接缝时,抗裂性按 $0.5\gamma f_{ct}$ 计算,同时将抗裂安全系数 K_f 提高到 1.25,或按 f_{ct} 计算,将 f_c 降低到 1.15;采用水泥砂浆接缝时,按 f_{ct} 计算。

7.3.10　1961 年《预应力钢筋混凝土铁路桥梁结构设计暂行规范》规定,受弯构件运营阶段的混凝土压应力不得超过 $0.45R_w$(相当于 $0.56f_c$)。1985 年《桥规》的规定略有降低(约 10%),这是根据多年来设计和施工、运营的经验,并参考国外关于预应力混凝土梁在长期荷载和重复荷载作用下的试验研究资料确定的,本规范仍沿用这项规定。

试验表明,长期荷载的极限值大致与微裂发展中的临界荷载相当,$(0.7\sim0.8)P_u$ 左右。如低于此值,混凝土即不致因荷载的持续作用而渐趋破坏,因此预应力混凝土铁路梁在一般情况下不受长期荷载控制,而主要受重复荷载控制。

混凝土的疲劳性能一般均随加荷次数 N、应力变化幅度 ρ、加荷频率 ω 及混凝土抗压极限强度 f_c 而变化。由于目前国内外疲劳性能试验大多局限于轴心受压棱柱体试件,而预应力混凝土梁方面的试验资料为数尚少,仅能表明预应力混凝土梁在重复荷载作用下处于良好的弹性状态,刚度变化不大,残余挠度则远小于普通钢筋混凝土梁。

至于疲劳强度的容许值 $[\sigma_h^p]$,目前只能参照棱柱体轴心受压的疲劳试验资料,考虑有关因素求得:

$$[\sigma_h^p]=\frac{K_y f_c}{K} \qquad \text{(说明 7.3.10)}$$

式中　K——考虑混凝土的匀质性及其强度随时间增长等因素影响的安全系数,取 1.2;

K_y——混凝土疲劳折减系数(轴心受压疲劳极限强度与静力极限强度之比)。

K_y 值与 N、ρ、ω 及 f_c 等因素有关(说明图 7.3.10—1、说明图 7.3.10—2)。根据国内外大量试验资料统计求得:当 $N=2\times10^6$、$\rho=0.15$、$f_c=21\sim42$ MPa 时,$K_y=0.57\sim0.65$,实际采用平均值 $K_y=\frac{1}{2}\times(0.57+0.65)=0.61$,求得$[\sigma_h^p]=0.5f_c$。

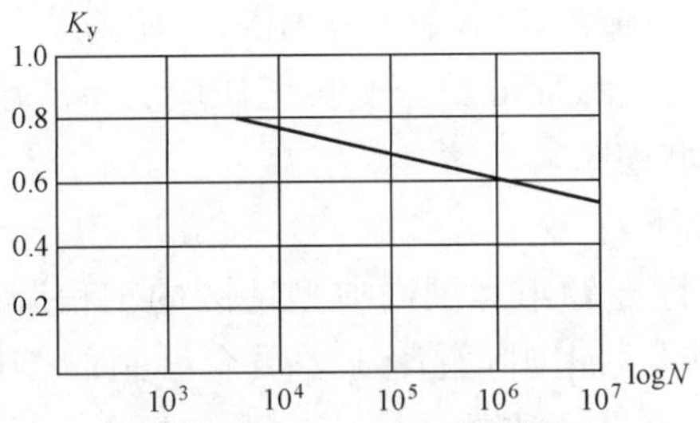

说明图 7.3.10—1 疲劳折减系数和荷载重复次数关系图

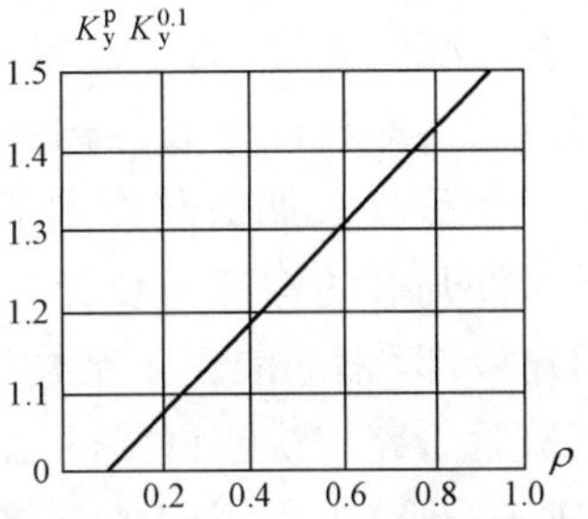

说明图 7.3.10—2 疲劳折减系数和应力变化幅度关系图

按照冶金工业部建筑科学研究院的试验,卵石混凝土的疲劳强度一般比碎石混凝土约低 10%,考虑到铁路预应力混凝土梁主要采用碎石或碎卵石灌注混凝土,所以本规范的规定值系针对碎石混凝土的疲劳强度制定的。

7.3.12 原《铁路部分预应力混凝土梁设计与验收规定》TBJ 106—91 中规定运营阶段设计荷载作用下,混凝土主拉应力不应小于 $0.85f_{ct}$,该取值是按 $f_{ct}/1.2=0.83f_{ct}$ 取整后确定的。系数是按抗裂安全系数 K_f 确定的,但反映在安全度上,则与将 K_f 乘以荷载后的计算结果不同。根据以往设计经验,如果将荷载项乘以 K_f 所得主拉应力等于 f_{ct} 时,相应运营阶段设计荷载下(即不计 K_f)计算得的主拉应力约为 $0.65f_{ct}\sim0.7f_{ct}$。据此,本规范将主拉应力限值由 $0.85f_{ct}$ 降低为 $0.7f_{ct}$。

7.3.13、7.3.14

1985 年《桥规》中对运营阶段设计荷载作用下预应力钢筋的最大应力作了规定,原《铁路部分预应力混凝土梁设计与验收规定》TBJ 106—91 中未限制预应力筋的最大应力,仅限制其应力变化幅,根据对有关预应力筋的疲劳性能试验资料的分析表明,仅限制最大应力或仅限制应力变化幅都不能保证预应力筋不发生疲劳破坏,因此需在限制最大应力的同时也限制其应力变化幅。为此,1998 年铁科院和专业设计院进行了 $f_{pk}=$ 1 860 MPa钢绞线的疲劳性能试验研究。根据历年来中小跨度预应力混凝土梁标准设计的统计资料,疲劳应力下限在 $0.5f_{pk}\sim0.51f_{pk}$ 之间,本次试验疲劳应力下限定为 $\sigma_{min}=$ 950 MPa($0.5107f_{pk}$,),根据试验结果,并取 97.7% 保证率后得到 S-N 曲线表达式为:

$$\lg N=13.84-3.5\lg\Delta\sigma$$

当 $N=2\times10^6$ 时,$\Delta\sigma=143$ MPa,相应的最大应力 $\sigma_{max}=1\,093$ MPa$=0.588f_{pk}$。

根据上述试验结果和以往资料,本规范规定在运营阶段设计荷载作用下,预应力钢筋(钢丝、钢绞线)最大应力 $\sigma_p\leqslant0.6f_{pk}$,钢绞线应力变化幅容许值取 140 MPa,带肋钢筋和钢丝应力变化幅容许值仍按原规定取值。JL800 及 JL930 未做疲劳应力试验,偏安全地采用预应力混凝土用螺纹钢筋的疲劳应力幅 80 MPa。

根据国外研究结果,在开裂截面上,由于存在管道与钢丝、钢绞线之间的擦伤疲劳损伤,疲劳强度会降低。鉴于国内尚无开裂截面的预应力筋疲劳试验资料,无法定量给出折减系数。

7.3.15　本条规定的目的是保证梁体腹板有足够的厚度，以防止斜截面因混凝土受压力过大而产生斜裂缝。1999 年《桥规》采用 $\tau_h=\tau-\tau_y\leqslant 1.06\sqrt{f_{ct}^3}$ 表示，但允许值采用混凝土抗拉强度，易使人感到是受拉破坏，所以国内外规范都用抗压强度来表示，故本规范改为 $\tau_c=\tau-\tau_p\leqslant 0.17f_c$，其数值与 $1.06\sqrt{f_{ct}^3}$ 接近。

7.3.18　有关试验表明，为了保证开裂截面闭合，需施加不小于 1.0 MPa 的压应力。因此，本规范规定，对允许开裂的构件，在恒载作用下，正截面混凝土受拉区压应力不应小于 1.0 MPa，以保证在长期荷载作用下裂缝处于闭合状态。

关于允许开裂的构件的裂缝宽度限值，分析如下：

我国建设部《钢筋混凝土结构设计规范》耐久性专题组对国内典型地区的工程调查，长期暴露试验研究与快速试验的结果得出的结论同欧洲国际混凝土委员会编制的《开裂和变形 CEB 手册》中所规定的裂缝宽度限值基本上是一致的。国内典型地区的工程调查，长期暴露试验与快速试验的结果表明，在建筑工程中带裂缝的钢筋混凝土构件，在裂缝处钢筋的锈蚀情况根据环境条件的不同，构件可归纳为三种不同的类型。

(1)第一类环境条件下构件中的钢筋锈蚀情况

第一类环境条件属于轻度级，即处于一般大气(不含侵蚀性气体)条件下的室内(室内无直接或间接水源)带裂缝的钢筋混凝土构件，其裂缝宽度甚至大到几个毫米，钢筋上面基本上仍不出现锈蚀。桥梁修建在室外，且大都处于有水的地方，湿度较大，不宜按轻度环境考虑。

(2)第二类环境条件下构件中的钢筋锈蚀情况

第二类环境条件属于中等级，即处于一般大气条件下室外的钢筋混凝土构件(包括室外钢筋混凝土的建筑物和构筑物)、室内有水源的钢筋混凝土构件(包括有直接水源或间接水源，间接水源是指由其他地方通向室内的蒸汽等)以及湿度较大、通风不良、使构件裂缝处钢筋可能产生结露的室内钢筋混凝土构件。裂缝处的钢筋上都存在不同程度的锈蚀。

对长期处于室外一般大气条件下，在贵州、济南、武汉、兰州等地存放了 1~3 年的钢筋混凝土试件的破型结果表明：

1)裂缝宽度与钢筋锈蚀之间近似呈直线关系

裂缝宽度愈大，裂缝处钢筋锈蚀长度和面积也相应较大，锈坑深度也较深，近似呈直线关系。在一般情况下，只要裂缝深度达到钢筋所在位置，则不论裂缝宽度大小，钢筋就要锈蚀。

2)环境对钢筋锈蚀程度有比较明显的影响

兰州比较干燥(年平均相对湿度 60% 左右)，裂缝处的钢筋上仅发现黄锈，只能测出锈蚀长度，测不出锈蚀深度。济南湿度中等(年平均相对湿度 70% 左右)，裂缝处的钢筋上可测出锈蚀深度，当裂缝宽度为 0.2 mm 时，2 年的锈蚀深度 $\tau=0.04$ mm，年平均锈蚀深度为 0.02 mm。贵州比较潮湿(年平均相对湿度 80% 左右)，当裂缝宽度为 0.2 mm 时，2 年的锈蚀深度为 0.08 mm，年平均锈蚀深度为 0.04 mm。

3)锈蚀程度与钢材品种有关

在相同钢筋部位的混凝土表面，相同裂缝宽度情况下(由于钢丝的保护层较薄，实际上钢丝表面的裂缝宽度大于钢筋表面的裂缝宽度)。冷拔低碳钢丝比粗钢筋的锈蚀深度要大一倍左右。

螺纹钢筋较圆钢筋锈蚀较为严重。这是因为在构件受力时,螺纹钢筋凸出的肋部产生局部应力集中,肋部混凝土由于受到局部剪力而遭致局部剥离,因而当外界水分浸入时,这些地方易储水,致使钢筋产生锈蚀。

冷拉粗钢筋的锈蚀面积与锈蚀深度均较未冷拉的严重,故本规范不推荐采用冷拉粗钢筋。

国外大多数研究者认为,裂缝宽度不超过 0.2 mm 时,不会产生严重锈蚀。对于钢筋锈蚀的发展问题,得出了如下两点结论:①裂缝处钢筋上的锈蚀速度随时间的增长而减慢;②钢筋的年平均锈蚀深度随裂缝宽度、钢筋直径和环境条件而异,约为0.01~0.02 mm/年。

(3)第三类环境条件下构件中的钢筋锈蚀情况

第三类环境条件属于严重级,即处于沿海大气条件的室内或室外钢筋混凝土构件。所谓"沿海"部位,主要指位于沿海岸边陆上处于海洋大气中的钢筋混凝土建筑物或构筑物。裂缝处钢筋上的锈蚀情况在沿海大气条件下较一般大气环境为严重。因为海水中含有氯化钠,实际上它是一种溶质,主要为氯离子与钠离子的稀电解质溶液。

直接建造在海边的建筑物,由于海水冲击或盐的影响,且受太阳暴晒及干湿循环,促使钢筋锈蚀,并使混凝土胀裂而产生顺筋(纵向)裂缝。而离海较远的建筑物,其室内带裂缝的钢筋混凝土构件上裂缝处钢筋则并未生锈。

钢筋的锈蚀情况主要取决于海洋大气中的氯离子含量及建筑物与海的距离,一般来说要比大气条件下钢筋的锈蚀情况较为严重,因而裂缝的宽度限值应较严。

根据上述情况,并结合铁路桥梁特点,本条给出了上述第二类环境条件下的裂缝宽度容许值,对于第三类环境条件,则不应采用允许开裂的预应力混凝土构件(本规范第7.1.5条)。本条规定较原《铁路部分预应力混凝土梁设计及验收规定》TBJ 106—91 更为严格。

裂缝宽度的计算方法,本规范仍沿用原《铁路部分预应力混凝土梁设计及验收规定》TBJ 106—91 的规定,根据国内外裂缝计算理论和试验研究的新成果,对影响裂缝宽度的主要参数进行了分析研究,提出了以保护层厚度 C_s、配筋影响区的含钢率 μ_e、钢筋的黏结特性(外形与直径)系数 υ 和钢筋应力 σ_s 为主要参数的平均裂缝宽度计算公式,并根据要求的保证率与裂缝宽度变异系数 C_v 确定"特征裂缝宽度"。

7.3.19 计算变形时,截面刚度的计算方法基本上沿用 1985 年《桥规》和《铁路部分预应力混凝土梁设计及验收规定》TBJ 106—91 中的计算公式。《铁路部分预应力混凝土梁设计及验收规定》的计算公式中有一个刚度折减系数 0.85,该系数与预应力度 λ 无关,这样导致当 λ 接近 1 时,其刚度计算结果与原《桥规》公式的计算结果不衔接,为此本规范将折减系数规定为$(1+\lambda)/2$(其中,$\lambda\leq1$)。

7.4.4 传力锚固及存梁阶段混凝土正应力的容许值仍沿用 1999 年《桥规》的规定,其依据是:

(1)关于混凝土容许压应力问题

从国内外的试验资料(说明表 7.4.4)可以看出,在微裂纹的形成和发展过程中,存在着两个明显的界限,从而标志出微裂纹发展过程中的不同阶段。第一界限可以称为微裂纹开始发展的界限(或称为微损下限 R_T^o),它标志着混凝土由弹性变形阶段发展到第二类塑性变形阶段,开始出现非线性徐变,混凝土内部微裂纹开始发展;第二界限可称之为微裂临界荷载(或称微裂名义上限 R_T^v),它标志着内部微裂纹已贯穿成连续性裂纹,并发展到混凝土表面。荷载超过 R_T^v 值,体积即由压缩转变为扩张,裂纹急剧发展直至破坏。各国测试结果虽有出入,但这两个界限值还是接近的。第一个界限一般在(0.3~0.5)f_c 之间,第二个界限则在(0.7~0.8)f_c 以上。必须指出,这些试验都局限于素混凝土试件在短期荷载作用下的微裂纹形成过程,与预应力混凝土梁的实际情况相差很远。很多因素(如配筋、管道布置、养护条件及荷载特性等)都对 R_T^o 和 R_T^v 值产生显著影响,因此说明表7.4.4 所列数据仅能供一般性参考,尚不能作为直接制定容许值的依据。但是,这两个界限值的存在是符合混凝土机理的客观实际的。为了防止出现贯穿于表面的裂纹,以免侵蚀梁的钢丝束,传力锚固时预压应力应低于裂纹临界值一定数值。欧美各国所取值一般在(0.5~0.55)f_c 范围内(亦即 R_T^o 附近),而我国 1961 年《桥规》规定值则接近甚至超过临界值(R_T^v),显然过高。所以适当降低预压应力,对保证梁体纵向抗裂性能和运营质量是必要的。

说明表 7.4.4

作　　者	微裂纹开始发展的界限（或微损下限 R_T^o）	微裂临界荷载（或微裂名义上限 R_T^v）
建筑科学研究院	$0.5P_u$	$(0.7\sim0.8)P_u$
Brandtzaeg		$(0.75\sim0.85)P_u$
Jones	$(0.25\sim0.3)P_u$	
Hognestad		$(0.71\sim0.96)P_u$
Rusch	$0.5P_u$	$0.75P_u$
Sturman, Winter, 等	$0.3P_u$	$(0.7\sim0.9)P_u$
Krishnaswamy	$0.35P_u$	$(0.7\sim0.8)P_u$
ОЯБерг	$(0.45\sim0.5)P_u$	$(0.7\sim0.85)P_u$

注:P_u 为试件极限荷载值。

但预压应力降低不可过多,由于目前尚缺乏充分的生产实践和科学试验根据,同时还可能导致材料的浪费、梁重的增加,甚至还牵连到现有运输装吊设备能力的问题。因此,将预压应力容许值适当降低到 $0.7f'_c$(强度等级小于 C50 的混凝土)或 $0.75f'_c$(强度等级大于或等于 C50 的混凝土),同时采取其他构造上和工艺上的措施以改善梁体的抗裂性,应当说还是比较适宜的。对高强度等级混凝土和低强度等级混凝土取不同数值,主要是因为前者比后者微裂发展的界限较高,如说明图 7.4.4 所示。

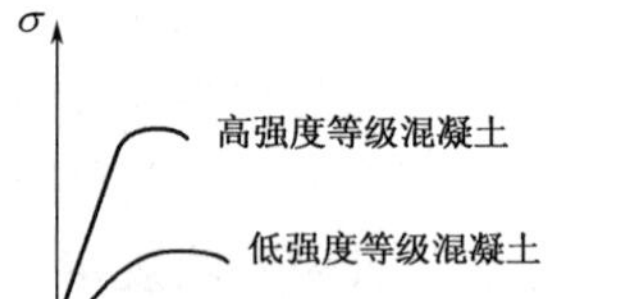

说明图 7.4.4　混凝土的受压应力应变图

(2)关于混凝土容许拉应力问题

根据工厂的长期实践经验,预应力混凝土梁上翼缘挡砟墙均较普遍地存在着竖向裂纹,其严重程度随构造形式、制造工艺和应力状态而不同。目前工厂大都采用二次张拉工艺。第二次张拉往往在存梁台上进行。存梁支点与理论支点间的距离以及存梁时间(数天至数月不等)各厂很不一致,有时超出规定,以至实际拉应力超过 f'_{ct}。特别是泄水槽处,应力集中,裂纹更多。产生这些裂纹的原因,除构造处理和施工措施不当外,主要还是在于混凝土的非匀质性反映在抗拉强度上较抗压强度更为显著。桥面混凝土的振捣质量一般又比梁体差,匀质性也相应降低,所以桥面某些薄弱部分的混凝土实际抗拉强度很可能低于规定值。此外,混凝土的收缩影响也很大,其应变可以达到$(10\sim30)\times10^{-5}$,而极限拉伸应变仅$(10\sim15)\times10^{-5}$,所以混凝土的抗拉变形能力有可能部分的或全部的为收缩变形所取消。因此,为了改善上翼缘的抗裂性能,除在构造上和工艺上采取必要措施外,1985 年《桥规》还将传力锚固阶段的混凝土容许拉应力值适当降低到 $0.7f'_{ct}$。

7.4.5 由于临时超张拉时间非常短暂,故混凝土容许压应力可适当提高到 $0.8f'_c$。

7.4.6 预加应力时,构件如同混凝土(或钢筋混凝土)那样承受轴向预压力并同时承受自重等荷载。由于此时混凝土的强度可能低于其设计强度,若再考虑材料强度的不均匀性(第 7.4.4 条所列传力锚固时混凝土的容许压应力值并未计入这一影响),以及施工荷载的变动等不利因素,构件也有可能在预加应力阶段发生破坏和失稳等情况(在工程实践中也曾发生过这样的事故)。因此,除了从抗裂性的要求出发,检算混凝土的压应力(纵裂)及拉应力外,还应保证构件在预加应力过程中也具有一定的强度安全系数。对于采用悬臂法建造的桥梁,更应注意其在施工阶段的应力和变形状态,以保证构件在各种不利的情况下都具有足够的强度安全系数。

7.4.7 N_P是被看作外力的预应力钢筋所产生的轴向预压力。对于临近破坏时受拉区钢筋中的预压力,若其邻近混凝土的预压应力业已用尽,并且已经开裂,则不但不看作起破坏作用的荷载,而且还可以考虑这部分钢筋和混凝土(或钢筋混凝土)构件共同承受预压力 N_P 等载荷的作用。但对后张法构件,其同时张拉的全部钢筋或分批张拉的最末一批钢筋所产生的预压力,即使位于大偏心受压破坏时的受拉边,也应计在预压力 N_P 之内。因为这时构件受拉边的变形并不引起这些钢筋中应力的变化,仅使张拉设备出现附加的行程,它们完全如同外加荷载一样。

计算预压力 N_P 时,钢筋中的预应力值除应扣掉在张拉过程中发生的预应力损失外,还应考虑临近破坏时由于构件受压区混凝土的变形而引起的钢筋中预应力的减少值 σ_{ps},$\sigma_{ps}\approx f'_p$。

对于后张法构件,同时张拉的全部钢筋或分批张拉的最后一批钢筋,构件变形并不降低这些预应力钢筋的张拉控制应力,故不必计入 σ_L 和 σ_{ps}。对于分批张拉时先张拉的钢筋,则应考虑构件由于后张拉钢筋的压缩以及临近破坏时受压区混凝土的变形而使先张拉钢筋的预应力值减少的影响。因为变形情况比较复杂,且难于准确计算,故采用近似值:

$$f'_p\times\frac{A_p-A_{pm}}{A_p}$$

临近破坏时沿构件长度的变形并不均匀,平均应变可能较小,故限制其值不得大于 300 MPa。若构件截面沿长度方向有变化,还应乘以系数 A_1/A_2,A_1 为较小截面的面积,A_2 为较大截面的面积。

7.4.8

(1)构件在预压力作用下按混凝土构件还是按钢筋混凝土构件检算,应以第 6 章“钢筋混凝土结构”中有关钢筋混凝土构件最小配筋率的规定为准。

(2)1961 年《预应力钢筋混凝土铁路桥梁结构设计暂行规范》规定,安装荷载时的

$K=2$,如预加应力阶段亦按 $K=2$ 计算,则可得出:

$$N_p \leqslant 0.5\varphi f_c' A \qquad \text{(说明 7.4.8)}$$

但 1961 年《预应力钢筋混凝土铁路桥梁结构设计暂行规范》又规定,传力锚固时混凝土的容许应力为 $0.7f_c'$,而在构件上临时超张拉时则可提高到 $0.75f_c'$。因此,较上述强度检算时的容许值大 40%~50%。显然,二者很不协调。可见,在检算预加应力阶段构件强度及稳定性时究竟采用多大的安全系数,1961 年《预应力钢筋混凝土铁路桥梁结构设计暂行规范》是很不明确的。

有些国外规范按极限状态计算时对预压力 N_P 取超载系数 1.1,材料的计算强度也相应地提高 10%。对于轴心受压混凝土构件,就相当于要求按破坏阶段计算的强度安全系数不小于 1.54。

对于钢筋混凝土构件,由于混凝土与钢筋的匀质系数不同,根据极限状态法计算的结果推算相应破坏阶段计算的安全系数值,是随配筋率的大小而变动的,配筋率愈大相应的安全系数值愈小。这就表明,钢筋混凝土构件在预加应力阶段强度安全系数肯定小于 1.54。

根据以上情况,本规范明确规定预加应力阶段构件的强度安全系数取 1.6。

(3)关于预应力混凝土构件在预加应力阶段失稳的问题,许多试验和理论研究都证明,对于先张法构件,布置在混凝土中的预应力钢筋沿全长均能起着侧向支承的作用。因此,就不存在失稳的问题,在任何情况下 φ 值均取为 1。

对于后张法构件,由于构件变形将使预应力钢筋与其管壁间的接触点增加,所以其失稳的可能性也不大。本规范为偏于安全计仍沿用 1961 年《预应力钢筋混凝土铁路桥梁结构设计暂行规定》的规定,没有考虑构件变形可能使接触点增加的有利影响。构件的纵向弯曲系数 φ 则参照第 6 章的有关规定办理。

7.4.9 在预加应力阶段,构件基本上都是承受偏心压力或者偏心压力与横向弯矩的共同作用。

偏压构件的强度计算根据其破坏形态的不同分为受拉破坏和受压破坏,应采用不同的计算公式。受拉破坏(大偏心受压)计算公式的建立是假定破坏时受拉钢筋的应力达到其计算强度,受压区混凝土的应力也能达到其抗压极限强度,并近似取混凝土压应力的计算图形为矩形。在预加压力作用下,构件基本上是看作钢筋混凝土或混凝土的,故近似地取 $x \leqslant 0.55h$ 作为构件截面属于受拉破坏的限界,也就是大、小偏心的分界点。如果预加应力受拉区是以钢筋 A_p' 的抗拉力为主的话,则界限宜减到 $x \leqslant 0.4h$。

对于大偏心受压构件,中性轴的位置可根据截面中各内力对预压力 N_p 的作用点的弯矩之和为零的条件确定,并应根据具体情况计入自重弯矩的影响。

当截面属于受拉破坏时,预应力钢筋 A_p' 产生抗拉力 $f_p A_p'$,但当截面属于受压破坏时,预应力钢筋 A_p' 中的预压力则被视为作用于构件上的荷载 $K(\sigma_{con}-\sigma_L)A_p'$,从极端的情况来看,按条文第 7.4.3 条的规定,$\sigma_{con}-\sigma_L$ 的最大值是 $0.65f_{pk}$,安全系数 $K=1.6$,则荷载与抗拉力之差最大为:

$$1.6 \times 0.65 f_{pk} A_p' - 0.9 f_{pk} A_p' = 0.14 f_{pk} A_p' \qquad \text{(说明 7.4.9)}$$

可见,钢筋 A_p' 若由起抵抗外作用转变为外荷载作用时,二者在数值上仅相差 15%。根据试算比较,当 A_p' 等于 A_p 时,此项 15% 差值对总的构件截面的安全系数影响不过 7% 左右,而实际上 A_p' 总是小于 A_p 甚多,上述影响肯定还会更小。因此在大、小偏心界限附近，钢筋 A_p' 置于本条条文中式(7.4.9—1)或式(7.4.9—2)的右边或左边并不影响计算的最后结果。

关于小偏心受压(受压破坏)构件的计算，详见第7.2.5条的说明。

计算偏心预压构件的强度时，对后张法结构，如预应力钢筋按直线布置在混凝土表面上、明槽内或管道中，而且沿构件长度与混凝土并无联系，则应按条文第7.2.6条的规定考虑在弯矩作用平面内的挠度对轴向力偏心距增大的影响。对于布置在管道中的预应力钢筋，其附加偏心距应不大于圆形管道的半径或矩形管道高度的一半。对先张法构件，不考虑在弯矩作用平面内的挠度对轴向力偏心距增大的影响。偏心预压构件的计算长度，为预应力钢筋两端固定点之间的距离，如在构件长度范围内有固定点时，则为固定点之间的距离，或采用钢筋直线段端点之间的距离。偏心预压构件应检算与弯矩作用面垂直方向的稳定性。

7.4.10 由于运送及安装阶段是短期间的特殊情况，所以在检算预应力混凝土构件的抗裂性及强度时，容许安全系数可分别降低到1.1和1.8。构件自重计算中的冲击系数则系根据以往设计经验，分别采用1.5(运送时)和1.2(安装时)。

7.4.11 在运送及安装阶段，由于支点或吊点位置的不同，应检算其预拉区的拉应力(例如简支梁的上翼缘)和预压区的压应力(例如简支梁的下翼缘)。但因上述两阶段时间较短，故容许限值可适当放宽，本规范分别规定为 $0.8f_{ct}$ 和 $0.8f_c$。

7.5.1、7.5.2

1 我国原铁路桥梁规范要求：预应力管道表面与结构表面之间的保护层厚度，在结构顶面和侧面均不应小于1倍管道直径，并不小于50 mm，在结构底面不应小于60 mm。其管道间净距，当管道直径大于55 mm时，不应小于管道外径。

2 日本设计规范要求(说明图7.5.2)：管道或管道群的垂直方向的保护层厚度要大于40 mm，大于管道或管道群的水平尺寸；当混凝土能够充分捣实，且在预应力张拉时不会使管道受到损伤的情况下，可以使管道接触布置，一般垂直方向最多3根，水平方向最多2根。腹板及腹板与翼缘连接处保护层厚度不小于40 mm，且大于等于管道或管道群的水平尺寸，并大于等于管道或管道群垂直尺寸的1/2。管道间的净距不小于粗骨料最大尺寸的4/3，弯曲管道与管道群间的垂直净距不小于管道直径。

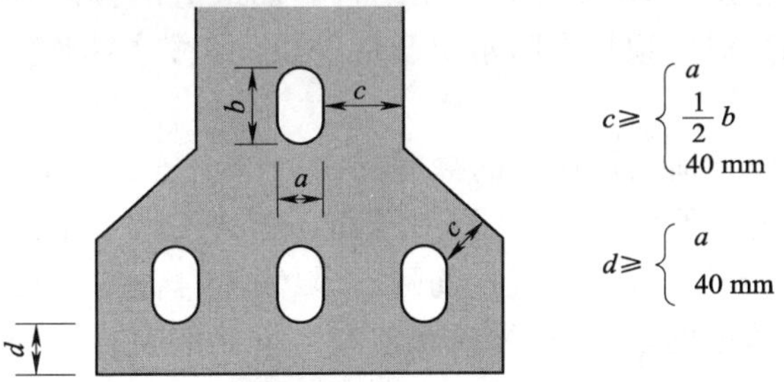

说明图7.5.2　日本最新铁路桥梁设计规范的构造规定示意图

在设计中，对于12-7ϕ5钢绞线而言，日本采用内径75 mm管道成孔，我国根据多年管道摩阻的测试结果，采用内径90 mm管道成孔，所以对于腹板需要更大的构造厚度；日本规范对于预应力管道间横、纵向净距要求较小，更利于预应力构件中钢束的布置和预施应力的发挥。

3　我国《混凝土结构设计规范》GB 50010—2010、《公路钢筋混凝土及预应力混凝土桥涵设计规范》JTG D62—2004 对腹板保护层的规定为：不小于 45 mm，且大于管道直径的 1/2；容许管道竖向接触布置（最多 2 根），管道间净距不小于 0.6 倍管道直径，且不小于 40 mm。

美国规范与我国上述规范的规定类似。

4　欧洲规范的预应力筋构造规定为：混凝土保护层厚度不小于 40 mm，且不小于管道直径；容许管道竖向接触布置（最多 2 根），管道间净距不小于 0.8 倍管道直径，且垂直方向不小于 40 mm，水平方向不小于 50 mm。

7.5.3　关于先张法结构进行强度检算时预应力钢筋锚固长度的取值，1985 年《桥规》中未予规定，以往设计中近似按 $100d$ 计算，该值是针对强度级别为 1 570 MPa 的钢绞线确定的，当采用强度级别为 1 860 MPa 的钢绞线时，根据国标 GB 50010—2002，锚固长度须增大至 $130d$。

7.5.5　1999 年《桥规》对于预应力钢筋的曲线半径的规定不太明确，2005 年《桥规》与《公路桥规》规定一致。

钢丝束、钢绞线束的钢丝直径等于或小于 5 mm 时，不宜小于 4 m，仍等于大于 800 倍直径；钢丝直径大于 5 mm 时，不宜小于6 m，原 $\phi6$ 的 $6\times800=4.8$ m，$\phi7$ 的 $7\times800=5.6$ m，取略大于 800 倍直径。

7.5.8　关于箍筋的直径问题，若以直径小于 8 mm 的非预应力钢筋作为箍筋，则因其刚度较差，必然会给梁体（特别是较高的梁）施工带来很多困难，如形成不了钢筋骨架，在混凝土灌注和振捣时钢筋易变形。另外，有些工厂为了加快施工速度，一般在台座外绑扎钢筋骨架，然后整体吊到制梁台座上去，骨架太软就无法吊装。因此本规范规定非预应力箍筋的直径不应小于 8 mm。

在梁端 500 mm 范围翼缘内，由于锚下应力大且复杂，易形成裂纹，故对翼缘内的封闭式或螺旋形箍筋要求也比较严，原《桥规》规定其间距为 60 mm～80 mm，由于梁端腹板较厚，翼缘较宽，箍筋肢数比跨中增多，在梁底形成钢筋密排，加之此处有支座螺栓、支座钢筋网，锚下钢板后面还有螺旋筋和钢筋网，各种钢筋纵横交错影响混凝土的灌注，故 1999 年《桥规》将此箍筋间距改为 80 mm～100 mm。

7.5.9　从提高耐久性出发，本条规定："距结构表面最近的箍筋等普通钢筋的净保护层厚度不得小于 35 mm。对于顶板有防水层及保护层的最外层钢筋，其净保护层厚度不应小于 30 mm。"

7.5.10　在运营阶段设计荷载作用下的截面受拉边缘设置非预应力纵向钢筋的要求，主要考虑预应力筋的重心离开混凝土边缘有一定的保护层，此部分混凝土变成纯混凝土，而设置了纵向非预应力筋可与箍筋形成钢筋网，可限制来自各方向的变形。另外，根据多年设计经验总结和对实体梁的观测，对纵向非预应力钢筋的直径和间距作出了如条文中的要求。

对允许出现拉应力和允许开裂的预应力混凝土构件，一般均采用混合配筋，即预应力钢筋和非预应力钢筋同时计算，非预应力钢筋的面积根据计算确定，非预应力钢筋的配筋率不宜小于 0.3% 的受拉区面积，该规定是参考了 1987 年加拿大文献制定的。

允许出现拉应力但不允许开裂和允许开裂的预应力混凝土构件一般宜采用混合配筋；对允许开裂的预应力混凝土构件在使用荷载作用下允许出现一定宽度的裂缝，允许出现拉应力但不允许出现裂缝的构件出现的拉应力虽然不超过规定的拉应力限制，但由于许多原因实际上仍有可能出现裂缝，因此要从配筋上采取一定措施来限制裂缝的出现和开展，满足耐久性的要求。

瑞士 H. Bachman 教授认为，设计者应更多地注意非预应力钢筋的具体配置和构造细节，用构造钢筋来控制裂缝，而把计算放在次要地位。国内很多研究报告也指出，在允许出现拉应力和允许开裂的预应力混凝土构件中，非预应力钢筋配置合理能延缓和限制裂缝的发展。此类预应力混凝土构件的预应力钢筋一般采用高强钢筋(钢丝)，它们对腐蚀很敏感。各国规范对此一般都有相应的规定，如日本(Ⅲ类 PC)设计施工指南规定：非预应力钢筋水平处允许裂缝宽度为 0.2 mm，预应力钢筋水平处允许裂缝宽度仅为 0.1 mm。

此外，构件中配置非预应力钢筋还可以提高承载能力，在施工阶段可以限制由于收缩应力和温度应力等引起的变形和裂缝。在地震区，预应力混凝土结构由于配置了非预应力钢筋，其延性和能量吸收能力可以提高。采用混合配筋的允许出现拉应力和允许开裂的预应力混凝土结构，可以降低构件的纵向预压应力，从而避免沿钢丝束方向出现的纵向裂缝，并可减少反拱度，改善结构使用性能。

美国的 Naaman 提出，预应力度 $\lambda<1$ 的预应力混凝土构件的必要和充分条件是用预应力钢筋和非预应力钢筋混合配筋来承受荷载。一些研究报告还指出，无黏结预应力混凝土梁必须配置一定数量的非预应力钢筋。因此，规定预应力混凝土构件宜采用混合配筋，非预应力钢筋宜布置在构件受拉边外侧，以增大预应力钢筋的保护层厚度。一旦出现裂缝，可以由强度较低的非预应力钢筋控制裂缝宽度的扩展，以防止预应力钢筋遭受腐蚀。

非预应力钢筋的配置一般应根据计算确定，也可以根据构造要求选定。非预应力钢筋所需面积 A_s 与预应力度 λ 有关。瑞士 H. Bachman 教授对 100 cm×30 cm 预应力混凝土板承受弯矩为 124 kN·m的研究表明，非预应力钢筋与预应力钢筋的总用量(A_s+A_p)在预应力度 $\lambda=0.6$ 时为最少(说明图 7.5.10)。

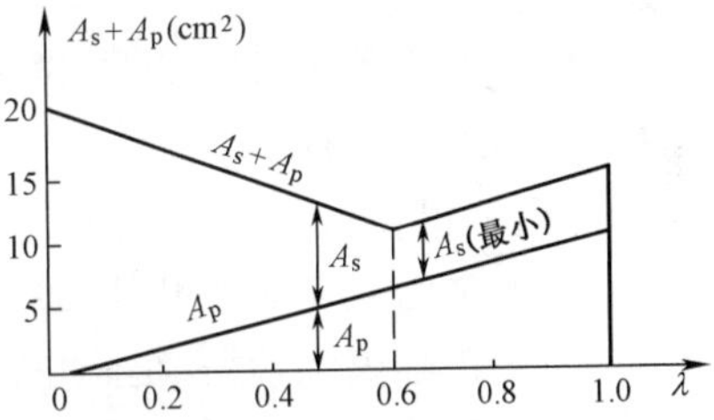

说明图 7.5.10 λ 与(A_s+A_p)关系图

非预应力钢筋的配置应按预应力度 λ 的变化来确定。当预应力度较高时，所需的非预应力钢筋面积较少，非预应力钢筋的应力也较低。因此，非预应力钢筋可选用直径较小的钢筋，其间距可适当放宽，并布置在受拉区下边缘，以起到限制裂缝开展的作用。当预应力度较低时，非预应力钢筋所需面积较多，一般宜选用直径较大的钢筋。当预应力度小于 0.3 时，非预应力钢筋数量超过了预应力钢筋数量，此时构件受力特性与普通钢筋混凝土构件较为接近，因此选择非预应力钢筋的直径与间距时，可按钢筋混凝土构造的规定采用。

7.5.12 关于分块拼装的结构，块件之间的接缝形式，原来推荐采用环氧树脂砂浆接缝和宽度不小于 60 mm 的混凝土或砂浆湿接缝。根据近年来的工程实践经验，当采用环氧树脂砂浆接缝时，如果施工质量控制不严，易产生缝隙，导致钢筋锈蚀；如果采用混凝土湿接缝，则预留接缝宽度不宜小于 300 mm，一般采用 500 mm～600 mm，以保证接缝混凝土的质量。至于砂浆接缝，工程中很少采用。因此，本规范规定：采用混凝土湿接缝时，预留缝隙宽度不小于 300 mm，不再推荐砂浆湿接缝；采用胶接缝时，应保证接缝的密闭性。

根据西南铁路建设采用 23.8 m 预应力混凝土横向分块串联梁的经验，若在施工工艺中采取措施而使相邻块件表面平整，则胶接缝能保证块件密贴结合并防止潮气浸入梁体。

7.5.14　近年来，多片式 T 梁的横向设计均采用桥面湿接连成整体的方案，对比以前 T 梁仅连接横隔板的方案，横向刚度大幅提高，横隔板的作用减小，可适当减少横隔板的数量，节省混凝土用量。本次规范修订对跨度 32 m 梁采用 4 道横隔板方案进行动力仿真计算，多片式 T 梁的横向刚度满足规范要求。本次规范修订将横隔板间距调整为"不宜大于腹板厚度的 60 倍，并不宜大于 12 m"。

试验表明，列车提速后横向作用明显加大，横隔板不再仅仅承受竖向剪力，而且还承受横向力及纵向力。根据既有桥梁加固的实践经验，梁端隔板对 T 梁横向刚度的提高作用最大，试验表明，端隔板厚度在 800 mm～1 000 mm 并采用横向预应力，梁体的振幅和自振频率满足《桥检规》的要求。因此，本次规范修订把端隔板的厚度规定为"不应小于800 mm"。

7.5.16　锯齿板锚固区受力比较复杂，且承受较大的偏心力；预应力钢筋弯折处存在径向力，应防止其引起表面混凝土崩裂。因此，设计时应通过足够的构造钢筋将这些力传至相应的顶、底板或腹板。

7.5.17　在支承处设置横隔板，可以提高梁的横向刚度，横隔板须有足够的宽度，并不得小于支座的纵向宽度，便于支座布置。在连续梁的中间支承处是弯矩和剪力均为最大的截面，因此应力状态十分复杂，计算比较困难，所以必须与结构形式相适应，配置补助钢筋予以加强。此外，在支承处还承受很大的支承反力，由此产生局部拉应力，也必须配置补助钢筋。

7.5.18

1　主要考虑施工人员张拉、拆模以及养护人员检修用。

3　同 T 形梁一样，为了尽量符合原设计的假定条件，必须在梁端设置刚性横隔板，在梁中间适当位置亦可设置横隔板。

5　箱形梁为避免箱内积水，必须设置排水孔。

6　为了箱梁内的检查和维修工作需要，在横隔板上要设置大小可以进人的洞口。

7.5.19　防排水设施细节处理欠妥易造成混凝土桥梁(含支座)的病害。如泄水管水平设置从挡砟墙外伸出 3 cm，常使水流向梁腹板面，影响美观，如水有盐分则破坏梁体。梁端横向铁盖板漏水，水流向梁端及支座上，造成病害。所以本条规定："桥面及梁端应加强防排水设计。泄水管直径不宜小于 150 mm，泄水管宜向下设置，梁外侧桥面板下宜设置通长的滴水槽。防水层与泄水管应密贴，防止在结合处漏水。"

7.5.20　以往对配构件不重视，比如 U 型螺栓被锈断，造成整个人行道支架坠落等，所以本条规定混凝土外露预埋件应进行防腐处理。

7.5.21　支座板的作用主要是固定支座的位置兼有分布应力的作用，其厚度建国以来一直采用 8 mm。近期根据一些桥梁厂的建议改为 12 mm，但据反映预应力混凝土梁仍发生预埋支座板底与混凝土间有空响声，表明二者间不够密贴。有人认为系支座板太薄发生变形所致，建议将预埋支座板再加厚。本规范采纳了此意见，规定："混凝土梁的预埋支座垫板厚度，对板式橡胶支座不宜小于 25 mm，其他支座不宜小于 20 mm。"

8.1.3　铁路桥梁习惯上以跨度大小来选用支座类型。一般钢筋和预应力混凝土梁跨度小于或等于 6 m 的简支梁采用中、高级石棉板，跨度大于或等于 8 m 小于 20 m 的简支梁采用板式橡胶支座，跨度 20 m 及大于 20 m 的，采用盆式橡胶支座，球面、柱面、双曲面钢支座等；简支钢桁梁和钢板梁中，跨度小于 10 m 的都可采用平板支座，跨度在 10 m~24 m 之间的可采用弧形支座，跨度大于 24 m 的应设置摇轴、辊轴、铰轴、盆式、球型支座等。

弧形支座、摇轴支座和辊轴支座由于支座结构和传力方式不合理，致使支座的转动和滑动不灵活，对梁的变形产生约束，易造成支座螺栓被剪断、梁端开裂等病害，维护工作量大，目前在新建铁路中已较少采用。德国 DS 804 标准也规定，线接触摇动支座不再允许作为新支座使用，故此应大力开发面接触的钢支座应用于铁路桥梁中。

普通铁路以往板式橡胶支座用于跨度 20 m 及 20 m 以下的有成熟经验，24 m、32 m 的也有采用，只是在提速铁路限位方面存在一定问题，目前逐渐被盆式橡胶支座替代。由于盆式橡胶支座存在橡胶老化耐久性问题，根据近年来支座的发展，普通铁路桥梁以钢支座（如球型、柱面、双曲面钢支座）取代橡胶支座将是支座发展的必然趋势。

高速铁路常用跨度桥梁支座一开始基本上采用了盆式橡胶支座，通过试验列车检验，使用情况正常，但橡胶支座的使用年限问题成为一个主要的遗留问题。据有关方面的资料介绍，铁路盆式橡胶支座的使用年限为 30 年，而 30 年后在运输繁忙的干线上更换支座将成为技术难题。高速铁路桥梁结构设计年限为 100 年，相应采用的桥梁支座在简单维护的条件下应能满足 100 年的使用年限要求，若均采用橡胶支座，在 100 年设计年限内需要几次大面积更换支座，这对于全封闭、全立交条件下，桥梁数量庞大的高速铁路而言显然是非常困难的。鉴于以上分析，对于高速铁路桥梁来说，对使用年限长、少维护及便于维护的钢支座是非常需要的。

我国高速铁路建设初期，钢支座一般在钢梁桥上和大跨度桥梁上使用。球型支座是钢支座的一种，于 20 世纪 70 年代初在国外发展起来，以使用寿命长、承载力大、转动灵活、可适应桥梁梁端大转角和大位移等优点在高速铁路连续梁桥和其他大跨度梁桥中得到广泛应用。近年来，尤其是规模化批量生产后，常用跨度球型钢支座造价与盆式橡胶支座几无相差，其应用优势远远高于盆式橡胶支座，社会、经济效益明显。

8.1.4 盆式橡胶支座及钢支座的竖向承载力及总位移量系根据 2005 年《桥规》及《铁路桥梁盆式支座》TB/T 2331、《铁路桥梁球型支座》TB/T 3320 中数值作了个别修改确定的。

由于弧形、摇轴及辊轴支座在新支座中已经很少使用，实际工程中如有需要，其计算及构造要求可参照以下规定执行：

（1）铸钢支座应按下列规定计算：

1）活动支座应能自由地纵向移动，其可移动的距离应不小于各种荷载组合作用下所产生的变形。活动支座应考虑由于列车活载（包括动力系数）和温度变化或地震引起的纵向位移后的偏心影响。其理由如下：

活动支座为了使荷载发展后仍能正常工作，因此在计算纵向位移时，活载应按容许应力提高 20% 后或相应的检定载重下的活载计算。对于简支梁，该活载的换算匀布荷载可按三角形影响线顶点位置在跨中处计算；对于连续梁，则应根据每个活动支座可能产生的绝对最大水平位移（包括伸长及缩短）分别计算。

温度变化幅度应根据当地情况确定。

在削边辊轴的活动支座中，布置辊轴时，应考虑活动支座在产生极限水平位移时，各辊轴之间仍能保持不小于 15 mm 的空隙，以便于养护。若设辊轴中心间距为 x，辊轴宽度为 b，辊轴最大转角为 α，则：

$$x=(b+15)/\cos\alpha$$

若活动支座由中心位置(辊轴中心线铅垂时)向两侧的极限位移量各为 $\Delta/2$ 时,则辊轴最大转角为:

$$\alpha=\frac{\Delta/4}{R}\times\frac{180^\circ}{\pi}$$

式中　R——辊轴半径;

Δ——活动支座绝对最大水平位移量。

确定辊轴宽度时,应考虑辊轴的弧长,除能满足移动量的需要外,两侧还应各留有一定的富余量,所以 $b=\frac{\Delta}{2}+C$。式中,C 为辊轴两侧预留富余量之和,一般不小于 50 mm;当辊轴半径较大时,还宜适当放大。

另外,辊轴宽度 b 还应满足 TB 10002.3—2005 第 7.4.4 条规定的宽度和直径的比例关系。

为了使活动支座两侧位移量相等,需定出活动支座下摆中心线与底板中心线相重合的温度 t(以℃计,下同)。

在连续梁中:

若当地最高气温为 $t_{高}$,当地最低气温为 $t_{低}$,计算的活动支座由于活载产生的最大伸长量为 $\Delta_{伸}(+)$,计算的活动支座由于活载产生的最大缩短量为 $\Delta_{缩}(-)$(梁就位后增减的恒载应并入活载中考虑),则:

$$t=\frac{1}{2}\left(\frac{\Delta_{伸}+\Delta_{缩}}{0.000\ 011\ 8L}+t_{高}+t_{低}\right)$$

式中,$\Delta_{伸}$、$\Delta_{缩}$、$t_{高}$、$t_{低}$ 均应计入符号[$t_{高}$、$t_{低}$ 在 0 ℃以上为(+),0 ℃以下为(−)];L 为活动支座的温度跨度,即计算的活动支座至固定支座的间距。

当下摆中心线与底板中心线互相重合的温度 t 确定后,则落梁时下摆与底板的相对位置的偏移量可按下式定出:

偏移量 $\alpha=0.000\ 011\ 8L(t_{落}-t)$

式中　$t_{落}$——落梁时的温度;

其他符号意义同上。

当 α 为正值时,表示偏移量在远离固定支座的一侧;当 α 为负值时,偏移量在靠近固定支座的一侧(偏移量以底板中心线为原点)。

在简支梁中:

由于活载水平位移不可能缩短,因此只需令 $\Delta_{缩}=0$,仍可按上列各式计算。

2)固定支座应能承受按 TB 10002.3—2015 第 8.3.2 条计算的荷载。

3)弧形支座的上座板、底板,摇轴支座的上、下摆均应计算内力,并假定荷载沿支承面积为均匀分布。

4)支座与梁的连接,支座与墩台的连接所用锚栓均应按纵向水平力减去接触面的摩擦力计算。

5)支座用销钉应根据各种荷载组合作用产生的水平力进行计算。

6)弧形支座上、下座板间接触应力应按下式计算:

$$0.423\sqrt{\frac{N}{l}E_s\left(\frac{1}{r_1}\pm\frac{1}{r_2}\right)}\leqslant[\sigma_j] \qquad \text{(说明 8.1.4—1)}$$

式中 N——支座设计竖向反力(MN);

E_s——材料受压弹性模量(MPa),一般可取 2.1×10^5 MPa;

l——接触长度(减去孔)(m);

r_1, r_2——上、下座板的半径(m),当其一为平面时,它的半径即为∞;

$[\sigma_j]$——线接触容许应力(MPa),应按本规范表 8.2.7 采用。

注:上面公式括号内符号,当弧线内切时取负号,当弧线外切时取正号。

式(说明 8.1.4—1)适用于一切须检算线接触应力的支座,包括弧形支座的上、下板间以及含铰的摇轴支座(说明图 8.1.4—1)。

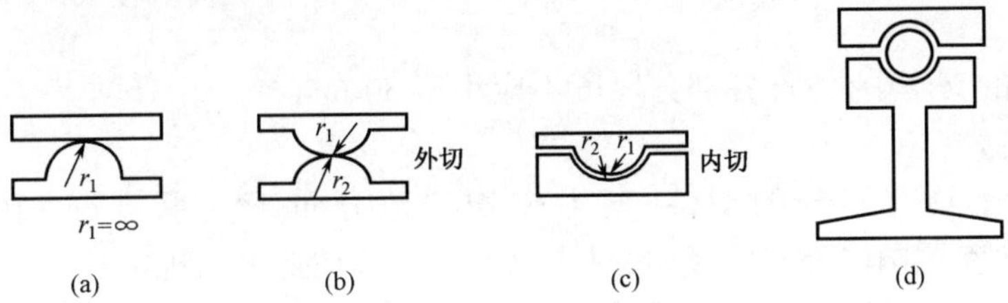

说明图 8.1.4—1

7)辊轴的径向受压应按下式计算(说明图 8.1.4—2):

$$\frac{N}{nl}\leqslant[J_1] \qquad \text{(说明 8.1.4—2)}$$

式中 N——支座设计竖向反力(MN);

n——辊轴数目;

l——辊轴长度(m);

$[J_1]$——径向受压容许应力(MN/m),应按本规范表 8.2.7 采用。

8)摇轴支座柱形铰的挤压应按下式计算:

$$\frac{N}{l}\leqslant[J_2] \qquad \text{(说明 8.1.4—3)}$$

式中 N——支座竖向反力(MN);

l——铰的长度(减去孔)(m);

$[J_2]$——径向受压容许应力(MN/m),应按本规范表 8.2.7 采用。

式(说明 8.1.4—3)适用于摇轴支座的柱形铰即《铁路桥梁钢结构设计规范》TB 10002.2—2005 中铰轴放置在铸钢铰轴颈上的径向受压时,系按接触圆弧中心角为 2×45°考虑,条件不符时可另行确定(说明图 8.1.4—3)。

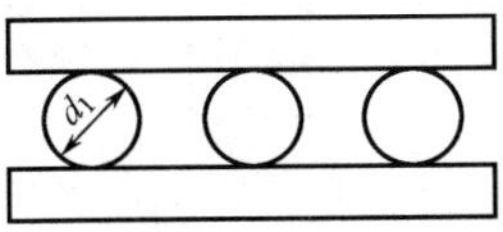

说明图 8.1.4—2

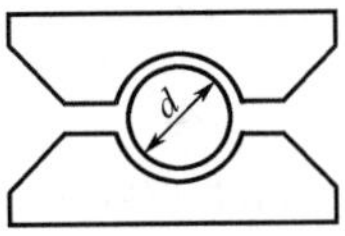

说明图 8.1.4—3

(2)构造要求:

为使荷载反力均匀分布于支承垫石上,支座顺桥方向及横桥方向从铰平面起至支承垫石顶，反力的传布角度均不宜大于 45°，同时活动支座底板厚不宜小于：

平板支座——采用热轧钢板时为 20 mm；

弧形支座——支承中心处为 40 mm；

摇轴支座——40 mm。

活动支座底板下支承面的计算有效尺寸：顺桥方向，弧形及摇轴支座不应大于底板厚度的 4 倍；辊轴支座不应大于两排最边辊轴中距加上板厚的 4 倍；横桥方向，任何支座均不应大于底板顶面压力接触线长度加上板厚的 2 倍。

平板滑动支座顺桥方向长度不得大于底板的厚度的 4 倍加 200 mm。

活动支座削边辊轴的宽度与其直径之比，可采用 0.5。

摇轴的构造当采用顶面为铰或圆柱面支承时，应使上下弧面圆心重合。摇轴的宽高比不宜小于 0.7。

铸钢制成的支座中，铸件各部分厚度不应小于 30 mm。

释义如下：

为了使支座具有充分的刚性，使力较均匀地分布于支承垫石。因此，规范 TB 10002.3—2005 参照国内外实践经验，对支座作了一些构造上的规定。

摇轴支座式样一般有两种，如说明图 8.1.4—4 所示。说明图 8.1.4—4(a)所示的摇轴支座的顶面采用铰或圆柱面支承，因此上下圆弧面转动中心可以重合，这种式样的摇轴支座，水平移动是依靠铰或圆柱的转动及摇轴的滚动来完成，移动的轨迹顺滑，摩阻力小，支座顶面能始终保持在一个高程，但这种支座加工比较复杂。说明图 8.1.4—4(b)所示的支座上摆直接搁置在摇轴上，上下弧面均为与平板自由接触的线支承，因此上下圆弧的半径基本相同，若要求上下圆弧圆心重合，这就相当于单辊轴支承，但又由于希望压缩支座高度，一般将上下圆弧面的圆心错开，致使其转动中心不能重合，这样在水平移动时，依靠摇轴的滚动与滑动相结合来完成，故摩阻力远较说明图 8.1.4—4(a)所示的形式为大。同时还导致支座顶面高程会有微小的变动。由于每滑动一次都需克服摩阻力后才能实现，因此水平移动成为跳跃式的不连续移动，当反力较大时，使用单位反映这种支座有较大的声响发生，这将加快摇轴弧面的磨损而影响其使用寿命。但由于它制造方便，高度较低，因此还被采用在铁路桥上。

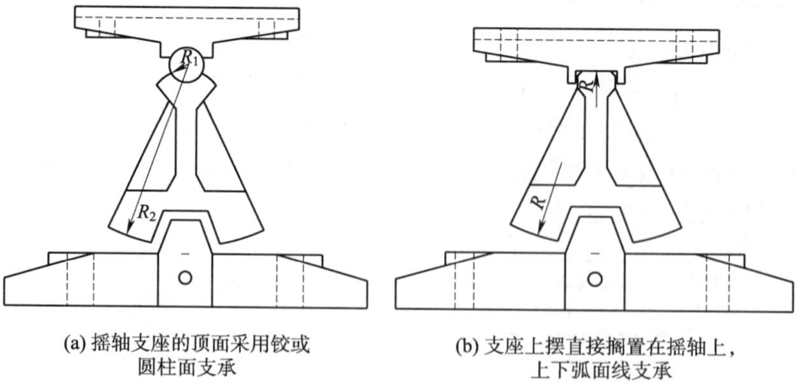

(a) 摇轴支座的顶面采用铰或圆柱面支承　　(b) 支座上摆直接搁置在摇轴上，上下弧面线支承

说明图　8.1.4—4

根据上述两种摇轴支座的优缺点，规范 TB 10002.3—2005 从使用着眼，希望采用工作原理与说明图 8.1.4—4(a)相似的形式，因此提出了摇轴支座上下弧面转动中心应予

重合的规定。

8.1.5 2000年前国内外桥梁上使用的支座类型,已从原来的以钢支座为主转变为以各类橡胶支座为主,一个重要的原因就是橡胶支座不仅弹性好,而且强度和韧性均较高,能满足支座动力和变形等方面的要求,同时价格低廉。由于橡胶支座变形较大,限位性能较差,在国内铁路桥梁中普遍较多地采用了盆式橡胶支座。

对于高速铁路桥梁采用钢支座问题,1976年国际铁路联盟776-2R关于"高速铁路桥梁规程"中指出:高速铁路一般应采用钢支座,橡胶支座只有采取了阻止结构的任意位移可靠措施后才能使用。考虑盆式橡胶支座的使用寿命为30年,而30年后在运输繁忙的客运干线上更换支座将成为技术难题。故此近年来普通铁路和高速铁路桥梁钢支座得到大量采用。

津京城际铁路在杨村大面积软土地段,采用了铁路桥梁调高盆式橡胶支座(TGPG),是针对客运专线桥梁对轨道平顺性要求高、需要方便快捷地实现调高而研发的一种支座。

8.1.7 由于无缝线路的采用,板式橡胶支座可不分固定与活动的规定已不适用,不然钢轨的附加应力太高,固定支座含纵向固定横向活动的支座,活动支座含纵向活动及多向活动支座。采用板式橡胶支座时,也应设置固定支座和活动支座。

在实际工程中有时会出现固定支座不在线路的同一侧,这样会对运营时钢轨线型产生不利影响,与基本规范相一致,本条规定线路同一侧的支座约束条件宜相同。

8.1.8 由于无缝线路的采用,支座设计要考虑无缝线路纵向水平力的作用。纵向力的计算要符合《铁路无缝线路设计规范》TB 10015—2012。

8.2.7 本条沿用2005年规范规定,补充了35号钢、45号钢、40Cr的弯曲应力。

(1)热轧钢材基本容许应力对屈服强度的安全系数,各钢号基本上都采用1.7左右。容许剪应力以基本容许应力的$1/\sqrt{3}\approx0.6$倍为准。弯曲容许应力根据习惯定为基本容许应力的1.05倍。

(2)铸钢由于未经热轧,均匀性较差,缺陷较多,所以弯曲容许应力对屈服点采用了较高的安全系数1.85。

(3)辊轴自由接触的容许应力沿用原标准。

(4)铸钢的容许弯曲应力、剪应力及销与销间承压应力这几项容许应力,是参考1959年《桥规》及其他国家规范对钢销容许应力的规定及其相应的计算假定确定的。

35号锻钢屈服强度随尺寸大小而异,本规范系以尺寸为100 mm~300 mm、屈服强度为260 MPa者为准,弯曲应力和剪应力考虑钢材的匀质系数,所以规定了较1959年《桥规》略偏小的值。销与销孔间的承压应力,1959年《桥规》未作规定,1985年《桥规》为了在永久性结构中希望减轻钢销的磨损,因此采用了偏低的容许应力值,本规范仍沿用。

(5)放置在铸钢摇轴颈上铰轴的径向受压容许应力,也是参照1959年《桥规》确定的。

8.2.8

(1)为确保板式橡胶支座能承受长期的反复荷载作用,在确定支座平面尺寸时,其平均压应力不应超过8 MPa~12 MPa。通过抗压破坏试验表明,板式橡胶支座的平均强度的安全系数为8以上,可见这类支座的安全储备相当大。

(2)从试验得知,板式橡胶支座的受压弹性模量E与支座受压面积对其自由膨胀面积之比(即形状系数 S)有密切关系。表 8.2.8—1 中的 E 值是由板式橡胶支座的中心受压试验绘制出应力—应变($\sigma-\varepsilon$)曲线,再根据 $\sigma-\varepsilon$ 曲线中的直线段求得。试件的平面尺寸最小为 150 mm×200 mm,最大为 350 mm×770 mm。支座总厚度为 14 mm~105 mm,中间橡胶层厚度为 5 mm~11 mm。共进行了 160 块支座中心受压试验。

此外,橡胶硬度对其受压弹性模量也有影响,表 8.2.8—1 中的 E 值系在橡胶硬度为 HS60 时的数值,当为其他硬度时,尚应乘以影响系数 β_1。

(3)根据 41 组 82 块硬度为邵氏 HS60 的板式橡胶支座的剪切试验结果,得出支座受剪弹性模量 G 的平均值为 1.088 MPa,所以采用 $G=1.1$ MPa。此外,试验表明水平力 H 的作用方向(即顺桥向或横桥向)对橡胶支座的受剪弹性模量没有影响。同一支座在不同的正应力作用下,实测的受剪弹性模量 G 大致相同。国外的试验结果也认为,受剪弹性模量与正应力大小关系不大。当为其他硬度时,G 值尚应乘以影响系数 β_2。

试验证明橡胶支座的受剪弹性模量与加载速度有关,随加载速度的快慢,支座所产生的剪切变形各异。铁路桥梁承受比较大的水平制动力,由机车制动力所引起的橡胶支座的剪切变形发生于极短暂的一瞬间。为此,进行了快速加载对剪切变形影响的试验研究,以弄清使用快速瞬时加载法测定的支座受剪弹性模量与使用常规试验方法所测得的模量之间的关系。试验采用了两种方法:快速加载法与变速加载法。根据这两种方法的试验结果表明,快速加载法对橡胶支座受剪弹性模量的影响系数 $\zeta=1.5$。两种方法的实测结果基本上一致。这一数值与 UIC 规范的 $G_s\approx 2G$(即相当于 $\zeta=20$)相比是偏低的。在由于温度变化、梁体混凝土收缩与徐变引起的支座剪切变形计算中,G 值即可采用1.1 MPa,在计算由制动力所产生的支座剪切变形时,G 值则应乘以快速加载影响系数 1.5。

8.2.9 本条参照《铁路桥梁盆式支座》及《铁路桥梁球型支座》的规定制定。

30 MPa 的使用应力是目前欧洲国家普通采用的。我国支座加工质量提高很快,橡胶硫化技术日趋成熟,设计容许应力由25 MPa 提高到 30 MPa,可以保证橡胶性能质量可靠。1997 年铁科院承接高速铁路桥梁盆式橡胶支座的科研任务,支座承压橡胶板的容许应力已使用 30 MPa,设计完成了京沪高速铁路 JHPZ 系列盆式橡胶支座。铁四院设计的 CKPZ 支座的橡胶使用应力已达到了 33 MPa~35 MPa,远高于 30 MPa,部经规院和科技司在审查设计图和科研成果时均通过。CKPZ 支座已在武广、广深港客运专线等工程中应用。

8.3.1 活动支座的相对移动部件之间,要它完全不产生摩阻力是很困难的。因此,活动支座必然会承受一部分纵向水平力。

活动支座传递纵向水平力的大小与支座的摩擦系数和支承反力的大小有关,规范规定的各种活动支座的摩擦系数表示活动支座在使用过程中有可能出现的情况,并不是一个一定会出现的情况。但为安全计,因此对固定支座仍规定按承受全部纵向水平力考虑。

采用平板支座及弧形支座的活动支座,其摩擦系数较大,有可能全部纵向水平力小于活动支座的摩阻力。此时,固定支座有可能受到活动端摩阻力大小相同的纵向水平力。因此,规定固定支座需承受全部纵向水平力,并不得小于活动端的支座摩阻力。

活动支座能传递纵向水平力是由于摩阻力的存在,因此它所能传递的纵向水平力当然不应大于摩阻力,所以规范规定活动支座纵向水平力按该支座的最大摩阻力取用。活动支座的摩擦系数,采用弧形支座时为 0.1~0.2,辊轴(摇轴)支座为 0.05。

8.3.3 板式橡胶支座应满足 4 个要求：

(1)根据橡胶支座的抗压允许应力值 8 MPa～12 MPa 确定橡胶支座平面尺寸。并且，为保证橡胶支座与梁体和支承垫石之间在运营使用过程中不产生任何滑移，规定支座的最小压应力 $\sigma_{min} \geqslant 2$ MPa。

(2)限制橡胶支座厚度，以保证支座的稳定。

(3)限制支座的转角保证支座不脱空。

桥梁在外荷载作用下产生弯曲，支座必须能适应梁体因弯曲而产生的梁端转动。板式橡胶支座在梁体端部可能出现的最大转角情况下，能否满足设计要求的必要条件是：转动后支座最外边缘不得产生局部“脱空”现象。板式橡胶支座最大容许转角的计算公式是根据对支座转角与其边缘的竖向变形间关系的试验研究基础上提出的。一般在计算橡胶支座转角时，往往将支座假设成理想的弹性体，认为由于转动，支座“脱空”的临界状态是：其竖向回弹变形值必等于支座受压时所产生的总压缩量。换言之，如果竖向回弹变形值大于其总压缩量，支座边缘必将出现“脱空”现象。但从支座转动试验结果看来并非如此，边缘竖向回弹值与支座总压缩量之比都超出上述假设。这一现象可用橡胶支座转动变形特性来解释。当支座转动时，其一侧的橡胶被压缩，而另一侧则逐渐抬起。随转角的增加，支座各层间的橡胶将从压力大的区域逐渐向压力小的地方转移。如盆式橡胶支座内的橡胶，承受偏压后，在密闭盆内从压力高处被挤向压力低处。只不过板式橡胶支座中间橡胶片的这种转移因受其上下加劲钢板的约束影响，只能进行转移到一定程度。

如将上述转角公式改写成 $\tan\alpha = \frac{2\delta}{\alpha/2}$ 与 UIC 的转角公式改写成 $\tan\alpha = \frac{3\delta}{\alpha/2}$ 后，两者在表达形式上完全一致，只是橡胶支座转动特性系数取值不同，上述公式取 2，而 UIC 规范则相当于取 3。

(4)根据橡胶支座的允许剪切角来确定支座的高度。

1999 年《桥规》规定，橡胶板允许平均压应力为 8 MPa，安全系数为 7.5～8.75，允许值偏小。铁路桥梁橡胶支座始用于 1969 年，当时橡胶板的质量不尽人意，30 多年来生产厂家不断改进，质量大有提高，质量得到保证，给适当提高容许值创造了条件。

板式橡胶支座的布置，原则上要求横向尺寸要大，以限制横向移动；纵向尺寸要小，便于纵向转动灵活。以往常发生这样的情况：L 为 16 m～20 m 的梁因荷载较大，要求支座面积很大，但受梁底宽的限制，无法布置，因此有提高容许值的要求。

1985 年《公路桥规》橡胶支座容许平均压应力：当 $S>8$ 时为 10 MPa。所以全国生产桥梁板式支座的厂家都按 10 MPa 考虑，在制造工艺上无问题。

轻轨板式橡胶支座在设计时，也以 10 MPa 考虑，2004 年《公路桥规》JTG D62—2004 规定板式橡胶支座平均压应力限值定为 10 MPa(不再分 S 值大小来决定允许值)。说明也在适当提高容许值。在国外，联邦德国、法国取 $[\sigma]=15$ MPa，日本：当 $S\leqslant 8$ 时，$[\sigma]=8$ MPa；当 $S>8$ 时，$[\sigma]=1.0S\leqslant 12$ MPa，这是根据在高温环境下进行的 200 万次疲劳试验确认了耐久性而规定的。

2005 年版规范规定 $[\sigma_m]=8$ MPa～10 MPa，其值根据材料性能及 S 值大小确定。本规范考虑材料稳定质量不断提高，采用和国内同行业一致标准，取 10 MPa。

8.3.4 盆式橡胶支座是由钢盆、承压橡胶板及聚四氟乙烯滑板等组合而成的一种新型桥梁支座,它是由密闭于钢盆内的橡胶板传递支座反力并承受梁端转角,由聚四氟乙烯滑板同不锈钢板的平面滑动来满足梁端位移的需要。

各项设计参数经铁道科学研究院试验,并通过原铁道部科技局技术鉴定。

钢盆中橡胶的抗压容许应力为 30 MPa,其抗压安全系数在 4 以上,聚四氟乙烯滑板的材料应采用新鲜纯料,原料颗粒度小于 30 μm,并应满足现行相应国家及行业标准的规定。聚四氟乙烯滑板的抗压容许应力是综合考虑摩擦系数及线磨耗率而确定的。在 24 MPa应力下实测初始静摩擦系数约为 0. 03,设计值取为 0. 05,此时的线磨耗率为 0. 14 mm/km。对摩件不锈钢滑板的表面粗糙度采用 R_a6. 3,设计者应根据桥梁支座实际的位移情况,检算在使用年限中聚四氟乙烯板的磨耗情况。对于某些支座位移较大的桥梁,可考虑采用耐磨耗性能较佳的填充聚四氟乙烯滑板,其配方以“15% 玻璃纤维+5% 石墨+80% 聚四氟乙烯”为佳。此时支座的使用应力应接近 36 MPa(填充四氟的抗压容许应力),设计摩擦系数为 0. 075,线磨耗率按 0. 06 mm/km 计算。

钢盆盆环应力由拉密公式计算,设计时取与橡胶等厚的钢环计算最大环向拉应力,这是偏于安全的。因为实际结构上钢盆盆底对盆环有约束作用,同时,经过有限元应力分析,由于钢盆盆底的变形会对盆环产生一定的预压应力,有利于减小盆环的拉应力。设计时不考虑上述有利因素,直接按拉密公式计算最大环向拉应力,确定盆环壁厚。

钢盆盆环最大环向拉应力为:

$$\sigma_0=\frac{\dfrac{R^2}{r^2}+1}{\dfrac{R^2}{r^2}-1}\cdot q_0 \qquad \text{(说明 8. 3. 4—1)}$$

式中　R——钢盆外径(m);

r——钢盆内径(m);

q_0——盆环径向压应力,$q_0=q\cdot\dfrac{h}{H}$;

q——橡胶支座平均压应力;

h,H——橡胶板高度和钢盆盆环高度。

固定支座承受水平力时,应检算上支座盆凸与下支座钢盆盆环的接触应力,该接触应力可用两个圆环接触的赫兹公式计算。

$$\sigma=0.59\sqrt{P\cdot E_s\cdot\frac{d_1-d_2}{d_1\cdot d_2}} \qquad \text{(说明 8. 3. 4—2)}$$

式中　P——单位盆凸高度上作用的水平力,$P=\dfrac{F_h}{h}$;

F_h——支座承受的水平力;

h——上支座盆凸厚度;

E_s——钢的弹性模量;

d_1——下支座盆环内径;

d_2——上支座盆凸外径。

盆塞凸缘厚度是参考欧标及 AASHTO 规范制定的。

8.3.5　球面计算要求$\frac{R}{d}\geqslant 1.0$，一般$\frac{R}{d}=1.5\sim 2.8$。平面滑板尺寸较大时，参考EN 1337-2的规定进行分块镶嵌。EN 1337-2 规定给出了平面及曲面滑板的分块方法。

1　平面滑板形状可以是圆形或矩形，当滑板尺寸较大时可按说明图 8.3.5—1 进行分块，但最多分成 4 个部分。

2　柱面支座曲面滑板应为矩形，当滑板尺寸较大时可按说明图 8.3.5—2 进行分块，但最多分成 2 个部分。

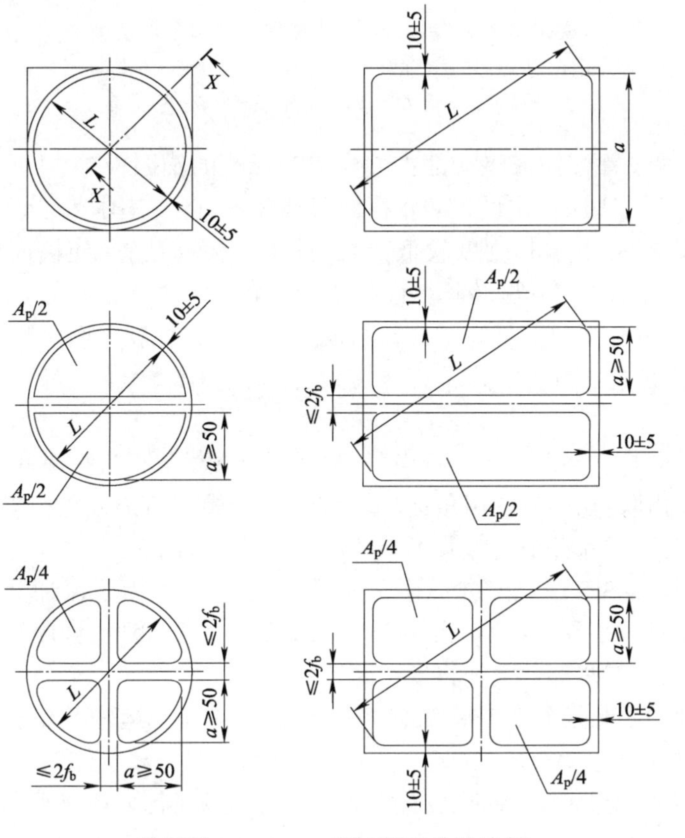

说明图 8.3.5—1　平面滑板分块示例

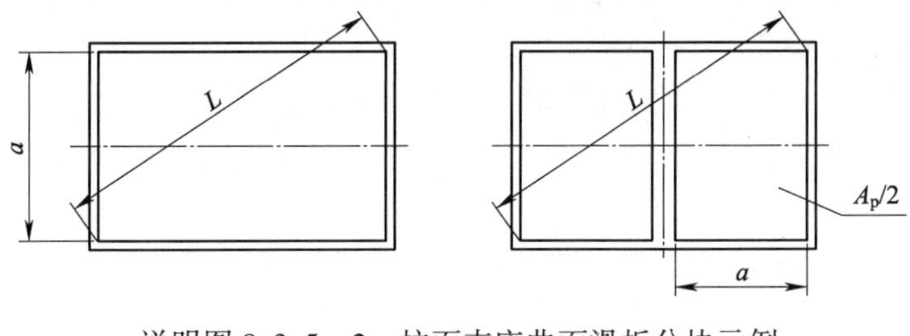

说明图 8.3.5—2　柱面支座曲面滑板分块示例

3　球型支座曲面滑板应为圆形，当滑板尺寸较大时可按说明图 8.3.5—3 进行分块。

8.3.6　对于受拔力锚栓的锚固，要求握住锚栓的混凝土块的重量应为锚栓上拔力的 1.5 倍，使之具有相当的安全储备，同时握裹强度也应按此考虑。试验表明：锚栓随着埋置深度的增加，应力递减很快，故埋得过深意义不大，为了增加握裹力，一般对锚栓

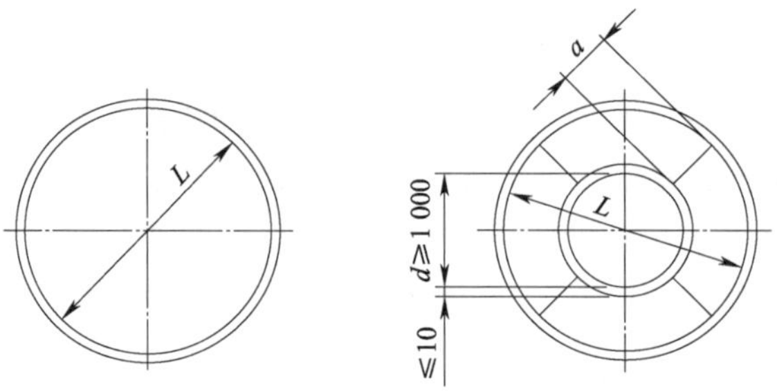

说明图 8.3.5—3　球型支座曲面滑板分块示例

注:图中尺寸均以毫米计,中心圆盘直径不小于 1 000 mm,
外环的宽度 a 应不小于 50 mm,外环应分成相等的部分

下端采取措施,如设置弯钩或将端部扩大成螺头形式的锚固板等。

8.4.1　为运营安全,支座都须设置防止横向移动装置(除支座本身已设防滑杆等者外),特别是板式橡胶支座,由于其刚度较低,更需设置防横移装置,使横向移动量在规定的 2 mm内。比如设置挡块,在梁外侧用角钢(或废钢轨)做成三角架或立柱,在梁内侧设框架顶住两片梁;在两片梁桥面板缝隙处塞木板以及在板式橡胶支座两侧设限位条等。

8.4.2　地震区支座应根据《铁路工程抗震设计规范》GB 50111 设防,设计防止落梁的措施。

比如两片梁端打孔穿以钢棒进行横联,利用原有端横隔板进行纵联;在梁端桥面板顶预埋铁件架设后横联;在梁外侧用角钢(或废钢轨)形成三角架或立柱支撑梁体或用钢板将两片梁纵向连接,以保证地震时梁不会掉落。

8.4.3　本条参考 AASHTO 规范进行补充,限制底板厚度是为了保证盆式橡胶支座底板具有足够的刚度以减小承压不均匀的影响。假如底板严重变形,橡胶承压板就不足以填满盆内空间,因而在某些部件之间将发生硬接触。

上座板厚度的限制是参考 EN 1337-5 确定,目的是保证运输及安装过程中必要的刚度,同时保证滑板的受力均匀。

8.4.4　为保证支座受剪时的稳定,支座高度应有一定限制,本规范沿用 2005 年规定,支座总高 $h \leqslant 0.2a$(a 为支座短边长度),也即 $a \geqslant 5h$。以往钢筋混凝土梁跨度从 4 m 开始,最小边长 a 曾用150 mm,1991 年以后不再制造普通钢筋混凝土梁,预应力混凝土梁跨度由 8 m 开始,最小边长 a 为 200 mm。

9.1.1　由于顶桥多采用闭合的变截面框架结构,这种埋于土中的整体结构,局部发生问题即影响整体,且不容易修复,因此混凝土应具有较高抗裂性和抗渗性,故宜采用强度等级不低于 C35。

9.1.2　顶进桥涵的设计荷载除按《铁路桥涵设计规范》TB 10002 的规定外,还有下列几个特点:

(1)活载——对框架式的立交桥,其活载应包括列车活载、公路车辆活载及行人荷载。

(2)顶力——顶力系顶进桥涵的施工荷载,也是设计后背的依据。

9.1.3　本条主要说明对于较长的框架式立交桥,为了施工的安全与方便,宜分段预制,以便采用顶拉法时减小后背。近年来,由于顶进框架式立交桥的轴长越来越长,为节约工程造价,便于施工,简化后背,节省顶柱,应优先考虑顶拉法施工,但必须注意接缝的处理,要求接缝密不渗水。

9.2.1 框架式立交桥结构的计算一般来说比较复杂,鉴于目前有一些问题研究得还不充分,计算手段还不完备,因此在目前条件下框架式立交桥结构的设计一般多按平面变形问题进行计算。在正交情况下,这样计算一般可以满足设计需要。在斜交情况下,结构受力变形与正交情况差异较大,例如:钝角侧与锐角侧的弯矩不同,顶板最大弯矩不在跨中而偏向钝角侧等,故斜交桥的计算应考虑斜交影响。

关于活载的分布宽度,由轨枕底两端向下分布。

9.2.2 顶进桥涵的顶力应根据顶进长度、土的性质、地下水情况、桥涵外形及施工方法等因素确定。

顶力计算是修筑后背及配备顶镐的重要依据,而后背又是进行顶进桥涵的重要基地,但当顶进桥涵完成后就要废弃,因此顶力计算应力求准确。后背的设计力求简易而坚固,往往后背的修筑是造成采用顶进法施工造价高的主要因素之一。

在顶进桥涵时,必须克服各方面的摩阻力以及端刃角切土阻力。这些摩擦力和阻力的总和就是顶力,其计算图式如说明图 9.2.2 所示。图中,P_{V1} 为线路加固设备与顶桥顶之摩阻力;P_{V2} 为顶桥底板与基底土之摩阻力;P_H 为两侧土与边墙间之摩阻力。

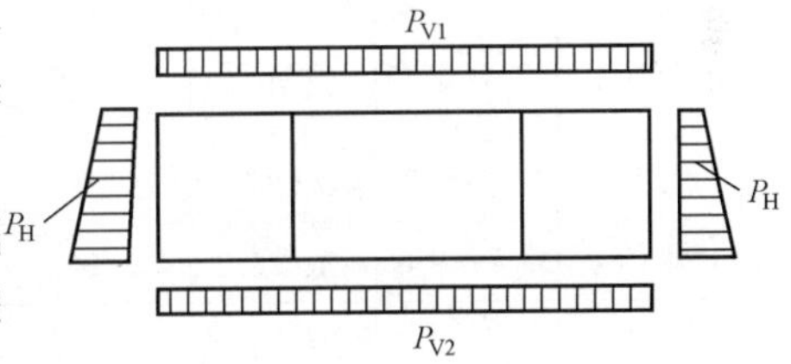

说明图 9.2.2 顶力计算图式

摩阻系数并不单纯反映桥涵在顶入过程中与土体表面的摩擦情况,而是一个综合值。

在顶进过程中,如土与混凝土表面的附着力大于土内部的抗剪强度时,土受剪而破坏,对于覆土较薄的情况,容易出现顶面土随同桥身顶进而移动的现象。此外,桥涵在顶进过程中并非直线运动,由此产生的分力也增加了阻力。

实践表明,在决定顶力值的诸因素中,顶桥自重是主要因素,因此顶力公式可简化为:

$$P=\mu \cdot N \qquad (说明 9.2.2)$$

式中 μ——综合摩阻系数;

N——顶桥自重(包括线路加固重及附属设备重)。

根据各地顶桥的实测资料统计,综合摩阻系数 μ 在 0.8~1.8 之间,其中 60% 在 1.2~1.5 之间,见说明表 9.2.2。

说明表 9.2.2 顶桥实测统计表

顶桥名称 \ 项目		顶桥宽(m)×高(m)	土质	枕木底下石砟及土厚(cm)	设计顶力(kN)	配置千斤顶(台/kN)	实测顶力(kN)		顶桥自重(kN)	摩擦系数	
							起动	最大		起动	最大
南路口	东边箱	5.8×4.16	黏塑砂黏土	90	10 640	12/2 000	5 420	6 410	4 440	1.22	1.44
	西边箱	5.8×4.16	黏塑砂黏土	90	10 640	12/2 000	5 420	6 410	4 440	1.22	1.44
	东大箱	8×5.95	黏塑砂黏土	90	24 800	4/2 000 10/3 000	8 885	17 266	8 260	1.08	2.09
	西大箱	8×5.95	黏塑砂黏土	90	24 800	10/3 000	8 550	14 000	8 260	1.04	1.69
	中箱	5×4.36	黏塑砂黏土	250	10 800	7/3 000	2 470	7 890	1 940	1.27	4.06

续上表

项目 顶桥名称	顶桥宽(m)×高(m)	土　　质	枕木底下石砟及土厚(cm)	设计顶力(kN)	配置千斤顶(台/kN)	实测顶力(kN)		顶桥自重(kN)	摩擦系数	
						起动	最大		起动	最大
曹庄	12×6	黏塑砂黏土	24	10 800		9 793	6 340	8 230	1. 19	0. 771
新开路	21. 6×5. 8	黏塑砂黏土	24	21 000		13 390	17 443	14 000	0. 96	1. 25
414	12×6	黏塑砂黏土	45	21 000		13 160	15 130	19 000	0. 69	0. 80
塘沽 南侧	21. 6×5. 8	黏塑砂黏土	30	26 000	7/3 000 14/2 000	13 160	15 130	19 000	0. 69	0. 80
塘沽 北侧	21. 6×5. 8	黏塑砂黏土	50	22 000	6/3 000 15/2 000	15 820	15 110	18 000	0. 88	0. 84
京周 1	17×6. 6	砂夹卵石	35	30 000	22/2 000	9 940	23 910	18 700	0. 53	1. 28
京周 2	17×6. 6	砂夹卵石	35	30 000	22/2 000	9 120	25 140	18 700	0. 49	1. 34
京周 3	17×6. 6	砂夹卵石	35	30 000	20/2 000 2/3 000	8 184	26 400	15 150	0. 54	1. 74
石家庄	27. 4×6. 75	砂黏土	30	100 000	18/5 000 4/3 000	37 440	43 000	52 000	0. 72	0. 83
保定	27. 4×6. 75	黏塑砂黏土	30			14 000	23 200	19 180	0. 73	1. 22
广渠门	35. 75×0. 65	黏塑砂黏土	35	27 800	30/2 000	20 910	32 600	25 000	0. 83	1. 31
西大望		黏塑砂黏土	35	65 000	44/2 000	32 150	48 700			

9. 2. 3　顶桥应按最大顶力进行下列检算：

（1）顶进部位的局部压力。为避免结构局部受压过大而损坏，需对千斤顶的施力点进行局部承压应力的检算。过去采用过的千斤顶多为 2 000 kN、3 000 kN、5 000 kN，相应的压应力为 48. 3 MPa（顶端直径为 230 mm）、61 MPa（顶端直径为 280 mm）、70 MPa（顶端直径为 300 mm）。为满足一般局部承压的要求，通常的做法是在钢筋混凝土顶桥底板施力点处（即千斤顶的顶块与顶桥底接触处）布置一块厚度为 15 mm～20 mm 的钢板，使顶力均匀地分布在顶桥底板上。

（2）中柱及侧墙根部剪应力。因顶桥施力点多布置在底板处，在顶进过程中顶力将通过底板、中柱、侧墙、中平台传至路基，这时中柱及侧墙根部所承受的剪应力最大，应检算结构的强度和稳定性。

（3）顶进就位地基承载力。顶桥多为静不定结构，当地基承载力不足时，可能引起不均匀下沉而产生附加应力，因此必须探明地质确定地基的承载力。

（4）当斜桥正顶时还应检算抗扭问题。

9. 2. 4　因为顶进桥涵多在稳定和多年压实的旧路基中进行，为近似计算，其竖向压力可按土柱重计算。

9. 3. 1　顶桥多采用钢筋混凝土箱形框架结构，一次灌注的混凝土量较大，一般底板与中柱、边墙分两阶段施工。混凝土的收缩应力较大，据调查已建成的顶桥结构大部分发生程度不同的中柱、边墙裂缝。而此裂缝绝大部分是在拆模时发现的，有些是在拆模后养护时发现的。裂缝的部位多数在中柱、边墙轴长方向的 1/3 处，形成环形裂缝，里外裂通，其宽度约为 0. 3 mm～0. 5 mm。裂缝的产生将会降低钢筋混凝土结构的耐久性，破坏结构的整体性,招致渗漏和影响结构的外观,但裂缝产生的原因是多方面的而且是复杂的、综合的,影响的因素也比较多。按实践经验,对于长厚大体积混凝土的施工,由于结构底板与中柱、边墙的分次施工,中柱、边墙与底板的混凝土温度差、收缩差所形成的拉应力是造成裂缝的主要原因。因此,为防止结构中柱、边墙裂缝,应以降低混凝土内部温度为主要措施。如“低温入模、中温养护”,控制混凝土的入模温度,使气温相差不太大等。另据施工经验,加密水平温度钢筋的配制也可以减少早期裂缝。据一些单位的实践经验,一般中柱、边墙的纵向水平钢筋的配筋率达 0.32% 时裂缝就显著减少。因此纵向水平筋建议按 0.3% 配置。此外,加强纵向水平构造钢筋的原因还在于,结构一般是截取单元(1 m)进行计算的,未考虑纵向弯矩、剪力的影响,加强水平构造筋对承受纵向弯矩、剪力还是有一定作用的,特别是轴向长度较长时效果就会更显著。

由于隅角部分受力状态比较复杂,且可能产生扭矩,因此亦需作适当加强。

9.3.2

(1)刃角一般由钢刃角和混凝土刃角组成。其主要作用系切入土中,防止在顶进过程中由于路基土体的塌方而影响行车安全。按以往经验,对一般填土路堤,刃角斜度以 60°为宜。当路堤为砂卵石筑成,且高度大于 6 m 时,在顶进时为防止塌方,其切土土坡呈 45°为宜,但为避免顶板悬挑过长,可采用锯齿形的构造,如说明图 9.3.2—1 所示。这样将顶桥分成上下两层,也便于挖土。

(2)为了使刃角部分受力明确,并省去顶桥前方补齐边墙的工序,有的采用了分离式钢筋混凝土刃角,在顶进就位后即行拆除,如说明图 9.3.2—2 所示。其构造如下:

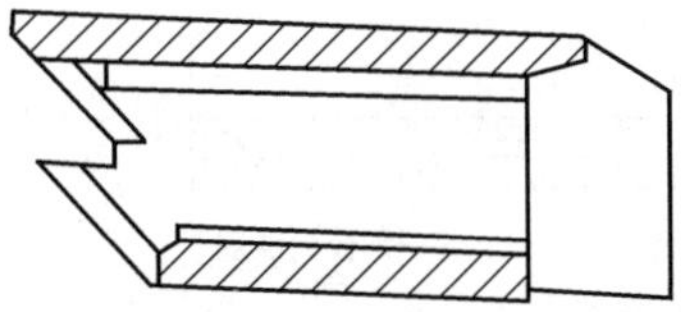

说明图 9.3.2—1 锯齿形刃角示意图

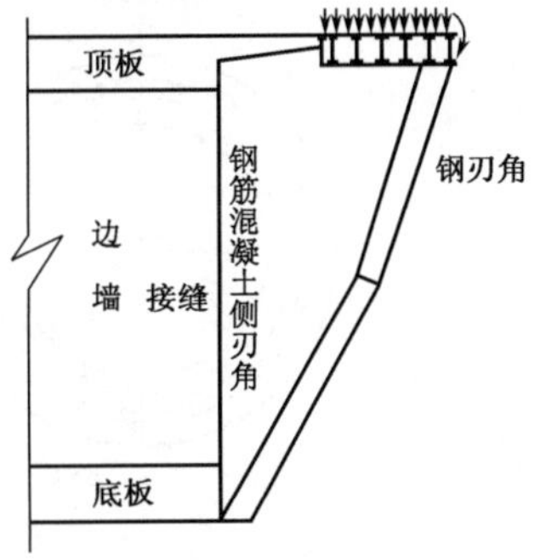

说明图 9.3.2—2 分离式钢筋混凝土刃角示意图

1)钢筋混凝土刃角可为预制或现灌,当为现灌时应使其与边墙隔离(可在接缝处涂沥青)以便拆卸。

2)接缝可用锚筋或钢板接头连接,以保证接缝强度及便利拆卸。

3)当钢筋混凝土刃角顶面伸出主体结构较长时,必须铺设临时钢梁。为了减小钢梁跨径,可在顶桥跨径中间设置临时撑架。

4)为了改善钢筋混凝土侧刃角的侧向受力情况,并防止由于土压力作用引起的侧向变形,必要时可在侧刃角之间加横撑,也可用顶部临时钢梁作为横撑。

5)顶进过程中,在静载及活载侧向土压力作用下,钢筋混凝土刃角按嵌固在接缝处的悬臂梁检算强度,悬臂梁的计算跨径可沿刃角高度方向取几个断面进行计算比较,一般以靠近上部的断面内力较大。

9.3.3 因为顶桥的净高较大,约为6 m~7 m,这样开挖路基容易塌方,因此一般安设中刃角及中平台,把全高分为两层,减少开挖高度,保证路基稳定。

中平台另一作用是便于挖土,可以在平台上挖土增加工作面。中平台可按施工垂直荷载10 kPa计算。中刃角、中平台和顶桥结构本身的连接可预埋钢件连接,因施工完毕后需拆除,故必须考虑拆除方便。中平台构造如说明图9.3.3所示。

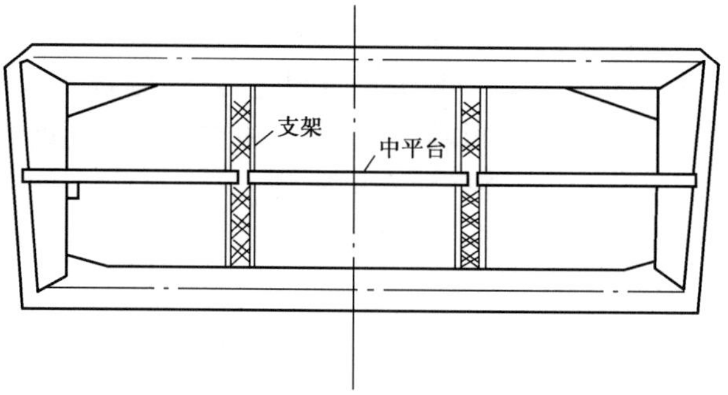

说明图9.3.3　中平台构造示意图

9.3.5 本条系指钢筋混凝土圆管的接口,而此圆管在工厂预制时,大部分采用每节长2 m,为使节与节之间接缝严密不渗水,一般采用说明图9.3.5—1~说明图9.3.5—4所示形式。

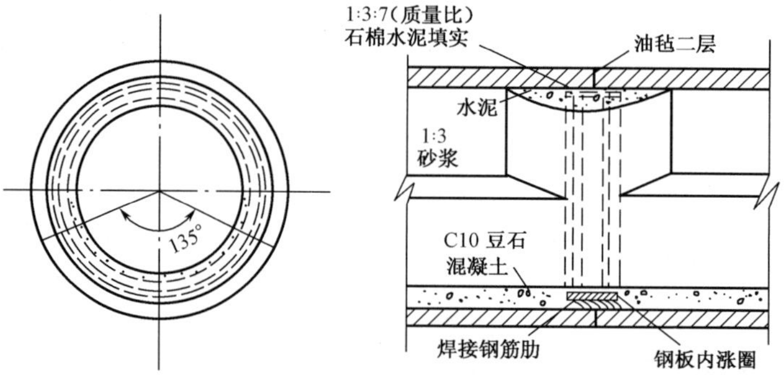

说明图9.3.5—1　钢板内涨圈接口

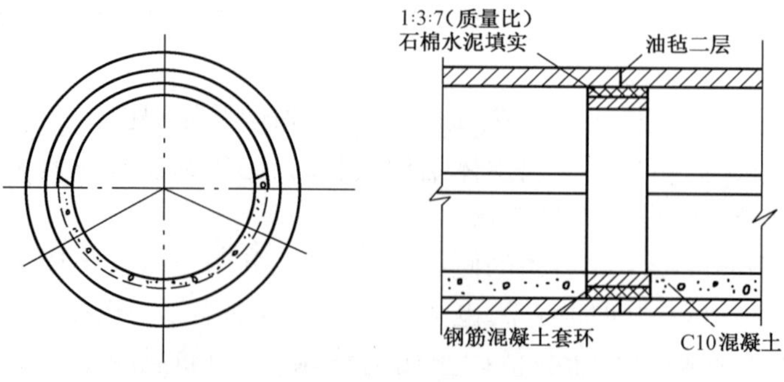

说明图9.3.5—2　钢筋混凝土套环接口

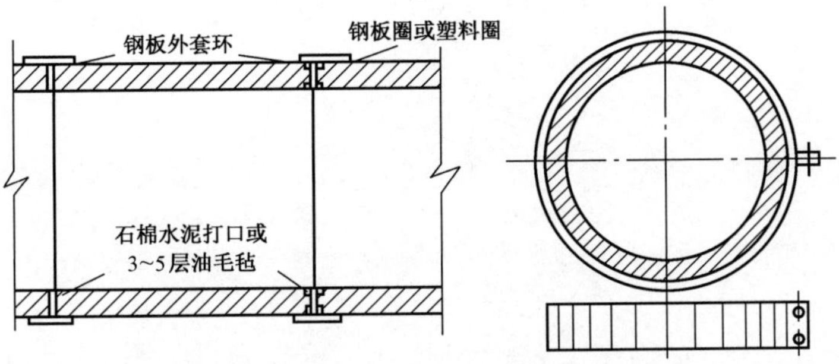

说明图 9.3.5—3　外套环接口

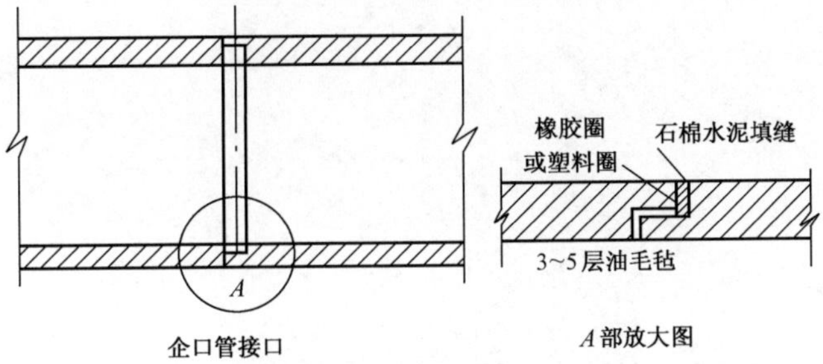

说明图 9.3.5—4　企口管接口

UDC

中华人民共和国行业标准

TB

TB 10093—2017
J 464—2017

P

铁路桥涵地基和基础设计规范

Code for Design on Subsoil and Foundation of Railway Bridge and Culvert

2017-01-02 发布　　2017-05-01 实施

国家铁路局　发布

国家铁路局关于发布铁道行业标准的公告
（工程建设标准 2017 年第 2 批）

国铁科法〔2017〕3 号

现公布《铁路桥涵设计规范》（TB 10002—2017）、《铁路桥梁钢结构设计规范》（TB 10091—2017）、《铁路桥涵混凝土结构设计规范》（TB 10092—2017）和《铁路桥涵地基和基础设计规范》（TB 10093—2017）等 4 项行业标准，自 2017 年 5 月 1 日起实施。《铁路桥涵设计基本规范》（TB 10002.1—2005）、《铁路桥梁钢结构设计规范》（TB 10002.2—2005）、《铁路桥涵钢筋混凝土和预应力混凝土结构设计规范》（TB 10002.3—2005）、《铁路桥涵混凝土和砌体结构设计规范》（TB 10002.4—2005）和《铁路桥涵地基和基础设计规范》（TB 10002.5—2005）同时废止。

以上标准由中国铁道出版社出版发行。

国家铁路局

2017 年 1 月 2 日

前　　言

《铁路桥涵地基和基础设计规范》TB 10002.5—2005 自发布以来，我国铁路尤其高速铁路取得了举世瞩目的成就，京沪、京广、郑西、哈大等高速铁路，宜万、太中银等客货共线铁路，山西中南部通道、蒙华等重载铁路，珠三角及武汉城市圈城际铁路等大批铁路项目相继建成通车，完善了路网结构，增加了铁路运输服务的有效供给。随着桥涵结构在铁路尤其高速铁路中比例不断增加，新型结构形式不断涌现，新技术、新工艺、新材料、新设备得到广泛应用，为进一步完善铁路桥涵建设标准积累了丰富的实践经验。

本规范根据国家铁路局构建铁路工程建设标准体系的要求，为满足铁路桥涵建设和发展需要，统一铁路桥涵设计标准，提高铁路桥涵设计水平，保障铁路桥涵安全与质量，在《铁路桥涵地基和基础设计规范》TB 10002.5—2005 等规范的基础上，全面总结我国高速、城际、客货共线和重载铁路桥涵建设、运营的实践经验和科研成果，全面修订而成。

本规范贯彻落实了安全优先的原则，强化了质量安全、节约资源、保护环境以及风险防范、防灾减灾等技术要求，并结合我国国情、经济社会发展水平、环境条件等因素，合理确定了不同运输性质类型、不同速度等级铁路桥梁的主要设计标准，进一步提升了规范的科学性和技术经济合理性。

本规范共分 10 章，内容包括总则，术语和符号，基础稳定性和基础沉降，地基承载力，明挖基础，桩基础，沉井基础，挖井基础，特殊地基，改建既有线、增建第二线的桥涵基础，另有 7 个附录。

本规范修订的主要内容有：

1. 修订了规范适用范围，适用于高速铁路、城际铁路、客货共线Ⅰ级和Ⅱ级铁路、重载铁路桥涵结构设计。

2. 增加了位于路桥（涵）过渡段范围内桥台（涵洞）基坑填料的规定。

3. 整合修订了高速、城际、客货共线、重载铁路梁式桥静定结构按设计速度分级的墩台基础沉降限值规定。

4. 明确了涵洞工后沉降限值按是否在过渡段范围内作不同要求。

5. 修改了摩擦桩试桩范围。修改了成孔桩径的有关规定，将成孔桩径改为设计桩径，修改了钢筋最小锚固长度规定。

6. 新增了沉井井壁与土体间的摩阻力取值。

7. 新增浮式沉井井壁和内隔墙设计检算应考虑内外水头差作用的规定，删除了浮式沉井基础中气筒的相关内容。

8. 删除了软土地基砂井、砂桩的有关内容，补充了常用地基处理措施。

9. 新增“挖井基础”一章，规定了挖井基础的适用范围、设计原则及施工注意事项。

10. 修改了湿陷性黄土地区桥涵建筑物的分类办法及地基处理的措施。

11. 新增湿陷性黄土地区采用桩基础、挖井基础等相关要求，补充了桩侧极限负摩阻力等设计参数取值。

12. 补充了多年冻土地基桥涵基础埋置深度计算办法，涵洞基础设计原则，附属工程基础埋深及沉降缝设置要求。

13. “特殊地基”一章中新增“岩溶地区地基”一节，对岩溶地区桥涵基础设计及施工处理措施作了原则规定。

在执行本规范过程中，希望各单位结合工程实践，认真总结经验，积累资料。如发现需要修改和补充之处，请及时将意见及有关资料寄交中国铁路设计集团有限公司（天津市河北区中山路10号，邮政编码：300142），并抄送中国铁路经济规划研究院（北京市海淀区北蜂窝路乙29号，邮政编码：100038），供今后修订时参考。

本规范由国家铁路局科技与法制司负责解释。

主编单位：中国铁路设计集团有限公司。

主要起草人：苏　伟、张　莉、王召祜、高　策、田　杨、杜宝军、周四思、王俊杰、周勇政。

主要审查人：吴少海、殷宁骏、陈良江、刘　燕、薛吉岗、张红旭、刘　椿、陈克坚、徐升桥、杨鹏建、韩晓强、鄢　勇、王新国、彭华春、宁伯伟、桂　婞。

本规范的历次版本发布情况：《铁路桥涵设计规范》TBJ 2—85；TBJ 2—96；《铁路桥涵地基和基础设计规范》TB 10002.5—99；TB 10002.5—2005。

目　　次

1 总　则

1.0.1 为贯彻国家有关法规和铁路技术政策,统一铁路桥涵设计技术标准,使铁路桥涵设计符合安全可靠、先进成熟、经济适用、保护环境的要求,制定本规范。

1.0.2 本规范适用于新建和改建标准轨距的客货共线铁路、高速铁路、城际铁路、重载铁路桥涵的设计。

1.0.3 采用本规范设计应符合现行《铁路桥涵设计规范》TB 10002 的规定;基础结构设计应符合现行《铁路桥涵混凝土结构设计规范》TB 10092 等标准的规定。

1.0.4 桥涵地基基础应具有足够的强度、刚度、稳定性、耐久性并满足沉降限值的要求。桥涵地基基础设计使用年限应为 100 年。

1.0.5 桥涵基础类型应根据水文、地质、地形、沉降控制要求、上部结构、荷载、材料供应和施工条件等合理选用。

1.0.6 地质勘探资料应能反映地质构造、地基岩土的物理力学性质、地下水的状态以及影响桥涵稳定和施工中可能发生的不良地质现象等因素。桥址存在断层或岩溶、不均匀地层内埋藏有局部软弱土层,以及在起伏不平或倾斜岩层的地基上修建基础时,应加强工程地质勘探工作。土和岩石的工程分类及其性质的划分应符合本规范附录 A 的规定。

1.0.7 基础设置应符合下列规定:

1 基础不宜设在软硬不均的地基上。

2 墩台位置应避开活动断层、滑坡,宜避开挤压破碎带、石灰岩溶洞、人为坑洞、黄土陷穴与暗洞等不良地质。

3 墩台位于陡坡上时,应注意岩体的稳定性。

4 靠近陡峭岩壁下的河槽边墩,应避免将基础置于河床的落石堆积层上。

5 在岩面倾斜且抽水困难的地基上,不宜采用明挖和沉(挖)井基础。

1.0.8 桥涵基础的设计应考虑地基土的冻胀性。季节性冻土的冻胀等级与多年冻土的分类见本规范附录 A。

1.0.9 墩台明挖、沉(挖)井基础的基底埋置深度应符合下列规定:

1 冻胀、强冻胀和特强冻胀土,应在冻结线以下不小于0.25 m,同时满足冻胀力计算的要求;弱冻胀土不应小于冻结深度;基底埋置深度不满足要求,但无基础冻害出现时,可暂缓处理。

2 无冲刷处或设有铺砌时,不应小于地面以下 2.0 m。

3 有冲刷处,在墩台附近最大冲刷线以下不应小于表 1.0.9 所列安全值。

表 1.0.9　基底埋置安全值

冲刷总深度(m)			0	5	10	15	20
安全值(m)	一般桥梁		2.0	2.5	3.0	3.5	4.0
	技术复杂、修复困难或重要的特大桥	设计流量	3.0	3.5	4.0	4.5	5.0
		检算流量	1.5	1.8	2.0	2.3	2.5

注:冲刷总深度为自河床面算起的一般冲刷深度与局部冲刷深度之和。

4　对于不易冲刷磨损的岩石，墩台基础应嵌入基本岩层不小于 0. 25 m～0. 5 m（视岩层抗冲性能而定）。嵌入风化、破碎、易冲刷磨损岩层应按未嵌入岩层计。

5　新建或改建位于河道非岩石地基上的桥跨不应采用明挖基础。

1. 0. 10　涵洞基础设置在冻胀地基土上时应符合下列规定：

1　涵洞出入口和自两端洞口向内各 2 m 范围内的涵身基底埋深，冻胀、强冻胀和特强冻胀土应在冻结线以下 0. 25 m，弱冻胀土应不小于冻结深度。

2　涵洞中间部分的基底埋深可根据地区经验确定。

3　严寒地区，当涵洞中间部分的埋深与洞口埋深相差较大时，其连接处应设置过渡段。

4　冻结较深的地区，可将基底至冻结线下 0. 25 m 的地基土进行处理。

1. 0. 11　沉（挖）井、桩基的计算可参照本规范附录 D 考虑土的弹性抗力。考虑沉（挖）井、桩基承台侧面土的弹性抗力时，沉（挖）井、桩基承台应与侧面原状土密贴。

1. 0. 12　位于路桥（涵）过渡段范围内的桥台（涵洞）的基坑，宜采用混凝土回填或以碎石分层填筑压实。

1. 0. 13　铁路桥涵地基和基础设计除应符合本规范外，尚应符合国家、铁路行业现行的有关强制性标准的规定。

2 术语和符号

2.1 术 语

2.1.1 地基 subsoil;foundation soil

承受结构作用的地层。

2.1.2 基础 foundation

将结构所承受的荷载传递至地基上的构造物。

2.1.3 地基容许承载力 allowable bearing capacity

在保证地基稳定和建筑物沉降量不超过容许值的条件下,地基单位面积所能承受的最大压力。

2.1.4 地基基本承载力 basic bearing capacity

建筑物基础短边宽度不大于 2.0 m、埋置深度不大于 3.0 m 时的地基容许承载力。

2.1.5 明挖基础 open cut foundation

由开挖地基进行施工的基础。

2.1.6 桩基础 pile foundation

由桩和承台构成的基础。

2.1.7 沉井基础 open caisson foundation

由上、下开口的井筒状结构物下沉至设计高程,经过封底、封顶所形成的基础。

2.1.8 挖井基础 cutting caisson foundation

由垂直开挖地基、灌注混凝土形成的基础。

2.1.9 黄土 loess

在干燥气候条件下形成的多孔性具有柱状节理的黄色粉性土。湿陷性黄土分为自重湿陷性和非自重湿陷性,后者在水浸湿后尚需一定压力才会产生沉陷。

2.1.10 软土 soft soil

主要是由天然含水量大、压缩性高、承载能力低的淤泥沉积物及少量腐殖物质所组成的土。

2.1.11 季节性冻土 seasonal frozen soil

冬季冻结春季融化的土层。自地表面至冻结层底面的厚度称冻结深度。

2.1.12 多年冻土 permafrost

冻结状态持续两年或两年以上的土层。

2.1.13 工后沉降 settlement after civil works

铺轨工程完成以后,基础设施产生的沉降量。

2.1.14 总沉降 total settlement

桥涵基础在全部恒载作用下所发生的最终沉降量。

2.1.15 湿陷系数 coefficient of collapsibility

单位厚度的环刀内，保持天然湿度和结构的试样，在一定压力下下沉稳定后的高度和上述加压稳定后试样浸水（饱和）附加下沉稳定后的高度之差与试样原始高度的比值。

2.1.16　自重湿陷系数　coefficient of self-weight collapsibility

单位厚度的环刀内，保持天然湿度和结构的试样，加压至该试样上覆土的饱和自重压力时下沉稳定后的高度和上述加压稳定后试样在浸水（饱和）作用下附加下沉稳定后高度之差，与试样原始高度的比值。

2.1.17　多年冻土天然上限　natural permafrost table

天然状态下，多年冻土层顶面的埋藏深度。

2.1.18　多年冻土人为上限　artificial permafrost table

人为条件影响下，多年冻土层顶面的埋藏深度。

2.1.19　季节融化层　seasonally thawed layer

多年冻土区每年寒季冻结、暖季融化的地壳表层岩土。

2.2　符　　号

2.2.1　承载力

σ_0——地基基本承载力（kPa）

$[\sigma]$——地基容许承载力（kPa）

$[P]$——桩的受压容许承载力（kN）

$[P']$——桩的受拉容许承载力（kN）

f_i——桩周土的极限摩阻力（kPa）

R——桩尖土的极限承载力（kPa）

σ——基底压应力（kPa）

2.2.2　参数

w——天然含水率（%）

w_L——液限含水率（%）

I_L——液性指数

C_u——土的不排水剪切强度（kPa）

E_s——土的压缩模量（kPa）

δ_{sh}——湿陷系数

S——基础的总沉降量（m）

K_0——墩台基础倾覆稳定系数

K_c——墩台基础滑动稳定系数

3　基础稳定性和基础沉降

3.1　基础倾覆稳定和滑动稳定

3.1.1　基础的倾覆稳定系数应按式(3.1.1)计算(计算图如图3.1.1所示)且不应小于1.5,施工荷载作用下不应小于1.2。

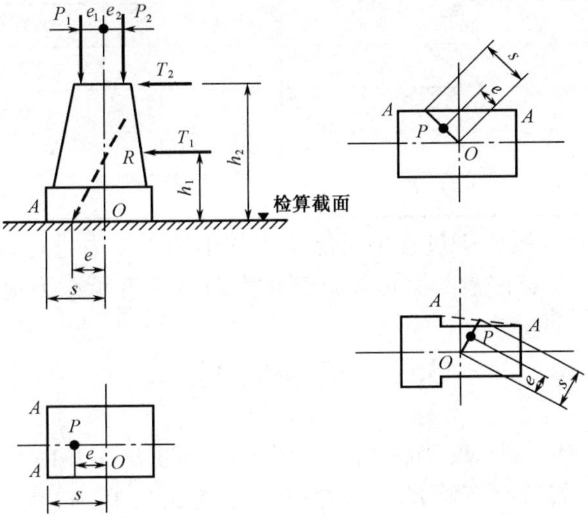

图3.1.1　墩台倾覆稳定计算图

O—截面重心;P—合力作用点;A-A—检算倾覆轴

注:1　对于凹形多边基础,其倾覆轴应取基底面的外包线。

2　力矩 P_ie_i 和 T_ih_i 应根据其绕检算截面重心的方向区别正负。

$$K_0=\frac{s\sum P_i}{\sum P_ie_i+\sum T_ih_i}=\frac{s}{e} \tag{3.1.1}$$

式中　K_0——基础的倾覆稳定系数;

P_i——各竖直力(kN);

e_i——各竖直力 P_i 对检算截面重心的力臂(m);

T_i——各水平力(kN);

h_i——各水平力 T_i 对检算截面的力臂(m);

s——在沿截面重心与合力作用点的连接线上,自截面重心至检算倾覆轴的距离(m);

e——所有外力合力 R 的作用点至截面重心的距离(m)。

3.1.2　基础的滑动稳定系数应按式(3.1.2)计算且不应小于1.3,施工荷载作用下不应小于1.2。墩台位于较陡的土坡上,或桥台建于软土上且台后填土较高时,还应检算墩台连同土坡或路基沿滑动弧面滑动的稳定性。

$$K_c = \frac{f\sum P_i}{\sum T_i} \tag{3.1.2}$$

式中　K_c——基础滑动稳定系数；

P_i，T_i——意义同第3.1.1条；

f——基础底面与地基土间的摩擦系数，当缺乏实际资料时，可采用表3.1.2中的数值。

表3.1.2　基底摩擦系数

地基土石分类	摩擦系数
软塑的黏性土	0.25
硬塑的黏性土	0.3
粉土、坚硬的黏性土	0.3~0.4
砂类土	0.4
碎石类土	0.5
软质岩	0.4~0.6
硬质岩	0.6~0.7

3.1.3　拱桥桥墩基础应按施工过程中可能产生的单侧横推力进行检算，倾覆和滑动稳定系数不应小于1.2，地基容许承载力可较计算主力时的容许承载力提高40%。

3.2　基础沉降

3.2.1　基础沉降应按恒载计算，其工后沉降量不应超过表3.2.1—1、表3.2.1—2规定的限值。超静定结构相邻墩台沉降量之差除应满足表3.2.1—1、表3.2.1—2的规定外，尚应根据沉降差对结构产生的附加应力的影响确定。基础沉降计算值不含区域沉降。

表3.2.1—1　有砟轨道静定结构墩台基础工后沉降限值

设计速度	沉降类型	限值(mm)
250 km/h及以上	墩台均匀沉降	30
	相邻墩台沉降差	15
200 km/h	墩台均匀沉降	50
	相邻墩台沉降差	20
160 km/h及以下	墩台均匀沉降	80
	相邻墩台沉降差	40

表3.2.1—2　无砟轨道静定结构墩台基础工后沉降限值

设计速度	沉降类型	限值(mm)
250 km/h及以上	墩台均匀沉降	20
	相邻墩台沉降差	5
200 km/h及以下	墩台均匀沉降	20
	相邻墩台沉降差	10

3.2.2 位于路涵过渡段范围的涵洞涵身工后沉降限值应与相邻过渡段工后沉降限值一致,不在过渡段范围内的涵洞涵身工后沉降限值不应大于 100 mm。

3.2.3 基础由于其底面以下受压土层 z_n 压缩产生的总沉降量 S 可按式(3.2.3)计算。

$$S = m_s \sum_{i=1}^{n} \Delta S_i = m_s \sum_{i=1}^{n} \frac{\sigma_{z(0)}}{E_{si}}(z_i C_i - z_{i-1} C_{i-1}) \qquad (3.2.3)$$

式中 S——基础的总沉降量(m);

n——基底以下地基沉降计算深度范围内按压缩模量划分的土层分层数目;

$\sigma_{z(0)}$——基础底面处的附加压应力(kPa),$\sigma_{z(0)}=\sigma_h-\gamma h$;

σ_h——基底压应力(kPa):当 $z/b>1$ 时,σ_h 采用基底平均压应力;当 $z/b\leq1$ 时,σ_h 采用基底压应力图形中距最大应力点 $b/4\sim b/3$ 处的压应力;

b——基础的宽度(m);

γ——土的容重(kN/m^3);

h——基底埋置深度(m):当基础受水流冲刷时,由一般冲刷线算起;当不受水流冲刷时,由天然地面算起,如位于挖方内,则由开挖后地面算起;

z——基底至计算土层顶面的距离(m);

z_i, z_{i-1}——基底至第 i 和第 $i-1$ 层底面的距离(m),地基沉降计算总深度 z_n 的确定应符合下列要求:$\Delta S_n \leq 0.025 \sum_{i=1}^{n} \Delta S_i$,当计算土层下部仍有较软土层时,应继续计算;

ΔS_i——计算深度范围内第 i 层土的沉降量;

ΔS_n——深度 z_n 处向上取厚度为 Δz(表 3.2.3—1)的土层沉降值;

表 3.2.3—1 Δz 取值

基底宽度 b(m)	$b\leq2$	$2<b\leq4$	$4<b\leq8$	$b>8$
Δz(m)	0.3	0.6	0.8	1.0

E_{si}——基础底面以下受压土层内第 i 层的压缩模量(kPa),根据压缩曲线按实际应力范围取值;

C_i, C_{i-1}——基础底面至第 i 层底面范围内和至第 $i-1$ 层底面范围内的平均附加应力系数(计算图如图 3.2.3 所示),可按附录 B 查得;

m_s——沉降经验修正系数,根据地区沉降观测资料及经验确定,无地区经验时按表 3.2.3—2 采用,对于软土地基,m_s 不应小于 1.3。

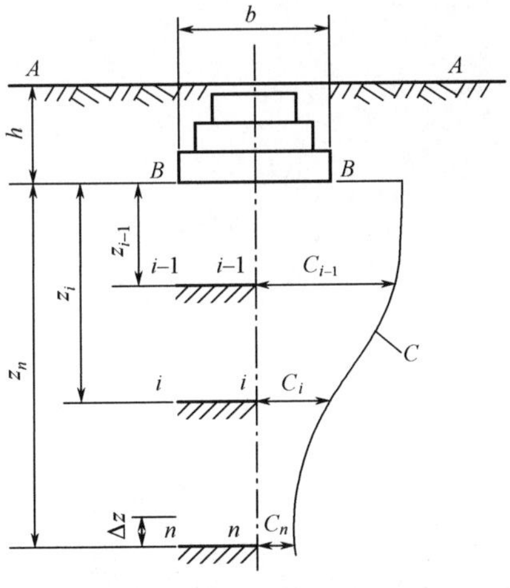

图 3.2.3 基础沉降计算图

A-A—天然地面;i-i—第 i 层底面;

B-B—基础底面;n-n—第 n 层底面;

(i-1)-(i-1)—第 i-1 层底面;C—平均附加应力系数曲线

表 3.2.3—2　沉降经验修正系数 m_s

地基压缩模量当量值 $\overline{E}_s$(kPa) / 基础底面处附加压应力 $\sigma_{z(0)}$(kPa)	2 500	4 000	7 000	15 000	20 000
$\sigma_{z(0)} \geqslant \sigma_0$	1.4	1.3	1.0	0.4	0.2
$\sigma_{z(0)} \leqslant 0.75\sigma_0$	1.1	1.0	0.7	0.4	0.2

注:1　$\overline{E}_s$ 为沉降计算总深度 z_n 内地基压缩模量的当量值,可按下式确定:

$$\overline{E}_s = \frac{\Sigma A_i}{\Sigma \frac{A_i}{E_{si}}}$$

式中　A_i——第 i 层土平均附加应力系数沿该土层厚度的积分值,即第 i 层土的平均附加应力系数面积。

2　$\sigma_{z(0)}$ 为基础底面处的附加压应力,$\sigma_{z(0)} = \sigma_h - rh$,$\sigma_h$ 为基底压应力,近似地取基底压应力图形中距最大压应力为 $\frac{b}{4} \sim \frac{b}{3}$ 处的压应力。

3　σ_0 为基底处地基基本承载力。

3.2.4　摩擦桩基础的总沉降量计算可将桩基视作实体基础按本规范第 3.2.3 条计算,附加压应力应取桩底平面处的附加压应力,实体基础的底面积可按本规范附录 E 计算。

4 地基承载力

4.1 地基承载力

4.1.1 地基容许承载力[σ]应按下列原则确定：

1 基础宽度不大于 2 m、埋置深度不大于 3 m 时的地基容许承载力可采用地基基本承载力 σ_0，按第 4.1.2 条确定。

2 基础宽度大于 2 m 或埋置深度大于 3 m 时的地基容许承载力可按本规范第 4.1.3 条确定。

3 软土地基容许承载力可按本规范第 4.1.4 条确定。

4 对重要或地质复杂的桥梁，应采用载荷试验及其他原位测试方法等综合确定。

4.1.2 地基基本承载力 σ_0 可根据岩土类别、状态及其物理力学特征指标按表 4.1.2—1～表 4.1.2—10 选用。

1 一般岩石地基可根据岩石类别、节理发育程度按表 4.1.2—1 确定基本承载力 σ_0。对于复杂的岩层（如溶洞、断层、软弱夹层、易溶岩石、软化岩石等），应按各项因素综合确定。

表 4.1.2—1 岩石地基的基本承载力 σ_0（kPa）

节理发育程度 / 节理间距（mm） / 岩石类别	节理很发育	节理发育	节理不发育
	20～200	200～400	>400
硬质岩	1 500～2 000	2 000～3 000	>3 000
较软岩	800～1 000	1 000～1 500	1 500～3 000
软　岩	500～800	700～1 000	900～1 200
极软岩	200～300	300～400	400～500

注：裂隙张开或有泥质充填时应取低值。

2 碎石类土地基可根据其类别和密实程度按表 4.1.2—2 确定基本承载力 σ_0。

表 4.1.2—2 碎石类土地基的基本承载力 σ_0（kPa）

密实程度 / 土　名	松　散	稍　密	中　密	密　实
卵石土、粗圆砾土	300～500	500～650	650～1 000	1 000～1 200
碎石土、粗角砾土	200～400	400～550	550～800	800～1 000
细圆砾土	200～300	300～400	400～600	600～850
细角砾土	200～300	300～400	400～500	500～700

注：1 半胶结的碎石类土可按密实的同类土的 σ_0 值提高 10%～30%。

2 由硬质岩块组成，充填砂类土时用高值；由软质岩块组成，充填黏性土时用低值。

3 自然界中很少见松散的碎石类土，其密实程度判定为松散时应慎重。

4 漂石土、块石土的基本承载力值可参照卵石土、碎石土的 σ_0 值适当提高。

3 砂类土地基可根据土的密实程度和潮湿程度按表 4.1.2—3 确定基本承载力 σ_0。

表 4.1.2—3　砂类土地基的基本承载力 σ_0(kPa)

土名 \ 湿度 \ 密实程度		松 散	稍 密	中 密	密 实
砾砂、粗砂	与湿度无关	200	370	430	550
中 砂	与湿度无关	150	330	370	450
细 砂	稍湿或潮湿	100	230	270	350
	饱 和	—	190	210	300
粉 砂	稍湿或潮湿	—	190	210	300
	饱 和	—	90	110	200

4　粉土地基可根据土的天然孔隙比 e 和天然含水量 w 按表 4.1.2—4 确定基本承载力 σ_0。

表 4.1.2—4　粉土地基的基本承载力 σ_0(kPa)

天然孔隙比 e \ 天然含水率 w(%)	10	15	20	25	30	35	40
0.5	400	380	(355)	—	—	—	—
0.6	300	290	280	(270)	—	—	—
0.7	250	235	225	215	(205)	—	—
0.8	200	190	180	170	165	—	—
0.9	160	150	145	140	130	(125)	—
1.0	130	125	120	115	110	105	(100)

注:1　表中括号内数值用于内插取值。

2　在湖、塘、沟、谷与河漫滩地段以及新近沉积的粉土,应根据当地经验取值。

5　Q_4冲、洪积黏性土地基可根据液性指数 I_L 和天然孔隙比 e 按表 4.1.2—5 确定基本承载力 σ_0。

表 4.1.2—5　Q_4冲、洪积黏性土地基的基本承载力 σ_0(kPa)

天然孔隙比 e \ 塑性指数 I_L	0	0.1	0.2	0.3	0.4	0.5	0.6	0.7	0.8	0.9	1.0	1.1	1.2
0.5	450	440	430	420	400	380	350	310	270	240	220	—	—
0.6	420	410	400	380	360	340	310	280	250	220	200	180	—
0.7	400	370	350	330	310	290	270	240	220	190	170	160	150
0.8	380	330	300	280	260	240	230	210	180	160	150	140	130
0.9	320	280	260	240	220	210	190	180	160	140	130	120	100
1.0	250	230	220	210	190	170	160	150	140	120	110	—	—
1.1	—	—	160	150	140	130	120	110	100	90	—	—	—

注:土中含有粒径大于 2 mm 的颗粒且按质量计占全部质量的 30% 以上时,σ_0 可酌情提高。

6　Q_3及其以前冲、洪积黏性土地基可根据压缩模量按表 4.1.2—6 确定基本承载力 σ_0。

表 4.1.2—6 Q_3及其以前冲、洪积黏性土地基的基本承载力 σ_0(kPa)

压缩模量 E_s(MPa)	10	15	20	25	30	35	40
基本承载力 σ_0(kPa)	380	430	470	510	550	580	620

注:1 压缩模量为对应于 0.1 MPa~0.2 MPa 压力段的压缩模量。

2 当压缩模量小于 10 MPa 时,其基本承载力可按表 4.1.2—5 确定。

7 残积黏性土地基可根据压缩模量按表 4.1.2—7 确定基本承载力 σ_0。

表 4.1.2—7 残积黏性土地基的基本承载力 σ_0(kPa)

压缩模量 E_s(MPa)	4	6	8	10	12	14	16	18	20
基本承载力 σ_0(kPa)	190	220	250	270	290	310	320	330	340

注:本表适用于西南地区碳酸盐类岩层的残积红土,其他地区可参照使用。

8 黄土地基可根据天然孔隙比 e、天然含水率 w 及液限 w_L 按表 4.1.2—8 和表 4.1.2—9 确定基本承载力 σ_0。

表 4.1.2—8 新黄土(Q_4、Q_3)地基的基本承载力 σ_0(kPa)

液限 w_L	天然含水率 w / 孔隙比 e	5	10	15	20	25	30	35
24	0.7	—	230	190	150	110	—	—
	0.9	240	200	160	125	85	(50)	—
	1.1	210	170	130	100	60	(20)	—
	1.3	180	140	100	70	40	—	—
28	0.7	280	260	230	190	150	110	—
	0.9	260	240	200	160	125	85	—
	1.1	240	210	170	140	100	60	—
	1.3	220	180	140	110	70	40	—
32	0.7	—	280	260	230	180	150	—
	0.9	—	260	240	200	150	125	—
	1.1	—	240	210	170	130	100	60
	1.3	—	220	180	140	100	70	40

注:1 非饱和 Q_3 新黄土,当 $0.85<e<0.95$ 时,σ_0值可提高 10%。

2 本表不适用于坡积、崩积和人工堆积等黄土。

3 表中括号内数值用于内插取值。

4 液限含水率试验采用圆锥仪法,圆锥仪总质量 76 g,入土深度 10 mm。

表 4.1.2—9 老黄土(Q_2、Q_1)地基的基本承载力 σ_0(kPa)

w/w_L \ e	$e<0.7$	$0.7\leqslant e<0.8$	$0.8\leqslant e\leqslant 0.9$	$e>0.9$
<0.6	700	600	500	400
0.6~0.8	500	400	300	250
>0.8	400	300	250	200

注:1 老黄土黏聚力小于 50 kPa,内摩擦角小于 25°,σ_0应降低 20% 左右。

2 液限含水率试验采用圆锥仪法,圆锥仪总质量 76 g,入土深度 10 mm。

9　多年冻土地基可根据基础底面的月平均最高土温按表 4.1.2—10 确定基本承载力 σ_0。

表 4.1.2—10　多年冻土地基的基本承载力 σ_0(kPa)

序号	基础底面的月平均最高土温(℃) / 土名	-0.5	-1.0	-1.5	-2.0	-2.5	-3.5
1	块石土、卵石土、碎石土、粗圆砾土、粗角砾土	800	950	1 100	1 250	1 380	1 650
2	细圆砾土、细角砾土、砾砂、粗砂、中砂	600	750	900	1 050	1 180	1 450
3	细砂、粉砂	450	550	650	750	830	1 000
4	粉　土	400	450	550	650	710	850
5	粉质黏土、黏土	350	400	450	500	560	700
6	饱冰冻土	250	300	350	400	450	550

注：1　表列数值不适用于含盐量和泥炭化程度超过表 4.1.2—11 及表 4.1.2—12 中数值的多年冻土。
2　本表序号 1~5 类的地基承载力适用于少冰冻土、多冰冻土，当地基为富冰冻土时，表列数值应降低 20%。
3　含土冰层的承载力应实测确定。
4　基础置于饱冰冻土的土层上时，基础底面应敷设厚度不小于 0.20 m~0.30 m 的砂垫层。

表 4.1.2—11　盐渍化冻土的盐渍程度界限值

土　类	碎石类土、砂类土	粉　土	粉质黏土	黏　土
盐渍程度(%)	0.10	0.15	0.20	0.25

表 4.1.2—12　泥炭化冻土的泥炭化程度界限值

土　类	碎石类土、砂类土	黏土、粉土
泥炭化程度(%)	≥3	≥5

4.1.3　地基容许承载力可按式(4.1.3)确定。

$$[\sigma]=\sigma_0+k_1\gamma_1(b-2)+k_2\gamma_2(h-3) \tag{4.1.3}$$

式中　$[\sigma]$——地基容许承载力(kPa)；

σ_0——地基基本承载力(kPa)；

b——基础底面的最小边宽度(m)：当 b 小于 2 m 时，b 取 2.0 m；当 b 大于 10 m 时，b 取 10 m；圆形或正多边形基础为 $\sqrt{F}$，F 为基础的底面积；

h——基础底面的埋置深度(m)，自天然地面起算，有水流冲刷时自一般冲刷线起算；位于挖方内，由开挖后地面算起；h 小于 3 m 时取 h 等于 3 m，h/b 大于 4 时 h 取 $4b$；

γ_1——基底持力层土的天然容重(kN/m^3)，若持力层在水面以下且透水时应采用浮重；

γ_2——基底以上土层的加权平均容重(kN/m^3)，换算时若持力层在水面以下且不透水时，不论基底以上土的透水性如何，均取饱和容重；透水时水中部分土层应取浮重；

k_1，k_2——宽度、深度修正系数，根据基底持力层土的类别按表 4.1.3 确定。

表 4.1.3 宽度、深度修正系数

土类 / 修正系数	黏性土				粉土	黄土		砂类土										碎石类土	
	Q_4的冲、洪积土		Q_3及其以前的冲、洪积土	残积土		新黄土	老黄土	粉砂		细砂		中砂		砾砂粗砂		碎石圆砾角砾		卵石	
	$I_L<0.5$	$I_L\geqslant0.5$						稍、中密	密实	稍、中密	密实	稍、中密	密实	稍、中密	密实	稍、中密	密实	稍、中密	密实
k_1	0	0	0	0	0	0	0	1	1.2	1.5	2	2	3	3	4	3	4	3	4
k_2	2.5	1.5	2.5	1.5	1.5	1.5	1.5	2	2.5	3	4	4	5.5	5	6	5	6	6	10

注:1 节理不发育或较发育的岩石不作宽深修正;节理发育或很发育的岩石,k_1、k_2可采用碎类石土的系数;对已风化成砂、土状的岩石,则按砂类土、黏性土的系数。

2 稍松状态的砂类土和松散状态的碎石类土,k_1、k_2值可采用表列稍、中密值的50%。

3 冻土的k_1、k_2均取0。

4.1.4 软土地基的基础应满足稳定和变形的要求,修正后地基的容许承载力应符合下列规定:

1 修正后地基承载力可按式(4.1.4—1)确定。

$$[\sigma]=5.14C_u\frac{1}{m'}+\gamma_2 h \qquad (4.1.4—1)$$

2 对于小桥和涵洞基础,也可按式(4.1.4—2)确定。

$$[\sigma]=\sigma_0+\gamma_2(h-3) \qquad (4.1.4—2)$$

式中 $[\sigma]$——地基容许承载力(kPa);

m'——安全系数,可根据软土灵敏度及建筑物对变形的要求等因素选1.5~2.5;

C_u——不排水剪切强度(kPa);

γ_2,h——意义同第4.1.3条;

σ_0——地基基本承载力(kPa),按表4.1.4确定。

表 4.1.4 软土地基的基本承载力 σ_0

天然含水率w(%)	36	40	45	50	55	65	75
σ_0(kPa)	100	90	80	70	60	50	40

4.2 地基承载力的提高

4.2.1 主力加附加力(不含长钢轨纵向力)时,地基容许承载力$[\sigma]$可提高20%。主力加特殊荷载(地震力除外)时,地基容许承载力$[\sigma]$可按表4.2.1提高。

表 4.2.1 地基容许承载力$[\sigma]$的提高系数

地基情况	提高系数
σ_0>500 kPa的岩石和土	1.4
150 kPa<$\sigma_0\leqslant$500 kPa的岩石和土	1.3
100 kPa<$\sigma_0\leqslant$150 kPa的土	1.2

4.2.2 既有墩台地基基本承载力可根据压密程度予以提高,但提高值不应超过25%。

4.2.3 基础位于水中不透水地层上时,常水位高出一般冲刷线每高1 m,容许承载力可增加10 kPa。

5　明挖基础

5.1　一般规定

5.1.1　明挖基础顶面不宜高出最低水位。地面高于最低水位且不受冲刷时，基础顶面不宜高出地面。

5.1.2　基底压应力不应大于地基的容许承载力。设置在基岩上的基底承受偏心荷载，其基底合力偏心距超过截面核心半径时，可仅按受压区计算基底最大压应力（不考虑基底承受拉应力）。

5.2　计　　算

5.2.1　当基底以下有软弱下卧土层时，应按式（5.2.1）检算软弱下卧土层的压应力。

$$\gamma(h+z)+\alpha(\sigma_h-\gamma h)\leqslant[\sigma] \tag{5.2.1}$$

式中　σ_h——基底压应力（kPa）：当 $z/b>1$（或 $z/d>1$）时，σ_h 采用基底平均压应力；当 $z/b\leqslant1$（或 $z/d\leqslant1$）时，σ_h 按基底压应力图形采用距最大应力点 $b/4\sim b/3$（或 $d/4\sim d/3$）处的压应力（对于梯形图形前后端压应力差值较大时，可采用上述 $b/4$ 点处的压应力值，反之，则采用上述 $d/3$ 点处的压应力值），其中 b 为矩形基础的短边宽度（m），d 为基础的直径（m）；

γ——土的容重（kN/m^3）；

h——基底埋置深度（m）：当基础受水流冲刷时，由一般冲刷线算起；当不受水流冲刷时，由天然地面算起；当位于挖方内，由开挖后地面算起；

z——自基底至软弱下卧土层顶面的距离（m）；

α——基底下卧土层附加应力系数，见本规范附录 C；

$[\sigma]$——软弱下卧土层经深度修正后的容许承载力（kPa）。

5.2.2　墩台应验算作用于基底的合力偏心距，并符合下列规定：

1　墩台基底的合力偏心距限值应符合表 5.2.2 的规定。

表 5.2.2　合力偏心距 e 的限值

地基及荷载情况			e 的限值
仅承受恒载作用	非岩石地基	合力的作用点应接近基础底面的重心	
①主力+附加力 ②主力+附加力+长钢轨伸缩力（或挠曲力）	非岩石地基上的桥台（包括土状的风化岩层）	土的基本承载力 $\sigma_0>200$ kPa	1.0ρ
		土的基本承载力 $\sigma_0\leqslant200$ kPa	0.8ρ
	岩石地基	硬质岩	1.5ρ
		其他岩石	1.2ρ

续上表

地基及荷载情况			e 的限值
仅承受恒载作用	非岩石地基	合力的作用点应接近基础底面的重心	
主力+长钢轨伸缩力或挠曲力（桥上无车）	非岩石地基	土的基本承载力 σ_0>200 kPa	0.8ρ
		土的基本承载力 σ_0≤200 kPa	0.6ρ
	岩石地基	硬质岩	1.25ρ
		其他岩石	1.0ρ
主力+特殊荷载（地震力除外）	非岩石地基	土的基本承载力 σ_0>200 kPa	1.2ρ
		土的基本承载力 σ_0≤200 kPa	1.0ρ
	岩石地基	硬质岩	2.0ρ
		其他岩石	1.5ρ

注：表中②指当长钢轨纵向力参与组合时，计入长钢轨纵向力的桥上线路应按无车考虑。

2 基底以上外力作用点对基底重心轴的偏心距 e_0 可按式(5.2.2—1)计算。

$$e_0=\frac{M}{N} \tag{5.2.2—1}$$

式中 N,M——作用于基底的竖向力和所有外力（竖向力、水平力）对基底截面重心的弯矩。

3 基底承受单向或双向偏心受压的基底截面核心半径 ρ 值可按式(5.2.2—2)计算。

$$\frac{e_0}{\rho}=1-\frac{\sigma_{\min}}{\frac{N}{A}} \tag{5.2.2—2}$$

其中

$$\sigma_{\min}=\frac{N}{A}-\frac{M_y}{W_y}-\frac{M_x}{W_x} \tag{5.2.2—3}$$

式中 A——基底面积(m^2)；

$\sigma_{\min}$——基底最小压应力(kPa)，当为负值时表示拉应力；

M_x,M_y——作用于基底的水平力和竖向力绕 x 轴、y 轴的对基底的弯矩(kN·m)；

W_x,W_y——基底底面偏心方向边缘绕 x 轴、y 轴的面积抵抗矩(m^3)。

4 桥台尚应检算孤立状态时基底截面的合力偏心情况。

5.3 构　　造

5.3.1 明挖基础可采用单层或多层，每一层的厚度不宜小于 1.0 m。

5.3.2 混凝土明挖基础襟边的构造尺寸应符合下列规定：

1 单向受力时（不包括单向受力圆端形桥墩采用矩形的基础），各层台阶正交方向（顺桥轴方向和横桥轴方向）的坡线与竖直线所成的夹角不应大于 45°。

2 双向受力矩形墩台的基础以及单向和双向受力的圆端形、圆形桥墩采用矩形基础时，其最上一层基础台阶两正交方向的坡线与竖直线所成夹角不应大于 35°；需同时调整最上一层台阶两正交方向的襟边宽度时，其斜角处的坡线与竖直线所成的夹角，不应大于上述正交方向为 35°夹角时斜角处的坡线与竖直线所成的夹角；其下各层台阶正交方向的夹角不应大于 45°，否则应予切角。

6 桩　基　础

6.1 一 般 规 定

6.1.1 桩基础类型应根据地质、水文等条件按下列原则选定：

1 打入桩可用于稍松至中密的砂类土、粉土和流塑、软塑的黏性土，振动下沉桩可用于砂类土、粉土、黏性土和碎石类土，桩尖爆扩桩可用于硬塑黏性土以及中密、密实的砂类土和粉土。

2 钻孔灌注桩可用于各类土层、岩层。

3 挖孔灌注桩可用于无地下水或地下水量不多的土层。

4 管柱基础可用于深水、有覆盖层或无覆盖层、岩面起伏等桥址条件，可支承于较密实的土或新鲜岩层内。

6.1.2 桩基础可设计为单根桩或多根桩形式。

6.1.3 桩基础承台底面高程应根据受力情况以及地质、水流、施工等条件综合考虑后确定，并应符合下列规定：

1 冻胀土地区，当承台底设置在土中时，承台底面高程应位于冻结线以下不少于0.25 m。当承台底设置在不冻胀土层中时，承台埋深可不受冻深的限制。

2 有流冰的河流，承台底面高程应在最低冰层底面（冻结线）以下不少于0.25 m。

3 在通航和筏运河流中，承台底面高程应考虑防洪、通航、结构受力和施工条件综合确定。

6.1.4 同一桩基不应同时采用摩擦桩和柱桩，不宜采用不同直径、不同材料、桩端高程相差过大的摩擦桩。

6.1.5 对于地质复杂的重要桥梁，摩擦桩的容许承载力应通过试桩确定。

6.2 计　　算

6.2.1 单桩的轴向容许承载力应分别按桩身材料强度和岩土的阻力进行计算，取其较小值。按岩土的阻力确定桩的容许承载力时，可按本规范第6.2.2条进行计算。

6.2.2 单桩容许承载力可按岩土的阻力确定，并符合下列规定：

1 打入、振动下沉和桩尖爆扩摩擦桩的轴向受压容许承载力应按式（6.2.2—1）计算。

$$[P]=\frac{1}{2}(U\sum a_i f_i l_i+\lambda ARa) \tag{6.2.2—1}$$

式中　$[P]$——桩的容许承载力（kN）；

U——桩身截面周长（m）；

l_i——各土层厚度（m）；

A——桩底支承面积(m^2);

a_i,a——振动沉桩对各土层桩周摩阻力和桩底承压力的影响系数(表 6.2.2—1),对于打入桩其值为 1.0;

λ——系数,见表 6.2.2—2;

f_i——桩周土的极限摩阻力(kPa),可根据土的物理性质查表 6.2.2—3 确定,或采用静力触探试验测定,即 $f_i=\beta_i\bar{f}_{si}$,其中 $\bar{f}_{si}$ 为桩侧第 i 层土经静力触探测得的平均侧摩阻力(kPa),当 $\bar{f}_{si}<5$ kPa 时,可采用 5 kPa;β_i 为桩侧摩阻综合修正系数,按下列判别标准选用相应的计算公式(不适用于以城市杂填土为主的短桩,β_i 用于黄土地区时应做试桩校核):当桩侧第 i 层土的 $\bar{q}_{ci}>$ 2 000 kPa 且 $\bar{f}_{si}/\bar{q}_{ci}\leqslant 0.014$ 时,$\beta_i=5.067\ (\bar{f}_{si})^{-0.45}$,当不满足上述 $\bar{q}_{ci}$ 和 $\bar{f}_{si}/\bar{q}_{ci}$ 条件时,$\beta_i=10.045\ (\bar{f}_{si})^{-0.55}$;$\bar{q}_{ci}$ 为相应于 $\bar{f}_{si}$ 土层中桩侧触探平均端阻;

R——桩尖土的极限承载力(kPa),可根据土的物理性质查表 6.2.2—4 确定,或采用静力触探试验测定,即 $R=\beta\,\bar{q}_c$,其中 $\bar{q}_c$ 为桩尖(不包括桩靴)高程以上和以下各 $4d$(d 为桩的直径或边长)范围内静力触探平均端阻力 $\bar{q}_{c1}$ 和 $\bar{q}_{c2}$(均以 kPa 计)的平均值,$\bar{q}_{c1}>\bar{q}_{c2}$ 时 $\bar{q}_c$ 取 $\bar{q}_{c2}$ 的值;β 为桩端阻的综合修正系数,按下列判别标准选用相应的计算公式(不适用于以城市杂填土为主的短桩,β 用于黄土地区时应做试桩校核):当桩底土的 $\bar{q}_{c2}>2\ 000$ kPa 且 $\bar{f}_{s2}/\bar{q}_{c2}\leqslant 0.014$ 时,$\beta=3.975\ (\bar{q}_c)^{-0.25}$,当不满足上述 $\bar{q}_{c2}$ 和 $\bar{f}_{s2}/\bar{q}_{c2}$ 条件时,$\beta=12.064\ (\bar{q}_c)^{-0.35}$;$\bar{f}_{s2}$ 为相应于 $\bar{q}_{c2}$ 土层中桩底触探平均侧阻。

表 6.2.2—1 振动下沉桩系数 a_i,a

桩径或边宽 \ 土的种类	砂类土	粉 土	粉质黏土	黏 土
$d\leqslant 0.8$ m	1.1	0.9	0.7	0.6
0.8 m$<d\leqslant 2.0$ m	1.0	0.9	0.7	0.6
$d>2.0$ m	0.9	0.7	0.6	0.5

表 6.2.2—2 系数 λ

D_p/d \ 桩尖爆扩体处土的种类	砂类土	粉 土	粉质黏土 $I_L=0.5$	黏 土 $I_L=0.5$
1.0	1.0	1.0	1.0	1.0
1.5	0.95	0.85	0.75	0.70
2.0	0.90	0.80	0.65	0.50
2.5	0.85	0.75	0.50	0.40
3.0	0.80	0.60	0.40	0.30

注:d 为桩身直径,D_p 为爆扩桩的爆扩体直径。

表 6.2.2—3　桩周土的极限摩阻力 f_i(kPa)

土 的 种 类	土 性 状 态	极限摩阻力 f_i
黏性土	$1 \leq I_L < 1.5$	15~30
	$0.75 \leq I_L < 1$	30~45
	$0.5 \leq I_L < 0.75$	45~60
	$0.25 \leq I_L < 0.5$	60~75
	$0 \leq I_L < 0.25$	75~85
	$I_L < 0$	85~95
粉　土	稍　密	20~35
	中　密	35~65
	密　实	65~80
粉、细砂	松　散	20~35
	稍、中密	35~65
	密　实	65~80
中　砂	稍、中密	55~75
	密　实	75~90
粗　砂	稍、中密	70~90
	密　实	90~105

表 6.2.2—4　桩尖土的极限承载力 R(kPa)

土的种类	土性状态	桩 尖 极 限 承 载 力		
黏性土	$1 \leq I_L$	1 000		
	$0.65 \leq I_L < 1$	1 600		
	$0.35 \leq I_L < 0.65$	2 200		
	$I_L < 0.35$	3 000		
		桩尖进入持力层的相对深度		
		$\frac{h'}{d} < 1$	$1 \leq \frac{h'}{d} < 4$	$4 \leq \frac{h'}{d}$
粉　土	中　密	1 700	2 000	2 300
	密　实	2 500	3 000	3 500
粉　砂	中　密	2 500	3 000	3 500
	密　实	5 000	6 000	7 000
细　砂	中　密	3 000	3 500	4 000
	密　实	5 500	6 500	7 500
中、粗砂	中　密	3 500	4 000	4 500
	密　实	6 000	7 000	8 000
圆砾土	中　密	4 000	4 500	5 000
	密　实	7 000	8 000	9 000

注:h'为桩尖进入持力层的深度(不包括桩靴),d 为桩的直径或边长。

2　钻(挖)孔灌注摩擦桩的轴向受压容许承载力应按式(6.2.2—2)计算。

$$[P]=\frac{1}{2}U\sum f_i l_i+m_0 A[\sigma] \tag{6.2.2—2}$$

式中 $[P]$——桩的容许承载力(kN);

U——桩身截面周长(m),按设计桩径计算;

f_i——各土层的极限摩阻力(kPa):按表 6.2.2—5 采用;

l_i——各土层的厚度(m);

A——桩底支承面积(m^2),按设计桩径计算;

$[\sigma]$——桩底地基土的容许承载力(kPa):当 $h\leqslant 4d$ 时,$[\sigma]=\sigma_0+k_2\gamma_2(h-3)$;当 $4d<h\leqslant 10d$ 时,$[\sigma]=\sigma_0+k_2\gamma_2(4d-3)+k_2'(h-4d)$;当 $h>10d$ 时,$[\sigma]=\sigma_0+k_2\gamma_2(4d-3)+k_2'\gamma_2(6d)$,其中 σ_0、γ_2 和 h 的意义与本规范第 4.1.3 条相同;d 为桩径或桩的宽度(m);k_2 按本规范表 4.1.3 中的数值计算;对于黏性土和黄土,k_2' 取 1.0;对于其他土,k_2' 为 $k_2/2$;

m_0——钻孔灌注桩桩底支承力折减系数,按表 6.2.2—6 采用;挖孔灌注桩桩底支承力折减系数可根据具体情况确定,一般可取 1.0。

表 6.2.2—5 钻(挖)孔灌注桩桩周极限摩阻力 f_i(kPa)

土的种类	土性状态	极限摩阻力
软 土		12~22
黏性土	流 塑	20~35
	软 塑	35~55
	硬 塑	55~75
粉 土	中 密	30~55
	密 实	55~70
粉砂、细砂	中 密	30~55
	密 实	55~70
中 砂	中 密	45~70
	密 实	70~90
粗砂、砾砂	中 密	70~90
	密 实	90~150
圆砾土、角砾土	中 密	90~150
	密 实	150~220
碎石土、卵石土	中 密	150~220
	密 实	220~420

注:漂石土、块石土极限摩阻力可采用 400 kPa~600 kPa。

表 6.2.2—6 钻(挖)孔灌注桩桩底支承力折减系数 m_0

土质及清底情况	m_0		
	$5d<h\leqslant 10d$	$10d<h\leqslant 25d$	$25d<h\leqslant 50d$
土质较好,不易坍塌,清底良好	0.9~0.7	0.7~0.5	0.5~0.4
土质较差,易坍塌,清底稍差	0.7~0.5	0.5~0.4	0.4~0.3
土质差,难以清底	0.5~0.4	0.4~0.3	0.3~0.1

注:h 为地面线或局部冲刷线以下桩长,d 为桩的直径,均以 m 计。

3　支承于岩石层上的打入桩、振动下沉桩（包括管柱）等柱桩的轴向受压容许承载力应按式（6.2.2—3）计算。

$$[P]=CRA \quad (6.2.2—3)$$

式中　$[P]$——桩的容许承载力（kN）；

R——岩石单轴抗压强度（kPa）；

C——系数，匀质无裂缝的岩石层取0.45，有严重裂缝的、风化的或易软化的岩石层取0.30；

A——柱底面积（m^2）。

4　支承于岩石层上与嵌入岩石层内的钻（挖）孔灌注桩、管柱等柱桩的轴向受压容许承载力应按式（6.2.2—4）计算。

$$[P]=R(C_1A+C_2Uh) \quad (6.2.2—4)$$

式中　$[P]$——桩及管柱的容许承载力（kN）；

U——嵌入岩石层内的桩及管柱的钻孔周长（m）；

h——自新鲜岩石面（平均高程）算起的嵌入深度（m）；

C_1，C_2——系数，根据岩石层破碎程度和清底情况确定，按表6.2.2—7采用。

表6.2.2—7　系数 C_1，C_2

岩石层及清底情况	C_1	C_2
良　好	0.5	0.04
一　般	0.4	0.03
较　差	0.3	0.02

注：当 $h \leq 0.5$ m时，C_1应乘以0.7，C_2为0。

5　摩擦桩轴向受拉的容许承载力应按式（6.2.2—5）计算。

$$[P']=0.30U\sum a_i l_i f_i \quad (6.2.2—5)$$

式中　$[P']$——摩擦桩轴向受拉的容许承载力（kN）；

其余符号意义同前。

6.2.3　桩下端锚固在岩石内时，可假定弯矩由锚固侧壁岩石承受，锚固深度可不考虑水平剪力影响，其应嵌入基岩中的深度 h_1 的计算应符合下列规定：

1　对于圆形桩，h_1 可按式（6.2.3—1）计算。

$$h_1=\sqrt{\frac{M}{0.066K\cdot R\cdot d}} \quad (6.2.3—1)$$

2　对于矩形桩，h_1 可按式（6.2.3—2）计算。

$$h_1=\sqrt{\frac{M}{0.083K\cdot R\cdot b}} \quad (6.2.3—2)$$

式中　h_1——自桩下端锚固点算起的锚固深度（m）；

M——桩下端锚固点处的弯矩（kN·m）；

K——根据岩层构造在水平方向的岩石容许压力换算系数，取0.5～1.0；

d——钻孔直径（m）；

b——垂直于弯矩作用平面桩的边长（m）；

R——岩石单轴抗压强度（kPa），按本规范第6.2.2条确定。

6.2.4　管柱振动下沉中应检算振动荷载作用下管柱的应力和变形，可按下列规定进行

计算:

1 作用于管柱的外力可按式(6.2.4)计算。

$$N=\eta P_{max} \tag{6.2.4}$$

式中 N——振动时作用于管柱的计算外力(kN);

P_{max}——所选用的振动打桩机的额定最大振动力(kN);

η——振动冲击系数,可按管柱振动下沉的入土深度、土质条件和施工辅助设施确定,可采用1.5~2.0。

2 振动下沉时,拉伸和压缩引起的弹性变形值应小于振动体系的振幅。

3 预应力混凝土管柱的张拉力不宜小于管柱的振动荷载。

6.2.5 计算基桩的内力和稳定性时,可按本规范附录D考虑桩侧土弹性抗力的作用。钻孔灌注桩桩身强度、稳定性及裂缝宽度验算应符合《铁路桥涵混凝土结构设计规范》TB 10092等相关章节的规定,桩身应采用设计桩径。

6.2.6 桩的计算应符合下列规定:

1 摩擦桩桩顶承受的轴向压力加上桩身自重与桩身入土部分同体积土重之差,不应大于本规范第6.2.2条按土的阻力计算的单桩受压容许承载力。

2 柱桩桩顶承受的轴向压力加桩身自重不应大于本规范第6.2.2条按岩石单轴抗压强度计算的单桩受压容许承载力。

3 受拉桩桩顶承受的拉力减去桩身自重不应大于本规范第6.2.2条按土的阻力计算的单桩受拉容许承载力。仅在主力作用时,桩不应承受轴向拉力。

4 主力加附加力作用时,按本规范第6.2.2条求得的桩的轴向受压容许承载力可提高20%;主力加特殊荷载(地震力除外)时,柱桩的轴向受压容许承载力可提高40%,摩擦桩可提高20%~40%。

5 桩基还应按附录E当作实体基础进行检算。桩基底面以下有软弱土层时,尚应按本规范第5.2.1条检算该土层的压应力。

6.2.7 位于湿陷性黄土和软土地基中的桩基础,当土壤可能出现湿陷或固结下沉时应考虑桩侧土的负摩阻力的作用。

6.3 构　　造

6.3.1 桩的直径应根据受力大小、桩基形式和施工条件确定。钻孔灌注桩的设计桩径不宜小于0.8 m;挖孔灌注桩的直径或边宽不宜小于1.25 m。

6.3.2 桩的排列可采用行列式或梅花式的布置形式,并应符合下列规定:

1 打入桩的桩尖中心距不应小于3倍设计桩径。振动下沉于砂土内的桩,桩尖中心距不应小于4倍设计桩径。桩尖爆扩桩的桩尖中心距应根据施工方法确定。上述各类桩在承台底面处桩的中心距不应小于1.5倍设计桩径。

2 钻(挖)孔灌注摩擦桩的中心距不应小于2.5倍设计桩径,钻(挖)孔灌注柱桩的中心距不应小于2倍设计桩径。

3 摩擦支承管柱的中心距可采用2.5~3倍管柱外径,端承管柱的中心距可采用2倍钻孔直径。

4 各类桩的承台边缘至最外一排桩的净距,桩径不大于1 m时,净距不应小于

0.5d，且不应小于0.25 m；桩径大于1 m时，净距不应小于0.3d，且不应小于0.50 m。对于钻孔灌注桩，d为设计桩径；对于矩形截面的桩，d为桩的短边宽。

6.3.3 桩身的钢筋和混凝土应符合下列规定：

1 预制钢筋混凝土桩强度和配筋应满足作为基础结构的受力要求及桩在运输、沉桩时的受力要求。

2 钻（挖）孔灌注桩可按桩身内力要求分段配筋。采用束筋时每束不宜多于两根钢筋。主筋直径不宜小于14 mm，净距不宜小于120 mm，且不应小于80 mm。箍筋的直径可采用8 mm，其间距可采用200 mm，摩擦桩下部可增大至400 mm。顺钢筋笼长度每隔2.0 m～2.5 m加一道直径为16 mm～22 mm的骨架箍筋。钢筋保护层厚度按现行《铁路混凝土结构耐久性设计规范》TB 10005的要求确定。

3 按计算桩身混凝土不需配筋的桩，应在桩顶部4 m～6 m范围内设置构造连接钢筋，并伸入承台内。钢筋直径可采用14 mm，间距250 mm～350 mm。

4 桩身混凝土的强度等级不应低于C30。

6.3.4 预制桩的分节长度可按施工条件确定，但应减少接头数量。接头的强度不应低于桩身的强度。

6.3.5 承台的厚度和配筋应根据受力情况确定，并应符合下列规定：

1 承台厚度不宜小于1.5 m，混凝土强度等级不应低于C30。

2 承台桩基布置在满足刚性角的情况下，承台底部应布置一层钢筋网。

3 桩顶主筋伸入承台联结时，钢筋网在越过桩顶处不应截断。

4 桩顶直接埋入承台内，且桩顶作用于承台的受压应力超过承台混凝土的局部承压应力时（计算此项应力时不考虑桩身与承台混凝土间的黏着力），应在每一根桩的顶面以上设置1～2层直径不小于12 mm的钢筋网，钢筋网的每边长度不应小于桩径的2.5倍，其网孔为100 mm×100 mm～150 mm×150 mm。

6.3.6 桩顶主筋伸入承台联结时，应符合下列规定：

1 桩身伸入承台内的长度宜为100 mm。

2 管柱伸入承台内的长度宜为150 mm～200 mm。

3 桩顶伸入承台内的主筋长度（算至弯钩切点），应根据桩基采用的钢筋种类及混凝土等级选用适宜的钢筋锚固长度。箍筋的直径不应小于8 mm，箍筋的间距可采用150 mm～200 mm。钢筋最小锚固长度应符合表6.3.6的规定。

表6.3.6　钢筋最小锚固长度（mm）

钢筋种类		HPB300			HRB400			HRB500		
混凝土等级		C25	C30、C35	≥C40	C25	C30、C35	≥C40	C25	C30、C35	≥C40
受压钢筋（直端）		30d	25d	20d	35d	30d	25d	40d	35d	30d
受拉钢筋	直　端	—	—	—	45d	40d	35d	50d	45d	40d
	弯钩端	25d	20d	20d	30d	25d	20d	35d	30d	25d

注：1　当带肋钢筋直径大于25 mm时，其锚固长度应增加10%。

2　受弯及大偏心受压构件中的受拉钢筋截断时宜避开受拉区，表中数值仅在困难条件下采用。

3　采用环氧树脂涂层钢筋时，受拉钢筋最小锚固长度应增加25%。

4　当混凝土在凝固过程中易受扰动时，锚固长度应增加10%。

5　d为钢筋直径。

6.3.7 钢筋混凝土桩桩顶直接埋入承台联结时,埋入长度应符合下列规定:

1 桩径小于 0.6 m 时,埋入长度不应小于 2 倍桩径。

2 桩径为 0.6 m~1.2 m 时,埋入长度不应小于 1.2 m。

3 桩径大于 1.2 m 时,埋入长度不应小于桩径。

6.3.8 承受拉力的桩与承台的联结应满足受拉强度要求。

6.3.9 嵌入新鲜岩面以下的钻(挖)孔灌注桩,其嵌入深度应根据计算确定,且不应小于 0.5 m。

6.3.10 河床岩层有冲刷时,支于岩层上的管柱基础应采用钻岩支承。管柱下端的位置应考虑岩层最低冲刷高程。

6.3.11 嵌入岩层的管柱应采用外壁竖直的钢刃脚,其高度应与嵌入岩内的深度相适应,并符合下列规定:

1 需要钻岩的管柱,在钻头运动高度范围内,底节管柱内壁及刃脚内侧应采用周圈钢板防护。

2 钻岩支承的管柱,钻孔内应设置钢筋笼,并伸入管柱底部,伸入管柱底部的长度按计算确定。

3 布置钻孔中钢筋笼时,钢筋笼底面与钻孔底面的容许误差可结合具体情况在设计时规定,但不应大于 0.5 m。钢筋笼的直径宜较钻头直径小 200 mm。

7 沉井基础

7.1 一般规定

7.1.1 当基础需要埋置较深且地质、水文及施工等条件适宜时,可选用沉井基础。下沉可能遇到大漂石、流砂、倾斜较大的岩面、地基承载力较低等不利条件时,应慎重选用。水深较大、流速适宜时可采用浮运沉井。

7.1.2 沉井下沉自重扣除水浮力作用后,应大于下沉时土对井壁的摩阻力,刃脚需嵌入风化层时应采取必要措施。土对井壁的摩阻力应根据实践经验或试验资料确定,缺乏上述资料时,可根据土的性质和施工措施按表 7.1.2 选用。

表 7.1.2 井壁与土体间的摩阻力

土的名称	土对井壁的摩阻力(kPa)	土的名称	土对井壁的摩阻力(kPa)
黏性土	25~50	砾石土	15~20
砂性土	12~25	软　土	10~12
卵石土	15~30	泥浆套	3~5

注:泥浆套为灌注在井壁外侧的浊变泥浆,是一种助沉材料。

7.1.3 沉井底节可采用素混凝土、钢筋混凝土、钢等材料,并应符合下列规定:

1 素混凝土沉井可用于下沉深度不大的土层。

2 钢筋混凝土沉井底节截面最小配筋率不应小于 0.5‰。

3 浮式焊接钢沉井所用钢材应保证其焊接性能。

4 沉井井孔应根据受力或稳定要求确定是否填充。在低于冻结线 0.25 m 以上的部分,应用混凝土或石砌填实。

7.2 计　　算

7.2.1 计算施工阶段荷载情况下的素混凝土、钢筋混凝土沉井截面强度时,材料容许应力可在主力加附加力的基础上提高,但提高的最大数值不应大于 10%。

7.2.2 沉井刃脚应按下列情况检算:

1 计算沉井刃脚时,应根据刃脚在水平和竖直两个方向的作用力进行荷载的分配。

2 沉井下沉过程中,可根据沉井接高等具体情况取最不利位置,按刃脚切入土中 1 m,检算刃脚向外弯曲强度。此时作用在井壁上的土压力和水压力应根据下沉时的具体情况确定,作用在井壁外侧的计算摩擦力不应大于 $0.5E$(E 为井壁外侧所受主动土压力)。

3 沉井沉至设计高程,刃脚下的土已掏空,应检算刃脚向内弯曲强度。此时作用在井壁上的水压力应按设计和施工中的最不利水压力考虑。

7.2.3 井壁应按竖直方向和水平方向分别进行检算,并应符合下列规定:

1 竖直方向检算时,应按刃脚下土已挖空,而外侧四周作用有摩阻力,可能把沉井箍住考虑,检算井壁垂直拉应力。素混凝土沉井接缝处拉应力由接缝钢筋承受,并检算钢筋的锚固长度。

2 水平方向检算时,应按本规范第 7.2.2 条的水平荷载,将沉井作为水平框架进行检算。检算刃脚斜面以上高度等于该处壁厚的一段井壁时,除承受该段井壁范围内的水平荷载外,还应承受由刃脚悬臂传来的水平力。

3 采用泥浆润滑套下沉的沉井,井壁外侧压力应按泥浆压力计算。

4 采用空气幕下沉的沉井,井壁压力与普通沉井的计算方法相同。

7.2.4 沉井底节的抗弯强度应按下列情况进行检算:

1 对于矩形、圆端形沉井,不排水下沉时,可支承在矩形的四个角点、圆端的两个端点,或长边的中点;排水下沉时,可按施工中可能的支承情况检算,支承点可设在长边上,当长短边比 L/B 大于 1.5 时,两支点间距可取(0.6~0.8)L。

2 对于圆形沉井,可支承在圆形的四个等分点上。在有孤石、漂石或其他障碍物的土层中,不排水下沉时,可支承在圆形的两个等分点上。

3 沉井底节的平面尺寸较大时,应按灌注第二节沉井混凝土时的荷载,检算底节内隔墙及井壁的抗弯强度,并假定内隔墙下土已挖空,内隔墙支承于井壁上。

7.2.5 沉井封底混凝土厚度根据受力情况和施工方法确定。

7.2.6 浮式沉井在悬浮状态下(落入河床前)应按下列规定计算:

1 浮式沉井应按施工步骤计算各阶段沉井入水深度及其稳定性。沉井浮体稳定的倾斜角可按式(7.2.6)计算。

$$\varphi = \arctan \frac{M}{\gamma_w V(\rho - a)} \tag{7.2.6}$$

式中 φ ——倾斜角,不得大于 6°,并应满足 $\rho - a > 0$;

M——外力矩(kN · m);

V——排水体积(m^3);

a——重心至浮心的距离(m),重心在浮心之上时 a 为正,反之为负;

ρ ——定倾半径(m),即定倾中心至浮心的距离,$\rho = \frac{I}{V}$,I 为浮体排水截面的惯性矩(m^4),按沉井轮廓面积和各阶段沉井入水深度计算;

γ_w——水的容重,等于 10 kN/m^3。

2 底节以上沉井应按静水压力、流水压力、内外水头差、风力、导向结构反力、锚缆拉力、填充时混凝土侧压力等分别检算井壁和内隔墙。

3 对于底节钢结构,起吊时应按承受结构自重检算。当浮于水中时,应按承受竖向荷载和底节以上的水平力分别检算井壁和内隔墙的强度。检算井壁时还应考虑沉井因倾斜而加大的静水压力,可加大 7 kPa~10 kPa。

7.2.7 沉井底面处土的容许承载力应按本规范第 4 章确定。沉井计算应符合下列原则:

1 置于岩面上的沉井,检算基底时,基底面积可酌情扣除水下清基时在沉井底面周围一定宽度内不可能完全清净的面积。

2 沉井基础的沉降和基底偏心距应按本规范第 3.2 节和第 5.2 节的规定计算。

3　土的弹性抗力可按附录 D 计算。采用泥浆润滑套施工时，仅在恢复侧面土的约束能力后，方可考虑土的弹性抗力作用。采用空气幕下沉的沉井，可考虑土的弹性抗力作用。

4　高低刃脚的沉井基础检算倾覆和滑动稳定性时，应考虑岩面倾斜的不利因素。必要时可在井孔内钻岩，设置钢筋笼以加强锚固作用。

5　沉井检算应考虑施工容许偏差的影响。

7.3　构　　造

7.3.1　沉井平面形状及尺寸应考虑阻水较小、受力合理、简单对称和施工方便等要求，根据墩台底面尺寸、地基承载力确定，并应符合下列规定：

1　棱角处宜用圆角或钝角。

2　顶面襟边宽度应根据沉井施工容许偏差确定。对顶部需设围堰的沉井，其襟边宽度应满足安装墩台身模板的需要。

3　井孔的布置和大小应满足取土机具所需净空和除土范围的要求，对顶部设置围堰的沉井，井孔布置应结合简化围堰支架结构统一考虑。

4　沉井外壁可做成竖直的或有台阶的，台阶的宽度可为100 mm 左右。

5　沉井在松软土中下沉时，沉井底节高度不应大于沉井短边宽度的 0.8 倍。

7.3.2　沉井井壁和内隔墙的设计应符合下列规定：

1　井壁厚度应根据结构强度、下沉需要的重量，以及便于取土和清基确定。

2　考虑传递封底混凝土基底反力的需要时，可在井壁上设置凹槽或其他联结措施。

3　沉井内隔墙底面应高出刃脚底面不小于 0.5 m，必要时内隔墙底部可设过人孔。

4　井壁和内隔墙可按施工需要设置连通管、探测管、射水孔，使用泥浆润滑套施工时的预埋管路，以及采用空气幕施工时的气龛、管路等。

7.3.3　沉井刃脚可根据地质情况采用尖刃脚或带踏面的刃脚，并应符合下列规定：

1　带踏面的刃脚，其踏面宽度不宜大于 150 mm。

2　刃脚斜面与水平面交角不宜小于 45°。

3　需要下沉至稍有倾斜的岩面时，在掌握岩层高低差变化的情况下，可将刃脚做成与岩面倾斜度相适应的高低刃脚。

4　沉井刃脚配置钢筋时，竖直钢筋应伸入刃脚根部以上 $0.5S_1$（S_1为井壁水平框架的最大计算跨度）。

8 挖井基础

8.1 一般规定

8.1.1 当基础需要埋置较深且无地下水,地基承载力较高,施工条件适宜时,可选用挖井基础。
8.1.2 挖井基础深度宜控制在 15 m 以内。基础形式可采用圆形、圆端形截面,截面尺寸不大时也可以选用矩形。
8.1.3 挖井基础施工时应设护壁,可采用钢筋混凝土或钢结构。钢筋混凝土护壁厚度不宜小于 300 mm,必要时设井内纵、横向井壁顶撑。
8.1.4 挖井基础施工应垂直开挖,护壁及时跟进,不应放坡开挖。
8.1.5 地形陡峭的山区,挖井施工前应做好井口以外的边坡防护,确保周边岸坡稳定。
8.1.6 挖井施工时应加强排水措施,挖井施工作业平台周边应设必要的排水沟。
8.1.7 挖井混凝土灌注时不应设置模板,应满灌基础。

8.2 计 算

8.2.1 挖井基础基底承载力应按本规范第 4 章、第 5 章有关明挖基础的规定计算,可计入侧壁土的弹性抗力。弹性抗力可按本规范附录 D 计算。
8.2.2 偏心距检算时应按本规范第 4 章、第 7 章有关沉井的规定计算,可不计井壁的摩阻力。
8.2.3 挖井基础承载力计算时,井壁与土体间的摩阻力应根据实践经验或实测资料确定。当缺乏上述资料时,可根据土的性质、施工措施按表 8.2.3 选用。

表 8.2.3 井壁与土体间的摩阻力

土的种类	土性状态	极限摩阻力(kPa)
软 土		6~12
黏性土	流 塑	10~17.5
	软 塑	17.5~22.5
	硬 塑	22.5~37.5
粉 土	中 密	15~22.5
	密 实	22.5~35
粉砂、细砂	中 密	15~22.5
	密 实	22.5~35
中 砂	中 密	22.5~35
	密 实	35~45

续上表

土的种类	土性状态	极限摩阻力(kPa)
粗砂、砾砂	中密	35~45
	密实	45~75
圆砾土、角砾土	中密	45~75
	密实	75~110
碎石土、卵石土	中密	75~110
	密实	110~210

注:漂石土、块石土极限摩阻力可采用 200 kPa~300 kPa。

8.2.4 挖井基础的沉降可按本规范第 3.2 节的规定计算。

9 特殊地基

9.1 湿陷性黄土地基

9.1.1 黄土地区建筑场地的湿陷性类型应按自重湿陷量Δ_{zs}判定：

1 Δ_{zs}小于或等于70 mm时，应判定为非自重湿陷性黄土场地；Δ_{zs}大于70 mm时，应判定为自重湿陷性黄土场地。

2 湿陷性黄土的自重湿陷量应按式(9.1.1)计算。

$$\Delta_{zs}=\beta_0\sum_{i=1}^{n}\delta_{zsi}\cdot h_i \tag{9.1.1}$$

式中 Δ_{zs}——自重湿陷量(mm)；

δ_{zsi}——第i层土在上覆土的饱和(土的饱和度$S_r\geqslant0.85$)自重压力下的自重湿陷系数；

h_i——第i层土的厚度(mm)；

β_0——因地区土质而异的修正系数，在缺乏实测资料时，陇西地区可取1.5，陇东—陕北—晋西地区可取1.2，关中地区可取0.9，其他地区可取0.5。

3 自重湿陷量的累计自天然地面算起(当挖、填方的厚度和面积较大时，自设计地面算起)，至其下全部湿陷性黄土层的底面为止，其中自重湿陷系数δ_{zs}小于0.015的土层可不计。

9.1.2 自重湿陷系数δ_{zs}可按式(9.1.2)计算。

$$\delta_{zs}=\frac{h_z-h_z'}{h_0} \tag{9.1.2}$$

式中 h_z——保持天然湿度和天然结构的土样，加压至土的饱和自重压力时，下沉稳定后的高度(mm)；

h_z'——上述加压稳定后的土样，在浸水作用下，下沉稳定后的高度(mm)；

h_0——土样的原始高度(mm)。

9.1.3 黄土的湿陷性应按湿陷系数δ_s判定。当δ_s大于或等于0.015时为湿陷性黄土。δ_s应在规定的压力作用下由室内压缩试验测定，并按式(9.1.3)计算。

$$\delta_s=\frac{h_p-h_p'}{h_0} \tag{9.1.3}$$

式中 h_p——保持天然湿度和天然结构的土样，加压至规定压力时，下沉稳定后的高度(mm)；

h_p'——上述加压稳定后的土样，在浸水作用下，下沉稳定后的高度(mm)；

h_0——土样的原始高度(mm)。

9.1.4 湿陷性黄土地区的桥涵可根据其重要性、结构特点、受水浸湿后的危害程度和修复难易程度分为A、B、C、D四类。A类为20 m及以上高墩台和超静定桥梁；B类为一般桥梁基础，拱涵；C类为涵洞和倒虹吸；D类为桥涵附属工程。

9.1.5 湿陷性黄土地基的湿陷等级应根据自重湿陷量 Δ_{zs} 和基底以下地基湿陷量 Δ_s 的数值按表 9.1.5 判定。

表 9.1.5 湿陷性黄土地基的湿陷等级

湿陷性类型		非自重湿陷性场地	自重湿陷性场地	
自重湿陷量 Δ_{zs}(mm)		$\Delta_{zs} \leqslant 70$	$70 < \Delta_{zs} \leqslant 350$	$\Delta_{zs} > 350$
基底以下地基的湿陷量 Δ_s(mm)	$\Delta_s \leqslant 300$	Ⅰ(轻微)	Ⅱ(中等)	—
	$300 < \Delta_s \leqslant 700$	Ⅱ(中等)	Ⅱ(中等)或Ⅲ(严重)	Ⅲ(严重)
	$\Delta_s > 700$	Ⅱ(中等)	Ⅲ(严重)	Ⅳ(很严重)

注:当 Δ_s 计算值大于 600 mm、Δ_{zs} 计算值大于 300 mm 时,可判定为Ⅲ级,其他情况可判定为Ⅱ级。

9.1.6 湿陷性黄土地区的桥涵应根据湿陷性黄土的等级、结构物分类和水流特征,采取相应的设计措施和处理方案以满足沉降控制的要求。湿陷性黄土地区地基处理的措施可参考表 9.1.6 采用。

表 9.1.6 湿陷性黄土地区地基处理的措施

水流特征及湿陷等级		经常性流水(或浸湿可能性较大)				季节性流水(或浸湿可能性较小)			
类型及措施		Ⅰ	Ⅱ	Ⅲ	Ⅳ	Ⅰ	Ⅱ	Ⅲ	Ⅳ
A	措　施	①				①			
B	措　施	②、③	②、③	①、②	①、②	③	②、③	②	
	处理深度(m)	2.0~3.0	3.0~5.0	4.0~6.0	6.0	0.8~1.0	1.0~2.0	2.0~3.0	5.0
C	措　施	③			②	③			
	处理深度(m)	0.8~1.0	1.0~1.5	1.5~2.0	3.0	0.5~0.8	0.8~1.2	1.2~2.0	2.0
D	措　施	④				④			

注:表中各编号所代表的处理措施:①墩台基础采用明挖、沉井或桩基,置于非湿陷性土层中;②采用强夯法或挤密桩法,并采取防水和结构措施;③采用重锤夯实或换填灰土夯实,并采取防水和结构措施;④地基表层夯实。

9.1.7 湿陷性黄土地区采用桩基础时,桩基应穿透湿陷性黄土层,并应符合下列规定:

1 在非自重湿陷性黄土场地,桩端应支撑在较低的非湿陷性黄土层中。

2 在自重湿陷性黄土场地,桩端应支撑在可靠的岩(土)层中。

9.1.8 在湿陷性黄土场地,应根据工程要求、场地湿陷类型、湿陷性黄土层厚度、桩端持力层的土质情况、施工条件和场地周围环境等因素确定适用的桩基类型,可采用钻(挖)孔灌注桩、打入桩。

9.1.9 在非自重湿陷性黄土场地,单桩竖向承载力的计算值应计入湿陷性黄土层内的桩长按饱和状态下的正侧阻力;在自重湿陷性黄土场地,除不计自重湿陷性黄土层内的桩长按饱和状态下的正侧阻力外,尚应扣除桩侧的负摩阻力。对桩侧负摩阻力进行现场试验确有困难时,可参考表 9.1.9 中的数值取值。

表 9.1.9 桩侧极限负摩阻力 f_i(kPa)

自重湿陷量的计算值(mm)	钻、挖孔灌注桩	打　入　桩
70~200	10	15
>200	15	20

9.1.10 湿陷性黄土地区的桥涵铺砌范围应比非湿陷地区同类的桥涵适当加大,垂裙适当加深,涵洞沉降缝应密不透水。

9.1.11 桥涵附近的陷穴、坑洞等应填平夯实,不得积水。山区及丘陵地区应加强疏导,避免潜蚀或严重冲刷影响桥涵基础稳定。

9.1.12 湿陷性黄土地区的桥涵基础宜设置在原有沟床上,并宜采用适应较大沉降的结构。涵洞不应采用分离式基础。

9.1.13 湿陷性黄土场地进行钻(挖)孔及护底施工过程中,应严防雨水和地表水流入桩孔内,保证基坑不受水浸泡。

9.1.14 基坑开挖时应在基坑底面以上预留 50 mm~100 mm 的土层,夯实至设计高程。基础筑出地面后,基坑应及时用不透水土或原土分层回填夯实至稍高于附近地面。换填土和桩孔填土不应采用渗水土。

9.2 软土地基

9.2.1 软土地基上的桥涵设计应考虑沉降的影响,合理选择结构形式,适当预留净空余量。

9.2.2 软土地基上桥涵基础的工后沉降量应符合本规范第 3.2.1 条的规定。

9.2.3 建于软土上且台后填土高大于等于 5 m 的桥台,在计算地基应力和沉降时,可按附录 F 考虑台后路基对基底产生的附加竖向压应力。建于软土地基上的墩台基础周围有不平衡荷载时,应考虑软土对基础产生的附加水平力。

9.2.4 桥涵基础的计算沉降量超过容许值,或地基土的容许承载力不足时,应采取工程措施或地基加固措施。

9.2.5 当基底下软土层厚度不大时,可将软土层全部挖除,换填为中砂、粗砂、砾砂、碎石、卵石,并分层夯填。换填的顶面尺寸应为基底每边加宽不小于 300 mm,底面尺寸由基底边缘按 35°~45°扩散角确定。

9.2.6 砂垫层的顶面尺寸应为基底每边加宽不小于 500 mm,底面宽度不小于 $b+2h\tan 35°$,其中 b 为基础宽度,砂垫层的厚度 h 应按下卧软土层的容许承载力确定,可取 1 m~3 m。砂垫层本身的沉降量可忽略不计。

9.3 多年冻土地基

9.3.1 多年冻土按照冻土融化时的下沉特征可分为不融沉、弱融沉、融沉、强融沉和融陷五类,多年冻土的分类和融沉性分级见本规范附录 A。

9.3.2 桥涵工程应根据桥址多年冻土的分布特征,全面进行工程地质评价,选择合理的桥渡方案、桥涵结构类型。

9.3.3 多年冻土地区基础设计除应进行地基承载力、变形及稳定性计算外,还应根据冻土的工程地质状况进行冻胀及冻胀力的检算。

9.3.4 多年冻土地区的桥涵基础可按以下两种基本原则进行设计:

1 年平均地温低于-1.0 ℃的场地和最大融化深度范围内存在融沉、强融沉、融陷性土及其夹层的地基,宜按保持冻结原则设计,基础形式可采用桩基础。

2 年平均地温不低于-0.5 ℃的场地，宜按容许融化原则设计。设计时应加大基础埋深，宜用粗颗粒土换填，埋设保温隔热材料等措施减少地基变形，必要时采取结构措施适应变形要求，当冻土层有可能全部融化时，应按季节冻土地基进行设计。

9.3.5 钻孔灌注桩可用于各类多年冻土地基；明挖基础可用于埋深较浅，除含土冰层以外的各类多年冻土地基。

9.3.6 多年冻土地区桥涵基础按保持冻结原则设计时，基础埋置深度可按式(9.3.6)计算。

$$h_m = H_r + \Delta H + \Delta h \tag{9.3.6}$$

式中 h_m——基础埋置深度(m)，有冲刷的河流自一般冲刷线算起；

H_r——人为上限深度(m)，$H_r = K_j \cdot H_t$；

K_j——经验系数，埋式桥台 K_j 取 1.0；无冲刷桥墩台取 1.2~1.4，地表破坏程度较小时取 1.2，破坏程度大时取 1.4；有冲刷桥墩台按 1.5~2.1 取值，流速、水深较大时取 1.5，流速、水深较小时取 2.1；

H_t——天然上限深度(m)；

ΔH——气温变化上限深度的增量(m)，$\Delta H = 0.38(T_p - T_H)$，$T_p$ 为设计频率年平均气温(℃)，T_H 为勘测年的平均气温(℃)，0.38 是指单位气温变化引起的气温变化上限深度的增量，单位为 m/℃；

Δh——安全值(m)，明挖基础取 1.5 m，桩基础取 4.0 m。

9.3.7 钻孔桩的单桩容许承载力应通过试桩确定。无条件试桩时，可按式(9.3.7)计算。

$$[P] = \frac{1}{2}\sum \tau_i F_i m'' + m'_0 A[\sigma] \tag{9.3.7}$$

式中 $[P]$——桩的容许承载力(kN)；

τ_i——第 i 层冻土同桩侧表面的冻结强度(kPa)，可按本规范附录 G 取值；

m''——冻结力修正系数，取 1.3~1.5；

F_i——第 i 层冻土中桩侧表面的冻结面积(m^2)；

m'_0——桩底支承力折减系数，可根据孔底条件取 0.5~0.9；

A——桩底支承面积(m^2)；

$[\sigma]$——桩底多年冻土容许承载力(kPa)，按本规范表 4.1.2—10 确定。

9.3.8 水平荷载作用下多年冻土地区的墩台基础，可根据桩和地基共同作用的条件考虑土的弹性抗力按本规范附录 D 计算，其地基系数的比例系数 m 和 m_0 宜通过现场实测确定。

9.3.9 桥梁基础位于冻胀或强冻胀土中时，应按本规范附录 G 进行切向冻胀计算。当计算不能满足受力要求时，应在主冻胀带范围内选用下列防冻胀措施：

1 减少地基与基础及墩台身之间的接触侧面积，并应使其表面光滑。

2 将基础和墩台身周围的冻胀性土用粉黏粒含量小于 10% 的中粗砂或卵砾石换填，也可采用其他的物理、化学方法进行防冻胀处理。

3 加大基础埋入多年冻土中的深度，以增大锚固力，并在承受拉力的断面上配置钢筋。

9.3.10 采用预先融化时，人工融化或挖除冻土的深度可根据冻土人为上限深度和基础容许沉降量计算确定。采用自然融化原则进行设计时，应进行沉降检算。弱融沉、融沉、强融沉土地基的最终沉降量可按式(9.3.10)计算。

$$S=\sum A_i\cdot h_i+\sum \alpha_i\cdot h_i\cdot \sigma_i+\sum \alpha_i\cdot W_i\cdot h_i \tag{9.3.10}$$

式中 S——最终沉降量(m);

h_i——第 i 层冻土厚度(m);

A_i——第 i 层冻土融化系数,可由试验确定;

α_i——第 i 层冻土压缩系数(MPa^{-1}),可由试验确定;

W_i——第 i 层冻土中点处的土自重压应力设计值(MPa);

σ_i——第 i 层冻土中点处的附加压应力设计值(MPa),恒载作用下,基底中点的压应力 σ_c 和稳定融化深度界面与基础轴线交点处的压应力 σ_N 成比例,即 $\sigma_N=K\cdot\sigma_c$,K 值见表 9.3.10。

表 9.3.10 稳定融化界面与基础轴线交点 N 处的竖向应力系数 K 值

h/b	圆形(半径=b)	矩形(边长2a、边宽2b)				长形	附图
		$\frac{a}{b}=1$	$\frac{a}{b}=2$	$\frac{a}{b}=3$	$\frac{a}{b}=10$	$\frac{a}{b}=\infty$	
0	1.000	1.000	1.000	1.000	1.000	1.000	
0.25	1.009	1.009	1.009	1.009	1.009	1.009	
0.50	1.064	1.053	1.033	1.033	1.033	1.033	
0.75	1.072	1.082	1.059	1.059	1.059	1.059	
1.00	0.965	1.027	1.039	1.026	1.025	1.025	
1.50	0.684	0.762	0.912	0.911	0.902	0.902	
2.00	0.473	0.541	0.717	0.769	0.761	0.761	
2.50	0.335	0.395	0.593	0.651	0.636	0.636	
3.00	0.249	0.298	0.474	0.549	0.560	0.560	
4.00	0.148	0.186	0.314	0.392	0.439	0.439	
5.00	0.098	0.125	0.222	0.287	0.359	0.359	
7.00	0.051	0.065	0.113	0.170	0.262	0.262	
10.00	0.025	0.032	0.064	0.093	0.181	0.185	
20.00	0.006	0.008	0.016	0.024	0.068	0.086	
50.00	0.001	0.001	0.003	0.005	0.014	0.037	
∞	0	0	0	0	0	0	

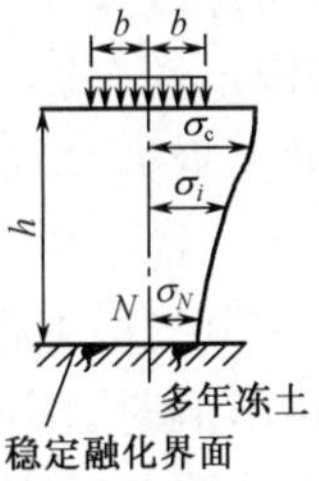

9.3.11 计算沉降量时,基底压缩层的厚度可按下列原则确定:

1 基底以下融化层厚度小于或等于基底压缩层厚度时,基底压缩层的厚度取融化层的厚度。

2 基底以下融化层厚度大于基底压缩层的厚度时,对于土自重压力的下沉和融化的下沉,算至融化层的下限;对于附加压力的下沉,取基底压缩层的厚度。

9.3.12 涵洞基础设计时应符合下列要求:

1 多年冻土涵洞的基础要与冻土地基类型相适应。

2 地基的强度不够或多年冻土人为上限较深需要加深基础时,特别是饱冰冻土、含土冰层等不良冻土地段,宜采用桩基础。

3 按容许融化原则设计存在强融沉、强冻胀等不良冻土地基，径流期长、径流量大，可能产生不均匀冻融变形时，可采用钢筋混凝土基础。

4 按保持冻结原则设计时，涵洞中心的预拱度按表 9.3.12 确定。

表 9.3.12　涵洞中心的预拱度

地基冻土类型	弱融沉土	融 沉 土	强融沉土
预拱度	$H/100$	$H/80$	$H/50$

注：H 为线路中心处轨底至涵底流水板面高度。

9.3.13 附属工程的基础可置于季节融化层或多年冻土中，埋深可根据非多年冻土地区的有关规定确定。季节融化层为冻胀土或强冻胀土时，基础宜每隔 2 m～5 m 设一道沉降缝。

9.4　岩溶地区地基

9.4.1 桥涵结构宜避开岩溶强发育地段。在碳酸盐岩为主的可溶性岩石地区，当存在岩溶（溶洞、溶蚀裂隙等）、土洞等现象时，应考虑其对桥涵地基承载力、基础稳定的影响。

9.4.2 对于完整的、较完整的硬质岩地基，当符合下列条件之一时，可不考虑岩溶对地基稳定性的影响：

1 洞体较小，基础（承台）底面尺寸大于洞的平面尺寸，并有足够的支承长度。

2 顶板岩石厚度大于或等于洞的跨度。

9.4.3 对地基稳定性有影响的溶洞，应根据其位置、大小、埋深、围岩稳定性和水文地质条件综合分析并采取处理措施。

9.4.4 岩溶地区明挖基础的溶洞可采用混凝土换填和压浆处理。岩溶埋藏较浅，局部有溶沟、溶槽，其下部已探明无溶洞时，可对基底以下溶沟、溶槽采用混凝土换填方式处理；当基底以下存在溶洞时，可通过压浆对岩溶空洞进行填充封闭处理。

9.4.5 溶洞、塌陷漏斗较大或岩溶多层发育地段宜采用桩基础。岩溶地区桩基穿越溶洞时，可采取以下处理措施：

1 桩身穿越小溶洞或填充性较差的溶洞，以及桩身处溶洞埋深大于 40 m 时，可采用填充压实（抛填片石、黄泥挤压）的方式处理。

2 桩身穿越较大空溶洞、半填充溶洞，以及桩身穿越串珠状溶洞时，可采用钢护筒跟进防护处理。

3 邻近既有建筑物或地表易发生塌陷的桩基础穿过岩溶时，溶洞内为半填充、无填充物或裂隙贯通时，可提前对溶洞进行注浆处理。

9.4.6 岩溶地段桥涵处地基的工程地质勘探应符合现行《铁路工程地质勘察规范》TB 10012 的相关规定。

10　改建既有线、增建第二线的桥涵基础

10.0.1　既有桥墩台基础埋深不足时，应采取板桩防护、注浆固结、河床铺砌、抛石防护、钻孔灌注桩加固等措施。

10.0.2　增建第二线桥时，在满足既有桥行车安全的条件下，合理确定两线间距，新旧基础可按以下原则进行设计：

1　分离式基础仍有部分重叠时，应以竖直的和水平的沉降缝分隔开。分离式基础的计算均按两单线桥考虑，并应计算沉降的相互影响。对部分重叠的基础，检算第二线桥基底压应力时，应考虑横桥方向偏心的影响。

2　整体式基础应按双线桥计算，并应采取措施联结牢固，联结断面应检算一线有车时产生的弯矩和剪力。

10.0.3　加固既有桥或增建第二线桥墩台基础时，应先查明既有桥基础构造、地质情况、地下水位等资料，以制定防护既有桥的措施和第二线桥基的施工方案。

10.0.4　既有桥墩台为明挖基础时，增建的第二线桥墩台基底不宜低于既有桥墩台基底，否则应结合地下水处理措施和行车影响进行既有桥墩台的防护设计。

10.0.5　改建既有线和增建第二线铁路桥涵基础设计应符合营业线施工安全的相关规定。

附录 A　土和岩石的工程分类及其性质的划分

A. 0. 1　土的分类及名称。

土的颗粒分组应符合表 A. 0. 1—1 的规定，碎石类土的划分应符合表 A. 0. 1—2 的规定，砂类土的划分应符合表 A. 0. 1—3 的规定，粉土及黏性土的划分应符合表 A. 0. 1—4 的规定。

表 A. 0. 1—1　土的颗粒分组

颗粒名称		粒径 d(mm)
漂石（浑圆、圆棱）或块石（尖棱）	大	$d>800$
	中	$400<d\leqslant 800$
	小	$200<d\leqslant 400$
卵石（浑圆、圆棱）或碎石（尖棱）	大	$100<d\leqslant 200$
	小	$60<d\leqslant 100$
粗圆砾（浑圆、圆棱）或粗角砾（尖棱）	大	$40<d\leqslant 60$
	小	$20<d\leqslant 40$
圆砾（浑圆、圆棱）或细角砾	大	$10<d\leqslant 20$
	中	$5<d\leqslant 10$
	小	$2<d\leqslant 5$
砂　粒	粗	$0.5<d\leqslant 2$
	中	$0.25<d\leqslant 0.5$
	细	$0.075<d\leqslant 0.25$
粉　粒		$0.005\leqslant d\leqslant 0.075$
黏　粒		$d<0.005$

表 A. 0. 1—2　碎石类土的划分

土的名称	颗粒形状	土的颗粒级配
漂石土	浑圆或圆棱状为主	粒径大于 200 mm 颗粒的质量超过总质量的 50%
块石土	尖棱状为主	
卵石土	浑圆或圆棱状为主	粒径大于 60 mm 颗粒的质量超过总质量的 50%
碎石土	尖棱状为主	
粗圆砾土	浑圆或圆棱状为主	粒径大于 20 mm 颗粒的质量超过总质量的 50%
粗角砾土	尖棱状为主	
细圆砾土	浑圆或圆棱状为主	粒径大于 2 mm 颗粒的质量超过总质量的 50%
细角砾土	尖棱状为主	

注：定名时应根据粒径分组，由大到小，以最先符合者确定。

表 A.0.1—3　砂类土的划分

土的名称	土的颗粒级配
砾　砂	粒径大于 2 mm 颗粒的质量占总质量的 25%～50%
粗　砂	粒径大于 0.5 mm 颗粒的质量超过总质量的 50%
中　砂	粒径大于 0.25 mm 颗粒的质量超过总质量的 50%
细　砂	粒径大于 0.075 mm 颗粒的质量超过总质量的 85%
粉　砂	粒径大于 0.075 mm 颗粒的质量超过总质量的 50%

注:定名时应根据颗粒级配,由大到小,以最先符合者确定。

表 A.0.1—4　粉土及黏性土的划分

土的名称	塑性指数 I_p
粉　土	$I_p \leqslant 10$
粉质黏土	$10 < I_p \leqslant 17$
黏　土	$I_p > 17$

注:1　塑性指数等于土的液限含水率与塑限含水率之差。
2　液限含水率试验采用圆锥仪法,圆锥仪总质量为 76 g,入土深度为 10 mm。
3　塑限含水率试验采用搓条法。
4　粉土为 $I_p \leqslant 10$,且粒径大于 0.075 mm 的颗粒少于全重 50% 的土。

A.0.2　土的密实度或压缩性。

碎石类土密实程度的划分应符合表 A.0.2—1 的规定,砂类土密实程度的划分应符合表 A.0.2—2 的规定,粉土密实程度的划分应符合表 A.0.2—3 的规定,黏性土压缩性的划分应符合表 A.0.2—4 的规定。

表 A.0.2—1　碎石类土密实程度的划分

密实程度	结构特征	天然坡和开挖情况	钻探情况
密实	骨架颗粒交错紧贴连续接触,孔隙填满、密实	天然陡坡稳定,坎下堆积物较少。镐挖掘困难,用撬棍方能松动,坑壁稳定。从坑壁取出大颗粒处,能保持凹面形状	钻进困难。钻探时,钻具跳动剧烈,孔壁较稳定
中密	骨架颗粒排列疏密不匀,部分颗粒不接触,孔隙填满,但不密实	天然坡不易陡立或陡坎下堆积物较多。天然坡大于粗颗粒的安息角。镐可挖掘,坑壁有掉块现象。充填物为砂类土时,坑壁取出大颗粒处,不易保持凹面形状	钻进较难。钻探时,钻具跳动不剧烈,孔壁有坍塌现象
稍密	多数骨架颗粒不接触,孔隙基本填满,但较松散	不易形成陡坎,天然坡略大于粗颗粒的安息角。镐较易挖掘,坑壁易掉块,从坑壁取出大颗粒后易塌落	钻进较难。钻探时,钻具有跳动,孔壁较易坍塌
松散	骨架颗粒有较大孔隙,充填物少,且松散	锹可以挖掘。天然坡多为主要颗粒的安息角。坑壁易坍塌	钻进较容易。钻进中孔壁易坍塌

表 A. 0. 2—2　砂类土密实程度的划分

密 度 程 度	标准贯入锤击数 N	相对密度 D_r
密　实	$N>30$	$D_r>0.67$
中　密	$15<N\leqslant30$	$0.4<D_r\leqslant0.67$
稍　密	$10<N\leqslant15$	$0.33<D_r\leqslant0.4$
松　散	$N\leqslant10$	$D_r\leqslant0.33$

注：$D_r=\dfrac{e_{max}-e}{e_{max}-e_{min}}$，其中 e 为天然孔隙比；e_{max} 为最大孔隙比；e_{min} 为最小孔隙比。

表 A. 0. 2—3　粉土密实程度的划分

密 实 程 度	孔隙比 e
密　实	$e<0.75$
中　密	$0.75\leqslant e\leqslant0.9$
稍　密	$e>0.9$

表 A. 0. 2—4　黏性土压缩性的划分

压 缩 性 分 级	压缩系数（MPa^{-1}）
低压缩性	$\alpha_{0.1\sim0.2}<0.1$
中压缩性	$0.1\leqslant\alpha_{0.1\sim0.2}<0.5$
高压缩性	$\alpha_{0.1\sim0.2}\geqslant0.5$

注：$\alpha_{0.1\sim0.2}$ 为 0.1 MPa～0.2 MPa 压力范围内的压缩系数。

A. 0. 3　土的潮湿程度或塑性状态。

碎石类土和砂类土潮湿程度的划分应符合表 A. 0. 3—1 的规定，粉土潮湿程度的划分应符合表 A. 0. 3—2 的规定，黏性土塑性状态的划分应符合表 A. 0. 3—3 的规定。

表 A. 0. 3—1　碎石类土和砂类土潮湿程度的划分

潮湿程度分级	饱和度 S_r（%）
稍　湿	$S_r\leqslant50$
潮　湿	$50<S_r\leqslant80$
饱　和	$S_r>80$

注：$S_r=\dfrac{V_W}{V_V}\times100\%$，其中 V_W 为水所占的体积，V_V 为孔隙（包括水及气体）部分的体积。

表 A. 0. 3—2　粉土潮湿程度的划分

潮湿程度分级	天然含水率 w（%）
稍　湿	$w<20$
潮　湿	$20\leqslant w\leqslant30$
饱　和	$w>30$

表 A.0.3—3　黏性土塑性状态的划分

塑性状态	液性指数 I_L
坚硬	$I_L \leqslant 0$
硬塑	$0 < I_L \leqslant 0.5$
软塑	$0.5 < I_L \leqslant 1$
流塑	$I_L > 1$

注：$I_L = \frac{w - w_p}{I_p}$，其中 w 为天然含水率；w_p 为塑限含水率；I_p 为塑性指数。

A.0.4　岩石坚硬程度及岩体完整程度的划分。

岩石坚硬程度的划分应符合表 A.0.4—1 的规定，R_c 与定性划分岩石坚硬程度的对应关系见表 A.0.4—2。

表 A.0.4—1　岩石坚硬程度的定性划分

名称		定性鉴定	代表性岩石
硬质岩	极硬岩	锤击声清脆，锤击有回弹，震手，难击碎，浸水后大多无吸水反应	未风化或微风化的花岗岩、片麻岩、闪长岩、石英岩、硅质灰岩、硅质胶结的砂岩或砾岩等
	硬岩	锤击声较清脆，锤击有轻微的回弹，稍震手，较难击碎，浸水后有轻微的吸水反应	弱风化的极硬岩；未风化或微风化的熔结凝灰岩、大理岩、板岩、白云岩、灰岩、钙质胶结的砂岩、结晶颗粒较粗的岩浆岩等
软质岩	较软岩	锤击声不清脆，锤击无回弹，较易击碎，吸水明显，浸水后指甲可划出印痕	强风化的极硬岩；弱风化的硬岩；未风化或微风化的千枚岩、云母片岩、砂质泥岩、钙泥质胶结的粉砂岩和砾岩、泥灰岩、页岩、凝灰岩等
	软岩	锤击声哑，锤击无回弹，有凹痕，易击碎，浸水后手可掰开	强风化的极硬岩；弱风化~强风化的硬岩；弱风化的较软岩和未风化或微风化的泥质岩类：泥岩、煤、泥质胶结的砂岩和砾岩等
	极软岩	锤击声哑，锤击无回弹，有较深的凹痕，手可掰开，浸水后可捏成团或捻碎	全风化的各类岩石和成岩作用差的岩石

表 A.0.4—2　R_c 与定性划分岩石坚硬程度的对应关系

岩石饱和单轴抗压强度 R_c(MPa)	$R_c > 60$	$60 \geqslant R_c > 30$	$30 \geqslant R_c > 15$	$15 \geqslant R_c > 5$	$R_c \leqslant 5$
坚硬程度	坚硬岩	较硬岩	较软岩	软岩	极软岩

A.0.5　新鲜岩石抗风化能力的分级与岩石软化性分类。

新鲜岩石抗风化能力的分级应符合表 A.0.5—1 的规定，岩石软化性分类应符合表 A.0.5—2 的规定。

表 A.0.5—1　新鲜岩石抗风化能力的分级

分级 指标和特征 项目	不易风化的	易风化的
软化性	不易软化的	易软化的
耐冻性	耐冻的	不耐冻的

续上表

项目＼指标和特征＼分级	不易风化的		易风化的
岩浆岩的结构	细粒的		粗粒的
造岩矿物	以石英为主	长石、辉石、角闪石较多	黄铁矿、橄榄石、黑云母含量较多
胶结物	硅质的	钙质的	泥质的
耐风化时间	暴露一、二年尚不易风化		暴露后数日至数月即出现风化

表 A.0.5—2　岩石软化性分类

名　称	不易软化的	易软化的
软化系数 k_r	>0.75	≤0.75

注：软化系数 k_r 为同一岩体中岩石单轴饱和抗压强度与风干状态下岩石单轴抗压强度的比值。

A.0.6　岩体的节理分级。

岩体按节理宽度分级应符合表 A.0.6—1 的规定，岩体节理发育程度分级应符合表 A.0.6—2 的规定。

表 A.0.6—1　岩体按节理宽度分级

名　称	节理宽度 b(mm)
密闭节理	$b<1$
微张节理	$1\leq b<3$
张开节理	$3\leq b<5$
宽张节理	$b\geq5$

表 A.0.6—2　岩体节理发育程度分级

节理发育程度分级	基　本　特　征
节理不发育	节理 1~2 组，规则，为构造型，间距在 1 m 以上，多为密闭节理。岩体被切割成巨块状
节理较发育	节理 2~3 组，呈 X 形，较规则，以构造型为主，多数间距大于 0.4 m，多为密闭节理，部分为微张节理，少有充填物。岩体被切割成大块状
节理发育	节理 3 组以上，不规则，呈 X 形或米字形，以构造型、风化型为主，多数间距小于 0.4 m，大部分为张开节理，部分有充填物。岩体被切割成块状
节理很发育	节理 3 组以上，杂乱，以风化型和构造型为主，多数间距小于 0.2 m，以张开节理为主，有个别宽张节理，一般均有充填物。岩体被切割成碎裂状

A.0.7　岩体受地质构造影响程度的划分应符合表 A.0.7 的规定。

表 A.0.7　岩体按受地质构造影响程度划分

名　称	基　本　特　征
轻　微	地质构造变动小，节理不发育

续上表

名　称	基　本　特　征
较　重	地质构造变动较大，位于断层或褶曲轴的邻近地段，可有小断层，节理较发育
严　重	地质构造变动剧烈，位于褶曲轴部或断层影响带内，软质岩多见扭曲及拖拉现象，节理发育
很严重	位于断层破碎带内，岩体呈块石、碎石、角砾状，有的甚至呈粉末、泥土状，节理很发育

A.0.8　岩体完整程度划分应符合表 A.0.8 的规定。

表 A.0.8　岩体完整程度划分

名　称	结构面特征	结构类型	岩体完整性指数 K_v
完　整	结构面 1~2 组，以构造型节理或层为主，密闭型	巨块状整体结构	$K_v>0.75$
较完整	结构面 2~3 组，以构造型节理、层面为主，裂隙多呈密闭型，部分为微张型，少有充填物	块状结构	$0.55<K_v\leqslant0.75$
较破碎	结构面一般为 3 组，以节理及风化裂隙为主，在断层附近受构造作用影响较大，裂隙以微张型和张开型为主，多有充填物	层状、块石、碎石状结构	$0.35<K_v\leqslant0.55$
破　碎	结构面大于 3 组，并多以风化型裂隙为主，在断层附近受构造作用影响较大，裂隙以张开型为主，多有充填物	碎石角砾状结构	$0.15<K_v\leqslant0.35$
极破碎	结构面杂乱无序，在断层附近受构造作用影响很大，宽张裂隙全为泥质或泥夹岩屑充填，充填物厚度大	散体状结构	$K_v\leqslant0.15$

注：1　表中裂隙宽度的类型，可参见本规范表 A.0.6—1。
2　表中岩体完整性指数是岩体弹性纵波速度与同一岩体中岩石的弹性纵波速度比值的平方。

A.0.9　岩体风化程度分带应符合表 A.0.9 的规定。

表 A.0.9　岩体风化程度分带

风化程度分带	野外鉴定特征				风化程度参数指标		
	岩石矿物颜色	结　构	破碎程度	坚硬程度	风化系数 k_f	波速比 k_p	纵波速度 v_p (m/s)
未风化	岩石、矿物及其胶结物颜色新鲜，保持原有颜色	保持岩体原有结构	除构造裂隙外肉眼见不到其他裂隙，整体性好	除泥质岩可用大锤击碎外，其余岩类不易击开，放炮才能掘进	$k_f>0.9$	$k_p>0.9$	硬质岩 $v_p>5\,000$ 软质岩 $v_p>4\,000$
微风化	岩石、矿物颜色较暗淡，节理面附近有部分矿物变色	岩体结构未破坏，仅沿节理面有风化现象或有水锈	有少量风化裂隙，裂隙间距多数大于 0.4 m，整体性仍较好	要用大锤和楔子才能剖开，泥质岩用大锤可以击碎，放炮才能掘进	硬质岩 $0.8<k_f\leqslant0.9$ 软质岩 $0.8<k_f\leqslant0.9$	硬质岩 $0.8<k_p\leqslant0.9$ 软质岩 $0.8<k_p\leqslant0.9$	硬质岩 $4\,000<v_p\leqslant5\,000$ 软质岩 $3\,000<v_p\leqslant4\,000$

续上表

风化程度分带	野外鉴定特征				风化程度参数指标		
	岩石矿物颜色	结　构	破碎程度	坚硬程度	风化系数 k_f	波速比 k_p	纵波速度 v_p（m/s）
弱风化	岩石、矿物失去光泽，颜色暗淡，部分易风化矿物已经变色，黑云母失去弹性	岩体结构已部分破坏，裂隙可能出现风化夹层，一般呈块状或球状结构	风化裂隙发育，裂隙间距多数为0.2 m～0.4 m，整体性差	可用大锤击碎，用手锤不易击碎，大部分需放炮掘进，用岩心钻方可钻进	硬质岩 $0.4<k_f\leqslant0.8$ 软质岩 $0.3<k_f\leqslant0.8$	硬质岩 $0.6<k_p\leqslant0.8$ 软质岩 $0.5<k_p\leqslant0.8$	硬质岩 $2\,000<v_p\leqslant4\,000$ 软质岩 $1\,500<v_p\leqslant3\,000$
强风化	岩石及大部分矿物变色，形成次生矿物	岩体结构已大部分破坏，形成碎块状或球状结构	风化裂隙很发育，岩体破碎，风化物呈碎石状或碎石含砂状，裂隙间距小于0.2 m，完整性很差	用手锤可击碎，用镐可以掘进，用锹则很困难，干钻可钻进	硬质岩 $k_f\leqslant0.4$ 软质岩 $k_f\leqslant0.3$	硬质岩 $0.4<k_p\leqslant0.6$ 软质岩 $0.3<k_p\leqslant0.5$	硬质岩 $1\,000<v_p\leqslant2\,000$ 软质岩 $700<v_p\leqslant1\,500$
全风化	岩石、矿物已完全变色，大部分发生变异，除石英外大部分风化成土状	岩体结构已完全破坏，仅外观保持原岩特征，矿物晶体失去连接，石英松散呈粒状	风化破碎呈碎屑状、土状或砂状	用手可捏碎，用锹就可掘进，干钻较易钻进	—	硬质岩 $k_p\leqslant0.4$ 软质岩 $k_p\leqslant0.3$	硬质岩 $500<v_p\leqslant1\,000$ 软质岩 $300<v_p\leqslant700$

注：1　k_f是同一岩体中风化岩石的单轴饱和抗压强度与未风化岩石的单轴饱和抗压强度的比值。
　　2　k_p是同一岩体中风化岩体的纵波波速与未风化岩体的纵波波速的比值。

A.0.10　多年冻土的季节融化土层具有夏季融化下沉、秋冬季再次冻结时体积膨胀的特性，其冻胀性分级应符合表A.0.10的规定。

表A.0.10　多年冻土季节融化土层的冻胀性分级划分表

土的类别	冻前天然含水率 w(%)	冻结期间地下水位距冻结面的最小距离 h_w(m)	平均冻胀率 η(%)	冻胀等级	冻胀类别
粉黏粒质量不大于15%的粗颗粒土，粉黏粒质量不大于10%的细砂	不考虑	不考虑	$\eta\leqslant1$	Ⅰ	不冻胀
粉黏粒质量大于15%的碎石、砂类土，粉黏粒质量大于10%的细砂	$w\leqslant12$	>1.0			
粉　砂	$w\leqslant14$	>1.0			
粉　土	$w\leqslant19$	>1.5			
黏性土	$w\leqslant w_p+2$	>2.0			

续上表

土的类别	冻前天然含水率 w(%)	冻结期间地下水位距冻结面的最小距离 h_w(m)	平均冻胀率 η(%)	冻胀等级	冻胀类别
粉黏粒质量大于15%的颗粒土,粉黏粒质量大于10%的细砂	$w \leqslant 12$	≤1.0	$1<\eta \leqslant 3.5$	Ⅱ	弱冻胀
	$12<w \leqslant 18$	>1.0			
粉　砂	$w \leqslant 14$	≤1.0			
	$14<w \leqslant 19$	>1.0			
粉　土	$w \leqslant 19$	≤1.5			
	$19<w \leqslant 22$	>1.5			
黏性土	$w \leqslant w_p+2$	≤2.0			
	$w_p+2<w \leqslant w_p+5$	>2.0			
粉黏粒质量大于15%的粗颗粒土,粉黏粒质量大于10%的细砂	$12<w \leqslant 18$	≤1.0	$3.5<\eta \leqslant 6$	Ⅲ	冻胀
	$w>18$	>0.5			
粉　砂	$14<w \leqslant 19$	≤1.0			
	$19<w \leqslant 23$	>1.0			
粉　土	$19<w \leqslant 22$	≤1.5			
	$22<w \leqslant 26$	>1.5			
黏性土	$w_p+2<w \leqslant w_p+5$	≤2.0			
	$w_p+5<w \leqslant w_p+9$	>2.0			
粉黏粒质量大于15%的粗颗粒土,粉黏粒质量大于10%的细砂	$w>18$	≤0.5	$6<\eta \leqslant 12$	Ⅳ	强冻胀
粉　砂	$19<w \leqslant 23$	≤1.0			
粉　土	$22<w \leqslant 26$	≤1.5			
	$26<w \leqslant 30$	>1.5			
黏性土	$w_p+5<w \leqslant w_p+9$	≤2.0			
	$w_p+9<w \leqslant w_p+15$	>2.0			
粉　砂	$w>23$	不考虑	$\eta>12$	Ⅴ	特强冻胀
粉　土	$26<w \leqslant 30$	≤1.5			
	$w>30$	不考虑			
黏性土	$w_p+9<w \leqslant w_p+15$	≤2.0			
	$w>w_p+15$	不考虑			

注:1　η 为地表冻胀量与冻层厚度减地表冻胀量之比。

2　w_p 为塑限含水率。

3　盐渍化冻土不在表列。

4　塑性指数 w_p 大于22时,冻胀性降低一级。

5　碎石类土当充填物大于全部质量的40%时,其冻胀性按填充物土的类别判定。

6　粗颗粒土指中砂、粗砂、砾砂和碎石类土,粉黏粒指粒径小于0.075 mm的颗粒。

A.0.11　多年冻土的天然含水率与融沉等级和冻土地层的总含水率及其表征地层持水能力的细粒土(包括黏粒和粉粒)含量密切相关,其含水率和融沉分级的对应关系应符合表 A. 0. 11 的规定。

表 A. 0. 11　多年冻土的含水率与融沉等级对照表

多年冻土类别	土的名称	总含水率 w_A（%）	融化后的潮湿程度	平均融沉系数 δ_0	融沉等级及类别
少冰冻土	碎石类土、砾砂、粗砂、中砂（粉黏粒质量小于15%）	$w_A<10$	潮　湿	$\delta_0\leqslant1$	Ⅰ级 不融沉
	碎石类土、砾砂、粗砂、中砂（粉黏粒质量大于15%）	$w_A<12$	稍　湿		
	细砂、粉砂	$w_A<14$			
	粉　土	$w_A<17$			
	黏性土	$w_A<w_p$	坚　硬		
多冰冻土	碎石类土、砾砂、粗砂、中砂（粉黏粒质量小于15%）	$10\leqslant w_A<15$	饱　和	$1<\delta_0\leqslant3$	Ⅱ级 弱融沉
	碎石类土、砾砂、粗砂、中砂（粉黏粒质量大于15%）	$12\leqslant w_A<15$	潮　湿		
	细砂、粉砂	$14\leqslant w_A<18$			
	粉　土	$17\leqslant w_A<21$			
	黏性土	$w_p\leqslant w_A<w_p+4$	坚　硬		
富冰冻土	碎石类土、砾砂、粗砂、中砂（粉黏粒质量小于15%）	$15\leqslant w_A<25$	饱和出水（出水量小于10%）	$3<\delta_0\leqslant10$	Ⅲ级 融沉
	碎石类土、砾砂、粗砂、中砂（粉黏粒质量大于15%）		饱　和		
	细砂、粉砂	$18\leqslant w_A<29$			
	粉　土	$21\leqslant w_A<32$			
	黏性土	$w_p+4\leqslant w_A<w_p+15$	软　塑		
饱冰冻土	碎石类土、砾砂、粗砂、中砂（粉黏粒质量小于15%）	$25\leqslant w_A<44$	饱和出水（出水量小于10%）	$10<\delta_0\leqslant25$	Ⅳ级 强融沉
	碎石类土、砾砂、粗砂、中砂（粉黏粒质量大于15%）				
	黏性土	$w_p+15\leqslant w_A<w_p+35$	软　塑		
含土冰层	碎石类土、砂类土、粉土	$w_A\geqslant44$	饱和出水（出水量小于0%～20%）	$\delta_0>25$	Ⅴ级融陷
	黏性土	$w_A\geqslant w_p+35$	流　塑		
纯冰层	厚度大于 25 cm 或间隔 2 cm～3 cm 冰层累计超过 25 cm				

注：1　总含水率包含冰和未冻水。
2　盐渍化冻土、泥炭化冻土、腐殖土、高塑性黏土不在表列。
3　w_p为塑限含水率。

A. 0. 12　岩土施工工程分级应符合表 A. 0. 12 的规定。

表 A.0.12　岩土施工工程分级

等级	分类	岩土名称及特征	钻1 m所需时间			岩石单轴饱和抗压强度(MPa)	开挖方法
			液压凿岩台车、潜孔钻机(净钻分钟)	手持风枪湿式凿岩合金钻头(净钻分钟)	双人打眼(工天)		
Ⅰ	松土	砂类土,种植土,未经压实的填土					用铁锹挖,脚蹬一下到底的松散土层,机械能全部直接铲挖,普通装载机可满载
Ⅱ	普通土	坚硬的、可塑的粉质黏土,可塑的黏土,膨胀土,粉土,Q_3、Q_4黄土,稍密、中密角砾土、圆砾土,松散的碎石土、卵石土,压密的填土,风积砂					部分用镐刨松,再用铁锹挖,脚连蹬数次才能挖动。挖掘机、带齿尖口装载机可满载、普通装载机可直接铲挖,但不能满载
Ⅲ	硬土	坚硬的黏性土、膨胀土,Q_1、Q_2黄土,稍密、中密碎石土、卵石土,密实的圆砾土、角砾土,各种风化成土状的岩石					必须用镐先全部刨过才能用铁锹挖。挖掘机、带齿尖口装载机不能满载,大部分采用松土器松动方能铲挖装载
Ⅳ	软石	块石土、漂石土,含块石、漂石30%~50%的土及密实的碎石土、卵石土,岩盐;各类较软岩、软岩及成岩作用差的岩石:泥质岩类、煤、凝灰岩、云母片岩、千枚岩		<7	<0.2	<30	部分用撬棍及大锤开挖或挖掘机、单钩裂土器松动,部分需借助液压冲击镐解碎或部分采用爆破法开挖
Ⅴ	次坚石	各种硬质岩:硅质页岩、钙质岩、白云岩、石灰岩、泥灰岩、玄武岩、片岩、片麻岩、正长岩、花岗岩	≤10	7~20	0.2~1.0	30~60	能用液压冲击镐解碎,大部分需用爆破法开挖
Ⅵ	坚石	各种极硬岩:硅质砂岩、硅质砾岩、石灰岩、石英岩、大理岩、玄武岩、闪长岩、花岗岩、角岩	>10	>20	>1.0	>60	可用液压冲击镐解碎,需用爆破法开挖

注:1　软土(软黏性土、淤泥质土、淤泥、泥炭质土、泥炭)的施工工程分级,一般可定为Ⅱ级;多年冻土一般可定为Ⅳ级。

2　表中所列岩石均按完整结构岩体考虑,若岩体极破碎、节理很发育或强风化时,其等级应按本表对应岩石的等级降低一级。

附录 B　矩形面积上均布荷载作用下通过中心点竖线上的平均附加应力系数 C

表 B　平均附加应力系数 C

a/b z/b	1	1.2	1.4	1.6	1.8	2	2.4	2.8	3.2	3.6	4	5	≥10
0	1.000	1.000	1.000	1.000	1.000	1.000	1.000	1.000	1.000	1.000	1.000	1.000	1.000
0.1	0.997	0.998	0.998	0.998	0.998	0.998	0.998	0.998	0.998	0.998	0.998	0.998	0.998
0.2	0.987	0.990	0.991	0.992	0.992	0.992	0.993	0.993	0.993	0.993	0.993	0.993	0.993
0.3	0.967	0.973	0.976	0.978	0.979	0.979	0.980	0.980	0.981	0.981	0.981	0.981	0.981
0.4	0.936	0.947	0.953	0.956	0.958	0.965	0.961	0.962	0.962	0.963	0.963	0.963	0.963
0.5	0.900	0.915	0.924	0.929	0.933	0.935	0.937	0.939	0.939	0.940	0.940	0.940	0.940
0.6	0.858	0.878	0.890	0.898	0.903	0.906	0.910	0.912	0.913	0.914	0.914	0.915	0.915
0.7	0.816	0.840	0.855	0.865	0.871	0.876	0.881	0.884	0.885	0.886	0.887	0.887	0.888
0.8	0.775	0.801	0.819	0.831	0.839	0.844	0.851	0.855	0.857	0.858	0.859	0.860	0.860
0.9	0.735	0.764	0.784	0.797	0.806	0.813	0.821	0.826	0.829	0.830	0.831	0.832	0.836
1.0	0.698	0.728	0.749	0.764	0.775	0.783	0.792	0.798	0.801	0.803	0.804	0.806	0.807
1.1	0.663	0.694	0.717	0.733	0.744	0.753	0.764	0.771	0.775	0.777	0.779	0.780	0.782
1.2	0.631	0.663	0.686	0.703	0.715	0.725	0.737	0.744	0.749	0.752	0.754	0.756	0.758
1.3	0.601	0.633	0.657	0.674	0.688	0.698	0.711	0.719	0.725	0.728	0.730	0.733	0.735
1.4	0.573	0.605	0.629	0.648	0.661	0.672	0.687	0.696	0.701	0.705	0.708	0.711	0.714
1.5	0.548	0.580	0.604	0.622	0.637	0.648	0.664	0.673	0.679	0.683	0.686	0.690	0.693
1.6	0.524	0.556	0.580	0.599	0.613	0.625	0.641	0.651	0.658	0.663	0.666	0.670	0.675
1.7	0.502	0.533	0.558	0.577	0.591	0.603	0.620	0.631	0.638	0.643	0.646	0.651	0.656
1.8	0.482	0.513	0.537	0.556	0.571	0.588	0.600	0.611	0.619	0.624	0.629	0.633	0.638
1.9	0.463	0.493	0.517	0.536	0.551	0.563	0.581	0.593	0.601	0.606	0.610	0.616	0.622
2.0	0.446	0.475	0.499	0.518	0.533	0.545	0.563	0.575	0.584	0.590	0.594	0.600	0.606
2.1	0.429	0.459	0.482	0.500	0.515	0.528	0.546	0.559	0.567	0.574	0.578	0.585	0.591
2.2	0.414	0.443	0.466	0.484	0.499	0.511	0.530	0.543	0.552	0.558	0.563	0.570	0.577
2.3	0.400	0.428	0.451	0.469	0.484	0.496	0.515	0.528	0.537	0.544	0.548	0.554	0.564
2.4	0.387	0.414	0.436	0.454	0.469	0.481	0.500	0.513	0.523	0.530	0.535	0.543	0.551
2.5	0.374	0.401	0.423	0.441	0.455	0.468	0.486	0.500	0.509	0.516	0.522	0.530	0.539
2.6	0.362	0.389	0.410	0.428	0.442	0.473	0.473	0.487	0.496	0.504	0.509	0.518	0.528
2.7	0.351	0.377	0.398	0.416	0.430	0.461	0.461	0.474	0.484	0.492	0.497	0.506	0.517
2.8	0.341	0.366	0.387	0.404	0.418	0.449	0.449	0.463	0.472	0.480	0.486	0.495	0.506
2.9	0.331	0.356	0.377	0.393	0.407	0.438	0.438	0.451	0.461	0.469	0.475	0.485	0.496
3.0	0.322	0.346	0.366	0.383	0.397	0.409	0.429	0.441	0.451	0.459	0.465	0.474	0.487
3.1	0.313	0.337	0.357	0.373	0.387	0.398	0.417	0.430	0.440	0.448	0.454	0.464	0.477
3.2	0.305	0.328	0.348	0.364	0.377	0.389	0.407	0.420	0.431	0.439	0.445	0.455	0.468
3.3	0.297	0.320	0.339	0.355	0.368	0.379	0.397	0.411	0.421	0.429	0.436	0.446	0.460
3.4	0.289	0.312	0.331	0.346	0.359	0.371	0.388	0.402	0.412	0.420	0.427	0.437	0.452

续上表

z/b \ a/b	1	1.2	1.4	1.6	1.8	2	2.4	2.8	3.2	3.6	4	5	≥10
3.5	0.282	0.304	0.323	0.338	0.351	0.362	0.380	0.393	0.403	0.412	0.418	0.429	0.444
3.6	0.276	0.297	0.315	0.330	0.343	0.354	0.372	0.385	0.395	0.403	0.410	0.421	0.436
3.7	0.269	0.290	0.308	0.323	0.335	0.346	0.364	0.377	0.387	0.395	0.402	0.413	0.429
3.8	0.263	0.284	0.301	0.316	0.328	0.339	0.356	0.369	0.379	0.388	0.394	0.405	0.422
3.9	0.257	0.277	0.294	0.309	0.321	0.332	0.349	0.362	0.372	0.380	0.387	0.398	0.415
4.0	0.251	0.271	0.288	0.302	0.311	0.325	0.342	0.355	0.365	0.373	0.379	0.391	0.408
4.1	0.246	0.265	0.282	0.296	0.308	0.318	0.335	0.348	0.358	0.366	0.372	0.384	0.402
4.2	0.241	0.260	0.276	0.290	0.302	0.312	0.328	0.341	0.352	0.359	0.366	0.377	0.396
4.3	0.236	0.255	0.270	0.284	0.296	0.306	0.322	0.335	0.345	0.353	0.359	0.371	0.390
4.4	0.231	0.250	0.265	0.278	0.290	0.300	0.316	0.329	0.339	0.347	0.353	0.365	0.384
4.5	0.226	0.245	0.260	0.273	0.285	0.294	0.310	0.323	0.333	0.341	0.347	0.359	0.378
4.6	0.222	0.240	0.255	0.268	0.279	0.289	0.305	0.317	0.327	0.335	0.341	0.353	0.373
4.7	0.218	0.235	0.250	0.263	0.274	0.284	0.299	0.312	0.321	0.329	0.336	0.347	0.367
4.8	0.214	0.231	0.245	0.258	0.269	0.279	0.294	0.306	0.316	0.324	0.330	0.342	0.362
4.9	0.210	0.227	0.241	0.253	0.265	0.274	0.289	0.301	0.311	0.319	0.325	0.337	0.357
5.0	0.206	0.223	0.237	0.249	0.260	0.269	0.284	0.296	0.306	0.313	0.320	0.332	0.352

注：表中 a、b 分别为矩形面积的长边和短边；z 为从基础底面算起的土层深度。

附录C 桥涵基底下卧土层附加应力系数 α

表C 桥涵基底下卧土层附加应力系数 α

$\frac{z}{b}$或$\frac{z}{d}$	圆 形	矩形基础长宽比 a/b											$a/b\geqslant10$ 条形基础
		1	1.2	1.4	1.6	1.8	2	2.4	2.8	3.2	4	5	
0	1	1	1	1	1	1	1	1	1	1	1	1	1
0.1	0.974	0.980	0.984	0.986	0.987	0.987	0.988	0.988	0.989	0.989	0.989	0.989	0.989
0.2	0.949	0.960	0.968	0.972	0.974	0.975	0.976	0.976	0.977	0.977	0.977	0.977	0.977
0.3	0.864	0.880	0.899	0.910	0.917	0.920	0.923	0.925	0.928	0.928	0.929	0.929	0.929
0.4	0.756	0.800	0.830	0.848	0.859	0.866	0.870	0.875	0.878	0.879	0.880	0.881	0.881
0.5	0.646	0.703	0.741	0.765	0.781	0.791	0.799	0.809	0.812	0.814	0.817	0.818	0.819
0.6	0.547	0.606	0.651	0.682	0.703	0.717	0.727	0.740	0.746	0.749	0.753	0.754	0.755
0.7	0.461	0.527	0.574	0.607	0.630	0.646	0.660	0.674	0.685	0.690	0.694	0.697	0.698
0.8	0.390	0.449	0.496	0.532	0.558	0.579	0.593	0.612	0.623	0.630	0.636	0.639	0.642
0.9	0.332	0.392	0.437	0.473	0.499	0.518	0.536	0.559	0.572	0.579	0.588	0.592	0.596
1.0	0.285	0.334	0.378	0.414	0.441	0.463	0.481	0.505	0.520	0.529	0.540	0.545	0.550
1.1	0.246	0.295	0.335	0.369	0.396	0.418	0.436	0.462	0.479	0.486	0.501	0.508	0.513
1.2	0.214	0.257	0.294	0.325	0.352	0.374	0.392	0.419	0.437	0.447	0.462	0.470	0.477
1.3	0.187	0.229	0.263	0.292	0.318	0.339	0.357	0.384	0.403	0.426	0.431	0.440	0.448
1.4	0.165	0.201	0.232	0.260	0.284	0.304	0.321	0.350	0.369	0.383	0.400	0.410	0.420
1.5	0.146	0.180	0.209	0.235	0.258	0.277	0.294	0.322	0.341	0.356	0.374	0.385	0.397
1.6	0.130	0.160	0.187	0.210	0.232	0.251	0.267	0.294	0.314	0.329	0.348	0.360	0.374
1.7	0.117	0.145	0.170	0.191	0.212	0.230	0.245	0.272	0.292	0.307	0.326	0.340	0.355
1.8	0.106	0.130	0.153	0.173	0.192	0.209	0.224	0.250	0.270	0.285	0.305	0.320	0.337
1.9	0.095	0.119	0.140	0.159	0.177	0.192	0.207	0.233	0.251	0.263	0.288	0.303	0.320
2.0	0.087	0.108	0.127	0.145	0.161	0.176	0.189	0.214	0.233	0.241	0.270	0.285	0.304
2.1	0.079	0.099	0.116	0.133	0.148	0.163	0.176	0.199	0.220	0.230	0.255	0.270	0.292
2.2	0.073	0.090	0.107	0.122	0.137	0.150	0.163	0.185	0.208	0.218	0.239	0.256	0.280
2.3	0.067	0.083	0.099	0.113	0.127	0.139	0.151	0.173	0.193	0.205	0.226	0.243	0.269
2.4	0.062	0.077	0.092	0.051	0.118	0.130	0.141	0.161	0.178	0.192	0.213	0.230	0.258
2.5	0.057	0.072	0.085	0.097	0.109	0.121	0.131	0.151	0.167	0.181	0.202	0.219	0.249
2.6	0.053	0.066	0.079	0.091	0.102	0.112	0.123	0.141	0.157	0.170	0.191	0.208	0.239
2.7	0.049	0.062	0.073	0.084	0.095	0.105	0.115	0.132	0.148	0.161	0.182	0.199	0.234
2.8	0.046	0.058	0.069	0.079	0.089	0.099	0.108	0.124	0.139	0.152	0.172	0.189	0.228
2.9	0.043	0.054	0.064	0.074	0.083	0.093	0.101	0.117	0.132	0.144	0.163	0.180	0.218
3.0	0.040	0.051	0.060	0.070	0.078	0.087	0.095	0.110	0.124	0.136	0.155	0.172	0.208

续上表

$\frac{z}{b}$或$\frac{z}{d}$	圆　形	矩形基础长宽比 a/b											$a/b\geq10$ 条形基础
		1	1.2	1.4	1.6	1.8	2	2.4	2.8	3.2	4	5	
3.2	0.036	0.045	0.053	0.062	0.070	0.077	0.085	0.098	0.111	0.122	0.141	0.158	0.190
3.4	0.033	0.040	0.048	0.055	0.062	0.069	0.076	0.088	0.100	0.110	0.128	0.144	0.184
3.6	0.030	0.036	0.042	0.049	0.056	0.062	0.068	0.080	0.090	0.100	0.117	0.133	0.175
3.8	0.027	0.032	0.038	0.044	0.050	0.056	0.062	0.072	0.082	0.091	0.107	0.123	0.166
4.0	0.025	0.029	0.035	0.040	0.046	0.051	0.056	0.066	0.075	0.084	0.095	0.113	0.158
4.2	0.023	0.026	0.031	0.037	0.042	0.048	0.051	0.060	0.069	0.077	0.091	0.105	0.150
4.4	0.021	0.024	0.029	0.034	0.038	0.042	0.047	0.055	0.063	0.070	0.084	0.098	0.144
4.6	0.019	0.022	0.026	0.031	0.035	0.039	0.043	0.051	0.058	0.065	0.078	0.091	0.137
4.8	0.018	0.020	0.024	0.028	0.032	0.036	0.040	0.047	0.054	0.060	0.072	0.085	0.132
5.0	0.017	0.019	0.022	0.026	0.030	0.033	0.037	0.044	0.050	0.056	0.067	0.079	0.126

注：表中 a 为矩形基础基底的长边（m）；b 为矩形基础基底的短边（m）；d 为圆形基础的基底直径（m）；z 为基底至下卧土层面的距离（m）。

附录 D　墩台基础考虑土的弹性抗力的计算

D. 0. 1　基础侧面土抗力的计算宽度 b_0

基础[沉井、桩基(包括管柱)]可由单个构件[图 D. 0. 1(a)]或由位于水平外力 H 作用竖直面内数个构件[图 D. 0. 1(b)],或由位于与水平外力 H 作用竖直平面相垂直的同一竖直平面内数个构件[图 D. 0. 1(c)]组成。基础侧面土抗力的计算宽度 b_0 按表 D. 0. 1 计算。

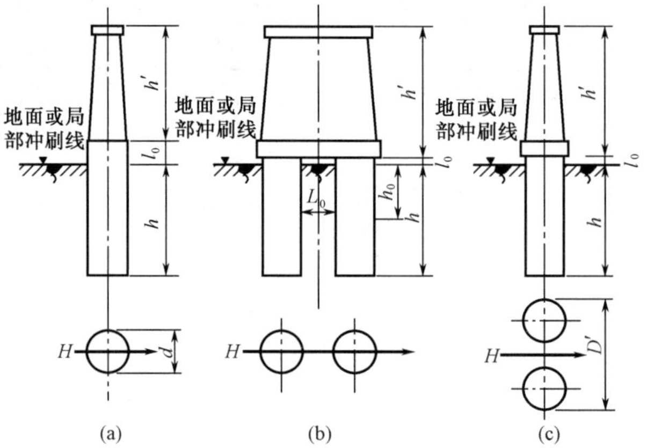

图 D. 0. 1　计算示意图 1

D. 0. 2　地基系数的比例系数 m 和 m_0

将土视为具有随深度成正比增长的地基系数的弹性变形介质,深度 y 处垂直于基础侧面的水平地基系数 $C_y = my$,深度 h 处基底竖向地基系数 $C_0 = m_0 h$,当 $h<10$ m 时,C_0 采用 $10m_0$。地基系数的比例系数 m 和 m_0 的值应采用试验实测值,当无此实测资料时,可参考表 D. 0. 2—1 查用。

表 D. 0. 1　基础侧面土抗力的计算宽度 b_0(m)

基础平面形状		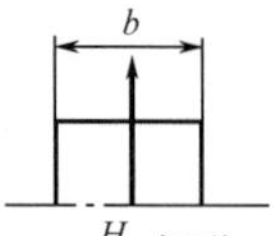 矩形	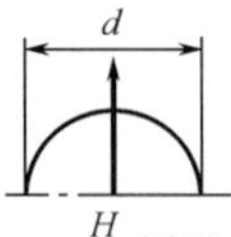 圆形	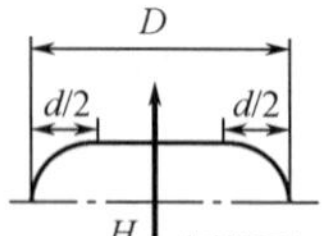 圆端形
单个构件的直径或与水平力 H 作用方向相垂直的宽度大于或等于1 m时	由单个构件[如图 D. 0. 1(a)所示]或由位于水平外力 H 作用面内数个构件[如图 D. 0. 1(b)所示]组成的基础	$b+1$	$0.9(d+1)$	$\left(1-0.1\dfrac{d}{D}\right)\times(D+1)$

续上表

基础平面形状		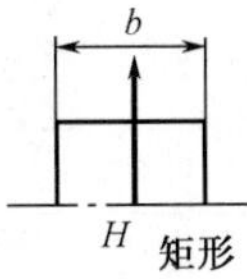	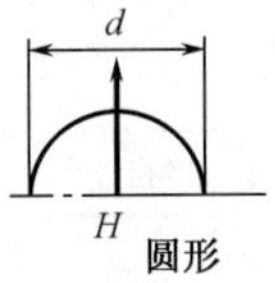	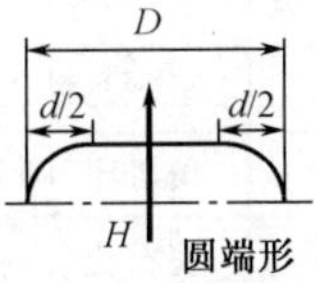
单个构件的直径或与水平力 H 作用方向相垂直的宽度大于或等于1 m时	由位于与水平外力 H 相垂直的同一平面内 n 个构件[图 D. 0. 1(c)]组成的基础	$n(b+1)$，但不得大于 $D'+1$	$0.9n(d+1)$，但不得大于 $D'+1$	$n\left(1-0.1\dfrac{d}{D}\right)\times(D+1)$，但不得大于 $D'+1$
单个构件的直径或与水平力 H 作用方向相垂直的宽度小于1 m时	由单个构件[图 D. 0. 1(a)]或由位于水平外力 H 作用面内数个构件[图 D. 0. 1(b)]组成的基础	$1.5b+0.5$	$0.9(1.5d+0.5)$	$\left(1-0.1\dfrac{d}{D}\right)\times(1.5D+0.5)$
	由位于与水平外力 H 相垂直的同一平面内 n 个构件[图 D. 0. 1(c)]组成的基础	$n(1.5d+0.5)$，但不得大于 $D'+1$	$0.9n\times(1.5d+0.5)$，但不得大于 $D'+1$	$n\left(1-0.1\dfrac{d}{D}\right)\times(1.5D+0.5)$，但不得大于 $D'+1$

注：表中 b_0、b、d、D、D' 均以 m 计。

当基础侧面为数种不同土层时(图 D. 0. 2)，应将地面或局部冲刷线以下 h_m(以 m 计)深度内的各层土，按下面公式换算成一个 m 值，作为基础整个深度 h 内的 m 值。当基础位于地面以下或局部冲刷线以下的深度 $h>\dfrac{2.5}{\alpha}$ 时，采用 $h_m=2(d+1)$，d 为构件的平均直径(以 m 计)，对于钻孔桩，d 为设计桩径；当 $h\leqslant\dfrac{2.5}{\alpha}$ 时，采用 $h_m=h$。α 为基础的变形系数，$\alpha=\sqrt[5]{\dfrac{mb_0}{EI}}$；$m$ 为地基系数的比例系数；b_0 为基础侧面土抗力的计算宽度(以 m 计)；E 为基础圬工的弹性模量(以 kPa 计)；I 为基础的平均截面惯性矩(以 m^4 计)。对于钢筋混凝土构件，通常采用 $EI=0.8E_hI$，E_h 为混凝土的受压弹性模量(以 kPa 计)，I 为全截面惯性矩。

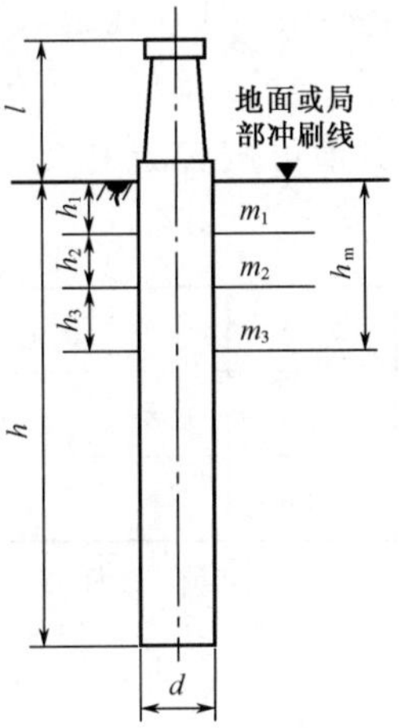

图 D. 0. 2　计算示意图 2

表 D. 0. 2—1　非岩石地基的 m 和 m_0 值(kPa/m²)

序　号	土　的　名　称	m 和 m_0 值
1	流塑黏性土、淤泥	3 000~5 000
2	软塑黏性土、粉砂、粉土	5 000~10 000
3	硬塑黏性土、细砂、中砂	10 000~20 000

续上表

序　号	土　的　名　称	m 和 m_0 值
4	坚硬黏性土、粗砂	20 000～30 000
5	角砾土、圆砾土、碎石土、卵石土	30 000～80 000
6	块石土、漂石土	80 000～120 000

注：1　本表可用于结构在地面处水平位移最大值不超过 6 mm 的情况，当位移较大时应适当降低。

2　当基础侧面设有斜坡或台阶，且其坡度或台阶总宽度与地面以下或局部冲刷线以下深度之比大于 1∶20 时，m 值应减小一半。

当 h_m 深度内存在两层不同土时：

$$m=\frac{m_1h_1^2+m_2(2h_1+h_2)h_2}{h_m^2}$$

当 h_m 深度内存在三层不同土时：

$$m=\frac{m_1h_1^2+m_2(2h_1+h_2)h_2+m_3(2h_1+2h_2+h_3)h_3}{h_m^2}$$

当基础由位于外力作用竖直面内 n 个构件[图 D.0.1(b)]组成时，将 m 值乘以系数 k，k 为构件相互影响系数。当构件净距 $L_0 \geq 0.6h_0$ 时，$k=1.0$；当 $L_0<0.6h_0$ 时，$k=C+\frac{1-C}{0.6}\cdot\frac{L_0}{h_0}$。其中 C 为随构件数目 n 而变的系数：$n=1$ 时，$C=1.0$；$n=2$ 时，$C=0.6$；$n=3$ 时，$C=0.5$；$n\geq4$ 时，$C=0.45$。h_0 为构件埋入地面或局部冲刷线以下的计算深度(m)，h_0 等于 $3(d+1)$[图 D.0.1(b)]。

岩石地基的地基系数 C_0 由岩石单轴抗压强度 R 确定，不随岩层面的埋藏深度而变，其值可按表 D.0.2—2 查用。

表 D.0.2—2　岩石地基的竖向地基系数 C_0 值

序　号	R(kPa)	C_0(kPa/m)
1	1 000	300 000
2	≥25 000	15 000 000

注：中间值可以插入。

D.0.3　基础的分析计算

1　一般情况

基础考虑土的弹性抗力时，可按下列各公式计算：

1）第一种情况：对于单个构件的基础[图 D.0.1(a)]及由数个位于与作用力竖直平面相垂直竖直面内的构件组成的基础[图 D.0.1(c)]。

①当基础置于非岩石地基中(包括支立于岩石风化层内和支立于岩层面上情况，如图 D.0.3—1 所示)，当地面或局部冲刷线处作用单位横向力 $Q_0=1$ 和单位力矩 $M_0=1$ 时，该处构件的横向位移和转角按式(D.0.3—1)计算(图 D.0.3—1 中的 Q_0、M_0 和 x_0 均为正值方向，φ_0 为负值方向)。

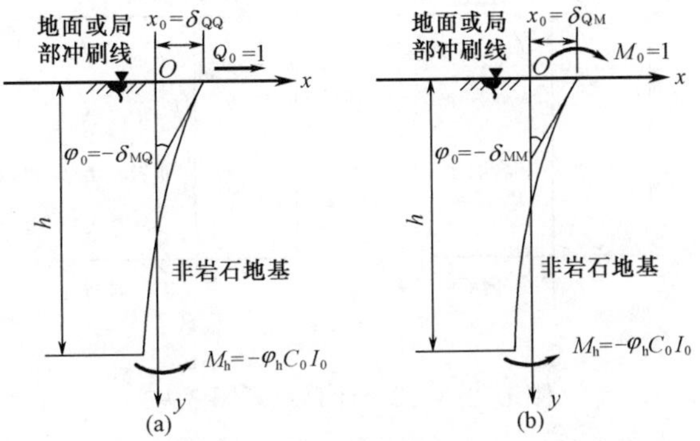

图 D. 0. 3—1　计算示意图 3—1

$$\left.\begin{aligned}
\delta_{QQ}&=\frac{1}{\alpha^3 EI}\cdot\frac{(B_3D_4-B_4D_3)+K_h(B_2D_4-B_4D_2)}{(A_3B_4-A_4B_3)+K_h(A_2B_4-A_4B_2)}\\
\delta_{MQ}&=\frac{1}{\alpha^2 EI}\cdot\frac{(A_3D_4-A_4D_3)+K_h(A_2D_4-A_4D_2)}{(A_3B_4-A_4B_3)+K_h(A_2B_4-A_4B_2)}\\
\delta_{QM}&=\frac{1}{\alpha^2 EI}\cdot\frac{(B_3C_4-B_4C_3)+K_h(B_2C_4-B_4C_2)}{(A_3B_4-A_4B_3)+K_h(A_2B_4-A_4B_2)}\\
\delta_{MM}&=\frac{1}{\alpha EI}\cdot\frac{(A_3C_4-A_4C_3)+K_h(A_2C_4-A_4C_2)}{(A_3B_4-A_4B_3)+K_h(A_2B_4-A_4B_2)}\\
\delta_{MQ}&=\delta_{QM}
\end{aligned}\right\}\qquad\text{(D. 0. 3—1)}$$

式中　δ_{QQ}，δ_{MQ}——当地面或局部冲刷线处作用单位横向力 $Q_0=1$ 时，构件在地面或局部冲刷线处的横向位移和转角[图 D. 0. 3—1(a)]，分别以 m/kN 和 rad/kN 计；

δ_{QM}，δ_{MM}——当地面或局部冲刷线处作用单位力矩 $M_0=1$ 时，构件在地面或局部冲刷线处的横向位移和转角[图 D. 0. 3—1(b)]，分别以 m/(kN · m)和 rad/(kN · m)计；

$A_2,B_2,\cdots,C_4,D_4$——系数，根据换算深度 $\bar{h}=\alpha y$ 查表 D. 0. 3—1；

K_h——系数，$K_h=\dfrac{C_0}{\alpha E}\cdot\dfrac{I_0}{I}$，其中 I_0 为构件底面惯性矩，I 为构件身惯性矩，均以 m^4 计，当构件支立于非岩石地基上(包括支立于岩石风化层内的情况)，且 $h\geqslant\dfrac{2.5}{\alpha}$时，取 $K_h=0$；当构件支立于岩层面上而未嵌入岩层内，且 $h\geqslant\dfrac{3.5}{\alpha}$时，取 $K_h=0$；

α——基础的变形系数，见第 D. 0. 2 条。

当基础底面嵌入岩石内时，按式(D. 0. 3—2)计算(图 D. 0. 3—2 中的 Q_0、M_0 和 x_0 均为正值方向，φ_0 为负值方向)。

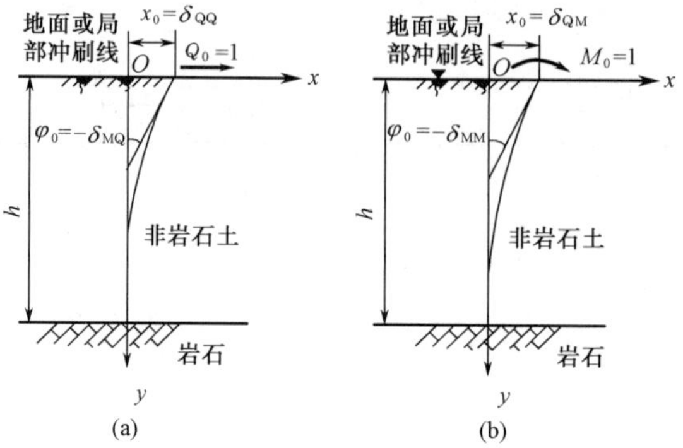

图 D. 0. 3—2　计算示意图 3—2

$$
\left.\begin{aligned}
\delta_{QQ}&=\frac{1}{\alpha^3 EI}\cdot\frac{B_2D_1-B_1D_2}{A_2B_1-A_1B_2}\\
\delta_{MQ}&=\frac{1}{\alpha^2 EI}\cdot\frac{A_2D_1-A_1D_2}{A_2B_1-A_1B_2}\\
\delta_{QM}&=\frac{1}{\alpha^2 EI}\cdot\frac{B_2C_1-B_1C_2}{A_2B_1-A_1B_2}\\
\delta_{MM}&=\frac{1}{\alpha EI}\cdot\frac{A_2C_1-A_1C_2}{A_2B_1-A_1B_2}\\
\delta_{MQ}&=\delta_{QM}
\end{aligned}\right\}\qquad\text{(D. 0. 3—2)}
$$

式中　A_1,B_1,C_1,D_1——系数，根据 $\bar{h}=\alpha y$，查表 D. 0. 3—1。

其余符号的意义与前面相同，计算时可采用表 D. 0. 3—2。

②求出基础顶面（对于图 D. 0. 3—3 所示结构，作用于承台底面处）的竖向力 N、水平力 H、弯矩 M 以及地面或局部冲刷线处构件截面上的横向力 Q_0 和弯矩 M_0。

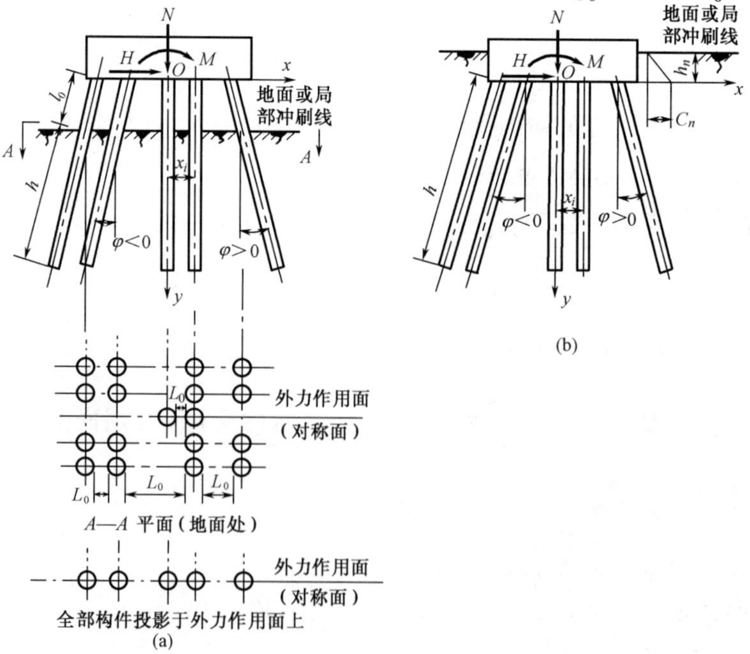

图 D. 0. 3—3　计算示意图 3—3

③分别按式(D. 0. 3—3)、式(D. 0. 3—4)计算出地面或局部冲刷线处构件横向位移和转角。

$$x_0=Q_0\delta_{QQ}+M_0\delta_{QM} \tag{D. 0. 3—3}$$

$$\varphi_0=-(Q_0\delta_{MQ}+M_0\delta_{MM}) \tag{D. 0. 3—4}$$

式中　x_0——地面或局部冲刷线处构件横内位移(m)；

φ_0——地面或局部冲刷线处构件转角(rad)；

其余符号的意义与前面相同，Q_0和M_0分别以 kN 和 kN · m 计。

④按式(D. 0. 3—5)计算墩台顶面水平位移。

$$\delta=x_0-\varphi_0(l_0+h')+\delta_0 \tag{D. 0. 3—5}$$

式中　δ——墩台顶面水平位移(m)；

h'——墩台顶面至基础顶面的距离(m)，如图 D. 0. 1 所示；

l_0——基础底面至地面或局部冲刷线的距离(m)；

δ_0——地面或局部冲刷线以上基础和墩台身变形引起的墩台顶面水平位移(m)；

φ_0——按式(D. 0. 3—4)求得，应计入正负号。

⑤按式(D. 0. 3—6)计算地面或局部冲刷线以下深度 y 处构件截面上的弯矩、剪力和桩侧土的横向压应力。

$$\left.\begin{aligned}M_y&=\alpha EI(\alpha x_0A_3+\varphi_0B_3)+M_0C_3+\frac{Q_0}{\alpha}D_3\\Q_y&=\alpha^2EI(\alpha x_0A_4+\varphi_0B_4)+\alpha M_0C_4+Q_0D_4\\\sigma_x&=my\left(x_0A_1+\frac{\varphi_0}{\alpha}B_1+\frac{M_0}{\alpha^2EI}C_1+\frac{Q_0}{\alpha^3EI}D_1\right)\end{aligned}\right\} \tag{D. 0. 3—6}$$

式中　M_y,Q_y,σ_x——深度 y 处构件截面上的弯矩、剪力和桩侧土的横向压应力，分别以 kN · m、kN 和 kPa 计；

$A_1,B_1,\cdots,$
$A_3,B_3,\cdots,$　——系数，按 $\bar{h}=\alpha y$ 查表 D. 0. 3—1；
A_4,B_4,C_4,D_4

其余符号的意义与前面相同。

当基础由位于外力作用面内 n 个构件组成时，式(D. 0. 3—6)中第 3 式内的 m 应乘以构件相互影响系数 k，在 $y\geqslant\frac{4.0}{\alpha}$处，$M_y$、$Q_y$可以认为等于零。

令 $y=h$，从式(D. 0. 3—6)可求得基底弯矩 M_h。

⑥按式(D. 0. 3—7)求出基底最大和最小压应力。

对于支立于非岩石地基上的基础(包括支立于岩石风化成土状的地基上的基础)以及支立于岩石面上及嵌入岩石内，但竖直力的偏心小于或等于基础底面核心时：

$$\sigma_{\min}^{\max}=\frac{N_h}{A_0}\pm\frac{M_h}{W_0} \tag{D. 0. 3—7}$$

式中　$\sigma_{\max},\sigma_{\min}$——基底最大和最小压应力(kPa)；

M_h——作用于基础底面上的力矩(kN · m)；

A_0,W_0——基础底面积、基础底截面抵抗矩，分别以 m^2和 m^3计；

N_h——作用于基础底面上的竖直轴向力(kN)。

对于支立于岩石面上且偏心大于基底截面核心的基础,则应按应力重分布计算。对于嵌入岩层内的基础,需检算嵌固处强度。

对于置于非岩石地基上的桩或管柱,$N_h=N+G-T$;对于置于或嵌入岩石地基中的基础,$N_h=N+G$。这里,N 代表作用于构件顶面的竖直轴向力(kN);G 代表包括填充物在内的构件自重(kN);T 为构件(桩或管柱)侧面土的摩阻力(kN)。

对于置于非岩石地基上的桩或管柱,$h>\frac{3.5}{\alpha}$时,或对于置于或嵌入岩石内的基础,$h>\frac{4.0}{\alpha}$时,均可不检算基底应力,只需分别满足下列条件:

$$N+G-T\leqslant[P] \text{或} N+G\leqslant[P]$$

其中,$[P]$为构件承受轴向压力时的容许承载力(kN)。

构件侧横向压应力 σ_x 必须满足下列要求:

当构件侧面土的最大横向压应力 $\sigma_{x\max}$发生在 $y\leqslant\frac{h}{3}$处时,应满足下列条件:

$$\sigma_{x\max}\leqslant\eta_1\eta_2k\left[\gamma y(\eta K_p-K_a)+2c(\eta\sqrt{K_p}-\sqrt{K_a})\right]$$

当构件侧面的最大横向压应力 $\sigma_{x\max}$发生在 $y\leqslant\frac{h}{3}$处时,只要满足下列条件:

$$\sigma_x\leqslant\eta_1\eta_2k\left[\gamma\frac{h}{3}(\eta K_p-K_a)+2c(\eta\sqrt{K_p}-\sqrt{K_a})\right]$$

式中　$\sigma_{x\max}$,σ_x——深度 y 和深度 $h/3$ 处的构件侧面横向压应力(kPa);

γ——土的容重(有水时,考虑水浮力)(kN/m³);

c——土的黏聚力(kPa);

η_1——系数,对于超静定推力拱桥的墩台,$\eta_1=0.7$;其他结构体系的墩台,$\eta_1=1.0$;

η_2——考虑总荷载中恒载所占比例的影响系数:当$h\leqslant\frac{2.5}{\alpha}$时,$\eta_2=1-0.8\frac{M_n}{M_m}$;当 $h\geqslant\frac{4.0}{\alpha}$时,$\eta_2=1-0.5\frac{M_n}{M_m}$;当$\frac{2.5}{\alpha}<h<\frac{4.0}{\alpha}$时,$\eta_2$ 按直线插入确定;

M_n——恒载对构件(桩基)承台底面坐标原点或沉井底面中心的力矩(kN·m);

M_m——全部外力对构件(桩基)承台底面坐标原点或沉井底面中心的总力矩(kN·m);

k——构件相互影响系数;

K_p,K_a——系数,$K_p=\tan^2\left(45°+\frac{\varphi}{2}\right)$,$K_a=\tan^2\left(45°-\frac{\varphi}{2}\right)$

φ——土的内摩擦角;

η——系数,$\eta=\frac{b_0}{b}$,b_0 为构件侧面土抗力的计算宽度,b 为构件的实际宽度。

2) 第二种情况:对于由数个位于外力作用竖直面内的构件组成,其顶面借刚性承台联结的基础[图 D. 0. 1(b)及图 D. 0. 3—3(a)]。

对于图 D. 0. 3—3(a)所示多排构件的结构，b_0的计算方法同前。但是，如果每一排构件群的构件数目不同，且相邻两排构件中心线之间的距离等于或大于$(d+1)$m，则其相互影响系数 k 按平行外力作用面的诸平面分别计算，取其中最小值，并对整个基础的全部构件采用同一个计算值。反之，如果中心线距离小于$(d+1)$m，则将各排构件投影于外力作用平面来计算 k 值，如图 D. 0. 3—3(a)所示。

①根据地基情况，按前面公式计算每一构件的 δ_{QQ}、δ_{MQ}、δ_{QM}及 δ_{MM}值。

②按式(D. 0. 3—8)计算每一构件的 δ_1、δ_2和 δ_3，计算示意图如图 D. 0. 3—4 所示。

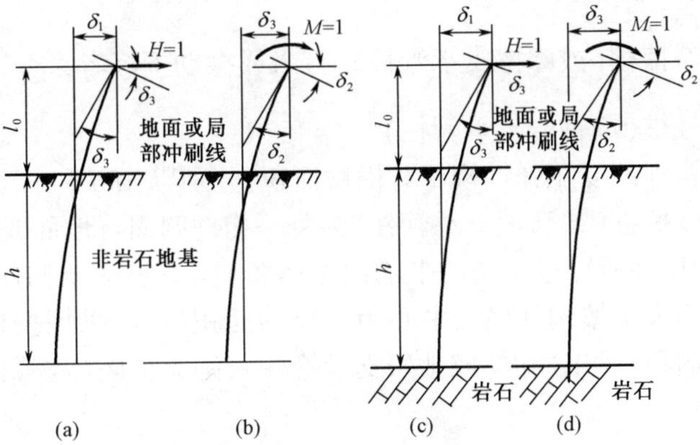

图 D. 0. 3—4　计算示意图 3—4

$$\left.\begin{aligned}\delta_1&=\frac{l_0^3}{3EI}+\delta_{QQ}+2\delta_{MQ}l_0+\delta_{MM}l_0^2\\ \delta_2&=\frac{l_0}{EI}+\delta_{MM}\\ \delta_3&=\frac{l_0^2}{2EI}+\delta_{QM}+\delta_{MM}l_0\end{aligned}\right\}\tag{D. 0. 3—8}$$

式中　δ_1，δ_3——当构件顶面作用单位横向力 $H=1$ 时，构件顶面的横向位移和转角[图 D. 0. 3—4(a)、(c)]，分别以 m/kN 和 rad/kN 计；

δ_3，δ_2——当构件顶面作用单位力矩 $M=1$ 时，构件顶面的横向位移和转角[图 D. 0. 3—4(b)、(d)]分别以 m/(kN · m)和 rad/(kN · m)计。

③按式(D. 0. 3—9)计算每一构件的 ρ_1、ρ_2、ρ_3 和 ρ_4 值。

$$\left.\begin{aligned}\rho_1&=\frac{1}{\dfrac{l_0+\xi h}{EA}+\dfrac{1}{C_0A_0}}\\ \rho_2&=\frac{\delta_2}{\delta_1\delta_2-\delta_3^2}\\ \rho_3&=\frac{\delta_3}{\delta_1\delta_2-\delta_3^2}\\ \rho_4&=\frac{\delta_1}{\delta_1\delta_2-\delta_3^2}\end{aligned}\right\}\tag{D. 0. 3—9}$$

式中　ρ_1——当承台沿构件轴线方向产生单位位移时所引起构件顶面处的轴向力(kN/m);

ρ_2——当承台沿垂直构件轴线方向产生单位横向位移时所引起构件顶面处的横向力(kN/m);

ρ_3——当承台沿垂直构件轴线方向产生单位横向位移时所引起构件顶面处的弯矩(kN·m/m);或当承台顺构件顶面弯矩方向产生单位转角时所引起构件顶面处的横向力(kN/rad);

ρ_4——当承台顺构件顶面弯矩方向产生单位转角时所引起构件顶面处的弯矩(kN·m/rad);

ξ——对于摩擦桩(或摩擦支承管柱):打入或振动下沉者,$\xi=\frac{2}{3}$;钻孔桩,$\xi=\frac{1}{2}$;对于柱桩(或钻岩支承管柱):$\xi=1$;

E,A——每一构件的受压弹性模量和横截面积,分别以 kPa 和 m^2计;

A_0——对于摩擦桩(或摩擦支承管柱)为每一构件四周自地面或局部冲刷线按 $\varphi/4$(φ 为构件所穿过土层的平均内摩擦角)向下扩散至构件底面处的面积,当此面积大于按构件底面中心距计算的面积时,则采用按构件底面中心距计算的面积;对于柱桩(或钻岩支承管柱),则为桩底(或管柱底)的面积,均以 m^2计;

C_0——基底土的竖向地基系数,$C_0=m_0h$,以 kN/m^3计。

④对图 D.0.3—3 所示外力作用于对称面内的结构,解下列方程式,求出承台底面的水平位移 a、竖向位移 b、承台绕坐标原点 O 的转角 β:

$$\left.\begin{aligned} a\gamma_{ba}+b\gamma_{bb}+\beta\gamma_{b\beta}-N=0\\ a\gamma_{aa}+b\gamma_{ab}+\beta\gamma_{a\beta}-H=0\\ a\gamma_{\beta a}+b\gamma_{\beta b}+\beta\gamma_{\beta\beta}-M=0 \end{aligned}\right\} \qquad (D.0.3—10)$$

式中　N,H,M——作用于承台底面坐标原点 O 上的外力(当构件不对称时,坐标原点 O 可任意选择;倘若构件对称时,则 O 点可选于对称轴上);

$\gamma_{ba},\gamma_{aa},\gamma_{\beta a}$——由于承台产生单位水平位移时,所有构件顶产生的竖向反力之和、水平反力之和以及它们对坐标原点 O 的反弯矩之和,分别以 kN/m、kN/m和 kN·m/m 计;

$\gamma_{bb},\gamma_{ab},\gamma_{\beta b}$——由于承台产生单位竖向位移时,所有构件顶产生的竖向反力之和、水平反力之和以及它们对坐标原点 O 的反弯矩之和,分别以 kN/m、kN/m和 kN·m/ m 计;

$\gamma_{b\beta},\gamma_{a\beta},\gamma_{\beta\beta}$——由于承台绕 O 点产生单位转角时,所有构件顶产生的竖向反力之和、水平反力之和以及它们对坐标原点 O 的反弯矩之和,分别以 kN/rad、kN/rad 和 kN·m/rad 计。

当承台底面位于地面或局部冲刷线以上时,采用下列公式:

$$\left.\begin{aligned}
\gamma_{ba}&=\sum(\rho_1-\rho_2)\sin\varphi\cdot\cos\varphi\\
\gamma_{aa}&=\sum(\rho_1\sin^2\varphi+\rho_2\cos^2\varphi)\\
\gamma_{\beta a}&=\sum[(\rho_1-\rho_2)x\cdot\sin\varphi\cdot\cos\varphi-\rho_3\cos\varphi]\\
\gamma_{bb}&=\sum(\rho_1\cos^2\varphi+\rho_2\sin^2\varphi)\\
\gamma_{ab}&=\gamma_{ba}\\
\gamma_{\beta b}&=\sum[(\rho_1\cos^2\varphi+\rho_2\sin^2\varphi)x+\rho_3\sin\varphi]\\
\gamma_{b\beta}&=\gamma_{b\beta}\\
\gamma_{a\beta}&=\gamma_{\beta a}\\
\gamma_{\beta\beta}&=\sum[(\rho_1\cos^2\varphi+\rho_2\sin^2\varphi)x^2+2x\rho_3\sin\varphi+\rho_4]
\end{aligned}\right\}\quad(D.0.3—11)$$

式中　φ——第 i 根构件的倾斜角；

x——其顶点的坐标距[图 D.0.3—3(a)]，以 m 计。

当承台底面位于地面或局部冲刷线以下，带有斜构件，且不对称时[图 D.0.3—3(b)]，除 γ_{aa}、$\gamma_{\beta a}$ 和 $\gamma_{\beta\beta}$ 按下列公式计算外，其余系数均按式(D.0.3—11)计算。

$$\left.\begin{aligned}
\gamma_{aa}&=\sum(\rho_1\sin^2\varphi+\rho_2\cos^2\varphi)+b_0A_c\\
\gamma_{\beta a}&=\sum[(\rho_1-\rho_2)x\cdot\sin\varphi\cos\varphi-\rho_3\cos\varphi]+b_0S_c\\
\gamma_{\beta\beta}&=\sum[(\rho_1\cos^2\varphi+\rho_2\sin^2\varphi)x^2+2x\rho_3\sin\varphi+\rho_4]+b_0I_c
\end{aligned}\right\}\quad(D.0.3—12)$$

式中　b_0——垂直于 xy 平面的承台侧面土抗力的计算宽度(m)；

A_c,S_c,I_c——承台侧面地基系数 C 图形面积和对底面的面积矩、惯性矩，$A_c=\frac{C_nh_n}{2}$、$S_c=\frac{C_nh_n^2}{6}$、$I_c=\frac{C_nh_n^3}{12}$，这里 C_n 和 h_n 为承台底面处的地基系数和承台埋置深度。

⑤按式(D.0.3—13)计算第 i 根构件顶面处的轴向力、剪力和弯矩(计算示意图如图 D.0.3—5 所示，图中表示的诸力和力矩方向均为正值方向)。

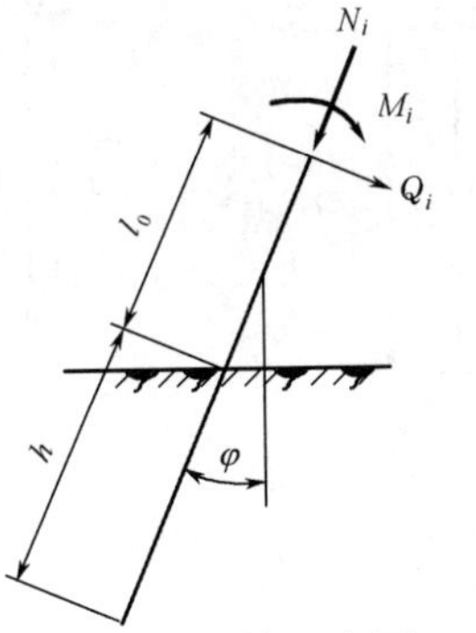

图 D.0.3—5　计算示意图 3—5

$$\left.\begin{aligned}
N_i&=\rho_1[a\sin\varphi+(b+x\beta)\cos\varphi]\\
Q_i&=\rho_2[a\cos\varphi-(b+x\beta)\sin\varphi]-\rho_3\beta\\
M_i&=\rho_4\beta-\rho_3[a\cos\varphi-(b+x\beta)\sin\varphi]
\end{aligned}\right\}\quad(D.0.3—13)$$

式中　N_i,Q_i,M_i——第 i 根构件顶面处的轴向力、剪力和弯矩，分别以 kN、kN 和 kN·m 计；

其余符号的意义与前面相同。

⑥当基础全部为竖直构件且对称时[图 D. 0. 3—6(a)、(b)],坐标原点 O 设于对称轴上。当诸构件的 ρ_1 不相等(如诸构件平面布置不对称,或诸桩长度不等,或诸桩直径不等,或诸桩材料不同)时[图 D. 0. 3—6(c)、(d)],坐标原点 O 设于诸 ρ_1 的合力处。

对于这种结构:

$$\left.\begin{aligned}&\text{承台板竖直位移}\quad b=\frac{N}{\gamma_{bb}}\\&\text{承台板水平位移}\quad a=\frac{\gamma_{\beta\beta}H-\gamma_{a\beta}M}{\gamma_{aa}\gamma_{\beta\beta}-\gamma_{a\beta}\gamma_{\beta a}}\\&\text{承台板绕 }O\text{ 点转角}\quad \beta=\frac{\gamma_{aa}M-\gamma_{\beta a}H}{\gamma_{aa}\gamma_{\beta\beta}-\gamma_{a\beta}\gamma_{\beta a}}\end{aligned}\right\}\qquad(\text{D. 0. 3—14})$$

式中　b,a,β——承台竖直位移、水平位移、绕 O 点转角,分别以 m、m、rad 计。

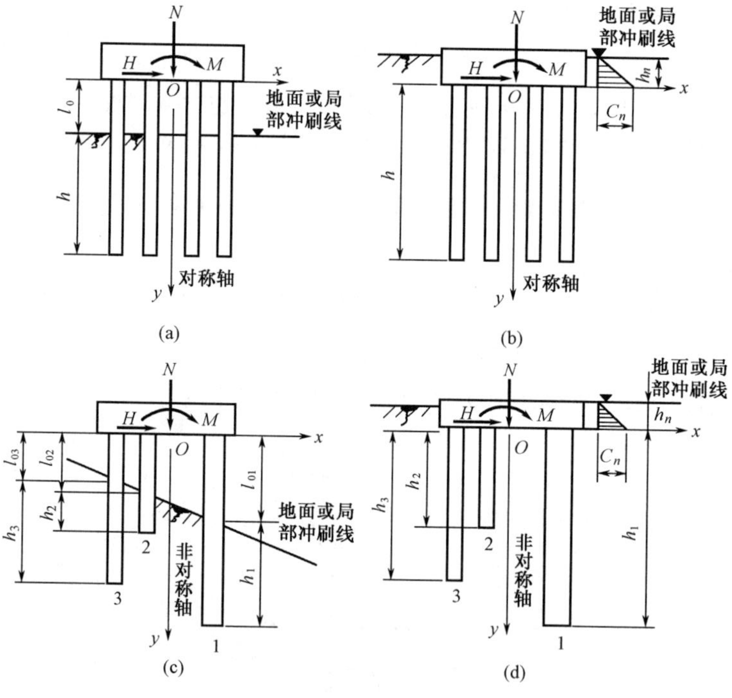

图 D. 0. 3—6　计算示意图 3—6

当承台底面位于地面或局部冲刷线以上时[图 D. 0. 3—6(a)、(c)]:

$$\left.\begin{aligned}\gamma_{bb}&=\sum\rho_1\\\gamma_{aa}&=\sum\rho_2\\\gamma_{\beta\beta}&=\sum\rho_4+\sum x^2\rho_1\\\gamma_{a\beta}&=\gamma_{\beta a}=-\sum\rho_3\end{aligned}\right\}\qquad(\text{D. 0. 3—15})$$

当承台底面位于地面或局部冲刷线以下时[图 D. 0. 3—6(b)、(d)]：

$$\left.\begin{aligned}\gamma_{bb}&=\sum\rho_1\\ \gamma_{aa}&=\sum\rho_2+b_0A_c\\ \gamma_{\beta\beta}&=\sum\rho_4+\sum x^2\rho_1+b_0I_c\\ \gamma_{a\beta}&=\gamma_{\beta a}=-\sum\rho_3+b_0S_c\end{aligned}\right\}\qquad\text{(D. 0. 3—16)}$$

图 D. 0. 3—6 中任一构件的内力按式(D. 0. 3—17)计算。

$$\left.\begin{aligned}N_i&=(b+\beta x)\rho_1\\ Q_i&=a\rho_2-\beta\rho_3\\ M_i&=\beta\rho_4-a\rho_3\end{aligned}\right\}\qquad\text{(D. 0. 3—17)}$$

⑦地面或局部冲刷线处构件截面上的弯矩 M_0 和横向力 Q_0 按式(D. 0. 3—18)、式(D. 0. 3—19)计算。

$$M_0=M_i+Q_il_0\qquad\text{(D. 0. 3—18)}$$

$$Q_0=Q_i\qquad\text{(D. 0. 3—19)}$$

⑧然后按第一种情况中的③、⑤、⑥项进行计算。

3）双向受力的基础：当基础承受双向荷载作用时，按上述第一种情况或第二种情况求出第一构件顶面处沿两个方向的弯矩和剪力后，分别沿两个方向求出构件身任一截面中的弯矩 M_y、Q_y 和侧面土的横向压应力 σ_x，最后将该截面沿两个方向的弯矩、剪力和横向压应力合成起来。或者按上述第一种情况或第二种情况分别求出每一构件顶面处沿两个方向的弯矩 M、剪力 Q，然后合成起来，再求每一构件身任一截面中的弯矩 M_y、剪力 Q_y 和侧面土的横向压应力 σ_x。

4）桥台基础（包括承受侧面土压力的桥墩基础）的计算（计算示意图如图 D. 0. 3—7 所示）：

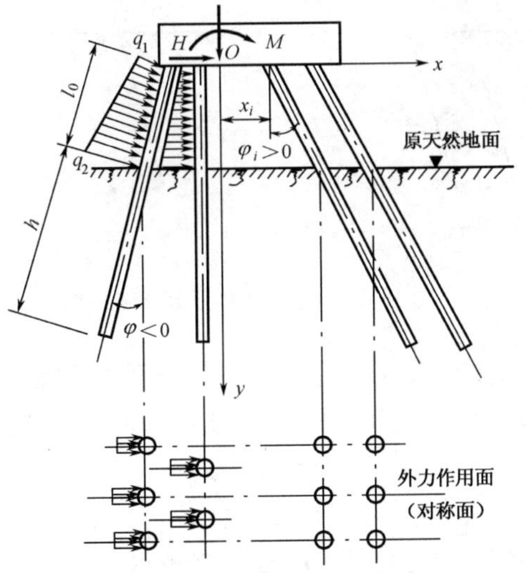

图 D. 0. 3—7 计算示意图 3—7

①联解下列方程式，求 M_{l_0}、Q_{l_0}、M_q 和 Q_q。

$$\left.\begin{aligned}&M_{l_0}=M_q+Q_ql_0+\left(\frac{q_1}{2!}+\frac{q_2-q_1}{3!}\right)l_0^2\\&Q_{l_0}=Q_q+\left(q_1+\frac{q_2-q_1}{2!}\right)l_0\\&\left[\frac{M_ql_0^2}{2!}+\frac{Q_ql_0^3}{3!}+\frac{q_1l_0^4}{4!}+\frac{(q_2-q_1)l_0^4}{5!}\right]\frac{1}{EI}=M_{l_0}\delta_{QM}+Q_{l_0}\delta_{QQ}\\&\left[M_ql_0+\frac{Q_ql_0^2}{2!}+\frac{q_1l_0^3}{3!}+\frac{(q_2-q_1)l_0^3}{4!}\right]\frac{1}{EI}=-(M_{l_0}\delta_{MM}+Q_{l_0}\delta_{MQ})\end{aligned}\right\}\quad(D.0.3—20)$$

式中　M_{l_0},Q_{l_0},M_q,Q_q——由于台后路基土压力作用,直接承受土压力的构件在地面及顶面(与承台联结处)处产生的力矩和横向力,分别以 kN · m 和 kN 计,图 D. 0. 3—8(b)所示的 M_q 和 Q_q 均为正值;

q_1,q_2——作用于构件上的土压力强度,按构件宽度计算,以 kN/m 计。

②对于外力作用于对称面内的桥台基础(图 D. 0. 3—7),按式(D. 0. 3—21)求出承台竖直位移 b、水平位移 a、绕 O 点的转角 β。

$$\left.\begin{aligned}&a\gamma_{ba}+b\gamma_{bb}+\beta\gamma_{b\beta}-(N+\sum Q_q\sin\varphi)=0\\&a\gamma_{aa}+b\gamma_{ab}+\beta\gamma_{a\beta}-(H-\sum Q_q\cos\varphi)=0\\&a\gamma_{\beta a}+b\gamma_{\beta b}+\beta\gamma_{\beta\beta}-(M-\sum M_q+\sum xQ_q\sin\varphi)=0\end{aligned}\right\}\quad(D.0.3—21)$$

式中,$\sum$ 号包括所有直接承受侧向土压力的构件数。

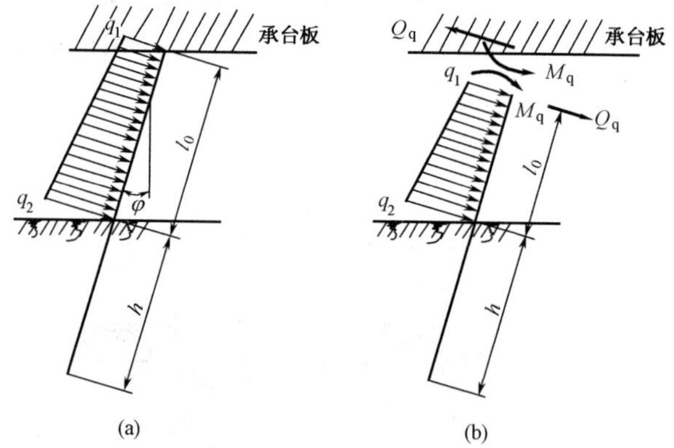

图 D. 0. 3—8　计算示意图 3—8

③按前面第二种情况求出承台作用于每一构件顶面的轴向力 N_i、横向力 Q_i 和弯矩 M_i。对于直接承受土压力的构件,其顶面横向力 Q 和弯矩 M 按式(D. 0. 3—22)计算。

$$\left.\begin{aligned}&Q=Q_i+Q_q\\&M=M_i+M_q\end{aligned}\right\}\quad(D.0.3—22)$$

构件任一截面上的弯矩 M_y、剪力 Q_y 和桩侧土的水平压应力 σ_x 按前述公式进行计算。

表 **D. 0. 3—1**　式(D. 0. 3—1)、式(D. 0. 3—2)系数值(一)

换算深度 $\bar{h}=\alpha y$	A_1	B_1	C_1	D_1	A_2	B_2	C_2	D_2
0	1. 000 00	0. 000 00	0. 000 00	0. 000 00	0. 000 00	1. 000 00	0. 000 00	0. 000 00
0. 1	1. 000 00	0. 100 00	0. 005 00	0. 000 17	−0. 000 00	1. 000 00	0. 100 00	0. 005 00
0. 2	1. 000 00	0. 200 00	0. 020 00	0. 001 33	−0. 000 07	1. 000 00	0. 200 00	0. 020 00
0. 3	0. 999 98	0. 300 00	0. 045 00	0. 004 50	−0. 000 34	0. 999 96	0. 300 00	0. 045 00
0. 4	0. 999 91	0. 399 99	0. 080 00	0. 010 67	−0. 001 07	0. 999 83	0. 399 98	0. 080 00
0. 5	0. 999 74	0. 499 96	0. 125 00	0. 020 83	−0. 002 60	0. 999 48	0. 499 94	0. 124 99
0. 6	0. 999 35	0. 599 87	0. 179 98	0. 036 00	−0. 005 40	0. 998 70	0. 599 81	0. 179 98
0. 7	0. 998 60	0. 699 67	0. 244 95	0. 057 16	−0. 010 00	0. 997 20	0. 699 51	0. 244 94
0. 8	0. 997 27	0. 799 27	0. 319 88	0. 085 32	−0. 017 907	0. 994 54	0. 798 91	0. 319 83
0. 9	0. 995 08	0. 898 52	0. 404 72	0. 121 46	−0. 027 33	0. 990 16	0. 897 79	0. 404 62
1. 0	0. 991 67	0. 997 22	0. 499 41	0. 166 57	−0. 041 67	0. 983 33	0. 995 83	0. 499 21
1. 1	0. 986 58	1. 095 08	0. 603 84	0. 221 63	−0. 060 96	0. 973 17	1. 092 62	0. 603 46
1. 2	0. 979 27	1. 191 71	0. 717 87	0. 287 58	−0. 086 32	0. 958 55	1. 187 56	0. 717 16
1. 3	0. 969 08	1. 286 60	0. 841 27	0. 365 36	−0. 118 83	0. 938 17	1. 279 90	0. 840 02
1. 4	0. 955 23	1. 379 10	0. 973 73	0. 455 88	−0. 159 73	0. 910 47	1. 368 65	0. 917 63
1. 5	0. 936 81	1. 468 39	1. 114 84	0. 559 97	−0. 210 30	0. 873 65	1. 452 59	1. 111 45
1. 6	0. 912 80	1. 553 46	1. 264 03	0. 678 42	−0. 271 94	0. 825 65	1. 530 20	1. 258 72
1. 7	0. 882 01	1. 633 07	1. 420 61	0. 811 93	−0. 346 04	0. 764 13	1. 599 63	1. 412 47
1. 8	0. 843 13	1. 705 75	1. 583 62	0. 961 09	−0. 434 12	0. 686 45	1. 658 67	1. 571 50
1. 9	0. 794 67	1. 769 72	1. 751 90	1. 126 37	−0. 537 68	0. 589 67	1. 704 68	1. 734 22
2. 0	0. 735 02	1. 822 94	1. 924 02	1. 308 01	−0. 658 22	0. 470 61	1. 734 57	1. 898 72
2. 2	0. 574 91	1. 887 09	2. 272 17	1. 720 42	−0. 956 16	0. 151 27	1. 731 10	2. 222 99
2. 4	0. 346 91	1. 874 50	2. 608 82	2. 195 35	−1. 338 89	−0. 302 73	1. 612 86	2. 518 74
2. 6	0. 033 15	1. 754 73	2. 906 70	2. 723 65	−1. 814 79	−0. 926 02	1. 334 85	2. 749 72
2. 8	−0. 385 48	1. 490 37	3. 128 43	3. 287 69	−2. 387 56	−1. 754 83	0. 841 77	2. 866 53
3. 0	−0. 928 09	1. 036 79	3. 224 71	3. 858 38	−3. 053 19	−2. 824 10	0. 068 37	2. 804 06
3. 5	−2. 927 99	−1. 271 72	2. 463 04	4. 979 82	−4. 980 62	−6. 708 06	−3. 586 47	1. 270 18
4. 0	−5. 853 33	−5. 940 97	−0. 926 77	4. 547 80	−6. 533 16	−12. 158 10	−10. 608 40	−3. 766 47

换算深度 $\bar{h}=\alpha y$	A_3	B_3	C_3	D_3	A_4	B_4	C_4	D_4
0	0. 000 00	0. 000 00	1. 000 00	0. 000 00	0. 000 00	−0. 000 00	0. 000 00	1. 000 00
0. 1	−0. 000 17	−0. 000 01	1. 000 00	0. 100 00	−0. 005 00	−0. 000 33	−0. 000 01	1. 000 00
0. 2	−0. 001 33	−0. 000 13	0. 999 99	0. 200 00	−0. 020 00	−0. 002 67	−0. 000 20	0. 999 99
0. 3	−0. 004 50	−0. 000 67	0. 999 94	0. 300 00	−0. 045 00	−0. 009 00	−0. 001 01	0. 999 92
0. 4	−0. 010 67	−0. 002 13	0. 999 74	0. 399 98	−0. 080 00	−0. 021 33	−0. 003 20	0. 999 66
0. 5	−0. 020 83	−0. 005 21	0. 999 22	0. 499 91	−0. 124 99	−0. 041 67	−0. 007 81	0. 998 96
0. 6	−0. 036 00	−0. 010 80	0. 998 06	0. 599 74	−0. 179 97	−0. 071 99	−0. 016 20	0. 997 41
0. 7	−0. 057 16	−0. 020 01	0. 995 80	0. 699 35	−0. 244 90	−0. 114 33	−0. 030 01	0. 994 40

续上表

换算深度 $\bar{h}=\alpha y$	A_3	B_3	C_3	D_3	A_4	B_4	C_4	D_4
0.8	-0.085 32	-0.034 12	0.991 81	0.798 54	-0.319 75	-0.170 60	-0.051 20	0.989 08
0.9	-0.121 44	-0.054 66	0.985 24	0.897 05	-0.404 43	-0.242 84	-0.081 98	0.980 32
1.0	-0.166 52	-0.083 29	0.975 01	0.994 45	-0.498 81	-0.332 98	-0.124 93	0.966 67
1.1	-0.221 52	-0.121 92	0.959 75	1.090 16	-0.602 68	-0.442 92	-0.182 85	0.964 34
1.2	-0.287 37	-1.172 60	0.937 83	1.183 42	-0.715 73	-0.574 50	-0.258 86	0.917 12
1.3	-0.364 96	-0.237 60	0.907 27	1.273 20	-0.837 53	-0.729 50	-0.356 31	0.876 38
1.4	-0.455 15	-0.319 33	0.865 75	1.358 21	-0.967 46	-0.909 54	-0.478 83	0.821 02
1.5	-0.558 70	-0.420 39	0.810 54	1.436 80	-1.104 68	-1.116 09	-0.630 27	0.747 45
1.6	-0.676 29	-0.543 48	0.738 59	1.506 95	-1.248 08	-1.350 42	-0.814 66	0.651 56
1.7	-0.808 48	-0.691 44	0.646 37	1.566 21	-1.396 23	-1.613 46	-1.036 16	0.528 71
1.8	-0.955 64	-0.867 15	0.529 97	1.611 62	-1.547 28	-1.905 77	-1.299 09	0.373 68
1.9	-1.117 96	-1.073 57	0.385 03	1.639 69	-1.698 89	-2.227 45	-1.607 70	0.180 71
2.0	-1.295 35	-1.313 61	0.206 76	1.646 28	-1.848 18	-2.577 98	-1.966 20	-0.056 52
2.2	-1.693 34	-1.905 67	-0.270 87	1.575 38	-2.124 81	-3.359 52	-2.848 58	-0.691 58
2.4	-2.141 17	-2.663 29	-0.948 85	1.352 01	-2.339 01	-4.228 11	-3.973 23	-1.591 51
2.6	-2.621 26	-3.599 87	-1.877 34	0.916 79	-2.436 95	-5.140 23	-5.355 41	-2.821 06
2.8	-3.103 41	-4.717 48	-3.107 91	0.197 29	-2.345 58	-6.022 99	-6.990 07	-4.444 91
3.0	-3.540 58	-5.999 79	-4.687 88	-0.891 26	-1.969 28	-6.764 60	-8.840 29	-6.519 72
3.5	-3.919 21	-9.543 67	-10.340 40	-5.854 02	1.074 08	-6.788 95	-13.692 40	-13.826 10
4.0	-1.614 28	-11.730 70	-17.918 60	-15.075 50	9.243 68	-0.357 62	-15.610 50	-23.140 40

表 D.0.3—2　式(D.0.3—1)、式(D.0.3—2)系数值(二)

换算深度 $\bar{h}=\alpha y$	$B_3D_4-B_4D_3$	$A_3B_4-A_4B_3$	$B_2D_4-B_4D_2$	$A_2B_4-A_4B_2$	$A_3D_4-A_4D_3$ $=B_3C_4-B_4C_3$	$A_2D_4-A_4D_2$ $=B_2C_4-B_4C_2$	$A_3C_4-A_4C_3$
0	0.000 00	0.000 00	1.000 00	0.000 00	0.000 00	0.000 00	0.000 00
0.1	0.000 02	0.000 00	1.000 00	0.005 00	0.000 33	0.000 03	0.005 00
0.2	0.000 40	0.000 00	1.000 04	0.020 00	0.002 67	0.000 33	0.020 00
0.3	0.002 03	0.000 01	1.000 29	0.045 00	0.009 00	0.001 69	0.045 00
0.4	0.006 40	0.000 06	1.001 20	0.079 99	0.021 33	0.005 33	0.080 01
0.5	0.015 63	0.000 22	1.003 65	0.125 04	0.041 67	0.013 03	0.125 05
0.6	0.032 40	0.000 65	1.009 17	0.180 13	0.072 03	0.027 01	0.180 20
0.7	0.060 06	0.001 63	1.019 62	0.245 35	0.114 42	0.050 04	0.245 59
0.8	0.102 48	0.003 65	1.038 24	0.320 91	0.170 94	0.085 39	0.321 50
0.9	0.164 26	0.007 38	1.068 93	0.407 09	0.243 74	0.136 85	0.408 42
1.0	0.250 62	0.013 90	1.116 79	0.504 36	0.335 07	0.208 73	0.507 14
1.1	0.367 47	0.024 64	1.188 23	0.613 51	0.447 39	0.306 00	0.618 93
1.2	0.521 58	0.041 56	1.291 11	0.735 65	0.583 46	0.434 12	0.745 62

续上表

换算深度 $\bar{h}=\alpha y$	$B_3D_4-B_4D_3$	$A_3B_4-A_4B_3$	$B_2D_4-B_4D_2$	$A_2B_4-A_4B_2$	$A_3D_4-A_4D_3$ $=B_3C_4-B_4C_3$	$A_2D_4-A_4D_2$ $=B_2C_4-B_4C_2$	$A_3C_4-A_4C_3$
1.3	0.720 57	0.067 24	1.434 98	0.872 44	0.746 50	0.599 40	0.889 91
1.4	0.973 17	0.105 04	1.631 25	1.026 12	0.940 32	0.808 87	1.055 50
1.5	1.289 38	0.159 16	1.893 49	1.199 81	1.169 60	1.070 61	1.247 52
1.6	1.680 91	0.234 97	2.237 76	1.397 71	1.440 15	1.393 79	1.472 77
1.7	2.161 45	0.339 04	2.682 96	1.625 22	1.759 34	1.789 18	1.740 19
1.8	2.747 34	0.479 51	3.251 43	1.889 46	2.136 53	2.269 33	2.061 47
1.9	3.458 33	0.666 32	3.969 45	2.199 44	2.583 62	2.849 09	2.451 47
2.0	4.381 31	0.911 58	4.868 24	2.566 64	3.115 83	3.546 38	2.929 05
2.2	6.610 44	1.639 62	7.363 56	3.533 66	4.518 46	5.384 69	4.248 06
2.4	9.955 10	2.823 66	11.131 30	4.952 88	6.570 04	8.022 19	6.288 00
2.6	14.868 00	4.701 18	16.746 60	7.071 78	9.628 90	11.820 60	9.462 94
2.8	22.157 10	7.626 58	25.065 10	10.264 20	14.257 10	17.336 20	14.403 20
3.0	33.087 90	12.135 30	37.380 70	15.092 20	21.328 50	25.427 50	22.068 00
3.5	92.209 00	36.858 00	101.369 00	41.018 20	60.476 00	67.498 20	64.769 60
4.0	266.061 00	109.012 00	279.996 0	114.722 00	176.706 00	185.996 00	190.834 00

换算深度 $\bar{h}=\alpha y$	$A_2C_4-A_4C_2$	$\frac{B_3D_4-B_4D_3}{A_3B_4-A_4B_3}$	$\frac{A_3D_4-A_4D_3}{A_3B_4-A_4B_3}=\frac{B_3C_4-B_4C_3}{A_3B_4-A_4B_3}$	$\frac{A_3C_4-A_4C_3}{A_3B_4-A_4B_3}$	$\frac{B_2D_1-B_1D_2}{A_2B_1-A_1B_2}$	$\frac{B_2C_1-B_1C_2}{A_2B_1-A_1B_2}=\frac{A_2D_1-A_1D_2}{A_2B_1-A_1B_2}$	$\frac{A_2C_1-A_1C_2}{A_2B_1-A_1B_2}$
0	0.000 00	∞	∞	∞	0.000 00	0.000 00	0.000 00
0.1	0.000 50	377 40.490	54 098.400	819 672.000	0.000 33	0.005 00	0.100 00
0.2	0.004 00	424.771	2 807.280	21 028.600	0.002 69	0.020 00	0.200 00
0.3	0.013 50	196.135	869.565	4 347.970	0.009 00	0.045 00	0.300 00
0.4	0.032 00	111.936	372.930	1 399.070	0.021 33	0.079 99	0.399 96
0.5	0.062 5	72.102	192.214	576.825	0.041 65	0.124 95	0.499 88
0.6	0.108 04	50.012	111.179	278.134	0.071 92	0.178 93	0.599 62
0.7	0.171 61	36.740	70.001	150.236	0.114 06	0.244 48	0.699 02
0.8	0.256 32	28.108	46.884	88.179	0.169 85	0.318 67	0.797 83
0.9	0.365 33	22.245	33.009	55.312	0.240 92	0.401 99	0.895 62
1.0	0.501 94	18.028	24.102	36.480	0.328 55	0.493 74	0.991 79
1.1	0.669 65	14.915	18.160	25.122	0.433 51	0.592 94	1.085 60
1.2	0.872 32	12.550	14.039	17.941	0.555 89	0.698 11	1.176 05
1.3	1.114 29	10.716	11.102	13.235	0.694 88	0.807 37	1.261 99
1.4	1.400 59	9.265	8.952	10.049	0.848 55	0.918 31	1.342 13
1.5	1.737 20	8.101	7.349	7.838	1.013 82	1.028 16	1.415 16
1.6	2.131 35	7.154	6.129	6.268	1.186 32	1.133 80	1.479 90
1.7	2.592 200	6.375	5.189	5.133	1.360 88	1.232 19	1.535 40
1.8	3.130 39	5.730	4.456	4.300	1.531 79	1.320 58	1.581 15
1.9	3.760 49	5.190	3.878	3.680	1.693 43	1.396 88	1.617 18
2.0	4.499 99	4.737	3.418	3.213	1.840 91	1.439 79	1.644 05

续上表

换算深度 $\bar{h}=\alpha y$	$A_2C_4-A_4C_2$	$\frac{B_3D_4-B_4D_3}{A_3B_4-A_4B_3}$	$\frac{A_3D_4-A_4D_3}{A_3B_4-A_4B_3}=\frac{B_3C_4-B_4C_3}{A_3B_4-A_4B_3}$	$\frac{A_3C_4-A_4C_3}{A_3B_4-A_4B_3}$	$\frac{B_2D_1-B_1D_2}{A_2B_1-A_1B_2}$	$\frac{B_2C_1-B_1C_2}{A_2B_1-A_1B_2}=\frac{A_2D_1-A_1D_2}{A_2B_1-A_1B_2}$	$\frac{A_2C_1-A_1C_2}{A_2B_1-A_1B_2}$
2.2	6.401 96	4.032	2.756	2.591	2.080 41	1.545 49	1.674 90
2.4	9.092 20	3.526	2.327	2.227	2.239 74	1.585 66	1.685 20
2.6	12.971 90	3.161	2.048	2.013	2.329 65	1.596 17	1.686 65
2.8	18.663 60	2.905	1.869	1.889	2.371 19	1.592 62	1.687 17
3.0	27.125 70	2.727	1.758	1.818	2.385 47	1.586 06	1.690 51
3.5	72.048 50	2.502	1.641	1.757	2.388 91	1.584 35	1.711 00
4.0	200.047 00	2.441	1.625	1.751	2.400 74	1.599 79	1.732 18

2　特殊情况

当基础埋于地面或局部冲刷线以下的深度 $h\leqslant2.5/\alpha$ 时，可按前面“一般情况”所述公式进行计算，也可将基础视为具有无穷大刚度按下列各公式计算。

1）第一种情况：置于非岩石地基上的基础（包括基础支立于岩石风化层内和支立于岩层面上的情况）（计算示意图如图 D.0.3—9 所示）。

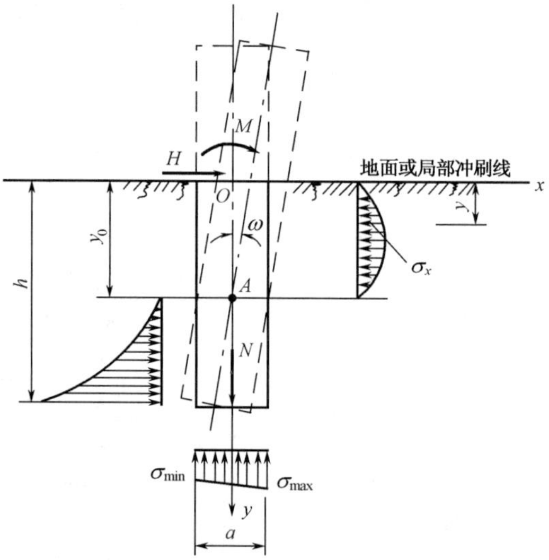

图 D.0.3—9　计算示意图 3—9

当地面或局部冲刷线处有力矩 M 和水平力 H 作用时，基础的转角按式（D.0.3—23）计算。

$$\omega=\frac{12(3M+2Hh)}{b_0mh^4+18C_0aW} \tag{D.0.3—23}$$

基础旋转中心至地面或局部冲刷线的距离按式（D.0.3—24）计算。

$$y_0=\frac{b_0mh^3(4M+3Hh)+6HC_0aW}{2b_0mh^2(3M+2Hh)} \tag{D.0.3—24}$$

基础底面前后边缘竖向压应力按式(D. 0. 3—25)计算。

$$\sigma_{\min}^{\max}=\frac{N}{A_0}\pm C_0\frac{a}{2}\omega \quad \text{(D. 0. 3—25)}$$

地面或局部冲刷线以下任一深度 y 处基础前后侧土的横向压应力及横截面上的弯矩按式(D. 0. 3—26)、式(D. 0. 3—27)计算。

$$\sigma_x=my(y_0-y)\omega \quad \text{(D. 0. 3—26)}$$

$$M_y=M+y\left[H-b_0\omega\frac{my^2}{12}(2y_0-y)\right] \quad \text{(D. 0. 3—27)}$$

式中　ω ——基础的转角(rad);

y_0——基础旋转中心至地面或局部冲刷线的距离(m);

$\sigma_{\min}^{\max}$——基础底面前后边缘竖向应力(kPa);

σ_x——深度 y 处基础前后侧土的横向压应力(kPa);

M_y——深度 y 处基础横截面上的弯矩(kN · m);

N——作用于基础底面上的竖向力(kN),对于支立于岩层面上的桩、管柱和沉井,计算 N 时不考虑其侧面摩阻力的影响;

A_0——基底面积(m^2);

a——基础底面顺外力作用方向的基础长度(m);

W——基底截面抵抗矩(m^3);

其余符号的意义与前面相同。

2) 第二种情况:嵌入岩层内的基础(计算示意图如图 D. 0. 3—10 所示)。

基础底面嵌入岩层内较浅时,基础的旋转中心与基底截面重心相吻合。

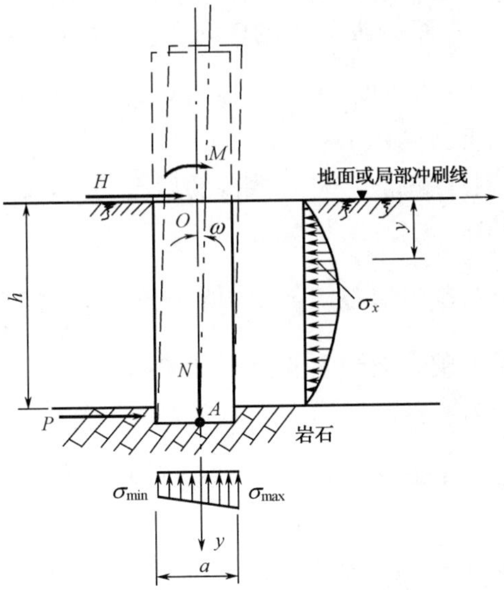

图 D. 0. 3—10　计算示意图 3—10

基础的转角 ω 按式(D. 0. 3—28)计算。

$$\omega=\frac{12(M+Hh)}{b_0mh^4+6C_0aW} \quad \text{(D. 0. 3—28)}$$

基础底面前后缘竖向压应力按式(D. 0. 3—29)计算。

$$\sigma_{\min}^{\max}=\frac{N}{A_0}\pm C_0\frac{a}{2}\omega \tag{D. 0. 3—29}$$

计算 N 时不考虑基础侧面摩擦力。

基础前后侧横向压应力 σ_x 按式(D. 0. 3—30)计算。

$$\sigma_x=my(h-y)\omega \tag{D. 0. 3—30}$$

基础嵌入处承受的横向力按式(D. 0. 3—31)计算。

$$P=b_0\omega\frac{mh^3}{6}-H \tag{D. 0. 3—31}$$

式中　P——基础嵌入处承受的横向力(kN)。

基础身任一截面内的弯矩按式(D. 0. 3—32)计算。

$$M_y=M+y\left[H-b_0\omega\frac{my^2}{12}(2h-y)\right] \tag{D. 0. 3—32}$$

上列各式中符号的意义除注明者外,其余均与前面相同。

当求得的 P 为负值时,则 P 的方向与图 D. 0. 3—10 中所示相反,并作用于基础的另一侧。

3) 基底最大竖向压应力 $\sigma_{\max}$不应大于地基容许承载力。基础侧面横向压应力应满足下列条件:

$$\sigma_{h/3}\leqslant\eta_1\eta_2\left[\gamma\frac{h}{3}(\eta K_p-K_a)+2c(\eta\sqrt{K_p}-\sqrt{K_a})\right] \tag{D. 0. 3—33}$$

$$\sigma_h\leqslant\eta_1\eta_2[\gamma h(\eta K_p-K_a)+2c(\eta\sqrt{K_p}-\sqrt{K_a})] \tag{D. 0. 3—34}$$

式中　$\sigma_{h/3},\sigma_h$——深度 $y=\frac{h}{3}$和 $y=h$ 处土的横向压应力(kPa);

γ——土的容重(有水时,考虑水浮力)(kN/m^3);

c——土的黏聚力(kPa);

η_1——系数:对于超静定推力拱桥的墩台,$\eta_1=0.7$;其他结构体系的墩台,$\eta_1=1.0$;

η_2——考虑总荷载中恒载所占比例的系数,当 $h\leqslant\frac{2.5}{\alpha}$时,$\eta_2=1-0.8\frac{M_n}{M_m}$;

M_n——恒载对基础底面中心的力矩(kN · m);

M_m——全部外力对基础底面中心的总力矩(kN · m);

K_p,K_a——系数,$K_p=\tan^2\left(45°+\frac{\varphi}{2}\right)$,$K_a=\tan^2\left(45°-\frac{\varphi}{2}\right)$;

η——系数,$\eta=\frac{b_0}{b}$,b_0为基础侧面土抗力的计算宽度,b 为基础的实际宽度;

φ——土的内摩擦角。

4) 墩台顶面的水平位移按下列公式计算:

①对于支立于非岩石地基上的基础(包括支立于岩石风化层内和支立于岩层面上的情况)

$$\delta=k_1\omega y_0+k_2\omega l+\delta_0 \tag{D. 0. 3—35}$$

②对于嵌入岩石内的基础

$$\delta=k_1\omega h+k_2\omega l+\delta_0 \quad (D.0.3—36)$$

式中　δ——墩台顶面的水平位移(m)；

k_1,k_2——考虑基础实际刚度的系数，按表D.0.3—3采用；

l——地面或局部冲刷线至墩台顶面的高度(m)；

δ_0——在l范围内由于墩台身与基础的变形产生的墩台顶面位移(m)；

h——基础的高度(m)；

ω——基础的转角(rad)。

表D.0.3—3　k_1、k_2系数

换算深度 $\bar{h}=\alpha h$	系　数	λ/h				
		1	2	3	5	∞
1.6	k_1	1.0	1.0	1.0	1.0	1.0
	k_2	1.0	1.1	1.1	1.1	1.1
1.8	k_1	1.0	1.0	1.1	1.1	1.1
	k_2	1.1	1.2	1.2	1.2	1.3
2.0	k_1	1.1	1.1	1.1	1.1	1.2
	k_2	1.2	1.3	1.4	1.4	1.4
2.2	k_1	1.1	1.1	1.2	1.2	1.2
	k_2	1.2	1.5	1.6	1.6	1.7
2.4	k_1	1.1	1.2	1.3	1.3	1.3
	k_2	1.3	1.8	1.9	1.9	2.0
2.5	k_1	1.2	1.3	1.4	1.4	1.4
	k_2	1.4	1.9	2.1	2.2	2.3

注：表中$\lambda=\frac{M_m}{H}$，H为总水平外力，M_m为全部外力对基础底面中心的总力矩。当$\alpha h<1.6$时，$k_1=k_2=1.0$。

附录 E　桥梁桩基当作实体基础的检算

将桩基视为图 E 中 1、2、3、4 范围内的实体基础,可按式(E.1)检算。

$$\frac{N}{A}+\frac{M}{W}\leqslant[\sigma] \tag{E.1}$$

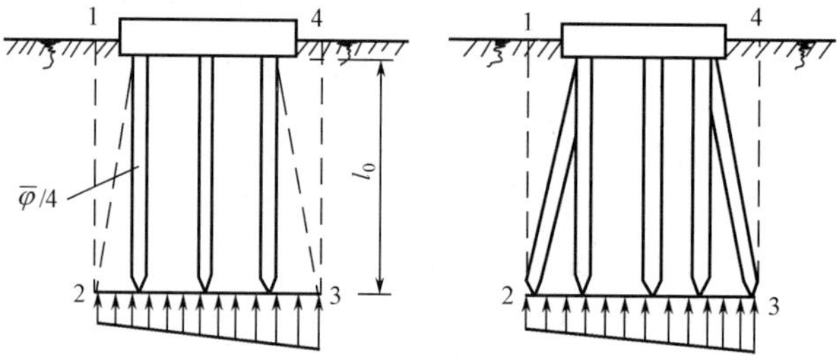

图 E　桩基础计算示意图

式中　N——作用于桩基底面的竖直力(kN),其中包括土体 1、2、3、4 和桩的恒载;

M——外力对承台底面处桩基重心的力矩(kN · m);

A,W——桩基底面的面积(m^2)和截面抵抗矩(m^3);

$[\sigma]$——桩底处地基容许承载力(kPa),按本规范第 4.1.3 条确定。

图 E 中,$\bar{\varphi}$ 为桩基所穿过土层的加权平均内摩擦角,按式(E.2)计算。

$$\bar{\varphi}=\frac{\varphi_1 l_1+\varphi_2 l_2+\cdots+\varphi_n l_n}{l_0} \tag{E.2}$$

式中　$\varphi_1,\varphi_2,\cdots,\varphi_n$——厚度 $l_1,l_2,\cdots,l_n$ 各土层的内摩擦角;

l_0——桩位于土中的深度。

附录 F　台后路基对桥台基底附加竖向压应力的计算

台后路基及锥体对桥台基底前后边缘的附加竖向压应力（计算示意图如图 F 所示），可按下式计算：

$$\sigma=\alpha\gamma H$$

式中　σ——附加竖向压应力（kPa）；

γ——路基填土的容重（kN/m^3）；

H——路基填土高度（m）；

α——系数，见表 F。

表 F　系数 α

基础前后缘	路基填土高度 H(m)	5		10			20		
	基础长度(m) / 距地面深度 h(m)	5	10	5	10	15	5	10	15
前缘	5	0.100	0.020	0.250	0.040	0.010	0.360	0.230	0.120
	10	0.170	0.060	0.320	0.130	0.045	0.430	0.300	0.170
	15	0.170	0.090	0.310	0.170	0.085	0.500	0.370	0.240
	20	0.150	0.095	0.260	0.160	0.100	0.480	0.380	0.260
	25	0.140	0.090	0.240	0.160	0.110	0.440	0.350	0.260
	30	0.120	0.085	0.200	0.150	0.110	0.400	0.330	0.260
后缘	5	0.480	0.480	0.520	0.510	0.510	0.540	0.520	0.510
	10	0.380	0.380	0.510	0.490	0.490	0.580	0.550	0.540
	15	0.290	0.290	0.440	0.420	0.420	0.590	0.560	0.550
	20	0.220	0.220	0.360	0.350	0.350	0.560	0.540	0.530
	25	0.190	0.190	0.300	0.290	0.290	0.500	0.490	0.480
	30	0.150	0.150	0.250	0.250	0.250	0.450	0.440	0.430

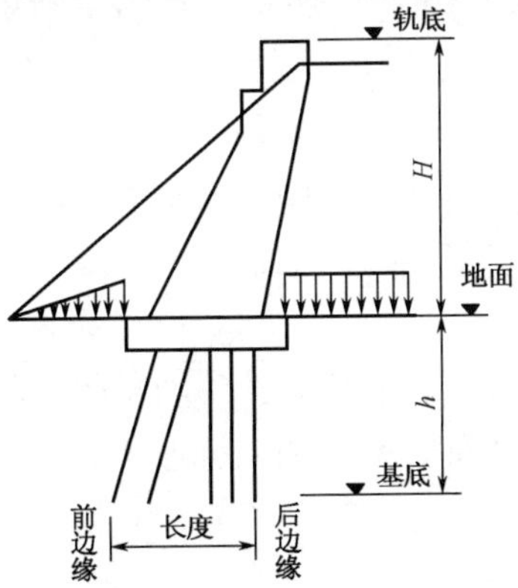

图 F　附加竖向压应力计算示意图

附录 G　严寒及多年冻土地区桥涵基础切向冻胀计算

G. 0. 1　当基底位于多年冻土以内时(计算示意图如图 G 所示),应按式(G. 0. 1)计算。

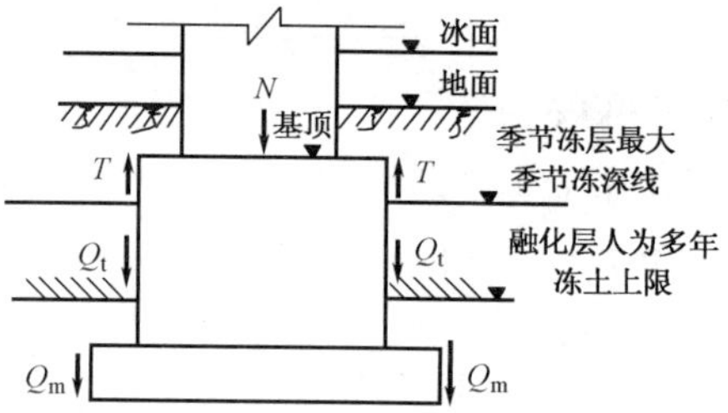

图 G　桥涵基础切向冻胀计算示意图

$$N+C+Q_t+Q_m \geqslant m'''T \tag{G. 0. 1}$$

式中　N——基顶上的荷重(kN);

C——基础重及襟边上土重(kN);

Q_m——基础和多年冻土的冻结力(kN),

$$Q_m = S_m \times A_m$$

A_m——埋在多年冻土内的基础侧面积(m^2);

S_m——多年冻土与基础表面的单位冻结强度(kPa),可按表 G. 0. 1—1 选用;

Q_t——基础位于融化土层的摩擦力(kN),

$$Q_t = S_t \times A_t$$

S_t——基础侧面与融化土的单位摩擦力(kPa),在无实测资料时,对黏性土可用 20 kPa,对砂土及碎石土可用30 kPa;

A_t——在融化土层中基础侧面积(m^2);

m'''——安全系数,未架梁时用 1. 1,架梁后对静定结构用 1. 2,对超静定结构用 1. 3;

T——基础的切向冻胀力(kN),

$$T = A_u\tau + A'_u\tau'$$

A_u——70% 季节冻深范围内基础和墩身侧面积(m^2);

τ——70% 季节冻深范围内基础和墩身侧面的单位切向冻胀力(kPa),可按表 G. 0. 1—2 选用;

A'_u——河底以上冰层中墩身侧面积(m^2),当冬龄期间无结冰时 $A'_u=0$;

τ'——水结冰后对墩身侧面的单位切向冻胀力(kPa),可用 190 kPa。

表 G.0.1—1　多年冻土与混凝土基础表面的冻结强度 S_m(kPa)

土的名称	土层月最高平均温度(℃)						
	-0.5	-1.0	-1.5	-2.0	-2.5	-3.0	-4.0
黏性土	60	90	120	150	180	220	280
砂　土	80	130	170	210	250	290	380
碎石土	70	110	150	190	230	270	350

注:1　不融沉冻土按表列数值降低 10%~20%,与基础无明显胶结力的干土,不考虑其冻结力(即按融土摩擦力计算);强融沉土(饱冰冻土)降低 20%;含土冰层降低 50%;当基础周围回填 0.05 m~0.1 m 砂层时可按强融沉土(饱冰冻土)取值。

2　未作处理的钢结构按表列数值降低 30%。

3　表列数值不适用于含盐量大于 0.3%的冻土。

表 G.0.1—2　季节融化土冻胀时,对混凝土基础的切向冻胀强度 τ(kPa)

黏性土	I_L		$I_L \leqslant 0$	$0<I_L \leqslant 1$	$1<I_L \leqslant 3$
	τ	非过水建筑物	0~30	30~80	80~150
		过水建筑物	0~50	50~150	150~250
砂　土	S_r 或 w(%)		$S_r \leqslant 0.5$ 或 $w \leqslant 12$	$0.5<S_r \leqslant 0.8$ 或 $12<w \leqslant 18$	$S_r>0.8$ 或 $w>18$
	τ	非过水建筑物	0~20	20~50	50~100
		过水建筑物	0~40	40~80	80~160

注:1　粉黏粒含量大于 15%的碎石土根据其含水率按表中砂土采用;粉黏粒含量小于 15%时根据其含水率按表中 $S_r \leqslant 0.5$ 或 $0.5<S_r \leqslant 0.8$ 两栏采用。

2　粉质黏性土和粉黏粒含量大于 15%的砂土采用表中的较大值。

3　未作处理的钢结构基础按表列数值降低 20%~30%。

G.0.2　当基底位于多年冻土人为上限以上或最大季节冻深以下时,其冻结力 Q_m 为零,此时应符合式(G.0.2)的要求。

$$N+C+Q_t \geqslant m''' T \tag{G.0.2}$$

式中符号意义及计算方法同前。

G.0.3　切向冻胀力较大时,应检算基础或墩身薄弱断面的拉应力。

本规范用词说明

执行本规范条文时,对于要求严格程度的用词说明如下,以便在执行中区别对待。

(1)表示很严格,非这样做不可的用词:

正面词采用“必须”;

反面词采用“严禁”。

(2)表示严格,在正常情况均应这样做的用词:

正面词采用“应”;

反面词采用“不应”或“不得”。

(3)表示允许稍有选择,在条件许可时首先应这样做的用词:

正面词采用“宜”;

反面词采用“不宜”。

(4)表示有选择,在一定条件下可以这样做的,采用“可”。

《铁路桥涵地基和基础设计规范》条文说明

本条文说明系对重点条文的编制依据、存在的问题以及在执行过程中应注意的事项等予以说明,不具备与规范正文同等的法律效力,仅供使用者作为理解和把握规范规定的参考。为了减少篇幅,只列条文号,未抄录原条文。

1.0.1 为满足铁路桥涵建设和发展需要,统一铁路桥涵设计标准,提高铁路桥涵设计水平,保障铁路桥涵安全与质量,本规范在《铁路桥涵地基和基础设计规范》TB 10002.5—2005(以下简称《05 地基和基础规范》)的基础上,对现行客货共线铁路、高速铁路、城际铁路、重载铁路等规范中的核心内容进行全面梳理整合,提炼列出桥涵设计中最为基本、通用的条文,桥涵设计时应符合相关条款的规定。

本规范编制时,调查和分析了我国近年来在高速、城际、客货共线以及重载铁路桥涵建设和运营管理方面积累的很多新经验、新技术和科研成果,同时,认真分析借鉴了有关国外成功经验和先进技术标准,并与国内相关标准相协调,在此基础上广泛征求了我国铁路设计、施工、运营、管理等方面有关专家的意见,通过反复论证研究,最后经审查定稿。

1.0.2 本规范适用的各设计标准铁路应符合以下要求:

客货共线铁路为铁路网中客货列车共线运行、旅客列车设计速度小于等于 200 km/h、货物列车设计行车速度等于或小于160 km/h的Ⅰ、Ⅱ标准轨距铁路。

高速铁路为新建旅客列车设计速度为 250 km/h~350 km/h、运行动车组列车的标准轨距客运专线铁路,设计速度分为250 km/h、300 km/h、350 km/h 三级。

城际铁路为新建设计速度为 200 km/h 及以下、仅运行动车组列车的标准轨距客运专线铁路,设计速度分为 200 km/h、160 km/h、120 km/h 三级。

重载铁路为铁路网中货物列车机车车辆轴重大于等于250 kN 或牵引质量大于等于10 000 t,重载货物列车设计行车速度等于或小于 100 km/h、其他货物列车设计行车速度等于或小于 120 km/h 的标准轨距铁路。

1.0.4~1.0.5 桥涵结构设计要求在制造、运送、安装和运营过程中应具有规定的强度、稳定性、刚度和耐久性,以保证施工、运营安全,使用耐久。设计还应考虑养护、抢修、检测、维修需要,配备必需的设施设备。为配合城市建设,位于重要城镇的桥梁,在不过多增加投资的条件下,应适当考虑造形的美观。

国内外大量桥梁的使用经验说明,结构的耐久性对桥梁的安全使用和经济性起着决定的作用。经济合理性应当使建造费用与使用期内的检查维修费用之和达到最少,片面地追求较低的建造费用而忽视耐久性,往往会造成很大的经济损失。因此,在铁路桥梁结构设计中应十分重视结构物的耐久性设计,统一考虑合理的结构布局和结构细节,强调要使结构易于检查维修以保证桥梁的安全使用,增加了应严格控制基础沉降,并按满足 100

年正常使用要求设计的规定。由于无砟轨道具有高平顺性、少维修养护和“维修天窗”短时性的特点，在国外高速铁路得到越来越广泛的应用。高平顺性的无砟轨道由于桥上扣件调整量的约制，其沉降量有着比有砟轨道更为严格的要求。

1.0.7　当同一基础下存在物理力学性质和压缩性差异悬殊的地基时，容易引起基础不均匀下沉。这种软硬不匀土层是由于河床冲刷和沉积反复交替所形成的。当河床的地基存在软硬不匀时，不宜将基础放置在这些土层的相交处。

石灰岩和其他可溶岩类遇有常年侵蚀性的渗流时，流水沿岩石构造节理裂隙侵入，使之逐渐溶蚀，扩展成溶槽、溶沟或溶洞，它们是否继续发展，往往难以判定，应尽量避开。当无法避开，而要在这些地层上建造墩台基础，且溶槽或溶沟较宽，延伸很深，不能将溶槽或溶沟内的充填土清净，换以浆砌圬工或混凝土时，需要采用钢筋混凝土梁、板跨越溶槽或溶沟，再于梁、板上砌筑墩台圬工，但这样造价比较高昂。

断层及挤压破碎带系因地层的动力作用，顺岩层构造薄弱处产生相对移位致使上下岩盘间的岩石因挤压而成破碎带，对于墩台稳定不利，所以应避免把桥梁墩台基础置于断层和挤压破碎带上。

在陡峭山坡上修建墩台时，应注意桥基岩体的稳定。岩体的稳定常和岩面、节理、断层面有关。也有因岩质山坡坡脚受河流滚石常年撞击使山坡失去坡脚支承的情况发生，应加注意。

黄土地区的陷穴多发生于深沟台地上、沟源附近沟床形成区段上以及排水不良的凹地。当陷穴形成后，水流渗入陷穴，顺着倾向沟谷方向经过土层渗流溶解和侵蚀形成暗洞，通至附近沟谷内。建于沟谷岸坡上的墩台应尽量避开陷穴和暗洞。为防止陷穴和暗洞的扩展，应做好截流、防渗、堵漏等工作。如因沟谷地形控制桥跨布置，墩台位置无法避开陷穴和暗洞时，应对陷穴和浅埋的暗洞采取填土夯实，但这样做往往有很多困难，设计时应全面考虑。

靠近陡峭岩壁下河槽处的桥墩，应尽量避免基础穿经水下河床的山坡落石堆积层。因为在这种地层中，采用明挖基础和沉井基础将会增大抽水的困难，致使施工进展缓慢，工程造价昂贵。采用钻孔灌注桩虽然不需要抽水，但因山坡落石石质坚硬，钻进效率很低，并易引起孔壁坍落和卡钻等事故。

桥梁墩台位于倾斜岩面上采用沉井基础，而沉井下沉抽水不干时，则需要在潜水条件下进行凿石，整平基面，这样不仅工作困难，也不能持久，并且严重损害潜水人员的身体健康。在充分掌握岩层倾斜情况时，虽然也可采用高低刃脚的沉井，但技术比较复杂，因此，在渗水量很大，无把握抽干水时，一般不在倾斜岩层上修建沉井基础，对于明挖基础来说也是如此。

1.0.8~1.0.9

(1)基础埋深考虑地基土的冻胀影响

土在冻结和解冻时，其结构性质发生变化。冻结时土隆起，冻胀力量甚大，而解冻时土沉陷，致使建于其上的结构物遭到破坏，这就是通常所说的土的冻胀现象。土中存在水分以及毛细管作用是形成冻胀现象的重要条件。对于颗粒较大的土来说，没有毛细管作用，所以不存在冻胀现象；对于颗粒较小、毛细管作用显著的土，则冻胀现象严重。此外，土中含水率的多少和地下水位的高低对土的冻胀作用也有重要影响。冻结线即当地最大冻结深度线。

根据严寒地区桥梁冻害调查统计资料，原齐齐哈尔铁路局嫩林线通车初期只有1座桥有冻害，后来发展到7座桥有冻害。哈尔滨铁路局有8座桥有冻害。呼和浩特铁路局有15座桥有冻害。这些冻害桥梁的冻起高度一般均大于50 mm，最大者达150 mm，有的墩身拔断，直接影响行车安全，给维修养护工作造成困难，因此对位于冻胀土中的桥梁基础应按本规范附录G进行冻胀稳定检算，以确保建筑物的安全。国内外的大量试验资料表明：土的冻胀性与土的颗粒组成、含水率和冻土温度有着密切的关系。各类土的冻胀力均有随含水率的增加、土温的降低而增大的规律性，当土层含水率或冻土温度达到某一临界值时，冻胀力将出现极值，随后则逐渐降低。有时从土的颗粒组成来看，虽属冻胀性土，但由于含水率很小而地下水位又很低，毛细管上升高度达不到冻结锋面，形不成冻胀条件者，也不会产生冻胀。所以土层含水率不同、土温不同时，其冻胀程度也不一样。如黏性土当含水率达到50%左右，而土温在-8℃左右时，冻胀力达到极值。当含水率等于或小于起始冻胀含水率时，则不产生冻胀，反而会出现冻缩现象，这已被大量的观测所证实。另外根据东北大庆地区四十多个野外冻土站的观测资料分析表明，地面冻胀量具有随整个冻深的增大而增加的规律性，但冻胀量沿冻深的分布是不均匀的，而且沿冻深逐渐减少。当冻深达到某一深度时，冻胀量等于零，其下有一层冻土往往只冻结而不冻胀，因这层冻土往往出现脱水现象，没有冰构，所以属于非冻胀区。强冻胀区一般出现在冻深1/3以上。对于弱冻胀土来说，全部冻胀量在整个冻深的75%以上，因此桥涵基础埋深按冻深考虑是安全的，不会出现基底法向冻胀力，但在设计时对小型建筑物应注意切向冻胀力的影响。

(2)无冲刷处或河床设有铺砌防冲时，土质地基中基础的最小埋深由于离地面较近范围内的土，随着气温和湿度的变化，其体积产生较显著的膨胀和收缩，且有些地下动物多在此范围内活动，土的结构易受外界扰动。另外，为防止基础承受横向力时地基土被挤出，均要求基础具有一定的埋置深度。为了满足这些要求，规范规定一般情况下基础最小埋置深度为2 m。

(3)基础埋深考虑冲刷的影响

桥梁墩台必须在建成后长期运营中能经得起洪水冲刷的考验。墩台基础的埋置深度必须全面地考虑洪水冲刷的影响，基底应在最大冲刷线以下留有一定的富余量，以保证墩台的安全。

设置在可冲刷河床上的桥梁墩台基础，在最大冲刷线以下的最小埋置深度的数值(以下简称"最小埋深值")，1959年《桥规》定为2.5 m。1975年改规中对此问题进行了调查，听取了铁路、公路系统15个设计、运营等单位对基础埋深方面的意见。这些意见大致为：最小埋深值不应为一个定值，而应根据河流类型、河床地质的抗冲能力、计算设计频率流量的可靠性、选用计算冲刷深度的方法、桥梁的重要性以及修复难易等因素来确定。依照上述意见，提出用净冲刷深度作为选定最小埋深值的主要依据，用我国冲刷公式(64-Ⅰ)和公式(65-Ⅰ)以及公式(65-Ⅱ)作为计算净冲刷深度的方法，使用了30余座运营桥和20余座水毁桥的资料进行计算。根据计算结果，参照实践经验，制定出条文中表1.0.9内所列的数值。

对于一般桥梁，安全值为2 m加冲刷总深度的10%；对于特大桥(或大桥)，属于技术复杂、修复困难或重要者，安全值为3 m加冲刷总深度的10%。

关于影响最小埋深值各因素的分析意见，概述如下：

1）河流类型及河床地质的抗冲能力：有些单位对1959年《桥规》规定的基础最小埋深值提出不少意见，归纳起来主要是该规定抛开了应该考虑的河流类型、土的抗冲能力的大小、冲刷严重与否等因素。如河床稳定，冲刷不大（或河网化地区），基础总的埋深只有4 m~5 m；而河床冲刷特别严重（或特大桥），基础总的埋深可达二十多米。但两者最小埋深值都是2.5 m，显然不甚合理。所以，建议按河流类型、河床地质抗冲能力等因素制定最小埋深值，而这些因素都可概括地用净冲刷深度作为综合指标来集中反映。如果土的抗冲能力强或河床稳定，净冲刷深度就小，冲刷深度可能的变化也小；如果土的抗冲能力弱或河床演变剧烈，净冲刷深度就大，冲刷深度可能的变化也大。所以，以河床的净冲刷深度作为制定条文中表1.0.9之值的主要依据。

根据资料分析，按各种净冲刷深度，一般桥梁的最小埋深值是2 m~4 m。

2）设计频率流量的可靠性：就目前情况来看，设计频率流量的可靠性与实测流量年代的长短，实测流量的连续性和代表性，以及调查所得历史洪水的可靠性等有关。它在一定程度上影响基础的安全。如计算的设计频率流量相差30%，则冲刷深度相差20%。所以，由于设计频率流量的偏小，造成墩台冲毁的事实确有存在。该问题主要应从加强调查研究、提高设计频率流量计算的可靠性来加以解决。如在资料非常缺乏、计算流量确实无把握的个别情况下，可以对条文中表1.0.9规定的最小埋置深度酌情增加。

3）选用的计算方法：在制定条文中表1.0.9时，选用我国冲刷公式（64-Ⅰ）、公式（64-Ⅱ）及公式（65-Ⅱ）计算与实测资料进行比较。除极个别桥外，所有搜集到的运营的桥和水毁的桥的资料经过验证都在条文中表1.0.9所列的最小埋深值的范围内。对国外的个别公式也作了比较，如用包氏公式，计算值与实测值偏差较大，有时计算的净冲刷深度为5 m而实际发生的却达10 m之深。因此，在运用国外公式进行冲刷计算时，采用条文中表1.0.9所列的最小埋深值，必须对此予以注意。

4）技术复杂、修复困难的特大桥及其他重要大桥：这类桥梁如因基础埋深不够，一旦遭受破坏，损失较大，修复困难，影响面广。因此，在设计频率流量时基础的最小埋深应较一般桥梁增加1 m。

这类大桥采用检算洪水频率流量检算墩台基础埋深时，其最小埋深值采用设计频率流量时的1/2，即用检算频率流量计算的最大冲刷线以下再加设计频率流量时的最小埋深值的1/2作为基础埋深高程，并与设计频率流量所确定的基底高程进行比较，取其较低者作为控制标准。

5）其他因素：桥梁墩台基础埋置深度的合理与否，不仅涉及到结构本身与水文、地质的关系，有时还涉及到其他很多条件，而有些条件无法包括在规范之内，如靠近城市的桥梁，桥下游捞取工业用砂，使桥下河床降低，又如上游不合标准的水库溃坝等等。这些都对基础造成威胁，但这些因素不可能全部考虑到条文中表1.0.9所列数值之内，设计时应结合具体情况加强调查分析。

6）建于抗冲性能强的岩石上的基础，墩台基础应嵌入基本岩层不小于0.25 m~0.5 m（视岩层抗冲性能而定）；如嵌入风化、破碎、易冲刷磨损岩层，按未嵌入岩层计。对于抗冲性能较差的岩石，应根据冲刷的具体情况确定基底埋置深度。

（4）“新建或改建位于河道非岩石地基上的桥跨不应采用明挖基础”的规定，是参考《铁路桥隧建筑物修理规则》（铁运〔2010〕38号）的相关要求修订的。

1.1.10　本条第4款规定：“冻结较深的地区，可将基底至冻结线下0.25 m处的地基土进行处理。"地基土处理时,一般采用粗颗粒土换填,粗颗粒土包括碎石类土、砾砂、粗砂、中砂,但其中粉黏粒含量应小于或等于 15%,或粒径小于 0.1 mm 的颗粒应小于或等于 25%。

1.1.11 沉(挖)井、桩在水平荷载作用下的工作情况较轴向受力时要复杂些,但仍然是从保证桩身材料和地基强度、稳定性以及沉(挖)井、桩顶面水平位移满足使用要求来分析和确定其所受的水平荷载。沉(挖)井、桩侧承台在水平荷载作用下,产生横向位移或挠曲,并与其侧面土体协调变形,对土产生侧向压力,同时其侧面土反作用于沉(挖)井、桩,产生侧向土抗力,沉(挖)井或桩与土共同作用,相互影响。

1.1.12 高速铁路、城际铁路等台后需要设置路桥(涵)过渡段的铁路,为便于控制台后过渡段以及开挖基坑后回填料的回填质量,往往采用以混凝土或碎石分层填筑压实的回填方式。《铁路路基设计规范》TB 10001 规定,对于一次铺设无缝线路的Ⅰ级铁路,路堤与桥台连接处应设置路桥过渡段,台后基坑应以混凝土回填或以碎石分层填筑压实。

对于设计标准较低的铁路,路基与桥(涵)相接不在过渡段的范围内时,其桥(涵)基坑仍可采用传统的渗水土回填,但施工时应对基坑填料分层夯实,并保证基坑不得存水。

2.1~2.2 术语、符号沿用了《05 地基和基础规范》既有术语、符号,同时参照《铁路工程基本术语标准》GB/T 50262,补充了工后沉降、总沉降、湿陷系数、自重湿陷系数、多年冻土天然上限、多年冻土人为上限、季节融化层等重要术语。

3.1.1 倾覆稳定系数目前存在两种不同的概念:

一种是 1959 年《桥规》所采用的计算办法(说明图 3.1.1—1)。

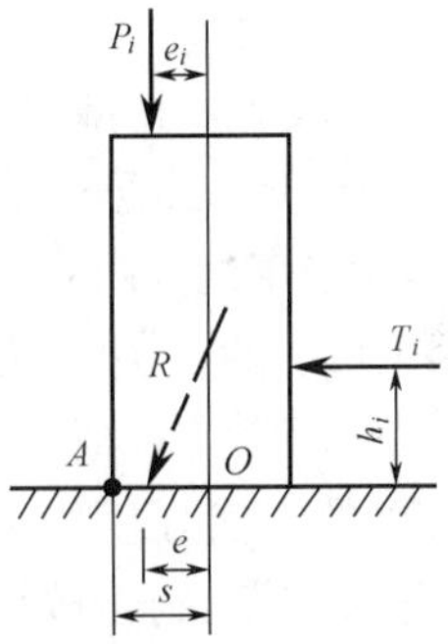

说明图 3.1.1—1

$$K_0=\frac{M_y}{M_0} \quad \text{(说明 3.1.1—1)}$$

式中 M_y——将全部竖向外力移至截面重心处对截面边缘的抵抗倾覆力矩;

M_0——全部外力对截面重心的倾覆力矩。

其中

$$M_y=s\sum P_i$$

$$M_0=\sum P_ie_i+\sum T_ih_i$$

因此可得:

$$K_0=\frac{s\sum P_i}{\sum P_ie_i+\sum T_ih_i}=\frac{s}{\dfrac{\sum P_ie_i+\sum T_ih_i}{\sum P_i}}=\frac{s}{e} \quad \text{(说明 3.1.1—2)}$$

另一种是我国挡土墙计算中常用的计算办法。

$$K_0'=\frac{M_y'}{M_0} \quad \text{(说明 3.1.1—3)}$$

式中 M_y'——绕基底外缘倾覆轴保持结构稳定的稳定力矩;

M_0'——绕基底外缘倾覆轴使结构发生倾覆的倾覆力矩。

按说明图 3.1.1—1,则有

$$K_0'=\frac{\sum P_i(s-e_i)}{\sum T_ih_i} \quad \text{(说明 3.1.1—4)}$$

按上面两种概念计算所得的倾覆安全系数,通常是不相等的。

什么情况下这两种概念计算所得的倾覆安全系数才相等呢?

令 $K_0=K_0'$,即

$$\frac{s\sum P_i}{\sum P_ie_i+\sum T_ih_i}=\frac{\sum P_i(s-e_i)}{\sum T_ih_i}$$

得

$$\sum P_ie_i(\sum P_is-\sum T_ih_i-\sum P_ie_i)=0$$

因此,只有当下面两种情况,二者才相等:

(1) $\sum P_ie_i=0$,即合力作用于截面重心上时;

(2) $\sum P_i(s-e_i)=\sum T_ih_i$,即合力作用于 A 点处时。

这两种定义的关系如下:

$$K_0=\frac{s\sum P_i}{\sum P_ie_i+\sum T_ih_i}=\frac{\sum P_i(s-e_i)+\sum P_ie_i}{\sum P_ie_i+\sum T_ih_i}=\frac{\dfrac{\sum P_i(s-e_i)}{\sum T_ih_i}+\dfrac{\sum P_ie_i}{\sum T_ih_i}}{1+\dfrac{\sum P_ie_i}{\sum T_ih_i}}=\frac{K_0'+a}{1+a}$$

其中

$$a=\frac{\sum P_ie_i}{\sum T_ih_i}$$

则

$$K_0'=K_0+a(K_0-1) \qquad \text{(说明 3. 1. 1—5)}$$

一般 $K_0>1$,故当 $a>0$,即 $\sum P_ie_i$ 与 $\sum T_ih_i$ 同方向时,$K_0'>K_0$。

当 $a<0$,即 $\sum P_ie_i$ 与 $\sum T_ih_i$ 反方向时,$K_0'<K_0$。就说明图 3. 1. 1—1 来说,也就是当竖向合力作用于重心 O 的左边时,$K_0'>K_0$,采用第一种概念是偏于安全的;反之,当竖向合力作用于 O 的右边时,$K_0'<K_0$,采用第二种概念是偏于安全的。

然而第二种概念是有缺点的,它不能反映结构物对于倾覆的确定安全度,并且意义含糊,以致在实际使用中产生很多矛盾。例如说明图 3. 1. 1—2 中三个结构物,仅有竖直力,没有水平力,倘若按第二种概念则都是 $K_0'=\infty$,其实它们的安全度是不相同的,左边一个很安全,右边一个就不太安全。

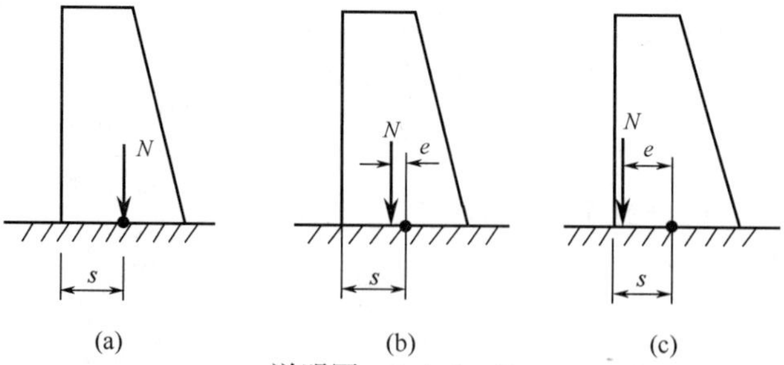

说明图　3. 1. 1—2

因此,规范规定采用了第一种概念。如果采用下面形式来表示,则更明了:

$$K_0=\frac{s}{e}=\frac{\text{保证基底倾覆稳定时的最大(极限)容许偏心值}}{\text{基底实际发生的偏心值}} \qquad \text{(说明 3. 1. 1—6)}$$

这个概念不仅适用于对称截面,也适用于非对称截面和斜挠曲。

3.1.2 作用于基底面上外力的水平分力由基础底面与地基之间的摩擦力来抵抗,基底摩擦力等于基底外力的竖直分力 $\sum P_i$ 乘以基础与地基之间的摩擦系数 f,因而基础滑动稳定系数为基底摩擦力与基底外力的水平分力 $\sum T_i$ 之比,即

$$K_0=\frac{f\sum P_i}{\sum T_i} \tag{说明 3.1.2—1}$$

本条条文中摩擦系数 f 的土质部分之值与1959年《桥规》基本相同,石质部分之值是根据我国水电部门的实测资料修订的,比1959年《桥规》提高了一些。

1951年《桥规》规定墩台基底滑动稳定系数不得小于1.5,因而桥台设计往往为滑动稳定性所控制。为了满足滑动稳定性的要求,不得不加大桥台尺寸或采取一些特殊的措施。实际上,外力计算方面是存在一定有利因素的,如桥台侧面土的摩擦力可以使实际滑动稳定系数增大。因此经过实践,1959年《桥规》改小为1.3。

曾经有一种意见,认为季节性河流最高洪水发生的时间较短,其桥梁墩台安全度应与常年有水河床的墩台有所区别,对于季节性河流考虑最高洪水位的浮力时墩台滑动稳定系数可再减小到1.2。但考虑本规范中的台后土压力计算有了改变,其他荷载在组合时采用的数值也有所减小,这些都会使墩台滑动稳定系数计算值变大,因此滑动稳定系数仍规定为1.3。

山区桥梁墩台位于较陡的土质斜坡上时,还应检算圆柱体滑动面的滑动稳定性。

位于软土地基上较高的桥台,也应检算桥台连同台后路基沿圆柱体滑动面的滑动稳定性。

桥台台后活载、滑动面内的土体和线路上部建筑物是使土体滑动的力,而滑动面上的凝聚力和摩阻力则为抵抗土体滑动的力,其土体滑动稳定系数可用这些力对滑动面圆心的抗滑力矩与滑动力矩之比来确定,即

$$K_f=\frac{M_{抗}}{M_{滑}}\geqslant 1.3 \tag{说明 3.1.2—2}$$

3.1.3 拱桥建成后,墩台承受两侧拱圈传来的竖直力、水平力和弯矩。对于两侧等跨和不等跨拱桥,桥墩承受的两跨作用力可互相平衡或部分平衡,但在拱桥建造过程中,桥墩两侧拱圈和拱上结构的建筑程序不一定对称,产生较大的水平力和弯矩,这样有可能成为控制条件,因此设计时应按施工过程中可能产生的单侧拱推力进行检算。但是这些情况均为施工过程中的短暂情况,因此检算这些情况时稳定系数可降低为1.2,地基容许承载力可较计算主力时提高40%。

3.2.1 对于桥梁基础沉降量给予一定的限制,是为了保证墩台发生沉降后,桥头和桥上线路坡度的改变不致影响列车的正常运行,即使要进行线路高程调整,其调整工作量不致太大,不会引起梁上道砟槽边墙改建和桥梁结构加固。现行各设计标准铁路沉降限值大小的确定主要是基于列车运营安全和舒适要求的不同。

本规范修订时,归纳、整合了现行客货共线铁路、高速铁路、城际铁路、重载铁路等规范中有砟、无砟轨道梁式桥静定结构墩台基础沉降限值的相关规定。整合发现,现行各规范中的沉降限值均与设计速度匹配。

(1)高速铁路

本次规范修订时,将高速铁路沉降限值的规定整合至本条文表3.2.1—1、表3.2.1—2

“设计速度 250 km/h 及以上”一栏中。

按照《高速铁路设计规范》TB 10621—2014 第 7. 3. 10 条的规定，墩台基础的沉降应按恒载计算，其在恒载作用下产生的工后沉降量不应超过说明表 3. 2. 1—1 规定的限值。特殊条件下无砟轨道桥梁无法满足沉降限值要求时，可采取预留调整措施的方式满足轨道平顺性要求。

说明表 3. 2. 1—1　静定结构墩台基础工后沉降限值(一)

沉 降 类 型	桥上轨道类型	限　　值
墩台均匀沉降	有砟轨道	30 mm
	无砟轨道	20 mm
相邻墩台沉降差	有砟轨道	15 mm
	无砟轨道	5 mm

注：超静定结构相邻墩台沉降量之差除应满足上述规定外，尚应根据沉降差对结构产生的附加应力的影响确定。

桥梁墩台基础工后沉降限值主要为满足高速列车运营安全和舒适要求。墩台基础不均匀沉降将在墩台位置产生变坡点，即出现明显的折角，直接影响行车的安全和舒适。铁科院在《客运专线铁路墩台基础沉降限值标准研究》中，采用车—桥耦合动力模型，分析了不同桥跨(20 m、24 m、32 m 和 40 m 等跨布置简支梁)、不同沉降类型(单墩沉降、单墩相对上抬、两相邻墩沉降和两非相邻墩沉降)和不同沉降量(5 mm、10 mm、15 mm、20 mm、25 mm和30 mm)对高速行车安全和舒适的影响。墩台不均匀沉降分析工况如说明图 3. 2. 1—1 所示。

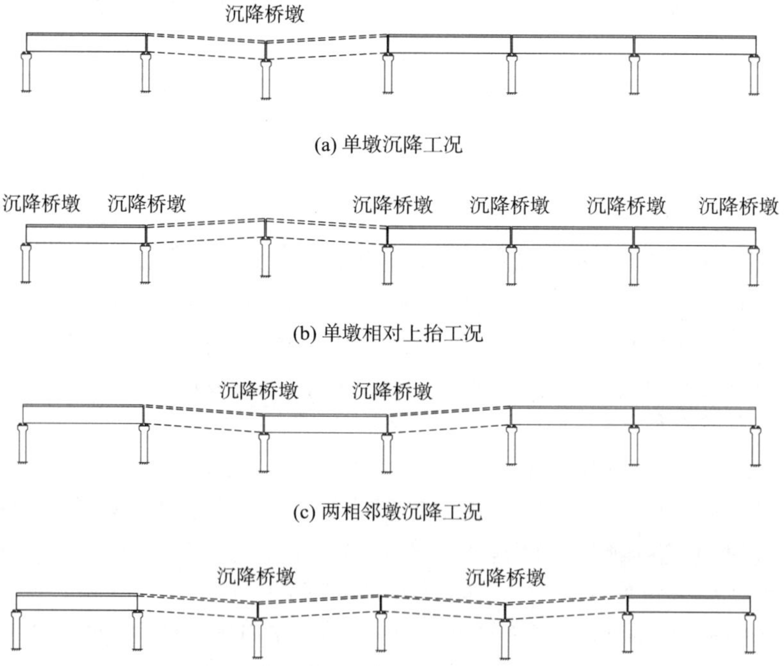

(d) 两非相邻墩沉降工况

说明图 3. 2. 1—1　墩台不均匀沉降分析工况

研究分析结果表明：不同沉降限值对于梁体动力效应影响较小，而主要影响车辆动力效应；列车轮重减载率随不均匀沉降值的增大而增大；车体竖向加速度、列车车体平稳性指标除与车体自身动力性能具有一定的关系外，也随不均匀沉降量的增加呈增大的趋势。高速列车通过单墩沉降工况时车体动力响应如说明图 3.2.1—2 所示。

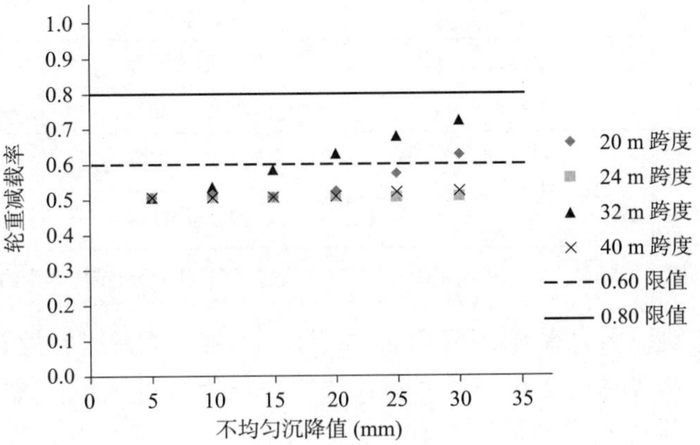

(a) 轮重减载率

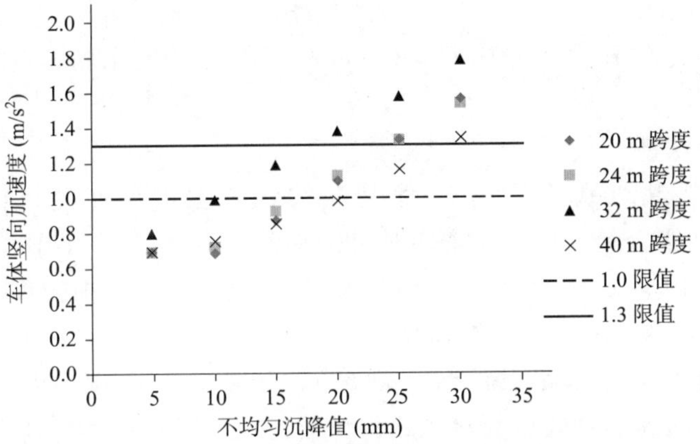

(b) 车体竖向加速度

说明图 3.2.1—2　高速列车通过时车体响应结果

由于墩台基础不均匀沉降限值对行车安全和乘坐舒适具有直接的影响，随着不均匀沉降量值的增加，列车安全指标和舒适性指标明显增大。桥梁基础不均匀沉降的影响虽然可以通过扣件或支座高度调整予以消除或减弱，但由于我国高速铁路桥梁比例大的特点，大范围地对桥梁支座或桥上线路进行调整难度较大，也不符合高速铁路建设中免维修、少维修的要求。京津城际铁路建设中墩台基础大量实测沉降数据表明，按铁路规范进行基础沉降计算可以基本满足控制精度要求，墩台工后均匀沉降预测值小于20 mm、相邻墩工后沉降量差值小于 5 mm，建议规范修编时，墩台基础沉降限值沿用《高速铁路设计规范(试行)》TB 10621—2009 的相关规定，特殊条件下，当无砟轨道桥梁不能满足沉降差限值要求时，应设置可调高支座或其他调整措施来满足结构和轨道平顺性要求。

(2)城际铁路

按照《城际铁路设计规范》TB 10623—2014 第 7.3.10 条的规定，墩台基础的沉降应按恒载计算,静定结构墩台基础工后沉降量不应大于说明表 3. 2. 1—2 规定的限值。

说明表 3. 2. 1—2 静定结构墩台基础工后沉降限值(二)

桥上轨道类型	设计速度	沉降类型	限值
有砟轨道	200 km/h	墩台均匀沉降	50 mm
		相邻墩台沉降差	20 mm
	160 km/h 120 km/h	墩台均匀沉降	80 mm
		相邻墩台沉降差	40 mm
无砟轨道	200 km/h 160 km/h 120 km/h	墩台均匀沉降	20 mm
		相邻墩台沉降差	10 mm

注:超静定结构相邻墩台沉降量之差除应满足上述规定外,尚应考虑沉降差对结构产生的附加应力的影响。

城际铁路有砟轨道墩台基础沉降限值规定,是参照了《高速铁路设计规范(试行)》TB 10621—2009、《新建时速 200 公里客货共线铁路设计暂行规定》(铁建设函〔2005〕285 号)以及《铁路桥涵设计基本规范》TB 10002. 1—2005(以下简称《05 桥规》)的相关规定,经研究后提出的静定桥梁墩台工后沉降量限值标准。

对于无砟轨道桥梁,铁科院的《客运专线铁路墩台基础沉降限值标准研究》研究成果表明,200 km/h 无砟轨道桥梁均匀沉降20 mm 和不均匀沉降 10 mm 限值能满足列车运营安全和乘坐舒适要求。

(3)客货共线铁路

按现行对客货共线铁路的定义,客货共线铁路按设计速度目标值 200 km/h 和 160 km/h及以下两级分类。设计者采用时可按本条文表 3. 2. 1—1 中设计速度 200 km/h 和 160 km/h 及以下,以及表 3. 2. 1—2 中 200 km/h 及以下一栏中的数据取值。

对于设计时速 200 km 客货共线铁路梁式桥静定结构,其墩台基础工后沉降量沿用了《新建时速 200 公里新建铁路设计暂行规定》(铁建设函〔2005〕285 号)的取值标准。1998 年制定《新建时速 200 公里新建铁路设计暂行规定》时,推荐桥墩台工后沉降标准和京沪高速一致:对于静定结构,其墩台均匀总沉降量取 50 mm,相邻墩台均匀沉降之差取 20 mm。2005 年修订时沿用了这一标准,本次规范修订仍沿用此限值规定。

对于设计时速 160 km 及以下客货共线铁路梁式桥静定结构,其墩台基础工后沉降量则沿用《05 桥规》的相关规定。《05 桥规》修订时,参照《新建时速 200 公里客货共线设计暂行规定》及高速铁路结构物设计标准中设计行车速度与轨道变位量限制值的关系,同时参考路基专业台后过渡段设置时的沉降要求,综合考虑后,提出了有砟桥面墩台均匀总沉降量限定值取 70 mm~80 mm 的规定。对于相邻墩台均匀沉降量之差的限定值,则沿用《铁路桥涵设计基本规范》(1999 版)(以下简称《99 桥规》)的取值办法,按不大于墩台均匀沉降量的一半取 35 mm~40 mm。

对于明桥面,工后沉降量调整比较困难,其工后沉降控制应该更加严格,故此明桥面墩台均匀总沉降量及相邻墩台均匀沉降量之差的限定值取有砟桥面的一半。

(4)重载铁路

重载铁路沉降限值沿用了《05 桥规》的规定,即按本条文表 3. 2. 1—1 中设计速度 160 km/h及以下一栏的取值采用。

桥梁由于活载作用下的沉降变形是瞬时的、弹性的，一般可以恢复，故规定墩台基础的沉降量仅按恒载计算。由于恒载产生的部分沉降对桥梁标高的影响可在施工过程中进行调整，因此仅规定墩台基础的工后沉降量，该条恒载指结构自重+二期恒载。

对于墩台基础均匀沉降，有砟轨道桥梁沉降限值参考了路基的沉降控制标准，无砟轨道桥梁沉降限值主要依据桥上扣件容许的调整量。对于调高量为 30 mm 的扣件，扣除施工误差$^{+6}_{-4}$ mm，仅有 20 mm 可用于调整运营期间基础沉降、梁体徐变变形产生的轨道状态变化。无砟轨道桥梁沉降限值参考《客运专线无砟轨道铁路设计指南》（铁建设函〔2005〕754 号）的规定，分别按照 20 mm 和 10 mm 取值。

超静定结构基础的工后沉降限值沿用《99 桥规》的规定，其相邻墩台均匀沉降量之差的容许值根据沉降时结构产生的附加应力的影响确定，同时，墩台基础沉降计算值不含区域沉降。超静定结构相邻墩台不均匀沉降限值还应考虑对结构产生的附加应力的影响。

3.2.2 为保证高速铁路、城际铁路轨道平顺性，控制路基与涵洞间的不均匀沉降，本条文规定路涵过渡段范围的涵洞涵身沉降控制标准，应采用与相邻路基控制相同的标准，地基处理方式宜一致。对于普通铁路，《05 桥规》增加了对涵洞涵身基础工后沉降量的规定。《铁路路基设计规范》TB 10001 中规定：一般地段路基的工后沉降量不应大于 200 mm，桥台台尾过渡段路基工后沉降量不应大于 100 mm。鉴于涵洞病害常由沉降引起，涵洞基础沉降量按台尾过渡段要求控制，即不应大于 100 mm。本次规范修订时，保留了上述规定。

3.2.3~3.2.4 本规范沉降计算方法是一种简化了的分层总和法，适用于明挖基础。墩台基础的最终沉降量计算是参考《建筑地基基础设计规范》GB 50007—2002 第 5.3.5 条的计算办法制定的。当用于桩基础时应按第 3.2.4 条办理，即将基础底面处的附加压应力与基底以下的土层情况用桩底平面处的附加压应力与桩底平面以下的土层情况代替。另外，桩基的沉降经验修正系数与明挖基础稍有不同，但考虑到建筑桩基与铁路桥梁桩基情况不尽相同，未予采用。

《建筑地基基础设计规范》GB 50007 采用分层总和法，把地基土视作直线变形体，在外荷载作用下的变形只发生在有限厚度 z 的范围内（即压缩层），将压缩层厚度分层，分别求出各分层的应力，然后用土的“应力—应变“关系式求出各分层的变形量，再总和起来即为地基的最终沉降量。《公路桥涵地基与基础设计规范》JTG D63—2007 从以下几个方面予以简化或改进，本规范修订时予以引用。

（1）分层总和法要求按 $h_i \leqslant 0.4b$ 分层（h_i为分层厚度，b 为基础宽度），计算工作量较大，因此规定要求每天然土层当作一层来计算沉降量。

（2）采用平均附加应力系数 C_i、C_{i-1}（本规范附录 B），而不采用附加应力系数。

分层总和法分层变形公式参见赵明华等编著的《土力学地基与基础疑难释义》（中国建筑工业出版社，1998 年）相关推导公式。

（3）对地基变形计算深度 z_n重新作了规定。

分层总和法以地基附加压应力与自重压应力之比为 0.2 或 0.1 作为控制标准（简称为压力比法），但它没有考虑到土层的构造与性质，过于强调荷载对压缩层深度的影响，而对基础大小这一更为重要的因素重视不足。规范采用相对变形作为控制标准（简称变形法），即要求满足：$\Delta S_n \leqslant 0.025 \sum_{i=1}^{n} \Delta S_i$ 。

（4）引入沉降经验修正系数 m_s。

上述简化措施必将引起一些偏差,再加上分层总和法本身理论上的偏差,使计算结果与实际情况有出入。大量的沉降观测资料表明:当地基土层较密实时,计算沉降值偏大;当土层较弱时,计算沉降值偏小。为此,规范引入经验系数 m_s 予以修正。m_s 从大量的工程实际沉降观测资料中,经数理统计分析得出,它综合反映了许多因素的影响,如:侧限条件的假设;计算附加压力时对地基土均质的假设与地基土层实际成层的不一致对附加压力的影响;不同压缩性的地基土沉降计算值与实测值的差异等。

(5)确定地基沉降计算深度 z_n。

对于地基沉降计算深度(包括存在相邻荷载影响),以相对变形作为控制标准(简称变形法),即 $\Delta S_n \leqslant 0.025\sum_{i=1}^{n}\Delta S_i$。原规范(《公路桥涵地基与基础设计规范》JTJ 024—1985)取地基深度 z_n 处,向上取计算层厚度为 1 m 的计算变形值。这样的规定,对于不同基础宽度,其计算精度不等;用变形比法计算独立基础、条形基础时,其值偏大;但对于 b 为 10 m~50 m 的大基础,其值却与实测值接近。为使变形比法在计算小基础时,其计算 z_n 值不至于过大,经反复试算,提出采用 0.3(1+ln$b$)(以 m 计)代替采用上述 1 m 的规定,取得较为满意的结果(简称修正变形比法)。条文中表 3.2.3—1 就是根据 0.3(1+ln$b$)(以 m 计)的关系,以更粗的分格给出向上计算层 Δz 的值。

4.1.1　条文中各类土的基本承载力表是根据荷载试验与土的物理力学性质指标的对比资料及国内实践经验,并参照国内外规范综合考虑编制的,具有一定的普遍性,适用于地质简单的常用结构形式桥涵的地基。但由于我国幅员辽阔,自然条件复杂,不是在任何条件下本条各表都能适用。因此在个别工点如做了专门研究,或当地已有经验,确定 σ_0 时可不受表列数值的限制。至于重要桥梁或地质复杂的桥梁,更不能单纯查表确定 σ_0,应根据实际情况用原位测试、理论公式计算等方法综合确定。

4.1.2

(1)地基基本承载力可根据岩土类别、状态及其物理力学特征指标按本条文表 4.1.2—1~表 4.1.2—10 选用。

1)岩石地基承载力

岩块强度和破碎程度是决定岩石地基承载力的主要因素,故以这两个指标制表。对裂隙性质、方向及充填物等因素的影响,在附注中给出。表 4.1.2—1 主要是根据 72 份荷载试验(以比例界限作为基本承载力),并参考国内外有关规范和建筑经验提出的。

根据《铁路工程岩土分类标准》TB 10077—2001 将岩石按硬质岩、较软岩、软岩、极软岩分类制表。硬质岩地基承载力不控制工程设置,故不再细分。根据《工程岩体分级标准》GB 50218—1994,极软岩的承载力基本值小于 500 kPa,同样铁路工程勘测中遇到的成岩程度极差(半成岩)及风化成土状、砂砾状等极软岩的承载力都小于 500 kPa。因此,《05 地基和基础规范》在修订岩石按新的分类标准调整的同时,对各类岩石地基承载力也作了调整和修正。

水对岩石承载力的影响由于资料不足,不能给出准确数值。现场遇到这些情况,需个别研究确定。当利用易风化的岩石作为地基时,应特别注意岩石浸水后可能发生的变化,如岩石的水理性能、风化速度等,适当选取 σ_0,必要时应通过荷载试验确定。

2)碎石类土地基承载力

影响碎石类土承载力的因素很多,如碎石类土的成因类型,碎石颗粒的成分、大小、含量、充填物性质、密实程度、胶结情况等,但为了简化制表起见,表 4.1.2—2 主要按密实程度作为归类指标。由于大部分碎石类土压缩性低,基底沉降量小,完成沉降过程快,因此变形不是主要控制因素,故其基本承载力是按比例界限或破坏荷载的 1/3 取值。

碎石类土地基基本承载力表是从 196 份荷载试验资料中选用了其中内容较全的 151 份,经过归纳分析对比后制定的。对于某些不能以密实程度所概括的其他物性在附注中予以说明,作为选择数值的次一级因素。

《05 地基和基础规范》修订主要是由于其密实度分级发生变化而进行的。由于《铁路工程岩土分类标准》TB 10077—2001 将碎石土的密实度由原来的"密实、中密、松散"三级调整为"密实、中密、稍密、松散"四级。原来的中密,划分为中密和稍密。该两类没有定量界定标准,其承载力值也无法界定,只能根据所在承载力范围中间分开。由于是仅从数值内调整,应注意在使用中积累资料补充完善承载力表。

3)砂类土地基承载力

砂类土地基基本承载力亦是沿用原《铁路桥涵设计规范》(1985 年版)(以下简称《85 桥规》)所订,表 4.1.2—3 的制订是依据 73 份荷载试验资料进行归并的,由于荷载试验的代表性差,绝大部分试验没有做到极限荷载,而且还有部分资料不全,故未能得出较好的归并成果。但根据目前国内各地砂类土承载力经验数值,并结合铁路几十年来的实践,认为表列数值基本是可行的。

《05 地基和基础规范》修订主要是由于其密实度分级发生变化而进行的。由于资料中确定其密实度的标准贯入试验资料不足,依赖静力触探资料确定其密实度,而后把其承载力平均值与现规范中的数值进行对比分析,最后确定修订后的稍密和中密砂类土承载力。

4)粉土地基承载力

①编表(表 4.1.2—4)资料主要来源于铁路桥梁地基可靠度规改原始资料中的黏性土部分,即从大量的黏性土原始资料中将 I_p 小于或等于 10 的粉土单分出来,独立编制粉土地基的基本承载力表。总计筛选出 38 组可以利用的数据。

②粉土承载力表编制与分析。

通过分析资料,发现粉土的基本承载力与其天然孔隙比和天然含水率有密切的关系,因此可以把粉土的承载力与其天然孔隙比和天然含水率作二元回归分析,分析结果如下:

a. 二元线性回归分析

通过对 38 组承载力与天然孔隙比和天然含水率的线性回归分析,得到二元线性回归方程为

$$f=594.68-339.55e-6.99w \qquad \text{(说明 4.1.2—1)}$$

式中 f——基本承载力(kPa);

e——天然孔隙比;

w——天然含水率。

此回归方程的复相关系数为 0.819,剩余方差为 39.36。对其进行 F 检验,结果为高度显著性。

b. 二元自然对数线性回归分析

同样对 38 组承载力与天然孔隙比和天然含水率的二元自然对数线性回归分析,得到其回归方程为

$$\ln f = 6.41 - 1.56 \ln e - 0.54 \ln w \qquad \text{(说明 4.1.2—2)}$$

式中 f——基本承载力(kPa)；

e——天然孔隙比；

w——天然含水率。

此回归方程的复相关系数为 0.841，剩余方差为 0.182。对其进行 F 检验，结果为高度显著性。

③通过以上分析，考虑剩余方差的误差，对表中数值进行了调整，得出粉土的地基基本承载力。

5) Q_4冲、洪积黏性土地基承载力

Q_4冲、洪积黏性土(一般黏性土)的基本承载力，是以满足其强度和变形要求的基本条件为前提，以我国各地 342 份荷载试验资料为依据编制的。荷载试验使用的承压板面积为 1 000 cm^2~5 000 cm^2。但由于荷载试验的 P—S 曲线较短，未能做到极限荷载，故未能采用极限荷载进行确定，因此参考了国内外经验在 P—S 曲线上取下沉量 $S=0.02b$(b 为荷载板宽度)对应的压力作为基本承载力，在少数资料中，沉降量未达到 $0.02b$ 之前，P—S 曲线上出现了明显的拐点，即以拐点作为基本承载力。

Q_4冲、洪积黏性土的一般物性指标，如天然含水率(w)、孔隙比(e)、液限(w_L)、塑限(w_P)、塑性指数(I_p)、液性指数(I_L)等，试验简单，易于求得，且能够近似地表达这类土的承载力特性，加之荷载试验资料中这类指标较齐全可靠，所以统计时考虑了 I_p、w_L、I_L、w、e 等，经过多种分组统计比较，最后选用了 I_L、e 两个指标建表。

《05 地基和基础规范》修订时，首先把剔除了粉土后的资料进行了统计分析，考虑到粉土只占原黏性土中的一小部分，并且粉土的承载力一般比同条件的黏性土低，另外现规范中黏性土承载力表已经过了多年的使用验证，剔除 I_p 小于或等于 10 的粉土后，承载力表总体偏于安全，所以本次没有修订黏性土的基本承载力表。希望在使用过程中注意积累资料，完善黏性土承载力表。

6) Q_3及其以前冲、洪积黏性土地基承载力

Q_3及其以前黏性土(老黏性土)在荷载试验加压范围内沉降量很小，承载力值很高。由于土的物性指标很难反映土的结构强度，所以单用物性指标确定承载力是不合理的。但在力学指标中 c、φ 值资料不齐全，而且多未注明其试验方法，亦难以利用，故按室内压缩模量 E_s，采用 53 份资料统计，得下列方程：

$$\sigma_0 = 308.9 + 0.79E_s \quad \text{(相关系数 } r = 0.52\text{)} \qquad \text{(说明 4.1.2—3)}$$

式中 σ_0——基本承载力(kPa)；

E_s——压缩模量(MPa)。

对于 E_s<10 MPa 的老黏性土，因缺少资料，式(说明 4.1.2—3)不适用，建议按 Q_4冲、洪积黏性土予以考虑。

7) 残积黏性土地基承载力

残积黏性土在山区分布很广，参加表 4.1.2—7 编制的荷载试验资料主要是西南地区的“红土”(这部分资料比例较大，该土系碳酸盐类岩石风化而成)，东北地区的花岗岩残积土，江西的页岩、砂岩残积土等，其承载力值都比较高，因而用 E_s 做统计较为合理，统计时共用资料 58 份，得回归方程为

$$\sigma_0 = 85.73E_s^{0.4} \quad \text{(相关系数 } r = 0.76\text{)} \qquad \text{(说明 4.1.2—4)}$$

式中 σ_0——基本承载力(kPa);

E_s——压缩模量(MPa)。

表(4.1.2—7)中数值仍然沿用《铁路桥涵设计规范》(1999 年版)原表的。

8)黄土地基承载力

黄土地基基本承载力分别按 Q_4、Q_3及 Q_2、Q_1进行归类分析获得,与原来《铁路桥涵设计规范》(1985 年版)所推荐的基本承载力相比有较大的改动。

①黄土(Q_4、Q_3)地基基本承载力

新黄土(Q_4、Q_3)包括湿陷性黄土和非湿陷性黄土,但不包括坡积、崩积和人工堆积层。荷载试验 σ_0 的确定,采用比例界限(P_1)值,或以下沉量 $S\approx0.06b$(b 为荷载板宽度)对应压力作为极限荷载(P_2),再除以 2 倍的安全系数确定;其 σ_0 对应的 S 平均值为 $0.0075b$,大于 $0.01b$ 者仅占 13.4%,最大为 $0.02b$,故强度、沉降均能满足要求。

新黄土实测对比资料 305 组,来源于甘、青、宁、陕北、晋西北(共 164 组),以及关中、豫、晋东南、冀、鲁等地区,其中 Q_4黄土 158 组,Q_3黄土 147 组。通过各种组合回归分析,择优选取了不分地区的(Q_4、Q_3)混合统计的公式为

$$\sigma_0(\mathrm{tf/m^2}) = 16.73-14.69e-0.793w+1.026w_L$$

(相关系数 r = 0.616,剩余标准差 S = 5.68) (说明 4.1.2—5)

根据对 305 组实测对比数据 σ_0 值验证,并考虑了埋深 1.5 m 的深度修正约为 30 kPa(3 tf/m²),对回归公式计算的 σ_0 值作了局部调整,编制出新黄土地基基本承载力表,见表 4.1.2—8。

表 4.1.2—8 的 σ_0 值与原《85 桥规》新黄土地基基本承载力表的 Q_4黄土 σ_0 值基本相同。根据对 Q_3黄土实测资料的反复验证和工程建筑的实践检验,当 $0.85<e<0.95$ 时,σ_0 值确比 Q_4黄土为高,故在表 4.1.2—8 附注中作了提高 10% 的规定,比原《85 桥规》更符合实际。

②老黄土(Q_2、Q_1)地基基本承载力

老黄土对比资料共 36 组,来源于甘、宁、陕、晋、鲁等地区。荷载试验 σ_0 值的多以比例界限或小于比例界限值确定,其 S/d 平均值为 0.006,最大为 0.016。择优选取回归公式为

$$\sigma_0(\mathrm{tf/m^2}) = 195-132.4e-35.2w/w_L$$

(相关系数 r = 0.69,剩余标准差 S = 19.1) (说明 4.1.2—6)

将实测 σ_0 幅度值、平均值与回归值进行比较,提出偏于安全的推荐值,最高 σ_0 值控制在 700 kPa(70 tf/m²)以内,已用于桥涵基础的设计和施工,效果良好。

9)多年冻土地基承载力

确定多年冻土地基承载力的因素主要有颗粒成分、含水率和地温。在相同地温和含水率状况下,一般是碎石类土的承载力最大,砂类土次之,黏性土最小。冻土的强度一般是随着含水率增大而提高,至饱和状态时达到最大值,往后则随着含水率的增大而减弱,直至接近于冰的强度。但是随着含水率的增大,冻土的流变性迅速增大,使其持久强度迅速减小。当冻土中有冰夹层时,则其强度往往表现出冰的性质。表 4.1.2—10 中规定的基本承载力,只适用于少冰冻土和多冰冻土。反之,对干燥的碎石类土和砂类土或含水率小于 10% 的黏性土,不论负地温高低,其基本承载力可按非冻土确定。试验和工程实践表明,冻土的承载力是随着地温降低而增大的,故表 4.1.2—10 中按负地温给定承载力。

《05 地基和基础规范》修订调整了多年冻土地温分挡。由于没有资料，只能从数值上内插，希望在使用过程中积累资料完善承载力表。

国外各种地基规范对冻土的承载力表达方式不尽一致，有的采用基本承载力，有的采用极限强度。《05 地基和基础规范》根据我国实际情况，结合理论计算和室内试验资料，进行了综合分析，按照多年冻土的分类分别给出其基本承载力值。表 4. 1. 2—10 中数值约为冻土瞬时的单轴极限抗压强度的 1/8～1/6，有一部分土的承载力值是根据球模试验仪测定的长期黏着系数 C 确定的。

（2）《冻土地区建筑地基基础设计规范》JGJ 118—2011 对冻土名称和分类的规定为：根据持续时间可分为季节冻土与多年冻土；根据所含盐类与有机物的不同可分为盐渍化冻土与冻结泥炭化土；根据其变形特性可分为坚硬冻土、塑性冻土与松散冻土；根据冻土的融沉性与土的冻胀性又可分成若干亚类。

本次修订参考了《铁路工程特殊岩土勘察规程》TB 10038—2012 的相关规定，补充了多年冻土含盐量和泥炭化程度限值范围，见本条文表 4. 1. 2—11、表 4. 1. 2—12。

4. 1. 3　本条文公式（4. 1. 3）是在浅基础的地基承载力计算理论的基础上建立起来的，把 σ_0 与宽度、深度修正分开，在力学概念上比较清楚。

（1）各类土的宽度、深度修正系数的确定

1）黏性土和黄土的宽度、深度修正

①宽度修正系数 k_1

本规范沿用《05 地基和基础规范》的规定，对各种黏性土（包括黄土）的容许承载力 $[\sigma]$ 均不考虑基础宽度修正，即 $k_1=0$。这是因为地基受压后，黏性土后期沉降值较大，基础愈宽，沉降也愈大，这对桥涵的正常使用是不利的。从荷载沉降曲线上确定 σ_0 时，大多数是根据荷载板相对下沉 2% 确定的。宽度增加时，黏性土和黄土的 $k_1=0$，可以保证基础不致产生过大的沉降。

②深度修正系数 k_2

黏性土的深度修正系 k_2，系根据东北地区第四纪冲积层中46 个深层荷载试验资料（荷载板面积为 600 cm^2，深度 $h<10$ m）经统计分析近似求得。

《75 桥规》中黄土地基的 k_2 采用 1. 5，系依据黄土的 c、φ 值，以太沙基局部剪切公式计算所得；《99 桥规》修订时，依据铁道科学研究院西北研究所现场实测不同埋置深度（承压板直径 $b=0.356$ m，埋深分别为 0、b、$2b$、$3b$、$4b$ 和 $5b$）、不同软硬土层（静探阻力 P_s 分别为 350 kPa 和 450 kPa）的 σ_0 值比较验证，其 k_2 为 1. 8、2. 0 和 2. 6，说明采用 1. 5 是安全的，考虑到系小压板埋深对比试验，故本规范仍采用 1. 5。

2）粉土的宽度、深度修正

粉土是具有一定塑性，但又同时具有某些砂类土特性的土，其宽度修正系数比照黏性土取 $k_1=0$ 是安全的。粉土的颗粒比粉砂细，深度修正系数应比粉砂小，比照黏性土取 $k_2=1.5$。

3）砂类土、碎石类土和岩石地基的宽度、深度修正

砂类土、碎石类土和岩石地基在施工期间沉降已基本完成，后期沉降很小，地基容许承载力 $[\sigma]$ 不受沉降控制，所以基础宽度加大时，可提高地基的强度，应进行宽度修正。《59 桥规》规定：当基础宽度大于 6 m 时，仍采用 6 m。现参照德国规范放宽至 10 m。

《75 桥规》采用江苏省水利厅水利勘测队所提供的各类砂土资料（未分密实度）的平

均 φ 值:砾砂和粗砂为 38.5°,中砂为 35.5°,细砂为 31.0°,粉砂为 27.0°。由于缺乏碎石土的φ值,假定其平均值为 40.0°。按日本国铁《土构造物设计施工规范》和前联邦德国《DIN4017》算出砂土和碎石土的 k_1、k_2值,经与《59 桥规》比较,根据经验选定。对砂类土采用的 φ 值,相当中密状态,对密实砂显得偏于保守;碎石类土假定 φ 为 40°,属密实状态,对中密碎石土有时显得偏高。

此后的修订将中密和密实的修正系数分开,提高了密实砂类土的 k_1 和 k_2值,降低了中密碎石类土的 k_1 和 k_2值。

《05 地基和基础规范》中仅将“中密”的碎石类土与砂类土按《铁路工程岩土分类标准》TB 10077—2001 改为“稍、中密”的碎石类土与砂类土。

岩石地基总是存在断裂和节理面的,应用土力学中地基极限承载力理论公式确定岩石地基容许承载力,目前认为是可取的。岩石地基的基本承载力原则上可以进行宽、深修正,但如何修正则是个较复杂的问题。由于目前缺少试验资料,建议节理不发育和节理较发育的岩石暂不做宽、深修正,节理发育或很发育的岩石,k_1、k_2按碎石土的系数确定,至于岩体已风化成土、砂状者按黏性土和砂土的系数确定。

4)冻土承载力的宽度、深度修正问题

冻土地基基本承载力的宽度、深度修正问题目前尚未解决,暂取 $k_1=0$,$k_2=0$。初步实践认为冻土地基的基本承载力应进行深度修正,但有待进一步研究。

(2)容重 γ_1、γ_2的确定

当地基位于水位以下时,公式(4.1.3)中的容重 γ_1 和 γ_2 可按下列原则取值:γ_1 为基底持力层的容重,当持力层透水时,γ_1 取浮重;反之取饱和容重;若持力层难以确定是否透水时,偏于安全考虑,γ_1 取浮重。γ_2 用于考虑作用在持力层以上土体超载对持力层地基承载力的提高,当持力层透水时,无论持力层以上土体是否透水,均受浮力作用,所以 γ_2 取浮重;若持力层不透水,则作用在持力层上的力,不仅有持力层以上土体的颗粒重力,还有土体孔隙中水的重力,故不论基底以上土体是否透水,γ_2 均取饱和容重。饱和容重 γ_s、浮重 γ_b 分别按下述公式计算:

$$\gamma_s=\frac{\gamma_0+e\gamma_w}{1+e} \quad \text{(说明 4.1.3—1)}$$

$$\gamma_b=\gamma_s-\gamma_w \text{ 或 } \gamma_b=\frac{\gamma_0-\gamma_w}{1+e} \quad \text{(说明 4.1.3—2)}$$

式中 γ_0——颗粒容重(kN/m³),在数值上等于比重;

γ_w——水的容重,一般 $\gamma_w\approx10$ kN/m³;

e——孔隙比。

(3)公式的适用范围

条文中的公式(4.1.3)适用于浅基础的地基容许承载力,深度修正系数也是基于这个前提制定的,只适用于 $h/b\leq4$ 的浅基础。根据现有的国内外试验资料,当 h/b 继续增大时,深度的影响还是存在的;h/b 超过 10~20 时,埋深对[σ]没有影响。故对于相对埋深超过 10 的基础,不再进行深度修正。根据试验,当 $4<h/b\leq10$ 时,k_2值应予递减。

4.1.4 为了保证铁路桥涵的安全和正常使用,地基设计应同时满足稳定与变形两方面要求。地基的容许承载力是反映这两个基本条件的综合指标。

从稳定条件出发,按极限荷载确定地基承载力是目前国内外广泛使用的方法。对于

软黏土多采用 $\varphi=0°$ 分析法。规范引用的公式是条形基础的极限荷载公式(普朗特尔、太沙基、汉森等)。对正方形、圆形或矩形基础,承载量系数 $N_c=5.14$ 可以提高,而对于灵敏度较高的软土,C_u 值应适当降低。结合国内大量工程实践的经验,安全系数采用 1.5~2.5 是适宜的。

不排水剪切强度 C_u 可用直剪仪、三轴仪、十字板剪切仪或无侧限抗压试验测得。

饱和软黏土的天然含水率与强度存在唯一的关系。土的颗粒比重在 2.7 左右。因此含水率为 36% 时孔隙比接近 1.0;而当含水率为 75% 时孔隙比约为 2.0。本规范软土的基本承载力表系引自《铁路工程地质勘察规范》TB 10012—2007,对于小桥涵地基承载力的确定是简捷实用的。实际上,软土地基上的桥涵常常受地基变形控制。因此,在进行强度计算的同时,还应检算基础的沉降量,并符合有关规定。

4.2.1 一般墩台设计时,在主力作用下,基底土的压应力分布接近于矩形。主力中有的是恒定不变的(如恒载、土压力),有的出现的机会较多,而活载的附加力作用于基底的机会则相对要少得多,虽然这时基底压力为梯形分布(即一侧边缘有超过主力作用下的增大值),但这对整个地基来说,只是局部的、暂时的现象,不至于影响到安全使用。况且附加力的方向大多数是可逆的,也就是超载的边缘也是互换的。为了防止出现过大的不均匀压力分布,本条规定主力加附加力时,地基容许承载力[σ]较主力情况提高的值不超过 20%,这与《59 桥规》是相同的。

考虑无缝线路长钢轨伸缩力(或挠曲力)、断轨力的荷载组合,其地基容许承载力[σ]的提高系数应根据现行《铁路桥涵设计规范》TB 10002—2017 第 4.3.12 条的有关规定取值计算。

主力加特殊荷载出现的几率很小,对于短暂荷载,土质好的地基动强度较静强度为高,但土质越软,动强度与静强度之比越低,因此按土质不同规定了主力加特殊荷载时地基容许承载力的提高系数,见表 4.2.1,即提高系数为 1.2~1.4。地震力亦属特殊荷载,应执行现行《铁路工程抗震设计规范》GB 50111 的相关规定。

4.2.2 《59 桥规》第 337 条规定:"对于正式修复的实体墩台,具有使用 20 年以上而无缺陷的旧基础,因土已被压实,其容许承压力可采用现行实际荷载所产生的压力另加 25%。上述压力的提高同样适用于桩基。"经研究,此项规定有如下缺点:

(1)在长期压力下各种土固结压密的程度有所不同,且与地下水位的关系密切。地下水位以上的碎石土和砂土的 σ_0 提高得快,潮湿、饱和的黏性土则提高得慢,硬性规定 20 年是欠妥的,因此《05 地基和基础规范》将"20 年以上"改为"多年",可根据土的种类与运营时期长短以及行车密度等因素具体考虑。

(2)关于提高容许承载力或基本承载力问题,因容许承载力包含着宽度、深度修正,如基础不加改建,这两个因素没有改变,故改用基本承载力,以求符合实际。

(3)《59 桥规》规定容许承载力提高 25%,未考虑土本身的承载力大小。根据 1972 年广州局在旧桥的超压密地基上的试验,虽经过长期运营压实,但从土的物性指标看,并没有改变。对这类土用物性指标去衡量,也未尽适宜,所以仅规定一个上限 25%,使用时根据具体情况确定。

(4)《铁路桥梁检定规范》(2004 年版)第 8.1.7 条规定:"经过长期运营,沉降已基本终止的桩基检定竖向承载力,可按原设计值提高 20%。"

4.2.3 《59 桥规》规定水深由地面算至平均常水位,而深度修正高度习惯上由一般冲刷线至基底，因此地面至一般冲刷线的高度范围内既不算水柱重，又不计土的超载，显然是不合理的，故《05 地基和基础规范》改为水柱高算至一般冲刷线。这样做在发生冲刷时，因不考虑高水位至常水位的静水压力，偏于安全。不发生冲刷时，地面到一般冲刷线按静水压力计，以代替该段高度内土的饱和容重，也偏于安全。

地基不透水时，可考虑基底不受浮力作用，把水柱压力当作超载看待；地基土透水时，一般基底受浮力作用，故不应考虑水柱的超载作用。这样做可使计算方法简单明确，但对于深水基础和土层复杂者，由于持力层和覆盖层透水性难于稳定，应个别研究。

5.2.1 本条中的计算方法与《59 桥规》相同，但考虑到桥涵基底压应力 σ_h 通常不是矩形分布，而是三角形或梯形分布，因此 σ_h 不应一律采用平均压应力，而应根据计算应力分布图形采用不同数值。

根据土力学分析，在深度与基础宽度之比 $z/b>1.0$ 处，应力分布近于均匀，因此，在这种情况下，σ_h 可采用基底平均压应力，而在 $z/b\leqslant1.0$ 处应按基底压应力图形，σ_h 采用距最大应力点 $b/4\sim b/3$ 处的应力值；对于三角形和前后端应力差较大的梯形图形，可采用上述 $b/4$ 点处的应力值；对于前后端应力差较小的梯形图形，则采用上述 $b/3$ 点处的应力值。

5.2.2 《59 桥规》对于非岩石地基上基底偏心的规定是从控制基底前后端应力比出发的，根据工程应用经验，认为其规定要求过高，特别是要求桥台仅承受恒载时应符合 $e\leqslant0.15\rho$ 的规定，几乎在设计中无法办到。有些单位对基底偏心问题做了一些研究，对既有铁路桥梁做了调查，大多认为应将《59 桥规》中的规定放宽。从国外规范来看，日本和美国对非岩石地基只要外力不超出基底截面核心就可以了。前苏联曾要求 $e\leqslant0.5\rho$。考虑到上面所述既希望基底压应力接近均匀分布，但又不要过严要求，因而采取了合力的作用点应接近基础底面重心的规定。当结构同时承受主力和附加力作用时，考虑附加力作用时间短暂，且发生最大值的几率较小，可较恒载时的容许偏心放宽，但要注意到桥梁荷载有往返作用的特点。为避免由于基础底面与土脱离导致地基破坏，规定主力与附加力同时作用下非岩石基底偏心以不超出底面面积的核心为宜。但考虑建在较松软地基上的桥台容易产生不均匀下沉，故规定当桥台的地基基本承载力小于或等于 200 kPa 时，仍应限制为 $e\leqslant0.8\rho$。

本次规范修订对原规范表 5.2.2 中的文字表述进行了重新梳理归纳，在“主力+附加力”一栏中增加了“主力+附加力+长钢轨伸缩力(或挠曲力)”的组合情况；“主力+断轨力”组合属“主力+特殊荷载”，故未作改动。

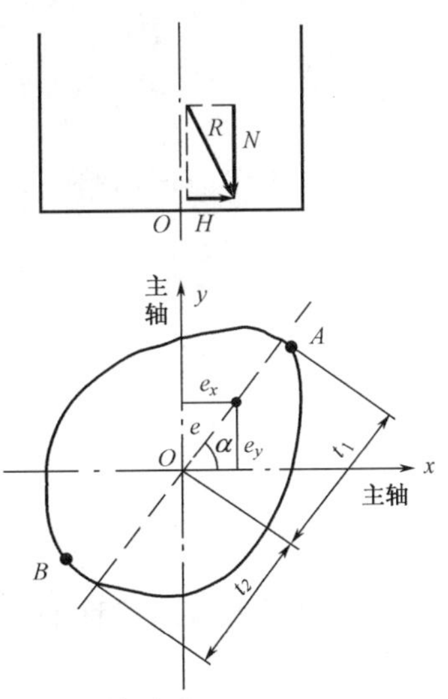

说明图 5.2.2—1

假设说明图 5.2.2—1 为两个方向均不对称的截面，x 和 y 为其主轴，外力作用于主轴之外，产生斜向挠曲。

假设 A 点为最大应力点：

$$\sigma_A=\sigma_{\max}=\frac{N}{A}+\frac{Ne_x}{W_y}+\frac{Ne_y}{W_x}\tag{说明 5.2.2—1}$$

令

$$\sigma_A=\frac{N}{A}+\frac{Ne}{W_1}\tag{说明 5.2.2—2}$$

由式(说明 5. 2. 2—1)等于式(说明 5. 2. 2—2),得

$$W_1=\frac{e}{\frac{e_x}{W_y}+\frac{e_y}{W_x}}=\frac{1}{\frac{\cos\alpha}{W_y}+\frac{\sin\alpha}{W_x}} \tag{说明 5. 2. 2—3}$$

又假定 B 点为最小应力点:

$$\sigma_B=\sigma_{\min}=\frac{N}{A}-\left(\frac{Ne_x}{W_y'}+\frac{Ne_y}{W_x'}\right) \tag{说明 5. 2. 2—4}$$

令

$$\sigma_B=\frac{N}{A}-\frac{Ne}{W_2} \tag{说明 5. 2. 2—5}$$

由式(说明 5. 2. 2—4)等于式(说明 5. 2. 2—5),得

$$W_2=\frac{1}{\frac{\cos\alpha}{W_y'}+\frac{\sin\alpha}{W_x'}} \tag{说明 5. 2. 2—6}$$

上面诸式中,N 为竖向外力;e 为外力的偏心;e_x 和 e_y 分别为 e 在 x 轴和 y 轴上的投影;A 为基底面积;W_y 和 W_x 为基底截面对 A 点而言,绕 x 轴和 y 轴的截面抵抗矩;W_y' 和 W_x' 为基底截面对 B 点而言,绕 y 轴和 x 轴的截面抵抗矩;W_1 和 W_2 分别为对 A 点和 B 点的假想截面抵抗矩。

对于一般土质地基,当 $e=\rho$,即 $e=\frac{W_2}{A}$ 时,按式(说明 5. 2. 2—2)$\sigma_A=\sigma_{\max}=\frac{N}{A}+\frac{N}{A}\cdot\frac{W_2}{W_1}=\frac{N}{A}\left(1+\frac{W_2}{W_1}\right)$ 及按式(说明 5. 2. 2—5)$\sigma_B=\sigma_{\min}=\frac{N}{A}-\frac{N}{A}=0$ 可以看出,只要满足 $e\leqslant\rho$ 的规定,对于任何形状的截面,不论外力 N 是否作用在主轴上,$\sigma_{\min}$ 均等于或大于零。

桥台承受主力加附加力作用,当土的基本承载力小于或等于 200 kPa 时,$e\leqslant0.8\rho$。当 $e=0.8\rho$,且基础两个方向不对称,外力 N 又不作用在主轴上时,有

$$\sigma_{\max}=\frac{N}{A}\left(1+0.8\frac{W_2}{W_1}\right)$$

$$\sigma_{\min}=0.2\frac{N}{A}$$

如基础两个方向对称,如矩形、圆形和圆端形基础,无论外力 N 是否作用于对称轴上,均得

$$\sigma_{\max}=1.8\frac{N}{A}$$

$$\sigma_{\min}=0.2\frac{N}{A}$$

$$\frac{\sigma_{\max}}{\sigma_{\min}}=\frac{9}{1}$$

对于仅一个方向对称的基础,如 T 形基础,倘外力 N 作用于对称轴上,并且 $W_2=2W_1$ 时,得

$$\frac{\sigma_{\max}}{\sigma_{\min}}=\frac{13}{1}$$

从上面所述可以看出：当 $e \leqslant 0.8\rho$ 时，基底最大压应力与最小压应力之比不会太大。

岩石地基采取控制偏心值是保证基底发生的拉应力区不致过长，或者说保证参与工作的受压区不致过短，以使基底压应力比较合理地分布。但是要对受拉区长度的控制作出精确的规定是有困难的，因为受拉区的精确长度应按无拉应力计算（惯称"应力重分布计算"）来确定，然而这种计算不仅与截面的形状有关，而且与荷载作用的对称性有牵连。为了对各种形状的截面和对各种荷载作用（外力作用于主轴上或作用于主轴之外）采取统一的办法，大致地控制受拉区的长度，可规定：对于节理不发育、较发育和节理发育的硬质岩地基，$e \leqslant 1.5\rho$；对于其他岩石地基，$e \leqslant 1.2\rho$。

当 $e = 1.2\rho$ 时，根据前面的式（说明 5.2.2—2）和式（说明 5.2.2—5），$e = 1.2\rho = 1.2\dfrac{W_2}{A}$，$\sigma_A = \sigma_{max} = \dfrac{N}{A}\left(1+1.2\dfrac{W_2}{W_1}\right)$，$\sigma_B = \sigma_{min} = -0.2\dfrac{N}{A}$。从说明图 5.2.2—2 可以看出，受拉区的长度 x 为

$$\frac{x}{0.2\dfrac{N}{A}} = \frac{t_2 - x}{\dfrac{N}{A}}$$

故

$$x = \frac{1}{6}t_2$$

对于任何形状的截面，无论外力 N 是否作用于主轴上，其 x 值都等于 $t_2/6$。对于矩形、圆形和圆端形等两个方向均对称的截面，因为 $t_1 = t_2$，所以 $x = a/12$。对于矩形截面，当外力 N 作用于对称轴上（说明图 5.2.2—3），$e = 1.2\rho$ 时按无拉应力计算求得的受拉区精确长度为 $a/10$，此值很接近 $a/12$。其他形状截面按无拉应力计算的受拉区长度也很接近 $a/12$。

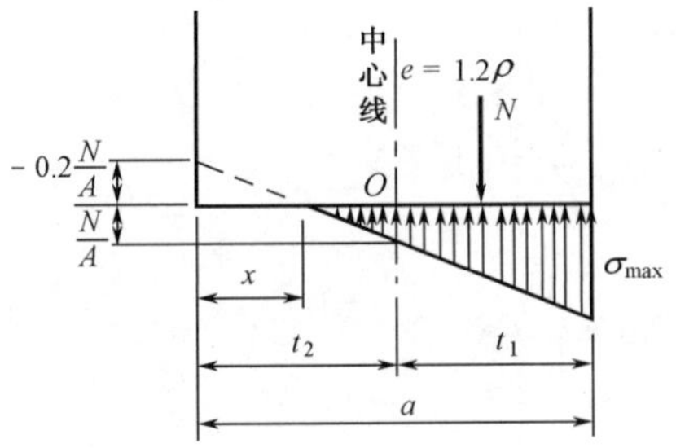

说明图 5.2.2—2

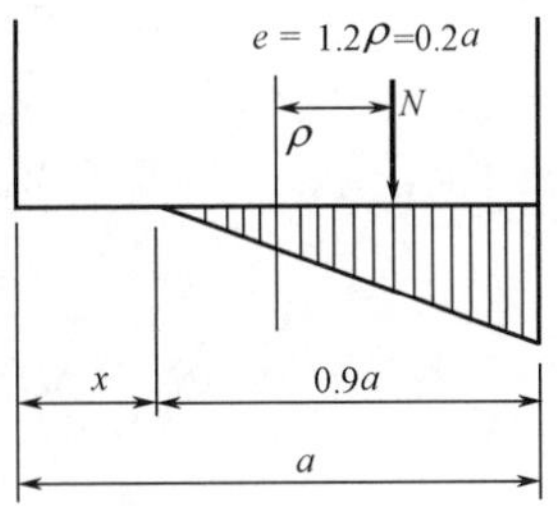

说明图 5.2.2—3

当 $e = 1.5\rho$ 时，$e = 1.5\rho = 1.5\dfrac{W_2}{A}$，则 $x = \dfrac{t_2}{3}$，对于矩形、圆形等两个方向对称的截面，由于 $t_1 = t_2$，所以 $x = a/6$；对于矩形截面，当外力位于对称轴上时，按无拉应力计算的受拉区精确长度 $x = a/4$。

过去工业和民用建筑物基础设计中有与上述相类似的规定，并直接指明控制受拉区的长度。例如，对矩形基础，规定受拉区长度不得大于基础边长的 1/4，与上述所求当 $e = 1.5\rho$ 时矩形基础受拉区的精确长度相等。

规范提出了一个简捷检算 e/ρ 值的公式，因为对于斜向挠曲，特别又当为不对称

截面时要求计算截面核心半径ρ是相当麻烦的，如果先求出基底最小应力σ_{min}，则可按下式直接求得e/ρ值：

$$\frac{e}{\rho}=1-\frac{\sigma_{min}}{\frac{N}{A}} \quad (说明 5.2.2—7)$$

公式推导如下：

为了便于说明，假设竖向合力N作用于说明图 5.2.2—4 中第一象限的A点上，则

$$\left.\begin{aligned}M_x&=N\cdot e_y=N\cdot e\sin\alpha\\M_y&=N\cdot e_x=N\cdot e\cos\alpha\end{aligned}\right\}$$

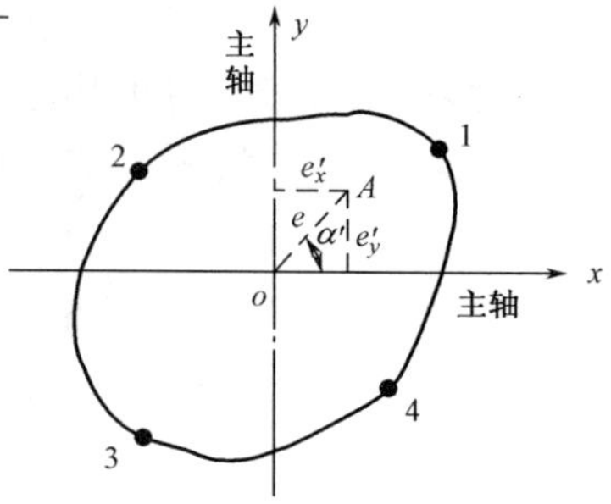

说明图　5.2.2—4

得

$$\left.\begin{aligned}\sigma_2&=\frac{N}{A}-Ne\left(-\frac{\sin\alpha}{W_{2x}}+\frac{\cos\alpha}{W_{2y}}\right)=\frac{N}{A}-Ne\lambda_2\\\sigma_3&=\frac{N}{A}-Ne\left(\frac{\sin\alpha}{W_{3x}}+\frac{\cos\alpha}{W_{3y}}\right)=\frac{N}{A}-Ne\lambda_3\\\sigma_4&=\frac{N}{A}-Ne\left(\frac{\sin\alpha}{W_{4x}}-\frac{\cos\alpha}{W_{4y}}\right)=\frac{N}{A}-Ne\lambda_4\end{aligned}\right\}$$

（说明 5.2.2—8）

当$\sigma_{min}=0$时，$e=\rho$，所以

$$\rho=\frac{1}{A\lambda_{max}}$$

λ_{max}为λ_2、λ_3和λ_4中的最大者。

由于$\sigma_{min}=\frac{N}{A}-Ne\lambda_{max}$，将$e=C\rho=\frac{C}{A\lambda_{max}}$代入上式，则

$$\sigma_{min}=\frac{N}{A}-N\frac{C}{A\lambda_{max}}\cdot\lambda_{max}=\frac{N}{A}(1-C)$$

故得

$$C=1-\frac{\sigma_{min}}{\frac{N}{A}}$$

即

$$\frac{e}{\rho}=1-\frac{\sigma_{min}}{\frac{N}{A}}$$

主力加附加力时，非岩石地基的偏心距容许值规定为 0.8ρ~1.0ρ，主力加特殊荷载时可采用 1.0ρ~1.2ρ。主力加附加力时，岩石地基的偏心距容许值规定为 1.2ρ~1.5ρ，主力加特殊荷载时可采用 1.5ρ~2.0ρ。地震力偏心距容许值规定执行《铁路工程抗震设计规范》GB 50111。对于一般土地基，当$e\leq1.2\rho$时，矩形基础受拉区长度仅为基础边长的 1/12。对于承载力较小的土地基，$e\leq1.0\rho$，基底不出现受拉区，避免边缘压应力过大，导致倾倒。对于岩石地基，硬质岩$e\leq2.0\rho$时，矩形基础受拉区长度为基础边长的 1/2，但倾覆稳定安全系数仍有 1.5。对于其他岩石，$e\leq1.5\rho$时，矩形基础受拉区长度为基础边长的 1/4，倾覆稳定安全系数为 2。桥台孤立地面时属临时性状态，其基底合力偏心距e的容许值按

主力加特殊荷载的情况办理。

《05 地基和基础规范》修订时，增加了长钢轨纵向水平力组合的墩台基底合力偏心距的规定。由于原规范将长钢轨纵向水平力(伸缩力和挠曲力)归类于主力活载，实际工程设计时，设计者由于对规范理解的偏差，往往认为长钢轨纵向水平力(伸缩力和挠曲力)与其他的主力活载一样，在进行荷载组合时，将其与其他常用荷载进行任意组合，这不但与《铁路无缝线路设计规范》TB 10015—2012 规定的组合原则不符，更造成不必要地提高了设计标准。本次规范修订时，明确了桥上无缝线路长钢轨纵向力不参与常规组合的规定，并规定其与其他荷载的组合按《铁路桥涵设计规范》TB 10002—2017 第 4.3.12 条的相关规定执行。

5.3.2 本规范假定基础以上的荷载沿基顶面上建筑物的边缘按某一扩散角 θ 传递到基底。当基础伸出其顶上建筑物边缘的长度与基础厚度之比小于上述扩散角 θ 的正切值(亦即基础台阶的坡线与竖直线所成夹角小于上述扩散角 θ)时，一般认为可以不必进行基础伸出部分的挠曲应力和剪应力检算。反之，应将伸出部分视为悬臂构件，把基底竖向反力作为荷载，检算悬臂截面中的挠曲应力和剪应力。

(1)单向受力明挖基础坡线夹角的规定如说明图 5.3.2—1 所示。

(2)双向受力矩形墩台以及单向和双向受力的圆端形桥墩采用明挖矩形基础坡线夹角的规定，如说明图 5.3.2—2 所示。

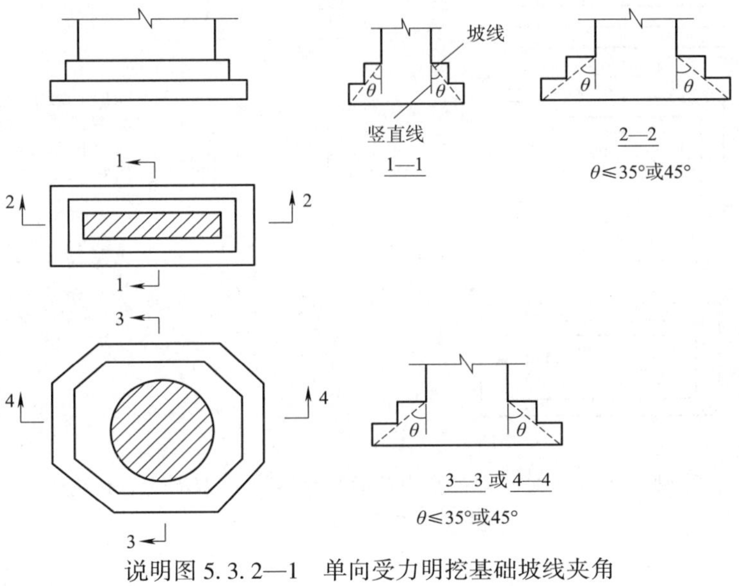

说明图 5.3.2—1 单向受力明挖基础坡线夹角

(3)需要同时调整最上一层台阶两正交方向襟边宽度(或同时调整最上一层台阶两正交方向坡线与竖直线所成的夹角 θ_1' 和 θ_1'')的规定如说明图 5.3.2—3 所示。要求采取切角措施是为了保证台阶不发生破裂。

上述荷载扩散角的大小不仅随基础材料种类而异，而且与土的类别以及基底反力的大小有一定的关系，但是这些关系比较复杂，目前尚缺乏这方面的全面分析资料，规范中的 θ 角规定暂按材料的种类确定。《59 桥规》规定 θ 角：混凝土为 35°，石砌圬工为 30°。从对京广、津浦、石太等线的旧桥基础开挖资料和公路部门的实践来看，《59 桥规》中的规

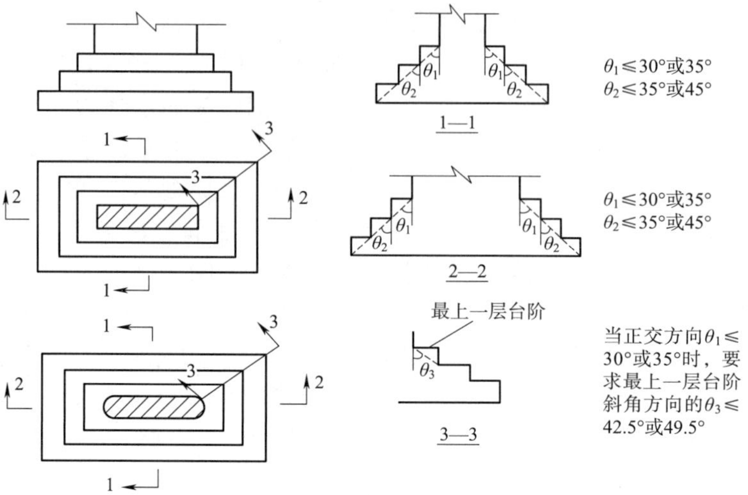

说明图 5. 3. 2—2　双向受力矩形墩台和单向、
双向受力圆端形桥墩明挖基础坡线夹角

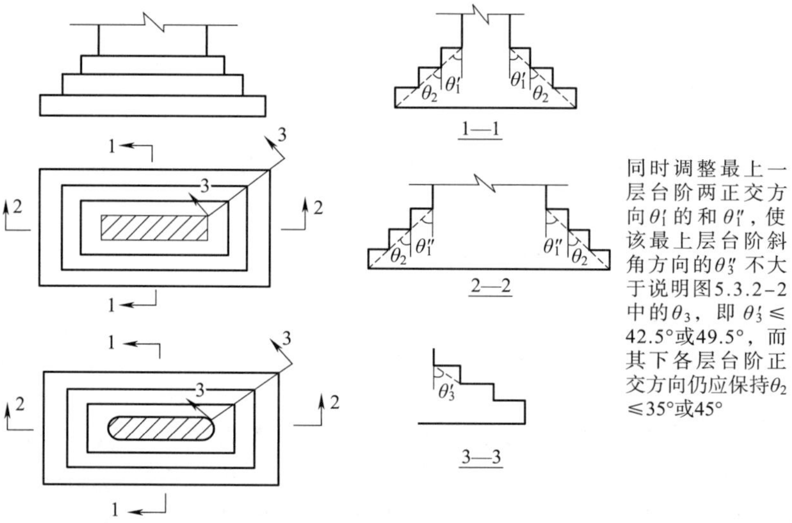

说明图 5. 3. 2—3　双向受力矩形墩台和单向、双向受力圆端形
桥墩调整襟边坡线夹角

定是比较保守的。自 1966 年以来,某些新建铁路已打破这种规定,而采用混凝土为 45°,石砌圬工为 35°,考虑到桥涵基础大多为混凝土基础,所以只列出混凝土基础的扩散角不应大于 45°。同时考虑到双向受力基础和圆端形桥墩采用矩形基础的基础角点受力较大,基础易破裂,所以为偏于安全考虑,规定这些基础的最上面一层台阶正交方向的坡线与竖直线所成夹角不应大于 35°,或按需要调整最上面一层台阶两正交方向的襟边宽度,但其斜角处坡线与竖直线所成的夹角不得大于上述正交方向为 35°夹角时斜角处坡线与竖直线所成的交角,即不得大于 44. 7°;其下各层台阶正交方向的夹角仍不应大于 45°。

6. 1. 3　通常桩基础(简称桩基)由基桩(即桩基础中的桩)和承台组成。桩基承台底面的高程,除应根据受力大小、地质好坏、水流强弱和施工难易等因素确定外,对于承台底面置于冻胀土中或位于冻冰水流中的情况,为避免因土和水的冻胀使承台底面承受向上的冻胀力,造成基桩拉断或拉裂,所以根据经验要求承台底面应位于冻结线以下或最低冰层底面以下不少于 0. 25 m。

通航和筏运河流中,为避免基桩直接遭受船只或排筏的撞击致使断裂,可考虑在这种河流中将承台底面作适当的降低。

6. 1. 4 摩擦桩的沉降通常大于柱桩的沉降。在同一桩基中,同时采用摩擦桩和柱桩容易引起桩基不均匀沉降,导致墩台倾斜。故要求同一桩基中不应同时采用摩擦桩和柱桩。同一桩基中采用不同直径、不同材料和长度相差过大的基桩,不仅设计复杂,而且施工中容易产生差错。除因地形、地质条件特殊外,一般不宜采用长度相差过大的桩。

6. 1. 5 按岩土的阻力确定单桩的容许承载力,一般可按本规范第 6. 2. 2 条计算。该条中的许多数据都是根据实测资料统计分析得来的,但用于具体工点可能会有偏差,因此宜通过试桩进行验证。《05 地基和基础规范》强调对重要桥梁或地质复杂桥梁的摩擦桩,为避免出现过大偏差影响结构安全,必须进行试桩,通过对代表具体工点情况的实测资料统计分析,综合确定单桩的容许承载力。

本次规范修订认为,重要桥梁或地质复杂桥梁的认定标准受设计人员经验影响,往往会造成摩擦桩试桩的范围较大。根据近年来的大量铁路工程建设经验,本次修订仅要求对地质复杂的重要桥梁采用试桩方式确定摩擦桩容许承载力,更注重经济性。

6. 2. 1 基桩在轴向力作用下破坏的可能性有两种:一是由于桩本身材料强度不足所引起;二是由于桩侧土的摩擦力和桩尖土的阻力或岩石强度不够所造成。因此基桩的轴向容许承载力应分别按桩身材料强度和岩土的阻力(包括桩侧土的摩擦力和桩尖岩土的阻力)确定,取其较小者。

6. 2. 2

(1)确定打入单桩垂直承载力的方法主要有静力计算、动力测定和试桩三大类。本规范条文中式(6. 2. 2—1)即为静力计算法中的一般表达式。确定该式中有关土的侧摩阻值 f_i 和端阻 R 有三种途径:第一种是取原状土样在实验室测土的力学性质指标 c 和 φ,然后用土力学的理论公式计算 f_i 和 R,近数十年的研究成果表明,现有理论公式计算结果与实践情况出入较大;第二种方法即经验方法,各国总结工程实践的经验,给出各种条件下土的参数 f_i 和 R,或给出各种桩的允许荷载[P];第三种途径是用原位测试法,如标准贯入、静力触探和旁压仪等得到的参数,估算 f_i 和 R。

《75 桥规》中 f_i 和 R 的确定是采用上述第二种途径,借用了前苏联 TYNM—56 规范中的曲线。几年的实践证明,所给的数值偏低,应予以修订。

《85 桥规》修订过程中,收集了沿海各省打入混凝土桩的试桩资料百余份,这些试桩的 P—S 曲线都超过了极限荷载,且都有钻孔柱状图和各层土的物理性质指标。删去少许平行试验的试桩后,共取 87 根试桩进行了统计整理。修订过程中需解决的主要技术问题之一是桩的入土深度与土的侧摩阻和端阻值是否有关。

根据古典承载力理论,认为土的承载力随覆盖压力的增加而增大。20 世纪 60 年代以来,法国在 ϕ6. 4 m×10. 4 m 的砂坑中用 ϕ4. 5~320 mm 的桩连续压入时,观测到桩的端阻先随压入深度而增加,但当压入深度超过“临界深度”后,端阻基本保持为一常数,即所谓极限端阻,它不再随压入深度而增加。压入过程中,平均侧摩阻变化也具有与端阻相同的规律。这一现象也被美国和加拿大的试验所证实。进一步的试验还证明,若砂层上有覆盖压力时,覆盖压力增大,砂层的“临界深度”将减小,但桩的极限端阻与无覆盖压力时相同。

上述研究成成果定性地说明了两个问题。首先是土层对桩端部产生的阻力有一极限值,它只决定于土的初始状态,与覆盖压力的大小无关。其次是为达到此极限端阻,桩进入该土层的深度必须超过某一“临界深度”,小于“临界深度”时,端阻随进入该土层的深度而增加。后来做的大量静力触探试验也证明上述结论是正确的。

如前所述,港口规范和《75 桥规》是考虑桩入土深度对土侧阻和端阻有影响的。南京大桥引桥 4 根试桩用上述规范的计算结果来分析,该 4 根试桩处于同一地貌单元,地表一层黏性土厚为5 m~8.5 m,其下都是粉砂,桩在该层穿过的厚度随桩长而异,桩尖都置于细砂层顶面,桩都是 ϕ550 mm 的预制混凝土桩。比较计算结果见说明表 6.2.2—1。

说明表 6.2.2—1 计算比较表

编号	桩长(m)	砂层厚(m)	试桩极限荷载(tf)	估算极限荷载(tf)		误差比值	
				港口	桥规	港口	桥规
46	27.0	22.0	260	391	270	1.5	1.04
49	23.0	14.5	228	317	181	1.39	0.79
50	21.0	12.5	237	273	165	1.15	0.70
51	18.5	10.0	216	225	143	1.04	0.66

说明表 6.2.2—1 中的误差比值为估算极限荷载与试桩极限荷载的比值,它随桩长而增大,随砂层厚度的增大而有规律地增大。这说明这两规范认为土的侧阻与端阻随桩入土深度而增加的假设是不恰当的,至少是夸大了这一影响的作用。港口规范的说明中也曾指出,在用逐项回归判别的分析工作中,将桩入土深度作为一个因素考虑进去,不如不考虑得到的结果好。但港口规范还是将深度影响列入了规范。

综上所述,确定桩的承载力有关土阻力参数时不应考虑桩入土深度的影响。此外,“临界深度”的存在说明,若桩进入持力层的深度小于“临界深度”,则桩的端阻与桩进入持力层的深度有关,不管持力层在地面下的深度多大。因此,在修正后,砂持力层中的端阻应考虑桩进入砂持力层的相对深度。根据国外对均匀砂的某些试验结果,“临界深度”与砂的密度有关,约为桩径的 10~20 倍。当上有覆盖压力大于 100 kPa 时,“临界深度”将显著减少至 3 倍桩径。日本根据实际开口钢管桩的试桩资料整理结果,认为进入持力层深度超过 5 倍桩径时,桩的端承不再明显增加。因而在规范(《99 桥规》)中采用了相对埋深等于和大于 4 时,端承不再增加。

划分持力层和覆盖层主要根据岩性和密度程度。若持力层为密实的砂,其上覆盖黏性土,持力层面很容易划分;若其上直接覆盖松砂,则持力层面取松砂与密砂的界面。若桩通过细砂打入粗砾砂,则持力层面为二者的界面。

经过对目前国内外几十种确定试桩极限荷载的方法分析,规范(《99 桥规》)选定的试桩极限荷载为:试桩 $P—S$ 曲线可分成曲率近似的三大段,即开始的直线段、大拐弯段和近似直线的下段,用下段直线段的起点所对应的荷载作为极限荷载,此值对应的桩顶沉降为 0.04D~0.05D(D 为桩径)。在遇到 P—S 曲线没有明显拐弯段时,可以参照此相对沉降值确定极限荷载。这样定出的桩的极限荷载值,对于桩的侧摩擦力来说,已充分发挥或基本充分发挥。而桩的端部承载力尚未完全达到极限状态,或者说,桩端附近的土只有局部地方达到塑性状态。这样定出的极限荷载值一般与国内既有规范的标准接近或略低些。如何把试桩总的极限荷载划分为桩的侧摩擦力和桩的端部承载力两部分,尽管目前有些论文提出解决这一问题的方法,如切线法、回弹法、某一沉降法等,但经试算和分析,这些方法都只能满足部分地层情况。在我们收集的试桩资料中,有现场实测的资料比较少,所以不能依靠实测结果解决这个问题。但绝大部分试桩都有静力触探试验资料。在探讨用静力触探确定打入桩垂直承载力时,是以静力触探阻值估算桩侧阻和端部承载力的总和与试桩总的极限承载力之间误差为最小。两者之间的数学表达式用最小二乘法、回归分析原理,然后用电子计算机分析计算,由于在数学表达式中考虑了土的性质、桩的尺寸、触探取值方法等因素,因此,所得到的最优方程可能基本上反映了不同土层条件下桩的端阻和侧阻的分配情况。在分析建立钻孔取土试验的物理性指标与试桩极限荷载的关系时,借助于静力触探与试桩的极限荷载经验关系,即根据静力触探估算桩的端阻和侧阻的比例,划分试桩的端阻和侧阻。然后再分别考虑土的分类、状态、桩的尺寸、桩端进入持力层深度等情况,用电子计算机分析计算。最后还人为地进行适当的调整才把桩的侧阻和端阻承载力表确定下来。这里还要说明一个问题,就是用《99 桥规》桩的承载力计算表及静力触探阻值估算桩的承载力,其中桩端位于比较密实的持力层土里时,桩的端部承载力占桩的总承载力比《75 桥规》的计算值一般要高些。我们认为这可能比较符合实际情况。如天津新港三码头实测的钢管桩和钢筋混凝土桩试验结果表明,端部承载力占桩总的承载力都超过 40%,说明表 6.2.2—2 是国外桩在砂性土中一些现场实测结果,桩的端部承载力占桩总的承载力为 45%~78%。

说明表 6.2.2—3~说明表 6.2.2—8 为 87 根桩用土的物理性指标进行计算的结果。最后一行为估算极限承载力与试桩极限承载力的比值。表中比值在 0.7~1.3 之间的占总数的 90%,即有 90% 的桩的误差在 30% 之内。说明图 6.2.2—1 和说明图 6.2.2—2 分别为砂性土持力层和黏性土持力层上计算结果的频数图。说明图 6.2.2—3 为整个 87 根桩计算结果的频数图,与说明图 6.2.2—4(按《75 桥规》计算结果)比较,显然合理得多。后来收集到沈阳地区 7 根桩长为 3.7 m~7.4 m 打入桩的资料,桩端持力层位于中砂、粗砂和砾砂中。用规范(《99 桥规》)估算的极限承载力与试桩值比较,其比值为 0.60~0.99。这表明,计算值偏于安全。

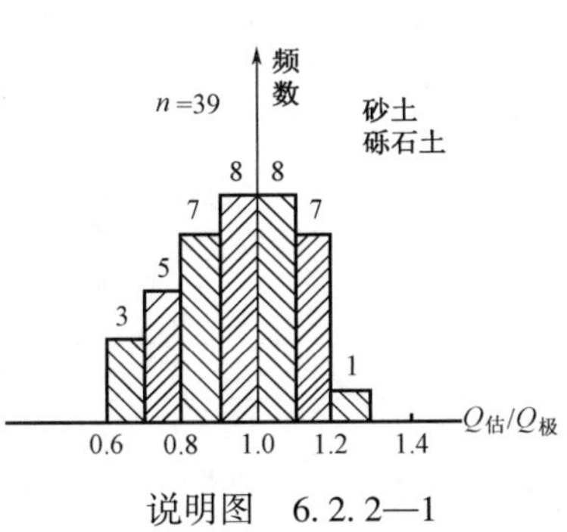

说明图 6.2.2—1

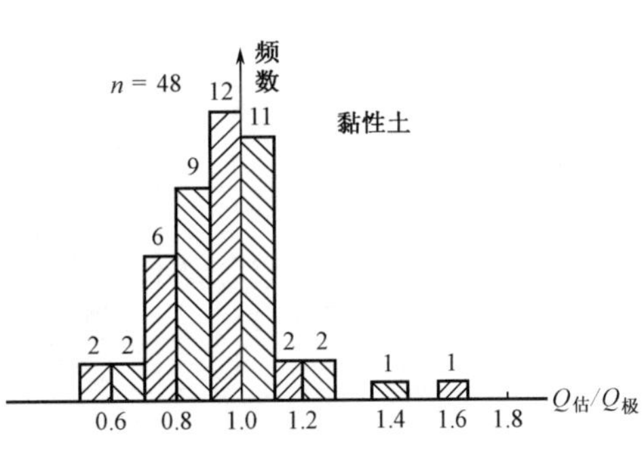

说明图 6.2.2—2

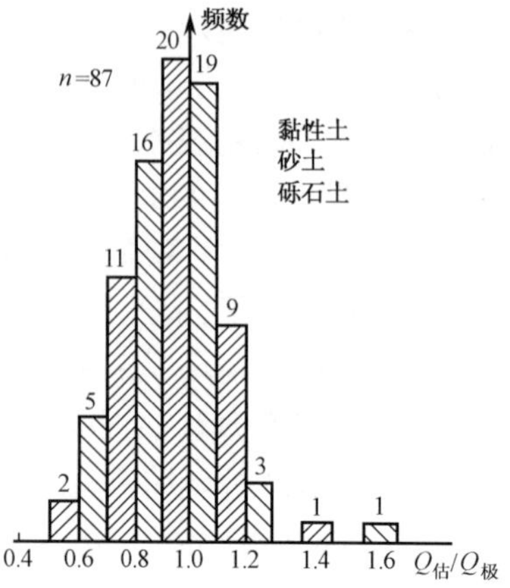

说明图　6.2.2—3

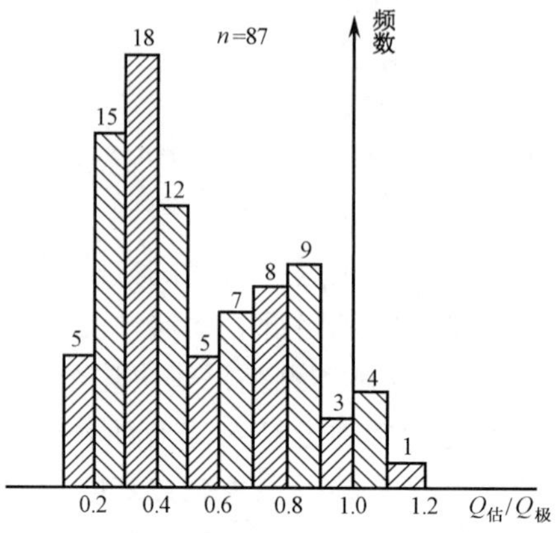

说明图　6.2.2—4

说明表 6.2.2—2　国外桩在砂土中实测承载力表

作　者	桩的类型	桩的尺寸(m)	内摩擦角 φ(°)	相对密度	$P_{总}$ (tf)	$P_{端}$ (tf)	$P_{侧}$ (tf)	$\frac{P_{端}}{P_{总}}$
Arkansas	钢管桩	ϕ0.381×13.41	34	0.60	242	130	112	0.54
Arkansas	钢管桩	ϕ0.432×13.46	35	0.70	272	152	120	0.56
Arkansas	混凝土桩	ϕ0.406×0.406×10.21	32	0.45	200	104	96	0.52
Jonesville	混凝土桩	ϕ0.457×0.457×9.65	38	0.80	410	280	130	0.68
Low-Sill	钢管桩	ϕ0.432×13.72	38	1.00	390	260	130	0.67
Vesic	钢管桩	ϕ0.381×12.51	40	0.90	421	248	173	0.59
Gregersen	混凝土桩	0.234×0.234×6.65	30	0.05	27	21	6	0.78
Gregersen	混凝土桩	0.234×0.234×13.34	31	0.10	49	22	27	0.45

说明表 6.2.2—3　桩尖持力层为砂土或砾石土的比较计算(一)

地区	编号	桩　长 (m)	$\frac{h'}{D}$	试　桩 $Q_{极}$(tf)	估　算　值　(tf)			$\frac{Q_{估}}{Q_{极}}$
					侧　阻	端　阻	$Q_{估}$	
上海	9	19.4	3.8	167	120.2	60.8	181	1.08
	10	13.45	1.1	110	69.1	60.8	129.9	1.18
	11	13.25	<1	102	67.3	50.6	117.9	1.16
	13	28.9	2	184	140.6	60.8	201.4	1.09
	66	8.21	<1	54	30.9	22.5	53.4	0.99
	67	8.81	2.4	59	33.9	27	60.9	1.03
	68	9.45	>4	77	38.3	31.5	69.8	0.91
南京	40	29.5	<1	246	155.7	118.7	274.2	1.11
	41	20.5	>4	228	144.9	71.1	216	0.95
	62	23.0	>4	232	121.7	94.8	216.5	0.93
	45	31.25	<1	235	231	59.3	290.3	1.23
	46	27.0	>4	260	190.3	94.8	285.1	1.09
	47	31.0	>4	280	222.7	82.9	305.6	1.09
	48	21.25	<1	208	139.6	71.1	210.7	1.01
	49	23.0	<1	228	152.7	71.1	224.4	0.98
	50	21.0	<1	237	135.4	71.1	206.5	0.87
	51	18.5	<1	216	113.7	71.1	185.4	0.86

说明表 6.2.2—4　桩尖持力层为砂土或砾石土的比较计算(二)

地区	编号	桩长(m)	$\frac{h'}{D}$	试桩 $Q_{极}$(tf)	估算值(tf) 侧阻	端阻	$Q_{估}$	$\frac{Q_{估}}{Q_{极}}$
湛江	35	22.3	<1	460	200.1	150	350	0.76
	36	16.8	<1	220	138.1	85.7	225.6	1.02
	39	16.8	2.4	370	148.5	100	248.5	0.67
新港	79	22.4	<1	520	163.4	180	343.4	0.66
	80	21.8	<1	370	131.4	125	256.4	0.69
宁波	91	17.4	<1	151	74.9	101.1	176	1.16
	93	17.5	<1	115	59.0	61.2	120.2	1.04
沈阳	30	6.0	3.3	95	49.2	58.5	107.7	1.13
	31	6.2	<1	135	47.9	54	101.9	0.75
唐山	65	4.0	4	115	21.8	63	84.8	0.74
齐齐哈尔	26	4.6	<1	80	13.1	43.7	56.8	0.71
	27	4.1	<1	78	25.2	43.7	68.9	0.88
	28	3.6	<1	75	22.5	43.7	66.2	0.88
	29	5.5	<1	110	38.1	85.7	123.8	1.12
山东	62	20.6	<1	320	175.2	101.3	276.5	0.86

说明表 6.2.2—5　桩尖持力层为砂土或砾石土的比较计算(三)

地区	编号	桩长(m)	$\frac{h'}{D}$	试桩 $Q_{极}$(tf)	估算值(tf) 侧阻	端阻	$Q_{估}$	$\frac{Q_{估}}{Q_{极}}$
北京	69	10.8	<1	112	64.1	63	127.1	1.13
	71	8.5	<1	132	63.0	63	126	0.95
	76	6.65	<1	120	46.4	40.6	87	0.72
石家庄	15	6.8	<1	76	37.3	37.5	74.8	0.98
	16	6.5	<1	83	48	18.7	66.7	0.80
	17	6.8	2	79	55.4	21.9	77.3	0.98
	18	6.0	3.3	86	35	34.4	69.4	0.80

说明表 6.2.2—6　桩尖持力层为黏性土的比较计算(一)

地区	编号	桩长(m)	试桩 $Q_{极}$(tf)	估算值(tf) 侧阻	端阻	$Q_{估}$	$\frac{Q_{估}}{Q_{极}}$
上海	1	24.9	159	140	32.4	172.4	1.08
	2	23.8	135	85.7	48	137.7	0.99
	3	23.7	145	94.9	48	142.9	0.98
	5	25.3	190	107.9	44.5	152.4	0.80
	6	24	250	159.8	75	234.8	0.94
	7	20.6	165	87.2	20.2	107.4	0.65
	8	27.4	200	121.5	32.4	153.9	0.77
	12	21.3	107	88.5	20.2	108.7	1.01
	14	24.6	150	93.6	48	141.6	0.94
	83	30.2	150	108.7	20.1	128.8	0.86
	84	32.5	210	164.1	37.9	202	0.96
	85	58.7	370	371.6	71.1	442.7	1.20
	86	60	480	450	75	525	1.09
	87	55	460	390	55	445	0.97

说明表 6.2.2—7　桩尖持力层为黏性土的比较计算(二)

地区	编号	桩长(m)	试桩 $Q_{极}$(tf)	估算值(tf) 侧阻	端阻	$Q_{估}$	$\frac{Q_{估}}{Q_{极}}$
天津	52	17	88	71.9	19.6	91.5	1.04
	53	14	78	53.3	19.6	73.1	0.94
	54	17	107	108.6	25.6	134.2	1.25
	55	8	64	36	25.6	61.6	0.96
南京	43	11	173	81.3	37.8	119.1	0.69
	44	7.5	84	54.9	27	81.9	0.97
湛江	34	21.5	260	175.8	40	215.8	0.88
	37	13.9	200	120.7	40	160.7	0.80
	38	6.2	75	36	40	76	1.01
蚌埠	19	6.0	36	33.8	27	60.8	1.69
	20	7.3	50	46.3	27	73.3	1.46
	21	9.0	82	62.6	27	89.6	1.09
	22	10.0	92	72.2	27	99.2	1.08
	23	11.0	100	81.8	27	108.8	1.09
	24	12.7	108	97.1	19.8	116.9	1.08
	25	14.0	112	107.6	19.8	127.4	1.14

说明表 6.2.2—8　桩尖持力层为黏性土的比较计算(三)

地区	编号	桩长(m)	试桩 $Q_{极}$(tf)	估算值(tf) 侧阻	端阻	$Q_{估}$	$\frac{Q_{估}}{Q_{极}}$
大港	56	26.5	280	173.9	27.9	211.8	0.76
	57	21.5	175	118.4	35.2	153.6	0.88
	58	27.5	240	183.6	37.9	221.5	0.92
	60	13.0	61	46.8	16	62.8	1.03
	61	19	165	92.6	48	140.6	0.85
山东	72	3.6	40	17.1	13.7	30.8	0.77
北京	73	9.55	52	36.8	9	45.8	0.88
	74	6.5	52	25.9	18.7	44.6	0.86
	75	6.2	27	21.7	10	31.7	1.17
	77	7.77	50	35.6	13.7	49.3	0.99
镇海	88	25.2	243	102.1	20.2	122.3	0.50
	89	24.5	204	88.2	16	104.2	0.51
宁波	90	39.4	320	218.4	44.5	262.9	0.82
杭州	95	5.3	33	13.3	10	23.3	0.70
	96	5.1	47	20	25.6	45.6	0.97
	97	31	142.4	121.2	25.6	146.8	1.03
	98	33.8	263	178.3	25.6	203.9	0.77
	99	33.8	307	200.6	32.4	233	0.76

在确定桩的垂直承载力方法中,《99 桥规》还列出了用静力触探估算打入桩极限承载力的方法。国外也有许多国家使用静探估算桩承载力,如荷兰基本上全用静探确定打入桩的承载力,前苏联和北欧已将静探法列入规范。各国使用的方法不完全相同。根据铁科院、铁三院和北京局等单位的研究,国外现有方法不完全适合我国的情况。其原因在于:这些方法只着重于通过确定端阻的取值范围来解决探头和桩径间的尺寸差异的影响,而没有考虑静探与桩之间的应力场不同和材料不同的影响;其次国外对确定端阻的工作报导较多,而对侧摩阻的确定方法研究较少,因而对桩的总极限承载力不能作出适当的评价。铁科院等提出的综合系数修正法系根据 60 根试桩资料统计分析提出,后又经过 20 余根桩的校验。在统计分析时,考虑了不同端阻取值范围的影响;考虑了土类不同的影响,利用电子计算机进行大量比较计算,最后方案如条文中所列。用此法对 89 组桩的比较计算误差列于说明表 6. 2. 2—9 中。

说明表 6. 2. 2—9　计算结果的误差范围

土　类	≤±20%		≤±30%		±30%～±50%		最大误差
	个数	百分数(%)	个数	百分数(%)	个数	百分数(%)	
黏 性 土	34	75	40	89	5	11	+46%
砂 性 土	39	89	43	98	1	2	−35%
所有的土	73	82	83	93	6	7	+46%

上述计算的误差范围较国外现用方法的误差小得多。前苏联规范中的静探法,根据该著者发表的报告,误差比值为 0. 52～1. 44。美国 Schmertmen(1976 年)做的结果是 64%,其误差在±25%之内。荷兰法的误差比值范围为 0. 5～1. 5,最大的比值达 2. 18。

静探估计桩承载力的公式所依据的 60 根桩的资料,是上海、南京、天津和石家庄等地黏性土和砂类土中的桩,未包括厚层的房渣土,也未包括西北的黄土。由于公式是通过统计相关得到,因而用于房渣土为主的短桩以及用于黄土地区时,应做试桩进行比较。

(2)钻孔灌注摩擦桩的承载力。

《85 桥规》修订时,对于钻孔灌注摩擦桩的承载力部分,是在补充搜集试桩资料的基础上,针对《75 桥规》存在的问题进行改进的。

1)桩底支承力的确定

在桩的极限荷载中,桩侧摩阻力和桩底支承力的划分是分析桩承载力的重要内容。编制《75 桥规》时,桩底支承力一律取为极限荷载的 10%,这是在当时资料太少的情况下采用的一种粗略计算办法。

《85 桥规》修订过程中,采用了 91 根试桩资料作为分析计算的依据。利用其中 24 根有实测桩底支承力的试桩,建立黏性土和砂土桩底支承力所占极限荷载百分数与桩的深径比$\left(\dfrac{P_b}{P}\% - \dfrac{h}{d}\right)$的近似关系曲线,来划分桩侧摩阻力和桩底支承力。

2)关于桩侧土极限摩擦力

采用统计估算法分别按 7 种土和 8 种土,4 次统计估算了桩侧土极限摩擦力。同时考虑到各种土极限摩擦力之间应有所衔接,定出了各种土的极限摩擦力,并用 91 根试桩进行验算,反复修正而得。

由于 91 根试桩中砂类土基本上是中密,摩擦力分析计算中的砂土和砾石土也是以中密状态参加统计计算的。同时参考其他有关密实卵石土和密实角砾圆砾土的摩擦力资料,确定出摩擦力表内密实状态的砂土、砾石、卵石土的极限摩擦力,以便于工程设计施工中采用。《75 桥规》中的摩擦力表虽在条文附注中说明按密实程度选用,但实际上并没有包含密实状态。

《99 桥规》修订的摩擦力表,未将桩身自重计入试桩极限荷载参加摩擦力的计算。

3)钻孔灌注桩桩底支承力折减系数 m_0 值

根据 91 根试桩,用地基上基本承载力 σ_0 计算出桩底支承力 P_b,分别按好土、较差土和差土建立 m_0—$\frac{h}{d}$的近似关系,结合试桩的入土深度、土质的好坏、清孔情况及桩底沉淤厚度,综合分析,验算修正而得 m_0 的数值表。

对桩底支承力的影响有多种因素。由于钻孔桩桩壁的粗糙和灌注混凝土的胶结作用,摩擦桩随着桩的入土深度的不同,会影响桩底土承载能力的发挥。桩入土越深,侧摩阻力在整个荷载中占的比例则越大,支承力占的比例则越小,所以桩底支承力与桩入土深度有关。同时,钻孔灌注桩在成孔过程中和成孔后灌注混凝土之前,随着孔壁坍塌情况、土质好坏和清孔程度,桩底会有不同程度的淤泥软层(或称垫层),这个软垫层将影响桩底土的承载力。总之,对钻孔桩桩底支承力的影响是多种因素的,规范引入钻孔桩桩底支承力折减系数 m_0 值来综合考虑这些因素的影响,对桩底支承力进行修正。根据以上情况,m_0 值的选用应按桩的入土深度、土质的好坏、孔壁是否容易坍塌和清孔情况综合考虑确定。

4)综合验算情况

用 91 根试桩进行综合验算,当取钻孔灌注桩桩侧极限摩擦力(条文中表 6. 2. 2—5)相应土层的中值,桩底支承力折减系数 m_0 按条文中表 6. 2. 2—6 查用,综合验算结果如下:

相对误差 $e \leqslant \pm 5\%$ 者 24 根,占总桩数 26%;
$e \leqslant \pm 10\%$ 者 50 根,占总桩数 55%;
$e \leqslant \pm 15\%$ 者 62 根,占总桩数 68%;
$e \leqslant \pm 20\%$ 者 77 根,占总桩数 84. 6%;
$e \leqslant \pm 25\%$ 者 86 根,占总桩数 94. 5%。

当桩侧极限摩擦力在上下限范围内选用时,相对误差 $e \leqslant \pm 15\%$ 的试桩数可达 80% 以上。因此表 6. 2. 2—5 和表 6. 2. 2—6 基本满足使用。

(3)参考《建筑桩基技术规范》JGJ 94—2008,在表 6. 2. 2—3 ~ 表 6. 2. 2—5 中插入了粉土的打入桩的极限摩阻力 f_i 和桩尖极限承载力 R 以及钻孔灌注桩的极限摩阻力。粉土的极限摩阻力基本与粉、细砂相同,极限承载力比粉、细砂略低。

(4)无论是打入下沉、振动下沉的预制柱桩,还是就地钻、挖孔灌注的柱桩,桩侧土对桩身作用的向上摩阻力都是不容易确定的,它随桩的施工方法、施工质量、桩侧土的类别、桩底土的坚硬程度以及桩身的轴向刚度而异,为安全计,规范不考虑柱桩侧面土承受桩身轴向荷载,而将柱桩承受的全部轴向荷载考虑由桩底坚硬地层承受,柱桩侧面土对桩身作用的摩阻力仅视为安全储备,一般来说,这种安全储备是不太大的。

(5)残积土和全风化岩桩侧摩阻力取值问题。

岩石在风化作用下,其结构、成分和性质已产生不同程度的变异,应定名为风化岩。

已完全风化成土而未经搬运的应定名为残积土。在现场,区别全风化岩与残积土的重要标志是看其是否保留有原岩的结晶和构造特征。全风化岩是风化程度最强烈最严重的岩石,表现似岩非岩,似土非土,结构基本破坏,但尚可辨认,有残余结构强度。

残积土和全风化形成的土体比一般土的孔隙比要高,但有某些胶结或原岩结构残余强度,故剪切强度较高,而压缩性中等或偏低。有些土体的抗水性弱,浸水后强度降低。风化岩随着风化程度加强,其孔隙度、吸水率、泊松比逐渐增大,而重度、各种强度和弹性(变形)模量明显降低。

残积土和全风化岩在我国东部地区分布较为广泛,尤其是广东、福建和江西更为突出,有的残积土和全风化岩层厚较大,可达到几十米。由于残积土和全风化带岩土遇水易软化、崩解、强度急剧降低的工程特性,其桩侧摩阻力变化很大,对桥梁等工程设计、施工带来很大的影响。根据近来江西和福建客专铁路桩基工程调查,在残积土和全风化岩层较厚地段,由于工程用桩的桩侧摩阻承载力不足而造成异常沉降的现象屡屡发生,故此在该地质条件下桩侧摩阻力取值以及成桩工艺应格外重视。

由于规范对于残积土和全风化岩的单桩竖向承载力设计参数没有具体规定,单桩竖向承载力设计参数应根据工程重要性、岩土性质和原位测试成果并结合当地经验确定。重要桥梁或缺乏经验地区的桥梁地基基础设计,应通过单桩竖向载荷试验确定,每个场地不少于3根。

对于是否考虑覆土深度较深的柱桩其上覆土层的侧阻力的作用,可以这样认为:一般情况下,桩端置于基岩中,上覆土层的侧阻力可以发挥一定的作用。随着上覆土层的性质和厚度的不同,嵌入基岩性质和深度的不同,以及桩端沉渣厚度不同,桩的长细比的不同,桩侧阻力、端阻力的发挥性状也不同。公路桥梁设计规范与铁路桥梁设计规范在基础设计理念上存在很大差别:公路桥梁设计规范对墩台的工后沉降量没有具体要求,对相邻墩台沉降量之差的要求也大大低于铁路;铁路桥梁设计规范对墩台的工后沉降量、相邻墩台沉降量之差均有严格要求;高速铁路无砟轨道桥梁对墩台的工后沉降量、相邻墩台沉降量之差的要求更严格。由于目前铁路桥梁未开展此项研究工作,尚缺乏试验资料,是否可以考虑桩侧土阻力及如何考虑应通过试验研究确定,今后在收集大量试验资料的基础上,通过研究为规范修改提供依据。

6.2.5~6.2.7 桩基为一框架结构,但与建立于地面上的一般框架又有区别,其最大的区别是基桩和承台埋于土中(有时承台位于地面以上),土具有抵抗承台水平位移和稳定基桩的抗力作用,经济合理的桩基设计应考虑土的这种抗力作用。

由于附加力发生的几率较小,作用时间短暂,所以规定主力加附加力作用时按本规范第6.2.2条求得的桩的容许承载力可较主力作用下提高20%。主力加特殊荷载作用的几率更小,因此除地震力外可根据岩土性质提高20%~40%。柱桩一般建在强度高的岩石上,可提高40%,摩擦桩视土质好坏可提高20%~40%。地震力执行现行《铁路工程抗震设计规范》GB 50111的相关规定。

另外,考虑基桩在长期拉力作用下容易使桩侧地面附近处的土隆起和松动,影响桩的稳定,所以规定仅在主力作用时,不允许桩承受拉力。

设计桩基时,除须检算每一根桩的承载能力外,对于摩擦桩还应将桩群视为实体基础检算其底面处土的承载力,以免桩群底面超过了土的容许承载力。摩擦桩桩基承受的外荷系借桩尖和桩侧土的摩擦力按某一扩散角传至桩尖土上,当桩距较小时,相邻桩尖处的压应力互相重叠后大于摩擦桩单桩桩尖处的压应力，从而使地基土产生较单桩要大的沉降。通常，当摩擦桩的中心距大于6倍桩径时，相邻桩桩尖压应力的重叠影响较小，桩基底面土的沉降量接近单桩的沉降量。当然，相邻桩桩尖压应力的具体重叠情况，除与桩距有关外，还随桩的长度和土的性质而异。

本规范附录E中用以检算桩基底面土的压应力的力矩 M，近似采用承台底面以上外力对承台底面桩群重心处力矩，而不采用作用于桩基底面的力矩，因为该附录为一简化计算方法，公式中未考虑桩群侧面土的抗力作用。

关于桩基设计中检算摩擦桩的轴向受压承载力时如何考虑桩的自重，是长期以来有争议的问题。《75桥规》规定，在检算桩的轴向受压承载力时应考虑桩的全部自重。同年颁布的我国《公路桥涵设计规范》规定，对于钻挖孔灌注桩，考虑局部冲刷线以下桩身自重的一半。此外，还有一种意见认为桩身自重可以完全不考虑。对于木桩或小直径的短的空心钢筋混凝土桩来说，按这三种不同意见计算的结果相差不会很大，但对于大直径的长的实心钢筋混凝土桩，则计算结果往往出入悬殊。规范提出下面考虑桩身自重的办法。

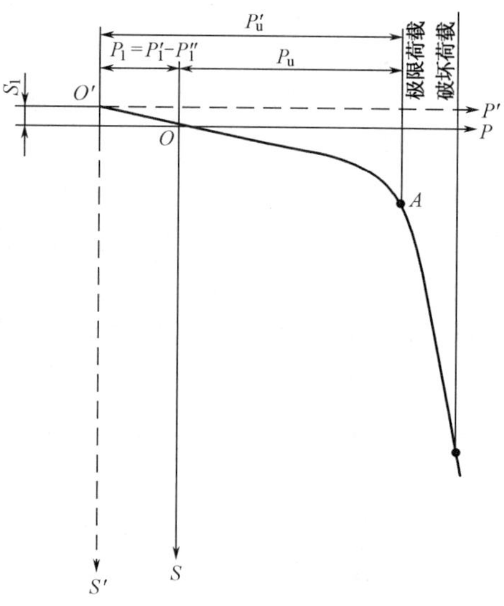

说明图　6.2.6—1

不论是打入桩还是钻挖孔灌注桩，考虑当桩置于土中之后，桩侧土和桩底土将共同承受桩身自重 P_1' 与桩身所占同体积土重 P_1'' 之差的附加外荷载 P_1（$P_1=P_1'-P_1''$。当 $P_1'\leqslant P_1''$ 时，如木桩，通常认为 $P_1=0$）。当桩进行静载试验，桩顶作用外荷载 N 时，桩侧土和桩底土则共同承受外荷载 P_1+N。如果静载试验中加于桩顶的外荷载 N 逐渐增大到某一 N_{max} 值时，桩的荷载—沉降曲线（即通常所说的 P—S 曲线）出现明显拐点（陡降点），那么 P_1+N_{max} 的前一级荷载 P_1+N_{max}'（即相应于拐点的荷载）为桩侧土和桩底土共同承受的极限荷载 P_u'，也就是桩的极限承载力。如果按习惯以 P_u 代表 N_{max}'，则桩的极限承载力 $P_u'=P_1+P_u$，式中 P_u 为静载试验中通常所说的"桩的极限承载力"，实际上它并不是桩的极限承载力，而只是当桩达到极限承载力 P_u' 时，静载试验加于桩顶的相应外荷载。事实上，桩的 P—S 曲线是说明图6.2.6中以虚线坐标轴所作的曲线图，而该图中对应于实线坐标轴的曲线只是桩的 P—S 曲线中的一部分，这一部分是由静载试验得来的。虽然图中 P_1 作用下桩的沉降 S_1 通常没有测出来，O'—O 段虚曲线绘制不出来，但对于我们分析并无影响，我们仍可根据静载试验实测的 P_u 来进行桩的轴向受压承载力的检算。

假设设计中作用于桩顶的轴向受压外荷载为 N，桩的轴向受压承载力的安全系数为 K，那么只要求其 N 值满足下列要求就可认为桩的设计是安全的：

$$N+P_1\leqslant\frac{1}{K}P_u' \tag{说明 6.2.6—1}$$

因为 $P_1=P_1'-P_1''$，$P_u'=P_u+P_1=P_u+P_1'-P_1''$，通常主力时采用 $K=2$，于是式（说明6.2.6-1）可改写为

$$N+P_1'-P_1''\leqslant\frac{1}{2}(P_u+P_1'-P_1'')$$

或写成

$$N+\frac{1}{2}(P_1'-P_1'')\leqslant\frac{1}{2}P_u \quad (说明 6.2.6—2)$$

也就是说，如果对于一般土根据静载试验所得的 P_u 检算桩的受压承载力，只要按式(说明 6.2.6—2)将作用于桩顶上的轴向压力荷载 N，加上桩身自重与桩身所占同体积土重之差的一半，小于或等于 $\frac{1}{2}P_u$，就可以认为满足了安全要求。当 $P_1'\leqslant P_1''$时，式(说明 6.2.6—1)中的 P_1 取为零，式(说明 6.2.6—2)中取 $P_1'-P_1''=0$。

长期以来，人们往往以说明图 6.2.6 中静载试验所得的 P_u 作为桩的极限承载力，将它分为桩侧极限承载力和桩底极限承载力，然后用按这样所得桩侧极限承载力去分析桩侧单位面积上的摩擦力(以桩侧表面积去除该项桩侧极限承载力)，显然这样得到的桩侧单位面积上的摩擦力不是桩侧的极限摩擦力，因为上面已说过 P_u 不是桩的极限承载力，由它所划分出的桩侧摩擦承载力也就不是真正的桩侧摩擦极限承载力，只有根据图中的 P_u'划分得到的桩侧摩擦极限承载力去求出的桩侧单位面积上的摩擦力才是桩侧的极限摩擦力。在进行这种分析时并不存在什么困难，只要根据通常静载试验方法所得的 P_u 加上 P_1，就得到桩的极限承载力 P_u'，从而可以按上面所述分析得出桩侧单位面积上的极限摩擦力。同理可以得到桩底极限承载力。关于根据静载试验所得桩的极限荷载 P_u' 划分出桩侧摩擦极限承载力和桩底极限承载力的方法较多，但合理的方法却较少，目前使用比较广泛的一种方法是在相应于极限荷载 P_u'的 A 点作一切线 AB 与横坐标轴 P'相交，将 P_u'划分为桩侧摩擦极限承载力 P_{uf}'和桩底极限承载力 P_{ur}'，如说明图 6.2.6—2 所示。当根据静载试验已求得图中的 OA 曲线求 P_{uf}'和 P_{ur}'时，近似地(这种近似是相当接近实际情况的)将 AO 曲线中的 O 端顺该端的曲线斜坡延长到与竖坐标轴 $O'S'$相交于 O'点($O'S'$轴与竖坐标轴 OS 的距离为 $P_1=P'-P_1''$)，这样便可通过 O'点作平行于横坐标轴 OP 的坐标轴 $O'P'$，从而如上述可以方便地得出 P_{uf}'和 P_{ur}'。假设由此得到的桩侧单位面积上的极限摩擦力为 f_i(f_i 值应根据桩侧为同一种土的试桩资料求得)，桩底单位面积上的极限承载力为 R，那么根据 P_u'所分析得到的 f_i 和 R 值检算桩的受压承载力时，可从式(说明 6.2.6—1)得到下列应该满足的条件式：

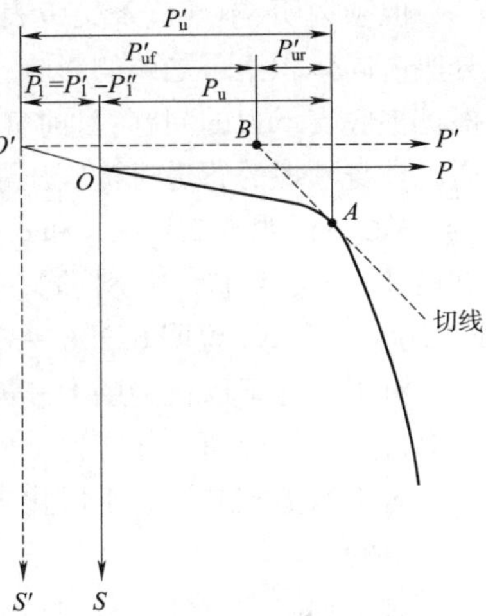

说明图 6.2.6—2

$$N+P_1\leqslant\frac{1}{K}(U\sum f_i l_i+AR)$$

由于 $P_1=P_1'-P_1''$，$K=2$，所以此式对于打入桩为

$$N+P_1'-P_1''\leqslant\frac{1}{2}(U\sum f_i l_i+AR) \quad (说明 6.2.6—3)$$

式中 U——桩身周长；

l_i——桩位于土中各土层的厚度；

A——桩底面积；

其余符号的意义与前面相同。

当 $P'_1 \leqslant P''_1$时，式（说明 6.2.6—3）中取 $P'_1 - P''_1 = 0$。

对于钻、挖孔灌柱桩，令$\frac{1}{2}AR = m_0A[\sigma]$，则按式（说明 6.2.6—3）可改为

$$N + P'_1 - P''_1 \leqslant \frac{1}{2}f_il_i + m_0A[\sigma] \qquad \text{（说明 6.2.6—4）}$$

式中　$[\sigma]$——桩底地基土的容许承载力；

m_0——钻挖孔灌注桩桩底支承力的折减系数。

但须说明，本规范条文中表 6.2.2—5 的 f_i 值的分析没有考虑桩身自重与桩身入土部分所占同体积土重之差的影响，所以该表所列的 f_i 值稍偏小。关于如何提高钻孔灌注摩擦桩桩底支承力的问题，目前有一些研究，譬如西南交通大学提出待桩身混凝土凝固后，通过桩身预埋的管道对桩底压浆的方法就是其中之一。

从式（说明 6.2.6—2）和式（说明 6.2.6—3）都可以反映出，采用空心桩比采用同一直径、同一长度、同一材料、同一施工方法的实心桩要经济合理。这也可以说明式（说明 6.2.6—2）和式（说明 6.2.6—3）是比较合理的。

对于支立于风化岩层上和嵌入岩层内轴向受压的柱桩，作用于桩顶的压力加上桩身全部自重后不应超过其容许轴向受压承载力。

对于摩擦桩或支立于风化岩层上的柱桩，可根据桩底土层或风化岩层的透水情况考虑桩身的水浮力。

对于轴向受拉桩（不论是预制打入桩还是钻、挖孔灌注桩），作用于桩顶的拉力减去桩身全部自重后不应超过其容许轴向受拉承载力。桩身可如同前面所述，根据桩底土层是否为透水土层而考虑是否计入水浮力。

本规范对承台底面与桩和桩之间土体的顶面相接触的桩基，不考虑桩和桩之间的土体顶面与基桩共同承受承台上的竖向荷载，因为根据既有桩基调查结果，桩和桩之间土体自重的作用、地下水位的下降、桩和桩之间土体含水率的改变以及桩和桩之间土体侧面长期承受桩侧向下摩阻力的作用，致使桩和桩之间土体的顶面与承台底面脱离，因此考虑承台上的竖向荷载全部由基桩承受，以确保安全。

6.3.1　桩的直径应根据受力大小、桩基形式和施工条件确定。常用的设计桩径有0.8 m、1.0 m、1.25 m、1.5 m，必要时可采用2.0 m～3.0 m。挖孔桩的桩径或边宽应满足人工开挖时操作净宽的要求。

6.3.2　基桩的排列应根据受力大小和施工条件确定。为了施工方便，基桩多采取行列式排列，有时为了减小承台的面积可采用梅花式排列。

为了防止土的结构破坏，并考虑施工的可能，对于打入或振动下沉的摩擦桩和柱桩，承台底面处桩的中心距均不应小于设计桩径的 1.5 倍。为了使桩尖平面处相邻桩作用于土上的压应力重叠不至太多，并考虑桩在打入下沉时不至因土体挤密而使桩下不去，所以根据经验规定打入摩擦桩的桩尖中心距不应小于 3 倍设计桩径。振动沉桩时土的挤压更为密实，因此规定振动下沉于砂类土内的桩，其桩尖中心距不应小于 4 倍设计桩径。对于桩尖爆扩桩，其中心距应根据土质好坏、爆扩时的炸药类型和用量等具体情况确定。

对于钻(挖)孔灌注桩,由于其施工方法与打入桩不同,不存在施工时土体挤密的问题,所以规定钻(挖)孔竖直摩擦桩的中心距可较打入桩桩尖中心距小一些,但考虑到钻(挖)孔桩桩径沿深度不规则,特别是钻孔桩,当桩的中心距过小时,桩间土体与桩壁间的摩擦支承作用降低,所以规定钻(挖)孔竖直摩擦桩的中心距不应小于 2.5 倍设计桩径。对于钻(挖)孔灌注柱桩,由于考虑相邻桩在钻孔或挖孔时,桩间土体太薄容易引起孔壁坍塌,所以规定柱桩中心距可小于摩擦桩的中心距,但不应小于 2 倍设计桩径。

承台边缘至最外一排桩的净距应根据桩与承台的连接构造要求和边桩受力大小确定。当此净距过小时,不是连接钢筋布置困难,就是可能使承台边缘圬工因桩顶弯矩和横向力的作用而破裂。规范所规定的承台边缘至最外一排桩的净距,系根据我国实践经验,针对目前一般采取的承台内钢筋布置方式的情况所编制的。

6.3.3 预制钢筋混凝土桩桩身钢筋用量和混凝土强度等级的确定,除应满足运营荷载下承载力的要求外,还应满足桩在吊运、吊立以及沉桩时的受力要求。为提高混凝土的耐久性,现场制造钢筋混凝土矩形桩,其混凝土强度等级不应低于 C30,管桩采用的现场填心混凝土强度等级,一般不低于 C15。

钻(挖)孔灌注桩不存在吊运、吊立和沉桩的问题,其桩身钢筋用量和混凝土强度等级由运营荷载下所要求的承载力来确定。桩身混凝土不应低于 C30,按计算桩身混凝土不需配筋的桩,其混凝土强度等级可采用 C25~C30。水下灌注的混凝土不应低于 C20。

钻(挖)孔灌注桩可按桩身内力要求分段配筋。对于埋入地面线或局部冲刷线以下长度 $h \geqslant \frac{4.0}{\alpha}$ 的摩擦桩,从理论计算和试验说明在 $h=\frac{4.0}{\alpha}$ 处桩身弯矩很小(接近于零)。通常在 $h=\frac{4.0}{\alpha}$ 以下2 m 处,桩身钢筋可以截断。当单桩轴向力很大时,对 $h=\frac{4.0}{\alpha}+2$ m 处,可按混凝土桩检算桩身受压强度是否满足要求。

钻孔灌注桩在成孔过程中多采取泥浆护壁,带肋钢筋的凹槽容易附积泥浆,影响混凝土与钢筋之间的黏着作用,所以钻孔灌注桩的主筋一般采用光钢筋。挖孔灌注桩的成孔方法与钻孔灌注桩不同,可不考虑此项要求。但是钻孔桩因受力需要时,在加强清孔、清底措施,尽量减少泥浆比重的条件下,也可采用螺纹钢筋。

铁路桥梁钻(挖)孔灌注桩的截面尺寸一般都比较大,为了采取各种措施以较少的钢筋满足桩身抗裂要求,规定钻(挖)孔桩采用束筋时每束不宜多于两根钢筋。钻(挖)孔桩灌注混凝土时捣固有困难,通常依靠桩身混凝土的自重来压密。为避免主钢筋布置太密影响桩身保护层的灌注,规定主筋的净距一般不小于120 mm,任何情况下不应小于80 mm,钻(挖)孔灌注桩的孔壁凹凸不平,主筋的保护层太小时,主筋容易与土接触致使锈蚀,但保护层过大,又不能很好地发挥主筋的作用。钻(挖)孔桩箍筋直径一般可参照桩径大小选用,但不应小于 8 mm。根据试验和理论分析,都证明摩擦桩承受的弯矩上部较大,一定深度以下逐渐减小,因此摩擦桩下部箍筋的间距可较上部加大,由 200 mm 加大为400 mm,至于从哪一截面开始加大,则要根据桩身内力情况确定。

钻(挖)孔灌注桩桩身钢筋笼在吊装、搬运、吊起等方面都要求具有一定的刚性。总结施工经验,规定在一般情况下,沿桩身钢筋笼每隔 2.0 m~2.5 m 焊接直径为 16 mm~22 mm加劲箍筋一道以增大钢筋笼的刚度。

钻(挖)孔桩按混凝土检算也能满足桩身受力要求时,为加强承台与桩身连接和构造需要,可按桩径大小,在桩的顶部设置4 m~6 m 长直径 14 mm 的钢筋,间距为 250 mm~350 mm。该钢筋伸入承台内的长度,可按本规范第 6.3.6 条办理。

6.3.5 承台的厚度、配筋和混凝土强度等级一般按受力确定,目前还没有较好的用于分析承台的计算方法,虽然有一些资料可供参考,但还有待进一步研究。根据经验,承台的厚度不宜小于1.5 m,混凝土的强度等级不应低于 C30。

承台计算中一般按刚性结构处理,为此承台的厚度应满足承台底面处桩顶的外缘位于自承台顶面处墩台身外缘向下按 45°角扩散的范围内。当承台过厚时可做成台阶式。

为了防止承台因桩顶荷载作用发生压碎和断裂等情况,在混凝土承台的底部应设置一层钢筋网(如有水下封底混凝土时,则在此封底混凝土之上),此项钢筋网在顺桥方向和垂直桥方向每 1 m 宽度可采用 1 500 mm^2~2 000 mm^2的钢筋。

承台桩基布置在满足刚性角的情况下,承台底部应布置一层钢筋网。设计时可按下述原则布置:当钻孔桩桩径为 1.0 m 时,钢筋直径不应小于 16 mm;当钻孔桩桩径为 1.25 m或 1.5 m 时,钢筋直径不应小于 20 mm。钢筋间距宜为 100 mm。

6.3.6~6.3.8 基桩与承台的联结有两种方式:将桩顶直接埋入座板内和将桩顶主筋伸入承台内。前一种施工简便,多用于打入预应力混凝土管桩;后一种联结比较牢固,多用于钻(挖)孔灌注桩。根据经验,在采取后一种方式时,为使桩顶更好地与承台联结,桩身伸入承台内的长度可为 100 mm~150 mm(不包括水下封底混凝土厚度),《75 桥规》原规定采用 150 mm,后来有些单位反映,为了减小承台底部所设越过桩顶布置的钢筋网至承台底面的距离,以发挥该钢筋网的作用,《99 桥规》修订为 100 mm。

桩顶伸入承台的主筋长度(算至弯钩切点),本次规范修订时,参照中国铁路总公司《铁路工程混凝土结构高强钢筋设计规定》(铁总建设〔2015〕343 号)的相关规定,对原规范进行了修订,详见第 6.3.6 条第 3 款中的表 6.3.6。

过去,桩顶伸入承台的主筋多采用喇叭型,近年来,国内已有改用竖直型者。喇叭型对承受拉力的桩有利,而竖直型施工较为简便。规范对桩顶伸入承台内主筋采用的型式没有统一规定,可根据桩的受力情况和施工条件确定。

6.3.9 钻(挖)孔灌注桩嵌入新鲜岩面以下的深度(不包括风化层)主要应按桩身嵌入处承受的轴向力、剪力和力矩对桩侧和桩底岩石承载力的要求来确定。通常将桩身嵌入岩层内以增大桩嵌入处的承载能力,但当嵌入深度很浅时,桩身混凝土与其侧面岩石之间的摩擦力和黏着力难以保证,因此规定嵌入深度不得小于0.5 m。当嵌入深度小于 0.5 m 时,其嵌入部分桩身侧面承载力不应考虑,见本规范第 6.2.2 条。

另外,嵌入岩层的钻(挖)孔柱桩,特别是钻孔柱桩清底要求较高,桩底嵌入深度不宜太浅,否则清底时容易引起新鲜岩以上土体坍塌。

6.3.11 管柱采用外壁垂直的钢刃脚可清除刃脚下面的土而减小管柱下沉的尖端阻力。钢刃脚的高度应与嵌入岩层厚度相适应。当特殊需要时有的管柱采用了内壁垂直的钢刃脚,如某桥以钻岩通过溶洞的管柱钢刃脚最大高度达 8.43 m,嵌入岩层 7.75 m。其经验为采用短导向架的冲击式钻头,使冲击时摇摆扩大钻孔,以利管柱刃脚通过,管柱钢刃脚的结构设计强度应能承受钻头摇摆的撞击。

7.1.1 本条说明了沉井基础的适用条件与应注意的问题。当沉井下沉遇到流砂、大漂石时,下沉会很困难;地基承载力不足时,会下沉过快,难以控制;倾斜较大的岩面使沉井稳定性差,会给设计、施工带来困难。因此遇到上述情况时,宜慎重考虑。

7.1.2 沉井基础一般采用筑岛预制、取土下沉的重力式沉井。当河水较深、流速较小时，亦可采用钢筋混凝土薄壁浮运沉井或钢模薄壁浮运沉井。沉井基础设计既要保证施工时井筒的顺利安全下沉，又要保证作为桥梁墩台基础后，桥梁上部结构及墩台基础具有足够的承载能力、稳定性和耐久性。同时，保证其最大沉降和位移满足桥梁结构使用的要求。

沉井土对井壁的摩阻力：

下沉是靠在井孔内不断取土，在沉井重力作用下克服四周井壁与土的摩阻力和刃脚底面土的阻力而实现的，所以在设计时应首先确定沉井在自身重力作用下是否有足够的重力使沉井顺利下沉。下沉系数 $k=G/R$ 可取 1.15~1.25，其中 G 为沉井自重，R 为沉井底端地基总反力与沉井侧面总摩阻力之和。

许多单位提出需要订出沉井下沉时土对井壁的摩阻力值，《05 地基和基础规范》认为由于土对井壁的摩阻力值与沉井入土深度、土的性质、井壁外形及施工方法等有关，此项数值应根据工程实践或试验资料确定，暂时无法给出。但实际工程设计时，往往没有条件进行试验确定井壁与土体间的摩阻力取值，因此本次规范修订时，通过对之前既有成果调研，以及公路规范的经验成果，提出了井壁与土体间的摩阻力取值参考表 7.1.2，设计者可根据土的性质、施工措施等合理选用。

(1)《75 桥规》所列土对井壁的摩阻力值如下：

土的种类	土对井壁的摩阻力(kPa)
砂　土	12~25
卵石土	15~30
黏性土	25~50
软　土	10~12
泥浆套	3 ~ 5

(2)《公路桥涵地基与基础设计规范》JTG D63—2007 补充了砾石对井壁的摩阻力为 15 kPa~20 kPa，同时说明如无资料，对下沉深度在 20 m 以内、最大不超过 30 m 的沉井，可参照以上的土对井壁的摩阻力数值选用。

(3)采用空气幕下沉沉井时，下述资料可供参考：

1)空气幕沉井能减少土对井壁摩阻力的机理是：喷射空气的动力作用使井壁处的砂土产生局部液化，黏性土在井壁处形成泥浆薄膜。因此，土层内必须有较大的含水量才能产生上述效果。在卵石含量较少的砂土和黏性土中，也能产生上述效果，但效果较差，此时宜适当加大沉井重量。在卵石层，特别坚硬的黏土层及风化岩层内均不能产生上述效果，故不能采用空气幕沉井。

2)由于目前收集到的国内外资料中多是用重率这个指标来决定空气幕沉井的下沉重量，沉井的重率等于不扣除浮力的沉井下沉重量除以沉井入土表面积。九江长江大桥试验沉井虽然测试到一些开气时土对井壁的摩阻力值，但资料太少、代表性差，又无更多资料对比验证。因此，目前拿不出在开气时土对井壁的摩阻力比较可靠的数据。从大量的国外资料及国内试验成果中可以统计出空气幕沉井的重率资料，所以采用重率这个指标来决定沉井的下沉重量。

国内试验和已施工的空气幕沉井下沉深度为 25 m~50 m，沉井重率采用了 21.6 kPa~22.2 kPa，从施工实际情况来看该重率稍偏大。国外桥梁基础下沉深度在 50 m 以内的沉井，重率采用 15 kPa~20 kPa，其中有些沉井由于后期部分气龛堵塞致使下沉效果较差，而采用了压重的补助手段,但计入压重在内的重率也不超过 20 kPa。国外竖井施工的沉井下沉深度为 80 m~220 m 时,重率才加大到 20 kPa~26 kPa。考虑到桥梁沉井基础大多数下沉深度在 50 m 以内,因此可将重率定为 20 kPa 左右,设计时可按沉井下沉深度及工艺熟练程度等具体情况选用合适的重率值。

3)空气幕沉井下沉效果的好坏,取决于气龛的密度、送气压力及供气量等因素。沉井重率采用 20 kPa 左右时,其压气系统的设计需满足以下条件:

①当喷气孔直径为 1 mm 时,每个气龛的平均作用面积应小于 1.0 m^2~1.5 m^2。

②送气压力宜大于气龛入土深度理论水压力的 1.4~2.0 倍。

③供气量宜按每个气龛耗气 0.015 m^3/min~0.02 m^3/min 计算,并考虑可能的损耗。

否则下沉可能出现困难。这些条件是根据国内试验沉井的成果并参考国外有关资料提出来的,在今后的使用中还需不断积累资料总结提高。但当供气量没有特别困难时,宜将气龛布置得密一些,使每个气龛的平均作用面积减小,下沉效果将会更好。每个气龛的平均作用面积=沉井入土的总表面积/气龛总数。

7.1.3 底节沉井的材料宜用钢筋混凝土或混凝土,底节以上的沉井也可用其他材料砌筑。圆形沉井的其他各节,由于是受压力的环,一般可用混凝土。

《75 桥规》条文中规定沉井底节钢筋混凝土最小配筋率不应小于 0.1%,根据实际设计施工中的沉井来看,通常都难于满足此项要求。按此规定配筋,一般都显得配筋较多,按断面强度计算所需的配筋率很多在 0.1% 以下,过去在铁路沉井基础中曾采用过 0.05% 的最小配筋率,使用多年,未发现问题。所以《05 地基和基础规范》修改中将底节钢筋混凝土的最小配筋率定为最小不得小于 0.05%。满足此项要求的沉井,仍可按钢筋混凝土结构的计算方法和原则进行计算。这是为了使沉井结构仍符合钢筋混凝土结构的一些强度要求和有足够的安全度。

浮式沉井的底节采用钢材焊接时,应同船舶一样保证其可焊性能。浮式沉井的气筒是沉井在悬浮状态下的主要设施,因此对其可焊性能须严格要求,应采用镇静钢。

7.2.1 有些单位提出:沉井属临时结构,桥规中有关容许应力应按施工阶段略作提高。现已考虑这方面的意见。参照《75 桥规》中条文内表 2—50 的各项混凝土容许应力,除纯剪应力外,在主力加附加力时可提高 30%;在主力加施工荷载时可提高 40%。表 2—32 中 1、2、8 项混凝土容许应力和表 2—33 中钢筋容许应力,在架桥机架梁时可在主力加附加力的基础上再提高 10%,在施工阶段钢筋最大容许应力值采用在主力加附加力的基础上再提高 10% 的值是可行的。但考虑到铁路桥梁沉井中有可能采用薄壁沉井,若最大容许应力在施工阶段都采用同一数值,则显然薄壁沉井与厚壁沉井所具有的实有安全度就不一样,厚壁沉井断面就是不考虑钢筋作用而只按纯混凝土计算的强度,本身可能就有了一定的安全度,而薄壁钢筋混凝土沉井则无这一有利条件。同时,还考虑到沉井下沉施工期长短不一,有的工期在半年以上,与一般临时结构短暂承受荷载的性质又有不同,而且沉井的整个部分既起临时结构作用又是永久结构,与一般的施工临时结构有截然的区别,还有下沉时的地质水文等情况各个地区各个工点也千差万别。综合上述种种因素,所以规范条文中采用了按施工阶段荷载检算素混凝土、钢筋混凝土沉井截面强度时,材料容许应力在主力+附加力的基础上可再予提高,但提高的最大值不应大于 10% 的规定。设计时可根据沉井井壁厚度、沉井下沉工期长短、地质水文等情况在上述的提高幅度范围内加以采用。

7. 2. 2

(1)《75 桥规》条文中规定检算沉井刃脚向外弯曲强度时,应按沉井沉至中途,在岛面上已接高一节沉井等情况进行检算。其中的“中途”两字容易引起误解,有的将“中途”两字理解成了沉井下沉至一半时的下沉位置,其实并非如此,检算沉井向外弯曲强度的最不利位置不一定是沉井下沉至 1/2 处的位置,有的分节浇筑一次下沉的沉井就是刚开始挖土下沉,刃脚切入土中一定深度后(这里仍定为 1 m)为最不利位置,就是分节浇筑逐节下沉的沉井,也决不是正好下沉至 1/2 处为其最不利位置,这与水文地质等条件有关,应视具体情况确定其最不利位置。因此《85 桥规》条文修改中将“中途”两字改成了“过程中”三字,这样设计人员就可根据具体的水文地质情况、施工方法等进行计算确定。

《75 桥规》条文中规定检算刃脚向外弯曲强度的荷载为:“作用于井壁外侧的计算土压力和水压力总和不得大于静水压力的 70%……”,这一条是不完善的,只讲了外侧土压力和水压力计算问题,沉井内水压力如何计算未讲,特别是有时为了防止细砂上涌,在吸泥下沉过程中沉井内水头往往要高于井外水头时,井内水压力的计算则是应加以重视的一个问题,有的单位指出:如沉井井外无水或水很浅时,按这条的规定,势必井外土压力和水压力的总和将等于零或很小,这也是很不切实际的,过于保守。因此后来作了改动。

(2)检算沉井刃脚向内弯曲强度,条文中只原则性地讲了计算土压力和水压力的要求。具体的水压力计算图式可见有关设计手册或仍按《75 桥规》条文和条文说明中的假定及图式进行设计:

1)不排水下沉时,井壁外侧水压力值按 100% 计算,内侧水压力值一般按 50% 计算,但也可按施工中可能出现的水头差计算。

《75 桥规》条文说明中曾讲到,对于下沉很深的沉井应采用说明图 7. 2. 2—1 中(b)的水压力图式较合适。这里建议一般应按说明图 7. 2. 2—1 的(b)图式根据施工中可能允许出现的水头差来计算水压力,仅在下沉较浅的沉井中可用说明图 7. 2. 2—2 的(a)图式来进行比较选用。

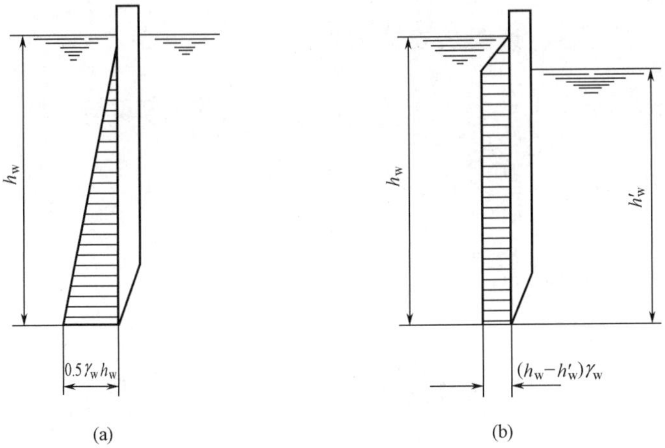

说明图 7. 2. 2—1 不排水下沉

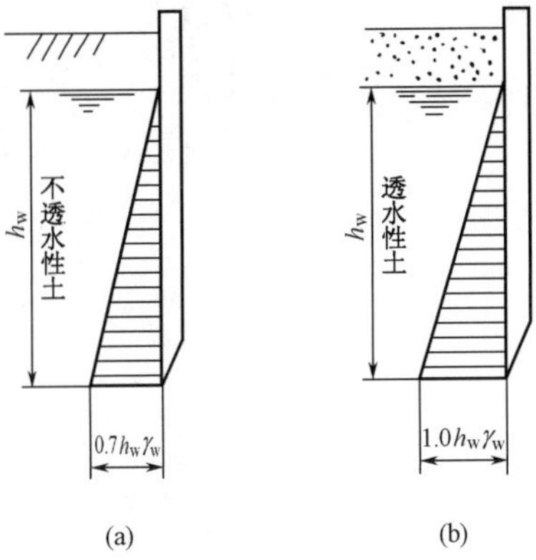

说明图 7. 2. 2—2 排水下沉

2)排水下沉时,在不透水性土中,可按静水压力的 70% 计算,对于透水性土,水压力按 100% 计算。

7.2.3

(1)垂直方向

井壁垂直方向的检算是按刃脚下土已挖空,四周作用的摩擦力可能把沉井箍住,此时假定摩擦力按倒三角形分布。对于一般排水下沉高度不高的沉井,最大拉力可用 $Q/4$。若沉井很高,为节约钢料,各节的接缝钢筋可不必按 $Q/4$ 而按接缝所在位置发生的拉力设置。

对于在透水性土中不排水下沉的沉井,从理论上分析,因摩擦力箍住而拉断的情况是不大可能发生的,其推导如下:

设 A 为沉井截面积,γ 为沉井容重,U 为沉井外壁周长,外力作用如说明图 7.2.3—1 所示。

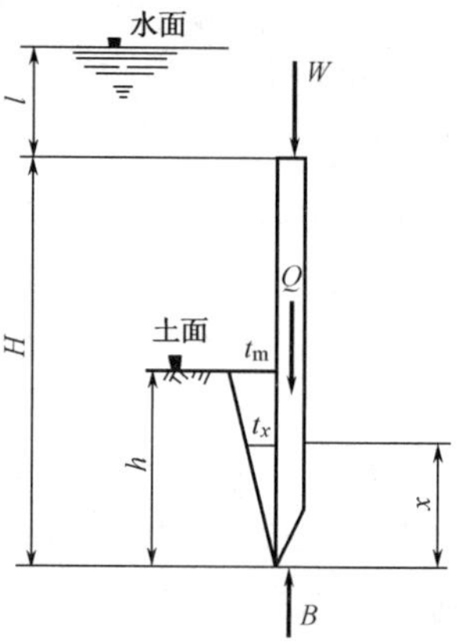

说明图　7.2.3—1

沉井自重:$Q=\gamma HA$

沉井底面垂直向上水托力:$B=(H+l)A\gamma_w$

沉井顶部水柱重:$W=lA\gamma_w$

假设 γ_w 为水的容重,沉井处于平衡状态,则

$$\frac{1}{2}t_m hU=Q+W-B=HA(\gamma-\gamma_w)$$

得

$$t_m U=\frac{2HA(\gamma-\gamma_w)}{h}$$

$$t_x U=\frac{2HA(\gamma-\gamma_w)x}{h^2}$$

计算截面处内力:

$$S_x=\gamma Ax-B-\frac{1}{2}t_x Ux$$

$$=\left[\gamma x-(\gamma-\gamma_w)\frac{H}{h^2}x^2-(l+H)\gamma_w\right]A \qquad \text{(说明 7.2.3—1)}$$

设 $l=0$,$\gamma=2.4\ \mathrm{tf/m^3}$,$\gamma_w=1\ \mathrm{tf/m^3}$,代入式(说明 7.2.3—1),得

$$S_x=\left[2.4x-1.4\frac{Hx^2}{h^2}-H\right]A \qquad \text{(说明 7.2.3—2)}$$

$$\frac{\mathrm{d}S_x}{\mathrm{d}x}=\left[2.4-2.8\frac{H}{h^2}x\right]A=0$$

$$x=0.857\frac{h^2}{H}$$

代入式(说明 7.2.3—2),得 $S_{max}=\left[1.03\frac{h^2}{H}-H\right]A$。若 S_{max} 为拉力,则 $1.03\frac{h^2}{H}>H$,得 $h>0.99H$。

施工中沉井顶面经常保持高出土面以上,井壁土的摩擦力也未必完全按倒三角形分布,所以按一般情况推算在水中下沉有浮力作用的沉井,当土的反力均匀时不大可能出现有垂直方向的拉力。当因倾斜纠偏、土质差异、土的反力不均匀时,沉井在垂直方向可产生偏心弯矩,接缝可能出现拉力而需酌量布置钢筋。

沉井若可能遇到障碍物卡住时,应按具体情况作相应假定进行检算。

排水下沉时最大拉力 $Q/4$ 的推求：

设 A 为沉井截面积，γ 为沉井容重，U 为沉井外壁周长，力的作用图式如说明图 7.2.3—2 所示。

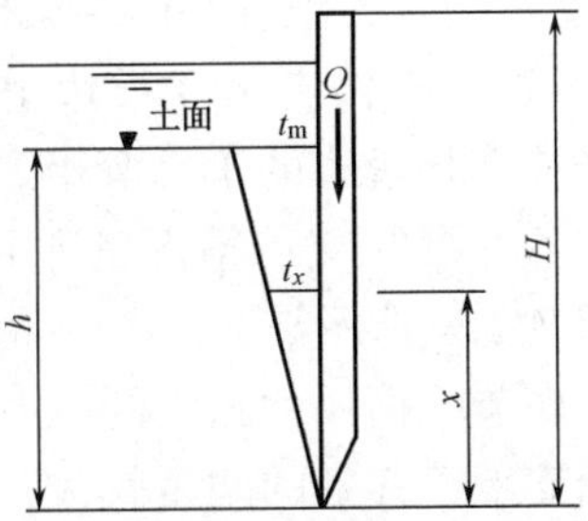

说明图 7.2.3—2

沉井自重：$Q=\gamma HA$

沉井处于平衡状态，则

$$\frac{1}{2}t_m Uh=Q$$

$$t_m U=\frac{2Q}{h}=\frac{2\gamma HA}{h}$$

$$t_x U=\frac{2\gamma HAx}{h^2}$$

则计算截面处拉力为

$$S_x=\gamma Ax-\frac{1}{2}t_x Ux=\left(\gamma x-\frac{\gamma Hx^2}{h^2}\right)A$$

$$\frac{\mathrm{d}S_x}{\mathrm{d}x}=\left(\gamma-2\frac{\gamma Hx}{h^2}\right)A=0$$

$$x=\frac{h^2}{2H}$$

$$S_{max}=\frac{Ah^2}{2H}\gamma-\frac{\gamma HA}{h^2}\left(\frac{h^2}{2H}\right)^2=\left(\frac{h^2}{2H}\gamma-\frac{\gamma h^2}{4H}\right)A$$

$$=\left(\frac{2h^2\gamma-\gamma h^2}{4H}\right)A=\frac{h^2\gamma A}{4H}=\frac{h}{H}\cdot\frac{hA\gamma}{4}$$

若 $h=H$，则

$$S_{max}=\frac{\gamma AH}{4}=\frac{Q}{4}$$

沉井接缝钢筋因容许应力提高了，所以必须检算其锚固长度。

(2)水平方向

对于用泥浆套下沉的沉井，应考虑沉井外侧泥浆压力 γH 的 100% 计算，因为泥浆压力一定要大于水压力及土压力的总和，才能保证泥浆套不被破坏。

采用空气幕下沉的沉井，在下沉过程中所受到的侧压力，根据国内试验沉井量测结果，压气时，气压对井壁的作用不明显，可略去不计，故仍按普通沉井的有关规定计算。

在计算空气幕沉井下沉中结构强度时，由于井壁之摩擦力在开气时减小，不开气时仍与普通沉井相同，因此应视其计算内容而按最不利情况采用。

7.2.4 沉井底节垂直方向断面较小，应按抽垫或可能遇到的障碍物的情况，检算纵向挠曲时混凝土的抗拉强度。

不排水下沉的沉井不能掌握其支承位置，所以应按不利的情况检算：对于矩形沉井按支承于短边的两端点(也就是支承于长边的两端点)和支承于长边的中点两种情况来检算长边的正负弯矩，一般沉井长、短边壁厚相同，故短边本身毋需检算；对于圆端形沉井按支承于圆端的端点和支承于长边的中点两种情况检算。

排水下沉的沉井，可选择正负弯矩大致相等时的支点间距位置进行设计，并定出支点位置以便在施工时遵循。当 $L/B>1.5$ 时，支点间距大致在 $(0.6\sim0.8)L$ 之间选定，短边可视作支承在长边上的梁上，以此来检算长短边的正负弯矩。

各种沉井支承情况的平面位置如说明图 7.2.4 所示。

底节平面尺寸较大的沉井，相应的内隔墙支承于井壁的间距就大，一般可假定内隔墙是由井壁筒支支承的情况进行计算。其荷载除混凝土重量外，还应计入模板等施工荷载。

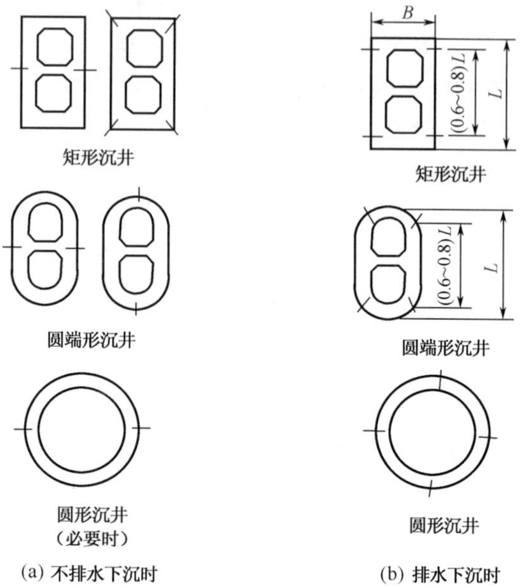

说明图　7.2.4

7.2.6　浮式沉井的施工步骤计算是很重要的，必须准确计算各施工步骤的沉井重量、入水深度、浮体稳定性、井壁水头差、井壁出水高度及其受力部分混凝土的龄期强度，准确计算几种可能水位和河床高程时沉井落河床的相应情况，以及落河床后所控制的沉井净重和刃脚可能达到的高程。通过施工步骤计算才能得到各部位井壁可能承受的最大压力来作为设计的依据。同时要合理安排施工工序，避免因等待混凝土强度而耽误沉井施工进度。

浮式沉井的倾斜角 φ 不得大于 6°（约 1 : 10）是因为：不使施工过程中沉井倾斜过大而产生不安全感。

计算浮体倾角的公式为

$$\tan\varphi=\frac{M}{\gamma_w V(\rho-a)} \qquad \text{（说明 7.2.6—1）}$$

式中　M ——所有力（包括风力、流水压力和偏心外力等）引起的力矩（kN · m）；

γ_w——水的容重（kN/m³）；

V——沉井的排水体积（m³）；

a——重心至浮心的铅直距离（m），重心在浮心之上时 a 为正，反之 a 为负；

ρ ——定倾半径（cm），$\rho=I/V$。

I 值（m⁴）的计算按下列情况进行：

（1）气筒管路连通时

$$I=I_1-ni-I_2 \qquad \text{（说明 7.2.6—2）}$$

（2）气筒管路不连通时

$$I=I_1-ni-\beta I_2 \qquad \text{（说明 7.2.6—3）}$$

（3）气筒分为对称于沉井轴的 n_1 组，每组有 n_2 个气筒管路连通时

$$I=I_1-ni-I_3-\beta I_4 \qquad \text{（说明 7.2.6—4）}$$

式中　I_1——水面处矩形沉井轮廓截面对 $y—y$ 轴的惯性矩（m⁴），$I_1=\frac{1}{2}LB^3$；

i——单个气筒内水面处截面绕其平行于 $y—y$ 轴形心轴的惯性矩（m⁴）；

I_2——筒内水面处气筒面积与 $y—y$ 轴距离平方的乘积(m^4), $I_2 = A\sum_{1}^{n} D_n^2$;

I_3——筒内水面处气筒面积与气筒至平行于 $y—y$ 轴的气筒组形心轴距离平方的乘积(m^4), $I_3=n_1A\sum_{1}^{n_2} D_{n_2}^2$;

I_4——气筒组在筒内水面处的面积与气筒组形心轴至 $y—y$ 轴距离平方的乘积(m^4), $I_4=n_2A\sum_{1}^{n_1} D_{n_1}^2$;

A——筒内水面处一个气筒的面积(m^2), $\beta=\dfrac{V_1/A}{10+h+V_1/A}$;

h——水面气筒内水面的高度(m);

V_1——单个气筒在筒内水面以上的体积(m^3)。

7.2.7 基底设于岩面上的沉井水下清基时往往在沿刃脚一定范围内不可能清除彻底,某特大桥曾采取在基底容许应力上乘以“破碎带和清基系数”($k_0=0.7$)的方法,但是沉井底面不可能清除干净的宽度,主要是与周边长度而不是与面积大小成线性比例,因此根据具体情况定出一个清基不能彻底的宽度比较合理。根据参加过某些大桥深水沉井基础清基的工作人员(其中有多次在水下进行检查的潜水工)座谈的意见,一般认为 0.2 m~0.5 m宽为不可能完全清干净的范围,这是根据岩面有风化层、刃脚能部分嵌入岩层的情况确定的。如果岩面坚硬无风化层,高差起伏较大而河底为砂类土时,刃尖清理就更困难,不可能完全清干净的宽度,应结合覆盖层的地质条件、岩面高差、风化层状态及施工措施等因素来确定。

7.3.1 沉井平面形状、大小主要由地基容许承载力确定。同时,在水流冲刷较大的地方应考虑阻水较小的截面形式(如做成圆端或尖端)。对于圆形沉井,从外形来说是阻水较小的,但若用于双线桥墩,可能外形做成很大的尺寸,以致反而增大挡水面积,对冲刷不利,所以宜加比较。

受力合理系指沉井在水平压力作用下,井壁尽可能成为小偏心受压构件,以减小截面和节省钢筋,例如某大桥沉井井壁做成连续拱式的井壁。

棱角处做成圆角或钝角,可使沉井在平面框架受力状态下减少应力集中,同时可减少井壁摩擦面积和便于吸泥(不致形成死角)。做成圆形、圆端形后,在下沉过程中容易形成“土拱” 作用,减少侧面土压力,亦即减小土对井壁摩擦力,方便下沉。

沉井井孔的最小宽度应视取土机具而定,一般不宜小于2.5 m~3 m。井孔布置应结合取土机具所能及的范围一起考虑,统筹安排布置。

沉井外壁从主体结构的受力来考虑,最好做成垂直的,以能增强土对沉井的侧向弹性抗力作用,但有时为了顺利下沉的需要,往往又将沉井外壁做成台阶形或斜坡形,不过有些土质中采用台阶形或斜坡形外壁对减少土对井壁的摩擦力未必有效。而且有些土中由于井壁的台阶或斜坡造成土与井壁间的空隙松散状态长期不能恢复,以致影响土对沉井的侧向约束作用,对主体结构受力不利。沉井采用何种形式的外壁,应根据设计要求、地质水文情况、施工技术条件、施工方法等全面考虑确定。

松软土中制造底节沉井,如高度过大容易发生倾斜而且难以纠偏,故一般认为不应大于沉井宽度的 0.8 倍。

7.3.2 过去为使沉井下沉遇到障碍时便于改成气压沉箱而设置井壁凹槽，现在使用沉箱的可能性较小，所以井孔内填实的沉井均不设凹槽，但是下沉后不填实的沉井封底混凝土需要传力到井壁上，所以以设置凹槽为好。采用其他联结措施（例如在沉井孔内有台阶可以支承等）保证传递基底反力也可以。

7.3.3 《75 桥规》条文中曾明确规定，沉井沉入坚硬土层和到岩层者宜采用有钢刃尖的刃脚，沉入松软土层者宜采用带踏面的刃脚，但在桥规修改过程中有的单位提出了不同的意见，认为在软弱土层中以尖刃脚为好，在坚硬土层中以带踏面的刃脚为好，也有的单位认为在坚硬土层中以尖刃脚为好，这样，沉井下沉均匀，速度快，可以切断孤石等，意见不一致。但一般来说，沉井通过坚硬土层或土层中有坚硬物体时，为了利于切入坚硬土层及切断坚硬物体，宜采用钢刃尖的刃脚，当然在松软土层中为了利于切入软土中以提高下沉速度等也可采用尖刃脚，但施工时应注意防止沉井下沉过快并做到沉井到达设计高程后不致无法控制其继续下沉。为了防止沉井下沉过快及到达设计高程后控制沉井不再继续下沉，在松软土层中还是以带踏面的刃脚为好。但这些都与具体的施工方法、水文地质情况等有关，所以本规范中不作具体规定，设计时可根据具体情况选用刃脚形式。

刃脚做得尖锐有利于切土和取土，故要求斜面与水平面交角应大于 45°。为了便于抽垫和除土，刃脚斜面的高度不宜小于1.6 m（薄壁沉井可另行酌情考虑）。

在倾斜的岩面上采用高低刃脚的沉井时，必须有足够的钻探资料，确切掌握岩面高低变化，使刃脚做成与岩面倾斜相适应的台阶形或斜坡形，才能使刃脚嵌入岩层，便于取土清基面不会翻砂。桥梁基础采用高低刃脚沉井已有一些经验，某大桥有几个直径20 m 的高低刃脚沉井，高差最大的有 3.7 m，该墩为增强沉井与岩层的锚固，在井孔中进行了钻岩。

8.1.1~8.1.7 近年来，铁路建设中常采用挖井这种基础形式。本次规范修订时，增加了这种基础形式。挖井基础指用人工或机械按照设计文件开挖基坑（井）后再浇筑的基础，是明挖基础的延伸。

根据工程实践经验，当桥梁墩台基础处的河床地质、水文及施工等条件适宜时，可选用沉井基础。沉井在深基础施工中具有很多优点，如技术上比较稳妥可靠、施工操作简便等。同时，由于沉井基础埋置较深，稳定性好，能支承较大荷载。

与沉井基础相比，当基础需要埋置较深且无地下水，地基承载力较好，山坡机械施工困难，为避免大量刷坡时，可选用挖井基础。从结构受力角度讲，挖井与沉井基础相同；从施工角度讲，沉井下沉是靠在井孔内不断取土，在沉井重力作用下克服四周井壁与土的摩阻力和刃脚底面土的阻力而实现的，挖井则是在基础既定位置处，直接采用人工或机械开挖后，一次或分次浇筑混凝土基础。

挖井基础必须垂直开挖，严禁放坡。

8.2.1~8.2.2 挖井作为整体基础计算可按本规范第 4 章~第 5 章有关规定执行。挖井基础设计可根据以下步骤考虑：

（1）根据荷载、水文地质条件及各土层的工程特性等定出沉井的轮廓尺寸。

（2）验算沉井基底承载力、偏心距、滑动及倾覆稳定等以满足设计要求。

（3）可考虑扣除冲刷后土对井壁的约束作用。

考虑土的弹性抗力作用时，可按本规范附录 D 计算；采用泥浆套施工且采取了恢复侧面土的约束能力措施后，方可考虑土的弹性抗力作用。

8.2.3 井壁与土体之间的摩阻力可根据沉井所在地点土层已有测试资料来估算，也可以参考以往类似的沉井设计中的侧面摩阻力采用之。如无资料，对下沉深度在 20 m 以内、最大不超过 30 m 的沉井，可参照表 8.2.3 的数值选用。表 8.2.3“井壁与土体间的摩阻力”的取值规定，系根据井基础多年来的工程经验，按表 6.2.2—5“钻(挖)孔灌注桩桩周极限摩阻力 f_i”值的 0.5 倍取值确定。

9.1.1 规范编制参考了《湿陷性黄土地区建筑规范》GB 50025—2004 以及《铁路工程特殊岩土勘察规程》TB 10038—2012 中有关湿陷性黄土地区的相关规定。

9.1.2 本条自重湿陷系数 δ_{zs} 的计算办法参考了《铁路工程特殊岩土勘察规程》TB 10038—2012 第 4.4.8 条的规定。该规程对黄土湿陷系数的试验压力做了如下规定：

(1)一般建筑物的地基自基础底面(初测时，自地面下1.5 m)算起，10 m 以内的土层采用 200 kPa，10 m 以下至非湿陷性土层的顶面，采用其上覆土层的饱和自重压力，试验压力大于 300 kPa 时仍采用 300 kPa；基底压力大于 300 kPa 的桥梁及其他重要建筑物的湿陷系数试验压力，应按实际压力采用双线法测定。

(2)新近堆积黄土湿陷系数的试验压力，基底以下 5 m 内采用 100 kPa~150 kPa；5 m~10 m 采用 200 kPa；10 m 以下至非湿陷性黄土层顶面，采用上覆土的饱和自重压力。

(3)高速铁路(含客运专线)路基地段压缩试验的试验压力，应根据黄土的地区性特征专门研究确定。

9.1.4 湿陷性黄土地区桥涵建筑物根据其重要性、结构特点和受水浸湿后的危害程度，《05 地基和基础规范》将其分为四类：甲类为桥梁；乙类为拱涵；丙类为圆涵、矩形涵、盖板涵和倒虹吸；丁类为桥涵附属工程。本次规范修订参照《公路桥涵地基与基础设计规范》JTG D63—2007 的分类办法，将湿陷性黄土地区桥涵建筑物分为 A、B、C、D 四类：A 类为 20 m 及以上高墩台和超静定桥梁；B 类为一般桥梁基础，拱涵；C 类为涵洞和倒虹吸；D 类为桥涵附属工程。

9.1.5 《湿陷性黄土地区建筑规范》GB 50025—2004 第 4.4.7 条以及《铁路工程特殊岩土勘察规程》TB 10038—2012 第 4.5.5 条对湿陷性黄土地基的湿陷等级均有相同判定标准，本次规范修编时引用了其判定标准。

本次规范修订时，将《05 地基和基础规范》第 8.1.4 条湿陷量 Δ_s 计算的相关规定移入条文说明，以方便设计人员参阅。

《铁路工程特殊岩土勘察规程》TB 10038—2012 第 4.5.4 条的规定如下：

(1)湿陷性黄土地基受水浸湿饱和，其湿陷量 Δ_s 按式(说明 9.1.5)计算。

$$\Delta_s = \sum_{i=1}^{n} \beta \cdot \delta_{si} \cdot h_i \qquad \text{(说明 9.1.5)}$$

式中 Δ_s——湿陷量计算值(cm)；

δ_{si}——第 i 层土的湿陷系数；

β——考虑基底以下地基土的受水浸湿的可能性和侧向挤出等因素的修正系数：基础底面以下 0~5 m 深度内取 1.5；基底以下 5 m~10 m 深度内取 1.0；基底 10 m 以下深度至非湿陷性黄土层顶面，在自重湿陷性黄土场地，可按工程所在地区的 β_0 取值；

h_i——第 i 层土的厚度(cm)。

(2)湿陷量计算值的计算深度，应自基础底面(如基底高程不确定时，自地面下 1.5 m)

算起,非自重湿陷性黄土场地应计算至基底下 10 m(或地基压缩层);自重湿陷性黄土场地应计算至非湿陷性黄土层的顶面。

(3)高速铁路(含客运专线铁路)路堤工程进行沉降检算时,湿陷量计算值的计算深度应自天然地面算起。

9.1.6 湿陷性黄土地区桥涵地基处理时,应根据湿陷性黄土的等级、结构物分类和水流特征,采取相应的设计措施和处理方案以满足沉降控制的要求。

(1)水流特性

湿陷性黄土地区的桥涵建筑物,受水浸湿时会产生较大的沉降,从而带来危害。水流可分两种情况:

1)季节性水流

一般排洪桥涵或立交桥多属此类,如果基底处理不好,往往因渗水、漏水而产生较大的沉降变形,如陇海铁路上行线位于三门峡市的三座立交桥及兰新线 K0+930 处 2 m~6 m拱涵(在兰州枢纽范围内,为市内立交桥)等。至于涵管产生塌腰和裂缝的现象,更是不胜枚举。

2)经常性水流(包括灌溉渠)

经常性水流对基础沉陷的影响比季节性水流更为严重,如陇海铁路零口至渭南间某涵洞经多年使用情况良好,但当农民修建灌溉渠,利用该涵过水后,便产生沉降和裂缝。兰州枢纽站内狼沟桥原用于排洪,后来兼排上游新建工厂废水,成为经常性水流,致使沉降加剧。

在经常性水流的河渠上,有的渠道弯曲,桥涵不能全部设计在原有沟床处;两岸桥台和有的桥墩基础,未经过水流浸湿,则应考虑建筑物建成后的水文条件变化予以处理。

(2)处理措施

浸陷性黄土地基处理的目的在于清除基础以下土层的部分或全部湿陷性和改善土的性质,从而减少土的渗水性和压缩性,有的还提高了承载力。本次规范修订时除保留《05地基和基础规范》的经验资料外,还借鉴了《公路桥涵地基与基础设计规范》JTG D63—2007 的相关规定,对浸陷性黄土地基处理的措施详见条文中表 9.1.6。设计采用时应了解以下几方面内容:

1)墩台基础采用明挖、沉井或桩基,置于非湿陷性土层中。这种措施主要适用于变形或变位敏感性强的甲类建筑物及湿陷性严重的 B 类建筑物。一般浅层处理为将基础直接置于非湿陷性土层中,深层采用沉井或桩基。桩基不一定能消除黄土的全部湿陷性,所以打入非湿陷性土层的深度:对黏性土不应小于 1 m;对砂土及碎石土不应小于 0.5 m。桩基的侧面摩擦力,仅考虑打入非湿陷性土层的深度。

旋转喷射桩在致密土层中不能成桩,选择前需先做试验。

2)采用强夯法或挤密桩法,并采取防水和结构措施。

①强夯法:为强力夯实的简称,1970 年法国首创,已在许多国家中广泛应用,博得了好评。

强夯法是将很重的夯锤(一般 80 kN~400 kN)从高处(一般5 m~30 m)自由落下,利用其冲击能对土进行强力夯实,以提高地基承载力与降低土的压缩性。每一击的夯击能一般取 500 kN · m~8 000 kN · m,特殊情况下用 10 000 kN · m~20 000 kN · m。当前世界上最大的夯锤重为 2 000 kN,落距为 25 m,加固土层厚达 40 m。

我国 1978 年底至 1980 年对强夯法已进行研究与应用,采用的锤重 80 kN~150 kN,落距 8 m~17 m,加固了软土地基、砂土地基、杂填土地基、湿陷性黄土地基等。我国采用强夯法处理地基的经验不多,所以施工前需先进行试夯。根据原铁道部第一设计院桥隧处采用强夯法处理桥涵湿陷性黄土地基的试验与应用的经验,由于土质、含水率、密度等的不同,强夯效果有一定差异,湿陷性黄土强夯后全部消除湿陷性的深度(有效夯实深度)与影响深度的求算初步归纳为下列公式:

$$H_1 = K_1 \sqrt{M \cdot h} \quad \text{(说明 9.1.6—1)}$$

式中 H_1——夯后全部消除湿陷性的深度,称为有效夯实深度(m);

M——夯锤重(tf);

h——落距(m);

K_1——与夯击能、土的天然含水率、湿陷系数有关的系数。

$$H_2 = K_2 \sqrt{M \cdot h} \quad \text{(说明 9.1.6—2)}$$

式中 H_2——夯后某一深度内土的物理力学性质起变化的深度,称为影响深度(m);

K_2——与夯击能、土的天然含水率、湿陷性系数有关的系数;

M 与 h 的意义同前。

现将系数 K_1 与 K_2 的值列入说明表 9.1.6—1,以供参考。

说明表 9.1.6—1

夯前地基土的性质		总夯击能	系数	
天然含水率(%)	湿陷系数(浸水荷重 300 kPa)	锤重(tf)×落距(m)×夯击次数	K_1	K_2
9~13	0.07~0.12	10×10×15	0.25~0.3	0.45~0.55
9~13	0.07~0.12	10×15×20	0.4~0.55	0.55
13~14	0.05~0.09	10×10×15	0.4~0.5	0.6
15~19	0.04~0.07	10×15×20	0.5~0.6	0.7

注:采用夯锤底面积系 2 m×2 m 方形。

强夯法设备和工艺简单,进度快,节省三材,费用低,是加固桥涵基础值得推广的方法。

②打入桩孔挤密:适用于清除 5 m~15 m 厚度内地基土的湿陷性。用打入桩成孔,然后用灰土或最佳含水率的素土分层夯填桩孔。其挤密范围土的干容重与爆扩桩孔相同。打入桩孔挤密度可按下式计算:

$$\Omega = \frac{e_m}{1+e} \quad \text{(说明 9.1.6—3)}$$

式中 Ω——每平方米挤密地基所需土桩面积(m^2);

e_m——土最大的大孔隙系数,可由同一高度的两个原状土样(一个浸水,另一个不浸水)的室内压缩曲线 e—p,按压力为 300 kPa 时,这两条曲线上的纵坐标差直接求得,然后取全部被挤密土层的加权平均值;

e——土的天然孔隙比。

3)采用重锤夯实或换填灰土夯实,并采取防水和结构措施。

①采取重锤表层夯实处理建筑物基础的方法延用已久,一般适用于清除 1 m~1.5 m

厚土层的湿陷性，锤重一般为 10 kN 左右，锤底面积约 1 m^2。强夯法即为重锤表层夯实基础上发展起来的。当表层土的饱和度大于 0.6 时，不宜选用重锤夯实。地基容许承载力可较处理前适当提高，但不应超过 30%，并应对夯实层下的土层进行检算；夯实土的干容重以不小于 15 kN/m^3 为准。

②换填分层夯实为先挖除基底以下一定厚度的湿陷性土层，再以灰土分层回填夯实，不允许换填渗水土。处理厚度一般不大于 3 m。灰土具有地下水不大或土的含量大时能保持稳定的特点，一般采用换填 3∶7 灰土（白灰与黄土体积比）。对灰土的质量要求可根据试验决定，一般不能小于最佳密度的 90%，也可根据载荷试验或当地建筑经验确定。

③湿陷性黄土地区已经使用过的换填材料很多，根据印度使用水泥掺入土（Soil-Cement）代替 1∶5∶10 贫混凝土作为建筑物基础的经验，铁研院西北研究所曾在兰州枢纽范围做爆扩挤密试验时，在爆扩桩孔夯填水泥掺入土，并用不同比例的水泥掺黄土作试件，测得其抗压强度见说明表 9.1.6—2。

说明表　9.1.6—2

序号	成分比例（质量比）		试件个数	说　明	抗压强度（kPa）	
	水　泥	黄　土			最　大	最　小
1	8	92	6	埋于土中自然养生 11 d 的试件	2 380	1 910
2	6	94	6		1 850	1 580
3	4	96	6		1 980	1 440
4	8	92	6	埋于土中自然养生 10 d 后浸水 46 h 的试件	1 530	1 040
5	6	94	6		1 520	1 120
6	4	96	6		1 290	1 110

注：黄土含水率采用 12.1%；水泥采用 52.5 级。

根据基础强度要求，掺入黄土的水泥可用低等级的。水泥掺黄土或水泥掺入土用的水泥很少，造价较 3∶7 灰土低，可推荐用于桥涵基础换填与爆扩挤密桩孔的充填。

4）地基表层夯实一般采用铁夯或石夯，夯重应大于 0.5 kN，至少夯打 3 遍。根据具体条件，也可用压路机或其他夯压机械。

（3）桥涵基础设计时还可参考公路桥涵湿陷性黄土地基的处理办法，选择最为适宜地基处理方式。《公路桥涵地基与基础设计规范》JTG D63—2007 对本规范第 9.1.6 条的解释详细解析如下：

1）湿陷性黄土地基上的桥涵设计应注意下列事项：

①湿陷性黄土地基可采用垫层法（换填法）、强夯法、振冲法、土或灰土挤密桩法等方法进行处理。选择地基处理方案时，应经过技术经济比较，选用加强上部结构、基础和处理地基相结合的方案。

②湿陷性黄土地区的桥涵，宜设置在原有沟床上，并宜采用适应沉降的结构。涵洞不应采用分离式基础。

③处理后的地基承载力应满足设计要求，且其下卧层顶面的承载力不应小于下卧层顶面的附加压力与自重压力之和。

④处理后的地基干密度不应小于 1.6 t/m^3。

2）在湿陷性黄土地基上设置的垫层，可采用灰土垫层、素土垫层和砂砾垫层。灰土垫层应用最广；素土垫层主要用于灰土垫层下面挖出的湿土的回填处理；砂砾垫层则仅适用于地下水位较高及黄土层下卧卵砾石或岩石出露地段。灰土垫层按石灰与土以3∶7拌和，在设计与施工中应符合下列要求：

①采用优质石灰，与土料拌和均匀，加水至最佳含水量后充分闷料。

②灰土垫层应分层压实或夯实，分层厚度不大于150 mm，按重型击实标准的压实度不小于95%。

③灰土垫层总厚度。对于非自重湿陷性黄土地基，垫层总厚度不宜小于1.0 m，并使其下面各天然土层所受的压力小于湿陷起始压力；对于自重湿陷性黄土地基，垫层总厚度不宜小于2.0 m，并应保证其下卧层顶面的承载力不小于下卧层顶面的总压力（附加压力与土自重压力之和）。

④灰土垫层每边超出基础边缘外的宽度不应小于其厚度，且不宜小于1.5 m。灰土垫层以下宜设置一层1.0 m～1.5 m厚的素土垫层，其基底应夯实。

3）湿陷性黄土地基采用强夯法处理应注意以下事项：

①强夯前应先进行试夯，试夯应按设计要求选点进行。

②被处理的地基的天然含水量宜低于塑限含水量的1%～3%。当含水量低于10%时，宜加水至塑限含水量；当土的天然含水量大于塑限含水量3%时，宜采取措施适当降低含水量。

4）湿陷性黄土地基采用灰土挤密桩法，石灰和土的比例可取2∶8～3∶7。石灰宜采用新鲜消石灰，其颗粒不应大于5 mm。灰土填料中的土料宜选蒙脱石、高岭石、伊利石等矿物成分的黏土，且不应含有有机物；土料pH值不宜小于7，且土颗粒不应大于15 mm。

灰土桩沉管机的吨位一般为0.5 t～2.5 t，其相应沉管直径为0.3 m～0.6 m，处理深度为5 m～15 m。

9.1.7 本条规定为新增条款，编制时参考了《湿陷性黄土地区建筑规范》GB 50025—2004第5.7.2条的相关规定。

由于近年来大量的铁路桥梁工程穿越湿陷性黄土地区，桩基这种基础形式以其适用性最具优势而被广泛采用。自20世纪70年代以来，陕西、甘肃、山西等湿陷性黄土地区大量采用了桩基础，取得了良好的经济技术效果。

在湿陷性黄土场地桩周浸水后，桩身尚有一定的正摩擦力，在充分发挥并利用桩周正摩擦力的前提下，要求桩端支承在压缩性较低的非湿陷性黄土层中。自重湿陷性黄土场地建筑物地基浸水后，桩周土可能产生负摩擦力，为了避免由此产生下拉力，使桩的轴向力加大而产生较大沉降，桩端必须支承在可靠的持力层中。桩底端应坐落在基岩上，采用端承桩；或桩底端坐落在卵石、密实的砂类土和饱和状态下液性指数 $I_L<0$ 的硬黏性土层上，采用以端承力为主的摩擦端承桩。

除此之外，对于混凝土灌注桩纵向受力钢筋的配置长度，虽然在规范中没有提出明确要求，但在设计中应有所考虑。对于在非自重湿陷性黄土层中的桩，虽然不会产生较大的负摩擦力，但一经浸水桩周土可能变软或产生一定量的负摩擦力，对桩产生不利影响。因此，建议桩的纵向钢筋除应自桩顶按1/3桩长配置外，配筋长度尚应超过湿陷性黄土层的厚度；对于在自重湿陷性黄土层中的端承桩，由于桩侧可能承受较大的负摩擦力，中性点截面处的轴向压力往往大于桩顶，全桩长的轴向压力均较大。因此，建议桩身纵向钢筋应通长配置。

9.1.8 在湿陷性黄土地区,采用的桩型主要有:钻、挖孔(扩底)灌注桩,沉管灌注桩,静压桩和打入式钢筋混凝土预制桩等。选用桩型时,应根据工程要求、场地湿陷类型、地基湿陷等级、岩土工程地质条件、施工条件及场地周围环境等综合因素确定。如在非自重湿陷性黄土场地,可采用钻、挖孔(扩底)灌注桩。近年来,陕西关中地区普遍采用钻、挖成孔的灌注桩施工工艺,获得较好的经济技术效果;在地基湿陷性等级较高的自重湿陷性黄土场地,宜采用干作业成孔(扩底)灌注桩;还可充分利用黄土能够维持较大直立边坡的特性,采用人工挖孔(扩底)灌注桩;在可能条件下,可采用钢筋混凝土预制桩,沉桩工艺有静力压桩法和打入法两种。但打入法因噪声大和污染严重,不宜在城市中采用。

9.1.9 湿陷性黄土地区沟壑纵横,形态复杂,沟槽发育速度快,普遍存在的不良地质现象有错落、滑坡、陷穴、坡面溜塌及不稳定斜坡等。以上不良地质的出现,都对铁路桥梁工程造成极大的危害。桩基础因其具有承载力高、稳定性好、沉降量小且均匀、施工简单而被广泛采用。桩基础的承载力由桩侧土的摩阻力和桩底阻力两部分组成。一般情况下,桩受轴向荷载作用后,桩侧土对桩产生向上的正摩阻力。但是,当桩周土体因某种原因发生下沉,其沉降速率大于桩的下沉时,桩侧土对桩可能产生向下的负摩阻力,这部分负摩阻力不仅不能成为桩基承载力的一部分,而且成为施加在桩上的外荷载。

湿陷性黄土地区,桩周的自重湿陷性黄土层浸水后发生自重湿陷时,将产生土层对桩的向下位移,桩将产生一个向下的作用力,即负摩阻力。但对于非自重湿陷性黄土场地和自重湿陷性黄土场地,负摩阻力将有不同程度的发挥。鉴于目前铁路桥梁自重湿陷性黄土场地桩侧负摩擦力的试验资料不多,本规范修订时参考了《湿陷性黄土地区建筑规范》GB 50025—2004 相关条款对有关桩侧负摩擦力计算的规定,有待于今后通过不断积累资料逐步完善。

按照《湿陷性黄土地区建筑规范》GB 50025—2004 中对确定单桩竖向承载力特征值的规定,应分别采取如下措施:

(1)在非自重湿陷性黄土场地,当自重湿陷量小于 50 mm 时,桩侧由此产生的负摩擦力很小,可忽略不计,桩侧主要还是正摩擦力起作用。因此规定,此时“应计入湿陷性黄土层范围内饱和状态下的桩侧正摩擦力”。

(2)在自重湿陷性黄土场地,确定单桩竖向承载力特征值时,除不计湿陷性黄土层范围内饱和状态下的桩侧正摩擦力外,尚应考虑桩侧的负摩擦力。

1)按浸水载荷试验确定单桩竖向承载力特征值时,由于浸水坑的面积较小,在试验过程中,桩周土体一般还未产生自重湿陷,因此应从试验结果中扣除湿陷性黄土层范围内的桩侧正、负摩擦力。

2)桩侧负摩擦力应通过现场浸水试验确定,但一般情况下不容易做到。因此,许多单位提出希望规范能给出具体数据或参考值。

自 20 世纪 70 年代开始,我国有关单位根据设计要求,在青海大通、兰州和西安等地,采用悬吊法实测桩侧负摩擦力,其结果见说明表 9.1.9—1。

说明表 9.1.9—1　用悬吊法实测的桩周负摩擦力

桩的类型	试验地点	自重湿陷量的实测值(mm)	桩侧平均负摩擦力(kPa)
挖孔灌注桩	兰州	754	16.30
	青海	60	15.00

续上表

桩的类型	试验地点	自重湿陷量的实测值(mm)	桩侧平均负摩擦力(kPa)
预制桩	兰州	754	27.40
	西安	90	14.20

国外有关标准中规定桩侧负摩擦力可采用正摩擦力的数值,但符号相反。现行国家标准《建筑地基基础设计规范》GB 50007—2011 对桩周正摩擦力特征值的规定见说明表 9.1.9—2。

说明表 9.1.9—2 预制桩的桩侧正摩擦力的特征值

土的名称	土的状态	正摩擦力(kPa)
黏性土	$I_L>1$	10~17
	$0.75<I_L\leqslant1.00$	17~24
粉土	$e>0.90$	10~20
	$0.75<e\leqslant0.90$	20~30

如黄土的液限 $w_L=28\%$,塑限 $w_P=18\%$,孔隙比 $e\geqslant0.90$,饱和度 $S_r\geqslant80\%$ 时,液性指数一般大于 1,按照上述规定,饱和状态黄土层中预制桩桩侧的正摩擦力特征值为 10 kPa~20 kPa,与现场负摩擦力的实测结果大体上相符。

①关于桩的类型对负摩擦力的影响

试验结果表明,预制桩的侧表面虽比灌注桩平滑,但其单位面积上的负摩擦力却比灌注桩大。这主要是由于预制桩在打桩过程中将桩周土挤密,挤密土在桩周形成一层硬壳,牢固地粘附在桩侧表面上。桩周土体发生自重湿陷时不是沿桩身而是沿硬壳层滑移,增加了桩的侧表面面积,负摩擦力也随之增大。因此,对于具有挤密作用的预制桩与无挤密作用的钻、挖孔灌注桩,其桩侧负摩擦力应分别给出不同的数值。

②关于自重湿陷量的大小对负摩擦力的影响

兰州钢厂两次负摩擦力的测试结果表明,经过 8 年之后,由于地下水位上升,地基土的含水量提高以及地面堆载的影响,场地土的湿陷性降低,负摩擦力值也明显减小,钻孔灌注桩两次的测试结果见说明表 9.1.9—3。

说明表 9.1.9—3 兰州钢厂钻孔灌注桩负摩擦力的测试结果

时间	自重湿陷量的实测值(mm)	桩身平均负摩擦力(kPa)
1975 年	754	16.30
1988 年	100	10.80

试验结果表明,桩侧负摩擦力与自重湿陷量的大小有关,土的自重湿陷性愈强,地面的沉降速度愈大,桩侧负摩擦力值也愈大。因此,对自重湿陷量 $\Delta_{zs}<200$ mm 的弱自重湿陷性黄土与 $\Delta_{zs}\geqslant200$ mm 较强的自重湿陷性黄土,桩侧负摩擦力的数值差异较大。

3)对桩侧负摩擦力进行现场试验确有困难时,规范 GBJ 25—90 曾建议按说明表 9.1.9—4 中的数值估算。

说明表 9.1.9—4　桩侧平均负摩擦力(kPa)

自重湿陷量的计算值(mm)	钻、挖孔灌注桩	预　制　桩
70~100	10	15
≥200	15	20

9.1.10　水是引起黄土湿陷的根本原因,桥涵基底受水浸湿的原因有二:一是地表水下渗;二是地下水上升。

防止地表水下渗除整平河床、地面顺坡、保证水流畅通外,一般采取在桥涵附近加强铺砌,扩大铺砌范围,避免地表水从远处渗入,影响基础稳定。

黄土地区的涵洞,常因沉降缝防水不好而渗水、漏水;中部因荷载较大常塌腰积水,使涵洞开裂。这样恶性循环,致使涵洞严重破坏,因此沉降缝防渗漏是很重要的。

由于季节性水文及水文地质影响地下水可能上升至基础持力层以内,设计时一般皆予以考虑。有的由于新建水库、灌渠或厂矿排水增加使地下水位上升,在勘测阶段要调查清楚,设计时考虑处理。但在湿陷性黄土地区的已建成铁路,由于以上情况地下水位上升,桥涵建筑物基础未作深层处理,有变形可能性,可采用矽化或电矽化加固,以增加基础强度与整体性。黄土地区地下水上升一般比较缓慢、均匀,所以处理是可能的。

9.1.11　陷穴、溶洞、古墓、古井、掏砂坑等在黄土地区比较普遍,多数埋于地下呈暗洞形式。这引起病害造成沉陷、坍塌后使地面开裂,破坏附近建筑物。它们在桥涵上游比下游危害大。由于地下水活动可能在桥涵下或桥涵附近穿洞,造成桥涵、路堤塌陷。

病害处理范围,由于洞穴大小、地形、埋藏深度等差异较大,处理宽度一般上游 25 m~50 m,下游 10 m~20 m,地形高差大时,上游适当加宽。

桥涵上游不允许积水,如上游地势较陡时,加固处理范围要加宽。根据距离、高差、渗透系数求出渗透沉降曲线,选择处理方案。

9.1.12　位于湿陷性黄土上的桥涵地基,虽采取了处理措施,仍会产生沉降,有的沉降延续时间较长,因此应尽量采用能适应较大沉降的结构形式。在调整线路高程方面,有砟桥面梁较无砟桥面梁要方便。为避免桥墩台下沉时发生裂纹损坏,简支梁较连续梁、悬臂梁、拱桥等为好。

涵洞用分离式基础不仅会渗水、漏水,而且地基容许承载力常常达不到设计应力要求,在湿陷性黄土地区不应使用。有压涵洞也不宜采用。如必须使用时,则须采取有效措施,防止渗水、漏水。

泄水洞是解决深沟排水的好方式。由于泄水洞穿越山体,压力较路堤小,基底压力相应减少,且基底土经过长期压密,不致产生下沉。在施工过程中又可避免与路基填方干扰,很受施工和养护单位的欢迎。根据陇海铁路、南同蒲至陇海铁路联络线、焦枝铁路北段、西韩线等线的调查情况,泄水洞很少发生沉降变形,并且最小跨度可用至 0.6 m(咸铜铁路 K115+058 为 1 m~0.6 m 泄水洞,高 1 m),所以在地形许可时宜于采用。

9.1.13　施工时应全面合理地安排好施工程序和做好施工的准备工作。基础施工宜在旱季进行,如必须在雨季施工时应做好防洪、排水的安排,以免基坑泡水,同时在基坑中设置集水井,即使有少量水浸入亦可及时抽排,不致使基坑长期泡水而产生大量湿陷。

混凝土养生要控制水量,增加浇水次数,勿使养生水浸泡基坑。

9.1.14　基坑完工后需及时回填,并使回填面稍高于附近地面,这是一种保证基坑不受水浸泡的措施。对回填土和桩孔填土规定采用不透水土(如黄土、黏性土),分层夯填,要保证质量,以免水从回填土的缝隙渗入。

9.2.1 软土地基桥涵的设计除应着重于地基加固外,尚需从建筑物本身的结构上采取如下的措施,以适应总沉降量较大和不均匀沉降的情况。

(1)采用轻型结构,以减轻其对地基的附加荷载。

(2)增大基础刚度,保证其强度,以承受不均匀沉降所产生的应力,并迫使地基中应力再分布,从而获得比较均匀的沉降。

(3)采用简支的上部结构。

(4)预先安置可以调整支座高度的设备,以便随时调整支座的高程。

9.2.3 根据国内经验,软土上的桥台在路基填土后常引起桥台后仰与前移,因台后路基与锥体对基底应力的影响较大,故本条规定 $H \geqslant 5$ m 时要考虑由于路基和锥体重量引起的桥台基底附加压力对地基强度、沉降、滑动稳定的影响。计算基底压应力时,应将上述附加应力与其他荷载引起的应力相加。

9.2.4 软土地基的特点是容许承载力小、沉降量大、沉降延续时间长,而且对不均匀荷载的反应相当灵敏。过去在软土地区修建桥涵,虽积累了一些经验,但存在的问题仍不少,特别是不均匀沉降的持续发展往往导致建筑物不能正常使用。因而,在综合考虑条文所列诸因素确定地基加固措施或基础设计方案时,应将建筑物与软土地基视为一个整体,着重研究能否减免因地基变形给上部结构物造成的危害。

过去在软土地区修建铁路桥涵,多采用桩基、沉井等深基础,后来换填和砂垫层处理软土层不厚的地基成功实例很多,还有用砂井、砂桩加固一些涵洞、箱形桥及小跨度梁式桥的软土地基的实例,基本上也取得成功,但存在着若不先行预压而直接采取预抬高措施时,难以控制结构物不均匀沉降的问题。以上几种加固处理地基的方法,技术上可行,经济上合理,施工简便,并能节约大量三材,有条件时应推广应用,但要注意地基变形的影响问题。在采用桩基、沉井等深基础时,也应考虑因地基失稳或变形产生的基础破坏或墩台位移等问题,特别是在新开河道上更应注意这一点。

近年引进的振冲法、强夯法、搅拌法等新技术,在软土地基处理上尚处于试验阶段,所以暂不纳入规范。一般承载力较低的软弱地基也可参照本节有关条文处理。对于粉喷桩和旋喷桩可按有关规范进行设计。

9.2.5 当软土层不太厚且位于表层时,采用换填法最为简单、有效。但在软土地区,一般挖深超过 3 m 就相当困难,常常发生坑壁坍塌、坑底隆起等现象,故换填法仅适用于软土层厚度不大的情况。

9.2.6 砂垫层的作用主要有以下三点:

(1)以变形模量较大的砂置换一定厚度的软土层,从而减少了地基的沉降量。

(2)将基底应力较均匀地扩散到下卧软土层,从而降低软土层中的附加压应力。

(3)设置一个排水面,从而使地基在荷重作用下加速渗透固结,以便提高强度、加快沉降。

根据以往的经验,砂垫层地基的承载力可达 100 kPa~200 kPa,为天然地基的 1.5~2.0 倍。适宜用砂垫层处理的软土层厚度,一般不应大于 7 m。

为了扩散基底应力和减少侧向变形,砂垫层底面必须按规范要求保证足够的宽度,砂垫层顶面可酌予放宽,将垫层断面设计成矩形或倒梯形,垫层之上应回填透水性土,以利排水畅通。

砂垫层地基的固结度按单向固结理论计算，竖向固结度 U_z 为竖向时间因素 T_v 的函数，而 T_v 又为时间 t(s)的函数，按下式计算：

$$T_v = \frac{C_v \cdot t}{H^2} \quad \text{(说明 9.2.6—1)}$$

式中 C_v——竖向固结系数(由室内固结试验求得，cm²/s)；

H——土层的排水距离(cm)，双向排水时 H 为土层厚度的一半，单向排水时则为土层的厚度。

求出 T_v 后，从说明表 9.2.6 中查得相应的固结度 U_z。若压缩层的土不是均匀的，则时间因数 T_v 用下式计算：

$$T_v = \frac{t}{\Sigma m_{vi} h_i \cdot \sum \frac{h_i}{m_{vi} C_{vi}}} \quad \text{(说明 9.2.6—2)}$$

式中 m_{vi}——各层土的体积压缩系数，$m_{vi} = \frac{a}{1+e_1}$；

a——压缩系数(cm²/kgf)；

e_1——自重压力下土的孔隙比；

h_i——土的分层厚度(m)；

C_{vi}——各层土的竖向固结系数。

说明表 9.2.6 各种边界条件下竖向固结度与时间因素的关系

Q \ T_v \ U_z	0.1	0.2	0.3	0.4	0.5	0.6	0.7	0.8	0.9
0	0.029	0.100	0.154	0.217	0.29	0.38	0.50	0.66	0.95
0.2	0.027	0.073	0.126	0.186	0.26	0.35	0.46	0.63	0.92
0.4	0.016	0.056	0.106	0.164	0.21	0.33	0.44	0.60	0.90
0.6	0.012	0.042	0.092	0.148	0.22	0.31	0.42	0.58	0.88
0.8	0.010	0.036	0.079	0.134	0.20	0.29	0.41	0.57	0.86
1.0	0.008	0.031	0.071	0.126	0.20	0.29	0.40	0.56	0.85
1.5	0.006	0.024	0.058	0.107	0.17	0.26	0.38	0.54	0.83
2	0.005	0.019	0.050	0.095	0.16	0.24	0.36	0.52	0.81
3	0.004	0.016	0.041	0.062	0.14	0.22	0.34	0.50	0.79
4	0.004	0.014	0.040	0.080	0.13	0.21	0.33	0.49	0.78
5	0.003	0.013	0.034	0.069	0.12	0.20	0.32	0.48	0.77
7	0.003	0.012	0.030	0.065	0.12	0.19	0.31	0.47	0.76
10	0.003	0.011	0.028	0.060	0.11	0.18	0.30	0.46	0.75
20	0.003	0.010	0.026	0.060	0.11	0.17	0.29	0.45	0.74
∞	0.002	0.009	0.024	0.048	0.09	0.16	0.23	0.44	0.73

注：表中 Q 为排水面压力与不排水面压力之比。

9.3.1 多年冻土分类表是在综合分析冻土内在规律的基础上，并考虑与建筑基础的相互联系，按其工程性质分成若干个等级。它对于工程地质勘察和设计工作都有一定的指导意义。

(1)分类原则

1)较充分地反映多年冻土对工程建筑物破坏的主要因素。由于多年冻土地区大量的工程破坏主要表现在融沉方面,因此分类时以考虑冻土的融沉性为主,并考虑其冻胀性和强度问题。

2)既适用于多年冻土,又适用于多年冻土之上的季节活动层。

3)以定量数据为依据,同时考虑现场应用的可能性和现实性。表中各个界限均以现场和室内观测数据为依据。野外只需做一些简单的物理性质试验,如筛分、含水率测定等。

(2)多年冻土分类界限的划分

1)按冻土的工程性质将其划分五类。

Ⅰ类土为不融沉土(少冰冻土):除基岩之外的最好地基土。一般建筑物可不考虑冻融问题。

Ⅱ类土为弱融沉土(多冰冻土):为多年冻土较好的地基土,融化下沉量不大。

Ⅲ类土为融沉土(富冰冻土):作为建筑物地基时,应采取专门措施,如深基、保温、防止基底融化等。

Ⅳ类土为强融沉土(饱冰冻土):往往会造成建筑物的破坏,宜采用保持冻土的原则设计或采用桩基等。

Ⅴ类土为融陷土(含土冰层):因含有大量的冰,所以不但不允许基底融化,还应考虑它的长期流变作用,需进行专门处理,如砂垫层等。

2)在野外工程地质勘察时,可根据体积含冰量(单位体积内冰的质量与冻土中水的质量之比),参照说明表 9.3.1—1 初步判定多年冻土含冰的类型。

说明表 9.3.1—1　多年冻土含冰类型初判标准

多年冻土含冰的类型	体积含冰量 i_v(%)
少冰冻土	$i_v<25$
多冰冻土	$25\leqslant i_v<40$
富冰冻土	$40\leqslant i_v<60$
饱冰冻土	$60\leqslant i_v<80$
含土冰层	$80\leqslant i_v<100$

多年冻土地基的工程分类主要以融化下沉为指标,并在一定程度上反映了冻土的构造和力学特征,见说明表 9.3.1—2。现行《冻土地区建筑地基基础设计规范》JGJ 118—2011 所用冻土的融沉性分级,在弱融沉档次上将原先的融化下沉系数 1% ~5% 修改为 1% ~3% 。

说明表 9.3.1—2　冻土的融沉性与冻土强度及构造的对应关系

级　别		Ⅰ	Ⅱ	Ⅲ	Ⅳ	Ⅴ
融沉评价	名　称	不融沉	弱融沉	融沉	强融沉	融陷
	融沉系数 δ_0	$\delta_0\leqslant1$	$1<\delta_0\leqslant3$	$3<\delta_0\leqslant10$	$10<\delta_0\leqslant25$	$\delta_0>25$
强度评价	名　称	少冰冻土	多冰冻土	富冰冻土	饱冰冻土	含土冰层
	相对强度值	<1	1.0	1.0~0.8	0.8~0.4	<0.4

续上表

级 别	Ⅰ	Ⅱ	Ⅲ	Ⅳ	Ⅴ
冷生构造	整体构造	微层微网状构造	层状构造	斑状构造	基底状构造
限界含水率（黏性土）w(%)	$w<w_p$	$w_p \leqslant w<w_p+4$	$w_p+4 \leqslant w<w_p+15$	$w_p+15 \leqslant w<w_p+35$	$w \geqslant w_p+35$

融沉系数 δ_0 与塑限含水率 w_p（细粒土）或起始融沉含水率（粗粒土）w_0 的关系式为：$\delta_0=\beta(w-w_p)$，$\delta_0=\beta(w-w_0)$。$w-w_p$ 或 $w-w_0$ 称为有效融化下沉含水率，β 称为融化下沉常数。融化下沉常数见说明表 9.3.1—3。

说明表 9.3.1—3 融化下沉常数 β

土的类别	黏性土	粗粒土	细粉砂
β	0.72	0.65①，0.60②	0.71

注：①粒径小于 0.075 mm 的含量超过 10%，$w_0 \approx 10\%$。
②粒径小于 0.075 mm 的含量不超过 10%，$w_0 \approx 8\%$。

冻土强度指标或冻土承载力与含水率有着密切关系。Ⅰ类不融沉土由于其中的含水率较少，不足以胶结全部矿物颗粒为一坚硬整体，所以基本接近不冻土的性质，但强度仍大于相应不冻土；Ⅱ～Ⅲ类土是典型冻土，其强度最大；Ⅳ类土含有大量冰包裹体，长期强度明显减少；Ⅴ类土与冰的性质相似，如说明表 9.3.1—2 所列，当Ⅱ类土强度为 1.0 时，Ⅲ类土为 1.0～0.8，Ⅳ类土为0.8～0.4，Ⅴ类土小于 0.4，而Ⅰ类土亦小于 1.0。

一般对Ⅰ、Ⅱ级融沉（$1<\delta_0 \leqslant 3$），建筑物结构设计时无须考虑多年冻土地基融沉的影响，因为一般建筑物的主要承重结构在设计和使用过程中都容许有一定变形量，以适应地基的融沉性。但是，当Ⅲ、Ⅳ、Ⅴ级融沉土的融沉量超过建筑物的容许变形值时，对建筑物而言必须采取相应的设计原则、适当的基础形式以及适应不均匀沉降的柔性结构等特殊措施。

（3）《铁路工程岩土分类标准》TB 10077—2001 对多年冻土的判定和分类

按下列原则判定：

1）在自然界中，冻结状态持续两年或两年以上的土层应判定为多年冻土。当多年冻土温度改变后，其物理力学性质随之改变，并可产生冻胀、融沉、热融滑塌等现象。

2）多年冻土的分类应根据土的类别、总含水量等按本规范附录 A 进行划分。

3）多年冻土的融沉性分级应符合说明表 9.3.1—4 的规定。融化下沉系数 δ_0 应按下式计算：

$$\delta_0=\frac{h_1-h_2}{h_1}\times 100\% \qquad \text{（说明 9.3.1）}$$

式中 h_1——冻土试样融化前的高度（mm）；
h_2——冻土试样融化后的高度（mm）。

说明表 9.3.1—4 多年冻土的融沉性分级

融沉系数 δ_0	$\delta_0 \leqslant 1$	$1<\delta_0 \leqslant 3$	$3<\delta_0 \leqslant 10$	$10<\delta_0 \leqslant 25$	$\delta_0>25$
融沉性分级	不融沉	弱融沉	融沉	强融沉	融陷

9.3.2 多年冻土地区桥涵地基应根据多年冻土的工程地质条件(如多年冻土发展趋势、类型、厚度、地温和物理力学性质等)、地下水活动情况、不良地质现象、桥涵建筑物的结构类型和施工方法,并考虑桥涵修建后地基冻土的变化(如上限的升降、地温的变化、物理力学性质的改变等),选择经济合理的设计原则。

本条说明着重指出多年冻土地区桥涵地基评价及选择地基设计原则时,需考虑的主要因素。多年冻土的稳定状态,系指多年冻土是处于相对稳定或不够稳定的状态。相对稳定的多年冻土,在平面上呈大片连续分布,年平均地温低于-1.0 ℃。多年冻土层与季节融化层为衔接的,地表堆积土之后,冻土上限有上升现象,青藏高原、祁连山木里地区及东北大兴安岭满归地区多属此类地带。在边缘地带,多年冻土常处于不够稳定的状态,平面分布一般为岛状,季节冻土层与多年冻土层不衔接,地表堆积土之后,冻土上限不上升或上升不明显,东北大兴安岭加格达奇和牙克石地区多属此类地带。桥涵修建后改变了热交换的介质条件,破坏了地基土的热平衡状态,在施工中各种热源参加热交换,以及洪水的潜流作用,桥涵地基土温及冻土上限均发生变化。桥墩台地基一般上限下移,冻土温度上升。涵洞地基在青藏高原上限常有上升现象,大兴安岭地区则常下移。冻土的物理力学性质因土温升降而改变,地下水的活动、桥涵基础施工方法等均常导致土温的变化,因此其相线关系是错综复杂的。不良地质现象,如厚层地下冰,对桥涵工程也有较大的影响。所以上述各种因素是选择地基设计原则及结构形式的主要依据,在勘测设计中应深入调查,分析研究,全面进行工程地质评价,选择经济合理的设计原则。

9.3.5 桥涵基础类型的选择应根据多年冻土的工程地质条件、地质及水文地质情况和地基设计原则而定。

(1)地基设计原则

1)采用保持冻结原则设计

从国内外的工程实践证明,应首先考虑桩基础,因在施工中不暴露地基冻土,且横截面小,对热流入渗、上限下移、保持地基土的冻结状态都很有利,且克服冻胀的性能好,能增强基础的稳定性。

①钻孔插入桩是将预制桩插入孔径大于桩径(孔径大于桩径 50 mm~10 mm)的钻孔内,并在桩与钻孔的空隙间填入黏土砂浆或饱和砂浆而成。此法宜用于沿桩长月最高平均地温低于-0.5 ℃的各类多年冻土地基。

②钻孔打入桩是将预制桩打入孔径小于桩径(孔桩小于桩径 30 mm~50 mm)的钻孔内而成,宜用于黏性土和砂土的多年冻土地基。

③钻孔灌注桩是采用低温早强或负温混凝土灌注而成,宜用于沿桩长月最高平均地温低于-1.0 ℃的各类多年冻土地基,以便能达到回冻的目的。施工时上述三种桩均应严防孔壁坍塌,尤其是对冻结层上水发育,并由松软土和粉细砂组成的季节融化层,必须采取措施,防止流砂和坍孔。

④明挖基础施工时基坑暴露于大气中,且圬工与地基接触面大,热流入渗较多,对保持地基土的冻结状态是不利的,但具有施工方法简便的优点,当桥涵基础埋置深度不大时仍可采用,但应在冬季施工,以减少地基的融化。若基础埋置深度较大时,以采用挖孔桩基础为宜。

2)采用容许融化原则设计

由于下沉量较大,桥涵结构形式应能适应地基的较大不均匀变形。各种外超静定结构，当地基产生不均匀下沉时，可能引起构件内应力的改变而造成破坏，故一般不宜采用。为避免因不均匀变形而引起圬工开裂，小桥涵基础应采用整体性较好的形式，如小桥可采用联合基础；矩形涵及圆涵的基础可采用钢筋混凝土地基梁等。

（2）基础设计形式

基础设计的合理性是桥梁设计的重点，是桥梁工程成败的关键。冻土区天然上限冻胀隆起、融化下沉等不良地质十分普遍，因此，绝大多数桥梁基础根据工程地质条件只能采用深基础，即桩基础。桩基础又可分为钻孔打入桩、钻孔插入桩、钻孔灌注桩三种类型。

1）钻孔打入桩是一种先钻孔后打桩的基础形式，一般钻孔孔径比桩径小 50 mm～100 mm。在冻土地区打入桩适用于以黏性土、砂性土为主的地基，不适用于岩层、漂石、卵石土等坚硬地基。这种桩基的优点是：对冻土地基的扰动小，对冻土破坏小，承载力比插入桩高。缺点是：对冻土区不同地质条件的适应性差，钻孔的成孔工艺要求高，施工工艺复杂。打入桩设计承载力的计算方法目前尚不成熟，设计参数的合理选用缺少试验数据和工程实践。

2）钻孔插入桩是一种先钻孔后插桩的基础形式，一般钻孔孔径比桩径大 50 mm～100 mm，这种桩型可以适用于各类冻土地基，钻孔孔径要求也不高，无需打桩设备，因而在施工工艺和对地基的适应性方面均比钻孔打入桩优越。但是钻孔插入桩也存在着许多缺点，插入桩周边灌入的砂浆如何保证密实在工艺上尚不成熟，砂浆的密度检测方法、检测手段缺乏研究，不能保证施工质量。另外，砂浆的冻结力如何确定等问题也缺乏系统的试验研究和工程实践，直接影响基础的承载力设计。对高温极不稳定区冻土，一旦冻土退化，插入桩承载力将急剧降低，严重影响结构的安全和稳定。

3）钻孔灌注桩是国内外桥梁工程广泛采用的基础形式，可适用于各类地质条件，有一套完整的施工质量保证措施，设计理论和计算方法成熟，施工技术成熟，施工机械装备先进。钻孔灌注桩承载能力大，安全度高，在多年冻土地区使用的主要缺点为混凝土水化热的影响对冻土扰动大。

上述分析表明，钻孔打入桩及插入桩均存在自身难以克服的缺点，不宜在铁路桥梁结构上推广采用，而钻孔灌注桩设计理论、施工技术成熟，可适用于各类工程地质条件，因而成为冻土区桥梁基础的首选形式。

（3）建筑材料

多年冻土地区采用的建筑材料均应符合严寒地区的有关规定要求，桥涵结构及附属工程不得使用浆砌片石。

9.3.6　多年冻土地区桥涵基础埋置深度，主要根据地基设计原则及人为上限深度而定。采用保持冻结原则设计时，要求桥梁的明挖基础底面埋于人为上限以下不小于 1 m，涵洞基础及桩基的承台底面埋入人为上限以下不小于 0.25 m，桩基埋入人为上限以下不小于 4 m。主要是考虑人为上限附近的冻土温度较高且不稳定，冻土承载能力较低，压缩性较大，不宜作为地基，并且还应保证基底不受法向冻胀力的作用。桩基础要同时承受垂直力和水平力，所以要有一定的安全量和嵌固深度。

采用容许融化原则设计时，基底埋置深度可根据地基土的冻胀类别按本规范第 1.0.9 条与第 1.0.10 条规定办理，同时还应考虑地基容许承载能力与容许沉降量不得超过规定值。若地基为不冻胀土时，基底埋置深度可不受季节冻深的限制。

各种地基设计原则均应确定多年冻土的人为上限，即建筑物在长期使用过程中冻土地基稳定的上部界限，其值本可根据建筑物及基础形式通过热力计算确定，但目前一般热传导计算方法均不适用于桥涵地基多维传热的情况，同时有关参数的影响因素很多，误差较大，很难用一个公式准确地表达出来。在勘测设计时，可根据本地区冻土的稳定状况，深入调查已成桥涵建筑物冻土人为上限变化规律与天然上限的关系，作为确定该地区桥涵地基人为上限的依据。如无条件时，可参考各地区的经验公式确定。

季节融化深度(上限)和季节冻结深度的确定可直接采用勘探方法。多年冻土上限的最大融化深度季节是9月下旬至10月上旬。多年冻土地区的最大季节冻深期间为4~5月，东北、内蒙和西北等非多年冻土地区的最大季节冻深期间为3月份。关于多年冻土上限深度和季节冻土的最大冻深，各地区还有不少经验公式或实测数据，但均有一定的局限性，故规范中未列入，设计时可结合本地区的具体情况选用。

《05地基和基础规范》第8.3.8条规定："按容许融化原则进行设计时，基础埋深应满足地基沉降方面的要求。当季节活动层为冻胀性土时，尚应符合本规范第1.0.9条与第1.0.10条的规定。"基础底面(承台底面)位于稳定人为上限以下的最小埋置深度，应按说明表9.3.6中的要求确定。桩身位于稳定人为上限以下的最小深度(不论土质)不应小于4 m。

说明表9.3.6 基础和桩基承台底面位于稳定人为上限以下的最小埋置深度

基础类型	地基土质	位于稳定人为上限以下的最小埋置深度(m)
桥梁明挖基础	多冰、富冰或饱冰冻土	1.0
涵洞出入口明挖基础	多冰、富冰或饱冰冻土	0.25
承台底面	多冰、富冰或饱冰冻土	不应小于0.25

对于上述规定，在青藏线的设计中往往不能满足实际工程的要求，以下提供的基础埋置深度的规定，均来自青藏铁路的设计成果经验，设计者在遇到类似设计情况时可作参考。

(1)基础基底埋置深度

1)明挖基础基底不得置于冰层上。明挖基础基底应铺设厚度不少于300 mm的粗颗粒非冻胀砂砾垫层，并应夯实，必要时可考虑在基底设置隔热保温层进行防冻胀处理。垫层的宽度和长度应按下列公式计算：

$$B=b+2d\tan30° \quad \text{(说明 9.3.6—1)}$$

$$C=c+2d\tan30° \quad \text{(说明 9.3.6—2)}$$

式中 B——垫层宽度(m)；

C——垫层长度(m)；

d——垫层厚度(m)；

b——基础底面的宽度(m)；

c——基础底面的长度(m)。

当地基为季节融化层较厚的非衔接多年冻土时，可将基础埋置于季节融化层中；当季节融化层为冻胀土或强冻胀土时，基础应埋置于冻结线以下不小于250 mm；对于弱冻胀土，基础应埋置于不小于冻结深度的80%。

2)当季节融化层为冻胀土或强冻胀土时，桩基承台底应高出地面，其值视冻胀土或强冻胀土的厚度确定,但不小于 300 mm。

3)在流冰严重的河流上承台顶面应适当降低。

4)桥台锥体坡面铺砌垂裙的埋置深度,当无冲刷时为人为上限以下不小于 250 mm;当地基的季节融化层为冻胀土或强冻胀土时,基础及埋入地面以下的坡面铺砌两侧宜换填粗颗粒非冻胀性土壤。

5)当地基的季节融化层为冻胀土或强冻胀土时,明挖基础应在季节融化层范围内设计成方光体,混凝土表面用砂浆抹光并涂沥青渣油一层(厚 5 mm~10 mm),铺油毛毡两层,基础周围换填碎石类土。

6)当地基的季节融化层为冻胀土或强冻胀土时,墩台底截面应配置短钢筋,桩基承台与桩的连接钢筋应加强。在季节融化层范围内的钻孔桩应设置钢护筒,护筒外侧涂 10 mm厚的渣油使融化层内的桩表面平整光滑。

(2)多年冻土地区明挖基础验算

应符合下列要求:

1)明挖基础应进行基底应力、合力偏心距、倾覆及滑走稳定性验算并满足规范的相关规定。

2)埋置深度较浅的中小跨度桥梁的明挖基础,宜按保持冻结原则设计;基础埋深小于 5 m 的少冰、多冰冻土地基的明挖基础,宜按容许融化原则设计。

3)按保持冻结原则设计的明挖基础,应根据基础底面附近在运营期间可能出现的地温及其相应承载力检算地基强度。基底容许应力不进行宽深修正。

4)按容许融化原则设计的明挖基础,除检算地基强度(按非多年冻土考虑)外,还应计算基础的沉降量,并满足沉降限值的要求。

5)基础验算时应预计当地气温变化趋势,以及多年冻土的退化情况。

9. 3. 7　多年冻土中的桩,在垂直荷载作用下地基土将产生三项反力:季节融化层同桩周的摩阻力、多年冻土同桩的冻结力、桩尖地基土支承力。这三项反力的大小及发展过程是相互影响的,同时冻土的强度(冻结强度、抗压强度)受冻土类型、温度、荷载作用时间及桩的类型等因素的影响。因此在确定桩基承载力时,应考虑其受力特点及主要影响因素。

季节融化层作用于桩侧的摩阻力随季节的变化很大,当地基土冻胀时产生向上的冻胀力,黏性土在融化时产生向下的负摩擦力。为了减少切向冻胀力,一般应在季节活动层范围内采取换填或在桩表面涂刷隔离层等防冻胀措施。在工程设计中,由于季节融化层的摩阻力很小,可以忽略不计,因此提出的承载力公式只考虑了冻结力和桩尖支承力。

根据青藏高原多年冻土中单桩静载试验结果,并参考苏联的《建筑法规》第Ⅱ部分第 18 章——多年冻土地区的地基和基础(СНиПⅡ-18—76)所提出的承载力计算公式,当应用一般地基力学指标计算冻结力及桩尖支承力时,需考虑桩的类型及施工条件乘以不同的修正系数。但由于冻土中桩基受力状态很复杂,且试桩资料很少,同时存在一定误差,要提出系统可靠的修正系数,感到很困难,因此一般应通过试桩确定,当无条件时,可选用下列数值:

(1)不同沉桩方式冻结力的修正系数 m'',当采用本规范附录 G 表 G. 0. 1—1 的冻结强度指标时,根据原铁道部科学研究院西北研究所的试桩实测承载力资料和参考苏联冻土地基规范(СНиПⅡ-18—76)的工作条件系数提出以下修正值,以供设计时参考:

钻孔插入桩,$m''=0.7\sim0.9$;

钻孔打入桩，$m''=1.1\sim1.3$；

钻孔灌注桩，$m''=1.3\sim1.5$。

(2)试桩结果表明，桩尖支承力与钻孔方法、沉桩方式、清孔情况及地质条件有关；同时，钻孔打入桩一般孔深比桩入土深度要深0.5 m，才能达到设计高程，因此需用一折减系数进行修正。根据试桩实测结果，并参考一般地区的钻孔灌注桩的孔底条件系数，修正系数m_0'可按下列条件确定：

1)不发生坍孔，且清底情况良好的钻孔灌注桩、钻孔插入桩用0.7~0.9；

2)有坍孔现象，且清底较差的钻孔灌注桩、钻孔插入桩用0.5~0.7；

3)预留孔深的钻孔打入桩用0.5~0.6。

9.3.8 多年冻土地区建筑物基础与融土地区不同，它的上部是季节融化层，且随地区与季节不同，厚度与性质变化很大，其性质与下面的多年冻土相比，有较大的差别。多年冻土的力学特性随冻土温度、岩性及荷载作用时间等因素而变化。所以，多年冻土地区桩基侧向受荷计算是更复杂的问题。

对于承受巨大荷重的桩基础，前苏联道库洽耶夫建议考虑剪力区的形成，以检算桩在多年冻土中的固定，认为多年冻土上限附近，桩的水平位移所引起的剪应力将等于冻土的长期强度。建议采用极限平衡的方法计算其嵌固深度z_0，在超过z_0的土层中，地基为直线变形体，而采用弹性地基梁的理论，用热莫奇金的图表进行计算，但这种观点未纳入前苏联国家规范。

苏联1976年《建筑法规》第Ⅱ部分第18章(СНиПⅡ-18—76)“多年冻土地区的地基和基础”中指出：桩基在水平荷载作用下的计算，应以桩和地基共同作用的条件为依据。同时不但对于融土，而且对于冰土都可以看作是线性变形体，可以认为土的变形系数(地基系数)随深度增加，并且允许桩嵌固在下卧的硬冻土层中。但嵌固点处应使横向位移为零，而转角并不为零。

在《多年冻土中的桩基》一书中，作者通过试验数据的分析，得到地基的综合变形特性E，它是单桩长度上的土压力q_z与桩的实测位移值y之比，即

$$E=\frac{q_z}{y} \qquad \text{(说明 9.3.8—1)}$$

根据10份试验资料的结果得出E—z图，如说明图9.3.8—1所示。

从说明图9.3.8—1可以看出，参数E随深度z呈凹形曲线变化。为克服计算中的困难，通过计算比较，作者提出，将由多年冻土和季节融化层组成的地基按两层介质来计算，在每层介质范围内的变形特性是不随深度而变化的。

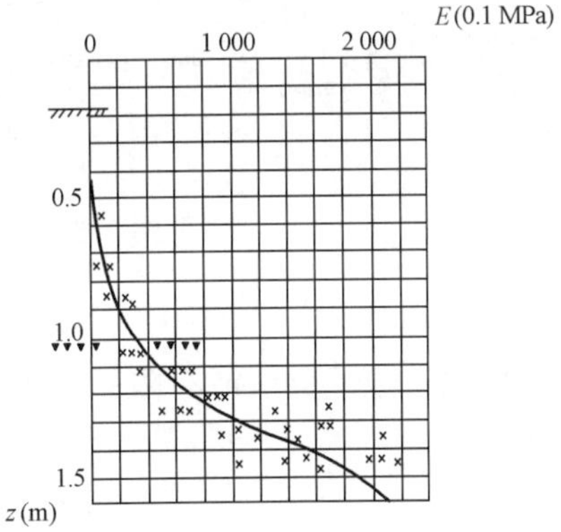

说明图9.3.8—1 黏土地基的变形综合模量分布图(t=3.9 ℃)

根据原铁道部科学研究院西北研究所、第一勘测设计院、黑龙江省低温建筑研究所等单位在青藏高原五道梁及清水河两处的桩基试验资料，经过详细分析计算，认为只要地基系

数的分布图式选择合理，参数取得恰当，采用文克勒假定来计算侧向受荷桩，其结果是完全能够满足工程设计的精度要求的。其分析情况如下：

（1）比较目前融土地区常用的几种方法，主要是根据桩的实测位移优选相应的地基系数，用加权平均后的参数计算出理论弯矩与实测弯矩进行对比，详见说明表 9.3.8—1。从说明表 9.3.8—1 可以看出，K 值法最接近，m 法次之，C 法较差，K 法（地基系数沿深度为一常数）最差。

（2）假定多种不同的地基系数分布图式，如说明图 9.3.8—2 所示。

说明表 9.3.8—1　典型桩实测最大弯矩与理论弯矩的比较

弯矩（kN · m） 荷载（kN）	实测弯矩	理论弯矩		差值（%）	理论弯矩		差值（%）
60	105	m 法	100	-4.8	C 法	93	-11.5
80	147		138	-6.4		128	-13.2
100	186		179	-3.3		166	-10.6
60	105	K 法	84	-19.8	K 值法	103	-2.4
80	147		115	-21.6		141	-4.6
100	186		150	-19.1		184	-1.2

注：差值 $=\dfrac{\text{理论弯矩}-\text{实际弯矩}}{\text{实测弯矩}}\times 100\%$。

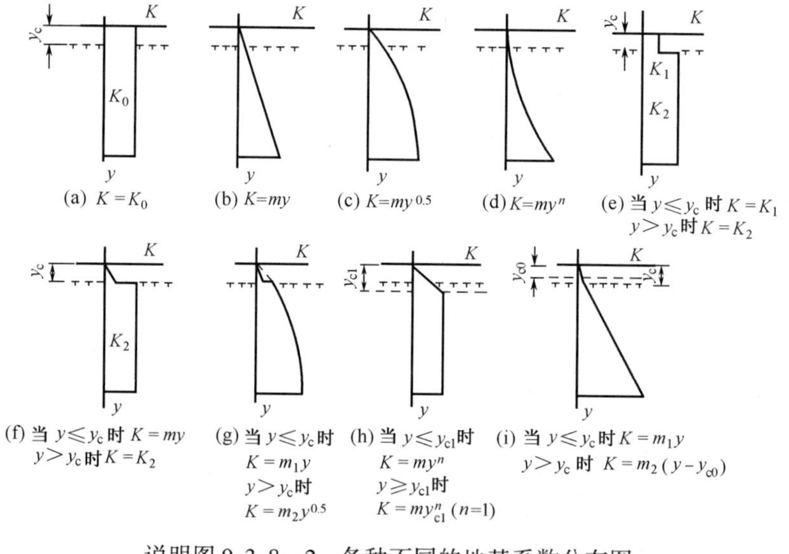

说明图 9.3.8—2　各种不同的地基系数分布图

注：y_c 为融化层深

可采用有限差分法或有限元法进行计算。采用有限差分优选法时，其优选标准可按下式计算：

$$B=10^8\sum(x_j-x_i)^2+\sum(M_j-M_i)^2 \qquad \text{（说明 9.3.8—2）}$$

式中　x_i，M_i——实测位移与弯矩；

x_j，M_j——计算位移与弯矩。

典型桩不同地基系数分布图式时的 B 值见说明表 9.3.8—2。从说明表 9.3.8—2 的结果可以看出：除图式(a)(K 法)、图式(c)(C 法)的地基系数分布图式有较大的误差外，其余考虑融土层与冻土层为不同的地基系数分布图式的各方案以及指数分布方案均与实测值比较接近，而以图式(i)(双 m 法)、图式(d)($n>1$ 的指数法)的分布方案为最好。但由于我国多年冻土地区侧向受荷桩的实测数据尚不足，考虑到工程设计的方便及与融土地区的一致性，故仍推荐使用"m"法[图式(b)]。

说明表 9.3.8—2 典型桩不同地基系数分布图式时的 B 值

荷重(kN)	方法									最好	较好	备注
	a	b	c	d	e	f	g	h	i			K 值法
60	14.619	3.743	6.260	2.056	2.066	2.416	2.170	3.750	1.641	i	d	2.893
80	30.488	4.984	12.472	2.641	3.177	3.502	2.919	7.245	2.464	i	d	3.891
100	60.052	18.797	31.283	15.485	18.716	18.933	16.855	24.433	15.430	i	d	15.211

关于地基系数的比例系数 m 和 m_0 值，由于实测数据很少，而且土的类别不全，因此建议尽量通过实测确定。当无条件时，可按说明表 9.3.8—3 选用。

说明表 9.3.8—3 多年冻土地区中，细砂、泥灰土地基系数的比例系数 m 和 m_0

冻土月最高平均温度(℃) / m 和 m_0(kPa/m^2) / 桩的类型	−0.5	−1.0
钻孔插入桩	20 000	30 000
钻孔打入桩	23 000	35 000
钻孔灌注桩	25 000	

作为比较，也可以采用"K 值法"。"指数法"及"双 m 法"的使用尚需进一步研究。

9.3.9 地基土在冻结过程中，由于土中水相继冻结成冰，使土体不断膨胀(冻胀)，并产生冻胀内应力。当建筑物基础置于由融到冻的土层中时，就要受到内应力的作用，若冻胀内应力作用方向平行于基础侧面，称为对基础侧面的切向冻胀力 τ_a；若作用方向与基础侧面垂直，称为基础侧面的法向冻胀力 σ_z；作用方向垂直于基底，称为基底法向冻胀力 σ_z。

法向冻胀力 σ_z 是随着基础的自由位移或变形而消失的，如在冻结过程中限制基础的位移或变形，其法向冻胀力是很大的。根据现场测定，当限制基础垂直位移在 2%～4%(指基础冻起高度和冻深之比)以内的黏性土，σ_z 为 1.0 MPa～2.1 MPa，在室内模拟试验中限制垂直位移在 1%～2%时，测得最大 σ_z 为 5.8 MPa。日本在季节冻土(土层为黏土，含水率在塑限和液限之间)上进行了 σ_z 的现场观测，其结果见说明表 9.3.9。

说明表 9.3.9 法向冻胀力与冻深、冻胀量关系

时间	平均法向冻胀力(MPa)	冻结深度(mm)	冻胀量(mm)
第一年度	2.9	540	
第二年度	2.3	520	60
第三年度	4.7	680	106
第四年度	3.2	420	41
第五年度	1.2	640	70

从说明表 9.3.9 可以看出，法向冻胀力是很大的，仅靠桥涵自重往往不能克服，因此位于冻胀性土中的桥涵基础底面必须置于人为上限以下，避免基底产生法向冻胀力。

冻结力亦称基础与冻土之间的抗剪强度，实质上就是基础与冻土间的胶结力。确定冻结力的主要因素为土的颗粒成分、含水率、冻土温度等。条文中附录 G 的表 G.0.1—1 是根据 600 多个室内模拟试验数据和实测成果并参照国外资料制定的。表中数值仅取其含水率属弱融沉土者，对于不融沉土，则按该表的附注 1 确定。表中冻结力实为长期冻结力，因冻土具有流变的特性，在外部荷载长期作用下，冰将会缓慢地发生融解，冻结力的大小与试验时加载的速度关系十分密切，加载速度愈快测得的冻结力越大，加载速度减慢其强度降低。在 1 s~2 s 内测得的冻结力称为瞬时值；在 3 s~8 s 内测得的冻结力称为短时值；在长期荷载作用下测得的数值称为长期冻结力。对于工程实践来说，最有意义的是长期冻结力，所以必须以长期冻结力作为设计依据；但该值的测定很困难，一般都利用瞬时值或短时值换算求得。冻结力在季节融化层回冻期间起抗冻胀的锚固作用，在季节融化层处于融化状态时起抗下沉的作用。

根据室内模拟试验和现场实测证明，切向冻胀力不但与颗粒成分有关，而且受含水率控制。各类土的切向冻胀力均有随含水率的增加而增大的规律性，当土层含水率达到某一临界值时，切向冻胀力达到极值。黏性土在饱和状态下，最大切向冻胀力可达 400 kPa。地温在 0 ℃~-10 ℃时，切向冻胀力有随地温降低而增加的规律性，一般在-8 ℃~-10 ℃时达到极大值。

在含水率相似的情况下，黏性土的切向冻胀力最大，砂类土次之，碎石土最小。

规范中附录 G 的表 G.0.1—2 是根据国内外实测资料和室内模拟试验的大量数据综合分析编制而成的。表中黏性土 $I_L \leq 3.0$ 是根据极值含水率 $w=50\%$ 时求得的。

当黏性土用碎石土、卵石土换填后，考虑到地基土长期受反复冻融和地下水的作用，换填土体不可避免地会有粉土和黏土颗粒浸入，此时应按砂类土考虑其切向冻胀力，即取表列数值中的较大者。

从桥涵设计来看，基础底面一般均埋置于人为上限或季节冻深以下，基底可不考虑法向冻胀力的作用。但季节融化层或季节冻结层作用于基础及墩身的切向冻胀力，常常会引起建筑物的隆起，使基础或墩台身被拉断，在我国东北、西北及华北严寒地区均发生过这种现象。因此当桥梁基础位于冻胀、强冻胀和特强冻胀土中时，因受切向冻胀力的作用，可能导致基础冻胀变形或断裂，应按条文中附录 G 进行冻胀稳定性检算。如不能满足设计要求时，可在主冻胀带范围内采取防冻胀措施，以减少切向冻胀力。实践表明：采用增加自重的办法来克服切向冻胀力是很困难的，特别是小桥涵，困难更大，而且也不经济，所以本条根据以往的实践经验提出了防冻胀措施，并作如下说明：

（1）切向冻胀力是与季节冻深范围内墩台和基础的侧面积成正比的，同时与表面光滑度有关。因此墩台设计时，在满足强度和稳定性要求的前提下，应尽量减少其侧面积，并使其表面光滑。对于浆砌片石圬工，必须灌注密实和侧面砌筑平整，并用水泥砂浆抹平，以减小切向冻胀力。

（2）实践表明，当粗砂或卵砾石中含泥量大时，仍有冻胀性，因此本条要求必须采用纯净的粗砂或卵砾石作为换填材料，将粉黏粒含量控制在 10% 以内。若有条件时，也可采用物理、化学方法进行防冻胀处理，如用阳离子表面活性剂改良土体或在圬工表面涂渣油等，都可以减少切向冻胀力。

(3)当采用保持冻结原则设计时,加大基础埋入多年冻土中的厚度,以增大锚固力,可以达到防止冻胀的目的。但必须对脆弱截面进行抗拉强度检算,并配设钢筋,以承受拉力。从以往的实践经验来看,基顶截面一般比较薄弱,因此应埋设短钢筋,以增加抗拉强度。

9.3.10 冻土地基融化时的总沉降量由三部分组成,即:融化下沉量、压缩下沉量、融化层下冻土的压缩量。

融化下沉量,系指冻土解冻后土中冰变成水,体积缩小和在融化过程中由于土自重作用,土中部分水被挤出,而土颗粒重新排列所产生的下沉量,即条文中公式(9.3.10)的第1项。

压缩下沉量,系指融化下沉完成后,由于受外部荷载和土自重作用而产生的压缩下沉量,即条文中公式(9.3.10)的第2、3项。

融化层下冻土的压缩量,对温度较低的冻土(与融化下沉量相比),其值较小,且测定极不方便,在一般工程设计中可忽略不计,但对高温冻土和重要工程应在安全系数中予以考虑。

冻土的融化下沉主要受热过程控制,建筑物竣工初期沉降量不大(预先融化的除外),大部分沉降量是随基底冻土融化深度加大而逐渐完成的,当冻土融化深度达到极大值时,地基沉降量才趋稳定。一般在施工二、三年后沉降量最大,五至七年后趋于稳定。在一年夏、秋季为沉降阶段,冬、春季为相对稳定阶段。当采用预先融化时,建筑物施工后的地基沉降量必须控制在容许范围内,以免引起桥涵的破坏,其解决的办法是:预融一定深度,加深基础或挖除换填等,使其下部残留厚度的沉降量不超过容许值,但这些深度可根据人为上限深度和容许沉降值由计算确定。

关于沉降计算中的融沉系数 A_i、压缩系数 α_i,由于影响因素较多,各地区均存在一定的差异性,一般应由试验确定。当无试验资料或因条件限制不能进行时,可按下列公式计算或查表确定:

(1)融沉系数

黏性土(宜用于东北地区):

$$A_i = 26.82\ln w_A - 77.63(\%) \quad 18\% \leqslant w_A \leqslant 150\% \qquad \text{(说明 9.3.10—1)}$$

砾石、碎石土、砂土、黏性土、重黏土:

Ⅰ、Ⅱ、Ⅲ、Ⅳ类冻土 $A_i = K_1(w_A - w_0)$ (说明 9.3.10—2)

Ⅴ类冻土 $A_i = 3\sqrt{w_c - w_0} + A_0$ (说明 9.3.10—3)

式中 w_A——冻土总含水率(%);

w_0——起始融沉含水率,可按说明表 9.3.10—1 确定;

K_1——经验系数,可按说明表 9.3.10—1 确定;

w_c——$w_c = w_p + 35$ 时的含水率,对粗颗粒土可用 w_0 代替 w_p;当无实测资料时,可按说明表 9.3.10—2 确定;

A_0——相当于 $w_A = w_c$ 之 A_i 值,可按说明表 9.3.10—2 确定。

说明表 9.3.10—1　K_1、w_0 值

参数 \ 土质	砾石、碎石土	砂　土	黏性土	重黏土
K_1	0.5	0.60	0.70	0.60
w_0(%)	11.0	14.0	18.0	23.0

注:碎石、砾石土当粉黏粒含量小于 12% 者,K_1取 0.4。

说明表 9.3.10—2　w_c、A_0 值

参数 \ 土质	砾石、碎石土	砂　土	黏性土	重黏土
w_c(%)	46	49	52	58
A_0(%)	18	20	25	20

注:砾石、碎石土当粉黏粒含量小于 12% 者,w_c 取 44,A_0取 14。

(2)压缩系数 α_i

黏性土(宜用于东北地区):

$$\alpha_i = 0.01485\ \ln w_A - 0.0178 \quad 18\% \leqslant w_A \leqslant 110\% \quad (说明 9.3.10—4)$$

砾石、碎石土、砂土、黏性土按说明表 9.3.10—3 采用。

说明表 9.3.10—3　各种冻土融化后之 α_i 值

冻土干容重 γ_d(kN/m³) \ α_i(MPa^{-1}) \ 土质及基底应力 σ_c(MPa)	砾石、碎石土 $\sigma_c = 0.01 \sim 0.108$	砂　土 $\sigma_c = 0.01 \sim 0.206$	黏性土 $\sigma_c = 0.01 \sim 0.206$
20.6	0.00		
19.6	0.102		
18.6	0.204	0.00	0.00
17.7	0.306	0.122	0.153
16.7	0.408	0.245	0.306
15.7	0.408	0.367	0.459
14.7	0.408	0.489	0.612
13.7	0.408	0.489	0.765
12.8	0.306	0.489	0.765
11.8	0.306	0.489	0.714
10.8	0.255	0.408	0.714
9.8	0.255	0.357	0.612
8.8	0.204	0.306	0.510
7.8		0.255	0.408

注:1　当外部压力超过表列压力时,采用表列数值偏于安全。

2　表列数值可内插。

3　表中 σ_c 为基底压应力(MPa);γ_d 为冻土干容重(kN/m³)。

4　重黏土 α_i 值可将黏性土 α_i 值适当放大使用。

9.3.11 土在冻结过程中，由于水分迁移和相变的结果，其原状土结构遭受破坏，在外荷载及土自重作用下，融化下沉范围内的土体均要产生下沉。所以本条规定，当融化层厚度大于压缩层厚度时，对土自重压力下沉和融化下沉应算至融化层的下限；而附加压力时，则等于压缩层的厚度。这个厚度可根据附加压力与土自重压力的比值按下式确定：

对于中等压缩性土（$0.001 \leqslant \alpha_i \leqslant 0.0049$）

$$P_{z'} = 0.2P_{\sigma_{z'}} \quad \text{（说明 9.3.11—1）}$$

对于高压缩性土（$\alpha_i \geqslant 0.0049$）

$$P_{z'} = 0.1P_{\sigma_{z'}} \quad \text{（说明 9.3.11—2）}$$

式中 $P_{z'}$——基础底面以下深度 z' 处的附加压力；

$P_{\sigma_{z'}}$——基础底面以下深度 z' 处的土自重压力。

9.3.12 根据嫩林线、牙林线的调查资料，涵洞的坍腰现象较多，且涵洞中心的下沉值都大大超过设计的建筑拱度。其产生原因是《59 桥规》关于建筑拱度的规定值用于多年冻土地区是偏小的。因此《05 地基和基础规范》规定，当采用容许融化原则设计时，应根据沉降量检算结果确定建筑拱度。采用保持冻结原则设计时，因基底处于冻结状态，仅在基础施工期间，由于混凝土的水化热影响，可能会引起少量的冻土融化，但其沉降量是很少的，所以涵洞的上拱度可执行现行《铁路桥涵设计规范》TB 10002 的相关规定。

9.3.13 本条规定是参照青藏铁路桥涵设计经验，经归纳总结后编制而成的。

9.4.1 对于地表或地下广泛分布可溶性岩层并存在各种岩溶形态，以及可溶岩地区的上覆土层曾发生地面塌陷或有土洞存在的地段，应按岩溶地段开展工作。

根据岩溶埋藏条件可分为裸露型岩溶、覆盖型岩溶和埋藏型岩溶；根据岩溶发育强度可分为强烈发育、中等发育、弱发育和微弱发育的岩溶。

岩溶地段的工程地质选线应遵循下列原则：

（1）线路应绕避岩溶强烈发育地带、可溶岩与非可溶岩的接触带、构造发育带、岩溶水富集区及岩溶水排泄带。

（2）线路应绕避地面塌陷分布密集、有土洞分布的覆盖型岩溶地段。

（3）线路应选择在非岩溶化地区或岩溶发育微弱、范围最窄、层数最少、顶板稳固、受岩溶水影响小的地带通过。

9.4.2~9.4.3 参照《建筑地基基础设计规范》GB 50007—2011 并结合近年来铁路工程建设的经验成果编制而成。

岩溶地区不良地质构成的岩溶地基常常引起地基承载力不足、不均匀沉降、地基滑动和塌陷等地基变形破坏。随着越来越多的铁路工程兴建在岩溶地区，岩溶地基问题就成为工程建设中的突出问题，特别高铁、客运专线铁路中桥梁所占比例的提高，加强岩溶地基稳定性分析评价，合理确定桥涵基础形式及基础处理措施，有着重大的技术价值和经济意义。

对于岩溶发育地区应尽量避开岩溶强发育场地，但完全避开也非常困难，大量的工程实践证明，岩溶地基经过恰当的处理后，可以作为建筑物地基。岩溶地基的突出问题不是地基强度而是地基稳定性，尤其是桩端岩体洞隙顶板稳定性问题。岩溶地区桩基承载特性与岩溶发育程度、岩石风化程度、基础尺寸、溶洞顶板跨度、厚度等因素密切相关。

由于影响岩溶稳定性的因素很多，现场勘探手段一般难以查明岩溶特征，目前对岩溶稳定性评价仍是以定性和经验为主。对岩溶顶板稳定性的评价，仍处于探索阶段。某些技术文献中曾介绍采用结构力学中梁、板、拱理论评价，但由于边界条件不易明确，计算结构难免具有不确定性。

岩溶地基的地基与基础方案的选择应针对具体条件区别对待。大多数岩溶场地都需要加以适当处理方能进行地基基础设计。而地基基础方案经济合理与否，除考虑地基自然状况外，还应考虑地基处理方案的选择。

9.4.4~9.4.5 近年来，在我国铁路建设中穿越溶洞区域的情况越来越多。首先在线路选线时，应尽量绕避岩溶发育及强烈发育地区；当确实无法绕避时，设计中应根据探明的地质溶洞分布规律、地质构造，结合桥下立交等控制因素，选择最佳的桥跨方案。对于该桥下溶洞发育差别较大，个别墩台下溶洞特别发育，其他墩台不很发育的情况，应尽量调整孔跨，躲避串珠状或较大的难以处理的溶洞。为确保在特殊地质条件下工程建设运营的安全性，溶洞区地基设计时应结合地区岩溶工程的特点，对该区域范围内的桥涵基础加强施工防护，优化地基基础处理方案。以长沙至昆明、沈阳至丹东客运专线等溶洞区域设桥通过的情况，岩溶处理一般原则有以下几种：

(1)扩大基础

岩溶地质条件下桥梁扩大基础的溶洞处理措施有：混凝土换填和压浆。为确保基底安全，在岩溶埋藏较浅、局部有溶沟溶槽，其下部已探明无溶洞时，对基底以下溶沟溶槽采用 C30 混凝土进行换填处理；当基底以下存在溶洞时，通过压浆对岩溶空洞进行填充封闭处理。

桥涵基础宜穿过溶洞置入较完整基岩中。岩溶地区的明挖或挖井基础在施工开挖至基底标高后，需在基础范围内四角及中心深约 5 m 的范围内探明基础以下是否有溶洞存在，如有溶洞应修改设计。

(2)桩基础

桩基础施工时应根据地质变化情况随时修订施工方案，防止斜孔、弯孔、埋钻、卡钻、掉钻、塌陷等事故的发生。

1)施工前应该做好溶洞处理预案，并根据预案配足必要的材料。

2)同一基础的桩基宜逐桩施工。

3)合理规定施工顺序。先安排外围桩而后中间桩，先安排含有较深、较大、较多溶洞的钻孔施工，先安排长桩施工。

4)对于存在地质情况不清的柱桩，桩孔达到设计标高后，应探明桩底以下不小于 5 m 深度范围内的岩层情况，确认没有溶洞后方可终孔。如发现桩底以下还有溶洞，应提请设计单位进行变更设计。

5)位于岩溶区桥梁桩基础施工时，应根据覆盖层、岩溶发育情况和溶洞填充等情况，制定安全可靠的施工方案，施工过程中应根据地质变化情况随时修订施工方案，防止斜孔、弯孔、埋钻、卡钻、掉钻、塌陷等事故的发生。

(3)岩溶地区桥梁桩基础的处理措施

岩溶地段的桥梁桩基础应采用经济、可靠的岩溶处理措施。溶洞处理措施一般采用钢护筒跟进、抛填片石、黏土、水泥、压浆或填压混凝土等工程措施。

1)对一般性隐形小洞应侧重于加强造壁护壁功能，采用加强型泥浆护壁的方法。在配制优质泥浆护壁的基础上，可适当添加烧碱、水泥、木屑、草袋、片(碎)石、麻筋等混合材料，既可以达到溶洞孔壁封闭环的形成，又能增强泥浆护壁的效果。

2)对于浅表层岩溶发育地段,冲孔施工时易引起周围地表的塌陷,施工前可对浅表层的溶洞先行注浆加固。

3)对串珠状溶洞、空洞或其洞内填充物为软塑或卵石土且溶洞不大时,可采用单护筒跟进成孔。对溶洞深度较大、洞内填充物为流塑或空洞状的,采用内外双护筒跟进成孔。在桩底以上一段长度内可根据地质的具体情况用以上几个方法综合使用,这样可加快速度,降低成本。

4)对于邻近既有建筑物或地表易发生塌陷的桥梁桩基础,在钻孔桩穿过岩溶时,当溶洞内为半填充、无填充物或裂隙贯通时,需提前对溶洞进行注浆处理。

概括起来,岩溶地区桩基穿越溶洞时可采取以下处理措施:

一是,当桩身穿越小溶洞或填充性较差的溶洞,以及桩身处溶洞埋深大于 40 m 时,一般情况下可采用填充压实(抛填片石、黄泥挤压)的方式处理。

二是,当桩身穿越较大空溶洞、半填充溶洞以及桩身穿越串珠状溶洞时,可采用钢护筒跟进防护处理措施。

三是,邻近既有建筑物或地表易发生塌陷的桩基础穿过岩溶时,当溶洞内为半填充、无填充物或裂隙贯通时,需提前对溶洞进行注浆处理。

四是,根据地质变化情况随时修订施工方案,防止斜孔、弯孔、埋钻、卡钻、掉钻、塌陷等事故的发生。

9.4.6 《铁路工程地质勘察规范》TB 10012—2007 第 5.6.7 条对岩溶地段的工程勘探、地质测试提出了原则规定,与桥涵相关的要求如下:

(1)应在全断面、整个长度范围内采用物探、并与钻探、挖探、测试等相结合的综合勘探方法。

(2)勘探点的位置、深度及地质剖面布置应根据岩溶类型及建筑物需要确定。

1)对于桥涵基础,应根据基础类型及岩溶发育程度,每个墩台应布置 1~5 个勘探点,柱桩宜每桩 1 孔,摩擦桩每个墩台不宜少于 2 孔。

2)对于覆盖型岩溶,应根据建筑物的重要性及需要,采用网格状布置勘探孔。

3)勘探深度应至建筑物基础以下 10 m~15 m,揭露溶洞时应根据工程需要适当加深。

4)岩溶发育且形态复杂时,施工阶段应结合工程处理措施,采取探灌结合的方法进一步查明岩溶发育形态。

岩溶地段的勘探应采用综合手段,使取得的地质资料相互补充、相互验证。一般在初测阶段,应先使用物探方法,然后布置必要的钻孔加以验证;在定测阶段,应视工程的需要布置物探剖面和勘探测试孔。必要时,在施工至路基设计高程时,对建筑物基底以下的岩溶发育情况进行补充勘探。

勘探点、线的布置应根据勘测阶段、建筑物等需要综合考虑。钻探深度应结合工程类型考虑,作为地基时从溶洞的顶板安全厚度考虑,太薄则不安全;作为建筑物环境(包括围岩和边坡)时,一方面应考虑环境条件的要求,另一方面还应考虑基底岩溶顶板安全厚度要求。对于覆盖型岩溶,一般应穿透覆盖层至下伏完整基岩。

水文地质工作应视工程的需要,做简易水文地质观察或必要的系统观测、联通试验、抽水试验等工作,以满足岩溶水水文地质计算和评价岩溶发育程度的要求。

对岩溶形态复杂的地段,在勘察阶段要完全查明岩溶的发育情况是不可能的,针对这种情况,在实际工作中往往在施工阶段结合处理措施(如灌浆方法)采取“探灌结合”的方法,即在对勘察资料分析研究的基础上,区别不同的岩溶发育区段,采用不同的钻孔间距或处理深度,边探查边灌浆,以达到工程处理的目的。

对于重点工程地区,必要时应选择一定数量的钻孔与岩溶泉(井),进行不少于一个水文年的水文地质动态观察。

10.0.1　桥梁墩台基础埋置深度是保证桥梁结构稳定、维护行车安全的主要因素之一。

桥梁墩台因洪水冲刷,将使墩台四周和基底的土流失,如果险情发生迅速,不及时抢救,可能出现墩台身倾倒。因此对既有桥墩台应进行冲刷检算,并结合历史洪水实际冲刷深度验证。在设计洪水冲刷线的条件下对基础承载力、稳定、沉降和位移等按本规范有关规定检算,如不能满足要求时,应视为基础埋深不足,按本条采取防护措施。

10.0.2　增建第二线桥时,应采取措施防护既有线桥的行车安全。一般采用的防护措施分为两类:

(1)在桥台后用吊轨、扣轨或工字梁等架便梁办法,使台后便梁跨间一段路基不承受由线路传来的列车荷载,并使第二线桥挖基时,这一段路基土不致坍落,或即使坍落亦不影响行车。工字便梁防护示意图如说明图10.0.2—1所示。

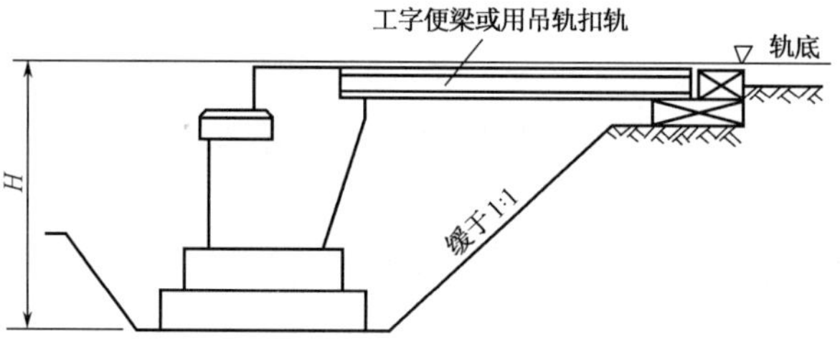

说明图10.0.2—1　工字便梁防护示意图

(2)在桥台后沿线路方向打入防护板桩或排桩,此法两线间距应在4.5 m以上。当路基较高,打板桩时应加防护以保证行车安全。板(排)桩应适当向线路外侧远离,以减少土压,因此第二线与既有线的距离需要增加。板(排)桩防护示意图如说明图10.0.2—1、说明图10.0.2—2所示。

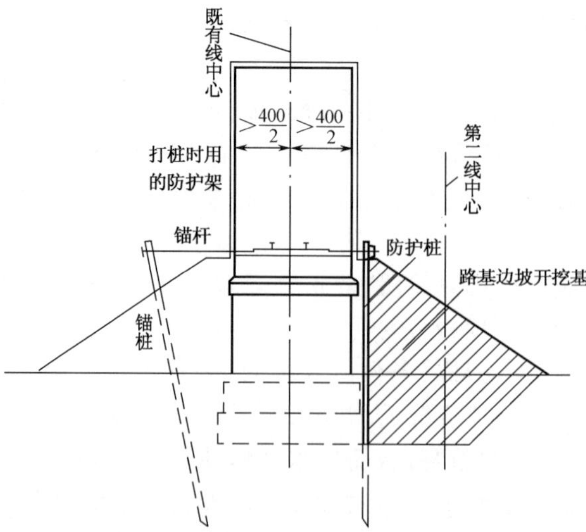

说明图10.0.2—2　板(排)桩防护示意图(路基不甚高)(单位:cm)

有条件时新旧基础宜做成分离式。分离式基础两线相互影响较少,且计算时概念明确。新旧基础有部分重叠者多因既有桥基础较宽,在要求的两线间距内占用了第二线桥基的部分位置,为了保持分离状态,须设垂直的和水平的沉降缝(说明图 10.0.2—4)。因第二线桥基础与线路中心线有偏心,故在计算时应考虑偏心影响。

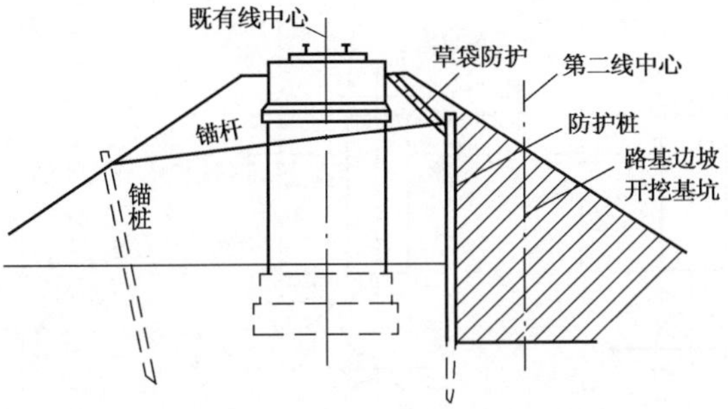

说明图 10.0.2—3　排桩防护示意图(路基较高)

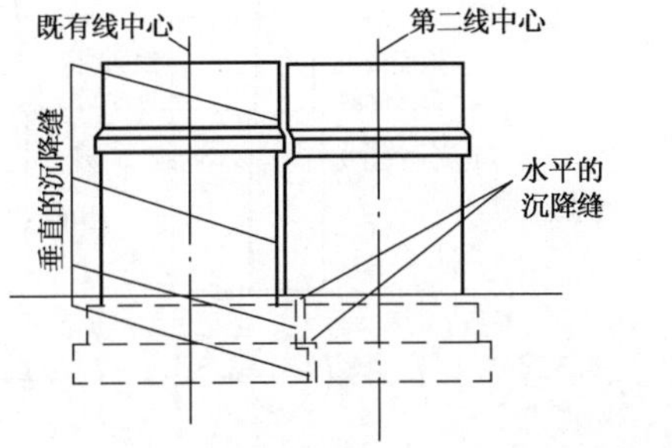

说明图 10.0.2—4　新旧桥基础分离式有部分重叠

整体式基础的新旧砌体联结处容易断裂,计算不易切合实际,联结的牵钉凿孔施工也比较繁琐,故一般不宜采用。但在个别情况下,如车站内增加股道,线间距已固定,不得已时可考虑做成整体式。

附录 A

根据《铁路工程岩土分类标准》TB 10077—2001 对原条文中的土、石分类表进行全面修改。原条文中的土、石的工程分级用《铁路工程地质勘察规范》TB 10012—2007 中的岩土施工工程分级代替。原条文中的季节性冻土分类表以《铁路工程特殊岩土勘察规程》TB 10038—2012 中的季节融化土层的冻胀性分级代替。

D. 0. 1

(1)基本假定

1)将土视作弹性变形介质,具有随深度成正比增长的地基系数。

2)计算中不考虑基础与土之间的黏着力和摩阻力。

3)在水平压力和竖向压力作用下,任何深度处,土中的应力均用地基系数表示。

(2)计算公式的推导

计算基础底面应力或土的竖向抗力时,按基础底面的实际面积考虑。但是,计算基础侧面土的水平抗力时,由于受力情况复杂,为计算简化,对各种截面形状的基础,根据其实际宽度或直径采取换算计算宽度 b_0 来计算,b_0 称为基础侧面土抗力的计算宽度。

当基础为单个构件[说明图 D. 0. 1(a)]或由位于与作用力平面相垂直的同一面内数个构件[说明图 D. 0. 1(c)]组成时,根据试验资料证明,基础的截面形状对基础的水平荷载承载力及基础作用于侧面土的水平压力图形有影响。曾经将不同尺寸的圆形和矩形基础,在各种土中施加水平力,进行比较的结果指出:直径为 d 的圆形基础与边宽等于 $0.9d$ 的矩形基础在承受水平力作用时,其侧面土被挤出情况下的临界水平荷载值相等。另外,还曾将不同尺寸圆形基础和矩形基础,使它们发生同样大小的倾斜角,比较它们需要施加的水平力。试验也证明:当矩形基础宽度为 $0.9d$ 时,这两种形式基础需要施加的水平力相等。因此,在计算基础侧面土抗力时,若将圆形基础当作矩形基础来计算,就必须将圆形基础的直径换算成受力相当的矩形基础宽度,亦即应将直径 d 乘以形状换算系数 k_f,显然，对于矩形基础来说，$k_f=1.0$；对圆形基础，$k_f=0.9$；对圆端形基础，$k_f=1-0.1\dfrac{d}{D}$（说明表 D.0.1）。

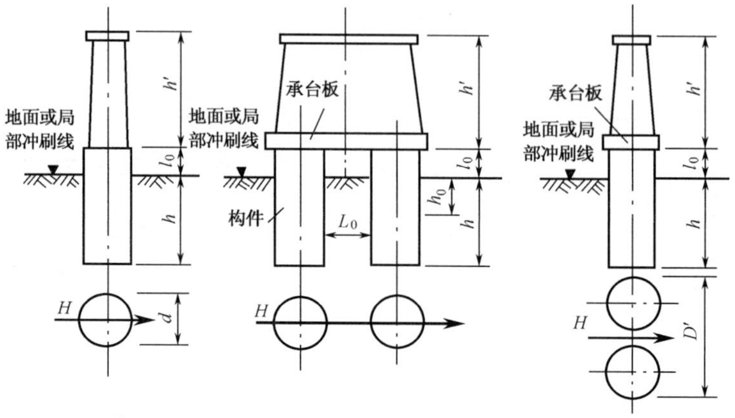

说明图　D.0.1

说明表 D.0.1　k_f值

基础截面形状	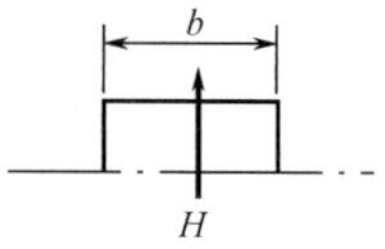	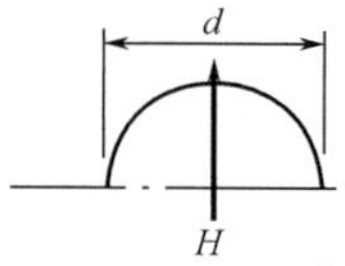	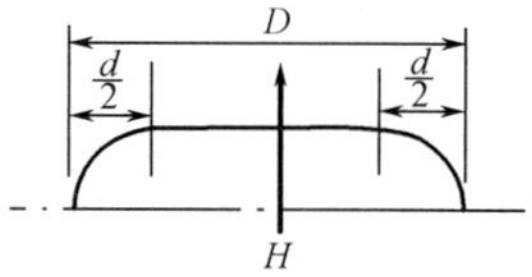
k_f 值	1.0	0.9	$1-0.1\dfrac{d}{D}$

基础承受水平荷载时，基础侧面土产生的抗力实际上应按空间情况考虑，但为了简化计算，将这种空间作用换算成平面情况，基础当作平面受力的矩形基础来考虑。因此，应对上述宽度乘以受力换算系数 k_0。试验认为：对于矩形基础，$k_0=1+\dfrac{1}{b}$；对于圆形基础，$k_0=1+\dfrac{1}{d}$；对于圆端形基础，$k_0=1+\dfrac{1}{D}$。

计算基础侧面土的水平抗力时，其土抗力计算宽度 b_0：

矩形基础

$$b_0=k_fk_0b=\left(1+\frac{1}{b}\right)b=b+1 \quad \text{（说明 D.0.1—1）}$$

圆形基础

$$b_0=k_fk_0d=0.9\left(1+\frac{1}{d}\right)d=0.9(d+1) \quad \text{（说明 D.0.1—2）}$$

圆端形基础

$$\begin{aligned} b_0&=k_fk_0D=\left(1-0.1\frac{d}{D}\right)\left(1+\frac{1}{D}\right)D \\ &=\left(1-0.1\frac{d}{D}\right)(D+1) \end{aligned} \quad \text{（说明 D.0.1—3）}$$

试验证明,这些计算宽度的公式适用于单根直径或宽度等于和大于 1 m 的构件。当构件直径或宽度等于和小于 1 m 时,则应采用下列公式:

矩形基础的单个构件

$$b_0=1.5b+0.5 \qquad (说明 D.0.1—4)$$

圆形基础的单个构件

$$b_0=0.9(1.5d+0.5) \qquad (说明 D.0.1—5)$$

圆端形基础的单个构件

$$b_0=\left(1-0.1\frac{d}{D}\right)(1.5D+0.5) \qquad (说明 D.0.1—6)$$

对位于与作用力平面相垂直的同一平面内 n 个构件组成的基础,其侧面土水平抗力的计算宽度等于 n 乘以上述计算宽度,但不得大于 $D'+1$ m,这里 D' 的意义如说明图 D.0.1(c)所示。

D.0.2 基础侧面深度 y 处土的水平地基系数 $C_y=my$,其中 m 为土的水平地基系数随深度变化的比例系数。深度 h 处基础底面土的竖向地基系数 $C_0=m_0h$,其中 m_0 为土的竖向地基系数随深度变化的比例系数。上述 m 和 m_0 应根据试验确定。当无试验资料时,可根据土的种类按说明表 D.0.2—1 查用。该表的 m 值是这样确定的:根据桩在地面处承受水平荷载作用的试验结果绘制荷载—位移关系曲线,从此曲线上找出相应于地面处水平位移为 6 mm 的荷载值,然后反复假定 m 值,按后面所述基础的计算公式计算地面处的水平位移,直至地面处水平位移等于 6 mm,则 m 值即为该种土采用的数值。这里考虑到过去大量墩台桩基设计经验证明地面处水平位移均不超过 6 mm,否则墩台顶面位移太大,不能满足规范的要求。我国西北地区铁路桥梁桩基设计对于黄土一般采用 $m=$ 20 000 kPa/m^2。另外,我国原铁道科学研究院西北研究所在西北冻土中进行了桩的水平荷载试验,认为本规范所采用的计算桩基办法基本上也可用于冻土区桩基设计。

说明表 D.0.2—1 非岩石地基的 m 和 m_0 值

序 号	土 的 名 称	m 和 m_0(kPa/m^2)
1	流塑黏性土 $I_L\geqslant1$、淤泥	3 000~5 000
2	软塑黏性土 $1>I_L\geqslant0.5$、粉砂、粉土	5 000~10 000
3	硬塑黏性土 $0.5>I_L>0$、细砂、中砂	10 000~20 000
4	坚硬的黏性土、粗砂	20 000~30 000
5	角砾土、圆砾土、碎石土、卵石土	30 000~80 000
6	块石土、漂石土	80 000~120 000

注:本表可用于桩在地面处位移最大值不超过 6 mm 的情况,当位移大于 6 mm 时应适当降低。

本方法系假定基底以上存在同一种土层进行考虑的,因此当基础侧面为数种不同土层时,须将各土层的 m_i 换算成整个深度 h 内为一种土的 m 值。试验证明,靠近地面愈近的土,对于抵抗构件承受水平荷载的影响就愈大,到了一定深度 h_m 以下,土性质的变化对构件的水平位移的影响不大。这里可以采取自地面下 h_m 深度内的平均 m 值作为整个深度内的 m 值。当基础入土深度 $h>\frac{2.5}{\alpha}$ 时,采用 $h_m=2(d+1)$,这里,d 为构件的平均直径(m),对于钢筋混凝土钻孔桩,d 为成孔桩径。当 $h\leqslant\frac{2.5}{\alpha}$ 时,构件可视为刚性者,采用 $h_m=h$,这里，α 为基础的变形系数，$\alpha=\sqrt[5]{\frac{mb_0}{EI}}$；$b_0$ 为基础侧面土抗力的计算宽度；E 为基础材料的弹性模量；I 为基础的平均截面惯性矩；m 为水平地基系数随深度变化的比例系数。对于钢筋混凝土构件，通常采用 $EI=0.9E_hI$，E_h 为混凝土的受压弹性模量，I 为全截面惯性矩，如说明图 D. 0. 2 所示，当三层不同土层时，令换算前的地基系数图形面积与换算后的面积相等，即令

$$\frac{1}{2}mh_1^2+\frac{m_2h_1+m_2(h_1+h_2)}{2}h_2+\frac{m_3(h_1+h_2)+m_3(h_1+h_2+h_3)}{2}h_3=\frac{mh_m^2}{2}$$

得

$$m=\frac{m_1h_1^2+m_2(2h_1+h_2)h_2+m_3(2h_1+2h_2+h_3)h_3}{h_m^2} \quad \text{（说明 D. 0. 2—1）}$$

当两层不同土层时，得

$$m=\frac{m_1h_1^2+m_2(2h_1+h_2)h_2}{h_m^2} \quad \text{（说明 D. 0. 2—2）}$$

假如基础侧面有斜坡或台阶（如沉井、沉箱），则 m 值按说明表 D. 0. 2—1 中的数值减小使用。对于斜桩和斜管柱之类的结构，当其斜度不太大时（如 1/10～1/6），构件侧面的 m 值仍可近似采用说明表 D. 0. 2—1 中的数值；当斜坡较大时（如 1/5～1/4），m 值如何考虑是比较复杂的问题，一般认为应适当降低，但目前缺乏充分的资料，对其降低值难作出统一的规定。

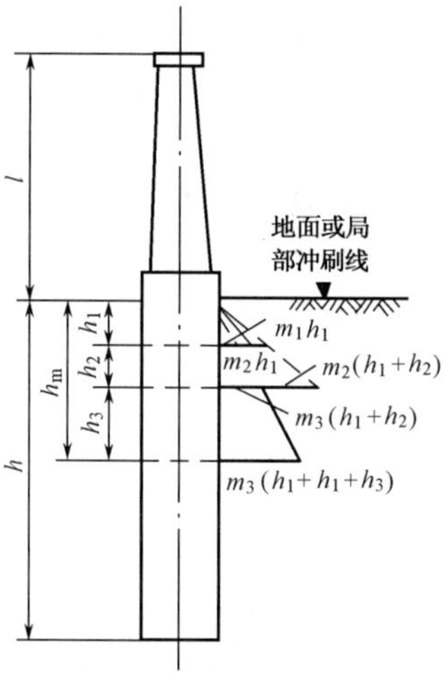

说明图　D. 0. 2

当基础顶部与承台联结，基础由位于外力作用面内的数个构件[说明图 D. 0. 1(b)]组成时，按刚架求出每一构件顶面所承受的外力 N_i、Q_i 和 M_i。对于这种结构，还必须考虑各构件相互作用对于 m 值的影响（参见 C. S. Desai，J. T. Christian 著《Numerical Methods in Geotechnical Engineering》一书第 9—1 节），所以将 m 值乘以相互影响系数 k。当 $L_0\geqslant 0.6h_0$ 时，$k=1.0$；当 $L_0<0.6h_0$ 时，k 值小于 1，并按下式确定：

$$k=C+\frac{1-C}{0.6}\cdot\frac{L_0}{h_0} \quad \text{（说明 D. 0. 2—3）}$$

式中　h_0——构件埋入局部冲刷线以下的计算深度（m），$h_0=3(d+1)$，不得大于入土全长 h；

C——随构件数 n 而异的系数：当 $n=1$ 时，$C=1.0$；当 $n=2$ 时，$C=0.6$；当 $n=3$ 时，$C=0.5$；当 $n\geqslant 4$ 时，$C=0.45$；

L_0——两桩之间的净距离（对于钻孔桩则为两桩成孔桩径之间的净距离）。

当基础支立于岩石上时，基础底面岩石的竖向地基系数 C_0 不随岩石的埋藏深度而变。C_0 可按说明表 D. 0. 2—2 查用，介于表内中间情况时，C_0 值用直线插入来确定。

说明表 D.0.2—2 岩石的竖向地基系数 C_0 值

R(kPa)	C_0(kPa/m)
1 000	300 000
25 000	15 000 000

注：表中 R 为岩石单轴抗压强度。

D.0.3

(1)一般情况下基础计算公式

1)一般情况下，进行基础计算时均应考虑基础的实际刚度。对于说明图 D.0.1(a)和说明图 D.0.1(c)所示基础，均可视为固定于土中的弹性单个柱形基础来考虑。对于说明图 D.0.1(b)和说明图 D.0.3—7 所示基础，则可按下部弹性固定于土中，上端藉刚性承台刚性联结的框架来考虑。这两种情况的基本公式的推导如下。

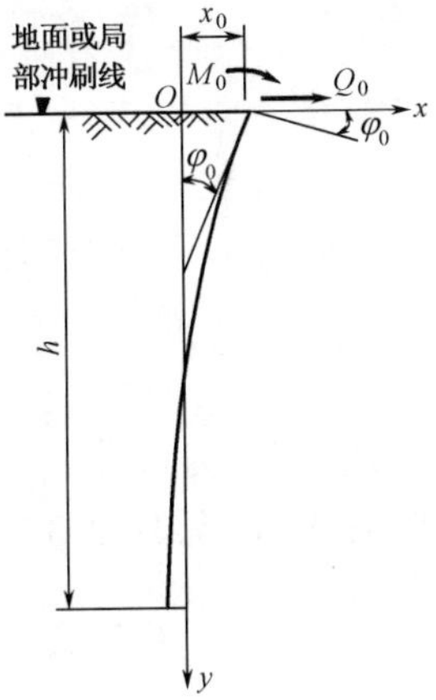

说明图 D.0.3—1

假设说明图 D.0.3—1 所示基础为埋置于土内的弹性柱或称弹性构件，其侧面土抗力的计算宽度为 b_0，该柱或构件的顶端与地面相平，地面处作用有力矩 M_0、横向力 Q_0，产生横向位移 x_0、转角 φ_0(我们规定该图中顺 Ox 轴正方向的横向位移 x_0 为正值，逆时针方向的转角 φ_0 为正值，构件左侧纤维受拉时弯矩 M_0 为正值，顺 Ox 轴正方向的横向力 Q_0 为正值，因此说明图 D.0.3—1 中所示的 M_0、Q_0 和 x_0 均为正值，φ_0 为负值)。

对于这种弹性柱进行内力分析和确定其弹性曲线，早在三四十年前甚至更早一些时候就成为人们所研究的课题。直到目前为止，提出解决这个问题的办法大多还是应用弹性地基梁的计算理论，采用文克勒(E. Winkler)于 1967 年发表的假设：假定作用于柱上的侧向土抗力等于土的侧向地基系数与挠度(或位移)的乘积。但是，由于地基系数在土中变化规律不同，产生了不同的计算方法。有的采用地基系数为一常数，而不随深度变化者，由于地面处位移最大，因而就得出地面处土的反力为最大的结论，许多试验证明这种结论是有问题的；还有的认为黏性土的地基系数在地面处不为零，而砂土的地基系数在地面处为零，并随深度增大。至于地基系数随深度增大的规律，有的认为是曲线形，也有的认为是一直线。但是，地基系数随深度成直线增长，且地面处地基系数等于零的假定，便于计算，虽然表面上看来地基系数随深度无限增大似乎不合理，但由于构件身的横向变位随深度很快地减小，深度愈深，变位愈小，因此二者相乘的结果还是很小的。我国铁路部门和公路部门许多单位曾做过不少研究，认为：采用地基系数随深度成直线增长的变化规律，一般来说，计算结果与实际情况比较相符，因此，规范采取了这种变化规律。

假定沿地面或局部冲刷线为 x 轴，沿柱(或称构件)身轴线为 y 轴，并假定柱作用于土上的横向压应力等于柱上各点横向位移 x 与该点土的侧向地基系数 C_y 的乘积，由于 C_y 随深度 y 变化，即 $C_y=my$，所以任一深度 y 处土作用于柱上的水平抗力为 $myxb_0$，这里 m 代表水平地基系数随深度变化的比例系数，其值可根据土的类别按说明表 D.0.2—1 查用。当柱挠曲时柱侧土会产生平行于柱轴的土阻力，由于该阻力相当小，在分析中可以略去不计。根据材料力学，这种弹性柱的弹性曲线微分方程为(说明图 D.0.3—1)：

$$EI\frac{\mathrm{d}^4x}{\mathrm{d}y^4}+P_y\frac{\mathrm{d}^2x}{\mathrm{d}y^2}+myxb_0=0$$

式中，P_y 为柱的轴向荷载。通常由于 P_y 的作用影响很小，可将 $P_y\frac{\mathrm{d}^2x}{\mathrm{d}y^2}$ 项略去不考虑（如考虑 P_y 的作用影响，上列微分方程的求解将较复杂），因此该式可简化成为

$$EI\frac{\mathrm{d}^4x}{\mathrm{d}y^4}=-myxb_0 \qquad \text{（说明 D. 0. 3—1）}$$

并且

$$x_{(y=0)}=x_0 \qquad \text{（说明 D. 0. 3—2）}$$

$$\frac{\mathrm{d}x}{\mathrm{d}y_{(y=0)}}=\varphi_0 \qquad \text{（说明 D. 0. 3—3）}$$

$$EI\frac{\mathrm{d}^2x}{\mathrm{d}y^2_{(y=0)}}=M_0 \qquad \text{（说明 D. 0. 3—4）}$$

$$EI\frac{\mathrm{d}^3x}{\mathrm{d}y^3_{(y=0)}}=Q_0 \qquad \text{（说明 D. 0. 3—5）}$$

按微分方程解析理论可假设方程（说明 D. 0. 3—1）之解为一幂级数，即

$$x=\sum_{i=0}^{\infty}a_iy^i \qquad \text{（说明 D. 0. 3—6）}$$

式中，a_i 为常数。

对式（说明 D. 0. 3—6）求 1~4 阶导数，即

$$\frac{\mathrm{d}x}{\mathrm{d}y}=\sum_{i=1}^{\infty}ia_iy^{i-1} \qquad \text{（说明 D. 0. 3—7）}$$

$$\frac{\mathrm{d}^2x}{\mathrm{d}y^2}=\sum_{i=2}^{\infty}i(i-1)a_iy^{i-2} \qquad \text{（说明 D. 0. 3—8）}$$

$$\frac{\mathrm{d}^3x}{\mathrm{d}y^3}=\sum_{i=3}^{\infty}i(i-1)(i-2)a_iy^{i-3} \qquad \text{（说明 D. 0. 3—9）}$$

$$\frac{\mathrm{d}^4x}{\mathrm{d}y^4}=\sum_{i=4}^{\infty}i(i-1)(i-2)(i-3)a_iy^{i-4} \qquad \text{（说明 D. 0. 3—10）}$$

将式（说明 D. 0. 3—6）和式（说明 D. 0. 3—10）代入式（说明 D. 0. 3—1），得

$$\sum_{i=4}^{\infty}(i-3)(i-2)(i-1)ia_iy^{i-4}=-\frac{mb_0}{EI}\sum_{i=4}^{\infty}a_iy^{i+1}$$

因为假定式（说明 D. 0. 3—6）是微分方程式（说明 D. 0. 3—1）之解，那么上式应为一恒等式，即

$$\sum_{i=4}^{\infty}(i-3)(i-2)(i-1)ia_iy^{i-4}=-\frac{mb_0}{EI}\sum_{i=4}^{\infty}a_iy^{i+1}$$

（说明 D. 0. 3—11）

等式（说明 D. 0. 3—11）两边 y 之幂次相同项的系数应该相等，故可展开式（说明 D. 0. 3—11），并改写为

$1\times2\times3\times4a_4+2\times3\times4\times5a_5y+3\times4\times5\times6a_6y^2+4\times5\times6\times7a_7y^3+5\times6\times7\times8a_8y^4+\cdots+$

$$(n+1)(n+2)(n+3)(n+4)a_{n+4}y^n+\cdots$$

$$=-\frac{mb_0}{EI}(a_0y+a_1y^2+a_2y^3+a_3y^4+\cdots+a_ny^{n+1}+\cdots) \qquad \text{(说明 D. 0. 3—12)}$$

比较此等式的两边,得出如下系数:

$$a_4=0$$

$$a_5=-\frac{mb_0}{EI}\cdot\frac{1}{5!}a_0$$

$$a_6=-\frac{mb_0}{EI}\cdot\frac{1}{3\times4\times5\times6}a_1=-\frac{mb_0}{EI}\cdot\frac{2!}{6!}a_1$$

$$a_7=-\frac{mb_0}{EI}\cdot\frac{1}{4\times5\times6\times7}a_2=-\frac{mb_0}{EI}\cdot\frac{3!}{7!}a_2$$

$$a_8=-\frac{mb_0}{EI}\cdot\frac{1}{5\times6\times7\times8}a_3=-\frac{mb_0}{EI}\cdot\frac{4!}{8!}a_3$$

$$a_9=-\frac{mb_0}{EI}\cdot\frac{5!}{9!}a_4$$

$$\vdots$$

由此可见,除 $a_4=0$ 外,其余各系数的通式为

$$a_{n+4}=-\frac{mb_0}{EI}\cdot\frac{a_{n-1}}{(n+4)(n+3)(n+2)(n+1)}$$

$$(n=1,2,3,4\cdots) \qquad \text{(说明 D. 0. 3—13)}$$

根据式(说明 D. 0. 3—13),上面各系数又可逐次改写成:

$a_{5k-1}=0$(当 $k=1$ 时,$a_{5k-1}=a_4$,因为 $a_4=0$,

故 $a_{5k-1}=0$;当 $k=2$ 时,$a_{5k-1}=a_9=0$;当 $k=3$ 时,

$a_{5k-1}=a_{14}=-\frac{mb_0}{EI}\cdot\frac{10!}{14!}a_9=0$,故 $a_{5k-1}=0$)

a_{5k}是 a_0 的倍数(例如:当 $k=1$ 时,$a_{5k}=a_5$),因为

$a_5=-\frac{mb_0}{EI}\cdot\frac{a_0}{5!}$,故 $a_{5k}=-\frac{mb_0}{EI}\cdot\frac{a_0}{5!}$;当 $k=2$ 时,

按式(说明 D. 0. 3—13),$a_{10}=-\frac{mb_0}{EI}\cdot\frac{a_5}{10\times9\times8\times7}$,将 a_5 代入此式,则 $a_{10}=(-1)^2\left(\frac{mb_0}{EI}\right)^2\frac{6}{10}a_0$;又如当 $k=3$ 时,按式(说明 D. 0. 3—13),则

$$a_{15}=-\frac{mb_0}{EI}\cdot\frac{a_{10}}{15\times14\times13\times12}=-\frac{mb_0}{EI}\cdot\frac{11}{15\times14\times13\times12\times11}a_{10}$$

$$=(-1)^3\left(\frac{mb_0}{EI}\right)^3\frac{6\cdot11}{15!}a_0$$

a_{5k+1}是 a_1 的倍数(理由同上)

a_{5k+2}是 a_2 的倍数(理由同上)

a_{5k+3}是 a_3 的倍数(理由同上)

上面各式中 $k=1,2,3,4\cdots$

若用通式表示,则上面各系数可写成

$$\left.\begin{aligned}
&a_{5k-1}=0\\
&a_{5k}=(-1)^k\left(\frac{mb_0}{EI}\right)^k\frac{(5k-4)!!}{(5k)!}a_0\\
&a_{5k+1}=(-1)^k\left(\frac{mb_0}{EI}\right)^k\frac{(5k-3)!!}{(5k+1)!}a_1\\
&a_{5k+2}=(-1)^k\left(\frac{mb_0}{EI}\right)^k\frac{2(5k-2)!!}{(5k+2)!}a_2\\
&a_{5k+3}=(-1)^k\left(\frac{mb_0}{EI}\right)^k\frac{6(5k-1)!!}{(5k+3)!}a_3
\end{aligned}\right\}\qquad\text{(说明 D. 0. 3—14)}$$

上面各式中 $k=1,2,3,4\cdots$

式(说明 D. 0. 3—14)中的$(5k-4)!!$、$(5k-3)!!$、$(5k-2)!!$ 及$(5k-1)!!$ 均仅作为一种符号,它所表示的意义如下:

$$\begin{aligned}(5k-4)!!\ =&(5k-4)[5(k-1)-4][5(k-2)-4]\cdots\\&(5\times3-4)(5\times2-4)(5\times1-4)\end{aligned}$$

假如 $k=4$,则

$$\begin{aligned}(5k-4)!!\ &=(5\times4-4)(5\times3-4)(5\times2-4)(5\times1-4)\\&=(20-4)(15-4)(10-4)(5-4)\\&=16\times11\times6\times1\end{aligned}$$

从式(说明 D. 0. 3—6)、式(说明 D. 0. 3—14)得

$$\begin{aligned}
x &= \sum_{i=0}^{\infty}a_iy^i\\
&=a_0+a_1y+a_2y^2+a_3y^3+a_4y^4+a_5y^5+\cdots\\
&=a_0+a_1y+a_2y^2+a_3y^3+\sum_{k=1}^{\infty}a_{5k-1}y^{5k-1}+\sum_{k=1}^{\infty}a_{5k}y^{5k}+\\
&\quad\sum_{k=1}^{\infty}a_{5k+1}y^{5k+1}+\sum_{k=1}^{\infty}a_{5k+2}y^{5k+2}+\sum_{k=1}^{\infty}a_{5k+3}y^{5k+3}\\
&=a_0+a_1y+a_2y^2+a_3y^3+0+\\
&\quad\sum_{k=1}^{\infty}(-1)^k\left(\frac{mb_0}{EI}\right)^k\frac{(5k-4)!!}{(5k)!}a_0y^{5k}+\\
&\quad\sum_{k=1}^{\infty}(-1)^k\left(\frac{mb_0}{EI}\right)^k\frac{(5k-3)!!}{(5k+1)!}a_1y^{5k+1}+\\
&\quad\sum_{k=1}^{\infty}(-1)^k\left(\frac{mb_0}{EI}\right)^k\frac{2(5k-2)!!}{(5k+2)!}a_2y^{5k+2}+\\
&\quad\sum_{k=1}^{\infty}(-1)^k\left(\frac{mb_0}{EI}\right)^k\frac{6(5k-1)!!}{(5k+3)!}a_3y^{5k+3}
\end{aligned}$$

$$
\begin{aligned}
&= a_0\left[1+\sum_{k=1}^{\infty}(-1)^k\left(\frac{mb_0}{EI}\right)^k\frac{(5k-4)!!}{5k!}y^{5k}\right]+\\
&a_1\left[y+\sum_{k=1}^{\infty}(-1)^k\left(\frac{mb_0}{EI}\right)^k\frac{(5k-3)!!}{(5k+1)!}y^{5k+1}\right]+\\
&a_2\left[y^2+\sum_{k=1}^{\infty}(-1)^k\left(\frac{mb_0}{EI}\right)^k\frac{2(5k-2)!!}{(5k+2)!}y^{5k+2}\right]+\\
&a_3\left[y^3+\sum_{k=1}^{\infty}(-1)^k\left(\frac{mb_0}{EI}\right)^k\frac{6(5k-1)!!}{(5k+3)!}y^{5k+3}\right]\\
&= a_0x_0(y)+a_1x_1(y)+a_2x_2(y)+a_3x_3(y)
\end{aligned}
\quad \text{（说明 D. 0. 3—15）}
$$

式中

$$
\left.
\begin{aligned}
x_0(y) &= 1+\sum_{k=1}^{\infty}(-1)^k\left(\frac{mb_0}{EI}\right)^k\frac{(5k-4)!!}{(5k)!}y^{5k}\\
x_1(y) &= y+\sum_{k=1}^{\infty}(-1)^k\left(\frac{mb_0}{EI}\right)^k\frac{(5k-3)!!}{(5k+1)!}y^{5k+1}\\
x_2(y) &= y^2+\sum_{k=1}^{\infty}(-1)^k\left(\frac{mb_0}{EI}\right)^k\frac{2(5k-2)!!}{(5k+2)!}y^{5k+2}\\
x_3(y) &= y^3+\sum_{k=1}^{\infty}(-1)^k\left(\frac{mb_0}{EI}\right)^k\frac{6(5k-1)!!}{(5k+3)!}y^{5k+3}
\end{aligned}
\right\}
$$

（说明 D. 0. 3—16）

令 $\alpha=\sqrt[5]{\frac{mb_0}{EI}}$，因此$\frac{mb_0}{EI}=\alpha^5$，将此式代入式（说明 D. 0. 3—16），则得

$$
\left.
\begin{aligned}
x_0(y) &= 1+\sum_{k=1}^{\infty}(-1)^k\frac{(5k-4)!!}{(5k)!}(\alpha y)^{5k}\\
x_1(y) &= y+\sum_{k=1}^{\infty}(-1)^k\frac{(5k-3)!!}{(5k+1)!}\cdot\frac{1}{\alpha}(\alpha y)^{5k+1}\\
x_2(y) &= y^2+\sum_{k=1}^{\infty}(-1)^k\frac{(5k-2)!!}{(5k+2)!}\cdot\frac{2}{\alpha^2}(\alpha y)^{5k+2}\\
x_3(y) &= y^3+\sum_{k=1}^{\infty}(-1)^k\frac{(5k-1)!!}{(5k+3)!}\frac{6}{\alpha^3}(\alpha y)^{5k+3}
\end{aligned}
\right\}
$$

（说明 D. 0. 3—17）

将初始条件代入式（说明 D. 0. 3—15），便可得出系数 a_0、a_1、a_2 和 a_3。

从式（说明 D. 0. 3—16）得知，当 $y=0$ 时，$x_0(0)=1$，$x_1(0)=0$，$x_2(0)=0$，$x_3(0)=0$，故 $a_0=x_0$。

对式（说明 D. 0. 3—17）中每一式求一阶导数，并将 $y=0$ 代入，显然，除 $x_1(y)$ 导数中的第一项不为零外，其余均等于零，故从式（说明 D. 0. 3—15）得

$$
\frac{\mathrm{d}x}{\mathrm{d}y_{(y=0)}}=a_1
$$

由于式（说明 D. 0. 3—3）中$\frac{\mathrm{d}x}{\mathrm{d}y_{(y=0)}}=\varphi_0$，所以 $a_1=\varphi_0$。同理可得

$$\frac{d^2x}{dy^2_{(y=0)}}=\frac{M_0}{EI}=2a_2$$

$$\frac{d^3x}{dy^3_{(y=0)}}=\frac{Q_0}{EI}=6a_3$$

所以

$$a_2=\frac{1}{2}M_0\frac{1}{EI}$$

$$a_3=\frac{1}{6}M_0\frac{1}{EI}$$

故式(说明 D.0.3—15)可写成

$$x=x_0\cdot x_0(y)+\varphi_0\cdot x_1(y)+\frac{M_0}{2EI}x_2(y)+\frac{Q_0}{6EI}x_3(y) \qquad \text{(说明 D.0.3—18)}$$

亦可改写成

$$x=x_0A_1+\frac{\varphi_0}{\alpha}B_1+\frac{M_0}{\alpha^2EI}C_1+\frac{Q_0}{\alpha^3EI}D_1 \qquad \text{(说明 D.0.3—19)}$$

式中

$$A_1=x_0(y)=1+\sum_{k=0}^{\infty}(-1)^k\frac{(5k-4)}{(5k)}(\alpha y)^{5k}$$
$$=1-\frac{(\alpha y)^5}{5!}+\frac{1\times 6}{10!}(\alpha y)^{10}-\frac{1\times 6\times 11}{15!}(\alpha y)^{15}+$$
$$\frac{1\times 6\times 11\times 16}{20!}(\alpha y)^{20}-\frac{1\times 6\times 11\times 16\times 21}{25!}(\alpha y)^{25}+\cdots$$

因为根据说明图 D.0.3—1,式(说明 D.0.3—18)和式(说明 D.0.3—19)中的 φ_0 实际为负值,故

$$\frac{\varphi_0}{\alpha}B_1=\varphi_0x_1(y)$$

则得

$$B_1=\alpha x_1(y)$$
$$=\alpha\left[y+\sum_{k=0}^{\infty}(-1)^k\frac{(5k-3)!!}{(5k+1)!}\cdot\frac{1}{\alpha}(\alpha y)^{5k+1}\right]$$
$$=\alpha y-\frac{2}{6!}(\alpha y)^6+\frac{2\times 7}{11!}(\alpha y)^{11}-\cdots$$

$$C_1=\frac{\alpha^2}{2}x_2(y)$$
$$=\frac{\alpha^2}{2}\left[y^2+\sum_{k=0}^{\infty}(-1)^k\frac{(5k-2)!!}{(5k+2)!}\cdot\frac{2}{\alpha^2}(\alpha y)^{5k+2}\right]$$
$$=\frac{1}{2!}(\alpha y)^2-\frac{3}{7!}(\alpha y)^7+\frac{3\times 8}{12!}(\alpha y)^{12}-\cdots$$

$$D_1=\frac{\alpha^3}{6}x_3(y)$$

$$=\frac{\alpha^3}{6}\left[y^3+\sum_{k=0}^{\infty}(-1)^k\frac{(5k-1)!!}{(5k+3)!}\cdot\frac{6}{\alpha^3}(\alpha y)^{5k+3}\right]$$

$$=\frac{1}{3!}(\alpha y)^3-\frac{4}{8!}(\alpha y)^8+\frac{4\times9}{13!}(\alpha y)^{13}-\frac{4\times9\times14}{18!}(\alpha y)^{18}+\cdots$$

对式(说明 D.0.3—19)求导数，得

$$\frac{\mathrm{d}x}{\mathrm{d}y}=\varphi=x_0\alpha A_2+\frac{\varphi_0}{\alpha}\alpha B_2+\frac{M_0}{\alpha^2EI}\alpha C_2+\frac{Q_0}{\alpha^3EI}\alpha D_2 \quad (说明 D.0.3—20)$$

或

$$\frac{\varphi}{\alpha}=x_0A_2+\frac{\varphi_0}{\alpha}B_2+\frac{M_0}{\alpha^2EI}C_2+\frac{Q_0}{\alpha^3EI}D_2 \quad (说明 D.0.3—21)$$

式中，A_2、B_2、C_2、D_2 是分别对 A_1、B_1、C_1、D_1 求导数并除以 α 而得，即

$$\left.\begin{aligned}
A_2&=-\frac{(\alpha y)^4}{4!}+6\frac{(\alpha y)^9}{9!}-6\times11\frac{(\alpha y)^{14}}{14!}+6\times11\times16\frac{(\alpha y)^{19}}{19!}-\cdots\\
B_2&=1-2\frac{(\alpha y)^5}{5!}+2\times7\frac{(\alpha y)^{10}}{10!}-2\times7\times12\frac{(\alpha y)^{15}}{15!}+\cdots\\
C_2&=\alpha y-3\frac{(\alpha y)^6}{6!}+3\times8\frac{(\alpha y)^{11}}{11!}-3\times8\times13\frac{(\alpha y)^{16}}{16!}+\cdots\\
D_2&=\frac{(\alpha y)^2}{2!}-4\frac{(\alpha y)^7}{7!}+4\times9\frac{(\alpha y)^{12}}{12!}-4\times9\times14\frac{(\alpha y)^{17}}{17!}+\cdots
\end{aligned}\right\}$$

(说明 D.0.3—22)

对式(说明 D.0.3—21)求导数，得

$$\frac{\mathrm{d}^2x}{\mathrm{d}y^2}=x_0\alpha^2A_3+\frac{\varphi_0}{\alpha}\alpha^2B_3+\frac{M_0}{\alpha^2EI}\alpha^2C_3+\frac{Q_0}{\alpha^3EI}\alpha^2D_3 \quad (说明 D.0.3—23)$$

根据材料力学有

$$\frac{\mathrm{d}^2x}{\mathrm{d}y^2}=\frac{M}{EI}$$

故式(说明 D.0.3—23)可变为

$$\frac{M}{\alpha^2EI}=x_0A_3+\frac{\varphi_0}{\alpha}B_3+\frac{M_0}{\alpha^2EI}C_3+\frac{Q_0}{\alpha^3EI}D_3 \quad (说明 D.0.3—24)$$

式中，A_3、B_3、C_3、D_3 是分别对 A_2、B_2、C_2、D_2 求导数并除以 α 而得，即

$$\left.\begin{aligned}
A_3&=-\frac{(\alpha y)^3}{3!}+6\frac{(\alpha y)^8}{8!}-6\times11\frac{(\alpha y)^{13}}{13!}+6\times11\times16\frac{(\alpha y)^{18}}{18!}-\cdots\\
B_3&=-2\frac{(\alpha y)^4}{4!}+2\times7\frac{(\alpha y)^9}{9!}-2\times7\times12\frac{(\alpha y)^{14}}{14!}+\cdots\\
C_3&=1-3\frac{(\alpha y)^5}{5!}+3\times8\frac{(\alpha y)^{10}}{10!}-3\times8\times13\frac{(\alpha y)^{15}}{15!}+\cdots\\
D_3&=\alpha y-4\frac{(\alpha y)^6}{6!}+4\times9\frac{(\alpha y)^{11}}{11!}-4\times9\times14\frac{(\alpha y)^{16}}{16!}+\cdots
\end{aligned}\right\}$$

(说明 D.0.3—25)

对式(说明 D.0.3—23)求导数，得

$$\frac{\mathrm{d}^3x}{\mathrm{d}y^3}=x_0\alpha^3A_4+\frac{\varphi_0}{a}\alpha^3B_4+\frac{M_0}{\alpha^2EI}\alpha^3C_4+\frac{Q_0}{\alpha^3EI}\alpha^3D_4 \quad \text{（说明 D. 0. 3—26）}$$

根据材料力学有

$$\frac{\mathrm{d}^3x}{\mathrm{d}y^3}=\frac{Q}{EI}$$

故式（说明 D.0.3—26）可变为

$$\frac{Q}{\alpha^3EI}=x_0A_4+\frac{\varphi_0}{\alpha}B_4+\frac{M_0}{\alpha^2EI}C_4+\frac{Q_0}{\alpha^3EI}D_4 \quad \text{（说明 D. 0. 3—27）}$$

式中，A_4、B_4、C_4、D_4 是分别对 A_3、B_3、C_3、D_3 求导数并除以 α 而得，即

$$\left.\begin{aligned}
A_4&=-\frac{(\alpha y)^2}{2!}+6\frac{(\alpha y)^7}{7!}-6\times11\frac{(\alpha y)^{12}}{12!}+6\times11\times16\frac{(\alpha y)^{17}}{17!}-\cdots\\
B_4&=-2\frac{(\alpha y)^3}{3!}+2\times7\frac{(\alpha y)^8}{8!}-2\times7\times12\frac{(\alpha y)^{13}}{13!}+\cdots\\
C_4&=-3\frac{(\alpha y)^4}{4!}+3\times8\frac{(\alpha y)^9}{9!}-3\times8\times13\frac{(\alpha y)^{14}}{14!}+\cdots\\
D_4&=1-4\frac{(\alpha y)^5}{5!}+4\times9\frac{(\alpha y)^{10}}{10!}-4\times9\times14\frac{(\alpha y)^{15}}{15!}+\cdots
\end{aligned}\right\}$$

（说明 D. 0. 3—28）

上面出现的 A_1、B_1、C_1、D_1，A_2、B_2、…，C_4 及 D_4 这些系数可根据不同的换算深度 $\overline{h}=\alpha y$ 编成表，见附录 D 表 D. 0. 3—1，表中的这些系数值都是没有量纲的。从式（说明 D. 0. 3—19）、式（说明 D. 0. 3—21）、式（说明 D. 0. 3—24）、式（说明 D. 0. 3—27）看出，杆件中位于地面以下 y 处的 x、φ、M 和 Q 均藉初参数 x_0、φ_0、M_0 和 Q_0 来表达。

深置基础可分为埋置于非岩石地基中（包括支立于岩石风化层内、支立于岩石面上等情况）和支立并嵌固于岩石内两种情况。这里先讨论埋置于非岩石地基中（包括支立于岩石风化层内、支立于岩石面上等情况）的情况。在计算深置弹性基础时，必需确定当地面（或局部冲刷线处）作用单位力时该点的位移。在确定此位移计算公式之前，讨论一下基础底面（即 $y=h$ 处的截面）旋转 φ_h 角时基底土的抵抗力矩 M_h（说明图 D. 0. 3—2）。

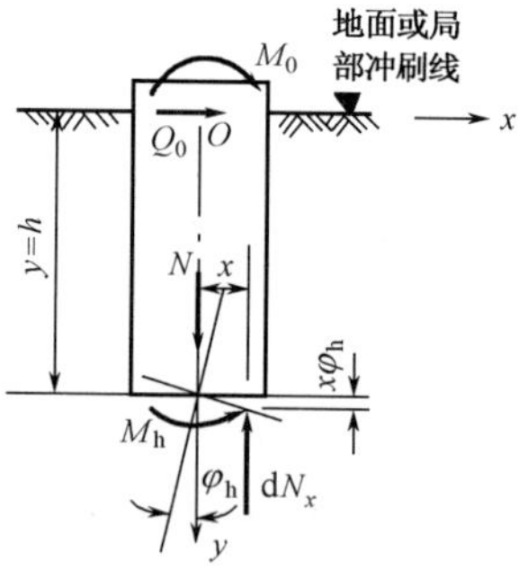

说明图　D. 0. 3—2

当基底发生转角 φ_h 时，作用于基底坐标 x 处面积 $\mathrm{d}A_0$ 上土的反力 $\mathrm{d}N_x$ 为

$$\mathrm{d}N_x=-x\varphi_hC_0\mathrm{d}A_0 \quad \text{（说明 D. 0. 3—29）}$$

式中　C_0——基底土的竖向地基系数。

在非岩石地基上，基底土的反力对基底截面重心的力矩为

$$M_h=\int_{A_0}x\mathrm{d}N_x=-\varphi_hC_0\int_{A_0}x^2\mathrm{d}A_0=-\varphi_hC_0I_0 \quad \text{（说明 D. 0. 3—30）}$$

式中　A_0——基底全面积：对于说明图 D. 0. 1（b）所示情况，A_0 为每一构件的底面积；对于说明图 D. 0. 1（c）所示情况，A_0 为各构件底面积之和；

I_0——基底全面积对其截面重心的惯性矩：对于说明图 D. 0. 1（b）所示情况，I_0 为

每一构件之底截面惯性矩；对于说明图 D. 0. 1(c)所示情况，则为各构件底截面惯性矩之和。

式(说明 D. 0. 3—30)右边引入一个负号是因为说明图 D. 0. 3—2 中当 φ_h 为负值(顺时针方向)时，基底产生正的 M_h(即左边纤维受拉)。

当地面处(或局部冲刷线处)构件上仅作用有单位横向力(垂直构件轴线方向) $Q_0=1$ 时，地面处构件的位移公式推导如下[说明图 D. 0. 3—3(a)]。

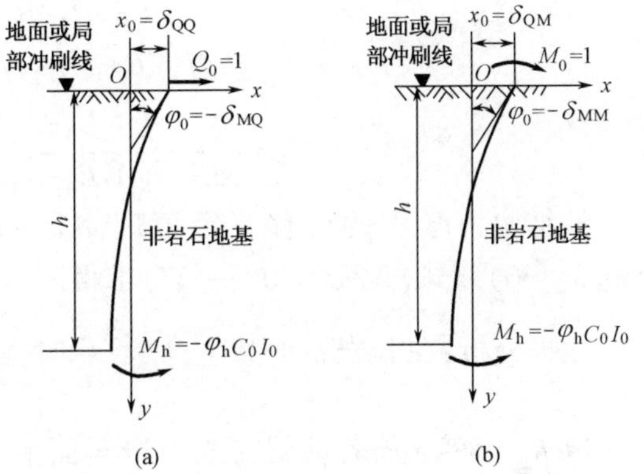

说明图　D. 0. 3—3

根据前面所述，说明图 D. 0. 3—3 所示的 φ_0 为顺时针方向，故 φ_0 为负值，写成 $\varphi_0=-\delta_{MQ}$。

已知初参数 $M_0=0$ 和 $Q_0=1$，未知初参数 $x_0=\delta_{QQ}$ 和 $\varphi_0=-\delta_{MQ}$。

从基础底面考虑，由于

$M_h=-C_0\varphi_h I_0$

$Q_h=0$(柱的底面摩擦力不计)

可写出如下等式：

$$\frac{M_h}{\alpha^2 EI}=-\frac{C_0}{\alpha E}\cdot\frac{I_0}{I}\cdot\frac{\varphi_h}{\alpha}\qquad(说明 D. 0. 3—31)$$

式中　I——基础的平均截面惯性矩。

令式(说明 D. 0. 3—21)中 φ 为 φ_h(其中 A_2、B_2 和 D_2 按 $y=h$ 查条文中附录 D 的表 D. 0. 3—1)，并令式(说明 D. 0. 3—24)中 M 为 M_h(其中 A_3、B_3 和 D_3 亦按 $y=h$ 查附录 D 的表 D. 0. 3—1)，将改变后的式(说明 D. 0. 3—21)和式(说明 D. 0. 3—24)代入式(说明 D. 0. 3—31)，得

$$x_0A_3+\frac{\varphi_0}{\alpha}B_3+\frac{1}{\alpha^3EI}D_3=-\frac{1}{\alpha E}C_0\frac{I_0}{I}\left(x_0A_2+\frac{\varphi_0}{\alpha}B_2+\frac{1}{\alpha^3EI}D_2\right)$$

(说明 D. 0. 3—32)

令
$$\frac{C_0}{\alpha E}\cdot\frac{I_0}{I}=K_h$$

简化式(说明 D. 0. 3—32)，得

$$x_0(A_3+K_hA_2)+\frac{\varphi_0}{\alpha}(B_3+K_hB_2)+\frac{1}{\alpha^3EI}\cdot(D_3+K_hD_2)=0$$

(说明 D. 0. 3—33)

令式(说明 D. 0. 3—27)中 $Q=Q_h=0$(其中 A_4、B_4 和 D_4 按 $y=h$ 查附录 D 的表 D. 0. 3—1)，则可得

$$x_0A_4+\frac{\varphi_0}{\alpha}B_4+\frac{1}{\alpha^3EI}D_4=0\qquad(说明 D. 0. 3—34)$$

联解式(说明 D. 0. 3—33)、式(说明 D. 0. 3—34)，并采取 $x_0=\delta_{QQ}$ 及 $\varphi_0=-\delta_{QM}$，求得

$$\delta_{QQ}=\frac{1}{\alpha^3EI}\cdot\frac{(B_3D_4-B_4D_3)+K_h(B_2D_4-B_4D_2)}{(A_3B_4-A_4B_3)+K_h(A_2B_4-A_4B_2)}\qquad(说明 D. 0. 3—35)$$

$$\delta_{MQ}=\frac{1}{\alpha^2 EI}\cdot\frac{(A_3D_4-A_4D_3)+K_h(A_2D_4-A_4D_2)}{(A_3B_4-A_4B_3)+K_h(A_2B_4-A_4B_2)}\qquad（说明 D. 0. 3—36）$$

用类似方法可求出构件在地面处仅承受单位力矩 $M_0=1(Q_0=0)$ 时构件地面处的横向位移 δ_{QM} 和转角 δ_{MM}[如说明图 D. 0. 3-3(b)所示]，即

$$\delta_{QM}=\frac{1}{\alpha^2 EI}\cdot\frac{(B_3C_4-B_4C_3)+K_h(B_2C_4-B_4C_2)}{(A_3B_4-A_4B_3)+K_h(A_2B_4-A_4B_2)}\qquad（说明 D. 0. 3—37）$$

$$\delta_{MM}=\frac{1}{\alpha EI}\cdot\frac{(A_3C_4-A_4C_3)+K_h(A_2C_4-A_4C_2)}{(A_3B_4-A_4B_3)+K_h(A_2B_4-A_4B_2)}\qquad（说明 D. 0. 3—38）$$

按结构力学中的位移互等原理，$\delta_{MQ}=\delta_{QM}$，所以 δ_{MQ} 或 δ_{QM} 可以任意从式（说明 D. 0. 3—36）或式（说明 D. 0. 3—37）求得。

根据分析，在非岩石地基上，$h\geqslant\frac{2.5}{\alpha}$ 时，K_h 值对 δ_{QQ}、δ_{MQ}、δ_{QM}、δ_{MM} 的影响非常小，可以采取 K_h 为零。倘若基础支立于岩石面上，但不嵌入岩石内时，当 $h\geqslant\frac{3.5}{\alpha}$，$K_h$ 可采取为零。

下面再讨论嵌固于岩石内的基础（说明图 D. 0. 3—4）。先讨论在地面处仅作用单位横向力（垂直构件轴线方向）$Q_0=1$ 时，基础地面处位移及转角公式的推导[说明图 D. 0. 3—4(a)]，图中 φ_0 的方向为负值，故 $\varphi_0=-\delta_{MQ}$。

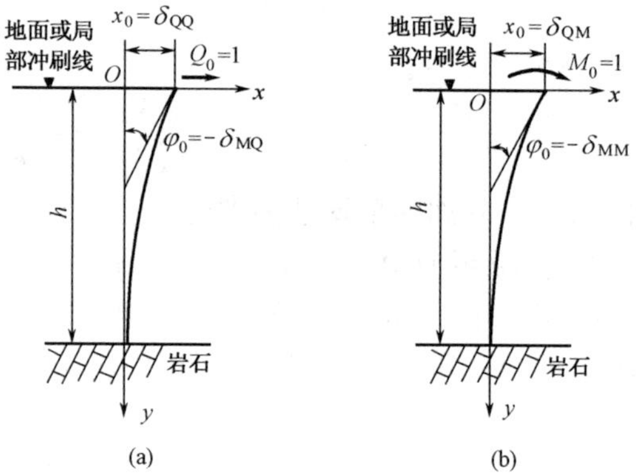

说明图　D. 0. 3—4

已知参数 $M_0=0$，$Q_0=1$，未知初参数 $x_0=\delta_{QQ}$，$\varphi_0=-\delta_{MQ}$。因为嵌固于岩石内的基础，其基底嵌入岩层内一定的深度，故基底横向位移 $x_h=0$，基底转角 $\varphi_0=0$。

将式（说明 D. 0. 3—19）中 x 改为 x_h，式（说明 D. 0. 3—21）中的 φ 改为 φ_h。利用上述 $x_h=0$ 和 $\varphi_h=0$ 作为边界条件，可以求得

$$x_0A_1+\frac{\varphi_0}{\alpha}B_1+\frac{1}{\alpha^3 EI}D_1=0\qquad（说明 D. 0. 3—39）$$

$$x_0A_2+\frac{\varphi_0}{\alpha}B_2+\frac{1}{\alpha^3 EI}D_2=0\qquad（说明 D. 0. 3—40）$$

将 $x_0=\delta_{QQ}$，$\varphi_0=-\delta_{MQ}$ 代入式（说明 D. 0. 3—39）、式（说明 D. 0. 3—40），然后联解得

$$\delta_{QQ}=\frac{1}{\alpha^3 EI}\cdot\frac{B_2D_1-B_1D_2}{A_2B_1-A_1B_2}\qquad（说明 D. 0. 3—41）$$

$$\delta_{MQ}=\frac{1}{\alpha^2 EI}\cdot\frac{A_2D_1-A_1D_2}{A_2B_1-A_1B_2}\qquad（说明 D. 0. 3—42）$$

用类似方法可求出当地面处作用单位力矩 $M_0=1$ 时基础在地面处的横向位移 δ_{MQ} 和转角 δ_{MM}[说明图 D. 0. 3—4(b)]，即

$$\delta_{QM}=\frac{1}{\alpha^2 EI}\cdot\frac{B_2C_1-B_1C_2}{A_2B_1-A_1B_2}$$ （说明 D. 0. 3—43）

$$\delta_{MM}=\frac{1}{\alpha EI}\cdot\frac{A_2C_1-A_1C_2}{A_2B_1-A_1B_2}$$ （说明 D. 0. 3—44）

根据互等原理，$\delta_{MQ}=\delta_{QM}$，所以此二值可任意从式（说明 D. 0. 3—42）或式（说明 D. 0. 3—43）求得。

按式（说明 D. 0. 3—35）、式（说明 D. 0. 3—36）、式（说明 D. 0. 3—37）、式（说明 D. 0. 3—38），或按式（说明 D. 0. 3—41）、式（说明 D. 0. 3—42）、式（说明 D. 0. 3—43）、式（说明 D. 0. 3—44）求出 δ_{QQ}、δ_{MQ}、δ_{QM}、δ_{MM}之后，便很容易求出地面以上 l_0 高度构件顶面处的横向位移和转角公式（说明图 D. 0. 3—5）。计算表明，当构件入土换算深度 $\bar{h}>4.0$ 时，构件地面处的位移与构件下端的条件（支立于非岩石内或嵌固于岩石中）无关，所以当 $\bar{h}>4.0$ 时，可按支立于非岩石内的公式计算，其结果接近。计算 δ_{QQ}、δ_{MQ}、δ_{QM}及 δ_{MM} 时，可以利用附录 D 的表 D. 0. 3—2。

采用符号：

δ_1 和 δ_3——当构件顶面作用单位横向力 $H=1$ 时，构件顶面处的横向位移和转角[说明图 D. 0. 3-5(a)或说明图 D. 0. 3—5(c)]；

δ_3 和 δ_2——当构件顶面作用单位力矩 $M=1$ 时，构件顶面处的横向位移和转角[说明图 D. 0. 3—5(b)或说明图 D. 0. 3—5(d)]。

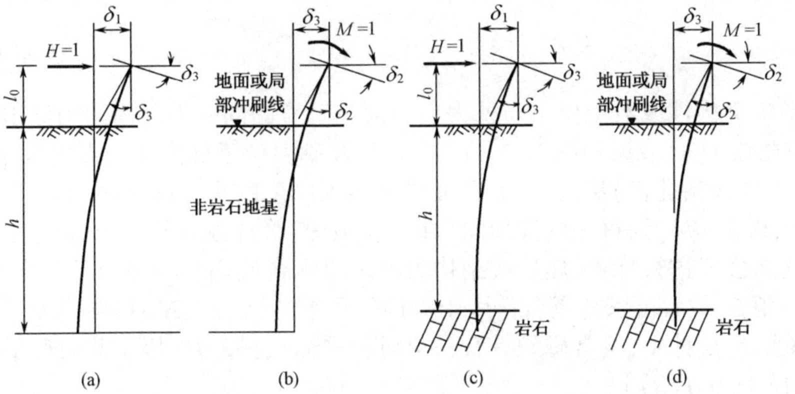

说明图 D. 0. 3—5

假设构件位于地面以上部分为等截面，则根据材料力学，当构件顶面作用单位横向力 $H=1$ 时，地面处 $Q_0=H=1$，$M_0=Hl_0=l_0$[说明图 D. 0. 3—6(a)]，则

$$\delta_1=\frac{l_0^3}{3EI}+Q_0x_0+Q_0\varphi_0l_0+M_0x_0+M_0\varphi_0l_0$$ （说明 D. 0. 3—45）

故式（说明 D. 0. 3—45）可变为

$$\begin{aligned}\delta_1&=\frac{l_0^3}{3EI}+\delta_{QQ}+\delta_{MQ}l_0+l_0\delta_{QM}+l_0\delta_{MM}l_0\\&=\frac{l_0^3}{3EI}+\delta_{QQ}+2\delta_{MQ}l_0+\delta_{MM}l_0^2\end{aligned}$$ （说明 D. 0. 3—46）

显然，由说明图 D. 0. 3—6(b)得

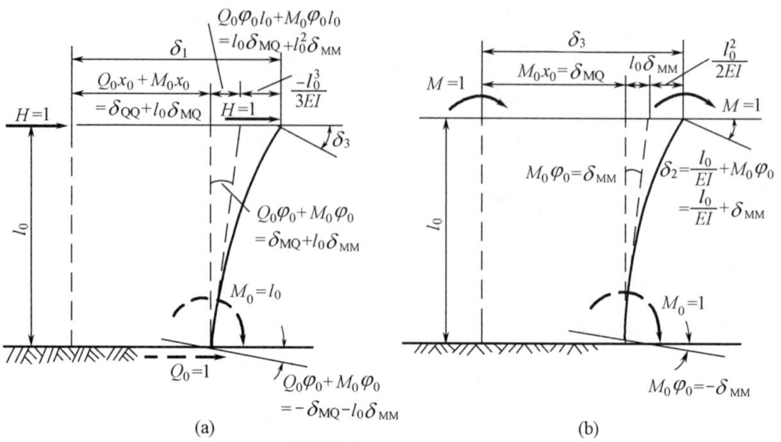

说明图 D. 0. 3—6

$$\delta_2=\frac{l_0}{EI}+M_0\varphi_0 \qquad \text{(说明 D. 0. 3—47)}$$

因为地面处 $M_0=1$,故式(说明 D. 0. 3—47)可变为

$$\delta_2=\frac{l_0}{EI}+\delta_{MM} \qquad \text{(说明 D. 0. 3—48)}$$

另外

$$\delta_3=\frac{l_0^2}{2EI}+M_0x_0+M_0\varphi_0l_0 \qquad \text{(说明 D. 0. 3—49)}$$

因为地面处 $M_0=1$,故式(说明 D. 0. 3—49)可变为

$$\delta_3=\frac{l_0^2}{2EI}+\delta_{QM}+\delta_{MM}l_0 \qquad \text{(说明 D. 0. 3—50)}$$

以上系单个构件或数个位于与外力作用面相垂直的同一平面内的构件组成基础的情况[说明图 D. 0. 1(a)或说明图 D. 0. 1(c)]。当基础由位于外力作用面内数个构件(数个沉井、数根管柱或钻孔桩)组成,且其顶面借无限大刚度的承台联结时[说明图 D. 0. 1(b)或说明图 D. 0. 3—7],则每一构件顶面(即沉井顶面、管柱或钻孔桩的顶面)的上述位移,可利用上列诸公式进行计算,然后按结构力学求出承台底面坐标原点的竖向位移 b、水平位移 a 和转角 β,最后可求得承台作用于每构件顶上的轴向力 N_i、横向力 Q_i 和弯矩 M_i。

在桥梁墩台设计中,经常碰到具有一个对称平面,且外力作用于此对称平面内的承台结构[说明图 D. 0. 1(a)]。

必须指出,在求各构件的土抗力计算宽度 b_0 时,如果每排的构件数目不同,且相邻(任何方向,包括斜角方向)构件的中心距等于或大于$(d+1)$m,则其相互影响系数 k 按平行外力作用面的诸平面分别计算,取其中最小值,并对整个基础全部构件采用同一个计算值。例如说明图 D. 0. 3—7(a)所示平面,则分别按平面Ⅰ、Ⅱ、Ⅲ、Ⅳ计算 k 值,然后取其最小值作为全部构件的土抗力计算宽度。当存在斜构件,则计算 k 值时,L_0 为地面处同一平面内各构件之间的净距。如果相邻构件的中心距小于$(d+1)$m,则将诸构件投影于外力作用平面内来计算 k 值[说明图 D. 0. 3—7(a)]。

假设说明图 D. 0. 3—7 为具有一个对称平面的桩基,且外力作用于此对称平面内,全部构件投影于对称平面上。为了与前面的坐标系方向一致,假定沿承台底平面为 x 轴,竖直方向为 y 轴,以承台底面任意点 O 作为坐标系的原点。图中的构件均编以号码,每一号码代表的可能是一根构件,也可能是投影重合在一起由 K_i 根构件组成的构件群。第 i 排构件群中每一构件的位置,用构件顶面的坐标 x_i 和构件轴线与铅垂线之间的倾斜角 φ_i

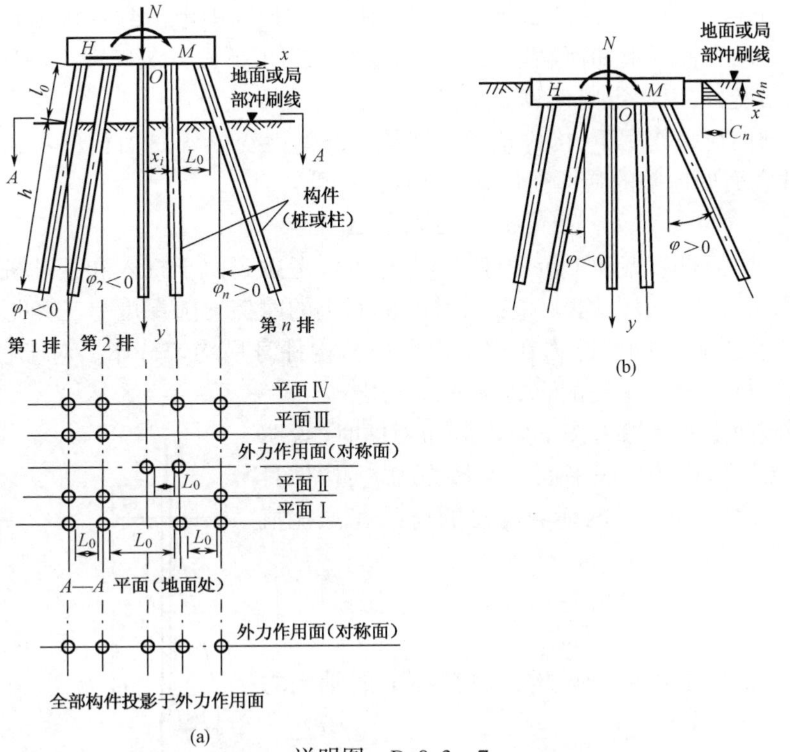

说明图 D.0.3—7

来表示(φ_i 角的正负号如说明图 D.0.3—7 所示)。假设说明图 D.0.3—7(a)中所表示作用于O点的外力 N、H 和 M 均为正值,利用结构力学的位移法计算承台底面坐标原点 O 的水平位移 a、竖直位移 b 及承台底面绕 O 点的转角 β,其中 a、b 的方向与 x、y 轴的正方向一致时为正值,β 顺时针方向时为正值。

假设说明图 D.0.3—7 中的第 i 根构件顶面作用 N_i、Q_i 和 M_i(说明图 D.0.3—8)。采用符号(说明图 D.0.3—9):

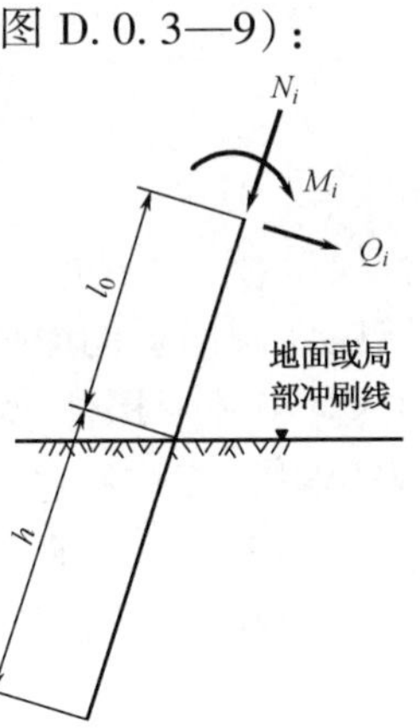

说明图 D.0.3—8

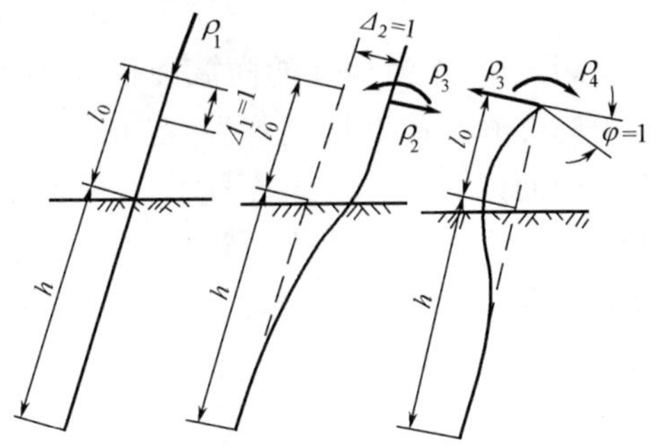

说明图 D.0.3—9

ρ_1——当承台沿构件轴线方向产生单位位移时所引起一根构件顶面处的轴向力;

ρ_2——当承台沿垂直构件轴线方向产生单位横向位移(而无转角)时所引起一根构件顶面处的剪力;

ρ_3——当承台沿垂直构件轴线方向产生单位横向位移(而无转角)时所引起一根构件顶面处的弯矩,或当承台顺构件顶面弯矩方向产生单位转角(而无横向位移)时所引起一根构件顶面处的剪力;

ρ_4——当承台顺构件顶弯矩方向产生单位转角(而无横向位移)时所引起一根构件顶面处的弯矩。

关于 ρ_1 的确定是一个比较复杂的问题。在 ρ_1 的计算中牵涉到构件顶在轴向荷载作用下构件顶面的弹性变形如何确定的问题。规范采用了下面方法确定构件顶在轴向荷载下产生的顶面变位，以此定出计算 ρ_1 的公式。

构件在轴向荷载作用下，构件顶面产生的顶面弹性变位 Δ 是由构件身的材料弹性变形 Δ_c 和构件底面处地基的弹性变形 Δ_k 所引起，亦即：

$$\Delta=\Delta_c+\Delta_k$$

对于打入摩擦桩和振动下沉摩擦桩（或管柱），考虑到由于打入和振动桩侧土愈往下愈挤密，所以可近似地假设构件（桩或管桩）侧面土的摩擦力随深度呈三角形分布。对于钻（挖）孔桩，则假设土的摩擦力在整个深度内沿构件身呈均匀分布。对于柱桩（或支立于岩层上的管桩），不考虑柱侧土的摩擦力作用。

当构件侧面土的摩擦力按三角形分布考虑时（说明图 D.0.3—10），假设构件底平面处摩擦力为 f_h，构件身的周长为 u，构件底面承受的荷载与总的荷载 N 之比值为 α'，则

$$f_h=\frac{2N(1-\alpha')}{uh}$$

作用于地面以下深度 y 处构件身截面上的轴向力 N_y 为

$$N_y=N-\frac{y^2}{h^2}N(1-\alpha')$$

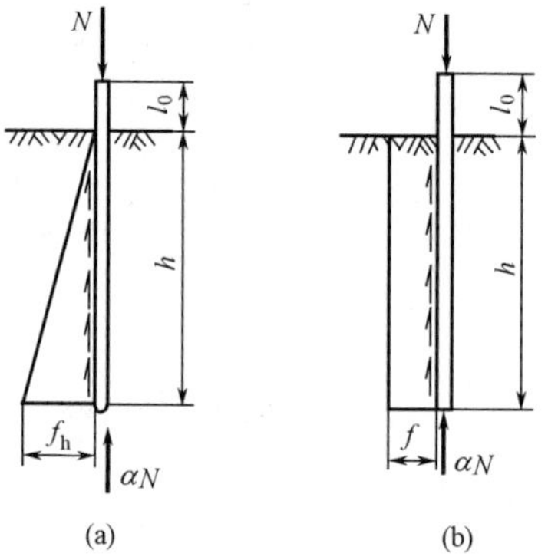

说明图　D.0.3—10

于是，构件身的弹性变形 Δ_c 为

$$\Delta_c=\frac{Nl_0}{EA}+\frac{1}{EA}\int_0^h N_y\mathrm{d}y=\frac{Nl_0}{EA}+\frac{N}{EA}\cdot h\cdot\frac{2}{3}\left(1+\frac{\alpha'}{2}\right)$$

令
$$\frac{2}{3}\left(1+\frac{\alpha'}{2}\right)=\xi$$

则
$$\Delta_c=\frac{Nl_0}{EA}+\frac{\xi h}{EA}N=\frac{l_0+\xi h}{EA}N$$

以上诸式中，A 为构件的横截面积；E 为构件身的弹性模量。

对于构件底平面处地基弹性变形的计算，假设外力借构件侧面土的摩擦力和构件身作用于自地面以 $\varphi/4$ 角扩散至构件底平面处的面积 A_0 上，对于圆形构件，如果此面积大于以相邻构件底面中心距为直径所得的圆形面积，则 A_0 采用以相邻构件底面中心距为直径所得的圆形面积；对于方形构件，如果此面积大于以相邻构件底面中心距为边长所得的方形面积，则 A_0 采用以相邻构件底面中心距为边长所得的方形面积，因此可得

$$\Delta_k=\frac{N}{C_0A}$$

式中，C_0 为构件底平面处的地基竖向弹性抗力系数，亦即地基系数。对于柱桩（或支承于岩石上的管柱）或摩擦桩（或摩擦管柱），Δ_k 均是计算中需要考虑到的一项，只不过对柱桩（或支承于岩石上的管柱），A_0 为桩底面积，而对摩擦桩（或摩擦管柱），A_0 为按 $\varphi/4$ 角扩散所得的面积。

因此，构件顶的总弹性变形 Δ 为

$$\Delta=\Delta_c+\Delta_k=\frac{N(l_0+\xi h)}{EA}+\frac{N}{C_0A_0}$$

变换可得

$$N=\frac{\Delta}{\frac{l_0+\xi h}{EA}+\frac{1}{C_0A_0}} \qquad (说明 D.0.3—51)$$

根据前面所述 ρ_1 的定义，当 $\Delta=1$ 时，$N=\rho_1$，从式(说明 D.0.3—51)求得

$$\rho_1=\frac{1}{\frac{l_0+\xi h}{EA}+\frac{1}{C_0A_0}} \qquad (说明 D.0.3—52)$$

对于钻(挖)孔桩，假设桩侧土的摩擦力按均匀分布，采取与前述相同的推导，得 $\xi=\frac{1}{2}(1+\alpha')$。

对于桩柱(或支承于岩层上的管柱)，采用 $\xi=1$。

但是，这里有一个问题，就是 α'如何去确定。有一种意见认为，可按下式计算：

$$\alpha'=\frac{构件底面承载力}{构件的总承载力}$$

这种考虑方法不太合理，因为对于像桩一类结构的构件底面地基的承压力(单位面积上的强度)尚难准确计算。当桩侧摩擦力到达极限值时，桩底压应力并不一定也到达极限值。另外，构件承受的荷载往往并不恰好等于其极限承载力，况且在计算桩一类结构的承载力公式中考虑了一个安全系数，通常铁路桥梁的摩擦桩基的桩长是比较长的，外力主要是由桩侧摩擦力所抵抗，尽管按承载力公式可以算出较大的桩底承载力，但实际上桩底却受力很小。对于钻孔桩牵涉到桩底清孔问题，就更不易确定 α'值。对于铁路桥梁摩擦桩通常都比较长这一具体情况，桩底受力不太大(一般认为占总荷载的 10%~15%，当桩底为较好土时为 15%~25%)，可暂不考虑 α'的影响，所以规范最后规定采用 $\xi=2/3$(打入和振动下沉摩擦桩)，$\xi=1/2$[钻(挖)孔摩擦桩]；如果桩底受力较大，则应根据具体情况考虑 α'的影响。

当构件顶面同时作用横向力 Q_i和力矩 M_i时(说明图 D.0.3—8)，显然，构件顶面的横向位移 Δ_i和转角 φ_i 为

$$\left.\begin{aligned}\Delta_i&=Q_i\delta_1+M_i\delta_3\\ \varphi_i&=Q_i\delta_3+M_i\delta_2\end{aligned}\right\} \qquad (说明 D.0.3—53)$$

式中，δ_1、δ_2 和 δ_3 所代表的意义如说明图 D.0.3—5 所示。

$$Q_i=\frac{\Delta_i\delta_2-\varphi_i\delta_3}{\delta_1\delta_2-\delta_3^2} \qquad (说明 D.0.3—54)$$

从式(说明 D.0.3-53)可求得

$$M_i=\frac{\varphi_i\delta_1-\Delta_i\delta_3}{\delta_1\delta_2-\delta_3^2}$$

根据 ρ_2 和 ρ_3 的意义，当 $\Delta_i=1$ 及 $\varphi_i=0$ 时，则 $Q_i=\rho_2$ 及 $M_i=-\rho_3$。因此，按式(说明 D.0.3-54)得

$$\rho_2=\frac{\delta_2}{\delta_1\delta_2-\delta_3^2} \tag{说明 D.0.3—55}$$

$$\rho_3=\frac{\delta_3}{\delta_1\delta_2-\delta_3^2} \tag{说明 D.0.3—56}$$

当 $\Delta_i=0$ 及 $\varphi_i=1$ 时，$M_i=\rho_4$，故按式(说明 D.0.3—54)又得

$$\rho_4=\frac{\delta_1}{\delta_1\delta_2-\delta_3^2} \tag{说明 D.0.3—57}$$

按上述式(说明 D.0.3—52)、式(说明 D.0.3—55)、式(说明 D.0.3—56)及式(说明 D.03-57)求得每一构件的 ρ_1、ρ_2、ρ_3 及 ρ_4 之后，说明图 D.0.3—7 所示的结构便可根据结构力学求出承台竖直位移 b、水平位移 a、承台绕坐标原点 O 的转角 β，以及作用于每一构件顶面的轴向力 N_i、水平力 H_i 和弯矩 M_i。

沿承台底面截取承台为自由体，考虑全部作用力的平衡(说明图 D.0.3—11)。

令

$$\sum N=0$$
$$\sum H=0$$
$$\sum M=0$$

利用式(说明 D.0.3—52)、式(说明 5.2.2—55)、式(说明 D.0.3—56)和式(说明 D.0.3—57)，得

$$\left.\begin{aligned}&a\gamma_{ba}+b\gamma_{bb}+\beta\gamma_{b\beta}-N=0\\&a\gamma_{aa}+b\gamma_{ab}+\beta\gamma_{a\beta}-H=0\\&a\gamma_{\beta a}+b\gamma_{\beta b}+\beta\gamma_{\beta\beta}-M=0\end{aligned}\right\} \tag{说明 D.0.3—58}$$

式中　N,M,H——已知外力；

$\gamma_{ba},\gamma_{aa},\gamma_{\beta a}$——由于承台产生单位水平位移(即 $a=1$)时，所有构件顶对承台作用的竖向反力之和、水平反力之和以及反弯矩之和；

$\gamma_{bb},\gamma_{ab},\gamma_{\beta b}$——由于承台产生单位竖向位移(即 $b=1$)时，所有构件顶对承台作用的竖向反力之和、水平反力之和以及反弯矩之和；

$\gamma_{b\beta},\gamma_{a\beta},\gamma_{\beta\beta}$——由于承台绕坐标原点 O 产生单位转角时，所有构件顶对承台作用的竖向反力之和、水平反力之和以及反弯矩之和。

$$\left.\begin{aligned}&\gamma_{ba}=\sum(\rho_1-\rho_2)\sin\varphi\cos\varphi\\&\gamma_{aa}=\sum(\rho_1\sin^2\varphi+\rho_2\cos^2\varphi)\\&\gamma_{\beta a}=\sum[(\rho_1-\rho_2)x\sin\varphi\cos\varphi-\rho_3\cos\varphi]\\&\gamma_{bb}=\sum(\rho_1\cos^2\varphi+\rho_2\sin^2\varphi)\\&\gamma_{ab}=\gamma_{ba}\\&\gamma_{\beta b}=\sum[(\rho_1\cos^2\varphi+\rho_2\sin^2\varphi)x+\rho_3\sin\varphi]\\&\gamma_{b\beta}=\gamma_{\beta b}\\&\gamma_{a\beta}=\gamma_{\beta a}\\&\gamma_{\beta\beta}=\sum[(\rho_1\cos^2\varphi+\rho_2\sin^2\varphi)x^2+2x\rho_3\sin\varphi+\rho_4]\end{aligned}\right\} \tag{说明 D.0.3—59}$$

将式(说明 D.0.3—59)代入式(说明 D.0.3—58)进行联解，可求得 a、b、β。

第 i 排构件群中的每一构件沿其轴线方向的位移 $\Delta_1=a\sin\varphi+(b+x\beta)\cos\varphi$，垂直构件轴线方向的横向位移 $\Delta_2=a\cos\varphi-(b+x\beta)\sin\varphi$，故承台作用于第 i 排构件群中每一构件顶的轴向力 N_i，垂直构件轴线方向的剪力 Q_i 和弯矩 M_i 为

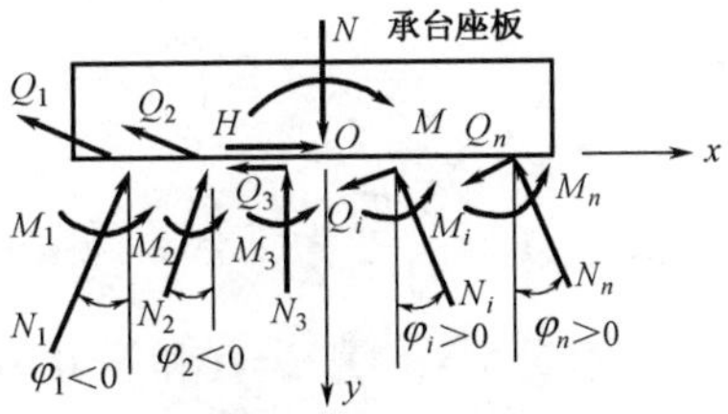

说明图 D. 0. 3—11

$$\left.\begin{aligned}N_i&=\rho_1\Delta_1=\rho_1[a\sin\varphi+(b+x\beta)\cos\varphi]\\Q_i&=\rho_2\Delta_2-\rho_3\beta\\&=\rho_2[a\cos\varphi-(b+x\beta)\sin\varphi]-\rho_3\beta\\M_i&=\beta\rho_4-\rho_3\Delta_2\\&=\rho_4\beta-\rho_3[a\cos\varphi-(b+x\beta)\sin\varphi]\end{aligned}\right\}\quad\text{（说明 D. 0. 3—60）}$$

对于承台底面位于局部冲刷线以下，带有斜构件且不对称时[如说明图 D. 0. 3—7(b)]，过去对这种结构惯称为低桩承台，可考虑承台侧面土的水平抗力，但是不考虑承台底面土的竖向抗力，因为在旧桥开挖中，往往发现桩基承台底面与土之间有脱离的现象，这是由于桩间的土体受到桩壁摩擦力传来的压缩应力，对于黏性土来说就会发生长期的固结变形。至于砂类土和柱桩(或岩石支承管柱)是否有相脱离的现象，尚难肯定。可能其脱离的程度要比黏性土稍好一些。由于这个原因，再考虑桥梁基础是承受反复方向荷载作用，所以作用于桩上的土的横向抗力的地基系数自承台底面算起成为三角形形状，而不从局部冲刷线算起，亦即不按梯形考虑，这在目前来说是合理的。如果今后对各种型式的基础和各类土进行调查，证明对某一些类型的基础或对某几种土，承台底面确实不存在与土“脱离”的可能性时，作用于桩上(或管柱上)的土的横向抗力系数可考虑在承台底面处等于某一数值，也就可以考虑承台底面土的竖向抗力。

对于承台底面位于局部冲刷线以下的基础，将承台侧面土的水平抗力 b_0E_x 和该抗力的力矩 $b_0M_{E_x}$ 计入承台自由体内，考虑全部作用力的平衡。这里的 b_0 代表垂直于 xy 平面的承受板侧面土抗力计算宽度，按前面所述计算；E_x 为承台 b_0 侧面土作用于单位宽度上的水平抗力；M_{E_x} 为 E_x 对通过 O 点并垂直于 xy 平面的轴的力矩。

因为承台 b_0 侧边上任一点的位移为 $a+\beta y$，所以

$$E_x=\int_0^{h_n}(a+\beta y)C\mathrm{d}y$$

这里，C 为地基系数；y 为任一点距离承台底面的高度，取绝对值；h_n 为承台 b_0 侧面埋入局部冲刷线以下的深度。

由于 $C=\frac{C_n}{h_n}(h_n-y)$，所以

$$E_x=\int_0^{h_n}(a+\beta y)C\mathrm{d}y=a\frac{C_nh_n}{2}+\beta\frac{C_nh_n^2}{6}=aA_\mathrm{c}+\beta S_\mathrm{c}$$

其中，C_n 为承台底面处地基系数；$A_\mathrm{c}=\frac{C_nh_n}{2}$ 和 $S_\mathrm{c}=\frac{C_nh_n^2}{6}$ 分别为承台 b_0 侧边地基系数 C 图形的面积和该面积对其底面的面积矩。

另外，

$$M_{E_x}=\int_0^{h_n}(a+\beta y)y\mathrm{d}y=a\frac{C_nh_n^2}{6}+\beta\frac{C_nh_n^3}{12}=aS_c+\beta I_c$$

其中，$I_c=\dfrac{C_nh_n^3}{12}$为承台 b_0 侧边单位宽度受压面积的惯性矩。

联解$\sum N=0,\sum H=0$ 和$\sum M=0$，得

$$a\gamma_{aa}+b\gamma_{ab}+\beta\gamma_{a\beta}=H-E_xb_0$$
$$a\gamma_{ba}+b\gamma_{bb}+\beta\gamma_{b\beta}=N$$
$$a\gamma_{\beta a}+b\gamma_{\beta b}+\beta\gamma_{\beta\beta}=M-M_{E_x}b_0$$

于是式（说明 D.0.3—58）不改变，其中 γ_{aa}、γ_{bb} 和 $\gamma_{\beta b}$ 也没有改变，仍按式（说明 D.0.3—59）计算，但是 γ_{aa}、$\gamma_{\beta a}$ 和 $\gamma_{\beta\beta}$ 应改为

$$\gamma_{aa}=\sum(\rho_1\sin^2\varphi+\rho_2\cos^2\varphi)+b_0A_c$$
$$\gamma_{\beta a}=\gamma_{a\beta}=\sum[(\rho_1-\rho_2)x\sin\varphi\cos\varphi-\rho_3\cos\varphi]+b_0S_c$$
$$\gamma_{\beta\beta}=\sum[(\rho_1\cos^2\varphi+\rho_2\sin^2\varphi)x^2+2x\rho_3\sin\varphi+\rho_4]+b_0I_c$$

求 ρ_1、ρ_2、ρ_3 和 ρ_4 时，令前面有关公式中的 $l_0=0$ 就可以了。查表 D.0.3-1 求系数 $A_1,B_1,\cdots,C_4,D_4$时，换算深度 $\bar{h}=ay$ 中的 y 自承台底面算起（这就是考虑承台底面与土存在“脱离”现象的缘故）。

N_i、Q_i 和 M_i 仍按式（说明 D.0.3—60）计算。

说明图 D.0.3—8 所表示的 N_i、Q_i 和 M_i 均为正值。

当承台底面位于地面或局部冲刷线以上，全部为竖直构件（如竖直管柱、竖直桩），各构件的 ρ_1 相等且对称（诸桩平面布置对称，诸桩长度又相等且诸桩直径相等，材料相同）时，坐标原点 O 可设于承台底面竖向对称轴上[说明图 D.0.3—12(a)]，此时 $\gamma_{ab}=\gamma_{ba}=\gamma_{b\beta}=\gamma_{\beta b}=0$。如果全部为竖直构件，但不对称（如诸桩平面布置不对称，或诸桩长度不相等，或诸桩直径不等，或诸桩材料不同）时，坐标原点 O 设于诸 ρ_1 的合力处[说明图 D.0.3—12(c)]，这样仍然 $\gamma_{ab}=\gamma_{ba}=\gamma_{b\beta}=\gamma_{\beta b}=0$。

联解式（说明 D.0.3—58），得

$$\left.\begin{aligned}b&=\frac{N}{\gamma_{bb}}\\a&=\frac{\gamma_{\beta\beta}H-\gamma_{a\beta}M}{\gamma_{aa}\gamma_{\beta\beta}-\gamma_{a\beta}\gamma_{\beta a}}\\\beta&=\frac{\gamma_{aa}M-\gamma_{\beta a}H}{\gamma_{aa}\gamma_{\beta\beta}-\gamma_{a\beta}\gamma_{\beta a}}\end{aligned}\right\}\qquad\text{（说明 D.0.3—61）}$$

式中

$$\left.\begin{aligned}\gamma_{bb}&=\sum\rho_1\\\gamma_{aa}&=\sum\rho_2\\\gamma_{\beta\beta}&=\sum\rho_4+\sum x^2\rho_1\\\gamma_{a\beta}&=\gamma_{\beta a}=-\sum\rho_3\end{aligned}\right\}\qquad\text{（说明 D.0.3—62）}$$

则求得作用于每一构件顶面上的力为

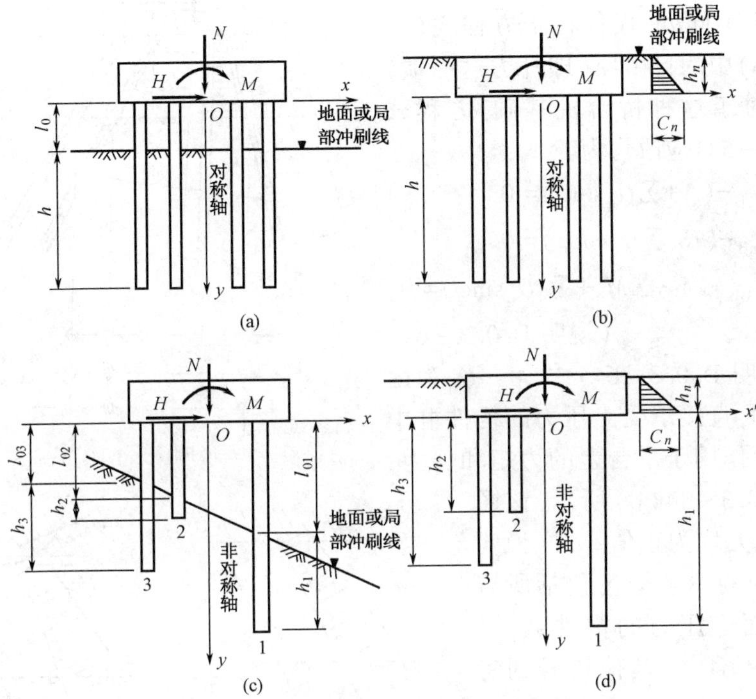

说明图　D. 0. 3—12

$$\left.\begin{aligned}N_i&=(b+\beta x)\rho_1\\Q_i&=a\rho_2-\beta\rho_3\\M_i&=\beta\rho_4-a\rho_3\end{aligned}\right\}\qquad\text{（说明 D. 0. 3—63）}$$

如果承台底面位于局部冲刷线以下，全部为竖直构件，且各构件的 ρ_1 相等（如对称），则坐标原点 O 可设在承台底面竖向对称轴上［说明图 D. 0. 3—12（b）］，此时式（说明 D. 0. 3—58）中 $\gamma_{ab}=\gamma_{ba}=\gamma_{b\beta}=\gamma_{\beta b}=0$。如果全部为竖直构件，但各构件的 ρ_1 不相等，则坐标原点 O 设于诸 ρ_1 的合力处［说明图 D. 0. 3—12（d）］仍然有 $\gamma_{ab}=\gamma_{ba}=\gamma_{b\beta}=\gamma_{\beta b}=0$，而

$$\gamma_{bb}=\sum\rho_1$$
$$\gamma_{aa}=\sum\rho_2+b_0A_c$$
$$\gamma_{\beta\beta}=\sum\rho_4+\sum x^2\rho_1+b_0I_c$$
$$\gamma_{a\beta}=\gamma_{\beta a}=-\sum\rho_3+b_0S_c$$

位移 b、a、β 和每一根构件承受的力 N_i、Q_i、M_i 仍按式（说明 D. 0. 6—61）和式（说明 D. 0. 6—63）计算。

2）桥台计算公式推导。

对于桥台的桩（或管柱）基础，当承台底面高出天然地面 l_0（说明图 D. 0. 3—13）时，则需要考虑路基填土直接作用于构件（桩或管柱）身上的土压力影响（构件直接承受侧面土压力的桥墩基础与这种桥台基础的计算方法相同）。

通常，桥台桩基础具有一个对称面，且外力作用于该对称面内，则可将全部构件投影于此对称面上。对于这种桥台基础，其计算与桥墩基础所不同处，仅仅在于方程式(说明 D. 0. 3—58)中的自由项(即外力这一项)不同而已。对于这种桥台桩基础，方程式(说明 D. 0. 3—58)应改写为

$$\left.\begin{aligned}a\gamma_{ba}+b\gamma_{bb}+\beta\gamma_{b\beta}-(N+\sum Q_q\sin\varphi)=0\\a\gamma_{aa}+b\gamma_{ab}+\beta\gamma_{a\beta}-(H-\sum Q_q\cos\varphi)=0\\a\gamma_{\beta a}+b\gamma_{\beta b}+\beta\gamma_{\beta\beta}-(M-\sum M_q+\sum xQ_q\sin\varphi)=0\end{aligned}\right\}$$

(说明 D. 0. 3—64)

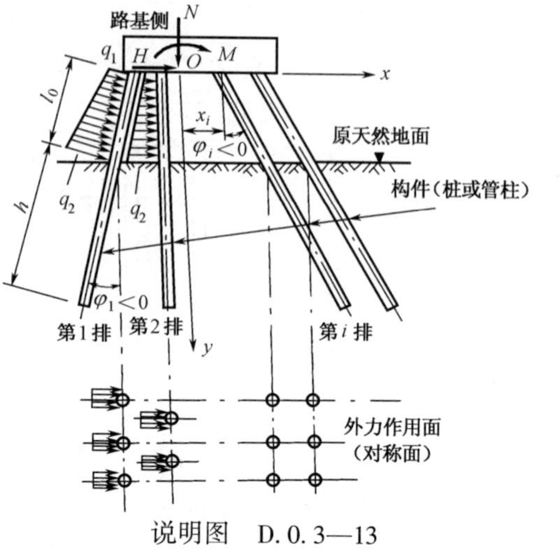

说明图　D. 0. 3—13

在式(说明 D. 0. 3—64)中，M_q、Q_q为由于土压力作用，直接承受土压力的构件群中一根构件顶面作用于承台上的力矩和剪力，如说明图 D. 0. 3—14(b)所示，该图表示的M_q和Q_q均为正值。式(说明 D. 0. 3—64)中的总和号∑包括所有直接承受侧面土压力的构件数，式(说明 D. 0. 3—64)中其他符号的意义与前述相同。

当计算M_q和Q_q时，将构件上端视为刚性嵌固于承台内，下端视为弹性嵌固于地面处[如说明图 D. 0. 3—15(a)所示]。

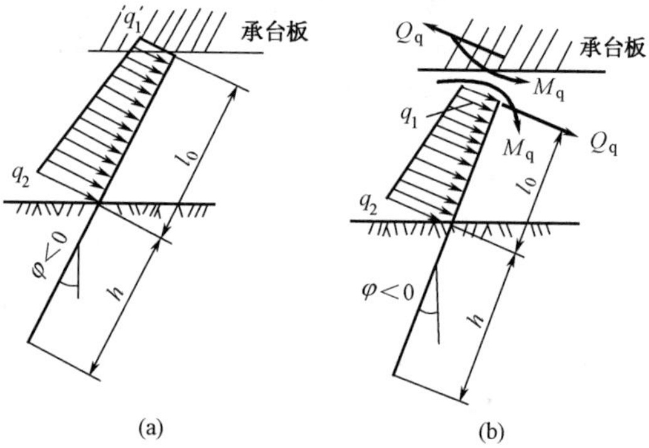

说明图　D. 0. 3—14

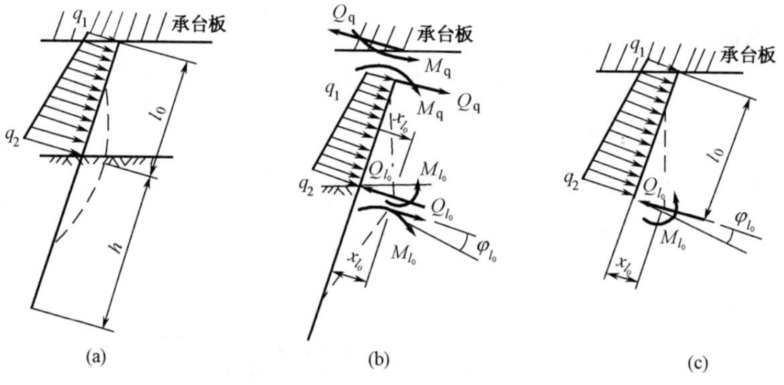

说明图　D. 0. 3—15

$$\left.\begin{aligned}M_{l_0}&=M_q+Q_ql_0+\left(\frac{q}{2!}+\frac{q_2-q_1}{3!}\right)l_0^2\\Q_{l_0}&=Q_q+\left(q_1+\frac{q_2-q_1}{2!}\right)l_0\end{aligned}\right\}\quad\text{(说明 D. 0. 3—65)}$$

按说明图 D. 0. 3—15(c)，利用式(说明 D. 0. 3—65)得

$$x_{l_0}=\frac{M_{l_0}l_0^2}{2EI}-\frac{Q_{l_0}l_0^3}{3EI}+\frac{q_1l_0^4}{8EI}+\frac{11(q_2-q_1)l_0^4}{120EI}$$

$$=\left[\frac{M_ql_0^2}{2!}+\frac{Q_ql_0^3}{3!}+\frac{q_1l_0^4}{4!}+\frac{(q_2-q_1)l_0^4}{5!}\right]\frac{1}{EI}$$

$$\varphi_{l_0}=\frac{M_{l_0}l_0}{EI}-\frac{Q_{l_0}l_0^2}{2EI}+\frac{q_1l_0^3}{6EI}+\frac{(q_2-q_1)l_0^3}{8EI}$$

$$=\left[M_ql_0+\frac{Q_ql_0^2}{2!}+\frac{q_1l_0^3}{3!}+\frac{(q_2-q_1)l_0^3}{4!}\right]\frac{1}{EI} \quad \text{(说明 D. 0. 3—66)}$$

假定埋入地面以下的部分,由于地面处单位横向力 $Q_0=1$ 的作用产生垂直构件轴的横向位移 δ_{QQ}、转角 δ_{MQ}[说明图 D. 0. 3—3(a)或说明图 D. 0. 3—4(a)];由于单位力矩 $M_0=1$作用下产生的横向位移 δ_{MQ}、转角 δ_{MM}[说明图 D. 0. 3—3(b)或说明图 D. 0. 3—4(b)]。δ_{QQ}、δ_{MQ}、δ_{QM} 和 δ_{MM} 按式(说明 D. 0. 3—35)~式(说明 D. 0. 3—38)或式(说明 D. 0. 3—41)~式(说明 D. 0. 3—44)来计算。

当构件于地面处承受弯矩 M_{l_0}、横向力 Q_{l_0}作用时,有

$$\left.\begin{aligned}x_{l_0}&=M_{l_0}\delta_{QM}+Q_{l_0}\delta_{QQ}\\ \varphi_{l_0}&=-(M_{l_0}\delta_{MM}+Q_{l_0}\delta_{MQ})\end{aligned}\right\} \quad \text{(说明 D. 0. 3—67)}$$

将式(说明 D. 0. 3—66)代入式(说明 D. 0. 3—67),得

$$\left.\begin{aligned}\left[\frac{M_ql_0^2}{2!}+\frac{Q_ql_0^3}{3!}+\frac{q_1l_0^4}{4!}+\frac{(q_2-q_1)l_0^4}{5!}\right]\frac{1}{EI}&=M_{l_0}\delta_{QM}+Q_{l_0}\delta_{QQ}\\ \left[M_ql_0+\frac{Q_ql_0^2}{2!}+\frac{q_1l_0^3}{3!}+\frac{(q_2-q_1)l_0^3}{4!}\right]\frac{1}{EI}&=-(M_{l_0}\delta_{MM}+Q_{l_0}\delta_{MQ})\end{aligned}\right\}$$

(说明 D. 0. 3—68)

式(说明 D. 0. 3—65)和式(说明 D. 0. 3—68)中的 M_{l_0}、Q_{l_0}、M_q 和 Q_q 均为未知数,联解式(说明 D. 0. 3—65)和式(说明 D. 0. 3—68),可求得 M_{l_0}、Q_{l_0}、M_q 和 Q_q。将这些数值代入式(说明 D. 0. 3—64),利用式(说明 D. 0. 3—59),可得承台位移 a、b、β,然后按式(说明 D. 0. 3—60)求得作用于每一构件顶面(与承台联结处)的轴向力 N_i、横向力 Q_i 和弯矩 M_i。对于直接承受土压力的构件,将式(说明 D. 0. 3—60)求得的 Q_i、M_i 与 Q_q、M_q 相加起来,得到构件顶面的 Q 和 M,即

$$\left.\begin{aligned}Q&=Q_i+Q_q\\ M&=M_i+M_q\end{aligned}\right\} \quad \text{(说明 D. 0. 3—69)}$$

当求得构件顶面的 Q 和 M 后,地面处的剪力 Q_0 和弯矩 M_0 为

$$\left.\begin{aligned}Q_0&=Q+\left(q_1+\frac{q_2-q_1}{2!}\right)l_0=Q+\left(\frac{q_2+q_1}{2!}\right)l_0\\ M_0&=M+Ql_0+\left(\frac{q_1}{2!}+\frac{q_2-q_1}{3!}\right)l_0^2=M+Ql_0+\left(\frac{q_2+2q_1}{3!}\right)l_0^2\end{aligned}\right\} \quad \text{(说明 D. 0. 3—70)}$$

然后按前面所述,求出地面(或局部冲刷线)以下任一深度处构件截面中的剪力、弯矩和构件侧面土的横向压应力。不论是否考虑承台前侧和原天然地面以上桩侧的土抗力,上述方法均适用。

3）双向受力的基础。

上述各种情况均为单向受力的基础。当基础为双向受力时，如弯道上的墩台基础，可先按上述第一种情况或第二种情况分别求出构件顶面处两个方向的弯矩 M、剪力 Q 后，分别沿两个方向求出构件身任一截面中的弯矩 M_y、剪力 Q_y 和侧面土的横向压应力 σ_x，最后将该截面沿两个方向的弯矩、剪力和横向压应力合成起来。或者按上述第一种情况或第二种情况分别求出每一构件顶面处沿两个方向的弯矩、剪力，然后将它们合起来，再求构件身任一截面中的剪力、弯矩和侧面土的横向压应力。这两种方法中，根据经验说明第一种方法所得结果与空间计算法所得结果比较接近，但计算工作量较大；而第二种方法所得结果，有时偏大较多，但计算工作量较小。

4）为了保证基础侧面土的稳定，应对基础侧面土产生的压应力 σ_x 值加以限制，使它小于某一容许值。根据我国《59 桥规》附录Ⅺ和国内外的设计经验，《99 桥规》采取了下列近似限制办法，认为当外力作用，基础发生旋转时，基础的一侧土产生主动土压力，另一侧产生被动土压力，土与基础壁之间的摩擦力作用略去不计。基础对侧面土产生的水平压应力 σ_x 不应大于土对基础的被动土压力与主动土压力之差。假如以 φ 代表土的内摩擦角，γ 代表土的容重（当有水时，要考虑水的浮力），c 代表土的黏聚力。有 φ 和 c 的实测资料时，采用实测数值；无实测资料时，可参照有关表查用。

被动土压力

$$p_\mathrm{p}=\gamma y\tan^2\left(45°+\frac{\varphi}{2}\right)+2c\tan\left(45°+\frac{\varphi}{2}\right)$$

主动土压力

$$p_\mathrm{a}=\gamma y\tan^2\left(45°-\frac{\varphi}{2}\right)+2c\tan\left(45°-\frac{\varphi}{2}\right)$$

为保证基础侧面土的稳定，基础对土产生的水平压应力 σ_x 应符合下列条件：

$$\sigma_x\leqslant k(p_\mathrm{p}-p_\mathrm{a})$$

式中，k 为外力作用面内数个构件相互作用对构件侧面土的容许应力的影响系数，由于目前缺乏这方面的试验资料，暂借用前面所述计算土抗力时的构件相互影响系数。倘若考虑基础平面形状对被动土压力的影响，则

$$\sigma_x\leqslant\frac{k}{b}(b_0p_\mathrm{p}-bp_\mathrm{a})$$

式中，b_0 为基础的土抗力计算宽度；b 为基础的实际宽度。于是有

$$\begin{aligned}\sigma_x&\leqslant\frac{k}{b}(b_0p_\mathrm{p}-bp_\mathrm{a})\\&=\frac{k}{b}\left[b_0\gamma y\tan^2\left(45°+\frac{\varphi}{2}\right)+2b_0c\tan\left(45°+\frac{\varphi}{2}\right)\right]-\\&\quad\frac{k}{b}\left[b\gamma y\tan^2\left(45°-\frac{\varphi}{2}\right)+2bc\tan\left(45°+\frac{\varphi}{2}\right)\right]\\&=k[\gamma y(\eta K_\mathrm{p}-K_\mathrm{a})+2c(\eta\sqrt{K_\mathrm{p}}-\sqrt{K_\mathrm{a}})]\end{aligned}\qquad\text{（说明 D.0.3—71）}$$

其中　$\eta=\dfrac{b_0}{b},K_\mathrm{p}=\tan^2\left(45°+\dfrac{\varphi}{2}\right),K_\mathrm{a}=\tan^2\left(45°-\dfrac{\varphi}{2}\right)$

式(说明 D.0.3—71)与《75 桥规》附录十五中式(附 D.11)和式(附 D.12)没有根本的区别。根据日本[见日本国有铁路《抗震设计指针》(1979 年 7 月)]和前苏联的经验,式(说明 D.0.3—71)不仅适用于 $h\leqslant\frac{2.5}{\alpha}$ 的基础,也适用于 $h>\frac{2.5}{\alpha}$ 的基础(大多数桩基属于这种情况)。

由于考虑对于不同结构体系,要求的安全系数不一样,上面公式的右边应乘以系数 η_1,但考虑到上述计算只是要桩侧一点处土的应力满足要求,而且土又具有调整桩侧土应力的特性,所以该系数不应采用过大,以免过分保守。《99 桥规》规定:对于超静定推力拱桥的墩台采用 $\eta_1=0.7$;其他结构体系的墩台采用 $\eta_1=1.0$。又由于考虑在恒载作用下对基础的要求比较高,所以上面公式的右边应再乘以系数 η_2,η_2 按恒载产生的力矩与总力矩之比值的关系来确定。当 $h\leqslant\frac{2.5}{\alpha}$,倘仅为恒载弯矩作用时,$\eta_2$ 可采用 0.2;仅为活载弯矩作用时,η_2 采用 1.0;用公式表示,则 $\eta_2=0.2+0.8\left(\frac{M_m-M_n}{M_m}\right)$。因此,当 $h\leqslant\frac{2.5}{\alpha}$时,$\eta_2=1-0.8\frac{M_n}{M_m}$时,当 $h\geqslant\frac{4.0}{\alpha}$,倘仅为恒载弯矩作用,$\eta_2$ 可采用 0.5;仅为活载弯矩作用时,η_2 采用 1.0;用公式表示,则 $\eta_2=0.5+0.5\left(\frac{M_m-M_n}{M_m}\right)$。因此,当 $h\geqslant\frac{4.0}{\alpha}$时,$\eta_2=1-0.5\frac{M_n}{M_m}$。这里,$M_n$ 为恒载对桩基承台底面坐标原点或沉井底面中心的力矩,M_m 为恒载和活载对桩基承台底面坐标原点或沉井底面中心的总力矩。显然,M_n 愈大,则 η_2 值愈小;反之,M_n 愈小,则 η_2 值愈大。对于 $h\leqslant\frac{2.5}{\alpha}$时,一般检算 h 和$\frac{h}{3}$深度处的 σ_x,因此,上面式(说明 D.0.3—71)可写成:

在深度 $y=h$ 处

$$\sigma_x\leqslant\eta_1\eta_2k[\gamma h(\eta K_p-K_a)+2c(\eta\sqrt{K_p}-\sqrt{K_a})]$$

在深度 $y=\frac{h}{3}$处

$$\sigma_x\leqslant\eta_1\eta_2k\left[\gamma\frac{h}{3}(\eta K_p-K_a)+2c(\eta\sqrt{K_p}-\sqrt{K_a})\right]$$

(2)特殊情况下基础计算公式

当基础埋于地面或局部冲刷线以下的深度 $h\leqslant\frac{2.5}{\alpha}$时,仍可按前面“一般情况下基础计算公式”进行计算,但为了简化起见,也可将基础视为具有无穷大刚度,按下述方法进行计算。

1)置于非岩石地基上的基础(包括基础支立于岩石风化层内和支立于岩层面上的情况)

作用于基础上的外力可以化为作用于地面或局部冲刷线处的水平力 H 和弯矩 M,以及作用于基础底面重心上的竖向压力 N(说明图 D.0.3—16)。为了便于讨论,先仅讨论地面或局部冲刷线处仅作用有水平力 H 和 M 的情况(说明图 D.0.3—17)。

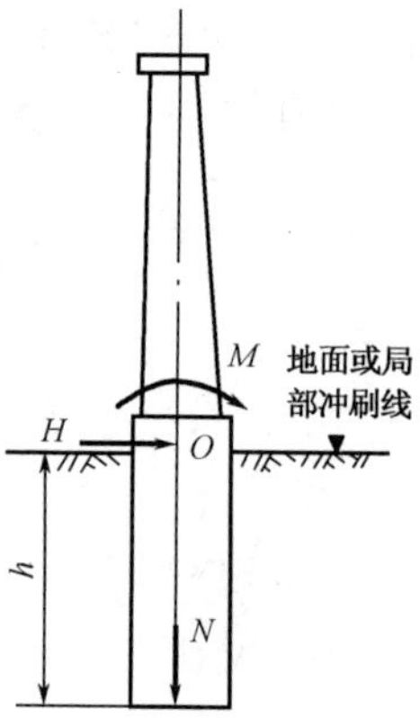

说明图 D. 0. 3—16

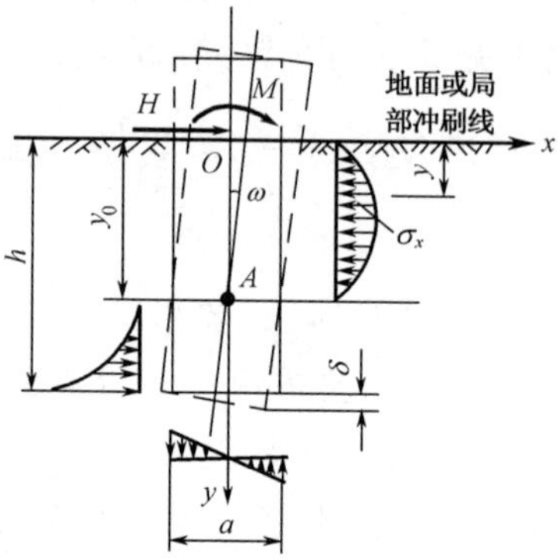

说明图 D. 0. 3—17

当基础仅承受 H 和 M 作用时,基础围绕位于地面或局部冲刷线以下 y_0 处垂直于外力作用面的 A 轴旋转 ω 角。这样,地面以下深度 y 处基础的水平位移 Δx 和土的水平压应力 σ_x 为

$$\left.\begin{aligned}\Delta x&=(y_0-y)\tan\omega\\ \sigma_x&=\Delta x\cdot C_y=(y_0-y)y\cdot\frac{C'}{h}\cdot\tan\omega\end{aligned}\right\}\qquad\text{(说明 D. 0. 3—72)}$$

式中,C_y和 C'为相应于深度 y 和 h 处土的水平地基系数,$C_y=my$,$C'=mh$,其中 m 为土的水平地基系数随深度变化的比例系数。

基底最大竖向压应力为

$$\sigma_{\max}=C_0\delta\approx C_0\frac{a}{2}\tan\omega\qquad\text{(说明 D. 0. 3—73)}$$

式中,C_0为深度 h 处基底土的竖向地基系数,$C_0=m_0h$,其中 m_0为土的竖向地基系数随深度变化的比例系数。

为了确定 y_0和 $\tan\omega$,令所有力在 x 轴上的投影之和等于零,所有力对坐标原点 O 的力矩之和为零,并认为 $\tan\omega\approx\omega$,得

$$\begin{aligned}\Sigma X&=H-\int_0^h\sigma_x b_0\mathrm{d}y=H-b_0\omega\int_0^h\frac{C'}{h}y(y_0-y)\mathrm{d}y\\&=H-b_0\omega\left(y_0\frac{C'h}{2}-\frac{C'h^2}{3}\right)=0\end{aligned}\qquad\text{(说明 D. 0. 3—74)}$$

$$\begin{aligned}\Sigma M_0&=M+\int_0^h\sigma_x b_0y\mathrm{d}y-W\sigma_{\max}\\&=M+b_0\omega\int_0^h\frac{C'}{h}y^2(y_0-y)\mathrm{d}y-W\sigma_{\max}\\&=M+b_0\omega\left(y_0\frac{C'h^2}{3}-\frac{C'h^3}{4}\right)-WC_0\frac{a}{2}\omega=0\end{aligned}\qquad\text{(说明 D. 0. 3—75)}$$

将式(说明 D. 0. 3—74)和式(说明 D. 0. 3—75)进行联解,得基础的转角为

$$\omega=\frac{12(3M+2Hh)}{b_0mh^4+18C_0aW}\qquad\text{(说明 D. 0. 3—76)}$$

基础旋转中心 A 的位置为

$$y_0=\frac{b_0mh^3(4M+3hH)+6HC_0aW}{2b_0mh^2(3M+2Hh)} \qquad \text{(说明 D. 0. 3—77)}$$

深度 y 处基础截面上的弯矩为

$$M_y=M+y\left[H-b_0\omega\frac{my^2}{12}(2y_0-y)\right] \qquad \text{(说明 D. 0. 3—78)}$$

考虑作用于基底重心处的竖向力 N 时(支于非岩石地基上,施工时基础侧面摩擦力易遭破坏的沉井及支立于岩石层面上的桩、管柱和沉井,N 的计算可不考虑基础侧面摩擦力的影响),基底前后边缘处竖向应力为

$$\sigma_{\min}^{\max}=\frac{N}{A_0}\pm C_0\frac{a}{2}\omega \qquad \text{(说明 D. 0. 3—79)}$$

式中 W——基底截面的抵抗矩;

A_0——基底面积;

A——基底顺外力作用方向的长度;

其余符号的意义与前面相同。

基础作用于侧面土上的水平压应力 σ_x 为

$$\sigma_x=my(y_0-y)\omega \qquad \text{(说明 D. 0. 3—80)}$$

基础侧面水平压应力 σ_x 的分布图形随 y_0 的位置而定。y_0 的位置有时可能位于基础底面以下,其 σ_x 的分布图形如说明图 D. 0. 3—18 所示。

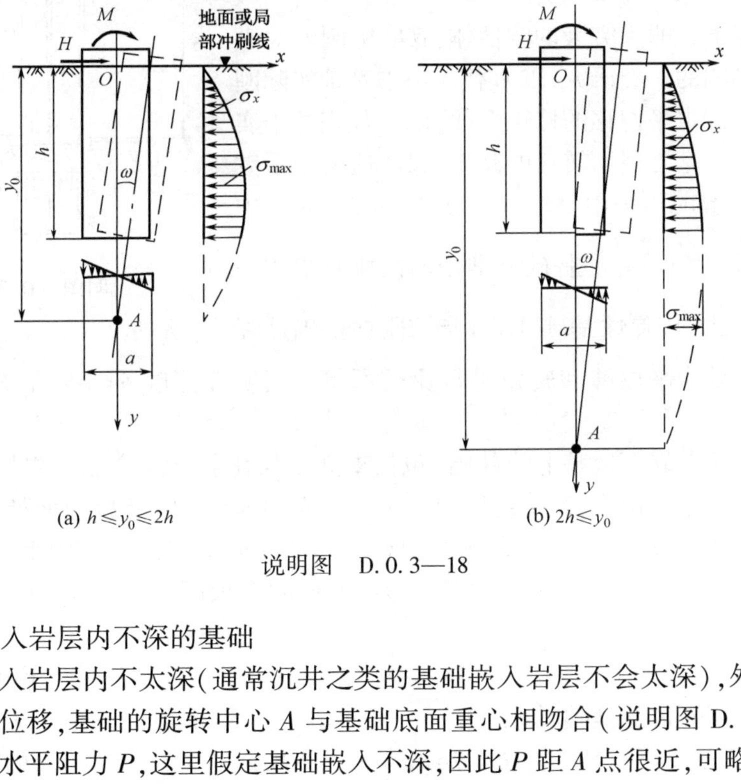

说明图 D. 0. 3—18

2)基底嵌入岩层内不深的基础

当基底嵌入岩层内不太深(通常沉井之类的基础嵌入岩层不会太深),外力作用下基底不产生水平位移,基础的旋转中心 A 与基础底面重心相吻合(说明图 D. 0. 3—19),基底嵌入处产生水平阻力 P,这里假定基础嵌入不深,因此 P 距 A 点很近,可略去 P 对 A 点产生的力矩。

参照前面的推导,可求得:

基础的转角为

$$\omega=\frac{12(M+Hh)}{b_0mh^4+6C_0aW}\qquad（说明 D. 0. 3—81）$$

基础底面竖向压应力为

$$\sigma_{\min}^{\max}=\frac{N}{A_0}\pm C_0\frac{a}{2}\omega\qquad（说明 D. 0. 3—82）$$

计算 N 时不应考虑基础侧面摩擦力。

基础侧面横向压应力为

$$\sigma_x=my(h-y)\omega\qquad（说明 D. 0. 3—83）$$

基底嵌入处水平力为

$$P=b_0\omega\frac{mh^3}{6}-H\qquad（说明 D. 0. 3—84）$$

基础身任一深度 y 截面内的弯矩为

$$M_y=M+y\left[H-b_0\omega\frac{my^2}{12}(2h-y)\right]\qquad（说明 D. 0. 3—85）$$

式中，诸符号的意义与前面相同。

倘若按上面公式求得的 P 为负值，则说明 P 的方向与说明图 D. 0. 3—19 中所示方向相反，并作用于基础的另一侧。

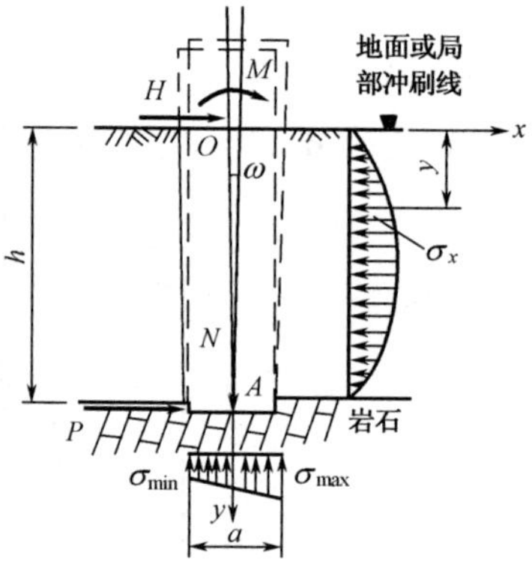

说明图　D. 0. 3—19

3）墩台顶面水平位移的计算

基础实际上并非无穷大的刚性体，其实际刚度对墩台位移是有影响的。经研究，以 k_1 代表考虑基础实际刚度对地面处基础水平位移的修正系数，以 k_2 代表基础实际刚度对地面处基础截面转角的修正系数，这两个系数均大于 1.0，计算时可采用附录中表 D. 0. 3—3。该表中的修正系数根据 $h\leqslant\frac{2.5}{\alpha}$ 的基础分别按前面所介绍的一般情况计算办法（按弹性基础计算）与按刚性基础计算办法计算地面处水平位移和转角进行比较所得。当换算深度 $\bar{h}=\alpha h<1.6$ 时，采用 $k_1=k_2=1.0$。

由于支立于非岩石地基上的基础（包括支立于风化层上及支立于岩层面上的基础）承受水平力和力矩作用下，基础绕地面以下 y_0 处的 A 轴旋转，所以地面处的水平位移为 $k_1\omega y_0$；地面至墩台顶面的高度 l 范围内墩台身和地面以上基础部分的水平位移为 $k_2\omega l$；另外，地面至墩台顶高度 l 范围内材料变形产生的墩台顶面位移为 δ_0；因此，墩台顶面总水平位移为

$$\delta=k_1\omega y_0+k_2\omega l+\delta_0\qquad（说明 D. 0. 3—86）$$

对于嵌入岩石内的基础，得

$$\delta=k_1\omega h+k_2\omega l+\delta_0\qquad（说明 D. 0. 3—87）$$

附录 F

台后路基与锥体对桥台基底应力与变形有影响，可按下式计算其附加竖向压力：

$$\sigma=\alpha\gamma H$$

式中 σ ——基底前后边缘中点的附加竖向压力(kPa);

γ ——填土的单位容重(kN/m^3);

H——台后填土高(m);

α ——基底前后缘附加竖向压力系数。

系数 α 按下列情况考虑:

(1)α 值由台后路基及锥体分别计算然后叠加。台后路基按无限长的条形荷载计算。锥体按集中荷载计算,埋式桥台前侧锥体按矩形面积上的三角形分布荷载计算。

(2)桥台锥体的尺寸按台后填土高 H 及现行《铁路桥涵设计规范》TB 10002—2017 第 3.4.2 条所规定的锥体边坡换算。

(3)基础长度与台后路基填土高 H 相配合,计算了几种长度,应用时可以内插。

(4)非岩石地基单线桥基础的宽度一般在 6.7 m 以内,为简化计算,取与路肩宽度一致,即均为 6.7 m,因此系数 α 适用于单线桥。

(5)锥体表面为折线形,为简化计算按直线坡面考虑,锥体及台后路堤的坡脚均假定在同一平面上。

(6)台后各种填料对计算影响不大,均可采用。

UDC

TB

中华人民共和国行业标准

P

TB 10017—99

铁 路 工 程 水 文 勘 测 设 计 规 范

Code for Survey and Design on Hydrology of Railway Engineering

1999-05-16 发布　　　　1999-09-01 实施

中华人民共和国铁道部　　发　布

关于发布《铁路路基设计规范》等
4个铁路工程建设标准的通知

铁建设函〔1999〕157号

《铁路路基设计规范》(TB 10001—99)、《铁路隧道设计规范》(TB 10003—99)、《铁路工程水文勘测设计规范》(TB 10017—99)和《铁路驼峰及调车场设计规范》(TB 10062—99)4个标准,经审查现批准发布,自1999年9月1日起施行。原《铁路路基设计规范》(TBJ 1—85)、《铁路隧道设计规范》(TBJ 3—85)(含1996年局部修订版)和《铁路桥渡勘测设计规范》(TBJ 17—86)3个标准同时废止。

《铁路隧道设计规范》(TB 10003—99)中的围岩分级,采用了国家标准的分级排序,与原规范的围岩分类排序相反。《铁路工程地质技术规范》、《铁路隧道施工规范》及隧道衬砌标准设计图未修订发布之前,各单位在提供地质资料、设计文件和使用标准设计图及施工等过程中要注意新发布的围岩分级与原围岩分类的对应关系,避免发生错误。

以上标准由部建设管理司负责解释,由铁道出版社和铁路工程技术标准所组织出版发行。

中华人民共和国铁道部

一九九九年五月十六日

前　　言

本规范是根据铁道部铁建函〔1997〕54 号文要求，在对《铁路桥渡勘测设计规范》（TBJ 17—86，以下简称《桥渡规范》）进行全面修订的基础上，增加有关内容编制而成。

本规范包括总则、术语和符号、桥涵、路基及其他建筑物（隧道、站场、立交地道、房屋建筑）等五章，并有附录八个。

本规范根据《防洪标准》、《水法》、《铁路法》等国家有关法规，在《桥渡规范》的基础上，第 3 章增加了桥头河堤防护和海湾地区水文计算，增加了第 4 章滨河、滨海、水库等特殊条件下路基防洪的勘测设计和冲刷防护、排水设计的规定，以及第 5 章对隧道、站场、立交地道、房屋建筑等铁路工程在防洪方面的布设原则、流量计算和排水设施设计等内容的规定。

在执行本规范过程中，希望各单位结合工程实践，认真总结经验，积累资料。如发现需要修改和补充之处，请及时将意见和有关资料寄交铁道部第三勘测设计院（天津市中山路 10 号，邮政编码：300142），并抄送铁路工程技术标准所（北京市朝阳门外大街 227 号，邮政编码：100020），供今后修改时参考。

本规范由铁道部建设管理司负责解释。

本规范主编单位：铁道部第三勘测设计院。

本规范主要起草人：方根男、孙学祥、王槐青、杨连裕、李庆生、王学寅。

目　次

1 总 则

1.0.1 为统一铁路工程水文勘测设计技术标准,使之符合防洪、水利、环保等方面的要求,保障铁路正常运行,制定本规范。

1.0.2 本规范适用于新建、改建铁路工程的水文勘测设计。

1.0.3 铁路工程设置应能防御设计洪水,使设计洪水顺畅排泄。铁路工程的排水设施应互相配合,组成一个完整的排水系统,同时还应和农田水利、水陆交通和周围环境保护等相互配合。当铁路工程设在城镇时,其排水设施还应与城镇排水设施相配合。

1.0.4 水文资料的搜集,应做好调查研究,并鉴别其可靠性。水文、水力计算成果,应与当地具体条件和地区水文特征进行分析核对。

1.0.5 铁路工程应按表1.0.5—1、表1.0.5—2、表1.0.5—3和表1.0.5—4的洪水频率标准进行设计或检算。

表1.0.5—1 桥涵、路基洪水频率标准

铁路等级	设计洪水频率			检算洪水频率
	桥涵	涵洞	路基	技术复杂、修复困难或重要的大桥和特大桥
Ⅰ、Ⅱ	1/100	1/100	1/100	1/300
Ⅲ	1/50	1/50	1/50	1/100

注:1 若观测洪水(包括调查洪水)频率小于表列的设计洪水频率标准时,应按观测洪水频率设计,但当观测洪水频率小于下列频率时,应按下列频率设计:Ⅰ、Ⅱ级铁路的路基、特大桥和大中桥为1/300,小桥和涵洞为1/100;Ⅲ级铁路的路基、桥涵为1/100。

2 遇水位不随流量而定,如逆风、冰塞、潮汐、倒灌、河床变迁、水库蓄水及其他水工建筑物的壅水等,则流量与水位应分别确定。

3 有压和半有压涵洞的孔径应按设计路堤高度的洪水频率检算。

表1.0.5—2 隧道洪水频率标准

铁 路 等 级	设计洪水频率	铁 路 等 级	设计洪水频率
Ⅰ、Ⅱ	1/100	Ⅲ	1/50

表1.0.5—3 站场洪水频率标准

工 程 种 类	设计洪水频率
车站、机务段、车辆段、客车整备所的路基	与表1.0.5—1路基标准相同
货 场	1/50

表1.0.5—4 房屋建筑洪水频率标准

工 程 种 类	设计洪水频率
机务段、车辆段主要车库及有关行车作业房屋	与表1.0.5—1路基标准相同
1 000人及以上站房、铁路分局办公楼、通信站调度所、配电所、列检所等	1/50
一般生产、办公房屋及仓库	1/25～1/50
居住、公共服务、相关配套房屋	1/25～1/50

1.0.6　设在水库淹没范围内的铁路工程，应采用本规范第1.0.5条所列洪水频率标准。设在水坝下游的铁路工程，当水库设计洪水频率标准高于铁路工程洪水频率标准时，应按本规范第1.0.5条所列标准的水库泄洪量加铁路工程与水坝之间的汇水量作为设计及检算流量；当水库校核洪水频率标准低于铁路工程洪水频率标准时，应与有关部门协商，提高水坝校核洪水频率标准，使其与铁路工程洪水频率标准相同，当有困难时，除按河流天然状况设计外，并应适当考虑溃坝可能对铁路工程造成的不利影响。溃坝流量计算办法可按本规范附录A采用。

1.0.7　在水坝上下游影响范围内的铁路工程，应考虑水库淤积和清水冲刷等情况对铁路工程造成的不利影响。

1.0.8　铁路工程中需按流量设计的排水沟、管，其洪水频率标准或暴雨强度标准应符合本规范有关章节的规定。

1.0.9　改建铁路当既有工程不能满足设计洪水频率标准要求时，应根据多年运营和水害情况以及流域内水文特征的改变，确定该工程是否需要改建或废弃。

1.0.10　铁路工程水文勘测设计，除应符合本规范外，尚应符合国家现行的有关强制性标准的规定。

2 术语和符号

2.1 术 语

2.1.1 设计洪水频率 designed flood freguency

根据有关标准规定作为设计依据的洪水频率。

2.1.2 设计流量 designed discharge

与设计洪水频率相对应的洪水流量。

2.1.3 设计水位 designed water level

与设计流量相对应的水位。

2. 1.4 冲刷系数 coefficient of scour

桥下需要的过水面积与建桥后不考虑冲刷的供给面积之比值。

2.1.5 壅水 back water

水流受到压缩或潮水水位、干流水位顶托而导致上游水位抬高的现象。

2.1.6 河槽 river channel

河床中在洪水期床面上有底沙运动的部分。包括主槽和边滩。

2.1.7 河滩 flood land

河床中在洪水期淹水,但床面上无底沙运动的部分。

2.1.8 一般冲刷 general scour

洪水时桥下流速增大,导致桥下河床普遍下降,包括河流的天然冲刷和建桥后压缩水流的冲刷。

2.1.9 局部冲刷 local scour

建桥后水流为桥墩、桥台所阻而对桥墩、桥台周围产生的冲刷。

2.2 符 号

A——单宽流量集中系数

b_g——坝体溃决口门平均宽度

B——设计洪水时的水面宽

B_1——桥墩计算宽度

B_c——桥下河槽部分桥孔过水净宽

B_d——造床流量时的河宽

B_g——坝长或坝址断面附近库区宽度

B_k——临界水深时的过水断面水面宽

B_t——桥下河滩部分桥孔过水净宽

C——谢才流速系数

C_c——桥下河槽部分的谢才流速系数

C_s——偏差系数

C_t——桥下河滩部分的谢才流速系数

C_v——变异系数

$\bar{d}$——河床土平均粒径

$\bar{d}_c$——河槽土平均粒径

D——浪程

D_c——泥石流堵塞系数

E——与汛期含沙量有关的系数

E'——桥孔偏置系数

h_b——桥墩局部冲刷坑深度

h_k——临界水深

h_m——桥下最大水深

h_0——天然水深

h_p——桥下一般冲刷后的最大水深

h_{mc}——桥下河槽最大水深

h_{mt}——桥下河滩最大水深

$\bar{h}_c$——桥下河槽部分平均水深

$\bar{h}_t$——桥下河滩部分平均水深

Δh——桥下水位应考虑的加高值

Δh_p——除桥前壅水高以外的水位附加高度

$\Delta h'_p$——自静止水面算起的波浪在边坡上侵袭的高度

H——水位高度;涵洞净高

H_0——桥(涵)前积水深

H_p——设计水位

$H_{b1\%}$——累积频率为 1% 的波浪高度

H_{min}——路堤路肩最低高程

$\bar{H}$——造床流量时的平均水深

$\bar{H}_p$——波浪的平均高度

ΔH_{sh}——受桥前壅水影响在河滩路堤上游侧形成的最大壅水高度

ΔH_x——河滩路堤计算端下游侧的沿堤水位,较天然河道设计水位的降低值

I——水面坡度

I_k——临界坡度

I_L——冲刷范围内黏性土样的液性指数

I_0——桥址河段天然水面坡度

K_p——模比系数

K_η——河床颗粒影响系数

K_ξ——墩形系数

L——河段长度
L'——由桥头路堤起点至路堤上游侧形成最大壅水处的距离
L_a——由桥头路堤起点至同一端岸边的距离
P——冲刷系数
Q——流量
Q_g——坝址断面溃坝最大流量
Q_p——设计流量
Q_t——桥下河滩部分通过的设计流量
R——水力半径
R_k——临界流的水力半径
S——由桥轴线至形成桥前最大壅水高度处的距离
v——一般冲刷后墩前行近流速
v_k——临界流速
v_p——设计流速
$\bar{v}$——断面平均流速
$\bar{v}_M$——桥下平均流速
ΔZ_M——桥前最大壅水高度
α——水流方向与桥梁轴线之法线间的夹角
β——水流方向与路堤边坡上水边线所成的平面夹角
ε——侧收缩系数
ζ——局部水头损失系数
σ——标准差
φ——流速系数
φ_p——离均系数
ω——过水断面积
ω_k——临界水深时的过水断面积
ω_g——桥下供给过水断面积
ω_x——桥下需要过水断面积
a_p, q——设计暴雨强度
ψ——径流系数
F——汇水面积

3　桥　涵

3.1　桥 涵 勘 测

3.1.1　桥涵布设应根据不同河段的特点,结合地形、地质等自然条件进行。河段类别应按本规范附录B的规定分类。

3.1.2　桥涵勘测资料的精度和施测要求,除符合本规范规定外,尚应符合铁道部现行的《新建铁路工程测量规范》的规定。

3.1.3　桥涵勘测期间的主要任务应包括以下内容:

1　编制预可行性研究报告前,应对控制线路的桥渡进行纸上研究或利用航摄像片进行水文判释,并去现场重点调查和核对。对线路可能通过地区的水文、大型水利设施、地形和地质特征等应进行了解。

2　初测期间应为桥涵可行性研究提供必要的资料。对特大桥和控制线路方案的大桥以及水文、地质复杂地区的大桥,应通过桥位和桥式方案的比选提出推荐方案;对一般大中桥,必要时也应适当进行上述比选工作;应通过现场水文勘测确定特大桥、大中桥的设计流量和小流域暴雨径流的计算办法;对增建第二线,应提出左右侧和并行或绕行的意见;对既有桥涵提出改建、加固和利用的原则。当水文因素特别复杂时,除汛期内必须进行实地水文观测外,必要时还应进行水工模型试验。

3　定测期间应根据可行性研究报告批复意见,对初测资料进行核对和补充。对初测后发生过的较大洪水应进行补测,对可行性研究报告中已确定的改建、加固或利用的既有桥涵,应进一步落实,并应考虑有关单位提出的合理要求。

3.1.4　桥涵勘测前应向有关部门调查、搜集以下资料:

1　地形资料

包括地形图,航摄像片,水准点的位置、高程及高程系统,三角点、导线点的坐标和方位角等资料。

2　水文资料

1)流域水系图,桥涵所在地的流域面积,桥址附近的河床及河岸变迁资料,流域内有关水文测站历年实测的最大流量及其相应的水位、流速、糙率、水面坡度、测流断面和水位流量、水位流速关系曲线等资料。

2)流域的勘察报告、水文调查和历史水灾分析报告,各种水文图集,暴雨洪水查算图表以及文献、地方志等资料。

3　降水资料

有关气象、水文台站历年长短历时和最大24 h降水量等资料。

4　流冰、流木资料

河流最高和最低流冰水位,封冻最高水位,冰厚,冰块最大尺寸,冰块的密度,流冰的速度,冰坝抬高水位的高度,流木最大长度和筏运资料,以及漂流物类型、大小尺寸等资料。

5 通航资料

桥址河道的通航等级、航道图、航行线位置,最高最低通航水位、封冻停航水位,通航净空、通航孔数,排筏最大宽度和长度,以及航道整治规划等资料。

6 既有桥涵资料

各种图表、台账、履历簿、鉴定书、检算资料,泄洪能力,冲淤情况,涵前积水位和水害、病害等方面的资料。对水害、病害桥涵尚应搜集运营单位历次改善措施,同时搜集邻近既有铁路和公路桥涵的档案和排洪情况等资料。

7 其他资料

沿线农田水利、灌溉排涝和城市交通、排水、规划等方面的资料。

3.1.5 桥涵勘测应测绘以下内容:

1 特大桥、大中桥

1)初测

(1)桥位方案平面图、桥址平面图:特大桥、水文复杂的大桥及控制线路方案的大桥均应测绘,地质复杂时还应有必要的工程地质资料。增建第二线与改建既有线的桥位方案平面图及桥址平面图还应测绘既有线路的中心线以及桥梁和导治建筑物位置。既有桥渡附近的斜流、涡流、死水和冲淤显著地段也宜一并测入图内。

(2)桥址纵断面图:特大桥、复杂大桥、墩高50 m以上的高桥均应测绘,并加绘工程地质资料。一般大中桥必要时测绘。既有桥梁桥址纵断面图(必要时应包括工程地质资料)还应测出既有墩台及其附属建筑物的位置、有关尺寸和高程。

(3)既有桥的丈量:主要应丈量桥长、跨度、桥高等尺寸。基础在必要时应作开挖或探测。

2)定测

(1)桥渡总平面图:特大桥必要时测绘,也可利用初测桥位方案平面图,进行核对、修正并加绘线路中心线而成。

(2)桥址平面图:特大桥及大中桥均应测绘(包括水上地形),地质复杂的还应有工程地质平面图。

(3)桥址纵断面图:大中桥两岸应设置中线控制桩测绘此图,并加绘工程地质资料。对于斜交桥尚应测绘桥址正交断面图。既有桥梁桥址纵断面图(包括工程地质资料)可利用初测资料进行核对补充。

(4)桥址辅助断面图:当地面坡度陡于1∶3或地质复杂的桥址,应在平行于线路中心线上、下游各3 m~10 m范围内测绘辅助纵断面图,在墩台基础范围内测绘辅助横断面图,且均应加绘工程地质资料。

(5)既有桥丈量图:应包括上、下部结构尺寸、桥长、跨度、梁宽、梁高、墩台及梁中心线与线路中心线的关系,以及各部位高程和结构病害部位等。当需要改建加固而无竣工资料时,应进行必要的开挖或探测。

2 小桥涵

1)初测

(1)汇水面积图:可利用既有地形图和航摄像片沿线路连续勾绘。定测时成图。

(2)泄水隧洞平面图:可利用线路平面图加宽,其范围应能满足确定泄水隧洞长度、出入口和附属建筑物的设置。

(3)既有小桥涵丈量图:可结合竣工图或工务台账,丈量其外露部分的主要尺寸。

2)定测

(1)桥(涵)址平面图:凡地形、水文或附属工程较复杂的工点均应测绘,测绘范围视实际需要确定。增建第二线的桥(涵)址平面图,还应测绘既有线路的中心线、既有桥涵和附属工程位置。改建既有线的桥(涵)址平面图,需要时测绘。

(2)泄水隧洞洞口平面图:测绘范围应能满足确定洞口位置和设置出入口附属建筑物的需要。

(3)桥址纵断面图:对既有可能改设涵洞的小桥,应同时测绘涵洞轴向断面。地质复杂时应加绘工程地质资料。

(4)桥址辅助断面图:当地面坡度陡于 1 : 3 或地质复杂的小桥,应在平行于线路中心线上、下游各 3 m~5 m 处测绘辅助纵断面图,并在墩台基础范围内测绘辅助横断面图和加绘工程地质资料。

(5)涵洞轴向断面图:新建涵洞在洞身长度范围内可按直线施测,当测取足够长度后,即可转向与原沟沟心顺接。出口排水困难时,施测范围应予加长。地质复杂时应加绘工程地质资料。对于陡坡涵洞的轴向断面长度,应能满足陡坡建筑物的设置。增建第二线涵洞的轴向断面图,除按新建涵洞要求施测外,尚应测出其相应的既有涵洞轴向断面位置的关系。既有涵洞轴向断面图应注明与线路的平面关系、斜交角度、既有涵洞在线路上下游的长度、路肩宽度以及路肩、帽石顶、出入口流水面及沟底高程。

(6)泄水隧洞洞身纵断面图及出入口横断面图:在陡峻山坡及洞口地形复杂时,应测绘垂直于轴向断面的横断面图。

(7)既有小桥涵丈量图:可利用初测资料进行核对补充;既有涵洞接长时,应详细丈量其接长端结构细部尺寸;既有小桥改建时应按既有大中桥改建要求丈量各部尺寸。

(8)改河、改沟和灌溉渠平面、纵断面和横断面图:在平坦地区,断面图可在平面图上点绘。

3　水工模型试验时应测绘以下资料:

1)桥址平面图

施测范围应根据具体情况确定,桥址上游要包括一个洪水流向较为固定、水位流量关系较为稳定的控制断面;下游不应短于水流过桥后恢复到天然水位(或水深)的河段长度。测绘宽度必须达到河流两岸最高历史洪水位泛滥线以外,并酌加一定富余量。图上应绘出河床断面和调查洪水位的位置。

2)河床横断面图

在桥址地形施测范围内,每隔 50 m~200 m 测一河床横断面,河床形状显著变化处需加测断面。断面上应注明滩槽、各部分地貌、糙率和土的种类及粒径等。

3)洪水坡度图

可利用水文站的观测资料并调查历史最高洪水位和次高洪水位,绘出最高和次高洪水位的水面坡度图,同时在图上应绘出测量时顺洪水流向的水面坡度和河底坡度线。

3.1.6　水文调查应包括以下内容:

1　洪水调查

1)调查各次大洪水发生的时间(包括年、月、日)、大小和稀遇程度,以及洪水时的雨情、水情与灾情。调查洪水来源、发生原因、涨落幅度、洪水时的主流方向和有无漫流、分流、死水以及流域自然条件有无变化和人类活动影响等。除了实地调查洪水外,还应广泛搜集有关地方历史文献档案、水利河道专著。

2) 调查各次大洪水的洪痕水位,同一次洪水至少要调查3个以上可靠或较可靠的有代表性的洪痕点。洪痕的可靠程度可按表3.1.6的规定评定。

表3.1.6 洪痕可靠程度评定标准

评定因素＼等级	可靠	较可靠	供参考
洪水痕迹	明显	不甚明显	无痕迹
洪水发生情况	确切	尚确切	不甚确切
旁证情况	有较多的旁证	有旁证资料	无旁证资料

2 河道调查

1) 调查河道弯曲和滩槽情况,以及有无支流、分流、急滩、卡口、滑坡、塌岸和壅水现象等;调查既有桥涵、堤防等的所在位置、修建年代、使用情况、防洪标准及对河道水流的影响;调查水害破坏情况。

2) 调查河道历史上边滩和沙洲的移动、支汊分流的变化、漫溢泛滥的宽度、河流稳定的程度、改道的原因、航道的变化等,并分析预估演变发展的趋势。

3) 调查河床冲淤变化、上游泥沙来源、历史上淤积高度和下切深度。

4) 调查河道规划与河底管线等埋设物的情况。

3 冰凌调查

调查历年封河及开河的时间、开河形势、流冰水位及时间、上下游是否形成冰坝,以及上下游水工建筑物对流冰的影响。

4 汇水区流域特征调查

1) 土质种类及其分布。

2) 农田、森林、沼泽和岩溶的情况。

3) 流域的地形、地貌和植被情况。

4) 人类活动的影响。

5 其他

1) 调查濒临大河有无倒灌情况。

2) 调查低水位、常水位及其持续时间。

3.1.7 水文测绘应包括以下内容:

1 水文断面

每个桥渡至少应施测两个水文断面。断面位置应根据河段特征、水文情况和洪水位的分布密度确定。

1) 水文断面直选在水流顺直、河床稳定、冲淤变化小、岸坡稳定的河段上且宜与主槽及河滩流向垂直。施测范围应高于最高历史洪水位0.5 m以上。漫滩较宽的河流可测至最大历史洪水边界。河槽与河滩的划分及相应的糙率应在现场确定。

2) 对增建第二线和改建既有线的桥渡,应在桥渡附近选择一个水文断面,并在不受既有桥影响的河段上，再选一至两个水文断面作为流量计算断面。

2　水文平面关系

施测范围应包括调查的洪水位点、水文断面和桥位方案的位置，可利用桥位方案平面图进行补充。当水文断面专供推求流量使用时，可不测绘平面关系。

3　水面坡度图

在顺直河段上可沿一岸施测。在弯曲河段或当设计需要时，应在两岸同时施测。

4　小桥涵水文测量

1）汇水区流域特性调查应符合本规范第3.1.6条第4款的规定。

2）搜集沿线地区的雨量等有关资料，对选用的流量计算公式（包括地区性计算公式）进行验证。验证时采用水文调查或间接推算等办法，必要时可进行水文观测。

3）对于沟槽明显的河沟，有条件调查历史洪水位时，应实测沟床（或水面）坡度和沟床横断面，调查沟岸和岸壁情况，推算设计水位、流量和流速。

3.1.8　水文及冲刷观测：

1　水文观测的项目应包括水位、流速、流向、船筏走行和含沙量等。泥沙测验工作可按照水利部现行《水文测验规范》的规定办理，其余观测项目应符合铁道部现行《新建铁路工程测量规范》的规定。

2　增建第二线和改建既有线需探清既有桥冲刷情况，冲刷观测应符合铁道部现行《既有铁路测量技术规则》的规定。

3.1.9　泥石流地区除按一般要求进行水文测量外，尚应进行以下工作：

1　搜集资料

1）有关泥石流流域资料，可利用航摄像片以判释了解泥石流沟的地形、地貌、地质等特征。

2）泥石流沟的流域平面图和坍方地貌图，如搜集不到则需进行实测。

2　实地调查

1）形成区、流通区、堆积区的地貌。

2）松散固体物质的来源、分布、储量及容重。

3）水源及泥位痕迹，泥石流发生过程概况、灾情、堵塞、冲淤等的情况。

4）流域内不合理伐木、陡坡垦荒、开矿、筑路弃渣等人类活动的影响。

5）已成建筑物的情况。

3　观测与试验

对规模大、危害严重的泥石流沟，应进行泥石流龙头高度、运动速度、流动特征的现场观测和黏度、静切力等静力学试验，并可按本规范附录C确定泥石流的分类。

3.1.10　岩溶地区除必须进行地质调绘勘探外，尚应进行以下工作：

1　调查测绘区域地表水系、汇水面积、地下水源及其与地表水的关系，判明其特征与性质。

2　调查施测汇水区封闭洼地及消水溶洞的位置、深度、控制面积、积水高度和消水能力等。对溶洞和溶泉还应调查其出水流量的变化幅度与规律、水的来源、出水流量与地区降水量的关系等。必要时还应进行观测，掌握降水、消水、积水、出流的关系和其他水文资料。

3　调查搜集沿线岩溶地区既有建筑物的破坏、变形、工作现状、历史情况以及工程措施和整治方法等。

4 当线路通过消水溶洞的边缘,消水溶洞又承接上游明河水流,洪水能形成积水时,应查明该地区最大积水高度。

3.1.11 当桥渡受潮汐水流影响时,应调查、搜集、测绘下列资料:

1 搜集测站历年最大潮流量、最大潮洪流量、最高潮位、最低潮位、最大潮差、潮型、涨落潮历时、潮流速、风暴潮等资料。

2 测绘桥址附近之河道地形图,对受潮汐影响区段的其他部分,可只测河道横断面图。当能搜集到桥址河段历年河道地形图、航道图或海图,以及桥址处河道断面等资料时,也可不测。

3 搜集桥址上下游水工建筑物的设计和现状、河段的航道标准、河口的整治及冲淤变化等资料。

4 封冻及流冰的感潮河段,应调查是否形成冰坝和搜集冰块尺寸、冰层双向移动及上下浮动资料。

5 调查海水碎浪高度。

6 当搜集不到实测资料缺乏时,应进行水位、流量现场观测,观测时间不应短于一整年。如时间和条件限制,可仅作洪枯水季节的观测,观测时间均不应短于一个月。观测时应有逐时(每小时)连续实测记录,其垂线数目不应少于3条。同时应作相应测点的盐度观测;必要时尚应进行洪水与高潮位顶托影响的水位和涨落潮流速的观测。

3.1.12 水利化地区的水文测量除按一般要求搜集有关资料外,尚应进行以下工作:

1 全面了解流域水利化历史、现状和近远期治理规划。搜集流域河道、堤防、泵站涵闸、防洪排涝等规划和设计资料以及大比例尺地形图和河道纵横断面资料。泵站和涵闸的实测水文资料也应搜集。

2 调查了解有关跨流域的规划以及河网、圩区的分布,各圩之间、各河汊之间及其与主河道的连系和水流调节方向,蓄洪、滞洪、分洪区和堤闸的设施及运用原则,以及历史上溃堤破圩和蓄洪、滞洪、分洪情况与各种特征水位。

3 调查多沙河流的行洪滩地有无放淤的可能,了解放淤引水的能力和淤积的影响。

4 调查水土流失严重地区的泥沙淤积、崩塌、滑坡等情况。

5 调查灌溉系统的分布、调节水流的方向、排灌方式及水源等资料,对大型灌渠还应向水利部门搜集最大灌溉流量资料,兼有排洪任务的渠道,尚应搜集渠道最大排洪流量。

3.1.13 位于水库地区的桥渡除按一般要求进行测量外,尚应调查搜集下列资料:

1 水坝上游库区建桥

1)搜集水库的性质、等级、设计标准、管理运用情况和主坝、副坝(包括自溃坝)、溢洪道等的工程设施。

2)搜集库区地形图、河床纵横断面图。

3)搜集水库的水位与容积关系曲线、水位与水面面积关系曲线,以及水位与总下泄流量关系曲线。

4)搜集建库前,在天然情况下桥址处河道的水位与流量关系曲线、水位与流速关系曲线、设计径流量、设计流量过程线和历史最大流量过程线等资料。

5)搜集水库各种特征的水位和库容、与桥梁设计洪水频率相同的壅水曲线,以及设计的淤积年限和淤积计算等资料。

6)搜集水库库岸稳定情况的资料。

7)调查库区最大波浪高度、波浪侵袭高度及其相应的库水位资料。

8)调查库区冰情。

9)了解桥梁施工时库区可能的高、低水位及持续时间。

2 水坝下游建桥

除按水坝上游库区建桥要求搜集的有关资料外,尚应调查搜集以下资料:

1)水库与桥梁相同设计频率的下泄流量资料。

2)在水坝海漫下游处,河底局部冲刷的最大深度及冲刷向下游扩展的情况。

3)水坝与桥址间汇入的各大支流设计流量和流域面积。

4)已成水库多年来下游河床水文测验和有关水文调查资料。

3.2 桥位选择

3.2.1 技术复杂、修复困难或重要特大桥的桥位,在已定线路大方向的前提下,应根据河流形态、地质特点、通航条件、地面设施、施工布局以及与地方工农业发展的关系,在较大范围内作全面比选确定。当方案比选结果相仿时,应优先采用水文及地质条件较好的桥位。

3.2.2 一般特大桥和大中桥的桥位,应配合线路走向,在适当范围内根据河段的水文、地形、地质、地物等特征,经综合比选确定。

3.2.3 地震区的桥位选择,应按现行的国家标准《铁路工程抗震设计规范》有关规定执行。

3.2.4 桥位选择在水文方面应符合下列要求:

1 桥位应选在河道顺直、槽深、主流稳定、河槽通过流量较集中的河段上,不宜选在不稳定的河汊、泥沙冲淤严重、水流汇合口、急弯卡口、旧河道和具有滞洪作用的河段或洼地上。

2 在水深流急的山区峡谷河段上,桥位宜选在可以一孔跨越处。否则,宜选在河谷比较开阔、水深较浅和流速较缓处。

3 桥位选择应注意河道的自然演变和修桥后对天然河道的影响;平原婉蜒河段上的桥位,还应注意河湾的可能下移。

4 在平原分汊河段上,应了解沙洲消长范围,桥位宜选在深泓线分汊点以上或深泓线汇合点以下处。

5 桥梁轴线宜与中、高水位时的流向正交,如不能正交则应在孔径及墩台、基础设计中考虑其影响。

6 在城市和重要工业区有特殊防洪要求时,桥位宜选在其上游跨越。

7 在结冰河流上,桥位不宜选在容易发生冰塞、冰坝的河段上。

3.2.5 桥位选择在地形、地貌、地物等方面应符合下列要求:

1 应利用山嘴、高地等不易冲刷的稳定河岸作为桥头的依托;对公铁两用桥的桥位,宜选在两岸地形较高并便于和既有公路或规划公路网连接的地点。

2 应避开上下游有山嘴、石梁等干扰水流畅通的地形。

3 在冲积扇上宜选在上游狭窄河段或下游收缩河段,不宜跨越中游扩散河段。如必须通过扩散河段时,宜采取一河多桥,使各桥位大致位于同一等高线上。

4 应避免地面、地下既有设施的拆迁；较长桥梁的引桥可设在大半径的弯道上，但不宜设在反向曲线上。

5 应考虑施工场地、材料运输和施工架梁等方面的要求。

6 在城市范围内的桥位选择，尚应与城市规划相配合。

3.2.6 桥位选择在地质方面应符合下列要求：

1 应选在基岩或坚实土层埋藏较浅处。

2 不宜选在断层、滑坡、溶洞、盐渍土和泥沼等地质不良地段。

3 特大桥引桥很长时，应探明引桥范围内的地质条件。

3.2.7 桥位选择在通航方面应符合下列要求：

1 桥位应选在航道比较稳定的河段上。

2 桥位应远离滩险、弯道和汇流口。

3 桥位应选在船队编组或排筏编组场的上游，应离开既有水工设施、港口作业区和锚地有一定距离。

4 桥位处应有足够的通航水深，通航期内水的流向与桥轴法线的夹角不宜超过5°。

3.2.8 泥石流地区的桥位选择应符合下列规定：

1 桥位应选在沟床固定、主流较稳定、水流较顺直处，并宜与主流正交。

2 桥位不应选在沟床纵坡由陡变缓地段。

3 严禁开挖设桥，不得改沟并桥。

4 在泥石流发展强烈的形成区不应设桥。

5 线路跨越泥石流流通区时，桥位应选在流通区的直线段，并避开弯道的转折处。

6 线路通过泥石流堆积区时，桥位宜避开扇腰、扇顶部位，而宜选在扇缘或其尾闾部位。线路应沿等高线定线，桥梁宜分散设置。如堆积扇濒临大河受到水流切割时，桥位选定应考虑切割的发展，留有安全的距离。

7 线路通过泥石流堆积扇高程与平面位置大致平顺的泥石流群时，宜在各沟的山口处跨越，或切各扇缘定线设桥。

3.2.9 岩溶地区的桥位选择应符合下列规定：

1 根据地质地貌特征，宜在岩溶发育轻微的区域内选择桥位；必须在岩溶严重地段设桥时，则应选在岩层完整、洞穴顶板较厚处。

2 当线路跨越岩溶地区的构造破碎带时，桥位选择：

1）应避开构造破碎带，当无法绕避时，应使桥位垂直或以较小斜交角度通过。

2）应避开巨大洞室和大竖井。

3 可溶岩层与非可溶岩层的接触带不宜设桥，宜设在非可溶岩层地带上。

4 线路跨越岩溶丘陵区峰间谷地时，桥位不宜选在漏斗、落水溶洞、溶泉、地下通道及暗河露头处。如经综合选线必须在该处设桥时，应探明岩溶的位置和水文条件，采取相应的工程措施。

5 岩溶坍陷区的桥位应选在下列位置：

1）工业或民用取水点所形成的地下水位下降漏斗范围以外处。

2）覆盖土层较厚、土层稳固、洞穴和地下水位稳定处。如坍陷范围小，可用单跨桥跨越。

6 暗河范围内不宜设桥，也不直靠近或与暗河走向平行，当不能避开时，应使桥位垂直或以较小斜交角度通过。

3.2.10　感潮河段上的桥位选择应符合下列规定：

1　不宜选在涌潮区段。

2　应避开凹岸和滩岸消长多变地段。

3　不宜紧邻挡潮闸。

3.2.11　水利化地区的桥位选择应符合下列规定：

1　线路不宜在地势低洼的蓄洪、滞洪和分洪区通过，不然应考虑桥渡受淹后的影响。

2　桥位不宜选在水闸、引水或分洪口门等水利工程附近，当不可避免时，应考虑相互的影响。

3　河网地区必须与当地水利和航运规划相配合，桥位宜选在地形较高处，不宜选在淤泥或土质特殊松软的地段。

4　线路跨越灌溉渠网时，不应轻易破坏原有排灌系统和穿越大片良田耕地。当与大干渠相邻并行时，两者间应保持一定距离。在山坡地段，线路应在大干渠上坡侧通过。当必须在下坡侧通过时，应考虑干渠的渗漏及其对山洪流量的重分配作用，以及可能的溃决对铁路的影响。在平坦地区，线路与干渠不宜太近。

3.2.12　水库地区的桥位选择应符合下列规定：

1　在水坝上游库区内，桥位宜选在库面较窄、岸坡稳定、泥沙沉积较小的地段；在封冻地区，桥位不应选在回水末端、容易形成冰坝的地段。

2　在水坝下游，桥位应离开坝址有相当距离，并注意坝下局部冲刷的影响。

3.2.13　车站范围内的桥位选择应符合下列规定：

1　车站范围内的桥涵，必须与站房、股道、排洪系统密切配合，不宜将天然水流改至站外。站内改沟合并应全面规划，务使水流畅通。

2　在站内泥石流沟或流量较大的河沟上建桥时，桥上应尽量减少站房和股道的布置。

3　车站范围内应考虑当地交通的合理需要，适当设置农业机械，人畜车辆通行的立交桥。季节性的排洪桥涵有条件时，可兼做立交桥使用。

3.2.14　沿线小桥涵位置选择应符合下列规定：

1　小桥涵应根据排洪、灌溉和交通需要，结合地形、地质等自然特征合理选定。每个汇水区都应设置小桥涵，当汇水流量较小，可考虑改沟合并，但应避免长距离改沟和强行合并。

2　山区小桥涵应逢沟设置。当沟深弯曲又与线路斜交，且在水文、地形、地质和施工有利时，可修建泄水隧洞。在山区路堑地段，有条件时可考虑修建渡槽。

3　山口冲积扇上的小桥涵应在主沟处分散设置，不应强行改沟至低洼处；两冲积扇间洼地，也应布设桥涵。

4　山前漫流无显著沟槽地区，应采取分片泄洪原则，在主要水流处布设桥涵。

5　平原区排水桥涵应合理布设，避免农田积水内涝。

3.2.15　增建第二线上的桥位必须从整体出发，除应综合考虑施工、运营、航运、以及线路和站场等要求外，尚应考虑下列因素：

1　既有桥上游设置的导治建筑物、破冰棱、桥头河滩路堤等防护工程设施可资利用时，第二线宜选在下游侧。

2 水利工程或公路交通与铁路有干扰时,或河道内有残存障碍物干扰施工时,宜选在无干扰侧,或干扰较少的一侧。

3 既有建筑物,高压线等设备的位置,不宜轻易拆迁。

3.2.16 增建第二线与既有线的线间距,应考虑通航和城市防洪要求、既有桥工作情况、桥梁基础结构状态、地质条件、施工和行车干扰等因素,必要时尚应与有关部门协商后确定。第二线桥与既有线桥的桥墩,在水中部分宜相对应。

3.2.17 改建既有线时,若既有桥与既有线的平纵断面配合合理,且无显著缺陷,又无足够依据时,不宜轻易改移位置、封闭或缩孔。

3.3 设计洪水

3.3.1 桥涵设计洪水应包括符合本规范第1.0.5条规定的设计洪水频率流量及其相应的水位和洪水过程线。

3.3.2 对设计洪水的基本资料应审核其可靠性、独立性、一致性和系列代表性。

3.3.3 设计洪水可根据资料及地区特点,采用多种方法计算,经分析论证后,选用其合理者。

3.3.4 在桥址或其上、下游,具有20年及以上的实测流量资料,并调查到历史洪水时,可直接根据流量资料进行频率计算,推算设计流量。

3.3.5 流量资料的选择,应采用年最大法。当某些大水年份的资料缺测、漏测,应通过调查予以补全。

3.3.6 在插补延长洪水系列时,资料展延的年数不应超过实测年数,并不应使用辗转相关的方法。

3.3.7 经验频率可按以下办法估算:

1 连序系列

将 n 年各项洪水值按其大小顺序统一排位,其第 m 项的经验频率,可用下列公式估算:

$$P_m=\frac{m}{n+1} \tag{3.3.7—1}$$

式中 P_m——等于或大于某一流量变量 Q_m 的经验频率;

m——由大到小排位的顺序号;

n——系列的总年数。

2 不连序系列

其经验频率可根据资料条件按下述方法之一估算:

1)实测值和特大值分别在各自系列中进行排位,其中实测系列的各项经验频率仍按式(3.3.7—1)估算,而调查期 N 年中的前 a 项特大洪水(无遗漏时)序位为 M 的经验频率为

$$P_M=\frac{M}{N+1} \tag{3.3.7—2}$$

式中 M——历史特大洪水按递减次序排列的序位;

N——调查考证期。

2)将实测值和特大值共同组成一个不连序系列。不连序系列各项在调查期 N 年

内统一排位，若 N 年中有特大洪水 a 项，其中有 l 项发生在 n_1 年实测系列之内，则 N 年中的 a 项特大洪水的经验频率仍可用式(3.3.7—2)估算，其余 (n_1-l) 项的经验频率可按下列公式估算：

$$P_{m1}=\frac{a}{N+1}+\left(1-\frac{a}{N+1}\right)\frac{m_1-l}{n_1-l+1} \tag{3.3.7—3}$$

式中　a——在 N 年中连续顺位的特大洪水项数(包括发生在实测系列内的 l 项)；

n_1——实测洪水系列项数；

l——实测洪水系列中抽出作特大值处理的洪水项数；

m_1——实测洪水的序位；

P_{m1}——实测系列第 m_1 项的经验频率；

其余符号意义同前。

3.3.8　频率曲线型可采用皮尔逊Ⅲ型。特殊情况经分析论证后也可采用其他线型。

3.3.9　用皮尔逊Ⅲ型曲线推算设计流量时，可先根据样本用矩法估算统计参数，并按适线法进行调整，再由调整后所确定的统计参数来推算设计流量。

1　统计参数估算

1)对于 n 年连序系列

流量均值：

$$\overline{Q}=\frac{1}{n}\sum_{i=1}^{n}Q_i \tag{3.3.9—1}$$

标准差：

$$\sigma=\sqrt{\frac{\sum_{i=1}^{n}Q_i^2-\frac{1}{n}\left(\sum_{i=1}^{n}Q_i\right)^2}{n-1}} \tag{3.3.9—2}$$

变异系数：

$$C_{\mathrm{v}}=\frac{\sigma}{\overline{Q}} \tag{3.3.9—3}$$

式中　Q_i——系列流量(m^3/s)，$i=1,2,3,\cdots,n$；

其余符号意义同前。

2)对于 N 年不连序系列

流量均值：

$$\overline{Q}=\frac{1}{N}\left(\sum_{j=1}^{a}Q_j+\frac{N-a}{n_1-l}\sum_{i=l+1}^{n_1}Q'_i\right) \tag{3.3.9—4}$$

变异系数：

$$C_{\mathrm{v}}=\frac{1}{\overline{Q}}\sqrt{\frac{1}{N-1}\left[\sum_{j=1}^{a}(Q_j-\overline{Q})^2+\frac{N-a}{n_1-l}\sum_{i=l+1}^{n_1}(Q'_i-\overline{Q})^2\right]} \tag{3.3.9—5}$$

式中　Q_j——特大洪水流量(m^3/s)，$j=1,2,\cdots,a$；

Q'_i——一般洪水流量(m^3/s)，$i=l+1,l+2,\cdots,n_1$；

其余符号意义同前。

2　统计参数适线调整

流量均值 $\overline{Q}$ 可不调整；变异系数 C_{v} 值可在 $\pm\sigma_{\mathrm{CV}}$ 范围内调整，σ_{CV} 的近似算式为

$$\sigma_{\mathrm{CV}}=\frac{C_{\mathrm{v}}}{\sqrt{2n}}\sqrt{1+2C_{\mathrm{v}}^2+\frac{3}{4}C_{\mathrm{s}}^2-2C_{\mathrm{v}}C_{\mathrm{s}}} \tag{3.3.9—6}$$

式中偏差系数 C_s 值可直接参考相似流域的统计经验资料，选用的 C_s 值可为 2~5 倍 C_v 的数值。

根据统计参数估算值，查皮尔逊Ⅲ型曲线的离均系数 φ_p 值表或模比系数 K_p 值表，用以下公式计算各种频率流量 Q_p：

$$Q_p = \overline{Q}(1+\varphi_p C_v) \tag{3.3.9—7}$$

或

$$Q_p = K_p \overline{Q} \tag{3.3.9—8}$$

根据各种频率流量值点绘频率曲线，检查此曲线与经验频率点据的适合情况。当适合情况较差，可调整 C_v、C_s 值，直至二者吻合较好为止。适线时应照顾全部点据，不能全部照顾时，应注意照顾上、中部点据，但不应机械地通过最大点据。

3 设计流量计算

设计流量可根据适线调整后的统计参数，再按式(3.3.9—7)或式(3.3.9—8)计算。

3.3.10 根据雨量资料推算设计流量时，暴雨公式和暴雨参数的制定，应搜集水文气象台站及其他有关部门的自记资料，按不同成因选出不同时段的最大值进行统计计算，其经验频率可按本规范第 3.3.7 条有关公式计算。

3.3.11 小流域暴雨径流可采用铁路各设计单位根据地区特点制定的公式计算；水利部门和有关地区的成果亦可参照使用。计算时宜对所采用的公式进行验证。

3.3.12 有实测暴雨资料的流域，可根据实测资料分析出单位线推算设计流量。当流域面积很大或流域形状特殊，产流面积分布很不均匀时，可分区分别推算各区的单位线，叠加后推算设计流量。在短缺实测暴雨资料的流域，可移用邻近流域地理条件相似的单位线，或应用本地区的综合单位线推算设计流量。

3.3.13 采用地区性经验公式推算设计流量时，应了解编制公式的依据和参数概化的条件，并应按本地区已发生过的较大暴雨径流资料、历史洪水调查资料推算的设计流量进行对比分析，检验其合理性。

3.3.14 根据调查历史洪水推算设计流量时，调查洪水的河段宜选在桥渡附近或居民集中的老居民点处。河道应选较顺直、规整、稳定，没有较大的支流汇入，河段内无壅水、回水和分流等现象，以及河床质组成与岸边植被情况比较一致处。受有人工建筑物影响的地点宜避开。

3.3.15 推算历史洪水流量时所采用的过水断面，应垂直于水流方向，对断面内的死水、回流区面积应予扣除，冲淤变化应予更正。复式断面应按河槽和河滩分别计算。

3.3.16 推算流量所用的糙率，宜采用调查河段或其上、下游或其邻近地区水文站较大洪水实测资料分析求得的水位糙率关系曲线外延的数值。此时应注意外延部分断面特性有无变化和上、下游或邻近地区河段特征是否与调查河段相类似等因素；如无实测资料，则可按本规范附录 D 选用。

3.3.17 推算流量所用的水面坡度，应以可靠或较可靠、代表性较好的洪痕点，参照测绘时的水面线、河底线及近期实测的大洪水或中、高水的水面线，从考虑河段地形影响而绘制的洪水水面线求得。

3.3.18 当调查河段有条件参照上、下游水文站的实测资料，建立河段水位流量关系时，可根据调查水位采用水位流量关系曲线外延来推算流量。

3.3.19 当调查河段顺直，段内各断面的组成基本一致，调查到的洪痕点分布比较均匀，

左右岸洪痕不存在横向坡度时,流量可采用比降法推算,方法如下:

1　恒定均匀流

当河段内断面变化不大,可近似按下列公式计算:

$$Q=\frac{\omega}{n}R^{2/3}\cdot I^{1/2}=KI^{1/2}=K\sqrt{\frac{\Delta H}{L}} \tag{3.3.19—1}$$

式中　Q——流量(m^3/s);

ω——过水断面积(m^2);

n——糙率;

R——水力半径(m),$R=\frac{\omega}{p}$,其中 p 为过水断面湿周(m);

ΔH——水面落差(m);

L——河段长度(m);

I——水面坡度;

K——输水率,当采用两个断面计算时,K 值应为上、下断面的算术平均或几何平均值。复式断面滩槽的 K 值应分别计算(m^3/s)。

2　恒定非均匀流

当河段为扩散河段或收缩河段,可采用下列公式计算:

$$Q=\overline{K}\sqrt{\frac{\Delta H}{L_d-\frac{1\pm\zeta}{2g_n}\left(\frac{\overline{K}^2}{\omega_1^2}-\frac{\overline{K}^2}{\omega_2^2}\right)}} \tag{3.3.19—2}$$

式中　$\overline{K}$——上、下断面输水率的平均值;

ω_1,ω_2——上、下断面的有效过水断面积(m^2);

ζ——局部水头损失系数,收缩河段 $\zeta=0\sim0.1$;逐渐扩散河段 $\zeta=0.3\sim0.5$;突然扩散河段 $\zeta=0.5\sim1.0$,式中收缩河段用 $1+\zeta$,扩散河段用 $1-\zeta$;

L_d——上、下断面间距(m);

g_n——标准自由落体加速度(m/s^2);

其余符号意义同前。

3.3.20　当调查河段较长,可靠洪痕点较少;调查洪痕点虽多,但按点群趋势,水面线出现明显转折;河底坡度及横断面变化较大又无控制断面存在,当不受变动回水影响时,可采用水面曲线法推算流量。先假定一个流量值,根据选定的各河段糙率,自下游一已知(或估定)洪水位开始,向上游逐段推算水面线。经试算,使推算的水面线与调查的洪水痕迹多数符合为止,则假定的流量即为所推求的流量,其基本公式如下:

$$H_1+\frac{\alpha_1\bar{v}_1^2}{2g_n}=H_2+\frac{\alpha_2\bar{v}_2^2}{2g_n}+h_f+h_j \tag{3.3.20}$$

式中　H_1,H_2——上、下断面处的水位高度(m);

$\bar{v}_1,\bar{v}_2$——上、下断面处的平均流速(m/s);

h_f——摩阻损失,$h_f=\frac{Q^2}{\overline{K}^2}L$;

h_j——扩散损失，$h_j=\zeta\left(\frac{\alpha_1\bar{v}_1^2}{2g_n}-\frac{\alpha_2\bar{v}_2^2}{2g_n}\right)$；

α_1,α_2——上、下断面处动能修正系数；

其余符号意义同前。

3.3.21 当调查河段下游有天然的或人工的控制断面，在控制断面与洪痕间无其他控制断面存在，也无支流汇入，在断面下游也无束窄断面产生壅水时，流量可根据不同类型的控制断面进行推算。

1 急滩

当断面以上河底坡小于临界坡，以下大于临界坡时，则变坡点处将形成临界流。若临界水深为 h_k，则可按临界流公式推算流量，并由此向上推算水面线直至调查到的洪痕处，视二者是否相符。如不符应重新假设 h_k，重新推算至相符为止，即为所求的流量。临界流公式为

$$Q=\sqrt{\frac{g_n\omega_k^3}{B_k}} \tag{3.3.21—1}$$

临界坡公式为

$$I_k=\frac{n^2Q^2}{\omega_k^2R_k^{4/3}} \tag{3.3.21—2}$$

式中 ω_k——临界水深时的过水断面积（m^2）；

B_k——临界水深时的过水断面水面宽（m）；

I_k——临界坡度；

R_k——临界流的水力半径（m）；

其余符号意义同前。

2 卡口

当断面束窄形成卡口，可根据卡口上、下游水位按下列公式推算流量：

$$Q=\omega_2\sqrt{\frac{2g_n(H_1-H_2)}{\left(1-\frac{\omega_2^2}{\omega_1^2}\right)+\frac{2g_nL\omega_2^2}{K_1K_2}}} \tag{3.3.21—3}$$

式中符号意义同前。

3 堰流

调查河段下游修有堰坝等水工建筑物时，洪水流量可利用堰流水力学公式推算，常用的推算方法和经验系数可按本规范附录 E 选用。

3.3.22 按历史洪水位推算的流量重现期，应根据当地老居民的记述或历史文献考证来确定历史洪水的时序，再按式（3.3.7—2）计算。

3.3.23 历史洪水流量资料可根据河段特性，选取相应的 C_v、C_s 值，再根据相应于历史洪水流量重现期的模比系数，按式（3.3.9—8）推算流量均值。然后再按与设计频率相应的模比系数及推算得的流量均值再次用式（3.3.9—8）推算设计流量。

3.3.24 桥址处设计水位可按下列办法确定：

1 桥址附近有水文站，且河段顺直时，可利用水文站测流断面计算设计水位，即用相关法或比降法采用可靠程度较高的大洪水年代的水面坡度，将水位推移至桥址处；当桥址

处河底坡度及横断面变化较大时，可用水面曲线法推求。

2　在桥址处绘制水位流量关系曲线，利用已知桥址设计流量，反推桥址处的设计水位。

3　桥址附近河床断面规则并有多年历史洪水位资料时，可按本节有关频率计算规定直接推算设计水位。

4　桥址上下游有卡口、人工建筑等对水位有影响时，可用水面曲线等法计算桥址处设计水位。

3.3.25　桥址处设计水位应以正交断面计算。当桥位斜交时，应按斜交角度分别求出桥两端的设计水位。当桥址位于河湾处，也应分别计算桥两端的设计水位。河湾处水流受离心力的作用形成凹岸水位的增高和凸岸水位的降低，其值按下式计算：

$$\Delta h_W = \frac{\bar{v}^2}{2g_n}\frac{B}{\bar{R}} \tag{3.3.25}$$

式中　Δh_W——河岸凹岸水位增高值或凸岸水位降低值（m）；

$\bar{v}$——断面平均流速（m/s）；

B——设计洪水时的水面宽（m）；

$\bar{R}$——河湾的平均曲率半径（m）；

其余符号意义同前。

如河滩生有阻滞水流的密草、丛林或存在回流、死水时，应扣除该部水域计算 $\bar{v}$、B、$\bar{R}$ 值。

3.3.26　设计洪水过程线可采用放大典型洪水过程线的方法推求，应选资料可靠，洪水较大，对桥渡运营不利的洪水作为典型。将典型洪水过程线用设计洪峰控制，按同一倍比放大。倍比值应按下式计算：

$$K_g = Q_p / Q_n \tag{3.3.26}$$

式中　K_g——放大倍比值；

Q_n——典型洪水的洪峰流量（m^3/s）；

Q_p——设计流量（m^3/s）。

3.3.27　设计洪水过程线用雨量资料推算时，可采用单位线法。由设计地面净雨过程通过单位线推流，得设计地面径流过程。将地面径流过程加上地下径流过程，即可求得设计洪水过程。

3.4　孔径设计

3.4.1　桥涵孔径设计必须保证设计洪水、流冰、流木、泥石流及其他漂流物的安全通过，保证桥头路堤不致漫决，并应考虑水陆交通和排灌的需要以及建桥后引起的流势变化对上下游农田房舍的影响。

3.4.2　天然河道不应轻易改移或开挖，仅在确有技术、经济依据和能改善桥涵工作状况时，方可考虑，但尚应考虑到由此产生的河流水力条件变化的影响。

3.4.3　涵洞应设计为无压的。涵洞对设计成单孔或双孔，当技术和经济均属适宜，亦可考虑设置多于两孔的涵洞。

3.4.4　桥涵的孔径式样，在同一区段内应力求简化。同一座桥，除通航或跨越深谷的桥梁外，宜用等跨，其桥式应经方案比选确定。

3.4.5 对既有桥涵的基础埋深与防护、净空高度和孔径检算，应符合铁道部现行的《铁路桥梁检定规范》有关规定。

3.4.6 桥涵孔径应根据过水条件、河道演变、地形和地质特征、桥台和桥头河滩路堤高度、填料来源、占用耕地以及便于养护等有关因素综合研究确定。桥式不宜采用高桥台、大锥体。

3.4.7 当河床容许冲刷时，桥梁的孔径计算不宜超过表 3.4.7 所列容许冲刷系数值；桥下河床不容许冲刷时，可采取铺砌防冲办法。大中桥不宜采取铺砌防冲办法。

表 3.4.7 容许冲刷系数

河段类别	冲刷系数
山区峡谷段	≤1.2
山前变迁段	按地区经验确定
其他各类河段	≤1.4

注：平原宽滩河流的平均水深小于或等于 1.0 m 时，容许冲刷系数可大于表列数值。

3.4.8 冲刷系数可按下列公式求算：

$$P=\frac{\omega_x}{\omega_g} \tag{3.4.8}$$

式中 P——冲刷系数；

ω_g——桥下供给过水断面积（m^2），当桥址上、下游有阻水山包或其他挡水建筑物时，桥下供给过水断面积应扣除其影响部分；

ω_x——桥下需要过水断面积（m^2）；

$$\omega_x=\frac{Q_p}{v_p\cos\alpha}$$

v_p——设计流速（m/s），对河滩较小、压缩不多的河段，可采用通过设计流量时河槽（包括边滩）的天然平均流速；当河滩很大时，可按经验确定；渠道或运河上的桥，可采用设计渠道或运河时的设计流速；

α——水流方向与桥梁轴线之法线间的夹角（°）；

其余符号意义同前。

3.4.9 设有堤防的河道和平原宽滩河流，当桥前壅水影响堤防和农田房舍安全时，应与有关部门协商，确定桥前容许壅水高度，据以计算桥梁孔径。

3.4.10 桥下沟床设置防冲铺砌的小桥，其孔径应按桥下的不同过水状态，可选用下列有关公式计算：

1 临界流过水状态

1）桥下需要的净孔宽度 B

$$B=\frac{Q_p g_n}{\varepsilon v_p^3} \tag{3.4.10—1}$$

式中设计流速 v_p 可先根据河床铺砌类型选用相应的容许流速。

2）将桥下需要的净孔宽度进至标准梁跨的净孔宽度 b 后，桥下的临界流速 v_k

$$v_k = \sqrt[3]{\frac{Q_p g_n}{\varepsilon b}} \tag{3.4.10—2}$$

3）桥下临界水深 h_k

$$h_k = \frac{v_k^2}{g_n} \tag{3.4.10—3}$$

4）桥前积水后的水深 H_0

$$H_0 = h_k + \frac{v_k^2}{2g_n\varphi^2} - \frac{v_0^2}{2g_n} \tag{3.4.10—4}$$

2　缓流过水状态

1）桥下需要的净孔宽度 B

$$B = \frac{Q_p}{\varepsilon v_p h_0} \tag{3.4.10—5}$$

2）桥前积水后的水深 H_0

$$H_0 = h_0 + \frac{v_p^2}{2g_n\varphi^2} - \frac{v_0^2}{2g_n} \tag{3.4.10—6}$$

式中　v_0——桥前水流行近流速（m/s），可用桥前积水断面积去除设计流量求得，当 $v_0 \leq$ 1.0 m/s 时，流速水头 $\frac{v_0^2}{2g_n}$ 可忽略不计；

φ,ε——小桥流速系数和侧收缩系数，有锥体护坡的单孔桥 φ、ε 都可采用 0.9，多孔桥时 φ 可采用 0.85，ε 可采用 0.8；

h_0——天然情况下河道水深（m）；

其余符号意义同前。

3　急流过水状态

急流过水状态下的小桥，其孔径宜按沟槽的天然宽度设置，桥前水深即为天然情况下的河道水深。当桥孔压缩沟槽时，其计算采用缓流过水状态公式。

3.4.11　无压状态下临界流时的涵洞孔径，可按下列有关公式计算：

1　孔径计算

1）曲线形流水断面时，可先假定洞内临界水深 h_k 值，并采用涵洞的标准孔径按以下公式试算，选其合适者。

$$\frac{Q_p^2}{g_n} = \frac{\varepsilon^2 \omega_k^3}{B_k} \tag{3.4.11—1}$$

由于

$$v_k = \sqrt{g_n \frac{\omega_k}{B_k}}$$

上式又可写成：

$$Q_p = \varepsilon \omega_k v_k \tag{3.4.11—2}$$

2）矩形流水断面时，可直接用以下公式计算。

$$B_k = \frac{Q_p g_n}{\varepsilon v_k^3} \tag{3.4.11—3}$$

$$h_k=\sqrt[3]{\frac{Q_p^2}{\varepsilon^2B_k^2g_n}}\text{或}h_k=\frac{v_k^2}{g_n}\tag{3.4.11—4}$$

2 涵前积水深 H_0 按下式计算

$$H_0=h_c+\frac{v_c^2}{2g_n\varphi^2}-\frac{v_0^2}{2g_n}\tag{3.4.11—5}$$

式中 ε——侧收缩系数，可取 $\varepsilon=1.0$；

v_0——涵前水流行近流速（m/s），可用涵前积水断面积去除设计流量求得，当 $v_0\leqslant 1.0$ m/s 时，流速水头 $\frac{v_0^2}{2g_n}$ 可忽略不计；

h_c——洞口收缩断面处水深（m），可取 $h_c=0.9h_k$；

v_c——洞口收缩断面处流速（m/s），可取 $v_c=\frac{v_k}{0.9}$；

φ——流速系数，可按表 3.4.11 的规定取值；

其余符号意义同前。

表 3.4.11　流 速 系 数

<table>
<tr><th>入口情况</th><th colspan="2">断面形状</th><th>流速系数 φ</th></tr>
<tr><td rowspan="3">涵前积水不淹没八字翼墙的前墙</td><td colspan="2">矩　形</td><td>0.90</td></tr>
<tr><td rowspan="2">曲线形</td><td>圆　形</td><td rowspan="2">0.85</td></tr>
<tr><td>其　他</td></tr>
<tr><td rowspan="3">涵前积水淹没八字翼墙的前墙或端墙式进口</td><td colspan="2">矩　形</td><td>0.85</td></tr>
<tr><td rowspan="2">曲线形</td><td>圆　形</td><td rowspan="2">0.80</td></tr>
<tr><td>其　他</td></tr>
</table>

3.4.12 排洪涵洞的最小孔径不应小于 1.25 m。各式涵洞的长度按其净高（或内径）H 限制如下，当超过以下限制时应加大孔径。

$H=1.0$ m，长度不宜超过 15 m；

$H=1.25$ m，长度不宜超过 25 m；

$H\geqslant 1.5$ m，长度不受限制。

位于淤积较少的灌溉渠道上的涵洞，孔径不宜小于 0.75 m。当采用 0.75 m，且 $H<1.0$ m 时，长度不宜超过 10 m；当 $H\geqslant 1.0$ m 时，长度不宜超过 15 m。

位于城市或车站范围内的涵洞，可根据需要酌予加大孔径。

改建既有线和增建第二线时，如需延长既有线上的涵洞，则涵洞孔径和长度可视具体情况确定。

3.4.13 山区河流上的桥孔布设应符合下列要求：

1 峡谷河段的桥台不得伸入河槽。

2 开阔河段桥头路堤可以伸入河滩，但不得伸入河槽。桥头河滩路堤与洪水流向斜交时，应增大该侧桥孔。

3.4.14 山前河流上的桥孔布设应符合下列要求：

1 在冲积扇上游狭窄河段和下游收缩河段布设桥孔时，应分别按照山区峡谷河段和开阔河段办理。在中游扩散河段应注意山口地形对流向的影响，并考虑河床摆动、分汊及其发展的趋势。

2　在变迁河段上,应根据河道的现状和演变趋势布设桥孔。

3.4.15　平原河流应根据河道的稳定状态布设桥孔,不应轻易封闭某些支汊而妨碍灌溉排涝。在各类河段上布设桥孔时,尚应符合下列要求:

1　在顺直微弯和蜿蜒河段上,应预估河湾的发展和深泓的摆动,在摆动范围内应布设桥孔。

2　在分汊河段上,水流的天然状态不宜改变,应在各汊流上分别设桥,并预估各汊流量分配比例的变化。

3　在游荡河段上,应在游荡范围内结合当地的治理规划,因地制宜地加以导治。在深泓线可能摆动的范围内均应布设桥孔。

3.4.16　通航和筏运的桥孔,应考虑河流的变迁和航道的变化,布设在稳定的航道上,必要时应适当预留通航孔。

3.4.17　桥梁墩台位置不宜布设在主流深泓线上或主航道上,并应避免设在断层、陷穴、溶洞、滑坡等不良地质地段。

3.4.18　不通航亦无筏运的桥孔,其桥下净空高度应符合表3.4.18的规定。

表3.4.18　桥下净空高度(m)

序号	桥的部位		高出设计水位加 Δh 后的最小高度	高出检算水位加 Δh 后的最小高度
1	梁底	一般情况	0.50	0.25
		洪水期有大漂流物	1.50	1.00
		有泥石流	1.00	—
2	支承垫石顶		0.25	—
3	拱肋和拱圈的拱脚		0.25	—

注:1　表列的"设计(或检算)水位"系指相应于本规范第1.0.5条表1.0.5—1中的设计(或检算)洪水频率的水位;"Δh"系表示根据河流具体情况,分别考虑桥下壅水,浪高、局部股流涌高、河床淤积等影响的高度。

2　洪水期无大漂流物通过的河流,实体无铰拱桥(拱圈或拱肋)的拱脚,允许被"设计水位加 Δh"后的水位淹没,但此水位不应超过矢高之半,且距拱顶的净高亦不应小于1.0 m。

3　有严重泥石流时,或钢桥下在洪水期有大漂流物通过时,可根据具体情况,采用大于表列的净空高度。

3.4.19　在水库、湖泊或设计洪水持续时间很长的河流上,应考虑波浪高度。此高度可根据调查取得,如调查有困难,也可近似采用以下各式计算,取计算值 $H_{b1\%}$ 的2/3。

$$\overline{H}_b=\frac{0.13\tan h\left[0.7\left(\dfrac{g_n\overline{h}_D}{\overline{v}_\omega^2}\right)^{0.7}\right]\tan h\left\{\dfrac{0.0018\left(\dfrac{g_nD}{\overline{v}_\omega^2}\right)^{0.45}}{0.13\tan h\left[0.7\left(\dfrac{g_n\overline{h}_D}{\overline{v}_\omega^2}\right)^{0.7}\right]}\right\}}{\dfrac{g_n}{\overline{v}_\omega^2}}\tag{3.4.19—1}$$

当浅水情况，即$\frac{\overline{H}_b}{\overline{h}_D}\geqslant 0.1$时：

$$\overline{H}_{b1\%}=2.3\overline{H}_b \tag{3.4.19—2}$$

当深水情况，即$\frac{\overline{H}_b}{\overline{h}_D}<0.1$时：

$$H_{b1\%}=2.42\overline{H}_b \tag{3.4.19—3}$$

式中　$\overline{H}_b$——波浪的平均高度(m)；

D——浪程(m)；

$\bar{v}_\omega$——计算点设计水位以上10 m高度处，在洪水期间多年测得的自记2 min年平均最大风速的平均值(m/s)，也可由自记10 min风速按下式换算：

$$\bar{v}_\omega=\frac{\bar{v}_{\omega0}-0.8}{0.88}$$

$\bar{v}_{\omega0}$——计算点设计水位以上10 m高度处，在洪水期间多年测得的自记10 min年平均最大风速的平均值(m/s)；

$H_{b1\%}$——波列累积频率为1%的波浪高度(m)；

$\overline{h}_D$——沿浪程的平均水深(m)；

其余符号意义同前。

3.4.20　山前河流的洪水主流有成股奔放现象，产生局部股流涌高，其值应根据调查确定。

3.4.21　河床淤积引起的水位抬高，应根据河流具体情况调查或实测确定。

3.4.22　通航与筏运桥孔的桥下净空和通航水位，应与航运及有关部门协商确定。当航线与桥梁轴线法线间的夹角超过5°时，通航净宽应适当加大。

3.4.23　流冰或流木的河流上，应按实际调查的流冰或流木情况，在确定桥下净空时酌留一定的富余量。在有冰塞冰坝现象的河段上，桥下净空应适当加大。

3.4.24　在水流无压状态下，涵洞洞内顶点高出洞内设计水位的净高，应符合表3.4.24的规定。

表3.4.24　涵洞洞内净空高度(m)

净高 H \ 类型	圆　涵	拱　涵	矩 形 涵
≤3	$\geqslant\frac{1}{4}H$	$\geqslant\frac{1}{4}H$	$\geqslant\frac{1}{6}H$
>3	≥0.75	≥0.75	≥0.5

注：圆涵入口端部净空高度可不受表列数值限制。

3.5　壅 水 计 算

3.5.1　桥前壅水可按下式计算：

$$\Delta Z_{M}=\eta(\bar{v}_{M}^{2}-\bar{v}^{2}) \tag{3.5.1}$$

式中　ΔZ_M——桥前最大壅水高度(m);

η——系数,应按表 3.5.1—1 的规定取值;

表 3.5.1—1　η 系数

河段特征	河滩路堤阻挡的流量和设计流量的比值(%)	η
河滩很小的山区河流	≤10	0.05
河滩较小的半山区河流	11~30	0.07
有中等河滩的平原河流	31~50	0.10
河滩较大的低洼地区河流	>50	0.15

$\bar{v}$——断面平均流速,为设计流量被全河过水断面(包括边滩和河滩)除得之商(m/s);

$\bar{v}_M$——桥下平均流速,应按表 3.5.1—2 规定计算求得(m/s)。

表 3.5.1—2　桥下平均流速

土质	土的名称	颗粒直径(mm)	$\bar{v}_M$
松软土	淤泥、细粒砂、中粒砂、松软的淤泥质砂黏土等	1 及以下	$\bar{v}_M=v_p$
中等土	砂砾、小卵石、圆砾、中等密实的砂黏土和黏土等	1~25	$\bar{v}_M=v_p\times\frac{2P}{P+1}$
密实土	大卵石、漂石、密实的黏土等	25 以上	$\bar{v}_M=P\times v_p$

注:逐年淤积上涨的河流,或水流中含沙量大、洪峰涨落迅速、历时短促、桥下不易造成一般冲刷的河流,均应比照密实土办理。

3.5.2　桥下壅水高度可采用桥前最大壅水高度的一半。对于山区和山前河流,洪水涨落急骤,历时短促,且河床质坚实不易冲刷时,桥下壅水高度可采用桥前最大壅水值。对于平原洪水涨落很缓慢的河流,且河床质松软,易于造成一般冲刷时,桥下壅水可不计。

3.5.3　壅水曲线全长可按下列近似公式估算:

$$L_y=\frac{2\Delta Z_M}{I_0}$$

式中　L_y——壅水曲线全长(m);

I_0——桥址河段天然水面坡度;

其余符号意义同前。

3.5.4　增建第二线上的桥梁与既有线桥平行,桥墩、台、孔跨相对应,且线间距很小,上下游桥台间又筑有河堤连接时,则上游桥之壅水值与单线桥同。其余情况当壅水起控制作用时,其壅水高可通过水工模型试验确定。

3.6　冲刷计算与防护

3.6.1　计算桥梁冲刷,对水位、断面、河床质颗粒直径等,应符合下列要求:

1 当桥梁位于天然冲淤或回水变化的河段时,应考虑水位的影响。

2 计算断面应为天然情况下桥址处计算冲刷不利的断面。

3 粒径应能代表河床质的平均粒径,当粒径分布很不均匀时,应考虑河床质粗化的影响。

3.6.2 非黏性土河床的桥下一般冲刷,可按以下公式计算:

1 河槽部分

$$h_p=\left[\frac{A\dfrac{Q_c}{B_c}\left(\dfrac{h_{mc}}{\bar{h}_c}\right)^{\frac{5}{3}}}{E\bar{d}_c^{\frac{1}{6}}}\right]^{\frac{3}{5}} \tag{3.6.2—1}$$

式中 h_p——桥下一般冲刷后的最大水深(m);

h_{mc}——桥下河槽部分最大水深(m);

$\bar{h}_c$——桥下河槽部分平均水深(m);

B_c——桥下河槽部分桥孔过水净宽(m),当桥下河槽扩宽至全桥时,B_c 即为全桥桥孔过水净宽;

Q_c——桥下河槽部分通过的设计流量(m^3/s),当桥下河槽能扩宽至全桥时,$Q_c=Q_p$;当桥下河槽不能扩宽至全桥时,则 Q_c 可按下式计算:

$$Q_c=\frac{\omega_c C_c\sqrt{\bar{h}_c}}{\omega_c C_c\sqrt{\bar{h}_c}+\sum\omega_t C_t\sqrt{\bar{h}_t}}Q_p \tag{3.6.2—2}$$

ω_c,C_c——桥下河槽部分的过水断面积(m^2)、谢才流速系数;

ω_t,C_t,$\bar{h}_t$——桥下河滩部分的过水断面积(m^2)、谢才流速系数、平均水深(m);

E——与汛期含沙量有关的系数,可按表 3.6.2 的规定取值:

表 3.6.2 *E* 系 数

含沙量(kg/m^3)	<1.0	1~10	>10
E	0.46	0.66	0.86

注:表中含沙量是从历年汛期 6、7、8、9 月中,选出的年最大月平均值的算术平均值。

A——单宽流量集中系数,$A=\left(\dfrac{\sqrt{B_d}}{\bar{H}}\right)^{0.15}$,其中 B_d、$\bar{H}$ 为造床流量时的河宽和平均水深,可按平滩水位计算;对于河槽宽浅的游荡河段、变迁河段,当 B_d 值过大和平滩水位不易决定时,可采用$\dfrac{\sqrt{B_d}}{\bar{H}}\leqslant 50$,即 $A\leqslant 1.8$;

$\bar{d}_c$——河槽土平均粒径(mm)。

2 河滩及人工渠道部分

$$h_p=\left[\frac{A_t\dfrac{Q_t}{B_t}\left(\dfrac{h_{mt}}{\bar{h}_t}\right)^{\frac{5}{3}}}{v_{H1}}\right]^{\frac{5}{6}} \tag{3.6.2—3}$$

式中　Q_t——桥下河滩部分通过的设计流量(m^3/s),可按下式计算:

$$Q_t=\frac{\sum\omega_t C_t\sqrt{\bar{h}_t}}{\omega_c C_c\sqrt{\bar{h}_c}+\sum\omega_t C_t\sqrt{\bar{h}_t}}Q_p \quad (3.6.2\text{—}4)$$

h_{mt}——桥下河滩最大水深(m);

v_{H1}——河滩水深1 m时非黏性土不冲刷流速,可按本规范附录F的规定取值(m/s);

B_t——桥下河滩部分桥孔过水净宽(m);

A_t——河滩流量非均匀分配系数,$A_t=1.0\sim1.15$;

其余符号意义同前。

3.6.3　黏性土河床的桥下一般冲刷,可按下列公式计算:

1　河槽部分

$$h_p=\left[\frac{A\dfrac{Q_c}{B_c}\left(\dfrac{h_{mc}}{\bar{h}_c}\right)^{\frac{5}{3}}}{0.33\left(\dfrac{1}{I_L}\right)}\right]^{\frac{5}{8}} \quad (3.6.3\text{—}1)$$

式中　A——单宽流量集中系数,$A=1.0\sim1.2$;

I_L——冲刷范围内黏性土样的液性指数,在I_L的范围为0.16~1.19;

其余符号意义同前。

2　河滩部分

$$h_p=\left[\frac{\dfrac{Q_t}{B_t}\left(\dfrac{h_{mt}}{\bar{h}_t}\right)^{\frac{5}{3}}}{0.33\left(\dfrac{1}{I_L}\right)}\right]^{\frac{6}{7}} \quad (3.6.3\text{—}2)$$

式中符号意义同前。

3.6.4　对于稳定河段,桥下河床的一般冲刷可按下式计算。

$$h_p=Ph_m \quad (3.6.4)$$

式中　h_m——桥下最大水深(m);

其余符号意义同前。

3.6.5　水文复杂的特大桥当有实测资料时,可根据洪水期可能产生的桥址上下游最不利断面,分析确定设计单宽流量;根据实测垂线流速资料,考虑桥孔压缩影响后确定河床土的冲止流速,据以确定该桥的一般冲刷值。

3.6.6　非黏性土河床的桥墩局部冲刷,可按下列公式计算:

当　$v\leqslant v_0$　$h_b=K_\zeta K_\eta B_1^{0.6}(v-v_0')$　(3.6.6—1)

当　$v>v_0$　$h_b=K_\xi K_\eta B_1^{0.6}(v-v_0')\left(\dfrac{v-v_0'}{v-v_0'}\right)^n$　(3.6.6—2)

式中　h_b——桥墩局部冲刷坑深度(m);

B_1——桥墩计算宽度,可按本规范附录G的规定取值(m);

v_0——河床泥沙起动流速(m/s);

$$v_0=0.0246\left(\frac{h_p}{\bar{d}}\right)^{0.14}\sqrt{332\bar{d}+\frac{10+h_p}{\bar{d}^{0.72}}}$$

$\bar{d}$——河床土平均粒径(mm);

v——一般冲刷后墩前行近流速(m/s);

K_ξ——墩形系数,可按本规范附录 G 的规定取值;

K_η——河床颗粒的影响系数;

$$K_\eta=0.8\left(\frac{1}{\bar{d}^{0.45}}+\frac{1}{\bar{d}^{0.15}}\right)$$

v_0'——墩前始冲流速(m/s);

$$v_0'=0.462\left(\frac{\bar{d}}{B_1}\right)^{0.06}v_0$$

n——指数,$n=\left(\frac{v_0}{v}\right)^{0.25\bar{d}^{0.19}}$。

3.6.7 黏性土河床桥墩局部冲刷可参照下式计算:

当 $\frac{h_p}{B_1}\geqslant 2.5$ $h_b=0.83K_\xi B_1^{0.6}I_L^{1.25}v$ (3.6.7—1)

当 $\frac{h_p}{B_1}<2.5$ $h_b=0.55K_\xi B_1^{0.6}h_p^{0.1}I_L^{1.0}v$ (3.6.7—2)

式中 I_L——冲刷范围内黏性土样的液性指数,I_L 的范围为 0.16~1.48;

其余符号意义同前。

3.6.8 根据计算冲刷深度确定墩台基底埋置深度时,应符合下列规定:

1 在非岩石河床而无冲刷处或河床设有铺砌防冲处,基底埋在地面以下的深度不应小于 2.0 m,困难情况下不应小于 1.0 m。

2 在有冲刷处,基底埋在墩台局部冲刷线下不应小于下列安全值:对于一般桥梁,安全值为 2.0 m 加冲刷总深度的 10%;对于技术复杂、修复困难或重要的特大桥、大桥,安全值为 3.0 m 加冲刷总深度的 10%,见表 3.6.8。

表 3.6.8 基底埋置安全值(m)

冲刷总深度			0	5	10	15	20
安全值	一般桥梁		2.0	2.5	3.0	3.5	4.0
	技术复杂、修复困难或重要的特大桥、大桥	设计流量	3.0	3.5	4.0	4.5	5.0
		检算流量	1.5	1.8	2.0	2.3	2.5

注:冲刷总深度为自河床面算起的一般冲刷深度与局部冲刷深度之和。

3.6.9 岩石河床上墩台基底埋入岩面的深度,应考虑岩石的可能冲刷,根据岩石的坚硬度,胶结物类别,风化程度,节理、裂隙、层理发育情况等分析确定。

3.6.10 增建第二线桥的冲刷计算,应考虑与既有桥水流相互干扰的不利影响。

3.6.11 小桥涵上下游一定范围内的沟床,可根据设计需要设置防冲铺砌,根据允许流速确定铺砌类型。铺砌形式随沟形而定,铺砌末端应设直立式垂裙。当出口流速小于土的容许不冲刷流速或沟床为岩石时，可不铺砌。当小桥基底埋置深度满足了冲刷要求时，也可不铺砌。

3.6.12　桥台锥体填方的坡面应全高进行铺砌防护，在水流作用部分的防护类型还应按水流流速、流冰、流术等冲击情况决定。铺砌坡脚埋入河床的深度应考虑冲刷的影响，坡脚顶面应在一般冲刷线以下至少 0.25 m。

旱桥锥体防护的标准，视边坡、填料和当地的具体情况决定。

3.7　桥头河滩路堤

3.7.1　桥头河滩路堤，应根据天然河道的形态和水文特征进行分析，计算沿堤的水位和流速，用以确定路堤最小高度与防护措施。

3.7.2　桥头河滩路堤的平面布设，应使河滩水流顺畅，不宜在河滩范围内设计成折向下游的路堤。

3.7.3　桥头河滩路堤的路肩高程应根据河流与桥渡的具体情况，分别考虑壅水、波浪侵袭、河床淤积等影响的高度。

3.7.4　桥头河滩路堤上、下游沿堤水位如图 3.7.4 所示。

1　上游侧因桥前壅水引起的水面变化，可参照下列办法计算：

1）当桥头无导流堤或有梨形导流堤时

（1）在桥头台尾河滩路堤起点处，比天然河道设计水位升高的桥前最大壅水值 ΔZ_m，其值可按本规范第 3.5 节有关公式计算。

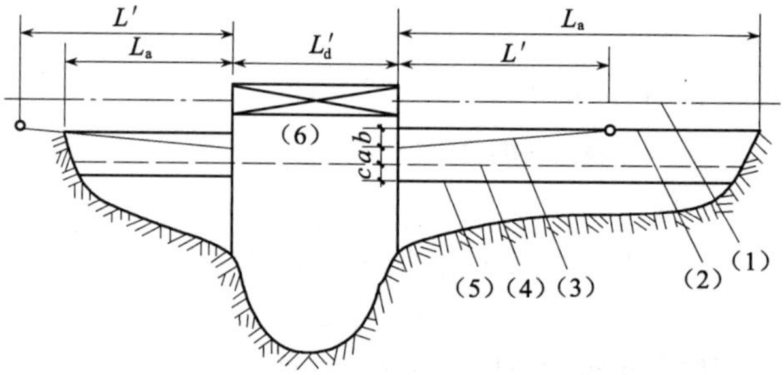

图 3.7.4　桥头河滩路堤上下游沿堤水位示意图

L_a，L'，L'_d，S 等符号所代表的意义可见式（3.7.4—1）和式（3.7.4—5），其余符号意义同前。

（1）路肩线；（2）上游设有非封闭式导流堤时的水位线；（3）上游无导流堤或有梨形导流堤时的水位线；（4）建桥前天然设计水位线；（5）下游水位线；（6）桥梁。

a——桥前最大壅水高 ΔZ_M；b——水面坡度增高值；

$$L_a > L' \text{时}, b = SI_0; L_a < L' \text{时}, b = \frac{SI_0}{L'} \times L_a;$$

c——路堤下游水位降低高度 ΔH_x。

距桥头路堤起点的距离 L' 处，河滩路堤上游侧形成最大壅水高度 ΔH_{sh}。L' 及 ΔH_{sh} 可按下列公式计算：

$$L' = AS - 0.5L'_d \qquad (3.7.4\text{—}1)$$

$$\Delta H_{sh} = \Delta Z_M + SI_0 \qquad (3.7.4\text{—}2)$$

式中　L'——由桥头路堤起点至路堤上游侧形成最大壅水处的距离(m)；

L'_d——桥梁两端桥台台尾间的距离(m)；

S——由桥轴线至形成桥前最大壅水高度处的距离(m)，S可按下式计算：

$$S=K_s(1-M)B \tag{3.7.4—3}$$

K_s——系数，$M=0.8$时，$K_s=0.45$；$M=0.7$时，$K_s=0.48$；$M=0.6$时，$K_s=0.53$；$M=0.5$时，$K_s=0.59$；

M——天然情况下桥孔范围内通过的流量与设计流量之比；

A——系数，可按表3.7.4—1的规定取值；

ΔH_{sh}——受桥前壅水影响在河滩路堤上游侧形成的最大壅水高度(m)；

其余符号意义同前。

表3.7.4—1　A 系数

E' \ M	0.5	0.6	0.7	0.8	E' \ M	0.5	0.6	0.7	0.8
0	1.43	1.93	2.80	4.60	0.5	1.73	2.20	3.03	4.87
0.1	1.44	1.94	2.81	4.64	0.6	1.85	2.35	3.23	5.16
0.2	1.48	1.95	2.82	4.68	0.7	1.98	2.52	3.47	5.57
0.3	1.55	2.00	2.83	4.72	0.8	2.14	2.73	3.79	6.16
0.4	1.63	2.09	2.90	4.77	0.9	2.31	2.97	4.16	6.92

注：表中E'为桥孔偏置系数，$E'=1-\frac{q_x}{q_d}$；q_x及q_d分别为桥两端河滩路堤所阻挡的流量，其中阻挡流量较大者为q_d，阻挡流量较小者为q_x，当桥头只有一端有河滩路堤时，$q_x=0$。

(2)路堤上游侧，自桥头路堤起点至产生最大壅水高度间的水面横向坡度，可按下式计算：

$$I_h=\frac{SI_0}{E'} \tag{3.7.4—4}$$

式中　I_h——桥头路堤起点至产生最大壅水高度间的水面横向坡度；

其余符号意义同前。

(3)路堤上游侧产生最大壅水高度处至同一端岸边间的水面，可按同一水平高度计。

(4)当计算的L'值大于计算端桥头河滩路堤长度时，该端岸边处路堤产生的壅水高度可按下式计算：

$$\Delta E'_{sh}=\Delta Z_M+L_a\frac{SI_0}{L'} \tag{3.7.4—5}$$

式中　$\Delta H'_{sh}$——当$L'>L_a$时，路堤上游侧岸边处产生的壅水高度(m)；

L_a——由桥头路堤起点至同一端岸边的距离(m)；

其余符号意义同前。

2)当桥头有非封闭式导流堤时

桥头路堤上游侧水面按同一水平高度计。当$L'>L_a$时，水面比天然水位高出ΔH_{sh}值；当$L'>L_a$时，高出$\Delta H'_{sh}$值。

2　下游侧沿堤水位按同一水平高度计。该水位较天然河道设计水位为低,其降低值可按下式估算:

$$\Delta H_{x}=K_{j}\bar{h}_{od} \qquad (3.7.4—6)$$

式中　ΔH_x——河滩路堤计算端下游侧的沿堤水位,较天然河道设计水位降低值(m);

$\bar{h}_{od}$——天然河道设计水位时,所计算端河滩路堤范围内的平均水深(m);

K_j——水位降低系数可按表3.7.4—2及表3.7.4—3的规定取值。

表3.7.4—2　河滩路堤阻挡流量较大一端 K_j 值

Q'_t/Q_p \ E'	0	0.2	0.4	0.6	0.8	1.0
0	0.00	0.00	0.00	0.00	0.00	0.00
0.1	0.07	0.08	0.10	0.12	0.13	0.14
0.2	0.13	0.17	0.20	0.23	0.25	0.26
0.3	0.19	0.25	0.29	0.33	0.35	0.36
0.4	0.25	0.33	0.38	0.41	0.43	0.44
0.5	0.30	0.40	0.44	0.46	0.48	0.48
0.6	0.33	0.42	0.47	0.49	0.51	0.51
0.7	0.36	0.44	0.49	0.51	0.52	0.52

注:1　中间值可内插求算;

2　表中 Q'_t 为全桥河滩路堤所阻挡的流量(m^3/s),其余符号意义同前。

表3.7.4—3　河滩路堤阻挡流量较小一端 K_j 值

Q'_t/Q_p \ E'	0	0.2	0.4	0.6	0.8	1.0
0	0.00	0.00	0.00	0.00	0.00	0.00
0.1	0.07	0.07	0.07	0.06	0.06	0.06
0.2	0.13	0.13	0.12	0.12	0.11	0.11
0.3	0.19	0.19	0.18	0.18	0.18	0.17
0.4	0.25	0.24	0.24	0.23	0.23	0.22
0.5	0.30	0.29	0.28	0.27	0.26	0.24
0.6	0.33	0.32	0.30	0.29	0.28	0.26
0.7	0.36	0.34	0.32	0.30	0.28	0.27

注:同表3.7.4—2的表注。

3.7.5　桥头河滩路堤上下游两侧水位差不宜过大,其最大水位差 ΔH_m 可按下列公式计算:

$$\Delta H_{m}=\Delta H_{sh}+\Delta H_{x} \qquad (3.7.5—1)$$

或

$$\Delta H_{m}=\Delta H'_{sh}+\Delta H_{x} \qquad (3.7.5—2)$$

式中符号意义同前。

3.7.6 波浪在路堤边坡上的侵袭高度,可根据本地区或相似地区的观测资料确定。当缺乏观测资料时,可按地区经验确定,也可按照式(3.7.6)计算确定。有下列情况之一时,可不考虑其侵袭影响。

1 洪峰历时短促的河流。

2 浪程短于200 m时。

3 水深小于1.0 m时。

4 靠近路堤的河滩上,长有高于水深加半个波浪高度的成片灌木丛时。

波浪侵袭高可按下式估算:

$$\Delta h'_{\rm p}=K_\Delta\cdot K_{\rm v}\cdot R_\Delta\cdot H_{\rm b1\%} \tag{3.7.6}$$

式中 $\Delta h'_{\rm p}$——自静止水面算起的波浪在边坡上侵袭的高度(m);

K_Δ——边坡糙渗系数,可按表3.7.6—1的规定取值;

表3.7.6—1 糙渗系数 K_Δ 值

边坡护面类型	整片光滑不透水护面(沥青混凝土)	混凝土护面、浆砌片石护面、光滑土质边坡	干砌片石护面、植草皮	一、二层抛石加固	抛石组成的建筑物
K_Δ	1.0	0.9	0.75~0.80	0.60	0.50~0.55

$K_{\rm v}$——与风速等有关的系数,可按表3.7.6—2的规定取值;

表3.7.6—2 $K_{\rm v}$ 值

风速(m/s)	5~10	10~20	20~30	>30
$K_{\rm v}$	1.0	1.2	1.4	1.6

R_Δ——相对波浪侵袭高度,即当 $K_\Delta=1.0$,$K_{\rm v}=1.0$ 及 $H_{\rm b1\%}=1.0$ m时的波浪侵袭高度,可按表3.7.6—3的规定取值;

表3.7.6—3 R_Δ 值

m(边坡横竖尺寸比)	1.0	1.25	1.5	1.75	2.0	2.5	3.0
R_Δ	2.16	2.45	2.52	2.40	2.22	1.82	1.50

其余符号意义同前。

波浪斜向冲击边坡时,侵袭高有所降低。当边坡横竖尺寸比 m 大于1和路堤边坡上水边线与波射线的夹角 $\beta\geq30°$ 时,侵袭高应乘以折减系数 K_β,其值按下式计算:

$$K_\beta=\frac{1+2\sin\beta}{3}$$

3.7.7 桥涵附近路堤的路肩最低高程,应高出按第3.7.3条所规定的各项影响后的水位至少0.5 m;大中桥桥头河滩路堤沿堤高程,尚应根据不同形式导流堤的布设,分别按以下办法计算:

1 当上游无导流堤或有梨形导流堤时

路堤任意点处路肩最低高程可按下列公式计算:

当 $L_{\rm x}<L'$ 时,

$$H_{\min}=H_{\rm p}+\Delta Z_{\rm M}+L_{\rm x}\frac{SI_0}{L'}+\Delta h_{\rm p}+0.5 \tag{3.7.7—1}$$

当 $L_x \geqslant L'$时,

$$H_{min}=H_p+\Delta Z_M+SI_0+\Delta h_p+0.5 \tag{3.7.7—2}$$

式中 H_{min}——路堤路肩最低高程(m);

L_x——路堤计算点距桥头台尾的距离(m);

Δh_p——除桥前壅水高以外的水位附加高度(m),包括波浪侵袭高度和河床淤积等;

其余符号意义同前。

2 当上游有非封闭式导流堤时

路堤任意点处路肩的最低高程作为同一高度,可按下列公式计算:

当 $L_a \geqslant L'$时,H_{min}可按式(3.7.7—2)计算。

当 $L_a < L'$时,

$$H_{min}=H_p+\Delta Z_M+L_a\frac{SI_0}{L'}+\Delta h_p+0.5 \tag{3.7.7—3}$$

式中符号意义同前。

3 当上游有封闭式导流堤时

桥头河滩路堤的路肩高程受下游水位控制,对封闭式导流堤的坚固程度,应分析其遭受洪水破坏的可能性。必要时应按上游有非封闭式导流堤的有关公式计算确定。

3.7.8 桥头路堤的路肩最低高程,应满足桥下净空高度的要求,可按下列两式中的较大值来确定:

$$H_{min}=H_{1d}+C_g-h_g \tag{3.7.8—1}$$

或

$$H_{min}=H_{dd}+C'_g-h_g \tag{3.7.8—2}$$

式中 H_{1d}——根据通航、排洪要求的梁底高程,可按本规范第3.4节有关规定确定(m);

H_{dd}——根据水位要求的桥墩台支承垫石顶高程,可按本规范第3.4节有关规定确定(m);

C_g——轨底至梁底高度(m);

C'_g——轨底至桥墩台支承垫石顶高度(m);

h_g——轨底至路肩高度(m)。

3.7.9 桥头河滩路堤筑有不没水的护道时,上游侧护道顶面的最低高程应与本规范第3.7.7条对路肩最低高程的规定相同。下游侧按下式计算确定:

$$H'_{min}=H_p-\Delta H_x+\Delta h'_p+0.5 \tag{3.7.9}$$

式中 H'_{min}——河滩路堤下游护道顶面的最低高程(m);

其余符号意义同前。

3.7.10 桥头河滩路堤的坡面防护,应根据河段特性、河道地形、水文条件等情况计算沿堤的水流流速,据以确定防护标准。

3.7.11 河滩路堤上下游两侧沿堤的水流流速,均可按下式计算。靠近桥台部分的路堤应采用桥下流速。

$$v_t=0.7\bar{v}_{0t} \tag{3.7.11}$$

式中 v_t——桥头河滩路堤上下游两侧的沿堤水流流速(m/s);

$\bar{v}_{0t}$——天然河道在设计水位时,河滩路堤范围内的平均流速(m/s)。

3.8　桥头河堤防护

3.8.1　桥梁跨越设有堤防的河道时,其梁底高程应高出河道规划设计堤顶高程。在特殊困难条件下,亦必须高于河道设计洪水位与现有堤顶高程,并留有一定超高,墩台及基础按将来梁底能抬高的条件设计。

3.8.2　桥孔布设应避免扰动现有河堤。当墩台布置有困难须扰动河堤时,应在施工中作好防洪措施,墩台竣工后及时回填夯实,恢复原状;现有河堤如有铺砌,应按铺砌原状恢复,桥墩台附近适当加强,现有河堤无铺砌时,恢复后的河堤迎水面应增加铺砌防护,铺砌长度一般为上下游各 30 m~50 m,铺砌标准比照桥台锥体铺砌标准办理。

3.8.3　铁路与堤防交叉处应留有防汛抢险通道。防汛通道及其引道的位置、标准,应根据地形条件、现有河堤状况以及防汛时交通情况同河道主管部门协商确定。

3.9　导治建筑物

3.9.1　桥位附近河段上,根据需要可布设导治建筑物,以引导洪水或泥石流在桥孔范围内顺畅通过。

3.9.2　河流上导治建筑物的布设应结合河段特性,水文、地形和地质等自然条件,桥头河滩路堤位置,通航要求,水利设施等因素,根据导治的目的,兼顾左右岸、上下游、洪中枯水位,确定其总体布设。必要时,可作水工模型试验确定。设计桥孔不应借导治建筑物的布设而压缩。

3.9.3　泥石流地区导治建筑物的布设应从防护、排导或拦挡等措施中选取一种或数种,与铁路主体工程配套,组成一个整体。

3.9.4　长大导治建筑物不宜设置。

3.9.5　挑水丁坝的布设宜审慎,在泥石流沟上严禁设置。

3.9.6　在山区开阔河段上,当桥头路堤伸入河滩,或桥址上游有支汊汇入而引起水流紊乱时,应根据流向和地形、地质等条件,设置导流堤。

当河滩路堤向下游弯曲与洪水流向斜交形成水袋时,可布设封闭式导流堤。当河滩路堤向上游弯曲,则桥头宜布设梨形导流堤。

3.9.7　山前冲积扇下游收缩河段上布设导流堤时,可参照山区开阔河段办理。中游扩散河段不宜布设长大的封闭式导流堤。当一河多桥时,两桥间可布设桃形导流堤、分水堤或加固路堤。不论布设何种导流堤,均应与当地的防护堤坝、灌溉设施及其他水利工程相配合。对支汊的演变,应布设导治建筑物加以控制。不宜利用长大导流堤强行约束水流,集中设桥。

3.9.8　山前变迁河段可布设封闭式导流堤。在摆动河段与稳定河段之间的过渡段上,若河槽比较明显集中,岸坎较高,洪水不致漫溢两岸,且桥头有足够的高度时,宜采用梨形导流堤。

3.9.9　平原河流游荡河段上宜布设封闭式导流堤。其他各类河段应按河滩路堤阻挡的流量,结合地形、地质、水利设施和滩上水流流速等因素,布设非封闭式导流堤或梨形导流堤。当河滩部分流量较小,流速又小于 1 m/s 或地形有利于汇水时,也可不设导流堤。

3.9.10 丁坝的布设应符合以下规定：

1 山区河流流速较大，不宜布设丁坝。山前河流可按导治线布设短丁坝群，以束狭水流。单个长丁坝不宜布设。

2 桥址上游附近宜导不宜挑，不得布设丁坝。在距桥梁轴线以外一定距离处，才可布设丁坝。

3 靠近封闭式导流堤的边缘处如有强大集中股流顶冲时，可在堤身适当部位布设丁坝，坝头应向下游倾斜，坝根嵌入堤身。

3.9.11 顺坝和格坝的布设应符合以下规定：

1 顺坝应与水流平行，沿导治线布设。

2 弯曲河段上布设的顺坝，应随流势设成弯曲状。

3 顺坝较长且距河岸较远时，可在坝岸间设置格坝。格坝一端与顺坝正交或略倾斜，一端嵌入河岸。格坝间距宜在 20 m~100 m。

3.9.12 挡水坝的布设应符合以下规定：

1 为合并、改移天然沟渠或截断支流等需要时，可布设挡水坝。坝址应避开汊口，选在汊沟内最窄、河岸稳定和地质良好处。

2 为阻挡水流在线路下坡侧漫溢路堤，可在地形较高或受水流冲击轻微处，利用地形布设挡水坝。

3.9.13 不没水的导治建筑物顶面，应高出桥梁设计水位至少 0.25 m，尚应考虑桥前壅水、局部股流、波浪侵袭、斜水流局部冲击、河床淤积等的影响。部分导治建筑物的高度，还应考虑水面坡度的影响。波浪侵袭高度与斜水流局部冲高不叠加，取两者之较大者。没水的导治建筑物顶面应略高出常水位。常水位系指常年有水河流的每年大部分时间所保持的水位。

3.9.14 导治建筑物的平面形状应根据当地地形、地貌、地质、水流流向、流速、股流位置等情况确定。导治建筑物的断面一般为梯形。断面尺寸应根据其用途、堤坝部位、填筑材料等因素确定。土质堤坝的顶宽与边坡坡度可按照表 3.9.14 的规定确定。

表 3.9.14 土质堤坝顶宽与边坡坡度

<table>
<tr><th rowspan="3">堤坝类别</th><th colspan="3">顶宽(m)</th><th colspan="3">边坡坡度</th></tr>
<tr><th rowspan="2">头</th><th rowspan="2">身</th><th rowspan="2">头</th><th colspan="3">身</th></tr>
<tr><th colspan="2">迎水面</th><th>背水面</th></tr>
<tr><td rowspan="2">堤丁坝</td><td rowspan="2">3~6</td><td rowspan="2">2~4</td><td rowspan="2">1∶2~1∶3</td><td>不经常浸水</td><td>1∶1.5</td><td rowspan="2">1∶1.5~1∶2.0</td></tr>
<tr><td>经常浸水</td><td>1∶2.0</td></tr>
<tr><td>挡水坝</td><td colspan="2">2~4</td><td colspan="4">1∶1.5~1∶3.0</td></tr>
</table>

3.9.15 封闭式导流堤应按水流和地形条件而确定为对称或不对称布设。堤与桥头的衔接部分可作成曲线形，在上游可用直线与岸边衔接，堤端应嵌入稳定河岸。下游可作成曲线短堤。

封闭式导流堤应设计为不没水的，其上游侧堤顶高程可按下式计算：

$$H_d = H_p + \Delta Z_M + \Delta h_p + L'_x I_0 + 0.25 \tag{3.9.15—1}$$

下游侧堤顶应设计为水平的，堤顶高程可按下式计算：

$$H_d = H_p + \Delta h_p + 0.25 \tag{3.9.15—2}$$

式中 H_d——距桥头 L'_x 距离处的上游侧导流堤堤顶高程(m);

L'_x——导流堤计算点到桥头的距离在水流轴线上的投影(m);

其余符号意义同前。

3.9.16 非封闭式导流堤可设计为曲线形,当需要挑导水流时可采用直线形。

非封闭式导流堤应设计为不没水的,上下游侧堤顶纵断面均应设计为水平的,上游侧堤顶高程可按下列公式计算:

1 当桥头台尾处至沿路堤上游侧形成最大壅水处的距离,小于同一端台尾至岸边的距离时($L'<L_a$):

$$H_d = H_p + \Delta H_{sh} + \Delta h_p + 0.25 \quad (3.9.16—1)$$

2 当桥头台尾处至沿路堤上游侧形成最大壅水处的距离,大于同一端台尾至岸边的距离时($L'>L_a$):

$$H_d = H_p + \Delta H'_{sh} + \Delta h_p + 0.25 \quad (3.9.16—2)$$

以上各式中符号意义同前。

3.9.17 桃形导流堤是由两相邻桥相邻端的封闭式导流堤组合而成,其堤顶高程、平面形状和尺寸与封闭式导流堤相同。两相邻封闭式导流堤相交处应以圆弧连接。

3.9.18 分水堤应设计为不没水的,可结合水流、地形条件,在两相邻桥之间布设。分水堤应设在两桥之间的地形最高处,可布设成直线形。

3.9.19 梨形导流堤上游侧的堤顶高程、平面形状和尺寸可与非封闭式曲线形导流堤相同。以反向圆曲线与河滩路堤相连形成的半梨状堤,可结合地形、地貌和桥台锥体大小等情况进行布设。下游侧堤亦可设计成半梨状或曲线形短堤。

3.9.20 丁坝可设计为没水的或不没水的。为加速丁坝群间的淤积使形成新的水边线时,应设计为没水的;为挑离水流避免水流直接冲击建筑物时,应设计为不没水的。丁坝坝身宜短而坚固,在平面上可与水流斜交。没水丁坝应向上挑与水流成95°~105°交角;不没水丁坝应向下挑与水流成60°~75°交角。凹岸丁坝间距约为上一个丁坝长的1.5~3.0倍;直河段间距可适当加大。不没水丁坝坝顶可修成向河心下倾的坡度,使坝根在水面以上有较大的安全值。在感潮河段上的涨潮流速较大或有涌潮的地段,修建丁坝不宜与水流正交,以采用垂直向上游偏约15°为宜;在涨落潮流速约略相等的地段,应使丁坝与水流正交。

3.9.21 顺坝和格坝均宜设计为没水的。当用干砌或浆砌块石修筑成挡土墙式的顺坝时,可修成顶宽约1.0m,边坡为1∶0.3~1∶0.5,顶面的轴向坡度大致与所在河段的水流坡度相同,上游端嵌入河岸,下游端开口以泄坝后水流。在感潮河段上,顺坝应间隔适当距离开口,以泄水流。格坝用卵石垒砌时,顶宽应为0.6 m~0.8m,边坡1∶0.2~1∶0.5,两侧边坡的坡度宜采用一致,坝顶应与顺坝同高。顺坝和格坝均可在前期修筑低矮坝体,以后随坝后淤积情况逐渐加高。

3.9.22 挡水坝宜修成直线形,如为适应天然地形和水流流向也可修成曲线形。

3.9.23 修筑导治建筑物应就地取材。如两侧临水可用土或砂石填筑;一侧临水宜以土填筑,必要时应采取防渗措施。导治建筑物边坡,应视水深、流速的大小和流冰、流木、波浪的冲击程度,当地材料供应情况,施工条件以及气候、地形和地质等因素适当加固。一般的分水堤可不防护加固。

3.9.24 防护加固类型可按照表 3.9.24 的规定使用。

表 3.9.24 防护加固类型

序号	加固类型	容许最大流速（m/s）	适用条件
1	平铺草皮	≤1.5	适用于草皮易于成活的环境，淹没时间不长处
2	干砌片石	1.5~2.5	适用于不受水流作用的部位或临时性防护，最小厚度为 0.25 m。当用栽砌漂石代替时厚度不得小于 0.35 m，如漂石形状为扁平时，不得小于 0.30 m。干砌片石铺设时，底部应铺设厚度不小于 0.15 m 的反滤层。栽砌漂石下设反滤层的厚度应与干砌片石者同
3	浆砌片石	2.5~6	采用最低强度等级 MU20 不风化的片石，用 M5 号水泥砂浆砌筑。最小砌筑厚度为 0.35 m，下设垫层最小厚度为 0.1 m
4	C15 混凝土板	4~8	板厚宜为 0.1 m~0.2 m，板块宜大勿小，可在缺乏石料地区代替片石使用。可预制或就地灌注，预制板铺设时要靠紧并用沥青麻筋塞缝。垫层厚度对于干燥边坡用 0.1 m~0.15 m，对于潮湿边坡用 0.2 m~0.3 m
5	钢筋混凝土块排	3.5~5.0	用于平原河流，可防护浅埋边坡基础，块排与基础及块排间宜用环套连接，末端块应视流速大小加厚加重
6	铁丝石笼	2.5~3.5	为半永久性防护工程，不宜用于水流中有滚石的河段，可用作堤坝身，也可用作防护浅埋基础。当用钢筋桩锚固加强时，容许流速可达 5.0 m/s
7	柴排	2~3	适用于堤坝边坡坡脚浅埋防护，可设在常水位以下，并用抛石等办法使之固定

3.9.25 各种不没水的堤坝，除了非封闭式导流堤头部防护需延伸至背水面并适当增加富余量外，其余只需对迎水面及坝头进行全高防护。没水堤坝两侧及顶面均应防护，河岸的防护高度按具体情况确定。当河岸较低且允许漫水时，应铺砌至河岸顶。

3.9.26 封闭式导流堤上游堤端部、丁坝和挡水坝根部与土质河岸接触部分，应根据河岸稳定程度嵌入岸坎 3 m~5 m，并对嵌入部位上下游河岸进行适当防护加固。

3.9.27 导治建筑物边坡防护的护脚顶面，宜置于一般冲刷线以下。在下切严重的河流上，还应考虑河床降低的影响。当边坡防护护脚顶面埋入一般冲刷线以下施工有困难时，可采用铁丝石笼、钢筋混凝土块排等柔性结构进行平面防护。

3.9.28 在季节性河滩上可单独或配合其他导治工程种植防护林带。

3.9.29 泥石流地区导流和急流槽设计应符合下列要求：

1 导流设计应顺导，不得硬挑；宜沿岸防护。

2 急流槽设计应以不淤不冲为原则。槽头应与上游沟床稳定、冲淤基本平衡的流通区或山口相接，以逐渐收缩形状引入水槽。平面应顺直，避免急转弯及宽窄相间的形式。为避免大河顶托而导致溯源淤积，槽尾设计高程应有利于泥石流的顺畅排泄。急流槽纵坡宜参照流通区沟槽多年冲淤相对平衡的坡度设计。纵坡<15% 的急流槽槽底宜作成仰拱形或钝角三角形，槽宽不应小于泥石流最大粒径的 2.5~3.0 倍，其转弯半径宜大于槽宽 8 倍。

3.9.30 泥石流地区拦挡坝和停淤场的设计应符合下列要求：

1 拦挡坝

1)拦挡坝位置的选择应由地形条件决定,宜修建在形成区及流通区,或储淤条件及地质条件较好处,或用于需要固定沟床、稳定山坡处。

2)拦挡坝形式有实体坝、格栅坝、铁丝石笼坝。实体坝适用于各型泥石流沟。格栅坝适用于稀性泥石流沟或水石流沟。铁丝石笼坝为临时性措施适用于颗粒小的稀性泥石流沟。

3)拦挡坝宜成群建筑,坝间距离应按下游坝体回淤的泥沙能对上一道坝起到防冲护基的作用为准。

4)桥址上游沟形明显,沟槽较深时,可在沟内设拦挡坝,下游紧接急流槽。

2 停淤场

停淤场可设在堆积区中下部的扇面宽阔处,或设在两扇间的低洼处。

3.10 特殊情况水文计算

3.10.1 泥石流地区水文计算应符合下列规定:

1 小流域泥石流流量可按雨洪修正法计算。能调查到泥痕的较大河沟也可用泥痕调查法计算。必要时兼用两法相互校核。

1)雨洪修正法

$$Q_c = Q_p(1+\phi_c)D_c \tag{3.10.1—1}$$

式中 Q_c——泥石流流量(m^3/s);

Q_p——按一般河流计算,符合本规范第1.0.5条规定的设计流量(m^3/s);

D_c——泥石流堵塞系数,应按附录H的规定取值;

ϕ_c——泥石流修正系数,$\phi_c = \dfrac{\gamma_c - \gamma_s}{\gamma_H - \gamma_c}$;

γ_c——泥石流流体容重(kN/m^3);

γ_H——泥石流流体中固体物质(泥,砂、石各个个体)容重的平均值,可取26~27 kN/m^3;

γ_s——水的容重,$\gamma_s = 10\ kN/m^3$。

2)泥痕调查法

$$Q_c = \omega_c v_c \tag{3.10.1—2}$$

式中 ω_c——泥石流过流断面积(m^2);

v_c——泥石流流速(m/s),黏性泥石流按地区公式计算;稀性泥石流按下式计算:

$$v_c = \sqrt{\frac{\gamma_s}{\gamma_H\phi_c + \gamma_s}} \cdot \frac{1}{n} \cdot R^{\frac{2}{3}} \cdot I_c^{\frac{1}{2}}$$

n——一般河流的河槽糙率,可按本规范附录D的规定取值;

I_c——泥石流水面(或沟底)坡度;

其余符号意义同前。

2 泥石流沟宜采用桥梁通过,桥梁孔径不能单凭流量确定,应按其所在区段,综合地形条件、沟槽宽度、泥石流性质、流势及其发展变化的规律,综合考虑确定。

1) 流通区

桥孔不得压缩沟床,不宜在沟中设墩。

2) 山区泥石流堆积区

桥孔宜跨越泥石流的主要活动范围。

3) 山前泥石流堆积区

对稀性泥石流,在溢槽漫流的流量及流速不大的边缘地带,桥孔可适当压缩,压缩量不宜超过 10% ~20% ,并应作一定的排导工程;对黏性泥石流,不宜压缩桥孔。

3　桥下净空应在合理的沟床基准面及符合设计频率泥位的基础上,分别考虑在设计年限内沟床基准面以上的总淤积高度、巨大石块超出设计泥位的高度、高大树木随山体块体运动拥出的超高值、泥石流遇阻冲高等因素,再按本规范第 3. 4. 18 条的规定留足安全值。

4　泥石流沟桥下的一般冲刷和桥墩局部冲刷除按一般河流的冲刷公式计算外,还应结合现场调查、分析确定。桥下床面高程在一般堆积区可采用勘测断面的最低点,位于大河切割范围内的堆积区,则还应考虑桥下床面下切的影响。在流通区应采用桥址附近调查到的最低点。

5　当修建明洞或渡槽使泥石流在铁路上方通过时,明洞或渡槽必须有足够的排泄坡度和宽度,并在平面和剖面上能平顺地与上下游沟床相连接。

3. 10. 2　岩溶地区水文计算应符合下列规定:

1　岩溶地区的流量计算,应按本规范第 3. 3 节无岩溶存在的天然情况下有关规定进行,并按以下情况考虑增减。

1) 当流域内有消水溶洞,且洪水时消水溶洞截流面积的水量可全部引入地下时,计算流量所用的汇水面积应扣除截流面积。

2) 当流域内有出水溶洞、泉水、暗河出口等来自其他汇水区的水量时,可在出水口作矩形堰或三角堰测定。通常来自出水溶洞等的水量应与流域流量直接相加。

2　坡立谷、大型溶蚀洼地以及封闭洼地宜设桥。

3　桥孔设计应根据溶洞、溶槽、漏斗和暗河的分布、发育情况确定,墩台位置宜避开岩溶点,严重的岩溶地区应绕避。

3. 10. 3　感潮河段水文计算应符合下列规定:

1　位于感潮河段上桥渡的洪水设计频率与一般无潮汐影响的河段同,但设计流量、设计水位和设计流速应视河段的具体情况,考虑潮汐及洪水对桥渡所有区段的不同影响而分别计算确定。

2　设计中应对感潮河段上的潮汐现象及桥渡所在区段的特点进行调查,根据不同的区段特点作不同的考虑。位于感潮河段的上游段,其设计流量、设计流速可按一般无潮汐影响河段的办法计算确定,但设计水位应考虑潮汐的顶托影响;下游段应选择典型潮型以确定设计潮位过程线,并在潮区界以上选择可能发生的不利频率组合的流量过程线,计算出桥址处的各设计值。介于两者之间的河段,按本河洪水与潮流可能相遇的不利组合,组合成设计频率的计算条件,计算出桥址处的各设计值。

3　桥址处具有不少于 20 年实测资料时,设计流量、设计水位的频率计算可按本规范第 3. 3 节有关规定办理。根据计算得出的符合设计频率的高低潮位值、涨落潮流量值和典型年过程线再推求出各设计值的设计过程线,从而利用桥址断面推求流速过程线和流速设计值。

4 桥址处具有不足20年,但具有不少于连续5年以上的实测资料时,其水位、流量值可与附近具有不少于连续20年实测资料的测站建立关系,按极值同步差比法进行推算。桥址与该测站除应符合地理位置邻近外,尚应具有潮汐性质、受河流径流(包括汛期)的影响、增减水的影响皆相似等条件。

极值同步差比法计算应采用下列公式:

$$X_{SY}=A_{NY}+\frac{R_Y}{R_X}(X_{SX}-A_{NX}) \quad (3.10.3\text{—}1)$$

式中 X_{SY}——桥址处设计高(低)潮位值(m)或设计潮洪流量(潮流量)值(m^3/s);

X_{SX}——测站处设计高(低)潮位值(m)或设计潮洪流量(潮流量)值(m^3/s);

A_{NY},A_{NX}——分别为桥址及测站的同期平均潮水位或同期平均潮洪流量(平均潮流量);

R_Y,R_X——分别为桥址及测站同步潮差(m)或同步潮洪流量(潮流量)差(m^3/s),其比值 R_Y/R_X 可取两处每日潮差或流量差比值的平均值。

若桥址处无流量资料,仅有水位资料时,除按式(3.10.3—1)推求水位设计值外,尚需选择以典型潮型确定的设计潮位过程线与利用本规范第3.3节有关规定推求出的桥址上游潮区界以上某处的设计或相应频率的流量过程线,按本条第6款的规定推求桥址处的流量、流速设计值。

5 桥址处无实测资料,桥址下游河口潮位站又不具备用极值同步差比法计算出设计高(低)潮位时,则应在河口潮位站(或设临时站)按本规范第3.1.11条规定进行观测,按式(3.10.3—2)近似计算设计高(低)潮位值,并按设计值及观测资料选定设计潮位过程线。若潮区界上游亦无水文资料,可按本规范第3.3节有关规定近似确定设计流量过程线,再按本条第6款所列方法得出两设计过程线再推求设计流量、设计水位和设计流速过程线。

近似计算设计高(低)潮位可按下式计算:

$$H_S=H'_S\pm k \quad (3.10.3\text{—}2)$$

式中 H_S——设计高(低)潮位值(m);

H'_S——按短期观测资料推求的设计高(低)潮位值(m),可按下式计算:

$$H'_S=A_N\pm(0.6r+k') \quad (3.10.3\text{—}3)$$

A_N——年平均海平面,$A_N=A+\Delta A$,式中 A 为短期观测资料的月平均海平面;ΔA 为桥址下游河口所在地区(或附近港口)海平面的月份订正值;

r——短期(一个月以上)观测资料中的平均潮差(北方港口不应用冬季潮差);

k'——常数,可采用0.4 m;

k——常数,可采用表3.10.3中与潮汐性质、潮差大小、河流影响以及增减水影响都较相似的附近港口相应的数值,高潮用正,低潮用负。

6 桥址处无实测资料,而桥址下游河口验潮站和桥址上游潮区界以上的水文站皆有不少于20年的大潮和与其相应的洪水观测资料以及年最大洪水期与同期的潮位观测资料,可分别按非恒定流方法推算至桥址,然后按本条第3款规定推求桥址各设计值,并选其不利者。

桥址处无实测资料,但桥址上下游有可能获得设计频率的量值,而无法获得设计过程线时，可按恒定流方法近似推求出桥址处设计值。

表 3.10.3　*k* 值

水　位	k(m)	所　在　地　区		
		黄渤海地区	东　海　地　区	南　海　地　区
高潮位	2.2			湛江
	2.1			汕头
	1.8		温州	
	1.7		镇海、宁波	
	1.6		吴淞	秀英
	1.5	塘沽新港	连云港、厦门	
	1.4		海门(浙江)、马尾	
	1.3		上海	
	1.2	青岛		黄埔
	1.1	大连、营口		
	1.0	秦皇岛		
	0.8	烟台		
低潮位	1.9	塘沽新港		
	1.6	大连、秦皇岛		
	1.3	烟台、青岛		
	1.2		连云港	
	1.1		马尾	
	1.0		宁波、厦门	
	0.9		吴淞	湛江
	0.8		温州	
	0.7		上海、海门(浙江)	汕头、黄埔、八所
	0.6			秀英

7　桥梁位于挡潮闸附近或围垦影响区段内时，应搜集建闸或围垦前后历年河道变化资料及水文资料，特别是对关闸时水位局部突然壅高和落低的数值或围垦后对水位变化过程的影响，桥孔设计时应予计及并从中找出变化规律。

8　不受洪水控制感潮河段上的桥长，可依据渔业和航运的要求、工程基础施工的条件、经济和环境要求等因素，综合考虑确定。

9　在有封冻及流冰的感潮河段上，应注意水流往复流的作用。桥渡布设不应阻碍冰块的排泄。当有大型冰块浮动时，桥墩应具有防冰或破冰设施。

10　通航感潮河段的最高通航水位，可依资料情况按下述方法推算：

1）具有不少于 20 年大潮期的逐时潮位资料时，宜选取 10 年一遇的实测全年潮位记录，以小时为单位作时潮位频率统计，采取通航保证率为 98 % 的相应潮位作为最高通航水位。

2）资料不足 10 年时，宜采用实测最高潮位年的全年潮位记录，作时潮位频率统计，保证率亦采取为 98% 的相应潮位作为最高通航水位。

3）仅有年最高潮位资料，而无逐时潮位记录时，通航水位的最高值，可采用到历年高潮位的平均值。

11 感潮河段上不通航桥孔的桥下净空高度，应根据桥梁设计频率的最高潮位，按本规范第3.4.18条规定确定。浪高和壅水高应按本规范第3.4节和第3.5节有关规定估算。

12 海水碎浪对钢结构或支座的溅蚀作用应予考虑。碎浪高度可调查确定，必要时应对溅蚀部分采取防护设施。

13 桥梁的一般冲刷和局部冲刷可按本规范第3.6节有关公式计算，但还应考虑设计条件下各种情况组合所求得的最不利的水文、水力、泥沙等因素以及潮汐水流和泥沙运动对冲刷的影响。当水文条件复杂时，可通过水工模型试验确定。

3.10.4 水利化地区水文计算应符合下列规定：

1 水利化地区桥渡设计洪水可采用雨量资料推算，并以流域治理后实测较大洪水和相应雨量资料进行校核。当采用上下游水文站实测成果推求桥渡设计洪水时，应考虑站桥间分洪、蓄洪、滞洪、溃堤、破圩等的影响。必要时应先将资料还原到同一基础上，然后进行频率分析。

2 凡流域经过治理或有人工控制设施的河段，应利用有关水利部门的设计计算资料，并了解其推算方法及其考虑的因素是否与铁路桥渡设计要求相符，再结合铁路桥渡特点进行水文分析。

3 应用当地排涝公式推算桥渡设计流量时，应考虑桥渡设计洪水与防洪排涝设计洪水在汇流及槽蓄方面的差异。当此项差异较大时，应考虑流域或行洪滩地蓄洪、滞洪以及分洪的影响。

4 水文分析应考虑因溃堤、破圩造成相邻流域和各汇水区的串通，并应注意下坡端或低洼处水流集中对铁路桥渡的影响，必要时应将洪水时各串通流域进行统一水文分析计算。

5 内涝积水位计算可按下列方法进行：

1）当圩内无设备和能力向外江外海抽排时，可根据外江水位的封圩期，求算设计总净雨量，然后根据圩内起始水位由内涝区库容曲线查算出设计内涝积水位。

2）当圩内有泵站或水闸向外江外海抽排时，可按下列方法和原则确定设计内涝积水位：

考虑人工抽排计算内涝积水位时，降雨过程应选择历时长、总量大或强度大且集中的降雨。设计降雨过程可采用同频率分段控制的典型年放大方法。净雨量计算可根据具体情况选用径流系数法、降雨径流相关图、地区经验等方法。无论用何种方法，应能和用闸站实测水位过程、抽排水量和库容曲线由水量平衡原理反求的净雨量相验证。

内涝积水位可采用水量平衡原理计算。有泵站抽排时，按安机台数和能力计算排水量。开机利用系数可根据调查确定，还可考虑连续开机。同时有排水闸和泵站时，当外江水位低于圩内水位时，仅考虑闸排不计泵排；当外江水位高于圩内水位时可考虑泵站抽排，抽排计算中应考虑停止抽排的可能因素和影响。

选择近年圩堤内与较高积水年份相应的实际降雨和抽排能力，用拟定的方法和原则求算其计算积水位，并应与实际调查的积水位相验证，而后在此基础上推算内涝积水位。

6 河网地区若无完整的水文、气象和流域、河道资料时，可调查历史洪水成因和最高水位，据以计算桥渡设计水位和流量；当有较完整的流域降雨及河道断面资料时，可由雨量资料推求入流过程，应用河道洪水演进的办法求算河网圩区调蓄后的出流过程。

7　跨越大型灌渠的桥梁，其设计流量可采用主管部门提供的最大灌溉流量或最大排洪流量。一般中小型渠道则可根据其水源和灌溉方式的不同而选择相应的流量计算办法。

8　桥梁跨越两岸建有防洪堤的河道，当堤防内河道最大安全泄洪量等于或大于归槽情况下桥梁设计流量时，桥梁可按归槽流量及水位设计。否则，应分别按堤防内河道上及堤防外河滩上两种不同情况进行设计。

1）堤防内河道上桥孔设计

位于重要工矿区、重要城市附近或河道堤防近期可落实规划加高至铁路桥梁设计洪水频率标准时，大中桥应采用与桥梁设计频率标准相应的归槽流量和水位设计。

位于一般地区或城市附近的大中桥，若其对防洪标准及堤防加高尚无规划，桥渡设计流量宜与当地有关部门协商解决。

桥孔大小的确定应考虑桥前壅水对上游村镇、农田的影响。桥孔布设时不应更动现有堤防。

2）堤防外河滩上桥孔设计

可根据桥址上游堤防在遭遇桥梁设计频率标准洪水时漫堤、溃堤的流量和水位以及滩槽的具体情况分析确定。漫滩洪水不易归槽，可根据具体情况在行洪洼地或历史上行洪道处集中或分散设置桥涵，其孔径应按漫堤、溃堤后桥址处实际水位和滩地分配流量确定，各桥流量分配应按一河多桥原则酌量加大。

9　跨经蓄洪、滞洪和分洪区的桥渡，应了解淹没情况及主流的位置，桥孔不应压缩主流区，并应检算对蓄洪、滞洪和分洪区通过能力和对堤防的影响。长期蓄洪区除因灌溉需要外，流水面高程不宜设置过低，桥下净空高度还应加算桥下壅水和波浪高度的影响。

10　当桥渡受下游人工建筑物或江河湖泊的回水顶托时，应按回水顶托情况检算桥孔，并应充分考虑泥沙淤积的影响。

11　桥下冲刷计算和基础的埋置深度，应考虑有关部门排除盐碱和防洪排涝、开挖河道造成沟底高程降低的因素。

12　河网区桥涵类型以采用桥梁为宜，桥孔不宜压缩河道，跨越灌区的桥涵亦不宜压缩渠底宽，并应减少中墩。灌溉桥涵的流水面高程，除应考虑上下游山塘、水库、渠道的联接和清淤要求，与当地有关部门协商取得依据外，尚应与铁路排水系统及上下游取土坑高程综合考虑，协调一致。当灌溉渠道上采用圆涵时，应将流水面稍予放低，并适当加大孔径。

3.10.5　水库地区水文计算应符合下列规定：

1　水库地区的桥梁设计，应考虑水库修建时河道水文要素、岸坡稳定和河道泥沙改变的影响。

2　位于水坝上游库区的桥梁，其设计流量的确定可为：

1）水库设计洪水频率标准高于桥梁时

可采用相应于桥梁设计标准的水库计算流量。

2）水库设计洪水频率标准低于桥梁时

桥梁设计尚应以溃坝时通过桥下最大流量进行检算。

3 位于水坝下游的桥梁,其设计流量的确定可为:

1)水库设计洪水频率标准高于桥梁时

当坝桥间径流量较小,可直接采用与桥梁设计频率标准相应的水库下泄流量。当有较大支流汇入,区间流量较大,桥址距水坝又较远时,除应计及区间流量外,并应考虑河槽调蓄对下泄流量的影响,求算桥址处的设计流量。当受水库下泄流量控制设计时,尚应考虑水库有效库容逐年减少和下泄流量逐年增大的可能因素对桥梁的影响。

2)水库校核洪水频率标准低于桥梁时

应按本规范第1.0.6条的规定采取措施,并应适当考虑溃坝可能对桥涵造成的不利影响。

4 在库区内或沿水库修建的桥梁,其设计水位应考虑水库淤积对水位抬高的影响,水库淤积后的回水曲线一般可向有关部门搜集,也可应用能量平衡原理或简易法推求,据以确定桥下设计水位。

5 位于水坝上游库区的桥梁孔径设计:

1)桥梁跨越水库时,桥梁长度可按建库前天然河宽设置。当库内修建长路堤在技术经济上属于不利时,应延长桥长。

2)位于结冰河流水库变动回水区的桥梁,应考虑冰坝和冰塞可能造成水位抬高的影响。

3)桥下冲刷采用与天然河流相同的计算方法,但应考虑下列因素:

汛期水库最低蓄水位和设计洪水相遭遇的影响;

水库溯源冲刷的影响;

建库后水沙条件变化所引起河道改变的影响;

梯级水库上游水库泄洪冲刷的影响。

6 位于水坝下游的桥梁孔径设计:

1)应按本条第3款所确定的设计流量进行孔径设计;

2)墩台基础埋深除按本规范第3.6节规定的有关公式计算外,尚应考虑水库下泄清水冲刷的影响;

3)桥位无法避开坝下局部冲刷范围时,应搜集水库设计部门的水库运行条件及经验公式进行分析计算,必要时可进行水工模型试验确定。

3.10.6 一河多桥水文计算应符合下列规定:

1 一河多桥的布设,应结合河段的特点,地形、地质的因素,排洪、排涝和交通的要求,综合考虑比较确定。山区开阔河段和山前变迁河段均应考虑一河多桥与一河一桥方案的比选;对山前冲积扇扩散河段和平原分汊河段,则宜采用一河多桥;对平原顺直微弯河段和蜿蜒河段,当泛滥宽广,河滩流量所占比重较大时,可考虑增设河滩桥。采用一河多桥时应布设必要的导治建筑物。

2 一河多桥的布设,应使各桥桥址中线与洪水流向正交。

3 一河多桥的各桥流量,不能单凭桥址断面来分配,应根据地形、地貌,主流分布的情况,河槽变化的可能,水流摆动的趋势以及历年实测洪水资料酌予加大。必要时,可通过水工模型试验取得数据。

4 增建第二线的一河多桥,应利用既有线一河多桥历史洪水调查资料。当既有线桥历经多次洪水考验,流量分配比例已基本固定又无严重水害时,增建第二线各桥流量即可按既有桥历次洪水时相应的最大流量分配率确定。

5　一河多桥的各桥孔径，可按各桥的最不利分配流量进行计算。增建第二线一河多桥尚应结合既有线桥的运用情况考虑。

6　一河多桥的河滩桥桥孔在通过设计流量时，桥下流速不宜高于滩地面的不冲刷流速。若桥下流速超过滩地面不冲刷流速且增加桥孔收效又不大时，需考虑桥下冲刷防护措施。当河滩较长，冲刷防护有困难时，应将基础深置，并采取措施防止桥下冲刷后引起主流的改道。

河滩上灌溉渠道和道路与铁路立交需设置桥涵时，应采取冲刷防护措施。

3.10.7　海湾地区水文计算应符合下列规定：

1　海湾地区桥渡的设计水位，Ⅰ、Ⅱ级铁路采用重现期为100年一遇的高潮位，Ⅲ级铁路采用重现期为50年一遇的高潮位。推算潮位时，应搜集附近测站历年的最高潮位值与各基准面间的相对高差值，不同重现期的高潮位值可采用耿贝尔方法即第Ⅰ型极值分布律推算。

2　设计波浪的重现期标准，Ⅰ、Ⅱ级铁路采用50年一遇，Ⅲ级铁路采用25年一遇。设计波浪的波列累积频率，按计算内容选定。计算设计波浪时应搜集：每年实测的最大大波平均波高 $H_{\frac{1}{10}}$；测波浮筒处的水深；海图。

3　设计波浪的波向应采用垂直于桥渡方向左右各30°以内风区最长的来波方向。桥渡处的计算波高大于浅水极限波高时，采用极限波高。

4　桥下不通航的桥梁梁底高程应不低于设计重现期高潮位加设计重现期波列累积频率为1%的波高值再加0.5 m安全值。

4 路　基

4.1 滨河路基

4.1.1 当滨河路堤的路肩高程受设计水位控制或滨河路堤受水流冲刷需设置防护工程时,应进行水文勘测。施测时可利用线路平面图和水文站的水文资料,并测绘以下内容:

1 水文断面

布设水文断面的间距,应根据需要和现场实际情况确定。在紧贴河滨受设计水位控制的线路紧坡地段、重要工点、重大防护工程处、有较大支流汇入处、河道平纵断面有突变处及河湾处均应加设水文断面。

2 水文平面关系

关系图中应绘出河段简易地貌、最高洪水泛滥线、水准点、线路中线(车站应绘出车站范围)及水工建筑物的位置等。

3 水面坡度图

施测内容应符合本规范第 3.1.7 条第 3 款的规定。

4.1.2 受洪水影响的滨河路堤,应根据天然河道的形态和水文特征进行分析,计算沿堤的水位和流速,用以确定路堤最小高度与防护措施。

4.1.3 滨河路堤宜避开洪水泛滥区,对位于洪水泛滥区的路堤应减小路堤与水流的交角。当路堤必须侵入洪水河槽时,应有足够依据,但山区河流的河槽不得侵入。站场范围内的滨河路堤,还应根据站场股道与建筑物的布设,考虑其今后的发展,检查侵入的程度。

4.1.4 滨河路堤的水文计算,应考虑河道弯曲、卡口、扩散、山嘴及人工建筑物等不同的平面形态,以及河床由陡变缓、由缓变陡、险滩急流、深坑跌水等纵坡变化和路堤侵占河道的行洪断面等对水位、流速的影响。

4.1.5 滨河路堤的路肩高程,应根据河流的具体情况,分别考虑壅水(包括河道卡口或建筑物造成的壅水、河湾水面超高)、波浪侵袭、斜水流局部冲高、河床淤积等影响的高度。其最低高程应高出设计水位(设计水位的洪水频率应符合本规范第 1.0.5 条的规定)加上述所规定的各项影响后至少 0.5 m。波浪侵袭高度与斜水流局部冲高取两者之较大者。

4.1.6 波浪在路堤边坡上的侵袭高度,可按本规范第 3.7.6 条的规定确定。

4.1.7 山区或山前河流上滨河路堤轴线与水流流向不平行时,斜水流在路堤边坡上的局部冲高可按下式计算:

$$\Delta h_{cp}=\frac{\overline{V}_g^2\sin^2\beta}{g_n\sqrt{1+m^2}} \tag{4.1.7}$$

式中　Δh_{cp}——斜水流在路堤边坡上的局部冲高值(m);

$\overline{V}_g$——冲向路堤的水流或股流的平均流速(m/s);

β——水流流向与路堤边坡上水边线所成的平面夹角(°)；

其余符号意义同前。

4.2 滨海路基

4.2.1 靠近或通过海峡、海湾在滨海范围的铁路,应选择在海面最短和水深不大及海底地势较为平坦与地质良好的地段。

4.2.2 滨海路堤类型的选择应考虑到所在地区的海岸形势、水深、设计水位、波浪高度、冰凌、淤砂、海流情况和当地的工程材料、海上施工的条件以及对海堤的使用要求等因素。

4.2.3 滨海路堤的路肩高程受潮位、波浪、海流影响时,应调查、搜集、测绘下列资料:

1 搜集测站历年潮位、波浪、海流等资料。

2 测绘滨海路堤范围的地形图及路基设计需要的横断面。当能搜集到历年滨海地形图或海图,以及断面等资料时,也可不测。

3 封冻及流冰的滨海地段,应调查、搜集冰凌资料。

4 调查海水碎波高度。

4.2.4 滨海路堤未设防浪胸墙时,路肩设计高程应不低于设计水位加波浪侵袭高(波浪爬高),并加不小于 0.5 m 的安全高度;当路堤顶设有防浪胸墙时,路肩设计高程应不低于设计水位高程以上至少 0.5 m。

4.2.5 滨海路堤的设计水位,Ⅰ、Ⅱ级铁路采用重现期为 100 年一遇的高潮位,Ⅲ级铁路采用重现期为 50 年一遇的高潮位。如滨海路堤兼做水运码头时,尚应按水运码头设计要求确定设计最低潮位。

4.2.6 设计波浪的标准应包括设计波浪的重现期与设计波浪的波列累积频率。

设计波浪的重现期标准,Ⅰ、Ⅱ级铁路采用 50 年一遇,Ⅲ级铁路采用 25 年一遇。

在进行斜坡式或直墙式滨海路堤的强度和稳定性计算时,设计波高 H 的波列累积频率标准应按表 4.2.6 的规定采用。

表 4.2.6　波列累积频率标准

滨海路堤形式	部　　位	计 算 内 容	波列累积频率 F(%)
斜坡式	胸墙、堤顶方块	强度和稳定性	1
	护坡块石、护坡块体	稳定性	13 *
	护底块石	稳定性	13
直墙式	上部结构、墙身、桩基	强度和稳定性	1
	基床、护底块石	稳定性	5

注:* 当平均浪高水深的比值 $\overline{H}/d<0.3$ 时,F 宜采用 5%。

当推算的波高大于浅水极限波高时,均应按极限波高采用。

4.2.7 不同重现期的设计潮位、波浪的推算,波浪侵袭高度(波浪爬高)与波浪作用力的计算,可按国家现行标准《港口工程技术规范 · 海港水文》(JTJ 213)的规定执行。

4.3 水库路基

4.3.1 沿水库边缘或跨越水库库湾修筑的受水浸泡的路基,设计时应根据水库的特点和要求，考虑水位升降、波浪侵袭、水流冲刷、坍岸、淤积和地下水壅升而引起大孔性土湿陷等影响，以及采取相应的防护、加固措施。

4.3.2 水库路基除按要求进行测量外，尚应调查、搜集水库各种特征的水位、水库坍岸与淤积情况、库区最大波浪高度及其相应的水位、库区冰情等资料。

4.3.3 水库路基的路肩设计高程，应高出路基设计洪水频率的洪水位加波浪侵袭高加壅水高（包括水库回水及边岸壅水），加安全高度 0.5 m。若水库设计洪水频率标准较高，其正常蓄水位高于铁路设计水位时，路肩设计高程应按水库正常蓄水位确定。在跨越水库边缘，填挖交界处的路肩高程不应低于水库的坝顶高程。

4.3.4 在库区内或沿水库修建的路堤，尚应考虑水库淤积对水位抬高的影响，水库淤积后的回水曲线可向有关部门搜集，也可应用平衡原理或简易法推求。

4.3.5 对水库岸坡的坍岸影响，应根据线路位置、库岸土质、库岸高度与陡度、浸水深度、水库淤积等情况，采取适当防护措施。如距线路较远，亦可考虑分期投资或后期再予防护。

水库岸坡的防护顶面高程应为水库正常高水位加波浪侵袭高加 0.5 m，底面高程为水库设计低水位减波浪影响深度。

对淤积严重地段，可采用简易防护或不设防护。

4.4 路基冲刷防护

4.4.1 当滨河、滨海和水库路基受经常的或周期性的水流冲刷作用时，应采取冲刷防护措施。

4.4.2 滨河路堤的坡面防护，应根据河段特性、河道地形、水文条件等情况计算沿堤的水流流速，据以确定防护标准。

4.4.3 滨河路堤沿堤的水流流速可采用靠近路堤的河槽或河滩的平均流速，但应考虑可能的河床变迁所造成的影响。当路堤受斜水流冲击时，沿堤水流流速应考虑流速不均匀分布的影响，可按下式计算：

$$v_x = \bar{v}' \frac{2\varepsilon_g}{1+\varepsilon_g} \tag{4.4.3}$$

式中 v_x——斜流流速（m/s）；

$\bar{v}'$——沿堤河槽或河滩的平均流速（m/s）；

ε_g——流速不均匀分布系数，可根据水流流向与路堤的夹角 β，按表 4.4.3 的规定取值：

表 4.4.3 ε_g 值

β (°)	ε_g	β (°)	ε_g	β (°)	ε_g
90	3.00	60	2.25	30	1.50
80	2.75	50	2.00	20	1.25
70	2.50	40	1.75	15 及以下	1.00

4.4.4 滨河路堤防护顶面高程，应为设计水位加波浪侵袭高（或斜水流冲高）加壅水高加 0.5 m。

4.4.5　滨海路堤根据波浪对路堤的作用特点和堤前水深、波浪高度、最大波浪底流速及地基情况等因素,确定路堤护坡与护底的形式。

4.4.6　水库路堤边坡防护,以考虑波浪作用对边坡的破坏为主。在封冰和流冰严重地区,还应考虑冰荷载的作用。在水库的上游地段,若流速较大,还应考虑按水流的冲刷作用进行防护。

4.4.7　水库路堤防护顶面高程应为设计水位加波浪侵袭高加壅水高加 0.5 m;底面高程应为水库设计低水位减波浪影响深度(可采用 2.0~2.5 倍低水位时的波浪高);防护底面至路堤坡脚之间的坡面,当蓄水初期由于浸水或水流的作用,影响边坡稳定时,应适当进行防护。

4.4.8　冲刷防护工程应加强基础处理。基础冲刷深度可根据计算、河床地层冲淤分析和类似工程的实践资料,综合分析确定。防护基础应埋置在冲刷深度以下不小于 1 m,或嵌入基岩内,当冲刷深度较深,水下施工有困难时,可采用桩基、沉井基础或适宜的平面防护。

4.5　路 基 排 水

4.5.1　路基应有良好的排水设备。尤其是对受水浸泡易于松软的特殊土或易于软化的岩石路基排水工程应保证路基边坡和基底的稳固。

4.5.2　路基排水设备,应布置合理,与桥涵、隧道、车站等排水设备衔接配合,并有足够的过水能力。

4.5.3　路基排水设计时,应考虑农田水利综合利用,不使农田失灌或冲毁。

4.5.4　需按流量设计的侧沟、天沟、排水沟,其横断面应按 1/25 洪水频率的流量进行计算,沟顶应高出设计水位 0.2 m。

4.5.5　天沟不应向路堑侧沟排水。当受地形限制可修建急流槽向侧沟排水,急流槽下游的侧沟应加大断面,按 1/50 洪水频率流量计算确定。

4.5.6　在深长路堑和反坡排水困难的地段,宜增设桥涵建筑物,将侧沟水尽快引排至路基外。

5 其他建筑物

5.1 隧道

5.1.1 新建和改建隧道,应对隧道和辅助坑道洞口的地表水作妥善处理,洞外应有完整的排水设施,保证结构物和设备的正常使用和行车安全。

5.1.2 隧道洞口不宜设在排水困难的沟谷低洼处。

5.1.3 当隧道洞口位于滨河可能被洪水淹没地段、水库回水影响范围或受山洪威胁地段,其路肩高程应高出设计水位加波浪侵袭高和壅水高不小于0.5 m。设计水位的洪水频率标准应符合本规范表1.0.5—2的规定。

若水库设计洪水频率标准高于铁路设计洪水频率标准时,在水库边缘,填挖交界处的隧道洞口高程不应低于水库的坝顶高程。

当辅助坑道作为永久性工程使用时,辅助坑道口设计高程应按上述标准设计。

5.1.4 隧道和辅助坑道的洞口应设置截水沟和排水沟。需按流量设计的截、排水沟横断面应按1/25洪水频率的流量设计。

5.1.5 在多雨地区,应根据具体情况采取防止洞门仰坡范围地表水下渗和冲刷的措施。

5.1.6 洞外路堑的水不宜流入隧道。当出洞方向路堑为上坡时,宜将洞外侧沟做成与线路坡度相反且不小于2‰的坡度。当隧道全长小于300 m、路堑水量较小,且含泥量少、不易淤积、修建反向侧沟将增加大量工程等条件下,路堑侧沟的水可经隧道流出,但应验算隧道水沟断面,不够时应予扩大,并在高端洞口设置沉淀井。

5.1.7 明洞的防水与排水措施应符合下列规定:

1 明洞顶部应设置必要的截、排水系统。

2 靠山侧边墙顶或边墙后,应设置纵向和竖向盲沟,将水引至边墙泄水孔排除。

3 衬砌外缘应敷设外贴式防水层,明洞与隧道接头处,应做好防水处理。

4 回填土表面宜铺设黏性土隔水层,并与边坡搭接良好。

5.1.8 隧道弃砟处理应符合下列规定:

1 在勘测阶段应注意调查弃砟场地附近的河流特性,收集隧道弃砟设计必要的资料。

2 弃砟设计时,应选择好弃砟场地,防止弃砟挤压河道,影响河流泄洪。在河滩弃砟,必须遵守国家有关规定,并取得当地河道主管部门的同意。

3 弃砟场地应作好防洪与排水。根据所在地区降水及地形、地质情况,设置排水管、纵横盲沟、截排水沟。弃砟堆坡脚应有防止洪水冲刷的措施。

5.2 站场

5.2.1 站场的路堤高度受洪水控制时,站内正线的路肩高程。应符合本规范第4.1.5条的规定。

临河站场最外侧站线路基面边缘的高程应按本规范第 4.1.5 条的规定确定,困难时可不计波浪及壅水高度,按不低于设计水位加 0.5 m 设计。

车站内的排水沟沟顶及正线外包的车场路基边缘或排水沟顶的高程,可不计波浪及壅水高度,按设计水位加 0.5 m,困难时加 0.2 m;调车场最低处的路基边缘或沟顶高程宜按上述设计水位加 0.2 m,困难时亦不应低于该处设计水位高程。

站场靠河一侧筑有防洪堤时,站场路基边缘的高程应按内涝水位加 0.5 m。

5.2.2 站场应有良好的排水设施,排除雨水、融化雪水、客车上水时的漏水、机车废汽水等地面水,确保站场路基稳定、可靠、安全。

5.2.3 站场排水系统设计,应在勘测调查的基础上进行总体规划,并与当地的排灌系统密切配合,做到纵、横向排水及场内、外截排水等设备紧密结合,选型合理,水流经路最短而顺直。改扩建车站应尽量利用既有的排水设施。

5.2.4 排水设备的布设、尺寸、数量,应根据地区降雨量、汇水面积、建筑物及设备布置、路基土的种类、路基纵横断面和出水口等因素综合考虑确定。

5.2.5 站场范围内需按流量设计的排水沟、槽等,其设计标准按本规范第 4.5 节的有关规定办理。

5.2.6 站场暴雨径流地面汇水流量可按下列公式计算。也可采用适合的地区公式。

$$Q_p = 16.7\psi a_p KF \qquad (5.2.6)$$

式中 Q_p——设计流量(m^3/s);

a_p——设计暴雨强度(mm/min);

K——气候系数(无资料时可采用 $K=1$);

ψ——径流系数;

F——汇水面积(km^2)。

5.2.7 站场内下列部位,应加强路基排水:

1 客运站和办理客车上水作业车站的到发线及客车整备所的洗车机线和整备线。

2 蒸汽机车机务段内上煤水的整备线、待班线、机车出入段线的站段分界处附近、库前线和洗车机线。

3 货场内设有站台的装卸线、车辆洗刷线、加冰线和牲畜装卸线。

4 车辆减速器和设有轨道电路的大站咽喉区。

5 立交桥下的线路或道路路基和进出站线路布置所形成的低洼处(必要时可设单独的抽水设备)。

6 改、扩建车站改建部分排水不良的路基。

5.2.8 车站路基面应设有倾向排水系统的横向坡度。根据车站路基宽度、排水要求和路基填挖情况,可设计为一面坡、两面坡或锯齿形坡的横断面。

5.2.9 横向排水设备宜利用站内桥涵,无桥涵利用时,可采用横向排水槽或排水管。

5.2.10 在排水沟(槽)穿越站内道路或位于道路侧及场地通行汽车的地段,宜采用公路排水槽或公路涵洞。

5.2.11 纵向排水设备的坡度不应小于 2‰,困难条件下不应小于 1‰。穿越线路的横向排水设备的坡度不应小于 5‰。特别困难条件下可根据具体情况设置。

5.2.12 排水沟、槽的断面除需按流量计算外,其底部宽度不应小于 0.4 m,深度不应小于

0.6 m,干旱少雨地区或岩石路基的纵向排水槽深度可减少至 0.4 m,当纵向排水槽出口有困难时,其分水点或起点槽深可减少至 0.2 m。当槽的底宽 0.4 m 时,深度不宜大于 1.2 m,槽深大于 1.2 m 时,槽的底宽应加宽至 0.5 m~0.6 m。

5.2.13　纵、横向排水槽与管或管与管的交汇点,排水管的转弯处和高程改变处,应设检查井或集水井。

5.3　立交地道

5.3.1　道路下穿铁路,桥下出现凹形坡的立交地道,应设置排水系统,排除桥下雨水。

5.3.2　立交地道排水应利用地形条件尽量采用自流排水方式,不得已时设立泵站,采用机械抽升排水方式。排水出路,宜将汇集的水量直接送往天然水体;如经比较必须排入市政排水干管时,应调查分析既有市政排水干管的使用情况,采取措施,避免相互干扰。

5.3.3　立交地道排水一般仅考虑排除引道范围内的雨水,引道两端与两侧地面应设反坡,防止引道范围外的雨水流入。

5.3.4　雨水设计流量应按下列公式计算:

$$Q = q\psi F \tag{5.3.4}$$

式中　Q——雨水设计流量(L/s);

q——设计暴雨强度[L/(s·ha)],设计重现期 P 采用 3~5 年,降雨历时 t 采用 5~10 min;

ψ——径流系数,采用 0.8~1.0;

F——汇水面积(km^2)。

5.3.5　立交地道雨水口的设置与形式,应符合以下规定:

1　雨水口的设置,必须适应立交地道汇水快、排流急、流量集中的特点和要求。雨水口的形式,宜采用大型平箅,组装串联,同时应设置沉泥槽。

2　雨水口的数量应以立交地道的汇水流量和选用的雨水口泄水能力确定。一般雨水口的设置数量应较计算大 1.2~1.5 倍。

3　雨水口设置地点,可位于立交地道洞身的一端,即引道竖曲线最低处。慢车道和人行道也应于相应的位置安设,并用雨水支管与雨水口连通,雨水最后汇集至汇流井,并由排水总管引出。排水总管承受立交地道内各个雨水口所排来的水量,应径直引向水体或排水泵站,沿线不应再汇入其他水量或接入支管。

5.3.6　当立交地道洞身位于地下水位以下时,宜采用渗水暗沟排水方法,降低地下水位。

5.4　房屋建筑

5.4.1　房屋选址应避开洪水淹没地段,如因受条件限制无法避开时,基地地面应采用全面填土法填高至比设计水位高出 0.5 m;或采用筑堤的办法避免洪水侵入。

山区房屋选址应避开有可能产生泥石流的地段,必要时应采取泥石流防治措施。

5.4.2　在建筑场地背后为山地、坡地时,应设置排洪沟、截水沟,排除山洪与坡面径流。排洪沟、截水沟的断面应按 1/25~1/50 洪水频率的流量设计。

5.4.3　排洪沟设计,应结合地形,遵循山洪宜顺不宜挡,宜分散不宜集中排除的原则。

排洪沟一般可不铺砌,但在弯道、凹岸、跌水、陡坡、水流速度超过土壤不冲刷流速等的沟段和房屋周围、公路侧边,应采用干砌或浆砌片石加固。

截水沟应在坡地上选择地形较为平坦、地质稳定的地段设置。

5.4.4 集中建设的铁路生产、生活房屋,应有排除屋面、广场、绿地、道路雨水的完整、有效的排水系统。排水系统可自成体系或与所在城镇的排水系统衔接。

5.4.5 建筑场地的雨水设计流量与排水系统应符合现行国家标准《室外排水设计规范》的规定。

5.4.6 建筑场地排水应以自然排水为主,适当采用明沟或暗管排水。

附录A　溃坝流量计算

A.1　坝址断面溃坝最大流量

A.1.1　根据水库溃决条件可采用下列公式之一进行计算;或分别按下列两公式计算,经分析比较后,确定采用值。

1　理论公式

适用于坝体全溃或横向局部溃决($b_g<B_g$),计算公式如下:

$$Q_g=K_0\sqrt{g_n}\,b_g\cdot H_s^{\frac{3}{2}} \tag{A.1.1}$$

式中　Q_g——坝址断面溃坝最大流量(m^3/s);

H_s——溃坝时坝体上游水深(m),对未溃水库检算时,可采用坝高值;

K_0——系数,按表A.1.1查取;

表A.1.1　K_0值

$\frac{B_g}{b_g}$	$\frac{b_g}{B_g}$	K_0	$\frac{B_g}{b_g}$	$\frac{b_g}{B_g}$	K_0	$\frac{B_g}{b_g}$	$\frac{b_g}{B_g}$	K_0
1	1.000	0.2963	10	0.100	0.5206	19	0.053	0.5660
2	0.500	0.3687	11	0.091	0.5266	20	0.050	0.5692
3	0.333	0.4101	12	0.083	0.5331	21	0.048	0.5726
4	0.250	0.4382	13	0.077	0.5410	22	0.045	0.5750
5	0.200	0.4603	14	0.071	0.5445	24	0.042	0.5810
6	0.167	0.4759	15	0.067	0.5498	26	0.038	0.5874
7	0.143	0.4895	16	0.063	0.5541	28	0.036	0.5924
8	0.125	0.5008	17	0.059	0.5584	30	0.033	0.5960
9	0.111	0.5105	18	0.056	0.5625			

注:表中B_g系指坝长或坝址断面附近库区宽度(m)。

b_g——坝体溃决口门平均宽度(m),对一般土坝和堆石坝,当水库库容大于10^6 m^3时,按$b_g=K_1\cdot K_2(W^{\frac{1}{4}}\cdot B_g^{\frac{1}{7}}\cdot H_g^{\frac{1}{2}})$计算,

当水库库容小于10^6 m^3时,按$b_g=K_1\cdot K_3(W\cdot H_g)^{\frac{1}{4}}$计算,

如计算得的b_g值大于坝长B_g时,则按$b_g=B_g$计算;混凝土重力坝溃坝口门宽等于坝长;

K_1——安全系数,取$K_1=1.1\sim1.3$,按线路等级及坝体质量选定;

K_2——坝体建材系数,对黏土类、黏土心墙或斜墙和土、石、混凝土,$K_2=1.2$;对均质壤土,$K_2=2.0$;

K_3——材质系数,质量好的用6.6,质量差的用9.1;

W——水库库容(10^4 m^3);

H_g——坝高(m);

其余符号意义同前。

2　经验公式

适用于坝体全溃($b_g=B_g,h'_b=0$)、横向局部溃决($b_g<B_g,h'_b=0$)、竖向局部溃决($b_g=B_g,h'_b>0$);横、竖向都局部溃决($b_g<B_g,h'_b>0$)等各种情况,计算公式如下:

$$Q_g=0.27\sqrt{g_n}\left(\frac{L_k}{B_g}\right)^{\frac{1}{10}}\left(\frac{B_g}{b_g}\right)^{\frac{1}{3}}b_g(H_s-K'_0h'_b)^{\frac{3}{2}} \tag{A.1.2}$$

式中　L_k——水库库区长(m),可采用坝址断面至库区上游端部淹没宽度突然缩小处的距离,或近似地按 $L_k=\frac{W}{H_s\cdot H_g}$ 计算;当 $\frac{L_k}{B_g}>5$ 时,则按 $\frac{L_k}{B_g}=5$ 计算;

h'_b——溃坝后坝体残留高度(m),由于坝体系分层建筑,当某一高程以下坝体质量良好,该高程以上质量较差并有可能沿该高程溃决时,则取质量良好部分之高度为 h'_b;当无法确切估算时,可假定 $h'_b=0$,以策安全;

K'_0——修正系数,可按 $K'_0=1.4\left(\frac{b_g\cdot h'_b}{B_g\cdot H_s}\right)^{\frac{1}{3}}$ 式计算;当 $\frac{b_g\cdot h'_b}{B_g\cdot H_s}>0.3$ 时,则按 $K'_0=0.92$ 计算;

其余符号意义同前。

A.2　桥址断面溃坝最大流量

A.2.1　当桥址在坝址下游,泛区的洪水调蓄作用影响不大时,桥址处的溃坝最大流量可直接采用坝址的溃坝最大流量;泛区的洪水调蓄作用影响较大时,则桥址处的溃坝最大流量可按下式计算:

$$Q'_g=\frac{W_C}{\frac{W_C}{Q_g}+\frac{L_{OM}}{\bar{v}\cdot K''_0}} \tag{A.2.1}$$

式中　Q'_g——桥址断面溃坝最大流量(m^3/s);

L_{OM}——坝址至桥址间距离(m);

$\bar{v}$——断面平均流速(m/s),在有资料地区,可采用实测最大值;无资料地区,山区用 3 m/s~5 m/s;山前用 2 m/s~3 m/s;平原用 1 m/s~2 m/s;

W_C——水库溃坝后下泄的水量体积(m^3),如无资料时可按 $W_C=\frac{B_g(H_s-h'_b)L_k}{4}$ 式估算;

K''_0——调整系数、山区用 1.1~1.5;山前用 1.0;平原用 0.8~0.9;

其余符号意义同前。

附录B　河 段 类 别

表 B—1　河 段 类 别

河流类型	河段类别		稳定程度 序号	稳定程度 分类
山区河流	峡谷河段		Ⅰ	稳定
	开阔河段		Ⅱ、Ⅲ	
平原河流	顺直微弯河段		Ⅱ、Ⅲ	
	分汊河段(主要指分两汊)		Ⅲ、Ⅳ	次稳定
	弯曲河段	强制弯曲	Ⅲ	
		自由弯曲(蜿蜒)	Ⅳ	
山前河流	游荡河段(包括游荡弯曲)		Ⅴ	不稳定
	山前变迁河段		Ⅴ	
	山麓冲积扇		Ⅵ	
河口	三角港河口		Ⅴ	
	三角洲河口		Ⅵ	

注:1　稳定河段指岸线稳定的河段;次稳定河段指岸线基本稳定,深泓线多年有明显摆动的河段;不稳定河段指主流迁徙、岸线不稳的河段。

2　表中序号表示河段的稳定程度,序号愈小,河段愈稳定;反之,愈不稳定。

3　各类河段自然特征的指标见表 B—2。

表 B—2　各类河段特征指标

河流 / 范围 / 指标	山区河流		平原河流				山前河流		河口
	峡谷段	开阔段	顺直段	分汊段	弯曲段	游荡段	变迁段	冲积段	河口段
	Ⅰ	Ⅱ、Ⅲ	Ⅱ、Ⅲ	Ⅲ、Ⅳ	Ⅲ、Ⅳ	Ⅴ	Ⅴ	Ⅵ	Ⅴ、Ⅵ
I (‰)	2~4		0.15~0.73	0.2~1.7	0.2~1.7	1.2~2.3	1~3		
d_c(mm)	30~200	5~200	0.09~2.0	0.1~25.0	0.1~25.0	0.1~2.0	3~100	25~200	
$\bar{d}_c/I$	14~90	4.9~55	0.37~2.2		0.25~19.2	0.17~1.3	1~24.4		
$\sqrt{B_d}/\bar{H}$	2~4	3~5	3~4	6	6~17	20~40	5~12	15~32	

注:表中符号意义同前。

附录 C　泥石流分类简表

表 C　泥石流分类

类别	分　类	内容及特征
流体性质	黏　性	容重大于 16 kN/m^3，黏度大于 0.3 Pa·s，层流，有阵流，浆体浓稠，承浮和悬托力大，流体直进性强，补给量大
	稀　性	容重 12 kN/m^3 ~ 18 kN/m^3，黏度小于 0.3 Pa·s，有股流及散流现象，浆体混浊，悬托力弱，堆积物松散，补给量小
物质组成	泥　流	颗粒均匀，由粒径小于 0.005 mm 的黏粒和小于 0.05 mm 的粉粒组成，偶夹砂和圆砾，有稀性和黏性
	泥石流	颗粒差异性大，由黏粒、粉粒、砂粒、圆砾、碎块石等大小不同的粒径混杂组成，有黏性和稀性
	水石流	堆积物分选性强，由圆砾、碎块石及砂粒组成，夹少量黏粒和粉粒，为稀性
危害程度	严重的	松散固体物质丰富，植被破坏，水土流失严重，河滩堆积和堵塞现象严重，坍方面积率大于 10%
	中等的	松散固体物质较丰富，植被部分遭到破坏，水土流失较严重，在河床局部地段形成较严重的坍塌堆积，坍方面积率为 5% ~ 10%
	轻微的	流域内侵蚀情况明显减弱，河槽堆积物质甚少，冲刷下切为主，植被良好，坍方面积率小于 5%

附录D　天然河道洪水糙率系数表

表D—1　河槽糙率系数

河段平面及水流状态	河床质的组成及起伏情况	岸壁及植被情况	$1/n$
河段顺直或下游略有扩散,断面宽敞、规则、水流通畅的河段	砂质或土质河床,河底平顺	平顺的土岸或人工堤防	55(45~65)
		略有坍塌的土岸或长稀疏杂草的平顺土岸	50(40~60)
	卵石、圆砾河床,河底较平顺	砂、圆砾河岸或平整的岩岸	45(36~54)
		不够平整的岩岸或长中密灌丛的河岸	40(32~48)
	卵石、块石河床;生长水生植物的河床	不平顺的砂砾河岸;风化剥蚀的岩岸	35(28~42)
		不平顺的岩岸或长中密灌丛的河岸	30(24~36)
河段上、下游接弯道或下游有卡口、支流汇入等束水影响;复式断面河段;水流不够通畅的河段	砂、圆砾河床,边滩交错	有坍塌的土岸或砂砾河岸;风化岩岸	45(36~54)
		不平顺的岩岸或长中密灌丛的河岸	40(32~48)
	卵石、圆砾河床,不够平顺;长中密水生植物的河床	岩岸或不平顺的卵石、圆砾河岸	35(28~42)
		不平顺的岩岸或长中密灌丛的河岸	30(24~36)
	卵石、块石、漂石河床,间有深坑、石梁或生长水生植物的河床	参差不齐的卵石、圆砾河岸或土岸;略有凹凸的岩岸	25(20~30)
		参差不齐的岩岸或灌木丛生的河岸	20(16~24)
山区峡谷河段;急弯间的河段或弯曲河段;阻塞的复式断面河段;水流曲折不畅、流向紊乱的河段	砂、圆砾河床,边滩,沙洲犬牙交错	人工堤防强制弯曲者	35(28~42)
		有矶石或丁坝挑流者	30(24~36)
	卵石、圆砾河床,起伏不平,或长水生植物河床	参差不齐的卵石、圆砾河岸或长中密灌丛的河岸	25(20~30)
		参差不齐的岩岸或灌木丛生的河岸	20(16~24)
	卵石、块石、大漂石河床,石梁、跌水、孤石交错,或水生植物稠密,阻水严重的河床	参差不齐的岩岸或灌木丛生的河岸	15(12~18)
		两岸时有岩嘴突出,很不平顺,形成强烈斜流、回水、死水的河岸	12(10~14)

注:1　采用满宁糙率 n 的倒数 $1/n$ 作为统计分析值。因此,从本表查得的 $1/n$ 值,必须用满宁公式计算断面流速系数,即 $C=\frac{1}{n}R^{\frac{1}{6}}$;断面平均流速用 $\bar{v}=C\sqrt{RI}$ 式计算。

2　表中描述的河段长度,一般为4~8倍高水时的河宽,但不应小于300 m。

3　河床质组成分类及其平均粒径变幅为:砂(0.05 mm~2.00 mm);圆砾(2 mm~20 mm);卵石(20 mm~200 mm);块石、漂石(200 mm以上)。

4　表中 $1/n$ 值当洪水坡度变化在千分之一以上者,可采用括号内较低的数值;洪水坡度变化在万分之一以下者,可采用括号内较大的数值。

5　测流河段的形态是千变万化的,可以形成各种各样的组合。应用时,首先弄清调查工点的河段平面和水流状态属于表列三类中的那一类,其次才是河床质的组成和起伏情况,岸壁及植被情况是第三位的。调查工点的河段特性若与表列的组合方式不尽相同,可以根据实际情况,对表列数值适当调整。

表 D—2　河滩糙率系数

滩地植被情况	平面及水流状态	1/n
基本无植物或仅生稀疏草丛的河滩	平面顺直,纵向平坦,水流通畅,没有串流且滩宽不大者	25(20~30)
	下游有束水影响,水流不够通畅;水流虽通畅但河滩甚宽者(滩宽在槽宽的3倍以上)	20(15~25)
长有中等密度植物或垦为耕地的河滩	下游无束水影响,河滩甚宽或有束水影响,滩宽较窄	15(12~18)
	平面不够顺直,下游有束水影响,河滩甚宽	10~13
长有稠密灌木丛或杂草林木丛生,阻水严重的河滩		7~10

注:1　稀疏杂草或灌丛:人行其中无阻碍;
　　中密灌丛或农作物:人行其中多受阻碍;
　　稠密灌丛:人难入其中。
　2　其余同表 D—1 注。

附录 E 堰流公式表

表 E 堰流公式

图形示意及流态判别	形 态	建筑物类型	公 式	有关系数取用说明
闸口水位高于闸下水位，成两级水头 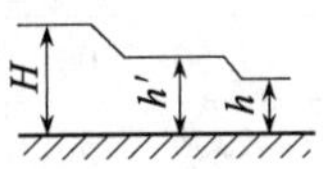	自由堰流	平底闸，宽顶堰闸	$Q=\varepsilon' mb\cdot\sqrt{2g_n}H^{3/2}$ ($Q=MbH^{3/2}$)	m——流量系数，与堰坎入口边缘和堰顶的性质有关，宽顶堰为 0.30~0.39，跌水壁为 0.39，平底闸为 0.32； ε'——水流过堰系数，与闸墩和侧墙的迎水面形状有关，可近似采用 0.85~0.95； M——系数，$M=\varepsilon'\cdot m\sqrt{2g_n}$，一般变化于 1.33~1.70 之间； b——堰的净宽
堰下水位低于堰顶临界水深的水位 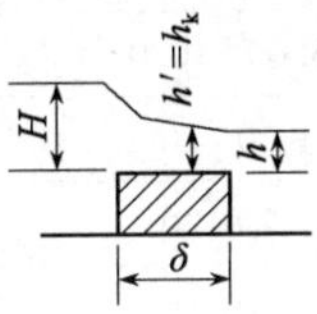				
下游水位低于堰顶或 $\frac{Z}{P}>0.7$ 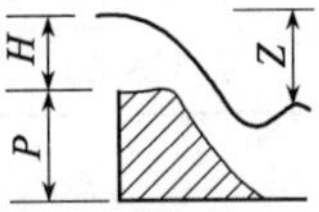		实用堰闸，跌水壁		
下游水位低于堰顶 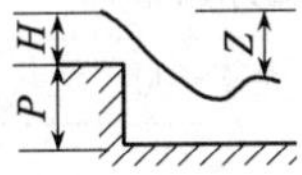				
闸口水位低于或等于闸下水位 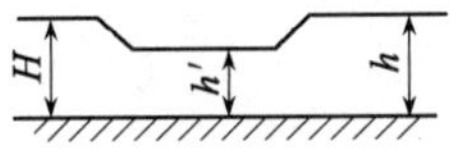	淹没堰流	平底闸	$Q=\varepsilon'\varphi bh\cdot\sqrt{2g_n(H-h)}$ ($Q=C_2b\cdot h\sqrt{Z}$)	φ——流速系数，锐缘宽顶堰 $\varphi=0.85$；人口弧形宽顶堰 $\varphi=0.92$；平底闸 $\varphi=0.95$； ε'——与自由堰流相同
堰下水位高于堰顶临界水深的水位 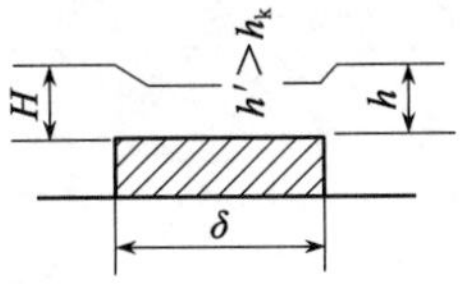		宽顶堰闸		
下游水位高于堰顶 $\frac{Z}{P}<0.7$ 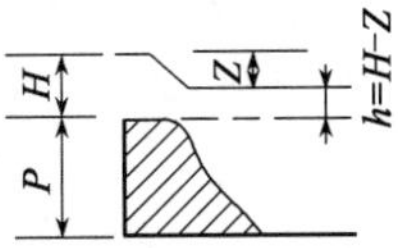	淹没堰流	实用堰闸	$Q=\varepsilon'\sigma_s mb\cdot\sqrt{2g_n}H^{3/2}$ ($Q=\sigma_s C_1 b\cdot H^{3/2}$)	σ_s——淹没系数，决定于相对的淹没度 h/H，变化于 0~1 之间； m——流量系数，实用堰的变化范围较大，视堰壁首部外形、水头以及堰坎高度而异，可用下列平均数值：曲线型断面堰，$m=0.45\sim0.49$；矩形多边形断面堰，$m=0.40\sim0.43$； ε'——与自由堰流相同
下游水位高于堰顶 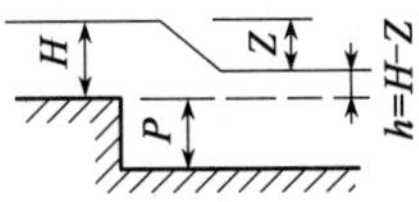		跌水壁		

附录 F　水深 1 m 时非黏性土不冲刷流速 v_{H1} 表

表 F　水深 1 m 时非黏性土不冲刷流速 v_{H1}

河床质名	类别	$\bar{d}$(mm)	v_{H1}(m/s)
砂	细砂	0.05~0.25	0.35~0.32
砂	中砂	0.25~0.50	0.32~0.40
砂	粗砂	0.50~2.00	0.40~0.60
圆砾	小圆砾	2.00~5.00	0.60~0.90
圆砾	中圆砾	5.00~10.00	0.90~1.20
圆砾	大圆砾	10~20	1.20~1.50
卵石	小卵石	20~40	1.50~2.00
卵石	中卵石	40~60	2.00~2.30
卵石	大卵石	60~200	2.30~3.60
漂石	小漂石	200~400	3.60~4.70
漂石	中漂石	400~800	4.70~6.00
漂石	大漂石	大于 800	大于 6.00

附录 G　墩形系数表

表 G　墩形系数

<table>
<tr><th>序号</th><th>墩形示意图</th><th>墩形系数 K_ξ</th><th>桥墩计算宽度 B_1</th></tr>
<tr><td>1</td><td>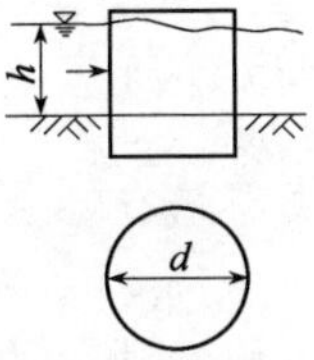</td><td>1.00</td><td>$B_1 = d$</td></tr>
<tr><td>2</td><td>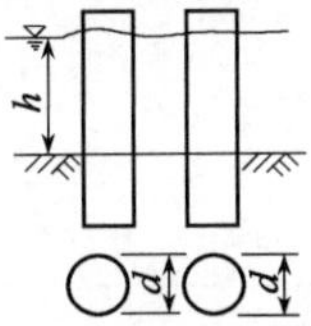</td><td>不带联系梁：$K_\xi = 1.00$
带联系梁：<table><tr><td>α</td><td>0°</td><td>15°</td><td>30°</td><td>45°</td></tr><tr><td>K_ξ</td><td>1.00</td><td>1.05</td><td>1.10</td><td>1.15</td></tr></table></td><td>$B_1 = d$</td></tr>
<tr><td>3</td><td>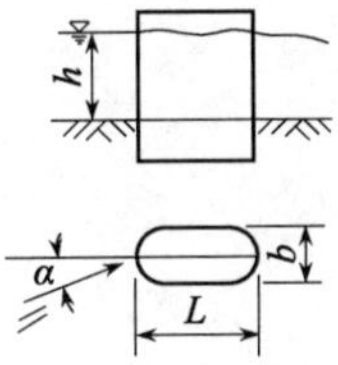</td><td>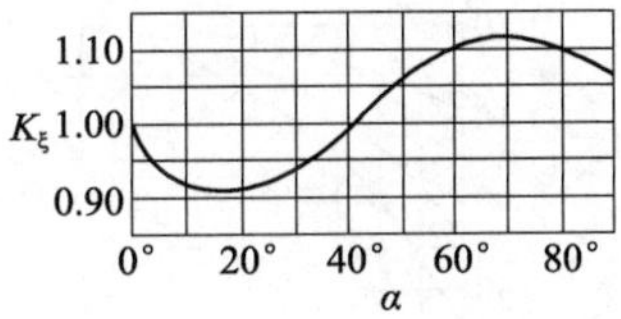</td><td>$B_1 = (L-b)\sin\alpha + b$</td></tr>
<tr><td>4</td><td>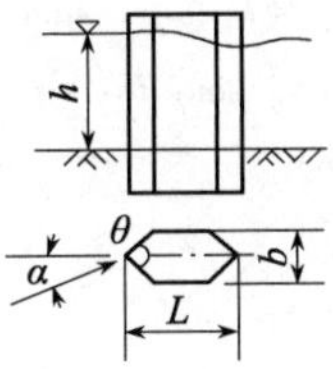</td><td>与水流正交时各种迎水角系数<table><tr><td>θ</td><td>45°</td><td>60°</td><td>75°</td><td>90°</td><td>120°</td></tr><tr><td>K_ξ</td><td>0.70</td><td>0.84</td><td>0.90</td><td>0.95</td><td>1.10</td></tr></table>迎水角 $\theta = 90°$ 与水流斜交时的系数 K_ξ
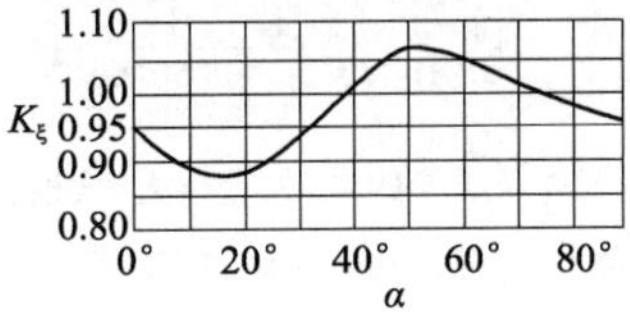</td><td>$B_1 = (L-b)\sin\alpha + b$
（为了简化可按圆端墩计算）</td></tr>
<tr><td>5</td><td>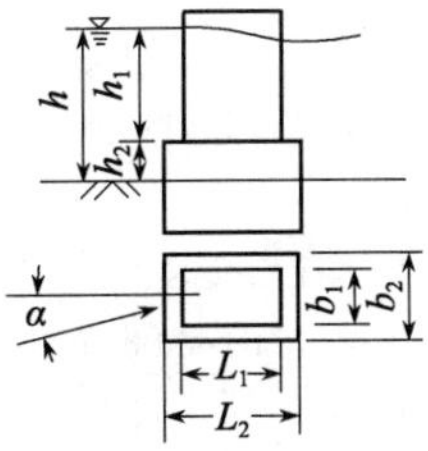</td><td>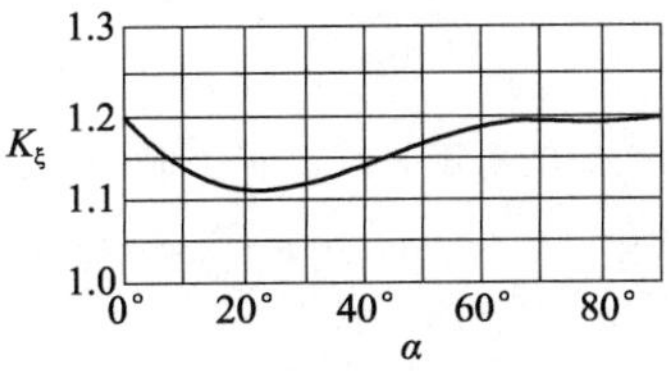</td><td>与水流正交时：
$B_1 = \dfrac{b_1 h_1 + b_2 h_2}{h}$
与水流斜交时：
$B_1 = \dfrac{B'_1 h_1 + B'_2 h_2}{h}$
$B'_1 = L_1 \sin\alpha + b_1 \cos\alpha$
$B'_2 = L_2 \sin\alpha + b_2 \cos\alpha$</td></tr>
</table>

续上表

序号	墩形示意图	墩形系数 K_ξ	桥墩计算宽度 B_1
6	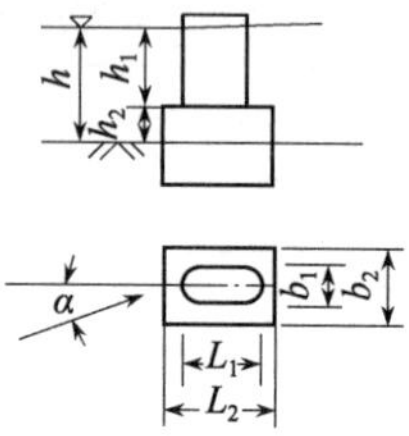	$K_\xi = K_{\xi1} \cdot K_{\xi2}$ 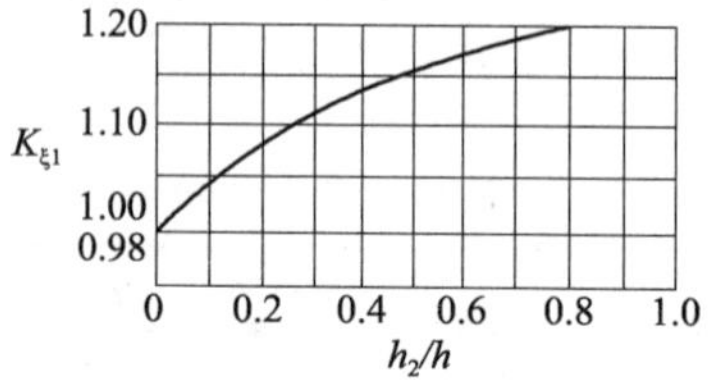 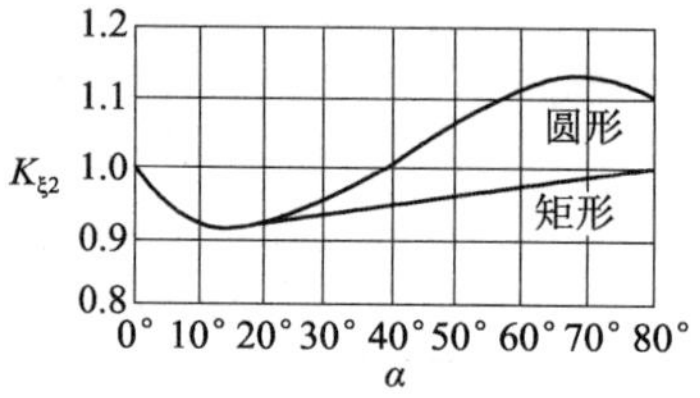 注：沉井与墩身的 $K_{\xi2}$ 相差较大时，根据 h_1、h_2 的大小，在两线间按比例定点取值	与水流正交时： $B_1 = \frac{b_1h_1 + b_2h_2}{h}$ 与水流斜交时： $B_1 = \frac{B'_1h_1 + B'_2h_2}{h}$ $B'_1 = (L_1 - b_1) \cdot \sin\alpha + b_1$ $B'_2 = L_2\sin\alpha + b_2\cos\alpha$
7	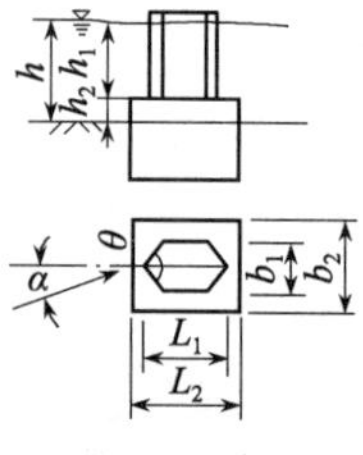	与水流正交时的 $K_\xi = K_{\xi1}$ 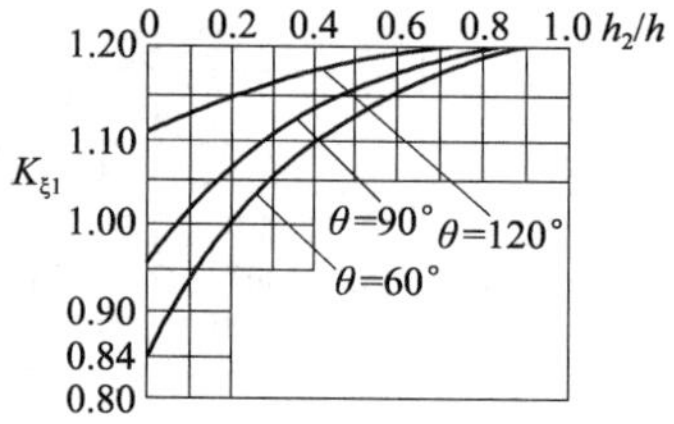 注：其他角度可补插取值 迎水角 $\theta = 90°$ 与水流斜交时的 $K_\xi = K_{\xi1} \cdot K_{\xi2}$ 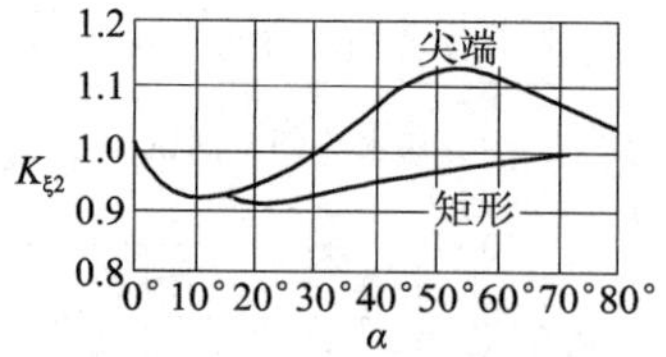 注：沉井与墩身的 $K_{\xi2}$ 相差较大时，根据 h_1、h_2 的大小，在两线间按比例定点取值	与水流正交时：$B_1 = \frac{b_1h_1 + b_2h_2}{h}$ 与水流斜交时：$B_1 = \frac{B'_1h_1 + B'_2h_2}{h}$ $B'_1 = (L_1 - b_1) \cdot \sin\alpha + b_1$ $B'_2 = L_2\sin\alpha + b_2\cos\alpha$
8	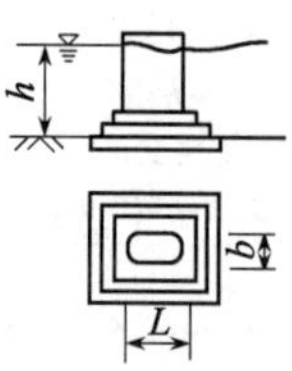	扩大基础采用与水流正交时的墩身形状系数	与水流正交时： $B_1 = b$ 与水流斜交时： $B_1 = (L - b) \cdot \sin\alpha + b$

续上表

序号	墩形示意图	墩形系数 K_ξ	桥墩计算宽度 B_1
9	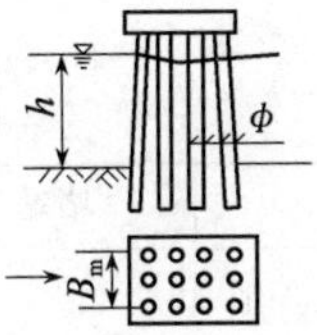	$K_\xi = K'_\xi \cdot K_{m\phi}$ K'_ξ——单桩形状系数，按序号 1、2、3、5 墩形确定（如多为圆桩 $K'_\xi = 1.0$ 可省略）； $K_{m\phi} = 1+5\left[\dfrac{(m-1)\phi}{B_m}\right]^2$ 桩群系数； B_m——桩群垂直水流方向的分布宽度； m——桩的排数（垂直水流方向）	$B_1 = \phi$
10	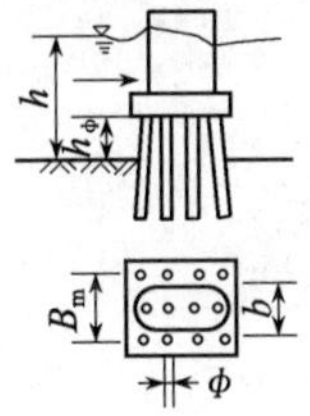	桩承台桥墩局部冲刷计算方法： 当承台底面低于一般冲刷线时，按上部实体计算。承台底面高于水面应为上述排架墩，承台底面相对高度在 $0 \leqslant h_\phi/h \leqslant 1.0$ 时，冲刷深度 h_b 按下式计算： $h_b = (K'_\xi \cdot K_{m\phi} \cdot K_{h\phi} \cdot \phi^{0.6} + 0.85K_{\xi 1} \cdot K_{h2} \cdot B_1^{0.6}) \cdot K(v_0 - v'_0) \cdot \left(\dfrac{v-v'_0}{v_0-v'_0}\right)^n$ 式中　$K_{h\phi}$——淹没桩体折减系数， $K_{h\phi} = 1.0 - \dfrac{0.001}{(h_\phi/h+0.1)^2}$ $K_{\xi 1}, B_1$——按承台底处于一般冲刷线计算： K_{h2}——墩身承台减少系数； K_η, v, v_0, v'_0, n 的符号意义见本规范第 3.6.6 条 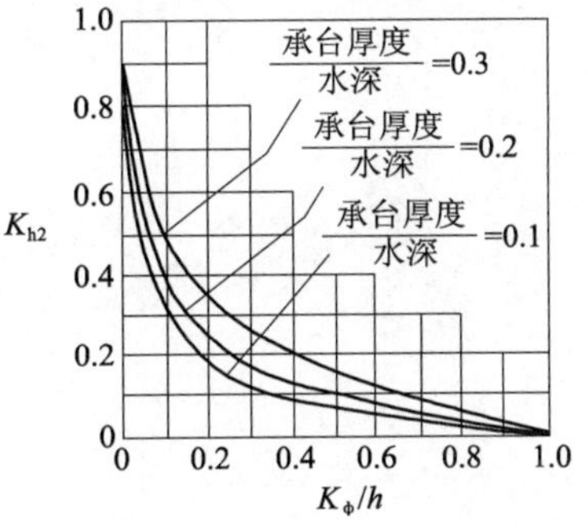	

附录 H　泥石流堵塞系数表

表 H　泥石流堵塞系数

堵塞程度	特　　征	堵塞系数 D_c
严重	沟槽弯曲，河段宽窄不均，卡口、陡坎多。大部分支沟交汇角度大。形成区集中，物质组成黏性大，稠度高，沟槽堵塞严重，阵流间隔时间长	>2.5
中等	沟槽较顺直、河段宽窄较均匀，陡坎、卡口不多。主支沟交角多数小于60°。形成区不太集中，河床堵塞情况一般，流体多稠浆，稀粥状	1.5~2.5
轻微	沟槽顺直均匀，主支沟交汇角小，基本无卡口、陡坎。形成区分散，物质组成黏稠度小，阵流间隔时间短而少	<1.5

本规范用词说明

执行本规范条文时，对于要求严格程度的用词说明如下，以便在执行中区别对待。

(1)表示很严格，非这样做不可的用词：

正面词采用“必须”；

反面词采用“严禁”。

(2)表示严格，在正常情况均应这样做的用词：

正面词采用“应”；

反面词采用“不应”或“不得”。

(3)表示允许稍有选择，在条件许可时首先应这样做的用词：

正面词采用“宜”；

反面词采用“不宜”。

(4)表示允许有选择，在一定条件下可以这样做的，采用“可”。

《铁路工程水文勘测设计规范》条文说明

本条文说明系对重点条文的编制依据、存在的问题以及在执行中应注意的事项等予以说明。为了减少篇幅，只列条文号，未抄录原条文。

1.0.2 铁路工程水文勘测设计，主要是指铁路工程为防洪、排洪需要所进行的勘测设计工作。《中国大百科全书·大气科学 海洋科学 水文科学》中指出："水文科学是关于地球水的起源、存在、分布、循环、运动等变化规律和运用这些规律为人类服务的知识体系。"该书在"应用水文学"条中解释："工程水文学，主要包括水文计算、水文预报和水利计算三个组成部分。"而在"水利计算"条中提到："水利计算还包括由于水利工程的建设而引起的一些派生现象或后果的分析计算，如水库的回水淹没、水库淤积、水库蒸发、坝下冲刷、库区生态影响等分析计算。"又如在"河流水文学"条目释文中指出：河水运动、河流泥沙运动等是主要的河流水文现象。而河水运动等是属于水力学的问题。《港口工程技术规范》中的海港水文篇，包括了波浪对建筑物的作用和泥沙运动的调查和分析以及减淤整治措施。从上述这些说明可以看出，"水文"的含义是比较宽广的，不仅包含水文学的内容，也包含水力学等学科的内容。本规范名称中所称的"水文"，其含义也是属于广义的。洪水是铁路工程有关的主要水文现象，铁路工程水文勘测设计，包括搜集资料、调查勘测、设计洪水计算、有关壅水与冲刷的水力计算以及建筑物为防洪、排洪所采取的相应措施。

1.0.3 铁路工程设置应能防御设计洪水，使洪水顺畅排泄，既保证铁路的安全，又使铁路上下游免遭水害。

铁路工程的排水设施应统一规划、布局合理。桥涵设置必须与站场、隧道的排水建筑物和路堑地段的天沟、侧沟、吊沟，路堤地段的取土坑、排水沟，以及桥涵上下游的截水沟、改沟等工程密切配合，组成一个完整的排水系统。桥涵的设置还要注意农田水利，避免大量的改沟合并使水流过分集中，冲刷下游农田房舍，或因设置不当造成水流宣泄不畅，或造成上游水位壅高，淹没农田房舍。设置时还要考虑农业灌溉上的合理需要，对农业机械、人畜、车辆等穿越铁路，要根据既有农村道路分布情况及人畜车辆通行密度，结合路堤高度等条件，选择适当地点设置立交桥涵或排、灌及通行兼用的桥涵。铁路工程设置时还应注意周围环境，要避免对农田，森林、植被和排灌系统的破坏。

铁路工程设在城镇时，其排水系统可自成体系也可与所在城镇的排水系统衔接。当衔接时，双方的排水设备应考虑互相增加来水的影响。

1.0.4 水文资料是推求设计洪水的基础，是决定成果精度的关键，因此必须给以充分的重视。水文资料的搜集必须深入现场，做好调查研究，除向水文站及水利部门搜集资料外，尚需向其他有关单位例如公路、航运、城建、林业和大的工矿企业广泛搜集，对搜集来的水文资料，应参照以下要求鉴别它的可靠性。

(1)鉴别的重点应放在对设计洪水影响较大的大水年份的资料上。

(2)对水文站的观测资料，应注意因水尺位置、零点高程、水准基面的变动，及浮标系统选用不当所引起的系统差值和误差，必要时可通过上下游站、干支流站水量平衡的分析比较进行鉴别。当发现问题时应与有关部门洽商改正。

(3)对战争或动乱年代的观测资料，应仔细分析，必要时进行实地调查验证。

(4)对历史洪水调查资料，应采用可靠和较可靠的数据。年代久远，精度不高的资料，在频率计算中也可适当考虑，但只能作为参考。对调查洪水特别是最大的几个洪水，要从流域今昔的植被、开垦情况、暴雨大小及流向等方面进行分析论证。

由于水文现象和河流演变都是很复杂的自然现象，人们对其认识还是很有限的。为了工程的需要，本规范规定了一些计算公式和图表来描述这些现象。一般说，这些公式和图表是建立在有限的认识和经验的基础之上。规定得愈细、愈具体，则包含的合理因素愈多，适应性可能要好一点，但计算一般就较繁琐，规范得粗一点，计算可简化，但对具体情况的贴切程度就可能要差一点。就本规范内容来说，大多数的公式是按全路使用的情况考虑的，也有些是分地区制订的。但总的来说，覆盖面较大是其主要特点。因此，计算成果需要根据当地具体条件进行分析核对，使其能更切合于具体情况。好在目前除少数边远地区外都有不少当地的经验可供参考和借鉴，有条件使计算成果更符合客观实际情况。

1.0.5 有关铁路工程设计洪水频率标准，作如下几点说明：

(1)一般特大桥虽然桥长较长，但从设计、施工、养护方面来讲与一般大桥没有什么特殊的区别，故规范只对技术复杂、修复困难或重要的特大桥、大桥提出了洪水检算的要求。有些大桥虽然桥不长但在政治上、国防上需要给予较大的保证，因此，在抗洪标准上也就提出了较高的要求。

(2)观测最高洪水位包括调查可靠的历史最高洪水位。频率标准高于规定的设计洪水频率标准时，规范考虑到工程投资及频率标准重现的机遇因素，在采用上作了一些限制。

(3)Ⅰ、Ⅱ级铁路小桥设计不考虑观测的最高洪水频率标准，主要原因为：

①小桥一般都设有防护铺砌，有一定的抗洪潜力；

②小桥遭受水害破坏后，较易抢修与修复。

(4)为防止洪水淹没站场或流入隧道，设计时需要控制站场临河侧的路肩或隧道洞口的高度，因此受洪水控制的站场或隧道洞口采用与路基相同的设计洪水频率标准。

(5)房屋建筑防洪设计的洪水频率标准，是根据铁路运营需要，视建筑物的规模、重要性、所在位置，结合地形、汇水面积大小等因素确定的。决定铁路运输作业房屋室外地面设计高程应同时满足防洪及铁路运输作业需要两个条件。

1.0.6 若水库校核洪水频率标准低于铁路工程的洪水频率标准，且提高水坝校核洪水频率标准又有困难时，应适当考虑溃坝可能对水坝下游铁路工程造成的不利影响。这时桥梁设计要适当加深基础的埋置深度，适当加大桥孔和桥下净高，有条件时还应将基础嵌入基岩内。路基亦应适当加强边坡防护、加深防护基础的埋置深度。本规范附录A所列《溃坝流量计算》系铁道部科学研究院等单位经调查研究及水工模型试验于1985年又经铁道部科技局评审的研究成果。

1.0.7 在水库大坝上下游的铁路工程，若水库对其有不利影响时，铁路工程应采取有效的对策。例如有些水库由于淤积严重，有可能在今后采取提高坝身的措施来延长其使用年限,设计库区内路基、桥梁,可预估淤积量,作适当抬高。

1.0.9　对既有建筑物应尽量利用,避免浪费,以节约投资。如既有建筑物不能满足设计洪水频率标准的要求而须废弃,必须有足够的根据。应从多年运营情况、历年防洪抢险、水害修复加固、设备完好程度,以及流域内的水文特征的改变等方面综合分析、全面权衡,确定是否需要改建或废弃。

3.1.1　桥涵布设除需符合当地地形、地质等自然条件外,还要适应河段的特点、河段的演变和其他水文水力因素变化的特点等。

3.1.3　根据铁道部铁建涵〔1998〕82号"关于印发《铁路基本建设工程设计程序改革实施方案》的通知",新建铁路、改建铁路和增建第二线等建设项目在设计前期工作增加预可行性研究和加深可行性研究,设计阶段由现行的初步设计、技术设计、施工图三阶段调整为初步设计、施工图两阶段;工程简单,设计明确的小型项目经主管部门同意可一阶段设计,即施工设计。

预可行性研究,按照国家和铁路建设长远规划的要求,在铁路运量规划的基础上调查研究,收集资料,现场踏勘,用1∶50 000地形图进行方案研究,分析论证。从宏观上论证项目建设的必要性,为编制项目建议书提供必要的基础资料。可行性研究应按批准的项目建议书意见和初测资料编制。初步设计应按批准的可行性研究报告批复意见和定测资料编制。施工图应按批准的初步设计批复意见和补充定测资料编制。

本条就是根据上述各阶段对勘测资料的要求而提出的。

3.1.4　勘测前向有关部门调查搜集资料是进行水文计算与正确设计桥涵所必需的,同时利用这些资料,可以减少现场勘测工作量。资料包含有地形、水文、降水、流冰、流木、通航、既有桥涵资料及其他资料。其中地形资料、重点在于搞清水准点的位置和高程,三角点、导线点的位置和坐标,并查明其系统、设置单位和时间以及与铁路的换算关系等。既有桥涵资料的各种图表系指桥涵设计图、施工图、竣工图、防护加固图和开挖丈量图等。

3.1.5

1　特大桥、大中桥

(1)桥位方案平面图又名桥渡位置图、桥渡总平面图、桥渡地貌平面图或桥址地貌平面图,为选择桥位,决定导治建筑物的布设方案,判明桥渡范围内河流通过地段的起伏情况和地貌情况,选择水文断面位置之用。施测范围一般横向应包括河流全宽,并在最高历史洪水泛滥线以外200 m或高出最高历史洪水位0.5 m~1.0 m,顺水流方向测至最外侧桥渡方案的桥址中心线以外,向上游约为泛滥宽度的1.5倍,下游为0.75倍,应能满足选定桥位、桥头河滩路堤、导治建筑物和施工场地的轮廓布置。

(2)桥址平面图又名桥址地形图、桥址地形平面图或桥址详细地形平面图,为判明桥址上、下游河流通过地段的地势起伏,地形和地貌情况,用以布设桥梁孔跨、导治建筑物、桥头河滩路堤和水工模型试验及计算工程数量等的需要。

(3)桥址纵断面图又名桥址线路纵断面图,为推求桥址设计水位和流量,布设桥孔,计算冲刷,确定墩台高度和基础埋置深度等之用。一般大、中桥的孔跨布设和基础情况均较简单,故规定仅在必要时测绘。

(4)桥址辅助断面的测绘,主要是当线路行经陡竣山坡,坡度陡于1∶3时,如单一的桥址纵断面可能会发生墩台基础或锥体护坡落空,因此需加测桥址辅助纵横断面。这可根据实际需要,在平行于桥址纵断面的上下游一定距离,一般为3 m~5 m加测纵断面,墩台基础范围内加测横断面。

2 小桥涵

(1)当线路通过弯曲河道的峡谷地段,采用泄水隧洞方案时,应测绘洞口平面图,以满足确定洞口位置及上、下游消力建筑物的需要。测绘内容与桥(涵)址平面图相同。

(2)初测期间既有涵洞的丈量主要丈量上、下游涵长、孔径、净空和路肩、帽石顶及出入口流水面高程。既有小桥的丈量主要丈量桥长、跨度、梁宽、墩台中心线与线路中心线的关系、支承垫石顶及挡碴墙顶等高程和结构病害的部位等。

(3)陡坡、深沟、河道弯曲、流向斜交和水流紊乱的小桥涵以及改沟、并沟等工程,均属附属工程较复杂的工点,均须测绘桥(涵)址平面图。

(4)涵洞洞身长度一般为直线,以利水流顺畅通过。当地形复杂,经研究经济上又有利时,可结合现场的勘测在洞身范围内转向。对于桥涵出入口径直连于沟心者,直线方向的轴向断面测至沟心后,即可顺沟方向酌测 2~3 点。若出入口不径直连于沟心者,当测取洞身足够长度后,即可转向与原沟心顺坡相接。

3 为水工模型试验而测绘的桥址平面图的等高线间距,可为 0.5 m~2.0 m。平面图的比例尺当河槽宽小于 100 m 时,可为 1 : 1 000~1 : 5 000;河槽宽为 100 m~500 m 时,可为1 : 5 000~1 : 10 000;河槽宽度大于 500 m 时,可为 1 : 10 000~1 : 25 000。平面图与断面图的主要作用是据以将原型复制成模型。在能制作模型的前提下,可根据具体情况适当增减勘测工作量。

3.1.6

1 洪水调查

(1)历史洪水发生时间的调查,可在沿河居住的一些老人中进行。由于农业生产与洪水关系密切,长年从事农业生产的老人一定会关心水情,往往会提供出洪水发生的准确日期,从而可推求出洪水的周期。当一时说不清洪水发生的具体时间时,可引导生活上印象较深的事件来追忆,例如年龄、属相、结婚、生育、死亡、搬家、外出、自然灾害和战争等。洪水发生的时间亦可从传说、文物记载、账本、日记、历史文献资料中进行调查考证。

(2)雨情调查资料往往对洪水调查成果起旁证作用。此外,洪水过程线的绘制、洪水地区组成,都需要结合面上的雨情资料进行分析。因此,在进行洪水调查时,都需要调查雨情。雨情调查的基本内容,有降雨成因、降雨量、降雨起讫时间、降雨变化过程及前期降雨情况;其次,还要了解暴雨的走向、降雨期间的主要风向、风力变化。

(3)洪水来源调查,可通过访问、查考文献资料,更主要的是综合面上的资料进行分析。一般而言流域面积愈大,洪水地区分布不均匀程度就愈明显,因此需要通过调查,以便分析洪水在地区上的分布规律。

(4)洪水痕迹是确定最高洪水位、绘制洪水水面线和计算洪水流量最直接的依据。如果调查的洪水痕迹不准,洪水调查成果的质量就难以保证。因此,洪水痕迹调查,在洪水调查中具有特别重要的地位。调查洪水痕迹应该是调查洪峰时最高水位的洪痕,但洪峰历时一般很短,最高水位的洪痕不一定十分明显,调查时要仔细访问考证。洪水时有无漫流、分流、死水以及流域自然条件的变化和人类的活动都会对洪痕产生影响,调查时应加以注意。

2 河道调查

河道调查在条文中所列的内容主要都是一些影响过水断面积、水面曲线及河床糙率等的基本因素。河道变化很大时，不能作为洪水调查河段。另外，为了考虑河道人为因素，对桥梁布设的影响，要调查河道规划与河底埋设物。

3　冰凌调查

冰凌调查中开河形势的调查，主要调查河段解冻是“武开”还是“文开”。当结冰河流流向是由南向北，则遇到天气突变，上游解冻较早，有大量流冰桶下，而下游尚未开冻，则将有冰坝出现。此时河水陡涨，上下游压差甚大，冲开冰坝，流水汹涌而下，这种以动力作用为主的解冻谓之“武开”，对下游桥梁危害较大。反之，若上下游解冻时间差别不大，或者由北向南流向的河流，沿河就没有卡冰结坝的可能，是以热力作用为主的解冻谓之“文开”，一般危害较小。

4　汇水区流域特征调查

汇水区流域特征调查主要是调查汇水区内的土质种类及其分布，农田、森林、沼泽、岩溶所占面积，地形、地貌、植被等的自然特征，以及人类活动等，这些因素将起到调洪和径流重分配的作用。对流域内水工建筑物的结构可靠性和抗洪强度亦需调查清楚。在确定径流量的大小时，需要上述特征资料。

5　其他

（1）濒临大河有倒灌情况时，应分别调查大河与支流的历史洪水、普通洪水、常水位、涨落水的时间及其滩槽糙率、水面坡、泛滥影响等资料。

（2）低水位、常水位及其持续时间的调查，能为施工水位与方案比选提供依据。一般可向附近水文站搜集。

3.1.7　每个桥渡至少施测两个水文断面的目的，是便于将计算得的流量互相印证。影响流量计算精度的因素很多，例如洪水调查、洪水坡度、水深勘测等的误差。两个断面所计得的流量值，其允许误差可为25%。

3.1.8　船筏走行的观测主要测出在航行水位范围内上、下行船筏走行线。桥址中线附近必须有测点。

3.1.9

（1）形成区调查

调查内容包括地势高低，流域最高处的高程，山坡稳定性，沟谷发育程度，冲沟切割深度、宽度和密度，流域内植被情况、水土流失情况等。

（2）流通区调查

调查内容包括流通区的长度、宽度、坡度、沟床形态、切割情况、平剖面变化，沟槽不冲不淤坡度，以及跌水、卡口等。

（3）堆积区调查

调查内容包括堆积区形态、面积，堆积过程、速度、厚度、长度、层次、结构、颗粒级配，堆积扇的纵横坡度、扇顶、扇腰、扇缘位置等。

（4）松散固体物质的调查

应调查流域内地质构造、物理地质作用、水文地质条件、地震情况、岩层风化情况、流域特征情况从而确定松散固体物质的来源、分布和储量。

（5）泥痕调查

在无人烟地区可根据泥石流运动及堆积特征留下的痕迹以确定泥位。

(6)人类活动的影响

人类活动对形成泥石流会产生影响。例如在流域内乱伐森林、山坡溜木、陡坡垦荒、顺坡耕作、任意放牧、开矿、修建铁路和公路弃碴不当等,都会破坏水土保持,失去生态平衡,都有可能引起泥石流的复发或导致新泥石流的产生。

(7)已成建筑物情况的调查

主要调查已成建筑物的使用情况及遭受泥石流破坏情况。

3.1.10 岩溶地区应加强地质调绘及勘测工作,因为岩溶一般独立性强,在地面上不容易看清地貌,所以应加强调绘。如贵昆线天生桥跨越暗河,又处于断层破碎带上,溶蚀剧烈、溶洞发育、地质极为复杂。1958年开始勘测期间,作了大量的勘测方案比较和地质调查测绘工作,钻探近20孔,并采用了电探等手段,查明了溶洞的空洞大小,陷穴漏斗和竖井位置与分布,覆盖层的厚度,暗河大小和高程与方向,并做了水文观测,测出暗河进出口流速、流量。在搞清地质、水文情况下,结合线路选线,桥位选出了较好的位置,桥墩台采用轻型结构浅基础,至今未发现问题。

3.1.11

(1)最大潮流量

由于潮波海水的水质点系进行波动运动,潮波的振幅比波长小得多,水质点的水平运动比垂直运动要大得多,这样的水质点在水平方向的流动,叫做潮流。涨潮时的潮流称为涨潮流,落潮时的潮流称为落潮流。在半日潮明显地区,一天要发生4次转流,但在特殊情况下,亦有一天转流2次。最大流速的日变化大潮时最强,小潮时最弱,因此选择每年的最大潮流量,可在年内大潮时挑选。

(2)最大潮洪流量

主要指历年本河洪水与潮流相遇的不同组合,它随着外海的潮差大小和内河径流大小的变化而不同。

(3)最高、最低潮位,最大潮差

潮汐是由月球和太阳的引力作用引起的海面升降运动,在一般情况下每昼夜有2次涨落。海面涨至最高水位称为高潮,落至最低水位称为低潮。从低潮至高潮叫涨潮,从高潮至低潮叫落潮。相邻高低潮的潮位差叫潮差。

(4)潮型

潮水位随时间变化的曲线叫潮型,每天的两个高潮中较高的高潮称为高高潮,较低的高潮称为低高潮,同样有高低潮和低低潮之分。在一天中两次高潮、两次低潮相接的潮型称为半日潮。在日潮不等很显著的地区,低高潮及高低潮几乎消失,变成一日只有一次高潮及低潮,此潮型称为全日潮,介于半日潮和全日潮之间的潮型称为混合潮。

(5)涨落潮历时

应选取每年最高潮位时的涨潮历时和落潮历时,计算全潮历时和潮差,以便求得多年平均全潮历时和平均潮差,借以放大潮型为设计频率的潮位过程线,并推算设计频率的流量过程线和流速过程线。

(6)潮流速

潮流速是指潮流从海面高的地方流向低处时的流速,一般在实测资料中每年选取一个较大的变化过程;无实测资料可采用一般经验公式估算。

(7)风暴潮

风暴潮包括台风风暴潮及连续风增水引起的风暴潮两类。由于从台风中心向海岸推进时所造成的涌浪而引起的平均水位开始上升,继而进入台风区内,就出现水位上升速度大的风暴潮的主体部分。包括潮峰在内的水位变化速度大的部分,叫做风暴潮。

由于连续刮风在海面产生切线应力,随之引起海水的质量输送,如海水向着海岸并在那里堆积而形成的风暴潮。

根据我国近年沿海城市的观测资料,风暴潮与气象潮相遇加上河道适当涨水,是灾害性大破坏性强的最不利条件。如1985年9号、11号台风,从上海到大连都接近历史最高潮位,这样的例子很多。由于风暴潮和气象潮从观测资料中不易划分,故仍以年内最高潮位作为样品。

3.1.12

1　规范要求除搜集一般资料外,还特别提出搜集大比例尺地形图和河道纵横断面资料,这是由于水利化地区洪水变化大,一般以采用间接法推求流量为主,并用河道流量计算方法推求河道改变后的桥址设计水位和流速。对于搜集泵站和涵闸的实测资料是由于平原地区水文测站较少,但修建的泵站和涵闸很多,大量分布在无资料的中小河流上,有一定的管理人员和观测资料,很有参考价值,故条文中予以提出。

2　了解蓄洪、滞洪、分洪区和堤闸的设施和运用原则是水利化地区勘测的一项重要内容。因为蓄洪、滞洪、分洪区的布置及口门位置,将会直接影响桥梁设计洪水的大小。堤闸的设施和运用原则往往会改变流域水文要素,给铁路桥涵带来控制性影响。

3　在多沙河流上为了减轻河槽内淤积,往往利用大面积滩地作为放淤区,于入口处修建引水闸将上游挟带的大量泥沙沉积在放淤区内,以解决下游河道的淤积问题。在这种放淤滩地内修桥,应了解引水渠及其引水能力,考虑淤积造成的水位抬高,桥梁设计时应预留这项高度。

3.2.1　跨越大江大河的特大桥,往往工程巨大,战时目标显著,是铁路运输线上的要害所在。选择一个水文、地质条件较好,战略上和经济发展上都比较优越的桥位,对保证建桥质量,节约投资,发展经济和交通运输,具有决定性的作用。因此有必要在已定线路大方向的前提下,在较大范围内全面综合比较,择优选定。如枝城长江大桥及九江长江大桥的桥位都是在几十公里范围内比较选定的。所有的特大桥不一定都是如此,如工程技术上或其他因素都没有特殊困难和要求,则不必一定要在大范围内作比较研究。如武汉和南京长江大桥的桥位,根据线路的来路去向、城市布局、河流形势及地形条件,基本上已经定局,只需要在小范围内作水文和地质上的比较即可。

3.2.2　一条铁路线路的走向,通常是根据国家拟定的某些控制点来进行定线的。线路上的一般桥梁,原则上可按逢水修桥加以定位,至于具体位置应在适当范围内加以比选,择优确定。

3.2.4

(1)选在山区峡谷段的桥位,由于水深流急,槽中修建桥墩施工困难,基础也易被冲,故不宜在槽中修建桥墩。礼茶支线115+999茶陵河大桥就是峡谷段槽中桥墩被冲的例子。1982年6月17日茶陵河发生洪水,大桥基础被冲,洪后,经潜水员摸探,槽中二个桥墩,基础冲空,险遭危害,经压浆加固才恢复正常。故位于峡谷段的桥梁宜用一跨跨过,避免槽中修建桥墩。太焦线丹河桥、丰沙线永定河七号桥都是用一孔大跨度拱桥,跨过峡谷的例子。

(2)平原蜿蜒河段非常弯曲,河湾经常在演变,威胁路基、墩台和导流堤的安全,故应予注意。

(3)桥梁轴线要求与水流方向正交,目的是提高泄洪能力、减轻基础冲刷、改善航行条件。实际上高、中、低水位的流向常不一致,所以要求与各种水位的流向正交是不可能的,但与中、高水位流向不宜偏斜过多,一般在孔径及基础设计中要考虑不能正交的影响,必要时应加大孔跨或将基础轴线设计成与水流流向平行,以减轻局部冲刷。

(4)有防洪要求的地区,桥位一般选在城镇或重要厂矿企业的上游,不然需要通过协商征得有关方面的同意。如涉及两省、市管辖的河道还应三方或多方协商解决。松花江第三江桥原计划在哈尔滨市下游已成的2座江桥的下游方修建,并做了水工模型试验,但哈市坚决不同意,提出的理由是修建了第三江桥后,要抬高上游壅水,增加了城市防洪压力。在当前我国各大城市防洪标准都不高的情况下,桥位选择尤应与当地有关部门协商解决。有的较大城市,江堤防洪标准只相当于50年一遇。更有的城市无所谓防洪标准,亦未有完整的堤防,甚至洪水时可以淹没一部分。为了使城市免遭洪水灾害,选择桥位时必须了解城市防洪规划和防洪标准,加以认真研究。

(5)我国北方河流有些是在严寒地区,冬季封冻,冰层较厚。在开冻过程中,上游冰块流下,在河的狭窄处将要被堵,形成冰塞,或下游河道尚未开冻,上游冰块流下后相互叠砌形成冰坝。我国黄河自宁夏至内蒙一段,冰塞、冰坝现象严重,影响排水,危及桥梁。在这种容易发生冰塞,冰坝河段上,桥位应予避开。

3.2.5

(1)山前冲积扇上的三个不同河段,由于各有其独特的河床形态和水流特征,因此铁路通过时,无论对铁路运营或养护维修均有影响,现分述如下:

①上游狭窄河段:河床较窄且基本稳定,水流顺畅集中,河床质多为卵石或圆砾层,是桥渡水文和地质条件最优越的河段。线路跨越时,只需设置一河一桥,桥长最短,桥孔易于确定,线路高度受两岸地形控制,桥下净空高度较高,河滩路堤最短,基础工程简单,导流及防护工程很少,造价低,养护维修工作简便。例如兰新线张玉段洪水河、北太河、丰乐川等大桥通过上游狭窄河段,建桥以来桥渡工作状况一直保持良好。

②下游收缩河段:下游河道收缩成一股或数股稳定的河槽,变形较小,水流平稳。线路跨越时需要在各大分支河槽内设桥,各桥流量分配和桥孔布设较易确定,不需要设置长大导流工程。河床质多系细砂、粉砂、淤泥的互层,河滩地带又往往有沼化地和盐碱地出现,桥梁基础工程一般比较复杂,河滩路堤有时需要特殊处理,但还能减少大量导流工程和养护工作,所以下游收缩河段仍是桥渡工作条件较好的河段。兰新线张玉段的黑河和大沙河大桥,最初选在中游扩散河段,使黑河分支达10余股,河床摆动泛滥宽达6.3 km,大沙河宽达3.5 km。后将线路改移至下游收缩河段后,线路仅跨越黑河大小五股稳定的分支河槽,分别修建了大桥1座、中小桥各2座。大沙河则收缩成一股仅宽160 m的稳定河槽,修建了大桥1座。建桥以来各桥通过的流量均未发现有显著的不均衡变化,桥下河床变形也很微弱,桥渡工作及运营使用情况都保持良好。

③中游扩散河段:河道宽阔,河床极不稳定,局部变形剧烈,洪水时水流紊乱湍急,携带大量砂石,河床逐年淤积抬高,水流摆动扩散,常产生局部集中冲刷和水面涌高。在这种河段上的桥位布设、桥孔长度、桥下净高和导流工程等都很难正确确定。桥渡处都得设

长大的导流堤,因此受冲面大,养护十分困难,工程造价昂贵,是桥渡工作条件最差的河段。修建在这种河段上的桥渡几乎没有一座不发生水害的。兰新线张清段马营河大桥跨越宽达 5 km 的扩散河段。据当地居民介绍自 1926~1955 年天然河床普遍淤高0.4 m~1.0 m。铁路建桥后,1957 年和 1958 年均因洪水冲毁导流堤及河滩路堤而发生中断行车事故,几次补强加固和经常防洪维修费用都很大,桥下净空因河床淤高已由 2.7 m~3.0 m 减小至 1.4 m~2.2 m,泄洪能力深感不足,水害威胁很大。

(2)较长桥梁的引桥往往与地面及地下的设施发生干扰,故在确定引桥走向时,必须审慎,以避免或减少拆迁,地下设施也应避免与之发生干扰,以免增加工程投资。为了减少拆迁与其他干扰因素,引桥可考虑设在大半径的曲线上,但不宜设在反向曲线上,以免行车时产生不良影响。

(3)桥位选择中要考虑施工场地、材料运输等因素,桥位方案如缺乏施工场地或材料运输存在困难,这个方案就不宜采纳。我国东北通让线上的嫩江大桥,原先选定的 4 个桥位方案,均选在河槽泛滥宽达 10 km 的中部,桥头两端都有 5 km 左右的河滩,洪水季节没有施工场地,不便施工。砂石材料也均需在 5 km 以外的岸地上运至桥头,显然很不合理,因此这些方案都没有被采纳。最后选用的桥位方案是一端桥头紧接一高坎,另一端也有高地一片。由于一岸为高坎,洪水时不淹没,施工场地比较开阔,不影响洪水季节施工,是一个比较好的桥渡位置。

3.2.6 特大桥的引桥,例如南京长江大桥和九江长江大桥,铁路引桥均长达 5 km 以上。公路引桥前者长达 3 km 多后者长达 2 km 多。铁路、公路引桥本身都已属于特大桥梁范畴,其经过地段地质条件的好坏,与工程费用关系密切,因此地质必须摸清,不容忽视。九江长江大桥铁路引桥设在弯道上,是根据地质较好拟定的,但公路引桥为配合城市规划,没有探明地质,以致施工后多处发现溶洞,造成基础施工困难,应引以为诫。

3.2.7 通航河流上的桥位应选在航道比较稳定的河道上。从长江上已建成的几座大桥情况来看,建桥前后由于河道自然演变,航道发生变化影响通航的情况,如武汉长江大桥上游汉阳东门滩逐年增大,枯水期已影响船舶通航,大桥下游主航道本来在左岸湛家矶一边,现已变到右岸青山夹,因此在选择桥位时,应充分估计到这种情况。

在通航河流上,桥轴线与水流方向斜交,容易因水流推压船舶,不易控制船位航向而发生撞击桥墩的事故。如重庆白沙沱长江大桥因桥墩轴线与流向偏差太大,经常发生船队、排筏碰撞桥墩,虽设有专门工作组来引航,但仍不能确保船队的安全过桥。据航运部门意见,桥墩轴线与水流方向的夹角,不宜超过 5°,以利通航。

3.2.8

(1)桥位不应选在沟床纵坡由陡变缓地段。桥位应有利于泥石流排泄,应防止泥石流在桥下淤积。成昆线上格达大桥桥位选在上缓下陡有利于排泄的位置,效果较好。

(2)桥渡设计采用挖方的办法颇多失败。如宝天段石浪沟、冯家川沟、元龙镇车站附近四大泥石流沟和天兰段的鸳鸯桥至谢家坡间的简家沟等,都采取了压低线路高度,下挖改沟设桥。正式通车后,淤积严重,虽在上游增加了一系列的拦挡坝,现在每年还都有很大的清淤工作,造成了养护的困难。

(3)流通区直线段是线路通过最好部位,因为它具有河床固定、冲或淤变化较小、桥渡工程量小等优点。桥位应避开“S”弯的转折处。如成昆线利子依达紧接上游“S”弯道上,1981 年 7 月暴发泥石流,河湾处超高达 5.1 m,龙头爬高达 12 m 左右,由于桥下净高不够,桥位布置不当,流势不顺,造成桥毁车覆的严重事故。

(4)线路通过泥石流堆积区的桥位,宜避开扇腰、扇顶部位,因为扇腰、扇顶泥石流漫流范围广,各沟槽流势多变,淤积速度快,桥梁布局、净高、孔跨等都较难掌握。如成昆线线路通过瓦洪沟泥石流堆积扇扇顶部,原认为是停歇期,但近年来受人为活动影响,坍塌、滑坡严重,可能会产生强大的黏性泥石流,对净空不够高的瓦洪沟桥是很大的威胁。又如东川支线的多牛一号及多牛二号隧道之间的多牛泥石流扇腰部位,建造一孔小桥跨越,由于施工弃砟不当及在沟内滚溜石料,多牛沟泥石流复活,掩埋小桥并灌入两端隧道,不能不废弃小桥改建成明洞与两端隧道接通,将多牛隧道变成长 1 612 m 及有 4 个半弯道的隧道,运营、养护均很困难。又如成昆线漫水湾至西昌段是选在扇缘或尾闾通过,采用了沿等高线定线,以满足于桥位与主流正交的要求,并分散设桥,净空也已考虑淤积量,通车至今未出问题。而东川线拖沓沟、法窝两大桥是在泥石流堆积扇扇尾靠大河被经常切蚀和堆积的陡坎处通过,要求桥梁墩台基础既要埋深,而桥下净空又要抬高,危害不浅。

(5)当各堆积扇高程相差悬殊,平面位置又参差不齐处,定线时应考虑三种可能的通过方案以资比选。一是沿扇缘外移,切最凸出的扇缘定线。这个方案在山前小型泥石流群地段是成立的,对山区则受地形及大河制约,困难不小;二是线路提坡,以地势最高堆积扇的扇顶控制定线,这个方案桥梁工程量大;三是底部穿过或过河绕避。

3.2.9

(1)岩溶地区的地质构造破碎带,岩石断裂破碎,地下水富集,地表径流和地下水循环交替频繁,岩溶极其发育,常分布有岩溶大厅、巨大洞穴和竖井,多层溶洞,暗河或暗藏沟谷等,桥位应避开构造破碎带。贵昆线艾家坪隧道穿越构造破碎带,该处溶洞为空洞,漏斗竖井极其发育,勘测期间没有探明,隧道选线没有足够的重视,施工进洞后遇到溶洞大厅,隧道悬空,处理十分困难,不得已在施工后又局部改线,采用绕避地下大厅的办法处理。

(2)可溶岩层与非可溶岩层的接触带,是地表水与地下水滞流、溶蚀强烈,地质动力现象最为活跃的地带。常有落水洞、坍陷漏斗和网状洞穴分布,也有与接触带走向一致的暗河,或者有地下通道与横向暗河相连而形成纵横交错的地下沟谷,桥位应避开接触带。如宜拱支线鱼洞桥,位于石灰岩与玄武岩接触带上,接触带是断层带,长约 50 m,深 22 m 均未到底,可能与鱼洞暗河相连通。断层带上石灰岩层内溶洞发育。该桥在接触带上作桩基础钻 10 m 深尚不到底,下部岩层也不稳定。结果采用钢筋混凝土拉杆斜墩,锚固于右侧稳定的玄武岩上,虽然施工困难,终算跨越了接触带。又如成昆线大渡河沿河线土坟包 2 号~4 号隧道和二座桥梁的一段线路是玄武岩和石灰岩的接触带,线路靠在石灰岩一侧,岩溶发育多为竖井,溶洞和支洞并连,层次较多,工程复杂。若将线路内移则可远离接触带,或者外移几十米,即可在稳定的玄武岩层上避开岩溶,线路和桥隧建筑将得到大大改善。

(3)岩溶坍陷区地势平缓,覆盖层薄,土层松散,地下水位高,不稳定,且因洞穴、漏斗、溶槽(沟)内未被填充而有空洞,或者填充不密,洞穴和顶板岩石不稳,经洼地积水渗水,地下水陡变,岩溶水侵蚀而形成地表坍陷。广西黎湛线 148 km 玉林附近,因天旱抽水,一夜之间稻田里发生上百个坍陷;四川宜拱支线塘坝桥,因洞穴和覆盖层不稳,河床地表坍陷,地面牵动范围直径达 66 m,造成桥墩台倾斜下沉、坍陷对铁路建筑物危害很大。根据坍陷的成因,经地质测探和调查分析,预测地表坍陷是可能的,而且是重要的。因此对地表积水、排水特性，对于天然或人为的改变地下水位的情况，对覆盖土层、洞穴和顶板岩层是否稳定，是坍陷区桥位选择值得注意的问题。

(4)暗河范围内的桥位，应详细测探暗河出入口、走向、大小、高程和形状，以及顶板岩石的厚度、完整性和稳定性等，以期在可靠的地基基础上建桥。

在暗河出入口附近设桥，除考虑特殊水文条件影响外，还应注意出入口侵蚀基准面是否稳定。暗河地质构造作用和岩溶水不断强烈侵蚀而形成的过程中，有的侵蚀基准面尚未稳定，尚在溶蚀变化，有的虽已稳定但基准面下又潜伏有岩溶，同样对基准面和建筑物有影响。

3. 2. 10

1　涌潮区段由于涌潮压力和涌潮过后的高速水流对桥墩的影响较大，故在涌潮区设桥宜慎重。

2　受潮汐影响的凹岸和滩岸消长多变地段不应布设桥渡的理由是，泥沙运动在沙质海岸和淤泥质海岸比较显著，尤其是泥沙强的河口段和海湾凹岸和滩岸消长多变地段，如杭州湾等地区。该地区除受外海的波浪和海流作用外，河流的部分下泄泥沙也会进入这个宽阔地区，因此在这个区设桥，径流和潮流等的相互作用，常形成拦门沙。加上盐淡水交汇造成淤泥颗粒的絮凝现象，促进了泥沙淤积。因此桥址应选在基本垂直天然深槽上，并与涨落潮潮流方向和波浪主要作用方向呈最小角度；如果两者方向不一致，也应与当地泥沙运移的主要方向一致。

3　桥位不宜选在挡潮闸的近侧，因关闸而引起的动能或位能的转换影响，导致挡潮闸附近的关闸壅高或落低。同时由于涨潮流时所挟带的大量海相泥沙遇关闸，必然会在闸下河段沉积；同理，陆相泥沙遇高潮关闸也会产生淤积。再加上开闸水流的集中和扰乱，或开闸不均匀等，都能造成闸下河道极其复杂的冲淤。以上这些剧烈的变化，对桥梁都会产生不利的影响。

3. 2. 11

1　铁路通过地势低洼的蓄洪、滞洪和分洪区时将经常造成水害，淹没站舍设备，引起路堤下沉。蓄洪区蓄水较长时，更会影响桥涵的维修工作，遭遇风浪侵袭的机会也较高，故定线时，线路宜绕避。

2　桥位选在水闸、引水或分洪口门等水利工程附近时，应考虑彼此的影响。一般水闸高度较低、基础较浅，在其近侧修建桥梁后，列车的振动会引起水流条件的改变，如在分洪口门处水位和河道冲淤会有显著变化，对桥梁安全不利，故桥位不宜选在其附近。

3　河网地区地势较低，为满足通航净空要求，往往使桥梁和桥头路堤抬高很多，因此选择桥位时应充分利用局部地形，选在两岸地势较高处，从而减低墩台和路堤高度。

4　铁路与大干渠相邻而行，往往会互相干扰甚至产生危害，如包兰铁路枣园堡至迎水桥间数十公里内，铁路与干渠上下交错或平行，近者并肩紧连，自运营以来，连年水害，铁路与渠道间串流冲刷，铁路路堤被积水浸泡下沉，故提出两者间应保持一定距离。位于干渠上坡侧的铁路，危害相对而言较小。

3. 2. 13　车站范围内股道众多，特别是区段站或编组站，都是大面积长距离的修建站场，影响水流的自然排泄，如何设置桥涵使水流尽快排泄，是一个必须引起重视的问题。车站内修建桥涵，在确保运营安全的基础上与站场布置密切有关，应全面安排，选择适当地点布设必要的桥涵，也可改移、合并天然水流，但不宜将天然水流改至站外，也不应将水流在站内来回穿越,影响快速排泄。南京尧化门编组站常年水患,就是由于水沟来回穿越站坪,造成水淹站坪停运事故。泥石流或流量较大的河沟改移或合并,往往会产生不良影响,应与变更站房和股道布置作方案比选确定;在靠近城镇的车站,由于车站修建往往堵塞通道,影响城市交通,所以除考虑排洪桥涵的布设外,还应考虑立交桥涵的设置。

3.2.14

2 山区以逢沟设置桥涵为原则,主要是尽量保持天然水流状态,避免通过导流堤、挡水坝等设施,以免过分集中水流,对桥涵下游不利。

3 山口冲积扇上不得强行改沟至低洼处,主要是改沟开挖工程量大,沟床沟壁容易冲刷,边坡容易坍塌,造成淤积。布设桥涵改沟过多不易成功,应保持天然水系和天然水流状态,避免改沟合并。

5 平原区桥涵应十分重视桥涵前积水和水位壅高问题。20世纪60年代初成昆线成峨段水害,有一部分是桥涵布设和孔径设计不当,涵前积水和淹没时间过长所引起的,所以平原地区应调查本地区作物生长所允许的淹没深度、耐淹时间和上游村庄房舍不淹没的高程,作为桥涵布设和设计的依据。一般桥涵分布不宜过稀。

3.2.15 增建第二线上的桥位,设在既有桥左右侧的选择,原则上应为:第一,应利用既有建筑物减少拆迁工程,以节约投资;第二,应避免与当地已有设施干扰或减小干扰,同时要方便施工;第三,应减小对既有桥的影响,以保持正常的运营。从上述三点原则出发,经技术经济比较后,整体考虑研究确定。

3.2.16 增建第二线桥与既有桥间的距离,重要桥梁对国防应满足战略上的要求。通航河流上的桥梁,为避免水流在新旧桥墩间的干扰,要根据航道等级按照规定的通航标准与有关部门协商确定。在城市附近的大江大河上修桥,要考虑新桥修建后桥前壅水对城市防洪方面的影响,同时要不影响既有桥的工作情况、施工情况、通车运营情况等方面的干扰。

3.2.17 既有桥经多年使用已形成历史上的自然状态,故原来的位置在线路平面及纵断面的配合上均属合理时,在多年实际洪水考验而又未发生水害如上游被淹、下游被冲、路堤或桥梁漫水等情况,水流条件无缺陷时,应充分利用既有路基、轨道、导流建筑物及其他防护工程,以节约投资,桥位不宜轻易更动。既有桥经过调查确属不能利用,例如线路平面需要更动以满足运营要求,纵断面需要变更,桥梁需要抬高,河道发生变迁难以整治等等情况,则需要另找桥位修建新桥。桥位更动后,由于对上下游城镇交通、洪水的影响等利害关系较密切,故更动后的桥位应征得上下游有关部门的同意。其他如封闭或缩孔等都应取得足够的依据。

3.3.2 设计洪水是一种必须性的随机事件,可以运用概率理论以及数理统计的方法进行估算,推断其在大量现象中的一般规律。对其基本资料应按以下几方面进行审查。

(1)可靠性:见本规范第1.0.4条说明。

(2)独立性:一事件的出现不受其他事件影响的才有独立性,例如从流域外引入洪水或从流域内引出洪水的洪水资料,无独立性,不能和独立性资料一起统计计算。

(3)一致性:如流域在乱垦乱伐之前,同样暴雨、洪峰流量要小得多,洪水过程线要矮胖得多;之后,洪峰流量要大得多,洪水过程线尖瘦得多,这是由于流域下垫面的改变,使洪水发生条件不一致所产生。因此在数理统计中,只有发生条件有一致性,代表这种条件所发生的事件,才能放在一起进行统计。

(4)系列代表性:水文现象的统计规律,只能通过若干年实测资料而得,是一个有限的短暂的系列。这个从总体资料分割出来的系列应能代表总体分布,越接近总体分布其误差就越小,系列就具有较好的代表性。一般可与邻近水文站较长期的系列进行比较从而判断其代表性。

3.3.3　由于影响设计洪水的因素很多,如流域的地理位置、气候条件、流域特征、植被、湖泊调节、河道演变及人类活动等影响,使得计算中的不确定性也随之增加,加上水文分析和计算还是一门发展中的学科,虽然已经有了一定的理论基础和积累了一些经验,但是分析方法还不够完善,计算公式还有相当的局限性,这就使计算成果不能完全适应自然界复杂水文现象的变化规律。因此,水文计算应根据资料条件及地区特点,采用多种方法进行计算核对,论证其合理性。

3.3.4　水文计算中所依据的资料是样本,这就存在着抽样误差,此误差的大小与设计频率、系列长度、总体分布及其统计参数、频率计算方法等因素有关。根据单站短期资料推求稀遇的设计洪水时,抽样误差比较大,这是频率分析法存在的主要问题。为此要求样本系列具有一定的长度,才能使抽样误差限制在一定的范围内。从我国当前资料条件出发,采用频率计算时,要求实测洪水年数为 20 年及以上。即使如此,频率计算的成果仍然可能有相当大的误差,因此应进行历史洪水的调查和考证工作,使外延设计洪水受到一定的控制作用,达到提高精度的目的。

3.3.5　洪水资料的选样,必须满足涉率计算关于独立随机取样的要求。所以规范条文规定采用年最大法,即每年选取一个瞬时最大值作为频率计算的样本。如洪水特性在一年内随季节和成因有显著差别时,可分别选样统计,但季节和成因的划分不宜过细。

3.3.6　插补延长洪水系列的方法有:

(1)利用上(或下)游站的流量资料进行插补延长

当设计断面的上(或下)游站有较长观测系列的水文站时,可以此作为参证站,根据本站与参证站的同期资料,点绘相应的洪水相关图。如区间面积不大,且无较大支流汇入,两站相关关系较好,点据密集分布呈带状,则可通过直接相关,利用参证站的资料进行插补延长。

(2)利用本站洪峰与水位(或洪量)关系进行插补延长

洪峰、水位(或洪量)关系线的绘制应根据较多的点据,为此每年可选择几次较大的洪水资料,来分析它们之间的相关关系。当相关线受到暴雨特性和河网调蓄等影响时,应考虑这些因素确定其外延趋势。

(3)利用本流域暴雨资料插补延长

利用暴雨观测资料,通过降雨径流关系,插补缺测年份的洪水值。

进行上述插补延长时,应结合气象、地理等自然条件,通过合理分析,对于偏高较大的大水点据,不应机械地通过,也不应任意舍弃。

3.3.7　由实测和插补延长资料组成的系列,可看作是从总体分布中独立随机选择得到的。如果通过历史洪水的调查考证,在实测和插补延长的资料系列中,没有特大洪水值需提出作单独处理,而就各项洪水值直接按其大小顺序统一排位,这样的样本称为连序系列。反之,通过历史洪水的调查和文献资料考证后,实测或调查的特大洪水值需在更长的时期内进行排位,这样的样本称为不连序系列。

3.3.8　根据实测洪水资料所组成的样本,采用理论概率曲线外延推求指定频率下的设计洪水,是目前通用的方法之一。外推设计洪水可靠性的重要因素,是理论频率曲线的线型是否合理和统计参数的估算是否恰当。由于水文系列的总体是未知数,用资料的小样本来估算统计参数,会存在较大误差。

我国长期采用皮尔逊Ⅲ型(P—Ⅲ)作为洪水特征的频率曲线,它是一种概括性较强,适应性较大的概率分布线型。根据实测资料分析也说明,P—Ⅲ型曲线尚能适合我国南、北方不同类型河流的洪水峰量的概率分布特征。P—Ⅲ型曲线的参数选用比较容易,曲线外延部分在进行比较时矛盾较小。这样就构成了我国长期采用P—Ⅲ曲线作为洪水概率分布的主要理由。但从P—Ⅲ型频率曲线的数学特性来看,其上端随频率的减小迅速递增,以至趋向无穷大,下端在 $C_s>2$ 时过于平坦,越接近下限,洪水出现的可能性越大,这些与洪水变化的特性并不相符。特别是干旱、半干旱地区的中小河流,洪水分布的偏态程度十分突出,稀遇洪水数值有时可达到几十年记录中最大值的几倍。此外P—Ⅲ型分布不仅在曲线的下半部(即频率大于50%)与点据显著脱离,而且为了使某次稀遇洪水的重现期不致过大(如频率比0.01%小很多),造成曲线上半部(如频率小于10%)较点群偏高较多,结果整条曲线与点群分布趋势不符。此外,这种线型不便于数学处理。因此本规范虽规定采用P—Ⅲ型曲线,但也规定特殊情况经分析论证后也可采用其他线型。其他线型包括克里茨基—门凯里曲线、耿贝尔曲线等。

3.3.9 采用矩法估算统计参数,其优点是估算简便,计算公式与总体分布无关,缺点是 C_v、C_s 的抽样误差较大。用适线法对估算的统计参数进行调整,是将观测样本自大至小排列后,求出其相应的经验频率,点绘在几率格纸上,再按矩法估算的统计参数值作为初始值,在一定范围内调整 C_v、C_s 值,得到相应的理论频率曲线,选出与经验频率点据吻合较好的一根曲线,此曲线的 C_v、C_s 值,即为用来推算设计流量的统计参数。

调整统计参数进行适线时,宜照顾点群趋势,主要考虑中、上部分较大洪水点据。对于调查历史洪水应靠近精度较高者,不应机械地通过最大洪水点据。

3.3.11 铁路各设计单位对小流域暴雨径流计算,通过多年实践和洪水考验已逐步地建立起各自地区的半理论、半经验公式。现行的公式内容可分述之如下:

(1)铁道部第一勘测设计院公式

$$Q_p = \left[\frac{k_1 \cdot (1-k_2) \cdot k_3}{x^{n'}}\right]^{\frac{1}{1-ny}} \qquad \text{(说明 3.3.11—1)}$$

式中 Q_p——设计流量(m^3/s);

k_1——产流因子,按下式计算:

$$k_1 = 0.278\eta S_p F \qquad \text{(说明 3.3.11—2)}$$

η——暴雨点面折减系数,从说明表3.3.11—1查取;

说明表3.3.11—1 η 值

F (km^2)	η	F (km^2)	η	F (km^2)	η
<10	1.00	25	0.90	60	0.84
10	0.94	30	0.89	70	0.83
12.5	0.93	35	0.88	80	0.82
15	0.92	40	0.87	90	0.81
20	0.91	50	0.86	100	0.80

S_p——设计暴雨参数(mm/h)；

F——汇水面积(km^2)；

k_2——损失因子，按下式计算：

$$k_2 = R \cdot (\eta \cdot S_p)^{r_1 - 1} \qquad \text{(说明 3.3.11—3)}$$

R——损失系数，从说明表 3.3.11—2 查取；

r_1——损失指数，从说明表 3.3.11—2 查取；

k_3——造峰因子，按下式计算：

$$k_3 = \frac{(1 - n')^{1-n'}}{(1 - 0.5n')^{2-n'}} \qquad \text{(说明 3.3.11—4)}$$

n'——随暴雨衰减指数 n 而变的指数，即

说明表 3.3.11—2　R、r_1 值

损失等级	特　征	R	r_1
Ⅱ	黏土；地下水位较高(0.3 m~0.5 m)盐碱土地面；土层较薄的岩石地区；植被差、风化轻微的岩石地区	0.93	0.63
Ⅲ	植被差的砂黏土；戈壁滩；土层较厚的岩石山区；植被中等、风化中等岩石地区；北方地区坡度不大的山间草地；黄土(Q_2)区	1.02	0.69
Ⅳ	植被差的黏砂土；风化严重、土层厚的土石山区；杂草灌木较密的山丘区或草地；人工幼林或土层较薄中等密度的林区；黄土(Q_3、Q_4)地区	1.10	0.76
Ⅴ	植被差的一般砂土地面；土层较厚森林较密的地区；有大面积水土保持措施、治理较好的土层山区	1.18	0.83
Ⅵ	无植被的松散的砂土地面；茂密的并有枯枝落叶层的原始森林区	1.25	0.90

注：若土内有钙质胶结，流域内有沼泽以及地下水位较高，损失等级应降低 1~2 级，如Ⅲ类降为Ⅱ类；若流域内土疏松、坑洼不平及有较多虫穴时，损失等级应提高一级；当流域内有两种以上土类，应分别按各自的损失等级计算流量后，用面积作加权平均求得。

$$n' = C_0 \cdot n = \frac{1 - r_1 \cdot k_2}{1 - k_2} \cdot n \qquad \text{(说明 3.3.11—5)}$$

x——河槽和山坡综合汇流因子，由河槽汇流因子 K_1 和山坡汇流因子 K_2 而定，即

$$x = K_1 + K_2 \qquad \text{(说明 3.3.11—6)}$$

$$K_1 = \frac{0.278L_1}{A_1 \cdot I_1^{0.35}} \qquad \text{(说明 3.3.11—7)}$$

$$K_2 = \frac{0.278L_2^{0.5} \cdot F^{0.5}}{A_2 I_2^{0.333}} \qquad \text{(说明 3.3.11—8)}$$

L_1——主河槽长度，由显著河槽起点到出口断面的距离(km)；

A_1——主河槽流速系数，根据断面扩散系数 α_0 和系数 m_1 值从说明表 3.3.11—3 查取；α_0 可在出口断面附近选取有代表性的断面，量取其 1 m 水深时相应河宽之半值；m_1 为主河槽沿程平均糙率系数；

I_1——主河槽平均坡度，相当于显著河槽起点到出口断面的平均坡度(‰)；

L_2——流域坡面平均长度(km)，按下式计算：

说明表 3.3.11—3　河槽流速系数 A_1 值

α_0 / m_1	1	2	3	4	5	7	10	15	20	30	50	主河槽形态特征
5	0.095	0.084	0.077	0.071	0.068	0.062	0.057	0.050	0.047	0.041	0.036	丛林郁闭度占75%以上的河沟,有大量漂石堵塞的山区弯曲大的河床;杂草灌木密生的河滩
7	0.120	0.106	0.098	0.092	0.087	0.079	0.072	0.064	0.060	0.053	0.046	丛林郁闭度占60%以上的河沟;有较多漂石堵塞的山区弯曲河床;有杂草死水的沼泽河沟;平坦地区的梯田、漫滩地
10	0.154	0.137	0.126	0.117	0.111	0.102	0.092	0.083	0.076	0.068	0.059	植物覆盖度50%以上有漂石堵塞的河床;河床弯曲有漂石及跌水的山区河槽;山丘区的冲田、滩地
15	0.205	0.181	0.167	0.155	0.147	0.135	0.123	0.110	0.102	0.090	0.078	植物覆盖度占50%以下,有少量堵塞物的河床
20	0.251	0.223	0.204	0.190	0.180	0.165	0.150	0.134	0.124	0.111	0.096	弯曲或生长杂草的河床
25	0.294	0.260	0.239	0.223	0.211	0.193	0.176	0.158	0.145	0.130	0.120	杂草稀疏,较为平坦,顺直的河床
30	0.335	0.297	0.273	0.254	0.241	0.221	0.200	0.180	0.165	0.148	0.127	平坦、通畅、顺直的河床

注:表中 A_1 值系数按断面为二次抛物线的计算成果。当断面为复式河槽时,应按设计洪水时的大致水深 h(m)及水面宽 B(m),用下式推求 α_0,即 $\alpha_0=B/2h^{\frac{1}{2}}$,用此 α_0 值在表中查 A_1 值。若 m_1 与 α_0 超过表中数值,可用下式计算 A_1 值。

$$A_1 = 0.0368 m_1^{0.705} \frac{\alpha_0^{0.175}}{(\alpha_0+0.5)^{0.47}}$$

$$L_2=\frac{F}{1.8(L_1+\sum L_i)} \qquad \text{(说明 3.3.11—9)}$$

上式中 $\sum L_i$ 系流域中支汊河沟的总长(km),其中每条支沟的长度要大于流域平均宽度的0.75倍,流域平均宽度 B_0 的算式为 $B_0=\frac{F}{2L_0}$,L_0 为流域分水岭最远一点至桥涵处的距离(km);

A_2——坡面流速系数,从说明表3.3.11—4查取;

I_2——流域坡面平均坡度(‰),可取若干有代表性的坡面求算坡度,取其算术平均值;

y——反映流域汇流特征的指数,按下式计算:

$$y=0.5-0.5\lg\frac{3.12\frac{K_1}{K_2}+1}{1.246\frac{K_1}{K_2}+1} \qquad \text{(说明 3.3.11—10)}$$

采用式(说明3.3.11—1)计算流量时,设计暴雨强度公式 a_p 采用 $a_p=\frac{S_p}{t_Q^n}$ 计算,式中的暴雨衰减指数 n,其长短历时一般固定为1 h,故 $t_Q\leqslant 1$ h时 $n=n_1$;$t_Q>1$ h时 $n=n_2$。当用式(说明3.3.11—5)计算 n'时,应与 n_1 与 n_2 计算出来的造峰历时 t_Q 相适应,是否相适应，可用下式来检验：

$$t_Q = P_1 \cdot x \cdot Q_p^{-y} \qquad (说明 3.3.11—11)$$

式中　t_Q——造峰历时(h)；

P_1——形成洪峰流量的同时汇水的时间系数，可按 $P_1 = \frac{1-n'}{1-0.5n'}$ 计算，或从说明表 3.3.11—5 查取。

说明表 3.3.11—4　坡面流速系数 A_2 值

类　别	地 表 特 征	举　　例	变化范围	一般情况
森林地区	郁闭度大于70%的森林，林下有密草或落叶层	原始森林地区	0.002~0.003	0.002 5
密草地、一般林区、平坦水田、治理过的坡地	覆盖度大于50%的茂密草地；郁闭度大于30%的林区；地形平坦的水田区；水土保持措施较好的坡地区(密草中杂生有树木及灌木丛；带田埂及管理得较好的水田区等取较小值)	宝天线宝鸡至拓石段；森林区、宝略段灌木密草山坡、陕北黄龙林区、峨眉径流站伏虎山区和+豆山平坦区等植被良好的地区	0.003~0.007 5	0.005
中密草地、疏林地、水平梯田	覆盖度小于50%的中等密度的草地；人工幼林；带田埂的梯田(草地中杂生有灌林丛、人工幼林较密或梯田的坡度较平缓者取较小值)	宝天线拓石至天水段；宝安阳涉等线植被一般的地区；峨眉径流站保宁丘陵区	0.007 5~0.015	0.01
疏草地、戈壁滩、旱地	覆盖稀疏的草地，戈壁滩；种有旱作物的坡地	兰新、兰青、天兰等线植被较差的地区；新疆、青海的戈壁滩地区；太原径流站	0.015~0.025	0.02
土石山坡	无草的或有很稀疏小草的坡地	南疆线巴仑台地区；黄土高原水土流失区	0.025~0.035	0.03
路面	平整密实的路面	沥青或混凝土路面	0.035~0.055	0.045

说明表 3.3.11—5　P_1 值

n'	P_1	n'	P_1	n'	P_1	n'	P_1
0.45	0.71	0.57	0.601	0.69	0.473	0.81	0.319
0.46	0.701	0.58	0.592	0.70	0.462	0.82	0.305
0.47	0.693	0.59	0.582	0.71	0.450	0.83	0.291
0.48	0.684	0.60	0.571	0.72	0.438	0.84	0.276
0.49	0.675	0.61	0.561	0.73	0.425	0.85	0.261
0.50	0.667	0.62	0.551	0.74	0.413	0.86	0.246
0.51	0.658	0.63	0.540	0.75	0.400	0.87	0.230
0.52	0.649	0.64	0.529	0.76	0.387	0.88	0.214
0.53	0.639	0.65	0.519	0.77	0.374	0.89	0.198
0.54	0.630	0.66	0.507	0.78	0.361	0.90	0.182
0.55	0.621	0.67	0.496	0.79	0.347	—	—
0.56	0.611	0.68	0.485	0.80	0.333	—	—

注：当 n' 为中间值时，P_1 值可以内插取得。

在 $t_Q=1$ h 附近的流量与时间可能出现不定的情况，此时可取 n_1 与 n_2 算出的流量中的较小值作为采用值。

当流域内有森林、水稻田、带田埂的梯田面积为 F'(km^2)时，所求得的流量应折减，在无资料地区可从说明表 3.3.11—6 查取折减系数。

说明表 3.3.11—6 折减系数

F'/F(%)	5	10	15	20	25	30	35
稀疏的森林或带田埂的梯田	0.99	0.97	0.96	0.94	0.93	0.91	0.90
稠密的森林或水稻田	0.98	0.95	0.93	0.90	0.88	0.85	0.83

F'/F(%)	40	45	50	60	70	80	90	100
稀疏的森林或带田埂的梯田	0.88	0.87	0.85	0.82	0.79	0.76	0.73	0.70
稠密的森林或水稻田	0.80	0.78	0.75	0.70	0.65	0.60	0.55	0.50

(2)铁道部第二勘测设计院公式

$$Q_p = 0.278FC_1a_py_m \qquad (说明 3.3.11—12)$$

式中 C_1——产流系数，从说明表 3.3.11—7 查取；

说明表 3.3.11—7 产流系数

土的类别 / 前期雨情	Ⅱ	Ⅲ	Ⅳ	Ⅴ	Ⅵ
前期大雨(年径流系数大于 0.5)	0.9	0.85	0.80	0.60	0.45
前期中雨(年径流系数 0.5~0.3)	0.8	0.75	0.65	0.50	0.35
前期小雨(年径流系数小于 0.3 和年径流深 300 mm 以下)	0.6	0.55	0.50	0.40	0.25

注：土的类别可根据说明表 3.3.11—8 确定。

说明表 3.3.11—8 土的类别

土 的 名 称	含沙量(%)	土的类别
黏土、肥沃黏壤土	5~15	Ⅱ
灰化土、森林型黏壤土	15~35	Ⅲ
黑土、栗色土、生草砂壤土	35~65	Ⅳ
砂壤土	65~85	Ⅴ
砂	85~100	Ⅵ

a_p——设计暴雨强度(mm/h)，当 $F \leqslant 10$ km^2 时按 $a_p=6^{n_1}S_p$ 计算，当 $F>10$ km^2 时按 $a_p=1.413F^{-0.15}\times 6^{n_1}S_p$ 计算，式中 n_1 为短历时暴雨衰减指数；

y_m——径流函数，根据径流因子 r 从说明表 3.3.11—9 查取；

其余符号意义同前。

说明表 3.3.11—9　y_m 值

r	y_m	r	y_m	r	y_m
1	0.665	5	0.374	9	0.294
2	0.530	6	0.362	10	0.270
3	0.468	7	0.342	20	0.142
4	0.418	8	0.318	30	0.096

注:表中 r 按下式计算。

$$r = 0.036a_p^{0.4}\tau$$

式中　τ——流域汇流时间(h),按下式计算:

$$\tau = \frac{L_3^{0.72}}{1.2A_3^{0.8} \cdot I_3^{0.21} \cdot F^{0.24} \cdot a_p^{0.24}}$$

A_3——阻力系数,从说明表 3.3.11—10 查取;

L_3——流域分水岭沿流程至桥涵处之距离(km);

I_3——流域平均坡度,可从出口断面至最远点分水岭处,沿流程绘制纵断面图,按面积补偿法计算,也可按 I_3 = (流域平均高程-出门断面处高程)/L'_3,其中 L'_3 为流域平均高程的等高线与主槽相交处到出口断面间的距离(km)。

说明表 3.3.11—10　A_3 值

流域植被、坡面、地貌、河(沟)槽情况	A_3
流域内山坡陡峻,植被茂密,河谷多旱地,河槽内乱石交错,河槽陡峻	1.0
流域内坡面上有中等密度的竹林或树木,坡面多旱地,沟谷有稻田,河床为大卵石间有圆砾	1.0~1.5
坡面有灌木杂草和旱地,河谷中有少量稻田,河槽中等弯曲,河床为砂质或卵石	1.5~2.0
坡面平缓,有少量小树,坡面多为稻田、旱地。河沟较顺直,且为砂质夹有卵石河槽	2.0~2.5
坡面光秃,杂草稀少,多为稻田,有少量旱地,河槽为细砂或明显泥质河槽,河沟顺直	2.5~3.0

(3)铁道部第三勘测设计院公式

①山丘区

a. 当 $a_p = \frac{S_p}{t^n}$ 时

$$Q_p = \frac{C_2 F^{g_0} I_4^{p_0}}{L_4^{p_0}} \cdot \eta^{\frac{1+r_0}{1-m_0 n}} \qquad (说明 3.3.11—13)$$

式中　C_2——参数,可按下式计算:

$$C_2 = 16.7\beta_0 \frac{S_p^{\frac{1+r_0}{1-m_0 \cdot n}}}{A_4^{\frac{(1+r_0)n}{1-m_0 \cdot n}}} \qquad (说明 3.3.11—14)$$

β_0, r_0, m_0, A_4——参数,可从说明表 3.3.11—11 查取;

p_0——参数,可按下式计算:

$$p_0 = \frac{N_0 \cdot n(1 + r_0)}{1 - m_0 \cdot n} \qquad (说明 3.3.11—15)$$

N_0——参数,可从说明表 3.3.11—11 查取;

g_0——参数,可按下式计算:

$$g_0 = 1 + m_0 \cdot p_0 \tag{说明 3.3.11—16}$$

L_4——流域长度,从分水岭算起(km);

说明表 3.3.11—11 参数值

土质类别	分类号	参数					流域概况
		A_4	m_0	N_0	β_0	r_0	
土质或土石区	1	7	0.25	0.30	1.04	0.45	冲沟多而深(可达数十米)且宽,遇水易松散的黄土,坡面草水稀疏,耕地大部为斜坡式,水土流失非常严重
	2	7	0.25	0.30	0.68	0.45	岩石露头,风化严重成粗粒状,占流域面积30%以上,沟壑较多(沟深在10 m~20 m以内)坡面草木稀,耕地大部分为斜坡式土质沙性大
	3	7	0.25	0.30	0.52	0.45	流域有下列情况之一,或下列综合情况,用本参数 ①流域内大部分为斜坡耕地,冲沟不深,地形为丘陵区; ②岩石露头,风化严重;占流域面积20%~30%,坡面草木稀疏,沟形为下切式的窄深状态; ③第一类流域,在较宽沟道内筑有多级坝式耕地
	4	10	0.25	0.30	0.52	0.45	流域有下列情况之一,或下列综合情况,用本参数 ①岩石露头,风化轻微,占流域面积20%~50%,耕地及树、草坡地均有; ②坡地上虽然草很矮,但能盘根错节,保护地表,坡面上冲沟较少; ③黑土丘陵区,大部分斜坡耕地的流域; ④植被差的石山区,其中有20%左右风化较严重
	5	12	0.40	0.37	0.32	0.30	流域有下列情况之一,或下列综合情况,用本参数 ①全流域基本为灌木草丛所被覆; ②较稀的乔木林与草地相间; ③较密的乔木林,与密草丛的流域,但其中有30%左右垦为斜坡耕地; ④冲沟少而较平坦的流域;或冲积扇上与等高线相平行之有埂台地
	6	12	0.40	0.37	0.27	0.30	乔木成林或草丛高而密(在人高以上),地表有厚腐植层
	7	17	0.40	0.37	0.22	0.30	腐植层厚的森林区;或塔头草区;或较好植被之下为松散易入渗之土质
石山区	8	12	0.40	0.37	0.48	0.23	岩石露头,风化轻微,占流域面积50%以上,植被较差;或表层土极薄,只能长稀草,下为岩石的石山区
	9	17	0.40	0.37	0.48	0.23	岩石露头,风化轻微,占流域面积50%以上,植被较好(夏季在非悬崖部分,大部分能为植物被覆)
梯地	10	7	0.25	0.30	0.40	0	山坡较陡,梯地块小,冲沟切入梯地较多(限用于10 km^2以内)
	11	10	0.25	0.30	0.40	0	梯地虽然块小,但层层规整(限于10 km^2以内)
	12	12	0.40	0.37	0.40	0	地势较缓梯地块大,或带地埂的梯地(限于10 km^2以内)

注:1 本表使用范围:1~3类用于50 km^2以内,4~9类用于300 km^2以内,少雨地区使用范围小一些,多雨地区可大一些。

2 关于草原与干旱地区,洪峰流量需乘折减系数0.3~0.6。愈近沙漠干旱区,洪峰流量折减系数愈小。

3 流域概况介乎两类之间,可取两类之平均参数计算,或用两类计算结果的平均值。

I_4——流域坡度，从分水岭算起，用加权法计算；

其余符号意义同前。

b. 当 $a_p = \frac{S_p}{(t+b)^n}$ 时

$$Q_p = 16.7\beta_0 \cdot a_p^{1+r_0} \cdot F \quad \text{（说明 3.3.11—17）}$$

式中 a_p 值可用图解求得，即为 $a_p = \frac{\eta S_p}{(t+b)^n}$ 及 $\tau = A_4\left(\frac{L_4}{I_4 \cdot F^{m_0}}\right)^{N_0} \cdot \frac{1}{a_p^{m_0}}$ 两曲线的交点，其中 τ 为流域汇流时间，式中符号意义同前。

对具有山区和平地（或渗透性较强的冲积扇）两种情况的流域，流量计算可分别山区部分流量（用山区部分的汇水面积及全流域的河沟长度与河沟坡度）及平地部分流量（用平地或冲积扇的汇水面积及平地部分河沟长度与河沟坡度），最后两种计算结果叠加，即得全流域的流量。

②平原区

流域的大部分面积均在平原地区内时，设计流量可按下述办法计算，暴雨雨量公式为 $H_p = m_0' t^{N_0'}$（用 $a_p = \frac{S_p}{t^n}$ 时，$H_p = S_p \cdot t^{(1-n)} = S_p \cdot t^{N_0'}$）。

a. 治理河道（$F>30\ \text{km}^2$ 以上）

当 $H_p = 1.56^{N'_0} m'_0 \cdot F^{0.3N'_0} > 90$ mm 时

$$Q_p = 0.189 m_0'^{0.813} \cdot (1.56)^{0.813N_0'} \cdot F^{(0.244N_0'+0.571)} \cdot \eta^{0.813} \quad \text{（说明 3.3.11—18）}$$

当 $H_p \leqslant 90$ mm 时

$$Q_p = 0.0118 \cdot (1.56)^{1.43N_0'} m_0'^{1.43} \cdot F^{(0.429N_0'+0.571)} \cdot \eta^{1.43} \quad \text{（说明 3.3.11—19）}$$

b. 治理标准低的大小河道

当 $H_p = 2.53^{N_0'} \cdot m_0' \cdot F^{0.3N_0'} > 90$ mm 时

$$Q_p = 0.095 m_0'^{0.813} \cdot (2.53)^{0.813N_0'} \cdot F^{(0.244N_0'+0.571)} \cdot \eta^{0.813} \quad \text{（说明 3.3.11—20）}$$

当 $H_p \leqslant 90$ mm 时

$$Q_p = 0.00589 \cdot (2.53)^{1.43N_0'} \cdot m_0'^{1.43} \cdot F^{(0.429N_0'+0.571)} \cdot \eta^{1.43} \quad \text{（说明 3.3.11—21）}$$

式中 H_p——设计暴雨雨量（mm）；

m_0'——参数，可按下式计算：

$$m_0' = S_p \cdot 60^{1-n}$$

N_0'——参数，可按下式计算：

$$N_0' = 1 - n$$

其余符号意义同前。

（4）铁道部第四勘测设计院公式

$$Q_p = 0.278 \cdot A_5 \cdot B_5 \frac{R_p}{t_0} F \quad \text{（说明 3.3.11—22）}$$

式中 R_p——设计净雨深(mm),净雨历时 t_0 取 6 h 或 24 h,若采用径流系数法,则 $R_p=C_3\cdot H_p$;H_p 为 6 h 或 24 h 设计暴雨量(mm),也可采用水利部门资料;C_3 为洪峰径流系数,可从说明表 3.3.11—12 查取;

说明表 3.3.11—12 C_3 值

土质特征	C_3 值	
	范围	一般采用
多石山区,黏土	0.85~0.95	0.90
砂黏土	0.75~0.85	0.80
黏砂土	0.65~0.75	0.70

B_5——雨型系数,从说明表 3.3.11—13 查取;

说明表 3.3.11—13 B_5 值

n_2		0.50	0.55	0.60	0.65	0.70	0.75
n_1		0.35~0.45		0.40~0.50			
B_5	6 h	4.50	5.08	5.78	6.38	7.02	7.82
	24 h	9.00	10.89	13.28	15.71	18.52	22.11

A_5——洪峰削减系数,随 E、D 而变,可从说明图 3.3.11—1 或说明图 3.3.11—2 查取,其中 E 为与坡面自然特征及产流条件有关的参数,D 为反映河槽与山坡调蓄能力的参数,可按式(说明 3.3.11—23)及式(说明 3.3.11—24)计算。

$$E=27\cdot k_0 I_2^{\frac{1}{3}}\left(\frac{B_5\cdot R_p\cdot t_0}{b_c}\right)^{0.5} \qquad \text{(说明 3.3.11—23)}$$

$$D=0.851\cdot k_A\cdot L_1(B_5R_p\cdot F)^{-\frac{1}{3}}t_0^{-\frac{2}{3}}\cdot E \qquad \text{(说明 3.3.11—24)}$$

式中 I_2——流域坡面平均坡度(‰),当 $I_2>300$‰时用 300;

b_c——坡面平均长度(m),

$$\text{双侧坡}\quad b_c=\frac{1\,000F}{1.8(L_1+\sum l_1)}$$

$$\text{单侧坡}\quad b_c=\frac{1\,000F}{0.9L_1}$$

$\sum l_1$——流域中支汊河沟的总长(km),所取支汊河沟的长度均应大于 $0.4L_1$;

k_A——断面系数,按式(说明 3.3.11—25)计算:

$$k_A=\frac{1}{0.076\,6}m_1^{-\frac{2}{3}}\cdot I_1^{-\frac{1}{3}}\left[\frac{a_0}{(1+a_0^2)^2}\right]^{-\frac{1}{9}} \qquad \text{(说明 3.3.11—25)}$$

a_0——应取高水位时过水全面积 ω 及其最大水深 h_m,按下式求算:

$$a_0=\left(\frac{2}{3}\omega\right)\cdot h_m^{-\frac{4}{3}} \qquad \text{(说明 3.3.11—26)}$$

m_1——从说明表 3.3.11—14 查取,

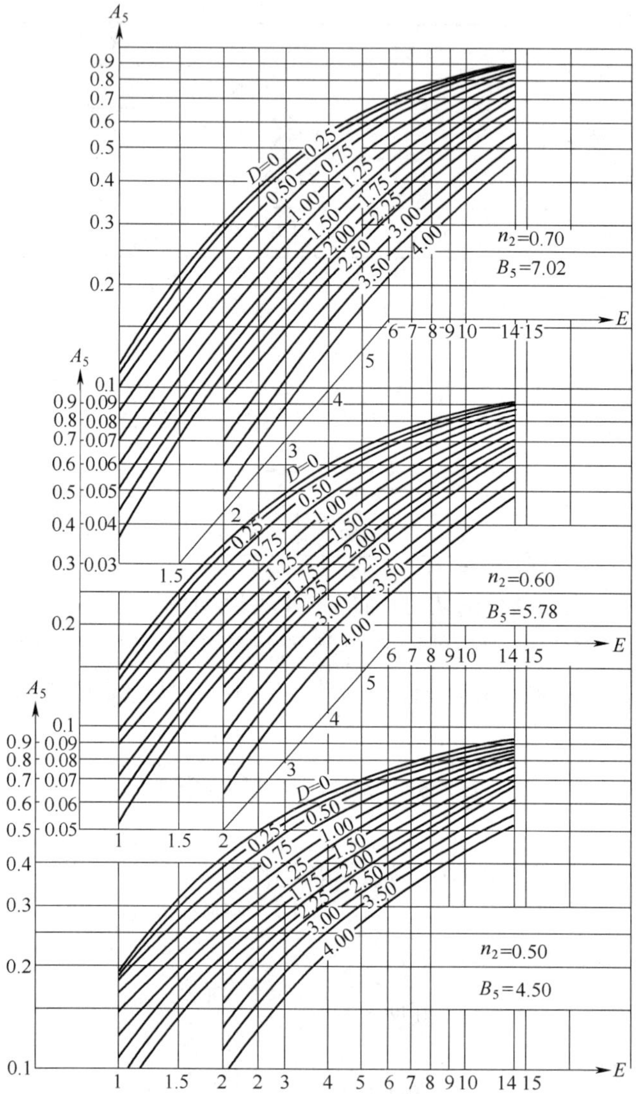

说明图 3.3.11—1(a)　$t_0=6$ h、$A_5=f(E、D)$洪峰削减系数

I_1——主河槽平均坡度(‰),可按下式计算:

$$I_1=\frac{h_1l_1+(h_1+h_2)l_2+\cdots+(h_{n-1}+h_n)l_n}{L_1^2} \qquad (说明\ 3.3.11—27)$$

$l_1,l_2,\cdots,l_n$——分段河长(km);

$h_1,h_2,\cdots,h_n$——河道纵断面各分段点对出口断面处的高差(m);

k_0——与坡面流速有关的参数,从说明表 3.3.11—15 查取。

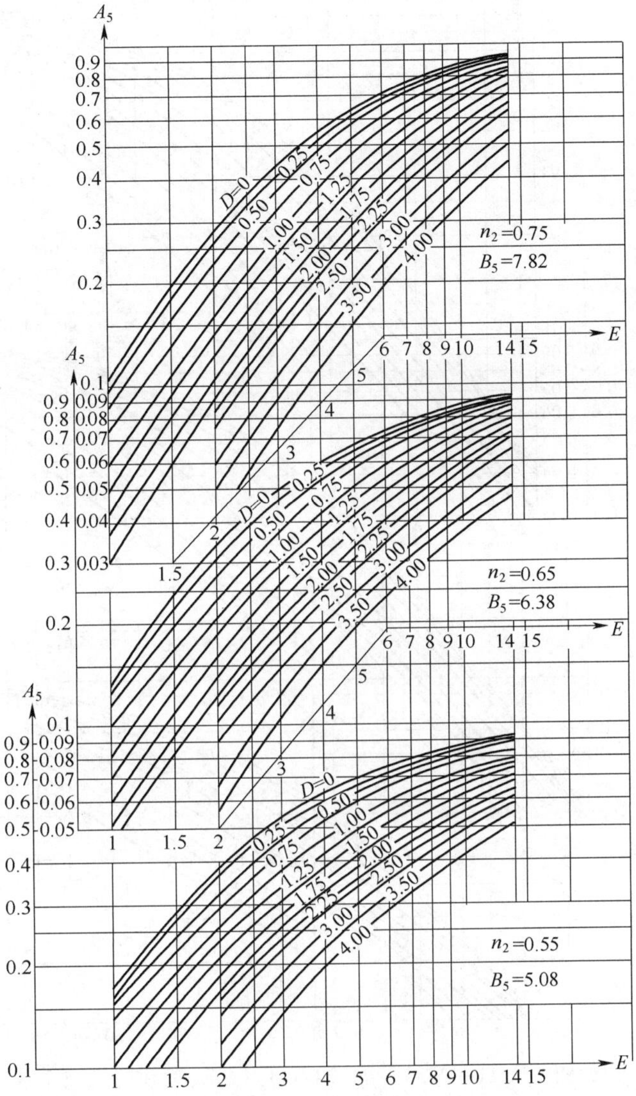

说明图 3.3.11—1(b) $t_0=6$ h、$A_5=f(E、D)$洪峰削减系数

说明表 3.3.11—14 m_1 值

河　床　特　征	m_1
平坦顺直的河床	30
无杂草生长,较为平坦顺直的河床	25
弯曲或生有杂草的河床	20
植物覆盖度占 50% 以下,有少量堵塞物的河床	15
植物覆盖度占 75% 以下,有漂石堵塞的河床	10

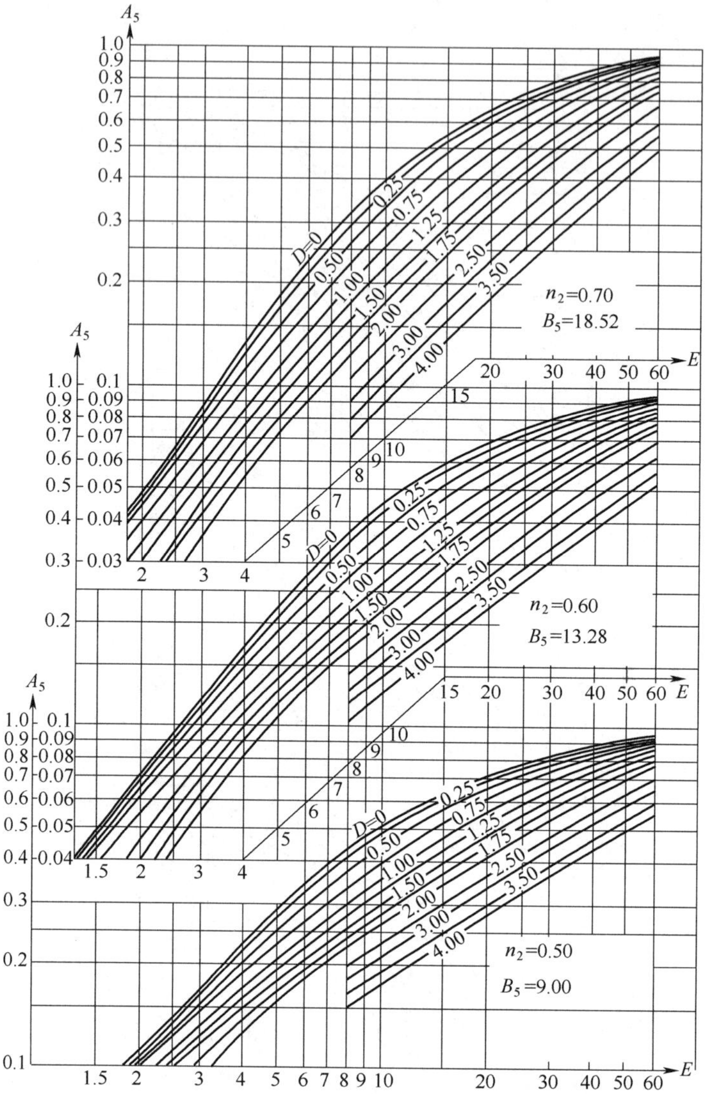

说明图 3. 3. 11—2(a)　$t_0=24$ h、$A_5=f(E、D)$洪峰削减系数

说明表 3. 3. 11—15　K_0 值

类型	植 被 情 况	k_0 值	
		范围	一般采用
Ⅰ	有较厚的枯枝落叶层的密林(包括竹林、灌木林或乔、灌木、杂草混交深密)植被面积占 80%～90%,有少量水田旱地	0. 004～0. 007	0. 005 5
Ⅱ	杂草中密至稠密,灌木丛间杂疏林,植被面积达 80%～90%,有少量水田与耕地	0. 007 1～0. 011 0	0. 009 5
Ⅲ	水田与旱地面积约占全流域的 80%,其余为稀疏杂草的荒坡	0. 010～0. 014	0. 012 0
Ⅳ	杂草、灌木稀疏或土层较薄,部分基岩裸露,虽长有疏林,但林下杂草稀疏	0. 012～0. 018	0. 016 0
Ⅴ	种植旱作物的旱坡地或半干旱地区杂草很稀疏的荒坡	0. 019～0. 039	0. 025 0

续上表

类型	植被情况	k_0 值	
		范围	一般采用
Ⅵ	混凝土水泥浆抹面较光滑	0.09~0.11	0.100 0

注:1　k_0 值的选用可视现场实际情况结合一般采用值与变动范围确定;

2　影响 k_0 值的部位,是靠近地表部分,应根据靠近地表的植被情况选定 k_0 值;

3　如流域内为综合植被时,可用各类植被的面积加权平均计算 k_0 值;

4　表中旱地系指种植旱地作物带田埂之梯田,旱坡地系指种植旱地作物之坡耕地。

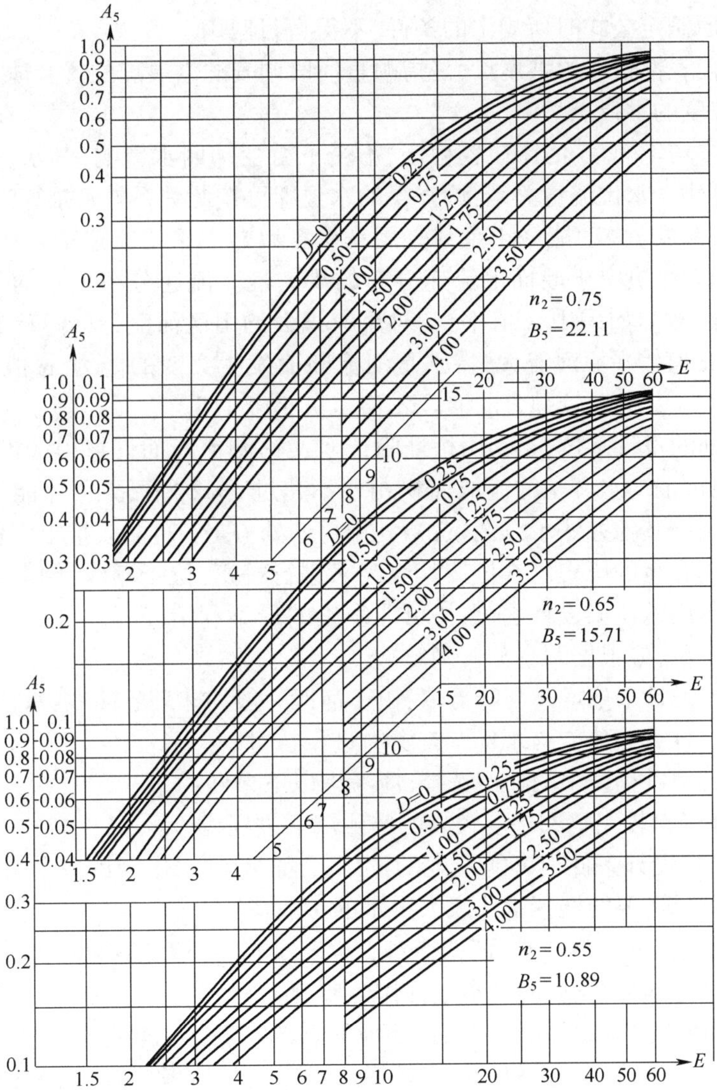

说明图 3.3.11—2(b)　$t_0=24$ h、$A_5=f(E、D)$ 洪峰削减系数

3.3.12 单位线是由暴雨推求地面径流过程的一种方法，在国内外都得到较为广泛的应用和发展，它是通过设计暴雨的分析，推求在流域上的产流过程，再按单位线的方法进行汇流计算，得出桥渡处的设计流量过程线。我国水利部门很多省、区，都按照实测的暴雨径流资料，编制了地区性的经验单位线和综合单位线等计算方法和选用参数的图表。此方法在产流、汇流分析时，涉及因素较多，经过一定的概化处理，在使用参数时要利用本流域或相似流域的实测资料，对各项参数及成果进行检验。

3.3.13 我国地区广，水文、气象变化不一，水文站的分布远远不能满足铁路桥涵水文计算的需要。在一些无人烟地区计算设计流量，有借助于按地区相似河流的特性及水文站资料统计分析，制定经验公式。地区公式制定应与当地水利、交通部门公式比较、验证。应用时应符合原制定公式时所规定的条件，不得盲目搬用。

3.3.17 要求代表性较好的洪痕点，是指顺直河段调查的洪痕点位置合适，能绘出高洪水或中、小洪水坡度的洪痕点。

3.3.18 当河段均匀顺直，河床比较稳定，不受下游变动回水影响，其水位~流量关系呈单一关系时，可建立水位流量关系，调查得的水位即可按此关系外延推算流量。

3.3.20 式(3.3.20)中动能修正系数是用来修正以断面平均流速来表达实际动能所引起的误差，它的大小决定于断面上流速分布的均匀性。流速分布愈不均匀，α 值愈大，α 将是大于 1.0 的数。如采用 α 值不当，对流速很大的山区河流，其计算结果将会影响很大。山区河流 α 值较平原河流大，特别是河流断面发生突变的能力，α 值可达 2.1，一般山区河流 $\alpha=1.5\sim2.0$，比较顺直的河段 α 值也可小于 1.5。

3.3.24 桥址处的设计水位，当利用桥址附近水文站测流断面计算得的设计水位推移至桥址时，只能在桥址与水文站的流域面积相差不超过 5% 的情况下，才能采用，不然桥址处设计流量应利用其他办法予以调整；当利用桥址处 $Q=f(H)$ 曲线推求水位时，推得的水位应与上下游调查得的历史洪水位按其坡度来进行校正；位于潮汐、倒灌、河床严重淤积或水库壅水范围内的桥梁设计水位，按可能发生的最不利情况考虑；位于逆风、冰塞等地段的桥梁设计水位，应根据调查分析确定。

3.3.25 河湾处设计水位增高与降低值，由于河湾一般均非理想曲线，水位在急湾处干扰很大，流向紊乱，计算数值应与现场调查资料进行核对。

3.3.26 放大典型过程线中的典型选择，应考虑以下条件：

(1)应选择资料较完整和精度较高的实测洪水过程线；

(2)应选择在设计条件下可能发生的洪水过程，即洪水出现的季节、洪峰的次数、洪水历时、主峰位置等，要能概括地代表大洪水的一般特性；

(3)应能满足工程设计要求，即选择对工程安全较为不利的典型，如选择峰高、量大、峰型集中、主峰发生时间偏后的洪水过程作为典型。

3.4.1 桥梁孔径不仅应满足洪水畅通，还应有适当的跨度，能使流水、流木及泥石流通过，以免冰块、筏木、石块堵塞桥孔，撞击桥墩。净空高低应考虑漂流物高出水面之高度，不能造成桥孔堵塞。壅水会扩大上游的淹设范围，应检查有无危害。建桥后由于墩台和桥头路堤阻水影响会改变水流的天然状态，尤其斜交桥渡压缩河道时更易造成流向之变化，使本来不受冲的岸滩变为受冲，危害农田房舍，设计时均应采取相应措施。

3.4.2 天然河道经过多年水流与泥沙的相互作用而形成平衡。改移河道被坏了原河道的平衡，必须考虑改河后河床坡度能否保持稳定，水流方向是否会造成对河岸的冲刷。并应预估将来的变化,采取适当的措施。

3.4.3 有压涵洞水压力较大,沉陷缝处容易漏水,危害基础及路堤,所以涵洞应设计为无压的。多孔涵洞流量分配不均匀,个别涵孔通过的流量及流速可能超过设计标准,所以一般采用单孔或双孔,只有个别情况在技术和经济上均属适宜时,方可采用多孔。

3.4.4 桥涵孔径式样在同一区段内,应力求简化,以便于施工及养护维修。

3.4.6 桥梁长度不能只考虑设计流量的通过,不顾桥头路堤。如上鹰线由于单纯追求降低造价、压缩桥孔,造成洪水时多处桥头路堤冲决。损失很大。所以必须将桥梁主体、桥头河滩路堤、导治建筑物等综合整体考虑,求得经济合理的设计方案。高桥台大锥体施工维修均较困难,不宜采用。

3.4.7 冲刷系数是表示桥下设计需要过水断面面积与桥下实有供给过水断面面积之比,不足部分靠冲刷扩大过水面积来解决。冲刷系数愈大,即桥梁对河流的压缩愈大,为决定桥孔大小的指标之一。根据多年的实践经验,山区峡谷段的冲刷系数不宜大于1.2,除山前变迁段以外的其他各类河段不宜大于1.4。

山前变迁段大多滩槽不明显,甚至无河滩,岸线不稳多变,洪水时此淤彼冲,最大深泓变迁迅速,河槽有扩宽甚至改道的可能。因此这类河流桥长的决定,不宜受冲刷系数控制,可按地区经验确定。平原宽滩河流,水深小于或等于1.0 m时,不会冲得很深,可加大冲刷系数。

3.4.8 当桥下有部分河床冲不动时,势必加剧其他部分的冲刷,使其局部冲刷系数超过规定,造成某一部分桥墩冲刷过深。桥孔设计时应考虑加大孔径,使该部分桥孔的冲刷系数符合规定。

桥址上下游有阻水山包或其他挡水建筑物时,桥下供给过水面积应扣除其影响部分。

3.4.10 不设铺砌的小桥,孔径计算与中桥同。当桥址天然水深较浅,桥前又有积水条件时,可选用适当的沟床铺砌以提高设计流速,压缩桥孔,使水流以临界状态通过桥孔是经济合理的。如果造成临界流时桥前积水过高,或天然状态已属急流状态时,则不应按临界流设计。

3.4.11 涵洞按临界流设计,要比同样孔径下缓流状态通过的流量多。当沟床的天然坡度接近临界坡度时,按临界流设计涵洞是合理的。如沟床天然坡度比较平缓,勉强局部开挖成临界坡则易造成淤积,不宜再按临界流设计。如天然状态已属急流状态,按临界流设计需增设缓流设备,是否经济应与按急流通过涵洞的设计作技术经济比较决定。

3.4.12 涵洞孔径为考虑维修养护的要求,对孔径与长度在本规范中做了一些规定。

养护单位普遍反映排洪涵洞为了便于维修与清淤,孔径不应小于1m;考虑维修养护的工作条件和维修养护人员的实践经验,各式涵洞依其净空高度或内径,规定其长度为15 m、25 m。净空高度或内径等于或大于1.5 m时,维修养护人员在其内工作时基本上可以站立,因而对其长度不加限制。

灌溉渠道上的涵洞,淤积轻微,清淤工作量不大,可以采用0.75 m的涵洞,净空高度或内径小于1.0 m时,长度不宜超过10 m。大于或等于1.0 m时,长度不宜超过15 m。

铁路穿越城市或大型车站(如枢纽、区段站)的涵洞,一般人口比较集中,涵洞除排洪外,尚有污水、垃圾杂物等流入,清淤的通风条件应比一般排洪涵洞要好一些,因此孔径应酌予加大。

3.4.13 山区河流水流湍急,冲刷力强,过去常有压缩桥孔,桥头路堤伸入河槽,势如丁坝,使桥台及锥体遭受严重冲刷,造成水害,因此本条规定,桥台不得伸入河槽。

山区由于地形限制,大部分桥梁位于曲线上,且多斜交。如桥孔设计不当,常发生水害,后患无穷。如对上鹰线的调查,其中11座大桥有9座发生水害,而当时流量并未超过设计流量。由于桥孔压缩较多,有7座桥台后的路堤冲成缺口,如柳河8号桥(说明图3.4.13),桥头水袋处虽作了封闭式导流堤,但是桥头路堤还是被冲断。该桥为6孔20 m上承板梁板,于1956年建成通车,1958年洪水就冲断右岸上游封闭式导流堤和桥头路堤,左岸上游锥体也遭破坏,1962年桥下游右岸回流淘刷上下游锥体,桥头路堤又遭破坏,左岸上游锥体也被淘刷,后台路堤也遭破坏。从桥位布设上看,斜交过甚,右岸线路又折向下游形成水袋。同时上游有河湾,洪水时水流有趋直现象、顶冲右岸桥头路堤。下游为向右的急转弯,再加上桥孔压缩过甚,桥头路堤伸入河槽,下游形成旋涡,淘刷力甚强,1962年洪水将锥体防护石笼冲至旋涡深坑中,而使锥体和桥头路堤遭到破坏。在该线桥头上游形成水袋者计有6座,1958年洪水时沟遭到破坏,经过修复加强,1962年又有大部遭到破坏,足见这一问题之严重性。

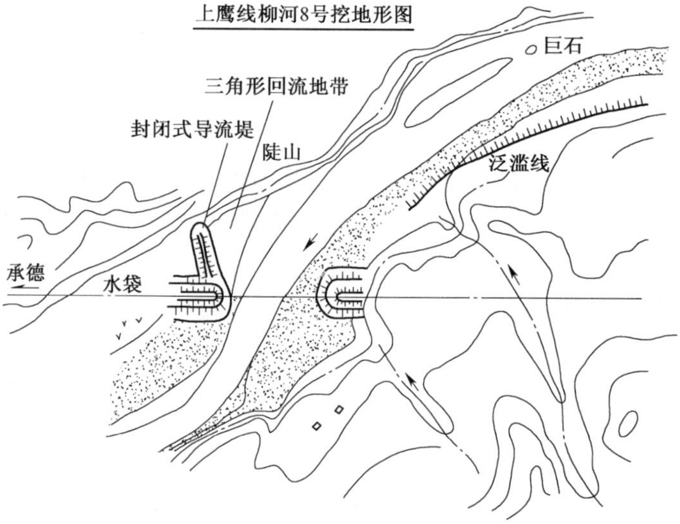

说明图3.4.13　柳河8号桥桥址平面示意图

3.4.14　山前河流的特点是河道不断改道,必须根据历史上的变化规律,推断将来的变化。布设桥孔时一方面应适合现状,一方面要适应发展的需要,并加以适当的控制以减缓其变化,必要时桥孔应留有余地。

3.4.15　平原河流情况比较复杂,有的支汊较多,有的泛滥较宽,设置一河一桥还是一河多桥都有成功的经验和失败的教训。如东北地区几座嫩江大桥采用一桥方案情况较好,而平齐线洮儿河于破堤处增设河滩桥也是合适的。因此对这类地区设桥必须深入调查,分析历年河道演变情况,结合地方治理规划确定设置一桥或多桥,必要时可进行水工模型试验验证其情况。

3.4.18~3.4.21　本规范条文中表3.4.18所列的桥下净空最小高度,主要是考虑了以下三方面的因素,即推算周期流量由于抽样误差引起的水位误差;天然水流受外力及受桥梁建筑物影响后的水面变化和水流挟带的突出水面的漂流物高度。

"设计(或检算)水位"系指相应于本规范第1.0.5条表1.0.5—1中的设计(或检算)

洪水频率的水位，它是进行桥梁孔径、冲刷计算的主要依据。河流的壅水、浪高、局部股流涌高、河床淤积等高度，不计入设计(或检算)水位之内，但在确定桥下净空高度时，应根据河流具体情况，在设计(或检算)水位以上，再分别考虑壅水、浪高、局剖股流涌高、河床淤积等的有关影响高度。其中浪高除在洪峰历时短促、涨落迅速河流上的桥梁外，一般均应计入。

浪高可根据调查取得，当调查有困难时也可采用本规范式(3.4.19)计算。该式为南京水利科学研究所与华东水利学院提出的。由于波浪摆动中心线高于静止水位线，故应参照交通部现行的《公路桥位勘测设计规程》的规定，浪高取式(3.4.19)计算值的2/3。

在我国西北山前河流上，洪水主流多股奔放，在集中处水流恒较两侧为高的一种现象，谓局部股流涌高。其成因很复杂，须在勘测时通过调查加以考虑。在河床逐年淤积抬高的河流上，桥下净空高度尚需考虑淤积的可能性而适当的加大。泥石流的河流上，除应考虑设计年限内淤积厚度的总和外，在有严重的泥石流时，一次淤积厚度最大值竟有达3 m~5 m的，因此，桥下净空高度应取设计年限内，河床淤积厚度总和或一次淤积厚度的较大值，另按本规范表3.4.18规定加安全值1.0 m。若为黏性泥石流，泥石流常浮悬着直径达1 m~2 m的大孤石，考虑到孤石一般呈半浮半沉状态，遇此情况，桥下净空高度还应再加大孤石直径之半值。泥石流阵性波浪高的因素也不能忽视，根据甘肃省交通科研所在甘肃武都白龙江流域对泥石流多年实地观测资料，一次泥石流过程常由许多阵性波组成，1972年8月6日火烧沟发生黏性泥石流，其波峰头部高达7 m~8 m(自河底算起)，一般波高1 m~2 m(自下层连续泥石流平均表面算起)，有的稀性泥石流波浪翻滚高度也有1 m以上，遇有此种情况，桥下净空高度须适当考虑阵性波浪高的因素。

有些河流在洪水时往往挟带着大量漂流物，如净空不够，容易堵塞桥孔，甚至推走桥梁，挤倒墩台，造成水毁事故。根据桥下有漂流物的21个调查资料，漂流物种类很多，有连根带枝的树木、屋架、家具、破木船、杂草及流木等。在水面以上高度在1.0 m以内的占90%。最高为2.0 m。一般说来，钢梁杆件容易缠挂住漂流物，再加上自重较轻，梁上的木枕又有浮力，钢梁被漂流物推往下游往往可达几十米至数百米。钢筋混凝土梁是自重大的实体建筑物，漂流物在梁上缠挂不住，即使净空不足，漂流物亦能从梁下挤过或梁上跃过。1960年在我国东北溪田线有5座大桥被洪水冲毁，钢梁绝大多数推落在河中，而钢筋混凝土梁几乎都屹立在桥墩台上，上述现象很普遍，故条文中规定钢梁下在洪水期有大漂流物通过时，可根据具体情况，采用比表列数值较大的净空高度。

实体无铰拱桥(拱圈或拱肋)的拱脚，因其结构本身刚度较大，当洪水期无大漂流物时允许被设计水位加有关影响高度“Δh”后的水位淹没，但不应超过矢高之半。由于拱桥较梁桥阻水影响较大，为维持拱桥与梁桥下大致具有相同的净空面积，故规定净空高度不应少于1.0 m。

关于最高流冰水位从我国东北、内蒙严寒地区已成铁路桥梁的实际资料来看，均低于洪水时的设计水位，对净空高度不控制，故本规范条文中未列流冰水位对净空高度的要求。

3.4.24 为保证涵洞与路堤的安全稳定，在无压涵洞过水断面上，留有一定的富余高度，以免因流量计算不准确，使无压涵洞变成有压的，也可以防止水流中携带树枝、柴草等漂流物堵塞涵洞。

圆涵因孔径较小，入口处均无提高节，根据多年实践经验，入口端部净空高度可不受本规范表3.4.24所列数值限制。

3.5.1 桥前壅水可根据地区特点选用有关公式计算、本规范中所列式(3.5.1)为多年来常用之公式。由于该式形式简单,资料易于取得,系数 η 包含了河流类型、桥渡压缩条件和考虑了冲刷的影响,计算方便,经多年使用,一般尚能比较切合实际。

3.5.2 最大壅水高度发生在桥前。桥下壅水高度不易精确计算。多年来的经验桥下壅水高度可采用桥前最大壅水高度的一半。对于山区和山前河流,由于洪水涨落急骤,历时短促,且河床质坚实,不易冲刷时为安全计桥下壅水高度采用桥前最大壅水值。对于平原洪水涨落很缓慢的河流,如河床质松软,洪水随涨随冲,易于造成一般冲刷时,桥下壅水可不计。

3.5.3 考虑到桥前壅水曲线长度,只需要一个粗略的数值,故本规范采用了一个近似计算公式。如需要精确计算壅水曲线时,则需按比能平衡方程逐河段计算。

3.5.4 两座平行桥的墩、台、孔跨对应,线间距不大,上下游两桥间有河堤联接的复线桥例如京山线滦河桥、沈大线熊岳河桥、沈山线小凌河桥、律浦线南排河桥等,经铁道部第三勘测设计院实测资料验证,其洪水水面线在下游桥出入口处不存在水位差。美国运输部联邦公路局 J. N. 布拉德利 1973 年所著《桥梁河道水力学》中也指出:当两桥靠得很近时,水流图形类似单座桥梁。

3.6.1 在计算冲刷选取资料时应注意:

(1)对冲淤变化的河段,涨水时河槽全面冲深,落水时又回淤,水位流量关系曲线呈绳套形,即同样的流量,对应不同的水位。如果采用对应的高水位计算冲刷,则一般冲刷和局部冲刷都将有所减小,其冲刷线高程将偏高,导致不安全的后果。为此计算冲刷深度时,应采用与设计流量对应的下限水位,如说明图 3.6.1 所示。当桥位受潮汐、水库、湖泊及大河等变动回水的影响时,也应搜集水位流量关系资料,采用下限水位,作为计算冲刷的依据。

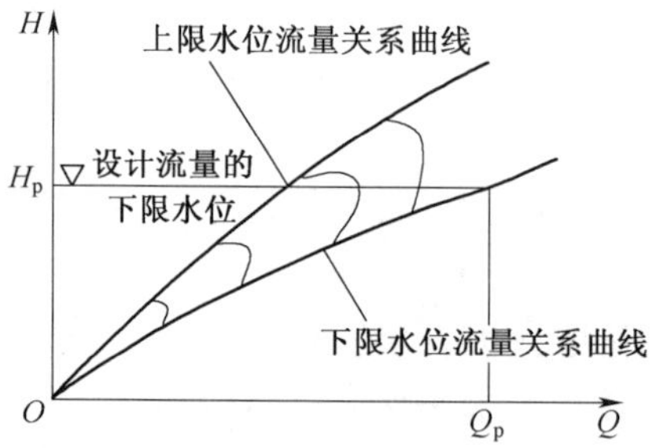

说明图 3.6.1　实测洪水的绳套形水位流量关系曲线

(2)一般冲刷计算公式(3.6.2—1)中所使用的原始断面的特征值为($h_{mc}/\bar{h}_c$),系一无因次比值。$h_{mc}/\bar{h}_c$ 比值愈大,算出的一般冲刷深度愈大;反之则算出的冲刷深度小。规范条文中所说的“计算冲刷不利的断面”指的是 $h_{mc}/\bar{h}_c$ 比值大的断面。由于一般冲刷深度与 $h_{mc}/\bar{h}_c$ 比值有关,与原始床面的绝对高低无关,这使得在选择原始断面时,注意力应放在 $h_{mc}/\bar{h}_c$ 大小合理性的分析判断,而不宜过分强调原始床面高程的高低。

(3)河床颗粒直径因取样位置不同,可能得出许多种不同的粒径,有时甚至相差悬殊。勘测时应找大颗粒密集部位取样。这个部位在平面上需找桥址附近坡度较陡,断面较窄,流速和颗粒较大之处,在横断面上,大颗粒大都位于深槽边和边滩交界处或深泓中。

3.6.2 式(3.6.2—1)是 1960~1964 年铁路和公路两个系统大协作制定的一般冲刷计算

公式,即式(64—1)。它是根据52座桥118个站年的观测资料制定的,经过20多年来的使用和考验,证明符合实际较好。但对于比降小、细沙的深水河段、回水和倒灌河段等,使用式(3.6.2—1)前宜用天然资料进行检验。公式的建立详见铁道部科学研究院《桥渡一般冲刷计算式(64—1)使用说明》。

当桥下河滩宽度与桥下河床宽度之比小子20%时,一般冲刷计算可不分滩、槽,可将全桥下的各部分合并计算;当桥下河滩宽度与桥下河床宽度之比大于20%时,则需将桥下滩、槽分别来计算一般冲刷深度。

河滩部分一般冲刷式(3.6.2—3)中v_{H1}为水深1 m时不冲刷流速可从本规范附录F中查取。附录F中的不冲刷流速值表是铁道部科学研究院经过分析比较,选用沙玉清提出的不冲刷流速公式制定的。

式(3.6.2—3)中A_1为河滩流量非均匀系数,是采纳铁道部科学研究院的意见,根据试验室试验和天然过流资料,在原《铁路桥渡勘测设计规范》第5.6.2条非黏性土河床桥下一般冲刷计算河滩及人工渠道部分式(5.6.2—3)的基础上增加的一个系数。主要考虑在桥头路堤侵占部分河滩的场合,根据试验观测,被截断的流量挤向桥孔时,也不是均匀分布的,紧邻桥头路基的河滩要多占一些。故计算河滩桥孔的一般冲刷时,也要列入一个流量非均匀分配的增大系数,以策安全。但河滩毕竟水浅,且床面一般不易冲动,故增大比例有限,不宜超过15%;如压缩很小时,这种增大更微不足道,故采用$A_t=1.0\sim1.15$就可以了。

3.6.3 黏性土河床桥渡一般冲刷计算的基本概念为

$$h_p=\frac{q_{pm}}{v_s}$$

式中 q_{pm}——冲刷停止时断面上最大单宽流量[$m^3/(s\cdot m)$];

v_s——冲刷停止时垂线平均流速,简称冲止流速(m/s)。

冲刷前桥下断面上最大单宽流量为

$$q_m=\frac{Q_p}{B}\left(\frac{h_m}{\bar{h}}\right)^{\frac{5}{3}}$$

式中 B—— 桥孔净长(m);

$\bar{h}$——设计断面上桥孔部分的平均水深(m)。

由于河床在冲刷过程中变形,桥下断面上的单宽流量要进行重新分配,在进行重新分配的过程中有集中的趋势,愈不稳定的河段,集中的趋势愈强烈,可写出:

$$q_{pm}=Aq_m^n$$

根据既有桥洪水冲刷时的实测资料得$n=1.0$,故

$$h_p=\frac{A\left(\frac{Q_p}{B}\right)\left(\frac{h_m}{\bar{h}}\right)^{\frac{5}{3}}}{v_s}$$

由于黏性土河床都较稳定,用河北省漳河蔡小庄水文站黏性土河床的实测资料验证,A值不大,可用1.0~1.2。

在分析黏性土既有桥调查资料的冲止流速v_s时,曾引入黏性土的干容重γ_d,孔隙比

e,塑性指数 I_p 和液性指数 I_L 等多种物理力学指标,作为反映黏性土的抗冲能力,结果以 I_L 的关系为最好,最后得

$$v_s = 0.33\left(\frac{1}{I_L}\right) h_p^{\frac{3}{5}}$$

整理上述诸公式即为本规范中所推荐的公式。调查所依据的黏土资料多属黄、淮、海河流域的黄土质黏性土和少量的长江中游淤泥质黏性土,这些资料中,液性指数 I_L 的变化范围为 0.16~1.19。上述黏土冲刷计算公式说明详见铁道部黏土桥渡冲刷研究专题组提出的《黏土桥渡冲刷天然资料分析报告》。

以上公式中符号未注明其意义者,见本规范第 3.6.3 条。

当钻孔资料采用冲刷部位处土的液性指数 I_L 为负值时,则可选用附近或上层同类土中干容量和塑性指数相接近土层的 I_L 值。

3.6.4　本规范中式(3.6.4)系在有底沙运动的河段上,当桥下流速恢复到建桥以前的天然流速时,冲刷即行停止的假定而建立的,未考虑水流集中冲刷的因素,也未考虑河槽土质情况。但实际在一些发生集中冲刷的河流上,冲深往往不是和水深成正比,而是冲刷集中在某一部分特别深,其他部分甚至有淤高现象,因此本公式只适用于平原及山区稳定河段。过去使用这个公式在某些河段上还是比较合适的,故予采用列入本规范。

3.6.5　水文复杂的特大桥附近有水文站或有洪水时实测断面流速分布和水深的资料时,可分析计算桥下河床最大单宽流量和冲止流速,从而计算桥下一般冲刷。分析计算方法可参阅铁道部科学研究院《桥渡一般冲刷计算式(64—1)使用说明》一文。

3.6.6　桥墩周围的局部冲刷是很复杂的自然现象,国内外的研究报告和提出的计算公式很多。本规范所列式(3.6.6—1)和式(3.6.6—2)是我国使用多年的式(65—1)的改进。

式(65—1)是以我国自己进行的大量室内试验资料和洪水期实桥观测资料为依据而建立的。

由试验和观测资料得知,决定局部冲刷深度的主要因素有:墩前水流行近流速,桥墩宽度,河床质粒径和组成。墩周开始冲刷时流速,河床泥沙的起动流速,水深和桥墩形状等因素。

根据试验资料绘出的局部冲刷深度 h_b 和行近流速 v 的曲线关系如说明图 3.6.6 所示。图中的直线段和曲线段可分别用以下两式描述。

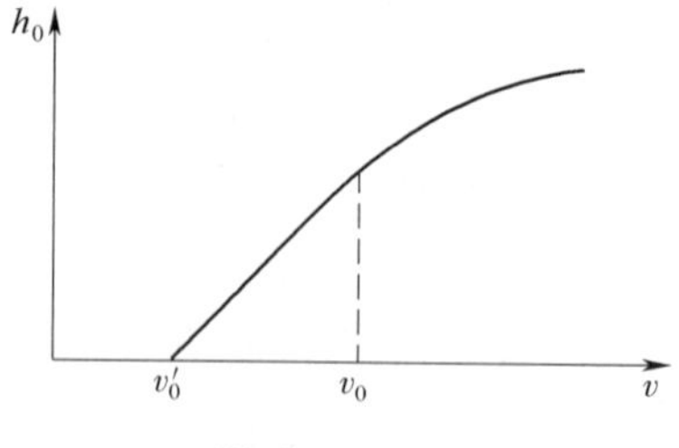

说明图 3.6.6

当 $v \leqslant v_0$ 时(直线段):

$$h_b = K_\xi K_\eta B_1^x (v - v_0')$$

当 $v > v_0$ 时(曲线段):

$$h_b = K_\xi K_\eta B_1^x (v - v_0')\left(\frac{v}{v_0}\right)^n$$

以上两式即为式(65—1)的基本形式。用大量的试验资料和实测资料决定两式中系数和参数,即得式(65—1)的实用形式。当年制定时,囿于天然观测资料中之最大粒径没有超过 150 mm 者,故该式未推广用于大颗粒河床。为此有必要对式(65—1)进行补充并适当修改。修改时采用下列公式描述说明图 3.6.6 之曲线段,从而使曲线段和直线段的衔接更为合理,即

当 $v > v_0$ 时

$$h_{\mathrm{b}} = K_{\xi} K_{\eta} B_1^{x} (v_0 - v'_0) \left(\frac{v - v'_0}{v_0 - v'_0} \right)^{n}$$

与此同时引入大颗粒河床局部冲刷的试验资料和天然观测资料,制定公式中的系数和参数得:

$$x = 0.6$$

$$K_{\eta} = 0.8 \left(\frac{1}{\bar{d}^{0.45}} + \frac{1}{\bar{d}^{0.15}} \right)$$

$$n = \left(\frac{v_0}{v} \right)^{0.25 \bar{d}^{0.19}}$$

$$v'_0 = 0.462 \left(\frac{\bar{d}}{B_1} \right)^{0.06} v_0$$

以上公式符号意义见本规范第 3.6.6 条。

3.6.7 根据《黏土桥渡冲刷天然资料分析报告》,黏性土河床桥墩局部冲刷深度一般关系式可写成:

$$h_{\mathrm{b}} = K_{\xi} B_1^{x} h^{y} v^{z} f(I)$$

式中 h——水深;

I——代表黏性土抗冲能力的某一个或某几个物理力学参量,如干容重、孔隙比、塑性指数或液性指数等;

x, y, z——指数。

考虑到黏性土桥墩局部冲刷不同于非黏性土桥墩局部冲刷的原因在于,受冲土质和上游补给的泥沙不同,桥墩自身因素和水流的作用力并无不同之处。因此,参照非黏性土桥墩局部冲刷的现有研究成果,采用 $y = 0, x = 0.6$,上式就可改写成:

$$\frac{h_{\mathrm{b}}}{K_{\xi} B_1^{0.6}} = f(v, I)$$

利用天然调查资料点绘上式,所得结果一如黏性土一般冲刷,以采用液性指数 I_{L} 者为好,并得 $Z = 1.0$,故上式可改写成:

$$\frac{h_{\mathrm{b}}}{K_{\xi} B_1^{0.6} v} = f(I_L)$$

再用调查资料点图,并根据桥墩宽很大水深较浅,墩周局部冲刷略有减小的概念,按 $\frac{h_{\mathrm{b}}}{B_1} \geqslant 2.5$ 及 $\frac{h_{\mathrm{b}}}{B_1} < 2.5$ 两部分点图,就得规范中的式(3.6.7—1)及式(3.6.7—2)两式。

以上诸式中符号意义未注明部分见本规范第 3.6.7 条。

3.6.8 桥墩台基底的埋置深度,是桥梁建设中的关键问题。超过需要深度将造成浪费,

深度不足将会发生病害，危及运营安全，修复加固也不易。因此准确且略偏安全的决定基底埋置深度是至关重要的。

1　在非岩石河床且无冲刷处或河床设有铺砌防冲处，由于离地面较近范围内的土，随着气温和湿度的变化，体积会产生较显著的膨胀和收缩，且有些地下动物多在此范围内活动，土的结构易受扰动。另外为防止基础承受横向力使地基土被挤出，均要求基础具有一定的埋置深度。为了满足这些要求，本规范规定基底埋在地面以下的深度不应小于 2.0 m，困难情况下不应小于 1.0 m。所谓困难情况，是指施工困难，继续下挖可能影响附近既有建筑物的安全；或根据地基土层变化，如增加埋置深度将会引起基础类型的变更增加投资和施工难度。

2　在有冲刷处，墩台基底应埋置在最大冲刷线以下，其最小埋置深度 1959 年桥规规定为 2.5 m。20 世纪 70 年代改规时曾对此进行了调查，听取了铁路、公路系统 15 个设计、运营单位的意见，认为最小埋置深度不应是一个定值，而应根据河流类型、河床质的抗冲能力、计算设计流量的可靠性、计算冲刷深度的方法、桥梁的重要性及修复难易等因素来确定。根据上述意见，提出了用冲刷总深度作为选定最小埋置深度值的主要依据。河流类型、河床质的抗冲能力都可概括反映在冲刷总深度中，因河床稳定、土的抗冲能力强，冲刷总深度就小。若河床演变剧烈、土的抗冲能力弱，冲刷总深度就大。计算设计流量的可靠性，在一定程度上影响基础的安全，这主要在加强调查研究来解决。如在资料非常匮乏，设计流量确定无把握的个别情况下，在确定最小埋置深度时应考虑这个因素，留有一定的富余量。对于技术复杂、修复困难或重要的特大桥、大桥，如因基础埋置深度不够，一旦水毁，修复困难，影响面广，损失较大，故确定埋置深度时应较一般桥梁为深。

本规范提出的基底埋置深度值是考虑了上述种种因素，并用我国现行制定的冲刷公式计算，除极个别桥外，所有搜集到的运营的桥和水毁的桥的资料，经验证都在规定的基底埋置深度值范围之内。对于技术复杂、修复困难或重要的特大桥、大桥，基底埋置深度较一般桥梁增深了 1.0 m，对这类桥梁还规定用检算洪水流量进行检算，以策安全。

桥墩台基底埋置深度设计得合理，不仅涉及结构本身与水文、地质的关系，有时还涉及其他很多问题而无法包罗到规范之内，如桥址附近挖取工业用砂，使河底高程降低或上下游水库溃坝等，这些对基础都将造成威胁，设计时应结合具体情况加强调查分析，研究确定合理的埋置深度。

3.6.9　由路内外有关单位所组成的桥梁基础岩石冲刷调查组，曾在 20 世纪 70 年代初调查了 64 座桥渡，其中属于岩石冲刷的有 31 座，共 51 个墩台。在 1974 年提出了《桥梁基础岩石冲刷调查小结》，并提出了《岩石上桥墩基础冲刷及埋置深度参考数据表》。

岩石冲刷的特点是单方向浸蚀，没有回填的补偿作用。因此，时间的积累是决定岩石冲刷深度的重要因素。岩石抗冲能力的大小决定于岩石的质地及其风化程度，软质岩易冲刷，硬质岩难冲刷；风化剧烈的岩石如砂砾那样易冲刷，新鲜的硬质岩可不计其冲刷。墩台施工时，如打板桩围堰等临时工程，将对岩石结构造成破坏，往往会导致严重的冲刷。

上述的参考数据表已经过十多年来的使用，原参加调查组的人员又于 1984 年对该表进行了局部修正，现修正后的表列在《铁路工程设计技术手册 · 桥渡水文》第六章第七节中，可供参考。表中建议埋置深度按施工枯水季平均水位至岩面的距离来分级，分为 3 级，其意义主要是水深大的墩台基础在维修和修复工作时比较困难，宜给予较多的安全考虑。另外，水深作为一个主要的水力因素，在决定冲刷深度时，是一个起作用的因素。该表是参照调查的实有冲刷深度经分析拟定的，一般偏向于选用可能的较大值。

3.6.10 增建第二线桥的冲刷计算，应考虑与既有桥水流相互干扰的不利影响。第二线桥位于既有桥的上游或下游，距离的远近，墩台的对应与水流的斜交程度以及既有桥的防护等均将使水流产生不同程度的干扰。应根据计算的结果与调查情况分析判断，确定基础埋置深度。

3.6.11 小桥涵的设计流速一般均大于天然流速，所以要根据设计需要设置防冲铺砌。铺砌类型可根据流速大小选用，铺砌的范围以不致造成铺砌下游发生严重冲刷，危及农田村舍为原则。

3.6.12 桥台锥体填土的坡度均较路堤边坡为陡，一般均应进行全高防护。在水流作用部分常受水流冲击，尤其当孔径有压缩时或水流斜交时更甚，由于水流的冲击淘刷会造成锥体的坍塌而中断行车。所以对锥体的防护应视流速之大小及顶冲之程度决定。为防止其淘刷，必须设置适当的反滤层。

3.7.2 为了避免在河滩路堤与河岸间形成水袋，在路堤前形成回流或长期积水，影响路堤稳定，故应避免在河滩范围内设计折向下游的路堤。如必须设计折向下游的路堤时，可根据技术经济条件增长桥孔或增设导流工程，以消除水袋。山区河流流速湍急，宜采用增长桥孔的措施。

3.7.4

1 桥头河滩路堤上游沿堤水位

河道中修建了桥梁压缩天然水面后，桥前水位壅高，并在桥孔泻泄洪水的过程中形成近似半椭圆形的水漏斗。水漏斗的水面等高线交至河滩路堤上构成上游侧沿堤水位的变化如说明图 3.7.4 所示。由图中可看出，通过桥前最大壅水处（点④）的水面等高线，交至河滩路堤上（点⑤）产生最大堤前最高壅水位。当路堤长度 L_a 大于 L'时，路堤上形成最高壅水位。当 L_a 小于 L'时，则路堤上不能形成最高壅水位，只在河岸处形成较高的壅水位。该处水位可按沿堤水面坡度用式（3.7.4—5）推求。

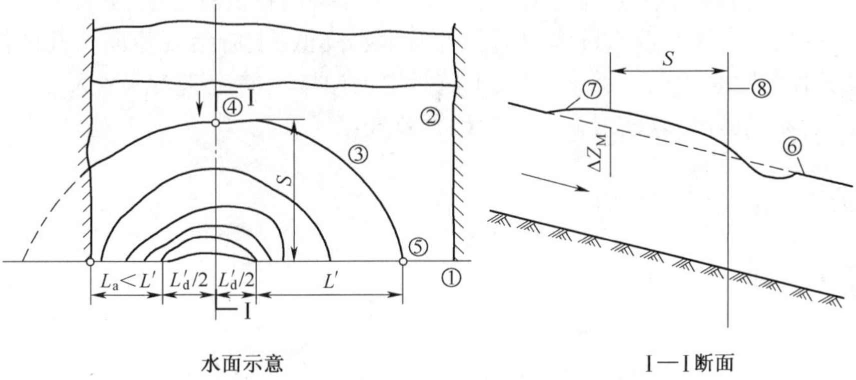

说明图 3.7.4　桥前壅水图

①河滩路堤中心线；②河岸线；③水面等高线；
④桥前最大壅水点；⑤路堤最大壅水点；⑥天然水面线；
⑦建桥压缩水流后水面线；⑧桥梁轴线。

L'及 S 值采用铁道部科学研究院研究的式（3.7.4—1）及式（3.7.4—3）计算，该公式系根据水工模型试验而来，并已利用部分实测资料进行验证。

为了偏于安全地确定桥头路堤高度，本条规定在桥台台尾路堤起点处的堤前水位比设计水位升高 ΔZ_M 值。

当桥头修建有非封闭式导流堤时，由于堤后积水，水位趋平，沿堤水位可认为是水平的，可按堤前最大壅水（H_{sh}或 H'_{sh}）的水平面确定。

2　桥头河滩路堤下游沿堤水位

河滩路堤下游侧沿堤水位较天然水位为低，降低值可采用铁道部科学研究院试验确定的 ΔH_x，公式即式（3.7.4—6）计算。下游侧沿堤水位在洪水涨水过程中自桥头向泛滥边缘降低，洪水退水过程则相反，在洪峰持续时间内，沿堤水位基本是水平的，故下游侧沿堤水位可按同一水平高度设计。

3.7.6　水域风浪受到路堤阻挡时，波浪将在路堤边坡上侵袭爬高，在静水位以上形成附加高度，路堤的设计高度应考虑波浪侵袭爬高的影响，但对本条列举的四种情况，风浪不易形成，或风浪很低，可以不考虑风浪侵袭爬高影响。

风浪高度与风速、浪程、水深等因素有关。波浪在路堤上侵袭爬高又与边坡坡度、边坡糙渗度、风力有关。国内外关于浪高与侵袭爬高计算方法繁多，都与具体水域特定条件相关，但观测场都为海域，对内河风浪研究极少。国内对波浪研究成果有南京水利科学研究所与华东水利学院共同制定的莆田试验站公式与山东海洋学院制定的公式等。此外官厅水库、青海湖、鹤地水库、鄱阳湖、宿鸭湖水库等都通过观测建立了各自区域性的公式，但国内对内河风浪尚无研究资料。

铁路桥梁跨越或濒临的水域大都为内河或湖泊、水库，确定这些水域的风浪爬高目前尚无成熟的统一公式。本条强调可根据本地区或相似地区的观测资料确定或按地区经验确定，因搬用某些特定条件制定的公式可能会造成较大误差。规范中所列办法可供估算之用。

3.7.7　见第 3.7.4 条说明。

3.7.11　河滩路堤沿堤水流是转变流向并受桥前壅水阻滞的水流，其流速比天然河滩流速为小。沿堤流速的大小主要与河流天然流速、桥孔挤压程度等有关，并在一次洪水行洪过程中有所变化。一般在退水过程中随着桥前壅水降低，上游沿堤流向桥孔的流速逐渐增大；涨水过程中随着桥孔泄洪量增加，下游沿堤流向岸边的流速逐渐增大。

上下游沿堤流速值，以前习惯用下列计算公式：

上游沿堤流速　$$v_{sh} = 0.7\left(\frac{\bar{h}_{0t}}{\bar{h}_{0t} + \Delta Z_M}\right)\cdot \bar{v}_{0t}$$

下游沿堤流速　$$v_x = 0.7\bar{v}_{0t}$$

式中　v_{sh}，v_x——分别为上、下游沿堤流速（m/s）；

$\bar{h}_{0t}$，v_{0t}——分别为河滩天然平均水深（m）、天然平均流速（m/s）。

考虑洪水涨落等情况，本条对上、下游沿堤流速均简化按下式计算：

$$v_t = 0.7\bar{v}_{0t}$$

当桥头未设导流堤时，靠近桥台的上游沿堤水流由于受桥头水流流束向桥孔挤压的影响，其流速显著提高。此流速值与影响范围的定量尚待研究，故规定在靠近桥台部分应采用桥下流速作为沿堤流速。

3.8.1　堤防由于河道的形态、水文特性及防护对象的重要程度和受灾害后损失的大小，以及江河流域规划或流域防洪规划等方面的要求，有一定的标准。根据这些要求桥梁跨越设有堤防的河道时，其梁底高程应高于河道的设计洪水位与现有堤顶高程；对有规划的河道应高出规划设计堤顶高程。一般情况下，河道设计标准，低于桥梁的设计洪水频率标准，设计时梁底高程能够满足高于河道设计洪水位和现有堤顶高程的要求。但一些河道，如人工开挖的河道和蓄、滞洪区等，由于防洪、蓄水、通航等方面的要求和发展都有规划，而且标准较高。还有一些河道设计标准高于铁路桥梁的设计洪水频率标准，如京九线跨越滏阳新河特大桥，滏阳新河按 1963 年洪水型校核标准设计，铁路桥按 1/100 设计水位计算路基最小高度所确定的梁底高程比堤顶还低，为了满足防洪要求，不能将河堤拉槽，避免大洪水时沿缺口跑水，必须将桥抬高。因此，设计时对于有规划的河道或设计标准高于桥梁的河道都应该将梁底高程按高于规划或现状堤顶高程设计。当然，规划应该切实可行，符合国家有关法规，并且是经过上级主管部门批准的。

另外在困难条件下，设计梁底高程不能满足堤防规划要求时，墩台结构及基础要考虑预留抬高梁底的条件。如京九铁路津霸联络线永定新河桥，因受天津市有关规划的限制，设计梁底高程最低点为 6. 58 m，比规划堤顶高程 7. 27 m，低 0. 69 m。但仍比既有河堤高程 6. 55 m，校核洪水位 6. 01 m 为高。经国家有关部、委磋商决定，维持设计桥梁高程，但要考虑将来桥梁能抬高的措施。

3. 8. 2 堤防是保护河道顺利行洪防止水害发生的重要设施，在桥孔布设时应尽量将墩台避开河堤，避免由于墩台设在河堤上施工时扰动河堤。但由于桥头附近的地形、河道的水力特征等方面的原因，往往桥孔布设困难，不得已将墩台设在河堤上。在这种情况下，为防止洪水发生时，造成冲刷，使墩台处的河堤形成薄弱点，沿此处破堤，必须在施工时作好防洪措施，当墩台施工后及时回填夯实，使回填土的密实度达到开挖前的程度，并按河堤断面恢复原状，对原有铺砌的河堤，亦应按原铺砌断面恢复，原河堤无铺砌者，应在墩台附近为加强河堤的防冲能力，对恢复后的河堤迎水面增加铺砌防护。铺砌长度一般是根据墩台、基础施工时基坑开挖的范围上、下游再增加一定长度。在京九线刚刚建成即将开通运营之际，1996 年 8 月海河流域出现了 1963 年 8 月以来的最大一次洪水，这次大洪水三五十年周期才可能出现一次，我院对海河流域 1996 年 8 月的洪水情况进行了一次较全面的调查，从调查结果来看，以滹沱河特大桥为例，在洪峰流量达到该桥设计洪水情况下，河道、堤防出现了险情，一些地区发生洪涝，而铁路没有发生水害，洪水退后，从现场实地考查，两端桥头上、下游各 30 m 长的河堤边坡铺砌完好无损，伸入河床的铺砌末端，没出现冲刷坑及垂裙损坏情况。根据京九线及以往各线大中桥河堤边坡防护设计和使用情况，墩台竣工后恢复河堤原状并加强，采取在河堤迎水面按照桥台锥体铺砌标准，上、下游铺砌 30 m～50 m 的范围是合适的。

3. 8. 3 对于行洪河道，以及行洪、蓄、滞洪区，为了确保汛期，抗洪抢险人员、物资、设备及时到位，车辆畅通无阻，满足防洪运用和安全，铁路与堤防交叉时，应根据防护区内各类防护对象的重要性和规划，堤防工程的级别和堤防工程在防洪体系中所起的作用，同河道主管部门协商，留有防汛抢险通道。一般在台后设置平交道口，重要的通道在设平交道口的同时，在台前、台后设置立交通道。

3. 9. 2 导治建筑物的布设，与水流情况、河床演变等自然条件密切有关。因此应结合河段特性、水文、地形和地质等不同情况来布设，按导治的目的设计出一条能兼顾左、右岸，上下游与洪中枯水位的导治线，经多方案比较，确定其总体布设。

导治线应顺应水势,根据水流的弯曲情况设置不同半径的导流堤、丁坝、顺坝、格坝等。平原蜿蜒河段由于中水位期间较长,按中水位设计的导治线可控制中水位时河床的演变,有利于防洪、护岸和通航;山区砂质河床段也宜按中水位导治,这有利于较大流量通过桥孔;山区卵石河床段宜按洪水位导治,有利于防止洪水期卵石在桥渡附近的落淤。

在水情复杂,导治工程规模较大时,修建费用较巨。若设置不当反而增剧了水流对桥渡的危害,故宜通过水工模型试验并宜分期投资,逐步验证,不断加强完善。

借导治建筑物的布设而压缩桥孔,历史教训证明不足效法。宝略段 1981 年洪水,使清姜 1 号桥,嘉陵江 7 号、9 号桥(流速分别为 6,4.6, 5.7 m/s)导流堤和桥头均遭到严重的破坏。总结了教训可认为:河槽范围内不宜设导流堤束水过桥,这不但造价昂贵,且易遭水害,防护和维修费用常远远超过扩孔的费用。

3.9.3　泥石流地区由于选线考虑不周, 桥渡存在缺陷时,必须从防护、排导、拦挡等导治措施中选取一种或数种,与铁路主体工程配套,组成一个整体。若投资较大在经济上不尽合理,在运营上也不能确保安全时,应考虑另选线路方案。

3.9.4　长大导治建筑物造价高,养护维修费工、费料,易遭破坏,故不宜设置。

3.9.5　在泥石流沟上布设丁坝,从既有铁路上修筑的经验来看,都是失败的,如 1958 年后在东川支线上修了 585 个丁坝,至 1964 年丁坝全部失效,其中多数被冲毁、撞坏或切去坝头,有的被河床上涨淤埋,故规范规定严禁设备。

3.9.6　山区河流峡谷段一般均无河滩,桥孔原则上满布全河,无需设置导流堤。山区开阔段一侧或两侧有较开阔的台地,桥头路堤伸入河滩。或上游有支汊汇入,使水流紊乱,此时应设置坚强的导流堤。

当河滩路堤折向下游,修建封闭式导流堤以堵截水流时见第 3.7.2 条说明。当河滩路堤向上游弯曲一般应修建梨形导流堤,如说明图 3.9.6 所示。

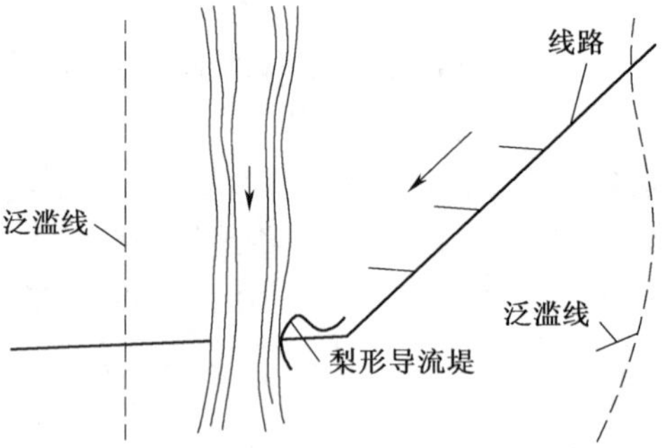

说明图 3.9.6　梨形导流堤示意

3.9.7　山前冲积扇中游扩散河段上,宜布设一河多桥,不宜布设长大的封闭式导流堤,强行约束水流在一座桥中排泄。一河多桥的两桥间,宜采用桃形堤、分水堤或加固路堤的措施,以保护桥头路堤免遭水流冲坏。

3.9.8　山前变迁河段上桥梁的导流堤,实质上是整治河道的导治建筑物,可修建封闭式导流堤以固定天然情况下摆动不定的河道,减小泛滥范围,约束漫溢的水流归槽,使全部水流逐渐而均匀顺畅地导入桥孔,对桥头路堤和两岸农田房舍起到保护作用。在摆动与稳定河段间的过渡段上,宜采用梨形导流堤。梨形导流堤在铁路桥渡上采用比较普遍,成功例子很多,其优点是便于施工和养护。

3.9.9　平原游荡河段上布设封闭式导流堤,主要为稳定河段,约束水流。其他各类河段可按河滩被压缩部分的流量与总设计流量的比例来确定。一般情况,若河滩被压缩部分的流量大于总设计流量的 15%,则应考虑布设导流堤;若小于 15% 且水流比较稳定,流速小于 1 m/s,地形上也无必要修建导流堤时,可利用桥头锥体导流,不再设导流堤。

3. 9. 10

1 单个长丁坝挑流能力强,水流不易控制,养护困难,不宜布设。

2 桥址上游附近不得布设丁坝,以免使水流紊乱,冲刷墩台基础。一般当上游距桥梁轴线 200 m 或两倍桥长以外,才可考虑设置。

3 封闭式导流堤带有丁坝的平面形式如说明图 3. 9. 10 所示。

丁坝的倾斜角系按导流堤中线的垂线与丁坝中心线的夹角计算,近桥端一般采用 15°,远桥端一般采用 40°。

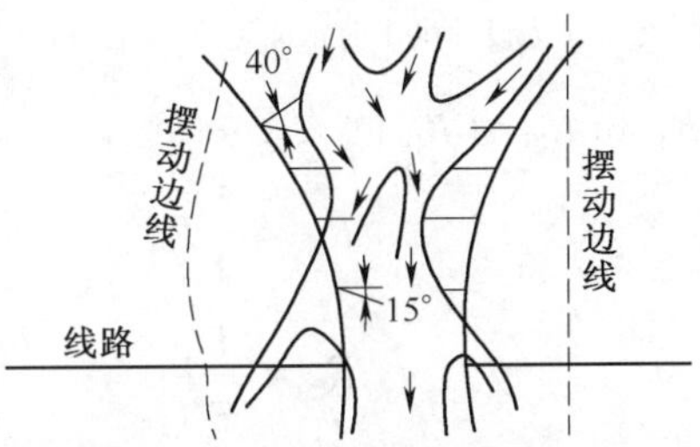

说明图 3. 9. 10 封闭式导流堤带有丁坝的平面示意图

3. 9. 11

1 顺坝常与水流平行修建,直接布设在导治线上,起到控制河势,束窄河道,约束水流的作用,是防护河岸的导治建筑物。顺坝旁水流平稳,利于通航,故顺坝常布设在通航河流上。

2 弯曲河段上布设顺坝,坝线亦应随水流流势设成弯曲形状以利导流,并应有足够长度,一般弯顶下段长于上段。

3 顺坝与河岸之间设置几道格坝的目的,是防止沉积泥沙的冲走,促进坝田淤积,保护边坡或河岸免受冲刷。

3. 9. 12 挡水坝的作用是截住股流,受水流之直接冲击,故选择坝址时应避开汊口,应选在地形、地质有利之处,或受水流冲击轻微处。河床地质容易透水渗流的地段,不宜设置挡水坝。

3. 9. 14 各种导治建筑物的布设,必须符合外界客观条件,不能硬套公式计算。

3. 9. 15 封闭式导流堤的布设,是将全部洪水顺畅地导入桥孔,因此应使堤身曲线平顺,避免有过大折角。桥址附近上游段的曲线,其半径宜采用桥孔总长的 3~4 倍,圆心角采用 25°~ 30°;下游段曲线的半径,宜采用桥孔总长的 1. 5~2. 0 倍,圆心角采用 15°~20°,上游宜与岸边衔接部分作成直线,直线与曲线相切连接,以求平顺。下游为使水流得到迅速扩散,宜作成曲线短堤。

3. 9. 16 非封闭式导流堤如为挑导水流时, 可采用直线形。一般情况下,宜实用曲线形。铁道部科学研究院提出由 3 个不同曲线半径的圆曲线所组成的非封闭式导流堤,由于施工方便,土方较少,可在平原宽滩河流上参考使用。其曲线半径 R_0 可按下式计算:

$$R_0 = \frac{B_d}{K}\left(1 + \frac{1 - E'}{10}\right)\left(\frac{Q_e}{Q_d}\right)^{7/8}$$

式中 B_d——修建导流堤一侧的河滩宽度(m);

Q_e——修建导流堤一侧的路堤拦阻流量(m^3/s);

Q_d——修建导流堤一侧的河滩流量(m^3/s);

K——与桥址天然情况下断面宽深比有关的系数,可从说明表 3. 9. 16 查取;

E'——桥孔偏置系数,按 $E' = 1 - \frac{q_x}{q_d}$ 计算,式中 q_x 与 q_d 分别为小河滩与大河滩上

路堤拦阻的流量；当导流堤位于小河滩时 $Q_e = q_x$，位于大河滩时 $Q_e = q_d$。

说明表 3.9.16　K 值

$B/\bar{h}$	>1 000	500~1 000	200~500	<200
K	30	25	20	15

注：表中 B 为设计洪水时水面宽度，$\bar{h}$ 为设计洪水时断面平均水深。

R_1 和 R_2 与 R_0 的关系如下：

$$R_1 = \frac{1}{2}R_0$$

$$R_2 = \frac{1}{4}R_0$$

导流堤的平面形状如说明图 3.9.16 所示。

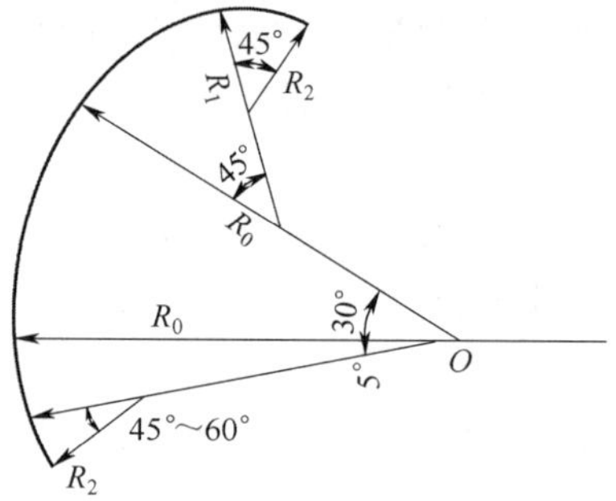

说明图 3.9.16　曲线形导流堤平面图

3.9.18　分水堤常用于一河多桥河段上。可在两相邻桥之间布设，分别向两桥导流。以免集中到某一个桥上。

3.9.19　梨形导流堤的曲度变换力求缓和平顺，以不产生涡流为原则。上游梨形导流堤宜为一封闭曲线，一般宜与路堤之间全部以土填实。

3.9.28　防护林带在中小水时可起到缓流回淤作用，高水时可起到减缓水势，防护路堤免遭水流冲刷的作用，具有一定效果。郑州局曾在丁坝内外种植防护林带促成了坝间淤积，保护了堤岸。1954 年与 1956 年郑州局在陇海线共植树 51 000 棵，形成淤积达30 cm~40 cm，最厚达 100 cm，增强了丁坝的稳定。哈局在滨北线 K17~K19 处线路两侧栽植柳林，1959 年洪水时起到了缓流作用，收到良好效果；相反在 K10~K15 处，因未植林带就遭到了洪水危害。

3.9.29

1　导流堤的作用主要是改善泥石流的流向及流速。如成昆线伊巴里和白沙沟二号泥石流沟均在山口，顺流势修建导流堤，将泥石流导至左翼大然洼地，经伊马里和白沙沟二号大桥桥下排走，效果良好。

2　急流槽的作用，主要是提高桥位附近沟槽的输移泥石流能力，防止桥下淤积。如陇海线宝天段冯家川泥石流沟 1 孔 48.29 m 钢桁梁桥，常年淤积。淤积的主要原因是下游受渭河顶托，桥下至渭河一段坡度急骤变缓，且由于下挖设桥，坡度无法改善。因受渭河河床高程的限制，急流槽未起到作用。因此急流槽设计时主要关键在于不冲不淤的坡度。此坡度应按流通区不冲不淤坡度为准，还应上、下游衔接好，使泥石流顺畅排泄。

3.9.30

1　拦挡工程的作用是护岸、固坡、拦截固体物质和降低河床坡度，最终目的是削弱泥石流。泥石流沟中设拦挡坝应注意坝的稳定性，坝高一般在 10 m 以下，并要有泄水洞。拦挡坝最好成群建筑，坝之间的距离目前可用比拟法决定，计算公式如下：

$$i_0 = ci$$

式中　i_0——拦挡坝修建后的回淤坡度；

i——沟口附近冲积扇顶部的沟床坡度；

c——比例系数,可从说明表 3.9.30 查取,在泥石流衰退期及坝高较大的情况下采用表中较小的数值;在泥石流处于旺盛期及坝高较小的情况下采用表中较大的数值。

说明表 3.9.30 c 值

泥石流危害程度	严重的	中等的	轻微的
c	0.9~0.7	0.7~0.6	0.6~0.5

桥前设坝下接急流槽是拦排结合较好的措施。如成昆线石膏箐二号桥,原设 1 孔 10 m斜交桥,跨泥石流沟槽,由于上游灌溉渠弃碴及山坡坍塌,泥石流经常淤塞桥孔。处理时在桥址上游 22 m 处修一浆砌片石拦挡坝、坝高 4.7 m、坝基嵌入岩层。坝顶主流部位设梯形溢流口,底宽为 4 m、深 0.7 m,坝前以 1∶0.5 跌水坡紧接坝下泄洪槽。坝下设急流槽,底宽 4.0 m,高 2.2 m,边坡 1∶0.25,桥下净空为 3.1 m,急流槽下游以 150‰的底坡开挖至江边,断面宽度逐渐收缩成 3 m,至今使用正常。

2 停淤场是使泥石流停淤的一块平坦而宽阔的场地,可设在堆积区中下部的扇面宽阔处,一般是在扇上修筑浆砌片石低坝、干砌片石坝、石笼坝、土坝等。1972 年在云南东川蒋家沟排导沟进口段上部,以 0.36 km^2 的平坦地段作停淤场,3 年就停淤了 $19.8\times10^4 m^3$ 的泥石,从而使排导沟淤积大为减轻,清淤工作逐年减少。

3.10.1

1 小流域泥石流流量计算

(1)雨洪修正法(又名小径流计算法),新中国成立初期曾广泛采用如下苏联公式:

$$Q_c = Q_p(1+\phi_c)+q$$

式中 q——因泥石流堵塞而增加的附加流量(m^3/s)。

上式是假定泥石流流量等于雨洪清水流量与固体泥沙流量之和的基础上建立的。铁道部第一勘测设计院和第二勘测设计院在使用上述公式过程中,曾结合我国实际情况进行了一些调查研究工作,第二勘测设计院又与铁道部科学研究院共同分析了东川泥石流观测资料,从而提出了当泥石流堵塞后,由于堵塞物的溃决所产生的泥石流洪峰流量,是设计的最危险情况。此时流量与原来的流量并非简单的相加,而应将堵塞后附加流量 q 的相加关系改为相乘关系,即本规范之式(3.10.1—1)。此公式后来在成昆线等泥石流地区勘测设计中广泛应用。公式中的堵塞系数是根据东川观测资料及第一勘测设计院在西北勘测中的经验汇总而成。

(2)泥痕调查法与洪水调查方法相同。由于泥石流冲淤变化大,在选择断面时,最好选在冲淤变化较小的河段,选在流通段最宜。泥痕调查法中的流速计算公式较多,有理论公式,有经验及半经验公式和实验公式。根据西北、西南多年勘测运用情况,选用了建立在动能平衡基础上的半理论公式,即假设清水动能与挟泥沙水流(泥石流)的动能相等的条件下推导而得。规范中所列的稀性泥石流流速公式系采用 32 个实测资料产生的,效果较好。对于黏性泥石流公式由于研究较少,不很成熟。西北、西南地区在勘测中曾制定如下的黏性泥石流经验公式,可资参考。

$$\text{西北公式}\ v_c = 45.5h_c^{1/4}I_c^{1/5}$$

$$\text{西南公式}\ v_c = K_c h_c^{2/3}I_c^{1/5}$$

式中 v_c——泥石流流速(m/s);

h_c——泥石流流深(或泥石流水力半径 R_c)(m);

I_c——泥石流水面(或沟底)坡度;

K_c——黏性泥石流流速系数,见说明表 3.10.1。

说明表 3.10.1　K_c 值

流速系数	流　　深 h_c(m)			
	<2.5	3	4	5
K_c	10	9	7	5

2　根据成昆线的实践经验,桥梁孔径,宜以较大跨度跨越泥石流沟,如上格达一号桥为避免在黏性泥石流中设桥墩,主孔采用 1 孔 64 m 钢梁;又如金沙江白沙沟大桥考虑到该沟内储备有大量坍塌体物质,历史上该沟泥石流曾堵断金沙江,因此在跨越主槽时采用 1 孔 80 m 下承式栓焊桁梁。

在山前泥石流堆积区,当稀性泥石流在流速不大的边缘地带通过时,桥孔可适当压缩 10%~20%。如成昆线跨羲农河堆积扇,由于当地引百挑河清水冲沙,扇缘一带泥石流性质有所改变,故三座桥梁均适当压缩了孔径。

3　桥下净空是泥石流地区桥梁设计的主要控制条件,特别要注意逐年的淤积、泥石流巨大石块悬托于泥位以上的高度、巨大的爬高。青藏线西海段调查了 20 条沟,大都因净空不足而遭受泥石流的灾害。1982 年曾调查统计过历年造成铁路设备遭受破坏、车站股道和桥梁被淤埋、行车中断等灾害较大的泥石流,达 173 起。宝天段 1978 年 7 月在伯阳地区的一次暴雨,使附近多处发生严重泥石流,如 K1391+635 处 1 孔 10 m 钢筋混凝土梁桥发生泥石流达 $180\times10^4\ m^3$,随暴雨流下约 $120\times10^4\ m^3$,切断桥台、冲走桥梁、淤埋线路长 150 m,最高处淤高 8 m,中断行车 300 h,是历史上少见的。

4　目前对泥石流冲刷桥基的机理尚不清楚,仍采用一般河流的冲刷公式计算,如成昆线北段西昌一带泥石流沟达 30 多个工点,基本上都采用了本规范第 3.6.2 条、第 3.6.4 条、第 3.6.6 条等所规定的计算办法计算冲刷深度,结合现场调查确定了埋置深度。经过多年运营,埋置深度尚未发现偏小现象。

山区桥位跨过泥石流流通区时,基础埋置深度应考虑冲淤交替,分析其一次最大下切深度。桥位跨过泥石流堆积扇扇尾时,经常遭受大河切割搬运,引起泥石流沟沟床高程的不稳定,并以溯源侵蚀的形式造成一次冲淤变幅较大的特点,如迤布苦 1966 年一次最大冲刷达 13 m。当桥墩直接受大河水流切割影响时,还应以大河水流的局部冲刷深度作为控制,考虑桥墩基础埋置深度。

山前区桥位跨过泥石流堆积扇时,埋置深度一般都以泥石流沟的沟床现状作控制,并考虑在一定时限内可淤积的高度。

3.10.2

1　岩溶流量计算一般采用小径流计算方法,对一些影响工程较大的溶洞,应进行调查研究和必要的水文观测工作。一般出水溶洞可采用矩形薄壁堰或三角堰测流公式计算。

2　峰林间较大的谷地和串珠状的洼地称为坡立谷,它和大型溶蚀洼地以及封闭洼地都是地下暗河发育,地表排水极为不畅之处。漏斗、落水洞容易堵塞,雨季积水成塘,又有间歇性,上升泉经常改变着水位和流量,水文条件极其复杂,宜修桥,不宜设置涵洞。如川黔线桐梓车站附近、息峰车站、贵昆线乌速龙车站等，由于洼内的漏斗落水洞被堵塞，而溶泉、溶洞潜伏的暗流水又急别上拥，水位猛增，涵洞不能排水，车站路基浸泡，农田淹没、造成水害。

3.10.3

1 受潮汐影响河段的设计频率的水位、流量和流速，一般不是发生在同一时间，故要求分别求算。

感潮河段是受径流和潮流互相影响，互相消长的两向流河段，由于两者在不同区段具有不同的作用，故将感潮河段分为上、中、下3个区段。上段主要受陆地的径流作用，潮流对本区段的作用极为微弱，从上游来的径流大小为决定本区段的主要因素。中段是径流和潮流两种力量强弱交替变化的区段。随着不同的水文年度或年内洪、中、枯水季节及大、小潮汛的变化，这两种力量相互消长，某些时间以潮水作用为主，另一些时间则又以径流作用为主。下段主要受制于海滨的条件，潮流的强弱为决定本区段水力条件的主要因素，因此在感潮河段建桥时，首先要弄清其所处区段的性质，视河段的具体情况从而考虑潮汐的影响。

2 感潮河段上的桥渡，由于桥位在其上、中、下3个区段的不同，两向来水中以何者为主也将不同，可能是洪水，也可能是潮水，其组合属于既非物理成因相同的关系，又非纯粹的随机，但它们之间还是存在着一定的相关关系。当桥址处水流发生的频率为 $P=1\%$ 时，桥址上游或下游的主要来水侧可能是 $P=1\%$，另一侧既不会是 $P=1\%$，也不会是 $P=100\%$，而是 $P=i\%$，$1<i<100$；另一种条件也可使桥址产生 $P=1\%$ 频率的水流，即主要来水侧 $P=y\%\neq1\%$，y 是略大于1的某一数值，而另一侧 $P=z\%$，并存在 $1\%<z\%<i\%$ 的关系，为简化计，计算时可按桥渡河段主要来水（潮水或洪水）侧采用设计频率，另一侧采用可能与其遭遇的水流频率，两者组合后形成桥址处相当于一般无潮汐影响河段要求的设计频率。

桥渡位于感潮河段的上游段，即在洪水期桥址处已不产生负流速，仅受水流顶托影响的区段。该段来水基本上是河川迳流，为洪峰流量控制。因此设计流量、流速可按一般无潮汐影响河流的办法计算确定。设计水位则应依上游来的设计流量与下游的高潮位相遇推求之。至于断面上各水深处的垂线平均流速可按下式计算：

$$v_i = \bar{v}\left(\frac{h_i}{\bar{h}}\right)^n$$

式中 v_i——设计流量时最大或某一水深相应的垂线平均流速（m/s）；

$\bar{v}$——设计流量时断面平均流速（m/s）；

h_i——设计流量相应水位时的最大或某一垂线水深（m）；

$\bar{h}$——设计流量相应水位时的断面平均水深（m）；

n——指数；可根据实测资料统计分析求得，若无资料时，视具体情况在1/6～2/3之间采用；对于有涌潮和潮差大的河段，根据浙江省河口海岸研究所利用钱塘江河口的实测资料分析，可采用 $n\approx1.0$。

注：水深计算时，宜用设计流量时可能发生的最低水位。在此处要按一般无潮汐影响河段的办法来计算设计流量的相应水位。

位于感潮河段的下游段，系指河口潮流段。有下列两种情况：

（1）位于由潮流所控制的靠近河口的下游段，其水位、流量主要为潮流控制，因此典型潮型的选择至关重要。根据统计求得的设计值放大，求出设计潮位过程线后，需再与上游可能与设计潮位遭遇的流量过程线组合，求出桥址处各设计值。

（2）位于由潮流或径流所控制的靠近河口的下游段，除进行上述计算外，尚需用上游来的设计流量过程线与河口可能与之遭遇的潮位过程线组合，求出各设计值，两者比较，采用其不利者。

介于两者之间的中游段，桥址处发生设计频率水流时，潮水或洪水谁占主导地位较难确定，因此两种组合都要计算。

主要来水侧和另一侧各选择多大的频率才能组成桥址处的设计频率的问题，目前还未完全解决。如按上、下游来水频率的组合仍有着相关关系的原则，提出下述处理方式，供使用时参考：

假如桥址处调查到相当于100年一遇周期的历史水位，同时还调查到在该历史水位时桥址上游来的洪水频率为 P_y，下游涌来的潮水题率为 P_z。计算时可采用两组频率组合条件进行，然后选择两组结果中的控制值作为设计值。一组频率的组合是以原来调查到的上、下游来水频率（即上游为 P_y，下游为 P_z）的水流过程线，采用非恒定流方法计算桥址处各水力因素设计值，另一组组合，在主要来水侧采用 $P=1\%$ 的水流过程线，另一侧采用频率为 P_x 的水流过程线进行两向来水组合计算，P_x 可按下式计算：

$$P_x = P_y \cdot P_z / P_{1\%}$$

式中　P_y，P_z——分别为实测或调查到的桥址上游洪水及其相应下游潮水的频率。

若桥址处调查到的历史最高水位不是100年一遇周期，而是70年一遇，则按上述方法求出的桥址各水力因素只相当于 $P_{1/70}$，因此需换算到桥址处 $P_{1\%}$ 的设计值。需将按上述方法求得的各水力因素值乘以大于1.00的系数。这里提出两种将 $P_a>1\%$ 放大到 $P_{1\%}$ 的计算方法，以供比较和选用。这两种方法都首先要求调查到本河段或与桥址区段类似河段的 C_v 值及 C_s 与 C_v 的关系值，再根据调查到的或推算出的 C_v 及 C_s/C_v 值，按皮尔逊Ⅲ型曲线中 $P_{1\%}$ 及 $P_{1/70}$ 的模比系数 K_p 值，计算出 $K_{P_{1\%}}/K_{P_{1/70}}$ 的比值，该比值即为放大系数。下边分述两种放大方法：

第一种方法有两种组合方式。一种以桥址处调查到的历史最高水位为70年一遇时，其上、下游所发生的相应频率的 K_p 值，乘以放大系数，得出各自新的 K_p 值，反求出桥址上、下游可组成桥址处 $P_{1\%}$ 的新的频率。以桥址上、下游计算放大后的新的频率水流过程线，推求桥址处 $P_{1\%}$ 的各水力因素设计值；另一种组合方式，则以前一种放大后的桥址上、下游新的频率，在主要来水侧采用水流频率为 $P_{1\%}$，按照上式计算另一侧 P_x 频率，再以两种频率组合计算桥址处 $P_{1\%}$ 的各设计值。

第二种方法也有两种组合方式。该方法与第一种方法不同点在于：放大系数不是放大频率级别，而是放大在调查频率组合条件下求得的各水力因素值，具体做法是：一种以桥址处调查到的历史最高水位为70年一遇相应时的桥址上、下游边界站的频率，直接组合计算桥址处的各水力因素值，然后将这些数值乘以放大系数，则求得桥址处 $P_{1\%}$ 的各设计值；另一种，仍是在主要来水侧采用 $P=1\%$ 的水流过程线，另一侧依调查到的桥址处70年一遇相应的桥址上、下游实际发生的频率，按上式计算其应采用的频率 P_x，并制定其过程线，然后求出桥址处各水力因素值。在此基础上，乘以放大系数，即得桥址处各水力因素设计值。

上述的处理方式反映了洪水与潮水的遭遇条件，既非两者频率相乘后等于1%，也非两者皆为1%，而是两者频率相乘后为1%至0.01%之间的某一数值。该值恰是桥址处$P=1\%$的频率。

举例如下：桥址河段调查到历史最高水位的周期为100年，该年同期相应上游洪峰流量的频率为$P=2\%$，下游与之遭遇的潮水位频率为$P=3.33\%$，采用第一种计算方式时，直接采用上游$P=2\%$及下游$P=3.33\%$的水流过程线，组合推求桥址处各水力因素设计值。第二种方式的主要来水侧（本例为上游侧）采用$P=1\%$流量过程线，则下游潮水位过程应采用的频率为：

$$P_x=\frac{2\%\times 3.33\%}{1\%}=6.66\%$$

然后按上述两个频率的水流过程线进行组合计算，求得桥址处各设计值。由于上述两种组合计算皆属桥址处$P=1\%$的同等级的频率，因此要将两种计算结果进行比较，选其控制者作为设计值。

若桥址河段调查的历史最高水位的周期不是100年，而是70年，该年相应的上、下游来水的频率仍同前所述，还调查到桥址河段或相似河段的$C_v=0.10$，$C_s=2C_v$，查K_p值表，$P_{1\%}$时$K_p=1.25$，$P_{1/70}$时，$K_p=1.223$，放大系数$K=1.25/1.223=1.014$。$P=2\%$时，$K_p=1.21$；$P=3.33\%$时，$K_P=1.192$。

按照第一种方法的第一种放大方式，将桥址上、下游频率$P=2\%$及$P=3.33\%$的级别放大，即$P=2\%$放大为：$K_p=1.21\times1.014=1.227$，求得新频率$P=1.575\%$；$P=3.33\%$放大为：$K_p=1.192\times1.014=1.209$，相应新频率$P=2.025\%$。以此新求得的上、下游的新$P$值过程线，组合计算桥址处的各水力因素设计值；第一种方法的第二种方式，即主要来水侧（本例为上游侧）采用$P_{1\%}$的水流过程线，另一侧采用$P_x=\frac{1.575\%\times 2.025\%}{1\%}=3.189\%$频率的水流过程线，组合求得桥址处$P=1\%$的各设计值。

第二种方法的第一种放大方式，直接采用上、下游调查的$P_{i\%}$值过程线，先推求出70年一遇的水力因素值，再将求得的值乘以放大系数$K=1.014$，得到桥址处各设计值。假定70年一遇时求出的桥址水位为：高潮位$H_p=3.50$ m，低潮位$H'_p=1.50$ m，换算桥址处$P=1\%$时，$H_{P_{1\%}}=3.50\times1.014=3.55$ m，$H'_{P_{1\%}}=-1.50\times1.014=-1.52$ m，该值即桥址处设计频率的水位，流量的换算也同样处理。第二种方法的第二种方式，主要来水侧仍采用$P=1\%$的水流过程线，另一侧采用$P_x=\frac{2\%\times 3.33\%}{1\%}=6.66\%$频率的水流过程线，组合求得相当于70年一遇的各水力因素值，然后在此数值上乘以放大系数K（本例$K=1.014$），即得出桥址处的各设计值。由于上述四种方式都属于同一频率等级，因此需将此结果加以比较后，选用其控制者作为桥址的设计值。

如调查确定历史洪水频率有困难时，可一侧采用$P=1\%$，另一侧采用$P=5\%$进行组合，两侧皆算，选其不利者作为设计值。除了确定桥址上、下游两侧选用频率的水流设计过程线外，尚需对潮区界上边界至河口入海处下边界之间的河势流路的变化，长河段各断面的冲淤进行分析研究，决定采用的流路和各断面的形态。若不这样做，推求出的设计流量和设计水位可能与将来实际发生的数值有较大的差距。糙率的选用须慎重，以用实测资料为宜。

3 在交通部现行的《港口工程技术规范·海港水文》说明中，提出了我国沿海有 50 年以上验潮资料的大连、秦皇岛、吴淞、上海、马尾、厦门等几个港口，分别采用 15 年、20 年、30 年的资料进行分组计算，并与按全部资料年数的计算结果对比，用 20 年资料计算与用全部年数的计算结果对比，相差一般在 20 cm 范围以内，加之我国有 30 年以上潮位资料的港口很少，因此规定在频率分析时，资料年数不少于 20 年。

按本规范第 3.3 节有关规定计算出各水力因素的设计值后，采用峰值倍比放大可推求出各水力因素的设计过程线。

流速设计值包括设计条件下断面平均流速和各水深垂线平均流速，垂线平均流速参照本条第 2 款说明中的公式计算。

4~5 本规范中这两款是对缺少资料和无资料地区计算桥址或河口站的水力因素设计值的计算办法，是参照交通部现行的《港口工程技术规范·海港水文》中的计算公式，结合感潮河段桥渡的要求综合编制而定。

鉴于桥址或河口站缺少或无实测资料，不得不采用相似河段或附近位置的资料推算到桥址处，故算得的设计值精度是较差的，在确定设计值时，宜慎审选用。

6 本款是利用间接资料，将各年的水力因素推算到桥址后，再进行统计计算求得桥址处各设计值的一种计算方法。这种方法是在上、下游应采用什么频率才能组成桥址处的设计频率的问题还未完全得到解决之前的比较适用的一种方法。该方法分成两步计算，先运用非恒定流计算，将上、下游各年主要时段的水力因素推算到桥址，再将推算到桥址的各时段的水力因素进行统计计算，推求出设计频率的水位和流量。其中非恒定流计算可采用数值解法的特征线法、直接差分法或有限元法，目前许多单位已编有电算程序可资利用。此外，也可用简化计算、水工模型试验、电拟模型和经验法等非恒定流的方法进行求解。

7 在挡潮闸附近或受围垦影响区段内的桥渡，由于建闸或围垦前后河道的水流和泥沙运动都发生了较大变化，分属于有人工建筑物与天然条件两个不同的状况，因此建闸或围垦前后的资料要分别对待，找出各自的规律。一般来讲，当桥渡建在挡潮闸附近，大多数情况是：挡潮闸已经建好或即将兴建，因此可向建闸或闸的管理单位索取有关闸的设计和运用资料，作为桥渡设计的重要依据。若无该项资料，或者闸的标准较桥渡设计标准为低时，要调查关闭和提升挡潮闸时各有关水力、泥沙因素的变化，同时还要考虑建闸前较长年代中出现的不利情况是否可能重演及其在建闸后的变化，这些因素都需在桥渡设计时予以计及。若在桥址下游河口处，有上级机关批准的大片围垦缩窄河口的规划，并已着手进行初步设计时，则桥渡设计对围垦缩窄后河床的再调整和对桥渡的影响应予考虑。

8 在不受洪水控制的感潮河段或无径流的海湾建桥，桥长除根据通航条件考虑外，还要了解流速变化对该河段鱼群往返等生态关系和可能修建路堤与两侧水位差的情况以及环境污染等因素，经综合研究比较后确定。

9 感潮河段上有封冻及流冰时，应注意水流往复双向流动的作用。当有大型冰块流动时，应考虑桥墩是否需设双向防冰或破冰设施；其桥孔布设应以不阻碍冰块的宣泄为原则。如京山线永定新河大桥距河口 8 km，平时流速 2 m/s 左右，该桥原设计修建跨度 20 孔 23.8 m 的预应力混凝土梁桥，建桥后 3 年内，即发生严重流冰撞击桥墩事件。据调查最大流冰块达 200 m×300 m，冰厚达 0.5 m，来回浮动，撞击桥墩，梁部结构也受到剧烈振动，影响正常运营，养护部门防冰破冰极度紧张，后不得不另建新桥，采用主跨 3 孔 144 m

的钢梁桥代替原桥。

10 感潮河段水位的变化是周期性的，每日高潮位的滞留时间比较短暂，瞬来即去，与一般河流不同，因比，不宜象一般河流那样以年极值水位统计频率的作法来确定通航水位。由于天体的运行是有规律的，且又是复杂的，潮汐有日周期变化、半月周期变化、月周期变化、年周期变化、8.85 年和 18.61 年的长周期变化。为了使国家避免增大基建投资，同时又能满足通航要求，宜采用以全年 98% 的小时通航保证率的相应水位值作为通航水位。如潮位资料较多时，可用长周期变化的 8.85 年~18.61 年间的 10 年一遇周期的全年逐时潮位资料进行小时通航保证率的水位计算；天然情况 10 年一遇的潮水位，实际上已经包含了风暴潮增水的数值，较正常天文潮位为高；而在风暴期间船是不宜航行的，所以该数值实质上已接近 18.61 年长周期变化的天文大潮潮位值。在这种情况下，每天 24 h 中平均仅有 29 min 不能通过本河最大的船只，而其他船只仍可照常通行。潮位资料较少时，则采用实测最高潮位年的全年逐时潮位资料，统计计算出小时通航保证率的相应水位。若仅有年极值的潮位资料时，由于无法作小时通航保证率的水位计算，最高只能采用历年高潮潮位的平均值作为通航水位。

12 潮汐波在行进中，往往在冲击桥墩后变成碎波。碎波高度比波浪高度要高得多，但目前对碎波冲击高度尚无计算办法，一般应根据调查资料确定。根据资料，海水中的钢管，其腐蚀最严重的部位即在碎波冲击处（飞沫带），每年达 0.3 mm~0.5 mm。因此对钢梁桥及钢支座的碎浪溅蚀部位，应采取防护设施。

13 加拿大《桥梁水力学指南》及苏联 1972 年桥渡规程指出，感潮河段上桥梁的冲刷，应按非感潮一般河段桥梁冲刷公式计算，但由于潮汐水流的影响，计算值应予加大。究竟如何加大，规程中没有明确指出。我国对感潮河段桥梁冲刷计算问题，迄未展开有效的研究，也无资料积累可资参考，尚无确切的办法。一般除按非感潮河段的桥梁冲刷公式计算外，还应对桥渡河段历年的冲淤变化进行调查，分析既有建筑物的冲淤情况，同时尚需考虑往复流不同于一般单向河流，其洪水和泥沙运动对河道的冲淤影响，以及海水入侵后，盐水对泥沙的絮凝作用所引起的影响。根据调查分析结果，再行确定潮汐河段上桥梁的冲刷数值。必要时，须进行水工模型试验确定。

3.10.4

1 水利化地区往往不能直接采用水文站实测洪水资料推求设计洪水流量，这是由于水利化以后，每年发生的最大流量条件可能不一致，造成其差异的主要影响因素为：

（1）水利实施：如流域内有蓄洪作用较大的水库，当水库拦蓄影响较大时，下游河道流量则与水库下泄流量大小密切相关，而水库下泄流量已非天然情况，其流量系列不是一个随机系列，而是由人工控制的人造流量系列。因此不仅建库后的流量与建库前的流量产生条件不一致，不能一并统计计算，而且建库后的流量系列也不能排队进行统计计算。

（2）河道开挖治理：平原河道开挖治理之前，往往淤浅曲折，稍大的洪水即到处漫溢，大量注入洼地，使洪峰流量大为削减；当河道开挖治理后，由于河道加深拓宽，裁弯取直，使水流排泄通畅，减少了漫溢情况，所以汇流速度加快，洪峰流量增大。因此河道开挖治理前后的流量将可能产生显著的变化。显然，由开挖前后组成的历年最大流量系列，其产生条件不一致，不能直接用数理统计法进行计算。

（3）漫滩影响较大：平原河流主槽窄浅，滩地辽阔时，洪水出槽或漫滩前后的流量变化较大。洪水在出槽或漫滩之前，流量随净雨量增大而增大，但当洪水漫滩以后，由于地面迳流有很大一部分漫坡流动不归槽，或调蓄于辽阔的河滩及洼地，造成净雨量即使增大，但流量增值反而显著减小的情况。淮委曾在分析坡水区流量公式 $Q=KRF$ 中 R 与 K 的关系中发现，随着净雨深 R 的增大，系数 K 值逐渐减小，而且出现一个明显转折点。转折点以上部分，随着 R 的增大，K 值迅速减小，曲线的转折点相当于平槽水位的情况。这说明在平槽水位以上，当迳流深增加时，流量反而减小较快。

因此平原地区漫滩前后的流量，其条件有较显著的差异，也不宜应用数理统计法对漫滩前后洪水直接进行分析计算。尤其是如应用未漫滩洪水流量推算稀遇的漫滩后洪水流量，其成果将可能偏大很多。

(4)溃堤分洪：平原地区为了两岸防洪的需要，地方往往筑堤束水，使一般中小洪水时在堤内行洪。但当较大洪水时将产生溃堤或分洪，部分洪水分流至其他流域或调蓄于河滩洼地，使溃堤、分洪口门上下游水文站实测洪水流量历年发生条件不一致，即有些年分最大流量没有溃堤分洪影响，有些年分则产生溃堤分洪，而且溃堤分洪的情况也不相同。

由于上述各种因素使水利化地区应用流量资料推求设计洪水会有较大的困难。推算的成果可靠性也较差，因此条文规定采用雨量资料推算。考虑到设计流量和各种参数选择的误差可能会使推算的设计流量和水位与实际出入较大，因而要求以流域治理后的实测较大洪水资料和相应降雨量资料进行验证校对。其作法是：选择流域和河道治理后与现状相近的较大洪水，由该次洪水相应的流域降雨资料，按采用的暴雨洪水计算方法推求相应洪峰流量和过程，并与实测的洪峰流量和过程进行校对，若二者相差稍大但经分析尚属合理时，可适当调整有关参数使计算值与实测值相近，然后再按调整后的参数推求设计水位。

水利化地区，由于溃堤、分洪后滩地巨大调蓄的影响，使得桥址和上下游水文站的最大洪峰流量常常相差很悬殊。甚至流域面积大很多的桥址洪峰流量，要比上游水文站洪峰流量小很多。如京广铁路漯河大桥，跨越淮河上游最大支流之一的沙河。上游平顶山水文站实测 1956 年最大洪峰流量为 9 470 m^3/s。但经沿途溃堤天然滞洪及泥河洼蓄洪区蓄洪，到漯河水文站测得该年最大洪峰流量仅 3 170 m^3/s。沙河上游叶县水文站 1957 年测得最大洪峰流量为 10 500 m^3/s，同样经沿途溃堤天然滞洪及泥河洼蓄洪，在漯河水文站处测得的最大洪峰流量仅 3 300 m^3/s，因此，在应用桥址上下游水文站实测成果时，应考虑分洪、蓄洪、滞洪、溃堤以及破圩等的巨大影响。

应用上述因索影响的实测资料推求设计洪水时，应先将观测资料换算为同一条件或统一基础上的随机变量，如将溃堤分洪影响的流量还原为归槽流量；水库下泄流量还原为坝址天然流量等，而后才能进行统计分析。

2 凡流域经过治理或有人工控制的河段，当地水利部门一般均有详细的水利规划和水文分析计算资料。在这种情况下，为了使铁路桥涵的水文计算成果与水利部门相一致，应利用水利部门的勘测和分析资料，但水利部门一般是作为流域和河道防洪需要进行，其设计洪水标准与铁路不同，当需采用当地水利部门分析的成果时，尤其是对于直接控制桥涵设计的数据，应了解其推算方法是否合理，考虑因素是否与铁路桥涵设计要求相符，否则很可能会造成后患或浪费。

3 当地水利部门制定的排涝公式，由于排涝设计洪水标准较低，一般仅为 3~5 年一遇，故其统计的实测资料，基本是不出槽的洪水，超过此标准的大洪水，由于平原地区漫滩槽蓄的巨大影响，将使流量增值显著减小。

由于平原漫滩槽蓄的巨大影响并未在排涝公式中予以反映，因此直接应用当地水利部门排涝公式推求稀遇洪水往往会偏大很大。如淮委和安徽省在制定淮北坡水区排涝流量公式时，所依据的实测洪水资料都是平槽以下的中小洪水。考虑到当上游来较大洪水时，两岸涵闸将关闭，堤外坡水积蓄于滩地或顺坡而下，控制断面附近的水流不能进入河道，减少了洪峰流量。所以规定应用淮北坡水区的排涝流量公式计算 10 年一遇流量时打九折，20 年一遇流量打八折或八五折。对于更稀遇洪水，由于折减系数更小，且无较多资料印证，故未予规定。据淮委分析，百年一遇流量折减系数为 0.6~0.7，甚至更小。

4 平原地区由于地势平坦，洪水时因溃堤、破圩的相互影响，往往使各汇水区相互串通。如津浦铁路符离集至宿县的淮北大平原，濉河、唐河、沱河已筑堤防，洪水特大时互相溃决。1910 年、1930 年洪水时除濉河在桥址未破堤外，其余各河洪水串通，泛滥一片。此时往往会加重下坡端桥涵泄洪的负担。因此要调查了解水流患集的情况。布设桥涵时应根据地形、地势、各桥沟底高程和上游分水线的明显程度，调查有无串集于沟底最低或地面下坡端桥涵的可能。如××铁路有三座小桥，中间 K351+428 桥沟底最低，大水时另外两侧流域的水流大部串集于该桥，而两侧桥的通过流量甚少，只起了分洪桥的作用。1956 年洪水时，该桥孔径太小无法通过，桥前积水很高，形成上下游水头差近 1 m，造成出口流速很大。加之下游 20 m 左右处有急湾，由于高速水流加急湾，在弯道外侧形成漩涡回流，强烈淘刷沟西岸，使西岸桥台基础下被淘空而下沉，抛片石近一列车进行抢险。因此，对地势最低或沟底最低的桥涵，宜按串集水流的几个流域做统一汇流分析计算。否则，对下坡端或地势最低的桥涵应酌予增大孔径。如津浦铁路宿县至固镇复线勘测设计时，上游以沱河堤为界，中间每一条主要河沟为一个天然汇水区，铁路上游有平行铁路的运河将各汇水区串通。水文分析时将每个汇水面积的入流，均由桥孔及运河两处出流，而运河水面坡度影响其出流。考虑桥前积水和下游浍河倒灌顶托，按水量平衡计算。桥前蓄水体积按等高线图圈出。

5 影响内涝积水高度的因素除流域的降雨和损失外。还直接与流域内水利设施和泵闸抽排能力、遭遇外江外海水位过程等因素有关。内涝区一般都有主要蓄水区，多为在低洼湖塘蓄水区边沿筑以圩堤，以防护圩堤以内围垦之土地在常年洪水时不被淹没。围垦区内往往还有各乡村自行修筑的封闭圩堤保护各自的耕地。因此这些蓄水区和圩堤工程将直接影响内涝积水的高度。近年来大量小型泵站群和大型泵站、排水闸相继修建，对人为控制和降低内涝积水位，以及防护圩内村镇农田起了很大作用。外江外海水位的高程和过程，不仅影响排水闸的启闭和排洪量，而且当外江水位达到一定高程后，由于泵闸设备和站址稳定性的要求将停止抽排或关闸。了解泵闸的启闭条件和运用情况主要是为了确定内涝积水计算的原则，以确定在什么情况下可以考虑或不应考虑泵站或排水闸的排水能力，并根据实际使用情况予以印证。有些围垦地区，由于还在继续进行围垦，以致蓄水区有减小的可能，设计计算时就不能完全按现状考虑，而应考虑蓄水区减小后内涝积水位可能增高的影响。

(1) 当圩内无设备和能力向外江外海抽排时

内涝积水高度完会取决于关闭封圩期间相应总净雨量的大小。因为这期间圩区径流量除蒸发、渗漏损失之外别无其他出路。因而关闭时间愈长，相应历时的总净雨量愈大，内涝水位就愈高。此时由总净雨量乘以流域面积得总来水量，再由蓄水区的库容曲线和死水位即可查出相应内涝积水位。

(2)当圩内有泵站或水闸向外江外海抽排时

①考虑人工抽排计算内涝积水位与天然情况内涝积水位最主要区别就在于后者是以汛期关闸期间总净雨量为控制,而与其间的净雨过程无关;前者并不取决于某一期间总净雨量的大小,而是取决于其间某一强度大而雨量集中的暴雨。这是由于有泵闸抽排时,即使总雨量很大,但只要降雨均匀分散,雨强小于抽排能力时,则来水量完全可以逐时段被排除,不可能形成较高积水;反之若总雨量虽然不很大,但雨强大而集中,大于抽排能力时,则将形成较高积水位。因此计算时要注意选择较短历时(数天内)雨量大而集中的情况。以此为基本条件选择一年或数年的实测降雨过程作为典型年资料,根据推算的各时段(1、3、5、7、15 和 30 天及整个关闸期间)设计降雨量,由典型年资料分段按设计降雨量放大即可得出设计的降雨过程。再由产流常用方法求算净雨过程。然后即可根据流域面积换算为来水量过程。但无论用何种产流计算方法,由于内涝区损失量计算的误差常会影响计算成果的精度。故在有较完整的实测资料时,可根据某年闸站实测水位过程、抽排水量和库容曲线由水量平衡原理反求净雨量,与按产流方法分析计算的净雨量相印证。

②根据对已建泵站的调查表明,泵站抽排可连续进行,如大沙铁路在 1980 年长江高水位和流域内大暴雨情况下,大冶湖泵站连续开机最长达 23 天,阳新湖泵站连续开机 1 个月以上。使用台数均为实际安装已正式投入运用的台数,每日开机数为 20 h~22 h,开机利用系数为 0. 85~0. 90。根据实际使用情况并考虑偏于安全,在同时有排水闸和泵站的地区,当外江水位低于圩内水位时仅考虑闸排,不计泵站抽排。

本规范条文还规定在计算中应考虑停止抽排的可能因素和影响。如内涝区内的主要蓄水区周边圩堤标准一般远低于内涝区江河堤防的标准,而主要蓄水区的库容又往往有限,因此当内涝积水位达到和超过蓄水区圩堤堤顶高程时,由于溃堤破圩的影响,淹没损失将迅速扩大发展,甚至波及整个内涝区。地方设置泵闸的目的主要是使积水限于蓄水区内和保护围垦的田地和村镇,若遭遇特大洪水使蓄水区外的圩区也遭淹没,而抽排能力又不足以在短期内抢排圩内积水时,则在已经造成不可避免的淹没损失情况下,继续抽排的效益已不显著,此时有可能停止抽排,为安全计,应考虑其后的来水量全部积蓄于圩内。又如大型倒虹吸排水管的泵,当外江水位超过倒虹吸管驼峰高程以后将停止抽排。大冶湖泵站在 1980 年洪水时,当 8 月 30 日长江水位达 23. 46 m(排水管驼峰高程为 23. 50 m)时即关机堵塞排水口。再如当外江水位超过泵站的设计外江水位以后,为了闸室的稳定和安全要求可能停止工作等,这些因素都必须进行调查了解和适当予以考虑。

③为了校核和修正内涝积水计算中所确定的方法、原则及产流分析中概化所带来的误差,故条文要求选择近年较高积水年份的资料进行验证以后再推求设计积水位。

6　河网地区由于河道纵横,几何形态和水流状态都异常复杂,为了各种目的,在河流上还建有各种建筑物,如排涝闸、挡潮闸、桥涵等。再加上边界条件的影响,如江河湖泊和潮汐的影响,而各条河流的水流总是互相沟通,形成整体,任何一条河流上改变原来的水流状态都将影响与它联结的其他河流,以致在各种条件的综合作用下,难以准确计算。过去都根据现场调查,与当地有关部门协商拟定桥涵孔径,而未作水文分析计算。如 50 年代初期肖穿铁路肖甬段旧线修复时,铁路大部穿过河网地区,桥涵孔径类型及布置,一般系按调查既有建筑物使用情况,并与当地政府和群众按通航、灌溉及其他水利规划要求协议决定。随着水文分析计算方法的发展和电子计算机的普遍应用,对复杂的河网计算目前已经初步得到解决,并在逐步完善。但计算时需要较齐全完整的流域降雨和河道断面资料。因此在某些流域尚不具备这些条件时,仍拟着重深入调查历史洪水成因和最高水位,桥涵孔径和设置可按河道宽度或堤距结合调查与地方协商确定。由于河网地区地势平缓,如压缩河道宽度或堤距,往往会形成过高的桥前壅水,造成严重内涝。

当流域内有较完整的降雨及河道断面资料时,可采用河网水文分析计算方法。

河网圩区目前所采用的水文分析计算方法归纳主要之点,就是应用由暴雨推求设计洪水的方法去解决河网圩区的入流过程;应用河道洪水演进的方法去处理河网圩区调蓄后的过程,现简略介绍如下:

(1)入流过程:采用暴雨推求设计洪水的方法,即由流域的设计暴雨、产流和汇流分析确定,有条件时可利用流域实测资料进行分析,否则可采用当地水利部门的手册和查算图表求算。

根据河网圩区的水文特点,当洪水期上游来水或当地大面积降雨不能及时排出,积蓄在河网中的水漫过圩堤或田埂,那么约束水流运动的就不再是河槽,而是较高的道路。堤防等障碍物组成的网格单元,水流在该单元内成平面流动,单元间通过河流、涵闸或电排站连结,加以流域内山丘区、蓄洪、分洪区和平原排涝区的产、汇流情况均有较大的差异,因此采用单元汇流计算方法较为合适,即将流域根据不同的产、汇流特点划分为若干个单元面积,分别进行产、汇流计算,求算各单元的入流过程。

(2)河网圩区的调蓄演算:河网的水流状态,一方面受河网几何形态的影响,另方面也受上下游边界条件如湖泊潮汐的影响,水力因素随时随地在变化,属典型的非恒定流运动。围圩内部的河道,水流一般变化较小,可以近似看成为恒定流。因此河网圩区的调蓄演算是以边界条件为控制(上边界一般是山丘区的入流过程,下边界是江河湖泊或潮汐的水位过程)的河段调蓄演算。对于河网中的骨干河道,一般应采用非恒定流的数值解法,如瞬态法、特征线法、差分法等方法求解;对于较小的圩内河网和次要河道,可采用简化方程进行计算。

7 灌溉流量主要依据所在地区的土壤、种植类别,降雨量及灌溉面积大小等因素而定。跨越大型渠道或当地进行过灌溉计算的灌溉系统,应予以搜集利用。当需自行分析计算时,可参阅长江流域规划办公室水文处所编《水利工程实用水文水利计算》第四章和当地编制的水文或灌溉设计计算手册及有关资料进行。

8 平原地区由于河滩辽阔,滩槽高差较小,因此在天然情况下,稍遇较大洪水即漫槽四溢,或流串至邻近流域另夺出路,或积蓄于河滩洼地。在实施水利化以后,为了减少两岸大片土地和村镇被淹和损失,常在河道两岸修筑坚固的堤防,束洪水于堤内,改变了洪水的天然状态,原先河滩调蓄的巨大影响消失,在相同的洪水情况下,河道通过流量将较天然情况增大,并称此为归槽流量。但两岸堤防由于各种经济和技术原因,只能达到一定的防洪标准,即堤防内河道仅能达到一定排洪能力,相应于不危及堤防安全的最大可能排洪能力称为河道安全泄量。若桥梁设计洪水流量小于此流量,即堤防的防洪标准高于铁路桥梁设计洪水标准,此时全部洪水将从堤防内河道通过,因此可以直接按归槽流量和相应水位设计,桥孔也仅需在堤防内设置即可。但若堤防防洪标准低于桥梁设计洪水标准,当洪水流量超过河道安全泄量时,则两岸堤防将有溃堤的可能,堤内河道和堤外河滩将同时行洪,故此时存在如何分别确定堤内和堤外桥孔的设计问题。

(1)堤防内河道上桥孔设计

①重要工矿区和重要城市附近,由于堤防的保护对象在国民经济中占较重要地位,一旦溃堤失事,损失巨大,故一般防洪标准较高,多已达到或较易达到铁路桥梁设计洪水标准。如黄河堤防一旦溃决,将造成两岸亿万人民生命财产和许多大中城镇的巨大损失,因此目前堤防系按1958年花园口出现的最大流量22 000 m^3/s(相当于100年一遇)设防。又如辽河沿岸主要城市防洪规划目标都有所提高或在不断提高,因此规定了本条。

②位于一般地区或城市附近的大中桥,由于目前堤防标准均较低,如按铁路设计洪水标准相应的归槽流量和水位设计桥梁,则不仅会造成铁路和桥梁的巨大投资,而且也脱离当前当地的实际。为此考虑到两方面情况:一方面是目前我国大多数堤防的现状;另方面是考虑到堤防逐年加高的现实。桥渡设计流量宜与当地有关部门协商解决。目前中小河流堤防标准一般为10~20年一遇。考虑到堤防加高的因素,可采用20年一遇洪水标准并加安全高作为设计堤顶高程,相应通过的流量为河槽桥孔的设计流量,因此实际标准在20~100年一遇之间。这较符合当前一般地区的实际情况,又预留了一定的安全储备。

③当桥头路堤或梁部结构穿越堤防时,若路肩低于堤顶,则堤防在该处成为一凹槽,将成为防洪之薄弱点,一旦洪水位较高时,影响防洪,也将造成人为断道。如洛口黄河桥和京广铁路漯河大桥,因低于堤防,当地多次要求抬高,两桥的新建桥梁均已抬高。

多沙河流在修筑防洪堤以后,由于一般洪水漫滩的机会大大减小,改变了原来洪水期河槽和滩地普遍淤积的情况,而集中在防洪堤内形成较为显著的淤积,从而造成了淤积河段的水位升高和堤防的不断加高、产生河段洪水比降减缓,从而又加重了河道淤积的恶性循环。如黄河在解放以前由于三年两决口,决口时犹如“泻肚子”,将大量泥沙冲至河滩,使河槽的抬高较为缓慢,每年约3 cm~5 cm。但解放后堤防逐年培修加高,基本上没有产生决口,使河槽淤积速度成倍增加。又如位于黄泛区内的涡河,历史上为黄河南下的主要河道,久经黄泛冲击形成沿岸高亢,河槽深阔,一般洪水不易漫滩,亳县群众有“水不逾涡”之说。但自1946年黄水复归原道入海之后,上游河南省引黄淤灌尾水排入黄涡河,年输沙率达495万t,致使河床大量淤积,排水能力大大减低。从1953年至1981年,涡阳至大寺闸河底淤高达4 m~6 m,河道断面减少32%。亳县大桥通过20年一遇流量2 000 m^3/s时,按1953年淤积前断面,水位为36.60 m;而按1981年淤积断面,水位增高至39.54 m。

因此位于多沙河流上堤防内的桥梁,为了考虑淤积造成的水位抬高,一般应在桥梁设计时预留此项高度。但在有些情况下,由于预留的高度很大。将可能造成桥梁和桥头路堤工程量和造价的巨大增长,此时则应在墩合结构与线路设计中考虑将来抬高铁路和桥梁的可能和措施。

(2)堤防外河滩上桥孔设计

①若堤防标准较低,遭遇较大洪水溃堤后,堤外滩地将开始行洪。若历史上溃堤分洪的几率极小,堤外可不设桥而采取其他措施;若历史上溃堤频现,且分洪量较大时,则以集中设置分洪桥为宜;若分洪量较小,可考虑分散设置一定数量的小桥涵分洪。

滩地分洪桥孔的设计流量应考虑分洪后滩地调蓄的折减,设计水位的确定应考虑分洪后水位的降低。考虑到在某些情况下滩地分配流量较困难,按桥梁设计洪水标准拟定河滩桥孔可能与实际要求出入较大,故要求满足当地排涝设计标准洪水的排涝要求,即按照当地排涝标准和相应流量检算桥孔的大小。

②在某些情况下不宜设置河滩分洪桥涵时,如河滩不稳定,河流易于改道等原因,则

主槽桥孔应能满足桥梁设计标准洪水的实际流量安全通过的要求。所谓实际通过流量是指河滩调蓄折减后的流量,而不应按归槽流量设计。

9 铁路通过地势低洼的行洪或蓄洪区将经常造成水害,淹没站舍设备,引起路堤下沉。如淮南铁路合肥车站附近一段线路跨经地势低洼地带,1980 年洪水时火车站明光路一带一片汪洋,淹没 30 多个工厂,使 7 500 多户路内外群众遭受损失。合肥市为确保市区的安全,在明光路沿板桥河、南淝河加高堤防,当南淝河水位超过 14.5 m,火车站和明光路一带将作为行洪区。又如津浦铁路蚌埠至临淮关约 30 km 铁路,位于淮河的方丘湖行洪区和临北退建行洪区内,1982 年在临淮关处扒口行洪,路堤浸水一个多月,造成长期下沉。跨经蓄洪区时,由于蓄水宽度较宽,且大部分流速极低甚至接近于零,桥孔不必也往往不可能沿整个宽度设置,故应了解主流区位置并布设桥孔。主流区一般为原河道和排洪道。如京广铁路跨越的老王坡蓄洪区,宽度达 15 km。蓄洪区内除污泥河为主要排洪河道,设置中桥外,区内还分散设置一定数量桥涵,1962 年并按上下游水位差不大于 0.2 m 检查和扩大桥孔,以减少上游的淹没范围。

蓄洪区蓄水时间较长,桥涵流水面高程设置过低会影响正常维修工作的进行。由于洪水期间高水位持续时间也较长,故遭遇风浪侵击的机会也较多。

10 当桥渡受下游人工建筑物或江河湖泊的回水顶托时,由于壅水区的水流减缓,上游挟带的大量泥沙将部分沉积于其附近,造成床面和水位的抬升。如成渝铁路油溪大桥,位于油溪与长江汇合口上游约 300 m 处,受长江倒灌远达数公里,桥址是淤积多于冲刷。当溪水与江水洪峰重叠时,汇合口水平如镜,河身淤浅甚多,仅当江水退后,本溪水流才慢慢在淤积的河床上冲出一条小沟来。再如渭河口因黄河洪水倒灌顶托,使下游河段造成严重淤 积。当黄河来水大,渭河水小时,汇合口潼关的水位迅速招升,汇流区发生壅水,对渭河引起顶托倒灌,长度一般超过华阴(位于河口上游约 30 km)。河口段则成为黄、渭河滞洪、滞沙的消能地带和泥沙堆积的沉积环境。每当黄河大水倒灌时,水面多形成倒比降,如 1971 年 7 月 25 日倒比降达 1.4‰。黄、渭两河来水顶托结果,形成拦门沙。拦门沙河段形成壅水,顶托渭河来水来沙,引起沿程河床水位抬升,河床淤积。1967 年汛后河口段河床抬升了 1.36 m~3.51 m,河口上游 80 余 km 的华县,河床抬升了 0.59 m。壅水对洛河顶托倒灌,迫使洛河口西移至仓西,华县赤水以东滩槽淤积抬高,造成南山支流河口淤塞,影响支流的排泄能力。

从上述事例说明,当桥渡受下游人工建筑物或江河湖泊的回水顶托时,要充分考虑泥沙淤积使床面和水位抬升的影响。由于回水顶托和泥砂淤积的影响,将改变桥址天然的水流和输沙条件,因此桥孔要按顶托出流计算。

11 平原,特别是近海平原地区,由于地下水位较高,水质矿化度高和含盐碱多,春末夏初气候干燥,地面蒸发大,地下水由毛细管作用,携带盐碱向干燥地面加以蒸发。水分蒸发后盐碱留在地表,成为盐碱化,使农作物减产甚至不能生长。因此这些地区水利化的一个重要项目就是排除盐碱。其根本的有效措施就是降低地下水位。即采用深沟排碱,使在旱季时不致引起土质盐碱化。农作物不受盐害的最浅深度,称为地下水临界深度。地下水矿化度愈高,临界深度也愈大。一般地区地下水临界深度为 1.0 m~3.0 m 之间。故位于盐碱化地区的桥涵流水面高程,要考虑由于开挖排水沟而适当降低沟底高程,否则将会影响桥涵的排涝和地方治碱的要求。如津浦铁路沧州工务段,由于桥涵流水面高程不适于排除盐碱的要求,已有 40 多座改建。陇海铁路开封工务段因水利化要求改建的桥涵有30座,流水面大部都降低了。津浦铁路K726+956三山河桥基底高程为25.29 m,宿县水利局要求开挖河道高程降低至24.37 m。因而1978年在桥下做浆砌河床和2 m×2.5 m×4.5 m排水槽,槽底高程比基底低约1 m,使桥梁成为浅基。陇海铁路徐州至商丘段,凡地下水位较高有碱害的地段,为了防止田地盐碱化,根据当地治碱要求,新建排洪桥涵的流水面高程均比原地面或原渠底适当降低,以利排碱防渍。

12　河网地区由于通航要求,以采用桥梁为主,涵洞少用为宜。根据上海铁路局对沪宁铁路的调查,表明该地区设桥多设涵少,因而基本能满足当地需要,当地要求改建者较小。但杭甬铁路肖曹段,由于孔径类型选择不当,桥少涵多,当地要求扩孔者较多。曹娥至穿山段,多处涵洞原系与当地协议设置,后因农业发展及运输需要,当地纷纷要求改涵为桥。因此河网地区以采用梁式桥为宜,这对通航、排灌以及维修均属有利。

灌溉渠道的纵坡一般小于涵洞标准设计的临界坡度,如汉丹铁路大多数渠道的纵坡只有1/3 000,使实际通过能力减小,因此一般应按原渠道实际纵坡计算通过能力。当渠道为新设计断面时可按不冲不淤纵坡确定通过能力。

由于渠道的有效高度一般较小,要求在固定水深情况下通过所需流量而不容许涵前过高的积水和水流能量的过多消耗,以免造成水流漫溢渠顶或使下游水位降低过多,影响灌溉能力,故要求桥涵一般不宜压缩渠道宽。

渠道在放水过程中由于上游的来沙及渠道自身的泥砂常使渠底淤高,人工渠道几乎每年需清淤一次,因此在桥涵设计中根据现有渠道高程确定流水面高程时,应考虑清淤的要求。否则,按放水后尚未清淤前之实际渠底高程作为桥涵流水面高程时,就会产生偏高的情况。如汉丹铁路K217+934圆涵勘测时,渠道已放水且淤高了0.4 m,致使按实测渠底高程确定之流水面在渠道清淤后就偏高了,影响过水,造成当地要求降低流水面高程的被动局面。

灌溉涵渠的流水面高程应与当地协商研究拟定。汉丹铁路K202+924涵,因对渠道的设计要求了解不够,未与当地协商即按原地面高程设置,致使流水高程高了0.43 m,当地要求降低。

流水面高程的确定若与排水系统及上下游取土坑不能配合一致,也常造成无法灌溉。如杭甬铁路肖曹段K15+840、K16+617、K16+920等处均为1孔1.0 m圆涵,设计时仅考虑最低排洪要求,将流水面高程定为6.1 m,而1953年最低水位为5.46 m,农民不能引水灌溉,喻为通风洞,最后不得不在附近另设1孔0.6 m圆涵进行灌溉。

灌溉过水不同洪水宣泄,其特点是水位较低,要求桥涵孔径类型不致形成过高的涵前积水,在低水位时仍具有足够的过水能力,采用圆涵时往往达不到上述要求。如汉丹铁路K179+805圆涵,由于干渠截面和水位的限制,通过圆涵的水位较低,稍有积水则使上游水漫渠顶,由于此涵系圆形,孔径又偏小,因此低水位时过水能力很小,不能满足灌溉要求。故采用圆涵时应将流水面稍予放低,并适当加大孔径。由于渠道截面多为梯形,小型渠道甚至近于矩形,且水深一般较小,因此宜采用矩形涵。

3.10.5

1　当铁路沿库区通过或跨越库区及坝址下游河道时,由于水库修建引起的水流和泥沙条件的改变将对铁路及桥涵造成下述几方面的影响:

(1)由于大坝修建抬高水位,造成铁路和桥梁改建提高

修建水库以后,由于坝址水位将较天然水位抬高很多,造成库内铁路及桥梁被淹没,

必须改建提高。20 世纪 50 年代修建官厅水库而使丰沙铁路改线并提高 6 m。同时造成京包铁路康狼段的改线提高。黎湛铁路因鹤地水库的修建,造成淹没路堤、桥涵,因而改线21.3 km,增加国家投资约 2 230 万元。近年铁道部第四勘测设计院勘测设计范围内因闽江及其支流将修建水口和沙溪口水电站,要求外福和鹰厦铁路部分改建提高。珠江支流北江拟建飞来峡水库,而造成京广铁路韶广段部分改线提高。

(2)水库淤积抬高水位,造成铁路和桥梁改建提高

在河流上尤其是多沙河流修建水库以后,由于泥沙的淤积,往往会显著抬高库区水位,而这种影响又往往预测不够。如 20 世纪 50 年代修建的官厅水库,经过 20 多年的使用,目前库区淤积量已占设计库容的四分之一,位于水库内的丰沙铁路上行 8 号桥,河底淤积厚达 10 m 多,使同频率洪水时的库水位较原设计水位增高很多。为了保证足够的防洪库容和工农业用水,近年北京市和水利部正研究将官厅水库大坝抬高 7 m 左右,为此又必然造成丰沙铁路要部分再次改线提高。

(3)冰塞壅高水位和冰压力的影响

建库后由于库区流速显著减小,在严寒地区,水库回水末端附近容易形成冰塞,其相应水位的抬高远比天然河道严重。水库静回水区极易发生冰冻,墩台由于冰冻胀力的挤压和剪切及流冰的撞击而常遭破坏。

(4)河型的改变和冲淤的变化

由于建库后水沙条件的改变,在库区和坝址下游都可能造成河型的转化和剧烈的冲淤变化。一般而言,水坝上游库区由于淤积为主的影响,河型是向宽浅和变迁性发展;而坝址下游由于以冲刷为主,因此河型是向窄深和稳定方向发展。当水库采取底流泄洪或排沙措施时,水库上游也会发生冲刷,如溯源冲刷和沿程冲刷,下游也会产生淤积甚至使河床回升和抬高。修建水库后,由于泥沙拦蓄而下泄清水,以及坝下消能的不足,在建库初期坝下的清水冲刷,不仅会造成局部河床的显著降低,而且会造成下游河道长距离(有时可达数百公里)的普遍下切,影响桥梁墩台的稳定和基础埋深。

(5)水库坍岸和库岸再造

建库后由于库内水深远较天然情况为大,且浸泡时间显著增长,将使库内岸坡的稳定性降低,再加上波浪的切割和磨蚀,岸坡的土层和半岩质岩层将产生坍岸,直至达到新的平衡稳定条件下的岸坡为止。因此坍岸将造成建于岸坡上的桥梁墩台和涵洞的稳定性,尤其是在岸坡较陡的桥隧相连处,将可能造成桥位的失败而改线。

(6)通航要求的变化

建库后由于库内水位抬高,提供了通航条件或改善了航道,使原来不通航的河流有了通航要求,或要求提高航道等级。成昆铁路的泉水河,原为徒步可涉的小河,谈不上行舟。但建库后水深增至十几米,经常有汽船,木船往来于泉水河大桥之下。

(7)水库的溃坝失事

水库的溃坝事例很多,不仅低标准水库经常失事,大中型水库失事也时有发生。由于水库坝高蓄水量大,一旦失事,产生的溃坝流量及其对下游的危害远较天然洪水为大。

此外,建库后由于库水长期浸泡,引起地基承载强度降低,墩台不均匀沉陷增大,以及加剧对下游河道导治和防护建筑物的冲刷。位于水库地区的铁路和桥涵,都必须进行缜密的调查研究,并在设计中予以适当的考虑。

2 当水库建成蓄水后,形成了一个水面宽广、比降平缓的人工湖泊,水库末端至坝址

沿程水深急剧增加，产流、汇流条件有所变化，使得相应的洪水在建成前后可能有显著的差异。水库计算流量有两种：即坝址处的天然洪水流量为坝址洪水流量，相应于建库后的洪水流量为入库洪水流量。两者主要有下述差异：

（1）河槽调蓄方面：坝址洪水实际已包括了入库断面至坝址间天然河道的槽蓄影响。但建库后由于预先充水，入库洪水则已消失了这一影响，因而将加大入库洪水与洪峰流量。若原有的天然河道，调蓄作用大，则入库洪水与坝址洪水的差别也大。

（2）洪水传播速度的改变：洪水进入水库，由于库区形成了一个人工湖泊，水深流缓，边界辽阔，原河道中的洪水波不可能再维持原来的稳定前进波的形成，入库洪水波波形迅速发生变化。因此，原在河道中属于运动波性质的洪水波，入库后由于边界条件的变化，改变为动力波性质的洪水波，因而传播速度较在天然河道中大大加快。

（3）水量平衡方面：水库建成后，在水库淹没范围内，原来的陆地成为水面，产流条件发生了变化。原来的陆面蒸发变为水面蒸发，原来的陆地降雨径流关系改变为水库水面直接承受降雨。一般来说，陆面蒸发同水面蒸发相差不大，可以忽略，而降雨径流关系的改变影响较大，使入库洪水的一次总量有所增加。

（4）汇流条件的改变：建库前，坝址以上流域汇流时间为河槽汇流时间与坡地汇流时间之和。建库后，一部分河段被淹没成水库，汇流时间缩短。水库周边以上流域的河槽汇流时间即为建库前坝址以上河槽汇流时间减去水库淹没河段的河槽汇流时间。水库周边至原河槽周边之间的坡地已成为水面，直接承受降雨，这部分坡地汇流时间已消失。故建库后流域总汇流时间缩短了。

由于存在上述差异，一般情况下，入库洪水与天然洪水比较，洪峰增高，涨水段水量集中，洪水历时缩短，峰现时间提前。这些特性的改变，与库区水深、水库回水长度占坝址以上河道长度之比例、库区水面面积占坝址以上流域面积的比例成正比关系。即一般情况下，湖泊型水库的入库洪水与天然洪水的差异较大，而河谷型水库的差异较小。因此当桥梁跨越河谷型水库时仍可按天然流量设计，而跨越湖泊型水库时，则应考虑按入库洪水设计。

入库洪水计算方法可分为根据暴雨资料推求和根据流量资料推求两大类。前者与一般方法相同，唯需考虑建库后产、汇流条件的改变；后者常用的方法有：

①合成流量法：该法系将入库断面洪水与入库区间洪水考虑建库后的洪水传播时间，迭加得到入库洪水。

②反演法：其方法是将流量演算方法（如马斯京根法）进行反时序演算，由时段末的出流推求时段初的入流。

③水量平衡法：利用建库后实测坝址水位和相应的出库流量，采用水量平衡方程反推入库洪水。

入库洪水具体计算方法可参见有关资料。

若水库调洪作用较大时，则洪水入库后除了因预先充水引起前述产流条件变化使洪峰流量增大外，由于入库后水库的调蓄又将使洪峰流量减小、过程线塌平。故此时还必须根据蓄水位和桥址以上库容进行调蓄计算，从而求出桥址设计洪水流量。

勘测时应对上述各种情况调查清楚，充分利用水利部门提供的资料。一般情况下，水库设计洪水频率高于桥梁时，可采用上述相应于桥梁标准的水库计算流量。水库校核洪水频率标准低于桥梁时，则在桥梁使用期间水库可能产生溃坝情况，故尚须按本规范附录

A 计算溃坝流量。

3

(1)水库设计洪水频率标准高于桥梁时

当区间流量较小、坝桥间河道槽蓄量不大时，为了计算简便，桥址设计流量可直接采用水库设计下泄流量。有些水库下游附近有水文站观测资料，但即使其流量观测系列较长也不能直接进行数理统计推求设计流量，因水库下泄流量完全制约于水库的运用条件，在相同入库洪水条件下，水库调蓄的情况并不一定相同，出库流量已非随机变量，故此时也仍应采用水库设计下泄量值。

当坝桥间有较大支流汇入且相距较远时，水坝下泄流量经过坝桥间河道的传播作用可能会减小很多。由于下泄流量一般较天然流量小，因此洪水传播速度和时间也可能会有变化。在计算桥址设计流量时除计及区间流量外，尚应考虑这些因素的影响。

洪水组合方法：当桥址发生设计洪水时，应采用坝址洪水频率和区间洪水频率。若坝址及区间均有实测洪水资料时，组合洪水应采用同频率相应洪水组合法，即按下述两种情况分析比较择其控制者：

①桥址与坝址发生同频率洪水，区间发生相应洪水；

②桥址与区间发生同频率洪水，坝址发生相应洪水。

若区间或桥址无实测洪水资料时，为安全计，可采用同频率洪水进行组合，即桥址发生设计洪水时，坝址与区间同时发生设计洪水。

当桥址有水文站实测洪水资料时，若坝址洪水所占比重较大时，不宜直接进行数理统计推求桥址设计流量，此时可将坝址洪水演算至桥址，并在桥址洪水中予以扣除，得出区间洪水过程，而后仍可采用同频率相应洪水组合方法；若坝址洪水所占比重较小，为简化计，可考虑按数理统计法直接推求桥址设计流量。

坝桥间区间流量的计算：当区间支流有水文站实测流量资料，且能控制区间主要流域面积时，可根据实测流量系列推求区间设计洪水；若区间控制支流无实测洪水资料，但有条件进行洪水调查和计算时，可根据洪水调查推求设计洪水；若上述条件均不具备时，可用暴雨推求设计洪水的间接方法推求。

某些水库为了保证主坝的安全，除了主坝正常下泄洪水以外，在较大洪水时尚通过非常溢洪道排汇部分洪水。在这种情况下，下游桥梁除应按铁路设计标准洪水正常下泄流量设计，并考虑坝桥间的洪水外，尚应考虑非常溢洪道下泄洪水的影响。

水库下泄流量随着水库有效库容被泥沙逐年淤积减小而加大。如官厅水库设计下泄流量从原来的 600 m^3/s 加大到 1 630 m^3/s，主要就是因库容逐年淤积减小所致，部分为设计流量的增大影响。因此，为安全计，应按水库考虑泥沙淤积的终极库容相应的下泄流量设计。

平原水库下游的桥渡，应考虑非汛期人造洪峰和调水调沙的影响。如黄河规划在温孟滩利用滩地修建平原水库，南部主槽仍保留，形成南槽北库，汛期洪水仍走主槽，非汛期用温孟滩蓄清水，在 12 月末搞人造洪峰，下泄流量 5 000 m^3/s。到汛期遇洪水时，温孟滩向黄河补给清水，加大洪峰流量，稀释黄河，冲刷下游河道。又如东平湖水库每年 11 月起蓄水至次年 6 月人造洪峰 1~2 次，洪峰流量 2 500 m^3/s，历时 4 天，冲刷下游河道。

(2)水库校核洪水频率标准低于桥梁时

应与有关部门协商采用增设加固溢洪道或大坝等措施，提高水坝校核洪水频率标准，使与铁路桥涵洪水频率标准相同。如有困难，应适当考虑溃坝可能对桥涵造成的不利影响。

5

(1)水库蓄水深度一般远较天然水深为大，库内行洪道宽度一般比天然河道为窄，但为避免造成库内修筑路堤的困难和因路堤的阻隔而加剧桥梁和桥头路堤的冲刷和桥址附近河道的冲淤变形，一般宜按天然河宽设置桥孔。如跨越官厅水库主流库区和支流妫水河库区的丰沙铁路永定河8号桥和京包铁路妫水河桥分别为18孔28 m和20孔32 m上承板梁桥，均基本按天然河宽布设桥孔。

(2)严寒地区在水库回水末端附近往往容易形成冰塞，使其上游水位相应的抬高远比天然河道严重。这是由于建库后水面比降变缓，流速减小，尤其是回水末端，在库内稳定封冻冰层下面，由于上游有一定流速，使冰花和碎冰潜入冰盖以下，形成冰塞，堵塞部分河道，使上游水位抬高。如盐锅峡水库1961年~1962年水库末端所形成的冰塞，据小川水位站的观测资料，最高壅水达9.35 m，已超过汛期千年一遇洪水位，给上游造成严重危害。刘家峡专用线2号黄河大桥也险遭淹没。东北丰满水库回水末端每年也发生冰塞壅水现象，据观测记录，抬高水位也达数米以上。

在严寒地区当水温降至0 ℃时，往往先在平静的小湾或水流平缓流速接近于零的河段沿岩结成冰带。气温降至一定程度后，在水流排泄不畅的河段，如狭窄、陡弯、浅滩、水库回水末端、过水建筑物附近等处冰凌壅塞，开始封冻。河段封冻后由于冰盖下面凹凸不平，对水流产生较大摩阻力，使水流速度急剧减小，因而使河槽蓄水量增加，水位上涨。在冰凌解冻时，若上游解冻早，来水量大，沿途形成水鼓冰，冰阻水节节卡冰结坝，尤其是流向由南向北的河流，遇到天气突变，上游解冻较早，有大量流冰涌下，而下游尚未开冻，则有冰坝出现。此时河水陡涨，上下游压差甚大，如冲开冰坝，流冰汹涌而下，常毁坏下游桥梁和过水建筑物。形成以动力作用为主的解冻，称为“武开”，对桥梁建筑物危害较大。反之若上下游解冻时间差别不大，沿河没有卡冰结坝，而是以热力作用为主的解冻，称为“文开”，一般危害较小。1958年黄河王元弟冰坝高达5 m~6 m，坝长约500 m，造成很大危害，最后用大炮和飞机投弹轰炸，水位才恢复正常。冰坝的性质和大小，是由河槽蓄水量的多少及冰盖遇热分解的特性决定的，其水位变化与雨洪春汛不同，它呈齿形上涨，涨率大，峰型尖瘦，落势急陡。松花江近三江口汇合处依兰站，经分析发现，当12月平均水位在92 m以上时可能出现冰坝。

(3)水库范围内桥孔计算一般不受控制。但有时桥址位于平坦开阔河段，而桥孔长度较河宽为小或位于平原水库内，则尚应通过计算拟定桥孔。由于库内水流属非恒定流状态，水位与流量并不相应出现，因此需要分别按设计流量与相应回水位(此水位低于设计回水位)及设计回水位与相应流量(此流量小于设计流量)两种情况检算择其控制者。桥孔计算同一般方法。但上述情况下的流速均较低，因此桥渡冲刷尚应按可能的最不利低蓄水位、高流速情况进行检算。

在水为造成壅水淤积以后，若库不位下降，使库区某一断面处的水深减少，水而比降变陡，流速加大到足以发生冲刷，则库水位的进一步下降就会使这种冲刷逆流向上发展。这种自下向上发展的冲刷叫溯源冲刷。开始发生冲刷的位置大多在三角洲顶点附近，但也与地形特点、淤积物的形态及其抗冲能力等因素有关。如三门峡水库1964年汛后打开底孔后，库水位骤然下降，使库区发生溯源冲刷。在坝址上游附近，床面冲刷下降约8 m，向上游逐渐递减,至坝址上游 80 km 附近,溯源冲刷平均为 2.8 m。溯源冲刷过程中,水流总是趋于集中,因而冲刷作用总是只限于主槽以内,这是和淤积不同的一个特点。

沿程冲刷和溯源冲刷不一样,不是因为库水位的升降,不是外界条件的改变而引起的,而是来水来沙条件的变化,使与现有河床不相适应而引起的。但其剧烈程度比不上库水位升降所引起的变化,因而沿程冲刷的强度较溯源冲刷为低。但沿程冲刷的时间较长,所以沿程冲刷的冲刷总量不比溯源总量为小。水库中的沿程冲刷和溯源冲刷的作用是不一样的,但又是互相影响,相辅相成的。溯源冲刷起主要作用的部位偏于靠近坝前的库段,沿程冲刷起主要作用的部位偏于上游库段,即回水末端附近的库尾。如三门峡水库 1970 年 8 月 3 日,在潼关发生洪峰流量达 8 420 m^3/s 的洪水,使该河段发生范围较大的强烈的沿程冲刷,使潼关在流量为 1 000 m^3/s 时的水位,峰后比峰前下降 1.9 m。

水库内溯源冲刷也将对桥梁带来危害。如南同蒲铁路 K449+927 中桥,1977 年 8 月 17 日因下游拦河坝溃决,造成该桥河床产生溯源冲刷,而使木排架桥基下沉,中断行车 16 h35 min。因此位于既有水库内的桥渡,如水坝有溃决可能时,必须考虑溯源冲刷的影响。

建库后由于水沙条件的变化往往会造成河型的改变。如成昆铁路鸭子池河湾的冲淤演变:下游 25 km 的龚嘴水库于 1971 年开始蓄水后,至 1957 年河湾已显示出巨大的变化,主流由蓄水前紧靠左(凹)岸而逐渐向右(凸)岸,并产生一强大反时针方向的环流,螺旋状沿河湾下游流去;而紧靠左岸则有一微弱回流,产生一微弱横向环流,也以反时针方向螺旋状沿河湾向上游而来,在这两股横向环流之间,则为不大流动的"死水"区域,水库蓄水四年,"死水"区淤积已露出水面形成沙洲,其高程、长度和宽度不断发展增加,使上下游凹岸形成一较圆顺的新边岸。

梯级水库的设置一般是在下一级水坝的回水尾部附近连接上一级水坝,处于梯级水库内的桥梁除应考虑下一级水库的回水和淤积影响外,尚应考虑上一级水坝的泄洪冲刷。由于上一级水坝位于下一级水坝回水范围内,尾水受下一梯级回水的顶托,因此其冲刷是非自由冲刷。下面以黄河上修建的刘家峡、盐锅峡、八盘峡三座梯级电站的冲刷情况为例说明梯级水库的非自由冲刷特点。

盐锅峡水库正常高水位时回水末端抵刘家峡坝下。由于盐锅峡水库迅速淤积,水位抬高,盐锅峡回水末端的小川水文站(上距刘家峡大坝约 3 km)的水位抬高 3 m 多。刘家峡蓄水后对盐锅峡水库的来水来沙条件影响较大,汛期平均含沙量蓄水前为 3.13 kg/m^3,蓄水后仅为 0.41 kg/m^3,形成对下游盐锅峡水库的清水冲刷,其情况如下:

(1)冲刷深度:随着盐锅峡水库淤积的发展,水位逐渐抬高,至 1968 年刘家峡水库蓄水前,小川站水位抬高了 3.8 m,自 1969 年以后,刘家峡水库下泄清水冲刷盐库,小川站水位显著下降,水面比降变缓,河床粗化,使河床向冲刷平衡方向发展,至 1973 年冲刷到最低值,但仍比建库前高出 1.4 m(其中包括堆碴的影响)。

(2)冲刷距离:水坝下游的自由冲刷距离是可以很长的。在非自由冲刷的情况下,由于受下游侵蚀基面的控制,冲刷能力自由发展及冲刷距离受到限制。经冲刷后河床粗化影响显著,刘家峡坝下游约 6.5 km 处,1967 年河床质为盐锅峡水库的淤积物,中值粒径仅为 0.1 mm,经过冲刷到 1976 年已变为中值粒径 34 mm 的小圆砾。经分析刘家峡水库下泄清水对盐锅峡水库的冲刷范围,约为距刘家峡坝下 20 km 的库段上。

3. 10. 6

1　一河多桥桥渡，尤其是其河滩桥孔的导流设施，往往因为河滩流速较小而被忽视。但是从一些既有桥调查资料及水工模型试验结果来看，一河多桥适当布设导流堤是有益的。

焦枝线刁湍河泛滥区的水工模型试验，发现湍河、草场、石河、西盛家四座大桥桥下流向偏角甚大，尤其是泄洪量占总流量几乎近一半的湍河大桥，受桥址附近滩地地形影响，桥址上游滩地水流顺路堤自北向南汇入湍河主槽，使大桥北端数孔桥下水流斜交为 45°~90°，且水流流速甚大，故桥头附近路堤及北端若干桥墩有被冲毁的危险。当在模型上于湍河北端设置了一长约 200 m（原型）之导流堤后，试验表明桥下水流情况显著改善，桥下各孔水流交角皆在 0°~15°之间，流速也大为减小。

这种现象也可由滩流逐渐收拢通过桥孔时，在桥上游侧产生“水漏斗”的过水状态得到解释，水漏斗沿路堤产生局部横向水面坡，其水流必定以较大的斜交角进入桥孔，引起水流挤压、流速分布不均匀。

另从宽滩河流调查资料也可看出类似的问题，如东北努敏河桥（11 孔 20 m 上承板梁桥）漫滩很宽，1961 年洪水时，北端 7、8、9 孔河底普遍刷深，冲刷坑深达 4. 8 m，距沉井底仅 1. 5 m，其后在北岸上游设 139 m 长的非封闭式导流堤，冲刷始有改善。南岸上游有旧路堤掩护，但滩流进入桥下仍冲刷成一道深槽，过桥后消失。这和前述刁湍河泛区水工模型试验的结论是相同的。

因此一河多桥应视具体情况考虑布设必要的导治建筑物。

2　斜交角度过大的一河多桥桥渡，将产生沿路堤方向的横向水面坡度与横向水流，使桥渡过水状态恶化，这已为以往的勘测、既有桥渡运用以及水工模型试验所证实。对于横向水流对流量分配、桥孔确定的影响，目前尚无妥善的计算办法，重要的一河多桥桥渡可借水工模型试验来解决。从改善桥孔过水状态着眼，一河多桥的桥渡布设应使与洪水水流正交。

京广线石（家庄）安（阳）段所跨沙河水系（沙河县境内）自一沙河至干河沿线泛滥宽度约 5. 7 km，影响一~七沙河及干河。1963 年水害前计有大桥 3 座、中桥 2 座、小桥 3 座，干河以南尚有小桥涵 4 座。桥址河道属山前变迁河段。铁路穿过泛区除线路不顺直外并与水流斜交。1963 年 8 月 4 日洪峰通过时（桥梁与路堤尚未冲毁）泛区各桥调查水位见说明表 3. 10. 6—1。

说明表 3. 10. 6—1　水位

桥　名		一沙河	二沙河	三沙河	干　河
里　　程		K393+110	K394+328	K394+924	K397+811
1963 年 8 月 4 日水位	调　查	71. 77	69. 97	69. 86	65. 36
	模型试验	72. 21	69. 62	69. 98	64. 93

从说明表 3. 10. 6—1 可看出，沿路堤方向泛区水位北端比南端高 6. 41 m，相应横向水面坡度为 1. 12‰。另从水害调查资料：路堤上游侧树木向南冲倒，桥址上游侧的通讯支架向南冲歪，都说明存在着较强的横向水流。

水害修复设计时，利用8月4日第一次洪峰时各桥上下游水位差计算原有各桥流量及其分配（未考虑横向水流作用），见说明表3.10.6—2第一行。

说明表3.10.6—2　流量

桥　名		一沙河	二沙河	三沙河	四沙河	五沙河	六沙河	七沙河	干　河	干河以南小桥
按水位差计算流量		8 730 *	2 240	354	226	78	24	52	1 130	
模型试验	原有各桥流量	7 335	955	422	271	123	135	202	1 955	402
	加导流堤后各桥流量	8 628	1 732	142	157	96	24	36	692	293

注：* 一沙河采用了流量相关法的成果。

由于验算结果发现原有各桥孔径不适合，因此铁道部第四勘测设计院会同铁道部科学研究院对该桥进行水工模型试验，各桥水位及分配流量试验结果见说明表3.10.6—1和说明表3.10.6—2。试验的水流现象表明，一沙河溢洪形成一股顺路堤由北向南的横向水流及横向水面坡度，横向水流使二沙河桥未能充分发挥泄洪能力，而南端各桥尤其是干河桥的过桥流量过大。经在二、三沙河间上游加设封闭式导流堤，拦截部分横向水流导入二沙河桥孔，以减轻干河桥的泄洪负担等设施后，各桥流量始与未考虑横向水流的设计流量相近。

由表列的分配流量也可看出，仅按各桥上下游水位差，而未考虑横向水流作用推算的各桥设计流量，与反映横向水流作用的试验数据是有出入的，尤其是在横向水流较强的二沙河及处于水位较低的干河差别更为显著，二沙河采用设计流量偏大，干河则偏小。经采取拦截横向水流的措施后，采用设计流量方与试验数据相近。

焦枝线南（阳）襄（阳）段跨过刁端河泛滥区，泛区宽达12 km，一片汪洋，属多河多桥性质。勘测时为了确实查明洪水漫槽情况，洪水主流流向；洪水纵向、横向坡度；泛滥区内各处洪水深度；洪水时天然分水线等有关数据，以便为平原水害地区选线提供可靠资料。当时采用了大面积（约400 km^2）洪水调查的方法。绘制出泛区的等水位线及等水深线图，作为定线及定桥位的依据，使线路尽可能做到通过水深较小地区，并与洪水等水位线平行而垂直流向，避免形成水袋，确保路堤安全，将桥渡布设在排洪能力最强地点。这种作法收到了较好的效果。

铁道部第四勘测设计院与铁道部科学研究院曾对刁湍河泛区桥渡进行了水工模型试验，按三种不同壅水高（ΔZ_M=0.5、0.7和1.0 m）测得各桥流量分配率及原计算的各桥流量分配率见说明表3.10.6—3。

由说明表3.10.6—3所列数据来看，除西盛家大桥模型实测与计算的分配率相差较大外，其他诸桥分配率两者均较为接近，亦可看出一河多桥布设成与水流正交，才能使计算的流量分配与各桥实际分配的流量相近，达到均衡泄洪的目的。

3　河道及流量在断面上的分布是变化的，因此各桥的流量分配也是变化的，各桥设计流量应按可能出现的最大流量分配比例确定。注意不能仅仅从桥址断面来分配流量，应着眼于桥址河段内全局的水流形势。至于各桥流量分配的方法，应视河道具体情况选用。以往曾经使用过的流量分配办法有：

说明表 3. 10. 6—3　流量分配率

设计壅水值(m) / 流量(m^3/s) / 桥名	0. 5		0. 7		1. 0		原计算值
	6 800	8 700	6 800	8 700	6 800	8 700	$Q=8\ 700$
湍河大河　分配百分比	44. 4	41. 6	46. 4	43. 0	47. 3	43. 9	48. 0
草场大桥　分配百分比	10. 1	11. 9	11. 4	11. 8	9. 3	10. 4	9. 5
石河大桥　分配百分比	35. 8	35. 9	33. 2	35. 3	35. 9	36. 7	36. 2
西盛家大桥　分配百分比	9. 9	10. 6	8. 5	9. 9	7. 5	8. 9	6. 3

注:表中流量 $Q_{1/100}=6\ 800\ m^3/s$;$Q_{1\ 919}=8\ 700\ m^3/s$。

(1)断面分配:首先根据桥址河段地形图及断面图,寻找地形凸起的天然分水线,如天然分水线不明显可在两桥间适当划分分水线,而后将流量在断面上分配,具体作法又可分为:

①根据桥址断面,按设计频率的天然洪水位计算各桥通过流量 Q_{M1i},并得各桥流量分配率 P_{1i}:

$$P_{1i}=\frac{Q_{M1i}}{\sum_{1}^{n}Q_{M1i}}$$

再分别用上游及下游辅助断面,按设计频率的天然洪水位计算各桥通过流量 Q_{M2i} 及 Q_{M3i},并得上游及下游断面各桥流量分配率 P_{2i} 及 P_{3i} 为

$$P_{2i}=\frac{Q_{M2i}}{\sum_{1}^{n}Q_{M2i}}$$

$$P_{3i}=\frac{Q_{M3i}}{\sum_{1}^{n}Q_{M3i}}$$

若桥址附近(上下游各一倍泛滥宽度的范围内)有实测流量资料,可由大洪水时实测资料确定各桥的分配率 P_{4i}:

$$P_{4i}=\frac{Q_{M4i}}{\sum_{1}^{n}Q_{M4i}}$$

在以上流量分配率中,分别找出各桥的最大分配率,并据以计算各桥采用的设计流量,示例见说明表 3. 10. 6—4。

说明表 3. 10. 6—4　流量分配

分配方法	各桥占总流量的百分数				共计(%)
	一号桥	二号桥	三号桥	四号桥	
桥址断面流量分配率 P_{1i}	31	18	43	8	100
上游辅助断面流量分配 P_{2i}	30	26	35	9	100
下游辅助断面流量分配 P_{3i}	32	20	38	10	100
历年实测最大流量分配率 P_{4i}	36	24	40	17	117
采用流量分配率	36	26	43	17	122
采用设计流量	$0.36Q_P$	$0.26Q_P$	$0.43Q_P$	$0.17Q_P$	

总流量加强系数 $A=1.22$。

②当天然分水线的位置难于保证时，出于加强考虑，可重复计算一部分断面流量，以此重复部分流量作为加强流量，说明图 3.10.6 所示双槽复式断面：

计算 1 号桥流量 Q_1 时用分水线 1，计算 2 号桥流量 Q_2 时用分水线 2，分水线 1、2 之间流量为重复计算部分，则总流量加强系数

$$A=\frac{Q_1+Q_2}{Q_P}$$

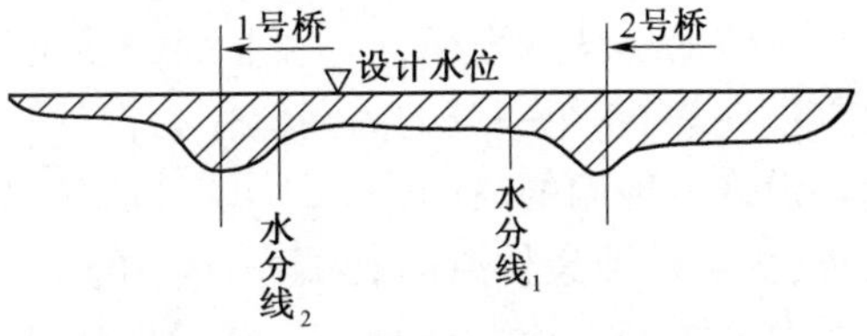

说明图 3.10.6 双槽复式断面示意图

③提高洪水频率标准的方法：其一用不同频率的水位如 $H_{1/100}$、$H_{1/300}$、$H_{实测}$或 $H_{历史}$及相应流量 $Q_{1/100}$、$Q_{1/300}$、$Q_{实测}$或 $Q_{历史}$，类似于上述 1 的作法，求得各流量的最大流量分配率及总流量加强系数 A，亦可得出各桥设计流量。其二是将设计流量提高到 $Q_{1/300}$，将 $Q_{1/300}$直接分配到各桥，得各桥设计流量，该法中 $A=\frac{Q_{1/300}}{Q_p}$。本法目前较少采用。

④铁道部第一勘测设计院曾结合西北地区的具体情况和特点规定：各桥的流量应根据现地调查的地形特征，主流的分布情况，现有支汊流量的分配，河槽变化的可能和水流摆动趋势等进行分配。对于变迁河段，若为一河二桥时，各桥设计流量之和一般约为河流总流量的 1.5 倍，若为一河三桥时，各桥设计流量之和一般约为河流总流量的 2 倍。对于比较稳定的河流，具体倍数应视不同情况确定。

(2)水工模型试验：水工模型试验可以演示各种桥渡布设方案，通过设计流量时的过水状态、流量分配、水位高低和桥下流速等。因此一河多桥的桥位布设、流量分配、桥孔选定、导治建筑物的布设均可通过水工模型试验来提供必要的数据。以往通过水工模型试验的一河多桥桥渡有：长江芜湖大桥，京广线南沙河桥，焦枝线刁湍河泛滥区等。

4 增建第二线一河多桥设计可由既有线一河多桥历史洪水调查资料计算各桥流量分配率，各桥皆取该桥历史上最大的分配率 P_i，得各桥设计流量 $Q_i=P_i\cdot Q_p$，总流量加强系数为

$$A=\sum_{1}^{n}P_i$$

6 河滩床面一般无推移质泥沙运动，因此河滩桥孔的桥下冲刷通常无泥沙补给，而且也不能形成汛后的泥沙回淤。河滩桥孔的冲刷在多次洪水期内一直增长，往往形成较大的冲刷坑。例如东北平齐线洮儿河桥的河滩桥，原建有 9 孔 4.0 m 钢筋混凝土板涵于 1948 年冲毁，1952 年改建成 5 孔 20 m 上承板梁大桥，经 1957 年洪水冲刷，2 号墩向上游倾斜 3.2 m，桥下冲刷坑上游长 90 m、下游长 120 m，最深处 9 m~11 m（一说 18 m），冲刷坑至今仍存在。

河滩桥孔的冲刷往往会引起流量重分配及河床的剧烈变化，并常因此而造成水害。故对河滩桥孔桥下流速、冲刷防护（一般都用全桥铺砌）等必须注意。

确需在河滩上设置灌溉渠道或道路立交的桥涵时，须注意采取冲刷防护措施。这类桥涵以往曾采取过涵洞入口或桥梁上游侧设置闸门，作为枯水期开闸灌溉或交通、洪水期关闸止水的运用措施。但从运营情况来看，往往闸门无人管理，设计需慎重对待。

3. 10. 7

1　海湾桥渡的设计水位应由海潮潮位来确定。不同建筑物应采用不同的潮位进行设计,港口工程用累积频率 10% 的高潮位及累积频率 90% 的低潮位作为作业水位,并以重现期 50 年一遇的高潮位作为校核水位。铁路工程应按铁路等级及其洪水频率标准确定高潮位的设计重现期,即Ⅰ、Ⅱ级铁路采用重现期为 100 年一遇的高潮位,Ⅲ级铁路采用重现期为 50 年一遇的高潮位作为设计水位。

设计重现期的高潮位值,须统计历年最高潮位使用耿贝尔方法即第Ⅰ型极值分布律推算,因此须搜集桥渡附近测站历年的最高潮位值。在潮位的计算中,有几种起算基准面,例如:黄海平均海平面,这是全国陆地高程的起算基准面;理论深度基准面,是海图中水深的起算面,各海区不同;潮高基准面,是观测潮位用的基准面,等等。必须了解它们之间的关系值,以便在潮位计算时换算成统一的基准面。

在设计重现期高潮位值推算中,起算面不同,数值不同,如用皮尔逊Ⅲ型曲线会造成不应有的误差,而耿贝尔方法可避免这一问题。例如说明图 3. 10. 7—1 所示,黄海平均海平面与潮高基准面,两者的高差值为常数 a。如以潮高基准面为起算面,每年的最高潮位值为 h_i+a,n 年的平均值为 $\bar{h}_i+a$。采用皮尔逊Ⅲ型曲线推求设计重现期高潮位时,得 $h_P+a=K_P(\bar{h}_i+a)=K_P\bar{h}_i+K_Pa$,换算为黄海平均海平面,式中两侧均减 a,得 $h_P=K_P\bar{h}_i+a(K_P-1)$,等式右侧的第二项 $a(K_P-1)$ 是多余的,给计算造成误差。用耿贝尔方法推算可减免这种误差。

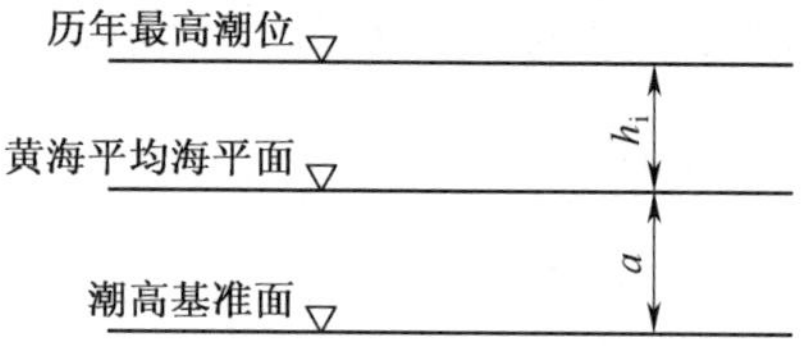

说明图 3. 10. 7—1

2　设计波浪的标准包括:设计波浪的重现期和设计波浪的波列累积频率。对于不同的设计内容,应采用不同的设计波浪标准。Ⅰ、Ⅱ级铁路采用 100 年一遇的高潮位加 50 年一遇的波高,Ⅲ级铁路采用 50 年一遇的高潮位加 25 年一遇的波高,这种设计组合遭遇的机会是比较小的,因此具有足够的安全度。这是本规范选用波高的重现期标准。波高还有波列累积频率标准。如计算墩柱结构的强度和稳定性时应用累积频率 1% 的波高,计算斜坡式护面块体稳定性时用累积频率 13% 的波高。根据有关规范,在一定时间的波浪观测中,测得 15 到 20 个大波的波高,从中选出 10 个较大的波高加以平均,由此得出的波高值叫做 $H_{\frac{1}{10}}$。根据换算关系可由 $H_{\frac{1}{10}}$求得波列中的平均波高和各种累积频率的波高,统计某一累积频率历年的最大值,用皮尔逊Ⅲ型曲线可推求设计重现期波列中该累积频率的波高。搜集每年实测的最大 $H_{\frac{1}{10}}$值是计算设计波浪时所必需的。

波高的计算,都与波浪发生处的水深有关,因此必须搜集测波浮筒处的水深和海图资料。

3　波高的大小是由风速、风区长度、风吹时间以及水深等几种主要因素形成的。如说明图 3. 10. 7—2 所示,垂直于桥渡方向左右各 30°以内来自外海方向的风区最长,当风吹时间越长,产生的波高

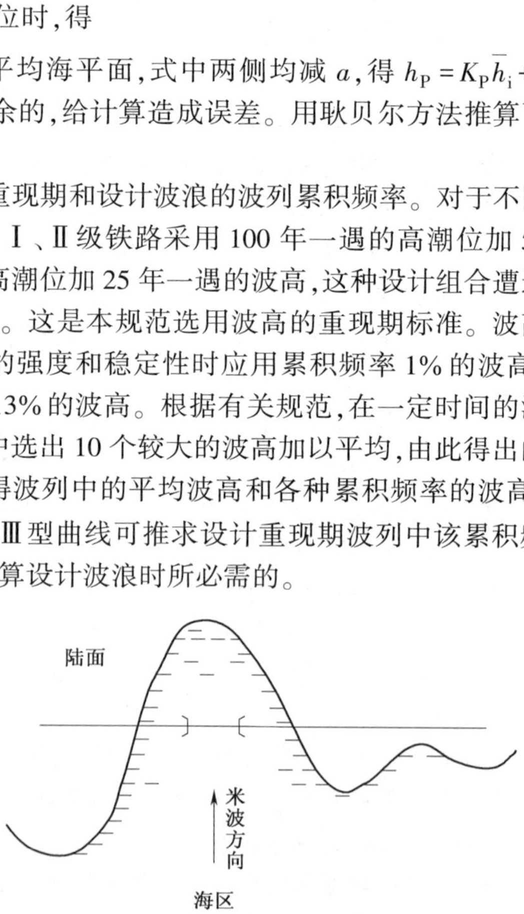

说明图 3. 10. 7—2

也越大。因此以这个范围内风最长的来波方向作为设计波浪的波向。

波浪传播至一定深度的浅水区时,会发生破碎。所以桥渡处的计算波高大于浅水极限波高(即破碎波高)时,设计波高应采用极限波高。极限波高可按《港口工程技术规范·海港水文》确定。

4 桥下不通航的桥梁梁底高程,按设计重现期的高潮位和波高考虑。波高中的累积频率采用1%,是按墩柱式结构考虑的。

当潮位达最高时,潮流呈憩流状态,流速为零,因此按高潮位计算梁底与桥头路肩高程时可不计算桥前壅水。

4.1.1 滨河路堤水文勘测时,应对河流变迁趋势,水库回水影响、水利规划进行全面了解。所谓河道平纵断面有突变处系指有扩散、卡口、跌水、急滩及其他人工建筑物挤压、侵占河道、弃碴的堵塞处等。此处均应加设水文断面,以便控制水面曲线的变化。

4.1.3 滨河路堤侵入洪水泛滥区内时,路堤受洪水浸泡冲刷,需修建防护加固工程,从而提高工程造价,养护工作量也随之增大,还会威胁行车安全。路堤侵入河道后,压缩了河道流水断面,必然改变天然河道的水力因素,使水位壅高,流速增大,加剧对路堤的危害。同时,局部河床形态与水力因素的变化,将影响上、下游较长河段的水流状态,引起对沿河建筑物、农田、房舍的危害。因此要求铁路定线时,滨河路堤宜避开洪水泛滥区。侵入泛滥区河滩范围内的路堤,应减小其与水流的交角以减轻冲刷。路堤侵入洪水河槽,必须有全面的技术经济比较,采取完善的工程措施。路堤侵入山区河流的河槽,难以保证工程安全,吸取既成铁路的教训,本条规定路堤不得侵入山区河流的河槽。近年来我国在修建山区铁路时,通过技术经济比较,曾采用在河道内修建桥梁以代替侵水滨河路堤的措施。

站场范围内的路堤宽度应根据站场股道与附属建筑物而定。因站场往往分期修建,因此勘测期间应按站场股道与建筑物的布设,并考虑发展情况,检查站场范围内路堤侵入河道的程度。

4.1.4 计算滨河路堤的沿堤洪水位和流速时,应对有影响的河段进行调查分析。河床平、纵、横断面的变化均可能引起较长河段内水流状态的变化。如下游天然卡口或人工建筑物所形成的壅水会使上游回水区内的水流成为恒定非均匀流;河床纵断面的突变也会使水流形成恒定非均匀流;路堤对水流断面的挤缩会使水位抬高等。这些因素均应充分考虑,不能一律按恒定均匀流计算,山区河段河床形态变化剧烈,尤应注意。

4.1.5 见本规范第3.7.4条说明。

4.1.6 见本规范第3.7.6条说明。

4.1.7 水流与路堤不平行时,水流在堤坡上形成斜流冲高,其值可按式(4.1.7)计算。桥头河滩路堤受桥前壅水影响,水位壅高,流速减小,不致再形成显著的水流冲高。当遇山区或山前河流,其河汊集中股流流速大,需考虑水流冲高影响。对平原河流可不考虑冲高。当同时具有斜流冲高与波浪侵袭爬高时,由于两者相互干扰,不予叠加,可取两者较大值控制设计。

4.2.1 在滨海范围修建铁路,除因气象、水文条件影响外,海上施工作业技术上复杂、难度很大;若地质条件不好,防护设备与水下基础工程的施工更加困难;而且在今后铁路运营中,养护维修工作量大,尤其遇到灾害性天气,铁路出现险情影响行车安全,抢建修复困难,费用高昂。因此在滨海范围勘测设计中,应注意尽量缩短海中铁路长度,选线时应选择在海面最短、水深不深而且海岸稳定、海底地势平坦、地质良好的地段。

4. 2. 2 滨海路堤由于长期地受海水作用,路堤的填筑材料、断面形式、坡面防护和基础的种类等除与地形、地貌、地质及工程材料的来源和海上施工条件有关外,主要与水深、水位、波浪高度、冰凌、淤砂、海流等水文和气象因素有关。

滨海路堤的类型,在海水不深(几米至十几米)且波浪高度不太大时,按其断面形式可分为:斜坡式路堤和直墙式路堤。按填筑材料不同可分为:填石路堤、填石填砂混合路堤及填石填土混合路堤。按堤身的透水性质可分为:透水路堤和不透水路堤。按其所处的地理环境可分为:跨海峡路堤、跨海湾路堤和突入海中的路堤。

4. 2. 3

(1)潮位

海水受引潮力作用而产生长周期波动现象,它在铅直方向表现为潮位升降。当潮位上升到最高点时,称为高潮或满潮;在此刻前后的一段时间,潮位不升也不降,称此阶段为平潮;接着潮位开始降落,当它降到最低点时,称为低潮或干潮;在此刻前后的一段时间,潮位又不升不降,称此阶段为停潮。停潮之后,潮位又开始上升。平潮和停潮的时间长短都因地而异。规定平潮的中间时刻为高潮时,当时的潮位高度为高潮高;停潮的中间时刻为低潮时,当时的潮位高度为低潮高。相邻的高潮和低潮的潮位高度差,称为潮差。从低潮至高潮的过程,称为涨潮;从高潮至低潮的过程,称为落潮。涨潮阶段的潮差为涨潮差,时间间隔为涨潮时;落潮阶段的潮差为落潮差;时间间隔为落潮时。

潮位的变化特征是确定滨海路堤各部分高程的重要依据,勘测设计时应根据铁路等级、建筑物的要求以及对潮位的统计分析,采用其有一定保证率的潮位作为设计水位。

(2)波浪

在滨海路基设计中所需的波浪资料均系风成浪。在海洋中由风产生的波浪称为海浪。在不同的风速、风向和地形条件下,海浪的尺寸变化很大,通常周期为 0. 5 s~25 s,波长为几十厘米至几百米,波高为几厘米至 20 余 m,在罕见的情况下,波高可达 30 m 以上。

水的深度对波浪的性质也有影响,在水深大于半个波长($d>L/2$)的深水中所发生的波浪称为深水波,水深小于半个波长($d<L/2$)时,称为浅水波。当波峰水质点的前进速度超过波浪本身的传播速度时,波浪于是破碎。不破碎波是一种振荡波(进行坡),它甚至在深水中破碎后,仍将重新形成波高减少的振荡波,只有当波浪进入到浅水,破碎后不能再形成振荡波时,它才变为前移波,这是沿岸边破碎波的形成中所常见的现象。

波浪的资料是滨海路基工程设计的主要依据,它直接关系到路堤的高度和断面尺寸,因此设计前必须搜集这方面的资料。

(3)海流

海流是海洋中除了由引潮力引起的潮汐运动外,海水沿一定途径的大规模运动。引起海流运动的因素可以是风,也可以是热盐效应造成的海水密度分布的不均匀性。前者表现为作用于海面的风压力,后者表现为海水中的水平压强梯度力。加上地转偏向力的作用,便造成海水既有水平流动,又有铅直流动,由于海岸与海底的阻挡和摩擦作用,海流在近海岸和接近海底处的表现,和在开阔的海洋上有很大的差别。

通常所称的海流,是一种综合性流,即各种类型海流的合成流。在一般情况下滨海路堤受近岸海流的影响较多,近岸海流一般以潮流和风海流为主,因此在滨海路基工程设计时必须全面了解路堤附近海域的海流性质,搜集海流流速、流向等资料,分析建堤前后海流运动情况,以便确定路堤基础及坡面防护类型。

4.2.4 滨海路基为确保路堤的安全,路肩的设计高程除必须满足设计水位(设计标准的高潮位)所需要的高度外,同时考虑为抗御波浪对路堤的侵袭所需的高度。因此路肩设计高程应不低于设计水位加波浪侵袭高度,(波浪爬高)并加不小于0.5 m的安全高度;而对设防浪胸墙的路堤,因防浪胸墙已计波浪侵袭的影响,路肩高程可不计波浪侵袭高。

4.2.5~4.2.7

我国滨海铁路修建较少,路基设计需要的潮位、波浪等设计标准均参照《港口工程技术规范·海港水文》(JTJ 213,以下简称"港规")。"港规"第2.1.2条规定,设计高水位应采用高潮(即潮峰)累积频率10%的潮位;设计低水位应采用低潮(即潮谷)累积频率90%的潮位。第2.1.3条规定,校核高水位应采用重现期为50年一遇的高潮位;校核低水位应采用重现期为50年一遇的低潮位。第3.1.2条和第3.1.3条对不同等级和形式的建筑物的设计波浪的重现期和设计波高的累积频率标准都做了规定,见说明表4.2.6—1。

说明表4.2.6—1 建筑物设计波浪的重现期和设计波高的累积频率标准

建筑物形式	建筑物等级	重现期	部位	计算内容	波高累积频率(%)
直墙式 墩柱式	Ⅰ、Ⅱ、Ⅲ	50年一遇	上部结构、墙身、桩基	强度和稳定性	1
			基床、护底块石	稳定性	5
斜坡式	Ⅰ、Ⅱ	50年一遇	胸墙、堤顶方块	强度和稳定性	1
			护面块石、护面块体	稳定性	13
	Ⅲ	25年一遇	护底块石	稳定性	13

由于海港工程与滨海铁路从性质,用途上都不尽相同,设计标准也应有一定的差异。以海港码头为例,它主要是以经常停靠最大船舶进行装卸作业,在某潮位情况按照各种船舶的技术性能和作业场地的要求,定出特有的设计高、低水位;并考虑当发生稀遇潮位及风浪时,要求码头在各种荷载作用下,其结构和地基具有一定的安全度,定出校核高、低水位;另外为了抗御波浪侵袭,按照设计标准的累积频率的波高,往往在外海修建防波堤,以使港区水域稳定。

而滨海铁路,由于路堤类似防波堤暴露于外海,直接受到潮位的控制和波浪的侵袭。路堤的高度也应达到防波堤相当于"港规"规定的校核频率的高潮位和能够抵抗累积频率波高的标准。但是海港码头所设的防波堤堤顶,一般稍可允许越浪,它即使局部破坏影响也不大。而铁路路面不允许越浪,且要求在一定稀遇频率的高潮位及波浪发生时路堤能够抵抗高潮和波浪的侵袭,保证路堤的稳定及运输无阻,要求的标准比防波堤还高。

滨海铁路的重要性不亚于防波堤,其设计水位应和陆域铁路一样,具有同样的等级标准。至于波浪采用什么标准,我国海港部门,曾对已建的防波堤进行调查,发现50年一遇波浪出现时,建筑物稳定,核算结果与实际稳定状态相符。个别破坏的,经模型试验与分析,为施工质量差造成的。

由上所述,滨海路堤的设计水位,Ⅰ、Ⅱ级铁路采用重现期为100年一遇的高潮位,Ⅲ级铁路采用重现期为50年一遇的高潮位;设计波浪重现期标准,Ⅰ、Ⅱ级铁路采用50年一遇,Ⅲ级铁路采用25年一遇,标准是恰当的。

4.3.1 由于路基受库水的浸泡、渗透、波浪侵袭、地下水壅升、坍岸、水流冲刷、淤积等多因素作用而影响路基的坚固性和稳定性。因此,设计时应根据这些不利因素,分清主次,采取相应的加固防护措施。

4.4.3 水库路基设计水位的洪水频率标准及注意事项,见本规范第1.0.5条、第1.0.6条、第1.0.7条。若水库设计洪水频率标准较高其正常蓄水位高于铁路设计洪水位时,为避免路基长期被库水淹没,路肩高程应按水库正常蓄水位考虑;在跨越水库边缘,填挖交界处的路肩高程不应低于水库坝顶高程,是考虑非常时期,避免库水从路基溢出危及行车与地方的安全。

4.3.5 水库坍岸的快慢,视库岸土质及其所在位置的不同而异。例如受主导风作用的库岸,坍势比背风向的重;浸水深的库岸,坍势比浸水浅的重;高陡的库岸,坍势比低缓的重,具体应根据线路位置离开库岸远近的不同及上述不同因素综合考虑,分别缓急,分期投资。对坍势较重,近期将威胁路基安全的地段,在新建时应做好库岸的防护工程。

水库蓄水后,流速减小,从水库上游及支沟携带下的砂土将在水库中逐渐沉积。对水库路基有影响的是水库岸边淤积,而其沉积,一般最易发生在水库上游老河床及漫滩、支沟沟口,河湾凸出一侧或突出岸嘴的下游。在这些淤积迅速的地段,防护建筑物开始能发挥其应有的作用,但淤积后防护建筑物将被掩埋而失去作用,使用时间较短。可尽量采用轻型的临时措施,以节省投资。

水库坍岸防护的高度与水库路堤防护的高度应有所区别。水库坍岸主要是由水库正常高水位时的波浪经常腐蚀土层后产生的,故可用水库正常高水位来控制防护建筑物的顶面高程。

4.4.5 滨海路堤由于长期的受海水作用,必须能够抵抗波浪对路堤的侵袭。不同的建筑材料和断面形式的路堤适用于不同的水深、波浪相互作用特点,及地基等情况。

一般情况下,滨海路堤常采用斜坡式和直墙式两种结构形式。斜坡式路堤结构简单施工方便,具有较高的整体稳定性。路堤和波浪相互作用特点为波浪在坡面上爬升,然后破碎,其能量被吸收或消散,适用于水深较浅,石料来源丰富的情况。由于路堤基础宽大,对地基单位面积上压力较小且分布均匀,适用于地基承载力较差的情况。而且在波浪作用下断面具有较小的底部流速,因此对基底土的冲刷亦较小。

直墙式路堤相对断面较小,节省材料,但施工较困难。其墙身外侧受有较大的动水压力,当墙身有足够的水深时,作用于直墙上的波浪发生反射,所以对其外壁强度的要求较高,上部结构(防浪墙)也要有良好的整体性。另外,为了防止堤前因波浪作用所产生底流速的冲刷,堤前一定范围内的海底和明基床外坡及坡肩都要采取相应的保护措施。直墙式路堤其内侧可适用于兼作码头。因直墙基础小,适用于地基承载力较大的情况。直墙式路堤在水深较深,足以使波浪不致破碎,海底不致遭到冲刷,地基不致发生不均匀沉降的地方更适合。

4.4.6~4.4.7

水库路堤浸水部位的坡面,一般以防止波浪侵袭破坏作用为主。而水库上游地段,因库水下泄后流速增大,尚需考虑水流的冲刷作用。

在防护范围内应设置较强的护面工程,用以抵抗波浪的侵袭作用。护面工程顶面高程为设计水位加波浪侵袭高度,加壅水高度,加安全值0.5 m;底面高程为水库设计低水位减波浪影响深度(可采用2~2.5倍低水位时的波浪高)。当有封冰和流水时,此下限应低于冰盖层的下缘。波浪影响深度,根据官厅水库实测资料及有关其他参考资料,约为波浪高的2~2.5倍。

4.4.8 冲刷防护工程的基础处理得当与否,是关系到该工程成败的关键。历年的实践经验证明,冲刷防护工程的失败大多是由于地基被淘而引起的。故地基应埋置在冲刷深度线以下,不小于 1 m 或嵌入基岩内。

当前在设计中用的冲刷深度公式分为一般冲刷和局部冲刷两类。当防护地段河床纵坡变大或防护建筑物较多地压缩了水流断面,致使水流流速增大,而水流流向并不直冲建筑物时,可按一般冲刷考虑。当防护建筑物没有或很少压缩水流断面,但水流方向与建筑物迎面切线交角较大时,可按局部冲刷考虑。

一般冲刷深度按包尔达柯夫公式计算:

$$h_{\mathrm{p}} = \frac{A_1}{A_2} \cdot h$$

式中 h_{p}——压缩断面上冲刷停止时的垂线水深(m);

h——压缩断面上冲刷前的垂线水深(m);

A_1——以主槽天然平均流速通过设计流量时需要的断面积(m^2);

A_2——压缩断面在冲刷前能供给的断面积(m^2)。

局部冲刷深度按雅罗斯拉夫采夫公式计算:

$$h_{\mathrm{pj}} = \frac{23v^2 \tan\dfrac{\alpha}{2}}{g_{\mathrm{n}}\sqrt{1+m^2}} - 30d$$

式中 h_{pj}——建筑物前局部冲刷坑深度(m);

v——建筑物附近水流的局部流速(m/s);

g_{n}——标准自由落体加速度,为 9.81m/s^2;

α——水流方向与建筑物迎面切线的交角;

m——建筑物的边坡坡率,等于建筑物边坡角的余切;

d——冲刷过程中裸露出来的铺在冲刷坑底的土颗粒粒径,用土中占有 15% 以上质量的最大粒径的直径(m)。

式中 v、α、d 的大小,直接影响 h_{pj} 值,应考虑不同水位时相应的 v、α,看其对 h_{pj} 的影响,从中找出最大值及其代表地段;确定 d 值,取土时应注意土层的代表性,以减少人为因素的误差。

冲刷深度如何确定,是尚未解决的难题,目前还难以建立符合实际的计算公式。因此,用公式所求得的冲刷深度,只能供参考,还应通过实际冲刷调查,对附近既有冲刷防护基础埋设深度和使用情况的了解,从防护地段河床地层的钻孔资料中对冲淤交替的分析判断等途径,综合考虑决定之。

防止地基淘刷的措施,按其性质可分为立面防淘与平面防淘两类。立面防淘是将建筑物的基础设在冲刷深度以下,使基底不受冲刷。但这种措施在冲刷深度较深的地方,明挖施工抽水困难,不易办到,可考虑沉井、桩基。而平面防淘措施是用柔性建筑物平铺在河床或用散体的材料堆放在主体工程的前面,当河床受到冲刷后,这种建筑物就随之下沉起保护基底作用。抛石、石床、潜坝、混凝土块板和石笼等都是属于这类性质的防淘建筑物。平面防淘措施口适用于不重要的线路上使用或作为立面防淘的辅助措施。

4.5.1 路基排水不良,引起路基损坏事故的教训是很多的,所以路基设计应有良好的排水设备。

本条提出对被水浸泡易于松软的土质和易于软化的岩石路基，应特别注意不要让水浸泡。因为这些土或岩石经水浸泡后，其物理力学指标会大大降低，以致造成基床病害、边坡溜坍、路堤溃爬滑走等。所以对这种土或岩石的路基来说，要首先从排水着手做好地面排水工程，有地下水时需做好地下排水工程。某线一个 8 m 高的土质路堤，地基地下水发育，未作处理，施工后路堤边坡上出现弧形裂缝，设计人员只提出在下侧加作反压护道，仍不从排水方面去解决，结果反压护道经地下水浸泡，照样发生溃爬，带走了半个路堤，最后在路堤下侧堤身中作三条横向支撑渗沟，在上侧作渗水暗沟截住地下水的来路，才止住了溃爬变形。

对黏土路堑边坡，尤其是膨胀土，更需要考虑采取排水措施，保证边坡稳定。

4.5.2~4.5.3　路基地面排水，只是用以排除桥涵间路基两侧零星小量的地面雨水，截引至附近桥涵或沟谷排走。一般由于流量较小，根据多年实践经验，可直接按标准断面尺寸使用，不作水力计算。当有集中水流引入的水沟及水沟上方拦截的地表量较大时，需根据汇入流量，经水力计算决定，以保证具有足够的过水能力。

区间路基排水建筑物，应与桥涵、隧道、车站、农田水利等排水建筑物相顺接，以求水流通路畅通，互不影响，避免那种各行其是、互相矛盾、互相脱节的不良现象。

4.5.5　天沟一般不应向侧沟排水，如受地形限制，很难找到出口位置，除了用急流槽（吊沟）向侧沟引水外，别无其他措施可代替时，方考虑用急流槽将天沟的水引向侧沟。在计算急流槽下游的侧沟断面时，流量采用本侧沟和由急流槽引入的二者流量之和，洪水频率采用 1/50。以防因增大流量后可能漫溢，直接威胁线路的安全。

4.5.6　深长路堑的侧沟，在下游地段由于汇集的流量增大，一般的标准横断面尺寸已不能满足流量的要求，可能造成水溢道床。如在下游地段加大横断面尺寸，则将增加土石方数量，并非良策，尤其是在反坡排水地段的侧沟，到下游要求加深更多，困难亦更大。在这种情况下，宜视地形条件设法增建桥涵建筑物，将水引排至路基之外。

5.1.1　隧道地表水处理不当，会严重的影响隧道的稳定和运营安全。为了预防或消除地表水产生的危害，修建隧道时应对地表水作妥善处理建立完整的排水设施，以保证结构和设备的正常使用和行车安全。

5.1.2　隧道洞身和洞口是不可分割的整体，在隧道位置选择时，理应包括洞身和洞口位置的选定。但由于洞身范围长、移动面宽，而洞口位置范围较短窄，有关工程集中，且常在线路转换方向的附近，隧道定线时，如不充分注意，往往照顾了洞身位置的条件，而忽视了洞口位置的选择和对洞外有关工程的处理，结果给隧道设计和施工带来困难，所以选定隧道位置时，应注意洞口位置和有关工程的处理。

洞口不宜设在排水困难的沟谷低洼处。这是由于沟谷低洼处往往是地质薄弱的地方，不仅排水和施工非常困难，如果处理不好，竣工后隧道渗水、漏水，甚至造成洪水灌入隧道，给运营带来长期病害。

5.1.2　本条路肩高程系引用特大桥和大中桥桥头引线路基路肩高程设计之规定，考虑当隧道洞口位置于滨河可能被洪水淹没地带，水库回水影响范围或受山洪威胁地段，如其路肩高程设计标准过低，则可能发生洪水流经隧道，造成对隧道和运营损害的几率就增大，故条文作出与特大桥和大中桥桥头引线路基路肩高程设计同等的规定。若水库设计洪水频率标准高于铁路设计洪水频率标准时，在水库边缘，填挖交界处的隧道洞口，为避免非常时期洪水，使隧道变成溢洪道，危及行车，其高程不应低于水库的坝顶高程。

当辅助坑道作为永久性工程使用时，如作永久通风道或作排水工程等的辅助坑道口，设计高程按上述标准设计。仅作临时工程，工程竣工后需封堵的辅助坑道口，设计高程可按施工时水位考虑。

5.1.4 为防止边、仰坡上的地表水冲刷洞口和辅助坑道口，流入隧道，隧道口和辅助坑道洞口应设置截水沟和排水沟。

对需按流量设计的截、排水沟，其横断面同路基排水沟的横断面，按1/25洪水频率的流量设计。

5.1.5 多雨地区系指湿润和半湿润地区（即干燥度<1.5的地区），隧道仰坡范围，由于地层覆盖薄，岩层裂隙通畅，为了防止仰坡范围的地表水下渗，即使从岩层结构本身不需要防护，但从加强防水与截水要求宜采用防护措施。防护措施可采用浆砌片石、喷混凝土或喷浆等。

5.1.6 本条是从保证隧道正常运营和安全而规定的。为了不让洞外路堑汇水流入隧道内，当出洞方向路堑为上坡时，宜将洞外侧沟做成与线路坡度相反且一般不小于2‰的坡度。这是一般情况应该这样做，当隧道全长小于300 m时，如路堑水量小，且含泥量少，不易淤积，修建反向侧沟将增加大量土石方和圬工工程等困难条件下，也要求做反坡排水，显然不经济，也并不安全。在这种困难条件下，路堑侧沟的水可经隧道流出。但为了保证安全和正常运营，应验算隧道水沟断面，不够时应予扩大，并在高端洞口设置沉淀井。

5.1.7

1 明洞建筑于露天空旷地区，一般有地表径流的影响，如不设法截、拦、排走，容易引起冲刷坡面，产生坍塌，或流入回填土体内部，浸泡回填料，增加明洞负荷。为了保证建筑物的安全稳定，要求明洞顶部应设置必要的截、排水系统。

2 对衬砌背后有地下水来源时，靠山侧边墙顶或边墙后，应设置纵向和竖向盲沟，将水引至边墙泄水孔排除。

3 外贴式防水层防水效果显著，对于明洞来说，更具有施工方便的特点。由于明洞所处的水文地质条件、结构特点及工程重要性的不同，因而要求防水程度也不同，一般外贴式防水层分甲、乙、丙三类。如钢筋混凝土建筑、过水建筑物、水流有侵蚀性等情况时，标准要求高些，对于干燥无水或少水地区，则其标准可以低些。

明洞与暗洞接头处往往是渗漏水的薄弱环节，因此要求明洞与暗洞接头处，应做好防水处理。如新旧混凝土应严格按施工规则要求处理，明洞防水层要往暗洞延伸一定长度，做好仰坡脚与明洞填上搭接等。

4 为了防止洞顶地表汇水的渗透，回填土表面宜铺设黏性土隔水层，减少或隔断水流的通路。回填土与边坡的搭接处往往是水流的良好通道，由于水流的渗透软化作用，易产生回填土体的滑移，故要求做好回填土与边坡的搭接良好。

5.1.8

1 由于对隧道弃碴的妥善处理必须进行设计，所以在勘测阶段应收集隧道弃碴设计的必要资料。首先需要计算弃碴数量之占地面积，选择弃碴场地，收集和测量弃碴场地大比例尺地形图，签订弃碴占地协议，收集弃碴场地的水文资料，地质及水文地质资料等。

向河边或河滩地弃碴时，应对勘测阶段所掌握的山区河流高、中水位的糙率、比降、流向、河湾冲高及河道冲淤变化等资料加以核实，做到水文、水力计算的准确性。

2　向河边或河滩弃碴，不能影响河道泄洪，并应遵照国家有关规定征得当地河道主管部门的同意。

3　为保护环境，确保弃碴稳定，使弃碴不随水流流失，应根据当地降水及地形、地质情况作好排水与防冲设施。

5.2.1　站场路基边缘(或路肩)高程受路基面排水横坡影响，最外侧站线路基边缘通常最低，故站场最外侧站线路基边缘的高程及站内正线的路肩高程均应按正线的标准设计。当临河站场最外侧站线路基边缘高程受设计水位控制，若按正线标准设计引起较大工程时，在满足正线路肩设计高程的前提下，站场最外侧站线路基边缘的设计高程可低于正线标准，按不低于设计水位加 0.5 m 确定。

由于站内排水沟已形成网只集中数处与站外水系相连，不受波浪及壅水影响，因此排水沟沟顶的高程，可不计波浪及壅水高。正线外包的编组站(或其他车站)为减少土石方工程，调车场最低处的路基边缘或排水沟沟顶高程可按设计水位加 0.2 m 确定，困难时也不应低于该处设计水位高程。

5.2.2　为保证铁路站场路基稳定、可靠，防止路基病害，保证行车安全和正常作业，站场设计应有良好的排水系统。

站场排水包括雨水，融化雪水，蒸汽机车和客车上水时的漏水，机车废汽水等地面水的排除。不包括地下水、生产废水和生活污水的排除。

5.2.3　站场排水系统包括：路基面横向坡度，纵向排水沟、槽，横向排水槽，利用排水的桥涵、侧沟、排水沟、天沟、各沟、槽、管间的衔接及其排水出路等。

站场排水系统的总体规划，应在勘测调查的基础上进行，以便了解现场情况，掌握既有排水设施及系统，地方排灌设施的现状和存在的问题，最终确定排水出路。

(1)站场排水系统设计时，铁路内部有关专业之间应做到统筹安排，相互配合，如站内桥涵的增设和利用；采用机械排水；排水管沟与其他管沟或设施交叉干扰的处理；站内与相邻区间排水设施的衔接；结构和断面等，做到总体布置合理。

(2)站场排水与附近城镇、厂矿、农村的排水、排灌系统的现状和规划应协调配合，利用地方排水系统时，对接口点的位置、高程和流量应认真研究密切配合。站场排水系统的场外出口，要防止冲毁农田。

(3)改建或扩建站场时，应尽量利用既有的排水系统，当既有排水系统或设施存在问题时，应进行改善。

(4)站场排水系统，应使纵向和横向排水设施，场内排水与场外截、排水等设施紧密结合并引出站外。排水径路宜短而顺直。

5.2.4　排水设备的数量，应根据地区年降雨量和本规范第 5.2.7 条所列的情况确定。

年降雨量不超过 700 mm 地区的站、段，一般需在重点地方设置适当的排水设备。重点地方是第 5.2.7 条指出应适当加强路基排水的部位和站、段纵断面上的低洼处。

年降雨量超过 700 mm 地区的站、段，设置纵、横向排水设施，数量及位置可参考下列意见办理：

(1)编组站、区段站和线路数量较多的车站、车场内的纵向排水槽可根据不同情况，按相邻两个坡面线路数量来布置。

(2)客运站和办理客车上水作业的车站，一般在两站台之间设一条纵向排水槽，其位置应与客车上水管路结合设置，排水槽宽度可采用 0.6 m，并将给水管支托在排水槽内。

为加强客运站的路基面排水和保持清洁卫生，便于清扫和减少线路维修工作，在较大客运站上宜铺设混凝土宽枕。

(3)客车整备场内，一般每隔2~4条线路设一条纵向排水槽。

客车整备线，一般应铺设混凝土宽枕或整体道床，以排除场内废水。

(4)货场排水应与货区场地和路面的硬化相结合。

货物站台和旅客站台的站台墙边尽量不设排水槽。因站台墙边距线路近，只能设置小型排水槽，当站台上装卸散装货物时，漏下的货物和拉圾将排水槽堵塞后，清淤不便，起不到排水作用。

货位下面不应设置排水槽，以免堵塞泄水孔和影响排水槽的清淤。排水槽应布置在货位外侧，按货位、排水槽、道路的排列顺序设置。

两仓库站台间设汽车道路时，可在汽车道践的一侧或道路中部设置公路排水槽。

两站台夹两条装卸线时，可在两线路间设置纵向排水槽。

两站台夹一条装卸线时，可有四种做法：

①路基面用浆砌片石铺砌；

②封闭道床；

③铺设混凝土宽枕或整体道床；

④修建跨线雨棚。

当采用浆砌片石或封闭道床时，可沿站台墙边一侧设小明沟，以便排除雨棚上的雨水。

牲畜装卸线和散堆装场地货位的外侧应修建排水沟。

(5)线路布置不规则的站、段，如货场、机务段等，其纵、横向排水设备可结合具体情况设置。

5.2.6 根据计算分析，站场内纵向排水槽一般均不受流量的控制。流量计算公式因各地区的具体情况不同也有所不同。在实际工作中，可按本规范中所列的流量计算公式进行流量计算。具体计算方法可参见《铁路工程设计技术手册 · 站场及枢纽》。当有其他适合本地区或站场位于城市内并有适合的公式时，也可采用其他公式。

5.2.7 根据调查，排水问题最突出的地方，就是条文列出的应加强的部位。这些部位，为了及时排除积水，应适当加强排水。

1 设有给水栓和有车辆洗刷作业的客车到发线、整备线，由于上水和给水栓使用管理不善或洗刷车辆时产生漏水和废水，如不及时排除，站内路基的稳定将受到严重影响，由于客车车厢和站台上的垃圾、炉灰经常扫在线路上，容易造成道床排水不良和路基翻浆冒泥。到发线两侧如有站台时，水从横向无法排出。因此，在设有给水栓的线路间，不论地区降雨量多少，都需设置纵向排水槽。

2 蒸汽机车在整备线、待班线上水时，水鹤往往有漏水现象。机车检查、待班和临修时，常进行清炉碴和放出废汽水。乘务人员利用整备待班时间冲洗机车，会产生各种废水。机车出、入段线的站、段分界处和库前线路，有时机车在此等待或停留，乘务员利用这段时间擦洗机车，也产生废水。因此在这些地点应加强排水。

3 仓库站台线的路基高程低于仓库、站台和道路，雨水易流入线路内。仓库内和站台上的垃圾亦经常扫入线路内，使道床排水不畅。两站台夹1条装卸线，因雨水从横向无法排出，积水比较严重。车辆洗刷线、加冰线和牲畜装卸线有大量生产废水需要排除。因此,这些部位应适当加强路基排水。

4 车辆减速器、驼峰的机械化或自动化设备和电气集中的咽喉区,应有良好的排水设施,以免影响设备的正常动作和信号的正确显示。

5 驼峰立交桥下线路的路基较两头引线为低,一般需单独设抽水设备,以排除积水。进出站线路布置所形成的低洼处,排水亦有困难,根据需要可设置涵洞或必要时设抽水设备。

6 改建或扩建站、段时,应清除原路基病害,以免病害发展扩大,影响新路基。利用施工机会,一次处理病害,人力、物力不需重新调配和组织,对运营干扰也可大大减少。

5.2.8 由于站坪一般比较宽阔,有一定的汇水面积,如场地没有横向坡度,易于积水。车站路基面设有横向坡度,站内地面水能及时排除,路基易于保持稳定,还可以防止路基翻浆冒泥和冻害等,对提高线路养护质量有很大好处。

车站路基横断面形状的选用,应根据路基宽度、排水要求、路基填挖情况和线路坡度连接等条件综合考虑。一般情况下,中间站宜采用单面坡或双面坡的横断面;站线数量较多的编组站、区段站和工业站等,宜采用锯齿形坡的横断面。

5.2.9 根据我国近年来的设计经验,利用站内桥涵兼作横向排水,例如在桥台、涵顶或涵壁预留泄水洞,取得了很好的效果。它不但工程简单,减少造价,而且具有排水效果好、清淤养护方便等优点。

横向排水槽为碴底式,穿越线路时道碴直接铺在盖板上。由于排水槽不深,而且线路间盖板可以揭开,清淤养护比较方便,排水效果较好。

横向排水槽属小型箱涵类型,要求地质条件较好,基底比较稳定。在一般情况下,新建铁路的挖方或填方较低(2 m 左右)的地段和既有铁路路基比较稳定的情况下,可以广泛采用。

横向排水管与横向排水槽比较,由于管径小,清淤困难,当路基填方较高,设置横向排水槽基础工程较大时,方可考虑采用。根据对南方地区的课查,为了清淤方便,当圆管全长不超过 15 m 时,其管径不小于 0.75 m;大于 15 m 时,其管径应不小于 1 m。

5.2.10 本条主要考虑排水沟(槽)通过道路或位于有汽车通行的场地时,为防止排水槽被压环,应采用公路排水槽或公路涵洞。

5.2.11 纵向排水设备的坡度应使水能顺畅排出。由于站内排水设备内的泥砂和杂物比较多,为避免淤塞,一般情况下,水流的平均流速不应小于 0.5 m/s。为满足上述要求,排水设备的纵向坡度不应小于 2‰,最好采用 3‰~5‰。大站的站场纵向坡度,一般都不超过 1.5‰,故排水设备的坡度,也不宜过大。为了使下游不发生挟带物沉积,保证水能及时排出站外,必须使水流速度,由上游至出水口逐渐增大。因此排水设备的设计坡度,应从上游至下游逐渐增大。位于平坦、沼泽和河滩地区的站场,当排水系统出水有困难或采用 2‰的纵向坡度将引起大量工程时,纵向排水设施的坡度可减至 1‰。排水设备在分水点处的深度可为 0.2 m。为了使穿越站线的横向排水设备内的水能迅速排出,同时不使泥砂淤积,横向排水设备的坡度应不小于 5‰;有条件者,可适当增至 8‰或以上。特别困难条件是指平坦地区和改建站场的横向排水设备坡度不小于 5‰,往往不易做到,有的出口高程难以连接,故可按具体情况设置。

5.2.12 侧沟、天沟、排水沟的断面尺寸,须保证排泄全部设计流量而不致溢出沟外。由水力计算得知:若采用底宽 0.4 m、深度 0.4 m、边坡坡度为 1 : 1 的梯形断面,在 2‰的纵坡满槽时可排泄约 0.2 m^3/s 的流量，这在一般地区几乎是经常碰到的，所以对一般土质的水沟断面，再加安全高度 0.2 m，就得出一般情况下水沟断面标准尺寸采用 0.4 m×0.6 m的规定。在干旱少雨地区，由于流量较小，可将水沟深度减至 0.4 m。岩石路堑的水沟深度亦可减至 0.4 m，因为岩石路堑水流即使稍有漫溢现象，对边坡和路基面的危害也不大，但半岩质路堑侧沟，则应按土质考虑。

5.2.13 纵、横向排水槽与排水管之间为了便于衔接，应设检查并连接。检查井内入水口处槽底高程不应低于出水口处排水管底内壁高程或排水管入水口管底内壁高程不应低于出水口处排水管底内壁高程。

降雨量的大小及路基土壤的种类对排水管的淤积有直接关系。一般情况下，降雨量大或为土质路基时，排水管比较容易淤积，检查井间距应小些；降雨量小或为渗水土路基时，排水管淤积较少，检查井间距可大些，检查井的距离最大以 40 m 左右为宜，但连接管径小于 1.0 m 的检查井的距离不大于 15 m。

5.3.1~5.3.2

在城镇附近，铁路往往要跨越公路、城市道路而需要设置立交地道，这种地道通常进出口高而中间低，容易积水，为了确保地道常年使用，行车通畅无阻，必须设置良好的排水系统，及时排除道路引道中和桥下的雨水。

立交地道的排水方式，直接影响到排水的效果，一般情况下应利用地形条件，尽量采用自流排水方式，将汇集的水量直接送往天然水体。当自流方式不可能时，需设立泵站采用机械抽升的排水方式。

由于地道排水的特点。要在短时间内能及时将水排除，排水出路最好自成系统，不宜将立交排水引向市政排水管道，否则会发生互相干扰而出现争排的现象。尤其是市政管道的设计标准偏低，每逢雨季遇有大雨、暴雨时，雨量集中，容易造成市政管道上游地区的雨水宣泄不及形成积水，桥下雨水停滞时间过长，影响行车。因此一般应将汇集的水量直接送往天然水体，如经比较必须排入市政排水干管时，应该调查分析既有市政排水干管的排水能力和使用情况，根据地道的规模、形式、设计标准、排水方向与排水量等方面因素对排水系统进行总体布置，满足双方的排水要求，使地道的排水与市政的排水互不干扰。

5.2.3 为使立交地道的雨水及时排出，保证排水效果，应尽量控制排向地道的汇水范围，一般情况下地道排水应仅负担地道本身的水量，不应担负其周围客水的排除，以免因过大的排水量使排水出路造成困难。为控制汇水面积，立交地道四周，尤其两侧引道起点，均应用不少于 1% 的反坡与原道路顺接，防止客水涌入地道。

5.3.4 立交地道的修建位置，多在城镇的交通要道或重要公路上，因此雨水流量的计算一般可参照城市排水设计的流量计算方法进行。《铁路工程设计技术手册 · 桥渡水文》表 22—2 列出了我国若干城市暴雨强度公式，在勘测设计中可结合调查、收集地方雨量资料进行流量计算时参考使用。

地道排水设计的标准，主要考虑地道排水的特点，要在短时间内能及时将水排除，防止因积水而断绝交通。在设计时应根据道路的重要性确定设计标准，一般与城市排水设计相比适当提高设计标准，其降雨强度选用设计重现期 3~5 年的 5 min~10 min 的降雨量，按随降随排的原则计算其排水量，对于具有特殊要求者应作个别处理。地面径流系数根据引道范围内坡面情况一般采用 0.8~1.0。

5.3.6 当立交地道桥洞身位于地下水位以下，尤其是地道洞身与两侧道为分离式结构时，不仅要将引道及桥下范围的地表水及时排除，而且还需要考虑地下水对地道的影响，要经常性地降低地下水位，以保证地道的使用和安全。降低地下水位的方法，一般采用埋设纵横向渗水暗沟，将引道两侧的地下水沟通，再经洞身底板内埋设的铸铁管或混凝土管将地下水汇集至洞身一端的汇流井，再经排水总管采用自流排水方式或机械抽升排水方式，将地下水排出。

5.4.1　房屋选址前应广泛收集有关洪水位资料，如实测或调查的河流、湖泊最高洪水位，推算设计洪水位，洪水淹没范围，水库设计洪水位；滨海历史最高潮水位等。房屋的选址应避开洪水淹没地段，选在比设计洪水位高出 0.5 m 的合适地点，当有波浪侵袭和壅水现象时，尚应加上波浪侵袭高度和壅水高度。如因受条件限制而无法避开时，其建筑场地可采用填土方法，使填方地面高程比设计洪水位高出 0.5 m 的高度。当按上述规定确定的场地设计高程，填方量大，经技术经济比较合理时，可采用设防洪（潮）堤的方案，其场地设计高程应高于建筑区周围汇水区域内的设计频率内涝水位。当内涝水位较高，场地填方量仍很大，经技术经济比较合理时，可采取可靠的防、排内涝水措施，此时对场地设计高程不作规定。

泥石流防治应采取防治结合、以防为主，拦排结合，以排为主的主针，并采用生物措施、工程措施及管理等措施进行综合治理。其具体防治规定应根据现行国家标准《城市防洪工程设计规范》有关条文。

5.4.2　建筑场地背后为山地、坡地时，为防止洪水及坡面、场地雨水径流侵入房屋建筑，应设置排洪沟、截水沟。条文规定了排洪沟及截水沟断面流量设计的不同洪水频率。其设计洪水频率根据房屋性质、结合地形、汇水面积大小等因素来确定。

5.4.3　山区洪水多为雨量集中时发生，流量大且有突发性，水流汹急、势猛，往往还夹杂着泥砂石块等顺坡下泄。故排洪沟设计应结合建筑场地地形，遵循山洪宜顺不宜挡，分散排除较集中排除有利的原则，力求保障建筑物及人身生命及财产安全的前提下尽快、安全地引导排除洪水。

因排洪沟几年或几十年内才发挥一次作用，使用频率较低，为节约投资，排洪沟一般地段可不进行铺砌。但在容易因冲刷而造成排水沟变形、坍塌、堵塞而影响排洪的地段，如弯道、凹岸、跌水、陡坡、水流速度超过土壤不冲刷流速等沟段；或在不允许或不宜产生排洪沟变形等的房屋周围、公路侧边等沟段，应该采用干砌或浆砌片石进行加固。

排洪沟转弯时，避免因弯道半径过小而造成排洪不畅，其中心线半径一般不小于沟内水面宽度的 5 倍，当排洪沟为浆片石加固时，其中心线半径不小于面宽度的 2.5 倍，如说明图 5.4.3—1 所示。

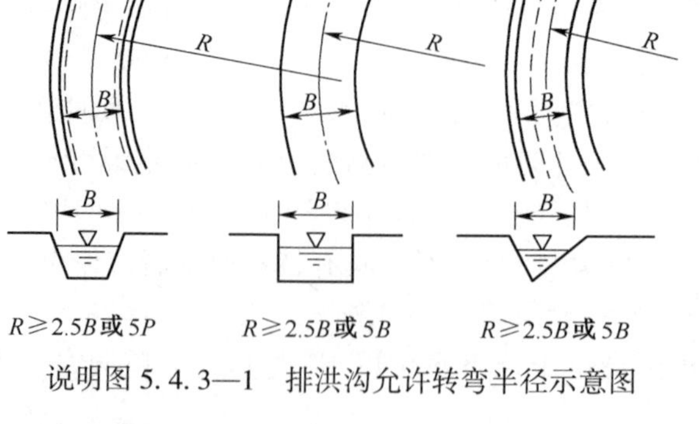

说明图 5.4.3—1　排洪沟允许转弯半径示意图

排洪沟沟底宽度如有变化时，不能突变，为顺势排洪应设置渐变段，其长度一般为5～20倍的底宽差，如说明图5.4.3—2所示。

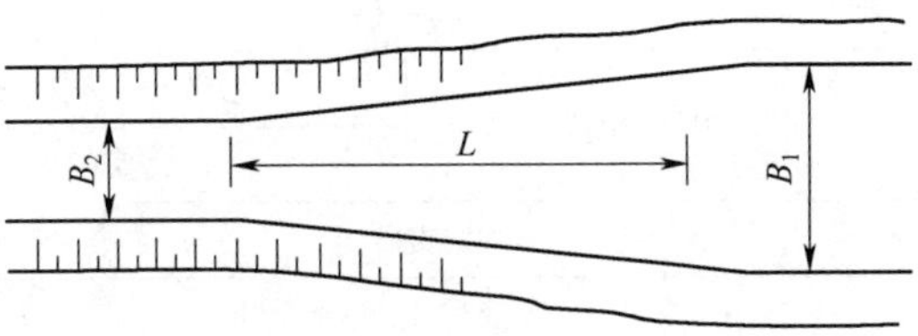

$L=5\sim20(B_1-B_2)$

说明图5.4.3—2　排洪沟设置渐变段示意图

建筑场地背后有较长的坡地如大于100 m时，为防止斜坡上面雨水流入场地，应在坡地上选择地形较为平坦、地质稳定的地段设置截水沟。截水沟应有能通过全部计算暴雨量的断面积及不小于5‰纵向坡度。如截水沟很小，为避免溢水起见，应在适当地点，将水引出，放水点间距一般为400 m～500 m。在有冲刷的地段，防止截水沟损坏，其沟底及边坡应有防止冲刷的护面设计。

5.4.4　本条对铁路生产、生活房屋雨水排水系统的设置原则条件和雨水排除的范围做了规定。其排水系统自成体系或与城镇的排水系统衔接应视具体技术经济及设计条件确定。

5.4.5　建筑场地的雨水设计流量与排水系统应按《室外排水设计规范》（GBJ 14—87）第二章第二节，第三节及第三章有关条文确定。

5.4.6　铁路生产、生活房屋规划面积一般较小且距城镇较远单独规划者较多，设置管道排水系统在经济上不甚合理，为节约工程投资，场地排水一般应以地面自然排水为主，根据工程具体情况可适当采用明沟或暗管排水系统。

铁路生产，生活区总平面规划中的竖向规划，道路排水采用自然排水时，其路面不能无坡度或坡度太小，以免路面排水困难，《城市居住区规划设计规范》GB 50180—93规定路面的最小设计坡度一般大于等于0.3%～0.5%，如竖向规划困难时，最小不应小于0.3%，最大设计坡度应根据道路路面土质及运输条件（主次道路、场地条件、行车种类等）选用不同的纵坡，但不宜大于6%，最大不应超过8%。

雨水明沟种类、深度、宽度、纵坡和边坡值详见说明表5.4.6—1、说明表5.4.6—2。

土质雨水明沟边至建、构筑物的距离详见说明表5.4.6—3。

说明表5.4.6—1　雨水明沟种类、深度、宽度、纵坡和边坡值

明沟类型	沟深（h）最小值（m）	沟宽（b）最小值（m）	最小纵坡（%）	沟壁边坡	
				有铺砌	无铺砌
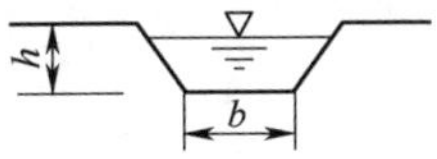	0.3	0.3	0.3	1∶0.75～1∶1	见说明表5.4.5—2
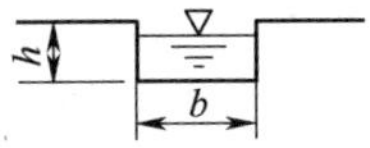	0.3	0.4	0.3	—	—
	0.2		0.5	1∶2～1∶3	岩石地区1∶1

注：梯形、矩形明沟在困难条件下，其沟深最小值可减到0.2 m。

说明表 5.4.6—2　雨水明沟边坡（m 值）

沟床土类别		边坡 1：m
粉　砂		1：3～1：3.5
细砂、中砂、粗砂	松散与一般密度	1：2～1：2.5
	密实的	1：1.5～1：2.0
黏质砂土		1：1.5～1：2.0
亚黏土、黏土		1：1.25～1：1.5
砾石土、卵石土		1：1.25～1：1.5
半岩性土		1：0.5～1：1.0
风化岩石		1：0.25～1：0.5
岩石		1：0.1～1：0.5

说明表 5.4.6—3　土质雨水明沟边至建、构筑物距离

项　目	最小距离（m）
建筑物基础边缘	3.0
围墙	1.5
地下管线外壁	1.0
乔木中心线（树冠直径不大于 5 m）	1.0
灌木中心线	0.5
人行道边缘	1.0
架空管线基础边缘	1.0～1.5

项　目		最小距离（m）
散装物料堆场边缘	一般情况	5.0
	困难条件下	3.0
挖方坡顶	一般情况	5.0
	土质良好，边坡不高（或铺砌明沟）	2.0
挖方坡脚	边坡高度≥2 m	2.0
	边坡高度＜2 m（或铺砌明沟）	—
填方坡脚	一般情况	2.0
	地质和排水条件良好或采取措施保证填土稳定	1.0

本次印刷已根据中华人民共和国铁道部铁建设〔2009〕62 号《关于发布〈铁路工程地质勘察规范〉等 44 项铁路工程建设标准局部修订条文的通知》作了修改。

中华人民共和国铁道部部标准

铁路结合梁设计规定

TBJ 24—89

1990 北 京

关于发布《铁路内燃机车机务设备设计规则》等四个铁路工程建设标准规范的通知

铁建〔1989〕161 号

根据(85)铁基字 731 号文、铁基〔1986〕1316 号文安排,由第三勘测设计院主编的《铁路内燃机车机务设备设计规则》(TBJ 21—89)、电气化工程局主编的《铁路电力机车机务设备设计规则》(TBJ 22—89)、专业设计院主编的《电气化铁路电力设计规定》(TBJ 23—89)和《铁路结合梁设计规定》(TBJ 24—89),业经部审定,现予批准发布,自 1990 年 5 月 1 日起施行。

本规范由部建设司负责解释。本规范及其条文说明的印发由建设司标准科情所负责组织。

铁　道　部

一九八九年十一月二十四日

编 制 说 明

本规定是根据铁道部(85)铁基字 731 号文件的通知,由我院负责主编,在编制过程中曾与铁道部大桥工程局合作进行了部分科学试验。

本规定是在以往结合梁设计经验和实践的基础上编制的。在编制过程中进行了调查研究和科学试验,吸收了近年来国外结合梁规范中的先进部分和研究成果,并对关键性条文进行了较全面的比较和试设计。全部条文共五章,分别为总则、内力计算、截面设计、混凝土板和钢梁的联结、其他。

本规定在我国是第一次编制,有些内容还有待今后补充和完善。在执行过程中,希各单位结合工作实践,认真总结经验,注意积累资料。如发现需要修改和补充之处,请将意见及有关资料寄铁道部专业设计院(北京西交民巷 23 号,邮政编码 100031),并抄送铁道部建设司标准科情所(北京西交民巷 23 号,邮政编码 100031)供今后修订时参考。

铁道部专业设计院

一九八九年三月

目　次

主 要 符 号

n——计算温度变化影响时，钢与混凝土的弹性模量比
n_1——计算考虑徐变的恒载和混凝土收缩时，钢与混凝土的弹性模量比
n_2——计算活载时，钢与混凝土的弹性模量比
N_h——混凝土板截面内的法向力
N_g——钢梁截面内的法向力
ε_s——混凝土的收缩率
E_h——混凝土的弹性模量
E_g——钢的弹性模量
d——混凝土板的截面重心至钢梁截面重心间的距离
A_h——相应于每片主梁的混凝土板的截面积
A_g——相应于每片主梁的钢梁的截面积
I——梁的计算跨度
M_h——混凝土板截面中的弯矩
M_g——钢梁截面中的弯矩
I_h——相应于每片主梁的混凝土板绕其自身重心轴的惯性矩
I_g——相应于每片主梁的钢梁绕其自身重心轴的惯性矩
σ_h——混凝土板的法向应力
σ_g——钢梁的法向应力
a——联结器间距
J——联结器模量
α——计算时采用的钢或混凝土的线膨胀系数
t——在环境温度变化时，钢梁和混凝土板的温度差
$[T]$——联结器的容许静力荷载
R——混凝土的标号
$[T_a]$——联结器的容许疲劳荷载
ρ——联结器所受纵向剪力绝对最小值与绝对最大值之比
T——每个联结器所受的纵向剪力
Q——相应于每片主梁的横截面上由于第二受力阶段的荷载所产生的竖向剪力
S——相应于每片主梁的混凝土面积（换算成钢）对结合梁截面重心轴的面积矩
m——每片主梁的横截面上每排联结器的个数
I_o——相应于每片主梁的结合梁截面的换算惯性矩（混凝土换算成钢）
q_{max}——梁端部结合面上单位梁长的最大纵向剪力
Q_s——结合梁半个跨度上由于混凝土收缩引起的纵向剪力之总和
l_{cs}——混凝土收缩引起的纵向剪力的计算传递长度

Q_t——结合梁半个跨度上由于温度变化影响引起的纵向剪力之总和

I_{ct}——温度变化影响引起的纵向剪力的计算传递长度

$[\tau_c]$——纯剪时混凝土的容许剪应力

$[\sigma_{z1-1}]$——有箍筋及斜筋时混凝土的容许主拉应力

$[\sigma_{z1-2}]$——无箍筋及斜筋时混凝土的容许主拉应力

σ_{a-1}——混凝土的局部承压应力

$[\sigma_a]$——中心受压时混凝土的容许应力

A——影响混凝土板局部受压的计算底面积

A_c——混凝土板的局部受压面积

T_s——每个联结器承担的由于混凝土收缩引起的剪力

T_t——每个联结器承担的由于温度变化影响引起的剪力

第一章 总 则

第 1.0.1 条 本规定适用于国家铁路网中 1 435 mm 标准轨距铁路钢板梁和钢筋混凝土板通过联结器结合在一起共同承受荷载的上承式结合梁的设计。

第 1.0.2 条 设计结合梁时除应符合本规定要求外,还应按《铁路桥涵设计规范》(TBJ 2—85)(以下简称《桥规》)的有关规定执行。

第 1.0.3 条 设计结合梁所用的荷载,除本规定另有规定者外,应按《桥规》第三章的规定执行。

第 1.0.4 条 由静活载(不计冲击力)所引起的结合梁的竖向挠度不应超过跨度的 1/800。

结合梁应预设上拱度。但当恒载和静活载产生的总挠度不超过跨度的 1/1 600 时,也可不设。

上拱度曲线应与恒载和半个静活载产生的挠度曲线基本相同,但方向相反。当单独用调整道碴高度的方法设置上拱度不能实现时,可将上拱度全部或部分设在钢梁上。

第 1.0.5 条 在计算荷载的最不利组合作用下,梁的横向倾覆稳定系数不应小于 1.3。

第 1.0.6 条 结合梁应能适应用千斤顶将其顶起,起顶设备和结构本身都应按起顶荷重超载 30% 检算。

第 1.0.7 条 结合梁应计及温度变化影响产生的内力,根据钢梁和钢筋混凝土板之间实际的温度变化的差值计算,在缺乏足够的技术资料时,可认为在梁和板内的温度在各自高度范围内为一定值,其差值可用±15 ℃。

第 1.0.8 条 结合梁所用基本钢材和焊接材料应符合《桥规》第四章第二节的要求。容许应力和提高系数应符合《桥规》第四章第三节的规定,但在主力和温度变化影响组合作用下的钢梁容许应力提高系数可用 1.15。

第 1.0.9 条 结合梁的混凝土板所用混凝土和钢筋等材料应符合《桥规》第五章第二节的要求。混凝土板的容许应力和提高系数应符合《桥规》第 5.3.4 条的规定,钢筋的容许应力和提高系数应符合《桥规》第 5.3.5 条的规定。

第 1.0.10 条 结合梁的钢梁和支座部分的计算与构造除本规另有要求者外,均应按《桥规》第四章的有关条文执行。

第 1.0.11 条 结合梁钢筋混凝土板部分的计算与构造除本规定另有要求者外,均应按《桥规》第五章的有关条文执行。

第 1.0.12 条 在钢梁翼缘和钢筋混凝土板的结合面上应根据计算和构造要求设置联结器,联结器应具有足够的强度和耐久性。

第 1.0.13 条 在一般情况下,当结合梁的结合面上设置足够多的联结器时,除计算混凝土收缩和温度变化影响外,可认为钢梁和钢筋混凝土板完全共同作用,即整个结合梁受荷载后符合平截面假定。

第 1.0.14 条 计算结合梁截面特性时,可将混凝土截面换算成钢截面。钢与混凝土的弹

性模量比 n,n_1,n_2 按表 1. 0. 14 采用。

表 1. 0. 14　钢与混凝土的弹性模量比

计　算　工　况	混凝土标号	
	≥400	<400
计算温度变化影响时 n	6	7
计算考虑徐变的恒载和混凝土收缩时 n_1	15	18
计算活载时 n_2	10	15

第二章　内力计算

第2.0.1条　结合梁的内力计算应根据施工步骤确定,可按第一受力阶段和第二受力阶段进行,或仅按第二受力阶段进行。第一受力阶段的荷载由钢梁单独承受,第二受力阶段的荷载则由整个结合梁承受。

第2.0.2条　分析结合梁内力所用的截面可用其实有尺寸,不计剪力滞后和板内钢筋的影响。

第2.0.3条　在计算连续梁内力时,除符合本规定第2.0.2条的要求外,还应计入中间支点处受拉混凝土板开裂的影响。

第2.0.4条　在计算连续梁内力时,应计入混凝土收缩、基础不均匀沉降以及由于温度变化影响所引起的二次力。

第2.0.5条　计算桥面板垂直于线路方向的横向弯矩时,可根据结构的连接情况考虑钢梁对桥面板变形的约束影响。

第三章　截 面 设 计

第 3. 0. 1 条　拟定结合梁截面时,宜将中性轴置于钢梁截面内。如中性轴位于混凝土板截面内时,不得计入受拉混凝土的作用,且在板的受拉侧应配置钢筋,其截面最小配筋率应按《桥规》第 5. 3. 2 条的规定办理。

第 3. 0. 2 条　计算结合梁截面应力时,混凝土板的有效宽度应采用以下各项中之最小值:

一、主梁间的板 W:

1. 两主梁中心距之半;
2. 主梁跨度的 1/6;
3. 如板有梗肋时,取$\frac{b}{2}+c+6h$。

二、主梁外侧的悬臂板 W_1:

1. 主梁中心至板的悬臂端之间的距离;
2. 主梁跨度的 1/12;
3. 如有梗肋时,取$\frac{b}{2}+c+6h$。

以上符号的定义如图 3. 0. 2 所示。

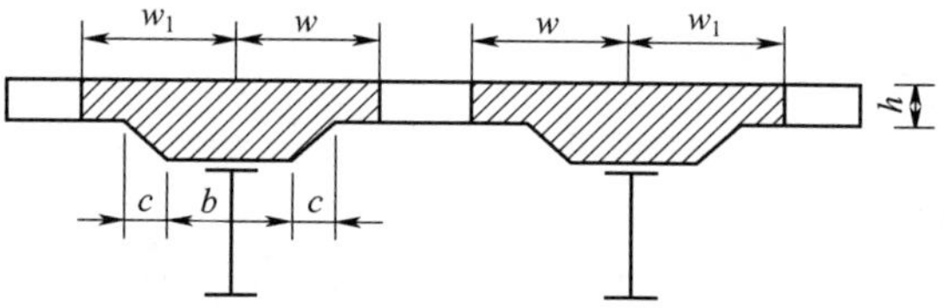

图 3. 0. 2　混凝土板有效宽度示意图

第 3. 0. 3 条　计算结合梁横截面上的剪应力时,可假定竖向剪力由钢梁单独承受,不计混凝土板的作用。

第 3. 0. 4 条　由于混凝土收缩在钢梁和混凝土板中引起的内力和应力按下式计算:

$$N_h = -N_g = \frac{\varepsilon_s E_g}{\frac{n_1}{A_h} + \frac{1}{A_g} + \frac{n_1 d^2}{I_h + n_1 I_g}} \left[1 - e^{-k\left(\frac{l}{2}-x\right)} - e^{-k\left(\frac{l}{2}-x\right)} \right] \quad (3.0.4—1)$$

$$M_h = \frac{I_h}{I_h + n_{1g}} N_h \cdot d \quad (3.0.4—2)$$

$$M_g = \frac{n_1 I_g}{I_h + n_1 I_g} N_h \cdot d \quad (3.0.4—3)$$

$$\sigma_h = \frac{N_b}{A_h} - \frac{M_h}{I_h} \cdot y_h \quad (3.0.4—4)$$

$$\sigma_g = \frac{N_g}{A_g} - \frac{M_g}{I_g} \cdot y_g \qquad (3.0.4\text{—}5)$$

上式中的内力和应力均以受拉力为正。

式中　ε_s——混凝土的收缩率;对于整体灌注的钢筋混凝土板,相当于降低温度 15 ℃;对于分段灌注的钢筋混凝土板,相当于降低温度 10 ℃;对于装配式钢筋混凝土板,相当于降低温度 5 ℃~10 ℃;

E_g——钢的弹性模量,可用 210 000 MPa;

N_h,N_g——分别为钢筋混凝土板和钢梁截面中的法向力(MN);

M_h,M_g——分别为钢筋混凝土板和钢梁截面中的弯矩(MN·m);

σ_h,σ_g——分别为钢筋混凝土板和钢梁截面中的法向应力(MPa);

n_1——计算混凝土收缩(考虑徐变时)钢与混凝土的弹性模量比,按本规定第 1.0.14 条采用;

l——梁的计算跨度(m);

x——自跨度中央算起的梁截面坐标(m);

$$k^2 = \frac{1}{\mu E_g}\left(\frac{n_1}{A_h} + \frac{1}{A_g} + \frac{n_1 d^2}{I_h + n_1 I_g}\right)$$

$$\mu = \frac{a}{J}$$

a——联结器间距(m);

J——联结器模量,即为使一个联结器在结合面上沿梁的纵向产生单位位移所需的力(MN/m);

A_h——相应于每片主梁的混凝土板截面积(m^2);

A_g——相应于每片主梁的钢梁截面积(m^2);

I_h——相应于每片主梁的混凝土板截面绕其重心轴的惯性矩(m^4);

I_g——相应于每片主梁的钢梁截面绕其重心轴的惯性矩(m^4);

d——混凝土板的截面重心至钢梁截面重心间的距离(m);

y_h——自混凝土板的截面重心至所考虑的纤维间的距离,向上为正(m);

y_g——自钢梁截面重心至所考虑的纤维间的距离,向上为正(m);

以上符号的定义如图 3.0.4 所示。

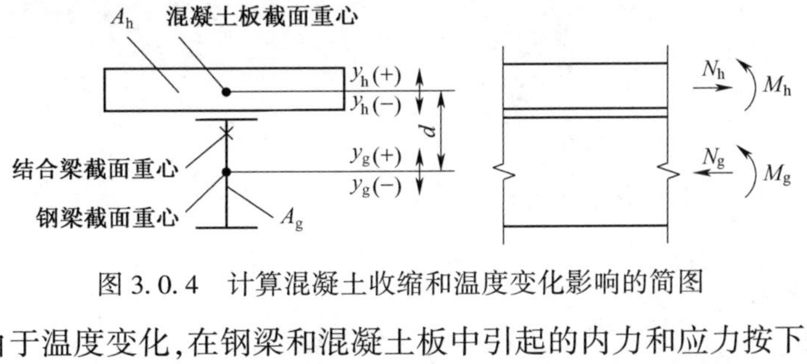

图 3.0.4　计算混凝土收缩和温度变化影响的简图

第 3.0.5 条　由于温度变化,在钢梁和混凝土板中引起的内力和应力按下式计算:

$$N_h = -N_g = \frac{\pm \alpha t E_g}{\dfrac{n}{A_h} + \dfrac{1}{A_h} + \dfrac{nd^2}{I_h + nI_g}}\left(1 - e^{-k\left(\frac{1}{2}-x\right)} - e^{-k\left(\frac{1}{2}+x\right)}\right) \qquad (3.0.5\text{—}1)$$

$$M_{\mathrm{h}} = \frac{I_{\mathrm{h}}}{I_{\mathrm{h}} + nI_{\mathrm{g}}} N_{\mathrm{h}} \cdot d \qquad (3.0.5\text{—}2)$$

$$M_{\mathrm{g}} = \frac{nI_{\mathrm{g}}}{I_{\mathrm{h}} + nI_{\mathrm{g}}} N_{\mathrm{h}} \cdot d \qquad (3.0.5\text{—}3)$$

$$\sigma_{\mathrm{h}} = \frac{N_{\mathrm{h}}}{A_{\mathrm{h}}} \mp \frac{M_{\mathrm{h}}}{I_{\mathrm{h}}} y_{\mathrm{h}} \qquad (3.0.5\text{—}4)$$

$$\sigma_{\mathrm{g}} = \frac{N_{\mathrm{g}}}{A_{\mathrm{g}}} + \frac{M_{\mathrm{g}}}{I_{\mathrm{h}}} y_{\mathrm{g}} \qquad (3.0.5\text{—}5)$$

上式中的内力和应力均以受拉为正。

式中　$k^2 = \frac{1}{\mu E}\left(\frac{n}{A_{\mathrm{h}}} + \frac{1}{A_{\mathrm{g}}} + \frac{nd^2}{I_{\mathrm{h}} + nI_{\mathrm{g}}}\right)$

α——计算时采用的钢或混凝土的线膨胀系数可用 0.000 01/℃；

t——在温度变化时钢梁和混凝土板的温度差，当环境温度升高时为正，无足够资料时可按本规定第 1.0.7 条采用；

n——计算温度变化影响时钢与混凝土的弹性模量比，按本规定第 1.0.14 条采用。

其他符号同本规定第 3.0.4 条。

第 3.0.6 条　结合梁中的混凝土板当在外力组合作用下为受拉时，不得计入混凝土板抵抗外力的作用；否则应按受拉杆件设计，并参照《桥规》第 5.3.11 条检算其裂缝宽度。符合《桥规》表 5.3.10 的要求。

第四章　混凝土板和钢梁的联结

第 4.0.1 条　混凝土板和钢梁之间的结合面上的纵向剪力应由固定于钢梁并埋于混凝土板中的联结器承受，不计板和梁之间的粘结作用。

第 4.0.2 条　联结器的静力强度、疲劳强度和联结器模量应根据“推出”试验确定。“推出”试验的试件应按照联结器在结合梁中的实际工作状态设计，也可按图 4.0.2 所示的图式设计，其尺寸和布置视联结器的大小和钢筋混凝土板的具体情况而定。试件中钢梁和钢筋混凝土板之间的结合面上应采取措施消除两者之间的粘结力；试件应考虑联结器能抵抗上拔力的影响；试验的加载速度应保持均匀。

第 4.0.3 条　在采用如图 4.0.3 所示形式和尺寸的刚性联结器时，每个联结器的容许静力荷载，容许疲劳荷载和联结器模量可采用下列数值：

一、容许静力荷载[T]：

在主力作用下，[T]=0.001 62R(MN)

在主力和附加力组合作用下，容许静力荷载的提高系数为 1.20。

二、容许疲劳荷载[T_n]：

$$[T_n] = \frac{0.302}{1 - 0.77\rho}(\text{MN})$$

三、联结器模量 J

$$J = 1.83 \times 10^3(\text{MN/m})$$

式中　R——混凝土标号；

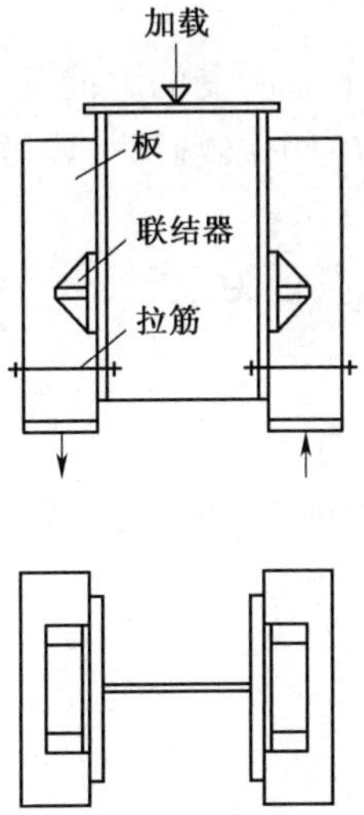

图 4.0.2　联结器试件

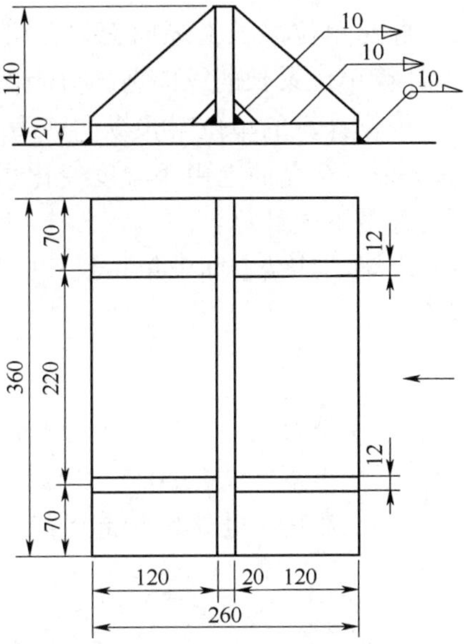

图 4.0.3　刚性联结器简图(尺寸以 mm 计)

ρ——$\pm\frac{|T_{min}|}{|T_{max}|}$,联结器所受纵向剪力之绝对最小值与绝对最大值之比,同方向的力取正号,反方向的为取负号。

第 4.0.4 条　在有足够技术依据和安全可靠的基础上,方可采用本规定中未列入的联结器。

第 4.0.5 条　联结器上由于第二受力阶段的竖向荷载引起的纵向剪力按下式计算:

$$T=\frac{QS}{mI_o}a \tag{4.0.5}$$

式中　T——每个联结器所受的纵向剪力(MN);

Q——每片主梁的横截面上由于第二受力阶段荷载所产生的竖向剪力(MN);

S——相应于每片主梁的混凝土面积(换算成钢)对结合梁截面重心轴的面积矩(m^3);

m——每片主梁的横截面上每排联结器的个数;

I_o——相应于每片主梁的结合梁截面的换算惯性矩(混凝土换算成钢)(m^4);

a——联结器纵向间距(m)。

第 4.0.6 条　结合面上由于混凝土收缩引起的纵向剪力应由梁端部一段范围内的联结器承受,并按下式计算:

一、求梁端部结合面上单位梁长的最大纵向剪力 q_{max},其值为:

$$q_{max}=\frac{2Q_s}{l_{cs}}\quad(\text{MN/m}) \tag{4.0.6}$$

式中　Q_s——结合梁半个跨度上由于混凝土收缩引起的纵向剪力总和,其数值等于本规定(3.0.4—1)式跨中处的 N_b(MN);

l_{cs}——混凝土收缩引起的纵向剪力计算传递长度,

$$l_{cs}=2\sqrt{\frac{\mu Q_s}{\varepsilon_s}}\quad(\text{m})$$

二、假定单位梁长上纵向剪力在梁端为 q_{max},在距梁端 l_{cs} 处为 0,按直线变化作出结合面上计算单位梁长的纵向剪力分布图。

三、根据计算的单位梁长纵向剪力分布图计算每个联结器所受的纵向剪力 T_t。

第 4.0.7 条　结合面上由于温度变化影响引起的纵向剪力应由梁端部一段范围内的联结器承受,并按下式计算:

一、求梁端部结合面上单位梁长的最大纵向剪力 q_{max},其值为:

$$q_{max}=\frac{2Q_t}{l_{ct}}\quad(\text{MN/m}) \tag{4.0.7}$$

式中　Q_t——结合梁半个跨度上由于温度变化影响引起的纵向剪力之总和,其数值等于本规定式(3.0.5—1)跨中处的 N_h(MN);

l_{ct}——温度变化影响引起的纵向剪力计算传递长度,

$$l_{ct}=2\sqrt{\frac{\mu Q_t}{\alpha t}}\quad(\text{m})$$

二、假定单位梁长上纵向剪力在梁端为 q_{max},在距梁端 l_{ct} 处为零,按直线变化作出结合面上计算单位梁长的纵向剪力分布图。

三、根据计算单位梁长上纵向剪力分布图计算每个联结器所受的纵向剪力 T_t。

第 4.0.8 条　设计联结器时应分别按下列三种情况检算：

一、在第二受力阶段的竖向恒载和活载作用下，每个联结器所受的纵向剪力 T 不得大于在主力作用下的容许静力荷载[T]和容许疲劳荷载[T_n]。

二、在第二受力阶段的竖向恒载、活载和混凝土收缩影响的作用下，每个联结器所受的纵向剪力不得大于在主力作用下的容许静力荷载[T]和容许疲劳荷载[T_n]。

三、在恒载、活载、混凝土收缩和温度变化影响作用下。每个联结器所受的纵向剪力不得大于在主力作用下的容许静力荷载乘以提高系数 1.20。

第 4.0.9 条　混凝土板应检算在其下列截面上的纵向剪应力：

一、梗肋末端的竖向纵截面，如图 4.0.9(a)所示的 1—1 截面，无梗肋时为钢梁翼级板边处的竖向纵截面，如图 4.0.9(b)所示的 1′—1′截面。

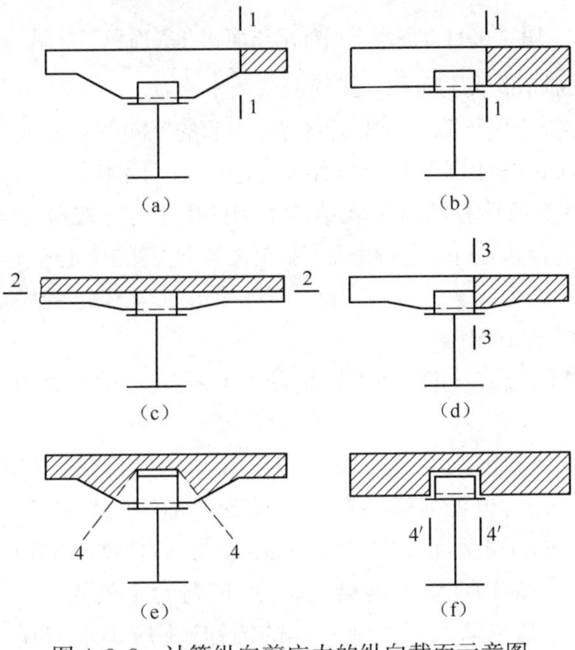

图 4.0.9　计算纵向剪应力的纵向截面示意图

二、联结器顶的水平纵截面，如图 4.0.9(c)所示的 2—2 截面。

三、联结器侧面的竖向纵截面，如图 4.0.9(d)所示的 3—3 截面。

四、下述三边围成的纵向剪切面；即一边为联结器顶面，其他两边为自联结器顶的角隅处作与梗肋斜边垂直的面，如图 4.0.9(e)所示的 4—4 截面；无梗肋时该两边即为联结器的两侧面，如图 4.0.9(f)所示的 4′—4′截面。

上述各剪切面上的剪应力不得大于《桥规》表 5.3.4 中的容许纯剪应力[τ_c]。

第 4.0.10 条　混凝土板应按本规定第 4.0.9 条检算纵向截面上的主拉应力，其值应满足下列要求：

一、在设置钢筋承受上述主拉应力时，在主拉应力 σ_{zl} 不得大于《桥规》表 5.3.4 中的容许主拉应力[σ_{zl-1}]。

二、在不设置钢筋承受上述主拉应力时，该主拉应力 σ_{zl} 不得大于《桥规》表 5.3.4 中的容许主拉应力[σ_{z1-2}]。

第 4.0.11 条 采用刚性联结器时，混凝土承受的局部承压应力 σ_{a-1} 应满足下列要求：

$$\sigma_{a-1} \leqslant \sqrt{\frac{A}{A_c}}[\sigma_a] \tag{4.0.11}$$

式中 $\sigma_{a-1}=\dfrac{T+T_s+T_t}{A_c}$，MPa，当 T_s 或 T_t 与 T 的方向相反时，不计它们的影响；

A——影响混凝土局部受压的计算底面积（图 4.0.11）（m^2）；该底面积不得超出混凝土板的范围；

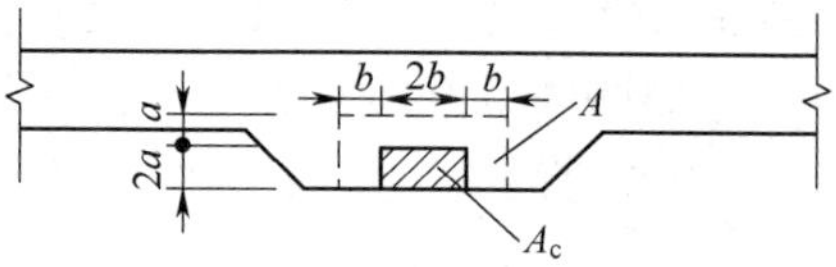

图 4.0.11 混凝土局部承压面积和底面积示意图

A_c——混凝土的局部承压面积（m^2）；

T——每个联结器上由于第二阶段竖向荷载引起的纵向剪力，按照(4.0.5)式计算(MN)；

T_s——按第 4.0.6 条计算的每个联结器承担的由于混凝土收缩引起的剪力（MN）；

T_t——按第 4.0.7 条计算的每个联结器承担的由于温度变化影响引起的剪力（MN）；

$[\sigma_a]$——在主力组合作用下，为《桥规》表 5.3.4 规定的中心受压容许应力（MPa）；在主力和附加力组合作用下为《桥规》表 5.3.4 规定的中心受压容许应力乘以提高系数 1.2（MPa）。

第 4.0.12 条 联结器的形式应使作用于混凝土的压应力分布均匀，不对混凝土起劈楔作用。

第 4.0.13 条 混凝土板和钢梁的结合面上应设置锚钩，以抵抗混凝土板的上拔力，锚钩可单独固定于钢梁翼缘上，也可与联结器合并设置。锚钩的直径不应小于 16 mm。

第 4.0.14 条 联结器的间距不宜大于 600 mm，最大不得大于 700 mm。

第 4.0.15 条 联结器及锚钩埋置于混凝土板中，应符合下列规定：

一、联结器总高（包括与联结器组成一体的锚钩）不应小于 100 mm。

二、联结器净高（不包括锚钩或其他抵抗板和梁分离的部件）不应小于 50 mm。

三、当联结器与锚钩分别设置时，锚钩高度不应小于 100 mm。

第 4.0.16 条 钢梁翼缘板边到联结器侧边间的距离不得小于 25 mm（图 4.0.16）。

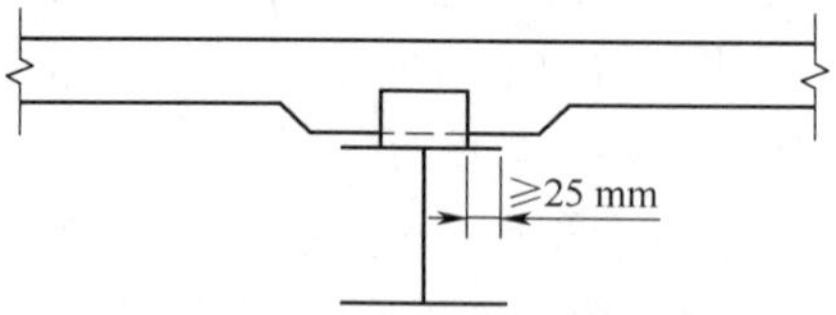

图 4.0.16 钢梁翼缘板边到联结器侧边间的距示意图

第 4.0.17 条 当混凝土板有梗肋时，梗肋末端应位于从联结器底的角隅所作的与竖线成 45°角的斜线以外。梗肋底的边缘至联结器边缘的距离不得小于 50 mm（图 4.0.17）。

第 4.0.18 条 刚性联结器附近应设置斜向的分布钢筋，其直径不宜小于 12 mm（图

4. 0. 18）。

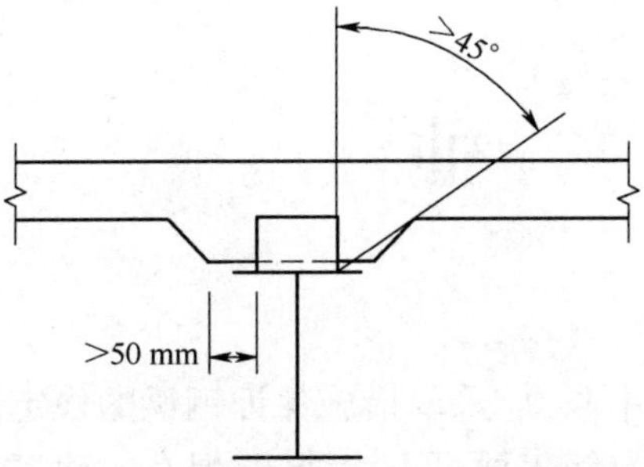

图 4. 0. 17　板的梗肋宽度布置示意图

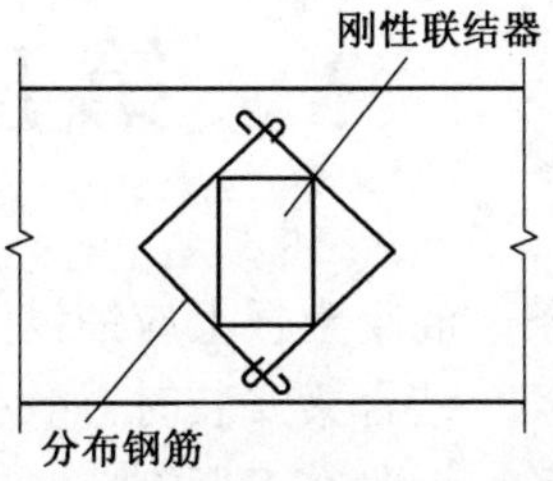

图 4. 0. 18　刚性联结器附近分布钢筋示意图

第 4. 0. 19 条　当采用预制的混凝土板时，在板上刚性联结器的位置上所设的窗孔应做成向上敞开的形式。当板安装在钢梁上以后，窗孔内应用无收缩水泥拌制的混凝土填注。所填混凝土必须密实，其标号不得低于板的混凝土标号。

第五章　其　　他

第 5.0.1 条　混凝土板上应铺设防水层和保护层。

第 5.0.2 条　结合梁安装时,如钢梁上翼缘未设上平联,应采取措施保证钢梁的稳定性。

第 5.0.3 条　钢梁在工厂制造时,结合面上的钢梁翼缘表面可不涂油漆,但在工地灌注或安装混凝土板前表面应除锈,并应清除结合面上的油污等妨碍钢和混凝土结合的物质。

第 5.0.4 条　预制混凝土板与钢梁翼缘间应用砂浆垫实。砂浆层的厚度在 50 mm 以上时,应设钢丝网。砂浆标号不得低于 200 号。

第 5.0.5 条　预制的混凝土板之间的横向接缝应用干硬性混凝土或无收缩水泥拌制的混凝土填注密实,所填混凝土的标号不得低于预制混凝土板的标号。

第 5.0.6 条　当混凝土板受拉需用预应力钢筋施加预应力时,应根据结合梁的特点,参照《桥规》第六章的原则进行设计。

附录　本规定用词说明

执行本规定条文时,对于要求严格程度的用词说明如下,以便在执行中区别对待:

1. 表示很严格,非这样作不可的用词:

正面词采用“必须”;

反面词采用“严禁”。

2. 表示严格,在正常情况下均应这样作的用词:

正面词采用“应”;

反面词采用“不应”或“不得”。

3. 表示允许稍有选择,在条件许可时首先应这样作的用词:

正面词采用“宜”或“可”;

反面词采用“不宜”。

附 加 说 明

本规定主编单位和主要起草人名单

主编单位：铁道部专业设计院

主要起草人：程达钧

《铁路结合梁设计规定》条文说明

本条文说明系对重点条文的编制依据、存在的问题,以及在执行中应注意的事项等予以说明,为了减少篇幅,只列条文号,未抄录原条文。

结合梁在我国铁路上使用已三十余年,在设计、制造、安装、养护方面都积累了一定的经验。由于结合梁一般都采用道碴桥面,具有对弯道和坡道的适应能力强,列车通过时噪声低,安装重量轻以及维修量小等优点,今后在铁路上将会不断发展,有必要编制一本标准,作为设计的依据。

第1.0.1条 本规定是根据我国铁路结合梁的设计、使用实践和科学试验的现有经验编写的,条文内容适用于钢板梁和钢筋混凝土板通过联结器结合起来的铁路上承式结合梁,其中混凝土板可以是现场灌注的、也可以是预制后在现场拼装的。如果钢梁部分是桁架,则除参照本规定外,在内力分析和构造措施方面还需另作专门研究。

第1.0.2条 结合梁在总体方面的要求与其他梁式者无异;故本规定未作专门要求者外,应符合《铁路桥涵设计规范》(TBJ 2—85)(以下简称《桥规》)的规定。

第1.0.3条 设计荷载同《桥规》有关条文,但增加了温度变化影响的数值,用以计算钢梁和钢筋混凝土板的附加内力。

第1.0.4条 为使列车行驶平稳,竖向挠度不宜过大,根据设计经验,将结合梁的挠度限制在与钢筋混凝土梁的限值相同的水平上并无特别困难。因此其容许挠度取值与钢筋混凝土梁者相同。

结合梁如采用两个受力阶段设计时,(参看第2.0.1条),由于第一受力阶段的恒载全部由钢梁承受,第二阶段的荷载才由结合梁承受,这两个受力阶段的荷载产生的总挠度往往较大,而调整道碴厚度只能预设上拱度的一部分,另一部分还须在钢梁上预设。以标准设计跨度为40 m的结合梁为例,需要预设的上拱度为67 mm,而所用的道碴槽构造可能调整的高度仅27 mm。本规定为简化设计和施工,提出在单独用调整道碴厚度的办法不易实现时,可将全部或部分上拱度设在钢梁上。

第1.0.5条 结合梁的横向倾覆稳定系数取值与《桥规》第四章同,使与钢梁有同一的数值。

第1.0.6条 结合梁在安装、维修或调节线路标高时,有时须将其顶起。在起顶时着力点可能不平衡,道碴厚度可能与设计值稍有差异以及其他偶然因素,应考虑超载检算结构及起顶设备,以策安全。

第1.0.7条 当环境温度变化时,由于钢和混凝土的导热性能不同使二者温度发生差异而产生内力。当变化后的温度保持一段时间,二者温度趋于一致,该内力便消失。所以温度变化影响产生的内力是短期的影响。当温度变化时沿梁的高度上梁内温度并非线性变化,在英国新制定的结合梁规范(BS 5400 第 5 部分)中根据他们的情况概括出梁的温度沿梁高分布的图式,我国还缺乏这方面的资料,参照一些国外结合梁设计规范可简化为沿梁的高度和沿板的高度上各自的温度为一定值,以此为基础来计算温度变化的影响。虽然此处采用了简化的假定,但也能在一定程度上反映其影响。苏联和日本的一些资料也采用这种近似的方法。在设计中如无实测资料时,可取钢梁和混凝土板因温度变化引起的温度差为 5 ℃~15 ℃,可偏于安全地采用±15 ℃。

第 1.0.8 条　钢梁用料及其基本容许应力、提高系数分别与《桥规》第四章第二节和第三节相同。主力和温度变化影响组合作用下钢梁的容许应力提高系数在《桥规》中未列。本规定根据设计经验和国外资料取用 1.15。

第 1.0.9 条　混凝土板所用混凝土和钢筋等材料方面的要求、容许应力及提高系数与《桥规》中对于钢筋混凝土结构的规定相同。

第 1.0.10 条、第 1.0.11 条　结合梁中的钢梁部分、支座部分和混凝土板部分在计算与构造上的基本要求分别与《桥规》第四章、第五章中的要求相同。但对结合梁有特殊要求者如与联结器有关部分的设计和构造、结合梁中钢梁和混凝土板共同受力的设计等尚应符合本规定的要求。

第 1.0.12 条　为保证钢梁和混凝土板能共同作用,必须在钢梁翼缘和混凝土板之间设置联结器。联结器是结合梁的关键部件,必须保证有足够的强度,同时它隐蔽在结构内部,万一发生问题不好更换和修理,所以必须有足够的耐久性。

第 1.0.13 条　钢梁和混凝土板通过联结器互相联结成整体。联结器是弹性材料制成,当其受力以后,必须伴随着剪切变形,所以严格地讲,整个结合梁截面受弯后保持平截面的假定是近似的,即板和梁只是部分共同作用而非完全共同作用。但常用的结合梁截面如采用刚性联结器,按本规定关于联结器间距的限制(参看第 4.0.14 条),在竖向荷载作用下是可以假定为完全共同作用的。以标准设计跨度为 40 m 的梁为例,若取联结器模量 $J=1.62\times10^3$ MN/m,间距为 600 mm,钢与混凝土的弹性模量比 n 为 10,试算结果见说明表 1.0.13。

说明表 1.0.13　竖向活载作用下部分共同作用和完全共同作用的计算结果比较

	部分共同作用①	完全共同作用②	①/②
梁端钢梁与板的滑移量(mm)	0.104 1	0	
跨中曲率	$3.259\,5\times10^{-6}$	$3.246\,9\times10^{-6}$	1.003 9
跨中应变:			
板顶	$-486.833\,0\times10^{-6}$	$-486.897\,7\times10^{-6}$	0.999 9
板底	$-398.826\,5\times10^{-6}$	$-399.232\,7\times10^{-6}$	0.999 0
钢梁顶	$-404.220\,8\times10^{-6}$	$-399.232\,7\times10^{-6}$	1.012 4
钢梁底	$555.396\,0\times10^{-6}$	$556.640\,0\times10^{-6}$	0.997 8
梁端转角	$4\,353.624\,6\times10^{-6}$	$4\,329.133\,9\times10^{-6}$	1.005 7
跨中竖向挠度(mm)	54.367	54.114	1.004 7

由说明表 1.0.13 可见,两者计算结果相近,在铁路结合梁的设计中竖向荷载作用时可假定钢梁和混凝土板完全共同作用。但在计算混凝土收缩和温度变化影响时,按第

3.0.4 和 3.0.5 条办理。

第 1.0.14 条 结合梁由两种材料组成，弹性模量各异，为计算方便，往往将截面的两个组成部分通过弹性模量比换算成钢考虑。

混凝土板在短期荷载(例如温度变化影响)作用下，钢与混凝土的弹性模量比 $n=E_g/E_h$。(E_g 和 E_h 分别为钢和混凝土的弹性模量)见《桥规》第 4.2.3 条和第 5.2.3 条。

混凝土在长期荷载和多次重复荷载作用下将有残余变形产生，考虑了残余变形的弹性模量实质上是变形模量，此处按习惯仍称为弹性模量。

长期荷载作用下的混凝土的弹性模量须考虑残余变形的影响，令其弹性模量为 E_h'。

$$E_h' = \frac{\sigma}{\varepsilon + \Delta} = \frac{\sigma}{\varepsilon} \cdot \frac{1}{1 + \left(\dfrac{\Delta}{\varepsilon}\right)} = \frac{\sigma}{\varepsilon} \cdot \frac{1}{1 + \phi}$$

此时钢与混凝土的弹性模量比为 n_1：

$$n_1 = \frac{E_g}{E_h'} = \frac{E_g}{E_h}(1 + \phi)$$

式中 Δ——长期作用的应力引起的徐变应变；

ε——弹性应变；

ϕ——徐变系数。

徐变系数与混凝土的龄期、加载时间、材料配合比、构件尺寸、养生方法…等多种因素有关。结合梁在恒载和收缩影响的长期作用下的徐变系数我国尚无发表的资料，此次又无条件试验，外国规范所用的数值也各不相同，摘列如下：

一、恒载徐变($1+\phi$)值：

美国铁路桥梁设计规范(1978 年)	$1+\phi=3$
美国公路桥梁设计规范(1978 年)	3
英国结合梁实施法规(1967 年)	2
英国标准协会桥梁实施法规(1979 年)	2
苏联桥梁设计规范(1962 年)	2.5
日本国铁混凝土构造物设计标准(1974 年)	室内 3
	室外 2
日本国铁结合梁设计规范(1983 年)	3
我国铁路结合梁标准设计	2.5

二、收缩影响的徐变($1+\phi$)值：

英国标准协会桥梁实施法规(1979 年)	$1+\phi=2$
日本小西一郎著《钢桥》根据 Fritz 研究资料	2.02—2.06(视截面组成而定)
日本结合梁设计规范(1983 年)	3
我国铁路结合梁标准设计	2.22

由所列数据可见，恒载和收缩考虑徐变的 n_1 值相差不大，设想统一取一个 n_1 值作为考虑徐变的弹性模量比，理由如下：

一、影响徐变的因素很多，不易找出一个适合各种条件的 n_1 值，同时计算截面特性工作很繁琐，因此在不太损伤计算精度的情况下，力求简化。

二、以($1+\phi$)值分别为 2.0 和 2.5 进行试算，两者对控制的钢梁应力只差 1%，可见计算结果相差不大，此外偏于安全方面取用 2. 5。

三、n_1 的取值当混凝土标号为 600～400 时用 500 号的值代表，400 号以下时用 300 号的值代表，同样是为了简化。

在多次重复荷载作用下的弹性模量比 $n_2=E_g/E''_h$，理由见《桥规》第 5. 3. 3 条说明，此处 E''_h 是混凝土在考虑多次重复荷载的变形时的弹性模量。

第 2. 0. 1 条　结合梁的施工步骤往往是将钢梁架设在桥位上以后在钢梁上灌注或铺设混凝土板，此时钢梁和混凝土板的自重只能由钢梁单独承受，为第一受力阶段的荷载。当混凝土板和钢梁通过联结器形成整体且混凝土获得强度以后再在混凝土板上铺设道砟和线路材料、运行列车，这部分荷载由整个结合梁承受，为第二受力阶段的荷载。我国铁路结合梁大多采用这种施工步骤来考虑设计。但也不排除在某种情况下将钢梁支承在满布脚手架上，并在其上灌注或铺设混凝土板，待混凝土获得强度后拆除脚手架，此时全部荷载都属于第二受力阶段的荷载，应由结合梁承受。

第 2. 0. 2 条　当主梁中心距较大，混凝土板较宽时，由于板在自身平面内有剪力滞后现象，沿板宽度的法向应力分布不均匀(参看第 3. 0. 2 条说明)。严格地讲在不同荷载和在梁的不同位置上，这种不均匀的分布也不尽相同，对超静定结构的内力的分布稍有影响。但这种影响不大，可不予考虑，而按截面的实有尺寸来计算。

结合梁中板内纵向钢筋在大多数情况下是根据构造要求设置，此种钢筋数量不多，且在设计之初还不能确定其面积和布置，在分析内力时可不考虑。

第 2. 0. 3 条　连续梁中间支点处的负弯矩使支点处的混凝土板受拉，当拉力达到一定数值时，板将开裂，此时计算截面刚度时不应再计入开裂后的混凝土板的作用，而只能考虑钢梁的作用。

中间支点附近的混凝土板开裂使该处截面刚度降低。在荷载作用下沿梁长的弯矩和剪力将重新分布，若与不考虑板开裂的连续梁相比，重新分布后中间支点处的负弯矩显著减少，而跨中正弯矩增大，这一影响必须在设计中考虑。

我国铁路还无连续的结合梁的设计，根据一些国家的研究资料和规范，提出以下一些方法供参考。

一、1967 年英国结合梁实施法规，先假定中间支点处板不开裂，计算梁的弯矩，当负弯矩区段内的板内最大拉应力不超过 $Uw/7$(Uw 为混凝土的立方体强度)或 850 磅/吋^{2}时，不考虑板开裂的影响，如该处拉应力超过此值，则认为板已开裂，不考虑板对钢梁的加强作用，而须重新分析。若不作重新分析也可用下述方法估算，即将按不开裂算得的跨中正弯矩增加 15% 作为计算的跨中弯矩，支点负弯矩不变。

二、欧洲钢结构协会 1981 年结合梁典型规范

1. 先假定中间支点处板不开裂计算最大弯矩；

2. 中间支点处板顶拉应力 f_c，小于 $0.15f_{ck}$(f_{ck} 为混凝土的圆柱体强度)时，不考虑板开裂的影响。

3. 如上述 f_c，超过 $0.15f_{ck}$，则 $f_{ct}>0.15f_{ck}$ 的范围内认板已开裂。

4. 在 $f_{ct}>0.15f_{ck}$ 的范围内，在不论何种荷载作用下均不考虑板对钢梁的加强作用，而只考虑钢梁的刚度来计算各点弯矩；也可将中间支点附近两相邻跨度的正弯矩增大 $30\dfrac{f_{ct}}{f_{ck}}\%$ 进行设计。

在上述计算中可用混凝土板的实有宽度也可用板的有效宽度,两者计算结果对弯矩分布差异不大。

三、英国 1979 年桥梁实施法规

1. 先假定中间支点处板不开裂计算各点弯矩;

2. 如中间支点上方板顶拉应力 f_{ct} 不超过 $0.1f_{cu}$(f_{cu} 是混凝土的立方体强度),可用板未开裂的各点弯矩为计算弯矩;

3. 如板顶拉应力值超过 $0.1f_{cu}$ 时,则中间支点两侧各 $0.15l$(l 为梁的跨度)范围内的计算刚度不应包括板而只考虑钢梁,但此时可计入板内钢筋。

如中间支点两侧的跨长相差不大,则可将这两跨按未开裂计算的跨中最大正弯矩分别增大 $40\dfrac{f_{ct}}{f_{cu}}\%$ 来考虑中间支点附近板开裂的影响,但中间支点附近的负弯矩仍采用按板未开裂时算得的数值。

经用跨度为 40 m 的铁路结合梁截面按第二受力阶段的荷载对 2×40 m 和 3×40 m 的连续梁进行试算,试算中除用以上三种方法外还增加了一种凡是混凝土受拉区都认为已开裂的情况。试算结果以考虑开裂和不考虑开裂的弯矩的比值表示。表中按条文规定得来的开裂长度计算的弯矩比值称为精确值,按简化方法(即将跨中正弯矩增大一个百分数的方法)得来的比值为估算值。

说明表 2.0.3

检算截面		规范名称	2×40 m		3×40 m	
			估算值	精确值	估算值	精确值
中间支点负弯矩	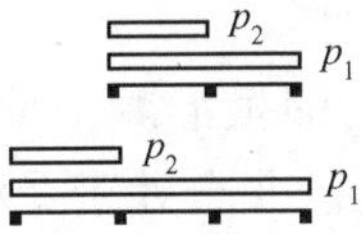	英国 1967 年结合梁实施法规	1.0	0.872	1.0	0.881
		欧洲钢结构协会规范	—	0.898	—	0.873
		英国 1969 年桥梁实施法规	1.0	0.859	1.0	0.866
		受拉均认为开裂	—	0.960	—	0.864
边跨跨中正弯矩	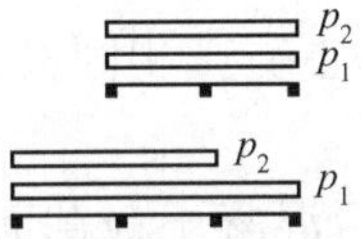	英国 1967 年结合梁实施法规	1.150	1.030	1.150	1.034
		欧洲钢结构协会规范	1.067	1.047	1.065	1.046
		英国 1979 年桥梁实施法规	1.071	1.050	1.070	1.052
		受拉均认为开裂	—	1.003	—	1.017
中跨跨中正弯矩	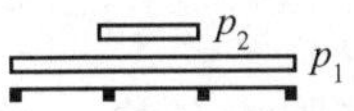	英国 1967 年结合梁实施法规			1.150	1.000
		欧洲钢结构协会规范			1.053	1.051
		英中年桥梁实施法规			1.057	1.107
		受拉均认为开裂			—	1.135

注:表中 P_1 为第二受力阶段的恒载等于 29 kN/m,P_2 为活载加冲击力等于 112.5 kN/m。

由上表可见,用板不开裂的假定再加一个增量来计算跨中弯矩的办法估算板开裂的影响在初步设计时是可行的。

第 2.0.4 条 在连续梁中,混凝土收缩、基础的不均匀沉降和温度变化影响都使结构产生赘余反力,进而在截面中产生相应的二次内力,在内力组合中应考虑这些内力。

第 2.0.5 条 混凝土板通过联结器和锚钩与钢梁相连。如果板和钢梁连系薄弱,当桥面板上加载后板在与钢梁连接处将发生挠曲转角,板的受力近于简支状态;但当板与钢梁连系良好,在桥面板上加载后,板和钢梁将同时变形,即板产生挠曲转角、钢梁产生扭转角,且此二转角相等。钢梁所具备的扭转刚度对桥面板的挠曲起约束作用,此作用在横联

(或隔板)处为最大,因为此处钢梁不能扭转,在设计桥面板时可考虑对桥面板完全约束;而两横联间的中点处此约束为最小,即钢梁的扭转变形可达最大值,但仍对桥面板有所约束,而使桥面板跨中的正弯矩减少,考虑这一因素可减少桥面板的钢筋用量,但须同时检算钢梁中由于扭转力距产生的剪应力。钢梁对混凝土桥面板的约束作用如说明图 2.0.5 所示。

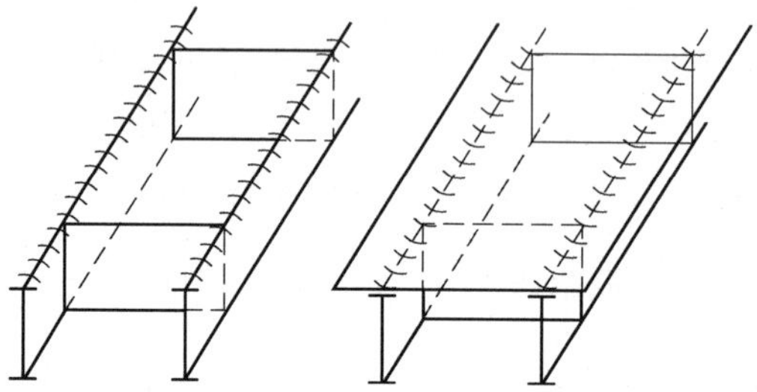

板施加给钢梁的力矩　　钢梁对板的支承处转动的约束力矩

说明图 2.0.5　钢梁与混凝土板在支承处的相互作用示意图

第 3.0.1 条　混凝土的抗拉强度很低,且离散性大,参考国内外钢筋混凝土结构设计规范,在截面设计中不考虑其抗拉强度。

$$\text{连续梁中}\frac{\text{考虑混凝土板开裂计算的弯矩}}{\text{不考虑混凝土板开裂计算的弯矩}}\text{的比值}$$

拟定结合梁截面时,宜将中性轴置于钢梁截面内,因为:

一、如将结合梁的中性轴置于混凝土板内,则受拉部分的混凝土不能形成截面的一部分,因而损失了这部分材料的作用。

二、联结器附近混凝土内的应力状态比较复杂,据文献介绍,即虽混凝土部分在计算中为全部受压时,当联结器受力后在联结器受压面背后的混凝土已非全处于受压状态,如果混凝土截面在荷载作用下又承受拉力,则对截面受力更为不利。

如果受条件限制,中性轴落在混凝土板内,则板的受力与偏心受压相同,应在板的受拉侧设置钢筋,配筋率与《桥规》第 5.3.2 条相同。

第 3.0.2 条　当主梁中心距较大混凝土板较宽时,结合梁受弯后混凝土板截面上的法向应力并非均匀分布,在主梁附近较大,为了使得用初等理论算得的板内法向应力与实际的最大应力相同,常用一个较实际宽度为小的有效宽度来计算应力。

板的有效宽度与梁的距度、材料、荷载形式、支承状态等许多因素有关,一些规范根据解析方法和试验结果定出在主梁每一侧的有效宽度如下:

一、美国公路桥梁设计规范、铁路桥梁设计规范和房屋钢结构设计、制造与安装规范(均为 1978 年)。

1. 两主梁间的板可用以下数值中之最小者:

(1)相邻主梁中心距之半;

(2)主梁跨长的 1/8;

(3)板厚的 6 倍。

2. 主梁外侧的悬臂板可用以下数值中之最小者:

(1)主梁中心至板边的距离;

(2)主梁跨度的 1/12;

(3)板厚的6倍。

二、日本道路桥示方书(1982年)和国铁构造物设计标准解述(1983年),参看说明图3.0.2。

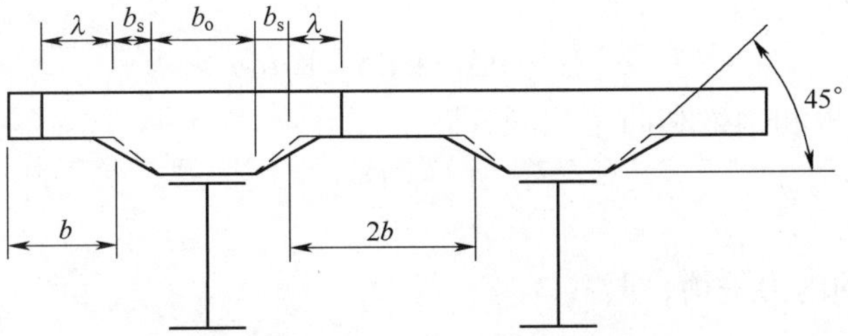

说明图3.0.2　板的有效宽度示意图

主梁每侧的有效宽度 $b_e = \frac{b_o}{2} + b_s + \lambda$

当 $\frac{b}{l} \leqslant 0.05$ 时　$\lambda = b$

$0.05 < \frac{b}{l} < 0.3$ 时　$\lambda = \left(1.1 - \frac{2b}{l}b\right)$

$\frac{b}{l} > 0.3$ 时　$\lambda = 0.15l$

式中 l 为跨度,b 为如说明图3.0.2所示的板宽。

三、英国结合梁实施法规(1967年)

$b_e = \frac{b}{\sqrt{1 + 12\left(\frac{2b}{l}\right)^2}}$,但不应小于 $l/20$,此处 l、b 分别为跨度和主梁中心距之半。

四、英国标准协会桥梁实施法规(1979年)用表列出不同宽跨比和支承条件下的有效宽度。

五、欧洲钢结构协会结合梁典型规范(1981年)对于正弯矩区段的板的有效宽度为:

1. 主梁间的板,取以下两值中的较小者:

(1)跨度的1/6;

(2)主梁中心距之半。

2. 悬臂板为悬臂实有长度。

铁路结合梁的主梁中心距不会太大,用以上各种规范的规定对结合梁标准设计的板有效宽度进行试算,结果控制的有效宽度互相差别不大。本规定采用的数值与《桥规》第5.3.15条对于钢筋混凝土梁者大体一致。

第3.0.3条　在简支梁中混凝土板为受压,竖向剪力应该分布于结合梁的横截面上,在连续梁的中间支点处,混凝土板为受拉,由于板的开裂,则不能认为其还能承受竖向剪力。此时竖向剪力只能由钢梁承受,但到跨度中部横截面主要由法向应力控制设计,故竖向剪力不会成为控制条件。为简化计,不论简支梁或连续梁均可假定竖向剪力由钢梁承担,不少国家均以此列入规范。

第3.0.4条　混凝土收缩影响的计算公式适用于简支梁和连续梁的一次影响,公式由下列诸条件得出：

一、混凝土收缩使结合梁处于应力状态后，在梁的任一微段上的板、钢梁和联结器（如砂浆垫层也被认为能承受剪力时亦可为砂浆垫层）在结合面上的变形应相互协调（说明图 3.0.4），即

$$\varepsilon_s \mathrm{d}x = \mathrm{d}\Delta_h + \mathrm{d}\Delta_g + \mu \mathrm{d}q \quad (3.0.4\text{—}1)$$

二、梁受弯后，板和钢梁和曲率相同，即

$$\frac{1}{R_h} = \frac{1}{R_g} \quad (3.0.4\text{—}2)$$

三、横截面上的内力平衡，即：

$$N_h - N_g = 0 \quad (3.0.4\text{—}3)$$

$$M_h + M_g = Nd \quad (3.0.4\text{—}4)$$

以上诸式中　$\mathrm{d}\Delta_h$——梁微段 dx 上的板因混凝土收缩而受力，使板底产生的变形；

$\mathrm{d}\Delta_g$——梁微段 dx 上的钢梁因混凝土收缩而受力，使钢梁顶产生的变形；

R_h——板的曲率半径；

R_g——钢梁的曲率半径；

其余符号见第 3.0.4 条条文并参看说明图 3.0.4。

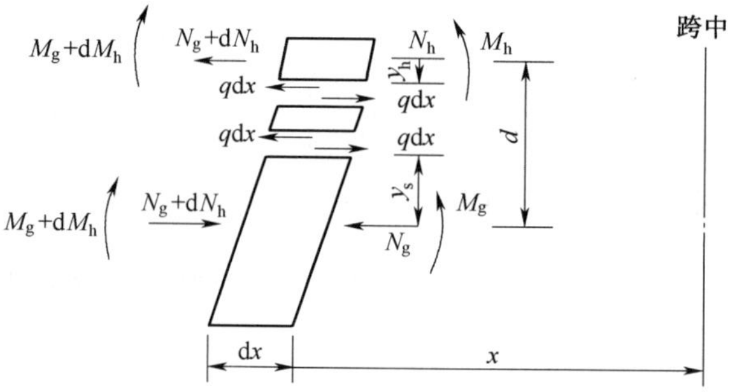

说明图 3.0.4　结合梁微段受混凝土收缩影响的受力和变形示意图

将结合梁微段中的板、联结器（或砂浆层）和钢梁分别取自由体。

首先取 dx 段板的自由体。

$$\mathrm{d}N = -q\mathrm{d}x$$

$$q = -\frac{\mathrm{d}N}{\mathrm{d}x}$$

$$\mathrm{d}q = -\frac{\mathrm{d}^2N}{\mathrm{d}x^2} \quad (3.0.4\text{—}5)$$

由式（3.0.4—2）~式（3.0.4—4），可得

$$M_g = \frac{N \cdot d \cdot E_g I_g}{E_h I_h + E_g I_g} \quad (3.0.4\text{—}6)$$

$$M_h = \frac{N \cdot d \cdot E_h I_h}{E_h I_h + E_g I_g} \quad (3.0.4\text{—}7)$$

在所示的受力条件下，混凝土板底伸长为

$$\mathrm{d}\Delta_h = \left(N_h + \frac{\mathrm{d}N_h}{2}\right)\frac{\mathrm{d}x}{E_h A_h} + \left(M_h + \frac{\mathrm{d}M_h}{2}\right)\frac{\mathrm{d}x}{E_h I_h} y_h \quad (3.0.4\text{—}8)$$

同时,钢梁顶的缩短为:

$$d\Delta_g = \left(N_g + \frac{dN_g}{2}\right)\frac{dx}{E_g A_g} + \left(M_g + \frac{dM_g}{2}\right)\frac{dx}{E_g I_g} y_g \tag{3.0.4—9}$$

将式(3.0.4—6)和式(3.0.4—7)中的 M_g 和 M_h 代入(3.0.4—8)和(3.0.4—9)式,得,

$$d\Delta_h = \left(N_h + \frac{dN_h}{2}\right)\frac{dx}{E_h A_h} + \left(\frac{N \cdot d \cdot E_h I_h}{E_h I_h + E_g I_g}\right)\frac{y_h}{E_h I_h} dx$$

$$= \left(N_h + \frac{dN_h}{2}\right) B_h dx \tag{3.0.4—10}$$

$$d\Delta_g = \left(N_g + \frac{dN_g}{2}\right) B_g dx \tag{3.0.4—11}$$

式中 $B_h = \dfrac{1}{E_h A_h} + \dfrac{d \cdot y_h}{E_h I_h + E_g I_g}$

$B_g = \dfrac{1}{E_g A_g} + \dfrac{d \cdot y_g}{E_h I_h + E_g I_g}$

用式(3.0.4—5)、式(3.0.4—10)和式(3.0.4—11)代回式(3.0.4—1),且令 $N_h = N_g = N$, 得

$$\mu \cdot \frac{d^2N}{dx^2}dx - (B_h + B_0)\left(N + \frac{dN}{2}\right)dx + \varepsilon_s dx = 0$$

略去二次微量,且令

$$k^2 = \frac{B_h + B_g}{\mu} = \frac{1}{\mu E_h}\left(\frac{n_1}{A_h} + \frac{1}{A_g} + \frac{n_1 d^2}{I_g + n_1 I_g}\right)$$

可得

$$\frac{d^2N}{dx^2} - k^2 N = \frac{\varepsilon_s}{\mu} \tag{3.0.4—12}$$

$$N = c_1 e^{kx} + c_2 e^{-kx} + \frac{\varepsilon_s}{\mu k^2}$$

当 $x=0$ 时,跨中无剪力,$\dfrac{dN}{dx} = 0, c_1 = c_2$

当 $x = \dfrac{l}{2}$ 时,端部无法向力,$N=0$,

$$c_1 = \frac{-\varepsilon_s}{\mu k^2}\left(\frac{1}{e^{kl/2} + e^{-kl/2}}\right)$$

$$\therefore \quad N_1 = \frac{\varepsilon_s E_g}{\dfrac{n_1}{A_h} + \dfrac{1}{A_g} + \dfrac{n_1 d^2}{I_h + n_1 I_g}}\left[1 - e^{-k\left(\frac{1}{2}-x\right)} - e^{-k\left(\frac{1}{2}+x\right)}\right] \tag{3.0.4—13}$$

$$q = \frac{-dN}{dx} = \frac{\varepsilon_s}{\sqrt{\dfrac{\mu}{E_g}\left(\dfrac{n_1}{A_h} + \dfrac{1}{A_g} + \dfrac{n_1 d^2}{I_h + n_1 I_g}\right)}}\left[e^{-k\left(\frac{1}{2}-x\right)} - e^{-k\left(\frac{1}{2}+x\right)}\right]$$

(3.0.4—14)

若忽略高次微量,在跨中处板的最大拉力在 $x=0$ 处:

$$N_{\max}=\frac{\varepsilon_s E_g}{\dfrac{n_1}{A_h}+\dfrac{1}{A_g}+\dfrac{n_1 d^2}{I_h+n_1 I_g}} \tag{3.0.4—15}$$

梁端单位长度上的最大剪力在 $x=\dfrac{l}{2}$ 处:

$$q_{\max}=\frac{\varepsilon_s}{\sqrt{\dfrac{\mu}{E_g}\left(\dfrac{n_1}{A_h}+\dfrac{1}{A_g}+\dfrac{n_1 d^2}{I_h+nI_g}\right)}} \tag{3.0.4—16}$$

第 3.0.5 条　温度变化影响在板和钢梁内的力与第 3.0.4 条混凝土收缩影响在板和钢梁内产生的内力计算方法相似。其中用 $\pm\alpha t$ 代替第 3.0.4 条中的 ε_s。同时因温度变化影响的荷载是短期的,因而不发生徐变,所以此处用 n 值(见第 1.0.14 条)代替第 3.0.4 条中的 n_1。由于钢梁的导热性能远高于混凝土板的导热性能,周围环境温度提高时,本规定条文中的式(3.0.5—1)用正号。否则用负号。钢和混凝土的线膨胀系数 α 值相差不大,此处采用同一数值是为了简化计算。

第 3.0.6 条　简支梁在竖向荷载作用下,如结合梁的中性轴在钢梁内,则混凝土板内无拉力,当竖向荷载和混凝土收缩影响作用以及竖向荷载、混凝土收缩和温度变化影响作用下,梁端部附近的混凝土板可能受拉,设计中不应考虑受拉板的作用。如果考虑这部分板中的钢筋在结合梁中发挥作用,则应只由钢筋承受拉力,并参照《桥规》第 5.3.10 条和第 5.3.11 条检算并控制板的裂缝宽度。此时《桥规》式(5.3.11—2)和式(5.3.11—3)中的 M_1 为活载作用下板的法向力,M_2 为恒载包括混凝土收缩引起的法向力,M_3 为温度变化影响引起的法向力。主力作用时 $M=M_1+M_2$,主力和附加力作用时 $M=M_1+M_2+M_3$。上述诸 M 值均以受拉为正。如板全面受拉,可近似地取 $r=1.0$,否则取 $r=1.2$。

连续梁中的在主力作用下中间支点处板受到拉力,欧洲大陆一些国家在公路桥梁中习用预加应力或调整支座标高的办法使板受压,这样的连续梁支点处板就不是受拉杆件,但当连续梁未受取任何措施,受载后支点处的板内存在拉力时,如要考虑板内受拉钢筋在结合梁中发挥作用,则应由钢筋全部承受拉力,并按上面所述办法检算裂缝宽度。

第 4.0.1 条　混凝土板和钢梁组成的结合梁能够共同作用的主要条件是两者之间有可靠的联结,在结合面上虽然钢与混凝土之间存在粘结力,但在长期工作过程中可能因反复受力、列车震动和其他原因而受损,设计中不能考虑其作用,结合面上所有纵向剪力均由联结器传递。

第 4.0.2 条　联结器的静力强度、疲劳强度和联结器模量视其不同型式和尺寸而异,应根据"推出"试验确定。并应根据所采用的某种型式的联结器的实际工作状态设计"推出"试验的试件。条文中所列的图为试件的概图。

钢梁和混凝土板的结合面上存在的粘结力并不可靠,设计中不能考虑其抵抗外力的作用。试验时应采取措施消除该粘结力,使试验结果明确可靠,可用塑料薄膜或涂抹油脂来实现。在结合梁受荷载后钢梁和混凝土板有脱开的倾向引起上拔力,试件应能抵抗上拔力,本次对于刚性联结器试验中采取了设拉筋的办法,而在 BS5400,对栓钉式联结器试件则用增大栓钉头部的办法。

静力试验速度应当均匀,以避免联结器突然破坏,有的规范规定从加载开始到底件发生破坏为止的时间不少于 10 min。

为了取得更好的数据,还可在试验梁上进行联结器的受力试验。

第 4.0.3 条 联结器的静力强度和疲劳强度以及联结器模量视联结器的不同型式和尺寸而异。本条所提出的这种型式和尺寸的联结器经大桥工程局和专业设计院合作做了静力和疲劳试验,结果详见大桥工程局桥梁科学研究所《16 锰桥钢结合梁联结器疲劳试验报告》和《16 锰桥钢结合梁联结器疲劳补充试验报告》。根据上述试验,经过分析定出容许静力荷载、容许疲劳荷载和联结器模量。

第 4.0.4 条 凡能使钢梁和混凝土板起结合梁作用的部件均可作为联结器。欧美、日本等国常用栓钉型、槽钢型、钢块型以及高强度螺栓的联结器,定出了静力强度或容许强度,但它们之间可能因施工工艺和其他因素的差异而在数值表达上颇不一致,如在对这些联结器有足够技术依据和安全可靠的基础上也准予在设计中采用。高强度螺栓联结器已经铁道部科学研究院铁建所进行过科学试验,并提出了推荐的数值以供使用,经过实桥试用、取得实践经验后纳入规范。

第 4.0.5 条 在第二受力阶段的竖向荷载作用下,联结器所受的纵向剪力公式是假定混凝土板和钢梁完全共同作用导出的,在设计联结器时此式具有足够的精度。

第 4.0.6 条 联结器除承受竖向荷载在结合面上引起的纵向剪力外,还应能承受混凝土收缩影响引起的纵向剪力,纵向该剪力分布为:

$$q = \frac{\varepsilon_s}{\mu k}\left[e^{-k(\frac{l}{2}-x)} - e^{-k(\frac{l}{2}+x)} \right]$$

此纵向剪力在半个跨度上的总和为

$$Q_s = \int_0^{l/2} q\mathrm{d}x = \int_0^{l/2} \frac{\varepsilon_s}{\mu k}\left[e^{-k(\frac{l}{2}+x)} - e^{-k(\frac{l}{2}+x)} \right]\mathrm{d}x$$

$$= \frac{\varepsilon_s}{\mu k^2} \tag{4.0.6—1}$$

可见 Q,在数值上与跨中处板内的法向力 N_{max} 相同[见本条文说明式(3.0.4—15)]。

由本条文说明式(3.0.4—14)可见,q 呈指数曲线分布,在跨中附近其值甚小,越近梁端则迅速增大,如说明图 4.0.6 在梁端的最大值为

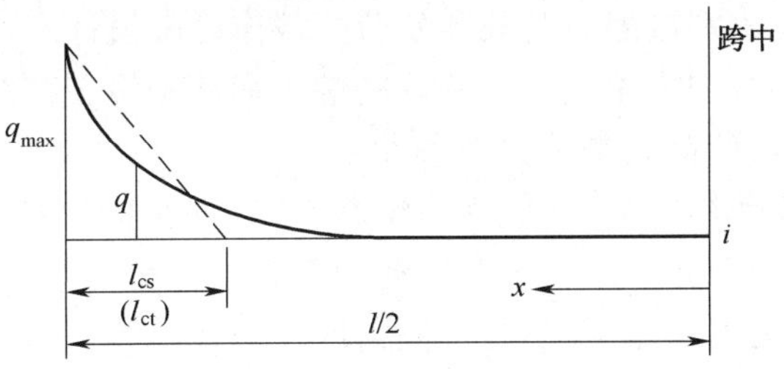

说明图 4.0.6 由于混凝土收缩和温度变化影响引起的纵向剪力分布图

$$q_{max} = \frac{\varepsilon_s}{\mu k} = \frac{\varepsilon_s}{\sqrt{\frac{\mu}{E_g}\left(\frac{n_1}{A_h} + \frac{1}{A_g} + \frac{n_1 d^2}{I_h + n_1 I_g}\right)}} \tag{4.0.6—2}$$

此式与本条文说明式(3.0.4—16)相同。

可以假定用图中虚线下所围成的三角形代替真实的 q 的分布,令其总剪力相同,求得纵向剪力计算传递长度,即

$$q_{\max} \cdot \frac{l_{cs}}{2} = Q_s$$

$$得\ q_{\max} = \frac{2Q_s}{l_{cs}} \tag{4.0.6—3}$$

用式(4.0.6—2)中的 $q_{\max}$ 和式(4.0.6—1)中的 Q_2 代进式(4.0.6—3),得

$$\frac{\varepsilon_s}{\mu k} = \frac{2\varepsilon_s}{\mu k^2} \cdot \frac{1}{l_{cs}}$$

$$\therefore\ l_{cs} = \frac{2}{k}$$

由(4.0.6—1)式, $k^2 = \dfrac{\varepsilon_s}{\mu Q_s}$

$$\therefore\ l_{cs} = 2\sqrt[l]{\frac{\mu Q_s}{\varepsilon_s}} \tag{4.0.6—4}$$

混凝土收缩影响产生的纵向剪力由 l_{cs} 范围内相应位置上的联结器承担。

第 4.0.7 条　环境温度变化时,联结器所承受的纵向剪力计算方法和混凝土收缩影响者相似,只须将混凝土收缩率改成温度变化率 αt,n_1 改成 n 即可。

$$Q_t = \frac{\pm \alpha t}{\mu k^2} \frac{\pm \alpha t E_g}{\dfrac{n}{A_h} + \dfrac{1}{A_g} + \dfrac{nd^2}{I_h + nI_g}} \tag{4.0.7—1}$$

$$q_{\max} = \frac{\pm \alpha t}{\mu k} = \frac{\pm \alpha t}{\sqrt{\dfrac{\mu}{E} - \left(\dfrac{n}{A_h} + \dfrac{1}{A_g} + \dfrac{nd^2}{I_h + nI_g}\right)}} \tag{4.0.7—2}$$

$$l_{ct} = 2\sqrt{\frac{\mu Q_s}{\alpha t}} \tag{4.0.7—3}$$

式中符号的意义与条文相同。

第 4.0.8 条　联结器应分别按静力荷载和疲劳荷载作用来设计。每个联结器在竖向恒载和活载作用下所承受的纵向力不应大于容许的静力荷载和疲劳荷载。但容许静力荷载比容许疲劳荷载大,所以疲劳荷载是其控制条件。

混凝土收缩是长期作用的影响,应视为恒载,所以在竖向恒载、活载和混凝土收缩影响下,联结器所受的纵向力亦不应大于容许疲劳荷载。在简支梁中,混凝土收缩影响与竖向恒、活载产生的纵向力方向相反,不是控制情况。但在连续梁中,视施工方法不同,混凝土收缩产生的纵向力可能与恒、活载者方向相同,而能成为控制情况。

温度变化影响属于附加力,所以在主力和温度变化影响作用下,每个联结器所受的纵向力不得大于容许静力荷载乘以提高系数。

第 4.0.9 条　混凝土板可能沿条文中图 4.0.9 所示的剪切面破坏,所以板所受的纵向剪应力不应大于《桥规》表 5.3.4 规定的容许纯剪应力[τ_c]。剪应力 τ(MPa)按下式计算:

$$\tau = \frac{QS}{bI_o} \tag{4.0.9}$$

式中 Q——作用于结合梁横截面上的剪力(MN);

S——剪切面以外部分,即本规定的条文中图 4.0.9(a)~(f)的阴影部分的面积对结合梁重心轴的面积矩(换算成钢)(m^3);

b——本规定的条文中图 4.0.9 所取截面的剪切面宽度(m);

I_o——结合梁截面的惯性矩(换算成钢)(m^4)。

第 4.0.10 条 本规定的条文中图 4.0.9 所示板的各截面上由纵向剪应力和法向应力合成的主拉应力也可能是截面设计的控制条件。即使板全截面受压,主拉应力值小于纵向剪应力值,但主拉应力的容许值也小于剪应力的容许值。若配置承受此项主拉应力的钢筋时,计算主拉应力不得大于《桥规》表 5.3.4 中的〔σ_{zl-1}〕,否则不得大于〔σ_{zl-2}〕,根据中等跨度的铁路简支结合梁设计经验,条文中图 4.0.9(e)的 4—4 截面和图 4.0.9(f)的 4′—4′截面往往控制截面设计。

第 4.0.11 条 在板与刚性联结器的接触面上,被局部挤压的板的混凝土有向侧向膨胀的趋势,周围的混凝土将约束这种膨胀而使局部受压的混凝土处于双向或三向受压状态,从而提高了强度。条文中图 4.0.11 所示的底面积是根据《土木工程学报》(1963 年 6 月)的论文《混凝土和配筋混凝土的局部承压强度》确定的。如条文中图 4.0.11 所示的刚性联结器的底面积 $A = (4 \times b)(3 \times a) = 12ab$,但底面积不得超出板截面的范围。

当采用预制的混凝土板时,在板与钢梁之间往往要垫以砂浆层(参看本规定第 5.0.4 条)砂浆的强度及其弹性模量较混凝土者为小,因此在计算上述局部承压面积 A_c 时不考虑砂浆垫层的面积。

第 4.0.12 条 联结器和混凝土的接触面上作用力比较集中,应尽量使混凝土承压面受压均匀,不致向侧向劈开,所以不宜用竖立的角钢或圆管做联结器。如果有必要做成这类形状,应采取措施使在受压面上的压力分布开来,例如设置附加的分布钢筋。

第 4.0.13 条 当结合梁受弯后,以及板在横向弯曲时板支承于钢梁处均有互相分离的倾向,为了使板和钢梁在竖向联结起来,需要设置锚钩。锚钩可用钢筋制成,常常将锚钩焊在刚性联结器的竖面上。联结器附近的板内应力分布很复杂,不易计算,有些国外资料建议用 0.1T 做为锚钩的设计拉力,T 为每个联结器所受的纵向剪力。锚钩也可以单独设置,但以与联结器合并设置较为简单。规定锚钩直径的目的是为了使其具有一定的刚度。

第 4.0.14 条 限制联结器最大间距的目的主要是防止结合面上的剪力分布过分不均匀。本条是根据设计经验并参照国外资料提出的。当采用强度较低的柔性联结器时,设计中需要的间距远远低于此值。

条文中联结器的最小间距没有规定,设计中考虑其布置、承载能力、混凝土受力和灌注条件等因素而定。有些国家规范用第一个联结器的力对第二个联结器的影响来限制联结器的间距,其办法如下:

将第一个联结器所受的纵向力在每边按 1∶5 的坡度传到第二个联结器;此时第二个联结器所受的力除本身应受的纵向力外,还受到第一个联结器传来的力,设联结器的受压面积为 A_c,扩大后的受压面积为 A_c'(说明图 4.0.14),则第二个联结器前方混凝土的承压应力 σ_{a-1} 为

$$\sigma_{a-1}=\frac{T}{A_c}+\frac{T}{A'_c}$$

此时容许承压应力可提 33%。根据设计经验在采用本规定第 4.0.3 条的刚性联结器时，并不控制设计。

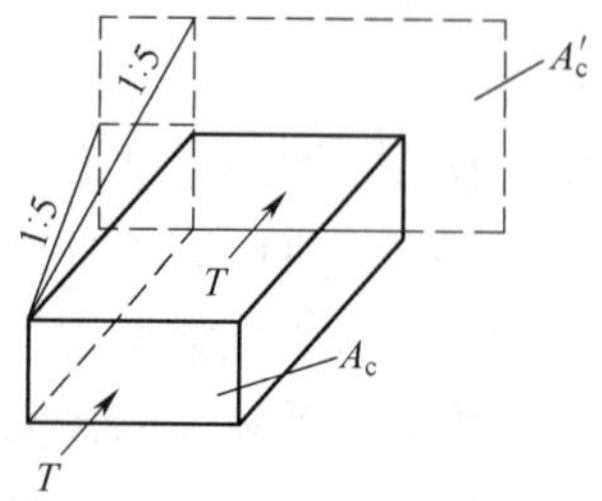

说明图 4.0.14　联结器之间纵向力传递示意图

第 4.0.15 条　联结器应可靠地埋入混凝土中并防止板和钢梁分离，本条规定是根据实践经验并参考国外规范的规定拟定的。

第 4.0.16 条　规定钢梁翼缘到联结器侧边间最小距离的目的是使联结器外有足够的保护，以防水分侵入使联结器免遭锈蚀。

第 4.0.17 条　刚性联结器传给混凝土的力比较集中，设计中按局部受压考虑(参看本规定第 4.0.11 条)，本条规定是使局部受压面积的周围有足够的混凝土能起到侧向约束作用。

第 4.0.18 条　每个刚性联结器附近的混凝土局部应力很大，应设置分布钢筋、防止生产裂缝。

第 4.0.19 条　预制的混凝土板上所留的窗孔做成向上敞开的形式，使窗孔内的混凝土易于填注密实。填注的混凝土四周由于收缩可能形成收缩裂缝，对传递压力以及联结器的耐久性不利，所以此处应用无收缩水泥拌制的混凝土，其标号不低于板的混凝土标号。

第 5.0.1 条　结合梁中的钢筋混凝土板是钢筋混凝土结构，设计在横向弯矩作用下的板截面时容许出现纵向裂缝，在混凝土收缩、温度变化影响下以及在连续梁的部分区段，板均可能受拉，同时预制板的横向接缝和联结器处的窗孔，如施工不良也有可能存在裂缝。结合梁中的混凝土板兼起道碴槽的作用，一旦积水很容易渗入裂缝侵蚀钢筋，个别已建成的结合梁的板下面曾发现有锈水痕迹，这种情况有可能影响桥梁的长期使用。因此，本条强调板上必须和钢筋混凝土梁一样铺设防水层和保护层。

第 5.0.2 条　常用的上承式结合梁在使用阶段常由桥面板兼起上平联的作用，钢梁上不另设上平联。但在安装阶段已架好的钢梁尚未铺设混凝土板或混凝土桥面板还未起作用时，各主梁翼缘间没有联结，此时应检算并采取措施保证钢梁结构的稳定性。

第 5.0.3 条　结合梁中的钢梁在工厂制造时须按现行的《铁路钢桥制造规则》的规定除锈和涂漆，但为了使钢梁翼缘与混凝土充分结合，在两者的结合面上不涂油漆。在运输和存放过程中应采取措施避免未涂漆的表面生锈，到工地灌注或安装混凝土板前必须清除黄锈以及油污等异物，使钢梁这部分表面保持清洁，增强钢与混凝土的结合作用。

第 5.0.4 条　预制板和钢梁均有制造误差，不可能十分平整，同时钢梁上还预设了上拱度，板和钢梁之间必然会存在缝隙，如果板直接支承于钢梁翼缘上，则在受载后支承面上可能有应力集中，且水分易于侵入，国外资料介绍，要避免或减轻上述应力集中，板底和钢梁翼缘间不密贴的缝隙规定见说明表 5.0.4。

说明表 5.0.4　板底和钢梁翼缘容许不密贴的缝隙

联结器型式	竖向缝隙(mm)	测量表面的长度(m)
栓钉型	4	1.0
	2	0.3
高强度螺栓	2	1.0
	1	0.3

这样的制造精度对板和钢梁均太严格，不易实现，因此要求板和钢梁之间垫以砂浆层，使板和钢梁密贴结合。为保证砂浆的耐久性，参照以往经验，其标号不宜低于 200 号。由于砂浆的标号一般低于板所用的混凝土标号，承受荷载的能力较低，所以其厚度不宜过大，当厚度大于 50 mm 时，应加设钢丝网加强这部分砂浆层。

第 5.0.5 条　在安装好的预制混凝土板板段之间的横向接缝应填注混凝土使板形成整体。接缝处的混凝土收缩产生拉应力，(建成的结合梁中发现有这种情况）严重的会产生裂缝以致漏水，影响桥梁的使用寿命，所以接缝应用干硬性或无收缩水泥拌制的混凝土填注密实，以减少收缩应力，该混凝土的标号应不低于板的混凝土的标号，以便传递板内压力。

第 5.0.6 条　在简支梁中，梁端附近由于混凝土收缩和温度变化影响可能在板内产生拉应力，这种拉应力可以用施加预应力的办法消除。在连续梁中，有时也用预应力消除或减少中间支点处混凝土板中的拉应力。在采用预应力钢筋对板施加预应力时，可根据结合梁的工作状况利用《桥规》第六章预应力混凝土结构的原则进行设计。但用调整支点标高的办法对连续梁施加预应力时，则应另作专门研究。